Europäisches Schuldrecht
European Law of Obligations
Droit européen des obligations

Europäisches Schuldrecht –
Verordnungen und Richtlinien

European Law of Obligations –
Regulations and Directives

Droit européen des obligations –
Règlements et Directives

herausgegeben von/ edited by/ édité par
Ulrich Magnus

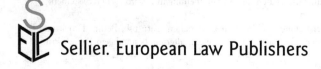

Die Deutsche Bibliothek – CIP-Einheitsaufnahme

Europäisches Schuldrecht : Verordnungen und Richtlinien = European law of obligations /
Ulrich Magnus. - München : Sellier, 2002
ISBN 3-935808-03-8

© 2002 by Sellier. European Law Publishers GmbH, München.

Dieses Werk einschließlich aller seiner Teile ist urheberrechtlich geschützt. Jede Verwertung außerhalb der engen Grenzen des Urheberrechtsgesetzes ist ohne Zustimmung des Verlages unzulässig und strafbar. Das gilt insbesondere für Vervielfältigungen, Übersetzungen, Mikroverfilmungen und die Einspeicherung und Verarbeitung in elektronischen Systemen.

Gestaltung und Herstellung: Sandra Sellier, München. Satz: psb, Berlin. Druck und Bindung: Kösel, Kempten. Gedruckt auf säurefreiem, alterungsbeständigem Papier. Printed in Germany

Inhaltsverzeichnis
Table of Contents
Table des matières

Vorwort	XV
Preface	XVI
Préface	XVII

Texte in deutscher Sprache

I. Vertragsschluss

1. Richtlinie des Rates vom 20. Dezember 1985 betreffend den Verbraucherschutz im Falle von **ausserhalb von Geschäftsräumen geschlossenen Verträgen** (85/577/EWG) — 1

2. Richtlinie des Europäischen Parlaments und des Rates vom 20. Mai 1997 über den Verbraucherschutz bei **Vertragsabschlüssen im Fernabsatz** (97/7/EG) — 5

3. Geänderter Vorschlag vom 23. Juli 1999 für eine Richtlinie des Europäischen Parlaments und des Rates über den **Fernabsatz von Finanzdienstleistungen** an Verbraucher und zur Änderung der Richtlinien 97/7/EG und 98/27/EG — 17

4. Richtlinie des Europäischen Parlaments und des Rates vom 8. Juni 2000 über bestimmte rechtliche Aspekte der Dienste der Informationsgesellschaft, insbesondere des elektronischen Geschäftsverkehrs, im Binnenmarkt („Richtlinie über den **elektronischen Geschäftsverkehr**") (2000/31/EG) — 28

5. Richtlinie des Europäischen Parlaments und des Rates vom 13. Dezember 1999 über gemeinschaftliche Rahmenbedingungen für **elektronische Signaturen** (1999/93/EG) — 52

II. Vertragsinhalt

1. Richtlinie des Europäischen Parlaments und des Rates vom 29. Juni 2000 zur Bekämpfung von **Zahlungsverzug im Geschäftsverkehr** (2000/35/EG) — 65

2. Richtlinie des Rates vom 5. April 1993 über **missbräuchliche Klauseln in Verbraucherverträgen** (93/13/EWG) — 72

3. Richtlinie des Europäischen Parlaments und des Rates vom 16. Februar 1998 über den Schutz der Verbraucher bei der **Angabe der Preise** der ihnen angebotenen Erzeugnisse (98/6/EG) — 79

4. Richtlinie des Rates vom 10. September 1984 zur Angleichung der Rechts- und Verwaltungsvorschriften der Mitgliedstaaten über **irreführende Werbung** (84/450/EWG) — 84

5. Richtlinie des Europäischen Parlaments und des Rates vom 6. Oktober 1997 zur Änderung der Richtlinie 84/450/EWG über irreführende Werbung zwecks Einbeziehung der **vergleichenden Werbung** (97/55/EG) — 89

6. Richtlinie des Rates vom 31. März 1992 über die **Werbung für Humanarzneimittel** (92/28/EWG) — 96

7. Richtlinie des Europäischen Parlaments und des Rates vom 19. Mai 1998 über **Unterlassungsklagen zum Schutz der Verbraucherinteressen** (98/27/EG) — 104

III. Besondere Vertragsverhältnisse

1. Richtlinie des Europäischen Parlaments und des Rates vom 25. Mai 1999 zu bestimmten Aspekten des **Verbrauchsgüterkaufs** und der Garantien für Verbrauchsgüter (1999/44/EG) — 111

2. Richtlinie des Rates vom 22. Dezember 1986 zur Angleichung der Rechts- und Verwaltungsvorschriften der Mitgliedstaaten über den **Verbraucherkredit** (87/102/EWG) — 120

3. Richtlinie des Europäischen Parlaments und des Rates vom 26. Oktober 1994 zum Schutz der Erwerber im Hinblick auf bestimmte Aspekte von Verträgen über den Erwerb von **Teilzeitnutzungsrechten an Immobilien** (94/47/EG) — 131

4. Richtlinie des Rates vom 13. Juni 1990 über **Pauschalreisen** (90/314/EWG) — 138

5. Verordnung des Rates vom 4. Februar 1991 über eine gemeinsame Regelung für ein System von Ausgleichsleistungen bei Nichtbeförderung im **Linienflugverkehr** (Nr. 295/91/EWG) — 146

6. Richtlinie des Europäischen Parlaments und des Rates vom 27. Januar 1997 über **grenzüberschreitende Überweisungen** (97/5/EG) — 150

7. Richtlinie des Rates vom 10. Mai 1993 über **Wertpapierdienstleistungen** (93/22/EWG) — 158

8. Vorschlag vom 27. März 2001 für eine Richtlinie des Europäischen Parlaments und des Rates über **Finanzsicherheiten** — 190

9. Richtlinie des Rates vom 18. Dezember 1986 zur Koordinierung der Rechtsvorschriften der Mitgliedstaaten betreffend die selbständigen **Handelsvertreter** (86/653/EWG) — 201

IV. Datenschutz und elektronischer Geschäftsverkehr

1. Richtlinie des Europäischen Parlaments und des Rates vom 24. Oktober 1995 zum Schutz natürlicher Personen bei der **Verarbeitung personenbezogener Daten** und zum freien Datenverkehr (95/46/EG) — 209

2. Richtlinie des Europäischen Parlaments und des Rates vom 15. Dezember 1997 über die Verarbeitung personenbezogener Daten und den **Schutz der Privatsphäre** im Bereich der Telekommunikation (97/66/EG) — 236

3. Richtlinie des Europäischen Parlaments und des Rates vom 22. Juni 1998 über ein **Informationsverfahren auf dem Gebiet der Normen und technischen Vorschriften** (98/34/EG) — 247

V. Deliktshaftung

1. Richtlinie des Rates vom 25. Juli 1985 zur Angleichung der Rechts- und Verwaltungsvorschriften der Mitgliedstaaten über die **Haftung für fehlerhafte Produkte** (85/374/EWG)   261

2. Richtlinie des Rates vom 29. Juni 1992 über die **allgemeine Produktsicherheit** (92/59/EWG)   268

3. Verordnung des Rates vom 9. Oktober 1997 über die **Haftung von Luftfahrtunternehmen** bei Unfällen (Nr. 2027/97/EG)   281

Texts in English

I. Formation of contract

1. Council Directive of 20 December 1985 to protect the consumer in respect of **contracts negotiated away from business premises** (85/577/EEC)   287

2. Directive of the European Parliament and of the Council of 20 May 1997 on the protection of consumers in respect of **distance contracts** (97/7/EC)   291

3. Amended proposal of 23 July 1999 for a European Parliament and Council Directive concerning the **distance marketing of consumer financial services** and amending Directives 97/7/EC and 98/27/EC   301

4. Directive of the European Parliament and of the Council of 8 June 2000 on certain legal aspects of information society services, in particular electronic commerce, in the Internal Market ('Directive on **electronic commerce**') (2000/31/EC)   311

5. Directive of the European Parliament and of the Council of 13 December 1999 on a Community framework for **electronic signatures** (1999/93/EC)   332

II. Contents of contract

1. Directive of the European Parliament and of the Council of 29 June 2000 on combating **late payment in commercial transactions** (2000/35/EC)   343

2. Council Directive of 5 April 1993 on **unfair terms in consumer contracts** (93/13/EEC)   349

3. Directive of the European Parliament and of the Council of 16 February 1998 on consumer protection in the **indication of the prices of products** offered to consumers (98/6/EC)   356

4. Council Directive of 10 September 1984 relating to the approximation of the laws, regulations and administrative provisions of the Member States concerning **misleading advertising** (84/450/EEC)   361

5. Directive of European Parliament and of the Council of 6 October 1997 amending Directive 84/450/EEC concerning misleading advertising so as to include **comparative advertising** (97/55/EC) — 365

6. Council Directive of 31 March 1992 on the **advertising of medicinal products for human use** (92/28/EEC) — 371

7. Directive of the European Parliament and of the Council of 19 May 1998 on **injunctions for the protection of consumers' interests** (98/27/EC) — 379

III. Specific contracts

1. Directive of the European Parliament and of the Council of 25 May 1999 on certain aspects of the **sale of consumer goods** and associated guarantees (1999/44/EC) — 385

2. Council Directive of 22 December 1986 for the approximation of the laws, regulations and administrative provisions of the Member States concerning **consumer credit** (87/102/EEC) — 393

3. Directive of the European Parliament and the Council of 26 October 1994 on the protection of purchasers in respect of certain aspects of contracts relating to the purchase of the **right to use immovable properties on a timeshare basis** (94/47/EC) — 403

4. Council Directive of 13 June 1990 on **package travel**, package holidays and package tours (90/314/EEC) — 410

5. Council Regulation of 4 February 1991 establishing common rules for a denied-boarding compensation system in **scheduled air transport** (No 295/91/EEC) — 417

6. Directive of the European Parliament and of the Council of 27 January 1997 on **cross-border credit transfers** (97/5/EC) — 421

7. Council Directive of 10 May 1993 on **investment services in the securities field** (93/22/EEC) — 429

8. Proposal of 27 March 2001 for a Directive of the European Parliament and of the Council on **financial collateral arrangements** — 458

9. Council Directive of 18 December 1986 on the co-ordination of the laws of the Member States relating to **self-employed commercial agents** (86/653/EEC) — 468

IV. Electronic commerce and protection of personal data

1. Directive of the European Parliament and of the Council of 24 October 1995 on the protection of individuals with regard to the **processing of personal data** and on the free movement of such data (95/46/EC) — 475

2. Directive of the European Parliament and of the Council of 15 December 1997 concerning the processing of personal data and the protection of privacy in the telecommunications sector (97/66/EC) 499

3. Directive of the European Parliament and of the Council of 22 June 1998 laying down a procedure for the provision of information in the field of technical standards and regulations (98/34/EC) 509

V. Tort liability

1. Council Directive of 25 July 1985 on the approximation of the laws, regulations and administrative provisions of the Member States concerning liability for defective products (85/374/EEC) 521

2. Council Directive of 29 June 1992 on general product safety (92/59/EEC) 528

3. Council Regulation of 9 October 1997 on air carrier liability in the event of accidents (No 2027/97/EC) 540

Textes en langue française

I. Formation de contrat

1. Directive du Conseil du 20 décembre 1985 concernant la protection des consommateurs dans le cas de contrats négociés en dehors des établissements commerciaux (85/577/CEE) 545

2. Directive du Parlement européen et du Conseil du 20 mai 1997 concernant la protection des consommateurs en matière de contrats à distance (97/7/CE) 549

3. Proposition modifiée du 23 juillet 1999 de directive du Parlement européen et du Conseil concernant la commercialisation à distance de services financiers auprès des consommateurs, et modifiant les directives 97/7/CE et 98/27/CE 560

4. Directive du Parlement européen et du Conseil du 8 juin 2000 relative à certains aspects juridiques des services de la société de l'information, et notamment du commerce électronique, dans le marché intérieur («directive sur le commerce électronique») (2000/31/CE) 571

5. Directive du Parlement européen et du Conseil, du 13 décembre 1999, sur un cadre communautaire pour les signatures électroniques (1999/93/CE) 594

II. Contenu de contrat

1. Directive du Parlement européen et du Conseil du 29 juin 2000 concernant la lutte contre le retard de paiement dans les transactions commerciales (2000/35/CE) 607

2. Directive du Conseil, du 5 avril 1993, concernant les **clauses abusives dans les contrats conclus avec les consommateurs** (93/13/CEE)   614

3. Directive du Parlement européen et du Conseil du 16 février 1998 relative à la protection des consommateurs en matière **d'indication des prix des produits** offerts aux consommateurs (98/6/CE)   621

4. Directive du Conseil du 10 septembre 1984 relative au rapprochement des dispositions législatives, réglementaires et administratives des États membres en matière de **publicité trompeuse** (84/450/CEE)   626

5. Directive du Parlement Européen et du Conseil du 6 octobre 1997 modifiant la directive 84/450/CEE sur la publicité trompeuse afin d'y inclure la **publicité comparative** (97/55/CE)   631

6. Directive du Conseil du 31 mars 1992 concernant la **publicité faite à l'égard des médicaments à usage humain** (92/28/CEE)   638

7. Directive du Parlement européen et du Conseil du 19 mai 1998 relative aux **actions en cessation en matière de protection des intérêts des consommateurs** (98/27/CE)   646

III. Contrats spécifiques

1. Directive du Parlement européen et du Conseil, du 25 mai 1999, sur certains aspects de **la vente et des garanties des biens de consommation** (1999/44/CE)   653

2. Directive du Conseil du 22 décembre 1986 relative au rapprochement des dispositions législatives, réglementaires et administratives des États membres en matière de **crédit à la consommation** (87/102/CEE)   662

3. Directive du Parlement européen et du Conseil, du 26 octobre 1994, concernant la protection des acquéreurs pour certains aspects des contrats portant sur l'acquisition **d'un droit d'utilisation à temps partiel de biens immobiliers** (94/47/CE)   673

4. Directive du Conseil, du 13 juin 1990, concernant les **voyages, vacances et circuits à forfait** (90/314/CEE)   680

5. Règlement du Conseil, du 4 février 1991, établissant des règles communes relatives à un système de compensation pour refus d'embarquement dans les **transports aériens réguliers** (n° 295/91/CEE)   688

6. Directive du Parlement européen et du Conseil du 27 janvier 1997 concernant les **virements transfrontaliers** (97/5/CE)   692

7. Directive du Conseil, du 10 mai 1993, concernant les **services d'investissement** dans le domaine des valeurs mobilières (93/22/CEE)   700

8. Proposition du 27 mars 2001 de Directive du Parlement Européen et du Conseil concernant les **contrats de garantie financière**   731

XIII

9. Directive du Conseil du 18 décembre 1986 relative à la coordination des droits des États membres concernant les **agents commerciaux indépendants** (86/653/CEE)   742

IV. Commerce électronique et protection des données à caractère personnel

1. Directive du Parlement européen et du Conseil, du 24 octobre 1995, relative à la protection des personnes physiques à l'égard du **traitement des données à caractère personnel** et à la libre circulation de ces données (95/46/CE)   749

2. Directive du Parlement européen et du Conseil du 15 décembre 1997 concernant le traitement des données à caractère personnel et la **protection de la vie privée** dans le secteur des télécommunications (97/66/CE)   775

3. Directive du Parlement européen et du Conseil du 22 juin 1998 prévoyant une **procédure d'information dans le domaine des normes** et réglementations techniques (98/34/CE)   786

V. Responsabilité délictuelle

1. Directive du Conseil du 25 juillet 1985 relative au rapprochement des dispositions législatives, réglementaires et administratives des États membres en matière de **responsabilité du fait des produits défectueux** (85/374/CEE)   799

2. Directive du Conseil, du 29 juin 1992, relative à la **sécurité générale des produits** (92/59/CEE)   806

3. Règlement du Conseil du 9 octobre 1997 relatif à la **responsabilité des transporteurs aériens** en cas d'accident (n° 2027/97/CE)   819

Anhang: Chronologisches Verzeichnis   825
Annex: Chronological Table   827
Annexe: Table Chronologique   829

Vorwort

Die vorliegende Sammlung von 27 Verordnungen und Richtlinien zum Europäischen Schuldrecht ist für die Verwendung in Praxis, Forschung und Ausbildung bestimmt.

Das Schuldrecht ist Gegenstand einer zunehmenden Rechtsangleichung in der Europäischen Union. Bereits heute beruhen zahlreiche schuldrechtliche Regelungen in den EU-Mitgliedstaaten auf europäischen Richtlinien. Diese Regelungen sind nach der Rechtsprechung des EuGH richtlinienkonform auszulegen. Das bedeutet, dass entgegenstehendes Recht der Mitgliedstaaten nicht angewendet werde darf. Bestehen Zweifelsfälle bei der Auslegung, sind diese im Lichte der zugrundeliegenden Richtlinie zu lösen. Die Sammlung soll dem Rechtsanwender zu diesem Zweck einen vereinfachten Zugang zu den relevanten Richtlinientexten ermöglichen. Da der Wortlaut der Verordnungen und Richtlinien in jeder Amtssprache gleichermaßen verbindlich ist, erfolgt der Abdruck dreisprachig. Die Berücksichtigung des Wortlauts in den anderen Amtssprachen hilft in vielen Fällen Unklarheiten bei der Auslegung der Richtlinie selbst zu beseitigen.

Das europäische Schuldrecht ist heute aber auch ein Gebiet intensiver rechtswissenschaftlicher Forschung. Der Wissenschaft soll das relevante Material in einer zwar umfassenden, aber auch handlichen Textsammlung zur Verfügung gestellt werden. Gleichzeitig liefert sie einen Beitrag zur Systematisierung der Verordnungen und Richtlinien nach ihrer Zugehörigkeit zu einzelnen Teilbereichen des Schuldrechts.

Der wachsenden Bedeutung des europäischen Schuldrechts tragen schließlich auch die Lehr- und Ausbildungspläne rechtswissenschaftlicher Fakultäten Rechnung. Vielfach werden bereits eigene Kurse zu diesem Thema angeboten. Für interessierte Studierende bietet die Sammlung kursbegleitendes Material in übersichtlich aufgearbeiteter Form.

Die Richtlinien und Verordnungen mit schuldrechtlichen Inhalten sind in Anlehnung an die kontinentaleuropäischen Kodifikationen untergliedert. Den größten Teil der berücksichtigten Rechtstexte stellen die Verordnungen und Richtlinien zum Vertragsrecht dar. Diese sind wiederum nach ihrer Zugehörigkeit zu den Teilbereichen Vertragsschluss (I.), Vertragsinhalt (II.) und besondere Vertragsverhältnisse (III.) unterteilt. Den Richtlinien zum elektronischen Geschäftsverkehr ebenso wie den Richtlinien über Normen und Datenschutz ist ein eigener Abschnitt gewidmet (IV.). Anschließend folgen Richtlinien und Verordnungen zum europäischen Deliktsrecht (V.).

Die Konzeption der Textsammlung ist offen für die weitere europäische Rechtsentwicklung. Dies betrifft zum einen weitere Verordnungen und Richtlinien auf dem Gebiet des Vertrags- und Deliktsrechts wie auch andere schuldrechtliche Bereiche. Stück für Stück sollen auf diese Weise die Bausteine für ein europäisches Zivilgesetzbuch zusammengetragen werden.

Für wertvolle Hilfe bei der Erstellung der Sammlung danke ich meinen Mitarbeitern *Claire Reifner* und *Martin Taschner*.

Hamburg, im August 2001   Ulrich Magnus

Preface

This collection of 27 regulations and directives of European contract law is indicated to be used in practice, research and teaching.

Contract law is increasingly harmonized within in the European Union. A large number of contract law regulations in the Member States are based on European directives. According to the jurisdiction of the European Court of Justice, these regulations have to be interpreted in conformity with EC directives. This means that conflicting law of the Member States is not applicable. In cases of doubt, national law has to be interpreted in the light of the underlying directives. This collection is supposed to provide practitioners with an easy access to the relevant directives. As the wording of the regulations and directives is equally binding in any official language, the publication is trilingual. A multilingual approach considering the wording of the other official languages helps to clarify the interpretation of the directives themselves.

Today, European contract law is also object of intensive academic research. This collection should provide academics with the relevant material in a comprehensive and yet convenient way. At the same time it contributes to the systematization of the regulations and directives according to their belonging to the various subareas of contract law. Finally, the curriculae and syllabuses of law faculties take into account the increasing importance of European contract law. Courses dedicated to this subject are frequently offered. This collection supplies to interested students with relevant material which is structured in a distinct way.

The directives and regulations in the area of contract law are arranged according to continental European codifications. The majority of the texts represent regulations and directives of contract law. These are again subdivided into the subareas 'formation of contract' (I), 'content of contract' (II) and 'specific contracts' (III). There is a particular section dedicated to regulations and directives of 'electronic commerce and the protection of personal data' (IV). Consequently, directives and regulations about European 'tort liability' (V) follow. The conception of the collection is open to further developments in European law. This concerns future regulations and directives in the field of contract and tort law as well as in the law of obligations. This publication is one of several steps in the development of a European civil code.

I am indebted to my assistants *Claire Reifner* and *Martin Taschner*, who generously helped realizing this collection.

Hamburg, August 2001 *Ulrich Magnus*

Préface

Le présent recueil de 27 règlements et directives du droit européen des obligations est conçu pour un emploi pratique, scientifique et éducatif.

Le droit des obligations fait l'objet d'une harmonisation intensive des droits des États membres de l'Union Européenne. On retrouve aujourd'hui déjà un grand nombre de réglementations du droit des obligations des États membres dans les directives européennes du droit des obligations. Selon la jurisprudence de la Cour européenne de la justice il faut interpréter ces réglementations en conformité avec les directives européennes. Ceci signifie que les règlements des droits des États membres qui seraient contraire au droit européen ne peuvent pas être appliquées. En cas de doute il faut interpréter ce droit sur la base de la sous-jacente directive. Ce recueil permet un usage pratique simplifié. Etant donné que les termes des règlements et des directives a une force obligatoire dans toutes les langues officielles administratives, ce recueil est imprimé dans trois langues. Vu qu'il est tenu compte des différents textes des langues officielles administratives respectives, cela devrait aider à interpréter les directives en cas de manque de clarté.

Le droit européen des obligations est aujourd'hui aussi une matière de recherches juridiques intensives. Il faut mettre à la disposition de la science un matériel adéquat à la fois complet et d'une utilisation facile. D'autre part ce recueil offre une contribution dans la systématisation des règlements et directives d'après leur appartenance aux différents domaines du droit des obligations.

Le droit européen des obligations augmente en signification et il en est tenu compte dans les plans de formation des facultés juridiques. On propose de plus en plus de cours sur ce thème. Ce recueil offre à des étudiants intéressés une collection de matériaux soutenant les cours sous une forme claire et bien disposée.

Les règlements et directives concernant le droit des obligations sont classifiés selon les codifications continentales européennes. La plus grande partie des textes juridiques considérés représentent les règlements et directives du droit des contrats. Ceux-ci sont classés d'après leur appartenance aux domaines des formations de contrats (I), des contenus des contrats (II) et des contrats spécifiques (III). Les directives concernant le commerce électronique, les normes et la protection des données à caractère personnel font l'objet d'une propre section (IV). Les règlements et les directives sur le droit européen de responsabilité délictuelle suivent (V).

La conception de ce recueil de textes peut être mise à jour selon l'évolution juridique européenne. Ceci concerne les règlements et directives ultérieurs dans le domaines du droit des contrats et des délits ainsi que d'autres domaines juridiques du droit des obligations. C'est de cette manière que les éléments constitutifs pour un Code du droit civil européen seront rassemblés.

Je remercie mes collaborateur *Claire Reifner* et *Martin Taschner* pour leur précieuse aide à l'élaboration de ce recueil.

Hambourg, août 2001   *Ulrich Magnus*

Texte in deutscher Sprache

I. Vertragsschluss

I. Richtlinie des Rates vom 20. Dezember 1985 betreffend den Verbraucherschutz im Falle von außerhalb von Geschäftsräumen geschlossenen Verträgen (85/577/EWG)

Amtsblatt Nr. L 372 vom 31/12/1985, S. 31–33

DER RAT DER EUROPÄISCHEN GEMEINSCHAFTEN –
gestützt auf den Vertrag zur Gründung der Europäischen Wirtschaftsgemeinschaft, insbesondere auf Artikel 100, auf Vorschlag der Kommission[1], nach Stellungnahme des Europäischen Parlaments[2], nach Stellungnahme des Wirtschafts- und Sozialausschusses[3], in Erwägung nachstehender Gründe:

Der Abschluss von Verträgen oder einseitigen Verpflichtungserklärungen zwischen einem Gewerbetreibenden und einem Verbraucher außerhalb der Geschäftsräume des Gewerbetreibenden bildet eine Form der Handelspraxis, die in den Mitgliedstaaten häufig vorkommt. Solche Verträge und Verpflichtungserklärungen sind durch unterschiedliche Rechtsvorschriften der Mitgliedstaaten geregelt.

Die Unterschiede zwischen diesen Rechtsvorschriften können sich unmittelbar auf das Funktionieren des Gemeinsamen Marktes auswirken. Daher ist es nötig, die einschlägigen Bestimmungen anzugleichen.

Die Nummern 24 und 25 des Ersten Programms der Europäischen Wirtschaftsgemeinschaft für eine Politik zum Schutz und zur Unterrichtung der Verbraucher[4] sehen unter anderem vor, dass geeignete Maßnahmen zum Schutz der Verbraucher vor missbräuchlichen Handelspraktiken bei Haustürgeschäften getroffen werden. Das zweite Programm der Europäischen Wirtschaftsgemeinschaft für eine Politik zum Schutz und zur Unterrichtung der Verbraucher[5] hat die Fortführung der Aktionen und Prioritäten des ersten Programms bestätigt.

Verträge, die außerhalb der Geschäftsräume eines Gewerbetreibenden abgeschlossen werden, sind dadurch gekennzeichnet, dass die Initiative zu den Vertragsverhandlungen in der Regel vom Gewerbetreibenden ausgeht und der Verbraucher auf die Vertragsverhandlungen nicht vorbereitet ist. Letzterer hat häufig keine Möglichkeit, Qualität und Preis des Angebots mit anderen Angeboten zu vergleichen. Dieses Überraschungsmoment gibt es nicht nur bei Haustürgeschäften, sondern auch bei anderen Verträgen, die auf Initiative des Gewerbetreibenden außerhalb seiner Geschäftsräume abgeschlossen werden.

Um dem Verbraucher die Möglichkeit zu geben, die Verpflichtungen aus dem Vertrag noch einmal zu überdenken, sollte ihm das Recht eingeräumt werden, innerhalb von min-

---

[1] ABl. Nr. C 22 vom 29. 1. 1977, S. 6 und ABl. Nr. C 127 vom 1. 6. 1978, S. 6.
[2] ABl. Nr. C 241 vom 10. 10. 1977, S. 26.
[3] ABl. Nr. C 180 vom 28. 7. 1977, S. 39.
[4] ABl. Nr. C 92 vom 25. 4. 1975, S. 2.
[5] ABl. Nr. C 133 vom 3. 6. 1981, S. 1.

destens sieben Tagen vom Vertrag zurückzutreten. Außerdem ist es geboten, geeignete Maßnahmen zu treffen, um sicherzustellen, dass der Verbraucher schriftlich von seiner Überlegungsfrist unterrichtet ist.

Die Freiheit der Mitgliedstaaten, das Verbot des Abschlusses von Verträgen außerhalb von Geschäftsräumen teilweise oder vollständig beizubehalten oder einzuführen, sofern sie der Auffassung sind, dass dies im Interesse der Verbraucher liegt, sollte nicht beeinträchtigt werden –

HAT FOLGENDE RICHTLINIE ERLASSEN:

Artikel 1
(1) Diese Richtlinie gilt für Verträge, die zwischen einem Gewerbetreibenden, der Waren liefert oder Dienstleistungen erbringt, und einem Verbraucher geschlossen werden:
– während eines vom Gewerbetreibenden außerhalb von dessen Geschäftsräumen organisierten Ausflugs, oder
– anlässlich eines Besuchs des Gewerbetreibenden
i) beim Verbraucher in seiner oder in der Wohnung eines anderen Verbrauchers,
ii) beim Verbraucher an seinem Arbeitsplatz,
sofern der Besuch nicht auf ausdrücklichen Wunsch des Verbrauchers erfolgt.
(2) Diese Richtlinie gilt auch für Verträge über andere Warenlieferungen oder Dienstleistungen als diejenigen, für die der Verbraucher den Gewerbetreibenden um einen Besuch gebeten hat, sofern der Verbraucher zum Zeitpunkt seiner Bitte nicht gewusst hat oder aus vertretbaren Gründen nicht wissen konnte, dass die Lieferung bzw. Erbringung dieser anderen Ware oder Dienstleistung zu den gewerblichen oder beruflichen Tätigkeiten des Gewerbetreibenden gehört.
(3) Diese Richtlinie gilt auch für Verträge, bei denen der Verbraucher unter ähnlichen wie in Absatz 1 oder Absatz 2 genannten Bedingungen ein Angebot gemacht hat, obwohl der Verbraucher durch sein Angebot vor dessen Annahme durch den Gewerbetreibenden nicht gebunden war.
(4) Diese Richtlinie gilt auch für vertragliche Angebote, die ein Verbraucher unter ähnlichen wie in Absatz 1 oder Absatz 2 genannten Bedingungen macht, sofern der Verbraucher durch sein Angebot gebunden ist.

Artikel 2
Im Sinne dieser Richtlinie bedeutet
– „Verbraucher" eine natürliche Person, die bei den von dieser Richtlinie erfassten Geschäften zu einem Zweck handelt, der nicht ihrer beruflichen oder gewerblichen Tätigkeit zugerechnet werden kann.
– „Gewerbetreibender" eine natürliche oder juristische Person, die beim Abschluss des betreffenden Geschäfts im Rahmen ihrer gewerblichen oder beruflichen Tätigkeit handelt, sowie eine Person, die im Namen und für Rechnung eines Gewerbetreibenden handelt.

Artikel 3
(1) Die Mitgliedstaaten können entscheiden, dass diese Richtlinie nur auf Verträge angewandt wird, bei denen der vom Verbraucher zu zahlende Gegenwert über eine bestimmte Höhe hinausgeht. Dieser Betrag darf 60 ECU nicht übersteigen. Der Rat überprüft auf Vorschlag der Kommission diesen Betrag alle zwei Jahre, zum ers-

1. Außerhalb von Geschäftsräumen geschlossene Verträge

tenmal spätestens vier Jahre nach Bekanntgabe dieser Richtlinie, und ändert ihn gegebenenfalls, wobei er die wirtschaftliche und monetäre Entwicklung in der Gemeinschaft berücksichtigt.

(2) Diese Richtlinie gilt nicht für

a) Verträge über den Bau, den Verkauf und die Miete von Immobilien sowie Verträge über andere Rechte an Immobilien; Verträge über die Lieferung von Waren und über ihre Einfügung in vorhandene Immobilien oder Verträge über die Reparatur bestehender Immobilien werden von dieser Richtlinie erfasst.

b) Verträge über die Lieferung von Lebensmitteln oder Getränken oder sonstigen Haushaltsgegenständen des täglichen Bedarfs, die von ambulanten Einzelhändlern in kurzen Zeitabständen und regelmäßig geliefert werden;

c) Verträge über die Lieferung von Waren und die Erbringung von Dienstleistungen, vorausgesetzt, dass die drei folgenden Bedingungen erfüllt sind:

i) Der Vertrag wird anhand eines Katalogs eines Gewerbetreibenden geschlossen, den der Verbraucher in Abwesenheit des Vertreters des Gewerbetreibenden eingehend zur Kenntnis nehmen konnte;

ii) es wird vorgesehen, dass zwischen dem Vertreter des Gewerbetreibenden und dem Verbraucher im Zusammenhang mit diesem oder einem anderen, später abzuschließenden Geschäft eine ständige Verbindung aufrechterhalten wird;

iii) der Katalog und der Vertrag weisen den Verbraucher deutlich auf das Recht hin, dem Lieferer die Waren mindestens binnen sieben Tagen nach Erhalt zurückzusenden oder innerhalb dieser Frist vom Vertrag zurückzutreten, ohne dass ihm dadurch außer der Verpflichtung, die Waren angemessen zu behandeln, irgendwelche Verpflichtungen entstehen;

d) Versicherungsverträge;

e) Verträge über Wertpapiere.

(3) Die Mitgliedstaaten haben abweichend von Artikel 1 Absatz 2 die Möglichkeit, diese Richtlinie nicht auf Verträge über Warenlieferungen oder Dienstleistungen anzuwenden, die unmittelbar mit der Ware oder der Dienstleistung in Verbindung stehen, für die der Verbraucher den Gewerbetreibenden um einen Besuch gebeten hat.

Artikel 4

Der Gewerbetreibende hat den Verbraucher bei Geschäften im Sinne des Artikels 1 schriftlich über sein Widerrufsrecht innerhalb der in Artikel 5 festgelegten Fristen zu belehren und dabei den Namen und die Anschrift einer Person anzugeben, der gegenüber das Widerrufsrecht ausgeübt werden kann. Diese Belehrung ist zu datieren und hat Angaben zu enthalten, die eine Identifizierung des Vertrages ermöglichen. Sie ist dem Verbraucher auszuhändigen

a) im Fall von Artikel 1 Absatz 1 zum Zeitpunkt des Vertragsabschlusses;

b) im Fall von Artikel 1 Absatz 2 spätestens zum Zeitpunkt des Vertragsabschlusses;

c) im Fall von Artikel 1 Absatz 3 und Artikel 1 Absatz 4 zum Zeitpunkt der Abgabe des Angebots durch den Verbraucher. Die Mitgliedstaaten sorgen dafür, dass ihre innerstaatlichen Rechtsvorschriften geeignete Maßnahmen zum Schutz des Verbrauchers vorsehen, wenn die in diesem Artikel vorgesehene Belehrung nicht erfolgt.

Artikel 5

(1) Der Verbraucher besitzt das Recht, von der eingegangenen Verpflichtung zurückzutreten, indem er dies innerhalb von mindestens sieben Tagen nach dem Zeitpunkt, zu dem ihm die in Artikel 4 genannte Belehrung erteilt wurde, entsprechend dem Verfahren und unter Beachtung der Bedingungen, die im einzelstaatlichen Recht festgelegt sind, anzeigt. Die Frist gilt als gewahrt, wenn die Anzeige vor Fristablauf abgesandt wird.

(2) Die Anzeige bewirkt, dass der Verbraucher aus allen aus dem widerrufenen Vertrag erwachsenden Verpflichtungen entlassen ist.

Artikel 6

Der Verbraucher kann auf die ihm aufgrund dieser Richtlinie eingeräumten Rechte nicht verzichten.

Artikel 7

Übt der Verbraucher sein Rücktrittsrecht aus, so regeln sich die Rechtsfolgen des Widerrufs nach einzelstaatlichem Recht, insbesondere bezüglich der Rückerstattung von Zahlungen für Waren oder Dienstleistungen und der Rückgabe empfangener Waren.

Artikel 8

Die vorliegende Richtlinie hindert die Mitgliedstaaten nicht daran, noch günstigere Verbraucherschutzbestimmungen auf dem Gebiet dieser Richtlinie zu erlassen oder beizubehalten.

Artikel 9

(1) Die Mitgliedstaaten treffen die erforderlichen Maßnahmen, um dieser Richtlinie innerhalb von vierundzwanzig Monaten nach ihrer Bekanntgabe[6] nachzukommen. Sie setzen die Kommission unverzüglich hiervon in Kenntnis.

(2) Die Mitgliedstaaten teilen der Kommission den Wortlaut der wichtigsten innerstaatlichen Rechtsvorschriften mit, die sie auf dem unter diese Richtlinie fallenden Gebiet erlassen.

Artikel 10

Diese Richtlinie ist an die Mitgliedstaaten gerichtet.

---

[6] Diese Richtlinie wurde den Mitgliedstaaten am 23. Dezember 1985 bekannt gegeben.

2. Richtlinie des Europäischen Parlaments und des Rates vom 20. Mai 1997 über den Verbraucherschutz bei Vertragsabschlüssen im Fernabsatz (97/7/EG)

Amtsblatt Nr. L 144 vom 04/06/1997, S. 19–27

DAS EUROPÄISCHE PARLAMENT UND DER RAT DER EUROPÄISCHEN UNION –

gestützt auf den Vertrag zur Gründung der Europäischen Gemeinschaft, insbesondere auf Artikel 100a, auf Vorschlag der Kommission[1],nach Stellungnahme des Wirtschafts- und Sozialausschusses[2], gemäss dem Verfahren des Artikels 189b des Vertrags[3], aufgrund des am 27. November 1996 vom Vermittlungsausschuss gebilligten gemeinsamen Entwurfs, in Erwägung nachstehender Gründe:

(1) Im Rahmen der Verwirklichung der Ziele des Binnenmarkts sind geeignete Maßnahmen zu dessen schrittweiser Festigung zu ergreifen.

(2) Der freie Verkehr von Waren und Dienstleistungen betrifft nicht nur den gewerblichen Handel, sondern auch Privatpersonen. Er bedeutet für den Verbraucher, dass dieser zu den Gütern und Dienstleistungen eines anderen Mitgliedstaats zu den gleichen Bedingungen Zugang hat wie die Bevölkerung dieses Staates.

(3) Die Vollendung des Binnenmarkts kann für den Verbraucher besonders im grenzüberschreitenden Fernabsatz sichtbar zum Ausdruck kommen, wie dies unter anderem in der Mitteilung der Kommission an den Rat „Auf dem Weg zu einem Binnenmarkt für den Handel" festgestellt wurde. Es ist für das reibungslose Funktionieren des Binnenmarkts unabdingbar, dass der Verbraucher sich an ein Unternehmen außerhalb seines Landes wenden kann, auch wenn dieses Unternehmen über eine Filiale in dem Land verfügt, in dem der Verbraucher lebt.

(4) Mit der Einführung neuer Technologien erhalten die Verbraucher einen immer besseren Überblick über das Angebot in der ganzen Gemeinschaft und zahlreiche neue Möglichkeiten, Bestellungen zu tätigen. Einige Mitgliedstaaten haben bereits unterschiedliche oder abweichende Verbraucherschutzbestimmungen für den Fernabsatz erlassen, was negative Auswirkungen auf den Wettbewerb zwischen den Unternehmen im Binnenmarkt zur Folge hat. Es ist daher geboten, auf Gemeinschaftsebene eine Mindestzahl gemeinsamer Regeln in diesem Bereich einzuführen.

(5) Unter den Nummern 18 und 19 des Anhangs zur Entschließung des Rates vom 14. April 1975 über das erste Programm der Europäischen Wirtschaftsgemeinschaft für eine Politik zum Schutz und zur Information der Verbraucher[4] wird von der Notwendigkeit gesprochen, die Käufer von Gütern oder Dienstleistungen vor der Forderung nach Zahlung nicht bestellter Waren und vor aggressiven Verkaufsmethoden zu schützen.

(6) In der Mitteilung der Kommission an den Rat mit dem Titel „Neuer Impuls für die

---

[1] ABl. Nr. C 156 vom 23. 6. 1992, S. 14 und ABl. Nr. C 308 vom 15. 11. 1993, S. 18.
[2] ABl. Nr. C 19 vom 25. 1. 1993, S. 111.
[3] Stellungnahme des Europäischen Parlaments vom 26. Mai 1993 (ABl. Nr. C 176 vom 28.6.1993, S. 95), gemeinsamer Standpunkt des Rates vom 29. Juni 1995 (ABl. Nr. C 288 vom 30. 10. 1995, S. 1) und Beschluss des Europäischen Parlaments vom 13. Dezember 1995 (ABl. Nr. C 17 vom 22. 1. 1996, S. 51). Entscheidung des Europäischen Parlaments vom 16. Januar 1997 und Entscheidung des Rates vom 20. Januar 1997.
[4] ABl. Nr. C 92 vom 25. 4. 1975, S. 1.

Verbraucherschutzpolitik", die durch die Entschließung des Rates vom 23. Juni 1986[5] gebilligt wurde, wird unter Nummer 33 erklärt, dass die Kommission Vorschläge zur Verwendung neuer Informationstechnologien unterbreiten wird, die es den Verbrauchern ermöglichen, Bestellungen an einen Lieferer von zu Hause aus zu tätigen.
(7) In der Entschließung des Rates vom 9. November 1989 über künftige Prioritäten bei der Neubelebung der Verbraucherschutzpolitik[6] wird die Kommission aufgefordert, ihre Bemühungen vor allem auf die im Anhang der Entschließung angegebenen Bereiche zu konzentrieren. In diesem Anhang werden die neuen Technologien, die den Fernabsatz ermöglichen, erwähnt. Die Kommission ist dieser Entschließung durch die Annahme eines „Dreijahresplans für die Verbraucherpolitik in der EWG (1990–1992)" nachgekommen; dieser Plan sieht die Verabschiedung einer diesbezüglichen Richtlinie vor.
(8) Die Frage, welche Sprachen bei Vertragsabschlüssen im Fernabsatz zu verwenden sind, fällt in die Zuständigkeit der Mitgliedstaaten.
(9) Der Abschluss von Verträgen im Fernabsatz ist durch die Verwendung einer oder mehrerer Fernkommunikationstechniken gekennzeichnet. Diese verschiedenen Techniken werden im Rahmen eines für den Fernabsatz organisierten Vertriebs- bzw. Dienstleistungssystems ohne gleichzeitige Anwesenheit des Lieferers oder Dienstleistungserbringers und des Verbrauchers eingesetzt. Aufgrund ihrer ständigen Weiterentwicklung können diese Techniken nicht in einer erschöpfenden Liste erfasst werden; es ist daher notwendig, brauchbare Prinzipien auch für die wenig verwendeten unter ihnen festzulegen.
(10) Dieselbe Transaktion, die sukzessive Vorgänge oder eine Reihe von getrennten Vorgängen, die sich über einen bestimmten Zeitraum erstrecken, umfasst, kann je nach Gesetzeslage in den Mitgliedstaaten in rechtlicher Hinsicht unterschiedlich ausgestaltet sein. Die Bestimmungen dieser Richtlinie können – vorbehaltlich der Inanspruchnahme von Artikel 14 – nicht unterschiedlich je nach den Rechtsvorschriften der Mitgliedstaaten angewandt werden. Es erscheint deshalb angebracht, dass den Bestimmungen der Richtlinie zumindest zu dem Zeitpunkt nachgekommen werden muss, zu dem der erste einer Reihe von sukzessiven Vorgängen oder der erste einer Reihe von getrennten Vorgängen erfolgt, die sich über einen bestimmten Zeitraum erstrecken und als ein Gesamtvorgang gelten können, und zwar ungeachtet, ob dieser Vorgang oder diese Reihe von Vorgängen Gegenstand eines einzigen Vertrags oder aufeinanderfolgender getrennter Verträge ist.
(11) Die Verwendung dieser Techniken darf nicht zu einer Verringerung der dem Verbraucher vermittelten Informationen führen. Es sind daher die Informationen festzulegen, die dem Verbraucher unabhängig von der verwendeten Kommunikationstechnik zwingend übermittelt werden müssen. Außerdem muss die Übermittlung dieser Informationen entsprechend den sonstigen einschlägigen Gemeinschaftsvorschriften erfolgen, und zwar insbesondere gemäss der Richtlinie 84/450/EWG des Rates vom 10. September 1984 über die Angleichung der Rechts- und Verwaltungsvorschriften der Mitgliedstaaten auf dem Gebiet der irreführenden Werbung[7]. Falls Ausnahmen von der Verpflichtung zur Übermittlung von Informationen gemacht werden, obliegt es dem Verbraucher, nach seiner Wahl bestimmte grundlegende Angaben wie Identität des Lieferers, wesentliche Eigenschaften und Preis der Waren oder Dienstleistungen zu verlangen.

---

[5] ABl. Nr. C 167 vom 5. 7. 1986, S. 1.
[6] ABl. Nr. C 294 vom 22. 11. 1989, S. 1.
[7] ABl. Nr. L 250 vom 19. 9. 1984, S. 17.

2. Vertragsabschlüsse im Fernabsatz

(12) Bei Benutzung des Telefons sollte der Verbraucher zu Beginn des Gesprächs genügend Informationen erhalten, um zu entscheiden, ob er das Gespräch fortsetzen will oder nicht.

(13) Die mit Hilfe bestimmter elektronischer Technologien verbreitete Information ist häufig nicht beständig, soweit sie nicht auf einem dauerhaften Datenträger empfangen wird. Infolgedessen ist es notwendig, dass der Verbraucher rechtzeitig schriftlich Informationen erhält, die zur korrekten Ausführung des Vertrags erforderlich sind.

(14) Der Verbraucher hat in der Praxis keine Möglichkeit, vor Abschluss des Vertrags das Erzeugnis zu sehen oder die Eigenschaften der Dienstleistung im einzelnen zur Kenntnis zu nehmen. Daher sollte ein Widerrufsrecht bestehen, sofern in dieser Richtlinie nicht etwas anderes bestimmt ist. Damit es sich um mehr als ein bloß formales Recht handelt, müssen die Kosten, die, wenn überhaupt, vom Verbraucher im Fall der Ausübung des Widerrufsrechts getragen werden, auf die unmittelbaren Kosten der Rücksendung der Waren begrenzt werden. Das Widerrufsrecht berührt nicht die im einzelstaatlichen Recht vorgesehenen Rechte des Verbrauchers, insbesondere bei Erhalt von beschädigten Erzeugnissen oder unzulänglichen Dienstleistungen oder Erzeugnissen und Dienstleistungen, die mit der entsprechenden Beschreibung in der Aufforderung nicht übereinstimmen. Es ist Sache der Mitgliedstaaten, weitere Bedingungen und Einzelheiten für den Fall der Ausübung des Widerrufsrechts festzulegen.

(15) Ebenso ist eine Frist für die Erfüllung des Vertrags vorzusehen, wenn sie nicht bei der Bestellung festgelegt worden ist.

(16) Die Absatztechnik, die darin besteht, dem Verbraucher ohne vorherige Bestellung oder ohne ausdrückliches Einverständnis gegen Entgelt Waren zu liefern oder Dienstleistungen zu erbringen, ist als nicht zulässig anzusehen, es sei denn, es handele sich um eine Ersatzlieferung.

(17) Die in den Artikeln 8 und 10 der Europäischen Konvention zum Schutz der Menschenrechte und Grundfreiheiten vom 4. November 1950 festgelegten Prinzipien sind zu berücksichtigen. Es ist daher angezeigt, dem Verbraucher ein Recht auf den Schutz des Privatlebens, insbesondere vor Belästigungen durch gewisse besonders aufdringliche Kommunikationstechniken, zuzuerkennen und mithin die spezifischen Grenzen der Nutzung solcher Techniken genau zu bestimmen. Die Mitgliedstaaten sollten die geeigneten Maßnahmen ergreifen, um die Verbraucher, die keine Kontaktaufnahme durch bestimmte Kommunikationsmittel wünschen, auf wirksame Weise vor derartigen Kontakten zu schützen, und zwar ohne Beeinträchtigung der zusätzlichen Garantien, die dem Verbraucher aufgrund gemeinschaftlicher Regelungen über den Schutz personenbezogener Daten und der Privatsphäre zustehen.

(18) Es ist wichtig, dass die verbindlichen Grundregeln dieser Richtlinie im Einklang mit der Empfehlung 92/295/EWG der Kommission vom 7. April 1992 über Verhaltenskodizes zum Verbraucherschutz bei Vertragsabschlüssen im Fernabsatz[8] gegebenenfalls durch freiwillige Bestimmungen der betreffenden Berufszweige ergänzt werden.

(19) Im Hinblick auf einen optimalen Verbraucherschutz ist es wichtig, dass der Verbraucher in ausreichendem Umfang über die Bestimmungen dieser Richtlinie und etwaige Verhaltenskodizes auf diesem Gebiet unterrichtet wird.

(20) Die Nichteinhaltung der Bestimmungen dieser Richtlinie kann von Verbrauchern, aber auch Mitbewerbern, schaden. Es können daher Bestimmungen vorgesehen werden,

---

[8] ABl. Nr. L 156 vom 10. 6. 1992, S. 21.

die es öffentlichen Einrichtungen oder deren Vertretern oder Verbraucherverbänden, die nach dem innerstaatlichen Recht ein berechtigtes Interesse am Schutz der Verbraucher haben, oder Berufsverbänden mit berechtigtem Interesse erlauben, auf Anwendung dieser Richtlinie zu dringen.

(21) Im Hinblick auf den Verbraucherschutz ist es wichtig, die Frage grenzüberschreitender Beschwerden so bald wie möglich zu behandeln. Die Kommission hat am 14. Februar 1996 einen Aktionsplan für den Zugang der Verbraucher zum Recht und die Beilegung von Rechtsstreitigkeiten der Verbraucher im Binnenmarkt veröffentlicht. Dieser Aktionsplan umfasst spezifische Initiativen zur Förderung außergerichtlicher Verfahren. Es werden objektive Kriterien (Anhang II) vorgeschlagen, um die Verlässlichkeit jener Verfahren sicherzustellen, und es wird die Verwendung von genormten Formblättern (Anhang III) vorgesehen.

(22) Bei den neuen Technologien entzieht sich die technische Seite dem Einfluss des Verbrauchers. Es ist daher vorzusehen, dass die Beweislast dem Lieferer auferlegt werden kann.

(23) In bestimmten Fällen besteht die Gefahr, dass dem Verbraucher der in dieser Richtlinie aufgestellte Schutz entzogen wird, indem das Recht eines Drittlands zum auf den Vertrag anwendbaren Recht erklärt wird. Diese Richtlinie sollte deshalb Bestimmungen enthalten, die dies ausschließen.

(24) Ein Mitgliedstaat kann im Interesse der Allgemeinheit in seinem Hoheitsgebiet die Vermarktung bestimmter Erzeugnisse und Dienstleistungen im Rahmen von Vertragsabschlüssen im Fernabsatz untersagen. Dieses Verbot muss unter Einhaltung der Rechtsvorschriften der Gemeinschaft gehandhabt werden. Entsprechende Verbote sind insbesondere im Hinblick auf Arzneimittel im Rahmen der Richtlinie 89/552/EWG des Rates vom 3. Oktober 1989 zur Koordinierung bestimmter Rechts- und Verwaltungsvorschriften der Mitgliedstaaten über die Ausübung der Fernsehtätigkeit[9] und der Richtlinie 92/28/EWG des Rates vom 31. März 1992 über die Werbung für Humanarzneimittel[10] bereits vorgesehen –
HABEN FOLGENDE RICHTLINIE ERLASSEN:

Artikel 1. Gegenstand
Gegenstand dieser Richtlinie ist die Angleichung der Rechts- und Verwaltungsvorschriften der Mitgliedstaaten über Vertragsabschlüsse im Fernabsatz zwischen Verbrauchern und Lieferern.

Artikel 2. Definitionen
Im Sinne dieser Richtlinie bezeichnet der Ausdruck
1. „Vertragsabschluss im Fernabsatz" jeden zwischen einem Lieferer und einem Verbraucher geschlossenen, eine Ware oder eine Dienstleistung betreffenden Vertrag, der im Rahmen eines für den Fernabsatz organisierten Vertriebs- bzw. Dienstleistungssystems des Lieferers geschlossen wird, wobei dieser für den Vertrag bis zu dessen Abschluss einschließlich des Vertragsabschlusses selbst ausschließlich eine oder mehrere Fernkommunikationstechniken verwendet;

---

[9] ABl. Nr. L 298 vom 17. 10. 1989, S. 23.
[10] ABl. Nr. L 113 vom 30. 4. 1992, S. 13.

2. Vertragsabschlüsse im Fernabsatz

2. „Verbraucher" jede natürliche Person, die beim Abschluss von Verträgen im Sinne dieser Richtlinie zu Zwecken handelt, die nicht ihrer gewerblichen oder beruflichen Tätigkeit zugerechnet werden können;
3. „Lieferer" jede natürliche oder juristische Person, die beim Abschluss von Verträgen im Sinne dieser Richtlinie im Rahmen ihrer gewerblichen oder beruflichen Tätigkeit handelt;
4. „Fernkommunikationstechnik" jedes Kommunikationsmittel, das zum Abschluss eines Vertrags zwischen einem Verbraucher und einem Lieferer ohne gleichzeitige körperliche Anwesenheit der Vertragsparteien eingesetzt werden kann. Eine beispielhafte Liste der Techniken im Sinne dieser Richtlinie ist in Anhang I enthalten;
5. „Betreiber einer Kommunikationstechnik" jede natürliche oder juristische Person des öffentlichen oder privaten Rechts, deren gewerbliche oder berufliche Tätigkeit darin besteht, den Lieferern eine oder mehrere Fernkommunikationstechniken zur Verfügung zu stellen.

Artikel 3. Ausnahmen
(1) Diese Richtlinie gilt nicht für Verträge, die
– in einer nicht erschöpfenden Liste in Anhang II angeführte Finanzdienstleistungen betreffen;
– unter Verwendung von Warenautomaten oder automatisierten Geschäftsräumen geschlossen werden;
– mit Betreibern von Telekommunikationsmitteln aufgrund der Benutzung von öffentlichen Fernsprechern geschlossen werden;
– für den Bau und den Verkauf von Immobilien geschlossen werden oder die sonstige Rechte an Immobilien mit Ausnahme der Vermietung betreffen;
– bei einer Versteigerung geschlossen werden.
(2) Die Artikel 4, 5 und 6 sowie Artikel 7 Absatz 1 gelten nicht für
– Verträge über die Lieferung von Lebensmitteln, Getränken oder sonstigen Haushaltsgegenständen des täglichen Bedarfs, die am Wohnsitz, am Aufenthaltsort oder am Arbeitsplatz eines Verbrauchers von Händlern im Rahmen häufiger und regelmäßiger Fahrten geliefert werden;
– Verträge über die Erbringung von Dienstleistungen in den Bereichen Unterbringung, Beförderung, Lieferung von Speisen und Getränken sowie Freizeitgestaltung, wenn sich der Lieferer bei Vertragsabschluss verpflichtet, die Dienstleistungen zu einem bestimmten Zeitpunkt oder innerhalb eines genau angegebenen Zeitraums zu erbringen; ausnahmsweise kann der Lieferer sich bei Freizeitveranstaltungen unter freiem Himmel das Recht vorbehalten, Artikel 7 Absatz 2 unter besonderen Umständen nicht anzuwenden.

Artikel 4. Vorherige Unterrichtung
(1) Der Verbraucher muss rechtzeitig vor Abschluss eines Vertrags im Fernabsatz über folgende Informationen verfügen:
a) Identität des Lieferers und im Fall von Verträgen, bei denen eine Vorauszahlung erforderlich ist, seine Anschrift;
b) wesentliche Eigenschaften der Ware oder Dienstleistung;
c) Preis der Ware oder Dienstleistung einschließlich aller Steuern;
d) gegebenenfalls Lieferkosten;

e) Einzelheiten hinsichtlich der Zahlung und der Lieferung oder Erfüllung;
f) Bestehen eines Widerrufrechts, außer in den in Artikel 6 Absatz 3 genannten Fällen;
g) Kosten für den Einsatz der Fernkommunikationstechnik, sofern nicht nach dem Grundtarif berechnet;
h) Gültigkeitsdauer des Angebots oder des Preises;
i) gegebenenfalls Mindestlaufzeit des Vertrags über die Lieferung von Waren oder Erbringung von Dienstleistungen, wenn dieser eine dauernde oder regelmäßig wiederkehrende Leistung zum Inhalt hat.

(2) Die Informationen nach Absatz 1, deren kommerzieller Zweck unzweideutig erkennbar sein muss, müssen klar und verständlich auf jedwede der verwendeten Fernkommunikationstechnik angepasste Weise erteilt werden; dabei sind insbesondere die Grundsätze der Lauterkeit bei Handelsgeschäften sowie des Schutzes solcher Personen, die nach den Gesetzen der einzelnen Mitgliedstaaten nicht geschäftsfähig sind (wie zum Beispiel Minderjährige), zu beachten.

(3) Bei Telefongesprächen mit Verbrauchern ist darüber hinaus zu Beginn des Gesprächs die Identität des Lieferers und der kommerzielle Zweck des Gesprächs ausdrücklich offenzulegen.

Artikel 5. Schriftliche Bestätigung der Informationen

(1) Der Verbraucher muss eine Bestätigung der Informationen gemäss Artikel 4 Absatz 1 Buchstaben a) bis f) rechtzeitig während der Erfüllung des Vertrags, bei nicht zur Lieferung an Dritte bestimmten Waren spätestens zum Zeitpunkt der Lieferung, schriftlich oder auf einem anderen für ihn verfügbaren dauerhaften Datenträger erhalten, soweit ihm diese Informationen nicht bereits vor Vertragsabschluss schriftlich oder auf einem anderen für ihn verfügbaren dauerhaften Datenträger erteilt wurden.

Auf jeden Fall ist folgendes zu übermitteln:
– schriftliche Informationen über die Bedingungen und Einzelheiten der Ausübung des Widerrufsrechts im Sinne des Artikels 6, einschließlich der in Artikel 6 Absatz 3 erster Gedankenstrich genannten Fälle;
– die geographische Anschrift der Niederlassung des Lieferers, bei der der Verbraucher seine Beanstandungen vorbringen kann;
– Informationen über Kundendienst und geltende Garantiebedingungen;
– die Kündigungsbedingungen bei unbestimmter Vertragsdauer bzw. einer mehr als einjährigen Vertragsdauer.

(2) Absatz 1 ist nicht anwendbar auf Dienstleistungen, die unmittelbar durch Einsatz einer Fernkommunikationstechnik erbracht werden, sofern diese Leistungen in einem Mal erfolgen und über den Betreiber der Kommunikationstechnik abgerechnet werden. Allerdings muss der Verbraucher in jedem Fall die Möglichkeit haben, die geographische Anschrift der Niederlassung des Lieferers zu erfahren, bei der er seine Beanstandungen vorbringen kann.

Artikel 6. Widerrufsrecht

(1) Der Verbraucher kann jeden Vertragsabschluss im Fernabsatz innerhalb einer Frist von mindestens sieben Werktagen ohne Angabe von Gründen und ohne Strafzahlung widerrufen. Die einzigen Kosten, die dem Verbraucher infolge der

2. Vertragsabschlüsse im Fernabsatz

Ausübung seines Widerrufsrechts auferlegt werden können, sind die unmittelbaren Kosten der Rücksendung der Waren.

Die Frist für die Wahrnehmung dieses Rechts beginnt
- bei Waren mit dem Tag ihres Eingangs beim Verbraucher, wenn die Verpflichtungen im Sinne des Artikels 5 erfüllt sind;
- bei Dienstleistungen mit dem Tag des Vertragsabschlusses oder dem Tag, an dem die Verpflichtungen im Sinne des Artikels 5 erfüllt sind, wenn dies nach Vertragsabschluss der Fall ist, sofern damit nicht die nachstehend genannte Dreimonatsfrist überschritten wird.

Falls der Lieferer die Bedingungen im Sinne des Artikels 5 nicht erfüllt hat, beträgt die Frist drei Monate. Diese Frist beginnt
- bei Waren mit dem Tag ihres Eingangs beim Verbraucher;
- bei Dienstleistungen mit dem Tag des Vertragsabschlusses.

Werden innerhalb dieser Dreimonatsfrist die Informationen gemäss Artikel 5 übermittelt, so beginnt die Frist von sieben Werktagen gemäss Unterabsatz 1 mit diesem Zeitpunkt.

(2) Übt der Verbraucher das Recht auf Widerruf gemäss diesem Artikel aus, so hat der Lieferer die vom Verbraucher geleisteten Zahlungen kostenlos zu erstatten. Die einzigen Kosten, die dem Verbraucher infolge der Ausübung seines Widerrufsrechts auferlegt werden können, sind die unmittelbaren Kosten der Rücksendung der Waren. Die Erstattung hat so bald wie möglich in jedem Fall jedoch binnen 30 Tagen zu erfolgen.

(3) Sofern die Parteien nichts anderes vereinbart haben, kann der Verbraucher das in Absatz 1 vorgesehene Widerrufsrecht nicht ausüben bei
- Verträgen zur Erbringung von Dienstleistungen, deren Ausführung mit Zustimmung des Verbrauchers vor Ende der Frist von sieben Werktagen gemäss Absatz 1 begonnen hat;
- Verträgen zur Lieferung von Waren oder Erbringung von Dienstleistungen, deren Preis von der Entwicklung der Sätze auf den Finanzmärkten, auf die der Lieferer keinen Einfluss hat, abhängt;
- Verträgen zur Lieferung von Waren, die nach Kundenspezifikation angefertigt werden oder eindeutig auf die persönlichen Bedürfnisse zugeschnitten sind oder die aufgrund ihrer Beschaffenheit nicht für eine Rücksendung geeignet sind oder schnell verderben können oder deren Verfallsdatum überschritten würde;
- Verträgen zur Lieferung von Audio- oder Videoaufzeichnungen oder Software, die vom Verbraucher entsiegelt worden sind;
- Verträgen zur Lieferung von Zeitungen, Zeitschriften und Illustrierten;
- Verträgen zur Erbringung von Wett- und Lotterie-Dienstleistungen.

(4) Die Mitgliedstaaten sehen in ihren Rechtsvorschriften folgendes vor:
- Wenn der Preis einer Ware oder einer Dienstleistung vollständig oder zum Teil durch einen vom Lieferer gewährten Kredit finanziert wird,

oder

- wenn dieser Preis vollständig oder zum Teil durch einen Kredit finanziert wird, der dem Verbraucher von einem Dritten aufgrund einer Vereinbarung zwischen dem Dritten und dem Lieferer gewährt wird,

wird der Kreditvertrag entschädigungsfrei aufgelöst, falls der Verbraucher von seinem Widerrufsrecht gemäss Absatz 1 Gebrauch macht.
Die Mitgliedstaaten legen die Einzelheiten der Auflösung des Kreditvertrags fest.

Artikel 7. Erfüllung des Vertrags

(1) Sofern die Parteien nichts anderes vereinbart haben, hat der Lieferer die Bestellung spätestens 30 Tage nach dem Tag auszuführen, der auf den Tag, an dem der Verbraucher dem Lieferer seine Bestellung übermittelt hat, folgt.

(2) Wird ein Vertrag vom Lieferer nicht erfüllt, weil die bestellte Ware oder Dienstleistung nicht verfügbar ist, so ist der Verbraucher davon zu unterrichten, und er muss die Möglichkeit haben, sich geleistete Zahlungen möglichst bald, in jedem Fall jedoch binnen 30 Tagen, erstatten zu lassen.

(3) Die Mitgliedstaaten können indessen vorsehen, dass der Lieferer dem Verbraucher eine qualitätsmäßig und preislich gleichwertige Ware liefern oder eine qualitätsmäßig und preislich gleichwertige Dienstleistung erbringen kann, wenn diese Möglichkeit vor Vertragsabschluss oder in dem Vertrag vorgesehen wurde. Der Verbraucher ist von dieser Möglichkeit in klarer und verständlicher Form zu unterrichten. Die Kosten der Rücksendung infolge der Ausübung des Widerrufsrechts gehen in diesem Fall zu Lasten des Lieferers; der Verbraucher ist davon zu unterrichten. In diesem Fall handelt es sich bei der Lieferung einer Ware oder der Erbringung einer Dienstleistung nicht um eine unbestellte Ware oder Dienstleistung im Sinne des Artikels 9.

Artikel 8. Zahlung mittels Karte

Die Mitgliedstaaten tragen dafür Sorge, dass geeignete Vorkehrungen bestehen, damit
- der Verbraucher im Fall einer betrügerischen Verwendung seiner Zahlungskarte im Rahmen eines unter diese Richtlinie fallenden Vertragsabschlusses im Fernabsatz die Stornierung einer Zahlung verlangen kann;
- dem Verbraucher im Fall einer solchen betrügerischen Verwendung die Zahlungen gutgeschrieben oder erstattet werden.

Artikel 9. Unbestellte Waren oder Dienstleistungen

Die Mitgliedstaaten treffen die erforderlichen Maßnahmen, um
- zu untersagen, dass einem Verbraucher ohne vorherige Bestellung Waren geliefert oder Dienstleistungen erbracht werden, wenn mit der Warenlieferung oder Dienstleistungserbringung eine Zahlungsaufforderung verbunden ist;
- den Verbraucher von jedweder Gegenleistung für den Fall zu befreien, dass unbestellte Waren geliefert oder unbestellte Dienstleistungen erbracht wurden, wobei das Ausbleiben einer Reaktion nicht als Zustimmung gilt.

Artikel 10. Beschränkungen in der Verwendung bestimmter Fernkommunikationstechniken

(1) Die Verwendung folgender Techniken durch den Lieferer bedarf der vorherigen Zustimmung des Verbrauchers:
- Kommunikation mit Automaten als Gesprächspartner (Voice-Mail-System);
- Fernkopie (Telefax).

(2) Die Mitgliedstaaten tragen dafür Sorge, dass Fernkommunikationstechniken, die eine individuelle Kommunikation erlauben, mit Ausnahme der in Absatz 1 genannten Techniken, nur dann verwendet werden dürfen, wenn der Verbraucher ihre Verwendung nicht offenkundig abgelehnt hat.

2. Vertragsabschlüsse im Fernabsatz

Artikel 11. Rechtsbehelfe bei Gericht oder Verwaltungsbehörden
(1) Die Mitgliedstaaten sorgen im Interesse der Verbraucher für geeignete und wirksame Mittel, die die Einhaltung der Bestimmungen dieser Richtlinie gewährleisten.

(2) Die in Absatz 1 genannten Mittel schließen Rechtsvorschriften ein, wonach eine oder mehrere der folgenden, im innerstaatlichen Recht festzulegenden Einrichtungen im Einklang mit den innerstaatlichen Rechtsvorschriften die Gerichte oder die zuständigen Verwaltungsbehörden anrufen können, um die Anwendung der innerstaatlichen Vorschriften zur Umsetzung dieser Richtlinie zu erreichen:
a) öffentliche Einrichtungen oder ihre Vertreter;
b) Verbraucherverbände, die ein berechtigtes Interesse am Schutz der Verbraucher haben;
c) Berufsverbände mit berechtigtem Interesse.

(3) a) Die Mitgliedstaaten können bestimmen, dass der Nachweis, dass eine vorherige Unterrichtung stattfand, eine schriftliche Bestätigung erfolgte oder die Fristen eingehalten wurden und die Zustimmung des Verbrauchers erteilt wurde, dem Lieferer obliegen kann.
b) Die Mitgliedstaaten treffen die erforderlichen Maßnahmen, um sicherzustellen, dass die Lieferer und die Betreiber von Kommunikationstechniken, sofern sie hierzu in der Lage sind, Praktiken unterlassen, die nicht mit den gemäss dieser Richtlinie erlassenen Bestimmungen im Einklang stehen.

(4) Die Mitgliedstaaten können zusätzlich zu den Mitteln, die sie zur Gewährleistung der Einhaltung der Bestimmungen dieser Richtlinie vorsehen müssen, eine freiwillige Kontrolle der Einhaltung der Bestimmungen dieser Richtlinie durch unabhängige Einrichtungen sowie die Inanspruchnahme solcher Einrichtungen zwecks Streitschlichtung vorsehen.

Artikel 12. Unabdingbarkeit
(1) Der Verbraucher kann auf die Rechte, die ihm aufgrund der Umsetzung dieser Richtlinie in innerstaatliches Recht zustehen, nicht verzichten.
(2) Die Mitgliedstaaten ergreifen die erforderlichen Maßnahmen, damit der Verbraucher den durch diese Richtlinie gewährten Schutz nicht verliert, wenn das Recht eines Drittlands als das auf den Vertrag anzuwendende Recht gewählt wurde und der Vertrag einen engen Zusammenhang mit dem Gebiet eines oder mehrerer Mitgliedstaaten aufweist.

Artikel 13. Gemeinschaftsbestimmungen
(1) Die Bestimmungen dieser Richtlinie gelten, soweit es im Rahmen von Rechtsvorschriften der Gemeinschaft keine besonderen Bestimmungen gibt, die bestimmte Vertragstypen im Fernabsatz umfassend regeln.
(2) Enthalten spezifische Rechtsvorschriften der Gemeinschaft Bestimmungen, die nur gewisse Aspekte der Lieferung von Waren oder der Erbringung von Dienstleistungen regeln, dann sind diese Bestimmungen – und nicht die Bestimmungen der vorliegenden Richtlinie für diese bestimmten Aspekte der Verträge im Fernabsatz anzuwenden.

Artikel 14. Mindestklauseln
Die Mitgliedstaaten können in dem unter diese Richtlinie fallenden Bereich mit

dem EG-Vertrag in Einklang stehende strengere Bestimmungen erlassen oder aufrechterhalten, um ein höheres Schutzniveau für die Verbraucher sicherzustellen. Durch solche Bestimmungen können sie im Interesse der Allgemeinheit den Vertrieb im Fernabsatz für bestimmte Waren und Dienstleistungen, insbesondere Arzneimittel, in ihrem Hoheitsgebiet unter Beachtung des EG-Vertrags verbieten.

Artikel 15. Durchführung
(1) Die Mitgliedstaaten setzen die erforderlichen Rechts- und Verwaltungsvorschriften in Kraft, um dieser Richtlinie spätestens drei Jahre nach ihrem Inkrafttreten nachzukommen. Sie setzen die Kommission unverzüglich davon in Kenntnis.
(2) Wenn die Mitgliedstaaten Vorschriften nach Absatz 1 erlassen, nehmen sie in den Vorschriften selbst oder durch einen Hinweis bei der amtlichen Veröffentlichung auf diese Richtlinie Bezug. Die Mitgliedstaaten regeln die Einzelheiten der Bezugnahme.
(3) Die Mitgliedstaaten teilen der Kommission die innerstaatlichen Rechtsvorschriften mit, die sie auf dem durch diese Richtlinie geregelten Gebiet erlassen.
(4) Spätestens vier Jahre nach Inkrafttreten dieser Richtlinie legt die Kommission dem Europäischen Parlament und dem Rat einen Bericht über die Anwendung dieser Richtlinie, gegebenenfalls verbunden mit einem Änderungsvorschlag, vor.

Artikel 16. Unterrichtung der Verbraucher
Die Mitgliedstaaten sehen angemessene Maßnahmen zur Unterrichtung der Verbraucher über das zur Umsetzung dieser Richtlinie erlassene innerstaatliche Recht vor und fordern, falls angebracht, Berufsorganisationen auf, die Verbraucher über ihre Verhaltenskodizes zu unterrichten.

Artikel 17. Beschwerdesysteme
Die Kommission untersucht, ob wirksame Verfahren zur Behandlung von Verbraucherbeschwerden, die den Fernabsatz betreffen, geschaffen werden können. Binnen zwei Jahren nach Inkrafttreten dieser Richtlinie legt die Kommission dem Europäischen Parlament und dem Rat einen Bericht über die Untersuchungsergebnisse gegebenenfalls zusammen mit Vorschlägen vor.

Artikel 18
Diese Richtlinie tritt am Tag ihrer Veröffentlichung im Amtsblatt der Europäischen Gemeinschaften in Kraft.

Artikel 19
Diese Richtlinie ist an die Mitgliedstaaten gerichtet.

Anhang I. Kommunikationstechniken nach Artikel 2 Nummer 4
– Drucksache ohne Anschrift,
– Drucksache mit Anschrift,
– vorgefertigter Standardbrief,
– Pressewerbung mit Bestellschein,
– Katalog,
– telefonische Kommunikation mit Person als Gesprächspartner,

2. Vertragsabschlüsse im Fernabsatz 15

- telefonische Kommunikation mit Automaten als Gesprächspartner (Voice-Mail-System, Audiotext),
- Hörfunk,
- Bildtelefon,
- Videotext (Mikrocomputer, Fernsehbildschirm) mit Tastatur oder Kontaktbildschirm,
- elektronische Post,
- Fernkopie (Telefax),
- Fernsehen (Teleshopping).

Anhang II. Finanzdienstleistungen nach Artikel 3 Absatz I
- Wertpapierdienstleistungen;
- Versicherungs- und Rückversicherungsgeschäfte;
- Bankdienstleistungen;
- Tätigkeiten im Zusammenhang mit Versorgungsfonds;
- Dienstleistungen im Zusammenhang mit Termin- oder Optionsgeschäften.

Diese Dienstleistungen umfassen insbesondere:
- Wertpapierdienstleistungen gemäss dem Anhang der Richtlinie 93/22/EWG[11]; Dienstleistungen von Wertpapierfirmen für gemeinsame Anlagen;
- Dienstleistungen im Zusammenhang mit den Tätigkeiten, die im Anhang zur Richtlinie 89/646/EWG[12] genannt sind und für die die gegenseitige Anerkennung gilt;
- Versicherungs- und Rückversicherungsgeschäfte gemäss
- Artikel 1 der Richtlinie 73/239/EWG[13];
- dem Anhang der Richtlinie 79/267/EWG[14];
- der Richtlinie 64/225/EWG[15];
- den Richtlinien 92/49/EWG[16] und 92/96/EWG[17].

Erklärung des Rates und des Parlaments zu Artikel 6 Absatz I
Der Rat und das Parlament nehmen zur Kenntnis, dass die Kommission prüfen wird, ob es möglich und wünschenswert ist, die Berechnungsmethode für die Bedenkzeit in den derzeit geltenden Verbraucherschutzvorschriften, insbesondere der Richtlinie 85/577/EWG vom 20. Dezember 1985 betreffend den Verbraucherschutz im Falle von außerhalb von Geschäftsräumen geschlossenen Verträgen („Haustürgeschäfte")[18] zu harmonisieren.

---

[11] ABl. Nr. L 141 vom 11. 6. 1993, S. 27.
[12] ABl. Nr. L 386 vom 30. 12. 1989, S. 1. Richtlinie zuletzt geändert durch die Richtlinie 92/30/EWG (ABl. Nr. L 110 vom 28. 4. 1992, S. 52).
[13] ABl. Nr. L 228 vom 16. 8. 1973, S. 3. Richtlinie zuletzt geändert durch die Richtlinie 92/49/EWG (ABl. Nr. L 228 vom 11. 8. 1992, S. 1).
[14] ABl. Nr. L 63 vom 13. 3. 1979, S. 1. Richtlinie zuletzt geändert durch die Richtlinie 90/619/EWG (ABl. Nr. L 330 vom 29. 11. 1990, S. 50).
[15] ABl. Nr. 56 vom 4. 4. 1964, S. 878/64. Richtlinie geändert durch die Beitrittsakte von 1973.
[16] ABl. Nr. L 228 vom 11. 8. 1992, S. 1.
[17] ABl. Nr. L 360 vom 9. 12. 1992, S. 1.
[18] ABl. Nr. L 372 vom 31. 12. 1985, S. 31.

Erklärung der Kommission zu Artikel 3 Absatz 1 erster Gedankenstrich
Die Kommission erkennt die Bedeutung des Verbraucherschutzes für Vertragsabschlüsse im Fernabsatz bei finanziellen Dienstleistungen an und hat daher ein Grünbuch „Finanzdienstleistungen – Wahrung der Verbraucherinteressen" vorgelegt. Im Lichte der Ergebnisse dieses Grünbuchs wird die Kommission prüfen, wie der Verbraucherschutz in die Finanzdienstleistungspolitik und in etwaige Rechtsvorschriften in diesem Bereich einbezogen werden kann, und erforderlichenfalls geeignete Vorschläge unterbreiten.

3. Geänderter Vorschlag vom 23. Juli 1999 für eine Richtlinie des Europäischen Parlaments und des Rates über den Fernabsatz von Finanzdienstleistungen an Verbraucher und zur Änderung der Richtlinien 97/7/EG und 98/27/EG
(von der Kommission vorgelegt)

DAS EUROPÄISCHE PARLAMENT UND DER RAT DER EUROPÄISCHEN UNION –

gestützt auf den Vertrag zur Gründung der Europäischen Gemeinschaft, insbesondere auf Artikel 47 Absatz 2, Artikel 55 und Artikel 95, auf Vorschlag der Kommission, nach Stellungnahme des Wirtschafts- und Sozialausschusses, gemäß dem Verfahren des Artikels 251 des Vertrags, in Erwägung nachstehender Gründe:

(1) Im Rahmen der Verwirklichung der Ziele des Binnenmarkts sind Maßnahmen zu dessen schrittweiser Festigung zu ergreifen. Diese Maßnahmen müssen gemäß den Artikeln 95 und 153 des Vertrags zur Erreichung eines hohen Verbraucherschutzniveaus beitragen.

(2) Für die Verbraucher wie auch für die Anbieter von Finanzdienstleistungen wird der Fernabsatz von Finanzdienstleistungen zu den wichtigsten greifbaren Ergebnissen des vollendeten Binnenmarkts gehören.

(3) Es liegt im Interesse der Verbraucher im Binnenmarkt, gleichen Zugang zum breitestmöglichen Angebot an Finanzdienstleistungen zu haben, die in der Gemeinschaft verfügbar sind, damit die Verbraucher sich für die Leistungen entscheiden können, die ihren Bedürfnissen am ehesten entsprechen. Zwecks Gewährleistung des Rechts der Verbraucher auf freie Wahl, das für sie ein wesentliches Recht darstellt, ist ein höheres Verbraucherschutzniveau unerlässlich, um sicherzustellen, dass das Vertrauen des Verbrauchers in den Fernabsatz wächst.

(4) Für das reibungslose Funktionieren des Binnenmarkts ist es unabdingbar, dass die Verbraucher mit Anbietern außerhalb ihres Landes Verträge aushandeln und schließen können, und zwar unabhängig davon, ob ein Anbieter über eine Niederlassung in dem Land verfügt, in dem der Verbraucher ansässig ist.

(5) Aufgrund ihrer immateriellen Beschaffenheit eignen sich Finanzdienstleistungen insbesondere für Transaktionen im Fernabsatz. Ferner dürfte die Schaffung eines rechtlichen Rahmens für den Fernabsatz von Finanzdienstleistungen das Vertrauen des Verbrauchers in die Nutzung der neuen Fernabsatztechniken für Finanzdienstleistungen wie beispielsweise den elektronischen Geschäftsverkehr stärken.

(6) Die Richtlinie 97/7/EG des Europäischen Parlaments und des Rates vom 20. Mai 1997 über den Verbraucherschutz bei Vertragsabschlüssen im Fernabsatz[1] enthält die Kernbestimmungen über Verträge, die im Fernabsatz von Waren und Dienstleistungen zwischen einem Lieferer und einem Verbraucher geschlossen werden. Aus dieser Richtlinie sind Finanzdienstleistungen allerdings ausgeklammert.

(7) Im Rahmen ihrer Untersuchungen zur Feststellung des Bedarfs an spezifischen Maßnahmen in dem anstehenden Bereich hat die Kommission u. a. anlässlich ihres Grünbuchs „Finanzdienstleistungen – Wahrung der Verbraucherinteressen"[2] alle betroffenen Kreise um Stellungnahme gebeten. Die entsprechende Konsultierung hat gezeigt, dass eine Stär-

---

[1] ABl. L 144 vom 4.6.1997, S. 19.
[2] KOM (96) 209 endg. vom 22.5.1996.

kung des Verbraucherschutzes in dem betreffenden Bereich erforderlich ist. Demzufolge hat die Kommmission beschlossen, einen Vorschlag für ein Regelungsinstrument betreffend den Fernabsatz von Finanzdienstleistungen vorzulegen[3].

(8) Unterschiedliche oder abweichende Verbraucherschutzbestimmungen der Mitgliedstaaten im Bereich Fernabsatz von Finanzdienstleistungen an Verbraucher könnten negative Auswirkungen auf den Binnenmarkt und den Wettbewerb der Unternehmen im Binnenmarkt zur Folge haben. Es ist daher geboten, auf Gemeinschaftsebene gemeinsame Regeln für den anstehenden Bereich einzuführen.

(9) In Anbetracht des mit der vorliegenden Richtlinie gewährleisteten hohen Verbraucherschutzniveaus, um den freien Verkehr von Finanzdienstleistungen sicherzustellen, dürfen die Mitgliedstaaten für die durch diese Richtlinie harmonisierten Bereiche keine anderen als die mit dieser Richtlinie festgelegten Bestimmungen vorsehen.

(10) Diese Richtlinie gilt für Finanzdienstleistungen jeder Art, die im Fernabsatz erbracht werden können. Da für bestimmte Finanzdienstleistungen jedoch besondere gemeinschaftsrechtliche Bestimmungen gelten, sind diese auch weiterhin auf diese Finanzdienstleistungen anwendbar. Dennoch ist es angezeigt, Grundsätze für den Fernabsatz solcher Dienstleistungen festzulegen.

(11) Entsprechend dem in Artikel 5 des Vertrags niedergelegten Subsidiaritäts- und Verhältnismäßigkeitsprinzip können die Ziele dieser Richtlinie auf der Ebene der Mitgliedstaaten nicht ausreichend und deshalb besser auf Gemeinschaftsebene verwirklicht werden.

(12) Der Vertragsabschluß im Fernabsatz setzt die Verwendung von Fernkommunikationstechniken voraus. Die verschiedenen Techniken werden im Rahmen eines Fernkauf- bzw. Ferndienstleistungssystems eingesetzt, bei dem Anbieter und Verbraucher nicht gleichzeitig anwesend sind. Aufgrund der ständigen Weiterentwicklung dieser Kommunikationstechniken müssen Grundsätze formuliert werden, die auch für die noch wenig verbreiteten unter ihnen Gültigkeit haben. Als im Fernabsatz geschlossener Vertrag gilt also jeder Vertrag, für den das Anbieten, das Aushandeln und das Abschließen selbst nach dem Distanzprinzip erfolgen.

(13) Ein und derselbe Vertrag, der sukzessive Vorgänge umfasst, kann je nach Mitgliedstaat in rechtlicher Hinsicht unterschiedlich ausgestaltet sein. Da die Richtlinie aber in allen Mitgliedstaaten gleichermaßen angewandt werden muss, gilt diese Richtlinie für den ersten einer Reihe von sukzessiven Vorgängen oder den ersten einer Reihe von getrennten Vorgängen, die sich über einen bestimmten Zeitraum erstrecken und als ein Gesamtvorgang betrachtet werden können, und zwar unabhängig davon, ob dieser Vorgang oder diese Reihe von Vorgängen Gegenstand eines einzigen Vertrags oder aufeinanderfolgender getrennter Verträge ist.

(14) Unter die Richtlinie fällt die organisierte Bereitstellung von Dienstleistungen durch den Anbieter von Finanzdienstleistungen, nicht jedoch die Bereitstellung von Dienstleistungen auf gelegentlicher Basis und außerhalb einer Absatzstruktur, deren Zweck der Abschluss von Verträgen im Fernabsatz ist.

(15) Als Anbieter gilt die Person, die Leistungen nach dem Distanzprinzip erbringt. Die Richtlinie muss aber gleichermaßen Anwendung finden, wenn sich eine der Absatzphasen unter Mitwirkung eines Vermittlers vollzieht. Nach Maßgabe von Art und Umfang

---

[3] Mitteilung der Kommission „Finanzdienstleistungen: Das Vertrauen der Verbraucher stärken", KOM (97) 309 endg. vom 26.6.1997.

3. Fernabsatz von Finanzdienstleistungen 19

dieser Mitwirkung müssen die spezifischen Bestimmungen dieser Richtlinie unabhängig von der Rechtsstellung des Vermittlers auf diesen anwendbar sein.

(16) Der Einsatz eines Fernkommunikationsmittels darf nicht zu einer ungerechtfertigten Einschränkung der dem Verbraucher vermittelten Information führen. Aus TransparenzGründen werden in dieser Richtlinie Anforderungen festgelegt, die eine angemessene Verbraucherinformation vor und nach Abschluss eines Vertrags gewährleisten. Vor Abschluss eines Vertrags müssen dem Verbraucher die nötigen Vorabinformationen zugehen, damit er die ihm angebotene Finanzdienstleistung eingehend beurteilen und folglich in Kenntnis der Sache seine Entscheidung treffen kann. Der Anbieter hat ausdrücklich anzugeben, wie lange sein etwaiges Angebot gültig ist.

(16a) Um einen optimalen Schutz des Verbrauchers zu gewährleisten, muss dieser hinlänglich über die Bestimmungen dieser Richtlinie und die auf diesem Gebiet gegebenenfalls existierenden Verhaltensmaßregeln informiert werden.

(17) Vorgesehen werden sollte eine Recht auf Widerruf, das ohne Angabe von Gründen in Anspruch genommen werden kann und keinerlei Vertragsstrafe nach sich zieht.

(18) (Gestrichen)

(19) Der Verbraucher ist vor nicht angeforderten Leistungen zu schützen. Im Falle unaufgefordert erbrachter Leistungen sollte er von jedweder Verpflichtung befreit sein; dabei darf das Ausbleiben einer Reaktion seitens des Verbrauchers nicht als Zustimmung verstanden werden. Diese Regel berührt nicht die stillschweigende Verlängerung rechtskräftig zwischen den Parteien geschlossener Verträge, wenn eine solche stillschweigende Verlängerung nach dem Recht der Mitgliedstaaten möglich ist.

(20) Die Mitgliedstaaten sollten angemessen Vorkehrungen treffen, um jene Verbraucher, die nicht über bestimmte Kommunikationsmittel umworben werden möchten, wirksam zu schützen. Nicht von dieser Richtlinie berührt werden die besonderen Sicherheiten, die dem Verbraucher durch die Gemeinschaftsbestimmungen über den Schutz personenbezogener Daten und der Privatsphäre eingeräumt sind.

(21) Im Hinblick auf den Schutz der Verbraucher ist es wichtig, die Frage der Beschwerden zu behandeln. In den Mitgliedstaaten muss es angemessene und wirksame Beschwerde- und Abhilfeverfahren zur Beilegung etwaiger Streitigkeiten zwischen Verbrauchern und Anbietern geben; dabei sollten, wo dies angezeigt ist, bestehende Verfahren genutzt werden.

(22) Hinsichtlich des Zugangs der Verbraucher zum Recht und insbesondere zu Gerichten im Falle grenzübergreifender Rechtsstreitigkeiten sollte die Mitteilung der Kommission an den Rat und an das Europäische Parlament über „Wege zu einer effizienteren Erwirkung und Vollstreckung von gerichtlichen Entscheidungen in der Europäischen Union"[4] berücksichtigt werden.

(23) Die Mitgliedstaaten sollten die bestehenden öffentlichen oder privaten Einrichtungen, denen die außergerichtliche Beilegung von Rechtsstreitigkeiten obliegt, zur Kooperation im Hinblick auf die Beilegung grenzübergreifender Streitfälle ermutigen. Diese Kooperation könnte insbesondere darauf abstellen, dem Verbraucher die Möglichkeit zu geben, die in dem Mitgliedstaat, in dem er ansässig ist, bestehenden außergerichtlichen Instanzen mit Klagen betreffend Anbieter zu befassen, die in einem anderen Mitgliedstaat ansässig sind.

---

[4] ABl. C 33 vom 31.1.1998, S. 3.

(24) Im Rahmen des WTO-Übereinkommens über den Handel mit Dienstleistungen sind die Europäische Gemeinschaft und die Mitgliedstaaten Verpflichtungen hinsichtlich der Möglichkeit für europäische Verbraucher, im Ausland Bank- und Investmentdienstleistungen zu erwerben, eingegangen. Laut dem Allgemeinen Übereinkommen über den Handel mit Dienstleistungen (GATS) können die Mitgliedstaaten Maßnahmen zu Vorsichtszwecken erlassen, u. a. zum Schutz der Anleger, der Einzahler, der Versicherten bzw. der Personen, denen der Anbieter einer Finanzdienstleistung eine solche Finanzdienstleistung schuldet. Mit derartigen Maßnahmen dürften keine Einschränkungen auferlegt werden, die über das zur Gewährleistung des Verbraucherschutzes erforderliche Maß hinausgehen.

(25) (Gestrichen)
(26) Infolge des Erlasses der vorliegenden Richtlinie ist es notwendig, den Anwendungsbereich der Richtlinie 97/7/EG und der Richtlinie 98/27/EG des Europäischen Parlaments und des Rates vom 19. Mai 1998 über Unterlassungsklagen zum Schutz der Verbraucherinteressen[5] anzupassen.
HABEN FOLGENDE RICHTLINIE ERLASSEN:

Artikel 1. Anwendungsbereich
a) Gegenstand dieser Richtlinie ist die Angleichung der Rechts- und Verwaltungsvorschriften der Mitgliedstaaten über den Fernabsatz von Finanzdienstleistungen an Verbraucher.
b) Bei Verträgen über Finanzdienstleistungen, die sukzessive Vorgänge oder eine Reihe von getrennten Vorgängen umfassen, die sich über einen bestimmten Zeitraum erstrecken, gelten die Bestimmungen dieser Richtlinie nur für den ersten dieser Vorgänge, und zwar ungeachtet, ob diese Vorgänge nach den Rechtsvorschriften der Mitgliedstaaten als Bestandteil eines einzigen Vertrags oder getrennter Verträge betrachtet werden können.

Artikel 2. Begriffsbestimmungen
Im Sinne dieser Richtlinie bedeutet
a) „Vertragsabschluß im Fernabsatz" jeder zwischen einem Anbieter und einem Verbraucher geschlossene, Finanzdienstleistungen betreffende Vertrag, der im Rahmen eines für den Fernabsatz organisierten Vertriebs- bzw. Dienstleistungssystems des Anbieters geschlossen wird, wobei dieser für den Vertrag bis zu dessen Abschluss einschließlich des Vertragsabschlusses selbst ausschließlich Fernkommunikationstechniken verwendet;
b) „Finanzdienstleistung" jede Bank-, Versicherungs-, Investment- und Zahlungsdienstleistung;
b1) „Immobilienkredit" jeder Kredit, der ungeachtet der damit verbundenen Garantie oder Sicherheit vornehmlich zum Erwerb oder zur Erhaltung von Eigentumsrechten an einem Grundstück oder an einer bereits errichteten oder noch zu errichtenden Immobilie oder zur Renovierung oder baulichen Aufwertung einer Immobilie bestimmt ist;
c) „Anbieter" jede natürliche oder juristische Person, die im Rahmen ihrer gewerblichen oder beruflichen Tätigkeit die Dienstleistungen, die Gegenstand von unter diese Richtlinie fallenden Verträgen sind, selbst erbringt oder für deren Er-

---
[5] ABl. L 166 vom 11. 6. 1998, S. 51.

3. Fernabsatz von Finanzdienstleistungen 21

bringung oder für den Abschluss des im Fernabsatz geschlossenen Vertrags zwischen den Parteien als Vermittler handelt;

d) „Verbraucher" jede natürliche Person, die bei Verträgen im Sinne dieser Richtlinie zu Zwecken handelt, die nicht ihrer gewerblichen oder beruflichen Tätigkeit zugerechnet werden können;

e) „Fernkommunikationstechnik" jedes Kommunikationsmittel, das ohne gleichzeitige körperliche Anwesenheit des Anbieters und des Verbrauchers für den Fernabsatz einer Dienstleistung zwischen diesen Parteien eingesetzt werden kann;

f) „dauerhafter Datenträger" jedes Medium, das es dem Verbraucher gestattet, an ihn persönlich gerichtete spezifische Informationen insbesondere auf Diskette, CD-ROM und der Festplatte zur Speicherung von per E-Mail übermittelten Daten auf seinem Computer aufzubewahren;

g) „Betreiber oder Anbieter einer Fernkommunikationstechnik" jede natürliche oder juristische Person des öffentlichen oder privaten Rechts, deren gewerbliche oder berufliche Tätigkeit darin besteht, Lieferern eine oder mehrere Fernkommunikationstechniken zur Verfügung zu stellen.

Artikel 3. Vorherige Unterrichtung

1. Der Verbraucher muss rechtzeitig vor Vertragsabschluß über folgende Informationen verfügen:

a) Identität und Anschrift des Anbieters und seines etwaigen Vertreters in dem Land, in dem der Verbraucher seinen gewöhnlichen Aufenthalt hat, so dass der Verbraucher sich gegebenenfalls an diesen wenden kann;

b) Beschreibung der Hauptmerkmale der Finanzdienstleistung;

c) Gesamtpreis der Finanzdienstleistung einschließlich Steuern;

d) Einzelheiten hinsichtlich der Zahlung und der Bereitstellung der Finanzdienstleistung oder der Erfüllung des Vertrags;

e) Dauer der Gültigkeit des Angebots oder des Preises;

f) wenn sich der Preis zwischen dem Zeitpunkt, zu dem die Information erteilt wird, und dem Zeitpunkt, zu dem der Vertrag geschlossen wird, ändern kann: Hinweis darauf, daß Preisänderungen möglich sind, und Angabe von Einzelheiten, anhand derer der Verbraucher den Preis zum Zeitpunkt des Vertragsabschlusses nachprüfen kann;

g) Kosten für die Benutzung der Fernkommunikationstechnik, wenn auf anderer Grundlage als nach dem Grundtarif berechnet;

h) Bestehen eines Widerrufsrechts, Widerrufsfrist, Bedingungen und Modalitäten für die Wahrnehmung dieses Rechts gemäß Artikel 4;

i) Nichtbestehen eines Widerrufsrechts für die in Artikel 4 Absatz 1 Unterabsatz 2 genannten Finanzdienstleistungen;

j) Betrag gemäß Artikel 5, Absatz 1, Buchstabe a bzw., im Falle gemäß Artikel 5, Absatz 1, Buchstabe b, als Grundlage für die Berechnung der Kosten dienender Betrag, die der Verbraucher zu entrichten hat, wenn er von seinem Widerrufsrecht Gebrauch macht;

k) gegebenenfalls Mindestlaufzeit des Vertrags, wenn dieser die Erbringung einer dauernden oder regelmäßig wiederkehrenden Finanzdienstleistung zum Inhalt hat;

l) Angaben zur Kündbarkeit des Vertrags;

m) auf den Vertrag anzuwendendes Recht, wenn der Vertrag eine Bestimmung enthält, nach der ein anderes Recht als das Recht des Staates vereinbart wird, in dem der Verbraucher seinen gewöhnlichen Aufenthalt hat;
n) im Streitfall zuständiges Gericht, wenn der Vertrag eine Gerichtstandsklausel enthält, nach der ein anderes Gericht als das Gericht des Staates, in dem der Verbraucher seinen gewöhnlichen Aufenthalt hat, zuständig ist, unbeschadet des Abkommen von Brüssel;
o) Angaben zu der für den Anbieter zuständigen Aufsichtsbehörde, wenn der Anbieter einer entsprechenden Beaufsichtigung unterliegt;
p) Angabe der außergerichtlichen Beschwerde- und Rechtsbehelfsverfahren.

Allerdings sind
– bei Dienstleistungen gemäß der Richtlinie 92/49/EWG unbeschadet der Bestimmungen ihres Artikels 43 nur die unter den Buchstaben c, d, e, f, g, h, i, j, k, l und p aufgeführten Informationen zu erteilen;
– bei Dienstleistungen gemäß der Richtlinie 92/96/EWG unbeschadet der Bestimmungen ihres Artikels 31 und ihres Anhangs 2 nur die unter den Buchstaben c, e, f, g, j und o aufgeführten Informationen zu erteilen;
– bei Dienstleistungen gemäß der Richtlinie 85/611/EWG unbeschadet der Bestimmungen ihrer Artikel 27 bis 35 und 44 bis 47 sowie ihrer Anhänge A und B nur die unter den Buchstaben g, i, m, n, o und p aufgeführten Informationen zu erteilen;
– bei Dienstleistungen gemäß der Richtlinie 89/298/EWG unbeschadet der Bestimmungen ihrer Artikel 7 bis 8 und 21 nur die unter den Buchstaben g, i, m, n, o und p aufgeführten Informationen zu erteilen;
– bei Dienstleistungen gemäß der Richtlinie 93/22/EWG unbeschadet der Bestimmungen ihres Artikels 11 nur die unter den Buchstaben e, f , g, h, i, j, m, n, o und p aufgeführten Informationen zu erteilen.
2. Die in Absatz 1 genannten Informationen, deren gewerblicher Zweck unmissverständlich zu erkennen sein muss, sind auf klare und verständliche Weise mit Hilfe eines der benutzten Fernkommunikationstechnik angepassten Mittels zu erteilen. Dabei sind insbesondere die Grundsätze von Treu und Glauben im Geschäftsverkehr und des Schutzes von nach dem jeweiligen einzelstaatlichen Recht geschäftsunfähigen Personen wie zum Beispiel Minderjährige zu wahren.
3. (Gestrichen)
4. (Gestrichen)

Artikel 3a. Übermittlung der Vertragsbedingungen und Vorabinformationen
1. Sobald der Vertrag geschlossen ist, übermittelt der Anbieter dem Verbraucher auf Papier oder auf einem anderen dauerhaften Datenträger alle Vertragsbedingungen sowie die in Artikel 3 Absatz 1 aufgeführten Informationen in klarer und verständlicher Form.
2. Von dieser Verpflichtungen ausgenommen ist der Anbieter, wenn vor Abschluss des Vertrags dem Verbraucher die Vertragsbedingungen und die in Artikel 3 Absatz 1 aufgeführten Informationen auf Papier oder auf einem anderen dauerhaften Datenträger zugestellt worden sind.
3. Den zu benutzenden Datenträger legen die Parteien einvernehmlich fest.

Artikel 4. Widerrufsrecht

1. Die Mitgliedstaaten tragen dafür Sorge, dass dem Verbraucher ein Recht auf Widerruf des Vertrags eingeräumt wird, das je nach der betreffenden Finanzdienstleistung ohne Angabe von Gründen und ohne dass Vertragsstrafen zahlbar wären, innerhalb einer Frist von mindestens 14 und höchstens 30 Tagen wahrgenommen werden kann, und zwar

a) vom Tag des Vertragsabschlusses an gerechnet, wenn die Vertragsbedingungen und die in Artikel 3 Absatz 1 genannten Informationen dem Verbraucher vor Abschluss des Vertrags gemäß Artikel 3 Absatz 2 übermittelt wurden;

b) von dem Tag an gerechnet, an dem der Verbraucher die Vertragbedingungen und alle in Artikel 3 Absatz 1 genannten Informationen oder die letzte davon entgegennimmt, wenn der Vertrag auf ausdrückliches Ersuchen des Verbrauchers geschlossen wurde, bevor ihm diese Informationen übermittelt wurden.

Hält der Anbieter sich an die Widerrufsfrist nach den Rechtsvorschriften des Mitgliedstaates, in dem er seinen Sitz hat, so ist er nicht verpflichtet, eine davon abweichende Widerrufsfrist nach den Rechtsvorschriften des Mitgliedstaates, in dem der Verbraucher seinen gewöhnlichen Aufenthalt hat, einzuhalten.

1a Das Widerrufsrecht gilt nicht für Verträge

a) über Wechselgeschäfte;

b) über die Annahme, Übermittlung und/oder Ausführung von Aufträgen und Dienstleistungen im Zusammenhang mit Emissionen folgender Finanzprodukte:
– Geldmarktinstrumente;
– Wertpapiere;
– OGAW und andere Investmentpapiere;
– Termin- und Optionsgeschäfte;
– Wechselkurs- und Zinsinstrumente, deren Preis Schwankungen auf dem Finanzmarkt unterliegt, auf die der Anbieter keinen Einfluss hat;

c) über Nichtlebensversicherungen mit einer Laufzeit von weniger als 2 Monaten;

d) die bereits voll erfüllt sind, bevor der Verbraucher von seinem Widerrufsrecht Gebrauch macht.

1b Bei Immobilienkrediten können die Mitgliedstaaten bestimmen, dass der Verbraucher seinen Anspruch auf Widerruf nicht mehr geltend machen darf,
– wenn mit seiner Einwilligung der Finanzierungsbetrag an den Verkäufer der Immobilie oder dessen Vertreter transferiert wurde;
– nachdem für einen Immobilienkredit, bei dem der Verbraucher Vertragspartei ist, eine rechtsgültige notarielle Urkunde errichtet wurde.

Allerdings können die Mitgliedstaaten vorsehen, dass bei Krediten, die mit Pfandbriefen abgesichert werden, Verbraucher nicht in den Genuss des Widerrufsrechts gemäß Absatz 1 kommt.

2. Unbeschadet des Widerrufsrechts kann ein Vertrag, zu dessen Abschluss der Verbraucher auf unlautere Weise vom Anbieter verleitet worden ist, mit allen Rechtsfolgen nach dem auf den Vertrag anzuwenden Recht und unbeschadet des Rechts auf Entschädigung oder Wiedergutmachung des von ihm erlittenen Schadens nach dem einzelstaatlichen Recht gelöst werden.

Nicht als unlauteres Verleiten zum Vertragsabschluß im Sinne dieser Bestimmung gilt die Übermittlung objektiver Angaben, seitens des Anbieters an den Verbraucher, über den Preis der Finanzdienstleistung, wenn dieser Schwankungen am Markt unterliegt.

3. Der Verbraucher macht von seinem Widerrufsrecht Gebrauch, indem er den Anbieter auf Papier oder auf einem anderen dauerhaften Datenträger, der dem Anbieter zur Verfügung steht und zu dem er Zugang hat, benachrichtigt.
4. (Gestrichen)
5. Maßgebend für die sonstigen Rechtsfolgen und Widerrufsbedingungen ist das auf den Vertrag anzuwendende Recht.

Artikel 5. Vertragserfüllung und Zahlung einer erbrachten Dienstleistung vor Widerruf des Vertrags

-1 Mit der Vertragserfüllung vor Ablauf der Frist gemäß Artikel 4 Absatz 1 beginnen darf der Anbieter nur mit dem ausdrücklichen Einverständnis des Verbrauchers.
1. Macht der Verbraucher von dem ihm gemäß Artikel 4 Absatz 1 eingeräumten Widerrufsrecht Gebrauch, darf von ihm lediglich die unverzügliche Zahlung folgender Beträge verlangt werden:
a) ein Pauschale in Höhe des Preises der vom Anbieter vor der Ausübung des Widerrufsrechts tatsächlich erbrachten Finanzdienstleistung, und zwar unabhängig vom Zeitpunkt, zu dem der Widerruf erfolgt;
b) wenn der Preis der vom Anbieter tatsächlich erbrachten Finanzdienstleistung sich nach dem Zeitpunkt richtet, zu dem das Widerrufsrecht ausgeübt wird: ein Betrag, der es dem Verbraucher ermöglicht, den Teil des Gesamtpreises der Finanzdienstleistung, die Gegenstand des Vertrags ist, anteilmäßig im Verhältnis zu der Zeitspanne vom Tag des Vertragsabschlusses an bis zum Tag der Geltendmachung des Widerrufsrecht zu rechnen.
In den Fällen gemäß Buchstaben a) und b) darf der geschuldete Betrag nicht dergestalt sein, dass er eine Strafe darstellen könnte.
2. Kann nicht nachgewiesen werden, dass der Verbraucher gemäß Artikel 3 Absatz 1 Buchstabe j) unterrichtet worden ist, darf der Anbieter keinerlei Zahlung vom Verbraucher verlangen, wenn dieser von seinem Widerrufsrecht Gebrauch macht.
3. Der Anbieter erstattet dem Verbraucher unverzüglich und spätestens binnen 30 Tagen jeden Betrag, den er von diesem zum Zeitpunkt des Vertragsabschlusses erhalten hat; hiervon ausgenommen sind die in Absatz 1 genannten Zahlungen.

Artikel 6
(Gestrichen)

Artikel 7
(Gestrichen)

Artikel 8. Nichtverfügbarkeit der Dienstleistung
1. Unbeschadet der Bestimmungen des Bürgerlichen Rechts der Mitgliedstaaten über die Nichterfüllung von Verträgen unterrichtet der Anbieter den Verbraucher unverzüglich, wenn die Finanzdienstleistung, die Gegenstand des Vertrags ist, ganz oder teilweise nicht verfügbar ist.
2. Ist die Finanzdienstleistung zur Gänze nicht verfügbar, erstattet der Anbieter dem Verbraucher unverzüglich und spätestens binnen 30 Tagen jede von diesem geleistete Zahlung.

3. Fernabsatz von Finanzdienstleistungen

3. Ist die Finanzdienstleistung teilweise nicht verfügbar, darf der Vertrag nur mit ausdrücklicher Billigung des Verbrauchers und des Anbieters ausgeführt werden. In Ermangelung dieser ausdrücklichen Billigung erstattet der Anbieter dem Verbraucher unverzüglich und spätestens binnen 30 Tagen etwaige vom Verbraucher geleistete Zahlungen.

Wird die Dienstleistung nur teilweise erbracht, erstattet der Anbieter dem Verbraucher die für den Teil der Leistung, die nicht erbracht worden ist, geleistete Zahlung unverzüglich und spätestens binnen 30 Tagen.

Artikel 8a. Bezahlung mittels Karte

Die Mitgliedstaaten tragen dafür Sorge, dass geeignete Vorkehrungen bestehen, damit
– der Verbraucher die Stornierung einer Zahlung verlangen kann, wenn die Zahlung durch betrügerische Verwendung seiner Bezahlkarte im Rahmen von Verträgen, die unter diese Richtlinie fallen, verrichtet wurde;
– dem Verbraucher in einem solchen Fall betrügerischer Verwendung gezahlte Beträge erstattet werden oder er diese wiedererhält.

Artikel 8b. Rückgabe von Originalen

Macht der Verbraucher von den ihm gemäß Artikel 4 Absatz 1 eingeräumten Rechten Gebrauch und treffen die in Artikel 8 genannten Bedingungen zu, sendet er dem Anbieter unverzüglich jedes urschriftliche, von letzterem unterzeichnete Vertragsschriftstück, das ihm beim Abschluss des Vertrags übermittelt worden ist, zurück.

Artikel 9. Unbestellte Dienstleistungen

Unbeschadet der Rechtsvorschriften der Mitgliedstaaten über die stillschweigende Verlängerung von Verträgen, soweit nach diesen Rechtsvorschriften eine stillschweigende Vertragsverlängerung möglich ist, treffen die Mitgliedstaaten die erforderlichen Maßnahmen
– zur Untersagung der Erbringung von Finanzdienstleistungen im Fernabsatz an einen Verbraucher ohne dessen vorherige Anforderung, wenn mit dieser Leistungserbringung eine Aufforderung zur unverzüglichen oder späteren Zahlung verbunden ist;
– zur Befreiung des Verbrauchers von jedweder Verpflichtung im Falle der Erbringung unbestellter Leistungen, wobei das Ausbleiben einer Reaktion nicht als Einwilligung gilt.

Artikel 10. Unerbetene Mitteilungen

1. Die Verwendung folgender Techniken durch einen Anbieter bedarf der vorherigen Einwilligung des Verbrauchers:
– telefonische Kommunikation mit einem Anrufautomaten (Voice-Mail-System);
– Telefax.
2. Die Mitgliedstaaten tragen dafür Sorge, dass andere Fernkommunikationstechniken als die in Absatz 1 genannten, die eine individuelle Kommunikation erlauben,
a) nur dann zulässig sind, wenn der Verbraucher ihre Verwendung nicht offenkundig abgelehnt hat, oder

b) nur dann benutzt werden dürfen, wenn dagegen vom Verbraucher keine deutlichen Einwände erhoben werden.
3. Die Maßnahmen nach den Absätzen 1 und 2 dürfen für den Verbraucher keine Kosten verursachen.
4. Bei Anrufen ist zu Beginn eines jeden Gesprächs mit dem Verbraucher die Identität des Anbieters und der kommerzielle Zweck des Anrufs näher anzugeben.
5. Die Mitgliedstaaten sehen angemessene Strafmaßnahmen zur Ahndung von Verstößen des Anbieters gegen Artikel 10 vor.
Zu diesem Zweck können sie insbesondere dafür Sorge tragen, dass der Verbraucher den Vertrag jederzeit ohne Kosten und Vertragsstrafen lösen kann.

Artikel 11. Unabdingbarkeit
1. Der Verbraucher kann auf die Rechte, die ihm aufgrund dieser Richtlinie eingeräumt werden, nicht verzichten.
2. Gestrichen
3. Dem Verbraucher darf der durch diese Richtlinie gewährte Schutz nicht vorenthalten werden, wenn das auf den Vertrag anzuwendende Recht das Recht eines Drittstaates ist, der Verbraucher seinen Wohnsitz in einem der Mitgliedstaaten der Europäischen Gemeinschaft hat und der Vertrag eine enge Verbindung mit ihr aufweist.

Artikel 12. Rechtmitteleinlegung
1. Die Mitgliedstaaten tragen dafür Sorge, dass angemessene und wirksame Beschwerde- und Abhilfeverfahren zur Beilegung von Streitigkeiten zwischen einem Verbraucher und einem Anbieter vorhanden sind; dabei sind, wo dies angezeigt ist, bestehende Verfahren zu nutzen.
2. Die in Absatz 1 genannten Verfahren schließen Rechtsvorschriften ein, nach denen eine oder mehrere der folgenden, aufgrund innerstaatlichen Rechts festgelegten Einrichtungen gemäß den jeweiligen innerstaatlichen Rechtsvorschriften die Gerichte oder die zuständigen Verwaltungsbehörden anrufen kann/können, um die Anwendung der innerstaatlichen Vorschriften zur Umsetzung dieser Richtlinie sicherzustellen:
a) öffentliche Einrichtungen oder ihre Vertreter;
b) Verbraucherverbände, die ein berechtigtes Interesse am Schutz der Verbraucher haben;
c) Berufsverbände mit berechtigtem Interesse daran, rechtliche Schritte zu unternehmen.
3. Gestrichen
4. Die Mitgliedstaaten treffen die erforderlichen Maßnahmen, damit die Anbieter und Betreiber von Fernkommunikationstechniken, sofern sie hierzu in der Lage sind und ein Gerichtsurteil oder eine Entscheidung einer Verwaltung oder Aufsichtsbehörde an sie ergangen ist, Praktiken unterlassen, die als nicht mit den Bestimmungen dieser Richtlinie in Einklang stehend befunden worden sind.

Artikel 12a. Außergerichtliche Verfahren
Die Mitgliedstaaten ermutigen diese für die außergerichtliche Beilegung von Rechtsstreitigkeiten geschaffenen Einrichtungen zur Zusammenarbeit im Hinblick auf die Beilegung grenzübergreifender Rechtsstreitigkeiten.

3. Fernabsatz von Finanzdienstleistungen

Artikel 13. Beweislast
Die Beweislast in Sachen Erfüllung der Verpflichtungen des Anbieters zur Unterrichtung des Verbrauchers, Einwilligung des Verbrauchers in den Vertrag und gegebenenfalls dessen Durchführung liegt beim Anbieter.

Eine Vertragsbedingung, nach der die Beweislast betreffend die Erfüllung aller oder eines Teils der dem Anbieter aufgrund dieser Richtlinie obliegenden Verpflichtungen beim Verbraucher liegt, gilt als missbräuchlich im Sinne der Richtlinie 93/13/EWG[6].

Artikel 14. Richtlinie 90/619/EWG
Gestrichen

Artikel 15. Richtlinie 97/7/EG
Die Richtlinie 97/7/EG wird wie folgt geändert:
1. Artikel 3 Absatz 1 erster Spiegelstrich erhält folgende Fassung:
„– Finanzdienstleistungen betreffend, die unter die Richtlinie .../.../EG des Europäischen Parlaments und des Rates fallen(*)
(*) ABl. L ..."
2. Anhang II wird gestrichen.

Artikel 16. Richtlinie 98/27/EG
Im Anhang zur Richtlinie 98/27/EG wird folgende Ziffer 10 eingefügt:
„10. Richtlinie .../.../EG des Europäischen Parlaments und des Rates über den Fernabsatz von Finanzdienstleistungen an Verbraucher(*).
(*) ABl. L ..."

Artikel 17. Umsetzung
1. Die Mitgliedstaaten setzen die erforderlichen Rechts- und Verwaltungsvorschriften in Kraft, um dieser Richtlinie spätestens am 30. Juni 2002 nachzukommen. Sie setzen die Kommission unverzüglich davon in Kenntnis.
2. Beim Erlass dieser Vorschriften nehmen die Mitgliedstaaten in den Vorschriften selbst oder durch einen Hinweis bei ihrer amtlichen Veröffentlichung auf diese Richtlinie Bezug. Sie regeln die Einzelheiten der Bezugnahme.
3. Die Mitgliedstaaten teilen der Kommission den Wortlaut der wichtigsten Rechts- und Verwaltungsvorschriften mit, die sie auf dem durch diese Richtlinie geregelten Gebiet erlassen. Gleichzeitig übermitteln sie eine Konkordanztabelle, aus der hervorgeht, durch welche innerstaatlichen Vorschriften die einzelnen Artikel dieser Richtlinie umgesetzt werden.

Artikel 18. Inkrafttreten
Diese Richtlinie tritt am zwanzigsten Tag nach ihrer Veröffentlichung im Amtsblatt der Europäischen Gemeinschaften in Kraft.

Artikel 19. Adressaten
Diese Richtlinie ist an die Mitgliedstaaten gerichtet.

---

[6] ABl. L 95 vom 21.4.1993, S. 29.

4. Richtlinie des Europäischen Parlaments und des Rates vom 8. Juni 2000 über bestimmte rechtliche Aspekte der Dienste der Informationsgesellschaft, insbesondere des elektronischen Geschäftsverkehrs, im Binnenmarkt („Richtlinie über den elektronischen Geschäftsverkehr") (2000/31/EG)

Amtsblatt Nr. L 178 vom 17/07/2000, S. 1–16

DAS EUROPÄISCHE PARLAMENT UND DER RAT DER EUROPÄISCHEN UNION –

gestützt auf den Vertrag zur Gründung der Europäischen Gemeinschaft, insbesondere auf Artikel 47 Absatz 2 und die Artikel 55 und 95, auf Vorschlag der Kommission[1], nach Stellungnahme des Wirtschafts- und Sozialausschusses[2], gemäss dem Verfahren des Artikels 251 des Vertrags[3], in Erwägung nachstehender Gründe:

(1) Ziel der Europäischen Union ist es, einen immer engeren Zusammenschluss der europäischen Staaten und Völker zu schaffen, um den wirtschaftlichen und sozialen Fortschritt zu sichern. Der Binnenmarkt umfasst nach Artikel 14 Absatz 2 des Vertrags einen Raum ohne Binnengrenzen, in dem der freie Verkehr von Waren und Dienstleistungen sowie die Niederlassungsfreiheit gewährleistet sind. Die Weiterentwicklung der Dienste der Informationsgesellschaft in dem Raum ohne Binnengrenzen ist ein wichtiges Mittel, um die Schranken, die die europäischen Völker trennen, zu beseitigen.

(2) Die Entwicklung des elektronischen Geschäftsverkehrs in der Informationsgesellschaft bietet erhebliche Beschäftigungsmöglichkeiten in der Gemeinschaft, insbesondere in kleinen und mittleren Unternehmen, und wird das Wirtschaftswachstum sowie die Investitionen in Innovationen der europäischen Unternehmen anregen; diese Entwicklung kann auch die Wettbewerbsfähigkeit der europäischen Wirtschaft stärken, vorausgesetzt, dass das Internet allen zugänglich ist.

(3) Das Gemeinschaftsrecht und die charakteristischen Merkmale der gemeinschaftlichen Rechtsordnung sind ein wichtiges Instrument, damit die europäischen Bürger und Unternehmen uneingeschränkt und ohne Behinderung durch Grenzen Nutzen aus den Möglichkeiten des elektronischen Geschäftsverkehrs ziehen können. Diese Richtlinie zielt daher darauf ab, ein hohes Niveau der rechtlichen Integration in der Gemeinschaft sicherzustellen, um einen wirklichen Raum ohne Binnengrenzen für die Dienste der Informationsgesellschaft zu verwirklichen.

(4) Es ist wichtig zu gewährleisten, dass der elektronische Geschäftsverkehr die Chancen des Binnenmarktes voll nutzen kann und dass somit ebenso wie mit der Richtlinie 89/552/EWG des Rates vom 3. Oktober 1989 zur Koordinierung bestimmter Rechts- und Verwaltungsvorschriften der Mitgliedstaaten über die Ausübung der Fernsehtätigkeit[4] ein hohes Niveau der gemeinschaftlichen Integration erzielt wird.

---

[1] ABl. C 30 vom 5.2.1999, S. 4.
[2] ABl. C 169 vom 16.6.1999, S. 36.
[3] Stellungnahme des Europaeischen Parlaments vom 6. Mai 1999 (ABl. C 279 vom 1.10.1999, S. 389). Gemeinsamer Standpunkt des Rates vom 28. Februar 2000 und Beschluss des Europaeischen Parlaments vom 4. Mai 2000 (noch nicht im Amtsblatt veröffentlicht).
[4] ABl. L 298 vom 17.10.1989, S. 23. Richtlinie geändert durch die Richtlinie 97/36/EG des Europaeischen Parlaments und des Rates (ABl. L 202 vom 30.7.1997, S. 60).

4. Elektronischer Geschäftsverkehr

(5) Die Weiterentwicklung der Dienste der Informationsgesellschaft in der Gemeinschaft wird durch eine Reihe von rechtlichen Hemmnissen für das reibungslose Funktionieren des Binnenmarktes behindert, die die Ausübung der Niederlassungsfreiheit und des freien Dienstleistungsverkehrs weniger attraktiv machen. Die Hemmnisse bestehen in Unterschieden der innerstaatlichen Rechtsvorschriften sowie in der Rechtsunsicherheit hinsichtlich der auf Dienste der Informationsgesellschaft jeweils anzuwendenden nationalen Regelungen. Solange die innerstaatlichen Rechtsvorschriften in den betreffenden Bereichen nicht koordiniert und angepasst sind, können diese Hemmnisse gemäss der Rechtsprechung des Gerichtshofes der Europäischen Gemeinschaften gerechtfertigt sein. Rechtsunsicherheit besteht im Hinblick darauf, in welchem Ausmaß die Mitgliedstaaten über Dienste aus einem anderen Mitgliedstaat Kontrolle ausüben dürfen.

(6) In Anbetracht der Ziele der Gemeinschaft, der Artikel 43 und 49 des Vertrags und des abgeleiteten Gemeinschaftsrechts gilt es, die genannten Hemmnisse durch Koordinierung bestimmter innerstaatlicher Rechtsvorschriften und durch Klarstellung von Rechtsbegriffen auf Gemeinschaftsebene zu beseitigen, soweit dies für das reibungslose Funktionieren des Binnenmarktes erforderlich ist. Diese Richtlinie befasst sich nur mit bestimmten Fragen, die Probleme für das Funktionieren des Binnenmarktes aufwerfen, und wird damit in jeder Hinsicht dem Subsidiaritätsgebot gemäss Artikel 5 des Vertrags gerecht.

(7) Um Rechtssicherheit zu erreichen und das Vertrauen der Verbraucher zu gewinnen, muss diese Richtlinie einen klaren allgemeinen Rahmen für den Binnenmarkt bezüglich bestimmter rechtlicher Aspekte des elektronischen Geschäftsverkehrs festlegen.

(8) Ziel dieser Richtlinie ist es, einen rechtlichen Rahmen zur Sicherstellung des freien Verkehrs von Diensten der Informationsgesellschaft zwischen den Mitgliedstaaten zu schaffen, nicht aber, den Bereich des Strafrechts als solchen zu harmonisieren.

(9) In vieler Hinsicht kann der freie Verkehr von Diensten der Informationsgesellschaft die besondere gemeinschaftsrechtliche Ausprägung eines allgemeineren Grundsatzes darstellen, nämlich des Rechts auf freie Meinungsäußerung im Sinne des Artikels 10 Absatz 1 der von allen Mitgliedstaaten ratifizierten Konvention zum Schutze der Menschenrechte und Grundfreiheiten. Richtlinien, die das Angebot von Diensten der Informationsgesellschaft betreffen, müssen daher sicherstellen, dass diese Tätigkeit gemäss jenem Artikel frei ausgeübt werden kann und nur den Einschränkungen unterliegt, die in Absatz 2 des genannten Artikels und in Artikel 46 Absatz 1 des Vertrages niedergelegt sind. Die grundlegenden Regeln und Prinzipien des einzelstaatlichen Rechts, die die freie Meinungsäußerung betreffen, sollen von dieser Richtlinie unberührt bleiben.

(10) Gemäss dem Grundsatz der Verhältnismäßigkeit sind in dieser Richtlinie nur diejenigen Maßnahmen vorgesehen, die zur Gewährleistung des reibungslosen Funktionierens des Binnenmarktes unerlässlich sind. Damit der Binnenmarkt wirklich zu einem Raum ohne Binnengrenzen für den elektronischen Geschäftsverkehr wird, muss diese Richtlinie in den Bereichen, in denen ein Handeln auf Gemeinschaftsebene geboten ist, ein hohes Schutzniveau für die dem Allgemeininteresse dienenden Ziele, insbesondere für den Jugendschutz, den Schutz der Menschenwürde, den Verbraucherschutz und den Schutz der öffentlichen Gesundheit, gewährleisten. Nach Artikel 152 des Vertrags ist der Schutz der öffentlichen Gesundheit ein wesentlicher Bestandteil anderer Gemeinschaftspolitiken.

(11) Diese Richtlinie lässt das durch Gemeinschaftsrechtsakte eingeführte Schutzniveau, insbesondere für öffentliche Gesundheit und den Verbraucherschutz, unberührt. Unter anderem bilden die Richtlinie 93/13/EWG des Rates vom 5. April 1993 über missbräuchliche Klauseln in Verbraucherverträgen[5] und die Richtlinie 97/7/EG des Europäi-

---

[5] ABl. L 95 vom 21.4.1993, S. 29.

schen Parlaments und des Rates vom 20. Mai 1997 über den Verbraucherschutz bei Vertragsabschlüssen im Fernabsatz[6] wichtige Errungenschaften für den Verbraucherschutz im Bereich des Vertragsrechts. Jene Richtlinien gelten voll und ganz auch für die Dienste der Informationsgesellschaft. Zum Rechtsstand auf Gemeinschaftsebene, der uneingeschränkt für die Dienste der Informationsgesellschaft gilt, gehören insbesondere auch die Richtlinien 84/450/EWG des Rates vom 10. September 1984 über irreführende und vergleichende Werbung[7], die Richtlinie 87/102/EWG des Rates vom 22. Dezember 1986 zur Angleichung der Rechts- und Verwaltungsvorschriften der Mitgliedstaaten über den Verbraucherkredit[8], die Richtlinie 93/22/EWG des Rates vom 10. Mai 1993 über Wertpapierdienstleistungen[9], die Richtlinie 90/314/EWG des Rates vom 13. Juni 1990 über Pauschalreisen[10], die Richtlinie 98/6/EG des Europäischen Parlaments und des Rates vom 16. Februar 1998 über den Schutz der Verbraucher bei der Angabe der Preise der ihnen angebotenen Erzeugnisse[11], die Richtlinie 92/59/EWG des Rates vom 29. Juni 1992 über die allgemeine Produktsicherheit[12], die Richtlinie 94/47/EG des Europäischen Parlaments und des Rates vom 26. Oktober 1994 zum Schutz der Erwerber im Hinblick auf bestimmte Aspekte von Verträgen über den Erwerb von Teilzeitnutzungsrechten an Immobilien[13], die Richtlinie 98/27/EG des Europäischen Parlaments und des Rates vom 19. Mai 1998 über Unterlassungsklagen zum Schutz der Verbraucherinteressen[14], die Richtlinie 85/374/EWG des Rates vom 25. Juli 1985 zur Angleichung der Rechts- und Verwaltungsvorschriften der Mitgliedstaaten über die Haftung für fehlerhafte Produkte[15], die Richtlinie 1999/44/EG des Europäischen Parlaments und des Rates vom 25. Mai 1999 zu bestimmten Aspekten des Verbrauchsgüterkaufs und der Garantien für Verbrauchsgüter[16], die künftige Richtlinie des Europäischen Parlaments und des Rates über den Fernabsatz von Finanzdienstleistungen an Verbraucher, und die Richtlinie 92/28/ EWG des Rates vom 31. März 1992 über die Werbung für Humanarzneimittel[17]. Die vorliegende Richtlinie sollte die im Rahmen des Binnenmarktes angenommene Richtlinie 98/43/EG des Europäischen Parlaments und des Rates vom 6. Juli 1998 zur Angleichung der Rechts- und Verwaltungsvorschriften der Mitgliedstaaten über Werbung und Sponsoring zugunsten von Tabakerzeugnissen[18] und die Richtlinien über den Gesundheitsschutz unberührt lassen. Diese Richtlinie ergänzt die Informationserfordernisse, die durch die vorstehend genannten Richtlinien und insbesondere durch die Richtlinie 97/7/ EG eingeführt wurden.

---

[6] ABl. L 144 vom 4.6.1997, S. 19.
[7] ABl. L 250 vom 19.9.1984, S. 17. Richtlinie geändert durch die Richtlinie 97/55/EG des Europaeischen Parlaments und des Rates (ABl. L 290 vom 23.10.1997, S. 18).
[8] ABl. L 42 vom 12.2.1987, S. 48. Richtlinie zuletzt geändert durch die Richtlinie 98/7/EG des Europäischen Parlaments und des Rates (ABl. L 101 vom 1.4.1998, S. 17).
[9] ABl. L 141 vom 11.6.1993, S. 27. Richtlinie zuletzt geändert durch die Richtlinie 97/9/ EG des Europaeischen Parlaments und des Rates (ABl. L 84 vom 26.3.1997, S. 22).
[10] ABl. L 158 vom 23.6.1990, S. 59.
[11] ABl. L 80 vom 18.3.1998, S. 27.
[12] ABl. L 228 vom 11.8.1992, S. 24.
[13] ABl. L 280 vom 29.10.1994, S. 83.
[14] ABl. L 166 vom 11.6.1998, S. 51. Richtlinie geändert durch die Richtlinie 1999/44/EG (ABl. L 171 vom 7.7.1999, S. 12).
[15] ABl. L 210 vom 7.8.1985, S. 29. Richtlinie geändert durch die Richtlinie 1999/34/EG (ABl. L 141 vom 4.6.1999, S. 20).
[16] ABl. L 171 vom 7.7.1999, S. 12.
[17] ABl. L 113 vom 30.4.1992, S. 13.
[18] ABl. L 213 vom 30.7.1998, S. 9.

4. Elektronischer Geschäftsverkehr 31

(12) Bestimmte Tätigkeiten müssen aus dem Geltungsbereich dieser Richtlinie ausgenommen werden, da gegenwärtig in diesen Bereichen der freie Dienstleistungsverkehr aufgrund der Bestimmungen des Vertrags bzw. des abgeleiteten Gemeinschaftsrechts nicht sicherzustellen ist. Dieser Ausschluss darf Maßnahmen, die zur Gewährleistung des reibungslosen Funktionierens des Binnenmarkts erforderlich sein könnten, nicht berühren. Das Steuerwesen, insbesondere die Mehrwertsteuer, die auf eine große Zahl von Diensten erhoben wird, die in den Anwendungsbereich dieser Richtlinie fallen, muss von ihrem Anwendungsbereich ausgenommen werden.

(13) Mit dieser Richtlinie sollen weder Regelungen über steuerliche Verpflichtungen festgelegt werden, noch greift sie der Ausarbeitung von Gemeinschaftsrechtsakten zu den steuerlichen Aspekten des elektronischen Geschäftsverkehrs vor.

(14) Der Schutz natürlicher Personen bei der Verarbeitung personenbezogener Daten ist ausschließlich Gegenstand der Richtlinie 95/46/EG des Europäischen Parlaments und des Rates vom 24. Oktober 1995 zum Schutz natürlicher Personen bei der Verarbeitung personenbezogener Daten und zum freien Datenverkehr[19] und der Richtlinie 97/66/EG des Europäischen Parlaments und des Rates vom 15. Dezember 1997 über die Verarbeitung personenbezogener Daten und den Schutz der Privatsphäre im Bereich der Telekommunikation[20], beide Richtlinien sind uneingeschränkt auf die Dienste der Informationsgesellschaft anwendbar. Jene Richtlinien begründen bereits einen gemeinschaftsrechtlichen Rahmen für den Bereich personenbezogener Daten, so dass diese Frage in der vorliegenden Richtlinie nicht geregelt werden muss, um das reibungslose Funktionieren des Binnenmarkts und insbesondere den freien Fluss personenbezogener Daten zwischen den Mitgliedstaaten zu gewährleisten. Die Grundsätze des Schutzes personenbezogener Daten sind bei der Umsetzung und Anwendung dieser Richtlinie uneingeschränkt zu beachten, insbesondere in bezug auf nicht angeforderte kommerzielle Kommunikation und die Verantwortlichkeit von Vermittlern. Die anonyme Nutzung offener Netze wie des Internets kann diese Richtlinie nicht unterbinden.

(15) Die Vertraulichkeit der Kommunikation ist durch Artikel 5 der Richtlinie 97/66/EG gewährleistet. Gemäss jener Richtlinie untersagen die Mitgliedstaaten jede Art des Abfangens oder Überwachens dieser Kommunikation durch andere Personen als Sender und Empfänger, es sei denn, diese Personen sind gesetzlich dazu ermächtigt.

(16) Die Ausklammerung von Gewinnspielen aus dem Anwendungsbereich dieser Richtlinie betrifft nur Glücksspiele, Lotterien und Wetten mit einem einen Geldwert darstellenden Einsatz. Preisausschreiben und Gewinnspiele, mit denen der Verkauf von Waren oder Dienstleistungen gefördert werden soll und bei denen etwaige Zahlungen nur dem Erwerb der angebotenen Waren oder Dienstleistungen dienen, werden hiervon nicht erfasst.

(17) Das Gemeinschaftsrecht enthält in der Richtlinie 98/34/EG des Europäischen Parlaments und des Rates vom 22. Juni 1998 über ein Informationsverfahren auf dem Gebiet der Normen und technischen Vorschriften und der Vorschriften für die Dienste der Informationsgesellschaft[21] sowie in der Richtlinie 98/84/EG des Europäischen Parlaments und des Rates vom 20. November 1998 über den rechtlichen Schutz von zugangskontrollierten Diensten und von Zugangskontrolldiensten[22] bereits eine Definition der Dienste

---

[19] ABl. L 281 vom 23.11.1995, S. 31.
[20] ABl. L 24 vom 30.1.1998, S. 1.
[21] ABl. L 204 vom 21.7.1998, S. 37. Richtlinie geändert durch die Richtlinie 98/48/EG (ABl. L 217 vom 5.8.1998, S. 18).
[22] ABl. L 320 vom 28.11.1998, S. 54.

der Informationsgesellschaft. Diese Definition umfasst alle Dienstleistungen, die in der Regel gegen Entgelt im Fernabsatz mittels Geräten für die elektronische Verarbeitung (einschließlich digitaler Kompression) und Speicherung von Daten auf individuellen Abruf eines Empfängers erbracht werden. Nicht unter diese Definition fallen die Dienstleistungen, auf die in der Liste von Beispielen in Anhang V der Richtlinie 98/34/EG Bezug genommen wird und die ohne Verarbeitung und Speicherung von Daten erbracht werden.

(18) Die Dienste der Informationsgesellschaft umfassen einen weiten Bereich von wirtschaftlichen Tätigkeiten, die online vonstatten gehen. Diese Tätigkeiten können insbesondere im Online-Verkauf von Waren bestehen. Tätigkeiten wie die Auslieferung von Waren als solche oder die Erbringung von Offline-Diensten werden nicht erfasst. Die Dienste der Informationsgesellschaft beschränken sich nicht nur auf Dienste, bei denen online Verträge geschlossen werden können, sondern erstrecken sich, soweit es sich überhaupt um eine wirtschaftliche Tätigkeit handelt, auch auf Dienste, die nicht von denjenigen vergütet werden, die sie empfangen, wie etwa Online-Informationsdienste, kommerzielle Kommunikation oder Dienste, die Instrumente zur Datensuche, zum Zugang zu Daten und zur Datenabfrage bereitstellen. Zu den Diensten der Informationsgesellschaft zählen auch Dienste, die Informationen über ein Kommunikationsnetz übermitteln, Zugang zu einem Kommunikationsnetz anbieten oder Informationen, die von einem Nutzer des Dienstes stammen, speichern. Fernsehsendungen im Sinne der Richtlinie 89/552/EWG und Radiosendungen sind keine Dienste der Informationsgesellschaft, da sie nicht auf individuellen Abruf erbracht werden. Dagegen sind Dienste, die von Punkt zu Punkt erbracht werden, wie Video auf Abruf oder die Verbreitung kommerzieller Kommunikationen mit elektronischer Post, Dienste der Informationsgesellschaft. Die Verwendung der elektronischen Post oder gleichwertiger individueller Kommunikationen zum Beispiel durch natürliche Personen außerhalb ihrer gewerblichen, geschäftlichen oder beruflichen Tätigkeit, einschließlich ihrer Verwendung für den Abschluss von Verträgen zwischen derartigen Personen, ist kein Dienst der Informationsgesellschaft. Die vertragliche Beziehung zwischen einem Arbeitnehmer und seinem Arbeitgeber ist kein Dienst der Informationsgesellschaft. Tätigkeiten, die ihrer Art nach nicht aus der Ferne und auf elektronischem Wege ausgeübt werden können, wie die gesetzliche Abschlussprüfung von Unternehmen oder ärztlicher Rat mit einer erforderlichen körperlichen Untersuchung eines Patienten, sind keine Dienste der Informationsgesellschaft.

(19) Die Bestimmung des Ortes der Niederlassung des Anbieters hat gemäss den in der Rechtsprechung des Gerichtshofs entwickelten Kriterien zu erfolgen, nach denen der Niederlassungsbegriff die tatsächliche Ausübung einer wirtschaftlichen Tätigkeit mittels einer festen Einrichtung auf unbestimmte Zeit umfasst. Diese Bedingung ist auch erfüllt, wenn ein Unternehmen für einen festgelegten Zeitraum gegründet wird. Erbringt ein Unternehmen Dienstleistungen über eine Web-Site des Internets, so ist es weder dort niedergelassen, wo sich die technischen Mittel befinden, die diese Web-Site beherbergen, noch dort, wo die Web-Site zugänglich ist, sondern an dem Ort, an dem es seine Wirtschaftstätigkeit ausübt. In Fällen, in denen ein Anbieter an mehreren Orten niedergelassen ist, ist es wichtig zu bestimmen, von welchem Niederlassungsort aus der betreffende Dienst erbracht wird. Ist im Falle mehrerer Niederlassungsorte schwierig zu bestimmen, von welchem Ort aus ein bestimmter Dienst erbracht wird, so gilt als solcher der Ort, an dem sich der Mittelpunkt der Tätigkeiten des Anbieters in bezug auf diesen bestimmten Dienst befindet.

(20) Die Definition des Begriffs des Nutzers eines Dienstes umfasst alle Arten der Inanspruchnahme von Diensten der Informationsgesellschaft sowohl durch Personen, die

4. Elektronischer Geschäftsverkehr

Informationen in offenen Netzen wie dem Internet anbieten, als auch durch Personen, die im Internet Informationen für private oder berufliche Zwecke suchen.

(21) Eine künftige gemeinschaftliche Harmonisierung auf dem Gebiet der Dienste der Informationsgesellschaft und künftige Rechtsvorschriften, die auf einzelstaatlicher Ebene in Einklang mit dem Gemeinschaftsrecht erlassen werden, bleiben vom Geltungsbereich des koordinierten Bereichs unberührt. Der koordinierte Bereich umfasst nur Anforderungen betreffend Online-Tätigkeiten, beispielsweise Online-Informationsdienste, Online-Werbung, Online-Verkauf und Online-Vertragsabschluss; er betrifft keine rechtlichen Anforderungen der Mitgliedstaaten bezüglich Waren, beispielsweise Sicherheitsnormen, Kennzeichnungspflichten oder Haftung für Waren, und auch keine Anforderungen der Mitgliedstaaten bezüglich der Lieferung oder Beförderung von Waren, einschließlich der Lieferung von Humanarzneimitteln. Der koordinierte Bereich umfasst nicht die Wahrnehmung des Vorkaufsrechts durch öffentliche Behörden in bezug auf bestimmte Güter wie beispielsweise Kunstwerke.

(22) Die Aufsicht über Dienste der Informationsgesellschaft hat am Herkunftsort zu erfolgen, um einen wirksamen Schutz der Ziele des Allgemeininteresses zu gewährleisten. Deshalb muss dafür gesorgt werden, dass die zuständige Behörde diesen Schutz nicht allein für die Bürger ihres Landes, sondern für alle Bürger der Gemeinschaft sichert. Um das gegenseitige Vertrauen der Mitgliedstaaten zu fördern, muss die Verantwortlichkeit des Mitgliedstaates des Herkunftsortes der Dienste klar herausgestellt werden. Um den freien Dienstleistungsverkehr und die Rechtssicherheit für Anbieter und Nutzer wirksam zu gewährleisten, sollten die Dienste der Informationsgesellschaft zudem grundsätzlich dem Rechtssystem desjenigen Mitgliedstaates unterworfen werden, in dem der Anbieter niedergelassen ist.

(23) Diese Richtlinie zielt weder darauf ab, zusätzliche Regeln im Bereich des internationalen Privatrechts hinsichtlich des anwendbaren Rechts zu schaffen, noch befasst sie sich mit der Zuständigkeit der Gerichte; Vorschriften des anwendbaren Rechts, die durch Regeln des Internationalen Privatrechts bestimmt sind, dürfen die Freiheit zur Erbringung von Diensten der Informationsgesellschaft im Sinne dieser Richtlinie nicht einschränken.

(24) Unbeschadet der Regel, dass Dienste der Informationsgesellschaft an der Quelle zu beaufsichtigen sind, ist es im Zusammenhang mit dieser Richtlinie gerechtfertigt, dass die Mitgliedstaaten unter den in dieser Richtlinie festgelegten Bedingungen Maßnahmen ergreifen dürfen, um den freien Verkehr für Dienste der Informationsgesellschaft einzuschränken.

(25) Nationale Gerichte, einschließlich Zivilgerichte, die mit privatrechtlichen Streitigkeiten befasst sind, können im Einklang mit den in dieser Richtlinie festgelegten Bedingungen Maßnahmen ergreifen, die von der Freiheit der Erbringung von Diensten der Informationsgesellschaft abweichen.

(26) Die Mitgliedstaaten können im Einklang mit den in dieser Richtlinie festgelegten Bedingungen ihre nationalen strafrechtlichen Vorschriften und Strafprozessvorschriften anwenden, um Ermittlungs- und andere Maßnahmen zu ergreifen, die zur Aufklärung und Verfolgung von Straftaten erforderlich sind, ohne diese Maßnahmen der Kommission mitteilen zu müssen.

(27) Diese Richtlinie trägt zusammen mit der künftigen Richtlinie des Europäischen Parlaments und des Rates über den Fernabsatz von Finanzdienstleistungen an Verbraucher dazu bei, einen rechtlichen Rahmen für die Online-Erbringung von Finanzdienstleistungen zu schaffen. Diese Richtlinie greift künftigen Initiativen im Bereich der Finanzdienstleistungen, insbesondere in bezug auf die Harmonisierung der Verhaltensregeln für diesen

Bereich, nicht vor. *Die durch diese Richtlinie geschaffene Möglichkeit für die Mitgliedstaaten, die Freiheit der Erbringung von Diensten der Informationsgesellschaft unter bestimmten Umständen zum Schutz der Verbraucher einzuschränken, erstreckt sich auch auf Maßnahmen im Bereich der Finanzdienstleistungen, insbesondere Maßnahmen zum Schutz von Anlegen.*

(28) Die Verpflichtung der Mitgliedstaaten, den Zugang zur Tätigkeit eines Anbieters von Diensten der Informationsgesellschaft keiner Zulassung zu unterwerfen, gilt nicht für Postdienste, die unter die Richtlinie 97/67/EG des Europäischen Parlaments und des Rates vom 15. Dezember 1997 über gemeinsame Vorschriften für die Entwicklung des Binnenmarktes der Postdienste der Gemeinschaft und die Verbesserung der Dienstequalität[23] fallen und in der materiellen Auslieferung ausgedruckter Mitteilungen der elektronischen Post bestehen; freiwillige Akkreditierungssysteme, insbesondere für Anbieter von Diensten für die Zertifizierung elektronischer Signaturen, sind hiervon ebenfalls nicht betroffen.

(29) Kommerzielle Kommunikationen sind von entscheidender Bedeutung für die Finanzierung der Dienste der Informationsgesellschaft und die Entwicklung vielfältiger neuer und unentgeltlicher Dienste. Im Interesse des Verbraucherschutzes und der Lauterkeit des Geschäftsverkehrs müssen die verschiedenen Formen kommerzieller Kommunikation, darunter Preisnachlässe, Sonderangebote, Preisausschreiben und Gewinnspiele, bestimmten Transparenzerfordernissen genügen. Diese Transparenzerfordernisse lassen die Richtlinie 97/7/EG unberührt. Diese Richtlinie ist ferner ohne Auswirkung auf die Richtlinien, die bereits im Bereich der kommerziellen Kommunikationen bestehen, insbesondere die Richtlinie 98/43/EG.

(30) Die Zusendung nicht angeforderter kommerzieller Kommunikationen durch elektronische Post kann für Verbraucher und Anbieter von Diensten der Informationsgesellschaft unerwünscht sein und das reibungslose Funktionieren interaktiver Netze beeinträchtigen. Die Frage der Zustimmung der Empfänger bestimmter Formen der nicht angeforderten kommerziellen Kommunikation ist nicht Gegenstand dieser Richtlinie, sondern ist, insbesondere in den Richtlinien 97/7/EG und 97/66/EG, bereits geregelt. In Mitgliedstaaten, die nicht angeforderte kommerzielle Kommunikationen über elektronische Post zulassen, sollten geeignete Initiativen der Branche zum Herausfiltern entsprechender Mitteilungen gefördert und erleichtert werden. Darüber hinaus müssen nicht angeforderte kommerzielle Kommunikationen auf jeden Fall klar als solche erkennbar sein, um die Transparenz zu verbessern und die Funktionsfähigkeit derartiger Filtersysteme der Branche zu fördern. Durch elektronische Post zugesandte nicht angeforderte kommerzielle Kommunikationen dürfen keine zusätzlichen Kommunikationskosten für den Empfänger verursachen.

(31) Mitgliedstaaten, die in ihrem Hoheitsgebiet niedergelassenen Diensteanbietern die Versendung nicht angeforderter kommerzieller Kommunikation mit elektronischer Post ohne vorherige Zustimmung des Empfängers gestatten, müssen dafür Sorge tragen, dass die Diensteanbieter regelmäßig sog. Robinson-Listen konsultieren, in die sich natürliche Personen eintragen können, die keine derartigen Informationen zu erhalten wünschen, und dass die Diensteanbieter diese Listen beachten.

(32) Um Hindernisse für die Entwicklung grenzüberschreitender Dienste innerhalb der Gemeinschaft zu beseitigen, die Angehörige der reglementierten Berufe im Internet anbieten könnten, muss die Wahrung berufsrechtlicher Regeln, insbesondere der Regeln zum Schutz der Verbraucher oder der öffentlichen Gesundheit, auf Gemeinschaftsebene

---

[23] ABl. L 15 vom 21.1.1998, S. 14.

4. Elektronischer Geschäftsverkehr

gewährleistet sein. Zur Festlegung der für kommerzielle Kommunikation geltenden Berufsregeln sind vorzugsweise gemeinschaftsweit geltende Verhaltenskodizes geeignet. Die Erstellung oder gegebenenfalls die Anpassung solcher Regeln sollte unbeschadet der Autonomie von Berufsvereinigungen und -organisationen gefördert werden.

(33) Diese Richtlinie ergänzt gemeinschaftliche und einzelstaatliche Rechtsvorschriften für reglementierte Berufe, wobei in diesem Bereich ein kohärenter Bestand anwendbarer Regeln beibehalten wird.

(34) Jeder Mitgliedstaat hat seine Rechtsvorschriften zu ändern, in denen Bestimmungen festgelegt sind, die die Verwendung elektronisch geschlossener Verträge behindern könnten; dies gilt insbesondere für Formerfordernisse. Die Prüfung anpassungsbedürftiger Rechtsvorschriften sollte systematisch erfolgen und sämtliche Phasen bis zum Vertragsabschluss umfassen, einschließlich der Archivierung des Vertrages. Diese Änderung sollte bewirken, dass es möglich ist, elektronisch geschlossene Verträge zu verwenden. Die rechtliche Wirksamkeit elektronischer Signaturen ist bereits Gegenstand der Richtlinie 1999/93/EG des Europäischen Parlaments und des Rates vom 13. Dezember 1999 über gemeinschaftliche Rahmenbedingungen für elektronische Signaturen[24]. Die Empfangsbestätigung durch den Diensteanbieter kann darin bestehen, dass dieser die bezahlte Dienstleistung online erbringt.

(35) Diese Richtlinie lässt die Möglichkeit der Mitgliedstaaten unberührt, allgemeine oder spezifische rechtliche Anforderungen für Verträge, die auf elektronischem Wege erfüllt werden können, insbesondere Anforderungen für sichere elektronische Signaturen, aufrechtzuerhalten oder festzulegen.

(36) Die Mitgliedstaaten können Beschränkungen für die Verwendung elektronisch geschlossener Verträge in bezug auf Verträge beibehalten, bei denen die Mitwirkung von Gerichten, Behörden oder öffentliche Befugnisse ausübenden Berufen gesetzlich vorgeschrieben ist. Diese Möglichkeit gilt auch für Verträge, bei denen die Mitwirkung von Gerichten, Behörden oder öffentliche Befugnisse ausübenden Berufen erforderlich ist, damit sie gegenüber Dritten wirksam sind, und für Verträge, bei denen eine notarielle Beurkundung oder Beglaubigung gesetzlich vorgeschrieben ist.

(37) Die Verpflichtung der Mitgliedstaaten, Hindernisse für die Verwendung elektronisch geschlossener Verträge zu beseitigen, betrifft nur Hindernisse, die sich aus rechtlichen Anforderungen ergeben, nicht jedoch praktische Hindernisse, die dadurch entstehen, dass in bestimmten Fällen elektronische Mittel nicht genutzt werden können.

(38) Die Verpflichtung der Mitgliedstaaten, Hindernisse für die Verwendung elektronisch geschlossener Verträge zu beseitigen, ist im Einklang mit den im Gemeinschaftsrecht niedergelegten rechtlichen Anforderungen an Verträge zu erfüllen.

(39) Die in dieser Richtlinie in bezug auf die bereitzustellenden Informationen und die Abgabe von Bestellungen vorgesehenen Ausnahmen von den Vorschriften für Verträge, die ausschließlich durch den Austausch von elektronischer Post oder durch damit vergleichbare individuelle Kommunikation geschlossen werden, sollten nicht dazu führen, dass Anbieter von Diensten der Informationsgesellschaft diese Vorschriften umgehen können.

(40) Bestehende und sich entwickelnde Unterschiede in den Rechtsvorschriften und der Rechtsprechung der Mitgliedstaaten hinsichtlich der Verantwortlichkeit von Diensteanbietern, die als Vermittler handeln, behindern das reibungslose Funktionieren des Binnen-

---

[24] ABl. L 13 vom 19.1.2000, S. 12.

marktes, indem sie insbesondere die Entwicklung grenzüberschreitender Dienste erschweren und Wettbewerbsverzerrungen verursachen. Die Diensteanbieter sind unter bestimmten Voraussetzungen verpflichtet, tätig zu werden, um rechtswidrige Tätigkeiten zu verhindern oder abzustellen. Die Bestimmungen dieser Richtlinie sollten eine geeignete Grundlage für die Entwicklung rasch und zuverlässig wirkender Verfahren zur Entfernung unerlaubter Informationen und zur Sperrung des Zugangs zu ihnen bilden. Entsprechende Mechanismen könnten auf der Grundlage freiwilliger Vereinbarungen zwischen allen Beteiligten entwickelt und sollten von den Mitgliedstaaten gefördert werden. Es liegt im Interesse aller an der Erbringung von Diensten der Informationsgesellschaft Beteiligten, dass solche Verfahren angenommen und umgesetzt werden. Die in dieser Richtlinie niedergelegten Bestimmungen über die Verantwortlichkeit sollten die verschiedenen Beteiligten nicht daran hindern, innerhalb der von den Richtlinien 95/46/EG und 97/66/EG gezogenen Grenzen technische Schutz- und Erkennungssysteme und durch die Digitaltechnik ermöglichte technische Überwachungsgeräte zu entwickeln und wirksam anzuwenden.

(41) Diese Richtlinie schafft ein Gleichgewicht zwischen den verschiedenen Interessen und legt die Grundsätze fest, auf denen Übereinkommen und Standards in dieser Branche basieren können.

(42) Die in dieser Richtlinie hinsichtlich der Verantwortlichkeit festgelegten Ausnahmen decken nur Fälle ab, in denen die Tätigkeit des Anbieters von Diensten der Informationsgesellschaft auf den technischen Vorgang beschränkt ist, ein Kommunikationsnetz zu betreiben und den Zugang zu diesem zu vermitteln, über das von Dritten zur Verfügung gestellte Informationen übermittelt oder zum alleinigen Zweck vorübergehend gespeichert werden, die Übermittlung effizienter zu gestalten. Diese Tätigkeit ist rein technischer, automatischer und passiver Art, was bedeutet, dass der Anbieter eines Dienstes der Informationsgesellschaft weder Kenntnis noch Kontrolle über die weitergeleitete oder gespeicherte Information besitzt.

(43) Ein Diensteanbieter kann die Ausnahmeregelungen für die „reine Durchleitung" und das „Caching" in Anspruch nehmen, wenn er in keiner Weise mit der übermittelten Information in Verbindung steht. Dies bedeutet unter anderem, dass er die von ihm übermittelte Information nicht verändert. Unter diese Anforderung fallen nicht Eingriffe technischer Art im Verlauf der Übermittlung, da sie die Integrität der übermittelten Informationen nicht verändern.

(44) Ein Diensteanbieter, der absichtlich mit einem der Nutzer seines Dienstes zusammenarbeitet, um rechtswidrige Handlungen zu begehen, leistet mehr als „reine Durchleitung" und „Caching" und kann daher den hierfür festgelegten Haftungsausschluss nicht in Anspruch nehmen.

(45) Die in dieser Richtlinie festgelegten Beschränkungen der Verantwortlichkeit von Vermittlern lassen die Möglichkeit von Anordnungen unterschiedlicher Art unberührt. Diese können insbesondere in gerichtlichen oder behördlichen Anordnungen bestehen, die die Abstellung oder Verhinderung einer Rechtsverletzung verlangen, einschließlich der Entfernung rechtswidriger Informationen oder der Sperrung des Zugangs zu ihnen.

(46) Um eine Beschränkung der Verantwortlichkeit in Anspruch nehmen zu können, muss der Anbieter eines Dienstes der Informationsgesellschaft, der in der Speicherung von Information besteht, unverzüglich tätig werden, sobald ihm rechtswidrige Tätigkeiten bekannt oder bewusst werden, um die betreffende Information zu entfernen oder den Zugang zu ihr zu sperren. Im Zusammenhang mit der Entfernung oder der Sperrung des Zugangs hat er den Grundsatz der freien Meinungsäußerung und die hierzu auf einzelstaat-

4. Elektronischer Geschäftsverkehr 37

licher Ebene festgelegten Verfahren zu beachten. Diese Richtlinie lässt die Möglichkeit der Mitgliedstaaten unberührt, spezifische Anforderungen vorzuschreiben, die vor der Entfernung von Informationen oder der Sperrung des Zugangs unverzüglich zu erfüllen sind.

(47) Die Mitgliedstaaten sind nur dann gehindert, den Diensteanbietern Überwachungspflichten aufzuerlegen, wenn diese allgemeiner Art sind. Dies betrifft nicht Überwachungspflichten in spezifischen Fällen und berührt insbesondere nicht Anordnungen, die von einzelstaatlichen Behörden nach innerstaatlichem Recht getroffen werden.

(48) Diese Richtlinie lässt die Möglichkeit unberührt, dass die Mitgliedstaaten von Diensteanbietern, die von Nutzern ihres Dienstes bereitgestellte Informationen speichern, verlangen, die nach vernünftigem Ermessen von ihnen zu erwartende und in innerstaatlichen Rechtsvorschriften niedergelegte Sorgfaltspflicht anzuwenden, um bestimmte Arten rechtswidriger Tätigkeiten aufzudecken und zu verhindern.

(49) Die Mitgliedstaaten und die Kommission haben zur Ausarbeitung von Verhaltenskodizes zu ermutigen. Dies beeinträchtigt nicht die Freiwilligkeit dieser Kodizes und die Möglichkeit der Beteiligten, sich nach freiem Ermessen einem solchen Kodex zu unterwerfen.

(50) Es ist wichtig, dass die vorgeschlagene Richtlinie zur Harmonisierung bestimmter Aspekte des Urheberrechts und der verwandten Schutzrechte in der Informationsgesellschaft und die vorliegende Richtlinie innerhalb des gleichen Zeitrahmens in Kraft treten, so dass zur Frage der Haftung der Vermittler bei Verstößen gegen das Urheberrecht und verwandte Schutzrechte auf Gemeinschaftsebene ein klares Regelwerk begründet wird.

(51) Gegebenenfalls müssen die Mitgliedstaaten innerstaatliche Rechtsvorschriften ändern, die die Inanspruchnahme von Mechanismen zur außergerichtlichen Beilegung von Streitigkeiten auf elektronischem Wege behindern könnten. Diese Änderung muss bewirken, dass diese Mechanismen de facto und de jure tatsächlich wirksam funktionieren können, und zwar auch bei grenzüberschreitenden Rechtsstreitigkeiten.

(52) Die effektive Wahrnehmung der durch den Binnenmarkt gebotenen Freiheiten macht es erforderlich, den Opfern einen wirksamen Zugang zu Möglichkeiten der Beilegung von Streitigkeiten zu gewährleisten. Schäden, die in Verbindung mit den Diensten der Informationsgesellschaft entstehen können, sind durch ihre Schnelligkeit und ihre geographische Ausbreitung gekennzeichnet. Wegen dieser spezifischen Eigenheit und der Notwendigkeit, darüber zu wachen, dass die nationalen Behörden das Vertrauen, das sie sich gegenseitig entgegenbringen müssen, nicht in Frage stellen, verlangt diese Richtlinie von den Mitgliedstaaten, dafür zu sorgen, dass angemessene Klagemöglichkeiten zur Verfügung stehen. Die Mitgliedstaaten sollten prüfen, ob ein Bedürfnis für die Schaffung eines Zugangs zu gerichtlichen Verfahren auf elektronischem Wege besteht.

(53) Die Richtlinie 98/27/EG, die auf Dienste der Informationsgesellschaft anwendbar ist, sieht einen Mechanismus für Unterlassungsklagen zum Schutz kollektiver Verbraucherinteressen vor. Dieser Mechanismus trägt zum freien Verkehr von Diensten der Informationsgesellschaft bei, indem er ein hohes Niveau an Verbraucherschutz gewährleistet.

(54) Die in dieser Richtlinie vorgesehenen Sanktionen lassen andere nach einzelstaatlichem Recht vorgesehene Sanktionen oder Rechtsbehelfe unberührt. Die Mitgliedstaaten sind nicht verpflichtet, strafrechtliche Sanktionen für Zuwiderhandlungen gegen innerstaatliche Rechtsvorschriften, die aufgrund dieser Richtlinie erlassen wurden, vorzusehen.

(55) Diese Richtlinie lässt das Recht unberührt, das für die sich aus Verbraucherverträgen ergebenden vertraglichen Schuldverhältnisse gilt. Dementsprechend kann diese Richtlinie nicht dazu führen, dass dem Verbraucher der Schutz entzogen wird, der ihm von den

zwingenden Vorschriften für vertragliche Verpflichtungen nach dem Recht des Mitgliedstaates, in dem er seinen gewöhnlichen Wohnsitz hat, gewährt wird.

(56) Im Hinblick auf die in dieser Richtlinie vorgesehene Ausnahme für vertragliche Schuldverhältnisse in bezug auf Verbraucherverträge ist zu beachten, dass diese Schuldverhältnisse auch Informationen zu den wesentlichen Elementen des Vertrags erfassen; dazu gehören auch die Verbraucherrechte, die einen bestimmenden Einfluss auf die Entscheidung zum Vertragsschluss haben.

(57) Nach ständiger Rechtsprechung des Gerichtshofs ist ein Mitgliedstaat weiterhin berechtigt, Maßnahmen gegen einen in einem anderen Mitgliedstaat niedergelassenen Diensteanbieter zu ergreifen, dessen Tätigkeit ausschließlich oder überwiegend auf das Hoheitsgebiet des ersten Mitgliedstaates ausgerichtet ist, wenn die Niederlassung gewählt wurde, um die Rechtsvorschriften zu umgehen, die auf den Anbieter Anwendung fänden, wenn er im Hoheitsgebiet des ersten Mitgliedstaats niedergelassen wäre.

(58) Diese Richtlinie soll keine Anwendung auf Dienste von Anbietern finden, die in einem Drittland niedergelassen sind. Angesichts der globalen Dimension des elektronischen Geschäftsverkehrs ist jedoch dafür Sorge zu tragen, dass die gemeinschaftlichen Vorschriften mit den internationalen Regeln in Einklang stehen. Die Ergebnisse der Erörterungen über rechtliche Fragen in internationalen Organisationen (unter anderem WTO, OECD, UNCITRAL) bleiben von dieser Richtlinie unberührt.

(59) Trotz der globalen Natur elektronischer Kommunikationen ist eine Koordinierung von nationalen Regulierungsmaßnahmen auf der Ebene der Europäischen Union notwendig, um eine Fragmentierung des Binnenmarktes zu vermeiden und einen angemessenen europäischen Rechtsrahmen zu schaffen. Diese Koordinierung sollte auch zur Herausbildung einer gemeinsamen und starken Verhandlungsposition in internationalen Gremien beitragen.

(60) Im Sinne der ungehinderten Entwicklung des elektronischen Geschäftsverkehrs muss dieser Rechtsrahmen klar, unkompliziert und vorhersehbar sowie vereinbar mit den auf internationaler Ebene geltenden Regeln sein, um die Wettbewerbsfähigkeit der europäischen Industrie nicht zu beeinträchtigen und innovative Maßnahmen in diesem Sektor nicht zu behindern.

(61) Damit der elektronische Markt in einem globalisierten Umfeld wirksam funktionieren kann, bedarf es einer Abstimmung zwischen der Europäischen Union und den großen nichteuropäischen Wirtschaftsräumen mit dem Ziel, die Rechtsvorschriften und Verfahren kompatibel zu gestalten.

(62) Die Zusammenarbeit mit Drittländern sollte im Bereich des elektronischen Geschäftsverkehrs intensiviert werden, insbesondere mit den beitrittswilligen Ländern, den Entwicklungsländern und den übrigen Handelspartnern der Europäischen Union.

(63) Die Annahme dieser Richtlinie hält die Mitgliedstaaten nicht davon ab, den verschiedenen sozialen, gesellschaftlichen und kulturellen Auswirkungen Rechnung zu tragen, zu denen das Entstehen der Informationsgesellschaft führt. Insbesondere darf sie nicht Maßnahmen verhindern, die die Mitgliedstaaten im Einklang mit dem Gemeinschaftsrecht erlassen könnten, um soziale, kulturelle und demokratische Ziele unter Berücksichtigung ihrer sprachlichen Vielfalt, der nationalen und regionalen Besonderheiten sowie ihres Kulturerbes zu erreichen und den Zugang der Öffentlichkeit zu der breitestmöglichen Palette von Diensten der Informationsgesellschaft zu gewährleisten und zu erhalten. Im Zuge der Entwicklung der Informationsgesellschaft muss auf jeden Fall sichergestellt werden, dass die Bürger der Gemeinschaft Zugang zu einem in einem digitalen Umfeld vermittelten europäischen Kulturerbe erhalten können.

4. Elektronischer Geschäftsverkehr 39

(64) Die elektronische Kommunikation stellt für die Mitgliedstaaten ein hervorragendes Instrument zur Bereitstellung von öffentlichen Dienstleistungen in den Bereichen Kultur, Bildung und Sprache dar.
(65) Wie der Rat in seiner Entschließung vom 19. Januar 1999 über die Verbraucherdimension der Informationsgesellschaft[25] festgestellt hat, muss dem Schutz der Verbraucher in diesem Bereich besondere Aufmerksamkeit gewidmet werden. Die Kommission wird untersuchen, in welchem Umfang die bestehenden Regeln des Verbraucherschutzes im Zusammenhang mit der Informationsgesellschaft unzulänglich sind, und gegebenenfalls die Lücken in der bestehenden Gesetzgebung sowie die Aspekte, die ergänzende Maßnahmen erforderlich machen könnten, aufzeigen. Gegebenenfalls sollte die Kommission spezifische zusätzliche Vorschläge unterbreiten, um die festgestellten Unzulänglichkeiten zu beheben –
HABEN FOLGENDE RICHTLINIE ERLASSEN:

Kapitel I. Allgemeine Bestimmungen

Artikel 1. Zielsetzung und Anwendungsbereich

(1) Diese Richtlinie soll einen Beitrag zum einwandfreien Funktionieren des Binnenmarktes leisten, indem sie den freien Verkehr von Diensten der Informationsgesellschaft zwischen den Mitgliedstaaten sicherstellt.
(2) Diese Richtlinie sorgt, soweit dies für die Erreichung des in Absatz 1 genannten Ziels erforderlich ist, für eine Angleichung bestimmter für die Dienste der Informationsgesellschaft geltender innerstaatlicher Regelungen, die den Binnenmarkt, die Niederlassung der Diensteanbieter, kommerzielle Kommunikationen, elektronische Verträge, die Verantwortlichkeit von Vermittlern, Verhaltenskodizes, Systeme zur außergerichtlichen Beilegung von Streitigkeiten, Klagemöglichkeiten sowie die Zusammenarbeit zwischen den Mitgliedstaaten betreffen.
(3) Diese Richtlinie ergänzt das auf die Dienste der Informationsgesellschaft anwendbare Gemeinschaftsrecht und lässt dabei das Schutzniveau insbesondere für die öffentliche Gesundheit und den Verbraucherschutz, wie es sich aus Gemeinschaftsrechtsakten und einzelstaatlichen Rechtsvorschriften zu deren Umsetzung ergibt, unberührt, soweit die Freiheit, Dienste der Informationsgesellschaft anzubieten, dadurch nicht eingeschränkt wird.
(4) Diese Richtlinie schafft weder zusätzliche Regeln im Bereich des internationalen Privatrechts, noch befasst sich mit der Zuständigkeit der Gerichte.
(5) Diese Richtlinie findet keine Anwendung auf
a) den Bereich der Besteuerung,
b) Fragen betreffend die Dienste der Informationsgesellschaft, die von den Richtlinien 95/46/EG und 97/66/EG erfasst werden,
c) Fragen betreffend Vereinbarungen oder Verhaltensweisen, die dem Kartellrecht unterliegen,
d) die folgenden Tätigkeiten der Dienste der Informationsgesellschaft:
– Tätigkeiten von Notaren oder Angehörigen gleichwertiger Berufe, soweit diese eine unmittelbare und besondere Verbindung zur Ausübung öffentlicher Befugnisse aufweisen;

---

[25] ABl. C 23 vom 28.1.1999, S. 1.

– Vertretung eines Mandanten und Verteidigung seiner Interessen vor Gericht;
– Gewinnspiele mit einem einen Geldwert darstellenden Einsatz bei Glücksspielen, einschließlich Lotterien und Wetten.

(6) Maßnahmen auf gemeinschaftlicher oder einzelstaatlicher Ebene, die unter Wahrung des Gemeinschaftsrechts der Förderung der kulturellen und sprachlichen Vielfalt und dem Schutz des Pluralismus dienen, bleiben von dieser Richtlinie unberührt.

Artikel 2. Begriffsbestimmungen
Im Sinne dieser Richtlinie bezeichnet der Ausdruck

a) „Dienste der Informationsgesellschaft" Dienste im Sinne von Artikel 1 Nummer 2 der Richtlinie 98/34/EG in der Fassung der Richtlinie 98/48/EG;

b) „Diensteanbieter" jede natürliche oder juristische Person, die einen Dienst der Informationsgesellschaft anbietet;

c) „niedergelassener Diensteanbieter" ein Anbieter, der mittels einer festen Einrichtung auf unbestimmte Zeit eine Wirtschaftstätigkeit tatsächlich ausübt; Vorhandensein und Nutzung technischer Mittel und Technologien, die zum Anbieten des Dienstes erforderlich sind, begründen allein keine Niederlassung des Anbieters;

d) „Nutzer" jede natürliche oder juristische Person, die zu beruflichen oder sonstigen Zwecken einen Dienst der Informationsgesellschaft in Anspruch nimmt, insbesondere um Informationen zu erlangen oder zugänglich zu machen;

e) „Verbraucher" jede natürliche Person, die zu Zwecken handelt, die nicht zu ihren gewerblichen, geschäftlichen oder beruflichen Tätigkeiten gehören;

f) „kommerzielle Kommunikation" alle Formen der Kommunikation, die der unmittelbaren oder mittelbaren Förderung des Absatzes von Waren und Dienstleistungen oder des Erscheinungsbilds eines Unternehmens, einer Organisation oder einer natürlichen Person dienen, die eine Tätigkeit in Handel, Gewerbe oder Handwerk oder einen reglementierten Beruf ausübt; die folgenden Angaben stellen als solche keine Form der kommerziellen Kommunikation dar:
– Angaben, die direkten Zugang zur Tätigkeit des Unternehmens bzw. der Organisation oder Person ermöglichen, wie insbesondere ein Domain-Name oder eine Adresse der elektronischen Post;
– Angaben in bezug auf Waren und Dienstleistungen oder das Erscheinungsbild eines Unternehmens, einer Organisation oder Person, die unabhängig und insbesondere ohne finanzielle Gegenleistung gemacht werden;

g) „reglementierter Beruf" alle Berufe im Sinne von Artikel 1 Buchstabe d) der Richtlinie 89/48/EWG des Rates vom 21. Dezember 1988 über eine allgemeine Regelung zur Anerkennung der Hochschuldiplome, die eine mindestens dreijährige Berufsausbildung abschließen[26], oder im Sinne von Artikel 1 Buchstabe f) der Richtlinie 92/51/EWG des Rates vom 18. Juni 1992 über eine zweite allgemeine Regelung zur Anerkennung beruflicher Befähigungsnachweise in Ergänzung zur Richtlinie 89/48/EWG[27];

---

[26] ABl. L 19 vom 24.1.1989, S. 16.
[27] ABl. L 209 vom 24.7.1992, S. 25. Richtlinie zuletzt geändert durch die Richtlinie 97/38/ EWG der Kommission (ABl. L 184 vom 12.7.1997, S. 31).

4. Elektronischer Geschäftsverkehr 41

h) „koordinierter Bereich" die für die Anbieter von Diensten der Informationsgesellschaft und die Dienste der Informationsgesellschaft in den Rechtssystemen der Mitgliedstaaten festgelegten Anforderungen, ungeachtet der Frage, ob sie allgemeiner Art oder speziell für sie bestimmt sind.

i) Der koordinierte Bereich betrifft vom Diensteanbieter zu erfüllende Anforderungen in bezug auf
– die Aufnahme der Tätigkeit eines Dienstes der Informationsgesellschaft, beispielsweise Anforderungen betreffend Qualifikationen, Genehmigung oder Anmeldung;
– die Ausübung der Tätigkeit eines Dienstes der Informationsgesellschaft, beispielsweise Anforderungen betreffend das Verhalten des Diensteanbieters, Anforderungen betreffend Qualität oder Inhalt des Dienstes, einschließlich der auf Werbung und Verträge anwendbaren Anforderungen, sowie Anforderungen betreffend die Verantwortlichkeit des Diensteanbieters.

ii) Der koordinierte Bereich umfasst keine Anforderungen wie
– Anforderungen betreffend die Waren als solche;
– Anforderungen betreffend die Lieferung von Waren;
– Anforderungen betreffend Dienste, die nicht auf elektronischem Wege erbracht werden.

Artikel 3. Binnenmarkt

(1) Jeder Mitgliedstaat trägt dafür Sorge, dass die Dienste der Informationsgesellschaft, die von einem in seinem Hoheitsgebiet niedergelassenen Diensteanbieter erbracht werden, den in diesem Mitgliedstaat geltenden innerstaatlichen Vorschriften entsprechen, die in den koordinierten Bereich fallen.

(2) Die Mitgliedstaaten dürfen den freien Verkehr von Diensten der Informationsgesellschaft aus einem anderen Mitgliedstaat nicht aus Gründen einschränken, die in den koordinierten Bereich fallen.

(3) Die Absätze 1 und 2 finden keine Anwendung auf die im Anhang genannten Bereiche.

(4) Die Mitgliedstaaten können Maßnahmen ergreifen, die im Hinblick auf einen bestimmten Dienst der Informationsgesellschaft von Absatz 2 abweichen, wenn die folgenden Bedingungen erfüllt sind:
a) Die Maßnahmen
i) sind aus einem der folgenden Gründe erforderlich:
– Schutz der öffentlichen Ordnung, insbesondere Verhütung, Ermittlung, Aufklärung und Verfolgung von Straftaten, einschließlich des Jugendschutzes und der Bekämpfung der Hetze aus Gründen der Rasse, des Geschlechts, des Glaubens oder der Nationalität, sowie von Verletzungen der Menschenwürde einzelner Personen,
– Schutz der öffentlichen Gesundheit,
– Schutz der öffentlichen Sicherheit, einschließlich der Wahrung nationaler Sicherheits- und Verteidigungsinteressen,
– Schutz der Verbraucher, einschließlich des Schutzes von Anlegern;
ii) betreffen einen bestimmten Dienst der Informationsgesellschaft, der die unter Ziffer i) genannten Schutzziele beeinträchtigt oder eine ernsthafte und schwerwiegende Gefahr einer Beeinträchtigung dieser Ziele darstellt;
iii) stehen in einem angemessenen Verhältnis zu diesen Schutzzielen.

b) Der Mitgliedstaat hat vor Ergreifen der betreffenden Maßnahmen unbeschadet etwaiger Gerichtsverfahren, einschließlich Vorverfahren und Schritten im Rahmen einer strafrechtlichen Ermittlung,
- den in Absatz 1 genannten Mitgliedstaat aufgefordert, Maßnahmen zu ergreifen, und dieser hat dem nicht Folge geleistet oder die von ihm getroffenen Maßnahmen sind unzulänglich;
- die Kommission und den in Absatz 1 genannten Mitgliedstaat über seine Absicht, derartige Maßnahmen zu ergreifen, unterrichtet.

(5) Die Mitgliedstaaten können in dringlichen Fällen von den in Absatz 4 Buchstabe b) genannten Bedingungen abweichen. In diesem Fall müssen die Maßnahmen so bald wie möglich und unter Angabe der Gründe, aus denen der Mitgliedstaat der Auffassung ist; dass es sich um einen dringlichen Fall handelt, der Kommission und dem in Absatz 1 genannten Mitgliedstaat mitgeteilt werden.

(6) Unbeschadet der Möglichkeit des Mitgliedstaates, die betreffenden Maßnahmen durchzuführen, muss die Kommission innerhalb kürzestmöglicher Zeit prüfen, ob die mitgeteilten Maßnahmen mit dem Gemeinschaftsrecht vereinbar sind; gelangt sie zu dem Schluss, dass die Maßnahme nicht mit dem Gemeinschaftsrecht vereinbar ist, so fordert sie den betreffenden Mitgliedstaat auf, davon Abstand zu nehmen, die geplanten Maßnahmen zu ergreifen, bzw. bereits ergriffene Maßnahmen unverzüglich einzustellen.

Kapitel II. Grundsätze

Abschnitt I. Niederlassung und Informationspflichten

Artikel 4. Grundsatz der Zulassungsfreiheit
(1) Die Mitgliedstaaten stellen sicher, dass die Aufnahme und die Ausübung der Tätigkeit eines Anbieters von Diensten der Informationsgesellschaft nicht zulassungspflichtig ist und keiner sonstigen Anforderung gleicher Wirkung unterliegt.
(2) Absatz 1 gilt unbeschadet der Zulassungsverfahren, die nicht speziell und ausschließlich Dienste der Informationsgesellschaft betreffen oder die in den Anwendungsbereich der Richtlinie 97/13/EG des Europäischen Parlaments und des Rates vom 10. April 1997 über einen gemeinsamen Rahmen für Allgemein- und Einzelgenehmigungen für Telekommunikationsdienste[28] fallen.

Artikel 5. Allgemeine Informationspflichten
(1) Zusätzlich zu den sonstigen Informationsanforderungen nach dem Gemeinschaftsrecht stellen die Mitgliedstaaten sicher, dass der Diensteanbieter den Nutzern des Dienstes und den zuständigen Behörden zumindest die nachstehend aufgeführten Informationen leicht, unmittelbar und ständig verfügbar macht:
a) den Namen des Diensteanbieters;
b) die geographische Anschrift, unter der der Diensteanbieter niedergelassen ist;
c) Angaben, die es ermöglichen, schnell mit dem Diensteanbieter Kontakt aufzunehmen und unmittelbar und effizient mit ihm zu kommunizieren, einschließlich seiner Adresse der elektronischen Post;

---

[28] ABl. L 117 vom 7.5.1997, S. 15.

4. Elektronischer Geschäftsverkehr

d) wenn der Diensteanbieter in ein Handelsregister oder ein vergleichbares öffentliches Register eingetragen ist, das Handelsregister, in das der Diensteanbieter eingetragen ist, und seine Handelsregisternummer oder eine gleichwertige in diesem Register verwendete Kennung;

e) soweit für die Tätigkeit eine Zulassung erforderlich ist, die Angaben zur zuständigen Aufsichtsbehörde;

f) hinsichtlich reglementierter Berufe:

– gegebenenfalls der Berufsverband, die Kammer oder eine ähnliche Einrichtung, dem oder der der Diensteanbieter angehört,

– die Berufsbezeichnung und der Mitgliedstaat, in der sie verliehen worden ist;

– eine Verweisung auf die im Mitgliedstaat der Niederlassung anwendbaren berufsrechtlichen Regeln und Angaben dazu, wie sie zugänglich sind;

g) in Fällen, in denen der Diensteanbieter Tätigkeiten ausübt, die der Mehrwertsteuer unterliegen, die Identifikationsnummer gemäss Artikel 22 Absatz 1 der Sechsten Richtlinie 77/388/EWG des Rates vom 17. Mai 1977 zur Harmonisierung der Rechtsvorschriften der Mitgliedstaaten über die Umsatzsteuer – Gemeinsames Mehrwertsteuersystem: einheitliche steuerpflichtige Bemessungsgrundlage[29].

(2) Zusätzlich zu den sonstigen Informationsanforderungen nach dem Gemeinschaftsrecht tragen die Mitgliedstaaten zumindest dafür Sorge, dass, soweit Dienste der Informationsgesellschaft auf Preise Bezug nehmen, diese klar und unzweideutig ausgewiesen werden und insbesondere angegeben wird, ob Steuern und Versandkosten in den Preisen enthalten sind.

Abschnitt 2. Kommerzielle Kommunikationen

Artikel 6. Informationspflichten

Zusätzlich zu den sonstigen Informationsanforderungen nach dem Gemeinschaftsrecht stellen die Mitgliedstaaten sicher, dass kommerzielle Kommunikationen, die Bestandteil eines Dienstes der Informationsgesellschaft sind oder einen solchen Dienst darstellen, zumindest folgende Bedingungen erfüllen:

a) Kommerzielle Kommunikationen müssen klar als solche zu erkennen sein;

b) die natürliche oder juristische Person, in deren Auftrag kommerzielle Kommunikationen erfolgen, muss klar identifizierbar sein;

c) soweit Angebote zur Verkaufsförderung wie Preisnachlässe, Zugaben und Geschenke im Mitgliedstaat der Niederlassung des Diensteanbieters zulässig sind, müssen sie klar als solche erkennbar sein, und die Bedingungen für ihre Inanspruchnahme müssen leicht zugänglich sein sowie klar und unzweideutig angegeben werden;

d) soweit Preisausschreiben oder Gewinnspiele im Mitgliedstaat der Niederlassung des Diensteanbieters zulässig sind, müssen sie klar als solche erkennbar sein, und die Teilnahmebedingungen müssen leicht zugänglich sein sowie klar und unzweideutig angegeben werden.

---

[29] ABl. L 145 vom 13.6.1977, S. 1. Richtlinie zuletzt geändert durch die Richtlinie 1999/85/EG (ABl. L 277 vom 28.10.1999, S. 34).

Artikel 7. Nicht angeforderte kommerzielle Kommunikationen

(1) Zusätzlich zu den sonstigen Anforderungen des Gemeinschaftsrechts stellen Mitgliedstaaten, die nicht angeforderte kommerzielle Kommunikation mittels elektronischer Post zulassen, sicher, dass solche kommerziellen Kommunikationen eines in ihrem Hoheitsgebiet niedergelassenen Diensteanbieters bei Eingang beim Nutzer klar und unzweideutig als solche erkennbar sind.

(2) Unbeschadet der Richtlinien 97/7/EG und 97/66/EG ergreifen die Mitgliedstaaten Maßnahmen um sicherzustellen, dass Diensteanbieter, die nicht angeforderte kommerzielle Kommunikation durch elektronische Post übermitteln, regelmäßig sog. Robinson-Listen konsultieren, in die sich natürliche Personen eintragen können, die keine derartigen kommerziellen Kommunikationen zu erhalten wünschen, und dass die Diensteanbieter diese Listen beachten.

Artikel 8. Reglementierte Berufe

(1) Die Mitgliedstaaten stellen sicher, dass die Verwendung kommerzieller Kommunikationen, die Bestandteil eines von einem Angehörigen eines reglementierten Berufs angebotenen Dienstes der Informationsgesellschaft sind oder einen solchen Dienst darstellen, gestattet ist, soweit die berufsrechtlichen Regeln, insbesondere zur Wahrung von Unabhängigkeit, Würde und Ehre des Berufs, des Berufsgeheimnisses und eines lauteren Verhaltens gegenüber Kunden und Berufskollegen, eingehalten werden.

(2) Unbeschadet der Autonomie von Berufsvereinigungen und -organisationen ermutigen die Mitgliedstaaten und die Kommission die Berufsvereinigungen und -organisationen dazu, Verhaltenskodizes auf Gemeinschaftsebene aufzustellen, um zu bestimmen, welche Arten von Informationen im Einklang mit den in Absatz 1 genannten Regeln zum Zwecke der kommerziellen Kommunikation erteilt werden können.

(3) Bei der Ausarbeitung von Vorschlägen für Gemeinschaftsinitiativen, die erforderlich werden könnten, um das Funktionieren des Binnenmarktes im Hinblick auf die in Absatz 2 genannten Informationen zu gewährleisten, trägt die Kommission den auf Gemeinschaftsebene geltenden Verhaltenskodizes gebührend Rechnung und handelt in enger Zusammenarbeit mit den einschlägigen Berufsvereinigungen und -organisationen.

(4) Diese Richtlinie findet zusätzlich zu den Gemeinschaftsrichtlinien betreffend den Zugang zu und die Ausübung von Tätigkeiten im Rahmen der reglementierten Berufe Anwendung.

Abschnitt 3. Abschluss von Verträgen auf elektronischem Weg

Artikel 9. Behandlung von Verträgen

(1) Die Mitgliedstaaten stellen sicher, dass ihr Rechtssystem den Abschluss von Verträgen auf elektronischem Wege ermöglicht. Die Mitgliedstaaten stellen insbesondere sicher, dass ihre für den Vertragsabschluss geltenden Rechtsvorschriften weder Hindernisse für die Verwendung elektronischer Verträge bilden noch dazu führen, dass diese Verträge aufgrund des Umstandes, dass sie auf elektronischem Wege zustande gekommen sind, keine rechtliche Wirksamkeit oder Gültigkeit haben.

4. Elektronischer Geschäftsverkehr 45

(2) Die Mitgliedstaaten können vorsehen, dass Absatz 1 auf alle oder bestimmte Verträge einer der folgenden Kategorien keine Anwendung findet:
a) Verträge, die Rechte an Immobilien mit Ausnahme von Mietrechten begründen oder übertragen;
b) Verträge, bei denen die Mitwirkung von Gerichten, Behörden oder öffentliche Befugnisse ausübenden Berufen gesetzlich vorgeschrieben ist;
c) Bürgschaftsverträge und Verträge über Sicherheiten, die von Personen außerhalb ihrer gewerblichen, geschäftlichen oder beruflichen Tätigkeit eingegangen werden;
d) Verträge im Bereich des Familienrechts oder des Erbrechts.

(3) Die Mitgliedstaaten teilen der Kommission mit, für welche der in Absatz 2 genannten Kategorien sie Absatz 1 nicht anwenden. Die Mitgliedstaaten übermitteln der Kommission alle fünf Jahre einen Bericht über die Anwendung des Absatzes 2, aus dem hervorgeht, aus welchen Gründen es ihres Erachtens weiterhin gerechtfertigt ist, auf die unter Absatz 2 Buchstabe b) fallende Kategorie Absatz 1 nicht anzuwenden.

Artikel 10. Informationspflichten

(1) Zusätzlich zu den sonstigen Informationspflichten aufgrund des Gemeinschaftsrechts stellen die Mitgliedstaaten sicher, dass – außer im Fall abweichender Vereinbarungen zwischen Parteien, die nicht Verbraucher sind – vom Diensteanbieter zumindest folgende Informationen klar, verständlich und unzweideutig erteilt werden, bevor des Nutzer des Dienstes die Bestellung abgibt:
a) die einzelnen technischen Schritte, die zu einem Vertragsabschluss führen;
b) Angaben dazu, ob der Vertragstext nach Vertragsabschluss vom Diensteanbieter gespeichert wird und ob er zugänglich sein wird;
c) die technischen Mittel zur Erkennung und Korrektur von Eingabefehlern vor Abgabe der Bestellung;
d) die für den Vertragsabschluss zur Verfügung stehenden Sprachen.

(2) Die Mitgliedstaaten stellen sicher, dass – außer im Fall abweichender Vereinbarungen zwischen Parteien, die nicht Verbraucher sind – der Diensteanbieter alle einschlägigen Verhaltenskodizes angibt, denen er sich unterwirft, einschließlich Informationen darüber, wie diese Kodizes auf elektronischem Wege zugänglich sind.

(3) Die Vertragsbestimmungen und die allgemeinen Geschäftsbedingungen müssen dem Nutzer so zur Verfügung gestellt werden, dass er sie speichern und reproduzieren kann.

(4) Die Absätze 1 und 2 gelten nicht für Verträge, die ausschließlich durch den Austausch von elektronischer Post oder durch damit vergleichbare individuelle Kommunikation geschlossen werden.

Artikel 11. Abgabe einer Bestellung

(1) Die Mitgliedstaaten stellen sicher, dass – außer im Fall abweichender Vereinbarungen zwischen Parteien, die nicht Verbraucher sind – im Fall einer Bestellung durch einen Nutzer auf elektronischem Wege folgende Grundsätze gelten:
– Der Diensteanbieter hat den Eingang der Bestellung des Nutzers unverzüglich auf elektronischem Wege zu bestätigen;

– Bestellung und Empfangsbestätigung gelten als eingegangen, wenn die Parteien, für die sie bestimmt sind, sie abrufen können.

(2) Die Mitgliedstaaten stellen sicher, dass – außer im Fall abweichender Vereinbarungen zwischen Parteien, die nicht Verbraucher sind – der Diensteanbieter dem Nutzer angemessene, wirksame und zugängliche technische Mittel zur Verfügung stellt, mit denen er Eingabefehler vor Abgabe der Bestellung erkennen und korrigieren kann.

(3) Absatz 1 erster Gedankenstrich und Absatz 2 gelten nicht für Verträge, die ausschließlich durch den Austausch von elektronischer Post oder durch vergleichbare individuelle Kommunikation geschlossen werden.

Abschnitt 4. Verantwortlichkeit der Vermittler

Artikel 12. Reine Durchleitung
(1) Die Mitgliedstaaten stellen sicher, dass im Fall eines Dienstes der Informationsgesellschaft, der darin besteht, von einem Nutzer eingegebene Informationen in einem Kommunikationsnetz zu übermitteln oder Zugang zu einem Kommunikationsnetz zu vermitteln, der Diensteanbieter nicht für die übermittelten Informationen verantwortlich ist, sofern er
a) die Übermittlung nicht veranlasst,
b) den Adressaten der übermittelten Informationen nicht auswählt und
c) die übermittelten Informationen nicht auswählt oder verändert.
(2) Die Übermittlung von Informationen und die Vermittlung des Zugangs im Sinne von Absatz 1 umfassen auch die automatische kurzzeitige Zwischenspeicherung der übermittelten Informationen, soweit dies nur zur Durchführung der Übermittlung im Kommunikationsnetz geschieht und die Information nicht länger gespeichert wird, als es für die Übermittlung üblicherweise erforderlich ist.
(3) Dieser Artikel lässt die Möglichkeit unberührt, dass ein Gericht oder eine Verwaltungsbehörde nach den Rechtssystemen der Mitgliedstaaten vom Diensteanbieter verlangt, die Rechtsverletzung abzustellen oder zu verhindern.

Artikel 13. Caching
(1) Die Mitgliedstaaten stellen sicher, dass im Fall eines Dienstes der Informationsgesellschaft, der darin besteht, von einem Nutzer eingegebene Informationen in einem Kommunikationsnetz zu übermitteln, der Diensteanbieter nicht für die automatische, zeitlich begrenzte Zwischenspeicherung verantwortlich ist, die dem alleinigen Zweck dient, die Übermittlung der Information an andere Nutzer auf deren Anfrage effizienter zu gestalten, sofern folgende Voraussetzungen erfüllt sind:
a) Der Diensteanbieter verändert die Information nicht;
b) der Diensteanbieter beachtet die Bedingungen für den Zugang zu der Information;
c) der Diensteanbieter beachtet die Regeln für die Aktualisierung der Information, die in weithin anerkannten und verwendeten Industriestandards festgelegt sind;
d) der Diensteanbieter beeinträchtigt nicht die erlaubte Anwendung von Technologien zur Sammlung von Daten über die Nutzung der Information, die in weithin anerkannten und verwendeten Industriestandards festgelegt sind;

4. Elektronischer Geschäftsverkehr 47

e) der Diensteanbieter handelt zügig, um eine von ihm gespeicherte Information zu entfernen oder den Zugang zu ihr zu sperren, sobald er tatsächliche Kenntnis davon erhält, dass die Information am ursprünglichen Ausgangsort der Übertragung aus dem Netz entfernt wurde oder der Zugang zu ihr gesperrt wurde oder ein Gericht oder eine Verwaltungsbehörde die Entfernung oder Sperrung angeordnet hat.

(2) Dieser Artikel lässt die Möglichkeit unberührt, dass ein Gericht oder eine Verwaltungsbehörde nach den Rechtssystemen der Mitgliedstaaten vom Diensteanbieter verlangt, die Rechtsverletzung abzustellen oder zu verhindern.

Artikel 14. Hosting

(1) Die Mitgliedstaaten stellen sicher, dass im Fall eines Dienstes der Informationsgesellschaft, der in der Speicherung von durch einen Nutzer eingegebenen Informationen besteht, der Diensteanbieter nicht für die im Auftrag eines Nutzers gespeicherten Informationen verantwortlich ist, sofern folgende Voraussetzungen erfüllt sind:

a) Der Anbieter hat keine tatsächliche Kenntnis von der rechtswidrigen Tätigkeit oder Information, und, in bezug auf Schadenersatzansprüche, ist er sich auch keiner Tatsachen oder Umstände bewusst, aus denen die rechtswidrige Tätigkeit oder Information offensichtlich wird, oder

b) der Anbieter wird, sobald er diese Kenntnis oder dieses Bewusstsein erlangt, unverzüglich tätig, um die Information zu entfernen oder den Zugang zu ihr zu sperren.

(2) Absatz 1 findet keine Anwendung, wenn der Nutzer dem Diensteanbieter untersteht oder von ihm beaufsichtigt wird.

(3) Dieser Artikel lässt die Möglichkeit unberührt, dass ein Gericht oder eine Verwaltungsbehörde nach den Rechtssystemen der Mitgliedstaaten vom Diensteanbieter verlangt, die Rechtsverletzung abzustellen oder zu verhindern, oder dass die Mitgliedstaaten Verfahren für die Entfernung einer Information oder die Sperrung des Zugangs zu ihr festlegen.

Artikel 15. Keine allgemeine Überwachungspflicht

(1) Die Mitgliedstaaten erlegen Anbietern von Diensten im Sinne der Artikel 12, 13 und 14 keine allgemeine Verpflichtung auf, die von ihnen übermittelten oder gespeicherten Informationen zu überwachen oder aktiv nach Umständen zu forschen, die auf eine rechtswidrige Tätigkeit hinweisen.

(2) Die Mitgliedstaaten können Anbieter von Diensten der Informationsgesellschaft dazu verpflichten, die zuständigen Behörden unverzüglich über mutmaßliche rechtswidrige Tätigkeiten oder Informationen der Nutzer ihres Dienstes zu unterrichten, oder dazu verpflichten, den zuständigen Behörden auf Verlangen Informationen zu übermitteln, anhand deren die Nutzer ihres Dienstes, mit denen sie Vereinbarungen über die Speicherung geschlossen haben, ermittelt werden können.

Kapitel III. Umsetzung

Artikel 16. Verhaltenskodizes
(1) Die Mitgliedstaaten und die Kommission ermutigen

a) die Handels-, Berufs- und Verbraucherverbände und -organisationen, auf Gemeinschaftsebene Verhaltenkodizes aufzustellen, die zur sachgemäßen Anwendung der Artikel 5 bis 15 beitragen;
b) zur freiwilligen Übermittlung der Entwürfe für Verhaltenskodizes auf der Ebene der Mitgliedstaaten oder der Gemeinschaft an die Kommission;
c) zur elektronischen Abrufbarkeit der Verhaltenskodizes in den Sprachen der Gemeinschaft;
d) die Handels-, Berufs- und Verbraucherverbände und -organisationen, die Mitgliedstaaten und die Kommission darüber zu unterrichten, zu welchen Ergebnissen sie bei der Bewertung der Anwendung ihrer Verhaltenskodizes und von deren Auswirkungen auf die Praktiken und Gepflogenheiten des elektronischen Geschäftsverkehrs gelangen;
e) zur Aufstellung von Verhaltenskodizes zum Zwecke des Jugendschutzes und des Schutzes der Menschenwürde.

(2) Die Mitgliedstaaten und die Kommission ermutigen dazu, die Verbraucherverbände und -organisationen bei der Ausarbeitung und Anwendung von ihre Interessen berührenden Verhaltenskodizes im Sinne von Absatz 1 Buchstabe a) zu beteiligen. Gegebenenfalls sind Vereinigungen zur Vertretung von Sehbehinderten und allgemein von Behinderten zu hören, um deren besonderen Bedürfnissen Rechnung zu tragen.

Artikel 17. Außergerichtliche Beilegung von Streitigkeiten

(1) Die Mitgliedstaaten stellen sicher, dass ihre Rechtsvorschriften bei Streitigkeiten zwischen einem Anbieter eines Dienstes der Informationsgesellschaft und einem Nutzer des Dienstes die Inanspruchnahme der nach innerstaatlichem Recht verfügbaren Verfahren zur außergerichtlichen Beilegung, auch auf geeignetem elektronischem Wege, nicht erschweren.
(2) Die Mitgliedstaaten ermutigen Einrichtungen zur außergerichtlichen Beilegung von Streitigkeiten, insbesondere in Fragen des Verbraucherrechts, so vorzugehen, dass angemessene Verfahrensgarantien für die Beteiligten gegeben sind.
(3) Die Mitgliedstaaten ermutigen Einrichtungen zur außergerichtlichen Beilegung von Streitigkeiten, die Kommission über signifikante Entscheidungen, die sie hinsichtlich der Dienste der Informationsgesellschaft erlassen, zu unterrichten und ihr alle sonstigen Informationen über Praktiken und Gepflogenheiten des elektronischen Geschäftsverkehrs zu übermitteln.

Artikel 18. Klagemöglichkeiten

(1) Die Mitgliedstaaten stellen sicher, dass die nach innerstaatlichem Recht verfügbaren Klagemöglichkeiten im Zusammenhang mit Diensten der Informationsgesellschaft es ermöglichen, dass rasch Maßnahmen, einschließlich vorläufiger Maßnahmen, getroffen werden können, um eine mutmaßliche Rechtsverletzung abzustellen und zu verhindern, dass den Betroffenen weiterer Schaden entsteht.
(2) Der Anhang der Richtlinie 98/27/EG wird durch folgende Nummer ergänzt:
„11. Richtlinie 2000/31/EG des Europäischen Parlaments und des Rates vom 8. Juni 2000 über bestimmte rechtliche Aspekte der Dienste der Informationsgesellschaft, insbesondere des elektronischen Geschäftsverkehrs, im Binnenmarkt (‚Richtlinie über den elektronischen Geschäftsverkehr') (ABl. L 178 vom 17.7.2000, S. 1)."

4. Elektronischer Geschäftsverkehr

Artikel 19. Zusammenarbeit

(1) Die Mitgliedstaaten müssen geeignete Aufsichts- und Untersuchungsinstrumente für die wirksame Umsetzung dieser Richtlinie besitzen und stellen sicher, dass die Diensteanbieter ihnen die erforderlichen Informationen zur Verfügung stellen.

(2) Die Mitgliedstaaten arbeiten mit den anderen Mitgliedstaaten zusammen; hierzu benennen sie eine oder mehrere Verbindungsstellen, deren Anschrift sie den anderen Mitgliedstaaten und der Kommission mitteilen.

(3) Die Mitgliedstaaten kommen Amtshilfe- und Auskunftsbegehren anderer Mitgliedstaaten oder der Kommission im Einklang mit ihren innerstaatlichen Rechtsvorschriften so rasch wie möglich nach, auch auf geeignetem elektronischem Wege.

(4) Die Mitgliedstaaten richten Verbindungsstellen ein, die zumindest auf elektronischem Wege zugänglich sind und bei denen Nutzer von Diensten und Diensteanbieter

a) allgemeine Informationen über ihre vertraglichen Rechte und Pflichten sowie über die bei Streitfällen zur Verfügung stehenden Beschwerde- und Rechtsbehelfsmechanismen, einschließlich der praktischen Aspekte der Inanspruchnahme dieser Mechanismen, erhalten können;

b) Anschriften von Behörden, Vereinigungen und Organisationen erhalten können, von denen sie weitere Informationen oder praktische Unterstützung bekommen können.

(5) Die Mitgliedstaaten ermutigen dazu, die Kommission über alle signifikanten behördlichen und gerichtlichen Entscheidungen, die in ihrem Hoheitsgebiet über Streitigkeiten im Zusammenhang mit Diensten der Informationsgesellschaft ergehen, sowie über die Praktiken und Gepflogenheiten des elektronischen Geschäftsverkehrs zu unterrichten. Die Kommission teilt derartige Entscheidungen den anderen Mitgliedstaaten mit.

Artikel 20. Sanktionen

Die Mitgliedstaaten legen die Sanktionen fest, die bei Verstößen gegen die einzelstaatlichen Vorschriften zur Umsetzung dieser Richtlinie anzuwenden sind, und treffen alle geeigneten Maßnahmen, um ihre Durchsetzung sicherzustellen. Die Sanktionen müssen wirksam, verhältnismäßig und abschreckend sein.

Kapitel IV. Schlussbestimmungen

Artikel 21. Überprüfung

(1) Die Kommission legt dem Europäischen Parlament, dem Rat und dem Wirtschafts- und Sozialausschuss vor dem 17. Juli 2003 und danach alle zwei Jahre einen Bericht über die Anwendung dieser Richtlinie vor und unterbreitet gegebenenfalls Vorschläge für die Anpassung dieser Richtlinie an die rechtlichen, technischen und wirtschaftlichen Entwicklungen im Bereich der Dienste der Informationsgesellschaft, insbesondere in bezug auf die Verbrechensverhütung, den Jugendschutz, den Verbraucherschutz und das einwandfreie Funktionieren des Binnenmarktes.

(2) Im Hinblick auf das etwaige Erfordernis einer Anpassung dieser Richtlinie wird in dem Bericht insbesondere untersucht, ob Vorschläge in bezug auf die Haf-

tung der Anbieter von Hyperlinks und von Instrumenten zur Lokalisierung von Informationen, Verfahren zur Meldung und Entfernung rechtswidriger Inhalte („notice and take down"-Verfahren) und eine Haftbarmachung im Anschluss an die Entfernung von Inhalten erforderlich sind. In dem Bericht ist auch zu untersuchen, ob angesichts der technischen Entwicklungen zusätzliche Bedingungen für die in den Artikeln 12 und 13 vorgesehene Haftungsfreistellung erforderlich sind und ob die Grundsätze des Binnenmarkts auf nicht angeforderte kommerziellen Kommunikationen mittels elektronischer Post angewendet werden können.

Artikel 22. Umsetzung
(1) Die Mitgliedstaaten setzen die erforderlichen Rechts- und Verwaltungsvorschriften in Kraft, um dieser Richtlinie vor dem 17. Januar 2002 nachzukommen. Sie setzen die Kommission unverzüglich davon in Kenntnis.
(2) Wenn die Mitgliedstaaten die in Absatz 1 genannten Vorschriften erlassen, nehmen sie in den Vorschriften selbst oder durch einen Hinweis bei der amtlichen Veröffentlichung auf diese Richtlinie Bezug. Die Mitgliedstaaten regeln die Einzelheiten der Bezugnahme.

Artikel 23. Inkrafttreten
Diese Richtlinie tritt am Tag ihrer Veröffentlichung im Amtsblatt der Europäischen Gemeinschaften in Kraft.

Artikel 24. Adressaten
Diese Richtlinie ist an die Mitgliedstaaten gerichtet.

Anhang. Ausnahmen im Rahmen von Artikel 3
Bereiche gemäss Artikel 3 Absatz 3, auf die Artikel 3 Absätze 1 und 2 keine Anwendung findet:
– Urheberrecht, verwandte Schutzrechte, Rechte im Sinne der Richtlinie 87/54/EWG[30] und der Richtlinie 96/9/EG[31] sowie gewerbliche Schutzrechte;
– Ausgabe elektronischen Geldes durch Institute, auf die die Mitgliedstaaten eine der in Artikel 8 Absatz 1 der Richtlinie 2000/46/EG[32] vorgesehenen Ausnahmen angewendet haben;
– Artikel 44 Absatz 2 der Richtlinie 85/611/EWG[33];
– Artikel 30 und Titel IV der Richtlinie 92/49/EWG[34], Titel IV der Richtlinie 92/96/EWG[35] sowie die Artikel 7 und 8 der Richtlinie 88/357/EWG[36] und Artikel 4 der Richtlinie 90/619/EWG[37];

---

[30] (1) ABl. L 24 vom 27.1.1987, S. 36.
[31] ABl. L 77 vom 27.3.1996, S. 20.
[32] Noch nicht im Amtsblatt veröffentlicht.
[33] ABl. L 375 vom 31.12.1985, S. 3. Richtlinie zuletzt geändert durch die Richtlinie 95/26/EG (ABl. L 168 vom 18.7.1995, S. 7).
[34] ABl. L 228 vom 11.8.1992, S. 1. Richtlinie zuletzt geändert durch die Richtlinie 95/26/EG.
[35] ABl. L 360 vom 9.12.1992, S. 1. Richtlinie zuletzt geändert durch die Richtlinie 95/26/EG.
[36] ABl. L 172 vom 4.7.1988, S. 1. Richtlinie zuletzt geändert durch die Richtlinie 92/49/EG.
[37] ABl. L 330 vom 29.11.1990, S. 50. Richtlinie zuletzt geändert durch die Richtlinie 92/96/EG.

4. Elektronischer Geschäftsverkehr

- Freiheit der Rechtswahl für Vertragsparteien;
- vertragliche Schuldverhältnisse in bezug auf Verbraucherverträge;
- formale Gültigkeit von Verträgen, die Rechte an Immobilien begründen oder übertragen, sofern diese Verträge nach dem Recht des Mitgliedstaates, in dem sich die Immobilie befindet, zwingenden Formvorschriften unterliegen;
- Zulässigkeit nicht angeforderter kommerzieller Kommunikation mittels elektronischer Post.

5. Richtlinie des Europäischen Parlaments und des Rates vom 13. Dezember 1999 über gemeinschaftliche Rahmenbedingungen für elektronische Signaturen (1999/93/EG)

Amtsblatt Nr. L 013 vom 19/01/2000, S. 12–20

DAS EUROPÄISCHE PARLAMENT UND DER RAT DER EUROPÄISCHEN UNION –

gestützt auf den Vertrag zur Gründung der Europäischen Gemeinschaft, insbesondere auf Artikel 47 Absatz 2, Artikel 55 und 95, auf Vorschlag der Kommission[1], nach Stellungnahme des Wirtschafts- und Sozialausschusses[2], nach Stellungnahme des Ausschusses der Regionen[3], gemäß dem Verfahren des Artikels 251 des Vertrags[4], in Erwägung nachstehender Gründe:

(1) Am 16. April 1997 hat die Kommission dem Europäischen Parlament, dem Rat, dem Wirtschafts- und Sozialausschuss und dem Ausschuss der Regionen eine Mitteilung mit dem Titel „Europäische Initiative für den elektronischen Geschäftsverkehr" vorgelegt.

(2) Am 8. Oktober 1997 hat die Kommission dem Europäischen Parlament, dem Rat, dem Wirtschafts- und Sozialausschuss und dem Ausschuss der Regionen eine Mitteilung über „Sicherheit und Vertrauen in elektronische Kommunikation – Ein europäischer Rahmen für digitale Signaturen und Verschlüsselung" unterbreitet.

(3) Am 1. Dezember 1997 hat der Rat die Kommission aufgefordert, so bald wie möglich einen Vorschlag für eine Richtlinie des Europäischen Parlaments und des Rates über digitale Signaturen vorzulegen.

(4) Elektronische Kommunikation und elektronischer Geschäftsverkehr erfordern „elektronische Signaturen" und entsprechende Authentifizierungsdienste für Daten. Divergierende Regeln über die rechtliche Anerkennung elektronischer Signaturen und die Akkreditierung von Zertifizierungsdiensteanbietern in den Mitgliedstaaten können ein ernsthaftes Hindernis für die elektronische Kommunikation und den elektronischen Geschäftsverkehr darstellen. Klare gemeinschaftliche Rahmenbedingungen für elektronische Signaturen stärken demgegenüber das Vertrauen und die allgemeine Akzeptanz hinsichtlich der neuen Technologien. Die Rechtsvorschriften der Mitgliedstaaten sollten den freien Waren- und Dienstleistungsverkehr im Binnenmarkt nicht behindern.

(5) Die Interoperabilität von Produkten für elektronische Signaturen sollte gefördert werden. Gemäß Artikel 14 des Vertrags umfasst der Binnenmarkt einen Raum ohne Binnengrenzen, in dem der freie Warenverkehr gewährleistet ist. Es sind grundlegende Anforderungen zu erfüllen, die speziell für Produkte für elektronische Signaturen gelten, um so den freien Verkehr im Binnenmarkt zu gewährleisten und das Vertrauen in digitale Signaturen zu fördern, wobei die Verordnung (EG) Nr. 3381/94 des Rates vom 19. Dezember 1994 über eine Gemeinschaftsregelung der Ausfuhrkontrolle von Gütern mit

---

[1] ABl. C 325 vom 23.10.1998, S. 5.
[2] ABl. C 40 vom 15.2.1999, S. 29.
[3] ABl. C 93 vom 6.4.1999, S. 33.
[4] Stellungnahme des Europäischen Parlaments vom 13. Januar 1999 (ABl. C 104 vom 14.4.1999, S. 49). Gemeinsamer Standpunkt des Rates vom 28. Juni 1999 (ABl. C 243 vom 27.8.1999, S. 33) und Beschluss des Europäischen Parlaments vom 27. Oktober 1999 (noch nicht im Amtsblatt veröffentlicht). Beschluss des Rates vom 30. November 1999.

5. Elektronische Signaturen 53

doppeltem Verwendungszweck[5] und der Beschluss 94/942/GASP des Rates vom 19. Dezember 1994 über die vom Rat angenommene gemeinsame Aktion zur Ausfuhrkontrolle von Gütern mit doppeltem Verwendungszweck[6] unberührt bleiben.

(6) Mit der vorliegenden Richtlinie wird die Erbringung von Dienstleistungen im Bereich der Vertraulichkeit von Informationen nicht harmonisiert, wenn für derartige Dienstleistungen einzelstaatliche Vorschriften hinsichtlich der öffentlichen Ordnung oder Sicherheit gelten.

(7) Der Binnenmarkt gewährleistet die Freizügigkeit von Personen, wodurch Bürger und Gebietsansässige der Europäischen Union zunehmend mit Stellen in anderen Mitgliedstaaten als demjenigen ihres Wohnsitzes in Verbindung treten müssen. Die Möglichkeit der elektronischen Kommunikation könnte in dieser Hinsicht von großem Nutzen sein.

(8) Die rasche technologische Entwicklung und der globale Charakter des Internet erfordern ein Konzept, das verschiedenen Technologien und Dienstleistungen im Bereich der elektronischen Authentifizierung offen steht.

(9) Elektronische Signaturen werden bei einer Vielzahl von Gegebenheiten und Anwendungen genutzt, die zu einem großen Spektrum neuer Dienste und Produkte im Zusammenhang mit oder unter Verwendung von elektronischen Signaturen führen. Die Definition solcher Produkte und Dienste sollte sich nicht auf die Ausstellung und Verwaltung von Zertifikaten beschränken, sondern sollte auch alle sonstigen Dienste und Produkte einschließen, die elektronische Signaturen verwenden oder mit ihnen zusammenhängen, wie Registrierungsdienste, Zeitstempel, Verzeichnisdienste, Rechnerdienste oder Beratungsdienste in Verbindung mit elektronischen Signaturen.

(10) Der Binnenmarkt ermöglicht es Zertifizierungsdiensteanbietern, grenzüberschreitend tätig zu werden, um ihre Wettbewerbsfähigkeit zu steigern und damit Verbrauchern und Unternehmen ohne Rücksicht auf Grenzen neue Möglichkeiten des sicheren Informationsaustausches und elektronischen Geschäftsverkehrs zu eröffnen. Um das gemeinschaftsweite Anbieten von Zertifizierungsdiensten über offene Netze zu fördern, sollten Anbieter von Zertifizierungsdiensten diese ungehindert ohne vorherige Genehmigung bereitstellen können. Vorherige Genehmigung bedeutet nicht nur eine Erlaubnis, wonach der betreffende Zertifizierungsdiensteanbieter einen Bescheid der einzelstaatlichen Stellen einholen muss, bevor er seine Zertifizierungsdienste erbringen kann, sondern auch alle sonstigen Maßnahmen mit der gleichen Wirkung.

(11) Freiwillige Akkreditierungssysteme, die auf eine Steigerung des Niveaus der erbrachten Dienste abzielen, können Zertifizierungsdiensteanbietern den geeigneten Rahmen für die Weiterentwicklung ihrer Dienste bieten, um das auf dem sich entwickelnden Markt geforderte Maß an Vertrauen, Sicherheit und Qualität zu erreichen. Diese Systeme sollten die Entwicklung bester Praktiken durch Zertifizierungsdiensteanbieter fördern. Zertifizierungsdiensteanbietern sollte es freistehen, sich akkreditieren zu lassen und Akkreditierungssysteme zu nutzen.

(12) Zertifizierungsdienste sollten entweder von einer öffentlichen Stelle oder einer juristischen oder natürlichen Person angeboten werden können, sofern diese im Einklang mit den einzelstaatlichen Rechtsvorschriften niedergelassen ist. Die Mitgliedstaaten sollten es Anbietern von Zertifizierungsdiensten nicht untersagen, auch ohne freiwillige Akkreditie-

---

[5] ABl. L 367 vom 31.12.1994, S. 1. Verordnung geändert durch die Verordnung (EG) Nr. 837/95 (ABl. L 90 vom 21.4.1995, S. 1).
[6] ABl. L 367 vom 31.12.1994, S. 8. Beschluss zuletzt geändert durch den Beschluss 1999/193/GASP (ABl. L 73 vom 19.3.1999, S. 1).

rung tätig zu sein. Es ist darauf zu achten, dass Akkreditierungssysteme den Wettbewerb im Bereich der Zertifizierungsdienste nicht einschränken.

(13) Die Mitgliedstaaten können entscheiden, wie sie die Überwachung der Einhaltung der Bestimmungen dieser Richtlinie gewährleisten. Diese Richtlinie schließt nicht aus, dass privatwirtschaftliche Überwachungssysteme geschaffen werden. Diese Richtlinie verpflichtet die Zertifizierungsdiensteanbieter nicht, eine Überwachung im Rahmen eines geltenden Akkreditierungssystems zu beantragen.

(14) Es ist wichtig, ein ausgewogenes Verhältnis zwischen den Bedürfnissen der Verbraucher und der Unternehmen herzustellen.

(15) Anhang III enthält die Anforderungen für sichere Signaturerstellungseinheiten zur Gewährleistung der Funktionalität fortgeschrittener elektronischer Signaturen. Er deckt nicht die gesamte Systemumgebung ab, in der die Einheit betrieben wird. Das Funktionieren des Binnenmarktes verlangt von der Kommission und den Mitgliedstaaten, rasch zu handeln, damit die Stellen benannt werden können, die für die Bewertung der Übereinstimmung von sicheren Signaturerstellungseinheiten mit den Anforderungen des Anhangs III zuständig sind. Um den Markterfordernissen zu entsprechen, muss die Bewertung der Übereinstimmung rechtzeitig und effizient erfolgen.

(16) Diese Richtlinie leistet einen Beitrag zur Verwendung und rechtlichen Anerkennung elektronischer Signaturen in der Gemeinschaft. Es bedarf keiner gesetzlichen Rahmenbedingungen für elektronische Signaturen, die ausschließlich in Systemen verwendet werden, die auf freiwilligen privatrechtlichen Vereinbarungen zwischen einer bestimmten Anzahl von Teilnehmern beruhen. Die Freiheit der Parteien, die Bedingungen zu vereinbaren, unter denen sie elektronisch signierte Daten akzeptieren, sollte respektiert werden, soweit dies im Rahmen des innerstaatlichen Rechts möglich ist. Elektronischen Signaturen, die in solchen Systemen verwendet werden, sollte die rechtliche Wirksamkeit und die Zulässigkeit als Beweismittel in Gerichtsverfahren nicht abgesprochen werden.

(17) Diese Richtlinie zielt nicht darauf ab, nationales Vertragsrecht, insbesondere betreffend den Abschluss und die Erfüllung von Verträgen, oder andere, außervertragliche Formvorschriften bezüglich der Unterschriften zu harmonisieren. Deshalb sollten die Regelungen über die rechtliche Wirksamkeit elektronischer Signaturen unbeschadet einzelstaatlicher Formvorschriften gelten, die den Abschluss von Verträgen oder die Festlegung des Ortes eines Vertragsabschlusses betreffen.

(18) Das Speichern und Kopieren von Signaturerstellungsdaten könnte die Rechtsgültigkeit elektronischer Signaturen gefährden.

(19) Elektronische Signaturen werden im öffentlichen Bereich innerhalb der staatlichen und gemeinschaftlichen Verwaltungen und im Kommunikationsverkehr zwischen diesen Verwaltungen sowie zwischen diesen und den Bürgern und Wirtschaftsteilnehmern eingesetzt, z. B. in den Bereichen öffentliche Auftragsvergabe, Steuern, soziale Sicherheit, Gesundheit und Justiz.

(20) Durch harmonisierte Kriterien im Zusammenhang mit der Rechtswirkung elektronischer Signaturen lässt sich gemeinschaftsweit ein kohärenter Rechtsrahmen aufrechterhalten. In den einzelstaatlichen Rechtsvorschriften sind verschiedene Anforderungen für die Rechtsgültigkeit handschriftlicher Unterschriften niedergelegt. Zertifikate können dazu dienen, die Identität einer elektronisch signierenden Person zu bestätigen. Auf qualifizierten Zertifikaten beruhende fortgeschrittene elektronische Signaturen zielen auf einen höheren Sicherheitsstandard. Fortgeschrittene elektronische Signaturen, die auf einem qualifizierten Zertifikat beruhen und von einer sicheren Signaturerstellungseinheit erstellt werden, können nur dann gegenüber handschriftlichen Unterschriften als rechtlich gleich-

5. Elektronische Signaturen

wertig angesehen werden, wenn die Anforderungen für handschriftliche Unterschriften erfüllt sind.

(21) Um die allgemeine Akzeptanz elektronischer Authentifizierungsmethoden zu fördern, ist zu gewährleisten, dass elektronische Signaturen in allen Mitgliedstaaten in Gerichtsverfahren als Beweismittel verwendet werden können. Die rechtliche Anerkennung elektronischer Signaturen sollte auf objektiven Kriterien beruhen und nicht mit einer Genehmigung für den betreffenden Zertifizierungsdiensteanbieter verknüpft sein. Die Festlegung der Rechtsgebiete, in denen elektronische Dokumente und elektronische Signaturen verwendet werden können, unterliegt einzelstaatlichem Recht. Diese Richtlinie lässt die Befugnis der einzelstaatlichen Gerichte, über die Übereinstimmung mit den Anforderungen dieser Richtlinie zu befinden, unberührt; sie berührt auch nicht die einzelstaatlichen Vorschriften über die freie gerichtliche Würdigung von Beweismitteln.

(22) Diensteanbieter, die ihre Zertifizierungsdienste öffentlich anbieten, unterliegen den einzelstaatlichen Haftungsregelungen.

(23) Die Entwicklung des internationalen elektronischen Geschäftsverkehrs erfordert grenzüberschreitende Vereinbarungen unter Beteiligung von Drittländern. Um die weltweite Interoperabilität zu gewährleisten, könnten Vereinbarungen mit Drittländern über multilaterale Regeln betreffend die gegenseitige Anerkennung der Zertifizierungsdienste nützlich sein.

(24) Zur Stärkung des Vertrauens der Nutzer in die elektronische Kommunikation und den elektronischen Geschäftsverkehr müssen die Zertifizierungsdiensteanbieter die Vorschriften über den Datenschutz und den Schutz der Privatsphäre achten.

(25) Die Bestimmungen über die Nutzung von Pseudonymen in Zertifikaten hindern die Mitgliedstaaten nicht daran, eine Identifizierung der Personen nach Gemeinschaftsrecht oder einzelstaatlichem Recht zu verlangen.

(26) Die zur Durchführung dieser Richtlinie erforderlichen Maßnahmen sind gemäß Artikel 2 des Beschlusses 1999/468/EG des Rates vom 28. Juni 1999 zur Festlegung der Modalitäten für die Ausübung der der Kommission übertragenen Durchführungsbefugnisse[7] zu erlassen.

(27) Die Kommission nimmt zwei Jahre nach der Umsetzung dieser Richtlinie eine Überprüfung vor, um unter anderem sicherzustellen, dass der technologische Fortschritt oder Änderungen des rechtlichen Umfelds keine Hindernisse für die Realisierung der erklärten Ziele dieser Richtlinie mit sich gebracht haben. Sie sollte die Auswirkungen verwandter technischer Bereiche prüfen und dem Europäischen Parlament und dem Rat hierüber einen Bericht vorlegen.

(28) Nach den in Artikel 5 des Vertrags niedergelegten Grundsätzen der Subsidiarität und der Verhältnismäßigkeit kann das Ziel der Schaffung harmonisierter rechtlicher Rahmenbedingungen für die Bereitstellung elektronischer Signaturen und entsprechender Dienste von den Mitgliedstaaten nicht ausreichend erreicht werden und lässt sich daher besser durch die Gemeinschaft verwirklichen. Diese Richtlinie geht nicht über das zur Erreichung dieses Ziels erforderliche Maß hinaus –

HABEN FOLGENDE RICHTLINIER ERLASSEN:

Artikel 1. Anwendungsbereich

Diese Richtlinie soll die Verwendung elektronischer Signaturen erleichtern und zu ihrer rechtlichen Anerkennung beitragen. Sie legt rechtliche Rahmenbedingun-

---

[7] ABl. L 184 vom 17.7.1999, S. 23.

gen für elektronische Signaturen und für bestimmte Zertifizierungsdienste fest, damit das reibungslose Funktionieren des Binnenmarktes gewährleistet ist. Es werden weder Aspekte im Zusammenhang mit dem Abschluss und der Gültigkeit von Verträgen oder anderen rechtlichen Verpflichtungen, für die nach einzelstaatlichem Recht oder Gemeinschaftsrecht Formvorschriften zu erfüllen sind, erfasst, noch werden im einzelstaatlichen Recht oder im Gemeinschaftsrecht vorgesehene Regeln und Beschränkungen für die Verwendung von Dokumenten berührt.

Artikel 2. Begriffsbestimmungen
Im Sinne dieser Richtlinie bezeichnet der Ausdruck

1. „elektronische Signatur" Daten in elektronischer Form, die anderen elektronischen Daten beigefügt oder logisch mit ihnen verknüpft sind und die zur Authentifizierung dienen;

2. „fortgeschrittene elektronische Signatur" eine elektronische Signatur, die folgende Anforderungen erfüllt:
a) Sie ist ausschließlich dem Unterzeichner zugeordnet;
b) sie ermöglicht die Identifizierung des Unterzeichners;
c) sie wird mit Mitteln erstellt, die der Unterzeichner unter seiner alleinigen Kontrolle halten kann;
d) sie ist so mit den Daten, auf die sie sich bezieht, verknüpft, dass eine nachträgliche Veränderung der Daten erkannt werden kann;

3. „Unterzeichner" eine Person, die eine Signaturerstellungseinheit besitzt und die entweder im eigenen Namen oder im Namen der von ihr vertretenen Stelle oder juristischen oder natürlichen Person handelt;

4. „Signaturerstellungsdaten" einmalige Daten wie Codes oder private kryptographische Schlüssel, die vom Unterzeichner zur Erstellung einer elektronischen Signatur verwendet werden;

5. „Signaturerstellungseinheit" eine konfigurierte Software oder Hardware, die zur Implementierung der Signaturerstellungsdaten verwendet wird;

6. „sichere Signaturerstellungseinheit" eine Signaturerstellungseinheit, die die Anforderungen des Anhangs III erfüllt;

7. „Signaturprüfdaten" Daten wie Codes oder öffentliche kryptographische Schlüssel, die zur Überprüfung einer elektronischen Signatur verwendet werden;

8. „Signaturprüfeinheit" eine konfigurierte Software oder Hardware, die zur Implementierung der Signaturprüfdaten verwendet wird;

9. „Zertifikat" eine elektronische Bescheinigung, mit der Signaturprüfdaten einer Person zugeordnet werden und die Identität dieser Person bestätigt wird;

10. „qualifiziertes Zertifikat" ein Zertifikat, das die Anforderungen des Anhangs I erfüllt und von einem Zertifizierungsdiensteanbieter bereitgestellt wird, der die Anforderungen des Anhangs II erfüllt;

11. „Zertifizierungsdiensteanbieter" eine Stelle oder eine juristische oder natürliche Person, die Zertifikate ausstellt oder anderweitige Dienste im Zusammenhang mit elektronischen Signaturen bereitstellt;

12. „Produkt für elektronische Signaturen" Hard- oder Software bzw. deren spezifische Komponenten, die von einem Zertifizierungsdiensteanbieter für die Bereitstellung von Diensten für elektronische Signaturen verwendet werden sollen oder die für die Erstellung und Überprüfung elektronischer Signaturen verwendet werden sollen;

5. Elektronische Signaturen

13. „freiwillige Akkreditierung" eine Erlaubnis, mit der die Rechte und Pflichten für die Erbringung von Zertifizierungsdiensten festgelegt werden und die auf Antrag des betreffenden Zertifizierungsdiensteanbieters von der öffentlichen oder privaten Stelle, die für die Festlegung dieser Rechte und Pflichten sowie für die Überwachung ihrer Einhaltung zuständig ist, erteilt wird, wenn der Zertifizierungsdiensteanbieter die sich aus der Erlaubnis ergebenden Rechte nicht ausüben darf, bevor er den Bescheid der Stelle erhalten hat.

Artikel 3. Marktzugang

(1) Die Mitgliedstaaten machen die Bereitstellung von Zertifizierungsdiensten nicht von einer vorherigen Genehmigung abhängig.

(2) Unbeschadet des Absatzes 1 können die Mitgliedstaaten freiwillige Akkreditierungssysteme einführen bzw. beibehalten, die auf die Steigerung des Niveaus der erbrachten Zertifizierungsdienste abzielen. Alle mit diesen Systemen verknüpften Anforderungen müssen objektiv, transparent, verhältnismäßig und nichtdiskriminierend sein. Die Mitgliedstaaten dürfen die Zahl der akkreditierten Zertifizierungsdiensteanbieter nicht aus Gründen einschränken, die in den Geltungsbereich dieser Richtlinie fallen.

(3) Die Mitgliedstaaten tragen dafür Sorge, dass ein geeignetes System zur Überwachung der in ihrem Hoheitsgebiet niedergelassenen Zertifizierungsdiensteanbieter, die öffentlich qualifizierte Zertifikate ausstellen, eingerichtet wird.

(4) Die Übereinstimmung sicherer Signaturerstellungseinheiten mit den Anforderungen nach Anhang III wird von geeigneten öffentlichen oder privaten Stellen festgestellt, die von den Mitgliedstaaten benannt werden. Die Kommission legt nach dem Verfahren des Artikels 9 Kriterien fest, anhand deren die Mitgliedstaaten bestimmen, ob eine Stelle zur Benennung geeignet ist. Die von den in Unterabsatz 1 genannten Stellen vorgenommene Feststellung der Übereinstimmung mit den Anforderungen des Anhangs III wird von allen Mitgliedstaaten anerkannt.

(5) Die Kommission kann nach dem Verfahren des Artikels 9 Referenznummern für allgemein anerkannte Normen für Produkte für elektronische Signaturen festlegen und im Amtsblatt der Europäischen Gemeinschaften veröffentlichen. Die Mitgliedstaaten gehen davon aus, dass die Anforderungen nach Anhang II Buchstabe f) und Anhang III erfüllt sind, wenn ein Produkt für elektronische Signaturen diesen Normen entspricht.

(6) Die Mitgliedstaaten und die Kommission arbeiten unter Berücksichtigung der Empfehlungen für die sichere Signaturprüfung in Anhang IV und im Interesse des Verbrauchers zusammen, um die Entwicklung und die Nutzung von Signaturprüfeinheiten zu fördern.

(7) Die Mitgliedstaaten können den Einsatz elektronischer Signaturen im öffentlichen Bereich möglichen zusätzlichen Anforderungen unterwerfen. Diese Anforderungen müssen objektiv, transparent, verhältnismäßig und nichtdiskriminierend sein und dürfen sich nur auf die spezifischen Merkmale der betreffenden Anwendung beziehen. Diese Anforderungen dürfen für grenzüberschreitende Dienste für den Bürger kein Hindernis darstellen.

Artikel 4. Binnenmarktgrundsätze

(1) Jeder Mitgliedstaat wendet die innerstaatlichen Bestimmungen, die er aufgrund dieser Richtlinie erlässt, auf die in seinem Hoheitsgebiet niedergelassenen

Zertifizierungsdiensteanbieter und deren Dienste an. Die Mitgliedstaaten dürfen die Bereitstellung von Zertifizierungsdiensten, die aus anderen Mitgliedstaaten stammen, in den unter diese Richtlinie fallenden Bereichen nicht einschränken.

(2) Die Mitgliedstaaten tragen dafür Sorge, dass Produkte für elektronische Signaturen, die den Anforderungen dieser Richtlinie entsprechen, frei im Binnenmarkt verkehren können.

Artikel 5. Rechtswirkung elektronischer Signaturen

(1) Die Mitgliedstaaten tragen dafür Sorge, dass fortgeschrittene elektronische Signaturen, die auf einem qualifizierten Zertifikat beruhen und die von einer sicheren Signaturerstellungseinheit erstellt werden,

a) die rechtlichen Anforderungen an eine Unterschrift in bezug auf in elektronischer Form vorliegende Daten in gleicher Weise erfüllen wie handschriftliche Unterschriften in bezug auf Daten, die auf Papier vorliegen, und

b) in Gerichtsverfahren als Beweismittel zugelassen sind.

(2) Die Mitgliedstaaten tragen dafür Sorge, dass einer elektronischen Signatur die rechtliche Wirksamkeit und die Zulässigkeit als Beweismittel in Gerichtsverfahren nicht allein deshalb abgesprochen wird,

– weil sie in elektronischer Form vorliegt oder

– nicht auf einem qualifizierten Zertifikat beruht oder

– nicht auf einem von einem akkreditierten Zertifizierungsdiensteanbieter ausgestellten qualifizierten Zertifikat beruht oder

– nicht von einer sicheren Signaturerstellungseinheit erstellt wurde.

Artikel 6. Haftung

(1) Die Mitgliedstaaten gewährleisten als Mindestregelung, dass ein Zertifizierungsdiensteanbieter, der ein Zertifikat als qualifiziertes Zertifikat öffentlich ausstellt oder für ein derartiges Zertifikat öffentlich einsteht, in bezug auf Schäden gegenüber einer Stelle oder einer juristischen oder natürlichen Person, die vernünftigerweise auf das Zertifikat vertraut, dafür haftet, dass

a) alle Informationen in dem qualifizierten Zertifikat zum Zeitpunkt seiner Ausstellung richtig sind und das Zertifikat alle für ein qualifiziertes Zertifikat vorgeschriebenen Angaben enthält,

b) der in dem qualifizierten Zertifikat angegebene Unterzeichner zum Zeitpunkt der Ausstellung des Zertifikats im Besitz der Signaturerstellungsdaten war, die den im Zertifikat angegebenen bzw. identifizierten Signaturprüfdaten entsprechen,

c) in Fällen, in denen der Zertifizierungsdiensteanbieter sowohl die Signaturerstellungsdaten als auch die Signaturprüfdaten erzeugt, beide Komponenten in komplementärer Weise genutzt werden können, es sei denn, der Zertifizierungsdiensteanbieter weist nach, dass er nicht fahrlässig gehandelt hat.

(2) Die Mitgliedstaaten gewährleisten als Mindestregelung, dass ein Zertifizierungsdiensteanbieter, der ein Zertifikat als qualifiziertes Zertifikat öffentlich ausgestellt hat, in bezug auf Schäden gegenüber einer Stelle oder einer juristischen oder natürlichen Person, die vernünftigerweise auf das Zertifikat vertraut, für den Fall haftet, dass der Widerruf des Zertifikats nicht registriert worden ist, es sei denn, der Zertifizierungsdiensteanbieter weist nach, dass er nicht fahrlässig gehandelt hat.

5. Elektronische Signaturen

(3) Die Mitgliedstaaten tragen dafür Sorge, dass Zertifizierungsdiensteanbieter in einem qualifizierten Zertifikat Beschränkungen für die Verwendung des Zertifikates angeben können; diese Beschränkungen müssen für Dritte erkennbar sein. Der Zertifizierungsdiensteanbieter haftet nicht für Schäden, die sich aus einer über diese Beschränkungen hinausgehenden Verwendung des qualifizierten Zertifikats ergeben.

(4) Die Mitgliedstaaten tragen dafür Sorge, dass Zertifizierungsdiensteanbieter in dem qualifizierten Zertifikat eine Grenze für den Wert der Transaktionen angeben können, für die das Zertifikat verwendet werden kann; diese Grenze muss für Dritte erkennbar sein. Der Zertifizierungsdiensteanbieter haftet nicht für Schäden, die sich aus der Überschreitung dieser Höchstgrenze ergeben.

(5) Die Absätze 1 bis 4 gelten unbeschadet der Richtlinie 93/13/EWG des Rates vom 5. April 1993 über missbräuchliche Klauseln in Verbraucherverträgen[8].

Artikel 7. Internationale Aspekte

(1) Die Mitgliedstaaten tragen dafür Sorge, dass Zertifikate, die von einem Zertifizierungsdiensteanbieter eines Drittlandes öffentlich als qualifizierte Zertifikate ausgestellt werden, den von einem in der Gemeinschaft niedergelassenen Zertifizierungsdiensteanbieter ausgestellten Zertifikaten rechtlich gleichgestellt werden, wenn

a) der Zertifizierungsdiensteanbieter die Anforderungen dieser Richtlinie erfüllt und im Rahmen eines freiwilligen Akkreditierungssystems eines Mitgliedstaats akkreditiert ist oder

b) ein in der Gemeinschaft niedergelassener Zertifizierungsdiensteanbieter, der die Anforderungen dieser Richtlinie erfüllt, für das Zertifikat einsteht oder

c) das Zertifikat oder der Zertifizierungsdiensteanbieter im Rahmen einer bilateralen oder multilateralen Vereinbarung zwischen der Gemeinschaft und Drittländern oder internationalen Organisationen anerkannt ist.

(2) Um grenzüberschreitende Zertifizierungsdienste mit Drittländern und die rechtliche Anerkennung fortgeschrittener elektronischer Signaturen, die aus Drittländern stammen, zu erleichtern, unterbreitet die Kommission gegebenenfalls Vorschläge mit dem Ziel, die effiziente Umsetzung von Normen und internationalen Vereinbarungen über Zertifizierungsdienste zu erreichen. Insbesondere unterbreitet sie dem Rat bei Bedarf Vorschläge zur Erteilung von geeigneten Mandaten zur Aushandlung bilateraler und multilateraler Vereinbarungen mit Drittländern und internationalen Organisationen. Der Rat beschließt mit qualifizierter Mehrheit.

(3) Wird die Kommission über Schwierigkeiten unterrichtet, auf die Unternehmen der Gemeinschaft beim Marktzugang in Drittländern stoßen, so kann sie erforderlichenfalls dem Rat Vorschläge für ein geeignetes Mandat zur Aushandlung vergleichbarer Rechte für Unternehmen der Gemeinschaft in diesen Drittländern vorlegen. Der Rat beschließt mit qualifizierter Mehrheit.

Die gemäß diesem Absatz ergriffenen Maßnahmen lassen die Verpflichtungen der Gemeinschaft und der Mitgliedstaaten im Rahmen der einschlägigen internationalen Übereinkünfte unberührt.

---

[8] ABl. L 95 vom 21.4.1993, S. 29.

Artikel 8. Datenschutz

(1) Die Mitgliedstaaten tragen dafür Sorge, dass Zertifizierungsdiensteanbieter und die für die Akkreditierung und Aufsicht zuständigen nationalen Stellen die Anforderungen der Richtlinie 95/46/EG des Europäischen Parlaments und des Rates vom 24. Oktober 1995 zum Schutz natürlicher Personen bei der Verarbeitung personenbezogener Daten und zum freien Datenverkehr[9] erfüllen.

(2) Die Mitgliedstaaten tragen dafür Sorge, dass Zertifizierungsdiensteanbieter, die öffentlich Zertifikate ausstellen, personenbezogene Daten nur unmittelbar von der betroffenen Person oder mit ausdrücklicher Zustimmung der betroffenen Person und nur insoweit einholen können, als dies zur Ausstellung und Aufrechterhaltung des Zertifikats erforderlich ist. Die Daten dürfen ohne ausdrückliche Zustimmung der betroffenen Person nicht für anderweitige Zwecke erfasst oder verarbeitet werden.

(3) Unbeschadet der Rechtswirkungen, die Pseudonyme nach einzelstaatlichem Recht haben, hindern die Mitgliedstaaten Zertifizierungsdiensteanbieter nicht daran, im Zertifikat ein Pseudonym anstelle des Namens des Unterzeichners anzugeben.

Artikel 9. Ausschuss

(1) Die Kommission wird von einem „Ausschuss für elektronische Signaturen" (im folgenden „Ausschuss" genannt) unterstützt.

(2) Bei einer Bezugnahme auf diesen Absatz finden die Artikel 4 und 7 des Beschlusses 1999/468/EG Anwendung, wobei Artikel 8 desselben Beschlusses zu beachten ist. Der Zeitraum nach Artikel 4 Absatz 3 des Beschlusses 1999/468/EG wird auf drei Monate festgesetzt.

(3) Der Ausschuss gibt sich eine Geschäftsordnung.

Artikel 10. Aufgaben des Ausschusses

Der Ausschuss präzisiert die in den Anhängen festgelegten Anforderungen, die Kriterien nach Artikel 3 Absatz 4 und die allgemein anerkannten Normen für Produkte für elektronische Signaturen, die gemäß Artikel 3 Absatz 5 festgelegt und veröffentlicht werden, nach dem Verfahren des Artikels 9 Absatz 2.

Artikel 11. Notifizierung

(1) Die Mitgliedstaaten übermitteln der Kommission und den übrigen Mitgliedstaaten folgende Informationen:

a) Angaben zu nationalen freiwilligen Akkreditierungssystemen einschließlich zusätzlicher Anforderungen gemäß Artikel 3 Absatz 7,

b) Namen und Anschriften der für Akkreditierung und Aufsicht zuständigen nationalen Stellen und der in Artikel 3 Absatz 4 genannten Stellen sowie

c) Namen und Anschriften aller akkreditierten nationalen Zertifizierungsdiensteanbieter.

(2) Die Informationen gemäß Absatz 1 und diesbezügliche Änderungen sind von den Mitgliedstaaten so bald wie möglich zu übermitteln.

---

[9] ABl. L 281 vom 23.11.1995, S. 31.

5. Elektronische Signaturen

Artikel 12. Überprüfung

(1) Die Kommission überprüft die Durchführung dieser Richtlinie und erstattet dem Europäischen Parlament und dem Rat spätestens zum 19. Juli 2003 darüber Bericht.

(2) Bei der Überprüfung ist unter anderem festzustellen, ob der Anwendungsbereich dieser Richtlinie angesichts der technologischen und rechtlichen Entwicklungen und der Marktentwicklung geändert werden sollte. Der Bericht umfasst insbesondere eine Bewertung der Harmonisierungsaspekte auf der Grundlage der gesammelten Erfahrungen. Gegebenenfalls sind dem Bericht Vorschläge für Rechtsvorschriften beizufügen.

Artikel 13. Durchführung

(1) Die Mitgliedstaaten erlassen die erforderlichen Rechts- und Verwaltungsvorschriften, um dieser Richtlinie vor dem 19. Juli 2001 nachzukommen. Sie setzen die Kommission unverzüglich davon in Kenntnis. Wenn die Mitgliedstaaten diese Vorschriften erlassen, nehmen sie in den Vorschriften selbst oder durch einen Hinweis bei der amtlichen Veröffentlichung auf diese Richtlinie Bezug. Die Mitgliedstaaten regeln die Einzelheiten der Bezugnahme.

(2) Die Mitgliedstaaten teilen der Kommission den Wortlaut der wichtigsten innerstaatlichen Rechtsvorschriften mit, die sie auf dem unter diese Richtlinie fallenden Gebiet erlassen.

Artikel 14. Inkrafttreten

Diese Richtlinie tritt am Tag ihrer Veröffentlichung im Amtsblatt der Europäischen Gemeinschaften in Kraft.

Artikel 15. Adressaten

Diese Richtlinie ist an die Mitgliedstaaten gerichtet.

Anhang I. Anforderungen an qualifizierte Zertifikate

Qualifizierte Zertifikate müssen folgende Angaben enthalten:
a) Angabe, dass das Zertifikat als qualifiziertes Zertifikat ausgestellt wird;
b) Angabe des Zertifizierungsdiensteanbieters und des Staates, in dem er niedergelassen ist;
c) Name des Unterzeichners oder ein Pseudonym, das als solches zu identifizieren ist;
d) Platz für ein spezifisches Attribut des Unterzeichners, das gegebenenfalls je nach Bestimmungszweck des Zertifikats aufgenommen wird;
e) Signaturprüfdaten, die den vom Unterzeichner kontrollierten Signaturerstellungsdaten entsprechen;
f) Angaben zu Beginn und Ende der Gültigkeitsdauer des Zertifikats;
g) Identitätscode des Zertifikats;
h) die fortgeschrittene elektronische Signatur des ausstellenden Zertifizierungsdiensteanbieters;
i) gegebenenfalls Beschränkungen des Geltungsbereichs des Zertifikats und
j) gegebenenfalls Begrenzungen des Wertes der Transaktionen, für die das Zertifikat verwendet werden kann.

Anhang II. Anforderungen an Zertifizierungsdiensteanbieter, die qualifizierte Zertifikate ausstellen Zertifizierungsdiensteanbieter
a) müssen die erforderliche Zuverlässigkeit für die Bereitstellung von Zertifizierungsdiensten nachweisen;
b) müssen den Betrieb eines schnellen und sicheren Verzeichnisdienstes und eines sicheren und unverzüglichen Widerrufsdienstes gewährleisten;
c) müssen gewährleisten, dass Datum und Uhrzeit der Ausstellung oder des Widerrufs eines Zertifikats genau bestimmt werden können;
d) müssen mit geeigneten Mitteln nach einzelstaatlichem Recht die Identität und gegebenenfalls die spezifischen Attribute der Person überprüfen, für die ein qualifiziertes Zertifikat ausgestellt wird;
e) müssen Personal mit den für die angebotenen Dienste erforderlichen Fachkenntnissen, Erfahrungen und Qualifikationen beschäftigen; dazu gehören insbesondere Managementkompetenzen, Kenntnisse der Technologie elektronischer Signaturen und Vertrautheit mit angemessenen Sicherheitsverfahren; sie müssen ferner geeignete Verwaltungs- und Managementverfahren einhalten, die anerkannten Normen entsprechen;
f) müssen vertrauenswürdige Systeme und Produkte einsetzen, die vor Veränderungen geschützt sind und die die technische und kryptographische Sicherheit der von ihnen unterstützten Verfahren gewährleisten;
g) müssen Maßnahmen gegen Fälschungen von Zertifikaten ergreifen und in den Fällen, in denen sie Signaturerstellungsdaten erzeugen, die Vertraulichkeit während der Erzeugung dieser Daten gewährleisten;
h) müssen über ausreichende Finanzmittel verfügen, um den Anforderungen der Richtlinie entsprechend arbeiten zu können. Sie müssen insbesondere in der Lage sein, das Haftungsrisiko für Schäden zu tragen, zum Beispiel durch Abschluss einer entsprechenden Versicherung;
i) müssen alle einschlägigen Informationen über ein qualifiziertes Zertifikat über einen angemessenen Zeitraum aufzeichnen, um insbesondere für Gerichtsverfahren die Zertifizierung nachweisen zu können. Die Aufzeichnungen können in elektronischer Form erfolgen;
j) dürfen keine Signaturerstellungsdaten von Personen speichern oder kopieren, denen Schlüsselmanagementdienste angeboten werden;
k) müssen, bevor sie in Vertragsbeziehungen mit einer Person eintreten, die von ihnen ein Zertifikat zur Unterstützung ihrer elektronischen Signatur wünscht, diese Person mit einem dauerhaften Kommunikationsmittel über die genauen Bedingungen für die Verwendung des Zertifikats informieren, wozu unter anderem Nutzungsbeschränkungen für das Zertifikat, die Existenz eines freiwilligen Akkreditierungssystems und das Vorgehen in Beschwerde- und Schlichtungsverfahren gehören. Diese Angaben müssen schriftlich – gegebenenfalls elektronisch übermittelt – in klar verständlicher Sprache vorliegen. Wichtige Teilinformationen werden auf Antrag auch Dritten zur Verfügung gestellt, die auf das Zertifikat vertrauen;
l) müssen vertrauenswürdige Systeme für die Speicherung von Zertifikaten in einer überprüfbaren Form verwenden, so dass
– nur befugte Personen Daten eingeben und ändern können;
– die Angaben auf ihre Echtheit hin überprüft werden können;

5. Elektronische Signaturen

– Zertifikate nur in den Fällen öffentlich abrufbar sind, für die die Zustimmung des Inhabers des Zertifikats eingeholt wurde;
– technische Veränderungen, die die Einhaltung dieser Sicherheitsanforderungen beeinträchtigen, für den Betreiber klar ersichtlich sind.

Anhang III. Anforderungen an sichere Signaturerstellungseinheiten

1. Sichere Signaturerstellungseinheiten müssen durch geeignete Technik und Verfahren zumindest gewährleisten, dass
a) die für die Erzeugung der Signatur verwendeten Signaturerstellungsdaten praktisch nur einmal auftreten können und dass ihre Geheimhaltung hinreichend gewährleistet ist;
b) die für die Erzeugung der Signatur verwendeten Signaturerstellungsdaten mit hinreichender Sicherheit nicht abgeleitet werden können und die Signatur vor Fälschungen bei Verwendung der jeweils verfügbaren Technologie geschützt ist;
c) die für die Erzeugung der Signatur verwendeten Signaturerstellungsdaten von dem rechtmäßigen Unterzeichner vor der Verwendung durch andere verlässlich geschützt werden können.
2. Sichere Signaturerstellungseinheiten verändern die zu unterzeichnenden Daten nicht und verhindern nicht, dass diese Daten dem Unterzeichner vor dem Signaturvorgang dargestellt werden.

Anhang IV. Empfehlungen für die sichere Signaturprüfung

Während des Signaturprüfungsvorgangs ist mit hinreichender Sicherheit zu gewährleisten, dass
a) die zur Überprüfung der Signatur verwendeten Daten den Daten entsprechen, die dem Überprüfer angezeigt werden,
b) die Signatur zuverlässig überprüft wird und das Ergebnis dieser Überprüfung korrekt angezeigt wird,
c) der Überprüfer bei Bedarf den Inhalt der unterzeichneten Daten zuverlässig feststellen kann,
d) die Echtheit und die Gültigkeit des zum Zeitpunkt der Überprüfung der Signatur verlangten Zertifikats zuverlässig überprüft werden,
e) das Ergebnis der Überprüfung sowie die Identität des Unterzeichners korrekt angezeigt werden,
f) die Verwendung eines Pseudonyms eindeutig angegeben wird, und
g) sicherheitsrelevante Veränderungen erkannt werden können.

II. Vertragsinhalt

I. Richtlinie des Europäischen Parlaments und des Rates vom 29. Juni 2000 zur Bekämpfung von Zahlungsverzug im Geschäftsverkehr (2000/35/EG)

Amtsblatt Nr. L200 vom 08/08/2000, S. 35–38

DAS EUROPÄISCHE PARLAMENT UND DER RAT DER EUROPÄISCHEN UNION –
gestützt auf den Vertrag zur Gründung der Europäischen Gemeinschaft, insbesondere auf Artikel 95, auf Vorschlag der Kommission[1], nach Stellungnahme des Wirtschafts- und Sozialausschusses[2], gemäss dem Verfahren des Artikels 251 des Vertrags[3], aufgrund des vom Vermittlungsausschuss am 4. Mai 2000 gebilligten gemeinsamen Entwurfs, in Erwägung nachstehender Gründe:

(1) In seiner Entschließung zum Integrierten Programm für die KMU und das Handwerk[4] forderte das Europäische Parlament die Kommission auf, Vorschläge zur Behandlung des Problems des Zahlungsverzugs zu unterbreiten.

(2) Am 12. Mai 1995 verabschiedete die Kommission eine Empfehlung über die Zahlungsfristen im Handelsverkehr[5].

(3) In seiner Entschließung zu der Empfehlung der Kommission über die Zahlungsfristen im Handelsverkehr[6] forderte das Europäische Parlament die Kommission auf, die Umwandlung ihrer Empfehlung in einen Vorschlag für eine Richtlinie des Rates in Erwägung zu ziehen, der möglichst bald vorgelegt werden sollte.

(4) Am 29. Mai 1997 verabschiedete der Wirtschafts- und Sozialausschuss eine Stellungnahme[7] zu dem Grünbuch der Kommission: „Das öffentliche Auftragswesen in der Europäischen Union: Überlegungen für die Zukunft".

(5) Am 4. Juni 1997 veröffentlichte die Kommission einen Aktionsplan für den Binnenmarkt, in dem betont wird, dass sich der Zahlungsverzug immer mehr zu einem ernsthaften Hindernis für den Erfolg des Binnenmarktes entwickelt.

(6) Am 17. Juli 1997 veröffentlichte die Kommission einen Bericht über Zahlungsverzug im Handelsverkehr[8], in dem die Ergebnisse einer Bewertung der Auswirkungen ihrer Empfehlung vom 12. Mai 1995 zusammengefasst sind.

(7) Den Unternehmen, insbesondere kleinen und mittleren, verursachen übermäßig lange Zahlungsfristen und Zahlungsverzug große Verwaltungs- und Finanzlasten. Über-

---

[1] ABl. C 168 vom 3.6.1998, S. 13, und ABl. C 374 vom 3.12.1998, S. 4.
[2] ABl. C 407 vom 28.12.1998, S. 50.
[3] Stellungnahme des Europäischen Parlaments vom 17. September 1998 (ABl. C 313 vom 12.10.1998, S. 142). Gemeinsamer Standpunkt des Rates vom 29. Juli 1999 (ABl. C 284 vom 6.10.1999, S. 1) und Beschluss des Europäischen Parlaments vom 16. Dezember 1999 (noch nicht im Amtsblatt veröffentlicht). Beschluss des Europäischen Parlaments vom 15. Juni 2000 und Beschluss des Rates vom 18. Mai 2000.
[4] ABl. C 323 vom 21.11.1994, S. 19.
[5] ABl. L 127 vom 10.6.1995, S. 19.
[6] ABl. C 211 vom 22.7.1996, S. 43.
[7] ABl. C 287 vom 22.9.1997, S. 92.
[8] ABl. C 216 vom 17.7.1997, S. 10.

dies zählen diese Probleme zu den Hauptgründen für Insolvenzen, die den Bestand der Unternehmen gefährden, und führen zum Verlust zahlreicher Arbeitsplätze.

(8) In einigen Mitgliedstaaten weichen die vertraglich vorgesehenen Zahlungsfristen erheblich vom Gemeinschaftsdurchschnitt ab.

(9) Die Unterschiede zwischen den Zahlungsbestimmungen und -praktiken in den Mitgliedstaaten beeinträchtigen das reibungslose Funktionieren des Binnenmarktes.

(10) Dies hat eine beträchtliche Einschränkung des Geschäftsverkehrs zwischen den Mitgliedstaaten zur Folge. Es widerspricht Artikel 14 des Vertrags, da Unternehmer in der Lage sein sollten, im gesamten Binnenmarkt unter Bedingungen Handel zu treiben, die gewährleisten, dass grenzüberschreitende Geschäfte nicht größere Risiken mit sich bringen als Inlandsverkäufe. Es käme zu Wettbewerbsverzerrungen, wenn es für den Binnen- und den grenzüberschreitenden Handel Regeln gäbe, die sich wesentlich voneinander unterscheiden.

(11) Aus den jüngsten Statistiken geht hervor, dass sich die Zahlungsdisziplin in vielen Mitgliedstaaten seit Annahme der Empfehlung vom 12. Mai 1995 im günstigsten Falle nicht verbessert hat.

(12) Das Ziel der Bekämpfung des Zahlungsverzugs im Binnenmarkt kann von den Mitgliedstaaten nicht ausreichend verwirklicht werden, wenn sie einzeln tätig werden; es kann daher besser auf Gemeinschaftsebene erreicht werden. Diese Richtlinie geht nicht über das zur Erreichung dieses Ziels Erforderliche hinaus. Sie entspricht daher insgesamt den Erfordernissen des Subsidiaritäts- und des Verhältnismäßigkeitsprinzips nach Artikel 5 des Vertrags.

(13) Diese Richtlinie ist auf die als Entgelt für Handelsgeschäfte geleisteten Zahlungen beschränkt und umfasst weder Geschäfte mit Verbrauchern noch die Zahlung von Zinsen im Zusammenhang mit anderen Zahlungen, z. B. unter das Scheck- und Wechselrecht fallenden Zahlungen oder Schadensersatzzahlungen einschließlich Zahlungen von Versicherungsgesellschaften.

(14) Die Tatsache, dass diese Richtlinie die freien Berufe einbezieht, bedeutet nicht, dass die Mitgliedstaaten sie für nicht unter diese Richtlinie fallende Zwecke als Unternehmen oder Kaufleute zu behandeln haben.

(15) Diese Richtlinie definiert zwar den Begriff „vollstreckbarer Titel", regelt jedoch weder die verschiedenen Verfahren der Zwangsvollstreckung eines solchen Titels noch die Bedingungen, unter denen die Zwangsvollstreckung eines solchen Titels eingestellt oder ausgesetzt werden kann.

(16) Zahlungsverzug stellt einen Vertragsbruch dar, der für die Schuldner in den meisten Mitgliedstaaten durch niedrige Verzugszinsen und/oder langsame Beitreibungsverfahren finanzielle Vorteile bringt. Ein durchgreifender Wandel, der auch eine Entschädigung der Gläubiger für die ihnen entstandenen Kosten vorsieht, ist erforderlich, um diese Entwicklung umzukehren und um sicherzustellen, dass die Folgen des Zahlungsverzugs von der Überschreitung der Zahlungsfristen abschrecken.

(17) Die angemessene Entschädigung für die Beitreibungskosten ist unbeschadet nationaler Bestimmungen festzulegen, nach denen ein nationales Gericht dem Gläubiger zusätzlichen Schadenersatz für den durch den Zahlungsverzug eines Schuldners entstandenen Verlust zusprechen kann, wobei auch zu berücksichtigen ist, dass diese entstandenen Kosten schon durch die Verzugszinsen ausgeglichen sein können.

(18) Diese Richtlinie berücksichtigt das Problem langer vertraglicher Zahlungsfristen und insbesondere das Vorhandensein bestimmter Gruppen von Verträgen, für die eine längere

1. Zahlungsverzug im Geschäftsverkehr 67

Zahlungsfrist in Verbindung mit einer Beschränkung der Vertragsfreiheit oder ein höherer Zinssatz gerechtfertigt sein kann.

(19) Der Missbrauch der Vertragsfreiheit zum Nachteil des Gläubigers sollte nach dieser Richtlinie verboten sein. Falls eine Vereinbarung in erster Linie dem Zweck dient, dem Schuldner zusätzliche Liquidität auf Kosten des Gläubigers zu verschaffen, oder falls der Generalunternehmer seinen Lieferanten und Subunternehmern Zahlungsbedingungen aufzwingt, die auf der Grundlage der ihm selbst gewährten Bedingungen nicht gerechtfertigt sind, können diese Umstände als Faktoren gelten, die einen solchen Missbrauch darstellen. Innerstaatliche Vorschriften zur Regelung des Vertragsabschlusses oder der Gültigkeit von Vertragsbestimmungen, die für den Schuldner unbillig sind, bleiben von dieser Richtlinie unberührt.

(20) Die Folgen des Zahlungsverzugs können jedoch nur abschreckend wirken, wenn sie mit Beitreibungsverfahren gekoppelt sind, die für den Gläubiger schnell und wirksam sind. Nach dem Grundsatz der Nichtdiskriminierung in Artikel 12 des Vertrags sollten diese Verfahren allen in der Gemeinschaft niedergelassenen Gläubigern zur Verfügung stehen.

(21) Es ist wünschenswert, dass sichergestellt ist, dass Gläubiger einen Eigentumsvorbehalt auf nichtdiskriminierender Grundlage in der ganzen Gemeinschaft geltend machen können, falls der Eigentumsvorbehalt gemäss den anwendbaren nationalen Vorschriften, wie sie durch das internationale Privatrecht bestimmt werden, rechtswirksam ist.

(22) Die Richtlinie sollte den gesamten Geschäftsverkehr unabhängig davon regeln, ob er zwischen privaten oder öffentlichen Unternehmen oder zwischen Unternehmen und öffentlichen Stellen erfolgt, wobei zu berücksichtigen ist, dass letztere in großem Umfang Zahlungen an Unternehmen leisten. Sie sollte deshalb auch den gesamten Geschäftsverkehr zwischen Generalunternehmern und ihren Lieferanten und Subunternehmern regeln.

(23) Artikel 5 dieser Richtlinie schreibt vor, dass das Beitreibungsverfahren für unbestrittene Forderungen innerhalb eines kurzen Zeitraums im Einklang mit den nationalen Rechtsvorschriften abgeschlossen wird, verlangt jedoch nicht, dass die Mitgliedstaaten ein besonderes Verfahren einführen oder ihre geltenden gesetzlichen Verfahren in bestimmter Weise ändern –
HABEN FOLGENDE RICHTLINIE ERLASSEN:

Artikel 1. Anwendungsbereich
Diese Richtlinie ist auf alle Zahlungen, die als Entgelt im Geschäftsverkehr zu leisten sind, anzuwenden.

Artikel 2. Begriffsbestimmungen
Im Sinne dieser Richtlinie bezeichnet der Ausdruck
1. „Geschäftsverkehr" Geschäftsvorgänge zwischen Unternehmen oder zwischen Unternehmen und öffentlichen Stellen, die zu einer Lieferung von Gütern oder Erbringung von Dienstleistungen gegen Entgelt führen;
„öffentliche Stelle" jeden öffentlichen Auftraggeber oder Auftraggeber im Sinne der Richtlinien über das öffentliche Auftragswesen (92/50/EWG[9], 93/36/EWG[10], 93/37/EWG[11] und 93/38/EWG[12]);

---

[9] ABl. L 209 vom 24.7.1992, S. 1.
[10] ABl. L 199 vom 9.8.1993, S. 1.
[11] ABl. L 199 vom 9.8.1993, S. 54.

„Unternehmen" jede im Rahmen ihrer unabhängigen wirtschaftlichen oder beruflichen Tätigkeit handelnde Organisation, auch wenn die Tätigkeit von einer einzelnen Person ausgeübt wird;
2. „Zahlungsverzug" die Nichteinhaltung der vertraglich oder gesetzlich vorgesehenen Zahlungsfrist;
3. „Eigentumsvorbehalt" die vertragliche Vereinbarung, nach der der Verkäufer bis zur vollständigen Bezahlung Eigentümer des Kaufgegenstands bleibt;
4. „von der Europäischen Zentralbank auf ihre Hauptrefinanzierungsoperationen angewendeter Zinssatz" den Zinssatz, der bei Festsatztendern auf diese Operationen angewendet wird. Wurde eine Hauptrefinanzierungsoperation nach einem variablen Tenderverfahren durchgeführt, so bezieht sich dieser Zinssatz auf den marginalen Zinssatz, der sich aus diesem Tender ergibt. Dies gilt für Begebungen mit einheitlichem und mit variablem Zinssatz;
5. „vollstreckbarer Titel" Entscheidungen, Urteile oder Zahlungsbefehle eines Gerichts oder einer anderen zuständigen Behörde, nach denen eine Zahlung unverzüglich oder in Raten zu leisten ist und mit denen der Gläubiger seine Forderung gegen den Schuldner im Wege der Zwangsvollstreckung beitreiben kann; hierzu gehören auch Entscheidungen, Urteile oder Zahlungsbefehle, die vorläufig vollstreckbar sind und dies auch dann bleiben, wenn der Schuldner dagegen einen Rechtsbehelf einlegt.

Artikel 3. Zinsen bei Zahlungsverzug

(1) Die Mitgliedstaaten stellen folgendes sicher:
a) Zinsen gemäss Buchstabe d) sind ab dem Tag zu zahlen, der auf den vertraglich festgelegten Zahlungstermin oder das vertraglich festgelegte Ende der Zahlungsfrist folgt.
b) Ist der Zahlungstermin oder die Zahlungsfrist nicht vertraglich festgelegt, so sind Zinsen, ohne dass es einer Mahnung bedarf, automatisch zu zahlen:
i) 30 Tage nach dem Zeitpunkt des Eingangs der Rechnung oder einer gleichwertigen Zahlungsaufforderung beim Schuldner oder,
ii) wenn der Zeitpunkt des Eingangs der Rechnung oder einer gleichwertigen Zahlungsaufforderung unsicher ist, 30 Tage nach dem Zeitpunkt des Empfangs der Güter oder Dienstleistungen, oder
iii) wenn der Schuldner die Rechnung oder die gleichwertige Zahlungsaufforderung vor dem Empfang der Güter oder Dienstleistungen erhält, 30 Tage nach dem Empfang der Güter oder Dienstleistungen, oder
iv) wenn ein Abnahme- oder Überprüfungsverfahren, durch das die Übereinstimmung der Güter oder Dienstleistungen mit dem Vertrag festgestellt werden soll, gesetzlich oder vertraglich vorgesehen ist und wenn der Schuldner die Rechnung oder die gleichwertige Zahlungsaufforderung vor oder zu dem Zeitpunkt, zu dem die Abnahme oder Überprüfung erfolgt, erhält, 30 Tage nach letzterem Zeitpunkt.
c) Der Gläubiger ist berechtigt, bei Zahlungsverzug Zinsen insoweit geltend zu machen, als er
i) seine vertraglichen und gesetzlichen Verpflichtungen erfüllt hat und

---

[12] ABl. L 199 vom 9.8.1993, S. 84.

1. Zahlungsverzug im Geschäftsverkehr 69

ii) den fälligen Betrag nicht rechtzeitig erhalten hat, es sei denn, dass der Schuldner für die Verzögerung nicht verantwortlich ist.

d) Die Höhe der Verzugszinsen („gesetzlicher Zinssatz"), zu deren Zahlung der Schuldner verpflichtet ist, ergibt sich aus der Summe des Zinssatzes, der von der Europäischen Zentralbank auf ihre jüngste Hauptrefinanzierungsoperation, die vor dem ersten Kalendertag des betreffenden Halbjahres durchgeführt wurde, angewendet wurde („Bezugszinssatz"), zuzüglich mindestens 7 Prozentpunkten („Spanne"), sofern vertraglich nichts anderes bestimmt ist. Für Mitgliedstaaten, die nicht an der dritten Stufe der Wirtschafts- und Währungsunion teilnehmen, ist der Bezugszinssatz der entsprechende Zinssatz ihrer Zentralbank. In beiden Fällen findet der Bezugszinssatz, der am ersten Kalendertag in dem betreffenden Halbjahr in Kraft ist, für die folgenden sechs Monate Anwendung.

e) Der Gläubiger hat gegenüber dem Schuldner Anspruch auf angemessenen Ersatz aller durch den Zahlungsverzug des Schuldners bedingten Beitreibungskosten, es sei denn, dass der Schuldner für den Zahlungsverzug nicht verantwortlich ist. Bei diesen Beitreibungskosten sind die Grundsätze der Transparenz und der Verhältnismäßigkeit im Hinblick auf den betreffenden Schuldbetrag zu beachten. Die Mitgliedstaaten können unter Wahrung der genannten Grundsätze einen Höchstbetrag für die Beitreibungskosten für unterschiedliche Schuldhöhen festlegen.

(2) Für bestimmte, in den nationalen Rechtsvorschriften zu definierende Vertragsarten können die Mitgliedstaaten die Frist, nach deren Ablauf Zinsen zu zahlen sind, auf höchstens 60 Tage festsetzen, sofern sie den Vertragsparteien die Überschreitung dieser Frist untersagen oder einen verbindlichen Zinssatz festlegen, der wesentlich über dem gesetzlichen Zinssatz liegt.

(3) Die Mitgliedstaaten bestimmen, dass eine Vereinbarung über den Zahlungstermin oder die Folgen eines Zahlungsverzugs, die nicht im Einklang mit Absatz 1 Buchstaben b) bis d) und Absatz 2 steht, entweder nicht geltend gemacht werden kann oder einen Schadensersatzanspruch begründet, wenn sie bei Prüfung aller Umstände des Falles, einschließlich der guten Handelspraxis und der Art der Ware, als grob nachteilig für den Gläubiger anzusehen ist. Bei der Entscheidung darüber, ob eine Vereinbarung grob nachteilig für den Gläubiger ist, wird unter anderem berücksichtigt, ob der Schuldner einen objektiven Grund für die Abweichung von den Bestimmungen des Absatzes 1 Buchstaben b) bis d) und des Absatzes 2 hat. Wenn eine derartige Vereinbarung für grob nachteilig befunden wurde, sind die gesetzlichen Bestimmungen anzuwenden, es sei denn, die nationalen Gerichte legen andere, faire Bedingungen fest.

(4) Die Mitgliedstaaten sorgen dafür, dass im Interesse der Gläubiger und der Wettbewerber angemessene und wirksame Mittel vorhanden sind, damit der Verwendung von Klauseln, die als grob nachteilig im Sinne von Absatz 3 zu betrachten sind, ein Ende gesetzt wird.

(5) Die in Absatz 4 erwähnten Mittel schließen auch Rechtsvorschriften ein, wonach Organisationen, die ein berechtigtes Interesse daran haben, kleine und mittlere Unternehmen zu vertreten, oder die offiziell als Vertreter solcher Unternehmen anerkannt sind, im Einklang mit den nationalen Rechtsvorschriften die Gerichte oder die zuständigen Verwaltungsbehörden mit der Begründung anrufen können, dass Vertragsklauseln, die im Hinblick auf eine allgemeine Verwendung abgefasst wurden, grob nachteilig im Sinne von Absatz 3 sind, so dass sie angemes-

sene und wirksame Mittel anwenden können, um der Verwendung solcher Klauseln ein Ende zu setzen.

Artikel 4. Eigentumsvorbehalt

(1) Die Mitgliedstaaten sehen in Einklang mit den anwendbaren nationalen Vorschriften, wie sie durch das internationale Privatrecht bestimmt werden, vor, dass der Verkäufer bis zur vollständigen Bezahlung das Eigentum an Gütern behält, wenn zwischen Käufer und Verkäufer vor der Lieferung der Güter ausdrücklich eine Eigentumsvorbehaltsklausel vereinbart wurde.

(2) Die Mitgliedstaaten können Vorschriften verabschieden oder beibehalten, die bereits vom Schuldner geleistete Anzahlungen betreffen.

Artikel 5. Beitreibungsverfahren für unbestrittene Forderungen

(1) Die Mitgliedstaaten tragen dafür Sorge, dass ein vollstreckbarer Titel unabhängig von dem Betrag der Geldforderung in der Regel binnen 90 Kalendertagen ab Einreichung der Klage oder des Antrags des Gläubigers bei Gericht oder einer anderen zuständigen Behörde erwirkt werden kann, sofern die Geldforderung oder verfahrensrechtliche Aspekte nicht bestritten werden. Dieser Verpflichtung haben die Mitgliedstaaten im Einklang mit ihren jeweiligen nationalen Rechts- und Verwaltungsvorschriften nachzukommen.

(2) Die jeweiligen nationalen Rechts- und Verwaltungsvorschriften müssen für alle in der Europäischen Gemeinschaft niedergelassenen Gläubiger die gleichen Bedingungen vorsehen.

(3) In die Frist des Absatzes 1 von 90 Kalendertagen sind nachstehende Zeiträume nicht einzubeziehen:

a) die Fristen für Zustellungen,

b) alle vom Gläubiger verursachten Verzögerungen, wie etwa der für die Korrektur von Anträgen benötigte Zeitraum.

(4) Dieser Artikel berührt nicht die Bestimmungen des Brüsseler Übereinkommens über die gerichtliche Zuständigkeit und die Vollstreckung gerichtlicher Entscheidungen in Zivil- und Handelssachen[13].

Artikel 6. Umsetzung

(1) Die Mitgliedstaaten erlassen die erforderlichen Rechts- und Verwaltungsvorschriften, um dieser Richtlinie vor dem 8. August 2002 nachzukommen. Sie setzen die Kommission unverzüglich davon in Kenntnis.

Wenn die Mitgliedstaaten diese Vorschriften erlassen, nehmen sie in den Vorschriften selbst oder durch einen Hinweis bei der amtlichen Veröffentlichung auf diese Richtlinie Bezug. Die Mitgliedstaaten regeln die Einzelheiten der Bezugnahme.

(2) Die Mitgliedstaaten können Vorschriften beibehalten oder erlassen, die für den Gläubiger günstiger sind als die zur Erfüllung dieser Richtlinie notwendigen Maßnahmen.

(3) Bei der Umsetzung dieser Richtlinie können die Mitgliedstaaten folgendes ausnehmen:

---

[13] Konsolidierte Fassung in ABl. C 27 vom 26.1.1998, S. 3.

a) Schulden, die Gegenstand eines gegen den Schuldner eingeleiteten Insolvenzverfahrens sind,
b) Verträge, die vor dem 8. August 2002 geschlossen worden sind, und
c) Ansprüche auf Zinszahlungen von weniger als 5 EUR.

(4) Die Mitgliedstaaten teilen der Kommission den Wortlaut der wichtigsten innerstaatlichen Rechtsvorschriften mit, die sie auf dem unter diese Richtlinie fallenden Gebiet erlassen.

(5) Zwei Jahre nach dem 8. August 2002 überprüft die Kommission unter anderem den gesetzlichen Zinssatz, die vertraglich vorgesehenen Zahlungsfristen und den Zahlungsverzug, um die Auswirkungen auf den Geschäftsverkehr zu ermitteln und die praktische Handhabung der Rechtsvorschriften zu beurteilen. Die Ergebnisse dieser Überprüfung und anderer Untersuchungen werden dem Europäischen Parlament und dem Rat mitgeteilt, erforderlichenfalls zusammen mit Vorschlägen zur Verbesserung dieser Richtlinie.

Artikel 7. Inkrafttreten
Diese Richtlinie tritt am Tag ihrer Veröffentlichung im Amtsblatt der Europäischen Gemeinschaften in Kraft.

Artikel 8. Adressaten
Diese Richtlinie ist an die Mitgliedstaaten gerichtet.

2. Richtlinie des Rates vom 5. April 1993 über missbräuchliche Klauseln in Verbraucherverträgen (93/13/EWG)

Amtsblatt Nr. L 095 vom 21/04/1993, S. 29–34

DER RAT DER EUROPÄISCHEN GEMEINSCHAFTEN –
gestützt auf den Vertrag zur Gründung der Europäischen Wirtschaftsgemeinschaft, insbesondere auf Artikel 100a, auf Vorschlag der Kommission[1], in Zusammenarbeit mit dem Europäischen Parlament[2], nach Stellungnahme des Wirtschafts- und Sozialausschusses[3], in Erwägung nachstehender Gründe:

Es müssen Maßnahmen zur schrittweisen Errichtung des Binnenmarktes bis zum 31. Dezember 1992 getroffen werden. Der Binnenmarkt umfasst einen Raum ohne Binnengrenzen, in dem der freie Verkehr von Waren, Personen, Dienstleistungen und Kapital gewährleistet ist.

Die Rechtsvorschriften der Mitgliedstaaten über Vertragsklauseln zwischen dem Verkäufer von Waren oder dem Dienstleistungserbringer einerseits und dem Verbraucher andererseits weisen viele Unterschiede auf, wodurch die einzelnen Märkte für den Verkauf von Waren und die Erbringung von Dienstleistungen an den Verbraucher uneinheitlich sind; dadurch wiederum können Wettbewerbsverzerrungen bei den Verkäufern und den Erbringern von Dienstleistungen, besonders bei der Vermarktung in anderen Mitgliedstaaten, eintreten.

Namentlich die Rechtsvorschriften der Mitgliedstaaten über missbräuchliche Klauseln in Verträgen mit Verbrauchern weisen beträchtliche Unterschiede auf.

Die Mitgliedstaaten müssen dafür Sorge tragen, dass die mit den Verbrauchern abgeschlossenen Verträge keine missbräuchlichen Klauseln enthalten.

Die Verbraucher kennen im allgemeinen nicht die Rechtsvorschriften, die in anderen Mitgliedstaaten für Verträge über den Kauf von Waren oder das Angebot von Dienstleistungen gelten. Diese Unkenntnis kann sie davon abhalten, Waren und Dienstleistungen direkt in anderen Mitgliedstaaten zu ordern.

Um die Errichtung des Binnenmarktes zu erleichtern und den Bürger in seiner Rolle als Verbraucher beim Kauf von Waren und Dienstleistungen mittels Verträgen zu schützen, für die die Rechtsvorschriften anderer Mitgliedstaaten gelten, ist es von Bedeutung, missbräuchliche Klauseln aus diesen Verträgen zu entfernen.

Den Verkäufern von Waren und Dienstleistungsbringern wird dadurch ihre Verkaufstätigkeit sowohl im eigenen Land als auch im gesamten Binnenmarkt erleichtert. Damit wird der Wettbewerb gefördert und den Bürgern der Gemeinschaft in ihrer Eigenschaft als Verbraucher eine größere Auswahl zur Verfügung gestellt.

In den beiden Programmen der Gemeinschaft für eine Politik zum Schutz und zur Unterrichtung der Verbraucher[4] wird die Bedeutung des Verbraucherschutzes auf dem Gebiet missbräuchlicher Vertragsklauseln hervorgehoben. Dieser Schutz sollte durch Rechtsvorschriften gewährleistet werden, die gemeinschaftsweit harmonisiert sind oder unmittelbar auf dieser Ebene erlassen werden.

---

[1] ABl. Nr. C 73 vom 24. 3. 1992, S. 7.
[2] ABl. Nr. C 326 vom 16. 12. 1991, S. 108, und ABl. Nr. C 21 vom 25. 1. 1993.
[3] ABl. Nr. C 159 vom 17. 6. 1991, S. 34.
[4] ABl. Nr. C 92 vom 25. 4. 1975, S. 1, und ABl. Nr. C 133 vom 3. 6. 1981, S. 1.

2. Missbräuchliche Klauseln in Verbraucherverträgen

Gemäß dem unter dem Abschnitt „Schutz der wirtschaftlichen Interessen der Verbraucher" festgelegten Prinzip sind entsprechend diesen Programmen Käufer von Waren oder Dienstleistungen vor Machtmissbrauch des Verkäufers oder des Dienstleistungserbringers, insbesondere vor vom Verkäufer einseitig festgelegten Standardverträgen und vor dem missbräuchlichen Ausschluss von Rechten in Verträgen zu schützen.

Durch die Aufstellung einheitlicher Rechtsvorschriften auf dem Gebiet missbräuchlicher Klauseln kann der Verbraucher besser geschützt werden.

Diese Vorschriften sollten für alle Verträge zwischen Gewerbetreibenden und Verbrauchern gelten. Von dieser Richtlinie ausgenommen sind daher insbesondere Arbeitsverträge sowie Verträge auf dem Gebiet des Erb-, Familien- und Gesellschaftsrechts.

Der Verbraucher muss bei mündlichen und bei schriftlichen Verträgen – bei letzteren unabhängig davon, ob die Klauseln in einem oder in mehreren Dokumenten enthalten sind – den gleichen Schutz genießen.

Beim derzeitigen Stand der einzelstaatlichen Rechtsvorschriften kommt allerdings nur eine teilweise Harmonisierung in Betracht. So gilt diese Richtlinie insbesondere nur für Vertragsklauseln, die nicht einzeln ausgehandelt wurden. Den Mitgliedstaaten muss es freigestellt sein, dem Verbraucher unter Beachtung des Vertrags einen besseren Schutz durch strengere einzelstaatliche Vorschriften als den in dieser Richtlinie enthaltenen Vorschriften zu gewähren.

Bei Rechtsvorschriften der Mitgliedstaaten, in denen direkt oder indirekt die Klauseln für Verbraucherverträge festgelegt werden, wird davon ausgegangen, dass sie keine missbräuchlichen Klauseln enthalten. Daher sind Klauseln, die auf bindenden Rechtsvorschriften oder auf Grundsätzen oder Bestimmungen internationaler Übereinkommen beruhen, bei denen die Mitgliedstaaten oder die Gemeinschaft Vertragsparteien sind, nicht dieser Richtlinie zu unterwerfen; der Begriff „bindende Rechtsvorschriften" in Artikel 1 Absatz 2 umfasst auch Regeln, die nach dem Gesetz zwischen den Vertragsparteien gelten, wenn nichts anderes vereinbart wurde.

Die Mitgliedstaaten müssen jedoch dafür sorgen, dass darin keine missbräuchlichen Klauseln enthalten sind, zumal diese Richtlinie auch für die gewerbliche Tätigkeit im öffentlich-rechtlichen Rahmen gilt.

Die Kriterien für die Beurteilung der Missbräuchlichkeit von Vertragsklauseln müssen generell festgelegt werden.

Die nach den generell festgelegten Kriterien erfolgende Beurteilung der Missbräuchlichkeit von Klauseln, insbesondere bei beruflichen Tätigkeiten des öffentlich-rechtlichen Bereichs, die ausgehend von einer Solidargemeinschaft der Dienstleistungsnehmer kollektive Dienste erbringen, muss durch die Möglichkeit einer globalen Bewertung der Interessenlagen der Parteien ergänzt werden. Diese stellt das Gebot von Treu und Glauben dar. Bei der Beurteilung von Treu und Glauben ist besonders zu berücksichtigen, welches Kräfteverhältnis zwischen den Verhandlungspositionen der Parteien bestand, ob auf den Verbraucher in irgendeiner Weise eingewirkt wurde, seine Zustimmung zu der Klausel zu geben, und ob die Güter oder Dienstleistungen auf eine Sonderbestellung des Verbrauchers hin verkauft bzw. erbracht wurden. Dem Gebot von Treu und Glauben kann durch den Gewerbetreibenden Genüge getan werden, indem er sich gegenüber der anderen Partei, deren berechtigten Interessen er Rechnung tragen muss, loyal und billig verhält.

Die Liste der Klauseln im Anhang kann für die Zwecke dieser Richtlinie nur Beispiele geben; infolge dieses Minimalcharakters kann sie von den Mitgliedstaaten im Rahmen ihrer einzelstaatlichen Rechtsvorschriften, insbesondere hinsichtlich des Geltungsbereichs dieser Klauseln, ergänzt oder restriktiver formuliert werden.

Bei der Beurteilung der Missbräuchlichkeit von Vertragsklauseln ist der Art der Güter bzw. Dienstleistungen Rechnung zu tragen.

Für die Zwecke dieser Richtlinie dürfen Klauseln, die den Hauptgegenstand eines Vertrages oder das Preis-/Leistungsverhältnis der Lieferung bzw. der Dienstleistung beschreiben, nicht als missbräuchlich beurteilt werden. Jedoch können der Hauptgegenstand des Vertrages und das Preis-/Leistungsverhältnis bei der Beurteilung der Missbräuchlichkeit anderer Klauseln berücksichtigt werden. Daraus folgt unter anderem, dass bei Versicherungsverträgen die Klauseln, in denen das versicherte Risiko und die Verpflichtung des Versicherers deutlich festgelegt oder abgegrenzt werden, nicht als missbräuchlich beurteilt werden, sofern diese Einschränkungen bei der Berechnung der vom Verbraucher gezahlten Prämie Berücksichtigung finden.

Die Verträge müssen in klarer und verständlicher Sprache abgefasst sein. Der Verbraucher muss tatsächlich die Möglichkeit haben, von allen Vertragsklauseln Kenntnis zu nehmen. Im Zweifelsfall ist die für den Verbraucher günstigste Auslegung anzuwenden.

Die Mitgliedstaaten müssen sicherstellen, dass in von einem Gewerbetreibenden mit Verbrauchern abgeschlossenen Verträgen keine missbräuchlichen Klauseln verwendet werden. Wenn derartige Klauseln trotzdem verwendet werden, müssen sie für den Verbraucher unverbindlich sein; die verbleibenden Klauseln müssen jedoch weiterhin gelten und der Vertrag im übrigen auf der Grundlage dieser Klauseln für beide Teile verbindlich sein, sofern ein solches Fortbestehen ohne die missbräuchlichen Klauseln möglich ist.

In bestimmten Fällen besteht die Gefahr, dass dem Verbraucher der in dieser Richtlinie aufgestellte Schutz entzogen wird, indem das Recht eines Drittlands zum anwendbaren Recht erklärt wird. Es sollten daher in dieser Richtlinie Bestimmungen vorgesehen werden, die dies ausschließen.

Personen und Organisationen, die nach dem Recht eines Mitgliedstaats ein berechtigtes Interesse geltend machen können, den Verbraucher zu schützen, müssen Verfahren, die Vertragsklauseln im Hinblick auf eine allgemeine Verwendung in Verbraucherverträgen, insbesondere missbräuchliche Klauseln, zum Gegenstand haben, bei Gerichten oder Verwaltungsbehörden, die für die Entscheidung über Klagen bzw. Beschwerden oder die Eröffnung von Gerichtsverfahren zuständig sind, einleiten können. Diese Möglichkeit bedeutet jedoch keine Vorabkontrolle der in einem beliebigen Wirtschaftssektor verwendeten allgemeinen Bedingungen.

Die Gerichte oder Verwaltungsbehörden der Mitgliedstaaten müssen über angemessene und wirksame Mittel verfügen, damit der Verwendung missbräuchlicher Klauseln in Verbraucherverträgen ein Ende gesetzt wird –
HAT FOLGENDE RICHTLINIE ERLASSEN:

Artikel 1

(1) Zweck dieser Richtlinie ist die Angleichung der Rechts- und Verwaltungsvorschriften der Mitgliedstaaten über missbräuchliche Klauseln in Verträgen zwischen Gewerbetreibenden und Verbrauchern.

(2) Vertragsklauseln, die auf bindenden Rechtsvorschriften oder auf Bestimmungen oder Grundsätzen internationaler Übereinkommen beruhen, bei denen die Mitgliedstaaten oder die Gemeinschaft – insbesondere im Verkehrsbereich – Vertragsparteien sind, unterliegen nicht den Bestimmungen dieser Richtlinie.

Artikel 2
Im Sinne dieser Richtlinie bedeuten:

2. Missbräuchliche Klauseln in Verbraucherverträgen

a) missbräuchliche Klauseln: Vertragsklauseln, wie sie in Artikel 3 definiert sind;
b) Verbraucher: eine natürliche Person, die bei Verträgen, die unter diese Richtlinie fallen, zu einem Zweck handelt, der nicht ihrer gewerblichen oder beruflichen Tätigkeit zugerechnet werden kann;
c) Gewerbetreibender: eine natürliche oder juristische Person, die bei Verträgen, die unter diese Richtlinie fallen, im Rahmen ihrer gewerblichen oder beruflichen Tätigkeit handelt, auch wenn diese dem öffentlich-rechtlichen Bereich zuzurechnen ist.

Artikel 3

(1) Eine Vertragsklausel, die nicht im einzelnen ausgehandelt wurde, ist als missbräuchlich anzusehen, wenn sie entgegen dem Gebot von Treu und Glauben zum Nachteil des Verbrauchers ein erhebliches und ungerechtfertigtes Missverhältnis der vertraglichen Rechte und Pflichten der Vertragspartner verursacht.

(2) Eine Vertragsklausel ist immer dann als nicht im einzelnen ausgehandelt zu betrachten, wenn sie im voraus abgefasst wurde und der Verbraucher deshalb, insbesondere im Rahmen eines vorformulierten Standardvertrags, keinen Einfluss auf ihren Inhalt nehmen konnte.

Die Tatsache, dass bestimmte Elemente einer Vertragsklausel oder eine einzelne Klausel im einzelnen ausgehandelt worden sind, schließt die Anwendung dieses Artikels auf den übrigen Vertrag nicht aus, sofern es sich nach der Gesamtwertung dennoch um einen vorformulierten Standardvertrag handelt.

Behauptet ein Gewerbetreibender, dass eine Standardvertragsklausel im einzelnen ausgehandelt wurde, so obliegt ihm die Beweislast.

(3) Der Anhang enthält eine als Hinweis dienende und nicht erschöpfende Liste der Klauseln, die für missbräuchlich erklärt werden können.

Artikel 4

(1) Die Missbräuchlichkeit einer Vertragsklausel wird unbeschadet des Artikels 7 unter Berücksichtigung der Art der Güter oder Dienstleistungen, die Gegenstand des Vertrages sind, aller den Vertragsabschluß begleitenden Umstände sowie aller anderen Klauseln desselben Vertrages oder eines anderen Vertrages, von dem die Klausel abhängt, zum Zeitpunkt des Vertragsabschlusses beurteilt.

(2) Die Beurteilung der Missbräuchlichkeit der Klauseln betrifft weder den Hauptgegenstand des Vertrages noch die Angemessenheit zwischen dem Preis bzw. dem Entgelt und den Dienstleistungen bzw. den Gütern, die die Gegenleistung darstellen, sofern diese Klauseln klar und verständlich abgefasst sind.

Artikel 5

Sind alle dem Verbraucher in Verträgen unterbreiteten Klauseln oder einige dieser Klauseln schriftlich niedergelegt, so müssen sie stets klar und verständlich abgefasst sein. Bei Zweifeln über die Bedeutung einer Klausel gilt die für den Verbraucher günstigste Auslegung. Diese Auslegungsregel gilt nicht im Rahmen der in Artikel 7 Absatz 2 vorgesehenen Verfahren.

Artikel 6

(1) Die Mitgliedstaaten sehen vor, dass missbräuchliche Klauseln in Verträgen, die ein Gewerbetreibender mit einem Verbraucher geschlossen hat, für den Verbrau-

cher unverbindlich sind, und legen die Bedingungen hierfür in ihren innerstaatlichen Rechtsvorschriften fest; sie sehen ferner vor, dass der Vertrag für beide Parteien auf derselben Grundlage bindend bleibt, wenn er ohne die missbräuchlichen Klauseln bestehen kann.
(2) Die Mitgliedstaaten treffen die erforderlichen Maßnahmen, damit der Verbraucher den durch diese Richtlinie gewährten Schutz nicht verliert, wenn das Recht eines Drittlands als das auf den Vertrag anzuwendende Recht gewählt wurde und der Vertrag einen engen Zusammenhang mit dem Gebiet der Mitgliedstaaten aufweist.

Artikel 7
(1) Die Mitgliedstaaten sorgen dafür, dass im Interesse der Verbraucher und der gewerbetreibenden Wettbewerber angemessene und wirksame Mittel vorhanden sind, damit der Verwendung missbräuchlicher Klauseln durch einen Gewerbetreibenden in den Verträgen, die er mit Verbrauchern schließt, ein Ende gesetzt wird.
(2) Die in Absatz 1 genannten Mittel müssen auch Rechtsvorschriften einschließen, wonach Personen oder Organisationen, die nach dem innerstaatlichen Recht ein berechtigtes Interesse am Schutz der Verbraucher haben, im Einklang mit den einzelstaatlichen Rechtsvorschriften die Gerichte oder die zuständigen Verwaltungsbehörden anrufen können, damit diese darüber entscheiden, ob Vertragsklauseln, die im Hinblick auf eine allgemeine Verwendung abgefasst wurden, missbräuchlich sind, und angemessene und wirksame Mittel anwenden, um der Verwendung solcher Klauseln ein Ende zu setzen.
(3) Die in Absatz 2 genannten Rechtsmittel können sich unter Beachtung der einzelstaatlichen Rechtsvorschriften getrennt oder gemeinsam gegen mehrere Gewerbetreibende desselben Wirtschaftssektors oder ihre Verbände richten, die gleiche allgemeine Vertragsklauseln oder ähnliche Klauseln verwenden oder deren Verwendung empfehlen.

Artikel 8
Die Mitgliedstaaten können auf dem durch diese Richtlinie geregelten Gebiet mit dem Vertrag vereinbare strengere Bestimmungen erlassen, um ein höheres Schutzniveau für die Verbraucher zu gewährleisten.

Artikel 9
Die Kommission legt dem Europäischen Parlament und dem Rat spätestens fünf Jahre nach dem in Artikel 10 Absatz 1 genannten Zeitpunkt einen Bericht über die Anwendung dieser Richtlinie vor.

Artikel 10
(1) Die Mitgliedstaaten erlassen die erforderlichen Rechts- und Verwaltungsvorschriften, um dieser Richtlinie spätestens am 31. Dezember 1994 nachzukommen. Sie setzen die Kommission unverzüglich davon in Kenntnis.
Diese Vorschriften gelten für alle Verträge, die nach dem 31. Dezember 1994 abgeschlossen werden.
(2) Wenn die Mitgliedstaaten diese Vorschriften erlassen, nehmen sie in den Vorschriften selbst oder durch einen Hinweis bei der amtlichen Veröffentlichung auf diese Richtlinie Bezug. Die Mitgliedstaaten regeln die Einzelheiten der Bezugnahme.

(3) Die Mitgliedstaaten teilen der Kommission den Wortlaut der wichtigsten innerstaatlichen Rechtsvorschriften mit, die sie auf dem unter diese Richtlinie fallenden Gebiet erlassen.

Artikel 11
Diese Richtlinie ist an die Mitgliedstaaten gerichtet.

Anhang. Klauseln gemäß Artikel 3 Absatz 3
1. Klauseln, die darauf abzielen oder zur Folge haben, dass
a) die gesetzliche Haftung des Gewerbetreibenden ausgeschlossen oder eingeschränkt wird, wenn der Verbraucher aufgrund einer Handlung oder Unterlassung des Gewerbetreibenden sein Leben verliert oder einen Körperschaden erleidet;
b) die Ansprüche des Verbrauchers gegenüber dem Gewerbetreibenden oder einer anderen Partei, einschließlich der Möglichkeit, eine Verbindlichkeit gegenüber dem Gewerbetreibenden durch eine etwaige Forderung gegen ihn auszugleichen, ausgeschlossen oder ungebührlich eingeschränkt werden, wenn der Gewerbetreibende eine der vertraglichen Verpflichtungen ganz oder teilweise nicht erfüllt oder mangelhaft erfüllt;
c) der Verbraucher eine verbindliche Verpflichtung eingeht, während der Gewerbetreibende die Erbringung der Leistungen an eine Bedingung knüpft, deren Eintritt nur von ihm abhängt;
d) es dem Gewerbetreibenden gestattet wird, vom Verbraucher gezahlte Beträge einzubehalten, wenn dieser darauf verzichtet, den Vertrag abzuschließen oder zu erfüllen, ohne dass für den Verbraucher ein Anspruch auf eine Entschädigung in entsprechender Höhe seitens des Gewerbetreibenden vorgesehen wird, wenn dieser selbst es unterlässt;
e) dem Verbraucher, der seinen Verpflichtungen nicht nachkommt, ein unverhältnismäßig hoher Entschädigungsbetrag auferlegt wird;
f) es dem Gewerbetreibenden gestattet wird, nach freiem Ermessen den Vertrag zu kündigen, wenn das gleiche Recht nicht auch dem Verbraucher eingeräumt wird, und es dem Gewerbetreibenden für den Fall, dass er selbst den Vertrag kündigt, gestattet wird, die Beträge einzubehalten, die für von ihm noch nicht erbrachte Leistungen gezahlt wurden;
g) es dem Gewerbetreibenden – außer bei Vorliegen schwerwiegender Gründe – gestattet ist, einen unbefristeten Vertrag ohne angemessene Frist zu kündigen;
h) ein befristeter Vertrag automatisch verlängert wird, wenn der Verbraucher sich nicht gegenteilig geäußert hat und als Termin für diese Äußerung des Willens des Verbrauchers, den Vertrag nicht zu verlängern, ein vom Ablaufzeitpunkt des Vertrages ungebührlich weit entferntes Datum festgelegt wurde;
i) die Zustimmung des Verbrauchers zu Klauseln unwiderlegbar festgestellt wird, von denen er vor Vertragsabschluß nicht tatsächlich Kenntnis nehmen konnte;
j) der Gewerbetreibende die Vertragsklauseln einseitig ohne triftigen und im Vertrag aufgeführten Grund ändern kann;
k) der Gewerbetreibende die Merkmale des zu liefernden Erzeugnisses oder der zu erbringenden Dienstleistung einseitig ohne triftigen Grund ändern kann;
l) der Verkäufer einer Ware oder der Erbringer einer Dienstleistung den Preis zum Zeitpunkt der Lieferung festsetzen oder erhöhen kann, ohne dass der Verbraucher in beiden Fällen ein entsprechendes Recht hat, vom Vertrag zurückzutreten, wenn

der Endpreis im Verhältnis zu dem Preis, der bei Vertragsabschluß vereinbart wurde, zu hoch ist;

m) dem Gewerbetreibenden das Recht eingeräumt ist zu bestimmen, ob die gelieferte Ware oder erbrachte Dienstleistung den Vertragsbestimmungen entspricht, oder ihm das ausschließliche Recht zugestanden wird, die Auslegung einer Vertragsklausel vorzunehmen;

n) die Verpflichtung des Gewerbetreibenden zur Einhaltung der von seinen Vertretern eingegangenen Verpflichtungen eingeschränkt wird oder diese Verpflichtung von der Einhaltung einer besonderen Formvorschrift abhängig gemacht wird;

o) der Verbraucher allen seinen Verpflichtungen nachkommen muss, obwohl der Gewerbetreibende seine Verpflichtungen nicht erfüllt;

p) die Möglichkeit vorgesehen wird, dass der Vertrag ohne Zustimmung des Verbrauchers vom Gewerbetreibenden abgetreten wird, wenn dies möglicherweise eine Verringerung der Sicherheiten für den Verbraucher bewirkt;

q) dem Verbraucher die Möglichkeit, Rechtsbehelfe bei Gericht einzulegen oder sonstige Beschwerdemittel zu ergreifen, genommen oder erschwert wird, und zwar insbesondere dadurch, dass er ausschließlich auf ein nicht unter die rechtlichen Bestimmungen fallenden Schiedsgerichtsverfahren verwiesen wird, die ihm zur Verfügung stehenden Beweismittel ungebührlich eingeschränkt werden oder ihm die Beweislast auferlegt wird, die nach dem geltenden Recht einer anderen Vertragspartei obläge.

2. Tragweite der Buchstaben g), j) und l)

a) Buchstabe g) steht Klauseln nicht entgegen, durch die sich der Erbringer von Finanzdienstleistungen das Recht vorbehält, einen unbefristeten Vertrag einseitig und – bei Vorliegen eines triftigen Grundes – fristlos zu kündigen, sofern der Gewerbetreibende die Pflicht hat, die andere Vertragspartei oder die anderen Vertragsparteien alsbald davon zu unterrichten.

b) Buchstabe j) steht Klauseln nicht entgegen, durch die sich der Erbringer von Finanzdienstleistungen das Recht vorbehält, den von dem Verbraucher oder an den Verbraucher zu zahlenden Zinssatz oder die Höhe anderer Kosten für Finanzdienstleistungen in begründeten Fällen ohne Vorankündigung zu ändern, sofern der Gewerbetreibende die Pflicht hat, die andere Vertragspartei oder die anderen Vertragsparteien unverzüglich davon zu unterrichten, und es dieser oder diesen freisteht, den Vertrag alsbald zu kündigen.

Buchstabe j) steht ferner Klauseln nicht entgegen, durch die sich der Gewerbetreibende das Recht vorbehält, einseitig die Bedingungen eines unbefristeten Vertrages zu ändern, sofern es ihm obliegt, den Verbraucher hiervon rechtzeitig in Kenntnis zu setzen, und es diesem freisteht, den Vertrag zu kündigen.

c) Die Buchstaben g), j) und l) finden keine Anwendung auf

– Geschäfte mit Wertpapieren, Finanzpapieren und anderen Erzeugnissen oder Dienstleistungen, bei denen der Preis von den Veränderungen einer Notierung oder eines Börsenindex oder von Kursschwankungen auf dem Kapitalmarkt abhängt, auf die der Gewerbetreibende keinen Einfluss hat;

– Verträge zum Kauf oder Verkauf von Fremdwährungen, Reiseschecks oder internationalen Postanweisungen in Fremdwährung.

d) Buchstabe l) steht Preisindexierungsklauseln nicht entgegen, wenn diese rechtmäßig sind und der Modus der Preisänderung darin ausdrücklich beschrieben wird.

3. Richtlinie des Europäischen Parlaments und des Rates vom 16. Februar 1998 über den Schutz der Verbraucher bei der Angabe der Preise der ihnen angebotenen Erzeugnisse (98/6/EG)

Amtsblatt Nr. L 080 vom 18/03/1998, S. 27–31

DAS EUROPÄISCHE PARLAMENT UND DER RAT DER EUROPÄISCHEN UNION –
gestützt auf den Vertrag zur Gründung der Europäischen Gemeinschaft, insbesondere auf Artikel 129a Absatz 2, auf Vorschlag der Kommission[1], nach Stellungnahme des Wirtschafts- und Sozialausschusses[2], gemäß dem Verfahren des Artikels 189b des Vertrags[3], aufgrund des vom Vermittlungsausschuss am 9. Dezember 1997 gebilligten gemeinsamen Entwurfs, in Erwägung nachstehender Gründe:

(1) Ein transparenter Markt und korrekte Informationen fördern den Verbraucherschutz und einen gesunden Wettbewerb zwischen Unternehmen und zwischen Erzeugnissen.

(2) Es gilt, ein hohes Verbraucherschutzniveau zu gewährleisten. Die Gemeinschaft sollte dazu mit spezifischen Aktionen beitragen, die die Politik der Mitgliedstaaten betreffend eine genaue, transparente und unmissverständliche Information der Verbraucher über die Preise der ihnen angebotenen Erzeugnisse unterstützen und ergänzen.

(3) In der Entschließung des Rates vom 14. April 1975 betreffend ein erstes Programm der Europäischen Wirtschaftsgemeinschaft für eine Politik zum Schutz und zur Unterrichtung der Verbraucher[4] und in der Entschließung des Rates vom 19. Mai 1981 betreffend ein zweites Programm der Europäischen Wirtschaftsgemeinschaft für eine Politik zum Schutz und zur Unterrichtung der Verbraucher[5] ist die Ausarbeitung gemeinsamer Grundsätze für die Angabe der Preise vorgesehen.

(4) Diese Grundsätze sind mit der Richtlinie 79/581/EWG über den Schutz der Verbraucher bei der Angabe der Preise für Lebensmittel[6] und der Richtlinie 88/314/EWG über den Schutz der Verbraucher bei der Angabe der Preise für andere Erzeugnisse als Lebensmittel[7] festgelegt worden.

(5) Die Verbindung zwischen der Angabe des Preises je Maßeinheit der Erzeugnisse und deren Vorverpackung in zuvor festgelegten Mengen oder Maßeinheiten, die den auf Gemeinschaftsebene festgelegten Wertereihen entsprechen, hat sich in der Anwendung als ausgesprochen komplex erwiesen. Es ist daher notwendig, diese Verbindung im Interesse der Verbraucher zugunsten eines neuen vereinfachten Systems fortfallen zu lassen, ohne dass dies die Bestimmungen über die Standardisierung der Verpackungen berührt.

---

[1] (1) ABl. C 260 vom 5. 10. 1995, S. 5 und ABl. C 249 vom 27. 8. 1996, S. 2.
[2] (2) ABl. C 82 vom 19. 3. 1996, S. 32.
[3] Stellungnahme des Europäischen Parlaments vom 18. April 1996 (ABl. C 141 vom 13. 5. 1996, S. 191), gemeinsamer Standpunkt des Rates vom 27. September 1996 (ABl. C 333 vom 7. 11. 1996, S. 7) und Beschluss des Europäischen Parlaments vom 18. Februar 1997 (ABl. C 85 vom 17. 3. 1997, S. 26). Beschluss des Europäischen Parlaments vom 16. Dezember 1997 und Beschluss des Rates vom 18. Dezember 1997.
[4] ABl. C 92 vom 25. 4. 1975, S. 1.
[5] ABl. C 133 vom 3. 6. 1981, S. 1.
[6] ABl. L 158 vom 26. 6. 1979, S. 19. Richtlinie zuletzt geändert durch die Richtlinie 95/58/EG (ABl. L 299 vom 12. 12. 1995, S. 11).
[7] ABl. L 142 vom 9. 6. 1988, S. 19. Richtlinie zuletzt geändert durch die Richtlinie 95/58/EG (ABl. L 299 vom 12. 12. 1995, S. 11).

(6) Die Verpflichtung, den Verkaufspreis und den Preis je Maßeinheit anzugeben, trägt merklich zur Verbesserung der Verbraucherinformation bei, da sie den Verbrauchern auf einfachste Weise optimale Möglichkeiten bietet, die Preise von Erzeugnissen zu beurteilen und miteinander zu vergleichen und somit anhand einfacher Vergleiche fundierte Entscheidungen zu treffen.

(7) Es sollte daher allgemein vorgeschrieben werden, für sämtliche Erzeugnisse sowohl den Verkaufspreis als auch den Preis je Maßeinheit anzugeben; ausgenommen sind Waren, die in losem Zustand zum Verkauf angeboten werden, da hier der Verkaufspreis nicht festgelegt werden kann, bevor der Verbraucher die gewünschte Menge angibt.

(8) Es ist der Tatsache Rechnung zu tragen, dass bestimmte Produkte üblicherweise in anderen Maßeinheiten als ein Kilogramm, ein Liter, ein Meter, ein Quadrat- oder Kubikmeter verkauft werden. Infolgedessen ist es angebracht, dass die Mitgliedstaaten genehmigen können, dass sich der Preis je Maßeinheit auf eine einzige andere Mengeneinheit bezieht, wobei die Beschaffenheit des Erzeugnisses und die Mengen, in denen es üblicherweise in dem jeweiligen Mitgliedstaat verkauft wird, zu berücksichtigen sind.

(9) Die Verpflichtung zur Angabe des Preises je Maßeinheit kann für bestimmte kleine Einzelhandelsgeschäfte unter bestimmten Bedingungen eine übermäßige Belastung darstellen; den Mitgliedstaaten sollte es daher gestattet sein, in derartigen Fällen die genannte Verpflichtung während einer angemessenen Übergangszeit nicht anzuwenden.

(10) Die Mitgliedstaaten sollten auch weiterhin die Möglichkeit haben, von der Pflicht zur Angabe des Preises je Maßeinheit die Erzeugnisse auszunehmen, bei denen eine solche Preisangabe nicht sinnvoll oder geeignet wäre, Verwirrung zu stiften, z. B. wenn die Angabe der Menge für den Preisvergleich nicht relevant ist oder verschiedene Erzeugnisse in derselben Verpackung vertrieben werden.

(11) Im Fall von anderen Erzeugnissen als Lebensmitteln haben die Mitgliedstaaten, um die Anwendung der Regelung zu erleichtern, die Möglichkeit, ein Verzeichnis der Erzeugnisse oder Erzeugniskategorien aufzustellen, für die die Verpflichtung zur Angabe des Preises je Maßeinheit weiterhin gilt.

(12) Eine Regelung auf Gemeinschaftsebene stellt eine einheitliche und transparente Information zugunsten sämtlicher Verbraucher im Rahmen des Binnenmarkts sicher. Der neue vereinfachte Ansatz ist für das Erreichen dieses Ziels erforderlich und ausreichend.

(13) Die Mitgliedstaaten haben für die Effizienz der Regelung Sorge zu tragen. Die Transparenz der Regelung sollte auch bei Einführung des Euro erhalten werden. Hierzu sollte die Zahl der anzugebenden Preise begrenzt werden.

(14) Besondere Aufmerksamkeit muss den kleinen Einzelhandelsgeschäften gewidmet werden. Zu diesem Zweck sollte die Kommission in ihrem spätestens drei Jahre nach dem in Artikel 11 Absatz 1 genannten Zeitpunkt vorzulegenden Bericht über die Anwendung der Richtlinie die Erfahrungen besonders berücksichtigen, die kleinen Einzelhandelsgeschäfte bei der Anwendung dieser Richtlinie unter anderem hinsichtlich der technologischen Entwicklung und der Einführung der einheitlichen Währung machen. Dieser Bericht sollte in Anbetracht der Übergangszeit nach Artikel 6 einen Vorschlag enthalten – HABEN FOLGENDE RICHTLINIE ERLASSEN:

Artikel 1

Diese Richtlinie regelt die Angabe des Verkaufspreises und des Preises je Maßeinheit bei Erzeugnissen, die Verbrauchern von Händlern angeboten werden; dadurch soll für eine bessere Unterrichtung der Verbraucher gesorgt und ein Preisvergleich erleichtert werden.

3. Angabe der Preise

Artikel 2

Im Sinne dieser Richtlinie bezeichnet der Ausdruck

a) „Verkaufspreis" den Endpreis für eine Produkteinheit oder eine bestimmte Erzeugnismenge, der die Mehrwertsteuer und alle sonstigen Steuern einschließt;

b) „Preis je Maßeinheit" den Endpreis, der die Mehrwertsteuer und alle sonstigen Steuern einschließt, für ein Kilogramm, einen Liter, einen Meter, einen Quadratmeter oder einen Kubikmeter des Erzeugnisses oder eine einzige andere Mengeneinheit, die beim Verkauf spezifischer Erzeugnisse in dem betreffenden Mitgliedstaat allgemein verwendet wird und üblich ist;

c) „in losem Zustand zum Verkauf angebotene Erzeugnisse" Erzeugnisse, die nicht vorher verpackt und in Anwesenheit des Verbrauchers abgemessen werden;

d) „Händler" jede natürliche oder juristische Person, die unter ihre kommerzielle oder berufliche Tätigkeit fallende Erzeugnisse verkauft oder zum Verkauf anbietet;

e) „Verbraucher" jede natürliche Person, die ein Erzeugnis für Zwecke kauft, die nicht im Zusammenhang mit ihrer kommerziellen oder beruflichen Tätigkeit stehen.

Artikel 3

(1) Bei den in Artikel 1 bezeichneten Erzeugnissen sind der Verkaufspreis und der Preis je Maßeinheit anzugeben, wobei für die Angabe des Preises je Maßeinheit die Bestimmungen von Artikel 5 gelten. Der Preis je Maßeinheit muss nicht angegeben werden, wenn er mit dem Verkaufspreis identisch ist.

(2) Den Mitgliedstaaten steht es frei, Absatz 1 auf folgendes nicht anzuwenden:
- auf bei Erbringen einer Dienstleistung gelieferte Erzeugnisse,
- auf Versteigerungen sowie Verkäufe von Kunstgegenständen und Antiquitäten.

(3) Bei in losem Zustand zum Verkauf angebotenen Erzeugnissen ist lediglich der Preis je Maßeinheit anzugeben.

(4) Bei jeglicher Werbung, bei der der Verkaufspreis der Erzeugnisse gemäß Artikel 1 genannt wird, ist vorbehaltlich des Artikels 5 auch der Preis je Maßeinheit anzugeben.

Artikel 4

(1) Der Verkaufspreis und der Preis je Maßeinheit müssen unmissverständlich, klar erkennbar und gut lesbar sein. Die Mitgliedstaaten können vorsehen, dass die Zahl der anzugebenden Preise begrenzt wird.

(2) Der Preis je Maßeinheit gilt für eine gemäß den einzelstaatlichen und gemeinschaftlichen Vorschriften angegebene Menge.

Schreiben gemeinschaftliche oder einzelstaatliche Bestimmungen die Angabe des Nettogewichts und des Abtropfgewichts bei bestimmten Erzeugnissen in Fertigpackungen vor, so reicht es aus, den Preis je Maßeinheit des Abtropfgewichts anzugeben.

Artikel 5

(1) Von der Pflicht zur Angabe des Preises je Maßeinheit können die Mitgliedstaaten Erzeugnisse ausnehmen, bei denen eine solche Angabe aufgrund der Beschaffenheit oder Zweckbestimmung des Erzeugnisses nicht sinnvoll oder geeignet wäre, zu Verwechslungen zu führen.

(2) Im Hinblick auf die Anwendung von Absatz 1 können die Mitgliedstaaten für andere Erzeugnisse als Lebensmittel ein Verzeichnis der Erzeugnisse oder Erzeugniskategorien aufstellen, für die die Verpflichtung zur Angabe des Preises je Maßeinheit weiterhin gilt.

Artikel 6

Sofern die Verpflichtung, den Preis je Maßeinheit anzugeben, aufgrund der Zahl der zum Verkauf angebotenen Erzeugnisse, der Verkaufsfläche, der Art des Verkaufsortes, der Bedingungen für bestimmte Handelsformen, bei denen das Erzeugnis für den Verbraucher nicht unmittelbar zugänglich ist, oder bestimmter Formen der Geschäftstätigkeit, wie bestimmter Arten mobiler Geschäfte, eine übermäßige Belastung für bestimmte kleine Einzelhandelsgeschäfte darstellen würde, können die Mitgliedstaaten während einer Übergangszeit ab dem in Artikel 11 Absatz 1 genannten Zeitpunkt festlegen, dass die Verpflichtung zur Angabe des Preises je Maßeinheit bei anderen als in losem Zustand in den Verkehr gebrachten Erzeugnissen, die in den genannten Geschäften verkauft werden, vorbehaltlich des Artikels 12 nicht gilt.

Artikel 7

Die Mitgliedstaaten treffen geeignete Maßnahmen, um alle Beteiligten von den innerstaatlichen Rechtsvorschriften zur Umsetzung dieser Richtlinie zu unterrichten.

Artikel 8

Die Mitgliedstaaten bestimmen die zu verhängenden Sanktionen bei Zuwiderhandlungen gegen die nationalen Vorschriften, mit denen diese Richtlinie umgesetzt wird, und ergreifen alle erforderlichen Maßnahmen zu ihrer Durchsetzung. Die Sanktionen müssen wirksam, verhältnismäßig und abschreckend sein.

Artikel 9

(1) Die Übergangszeit von neun Jahren nach Artikel 1 der Richtlinie 95/58/EG des Europäischen Parlaments und des Rates vom 29. November 1995 zur Änderung der Richtlinie 79/581/EWG über den Schutz der Verbraucher bei der Angabe der Preise für Lebensmittel und der Richtlinie 88/314/EWG über den Schutz der Verbraucher bei der Angabe der Preise für andere Erzeugnisse als Lebensmittel[8], wird bis zu dem in Artikel 11 Absatz 1 dieser Richtlinie genannten Zeitpunkt verlängert.

(2) Die Richtlinien 79/581/EWG und 88/314/EWG werden mit Wirkung von dem in Artikel 11 Absatz 1 dieser Richtlinie genannten Zeitpunkt aufgehoben.

Artikel 10

Diese Richtlinie hindert die Mitgliedstaaten nicht, unbeschadet ihrer Verpflichtungen nach dem Vertrag für die Unterrichtung der Verbraucher und den Preisvergleich günstigere Bestimmungen zu erlassen oder beizubehalten.

---

[8] ABl. L 299 vom 12. 12. 1995, S. 11.

3. Angabe der Preise

Artikel 11

(1) Die Mitgliedstaaten erlassen die erforderlichen Rechts- und Verwaltungsvorschriften, um dieser Richtlinie bis zum 18. März 2000 nachzukommen. Sie setzen die Kommission unverzüglich davon in Kenntnis. Die erlassenen Vorschriften sind ab diesem Zeitpunkt anzuwenden. Wenn die Mitgliedstaaten diese Vorschriften erlassen, nehmen sie in den Vorschriften selbst oder durch einen Hinweis bei der amtlichen Veröffentlichung auf diese Richtlinie Bezug. Die Mitgliedstaaten regeln die Einzelheiten der Bezugnahme.

(2) Die Mitgliedstaaten teilen der Kommission den Wortlaut der innerstaatlichen Rechtsvorschriften mit, die sie auf dem unter diese Richtlinie fallenden Gebiet erlassen.

(3) Die Mitgliedstaaten teilen die Bestimmungen über die Sanktionen nach Artikel 8 und jede spätere Änderung mit.

Artikel 12

Die Kommission legt dem Europäischen Parlament und dem Rat spätestens drei Jahre nach dem in Artikel 11 Absatz 1 genannten Zeitpunkt einen umfassenden Bericht über die Anwendung dieser Richtlinie, insbesondere die Anwendung von Artikel 6, und einen Vorschlag vor. Das Europäische Parlament und der Rat überprüfen auf dieser Grundlage die Bestimmungen von Artikel 6 und handeln im Einklang mit dem Vertrag binnen drei Jahren nach Vorlage des in Unterabsatz 1 genannten Vorschlags durch die Kommission.

Artikel 13

Diese Richtlinie tritt am Tag ihrer Veröffentlichung im Amtsblatt der Europäischen Gemeinschaften in Kraft.

Artikel 14

Diese Richtlinie ist an die Mitgliedstaaten gerichtet.

Erklärung der Kommission zu Artikel 2 Buchstabe b)

Die Kommission vertritt die Auffassung, dass der Ausdruck „für ein Kilogramm, einen Liter, einen Meter, einen Quadratmeter oder einen Kubikmeter des Erzeugnisses oder einer einzigen anderen Mengeneinheit" in Artikel 2 Buchstabe b) auch auf Erzeugnisse anwendbar ist, die am Stück oder einzeln verkauft werden.

Erklärung der Kommission zu Artikel 12 Absatz 1

Die Kommission vertritt die Auffassung, dass Artikel 12 Absatz 1 der Richtlinie nicht als Einschränkung ihres Initiativrechts ausgelegt werden darf.

4. Richtlinie des Rates vom 10. September 1984 zur Angleichung der Rechts- und Verwaltungsvorschriften der Mitgliedstaaten über irreführende Werbung (84/450/EWG)

Amtsblatt Nr. L 250 vom 19/09/1984, S. 17–20 geändert durch: Richtlinie 97/55/EG vom 6. Oktober 1997 (Amtsblatt Nr. L 290 vom 23/10/1997, S. 18–23)

DER RAT DER EUROPÄISCHEN GEMEINSCHAFTEN –
gestützt auf den Vertrag zur Gründung der Europäischen Wirtschaftsgemeinschaft, insbesondere auf Artikel 100, auf Vorschlag der Kommission[1], nach Stellungnahme des Europäischen Parlaments[2], nach Stellungnahme des Wirtschafts- und Sozialausschusses[3], in Erwägung nachstehender Gründe:
Die in den Mitgliedstaaten gegenwärtig geltenden Vorschriften gegen irreführende Werbung weichen stark voneinander ab. Da die Werbung über die Grenzen der einzelnen Mitgliedstaaten hinausreicht, wirkt sie sich unmittelbar auf die Errichtung und das Funktionieren des Gemeinsamen Marktes aus.
Irreführende Werbung ist geeignet, zur Verfälschung des Wettbewerbs im Gemeinsamen Markt zu führen.
Die Werbung berührt unabhängig davon, ob sie zum Abschluss eines Vertrags führt, die wirtschaftlichen Interessen der Verbraucher.
Irreführende Werbung kann den Verbraucher zu nachteiligen Entscheidungen beim Erwerb von Waren oder anderen Gütern oder bei der Inanspruchnahme von Dienstleistungen veranlassen. Die Unterschiede zwischen den einzelstaatlichen Rechtsvorschriften führen vielfach nicht nur zu einem ungenügenden Schutz der Verbraucher, sondern behindern auch die Durchführung von Werbekampagnen, die die Grenzen eines Staates überschreiten, und beeinflussen so den freien Verkehr von Waren und Dienstleistungen.
Das Zweite Programm der Europäischen Wirtschaftsgemeinschaft für eine Politik zum Schutz und zur Unterrichtung der Verbraucher[4] sieht vor, dass geeignete Maßnahmen zum Schutz der Verbraucher vor irreführender und unlauterer Werbung zu treffen sind.
Es liegt im Interesse der Allgemeinheit der Verbraucher sowie all derer, die im Gemeinsamen Markt bei der Ausübung eines Handels, Gewerbes, Handwerks oder freien Berufs miteinander im Wettbewerb stehen, in einer ersten Phase die einzelstaatlichen Bestimmungen zum Schutz gegen irreführende Werbung einander anzugleichen und in einer zweiten Phase anhand entsprechender Vorschläge der Kommission die unlautere Werbung und, soweit erforderlich, auch die vergleichende Werbung zu behandeln.
Dazu ist erforderlich, objektive Mindestkriterien aufzustellen, nach denen beurteilt werden kann, ob eine Werbung irreführend ist.
Die von den Mitgliedstaaten zu erlassenden Rechtsvorschriften gegen irreführende Werbung müssen angemessen und wirksam sein.
Personen oder Organisationen, die nach dem nationalen Recht ein berechtigtes Interesse an der Angelegenheit haben, müssen die Möglichkeit besitzen, vor Gericht oder bei einer Verwaltungsbehörde, die über Beschwerden entscheiden oder geeignete gerichtliche Schritte einleiten kann, gegen irreführende Werbung vorzugehen.

---

[1] ABl. Nr. C 70 vom 21. 3. 1978, S. 4.
[2] ABl. Nr. C 140 vom 5. 6. 1979, S. 23.
[3] ABl. Nr. C 171 vom 9. 7. 1979, S. 43.
[4] ABl. Nr. C 133 vom 3. 6. 1981, S. 1.

4. Irreführende Werbung

Jedem Mitgliedstaat sollte vorbehalten bleiben zu entscheiden, ob die Gerichte oder Verwaltungsbehörden ermächtigt werden sollen, vorab die Durchführung eines Verfahrens vor anderen bestehenden Einrichtungen zur Regelung der Beschwerde zu verlangen. Die Gerichte oder Verwaltungsbehörden müssen Befugnisse haben, die Einstellung einer irreführenden Werbung anzuordnen oder zu erwirken.

In gewissen Fällen kann es zweckmäßig sein, eine irreführende Werbung zu untersagen, noch ehe sie veröffentlicht worden ist; dies bedeutet jedoch nicht, dass die Mitgliedstaaten verpflichtet sind, eine Regelung einzuführen, die eine systematische Vorabkontrolle der Werbung vorsieht.

Beschleunigte Verfahren, in denen Maßnahmen mit vorläufiger oder endgültiger Wirkung getroffen werden können, sollten vorgesehen werden.

Es kann sich als wünschenswert erweisen, die Veröffentlichung von Entscheidungen von Gerichten oder Verwaltungsbehörden oder von berichtigenden Erklärungen anzuordnen, um eine fortdauernde Wirkung irreführender Werbung auszuräumen.

Die Verwaltungsbehörden müssen unparteilich sein, und die Ausübung ihrer Befugnisse sollte von den Gerichten überprüft werden können.

Freiwillige Kontrollen, die durch Einrichtungen der Selbstverwaltung zur Unterbindung irreführender Werbung durchgeführt werden, können die Einleitung eines Verwaltungs- oder Gerichtsverfahrens entbehrlich machen und sollten deshalb gefördert werden. Der Werbende muss in der Lage sein, die Richtigkeit der in seiner Werbung enthaltenen Tatsachenbehauptungen durch geeignete Mittel nachzuweisen, und das Gericht oder die Verwaltungsbehörde sollte in Fällen, in denen dies angemessen ist, einen solchen Nachweis verlangen können.

Diese Richtlinie soll die Mitgliedstaaten nicht daran hindern, Bestimmungen aufrechtzuerhalten oder zu erlassen, um für einen weiterreichenden Schutz der Verbraucher, der einen Handel, ein Gewerbe, ein Handwerk oder einen freien Beruf ausübenden Personen sowie der Allgemeinheit zu sorgen –
HAT FOLGENDE RICHTLINIE ERLASSEN:

Artikel 1
Zweck dieser Richtlinie ist der Schutz der Verbraucher, der Personen, die einen Handel oder ein Gewerbe betreiben oder ein Handwerk oder einen freien Beruf ausüben, sowie der Interessen der Allgemeinheit gegen irreführende Werbung und deren unlautere Auswirkungen.

Artikel 2
Im Sinne dieser Richtlinie bedeutet
1. „Werbung" jede Äußerung bei der Ausübung eines Handels, Gewerbes, Handwerks oder freien Berufs mit dem Ziel, den Absatz von Waren oder die Erbringung von Dienstleistungen, einschließlich unbeweglicher Sachen, Rechte und Verpflichtungen zu fördern;
2. „irreführende Werbung" jede Werbung, die in irgendeiner Weise – einschließlich ihrer Aufmachung – die Personen, an die sie sich richtet oder die von ihr erreicht werden, täuscht oder zu täuschen geeignet ist und die infolge der ihr innewohnenden Täuschung ihr wirtschaftliches Verhalten beeinflussen kann oder aus diesen Gründen einen Mitbewerber schädigt oder zu schädigen geeignet ist;
3. „Personen" jede natürliche oder juristische Person.

Artikel 3

Bei der Beurteilung der Frage, ob eine Werbung irreführend ist, sind alle ihre Bestandteile zu berücksichtigen, insbesondere in ihr enthaltene Angaben über:
a) die Merkmale der Waren oder Dienstleistungen wie Verfügbarkeit, Art, Ausführung, Zusammensetzung, Verfahren und Zeitpunkt der Herstellung oder Erbringung, die Zwecktauglichkeit, Verwendungsmöglichkeit, Menge, Beschaffenheit, die geographische oder kommerzielle Herkunft oder die von der Verwendung zu erwartenden Ergebnisse oder die Ergebnisse und wesentlichen Bestandteile von Tests der Waren oder Dienstleistungen;
b) den Preis oder die Art und Weise, in der er berechnet wird, und die Bedingungen unter denen die Waren geliefert oder die Dienstleistungen erbracht werden;
c) die Art, die Eigenschaften und die Rechte des Werbenden, wie seine Identität und sein Vermögen, seine Befähigungen und seine gewerblichen, kommerziellen oder geistigen Eigentumsrechte oder seine Auszeichnungen oder Ehrungen.

Artikel 4

(1) Die Mitgliedstaaten sorgen im Interesse sowohl der Verbraucher als auch der Mitbewerber und der Allgemeinheit für geeignete und wirksame Möglichkeiten zur Bekämpfung der irreführenden Werbung. Diese Möglichkeiten müssen Rechtsvorschriften umfassen, die es den Personen oder Organisationen, die nach dem nationalen Recht ein berechtigtes Interesse an der Verhinderung irreführender Werbung haben, ermöglichen,
a) gerichtlich gegen eine solche Werbung vorzugehen und/oder
b) eine solche Werbung vor eine Verwaltungsbehörde zu bringen, die zuständig ist, entweder über Beschwerden zu entscheiden oder geeignete gerichtliche Schritte einzuleiten.
Jedem Mitgliedstaat bleibt vorbehalten zu entscheiden, welche dieser Möglichkeiten gegeben sein soll und ob das Gericht oder die Verwaltungsbehörde ermächtigt werden soll, vorab die Durchführung eines Verfahrens vor anderen bestehenden Einrichtungen zur Regelung von Beschwerden, einschließlich der in Artikel 5 genannten Einrichtungen, zu verlangen.
(2) Im Rahmen der in Absatz 1 genannten Rechtsvorschriften übertragen die Mitgliedstaaten den Gerichten oder Verwaltungsbehörden Befugnisse, die sie ermächtigen, in Fällen, in denen sie diese Maßnahmen unter Berücksichtigung aller betroffenen Interessen und insbesondere des Allgemeininteresses für erforderlich halten,
– die Einstellung einer irreführenden Werbung anzuordnen oder geeignete gerichtliche Schritte zur Veranlassung der Einstellung dieser Werbung einzuleiten,
– sofern eine irreführende Werbung noch nicht veröffentlicht ist, die Veröffentlichung aber bevorsteht, die Veröffentlichung zu untersagen oder geeignete gerichtliche Schritte zur Veranlassung der Untersagung dieser Veröffentlichung einzuleiten,
auch wenn kein Beweis eines tatsächlichen Verlustes oder Schadens oder der Absicht oder Fahrlässigkeit seitens des Werbenden erbracht wird.
Die Mitgliedstaaten sehen ferner vor, dass die in Unterabsatz 1 bezeichneten Maßnahmen im Rahmen eines beschleunigten Verfahrens mit
– vorläufiger oder
– endgültiger

4. Irreführende Werbung

Wirkung getroffen werden können, wobei jedem Mitgliedstaat vorbehalten bleibt zu entscheiden, welche dieser beiden Möglichkeiten gewählt wird.

Außerdem können die Mitgliedstaaten den Gerichten oder Verwaltungsbehörden Befugnisse übertragen, die sie ermächtigen, zur Ausräumung der fortdauernden Wirkung einer irreführenden Werbung, deren Einstellung durch eine rechtskräftige Entscheidung angeordnet worden ist,

– die Veröffentlichung dieser Entscheidung ganz oder auszugsweise und in der von ihnen für angemessen erachteten Form zu verlangen;

– außerdem die Veröffentlichung einer berichtigenden Erklärung zu verlangen.

(3) Die in Absatz 1 genannten Verwaltungsbehörden müssen

a) so zusammengesetzt sein, dass ihre Unparteilichkeit nicht in Zweifel gezogen werden kann;

b) ausreichende Befugnisse haben, die Einhaltung ihrer Entscheidungen wirksam zu überwachen und durchzusetzen, sofern sie über die Beschwerden entscheiden;

c) in der Regel ihre Entscheidungen begründen.

Werden die in Absatz 2 genannten Befugnisse ausschließlich von einer Verwaltungsbehörde ausgeübt, sind die Entscheidungen stets zu begründen. In diesem Fall sind ferner Verfahren vorzusehen, in denen eine fehlerhafte oder unsachgemäße Ausübung der Befugnisse durch die Verwaltungsbehörde oder eine ungerechtfertigte oder unsachgemäße Unterlassung, diese Befugnisse auszuüben, von den Gerichten überprüft werden kann.

Artikel 5

Diese Richtlinie schließt die freiwillige Kontrolle irreführender Werbung durch Einrichtungen der Selbstverwaltung und die Inanspruchnahme dieser Einrichtungen durch die in Artikel 4 genannten Personen oder Organisationen nicht aus, wenn entsprechende Verfahren vor solchen Einrichtungen zusätzlich zu den in Artikel 4 genannten Gerichts- oder Verwaltungsverfahren zur Verfügung stehen.

Artikel 6

Die Mitgliedstaaten übertragen den Gerichten oder Verwaltungsbehörden Befugnisse, die sie ermächtigen, in den in Artikel 4 vorgesehenen Verfahren vor den Zivilgerichten oder Verwaltungsbehörden

a) vom Werbenden Beweis für die Richtigkeit von in der Werbung enthaltenen Tatsachenbehauptungen zu verlangen, wenn ein solches Verlangen unter Berücksichtigung der berechtigten Interessen des Werbenden und anderer Verfahrensbeteiligter im Hinblick auf die Umstände des Einzelfalls angemessen erscheint, und

b) Tatsachenbehauptungen als unrichtig anzusehen, wenn der gemäß Buchstabe a) verlangte Beweis nicht angetreten wird oder wenn er von dem Gericht oder der Verwaltungsbehörde für unzureichend erachtet wird.

Artikel 7

Diese Richtlinie hindert die Mitgliedstaaten nicht daran, Bestimmungen aufrechtzuerhalten oder zu erlassen, die einen weiterreichenden Schutz der Verbraucher, der einen Handel, ein Gewerbe, ein Handwerk oder einen freien Beruf ausübenden Personen sowie der Allgemeinheit vorsehen.

Artikel 8

Die Mitgliedstaaten setzen die erforderlichen Maßnahmen in Kraft, um dieser Richtlinie spätestens am 1. Oktober 1986 nachzukommen. Sie setzen die Kommission unverzüglich hiervon in Kenntnis. Die Mitgliedstaaten teilen der Kommission den Wortlaut aller innerstaatlichen Rechtsvorschriften mit, die sie auf dem unter diese Richtlinie fallenden Gebiet erlassen.

Artikel 9

Diese Richtlinie ist an alle Mitgliedstaaten gerichtet.

5. Richtlinie des Europäischen Parlaments und des Rates vom 6. Oktober 1997 zur Änderung der Richtlinie 84/450/EWG über irreführende Werbung zwecks Einbeziehung der vergleichenden Werbung (97/55/EG)

Amtsblatt Nr. L 290 vom 23/10/1997, S. 18–23

DAS EUROPÄISCHE PARLAMENT UND DER RAT DER EUROPÄISCHEN UNION –

gestützt auf den Vertrag zur Gründung der Europäischen Gemeinschaft, insbesondere auf Artikel 100a,

auf Vorschlag der Kommission[1], nach Stellungnahme des Wirtschafts- und Sozialausschusses[2], gemäß dem Verfahren des Artikels 189b des Vertrags[3], in Kenntnis des vom Vermittlungsausschuss am 25. Juni 1997 gebilligten gemeinsamen Entwurfs, in Erwägung nachstehender Gründe:

(1) Eines der Hauptziele der Gemeinschaft ist die Vollendung des Binnenmarktes. Es sind geeignete Maßnahmen zu ergreifen, um sein reibungsloses Funktionieren sicherzustellen. Der Binnenmarkt umfasst einen Raum ohne Binnengrenzen, in dem der freie Verkehr von Waren, Personen, Dienstleistungen und Kapital gewährleistet ist.

(2) Mit der Vollendung des Binnenmarktes wird das Angebot immer vielfältiger. Da die Verbraucher aus dem Binnenmarkt größtmöglichen Vorteil ziehen können und sollen und die Werbung ein sehr wichtiges Instrument ist, mit dem überall in der Gemeinschaft wirksam Märkte für Erzeugnisse und Dienstleistungen erschlossen werden können, sollten die wesentlichen Vorschriften für Form und Inhalt der Werbung einheitlich sein und die Bedingungen für vergleichende Werbung in den Mitgliedstaaten harmonisiert werden. Unter diesen Umständen wird dies dazu beitragen, die Vorteile der verschiedenen vergleichbaren Erzeugnisse objektiv herauszustellen. Vergleichende Werbung kann ferner den Wettbewerb zwischen den Anbietern von Waren und Dienstleistungen im Interesse der Verbraucher fördern.

(3) Die Rechts- und Verwaltungsvorschriften über vergleichende Werbung weisen in den einzelnen Mitgliedstaaten erhebliche Unterschiede auf. Die Werbung reicht über die Grenzen hinaus und wird im Hoheitsgebiet anderer Mitgliedstaaten empfangen. Die Zulässigkeit oder Nichtzulässigkeit vergleichender Werbung nach den verschiedenen einzelstaatlichen Rechtsvorschriften kann den freien Waren- und Dienstleistungsverkehr behindern und Wettbewerbsverzerrungen hervorrufen. Insbesondere können sich Unternehmen von Konkurrenten entwickelten Arten der Werbung gegenübersehen, denen sie nicht mit gleichen Mitteln begegnen können. Der freie Dienstleistungsverkehr im Bereich der vergleichenden Werbung sollte sichergestellt werden. Es ist Aufgabe der Gemeinschaft, in einer solchen Situation Abhilfe zu schaffen.

---

[1] ABl. C 180 vom 11. 7. 1991, S. 14, und ABl. C 136 vom 19. 5. 1994, S. 4.
[2] ABl. C 49 vom 24. 2. 1992, S. 35.
[3] Stellungnahme des Europäischen Parlaments vom 18. November 1992 (ABl. C 337 vom 21. 12. 1992, S. 142), Gemeinsamer Standpunkt des Rates vom 19. März 1996 (ABl. C 219 vom 27. 7. 1996, S. 14) und Beschluss des Europäischen Parlaments vom 23. Oktober 1996 (ABl. C 347 vom 16. 11. 1996, S. 69). Beschluss des Europäischen Parlaments vom 16. September 1997 und Beschluss des Rates vom 15. September 1997.

(4) In der Richtlinie 84/450/EWG des Rates vom 10. September 1984 zur Angleichung der Rechts- und Verwaltungsvorschriften der Mitgliedstaaten über irreführende Werbung[4] heißt es im sechsten Erwägungsgrund, dass nach der Angleichung der einzelstaatlichen Bestimmungen zum Schutz gegen irreführende Werbung „in einer zweiten Phase anhand entsprechender Vorschläge der Kommission (...), soweit erforderlich, auch die vergleichende Werbung zu behandeln" ist.

(5) Nummer 3 Buchstabe d) des Anhangs der Entschließung des Rates vom 14. April 1975 betreffend ein erstes Programm der Europäischen Wirtschaftsgemeinschaft für eine Politik zum Schutz und zur Unterrichtung der Verbraucher[5] zählt das Recht auf Unterrichtung zu den fundamentalen Rechten des Verbrauchers. Dieses Recht wird in der Entschließung des Rates vom 19. Mai 1981 betreffend ein zweites Programm der Europäischen Wirtschaftsgemeinschaft für eine Politik zum Schutz und zur Unterrichtung der Verbraucher[6] bekräftigt, in dessen Anhang unter Nummer 40 ausdrücklich von der Unterrichtung der Verbraucher die Rede ist. Vergleichende Werbung kann, wenn sie wesentliche, relevante, nachprüfbare und typische Eigenschaften vergleicht und nicht irreführend ist, ein zulässiges Mittel zur Unterrichtung der Verbraucher über ihre Vorteile darstellen.

(6) Der Begriff „vergleichende Werbung" sollte breit gefasst werden, so dass alle Arten der vergleichenden Werbung abgedeckt werden.

(7) Es sollten Bedingungen für zulässige vergleichende Werbung vorgesehen werden, soweit der vergleichende Aspekt betroffen ist, mit denen festgelegt wird, welche Praktiken der vergleichenden Werbung den Wettbewerb verzerren, die Mitbewerber schädigen und die Entscheidung der Verbraucher negativ beeinflussen können. Diese Bedingungen für zulässige vergleichende Werbung sollten Kriterien beinhalten, die einen objektiven Vergleich der Eigenschaften von Waren und Dienstleistungen ermöglichen.

(8) Ein Vergleich, der sich lediglich auf den Preis von Waren oder Dienstleistungen bezieht, sollte zulässig sein, wenn dabei bestimmte Bedingungen eingehalten werden. Insbesondere darf er nicht irreführend sein.

(9) Damit vergleichende Werbung nicht in einer wettbewerbswidrigen und unlauteren Weise betrieben wird, sollten Vergleiche zwischen Waren und Dienstleistungen, die von Mitbewerbern angeboten werden, nur zulässig sein, wenn diese den gleichen Bedarf oder dieselbe Zweckbestimmung erfüllen sollen.

(10) Werden in der vergleichenden Werbung die Ergebnisse der von Dritten durchgeführten vergleichenden Tests angeführt oder wiedergegeben, so gelten die internationalen Vereinbarungen zum Urheberrecht und die innerstaatlichen Bestimmungen über vertragliche und außervertragliche Haftung.

(11) Die Bedingungen für vergleichende Werbung sollten kumulativ sein und uneingeschränkt eingehalten werden. Die Wahl der Form und der Mittel für die Umsetzung dieser Bedingungen bleibt gemäß dem Vertrag den Mitgliedstaaten überlassen, sofern Form und Mittel noch nicht durch diese Richtlinie festgelegt sind.

(12) Zu diesen Bedingungen sollte insbesondere die Einhaltung der Vorschriften gehören, die sich aus der Verordnung (EWG) Nr. 2081/92 des Rates vom 14. Juli 1992 zum Schutz von geographischen Angaben und Ursprungsbezeichnungen für Agrarerzeugnisse

---

[4] ABl. L 250 vom 19. 9. 1984, S. 17.
[5] ABl. C 92 vom 25. 4. 1975, S. 1.
[6] ABl. C 133 vom 3. 6. 1981, S. 1.

5. Vergleichende Werbung

und Lebensmittel[7], insbesondere aus Artikel 13 dieser Verordnung, und den übrigen Gemeinschaftsvorschriften im Bereich der Landwirtschaft ergeben.

(13) Gemäß Artikel 5 der Ersten Richtlinie 89/104/EWG des Rates vom 21. Dezember 1988 zur Angleichung der Rechtsvorschriften der Mitgliedstaaten über die Marken[8] steht dem Inhaber einer eingetragenen Marke ein Ausschließlichkeitsrecht zu, das insbesondere das Recht einschließt, Dritten im geschäftlichen Verkehr die Benutzung eines identischen oder ähnlichen Zeichens für identische Produkte oder Dienstleistungen, gegebenenfalls sogar für andere Produkte, zu untersagen.

(14) Indessen kann es für eine wirksame vergleichende Werbung unerlässlich sein, Waren oder Dienstleistungen eines Mitbewerbers dadurch erkennbar zu machen, dass auf eine ihm gehörende Marke oder auf seinen Handelsnamen Bezug genommen wird.

(15) Eine solche Benutzung von Marken, Handelsnamen oder anderen Unterscheidungszeichen eines Mitbewerbers stellt keine Verletzung des Ausschließlichkeitsrechts Dritter dar, wenn sie unter Beachtung der in dieser Richtlinie aufgestellten Bedingungen erfolgt und nur eine Unterscheidung bezweckt, durch die Unterschiede objektiv herausgestellt werden sollen.

(16) Es sollte dafür gesorgt werden, dass dieselben gerichtlichen und/oder verwaltungsrechtlichen Rechtsbehelfe wie in den Artikeln 4 und 5 der Richtlinie 84/450/EWG zur Verfügung stehen, um die vergleichende Werbung zu kontrollieren, die die in dieser Richtlinie festgelegten Bedingungen nicht erfüllt. Nach dem Erwägungsgrund 16 der vorgenannten Richtlinie können durch freiwillige Kontrollen, die durch Einrichtungen der Selbstverwaltung zur Unterbindung irreführender Werbung durchgeführt werden, Verwaltungs- oder Gerichtsverfahren vermieden werden, weshalb diese gefördert werden sollten. Entsprechend gilt Artikel 6 auch für unzulässige vergleichende Werbung.

(17) Die einzelstaatlichen Einrichtungen der Selbstverwaltung können ihre Arbeit mit Hilfe von auf Gemeinschaftsebene geschaffenen Verbänden oder Organisationen koordinieren und unter anderem grenzüberschreitende Beschwerden entgegennehmen.

(18) Artikel 7 der Richtlinie 84/450/EWG, wonach die Mitgliedstaaten Bestimmungen aufrechterhalten oder erlassen können, die einen weiterreichenden Schutz der Verbraucher, der einen Handel, ein Gewerbe, ein Handwerk oder einen freien Beruf ausübenden Personen sowie der Allgemeinheit vorsehen, sollte nicht für vergleichende Werbung gelten, da der Zweck der Änderung der Richtlinie darin besteht, die Bedingungen festzulegen, unter denen vergleichende Werbung zulässig ist.

(19) Ein Vergleich, bei dem eine Ware oder Dienstleistung als Imitation oder Nachahmung einer Ware oder Dienstleistung mit geschützter Marke oder geschütztem Handelsnamen dargestellt wird, gilt nicht als Vergleich, der die Bedingungen für rechtlich zulässige vergleichende Werbung erfüllt.

(20) Diese Richtlinie schränkt die Rechtsvorschriften der Gemeinschaft über die Werbung für bestimmte Waren und/oder Dienstleistungen bzw. die Beschränkungen oder Verbote für die Werbung in bestimmten Medien nicht ein.

(21) Untersagt ein Mitgliedstaat unter Einhaltung der Vorschriften des Vertrags die Werbung für bestimmte Waren oder Dienstleistungen, so kann dieses Verbot auf die vergleichende Werbung ausgedehnt werden; dies gilt sowohl für unmittelbar ausgesprochene Verbote als auch für Verbote durch eine Körperschaft oder Organisation, die gemäß den

---

[7] ABl. L 208 vom 24. 7. 1992, S. 1.
[8] ABl. L 40 vom 11. 2. 1989, S. 1. Richtlinie zuletzt geändert durch die Entscheidung 92/10/EWG (ABl. L 6 vom 11. 1. 1992, S. 35).

Rechtsvorschriften des Mitgliedstaats für die Regelung eines Handels, Gewerbes, Handwerks oder freien Berufs zuständig ist.

(22) Die Mitgliedstaaten sind nicht verpflichtet, vergleichende Werbung für Waren oder Dienstleistungen zuzulassen, für die sie unter Einhaltung der Bestimmungen des Vertrags Verbote – einschließlich von Verboten betreffend Marketingmethoden oder Werbung, die auf schutzbedürftige Verbrauchergruppen abzielt – aufrechterhalten oder einführen. Die Mitgliedstaaten können unter Einhaltung der Bestimmungen des Vertrags Verbote oder Beschränkungen für die Verwendung von Vergleichen in der Werbung für Dienstleistungen freier Berufe aufrechterhalten oder einführen, und zwar unabhängig davon, ob diese Verbote oder Beschränkungen unmittelbar auferlegt oder von einer Einrichtung oder Organisation verfügt werden, die nach dem Recht der Mitgliedstaaten für die Regelung der Ausübung einer beruflichen Tätigkeit zuständig ist.

(23) Die Regelung der vergleichenden Werbung unter den in dieser Richtlinie aufgestellten Bedingungen ist für das reibungslose Funktionieren des Binnenmarktes erforderlich, und eine Aktion auf Gemeinschaftsebene ist daher notwendig. Eine Richtlinie ist das geeignete Instrument, da sie einheitliche allgemeine Prinzipien festlegt, es aber den Mitgliedstaaten überlässt, die Form und die geeignete Methode zu wählen, um diese Ziele zu erreichen. Sie entspricht dem Subsidiaritätsprinzip –
HABEN FOLGENDE RICHTLINIE ERLASSEN:

Artikel I
Die Richtlinie 84/450/EWG wird wie folgt geändert:
1. Der Titel erhält folgende Fassung:
„Richtlinie des Rates vom 10. September 1984 über irreführende und vergleichende Werbung".
2. Artikel 1 erhält folgende Fassung:
„Artikel 1
Zweck dieser Richtlinie ist der Schutz der Verbraucher, der Personen, die einen Handel oder ein Gewerbe betreiben oder ein Handwerk oder einen freien Beruf ausüben, sowie der Interessen der Allgemeinheit gegen irreführende Werbung und deren unlautere Auswirkungen und die Festlegung der Bedingungen für zulässige vergleichende Werbung."
3. In Artikel 2 wird folgende Nummer hinzugefügt:
„2a. ‚vergleichende Werbung' jede Werbung, die unmittelbar oder mittelbar einen Mitbewerber oder die Erzeugnisse oder Dienstleistungen, die von einem Mitbewerber angeboten werden, erkennbar macht;".
4. Folgender Artikel wird eingefügt:
„Artikel 3a
(1) Vergleichende Werbung gilt, was den Vergleich anbelangt, als zulässig, sofern folgende Bedingungen erfüllt sind:
a) Sie ist nicht irreführend im Sinne des Artikels 2 Nummer 2, des Artikels 3 und des Artikels 7 Absatz 1;
b) sie vergleicht Waren oder Dienstleistungen für den gleichen Bedarf oder dieselbe Zweckbestimmung;
c) sie vergleicht objektiv eine oder mehrere wesentliche, relevante, nachprüfbare und typische Eigenschaften dieser Waren und Dienstleistungen, zu denen auch der Preis gehören kann;

5. Vergleichende Werbung 93

d) sie verursacht auf dem Markt keine Verwechslung zwischen dem Werbenden und einem Mitbewerber oder zwischen den Marken, den Handelsnamen, anderen Unterscheidungszeichen, den Waren oder den Dienstleistungen des Werbenden und denen eines Mitbewerbers;
e) durch sie werden weder die Marken, die Handelsnamen oder andere Unterscheidungszeichen noch die Waren, die Dienstleistungen, die Tätigkeiten oder die Verhältnisse eines Mitbewerbers herabgesetzt oder verunglimpft;
f) bei Waren mit Ursprungsbezeichnung bezieht sie sich in jedem Fall auf Waren mit der gleichen Bezeichnung;
g) sie nutzt den Ruf einer Marke, eines Handelsnamens oder anderer Unterscheidungszeichen eines Mitbewerbers oder der Ursprungsbezeichnung von Konkurrenzerzeugnissen nicht in unlauterer Weise aus;
h) sie stellt nicht eine Ware oder eine Dienstleistung als Imitation oder Nachahmung einer Ware oder Dienstleistung mit geschützter Marke oder geschütztem Handelsnamen dar.

(2) Bezieht sich der Vergleich auf ein Sonderangebot, so müssen klar und eindeutig der Zeitpunkt des Endes des Sonderangebots und, wenn das Sonderangebot noch nicht gilt, der Zeitpunkt des Beginns des Zeitraums angegeben werden, in dem der Sonderpreis oder andere besondere Bedingungen gelten; gegebenenfalls ist darauf hinzuweisen, dass das Sonderangebot nur so lange gilt, wie die Waren und Dienstleistungen verfügbar sind."

5. Artikel 4 Absatz 1 Unterabsätze 1 und 2 erhalten folgende Fassung:
„(1) Die Mitgliedstaaten sorgen im Interesse sowohl der Verbraucher als auch der Mitbewerber und der Allgemeinheit für geeignete und wirksame Möglichkeiten zur Bekämpfung der irreführenden Werbung und zur Gewährleistung der Einhaltung der Bestimmungen über vergleichende Werbung.
Diese Möglichkeiten müssen Rechtsvorschriften umfassen, die es den Personen oder Organisationen, die nach dem nationalen Recht ein berechtigtes Interesse am Verbot irreführender Werbung oder an der Regelung vergleichender Werbung haben, gestatten,
a) gerichtlich gegen eine solche Werbung vorzugehen und/oder
b) eine solche Werbung vor eine Verwaltungsbehörde zu bringen, die zuständig ist, über Beschwerden zu entscheiden oder geeignete gerichtliche Schritte einzuleiten."

6. Artikel 4 Absatz 2 wird wie folgt geändert:
a) In Unterabsatz 1 erhalten die Gedankenstriche folgende Fassung:
„– die Einstellung einer irreführenden oder unzulässigen vergleichenden Werbung anzuordnen oder geeignete gerichtliche Schritte zur Veranlassung der Einstellung dieser Werbung einzuleiten oder
– sofern eine irreführende oder unzulässige vergleichende Werbung noch nicht veröffentlicht ist, die Veröffentlichung aber bevorsteht, die Veröffentlichung zu verbieten oder geeignete gerichtliche Schritte einzuleiten, um das Verbot dieser Veröffentlichung anzuordnen,".
b) In Unterabsatz 3 erhält der Eingangssatz folgende Fassung:
„Außerdem können die Mitgliedstaaten den Gerichten oder Verwaltungsbehörden Befugnisse übertragen, die es diesen gestatten, zur Ausräumung der fortdauernden Wirkung einer irreführenden oder unzulässigen vergleichenden Werbung, deren Einstellung durch eine rechtskräftige Entscheidung angeordnet worden ist,".

7. Artikel 5 erhält folgende Fassung:
„Artikel 5
Diese Richtlinie schließt die freiwillige Kontrolle irreführender oder vergleichender Werbung durch Einrichtungen der Selbstverwaltung und die Inanspruchnahme dieser Einrichtungen durch die in Artikel 4 genannten Personen oder Organisationen nicht aus, wenn entsprechende Verfahren vor solchen Einrichtungen zusätzlich zu den in Artikel 4 genannten Gerichts- oder Verwaltungsverfahren zur Verfügung stehen. Die Mitgliedstaaten können diese freiwillige Kontrolle fördern."

8. Artikel 6 Buchstabe a) erhält folgende Fassung:
„a) vom Werbenden Beweise für die Richtigkeit von in der Werbung enthaltenen Tatsachenbehauptungen zu verlangen, wenn ein solches Verlangen unter Berücksichtigung der berechtigten Interessen des Werbenden und anderer Verfahrensbeteiligter im Hinblick auf die Umstände des Einzelfalls angemessen erscheint, und bei vergleichender Werbung vom Werbenden zu verlangen, die entsprechenden Beweise kurzfristig vorzulegen, sowie".

9. Artikel 7 erhält folgende Fassung:
„Artikel 7
(1) Diese Richtlinie hindert die Mitgliedstaaten nicht daran, Bestimmungen aufrechtzuerhalten oder zu erlassen, die bei irreführender Werbung einen weiterreichenden Schutz der Verbraucher, der einen Handel, ein Gewerbe, ein Handwerk oder einen freien Beruf ausübenden Personen sowie der Allgemeinheit vorsehen.
(2) Absatz 1 gilt nicht für vergleichende Werbung, soweit es sich um den Vergleich handelt.
(3) Diese Richtlinie gilt unbeschadet der Rechtsvorschriften der Gemeinschaft, die auf die Werbung für bestimmte Waren und/oder Dienstleistungen anwendbar sind, sowie unbeschadet der Beschränkungen oder Verbote für die Werbung in bestimmten Medien.
(4) Aus den die vergleichende Werbung betreffenden Bestimmungen dieser Richtlinie ergibt sich keine Verpflichtung für diejenigen Mitgliedstaaten, die unter Einhaltung der Vorschriften des Vertrags ein Werbeverbot für bestimmte Waren oder Dienstleistungen aufrechterhalten oder einführen, vergleichende Werbung für diese Waren oder Dienstleistungen zuzulassen; dies gilt sowohl für unmittelbar ausgesprochene Verbote als auch für Verbote durch eine Einrichtung oder Organisation, die gemäß den Rechtsvorschriften des Mitgliedstaats für die Regelung eines Handels, Gewerbes, Handwerks oder freien Berufs zuständig ist. Sind diese Verbote auf bestimmte Medien beschränkt, so gilt diese Richtlinie für diejenigen Medien, die nicht unter diese Verbote fallen.
(5) Diese Richtlinie hindert die Mitgliedstaaten nicht daran, unter Einhaltung der Bestimmungen des Vertrags Verbote oder Beschränkungen für die Verwendung von Vergleichen in der Werbung für Dienstleistungen freier Berufe aufrechtzuerhalten oder einzuführen, und zwar unabhängig davon, ob diese Verbote oder Beschränkungen unmittelbar auferlegt oder von einer Einrichtung oder Organisation verfügt werden, die nach dem Recht der Mitgliedstaaten für die Regelung der Ausübung einer beruflichen Tätigkeit zuständig ist."

Artikel 2. Beschwerdesysteme
Die Kommission untersucht, ob wirksame Verfahren zur Behandlung von grenz-

5. Vergleichende Werbung

überschreitenden Beschwerden im Zusammenhang mit vergleichender Werbung geschaffen werden können. Binnen zwei Jahren nach Inkrafttreten dieser Richtlinie legt die Kommission dem Europäischen Parlament und dem Rat einen Bericht über die Untersuchungsergebnisse gegebenenfalls zusammen mit Vorschlägen vor.

Artikel 3

(1) Die Mitgliedstaaten erlassen die erforderlichen Rechts- und Verwaltungsvorschriften, um dieser Richtlinie bis spätestens 30 Monate nach ihrer Veröffentlichung im Amtsblatt der Europäischen Gemeinschaften nachzukommen. Sie unterrichten die Kommission unverzüglich davon.

(2) Wenn die Mitgliedstaaten Vorschriften nach Absatz 1 erlassen, nehmen sie in den Vorschriften selbst oder durch einen Hinweis bei der amtlichen Veröffentlichung auf diese Richtlinie Bezug. Die Mitgliedstaaten regeln die Einzelheiten der Bezugnahme.

(3) Die Mitgliedstaaten teilen der Kommission den Wortlaut der wichtigsten innerstaatlichen Rechtsvorschriften mit, die sie auf dem unter diese Richtlinie fallenden Gebiet erlassen.

Artikel 4

Diese Richtlinie ist an die Mitgliedstaaten gerichtet.

Erklärung der Kommission

Die Kommission erklärt, dass sie die Absicht hat, den in Artikel 2 genannten Bericht nach Möglichkeit gleichzeitig mit dem in Artikel 17 der Richtlinie 97/7/EG über den Verbraucherschutz bei Vertragsabschlüssen im Fernabsatz vorgesehenen Bericht über die Beschwerdesysteme vorzulegen.

6. Richtlinie des Rates vom 31. März 1992 über die Werbung für Humanarzneimittel (92/28/EWG)

Amtsblatt Nr. L 113 vom 30/04/1992, S. 13–18

DER RAT DER EUROPÄISCHEN GEMEINSCHAFTEN –
gestützt auf den Vertrag zur Gründung der Europäischen Wirtschaftsgemeinschaft, insbesondere auf Artikel 100a, auf Vorschlag der Kommission[1], in Zusammenarbeit mit dem Europäischen Parlament[2], nach Stellungnahme des Wirtschafts- und Sozialausschusses[3], in Erwägung nachstehender Gründe:
Mit der Richtlinie Nr. 84/450/EWG[4] wurden die Rechts- und Verwaltungsvorschriften auf dem Gebiet der irreführenden Werbung angeglichen. Die Anwendung der aufgrund der genannten Richtlinie getroffenen Maßnahmen wird durch die vorliegende Richtlinie nicht berührt.
Ferner haben alle Mitgliedstaaten spezifische Maßnahmen auf dem Gebiet der Arzneimittelwerbung ergriffen. Diese Maßnahmen sind unterschiedlich, und diese Unterschiede wirken sich auf die Errichtung und das Funktionieren des Binnenmarktes aus, da sich eine in einem Mitgliedstaat verbreitete Werbung auch auf die übrigen Mitgliedstaaten auswirken kann.
Die Richtlinie 89/552/EWG des Rates vom 3. Oktober 1989 zur Koordinierung bestimmter Rechts- und Verwaltungsvorschriften der Mitgliedstaaten über die Ausübung der Fernsehtätigkeit[5] verbietet die Fernsehwerbung für Arzneimittel, die in dem Mitgliedstaat, dessen Hoheitsgewalt der Fernsehveranstalter unterworfen ist, nur auf ärztliche Verschreibung erhältlich sind. Dieser Grundsatz ist auch auf die übrigen Medien auszudehnen.
Öffentlichkeitswerbung für Arzneimittel, die ohne Verschreibung abgegeben werden können, könnte sich auf die Volksgesundheit auswirken, wenn sie übertrieben und unvernünftig ist. Die Werbung muss, wenn sie erlaubt wird, bestimmten Anforderungen genügen, die festgelegt werden müssen.
Ferner ist die Abgabe von Gratismustern zum Zwecke der Verkaufsförderung zu untersagen.
Die Arzneimittelwerbung bei Personen, die zur Verschreibung oder Abgabe von Arzneimitteln berechtigt sind, trägt zu deren Information bei. Diese Werbung ist jedoch strengen Voraussetzungen und einer wirksamen Kontrolle zu unterwerfen, wobei insbesondere den im Rahmen des Europarats durchgeführten Arbeiten Rechnung zu tragen ist.
Die Arzneimittelvertreter spielen bei der Verkaufsförderung von Arzneimitteln eine wichtige Rolle. Deshalb müssen ihnen bestimmte Verpflichtungen auferlegt werden, insbesondere jene, der aufgesuchten Person eine Zusammenfassung der Produkteigenschaften auszuhändigen.
Die zur Verschreibung von Arzneimitteln berechtigten Personen müssen ihre Aufgabe absolut objektiv erfüllen können, d. h. sie dürfen keinen direkten oder indirekten finanziellen Anreizen ausgesetzt sein.

---

[1] ABl. Nr. C 163 vom 4. 7. 1990, S. 10, und ABl. Nr. C 207 vom 8. 8. 1991, S. 25.
[2] ABl. Nr. C 183 vom 15. 7. 1991, S. 227, und ABl. Nr. C 67 vom 16. 3. 1992.
[3] ABl. Nr. C 60 vom 8. 3. 1991, S. 40.
[4] ABl. Nr. L 250 vom 19. 9. 1984, S. 17.
[5] ABl. Nr. L 298 vom 17. 10. 1989, S. 23.

6. Werbung für Humanarzneimittel

Gratismuster von Arzneimitteln sollten unter Einhaltung bestimmter einschränkender Bedingungen an die zur Verschreibung oder Abgabe von Arzneimitteln berechtigten Personen abgegeben werden können, damit sich diese mit neuen Arzneimitteln vertraut machen und Erfahrungen bei deren Anwendung sammeln können.

Die zur Verschreibung oder Abgabe von Arzneimitteln berechtigten Personen müssen zwar über eine neutrale und objektive Informationsquelle über die auf dem Markt angebotenen Arzneimittel verfügen, es obliegt jedoch den Mitgliedstaaten, die dafür geeigneten Maßnahmen unter Berücksichtigung ihrer jeweiligen besonderen Lage zu treffen.

Die Arzneimittelwerbung muss angemessen und wirksam kontrolliert werden. Die entsprechenden Kontrollmechanismen sollten in Anlehnung an die Richtlinie 84/450/EWG ausgewählt werden.

Jedes Unternehmen, das Arzneimittel herstellt oder einführt, muss ein System schaffen, das gewährleistet, dass jede Arzneimittelinformation den für dieses Mittel genehmigten Anwendungsbedingungen entspricht –
HAT FOLGENDE RICHTLINIE ERLASSEN:

Kapitel I. Begriffsbestimmungen, Anwendungsbereich und allgemeine Grundsätze

Artikel 1
(1) Diese Richtlinie betrifft die Werbung für unter die Bestimmungen der Kapitel II bis V der Richtlinie 65/65/EWG des Rates vom 26. Januar 1965 zur Angleichung der Rechts- und Verwaltungsvorschriften über Arzneimittel[6] fallende Humanarzneimittel in der Gemeinschaft.
(2) Für diese Richtlinie gelten
– die Begriffsbestimmungen für die „Bezeichnung des Arzneimittels" und für die „allgemeine Bezeichnung" gemäß Artikel 1 der Richtlinie 92/27/EWG[7],
– als „Zusammenfassung der Produkteigenschaften" diejenige Zusammenfassung, die von den zuständigen Behörden genehmigt wurde, die die Genehmigung für das Inverkehrbringen nach Artikel 4b der Richtlinie 65/65/EWG erteilt haben.
(3) Im Sinne dieser Richtlinie gelten als „Werbung für Arzneimittel" alle Maßnahmen zur Information, zur Marktuntersuchung und zur Schaffung von Anreizen mit dem Ziel, die Verschreibung, die Abgabe, den Verkauf oder den Verbrauch von Arzneimitteln zu fördern; sie umfasst insbesondere:
– die Öffentlichkeitswerbung für Arzneimittel,
– die Arzneimittelwerbung bei Personen, die zur Verschreibung oder zur Abgabe von Arzneimitteln berechtigt sind,
– den Besuch von Arzneimittelvertretern bei Personen, die zur Verschreibung oder zur Abgabe von Arzneimitteln berechtigt sind,
– die Lieferung von Arzneimittelmustern,
– Anreize zur Verschreibung oder Abgabe von Arzneimitteln durch das Gewähren, Anbieten oder Versprechen von finanziellen oder materiellen Vorteilen, sofern diese nicht von geringem Wert sind,

---

[6] ABl. Nr. 22 vom 9. 2. 1965, S. 369/65; Richtlinie zuletzt geändert durch die Richtlinie 89/341/EWG (ABl. Nr. L 142 vom 25. 5. 1989, S. 11).
[7] Siehe Seite 8 dieses Amtsblatts.

– das Sponsern von Verkaufsförderungstagungen, an denen Personen teilnehmen, die zur Verschreibung oder zur Abgabe von Arzneimitteln berechtigt sind,
– das Sponsern wissenschaftlicher Kongresse, an denen Personen teilnehmen, die zur Verschreibung oder zur Abgabe von Arzneimitteln berechtigt sind, insbesondere die Übernahme der Reise- und Aufenthaltskosten dieser Personen.
(4) Diese Richtlinie betrifft nicht
– die Etikettierung und die Packungsbeilage für Arzneimittel, die den Bestimmungen der Richtlinie 91/27/EWG unterliegen;
– den Schriftwechsel und gegebenenfalls alle Unterlagen, die nicht Werbezwecken dienen und die zur Beantwortung einer konkreten Anfrage über ein bestimmtes Arzneimittel erforderlich sind,
– die konkreten Angaben und die Unterlagen, die beispielsweise Änderungen der Verpackung, Warnungen vor unerwünschten Nebenwirkungen im Rahmen der Arzneimittelüberwachung sowie Verkaufskataloge und Preislisten betreffen, sofern diese keine Angaben über das Arzneimittel enthalten,
– Informationen über die menschliche Gesundheit oder Krankheiten, sofern darin auch nicht in indirekter Weise auf ein Arzneimittel Bezug genommen wird.

Artikel 2
(1) Die Mitgliedstaaten untersagen die Werbung für ein Arzneimittel, für dessen Inverkehrbringen keine Genehmigung nach den Rechtsvorschriften der Gemeinschaft erteilt worden ist.
(2) Alle Elemente der Arzneimittelwerbung müssen mit den Angaben in der Zusammenfassung der Produkteigenschaften vereinbar sein.
(3) Die Arzneimittelwerbung
– muss einen zweckmäßigen Einsatz des Arzneimittels fördern, indem sie seine Eigenschaften objektiv und ohne Übertreibung darstellt;
– darf nicht irreführend sein.

Kapitel II. Öffentlichkeitswerbung

Artikel 3
(1) Die Mitgliedstaaten verbieten die Öffentlichkeitswerbung für Arzneimittel, die
– gemäß der Richtlinie 91/26/EWG[8] nur auf ärztliche Verschreibung abgegeben werden dürfen,
– psychotrope Substanzen oder Suchtstoffe im Sinne der internationalen Übereinkommen enthalten,
– gemäß Absatz 2 nicht Gegenstand von Werbung in der Öffentlichkeit sein dürfen.
(2) Für Arzneimittel, die nach ihrer Zusammensetzung und Zweckbestimmung so beschaffen und konzipiert sind, dass sie ohne Tätigwerden eines Arztes für die Diagnose, Verschreibung oder Behandlung verwendet werden können, erforderlichenfalls nach Beratung durch den Apotheker, kann Öffentlichkeitswerbung erfolgen. Die Mitgliedstaaten untersagen in der Öffentlichkeitswerbung therapeutische Anweisungen für Krankheiten, wie beispielsweise

---

[8] Siehe Seite 5 dieses Amtsblatts.

6. Werbung für Humanarzneimittel

- Tuberkulose,
- durch Geschlechtsverkehr übertragene Krankheiten,
- andere schwere Infektionskrankheiten,
- Krebs und andere Tumorerkrankungen,
- chronische Schlaflosigkeit,
- Diabetes und übrige Stoffwechselkrankheiten.

(3) Außerdem können die Mitgliedstaaten in ihrem Gebiet die Öffentlichkeitswerbung für erstattungsfähige Arzneimittel untersagen.

(4) Das Verbot nach Absatz 1 gilt nicht für die von den zuständigen Behörden der Mitgliedstaaten genehmigten Impfkampagnen der Industrie.

(5) Das Verbot nach Absatz 1 gilt unbeschadet der Artikel 2, 3 und 14 der Richtlinie 89/552/EWG.

(6) Die Mitgliedstaaten untersagen die direkte Abgabe von Arzneimitteln an die Öffentlichkeit zum Zwecke der Verkaufsförderung; sie können diese Form der Abgabe jedoch in Ausnahmefällen zu anderen Zwecken genehmigen.

Artikel 4

(1) Unbeschadet des Artikels 3 muss jede Öffentlichkeitswerbung für ein Arzneimittel
a) so gestaltet sein, dass der Werbecharakter der Mitteilung deutlich zum Ausdruck kommt und das Produkt klar als Arzneimittel dargestellt wird;
b) mindestens folgende Angaben enthalten:
- den Namen des Arzneimittels sowie die gebräuchliche Bezeichnung, wenn das Arzneimittel nur einen Wirkstoff enthält;
- die für eine sinnvolle Verwendung des Arzneimittels unerlässlichen Informationen;
- eine ausdrückliche und gut erkennbare Aufforderung je nach Fall, die Hinweise auf der Packungsbeilage oder auf der äußeren Verpackung aufmerksam zu lesen.
(2) Die Mitgliedstaaten können vorsehen, dass die Öffentlichkeitswerbung für ein Arzneimittel in Abweichung von Absatz 1 nur die Bezeichnung des Arzneimittels zu enthalten braucht, wenn ihr Zweck ausschließlich darin besteht, an diese zu erinnern.

Artikel 5

Die Werbung für ein Arzneimittel in der Öffentlichkeit darf keine Elemente enthalten, die
a) eine ärztliche Untersuchung oder einen chirurgischen Eingriff als überflüssig erscheinen lassen, insbesondere dadurch, dass sie eine Diagnose anbieten oder eine Behandlung auf dem Korrespondenzwege empfehlen;
b) nahe legen, dass die Wirkung des Arzneimittels ohne Nebenwirkungen garantiert wird oder einer anderen Behandlung oder einem anderen Arzneimittel entspricht oder überlegen ist;
c) nahe legen, dass die normale gute Gesundheit des Patienten durch die Verwendung des Arzneimittels verbessert werden könnte;
d) nahe legen, dass die normale gute Gesundheit des Patienten im Falle der Nichtverwendung des Arzneimittels beeinträchtigt werden könnte; dieses Verbot gilt nicht für Impfkampagnen im Sinne von Artikel 3 Absatz 4;
e) ausschließlich oder hauptsächlich für Kinder gelten;

f) sich auf eine Empfehlung von Wissenschaftlern, von im Gesundheitswesen tätigen Personen oder von Personen beziehen, die weder Wissenschaftler noch im Gesundheitswesen tätige Personen sind, die aber aufgrund ihrer Bekanntheit zum Arzneimittelverbrauch anregen können;
g) das Arzneimittel einem Lebensmittel, einem kosmetischen Mittel oder anderen Gebrauchsgütern gleichsetzen;
h) nahe legen, die Sicherheit oder Wirksamkeit des Arzneimittels sei darauf zurückzuführen, dass es sich um ein „Naturprodukt" handle;
i) durch eine ausführliche Beschreibung oder Darstellung der Anamnese zu einer falschen Selbstdiagnose verleiten könnten;
j) sich in missbräuchlicher, besorgniserregender oder irreführender Weise auf Genesungsbescheinigungen beziehen;
k) in missbräuchlicher, besorgniserregender oder irreführender Weise bildliche Darstellungen der Veränderungen des menschlichen Körpers aufgrund von Krankheiten oder Schädigungen oder der Wirkung eines Arzneimittels im menschlichen Körper oder in Körperteilen verwenden;
l) erwähnen, dass das Inverkehrbringen des Arzneimittels genehmigt worden ist.

Kapitel III. Werbung bei den im Gesundheitswesen tätigen Personen

Artikel 6
(1) Jede Werbung für ein Arzneimittel bei den zu seiner Verschreibung oder Abgabe berechtigten Personen muss folgendes enthalten:
– die wesentlichen Informationen im Einklang mit der Zusammenfassung der Produkteigenschaften,
– die Einstufung des Arzneimittels hinsichtlich der Abgabe.
Die Mitgliedstaaten können ferner vorschreiben, dass diese Werbung den Einzelhandelsverkaufspreis oder Richttarif der verschiedenen Packungen und die Erstattungsbedingungen der Krankenversicherungsträger umfasst.
(2) Die Mitgliedstaaten können vorsehen, dass die Werbung für ein Arzneimittel bei den zu seiner Verschreibung oder Abgabe berechtigten Personen in Abweichung von Absatz 1 nur die Bezeichnung des Arzneimittels zu enthalten braucht, wenn ihr Zweck ausschließlich darin besteht, an diese zu erinnern.

Artikel 7
(1) Alle Unterlagen über ein Arzneimittel, die im Rahmen der Verkaufsförderung für dieses Arzneimittel an die zur Verschreibung oder Abgabe berechtigten Personen abgegeben werden, müssen mindestens die in Artikel 6 Absatz 1 genannten Informationen einschließen, sowie die Angabe des Zeitpunkts, zu dem die Unterlagen erstellt oder zuletzt geändert worden sind.
(2) Alle in den in Absatz 1 erwähnten Unterlagen enthaltenen Informationen müssen genau, aktuell, überprüfbar und vollständig genug sein, um dem Empfänger die Möglichkeit zu geben, sich persönlich von dem therapeutischen Wert des Arzneimittels ein Bild zu machen.
(3) Die aus medizinischen Zeitschriften oder wissenschaftlichen Werken entnommenen Zitate, Tabellen und sonstigen Illustrationen, die in den in Absatz 1 genannten Unterlagen verwendet werden, müssen wortgetreu übernommen werden; dabei ist die genaue Quelle anzugeben.

6. Werbung für Humanarzneimittel

Artikel 8

(1) Die Arzneimittelvertreter müssen von ihrem jeweiligen Arbeitgeber entsprechend ausgebildet werden und über ausreichende Kenntnisse verfügen, um genaue und möglichst vollständige Auskünfte über die Arzneimittel zu erteilen, die sie anbieten.

(2) Bei jedem Besuch müssen die Arzneimittelvertreter der besuchten Person für jedes Arzneimittel, das sie anbieten, die Zusammenfassung der Produkteigenschaften vorlegen, die um die Informationen zum Verkaufspreis und zu den Erstattungsbedingungen im Sinne von Artikel 6 Absatz 1 ergänzt wurde, wenn dies nach den Rechtsvorschriften eines Mitgliedstaats gestattet ist.

(3) Die Arzneimittelvertreter müssen der in Artikel 13 Absatz 1 genannten wissenschaftlichen Stelle alle Angaben über die Verwendung der Arzneimittel, für die sie Werbung treiben, vorlegen, insbesondere mit Bezug auf die unerwünschten Nebenwirkungen, die ihnen von den besuchten Personen mitgeteilt werden.

Artikel 9

(1) Im Rahmen der Verkaufsförderung für Arzneimittel bei den zu ihrer Verschreibung oder Abgabe berechtigten Personen ist es verboten, diesen eine Prämie, finanzielle oder materielle Vorteile zu gewähren, anzubieten oder zu versprechen, es sei denn, sie sind von geringem Wert und für die medizinische oder pharmazeutische Praxis von Belang.

(2) Der Repräsentationsaufwand im Zusammenhang mit der Verkaufsförderung muss immer in einem vertretbaren Rahmen bleiben und in bezug auf den Hauptzweck der Veranstaltung von untergeordneter Bedeutung sein; er darf sich nicht auf andere als im Gesundheitswesen tätige Personen beziehen.

(3) Die zur Verschreibung oder Abgabe von Arzneimitteln berechtigten Personen dürfen keine der aufgrund von Absatz 1 untersagten oder im Widerspruch zu Absatz 2 stehenden Anreize verlangen oder annehmen.

(4) Dieser Artikel lässt die in den Mitgliedstaaten bestehenden Maßnahmen oder Handelspraktiken hinsichtlich der Preise, Gewinnspannen und Rabatte unberührt.

Artikel 10

Die Bestimmungen des Artikels 9 Absatz 1 stehen der direkten oder indirekten Bewirtung bei ausschließlich berufsbezogenen und wissenschaftlichen Veranstaltungen nicht entgegen; der entsprechende Repräsentationsaufwand muss immer in einem vertretbaren Rahmen bleiben und in bezug auf den wissenschaftlichen Hauptzweck der Veranstaltung von untergeordneter Bedeutung sein; er darf sich nicht auf andere als im Gesundheitswesen tätige Personen beziehen.

Artikel 11

(1) Gratismuster dürfen nur ausnahmsweise unter folgenden Voraussetzungen an die zur Verschreibung berechtigten Personen abgegeben werden:
a) eine begrenzte Anzahl von Mustern von jedem Arzneimittel pro Jahr und je Verschreiber;
b) jedes Muster darf nur auf schriftliches Ersuchen mit Datum und Unterschrift des Empfängers geliefert werden;
c) bei den Lieferanten der Muster muss ein angemessenes System für die Durchführung der Kontrolle und die Feststellung der Verantwortlichkeit bestehen;

d) das Muster muss der kleinsten im Handel erhältlichen Packung entsprechen;
e) das Muster muss die Aufschrift „unverkäufliches Gratisärztemuster" oder eine Angabe mit gleicher Bedeutung tragen;
f) dem Muster ist eine Kopie der Zusammenfassung der Produkteigenschaften beizufügen;
g) es dürfen keine Muster von Arzneimitteln abgegeben werden, die psychotrope Substanzen oder Suchtstoffe im Sinne der internationalen Übereinkommen enthalten.

(2) Ferner können die Mitgliedstaaten die Abgabe von Mustern bestimmter Arzneimittel wieder einschränken.

Kapitel IV. Kontrolle der Werbung

Artikel 12

(1) Die Mitgliedstaaten sorgen dafür, dass geeignete und wirksame Mittel zur Überwachung der Arzneimittelwerbung verfügbar sind. Diese Mittel, die auf einem System der Vorabkontrolle beruhen können, müssen auf jeden Fall Rechtsvorschriften umfassen, denen zufolge Personen oder Stellen, die nach einzelstaatlichem Recht ein berechtigtes Interesse am Verbot einer gegen diese Richtlinie verstoßenden Werbung haben, gegen diese Werbung durch Erhebung einer Klage bei Gericht oder vor einer zuständigen Verwaltungsstelle vorgehen können, die befugt ist, entweder über Beschwerden zu entscheiden oder geeignete gerichtliche Schritte einzuleiten.

(2) Im Rahmen der in Absatz 1 genannten Rechtsvorschriften übertragen die Mitgliedstaaten den Gerichten oder Verwaltungsstellen die notwendigen Befugnisse, die es ihnen – falls sie diese Maßnahmen unter Berücksichtigung aller betroffenen Interessen und insbesondere des Allgemeininteresses für notwendig halten – ermöglichen,
– die Einstellung einer irreführenden Werbung anzuordnen oder geeignete Schritte einzuleiten, um die Einstellung dieser Werbung anordnen zu lassen oder
– eine solche Werbung zu verbieten oder geeignete Schritte zu unternehmen, um die irreführende Werbung verbieten zu lassen, wenn sie noch nicht veröffentlicht ist, ihre Veröffentlichung jedoch unmittelbar bevorsteht, und zwar auch ohne Nachweis eines tatsächlichen Verlustes oder Schadens oder eines Vorsatzes oder einer Fahrlässigkeit des Werbenden.
Die Mitgliedstaaten sehen ferner vor, dass die in Unterabsatz 1 genannten Maßnahmen im Rahmen eines Einzelverfahrens angeordnet werden können
– entweder mit vorläufiger Wirkung
– oder mit endgültiger Wirkung,
wobei es den einzelnen Mitgliedstaaten freisteht, sich für eine dieser beiden Optionen zu entscheiden.
Ferner können die Mitgliedstaaten den Gerichten oder den Verwaltungsstellen Befugnisse übertragen, die es ihnen zur Beseitigung fortdauernder Wirkungen einer irreführenden Werbung, deren Einstellung durch rechtskräftige Entscheidung angeordnet worden ist, ermöglichen,
– zu verlangen, dass diese Entscheidung ganz oder teilweise in der ihnen als geeignet erscheinenden Form veröffentlicht wird,
– zu verlangen, dass außerdem eine Berichtigung veröffentlicht wird.
(3) Im Rahmen der in Absatz 1 genannten Rechtsvorschriften sorgen die Mit-

6. Werbung für Humanarzneimittel

gliedstaaten dafür, dass sämtliche nach Absatz 2 getroffenen Entscheidungen genau begründet und dem Betroffenen unter Angabe der in den einschlägigen Vorschriften vorgesehenen Rechtsbehelfsmöglichkeiten sowie der für die Einlegung des Rechtsbehelfs einzuhaltenden Frist zugestellt werden.

(4) Dieser Artikel schließt die freiwillige Kontrolle der Arzneimittelwerbung durch Stellen der freiwilligen Selbstkontrolle und die Inanspruchnahme solcher Stellen nicht aus, sofern – zusätzlich zu den in Absatz 1 genannten gerichtlichen Verfahren oder Verwaltungsverfahren – Verfahren vor derartigen Stellen vorgesehen sind.

Artikel 13

(1) Der Inhaber der Genehmigung für das Inverkehrbringen errichtet innerhalb seines Unternehmens eine wissenschaftliche Stelle, die mit der Information über die von ihm in den Verkehr gebrachten Arzneimittel beauftragt wird.

(2) Die für das Inverkehrbringen verantwortliche Person
– hält eine Ausfertigung jedes von ihrem Unternehmen verbreiteten Werbetextes sowie ein Datenblatt mit Angabe des Empfängers, der Verbreitungsart und des Datums der ersten Verbreitung zur Verfügung der für die Kontrolle der Arzneimittelwerbung verantwortlichen Behörden oder Stellen oder übermittelt ihnen diese Unterlagen,
– vergewissert sich, dass die von ihrem Unternehmen durchgeführte Arzneimittelwerbung dieser Richtlinie entspricht,
– prüft, ob die von ihrem Unternehmen beschäftigten Arzneimittelvertreter zweckmäßig ausgebildet sind und die ihnen aufgrund von Artikel 8 Absätze 2 und 3 obliegenden Verpflichtungen einhalten,
– liefert den mit der Kontrolle der Arzneimittelwerbung beauftragten Behörden oder Stellen die Informationen und die Hilfe, deren sie zur Durchführung ihres Auftrags bedürfen,
– sorgt dafür, dass die Anordnungen der für die Kontrolle der Arzneimittelwerbung verantwortlichen Behörden oder Stellen unverzüglich und vollständig befolgt werden.

Artikel 14

Die Mitgliedstaaten treffen geeignete Maßnahmen, um die volle Anwendung aller Bestimmungen dieser Richtlinie sicherzustellen, und bestimmen insbesondere die Sanktionen, die bei Verstößen gegen die zur Durchführung dieser Richtlinie erlassenen Bestimmungen anzuwenden sind.

Artikel 15

(1) Die Mitgliedstaaten erlassen die erforderlichen Maßnahmen, um dieser Richtlinie zum 1. Januar 1993 nachzukommen. Sie setzen die Kommission unverzüglich davon in Kenntnis.
(2) Wenn die Mitgliedstaaten die Vorschriften nach Absatz 1 erlassen, nehmen sie in diesen Vorschriften selbst oder durch einen Hinweis bei der amtlichen Veröffentlichung auf diese Richtlinie Bezug. Die Mitgliedstaaten regeln die Einzelheiten dieser Bezugnahme.

Artikel 16

Diese Richtlinie ist an die Mitgliedstaaten gerichtet.

7. Richtlinie des Europäischen Parlaments und des Rates vom 19. Mai 1998 über Unterlassungsklagen zum Schutz der Verbraucherinteressen (98/27/EG)

Amtsblatt Nr. L 166 vom 11/06/1998, S. 51–55 geändert durch: Richtlinie 1999/44/EG vom 25. Mai 1999 (Amtsblatt Nr. L 171 vom 07/07/1999, S. 12–16) und Richtlinie 2000/31/EG vom 8. Juni 2000 (Amtsblatt Nr. L 178 vom 17/07/2000, S. 1–16)

DAS EUROPÄISCHE PARLAMENT UND DER RAT DER EUROPÄISCHEN UNION –
gestützt auf den Vertrag zur Gründung der Europäischen Gemeinschaft, insbesondere auf Artikel 100a, auf Vorschlag der Kommission[1], nach Stellungnahme des Wirtschafts- und Sozialausschusses[2], gemäß dem Verfahren des Artikels 189b des Vertrags[3], in Erwägung nachstehender Gründe:
(1) In einigen, im Anhang aufgeführten Richtlinien werden Vorschriften zum Schutz der Interessen der Verbraucher festgelegt.

(2) Die zur Zeit sowohl auf einzelstaatlicher als auch auf Gemeinschaftsebene bestehenden Mechanismen zur Gewährleistung der Einhaltung dieser Richtlinien ermöglichen es nicht immer, Verstöße, durch die die Kollektivinteressen der Verbraucher beeinträchtigt werden, rechtzeitig abzustellen. Unter Kollektivinteressen sind die Interessen zu verstehen, bei denen es sich nicht um eine Kumulierung von Interessen durch einen Verstoß geschädigter Personen handelt. Dies gilt unbeschadet von Individualklagen der durch einen Verstoß geschädigten Personen.

(3) Im Hinblick auf den Zweck, Verhaltensweisen zu unterbinden, die im Widerspruch zum geltenden innerstaatlichen Recht stehen, können einzelstaatliche Maßnahmen zur Umsetzung der obengenannten Richtlinien in ihrer Wirksamkeit beeinträchtigt werden, wenn diese Verhaltensweisen sich in einem anderen Mitgliedstaat auswirken als dem, in dem sie ihren Ursprung haben; dies gilt auch für Schutzmaßnahmen, die über die in diesen Richtlinien vorgesehenen Schutzmaßnahmen hinausgehen, jedoch mit dem Vertrag vereinbar und nach diesen Richtlinien zulässig sind.

(4) Diese Schwierigkeiten können dem reibungslosen Funktionieren des Binnenmarkts abträglich sein; denn man bräuchte nur den Ausgangspunkt einer unerlaubten Verhaltensweise in einen anderen Staat zu verlegen, um vor jeglicher Durchsetzungsmaßnahme geschützt zu sein. Dies aber stellt eine Wettbewerbsverzerrung dar.

(5) Die genannten Schwierigkeiten sind dazu angetan, das Vertrauen der Verbraucher in den Binnenmarkt zu beeinträchtigen, und können den Handlungsrahmen für die Verbraucherorganisationen oder die unabhängigen öffentlichen Stellen einschränken, die für den Schutz der durch eine gemeinschaftsrechtswidrige Verhaltensweise beeinträchtigten Kollektivinteressen der Verbraucher zuständig sind.

(6) Die besagten Verhaltensweisen gehen oftmals über die Grenzen zwischen den Mitgliedstaaten hinaus. Es ist dringend notwendig, die einzelstaatlichen Vorschriften über die

---

1 ABl. C 107 vom 13. 4. 1996, S. 3, und ABl. C 80 vom 13. 3. 1997, S. 10.
2 ABl. C 30 vom 30. 1. 1997, S. 112.
3 Stellungnahme des Europäischen Parlaments vom 14. November 1996 (ABl. C 362 vom 2. 12. 1996, S. 236), Gemeinsamer Standpunkt des Rates vom 30. Oktober 1997 (ABl. C 389 vom 22. 12. 1997, S. 51) und Beschluss des Europäischen Parlaments vom 12. März 1998 (ABl. C 104 vom 6. 4. 1998). Beschluss des Rates vom 23. April 1998.

7. Unterlassungsklagen zum Schutz der Verbraucherinteressen 105

Unterbindung der genannten unerlaubten Verhaltensweisen unabhängig davon, in welchem Land sich diese ausgewirkt haben, in gewissem Umfang einander anzunähern. Hiervon unberührt bleiben hinsichtlich der gerichtlichen Zuständigkeit die Vorschriften des Internationalen Privatrechts und des Internationalen Zivilprozessrechts sowie der zwischen den Mitgliedstaaten geltenden Übereinkünfte, wobei die allgemeinen Verpflichtungen der Mitgliedstaaten aus dem Vertrag, insbesondere die Verpflichtungen im Zusammenhang mit dem reibungslosen Funktionieren des Binnenmarkts, einzuhalten sind.

(7) Das Ziel der geplanten Maßnahme kann nur durch die Gemeinschaft erreicht werden; infolgedessen obliegt es dieser, tätig zu werden.

(8) Nach Artikel 3b Unterabsatz 3 des Vertrags darf die Gemeinschaft nicht über das für die Erreichung der Ziele des Vertrags erforderliche Maß hinausgehen. Aufgrund des Artikels 3b sind die Besonderheiten der nationalen Rechtsordnungen weitestmöglich zu berücksichtigen, indem den Mitgliedstaaten die Möglichkeit eingeräumt wird, zwischen verschiedenen Optionen gleicher Wirkung zu wählen. Die Gerichte oder Verwaltungsbehörden im Sinne des Artikels 2 dieser Richtlinie, die für die Entscheidung über die Rechtsbehelfe zuständig sind, sollten berechtigt sein, die Auswirkungen früherer Entscheidungen zu überprüfen.

(9) Eine Option sollte darin bestehen vorzusehen, dass eine oder mehrere unabhängige öffentliche Stellen, die speziell für den Schutz der Kollektivinteressen der Verbraucher zuständig sind, die in dieser Richtlinie vorgesehenen Handlungsbefugnisse ausüben. Eine andere Option sollte vorsehen, dass diese Befugnisse entsprechend den in den einzelstaatlichen Rechtsvorschriften festgelegten Kriterien durch Organisationen ausgeübt werden, deren Zweck im Schutz der Kollektivinteressen der Verbraucher besteht.

(10) Den Mitgliedstaaten sollte es möglich sein, sich für eine dieser beiden oder für beide Optionen gleichzeitig zu entscheiden und entsprechend die auf einzelstaatlicher Ebene für die Zwecke dieser Richtlinie qualifizierten Stellen und/oder Organisationen zu bestimmen.

(11) Im Hinblick auf grenzüberschreitende Verstöße innerhalb der Gemeinschaft sollte für diese Stellen und/oder Organisationen der Grundsatz der gegenseitigen Anerkennung gelten. Die Mitgliedstaaten sollten gemäß den Bestimmungen dieser Richtlinie auf Antrag ihrer nationalen Einrichtungen der Kommission Namen und Zweck ihrer nationalen Einrichtungen mitteilen, die in ihrem Land zur Klageerhebung berechtigt sind.

(12) Es obliegt der Kommission, ein Verzeichnis dieser qualifizierten Einrichtungen im Amtsblatt der Europäischen Gemeinschaften zu veröffentlichen. Solange nicht eine gegenteilige Erklärung veröffentlicht wird, gilt eine qualifizierte Einrichtung als zur Klageerhebung berechtigt, wenn ihr Name in dem Verzeichnis aufgeführt ist.

(13) Die Mitgliedstaaten sollten vorsehen können, dass die Partei, die eine Unterlassungsklage zu erheben beabsichtigt, eine vorherige Konsultation durchführen muss, um es der beklagten Partei zu ermöglichen, den beanstandeten Verstoß abzustellen. Die Mitgliedstaaten sollten vorsehen können, dass in diese vorherige Konsultation eine von ihnen benannte unabhängige öffentliche Stelle einzubeziehen ist.

(14) Wenn die Mitgliedstaaten eine vorherige Konsultation vorsehen, ist eine Frist von zwei Wochen, gerechnet ab dem Eingang des Antrags auf Konsultation, festzusetzen; wird die Unterlassung des Verstoßes nicht innerhalb dieser Frist erreicht, so ist die klagende Partei berechtigt, die zuständigen Gerichte oder Verwaltungsbehörden ohne weiteren Aufschub mit der Klage zu befassen.

(15) Es ist angezeigt, dass die Kommission einen Bericht über das Funktionieren dieser Richtlinie und insbesondere über deren Anwendungsbereich und die Durchführung der vorherigen Konsultation vorlegt.

(16) Die Anwendung dieser Richtlinie sollte die Anwendung der gemeinschaftlichen Wettbewerbsregeln unberührt lassen –
HABEN FOLGENDE RICHTLINIE ERLASSEN:

Artikel 1. Anwendungsbereich

(1) Ziel dieser Richtlinie ist die Angleichung der Rechts- und Verwaltungsvorschriften der Mitgliedstaaten über Unterlassungsklagen im Sinne des Artikels 2 zum Schutz der Kollektivinteressen der Verbraucher, die unter die im Anhang aufgeführten Richtlinien fallen, um so das reibungslose Funktionieren des Binnenmarkts zu gewährleisten.

(2) Ein Verstoß im Sinne dieser Richtlinie ist jede Handlung, die den im Anhang aufgeführten Richtlinien in der in die innerstaatliche Rechtsordnung der Mitgliedstaaten umgesetzten Form zuwiderläuft und die Kollektivinteressen der Verbraucher gemäß Absatz 1 beeinträchtigt.

Artikel 2. Unterlassungsklagen

(1) Die Mitgliedstaaten bestimmen die zuständigen Gerichte oder Verwaltungsbehörden für die Entscheidung über die von qualifizierten Einrichtungen im Sinne des Artikels 3 eingelegten Rechtsbehelfe, die auf folgendes abzielen können:

a) eine mit aller gebotenen Eile und gegebenenfalls im Rahmen eines Dringlichkeitsverfahrens ergehende Anordnung der Einstellung oder des Verbots eines Verstoßes;

b) gegebenenfalls Maßnahmen wie die Veröffentlichung der Entscheidung im vollen Wortlaut oder in Auszügen in der für angemessen erachteten Form und/oder die Veröffentlichung einer Richtigstellung, um die fortdauernde Wirkung des Verstoßes abzustellen;

c) sofern dies nach dem Recht des Mitgliedstaats zulässig ist, eine Anordnung dahingehend, dass die unterlegene beklagte Partei im Fall der Nichtbeachtung der Entscheidung innerhalb einer von den Gerichten oder Verwaltungsbehörden festgesetzten Frist in eine öffentliche Kasse oder an einen anderen im Rahmen einzelstaatlicher Rechtsvorschriften bezeichneten Begünstigten einen bestimmten Betrag für jeden Tag der Nichtbeachtung oder jede andere Summe zahlen muss, welche die einzelstaatlichen Rechtsvorschriften vorsehen, um die Beachtung der Entscheidungen zu gewährleisten.

(2) Diese Richtlinie lässt die Vorschriften des Internationalen Privatrechts und des Internationalen Zivilprozessrechts hinsichtlich des anzuwendenden Rechts unberührt, so dass normalerweise entweder das Recht des Mitgliedstaats, in dem der Verstoß seinen Ursprung hat, oder das Recht des Mitgliedstaats, in dem sich der Verstoß auswirkt, angewendet wird.

Artikel 3. Klagebefugte Einrichtungen

Im Sinne dieser Richtlinie bezeichnet der Ausdruck „qualifizierte Einrichtung" jede Stelle oder Organisation, die nach dem Recht eines Mitgliedstaats ordnungsgemäß errichtet wurde und ein berechtigtes Interesse daran hat, die Einhaltung der in Artikel 1 genannten Bestimmungen sicherzustellen; er bezeichnet insbesondere

7. Unterlassungsklagen zum Schutz der Verbraucherinteressen

a) in Mitgliedstaaten, in denen solche Stellen bestehen, eine oder mehrere unabhängige öffentliche Stellen, die speziell für den Schutz der in Artikel 1 genannten Interessen zuständig sind, und/oder
b) Organisationen, deren Zweck im Schutz der in Artikel 1 genannten Interessen besteht, entsprechend den im Rahmen der nationalen Rechtsvorschriften festgelegten Kriterien.

Artikel 4. Grenzüberschreitende Verstöße innerhalb der Gemeinschaft

(1) Jeder Mitgliedstaat trifft die erforderlichen Maßnahmen, damit im Fall eines Verstoßes, dessen Ursprung in seinem Hoheitsgebiet liegt, jede qualifizierte Einrichtung eines anderen Mitgliedstaats, in dem die von dieser qualifizierten Einrichtung geschützten Interessen durch den Verstoß beeinträchtigt werden, nach Vorlage des in Absatz 3 vorgesehenen Verzeichnisses das nach Artikel 2 zuständige Gericht oder die nach Artikel 2 zuständige Verwaltungsbehörde anrufen kann. Die Gerichte oder Verwaltungsbehörden akzeptieren dieses Verzeichnis als Nachweis der Berechtigung der qualifizierten Einrichtung zur Klageerhebung unbeschadet ihres Rechts zu prüfen, ob der Zweck der qualifizierten Einrichtung deren Klageerhebung in einem speziellen Fall rechtfertigt.

(2) Im Hinblick auf grenzüberschreitende Verstöße innerhalb der Gemeinschaft und unbeschadet der Rechte, die anderen Stellen gemäß den einzelstaatlichen Rechtsvorschriften zustehen, teilen die Mitgliedstaaten auf Antrag ihrer qualifizierten Einrichtungen der Kommission mit, dass diese Einrichtungen berechtigt sind, eine in Artikel 2 vorgesehene Klage zu erheben. Die Mitgliedstaaten teilen der Kommission Namen und Zweck dieser qualifizierten Einrichtungen mit.

(3) Die Kommission erstellt ein Verzeichnis der in Absatz 2 bezeichneten qualifizierten Einrichtungen und gibt darin deren Zweck an. Dieses Verzeichnis wird im Amtsblatt der Europäischen Gemeinschaften veröffentlicht; Änderungen an diesem Verzeichnis werden unverzüglich veröffentlicht; die aktualisierte Liste wird alle sechs Monate veröffentlicht.

Artikel 5. Vorherige Konsultation

(1) Die Mitgliedstaaten können Vorschriften einführen oder beibehalten, wonach die Partei, die eine Unterlassungsklage zu erheben beabsichtigt, dieses Verfahren erst einleiten kann, nachdem sie versucht hat, die Einstellung des Verstoßes entweder in Konsultationen mit der beklagten Partei oder mit der beklagten Partei und einer der in Artikel 3 Buchstabe a) bezeichneten qualifizierten Einrichtungen des Mitgliedstaats, in dem die Unterlassungsklage erhoben wird, zu erreichen. Es ist Sache des Mitgliedstaats, zu entscheiden, ob die Partei, die eine Unterlassungsklage erheben will, die qualifizierte Einrichtung konsultieren muss. Wird die Einstellung des Verstoßes nicht innerhalb von zwei Wochen nach Eingang des Antrags auf Konsultation erreicht, so kann die betroffene Partei ohne weiteren Aufschub eine Unterlassungsklage erheben.

(2) Die von den Mitgliedstaaten festgelegten Einzelheiten der vorherigen Konsultation werden der Kommission mitgeteilt und im Amtsblatt der Europäischen Gemeinschaften veröffentlicht.

Artikel 6. Berichte

(1) Die Kommission legt dem Europäischen Parlament und dem Rat alle drei Jahre

und erstmals spätestens fünf Jahre nach Inkrafttreten dieser Richtlinie einen Bericht über deren Anwendung vor.

(2) In ihrem ersten Bericht prüft die Kommission insbesondere:
– den Anwendungsbereich dieser Richtlinie in bezug auf den Schutz der Kollektivinteressen von Personen, die im Handel, in der Industrie, im Handwerk oder in freien Berufen tätig sind;
– den Anwendungsbereich dieser Richtlinie, wie er durch die im Anhang aufgeführten Richtlinien bestimmt wird;
– ob die vorherige Konsultation gemäß Artikel 5 zum wirksamen Schutz der Verbraucher beigetragen hat.
Gegebenenfalls sind dem Bericht Vorschläge zur Änderung dieser Richtlinie beizufügen.

Artikel 7. Weitergehende Handlungsbefugnisse der Mitgliedstaaten
Diese Richtlinie hindert die Mitgliedstaaten nicht daran, Bestimmungen zu erlassen oder beizubehalten, die den qualifizierten Einrichtungen sowie sonstigen betroffenen Personen auf nationaler Ebene weitergehende Rechte zur Klageerhebung einräumen.

Artikel 8. Umsetzung
(1) Die Mitgliedstaaten setzen die erforderlichen Rechts- und Verwaltungsvorschriften in Kraft, um dieser Richtlinie spätestens 30 Monate nach ihrem Inkrafttreten nachzukommen. Sie unterrichten die Kommission unverzüglich davon. Wenn die Mitgliedstaaten diese Vorschriften erlassen, nehmen sie in den Vorschriften selbst oder bei deren amtlicher Veröffentlichung auf diese Richtlinie Bezug. Sie regeln die Einzelheiten dieser Bezugnahme.
(2) Die Mitgliedstaaten teilen der Kommission den Wortlaut der innerstaatlichen Rechtsvorschriften mit, die sie auf dem unter diese Richtlinie fallenden Gebiet erlassen.

Artikel 9. Inkrafttreten
Diese Richtlinie tritt am zwanzigsten Tag nach ihrer Veröffentlichung im Amtsblatt der Europäischen Gemeinschaften in Kraft.

Artikel 10. Adressaten
Diese Richtlinie ist an die Mitgliedstaaten gerichtet.

Anhang. Liste der Richtlinien nach Artikel 1 (1)[4]
1. Richtlinie 84/450/EWG des Rates vom 10. September 1984 zur Angleichung der Rechts- und Verwaltungsvorschriften der Mitgliedstaaten über irreführende Werbung (ABl. L 250 vom 19. 9. 1984, S. 17).
2. Richtlinie 85/577/EWG des Rates vom 20. Dezember 1985 betreffend den Verbraucherschutz im Fall von außerhalb von Geschäftsräumen geschlossenen Verträgen (ABl. L 372 vom 31. 12. 1985, S. 31).

---

[4] Die unter den Nummern 1, 6, 7 und 9 aufgeführten Richtlinien enthalten spezifische Bestimmungen über Unterlassungsklagen.

7. Unterlassungsklagen zum Schutz der Verbraucherinteressen 109

3. Richtlinie 87/102/EWG des Rates vom 22. Dezember 1986 zur Angleichung der Rechts- und Verwaltungsvorschriften der Mitgliedstaaten über den Verbraucherkredit (ABl. L 42 vom 12. 2. 1987, S. 48), zuletzt geändert durch die Richtlinie 98/7/EG (ABl. L 101 vom 1. 4. 1998, S. 17).
4. Richtlinie 89/552/EWG des Rates vom 3. Oktober 1989 zur Koordinierung bestimmter Rechts- und Verwaltungsvorschriften der Mitgliedstaaten über die Ausübung der Fernsehtätigkeit: Artikel 10 bis 21 (ABl. L 298 vom 17. 10. 1989, S. 23), geändert durch die Richtlinie 97/36/EG (ABl. L 202 vom 30. 7. 1997, S. 60).
5. Richtlinie 90/314/EWG des Rates vom 13. Juni 1990 über Pauschalreisen (ABl. L 158 vom 23. 6. 1990, S. 59).
6. Richtlinie 92/28/EWG des Rates vom 31. März 1992 über die Werbung für Humanarzneimittel (ABl. L 113 vom 30. 4. 1992, S. 13).
7. Richtlinie 93/13/EWG des Rates vom 5. April 1993 über missbräuchliche Klauseln in Verbraucherverträgen (ABl. L 95 vom 21. 4. 1993, S. 29).
8. Richtlinie 94/47/EG des Europäischen Parlaments und des Rates vom 26. Oktober 1994 zum Schutz der Erwerber im Hinblick auf bestimmte Aspekte von Verträgen über den Erwerb von Teilzeitnutzungsrechten an Immobilien (ABl. L 280 vom 29. 10. 1994, S. 83).
9. Richtlinie 97/7/EG des Europäischen Parlaments und des Rates vom 20. Mai 1997 über den Verbraucherschutz bei Vertragsabschlüssen im Fernabsatz (ABl. L 144 vom 4. 6. 1997, S. 19).

III. Besondere Vertragsverhältnisse

1. Richtlinie des Europäischen Parlaments und des Rates vom 25. Mai 1999 zu bestimmten Aspekten des Verbrauchsgüterkaufs und der Garantien für Verbrauchsgüter (1999/44/EG)

Amtsblatt Nr. L 171 vom 07/07/1999, S. 12–16

DAS EUROPÄISCHE PARLAMENT UND DER RAT DER EUROPÄISCHEN UNION –

gestützt auf den Vertrag zur Gründung der Europäischen Gemeinschaft, insbesondere auf Artikel 95, auf Vorschlag der Kommission[1], nach Stellungnahme des Wirtschafts- und Sozialausschusses[2], gemäß dem Verfahren des Artikels 251 des Vertrags, aufgrund des vom Vermittlungsausschuss am 18. März 1999 gebilligten gemeinsamen Entwurfs[3], in Erwägung nachstehender Gründe:

(1) Nach Artikel 153 Absätze 1 und 3 des Vertrags leistet die Gemeinschaft durch die Maßnahmen, die sie nach Artikel 95 des Vertrags erlässt, einen Beitrag zur Erreichung eines hohen Verbraucherschutzniveaus.

(2) Der Binnenmarkt umfasst einen Raum ohne Binnengrenzen, in dem der freie Verkehr von Waren, Personen, Dienstleistungen und Kapital gewährleistet ist. Der freie Warenverkehr betrifft nicht nur den gewerblichen Handel, sondern auch Privatpersonen. Dies bedeutet, dass es den Verbrauchern aus einem Mitgliedstaat möglich sein muss, auf der Grundlage angemessener einheitlicher Mindestvorschriften über den Kauf von Verbrauchsgütern im Hoheitsgebiet eines anderen Mitgliedstaats frei einzukaufen.

(3) Die Rechtsvorschriften der Mitgliedstaaten über den Kauf von Verbrauchsgütern weisen Unterschiede auf; dies hat zur Folge, dass die einzelstaatlichen Absatzmärkte für Verbrauchsgüter uneinheitlich sind und bei den Verkäufern Wettbewerbsverzerrungen eintreten können.

(4) Dem Verbraucher, der die Vorzüge des Binnenmarkts dadurch nutzen möchte, dass er sich Waren in einem anderen Mitgliedstaat als in seinem Wohnsitzland beschafft, fällt eine fundamentale Aufgabe bei der Vollendung des Binnenmarkts zu; es muss verhindert werden, dass neue künstliche Grenzen entstehen und die Märkte abgeschottet werden. Die Möglichkeiten der Verbraucher haben durch die neuen Kommunikationstechnologien, die einen leichten Zugang zu den Vertriebssystemen in anderen Mitgliedstaaten oder in Drittländern bieten, deutlich zugenommen. Ohne eine Mindestharmonisierung der Bestimmungen über den Verbrauchsgüterkauf könnte die Weiterentwicklung des Warenkaufs mit Hilfe der neuen Fernkommunikationstechniken behindert werden.

(5) Die Schaffung eines gemeinsamen Mindestsockels von Verbraucherrechten, die unabhängig vom Ort des Kaufs der Waren in der Gemeinschaft gelten, stärkt das Vertrauen

---

[1] ABl. C 307 vom 16.10.1996, S. 8, und ABl. C 148 vom 14.5.1998, S. 12.
[2] ABl. C 66 vom 3.3.1997, S. 5.
[3] Stellungnahme des Europäischen Parlaments vom 10. März 1998 (ABl. C 104 vom 6.4.1998, S. 30), Gemeinsamer Standpunkt des Rates vom 24. September 1998 (ABl. C 333 vom 30.10.1998, S. 46) und Beschluss des Europäischen Parlaments vom 17. Dezember 1998 (ABl. C 98 vom 9.4.1999, S. 226). Beschluss des Europäischen Parlaments vom 5. Mai 1999 und Beschluss des Rates vom 17. Mai 1999.

der Verbraucher und gestattet es ihnen, die durch die Schaffung des Binnenmarkts gebotenen Vorzüge besser zu nutzen.

(6) Schwierigkeiten der Verbraucher und Konflikte mit den Verkäufern haben ihre Ursache vor allem in der Vertragswidrigkeit von Waren. Infolgedessen erweist sich eine Angleichung der einzelstaatlichen Rechtsvorschriften über den Verbrauchsgüterkauf in dieser Hinsicht als geboten. Eine solche Angleichung darf jedoch nicht die Bestimmungen und Grundsätze des innerstaatlichen Rechts über die Regelung der vertraglichen und außervertraglichen Haftung beeinträchtigen.

(7) Waren müssen vor allem vertragsgemäß sein. Der Grundsatz der Vertragsmäßigkeit kann als gemeinsames Element der verschiedenen einzelstaatlichen Rechtstraditionen betrachtet werden. Im Rahmen bestimmter einzelstaatlicher Rechtstraditionen ist es möglicherweise nicht möglich, sich allein auf diesen Grundsatz zu stützen, um ein Mindestmaß an Verbraucherschutz zu gewährleisten. Insbesondere im Rahmen solcher Rechtstraditionen könnte es nützlich sein, zusätzliche innerstaatliche Bestimmungen vorzusehen, um den Verbraucherschutz für den Fall zu gewährleisten, dass die Parteien sich entweder nicht auf spezifische Vertragsklauseln geeinigt haben oder aber Vertragsklauseln vorgesehen oder Vereinbarungen getroffen haben, aufgrund deren die Rechte des Verbrauchers unmittelbar oder mittelbar außer Kraft gesetzt oder eingeschränkt werden. Soweit sich diese Rechte aus dieser Richtlinie ergeben, sind solche Vertragsklauseln oder Vereinbarungen für den Verbraucher nicht bindend.

(8) Um die Anwendung des Grundsatzes der Vertragsmäßigkeit zu erleichtern, ist es sinnvoll, eine widerlegbare Vermutung der Vertragsmäßigkeit einzuführen, die die meisten normalen Situationen abdeckt. Diese Vermutung stellt keine Einschränkung des Grundsatzes der Vertragsfreiheit dar. In Ermangelung spezifischer Vertragsklauseln sowie im Fall der Anwendung der Mindestschutzklausel können die in dieser Vermutung genannten Elemente verwendet werden, um die Vertragswidrigkeit der Waren zu bestimmen. Die Qualität und die Leistung, die der Verbraucher vernünftigerweise erwarten kann, hängen unter anderem davon ab, ob die Güter neu oder gebraucht sind. Die in der Vermutung genannten Elemente gelten kumulativ. Ist ein bestimmtes Element aufgrund der Umstände des betreffenden Falls offenkundig unanwendbar, so behalten die übrigen Elemente der Vermutung dennoch ihre Gültigkeit.

(9) Der Verkäufer muss dem Verbraucher gegenüber unmittelbar für die Vertragsmäßigkeit der Güter haften. Dieser klassische Grundsatz ist in den Rechtsvorschriften der Mitgliedstaaten verankert. Der Verkäufer muss allerdings nach Maßgabe des innerstaatlichen Rechts den Hersteller, einen früheren Verkäufer innerhalb derselben Vertragskette oder eine andere Zwischenperson in Regress nehmen können, es sei denn, dass er auf dieses Recht verzichtet hat. Diese Richtlinie berührt nicht den Grundsatz der Vertragsfreiheit in den Beziehungen zwischen dem Verkäufer, dem Hersteller, einem früheren Verkäufer oder einer anderen Zwischenperson. Die einzelstaatlichen Rechtsvorschriften bestimmen, gegen wen und wie der Verkäufer Regress nehmen kann.

(10) Bei Vertragswidrigkeit eines Gutes muss der Verbraucher das Recht haben, die unentgeltliche Herstellung des vertragsgemäßen Zustands des Gutes zu verlangen, wobei er zwischen einer Nachbesserung und einer Ersatzlieferung wählen kann; andernfalls muss er Anspruch auf Minderung des Kaufpreises oder auf Vertragsauflösung haben.

(11) Zunächst kann der Verbraucher vom Verkäufer die Nachbesserung des Gutes oder eine Ersatzlieferung verlangen, es sei denn, dass diese Abhilfen unmöglich oder unverhältnismäßig wären. Ob eine Abhilfe unverhältnismäßig ist, müsste objektiv festgestellt werden. Unverhältnismäßig sind Abhilfen, die im Vergleich zu anderen unzumutbar

1. Verbrauchsgüterkauf

Kosten verursachen; bei der Beantwortung der Frage, ob es sich um unzumutbare Kosten handelt, sollte entscheidend sein, ob die Kosten der Abhilfe deutlich höher sind als die Kosten einer anderen Abhilfe.

(12) In Fällen von Vertragswidrigkeit kann der Verkäufer dem Verbraucher zur Erzielung einer gütlichen Einigung stets jede zur Verfügung stehende Abhilfemöglichkeit anbieten. Die Entscheidung über die Annahme oder Ablehnung des betreffenden Vorschlags bleibt dem Verbraucher anheimgestellt.

(13) Um es dem Verbraucher zu ermöglichen, den Binnenmarkt zu nutzen und Verbrauchsgüter in einem anderen Mitgliedstaat zu erwerben, sollte empfohlen werden, dass der Hersteller von Verbrauchsgütern, die in mehreren Mitgliedstaaten verkauft werden, im Interesse des Verbrauchers dem Verbrauchsgut eine Liste mit mindestens einer Ansprechadresse in jedem Mitgliedstaat, in dem die Ware vertrieben wird, beifügt.

(14) Die Bezugnahmen auf den Zeitpunkt der Lieferung bedeuten nicht, dass die Mitgliedstaaten ihre Vorschriften über den Gefahrübergang ändern müssen.

(15) Die Mitgliedstaaten können vorsehen, dass eine dem Verbraucher zu leistende Erstattung gemindert werden kann, um der Benutzung der Ware Rechnung zu tragen, die durch den Verbraucher seit ihrer Lieferung erfolgt ist. Die Regelungen über die Modalitäten der Durchführung der Vertragsauflösung können im innerstaatlichen Recht festgelegt werden.

(16) Gebrauchte Güter können aufgrund ihrer Eigenart im allgemeinen nicht ersetzt werden. Bei diesen Gütern hat der Verbraucher deshalb in der Regel keinen Anspruch auf Ersatzlieferung. Die Mitgliedstaaten können den Parteien gestatten, für solche Güter eine kürzere Haftungsdauer zu vereinbaren.

(17) Es ist zweckmäßig, den Zeitraum, innerhalb dessen der Verkäufer für Vertragswidrigkeiten haftet, die zum Zeitpunkt der Lieferung des Gutes bestanden, zu begrenzen. Die Mitgliedstaaten können ferner eine Frist vorsehen, innerhalb deren die Verbraucher ihre Ansprüche geltend machen können, sofern diese Frist nicht vor Ablauf von zwei Jahren ab dem Zeitpunkt der Lieferung endet. Wird in innerstaatlichen Rechtsvorschriften für den Beginn einer Frist ein anderer Zeitpunkt als die Lieferung des Gutes festgelegt, so darf die Gesamtdauer der in den innerstaatlichen Rechtsvorschriften festgelegten Frist einen Zeitraum von zwei Jahren ab dem Zeitpunkt der Lieferung nicht unterschreiten.

(18) Für den Fall einer Nachbesserung oder einer Ersatzlieferung sowie für den Fall von Verhandlungen zwischen dem Verkäufer und dem Verbraucher über eine gütliche Regelung können die Mitgliedstaaten gemäß ihren innerstaatlichen Rechtsvorschriften gegebenenfalls die Hemmung oder Unterbrechung des Zeitraums, während dessen Vertragswidrigkeiten offenbar werden müssen, und der Verjährungsfrist vorsehen.

(19) Den Mitgliedstaaten sollte die Möglichkeit eingeräumt werden, eine Frist festzusetzen, innerhalb deren die Verbraucher den Verkäufer über Vertragswidrigkeiten unterrichten müssen. Die Mitgliedstaaten können ein höheres Niveau des Verbraucherschutzes gewährleisten, indem sie keine derartige Verpflichtung einführen. In jedem Fall sollten die Verbraucher für die Unterrichtung des Verkäufers über das Vorliegen einer Vertragswidrigkeit überall in der Gemeinschaft über einen Zeitraum von mindestens zwei Monaten verfügen.

(20) Die Mitgliedstaaten sollten vorbeugende Maßnahmen ergreifen, damit eine solche Unterrichtungsfrist die Verbraucher bei grenzüberschreitenden Käufen nicht benachteiligt. Alle Mitgliedstaaten sollten die Kommission über ihre in bezug auf diese Bestimmung gewählte Lösung unterrichten. Die Kommission sollte die Auswirkungen der unterschiedlichen Anwendung dieser Bestimmung auf die Verbraucher und den Binnenmarkt be-

obachten. Informationen über die von einem Mitgliedstaat gewählte Lösung sollten den übrigen Mitgliedstaaten, den Verbrauchern und den Verbraucherorganisationen gemeinschaftsweit zugänglich gemacht werden. Daher sollte im ABl. der Europäischen Gemeinschaften eine Übersicht über die Lage in allen Mitgliedstaaten veröffentlicht werden.

(21) Bei bestimmten Warengattungen ist es üblich, dass die Verkäufer oder die Hersteller auf ihre Erzeugnisse Garantien gewähren, die die Verbraucher gegen alle Mängel absichern, die innerhalb einer bestimmten Frist offenbar werden können. Diese Praxis kann zu mehr Wettbewerb am Markt führen. Solche Garantien stellen zwar rechtmäßige Marketinginstrumente dar, sollten jedoch den Verbraucher nicht irreführen. Um sicherzustellen, dass der Verbraucher nicht irregeführt wird, sollten die Garantien bestimmte Informationen enthalten, unter anderem eine Erklärung, dass die Garantie nicht die gesetzlichen Rechte des Verbrauchers berührt.

(22) Die Vertragsparteien dürfen die den Verbrauchern eingeräumten Rechte nicht durch Vereinbarung einschränken oder außer Kraft setzen, da dies den gesetzlichen Schutz aushöhlen würde. Dieser Grundsatz hat auch für Klauseln zu gelten, denen zufolge dem Verbraucher jede zum Zeitpunkt des Vertragsschlusses bestehende Vertragswidrigkeit des Verbrauchsguts bekannt war. Der dem Verbraucher aufgrund dieser Richtlinie gewährte Schutz darf nicht dadurch geschmälert werden, dass das Recht eines Nichtmitgliedstaats als das auf den betreffenden Vertrag anzuwendende Recht gewählt worden ist.

(23) Die diesbezüglichen Rechtsvorschriften und die Rechtsprechung der Mitgliedstaaten zeugen von dem zunehmenden Bemühen, den Verbrauchern ein hohes Schutzniveau zu gewährleisten. Angesichts dieser Entwicklung und der zu erwartenden Erfahrung mit der Durchführung dieser Richtlinie kann es sich als notwendig erweisen, eine stärkere Harmonisierung in Erwägung zu ziehen, die insbesondere eine unmittelbare Haftung des Herstellers für ihm zuzuschreibende Mängel vorsieht.

(24) Die Mitgliedstaaten sollten auf dem unter diese Richtlinie fallenden Gebiet strengere Bestimmungen zur Gewährleistung eines noch höheren Verbraucherschutzniveaus erlassen oder beibehalten können.

(25) Entsprechend der Empfehlung der Kommission vom 30. März 1998 betreffend die Grundsätze für Einrichtungen, die für die außergerichtliche Beilegung von Verbraucherrechtsstreitigkeiten zuständig sind[4], können die Mitgliedstaaten Einrichtungen schaffen, die eine unparteiische und effiziente Beschwerdebehandlung im nationalen und grenzüberschreitenden Rahmen gewährleisten und die von den Verbrauchern als Vermittler in Anspruch genommen werden können.

(26) Zum Schutz der Kollektivinteressen der Verbraucher ist es angebracht, diese Richtlinie in das im Anhang der Richtlinie 98/27/EG des Europäischen Parlaments und des Rates vom 19. Mai 1998 über Unterlassungsklagen zum Schutz der Verbraucherinteressen[5] enthaltene Richtlinienverzeichnis aufzunehmen –
HABEN FOLGENDE RICHTLINIE ERLASSEN:

Artikel 1. Geltungsbereich und Begriffsbestimmungen

(1) Zweck dieser Richtlinie ist die Angleichung der Rechts- und Verwaltungsvorschriften der Mitgliedstaaten zu bestimmten Aspekten des Verbrauchsgüterkaufs und der Garantien für Verbrauchsgüter zur Gewährleistung eines einheitlichen Verbraucherschutz-Mindestniveaus im Rahmen des Binnenmarkts.

---

[4] ABl. L 115 vom 17.4.1998, S. 31.
[5] ABl. L 166 vom 11.6.1998, S. 51.

1. Verbrauchsgüterkauf

(2) Im Sinne dieser Richtlinie bezeichnet der Ausdruck

a) „Verbraucher" jede natürliche Person, die im Rahmen der unter diese Richtlinie fallenden Verträge zu einem Zweck handelt, der nicht ihrer beruflichen oder gewerblichen Tätigkeit zugerechnet werden kann;

b) „Verbrauchsgüter" bewegliche körperliche Gegenstände, mit Ausnahme von

– Gütern, die aufgrund von Zwangsvollstreckungsmaßnahmen oder anderen gerichtlichen Maßnahmen verkauft werden,

– Wasser und Gas, wenn sie nicht in einem begrenzten Volumen oder in einer bestimmten Menge abgefüllt sind,

– Strom;

c) „Verkäufer" jede natürliche oder juristische Person, die aufgrund eines Vertrags im Rahmen ihrer beruflichen oder gewerblichen Tätigkeit Verbrauchsgüter verkauft;

d) „Hersteller" den Hersteller von Verbrauchsgütern, deren Importeur für das Gebiet der Gemeinschaft oder jede andere Person, die sich dadurch, dass sie ihren Namen, ihre Marke oder ein anderes Kennzeichen an den Verbrauchsgütern anbringt, als Hersteller bezeichnet;

e) „Garantie" jede von einem Verkäufer oder Hersteller gegenüber dem Verbraucher ohne Aufpreis eingegangene Verpflichtung, den Kaufpreis zu erstatten, das Verbrauchsgut zu ersetzen oder nachzubessern oder in sonstiger Weise Abhilfe zu schaffen, wenn das Verbrauchsgut nicht den in der Garantieerklärung oder in der einschlägigen Werbung genannten Eigenschaften entspricht;

f) „Nachbesserung" bei Vertragswidrigkeit die Herstellung des vertragsgemäßen Zustands des Verbrauchsgutes.

(3) Die Mitgliedstaaten können festlegen, dass unter „Verbrauchsgütern" keine gebrauchten Güter zu verstehen sind, die in einer öffentlichen Versteigerung verkauft werden, bei der die Verbraucher die Möglichkeit haben, dem Verkauf persönlich beizuwohnen.

(4) Als Kaufverträge im Sinne dieser Richtlinie gelten auch Verträge über die Lieferung herzustellender oder zu erzeugender Verbrauchsgüter.

Artikel 2. Vertragsmäßigkeit

(1) Der Verkäufer ist verpflichtet, dem Verbraucher dem Kaufvertrag gemäße Güter zu liefern.

(2) Es wird vermutet, dass Verbrauchsgüter vertragsgemäß sind, wenn sie

a) mit der vom Verkäufer gegebenen Beschreibung übereinstimmen und die Eigenschaften des Gutes besitzen, das der Verkäufer dem Verbraucher als Probe oder Muster vorgelegt hat;

b) sich für einen bestimmten vom Verbraucher angestrebten Zweck eignen, den der Verbraucher dem Verkäufer bei Vertragsschluss zur Kenntnis gebracht hat und dem der Verkäufer zugestimmt hat;

c) sich für die Zwecke eignen, für die Güter der gleichen Art gewöhnlich gebraucht werden;

d) eine Qualität und Leistungen aufweisen, die bei Gütern der gleichen Art üblich sind und die der Verbraucher vernünftigerweise erwarten kann, wenn die Beschaffenheit des Gutes und gegebenenfalls die insbesondere in der Werbung oder bei der Etikettierung gemachten öffentlichen Äußerungen des Verkäufers, des Herstellers oder dessen Vertreters über die konkreten Eigenschaften des Gutes in Betracht gezogen werden.

(3) Es liegt keine Vertragswidrigkeit im Sinne dieses Artikels vor, wenn der Verbraucher zum Zeitpunkt des Vertragsschlusses Kenntnis von der Vertragswidrigkeit hatte oder vernünftigerweise nicht in Unkenntnis darüber sein konnte oder wenn die Vertragswidrigkeit auf den vom Verbraucher gelieferten Stoff zurückzuführen ist.

(4) Der Verkäufer ist durch die in Absatz 2 Buchstabe d) genannten öffentlichen Äußerungen nicht gebunden, wenn er
– nachweist, dass er die betreffende Äußerung nicht kannte und vernünftigerweise nicht davon Kenntnis haben konnte,
– nachweist, dass die betreffende Äußerung zum Zeitpunkt des Vertragsschlusses berichtigt war, oder
– nachweist, dass die Kaufentscheidung nicht durch die betreffende Äußerung beeinflusst sein konnte.

(5) Ein Mangel infolge unsachgemäßer Montage des Verbrauchsgutes wird der Vertragswidrigkeit gleichgestellt, wenn die Montage Bestandteil des Kaufvertrags über das Verbrauchsgut war und vom Verkäufer oder unter dessen Verantwortung vorgenommen wurde. Das gleiche gilt, wenn das zur Montage durch den Verbraucher bestimmte Erzeugnis vom Verbraucher montiert worden ist und die unsachgemäße Montage auf einen Mangel in der Montageanleitung zurückzuführen ist.

Artikel 3. Rechte des Verbrauchers

(1) Der Verkäufer haftet dem Verbraucher für jede Vertragswidrigkeit, die zum Zeitpunkt der Lieferung des Verbrauchsgutes besteht.

(2) Bei Vertragswidrigkeit hat der Verbraucher entweder Anspruch auf die unentgeltliche Herstellung des vertragsgemäßen Zustands des Verbrauchsgutes durch Nachbesserung oder Ersatzlieferung nach Maßgabe des Absatzes 3 oder auf angemessene Minderung des Kaufpreises oder auf Vertragsauflösung in bezug auf das betreffende Verbrauchsgut nach Maßgabe der Absätze 5 und 6.

(3) Zunächst kann der Verbraucher vom Verkäufer die unentgeltliche Nachbesserung des Verbrauchsgutes oder eine unentgeltliche Ersatzlieferung verlangen, sofern dies nicht unmöglich oder unverhältnismäßig ist.
Eine Abhilfe gilt als unverhältnismäßig, wenn sie dem Verkäufer Kosten verursachen würde, die
– angesichts des Werts, den das Verbrauchsgut ohne die Vertragswidrigkeit hätte,
– unter Berücksichtigung der Bedeutung der Vertragswidrigkeit und
– nach Erwägung der Frage, ob auf die alternative Abhilfemöglichkeit ohne erhebliche Unannehmlichkeiten für den Verbraucher zurückgegriffen werden könnte,
verglichen mit der alternativen Abhilfemöglichkeit unzumutbar wären.
Die Nachbesserung oder die Ersatzlieferung muss innerhalb einer angemessenen Frist und ohne erhebliche Unannehmlichkeiten für den Verbraucher erfolgen, wobei die Art des Verbrauchsgutes sowie der Zweck, für den der Verbraucher das Verbrauchsgut benötigte, zu berücksichtigen sind.

(4) Der Begriff „unentgeltlich" in den Absätzen 2 und 3 umfasst die für die Herstellung des vertragsgemäßen Zustands des Verbrauchsgutes notwendigen Kosten, insbesondere Versand-, Arbeits- und Materialkosten.

1. Verbrauchsgüterkauf

(5) Der Verbraucher kann eine angemessene Minderung des Kaufpreises oder eine Vertragsauflösung verlangen,
- wenn der Verbraucher weder Anspruch auf Nachbesserung noch auf Ersatzlieferung hat oder
- wenn der Verkäufer nicht innerhalb einer angemessenen Frist Abhilfe geschaffen hat oder
- wenn der Verkäufer nicht ohne erhebliche Unannehmlichkeiten für den Verbraucher Abhilfe geschaffen hat.

(6) Bei einer geringfügigen Vertragswidrigkeit hat der Verbraucher keinen Anspruch auf Vertragsauflösung.

Artikel 4. Rückgriffsrechte

Haftet der Letztverkäufer dem Verbraucher aufgrund einer Vertragswidrigkeit infolge eines Handelns oder Unterlassens des Herstellers, eines früheren Verkäufers innerhalb derselben Vertragskette oder einer anderen Zwischenperson, so kann der Letztverkäufer den oder die Haftenden innerhalb der Vertragskette in Regress nehmen. Das innerstaatliche Recht bestimmt den oder die Haftenden, den oder die der Letztverkäufer in Regress nehmen kann, sowie das entsprechende Vorgehen und die Modalitäten.

Artikel 5. Fristen

(1) Der Verkäufer haftet nach Artikel 3, wenn die Vertragswidrigkeit binnen zwei Jahren nach der Lieferung des Verbrauchsgutes offenbar wird. Gilt nach dem innerstaatlichen Recht für die Ansprüche nach Artikel 3 Absatz 2 eine Verjährungsfrist, so endet sie nicht vor Ablauf eines Zeitraums von zwei Jahren ab dem Zeitpunkt der Lieferung.

(2) Die Mitgliedstaaten können vorsehen, dass der Verbraucher den Verkäufer zur Inanspruchnahme seiner Rechte über die Vertragswidrigkeit binnen zwei Monaten nach dem Zeitpunkt, zu dem er die Vertragswidrigkeit festgestellt hat, unterrichten muss.

Die Mitgliedstaaten unterrichten die Kommission über ihre bezüglich dieses Absatzes gewählte Lösung. Die Kommission überwacht die Auswirkungen dieser den Mitgliedstaaten eingeräumten Möglichkeit auf die Verbraucher und den Binnenmarkt.

Die Kommission erstellt bis zum 7. Januar 2003 einen Bericht über die von den Mitgliedstaaten bezüglich dieses Absatzes gewählte Lösung. Dieser Bericht wird im ABl. der Europäischen Gemeinschaften veröffentlicht.

(3) Bis zum Beweis des Gegenteils wird vermutet, dass Vertragswidrigkeiten, die binnen sechs Monaten nach der Lieferung des Gutes offenbar werden, bereits zum Zeitpunkt der Lieferung bestanden, es sei denn, diese Vermutung ist mit der Art des Gutes oder der Art der Vertragswidrigkeit unvereinbar.

Artikel 6. Garantien

(1) Die Garantie muss denjenigen, der sie anbietet, zu den in der Garantieerklärung und der einschlägigen Werbung angegebenen Bedingungen binden.

(2) Die Garantie muss

– darlegen, dass der Verbraucher im Rahmen der geltenden innerstaatlichen Rechtsvorschriften über den Verbrauchsgüterkauf gesetzliche Rechte hat, und klarstellen, dass diese Rechte von der Garantie nicht berührt werden;
– in einfachen und verständlichen Formulierungen den Inhalt der Garantie und die wesentlichen Angaben enthalten, die für die Inanspruchnahme der Garantie notwendig sind, insbesondere die Dauer und den räumlichen Geltungsbereich des Garantieschutzes sowie Namen und Anschrift des Garantiegebers.

(3) Auf Wunsch des Verbrauchers muss diesem die Garantie schriftlich zur Verfügung gestellt werden oder auf einem anderen dauerhaften Datenträger enthalten sein, der dem Verbraucher zur Verfügung steht und ihm zugänglich ist.

(4) Die Mitgliedstaaten, in denen das Verbrauchsgut in Verkehr gebracht wird, können, soweit dies mit den Vorschriften des Vertrags vereinbar ist, für ihr Gebiet vorschreiben, dass die Garantie in einer oder in mehreren Sprachen abzufassen ist, die der jeweilige Mitgliedstaat unter den Amtssprachen der Gemeinschaft auswählt.

(5) Werden für eine Garantie die Anforderungen der Absätze 2, 3 oder 4 nicht erfüllt, so berührt dies in keinem Fall die Gültigkeit dieser Garantie; der Verbraucher kann sie weiterhin geltend machen und ihre Einhaltung verlangen.

Artikel 7. Unabdingbarkeit

(1) Vertragsklauseln oder mit dem Verkäufer vor dessen Unterrichtung über die Vertragswidrigkeit getroffene Vereinbarungen, durch welche die mit dieser Richtlinie gewährten Rechte unmittelbar oder mittelbar außer Kraft gesetzt oder eingeschränkt werden, sind für den Verbraucher gemäß dem innerstaatlichen Recht nicht bindend.
Im Fall gebrauchter Güter können die Mitgliedstaaten vorsehen, dass der Verkäufer und der Verbraucher sich auf Vertragsklauseln oder Vereinbarungen einigen können, denen zufolge der Verkäufer weniger lange haftet als in Artikel 5 Absatz 1 vorgesehen. Diese kürzere Haftungsdauer darf ein Jahr nicht unterschreiten.

(2) Die Mitgliedstaaten treffen die erforderlichen Maßnahmen, damit dem Verbraucher der durch diese Richtlinie gewährte Schutz nicht dadurch vorenthalten wird, dass das Recht eines Nichtmitgliedstaats als das auf den Vertrag anzuwendende Recht gewählt wird, sofern dieser Vertrag einen engen Zusammenhang mit dem Gebiet der Mitgliedstaaten aufweist.

Artikel 8. Innerstaatliches Recht und Mindestschutz

(1) Andere Ansprüche, die der Verbraucher aufgrund innerstaatlicher Rechtsvorschriften über die vertragliche oder außervertragliche Haftung geltend machen kann, werden durch die aufgrund dieser Richtlinie gewährten Rechte nicht berührt.

(2) Die Mitgliedstaaten können in dem unter diese Richtlinie fallenden Bereich mit dem Vertrag in Einklang stehende strengere Bestimmungen erlassen oder aufrechterhalten, um ein höheres Schutzniveau für die Verbraucher sicherzustellen.

Artikel 9

Die Mitgliedstaaten ergreifen geeignete Maßnahmen zur Unterrichtung der Verbraucher über das innerstaatliche Recht, mit dem diese Richtlinie umgesetzt wird,

Artikel 10
Der Anhang der Richtlinie 98/27/EG wird wie folgt ergänzt: „10. Richtlinie 1999/44/EG des Europäischen Parlaments und des Rates vom 25. Mai 1999 zu bestimmten Aspekten des Verbrauchsgüterkaufs und der Garantien für Verbrauchsgüter (ABl. L 171 vom 7.7.1999, S. 12)."

Artikel 11. Umsetzung
(1) Die Mitgliedstaaten setzen die Rechts- und Verwaltungsvorschriften in Kraft, die erforderlich sind, um dieser Richtlinie spätestens ab dem 1. Januar 2002 nachzukommen. Sie setzen die Kommission unverzüglich davon in Kenntnis.
Wenn die Mitgliedstaaten diese Vorschriften erlassen, nehmen sie in den Vorschriften selbst oder durch einen Hinweis bei der amtlichen Veröffentlichung auf diese Richtlinie Bezug. Die Mitgliedstaaten regeln die Einzelheiten der Bezugnahme.
(2) Die Mitgliedstaaten teilen der Kommission den Wortlaut der innerstaatlichen Rechtsvorschriften mit, die sie auf dem unter diese Richtlinie fallenden Gebiet erlassen.

Artikel 12. Überprüfung
Die Kommission überprüft die Anwendung dieser Richtlinie spätestens zum 7. Juli 2006 und legt dem Europäischen Parlament und dem Rat einen Bericht vor. In dem Bericht ist unter anderem zu prüfen, ob Veranlassung besteht, eine unmittelbare Haftung des Herstellers einzuführen; der Bericht ist gegebenenfalls mit Vorschlägen zu versehen.

Artikel 13. Inkrafttreten
Diese Richtlinie tritt am Tag ihrer Veröffentlichung im ABl. der Europäischen Gemeinschaften in Kraft.

Artikel 14
Diese Richtlinie ist an die Mitgliedstaaten gerichtet.

2. Richtlinie des Rates vom 22. Dezember 1986 zur Angleichung der Rechts- und Verwaltungsvorschriften der Mitgliedstaaten über den Verbraucherkredit (87/102/EWG)

Amtsblatt Nr. L 042 vom 12/02/1987, S. 48–53
Geändert durch: Richtlinie 90/88/EWG vom 22. Februar 1990 (Amtsblatt Nr. L 061 vom 10/03/1990, S. 14–18) und Richtlinie 98/7/EG vom 16. Februar 1998 (Amtsblatt nr. L 101 vom 01/04/1998, S. 17–23)

DER RAT DER EUROPÄISCHEN GEMEINSCHAFTEN –
gestützt auf den Vertrag zur Gründung der Europäischen Wirtschaftsgemeinschaft, insbesondere auf Artikel 100, auf Vorschlag der Kommission[1], nach Stellungnahme des Europäischen Parlaments[2], nach Stellungnahme des Wirtschafts- und Sozialausschusses[3], in Erwägung nachstehender Gründe:
Die Rechtsvorschriften im Bereich des Verbraucherkredits sind in den Mitgliedstaaten sehr verschieden.
Die unterschiedlichen Rechtsvorschriften können zu Wettbewerbsverzerrungen zwischen den Kreditgebern auf dem gemeinsamen Markt führen.
Die unterschiedlichen Rechtsvorschriften begrenzen die Möglichkeiten für den Verbraucher, in einem anderen Mitgliedstaat Kredit aufzunehmen. Sie berühren das Volumen und die Art der in Anspruch genommenen Kredite sowie den Erwerb von Gütern und Leistungen.
Die unterschiedlichen Rechtsvorschriften beeinflussen infolgedessen den freien Verkehr von Waren und Dienstleistungen, die der Verbraucher sich auf Kredit beschaffen kann und beeinträchtigen somit unmittelbar das Funktionieren des gemeinsamen Marktes.
In Anbetracht des zunehmenden Verbraucherkreditvolumens in der Gemeinschaft würde die Errichtung eines gemeinsamen Verbraucherkreditmarktes Verbrauchern, Kreditgebern, Herstellern, Groß- und Einzelhändlern sowie Dienstleistungserbringern gleichermaßen zugute kommen.
Die Programme der Europäischen Wirtschaftsgemeinschaft für eine Politik zum Schutz und zur Unterrichtung der Verbraucher[4] sehen unter anderem vor, dass der Verbraucher vor missbräuchlichen Kreditbedingungen zu schützen ist und dass vorrangig eine Harmonisierung der allgemeinen Bedingungen für den Verbraucherkredit vorzunehmen ist.
Aus unterschiedlichen Rechtsvorschriften und Praktiken erwächst in den Mitgliedstaaten ungleicher Verbraucherschutz auf dem Gebiet des Verbraucherkredits.
In den letzten Jahren hat sich bei den Arten der Kredite, die den Verbrauchern zugänglich sind und von ihnen tatsächlich in Anspruch genommen werden, vieles geändert; neue Formen haben sich herausgebildet und entwickeln sich weiter.
Der Verbraucher sollte der Kreditbedingungen und -kosten sowie über seine Verpflichtungen angemessen unterrichtet werden. Hierbei sollte ihm unter anderem der Jahreszins für den Kredit oder, wenn dies nicht möglich ist, der für den Kredit zurückzuzahlende Gesamtbetrag mitgeteilt werden. Bis zu einem Beschluss über eine Methode oder Methoden der Gemeinschaft für die Berechnung des Jahreszinses müssten die Mitgliedstaaten beste-

---

[1] ABl. Nr. C 80 vom 27. 3. 1979, S. 4, und ABl. Nr. C 183 vom 10. 7. 1984, S. 4.
[2] ABl. Nr. C 242 vom 12. 9. 1983, S. 10.
[3] ABl. Nr. C 113 vom 7. 5. 1980, S. 22.
[4] ABl. Nr. C 92 vom 25. 4. 1975, S. 1, und ABl. Nr. C 133 vom 3. 6. 1981, S. 1.

2. Verbraucherkredit

hende Methoden oder Verfahren zur Berechnung dieses Zinssatzes weiter anwenden können, oder sie müssten – falls dies nicht möglich ist – Bestimmungen über die Angabe der Gesamtkosten des Kredits für den Verbraucher festlegen.
Die vertraglichen Bedingungen können für den Verbraucher nachteilig sein. Ein besserer Schutz des Verbrauchers kann dadurch erreicht werden, dass bestimmte Vorschriften erlassen werden, die für alle Formen des Kredits gelten.
Angesichts der Merkmale bestimmter Kreditverträge oder bestimmter Geschäftsvorgänge sollten diese teilweise oder gänzlich vom Anwendungsbereich dieser Richtlinie ausgeschlossen werden.
Die Mitgliedstaaten sollten im Benehmen mit der Kommission bestimmte nichtkommerzielle und unter besonderen Bedingungen gewährte Kredite von dieser Richtlinie ausschließen können.
Die Verfahren, die in einigen Mitgliedstaaten im Zusammenhang mit einem notariell oder gerichtlich beurkundeten Akt angewandt werden, machen die Anwendung einiger Bestimmungen dieser Richtlinie im Falle solcher Akte überflüssig. Die Mitgliedstaaten sollten daher derartige Akte von diesen Bestimmungen ausschließen können.
Kreditverträge über sehr hohe Beträge weichen oft von den üblichen Verbraucherkreditgeschäften ab. Die Anwendung der Bestimmungen dieser Richtlinie auf Verträge über sehr kleine Beträge könnte sowohl für die Verbraucher als auch für die Kreditgeber unnötigen verwaltungsmäßigen Aufwand verursachen. Daher sollten Verträge ab oder unter einer bestimmten finanziellen Grenze von der Richtlinie ausgeschlossen werden.
Angaben über die Kosten in der Werbung und in den Geschäftsräumen des Kreditgebers oder Kreditvermittlers können dem Verbraucher den Vergleich zwischen verschiedenen Angeboten erleichtern.
Der Schutz des Verbrauchers wird ferner erhöht, wenn Kreditverträge schriftlich abgefasst werden und bestimmte Mindestangaben über die Vertragsbestimmungen enthalten.
Im Falle von Krediten für den Erwerb von Waren sollten die Mitgliedstaaten die Bedingungen festlegen, zu denen Waren zurückgenommen werden können, insbesondere für Fälle, in denen der Verbraucher seine Einwilligung nicht erteilt hat. Dabei sollte die Abrechnung zwischen den Parteien in einer Weise erfolgen, dass die Rücknahme nicht zu einer unberechtigten Bereicherung führt.
Dem Verbraucher sollte gestattet werden, seine Verbindlichkeiten vorzeitig zu erfüllen. In diesem Falle sollte ihm eine angemessene Ermäßigung der Gesamtkosten des Kredits eingeräumt werden.
Bei Abtretung der Rechte des Kreditgebers aus einem Kreditvertrag darf die Rechtsstellung des Verbrauchers nicht verschlechtert werden.
Die Mitgliedstaaten, die dem Verbraucher gestatten, im Zusammenhang mit Kreditverträgen Wechsel, Eigenwechsel oder Schecks zu verwenden, sollten dafür Sorge tragen, dass der Verbraucher hierbei angemessenen Schutz genießt.
Hat der Verbraucher Waren oder Dienstleistungen im Rahmen eines Kreditvertrags erworben, so sollte er zumindest in den nachstehend genannten Fällen Rechte gegenüber dem Kreditgeber geltend machen können, die zusätzlich zu den ihm nach dem Vertrag zustehenden üblichen Rechte gegenüber dem Lieferanten der Waren oder dem Erbringer der Dienstleistungen bestehen; dies gilt in den Fällen, in denen zwischen diesen Personen eine vorherige Abmachung besteht, wonach Kredite an Kunden dieses Lieferanten zum Zwecke des Erwerbs von Waren oder der Inanspruchnahme von Dienstleistungen des betreffenden Lieferanten ausschließlich von dem betreffenden Kreditgeber bereitgestellt werden.

Als ECU gilt die Rechnungseinheit, die durch die Verordnung (EWG) Nr. 3180/78[5], zuletzt geändert durch die Verordnung (EWG) Nr. 2626/84[6] festgelegt worden ist. Den Mitgliedstaaten sollte es im begrenzten Umfang freistehen, die Beträge, die sich bei der Umrechnung der in dieser Richtlinie angegebenen und in ECU ausgedrückten Beträge in Landeswährung ergeben, auf- oder abzurunden. Die Beträge nach der vorliegenden Richtlinie sollten unter Berücksichtigung der wirtschaftlichen und monetären Entwicklung regelmäßig überprüft und gegebenenfalls angepasst werden.

Die Mitgliedstaaten sollten geeignete Maßnahmen im Hinblick auf die Zulassung von Kreditgebern oder Kreditvermittlern oder die Kontrolle und Überwachung ihrer Tätigkeit ergreifen und es den Verbrauchern ermöglichen, Klage gegen Kreditverträge und Kreditbedingungen zu erheben.

Kreditverträge sollten nicht zum Nachteil des Verbrauchers von den zur Anwendung dieser Richtlinie erlassenen oder dieser Richtlinie entsprechenden Vorschriften abweichen. Diese Vorschriften sollten nicht durch eine besondere Gestaltung der Verträge umgangen werden.

Mit dieser Richtlinie werden zwar die Rechts- und Verwaltungsvorschriften der Mitgliedstaaten über den Verbraucherkredit in gewissem Umfang angeglichen und es wird ein gewisses Maß an Verbraucherschutz erzielt, doch sollte es den Mitgliedstaaten überlassen bleiben, unter Beachtung ihrer Verpflichtungen aus dem Vertrag zwingendere Maßnahmen zum Schutz der Verbraucher zu erlassen.

Spätestens am 1. Januar 1995 sollte die Kommission dem Rat einen Bericht über die Anwendung der Richtlinie vorlegen –
HAT FOLGENDE RICHTLINIE ERLASSEN:

Artikel 1
(1) Diese Richtlinie findet auf Kreditverträge Anwendung.
(2) Im Sinne dieser Richtlinie bedeutet:
a) „Verbraucher" eine natürliche Person, die bei den von dieser Richtlinie erfassten Geschäften zu einem Zweck handelt, der nicht ihrer beruflichen oder gewerblichen Tätigkeit zugerechnet werden kann;
b) „Kreditgeber" eine natürlich oder juristische Person, die in Ausübung ihrer gewerblichen oder beruflichen Tätigkeit einen Kredit gewährt, oder eine Gruppe solcher Personen;
c) „Kreditvertrag" einen Vertrag, bei dem ein Kreditgeber einem Verbraucher einen Kredit in Form eines Zahlungsaufschubs, eines Darlehens oder einer sonstigen ähnlichen Finanzierungshilfe gewährt oder zu gewähren verspricht. Verträge über die kontinuierliche Erbringung von Dienstleistungen oder Leistungen von Versorgungsbetrieben, bei denen der Verbraucher berechtigt ist, für die Dauer der Erbringung Teilzahlungen zu leisten, gelten nicht als Kreditverträge im Sinne dieser Richtlinie;
d) „Gesamtkosten des Kredits für den Verbraucher": sämtliche Kosten des Kredits, einschließlich der Zinsen und sonstigen mit dem Kreditvertrag unmittelbar verbundenen Kosten, die nach den in den Mitgliedstaaten angewandten oder ihnen noch festzulegenden Vorschriften oder Verfahren bestimmt werden;

---

[5] ABl. Nr. L 379 vom 30. 12. 1978, S. 1.
[6] ABl. Nr. L 247 vom 16. 9. 1984, S. 1.

2. Verbraucherkredit

e) „effektiver Jahreszins": die Gesamtkosten des Kredits für den Verbraucher, die als jährlicher Vomhundertsatz des gewährten Kredits ausgedrückt sind und nach den in den Mitgliedstaaten angewandten Methoden ermittelt werden.

Artikel 2

(1) Diese Richtlinie findet keine Anwendung:
a) auf Kreditverträge oder Kreditversprechen, die
 – hauptsächlich zum Erwerb oder zur Beibehaltung von Eigentumsrechten an einem Grundstück oder einem vorhandenen oder noch zu errichtenden Gebäude,
 – zur Renovierung oder Verbesserung eines Gebäudes bestimmt sind;
b) auf Mietverträge, es sei denn, diese sehen vor, dass das Eigentum letzten Endes auf den Mieter übergeht;
c) auf Kredite, die zins- und gebührenfrei gewährt oder zur Verfügung gestellt werden;
d) Kreditverträge, nach denen keine Zinsen in Rechnung gestellt werden, sofern der Verbraucher sich bereit erklärt, den Kredit auf einmal zurückzuzahlen;
e) auf Verträge, aufgrund deren Kredite durch ein Kredit- oder Geldinstitut in Form von Überziehungskrediten auf laufenden Konten gewährt werden, mit Ausnahme der Kreditkartenkonten.
Jedoch ist auf solche Kredite Artikel 6 anwendbar;
f) auf Kreditverträge über weniger als 200 ECU oder mehr als 20 000 ECU;
g) Kreditverträge, aufgrund deren der Verbraucher den Kredit
 – entweder innerhalb eines Zeitraums von höchstens drei Monaten
 – oder innerhalb eines Zeitraums von höchstens zwölf Monaten in nicht mehr als vier Raten zurückzuzahlen hat.
(2) Die Mitgliedstaaten können im Benehmen mit der Kommission Kreditarten vom Anwendungsbereich der Richtlinie ausschließen, die folgende Bedingungen erfüllen:
 – sie sind zu Zinssätzen bewilligt worden, die unter den marktüblichen Sätzen liegen und
 – sie werden im allgemeinen nicht öffentlich angeboten.
(3) Die Bestimmungen des Artikels 4 und der Artikel 6 bis 12 sind nicht anwendbar auf Kreditverträge oder Kreditversprechen, die durch Grundpfandrechte gesichert sind, soweit diese nicht schon nach Absatz 1 Buchstabe a) des vorliegenden Artikels von der Richtlinie ausgeschlossen sind.
(4) Die Mitgliedstaaten können notariell oder gerichtlich beurkundete Kreditverträge von den Bestimmungen der Artikel 6 bis 12 ausschließen.

Artikel 3

Unbeschadet der Richtlinie 84/450/EWG des Rates vom 10. September 1984 zur Angleichung der Rechts- und Verwaltungsvorschriften der Mitgliedstaaten über irreführende Werbung[7] sowie der allgemeinen Vorschriften und Grundsätze über unlautere Werbung muss in jeder Werbung oder in jedem in Geschäftsräumen ausgehängten Angebot, durch die oder das jemand seine Bereitschaft zur Gewährung eines Kredits oder zur Vermittlung von Kreditverträgen ankündigt und die oder

---

[7] ABl. Nr. L 250 vom 19. 9. 1984, S. 17.

das eine Angabe über den Zinssatz oder andere Zahlen betreffend die Kreditkosten enthält, auch – und zwar notfalls anhand von repräsentativen Beispielen – der effektive Jahreszins angegeben werden.

Artikel 4
(1) Kreditverträge bedürfen der Schriftform. Der Verbraucher erhält eine Ausfertigung des schriftlichen Vertrages.
(2) In der Vertragsurkunde ist folgendes anzugeben:
a) der effektive Jahreszins;
b) die Bedingungen, unter denen der effektive Jahreszins geändert werden kann.
Falls die Angabe des effektiven Jahreszinses nicht möglich ist, sind dem Verbraucher in der Vertragsurkunde angemessene Informationen zu geben. Diese Angaben müssen mindestens die in Artikel 6 Absatz 1 zweiter Gedankenstrich vorgesehenen Informationen umfassen.
(3) Die Vertragsurkunde soll auch die übrigen wesentlichen Vertragsbestimmungen enthalten.
Im Anhang findet sich als Beispiel eine Liste solcher Angaben, deren Aufnahme in den schriftlichen Vertrag von den Mitgliedstaaten als wesentlich vorgeschrieben werden kann.

Artikel 5
In Abweichung von den Artikeln 3 und 4 Absatz 2 müssen bis zu einem Beschluss über die Einführung einer Methode oder von Methoden der Gemeinschaft für die Berechnung des effektiven Jahreszinses in den Mitgliedstaaten, in denen bei Bekanntgabe der vorliegenden Richtlinie die Angabe des effektiven Jahreszinses nicht erforderlich ist, oder in denen es keine feststehende Methode für dessen Berechnung gibt, zumindest die Gesamtkosten des Kredits für den Verbraucher angegeben werden.

Artikel 6
(1) Unbeschadet der Ausnahmeregelung gemäß Artikel 2 Absatz 1 Buchstabe e) ist der Verbraucher im Falle eines Vertrages zwischen ihm und einem Kredit- oder Finanzinstitut über die Gewährung eines Kredits in Form eines Überziehungskredits auf einem laufenden Konto, außer einem Kreditkartenkonto, vor Vertragsabschluss oder zum Zeitpunkt des Vertragsabschlusses zu informieren:
– über die etwaige Höchstgrenze des Kreditbetrags;
– über den Jahreszins und die bei Abschluss des Vertrages in Rechnung gestellten Kosten sowie darüber, unter welchen Voraussetzungen diese geändert werden können;
– über die Modalitäten einer Beendigung des Vertragsverhältnisses.
Diese Informationen sind schriftlich zu bestätigen.
(2) Ferner ist der Verbraucher während der Laufzeit des Vertrages über jede Änderung des Jahreszinses und der in Rechnung gestellten Kosten im Augenblick ihres Eintretens zu unterrichten. Diese Unterrichtung kann in Form eines Kontoauszuges oder in einer anderen für die Mitgliedstaaten annehmbaren Formen erfolgen.
(3) In Mitgliedstaaten, in denen stillschweigend akzeptierte Kontoüberziehungen zulässig sind, trägt der betreffende Mitgliedstaat dafür Sorge, dass der Verbraucher vom Jahreszins und den in Rechnung gestellten Kosten sowie allen diesbezüglichen

Änderungen unterrichtet wird, wenn ein Konto länger als drei Monate überzogen wird.

Artikel 7
Die Mitgliedstaaten legen für den Fall des Kredits zum Erwerb einer Ware die Bedingungen fest, unter denen die Ware zurückgenommen werden kann, insbesondere für Fälle, in denen der Verbraucher seine Einwilligung nicht erteilt hat. Sie tragen ferner dafür Sorge, dass in den Fällen, in denen der Kreditgeber die Ware wieder an sich nimmt, die Abrechnung zwischen den Parteien in der Weise erfolgt, dass die Rücknahme nicht zu einer unberechtigten Bereicherung führt.

Artikel 8
Der Verbraucher ist berechtigt, seine Verbindlichkeiten aus einem Kreditvertrag vorzeitig zu erfüllen. In diesem Fall kann der Verbraucher gemäß den von den Mitgliedstaaten festgelegten Regelungen eine angemessene Ermäßigung der Gesamtkosten des Kredits verlangen.

Artikel 9
Werden die Ansprüche des Kreditgebers aus einem Kreditvertrag an einen Dritten abgetreten, so kann der Verbraucher diesen Dritten gegenüber Einreden geltend machen, soweit sie ihm gegen den ursprünglichen Kreditgeber zustanden, und zwar einschließlich der Aufrechnungseinrede, soweit dies in dem betreffenden Mitgliedstaat zulässig ist.

Artikel 10
Die Mitgliedstaaten, die im Zusammenhang mit Kreditverträgen dem Verbraucher gestatten,
a) Zahlungen in Form von Wechseln, einschließlich Eigenwechseln zu leisten,
b) Sicherheit in Form von Wechseln, einschließlich Eigenwechseln und Schecks zu bieten,
tragen dafür Sorge, dass der Verbraucher bei Verwendung dieser Papiere zu den genannten Zwecken angemessenen Schutz genießt.

Artikel 11
(1) Die Mitgliedstaaten tragen dafür Sorge, dass das Bestehen eines Kreditvertrages in keiner Weise die Rechte des Verbrauchers gegenüber dem Lieferanten von Waren bzw. Erbringer von Dienstleistungen beeinträchtigt, falls die betreffenden Waren bzw. Dienstleistungen, die mit Hilfe dieses Kreditvertrages erworben werden, nicht geliefert bzw. erbracht werden oder in anderer Weise nicht vertragsmäßig sind.
(2) Wenn
a) für den Bezug von Waren oder Dienstleistungen ein Kredit mit einer anderen Person als dem Lieferanten vereinbart worden ist und
b) zwischen dem Kreditgeber und dem Lieferanten der Waren oder Dienstleistungen eine vorherige Abmachung besteht, wonach Kredite an Kunden dieses Lieferanten zum Zwecke des Erwerbs von Waren oder der Inanspruchnahme von Dienstleistungen des betreffenden Lieferanten ausschließlich von dem betreffenden Kreditgeber bereitgestellt werden, und

c) der unter Buchstabe a) genannte Verbraucher seinen Kredit im Rahmen dieser vorherigen Abmachung erhält und
d) die unter den Kreditvertrag fallenden Waren oder Dienstleistungen nicht oder nur teilweise geliefert werden oder dem Liefervertrag nicht entsprechen und
e) der Verbraucher seine Rechte gegen den Lieferanten erfolglos geltend gemacht hat,
ist der Verbraucher berechtigt, Rechte gegen den Kreditgeber geltend zu machen. Die Mitgliedstaaten bestimmen, wie weit und unter welchen Bedingungen diese Rechte geltend gemacht werden können.

(3) Absatz 2 gilt nicht, wenn der Betrag des betreffenden Einzelgeschäfts unter einem Gegenwert von 200 ECU liegt.

Artikel 12

(1) Die Mitgliedstaaten
a) stellen sicher, dass Personen, die Kredite anbieten oder bereit sind, Kreditverträge zu vermitteln, hierfür entweder speziell in dieser Eigenschaft oder aber als Lieferanten von Waren bzw. Erbringer von Dienstleistungen einer behördlichen Erlaubnis bedürfen; oder
b) stellen sicher, dass Personen, die Kredite gewähren oder die Gewährung von Krediten vermitteln, hinsichtlich dieser Tätigkeit von einer Einrichtung oder Behörde kontrolliert oder überwacht werden; oder
c) fördern die Schaffung geeigneter Einrichtungen, die Beschwerden über Kreditverträge und Kreditbedingungen entgegennehmen und den Verbrauchern einschlägige Informationen oder Ratschläge erteilen.

(2) Die Mitgliedstaaten können vorsehen, dass die in Absatz 1 Buchstabe a) genannte Erlaubnis entbehrlich ist, wenn Personen, die Kreditverträge abzuschließen oder zu vermitteln bereit sind, der Begriffsbestimmung von Artikel 1 der Ersten Richtlinie des Rates vom 12. Dezember 1977 zur Koordinierung der Rechts- und Verwaltungsvorschriften über die Aufnahme und Ausübung der Tätigkeit der Kreditinstitute[8] entsprechen und eine Erlaubnis gemäß den Bestimmungen dieser Richtlinie innehaben.

Besitzen Personen, die Kredite gewähren oder vermitteln, sowohl die spezielle Erlaubnis gemäß Absatz 1 Buchstabe a) als auch die Erlaubnis gemäß der genannten Richtlinie, und wird letztere Erlaubnis später entzogen, so wird die Behörde, die für die Erteilung der speziellen Erlaubnis zur Gewährung von Krediten gemäß Absatz 1 Buchstabe a) zuständig ist, unterrichtet, und sie entscheidet, ob die betreffenden Personen weiterhin Kredite gewähren oder vermitteln dürfen oder ob die gemäß Absatz 1 Buchstabe a) erteilte spezielle Erlaubnis entzogen wird.

Artikel 13

(1) Als ECU im Sinne dieser Richtlinie gilt die Rechnungseinheit, die durch die Verordnung (EWG) Nr. 3180/78, in der Fassung der Verordnung (EWG) Nr. 2626/84, festgelegt worden ist. Der Gegenwert in nationaler Währung ist bei der ersten Festsetzung derjenige, welcher am Tag der Annahme dieser Richtlinie gilt.

---

[8] ABl. Nr. L 322 vom 17. 12. 1977, S. 30.

2. Verbraucherkredit

Die Mitgliedstaaten können die sich bei der Umrechnung der ECU-Beträge ergebenden Beträge in Landeswährung abrunden, wobei die Abrundung 10 ECU nicht übersteigen darf.

(2) Der Rat überprüft auf Vorschlag der Kommission alle fünf Jahre und erstmals im Jahre 1995 die in dieser Richtlinie genannten Beträge unter Berücksichtigung der wirtschaftlichen und monetären Entwicklung in der Gemeinschaft und ändert diese Beträge gegebenenfalls.

Artikel 14
(1) Die Mitgliedstaaten stellen sicher, dass Kreditverträge von den zur Anwendung dieser Richtlinie ergangenen oder dieser Richtlinie entsprechenden innerstaatlichen Vorschriften nicht zum Nachteil des Verbrauchers abweichen.
(2) Die Mitgliedstaaten stellen ferner sicher, dass die Vorschriften, die sie gemäß dieser Richtlinie verabschieden, nicht durch eine besondere Gestaltung der Verträge, insbesondere eine Aufteilung des Kreditbetrags auf mehrere Verträge, umgangen werden.

Artikel 15
Diese Richtlinie hindert die Mitgliedstaaten nicht, in Übereinstimmung mit ihren Verpflichtungen aus dem Vertrag weitergehende Vorschriften zum Schutz der Verbraucher aufrechtzuerhalten oder zu erlassen.

Artikel 16
(1) Die Mitgliedstaaten treffen die erforderlichen Maßnahmen, um dieser Richtlinie spätestens am 1. Januar 1990 nachzukommen. Sie setzen die Kommission unverzüglich davon in Kenntnis.
(2) Die Mitgliedstaaten teilen der Kommission den Wortlaut der wichtigsten innerstaatlichen Rechtsvorschriften mit, die sie auf dem unter diese Richtlinie fallenden Gebiet erlassen.

Artikel 17
Die Kommission legt dem Rat vor dem 1. Januar 1995 einen Bericht über die Anwendung der Richtlinie vor.

Artikel 18
Diese Richtlinie ist an die Mitgliedstaaten gerichtet.

Anhang. Liste der Angaben nach Artikel 4 Absatz 4 Absatz 3
1. Kreditverträge, die die Finanzierung des Erwerbs von bestimmten Waren oder Dienstleistungen betreffen:
i) Beschreibung der Waren oder Dienstleistungen, die Gegenstand des Vertrags sind;
ii) Barzahlungspreis und Preis, der im Rahmen des Kreditvertrags zu zahlen ist;
iii) Betrag einer etwaigen Anzahlung, Anzahl und Betrag der Teilzahlungen und Termine, zu denen sie fällig werden, oder Verfahren, nach dem sie jeweils festgestellt werden können, falls sie zum Zeitpunkt des Vertragsabschlusses noch nicht bekannt sind;

iv) Hinweis darauf, dass der Verbraucher gemäß Artikel 8 bei vorzeitiger Rückzahlung Anspruch auf eine Ermäßigung hat;
v) Hinweis darauf, wer der Eigentümer der Waren ist (sofern das Eigentumsrecht nicht unmittelbar auf den Verbraucher übertragen wird) und unter welchen Voraussetzungen der Verbraucher Eigentümer der Waren wird;
vi) Einzelheiten über etwaige Sicherheiten;
vii) etwaige Bedenkzeit;
viii) Hinweis auf etwaige erforderliche Versicherung(en) und, wenn die Wahl des Versicherers nicht dem Verbraucher überlassen bleibt, Hinweis auf die Versicherungskosten;
ix) etwaige Verpflichtungen, dass der Verbraucher bestimmte Ersparnisse bilden muss, die auf ein Sonderkonto einzuzahlen sind.
2. Kreditverträge, die mittels Kreditkarten abgewickelt werden:
i) etwaige Höchstgrenze des Kredits;
ii) Rückzahlungsbedingungen oder Möglichkeit zur Feststellung dieser Bedingungen;
iii) etwaige Bedenkzeit.
3. Kontokorrent-Kreditverträge, die nicht von anderen Bestimmungen der Richtlinie erfasst werden:
i) etwaige Höchstgrenze des Kredits oder Verfahren zu ihrer Festlegung;
ii) Benutzungs- und Rückzahlungsbedingungen;
iii) etwaige Bedenkzeit.
4. Andere unter die Richtlinie fallende Kreditverträge:
i) etwaige Höchstgrenze des Kredits;
ii) Hinweis auf etwaige Sicherheiten;
iii) Rückzahlungsbedingungen;
iv) etwaige Bedenkzeit;
v) Hinweis darauf, dass der Verbraucher gemäß Artikel 8 bei vorzeitiger Rückzahlung Anspruch auf eine Ermäßigung hat.

Anhang II. Grundgleichung
Mit folgender Gleichung wird die Gleichheit zwischen Darlehen einerseits und Tilgungszahlen andererseits ausgedrückt

$$\sum_{K=1}^{K=m} \frac{A_K}{(1+i)^{t_K}} = \sum_{K'=1}^{K'=m'} \frac{A'_{K'}}{(1+i)^{t_{K'}}}$$

Hierbei ist:
K   die laufende Nummer eines Darlehens
K'   die laufende Nummer einer Tilgungszahlung oder einer Zahlung von Kosten
A_K der Betrag des Darlehens mit der Nummer K
$A'_{K'}$ der Betrag der Tilgungszahlung oder der Zahlung von Kosten mit der Nummer K'
Σ das Summationszeichen,

m	die laufende Nummer des letzten Darlehens
m'	die laufende Nummer der letzten Tilgungszahlung oder der letzten Zahlung der Kosten
t_K	der in Jahren oder Jahresbruchteilen ausgedrückte Zeitabstand zwischen dem Zeitpunkt der Darlehensvergabe mit der Nummer 1 und den Zeitpunkten der späteren Darlehen mit der Nummer 2 bis m
$t_{K'}$	der in Jahren oder Jahresbruchteilen ausgedrückte Zeitabstand zwischen dem Zeitpunkt der Darlehensvergabe mit der Nummer 1 und den Zeitpunkten der Tilgungszahlung oder Zahlungen von Kosten mit den Nummern 1 bis m'
i	der effektive Zinssatz, der entweder algebraisch oder durch schrittweise Annäherungen oder durch ein Computerprogramm errechnet werden kann, wenn die sonstigen Gleichungsgrößen aus dem Vertrag oder auf andere Weise bekannt sind.

Anmerkungen:
a) Die von beiden Seiten zu unterschiedlichen Zeitpunkten gezahlten Beträge sind nicht notwendigerweise gleich groß und werden nicht notwendigerweise in gleichen Zeitabständen entrichtet.
b) Anfangszeitpunkt ist der Tag der ersten Darlehensvergabe.
c) Die Spanne zwischen diesen Zeitpunkten wird in Jahren oder Jahresbruchteilen ausgedrückt.

Anhang III. Berechnungsbeispiele

Erstes Beispiel
Darlehenssumme: S = 1000 ECU.
Diese Summe wird in einer einzigen Zahlung in Höhe von 1 200 ECU nach 18 Monaten, d. h. 1½ Jahre nach der Darlehensaufnahme, zurückgezahlt.

Daraus ergibt sich folgende Gleichung: $1\,000 = \dfrac{1\,200}{(1+i)^{1,5}}$

oder $(1+i)^{1,5} = 1,2$

$1 + i = 1,129243\ldots$

$i = 0,129243\ldots$

Dieser Betrag wird auf 12,9 % oder 12,92 % abgerundet, je nachdem, ob der Staat oder die Usancen einen Toleranzspielraum von einer oder zwei Dezimalstellen erlauben.

Zweites Beispiel
Die Darlehenssumme beträgt S = 1000 ECU, jedoch behält der Darlehensgeber 50 ECU für Nachforschungs- und Bearbeitungskosten ein, so dass sich das tatsächliche Darlehen nur auf 950 ECU beläuft; die Tilgung der 1 200 ECU erfolgt wie im ersten Beispiel 18 Monate nach der Darlehensaufnahme.

Es ergibt sich folgende Gleichung: $950 = \dfrac{1\,200}{(1+i)^{1,5}}$

oder $(1+i)^{1,5} = \dfrac{1\,200}{950} = 1,263157\ldots$

$1 + i = 1,16851\ldots$

$$i = 0{,}16851 \ldots$$ Dieses Ergebnis wird auf 16,9 % aufgerundet bzw. auf 16,85 % abgerundet.

Drittes Beispiel

Die Darlehenssumme beträgt 1 000 ECU, die in zwei Tilgungsraten von jeweils 600 ECU nach einem bzw. nach zwei Jahren zurückzuzahlen ist.

Hieraus ergibt sich folgende Gleichung: $1\ 000 = \dfrac{600}{1+i} + \dfrac{600}{(1+i)^2}$

Die Gleichung ist algebraisch lösbar und führt zu dem Ergebnis i = 0,1306623, das auf 13,1 % bzw. 13,07 % aufgerundet wird.

Viertes Beispiel

Die Darlehenssumme beträgt 1 000 ECU: der Darlehensgeber hat folgende Raten zurückzuzahlen:

nach drei Monaten (ein Vierteljahr)	272 ECU
nach sechs Monaten (ein halbes Jahr)	272 ECU
nachzwölf Monaten (ein Jahr)	544 ECU
Insgesamt	1 088 ECU

Es ergibt sich folgende Gleichung: $1\ 000 = \dfrac{272}{(1+i)^{0,25}} + \dfrac{272}{(1+i)^{0,50}} + \dfrac{544}{1+i}$

Mit dieser Gleichung kann i durch schrittweise Annäherungen, die auf einem Taschenrechner programmiert werden können, errechnet werden.

Man gelangt zu:
i = 0,1321. Das Ergebnis wird auf 13,2 bzw. 13,21 % aufgerundet.

3. Richtlinie des Europäischen Parlaments und des Rates vom 26. Oktober 1994 zum Schutz der Erwerber im Hinblick auf bestimmte Aspekte von Verträgen über den Erwerb von Teilzeitnutzungsrechten an Immobilien (94/47/EG)

Amtsblatt Nr. L 280 vom 29/10/1994, S. 83–87

DAS EUROPÄISCHE PARLAMENT UND DER RAT DER EUROPÄISCHEN UNION –
gestützt auf den Vertrag zur Gründung der Europäischen Gemeinschaft, insbesondere auf Artikel 100a, auf Vorschlag der Kommission[1], nach Stellungnahme des Wirtschafts- und Sozialausschusses[2], gemäß dem Verfahren des Artikels 189B des Vertrages[3], in Erwägung nachstehender Gründe:

1. Die Unterschiede zwischen den einzelstaatlichen Rechtsvorschriften für Verträge über den Erwerb eines Teilzeitnutzungsrechts an einer oder mehreren Immobilien sind geeignet, das ordnungsgemäße Funktionieren des Binnenmarktes zu behindern sowie Wettbewerbsverzerrungen und eine Abschottung der einzelstaatlichen Märkte zu bewirken.

2. Zweck der vorliegenden Richtlinie ist es, eine minimale Grundlage an gemeinsamen Vorschriften auf diesem Gebiet zu schaffen, die das ordnungsgemäße Funktionieren des Binnenmarktes und damit auch den Schutz der Erwerber gewährleisten. Es genügt, wenn diese Vorschriften nur bestimmte Aspekte der Vertragsabschlüsse, nämlich die Information über die Vertragsinhalte und die Einzelheiten der Übermittlung dieser Information sowie die Verfahren und Einzelheiten des Rücktrittsrechts betreffen. Das geeignete Instrument zur Verwirklichung des angestrebten Ziels ist eine Richtlinie; die vorliegende Richtlinie beachtet somit das Subsidiaritätsprinzip.

3. Die Rechtsnatur der Rechte, die Gegenstand der unter diese Richtlinie fallenden Verträge sind, ist in den Mitgliedstaaten sehr unterschiedlich. Daher muss in zusammenfassender Weise auf diese unterschiedlichen Rechtsvorschriften Bezug genommen und eine ausreichend weit gefasste Definition dieser Verträge vorgesehen werden, ohne dass dies eine Harmonisierung der Rechtsnatur der fraglichen Rechte auf Gemeinschaftsebene voraussetzt.

4. Diese Richtlinie soll weder regeln, inwieweit Verträge über die Teilzeitnutzung einer oder mehrerer Immobilien in den Mitgliedstaaten geschlossen werden können, noch die Rechtsgrundlagen dieser Verträge festlegen.

5. In der Praxis unterscheiden sich Verträge über den Erwerb eines Teilzeitnutzungsrechts an einer oder mehreren Immobilien von Mietverträgen. Dieser Unterschied wird unter anderem in der Zahlungsweise deutlich.

---

[1] ABl. Nr. C 299 vom 5. 11. 1993, S. 8.
[2] ABl. Nr. C 108 vom 19. 4. 1993, S. 1.
[3] Stellungnahme des Europäischen Parlaments (ABl. Nr. C 176 vom 28. 6. 1993, S. 95 und ABl. Nr. C 255 vom 20. 9. 1993, S. 70), bestätigt am 2. Dezember 1993 (ABl. Nr. C 342 vom 20. 12. 1993, S. 3), Gemeinsamer Standpunkt des Rates vom 4. März 1994 (ABl. Nr. C 137 vom 19. 5. 1994, S. 42), Beschluss des Europäischen Parlaments vom 4. Mai 1994, (noch nicht im Amtsblatt veröffentlicht); Gemeinsamer Entwurf des Vermittlungsausschusses vom 22. September 1994.

6. Es zeigt sich auf dem Markt, dass auch Hotels, Ferienanlagen und vergleichbare Wohnanlagen für Touristen von Vertragsabschlüssen wie denen, die diese Richtlinie erforderlich gemacht haben, betroffen sind.

7. Es ist wichtig, irreführende oder unvollständige Angaben bei der Information, die speziell den Verkauf von Teilzeitnutzungsrechten an einer oder mehreren Immobilien betrifft, zu unterbinden. Diese Information muss durch ein zusätzliches Schriftstück ergänzt werden, das jedem Interessenten auf Wunsch zur Verfügung gestellt werden muss. Die in dem ergänzenden Schriftstück enthaltenen Informationen müssen Bestandteil des Vertrages über den Erwerb von Teilzeitnutzungsrechten an einer oder mehreren Immobilien sein.

8. Zur Gewährleistung eines hohen Schutzes für den Erwerber und angesichts der besonderen Merkmale von Systemen zur Teilzeitnutzung von Immobilien muss der Vertrag über den Erwerb von Teilzeitnutzungsrechten an einer oder mehreren Immobilien bestimmte Mindestangaben enthalten.

9. Um den Erwerber in diesem Bereich wirksam zu schützen, sind die von den Verkäufern gegenüber den Erwerbern einzuhaltenden Mindestverpflichtungen genau festzulegen.

10. Der Vertrag über den Erwerb eines Teilzeitnutzungsrechts an einer oder mehreren Immobilien muss in der oder einer zu den Amtssprachen der Gemeinschaft zählenden Sprache des Mitgliedstaats, in dem der Erwerber seinen Wohnsitz hat, oder des Mitgliedstaats, dessen Staatsangehöriger er ist, abgefasst sein. Der Mitgliedstaat, in dem der Erwerber seinen Wohnsitz hat, kann jedoch vorschreiben, dass der Vertrag in seiner oder seinen zu den Amtssprachen der Gemeinschaft zählenden Sprache(n) abgefasst ist. Es ist eine beglaubigte Übersetzung des Vertrages vorzusehen, damit die Formvorschriften des Mitgliedstaats, in dem die Immobilie belegen ist, erfüllt werden können.

11. Um dem Erwerber die Möglichkeit zu geben, die sich aus geschlossenen Verträgen ergebenden Verpflichtungen und die damit zusammenhängenden Rechte besser zu beurteilen, ist ihm eine Frist einzuräumen, innerhalb deren er ohne Angabe von Gründen vom Vertrag zurücktreten kann, wobei die Tatsache berücksichtigt werden muss, dass die Immobilie vielfach in einem anderen Staat belegen ist und einem anderen Recht als dem des Staates des Erwerbers unterliegt.

12. Forderungen des Verkäufers nach Anzahlungen vor Ablauf der Frist, innerhalb deren der Erwerber ohne Angabe von Gründen vom Vertrag zurücktreten kann, können den Schutz des Erwerbers mindern. Anzahlungen vor Ablauf der genannten Frist sind folglich zu verbieten.

13. Bei Rücktritt von einem Vertrag über den Erwerb von Teilzeitnutzungsrechten an einer oder mehreren Immobilien, deren Kaufpreis vollständig oder teilweise durch einen Kredit abgedeckt ist, der dem Erwerber vom Verkäufer oder einem Dritten aufgrund einer Vereinbarung zwischen diesem und dem Verkäufer gewährt wird, ist es angezeigt, dass der Kreditvertrag entschädigungsfrei aufgelöst wird.

14. In einigen Fällen besteht die Gefahr, dass dem Verbraucher der in dieser Richtlinie vorgesehene Schutz vorenthalten wird, indem das Recht eines Drittlandes als das auf den Vertrag anwendbare Recht bestimmt wird. Daher sind Bestimmungen vorzusehen, die dieser Gefahr vorbeugen.

15. Es obliegt den Mitgliedstaaten, Maßnahmen zu erlassen, die darauf abzielen, die Erfüllung der Verpflichtungen des Verkäufers zu gewährleisten –
HABEN FOLGENDE RICHTLINIE ERLASSEN:

3. Teilzeitnutzungsrechte an Immobilien

Artikel 1

Gegenstand dieser Richtlinie ist die Angleichung der Rechts- und Verwaltungsvorschriften der Mitgliedstaaten zum Schutz der Erwerber hinsichtlich bestimmter Aspekte von Verträgen, die unmittelbar oder mittelbar den Erwerb von Teilzeitnutzungsrechten an einer oder mehreren Immobilien („time-sharing") betreffen.

Diese Richtlinie betrifft nur folgende Aspekte der Bestimmungen über Vertragsabschlüsse:
– Information über die Vertragsinhalte und Einzelheiten der Übermittlung dieser Information;
– Verfahren und Einzelheiten des Rücktrittsrechts.

Unter Einhaltung der allgemeinen Bestimmungen des Vertrages behalten die Mitgliedstaaten die Zuständigkeit für die übrigen Aspekte, unter anderem die Festlegung der Rechtsnatur der Rechte, die Gegenstand der von dieser Richtlinie betroffenen Verträge sind.

Artikel 2

Im Sinne dieser Richtlinie bezeichnet der Ausdruck – „Vertrag über den unmittelbaren oder mittelbaren Erwerb von Teilzeitnutzungsrechten an einer oder mehreren Immobilien", im folgenden „Vertrag" genannt, einen Vertrag oder eine Gruppe von Verträgen mit einer Mindestlaufzeit von drei Jahren, durch den (die) unmittelbar oder mittelbar gegen Zahlung eines bestimmten Gesamtpreises ein dringliches Recht oder ein sonstiges Nutzungsrecht an einer oder mehreren Immobilien für einen bestimmten oder einen zu bestimmenden Zeitraum des Jahres, der nicht weniger als eine Woche betragen darf, begründet oder übertragen wird oder eine entsprechende Übertragungsverpflichtung begründet wird;

– „Immobilie" das Wohngebäude als Ganzes oder den Teil eines Wohngebäudes, auf das/den sich das im Vertrag vorgesehene Recht erstreckt;

– „Verkäufer" jede natürliche oder juristische Person, die im Rahmen ihrer Berufsausübung durch die unter diese Richtlinie fallenden Vertragsabschlüsse das im Vertrag vorgesehene Recht begründet, überträgt oder zu übertragen sich verpflichtet;

– „Erwerber" jede natürliche Person, der das im Vertrag vorgesehene Recht übertragen wird oder zu deren Gunsten es begründet wird und die bei den unter diese Richtlinie fallenden Vertragsabschlüssen für einen Zweck handelt, der als außerhalb ihrer Berufsausübung liegend betrachtet werden kann.

Artikel 3

(1) Die Mitgliedstaaten sehen in ihren Rechtsvorschriften Maßnahmen vor, denen zufolge der Verkäufer verpflichtet ist, jedem Interessenten, der Informationen über die Immobilie(n) wünscht, ein Schriftstück auszuhändigen, das außer einer allgemeinen Beschreibung dieser Immobilie(n) zumindest kurze, genaue Angaben über die im Anhang unter den Buchstaben a) bis g), i) und l) aufgeführten Punkte sowie einen Hinweis darüber enthält, wie weitere Informationen zu erhalten sind.

(2) Die Mitgliedstaaten sehen in ihren Rechtsvorschriften vor, dass alle Angaben nach Absatz 1, die in dem in Absatz 1 genannten Schriftstück enthalten sein müssen, Bestandteil des Vertrages sind.

Ohne ausdrückliche Vereinbarung der Vertragsparteien dürfen Änderungen der in dem Schriftstück nach Absatz 1 enthaltenen Angaben nur aufgrund von Umständen vorgenommen werden, auf die der Verkäufer keinen Einfluss hat.
Änderungen dieser Angaben müssen dem Erwerber vor Abschluss des Vertrages mitgeteilt werden. In dem Vertrag muss ausdrücklich auf diese Änderungen hingewiesen werden.

(3) In jeder Werbung für die betreffende Immobilie ist anzugeben, dass das in Absatz 1 genannte Schriftstück erhältlich ist und wo es angefordert werden kann.

Artikel 4

Die Mitgliedstaaten sehen in ihren Rechtsvorschriften vor,
– dass der Vertrag, der der Schriftform bedarf, mindestens die im Anhang genannten Angaben enthalten muss,
– dass der Vertrag und das in Artikel 3 Absatz 1 genannte Schriftstück nach Wahl des Erwerbers in der oder einer zu den Amtssprachen der Gemeinschaft zählenden Sprache des Mitgliedstaats, in dem der Erwerber seinen Wohnsitz hat, oder des Mitgliedstaats, dessen Staatsangehöriger er ist, abgefasst sein müssen. Der Mitgliedstaat, in dem der Erwerber seinen Wohnsitz hat, kann jedoch vorschreiben, dass der Vertrag auf jeden Fall zumindest in seiner oder seinen zu den Amtssprachen der Gemeinschaft zählenden Sprache(n) abgefasst ist; und – dass der Verkäufer dem Erwerber eine beglaubigte Übersetzung des Vertrages in der oder einer zu den Amtssprachen der Gemeinschaft zählenden Sprache des Mitgliedstaats aushändigen muss, in dem die Immobilie belegen ist.

Artikel 5

Die Mitgliedstaaten sehen in ihren Rechtsvorschriften folgendes vor:
1. Der Erwerber hat neben den Möglichkeiten, die ihm aufgrund der nationalen Rechtsvorschriften zur Vertragsungültigkeit offen stehen, folgende Rechte:
– Er kann innerhalb von 10 Tagen nach Unterzeichnung des Vertrages durch beide Parteien oder nach Unterzeichnung eines verbindlichen Vorvertrags durch beide Parteien ohne Angabe von Gründen von dem Vertrag zurücktreten. Ist der zehnte Tag ein Sonn- oder Feiertag, wird die Frist bis zum folgenden ersten Arbeitstag verlängert.
– Er kann innerhalb von drei Monaten nach Unterzeichnung des Vertrages durch beide Parteien oder nach Unterzeichnung eines verbindlichen Vorvertrags durch beide Parteien von dem Vertrag zurücktreten, wenn der Vertrag zu diesem Zeitpunkt nicht die unter den Buchstaben a), b), c), d) Nummern 1 und 2, h), i), k), l) und m) des Anhangs genannten Angaben enthält. Werden die genannten Angaben innerhalb von drei Monaten vorgelegt, so verfügt der Erwerber von diesem Zeitpunkt an gerechnet über die unter dem ersten Gedankenstrich genannte Rücktrittsfrist.
– Macht der Erwerber von seinem Rücktrittsrecht binnen der unter dem zweiten Gedankenstrich vorgesehenen Frist von drei Monaten keinen Gebrauch und enthält der Vertrag nicht die unter den Buchstaben a), b), c) d) Nummern 1 und 2, h), i), k), l) und m) des Anhangs genannten Angaben, so verfügt der Erwerber vom Tag nach Ablauf der Frist an gerechnet über die unter dem ersten Gedankenstrich genannte Rücktrittsfrist.

3. Teilzeitnutzungsrechte an Immobilien

2. Will der Erwerber die Rechte gemäß Nummer 1 wahrnehmen, so teilt er dies entsprechend den im Vertrag gemäß Buchstabe l) des Anhangs dargelegten Modalitäten vor Fristablauf, und so, dass dies entsprechend den nationalen Rechtsvorschriften nachgewiesen werden kann, der Person mit, deren Name und Anschrift zu diesem Zweck im Vertrag angegeben sind. Die Frist gilt als gewahrt, wenn die Mitteilung, sofern sie schriftlich erfolgt, vor Fristablauf abgesandt wird.

3. Macht der Erwerber von dem Recht gemäß Nummer 1 erster Gedankenstrich Gebrauch, so ist er gegebenenfalls nur zur Erstattung der Kosten verpflichtet, die nach den einzelstaatlichen Rechtsvorschriften aufgrund des Vertragsabschlusses und des Rücktritts vom Vertrag anfallen und die durch Rechtshandlungen entstanden sind, die unbedingt vor Ablauf des in Nummer 1 erster Gedankenstrich genannten Zeitraums vorgenommen werden müssen. Diese Kosten müssen im Vertrag ausdrücklich genannt sein.

4. Macht der Erwerber von dem Rücktrittsrecht gemäß Nummer 1 zweiter Gedankenstrich Gebrauch, so ist er zu keiner Erstattung verpflichtet.

Artikel 6

Die Mitgliedstaaten sehen in ihren Rechtsvorschriften vor, dass vom Erwerber vor Ablauf der in Artikel 5 Nummer 1 erster Gedankenstrich genannten Rücktrittsfrist keinerlei Anzahlungen geleistet werden dürfen.

Artikel 7

Die Mitgliedstaaten sehen in ihren Rechtsvorschriften folgendes vor:
– Wenn der Preis vollständig oder zum Teil durch einen vom Verkäufer gewährten Kredit finanziert wird oder
– wenn der Preis vollständig oder zum Teil durch einen Kredit finanziert wird, der dem Erwerber von einem Dritten aufgrund einer Vereinbarung zwischen dem Dritten und dem Verkäufer gewährt wird,

wird der Kreditvertrag entschädigungsfrei aufgelöst, falls der Erwerber von seinem Recht auf Rücktritt von dem Vertrag gemäß Artikel 5 Gebrauch macht.
Die näheren Bestimmungen für die Auflösung des Kreditvertrags werden von den Mitgliedstaaten festgelegt.

Artikel 8

Die Mitgliedstaaten sehen in ihren Rechtsvorschriften vor, dass eine Vertragsbestimmung, wonach der Erwerber auf die Wahrnehmung der ihm aufgrund dieser Richtlinie eingeräumten Rechte verzichtet oder wonach der Verkäufer von den ihm aus dieser Richtlinie erwachsenden Verpflichtungen entbunden wird, den Erwerber nach den Bedingungen ihrer innerstaatlichen Rechtsvorschriften nicht bindet.

Artikel 9

Die Mitgliedstaaten ergreifen die erforderlichen Maßnahmen, damit dem Erwerber unabhängig von dem jeweils anwendbaren Recht der durch diese Richtlinie gewährte Schutz nicht vorenthalten wird, wenn die Immobilie in dem Hoheitsgebiet eines Mitgliedstaats belegen ist.

Artikel 10
Die Mitgliedstaaten regeln die Folgen der Nichtbeachtung der Bestimmungen dieser Richtlinie.

Artikel 11
Diese Richtlinie lässt das Recht der Mitgliedstaaten unberührt, unbeschadet der ihnen aus dem Vertrag erwachsenden Verpflichtungen vorteilhaftere Vorschriften zum Schutz des Erwerbers in dem unter die Richtlinie fallenden Bereich zu erlassen oder beizubehalten.

Artikel 12
(1) Die Mitgliedstaaten erlassen die erforderlichen Rechts- und Verwaltungsvorschriften, um dieser Richtlinie spätestens 30 Monate nach ihrer Veröffentlichung im ABl. der Europäischen Gemeinschaften nachzukommen. Sie setzen die Kommission unverzüglich davon in Kenntnis. Wenn die Mitgliedstaaten Vorschriften nach Absatz 1 erlassen, nehmen sie in den Vorschriften selbst oder durch einen Hinweis bei der amtlichen Veröffentlichung auf diese Richtlinie Bezug. Die Mitgliedstaaten regeln die Einzelheiten der Bezugnahme.

(2) Die Mitgliedstaaten teilen der Kommission den Wortlaut der innerstaatlichen Rechtsvorschriften mit, die sie auf dem unter diese Richtlinie fallenden Gebiet erlassen.

Artikel 13
Diese Richtlinie ist an die Mitgliedstaaten gerichtet.

Anhang. Mindestangaben, die nach Artikel 4 in dem Vertrag enthalten sein müssen

1. a) Name und Wohnsitz der Vertragsparteien mit genauer Angabe der Rechtsstellung des Verkäufers zum Zeitpunkt des Vertragsabschlusses sowie Name und Wohnsitz des Eigentümers;
b) genaue Angabe der Art des im Vertrag vorgesehenen Rechts sowie eine Klausel mit Angabe der Bedingungen für die Ausübung dieses Rechts im Hoheitsgebiet der Mitgliedstaaten, in denen die Immobilie(n) belegen ist (sind), und mit der Angabe, ob diese Bedingungen erfüllt sind oder welche Bedingungen gegebenenfalls noch zu erfüllen sind;
c) genaue Beschreibung der Immobilie und ihrer Belegenheit, sofern sich das Recht auf eine bestimmte Immobilie bezieht;
d) bei einer im Bau befindlichen Immobilie 1. Angaben über den Stand der Bauarbeiten,
2. Angabe einer angemessenen Schätzung der Frist für die Fertigstellung der Immobilie,
3. wenn es sich um eine bestimmte Immobilie handelt, das Aktenzeichen der Baugenehmigung sowie Name und vollständige Anschrift der zuständigen Behörde(n),
4. Angaben über den Stand der Arbeiten an den gemeinsamen Dienstleistungen, die zur Nutzung der Immobilie erforderlich sind (Gas-, Strom-, Wasser- und Telefonanschluss),
5. Garantien für die ordnungsgemäße Fertigstellung der Immobilie und für die Rückzahlung aller getätigten Zahlungen für den Fall, dass die Immobilie nicht fer-

3. Teilzeitnutzungsrechte an Immobilien

tiggestellt wird, sowie gegebenenfalls Angabe der Durchführungsbestimmungen für diese Garantien;
e) Angabe der gemeinsamen Dienstleistungen (Licht, Wasser, Instandhaltung, Müllabfuhr), die dem Erwerber zur Verfügung stehen oder zur Verfügung stehen werden, sowie ihrer Nutzungsbedingungen;
f) Angabe der gemeinsamen Einrichtungen wie Schwimmbad, Sauna usw., zu denen der Erwerber gegebenenfalls Zugang hat oder erhalten wird, sowie gegebenenfalls der Zugangsbedingungen;
g) Grundsätze, nach denen Instandhaltung und Instandsetzung sowie Verwaltung und Betriebsführung der Immobilie erfolgen;
h) genaue Angabe des Zeitraums, innerhalb dessen das im Vertrag vorgesehene Recht ausgeübt werden kann, sowie gegebenenfalls die Geltungsdauer der vertraglich vereinbarten Regelung; Angabe des Zeitpunkts, ab dem der Erwerber das im Vertrag vorgesehene Recht in Anspruch nehmen kann;
i) Angaben zum Preis, den der Erwerber für die Ausübung des im Vertrag vorgesehenen Rechts zu entrichten hat; eine Schätzung des Betrages, den der Erwerber für die Nutzung der gemeinsamen Einrichtungen und der gemeinsamen Dienstleistungen zu zahlen hat; die Berechnungsgrundlage der Kosten für die Nutzung der jeweiligen Immobilie durch den Erwerber, der gesetzlichen Kosten (Steuern, Abgaben) sowie der zusätzlichen Verwaltungskosten (für Betriebsführung, Instandhaltung und Instandsetzung);
j) eine Klausel, nach der der Erwerb mit keinen anderen als den im Vertrag angegebenen Kosten, Lasten oder Verpflichtungen verbunden ist;
k) Angaben darüber, ob eine Beteiligung an einer Regelung über den Umtausch und/oder die Weiterveräußerung des im Vertrag vorgesehenen Rechts möglich ist, sowie Angabe der etwaigen Kosten, falls der Umtausch und/oder die Weiterveräußerung vom Verkäufer oder einem von ihm im Vertrag bezeichneten Dritten übernommen werden;
l) Informationen zum Recht auf Rücktritt vom Vertrag und Angabe der Person, der ein etwaiger Rücktritt mitzuteilen ist, sowie der Bedingungen für die Mitteilung; genaue Angaben zu Art und Höhe der Unkosten, die der Erwerber nach Artikel 5 Nummer 3 dieser Richtlinie erstatten muss, falls er von seinem Rücktrittsrecht Gebrauch macht; gegebenenfalls Angaben zu den näheren Bestimmungen für die Auflösung des mit dem Vertrag verbundenen Kreditvertrags, falls vom ersteren zurückgetreten wird;
m) Zeitpunkt und Ort der Unterzeichnung des Vertrages durch jede Vertragspartei.

4. Richtlinie des Rates vom 13. Juni 1990 über Pauschalreisen (90/314/EWG)

Amtsblatt Nr. L 158 vom 23/06/1990, S. 59–64

DER RAT DER EUROPÄISCHEN GEMEINSCHAFTEN –
gestützt auf den Vertrag zur Gründung der Europäischen Wirtschaftsgemeinschaft, insbesondere auf Artikel 100a, auf Vorschlag der Kommission[1], in Zusammenarbeit mit dem Europäischen Parlament[2], nach Stellungnahme des Wirtschafts- und Sozialausschusses[3], in Erwägung nachstehender Gründe:
Eines der Hauptziele der Gemeinschaft ist die Vollendung des Binnenmarktes, in dem der Fremdenverkehrssektor einen wichtigen Teil ausmacht. Die Rechtsvorschriften der einzelnen Mitgliedstaaten über Pauschalreisen weisen zahlreiche Unterschiede auf, und die einzelstaatlichen Praktiken auf diesem Gebiet sind sehr unterschiedlich. Dies führt zu Hindernissen für den freien Dienstleistungsverkehr auf dem Gebiet der Pauschalreisen und zu Verzerrungen des Wettbewerbs zwischen den in den verschiedenen Mitgliedstaaten ansässigen Unternehmen des Reisegewerbes.
Gemeinsame Regeln für Pauschalreisen werden zur Beseitigung dieser Hindernisse und somit zur Verwirklichung eines gemeinsamen Dienstleistungsmarktes beitragen. Die in einem Mitgliedstaat ansässigen Unternehmen des Reisegewerbes werden ihre Dienstleistungen infolgedessen in anderen Mitgliedstaaten anbieten können, und die Verbraucher in der Gemeinschaft erhalten die Möglichkeit, in sämtlichen Mitgliedstaaten Pauschalreisen zu vergleichbaren Bedingungen zu buchen.
Unter Nummer 36 Buchstabe b) des Anhangs zu der Entschließung des Rates vom 19. Mai 1981 betreffend ein zweites Programm der Europäischen Wirtschaftsgemeinschaft für eine Politik zum Schutz und zur Unterrichtung der Verbraucher[4] wird die Kommission aufgefordert, Untersuchungen insbesondere über den Fremdenverkehr durchzuführen und gegebenenfalls geeignete Vorschläge zu unterbreiten; dabei soll sie deren Bedeutung für den Verbraucherschutz sowie die Auswirkungen der Unterschiede zwischen den Rechtsvorschriften der Mitgliedstaaten auf das ordnungsgemäße Funktionieren des Gemeinsamen Marktes berücksichtigen.
In der Entschließung vom 10. April 1984 zu einer Fremdenverkehrspolitik der Gemeinschaft[5] befürwortet der Rat die Initiative der Kommission, auf die Bedeutung des Fremdenverkehrs hinzuweisen, und nimmt Kenntnis von den ersten Überlegungen der Kommission zu einer Fremdenverkehrspolitik der Gemeinschaft.
Die Mitteilung der Kommission an den Rat „Neuer Impuls für die Politik zum Schutz der Verbraucher", die durch eine Entschließung des Rates vom 6. Mai 1986[6] angenommen wurde, nennt in Absatz 37 unter den von der Kommission vorgeschlagenen Maßnahmen die Harmonisierung der Rechtsvorschriften für Pauschalreisen.
Dem Fremdenverkehr kommt eine ständig wachsende Bedeutung im Wirtschaftsleben der Mitgliedstaaten zu. Pauschalreisen bilden einen wichtigen Teil des Fremdenverkehrs.

---

[1] ABl. Nr. C 96 vom 12. 4. 1988, S. 5.
[2] ABl. Nr. C 69 vom 20. 3. 1989, S. 120, und ABl. Nr. C 149 vom 18. 6. 1990.
[3] ABl. Nr. C 102 vom 24. 4. 1989, S. 27.
[4] ABl. Nr. C 165 vom 23. 6. 1981, S. 24.
[5] ABl. Nr. C 115 vom 30. 4. 1984, S. 1.
[6] ABl. Nr. C 118 vom 7. 3. 1986, S. 28.

4. Pauschalreisen

Dieser Zweig des Reisegewerbes in den Mitgliedstaaten würde zu stärkerem Wachstum und erhöhter Produktivität angeregt, wenn es ein Minimum an gemeinsamen Regeln gäbe, um diesen Wirtschaftszweig auf Gemeinschaftsebene zu strukturieren. Dies würde nicht nur den Bürgern der Gemeinschaft zugute kommen, die aufgrund dieser Regeln organisierte Pauschalreisen buchen, sondern würde auch Reisende aus Drittländern anziehen, denen die Vorteile aus garantierten Mindestleistungen bei Pauschalreisen ein Anreiz wären.

Die Vorschriften über den Verbraucherschutz weisen in den Mitgliedstaaten Unterschiede auf, die die Verbraucher eines Mitgliedstaats davon abhalten, Pauschalreisen in einem anderen Mitgliedstaat zu buchen.

Dies ist für die Verbraucher ein besonders starker Hinderungsgrund, Pauschalreisen außerhalb ihres eigenen Mitgliedstaates zu buchen, und beeinflusst seine Entscheidung in diesem Falle mehr als bei dem Erwerb anderer Dienstleistungen, da die besonderen Merkmale der bei einer Pauschalreise zu erbringenden Dienstleistungen im allgemeinen die vorherige Zahlung größerer Geldbeträge voraussetzen und die Dienstleistungen in einem anderen Staat als dem bewirkt werden, in dem der Verbraucher seinen Wohnsitz hat.

Der in dieser Richtlinie vorgesehene Schutz gilt auch für den Verbraucher, der einen Pauschalreisevertrag durch Abtretung erworben hat oder Mitglied einer Gruppe ist, für die eine andere Person einen Pauschalreisevertrag abgeschlossen hat.

Reiseveranstalter und/oder Reisevermittler müssen verpflichtet sein sicherzustellen, dass die Beschreibungen der von ihnen veranstalteten oder angebotenen Pauschal reisen keine irreführenden Angaben enthalten und dass dem Verbraucher in den ihm zur Verfügung gestellten Reiseprospekten klare und genaue Informationen erteilt werden.

Der Verbraucher muss eine Abschrift der für die Pauschalreise geltenden Vertragsbedingungen erhalten. Zu diesem Zweck sollte vorgeschrieben werden, dass alle Vertragsbedingungen schriftlich oder in einer anderen dem Verbraucher verständlichen und zugänglichen Form festgehalten und ihm in Abschrift ausgehändigt werden.

Dem Verbraucher ist unter bestimmten Umständen die Möglichkeit einzuräumen, eine von ihm gebuchte Pauschalreise auf einen Dritten zu übertragen.

Die vertraglich festgelegten Preise dürfen grundsätzlich nicht geändert werden, es sei denn, die Möglichkeit einer Preiserhöhung oder -senkung ist im Vertrag ausdrücklich vorgesehen. Diese Möglichkeit ist jedoch an gewisse Bedingungen zu knüpfen.

Der Verbraucher muss unter bestimmten Umständen die Möglichkeit haben, von einer gebuchten Pauschalreise vor ihrem Antritt zurückzutreten.

Es ist klar festzulegen, welche Ansprüche der Verbraucher geltend machen kann, falls der Reiseveranstalter die Pauschalreise vor dem vereinbarten Abreisetermin storniert.

Falls dem Verbraucher nach Antritt einer Pauschalreise ein erheblicher Teil der vertraglich vereinbarten Leistungen nicht erbracht wird oder falls der Reiseveranstalter feststellt, dass er einen bedeutenden Teil dieser Leistungen nicht erbringen kann, muss er dem Verbraucher gegenüber bestimmte Verpflichtungen haben.

Der Veranstalter und/oder Vermittler, der Vertragspartei ist, hat gegenüber dem Verbraucher die Haftung für die ordnungsgemäße Erfüllung der sich aus dem Vertrag ergebenden Verpflichtungen zu übernehmen. Ferner haben der Veranstalter und/oder der Vermittler die Haftung für Schäden zu übernehmen, die dem Verbraucher aus der Nichterfüllung oder der mangelhaften Erfüllung des Vertrages entstehen, es sei denn, dass die bei der Ausführung des Vertrages festgestellten Mängel weder auf einem Verschulden ihrerseits noch auf einem Verschulden eines anderen Dienstleistungsträgers beruhen.

Wenn der Veranstalter und/oder der Vermittler die Nichterfüllung oder die mangelhafte Erfüllung von Leistungen, die Bestandteil der Pauschalreise sind, zu vertreten hat, sollte die Haftung gemäß den internationalen Übereinkommen über diese Leistungen beschränkt werden können, insbesondere gemäß dem Warschauer Übereinkommen von 1929 über den internationalen Luftverkehr, dem Berner Übereinkommen von 1961 über den Eisenbahnfrachtverkehr, dem Athener Übereinkommen von 1974 über den Seeverkehr und dem Pariser Übereinkommen von 1962 über die Haftung der Gastwirte. Bei anderen Schäden als Körperschäden sollte es auch möglich sein, die Haftung im Pauschalreisevertrag zu beschränken, allerdings nicht in unangemessener Weise.

Es sind Maßnahmen zur Unterrichtung des Verbrauchers und zur Regelung von Beanstandungen vorzusehen.

Sowohl dem Verbraucher als auch der Pauschalreisebranche wäre damit gedient, wenn der Reiseveranstalter und/oder -vermittler verpflichtet wäre, Sicherheiten für den Fall der Zahlungsunfähigkeit oder des Konkurses nachzuweisen.

Die Mitgliedstaaten sollten die Möglichkeit haben, für den Bereich der Pauschalreisen strengere Vorschriften zum Schutz der Verbraucher zu erlassen oder beizubehalten – HAT FOLGENDE RICHTLINIE ERLASSEN:

Artikel 1
Zweck dieser Richtlinie ist die Angleichung der Rechts- und Verwaltungsvorschriften der Mitgliedstaaten über Pauschalreisen (einschließlich Pauschalurlaubsreisen und Pauschalrundreisen), die in der Gemeinschaft verkauft oder zum Kauf angeboten werden.

Artikel 2
Im Sinne dieser Richtlinie bedeutet:
1. Pauschalreise: die im voraus festgelegte Verbindung von mindestens zwei der folgenden Dienstleistungen, die zu einem Gesamtpreis verkauft oder zum Verkauf angeboten wird, wenn diese Leistung länger als 24 Stunden dauert oder eine Übernachtung einschließt:

a) Beförderung,

b) Unterbringung,

c) andere touristische Dienstleistungen, die nicht Nebenleistungen von Beförderung oder Unterbringung sind und einen beträchtlichen Teil der Gesamtleistung ausmachen.

Auch bei getrennter Berechnung einzelner Leistungen, die im Rahmen ein und derselben Pauschalreise erbracht werden, bleibt der Veranstalter oder Vermittler den Verpflichtungen nach dieser Richtlinie unterworfen.
2. Veranstalter: die Person, die nicht nur gelegentlich Pauschalreisen organisiert und sie direkt oder über einen Vermittler verkauft oder zum Verkauf anbietet.
3. Vermittler: die Person, welche die vom Veranstalter zusammengestellte Pauschalreise verkauft oder zum Verkauf anbietet.
4. Verbraucher: die Person, welche die Pauschalreise bucht oder zu buchen sich verpflichtet („der Hauptkontrahent"), oder jede Person, in deren Namen der Hauptkontrahent sich zur Buchung der Pauschalreise verpflichtet („die übrigen Begünstigten"), oder jede Person, der der Hauptkontrahent oder einer der übrigen Begünstigten die Pauschalreise abtritt („der Erwerber").

5. Vertrag: die Vereinbarung, die den Verbraucher an den Veranstalter und/oder Vermittler bindet.

Artikel 3

(1) Die dem Verbraucher vom Veranstalter oder Vermittler gegebenen Beschreibungen einer Pauschalreise, ihr Preis und die übrigen Vertragsbedingungen dürfen keine irreführenden Angaben enthalten. (2) Wenn dem Verbraucher ein Prospekt zur Verfügung gestellt wird, muss dieser deutlich lesbare, klare und genaue Angaben zum Preis und – soweit von Bedeutung – zu folgendem enthalten:
a) Bestimmungsort; Transportmittel, ihre Merkmale und Klasse;
b) Art, Lage, Kategorie oder Komfort und Hauptmerkmale der Unterbringung sowie ihre Zulassung und touristische Einstufung gemäß den Vorschriften des Gastmitgliedstaates;
c) Mahlzeiten;
d) Reiseroute;
e) allgemeine Angaben über Pass- und Visumerfordernisse für Staatsangehörige des bzw. der betreffenden Mitgliedstaaten und gesundheitspolizeiliche Formalitäten, die für die Reise und den Aufenthalt erforderlich sind;
f) absoluter Betrag oder Prozentsatz des Preises, der als Anzahlung zu leisten ist, und Zeitplan für die Zahlung des Restbetrages;
g) Hinweis darauf, ob für das Zustandekommen der Pauschalreise eine Mindestteilnehmerzahl erforderlich ist, und – wenn ja – Angabe, bis wann dem Verbraucher spätestens mitgeteilt wird, ob die Reise storniert wird.
Die in dem Prospekt enthaltenen Angaben binden den Veranstalter bzw. den Vermittler, es sei denn, Änderungen sind
– dem Verbraucher vor Abschluss des Vertrages klar mitgeteilt worden; im Prospekt ist ausdrücklich darauf hinzuweisen;
– später zwischen den Vertragsparteien vereinbart worden.

Artikel 4

(1) a) Der Veranstalter und/oder der Vermittler unterrichtet den Verbraucher vor Vertragsabschluss schriftlich oder in einer anderen geeigneten Form allgemein über die Pass- und Visumerfordernisse für Staatsangehörige des bzw. der betreffenden Mitgliedstaaten, insbesondere über die Fristen für die Erlangung dieser Dokumente sowie über gesundheitspolizeiliche Formalitäten, die für die Reise und den Aufenthalt erforderlich sind.
b) Der Veranstalter und/oder der Vermittler teilt dem Verbraucher schriftlich oder in einer anderen geeigneten Form rechtzeitig vor Beginn der Reise folgendes mit:
i) Uhrzeiten und Orte von Zwischenstationen und Anschlussverbindungen; Angabe des vom Reisenden einzunehmenden Platzes, z. B. Kabine oder Schlafkoje auf einem Schiff oder Schlafwagen- oder Liegewagenabteil im Zug;
ii) Name, Anschrift und Telefonnummer der örtlichen Vertretung des Veranstalters und/oder des Vermittlers oder – wenn nicht vorhanden – der örtlichen Stellen, die dem Verbraucher bei Schwierigkeiten Hilfe leisten können.
Falls solche Vertretungen oder Stellen nicht bestehen, sind dem Verbraucher auf jeden Fall eine Notrufnummer oder sonstige Angaben mitzuteilen, mit deren Hilfe er mit dem Veranstalter und/oder dem Vermittler Verbindung aufnehmen kann;

iii) bei Auslandsreisen und -aufenthalten Minderjähriger Angaben darüber, wie eine unmittelbare Verbindung zu dem Kind oder dem an seinem Aufenthaltsort Verantwortlichen hergestellt werden kann;

iv) Angaben über den möglichen Abschluss einer Reiserücktrittsversicherung oder einer Versicherung zur Deckung der Rückführungskosten bei Unfall oder Krankheit.

(2) Die Mitgliedstaaten stellen sicher, dass im Vertrag folgende Grundsätze beachtet werden:

a) Je nach der Natur der Pauschalreise umfasst der Vertrag mindestens die im Anhang dieser Richtlinie aufgeführten Bedingungen.

b) Alle Bedingungen des Vertrages werden schriftlich oder in einer anderen dem Verbraucher verständlichen und zugänglichen Form festgelegt und sind ihm vor Vertragsabschluss zu übermitteln; er erhält eine Abschrift des Vertrages.

c) Die Bestimmung unter Buchstabe b) darf Buchungen und Vertragsabschlüssen, die zu einem späten Zeitpunkt oder „im letzten Augenblick" erfolgen, nicht entgegenstehen.

(3) Ist der Verbraucher daran gehindert, die Pauschalreise anzutreten, so kann er – nachdem er den Veranstalter oder Vermittler binnen einer vertretbaren Frist vor dem Abreisetermin hiervon unterrichtet hat – seine Buchung auf eine Person übertragen, die alle an die Teilnahme geknüpften Bedingungen erfüllt. Die Person, die ihre Pauschalreise überträgt, und der Erwerber sind gesamtschuldnerisch gegenüber dem Veranstalter oder Vermittler, der Vertragspartei ist, zur Zahlung des noch unbeglichenen Betrages sowie der gegebenenfalls durch diese Übertragung entstehenden Mehrkosten verpflichtet.

(4) a) Die vertraglich festgelegten Preise dürfen nicht geändert werden, es sei denn, dass der Vertrag die Möglichkeit einer Preiserhöhung oder -senkung ausdrücklich vorsieht und genaue Angaben zur Berechnung des neuen Preises enthält, bei der ausschließlich nachstehenden Änderungen Rechnung getragen werden darf: Änderungen

– der Beförderungskosten, darunter auch der Treibstoffkosten;

– der Abgaben für bestimmte Leistungen, wie Landegebühren, Ein- oder Ausschiffungsgebühren in Häfen und entsprechende Gebühren auf Flughäfen;

– der für die betreffende Pauschalreise geltenden Wechselkurse.

b) Der im Vertrag genannte Preis darf ab dem zwanzigsten Tag vor dem vereinbarten Abreisetermin nicht mehr erhöht werden.

(5) Sieht sich der Veranstalter vor der Abreise gezwungen, an einem der wesentlichen Bestandteile des Vertrages, zu denen auch der Preis gehört, eine erhebliche Änderung vorzunehmen, so muss er dies dem Verbraucher so bald wie möglich mitteilen, um ihm die Möglichkeit zu geben, entsprechende Entscheidungen zu treffen, insbesondere die Möglichkeit,

– vom Vertrag ohne Verpflichtung zur Zahlung einer Vertragsstrafe zurückzutreten oder

– eine Zusatzklausel zum Vertrag zu akzeptieren, die die vorgenommenen Änderungen und ihre Auswirkung auf den Preis angibt.

Der Verbraucher unterrichtet den Veranstalter oder den Vermittler so bald wie möglich über seine Entscheidung.

(6) Wenn der Verbraucher gemäß Absatz 5 vom Vertrag zurücktritt oder wenn der Veranstalter – gleich aus welchem Grund, ausgenommen Verschulden des Ver-

brauchers – die Reise vor dem vereinbarten Abreisetag storniert, hat der Verbraucher folgende Ansprüche:
a) Teilnahme an einer gleichwertigen oder höherwertigen anderen Pauschalreise, wenn der Veranstalter und/oder der Vermittler in der Lage ist, ihm eine solche anzubieten. Ist die angebotene Pauschalreise von geringerer Qualität, so erstattet der Veranstalter dem Verbraucher den Preisunterschied; oder
b) schnellstmögliche Erstattung aller von ihm aufgrund des Vertrages gezahlten Beträge.

In diesen Fällen hat der Verbraucher gegebenenfalls Anspruch auf Entschädigung wegen Nichterfüllung des Vertrages, die gemäß den Rechtsvorschriften des betreffenden Mitgliedstaates vom Veranstalter oder Vermittler geleistet wird, es sei denn,
i) die Stornierung erfolgt, weil die Anzahl der Personen, die die Pauschalreise gebucht haben, nicht die geforderte Mindestteilnehmerzahl erreicht, und dem Verbraucher die Stornierung innerhalb der in der Beschreibung der Pauschalreise angegebenen Frist schriftlich mitgeteilt wurde oder
ii) die Stornierung erfolgt aufgrund höherer Gewalt, d. h. aufgrund ungewöhnlicher und unvorhersehbarer Ereignisse, auf die derjenige, der sich auf höhere Gewalt beruft, keinen Einfluss hat und deren Folgen trotz Anwendung der gebotenen Sorgfalt nicht hätten vermieden werden können; hierzu zählt jedoch nicht die Überbuchung.

(7) Wird nach der Abreise ein erheblicher Teil der vertraglich vereinbarten Leistungen nicht erbracht oder stellt der Veranstalter fest, dass er nicht in der Lage sein wird, einen erheblichen Teil der vorgesehenen Leistungen zu erbringen, so trifft der Veranstalter – ohne Preisaufschlag für den Verbraucher – angemessene andere Vorkehrungen, damit die Pauschalreise weiter durchgeführt werden kann, und zahlt dem Verbraucher gegebenenfalls eine Entschädigung, deren Höhe dem Unterschied zwischen dem Preis der vorgesehenen und der erbrachten Dienstleistungen entspricht.

Falls solche Vorkehrungen nicht getroffen werden können oder vom Verbraucher aus triftigen Gründen nicht akzeptiert werden, sorgt der Veranstalter – ohne Preisaufschlag für den Verbraucher – gegebenenfalls für eine gleichwertige Beförderungsmöglichkeit, mit der der Verbraucher zum Ort der Abreise oder an einen anderen mit ihm vereinbarten Ort zurückkehren kann, und entschädigt gegebenenfalls den Verbraucher.

Artikel 5
(1) Die Mitgliedstaaten treffen die erforderlichen Maßnahmen, damit der Veranstalter und/oder Vermittler, der Vertragspartei ist, gegenüber dem Verbraucher die Haftung für die ordnungsgemäße Erfüllung der vertraglichen Verpflichtungen unabhängig davon übernimmt, ob er selbst oder andere Dienstleistungsträger diese Verpflichtungen zu erfüllen haben, wobei das Recht des Veranstalters und/oder Vermittlers, gegen andere Dienstleistungsträger Rückgriff zu nehmen, unberührt bleibt.
(2) Die Mitgliedstaaten treffen hinsichtlich der Schäden, die dem Verbraucher aus der Nichterfüllung oder einer mangelhaften Erfüllung des Vertrages entstehen, die erforderlichen Maßnahmen, damit der Veranstalter und/oder der Vermittler die Haftung übernimmt, es sei denn, dass die Nichterfüllung oder die mangelhafte Er-

füllung weder auf ein Verschulden des Veranstalters und/oder Vermittlers noch auf ein Verschulden eines anderen Dienstleistungsträgers zurückzuführen ist, weil
– die festgestellten Versäumnisse bei der Erfüllung des Vertrages dem Verbraucher zuzurechnen sind;
– diese unvorhersehbaren oder nicht abwendbaren Versäumnisse einem Dritten zuzurechnen sind, der an der Bewirkung der vertraglich vereinbarten Leistungen nicht beteiligt ist;
– diese Versäumnisse auf höhere Gewalt entsprechend der Definition in Artikel 4 Absatz 6 Unterabsatz 2 Ziffer ii) oder auf ein Ereignis zurückzuführen sind, das der Veranstalter und/oder der Vermittler bzw. der Leistungsträger trotz aller gebotenen Sorgfalt nicht vorhersehen oder abwenden konnte.

In Fällen des zweiten und dritten Gedankenstrichs von Unterabsatz 1 muss sich der Veranstalter und/oder Vermittler, der Vertragspartei ist, darum bemühen, dem Verbraucher bei Schwierigkeiten Hilfe zu leisten.

Bei Schäden aufgrund der Nichterfüllung oder einer mangelhaften Erfüllung der nach dem Vertrag geschuldeten Leistungen können die Mitgliedstaaten zulassen, dass die Entschädigung gemäß den internationalen Übereinkommen über diese Leistungen beschränkt wird.

Bei Schäden, die nicht Körperschäden sind und auf der Nichterfüllung oder einer mangelhaften Erfüllung der nach dem Vertrag geschuldeten Leistungen beruhen, können die Mitgliedstaaten zulassen, dass die Entschädigung vertraglich eingeschränkt wird. Diese Einschränkung darf nicht unangemessen sein.

(3) Unbeschadet des Absatzes 2 Unterabsatz 4 darf von den Bestimmungen der Absätze 1 und 2 nicht durch eine Vertragsklausel abgewichen werden.

(4) Der Verbraucher muss jeden Mangel bei der Erfüllung des Vertrages, den er an Ort und Stelle feststellt, so bald wie möglich schriftlich oder in einer anderen geeigneten Form dem betreffenden Leistungsträger sowie dem Veranstalter und/oder dem Vermittler mitteilen.

Auf diese Verpflichtung muss im Vertrag klar und deutlich hingewiesen werden.

Artikel 6
Im Fall einer Beanstandung bemüht sich der Veranstalter und/oder der Vermittler oder – wenn vorhanden – sein örtlicher Vertreter nach Kräften um geeignete Lösungen.

Artikel 7
Der Veranstalter und/oder Vermittler, der Vertragspartei ist, weist nach, dass im Fall der Zahlungsunfähigkeit oder des Konkurses die Erstattung gezahlter Beträge und die Rückreise des Verbrauchers sichergestellt sind.

Artikel 8
Die Mitgliedstaaten können in dem unter diese Richtlinie fallenden Bereich strengere Vorschriften zum Schutze des Verbrauchers erlassen oder aufrechterhalten.

Artikel 9
(1) Die Mitgliedstaaten treffen die erforderlichen Maßnahmen, um dieser Richtlinie spätestens am 31. Dezember 1992 nachzukommen. Sie unterrichten die Kommission unverzüglich davon.

4. Pauschalreisen

(2) Die Mitgliedstaaten übermitteln der Kommission den Wortlaut der wesentlichen innerstaatlichen Rechtsvorschriften, die sie in dem unter diese Richtlinie fallenden Bereich erlassen. Die Kommission übermittelt diese den übrigen Mitgliedstaaten.

Artikel 10

Diese Richtlinie ist an die Mitgliedstaaten gerichtet.

Anhang. Erforderliche Angaben im Vertrag, sofern sie auf die jeweilige Pauschalreise zutreffen:

a) Bestimmungsort(e) und, soweit mehrere Aufenthalte vorgesehen sind, die einzelnen Zeiträume und deren Termine.

b) Transportmittel, ihre Merkmale und Klasse; Tag und Zeit sowie Ort der Abreise und Rückkehr.

c) Schließt die Pauschalreise eine Unterbringung ein, Angaben über Lage, Kategorie oder Komfort und Hauptmerkmale der Unterbringung, ihre Zulassung und touristische Einstufung gemäß den Vorschriften des Gastmitgliedstaates, Anzahl der inbegriffenen Mahlzeiten.

d) Hinweis darauf, ob für das Zustandekommen der Pauschalreise eine Mindestteilnehmerzahl erforderlich ist, und – wenn ja – Angabe, bis wann dem Verbraucher spätestens mitgeteilt wird, ob die Reise storniert wird.

e) Reiseroute.

f) Besuche, Ausflüge oder sonstige im vereinbarten Gesamtpreis der Pauschalreise inbegriffene Leistungen.

g) Name und Anschrift des Veranstalters, des Vermittlers und gegebenenfalls des Versicherers.

h) Preis der Pauschalreise sowie Hinweise auf eine etwaige Preisänderung gemäß Artikel 4 Absatz 4 und Hinweise auf etwaige Abgaben für bestimmte Leistungen (Landegebühren, Ein- oder Ausschiffungsgebühren in Häfen und entsprechende Gebühren auf Flughäfen, Aufenthaltsgebühren), sofern diese nicht im Preis der Pauschalreise inbegriffen sind.

i) Zeitplan für die Zahlung des Preises sowie Zahlungsmodalitäten.

j) Alle Sonderwünsche, die der Verbraucher dem Veranstalter oder dem Vermittler bei der Buchung mitgeteilt hat und die beide Parteien akzeptiert haben.

k) Die Fristen, innerhalb derer der Verbraucher etwaige Beanstandungen wegen Nichterfüllung oder mangelhafter Erfüllung des Vertrages erheben muss.

5. Verordnung des Rates vom 4. Februar 1991 über eine gemeinsame Regelung für ein System von Ausgleichsleistungen bei Nichtbeförderung im Linienflugverkehr (Nr. 295/91/EWG)

Amtsblatt Nr. L 036 vom 08/02/1991, S. 05–07

DER RAT DER EUROPÄISCHEN GEMEINSCHAFTEN –
gestützt auf den Vertrag zur Gründung der Europäischen Wirtschaftsgemeinschaft, insbesondere auf Artikel 84 Absatz 2, auf Vorschlag der Kommission[1], nach Stellungnahme des Europäischen Parlaments[2], nach Stellungnahme des Wirtschafts- und Sozialausschusses[3], in Erwägung nachstehender Gründe:
Die vom Rat im Juli 1990 beschlossenen Liberalisierungsmaßnahmen sind ein erneuter Schritt auf dem Wege zu einer umfassenden gemeinsamen Luftverkehrspolitik.
Um im Zuge der sich wandelnden Rahmenbedingungen der Luftfahrtunternehmen eine ausgewogene Entwicklung sicherzustellen, ist eine gemeinsame Maßnahme zum Schutz der Interessen von Fluggästen erforderlich.
Derzeit werden Ausgleichsleistungen bei Nichtbeförderung von den einzelnen Luftfahrtunternehmen sehr unterschiedlich gehandhabt.
Die Festlegung gemeinsamer Mindestnormen für Ausgleichsleistungen bei Nichtbeförderung soll es im Rahmen eines sich verstärkenden Wettbewerbs im Luftverkehr ermöglichen, die Qualität des Leistungsangebots der Luftfahrtunternehmen beizubehalten.
Die Luftfahrtunternehmen müssen verpflichtet werden, die Regeln für die Beförderung bei einer Überbuchung festzulegen.
Die Rechte der Fluggäste im Falle der Überbuchung sind klarzustellen.
Die Luftfahrtunternehmen müssen verpflichtet werden, Fluggästen, die nicht befördert werden, Ausgleichsleistungen zu zahlen und Zusatzleistungen für sie zu erbringen.
Die Fluggäste sind über die geltende Rechtslage in verständlicher Form aufzuklären –
HAT FOLGENDE VERORDNUNG ERLASSEN:

Artikel 1
Mit dieser Verordnung wird ungeachtet des Staates, in dem ein Luftfahrtunternehmen ansässig ist, der Staatsangehörigkeit des Fluggastes und des Zielortes eine gemeinsame Mindestregelung für den Fall eingeführt, dass Fluggäste auf einem überbuchten Linienflug von einem Flughafen im Gebiet eines Mitgliedstaats, auf das der Vertrag anwendbar ist, nicht befördert werden, obwohl sie hierfür einen gültigen Flugschein mit bestätigter Buchung vorweisen können.

Artikel 2
Im Sinne dieser Verordnung bedeuten
a) „Nichtbeförderung" das Zurückweisen von Fluggästen, obwohl sie
– einen gültigen Flugschein und
– für diesen Flug eine bestätigte Buchung vorweisen können und
– sich rechtzeitig und unter Einhaltung der sonstigen Bedingungen vor dem Abflug gemeldet haben;

---

[1] ABl. Nr. C 129 vom 24. 5. 1990, S. 15.
[2] ABl. Nr. C 19 vom 28. 1. 1991.
[3] ABl. Nr. C 31 vom 6. 2. 1991.

5. Linienflugverkehr

b) „bestätigte Buchung", dass ein vom Luftfahrtunternehmen oder dessen genehmigten Reisevermittlern verkaufter Flugschein folgende Angaben enthält:
- Nummer, Datum und Uhrzeit des Fluges sowie
- den Vermerk „OK" oder einen sonstigen Vermerk in dem dafür vorgesehenen Feld des Flugscheins, durch den das Luftfahrtunternehmen anzeigt, dass es die Buchung erfasst und förmlich bestätigt hat;

c) „Linienflug" ein Flug, der sämtliche nachstehenden Merkmale aufweist:
- Er wird mit Luftfahrzeugen zur gewerblichen Beförderung von Fluggästen oder von Fluggästen und Fracht und/oder Post durchgeführt, wobei die Plätze entweder unmittelbar durch das Luftfahrtunternehmen oder dessen genehmigte Reisevermittler im freien Verkauf angeboten werden, und
- er dient der Verkehrsverbindung zwischen zwei oder mehr Punkten,
  i) nach einem offiziellen Flugplan oder
  ii) durch so regelmäßige oder häufige Flüge, dass sie eine erkennbare systematische Flugfolge bilden;

d) „überbuchter Flug" ein Flug, für den mehr Fluggäste eine bestätigte Buchung besitzen und sich rechtzeitig und unter Einhaltung der sonstigen Bedingungen vor dem Abflug gemeldet haben, als Plätze vorhanden sind;

e) „Freiwilliger" ein Fluggast der
- einen gültigen Flugschein und
- eine bestätigte Buchung besitzt und
- sich rechtzeitig und unter Einhaltung der sonstigen Bedingungen vor dem Abflug gemeldet hat, und der dem Aufruf des Luftfahrtunternehmens, gegen einen entsprechenden Ausgleich von seiner bestätigten Buchung zurückzutreten, nachkommt;

f) „Endziel" der Zielort auf dem am Meldeschalter vorgelegten Flugschein bzw. bei aufeinanderfolgenden Flügen der Zielort auf dem letzten Flugscheinabschnitt. Anschlussflüge, die trotz einer durch Nichtbeförderung verursachten Verspätung ohne weiteres erreicht werden können, bleiben unberücksichtigt.

Artikel 3
(1) Das Luftfahrtunternehmen muss die Regeln festlegen, nach denen es im Falle überbuchter Flüge bei der Beförderung der Fluggäste verfährt. Das Luftfahrtunternehmen teilt diese Regeln und etwaige Änderungen dem betreffenden Mitgliedstaat und der Kommission mit, die sie den übrigen Mitgliedstaaten zur Verfügung stellt. Etwaige Änderungen treten einen Monat nach ihrer Mitteilung in Kraft.
(2) Die in Absatz 1 genannten Regeln müssen in den Reisebüros und an den Meldeschaltern des Luftfahrtunternehmens eingesehen werden können.
(3) In den in Absatz 1 genannten Regeln sollte die Möglichkeit vorgesehen werden, Freiwillige zu ermitteln, die bereit sind, auf die Beförderung zu verzichten.
(4) Auf jeden Fall sollte das Luftfahrtunternehmen die Interessen von Fluggästen berücksichtigen, die aus berechtigten Gründen vorrangig zu befördern sind, wie Personen mit eingeschränkter Bewegungsfähigkeit und alleinreisende Kinder.

Artikel 4
(1) Bei Nichtbeförderung kann der Fluggast wählen zwischen
- der vollständigen Erstattung des Flugscheinpreises für den Teil der Reise, für den keine Beförderung stattfindet,

– der schnellstmöglichen Beförderung zum Endziel oder
– einer späteren Beförderung zu einem dem Fluggast gelegenen Zeitpunkt.

(2) Unabhängig davon, für welche der in Absatz 1 genannten Möglichkeiten sich der Fluggast entscheidet, zahlt das Luftfahrtunternehmen sofort nach der Zurückweisung eines Fluggasts unbeschadet der Absätze 3 und 4 eine Mindestausgleichsleistung in Höhe von
– 150 ECU bei Flügen bis zu 3 500 km,
– 300 ECU bei Flügen von mehr als 3 500 km,
wobei das auf dem Flugschein angegebene Endziel maßgebend ist.

(3) Bietet das Luftfahrtunternehmen eine Beförderung zum Endziel mit einem anderen Flug an, der bei einer Flugverbindung bis zu 3 500 km höchstens zwei Stunden später als zur planmäßigen Ankunftszeit des ursprünglich gebuchten Fluges und bei Flugverbindungen von mehr als 3 500 km höchstens vier Stunden später ankommt, so können die in Absatz 2 genannten Ausgleichsleistungen um 50 % gekürzt werden.

(4) Die Ausgleichsleistungen können auf den Preis des Flugscheins für den Flug zum Endziel begrenzt werden.

(5) Die Ausgleichsleistungen werden in bar oder mit Einverständnis des Fluggastes in Form von Reisegutscheinen und/oder anderen Dienstleistungen gezahlt.

(6) Fluggäste, die bereit sind, bei überbuchten Flügen in einer niedrigeren Klasse als der zu reisen, für die sie einen Flugschein gelöst haben, haben Anspruch auf Erstattung der Preisdifferenz.

(7) Die in den Absätzen 2 und 3 genannten Entfernungen werden nach der Methode der Großkreisentfernung ermittelt (Orthodromstrecke).

Artikel 5

(1) Im Falle der Nichtbeförderung auf einem Flug, der als Teil einer Pauschalreise verkauft wurde, ist das Luftfahrtunternehmen verpflichtet, den Veranstalter, der mit dem Fluggast einen Vertrag abgeschlossen hat und diesem gegenüber für die korrekte Ausführung dieses Pauschalreisevertrags aufgrund der Richtlinie 90/314/ EWG muss der Veranstalter die nach Absatz 1 erhaltenen Beträge dem Fluggast zugute kommen lassen.

Artikel 6

(1) Über die Mindestausgleichsleistungen gemäß Artikel 4 hinaus hat das Luftfahrtunternehmen für nichtbeförderte Fluggäste folgende Leistungen kostenlos zu erbringen:
a) Erstattung der Kosten eines Telefongesprächs und/oder eines Fernschreibens/ Telefaxes zum Zielort;
b) Mahlzeiten und Erfrischungen in angemessenem Verhältnis zur Wartezeit;
c) Hotelkosten, falls eine oder mehrere zusätzliche Übernachtung(en) erforderlich ist (sind).

(2) Wird eine Stadt oder ein Gebiet von mehreren Flughäfen bedient, so hat das Luftfahrtunternehmen, das einem nichtbeförderten Fluggast einen Flug nach einem anderen als dem von ihm gebuchten Zielflughafen anbietet, diesem Fluggast die Fahrtkosten zwischen diesen beiden Flughäfen oder nach Vereinbarung nach einem anderen nahegelegenen Ersatzziel zu erstatten.

5. Linienflugverkehr

Artikel 7
Das Luftfahrtunternehmen braucht keinen Ausgleich bei Nichtbeförderung zu zahlen, wenn der Fluggast kostenlos oder zu einem Niedrigtarif fliegt, der weder direkt noch indirekt für die Allgemeinheit gilt.

Artikel 8
Die Luftfahrtunternehmen geben an alle nicht beförderten Fluggäste ein Antragsformular aus, in dem die Bestimmungen über Ausgleichsleistungen bei Nichtbeförderung aufgeführt sind.

Artikel 9
(1) Diese Verordnung gilt unbeschadet einer späteren Klage auf zusätzliche Entschädigung vor den zuständigen Gerichten.
(2) Absatz 1 gilt nicht für Fluggäste im Sinne von Artikel 2 Buchstabe e), die einer Ausgleichsleistung entsprechend den in Artikel 3 genannten Regeln zugestimmt haben.

Artikel 10
Diese Verordnung tritt zwei Monate nach ihrer Veröffentlichung im ABl. der Europäischen Gemeinschaften in Kraft. Diese Verordnung ist in allen ihren Teilen verbindlich und gilt unmittelbar in jedem Mitgliedstaat.

6. Richtlinie des Europäischen Parlaments und des Rates vom 27. Januar 1997 über grenzüberschreitende Überweisungen (97/5/EG)

Amtsblatt Nr. L 043 vom 14/02/1997, S. 25–31

DAS EUROPÄISCHE PARLAMENT UND DER RAT DER EUROPÄISCHEN UNION –
gestützt auf den Vertrag zur Gründung der Europäischen Gemeinschaft, insbesondere auf Artikel 100a, auf Vorschlag der Kommission[1], nach Stellungnahme des Wirtschafts- und Sozialausschusses[2], nach Stellungnahme des Europäischen Währungsinstituts, gemäß dem Verfahren des Artikels 189b des Vertrags[3], in Kenntnis des vom Vermittlungsausschuss am 22. November 1996 gebilligten gemeinsamen Entwurfs, in Erwägung nachstehender Gründe:

(1) Der Umfang der grenzüberschreitenden Zahlungen wächst in dem Masse, wie sich mit der Vollendung des Binnenmarktes und der Entwicklung hin zu einer vollständigen Wirtschafts- und Währungsunion die Handelsströme und der Personenverkehr innerhalb der Gemeinschaft immer weiter verstärken. Zahlen- und wertmäßig entfällt ein beträchtlicher Teil davon auf grenzüberschreitende Überweisungen.

(2) Für Privatpersonen wie Unternehmen, vor allem kleine und mittlere Unternehmen, ist es von größter Bedeutung, dass ihre Überweisungen aus einem Teil der Gemeinschaft in einen anderen schnell, zuverlässig und kostengünstig erfolgen. Gemäß der Bekanntmachung der Kommission über die Anwendung der EG-Wettbewerbsregeln auf grenzüberschreitende Überweisungssysteme[4] dürfte ein größerer Wettbewerb auf dem Markt für Überweisungen zu einer besseren Qualität der Dienstleistungen und zu niedrigeren Preisen führen.

(3) Diese Richtlinie stützt sich auf die bei der Vollendung des Binnenmarktes und insbesondere bei der Liberalisierung des Kapitalverkehrs im Hinblick auf die Schaffung der Wirtschafts- und Währungsunion erreichten Fortschritte. Die Bestimmungen dieser Richtlinie müssen für Überweisungen in den Währungen der Mitgliedstaaten und in ECU gelten.

(4) Das Europäische Parlament hat in seiner Entschließung vom 12. Februar 1993[5] die Erarbeitung einer Richtlinie des Rates gefordert, in der Regeln für die Transparenz und Effizienz bei der Ausführung grenzüberschreitender Zahlungen festgelegt werden.

(5) Die Aspekte, auf die sich diese Richtlinie bezieht, müssen gesondert von den systembezogenen Fragen behandelt werden, die die Kommission noch nicht abschließend geprüft hat. Gegebenenfalls muss ein weiterer Vorschlag vorgelegt werden, der diese systembezogenen Fragen und vor allem das Problem der Endgültigkeit der Abrechnung (settlement finality) abdeckt.

---

[1] (1) ABl. Nr. C 360 vom 17. 12. 1994, S. 13, und ABl. Nr. C 199 vom 3. 8. 1995, S. 16.
[2] ABl. Nr. C 236 vom 11. 9. 1995, S. 1.
[3] Stellungnahme des Europäischen Parlaments vom 19. Mai 1995 (ABl. Nr. C 151 vom 19. 6. 1995, S. 370). Gemeinsamer Standpunkt des Rates vom 4. Dezember 1995 (ABl. Nr. C 353 vom 30. 12. 1995, S. 52) und Beschluss des Europäischen Parlaments vom 13. März 1996 (ABl. Nr. C 96 vom 1. 4. 1996, S. 74). Beschluss des Rates vom 19. Dezember 1996 und Beschluss des Europäischen Parlaments vom 16. Januar 1997.
[4] ABl. Nr. C 251 vom 27. 9. 1995, S. 3.
[5] ABl. Nr. C 72 vom 15. 3. 1993, S. 158.

6. Grenzüberschreitende Überweisungen 151

(6) Ziel dieser Richtlinie ist es, die Dienstleistungen im Bereich der grenzüberschreitenden Überweisungen zu verbessern und damit das Europäische Währungsinstitut (EWI) bei seiner Aufgabe zu unterstützen, die Effizienz der grenzüberschreitenden Überweisungen im Hinblick auf die Vorbereitung der dritten Stufe der Wirtschaft- und Währungsunion zu fördern.

(7) Entsprechend der Zielsetzung im zweiten Erwägungsgrund sollte diese Richtlinie für alle Überweisungen über einen Betrag von weniger als 50 000 ECU gelten.

(8) Im Einklang mit Artikel 3b Absatz 3 des Vertrags legt diese Richtlinie im Interesse der Transparenz Mindestanforderungen fest, die für eine ausreichende Kundeninformation sowohl vor als auch nach einer grenzüberschreitenden Überweisung zu erfüllen sind. Diese Anforderungen enthalten einen Hinweis auf die den Kunden zur Verfügung stehenden Beschwerde- und Abhilfeverfahren sowie auf die einschlägigen Zugangsmodalitäten. Diese Richtlinie legt ferner Mindestanforderungen für die Ausführung – insbesondere hinsichtlich der Qualität – fest, an die sich die Institute, die grenzüberschreitende Überweisungsdienstleistungen anbieten, zu halten haben; dazu gehört auch die Verpflichtung, die grenzüberschreitende Überweisung gemäß den Anweisungen des Kunden auszuführen. Diese Richtlinie erfüllt die in der Empfehlung 90/109/EWG der Kommission vom 14. Februar 1990 zur Transparenz der Bankkonditionen bei grenzüberschreitenden Finanztransaktionen[6] niedergelegten Grundsätze. Die vorliegende Richtlinie gilt unbeschadet der Richtlinie 91/308/EWG des Rates vom 10. Juni 1991 über die Verhinderung der Nutzung des Finanzsystems zum Zwecke der Geldwäsche[7].

(9) Diese Richtlinie soll dazu beitragen, die Fristen bei der Ausführung von grenzüberschreitenden Überweisungen zu verkürzen, und den Instituten, die bereits Überweisungen in kürzester Frist ausführen, einen Anreiz bieten, diese Praxis beizubehalten.

(10) Die Kommission hat in dem Bericht, den sie dem Europäischen Parlament und dem Rat spätestens zwei Jahre nach Ablauf der Umsetzungsfrist für diese Richtlinie vorzulegen hat, insbesondere die Frage zu prüfen, welche Frist bei Fehlen einer zwischen dem Auftraggeber und seinem Institut vereinbarten Frist anzuwenden ist, wobei sowohl der technischen Entwicklung als auch den Gegebenheiten in jedem Mitgliedstaat Rechnung zu tragen ist.

(11) Die Institute sollten verpflichtet sein, im Fall der Nichtabwicklung einer Überweisung Ersatz zu leisten. Diese Verpflichtung könnte, falls sie nicht begrenzt wird, zu einer Ausfallhaftung der Institute führen, die sich auf die Anforderungen an ihre Solvabilität auswirken würde. Es sollte daher vorgesehen werden, dass diese Verpflichtung bis zur Höhe von 12 500 ECU gilt.

(12) Artikel 8 berührt nicht die allgemeinen einzelstaatlichen Bestimmungen, wonach für den Fall, dass eine grenzüberschreitende Überweisung aufgrund eines Fehlers des Instituts nicht abgewickelt wurde, dieses Institut gegenüber dem Auftraggeber haftet.

(13) Bei den Umständen, die bei Instituten eintreten können, welche an der Ausführung einer grenzüberschreitenden Überweisung beteiligt sind, beispielsweise bei Zahlungsunfähigkeit, ist besonders auf Fälle höherer Gewalt abzustellen; zu diesem Zweck ist die in Artikel 4 Absatz 6 Unterabsatz 2 Ziffer ii) der Richtlinie 90/314/EWG des Rates vom 13. Juni 1990 über Pauschalreisen[8] enthaltene Definition des Begriffs „höhere Gewalt" heranzuziehen.

---

[6] ABl. Nr. L 67 vom 15. 3. 1990, S. 39.
[7] ABl. Nr. L 166 vom 28. 6. 1991, S. 77.
[8] ABl. Nr. L 158 vom 23. 6. 1990, S. 59.

(14) Auf der Ebene der Mitgliedstaaten müssen angemessene und wirksame Beschwerde- und Abhilfeverfahren zur Beilegung etwaiger Streitigkeiten zwischen Kunden und Instituten vorhanden sein, gegebenenfalls unter Benutzung bestehender Verfahren –
HABEN FOLGENDE RICHTLINIE ERLASSEN:

Abschnitt I. Anwendungsbereich und Begriffsbestimmungen

Artikel 1. Anwendungsbereich

Die Bestimmungen dieser Richtlinie gelten für grenzüberschreitende Überweisungen in den Währungen der Mitgliedstaaten und in Ecu bis zum Gegenwert von 50 000 ECU, die von anderen als den in Artikel 2 Buchstaben a), b) und c) bezeichneten Personen in Auftrag gegeben und von Kreditinstituten oder anderen Instituten ausgeführt werden.

Artikel 2. Begriffsbestimmungen

Im Sinne dieser Richtlinie bezeichnet der Ausdruck
a) „Kreditinstitut" ein Unternehmen im Sinne von Artikel 1 der Richtlinie 77/780/EWG[9] sowie eine in der Gemeinschaft gelegene Zweigstelle eines Kreditinstituts im Sinne von Artikel 1 dritter Gedankenstrich der genannten Richtlinie mit Sitz außerhalb der Gemeinschaft, die gewerbsmäßig grenzüberschreitende Überweisungen ausführt;
b) „anderes Institut" jede juristische oder natürliche Person, außer Kreditinstituten, die gewerbsmäßig grenzüberschreitende Überweisungen ausführt;
c) „Finanzinstitut" ein Institut im Sinne des Artikels 4 Absatz 1 der Verordnung (EG) Nr. 3604/93 des Rates vom 13. Dezember 1993 zur Festlegung der Begriffsbestimmungen für die Anwendung des Verbots des bevorrechtigten Zugangs gemäß Artikel 104a des Vertrags[10];
d) „Institut" ein Kreditinstitut oder ein anderes Institut; im Sinne der Artikel 6, 7 und 8 gelten die an der Abwicklung einer grenzüberschreitenden Überweisung beteiligten Zweigstellen eines Kreditinstituts in unterschiedlichen Mitgliedstaaten als unterschiedliche Institute;
e) „zwischengeschaltetes Institut" jedes an der Ausführung einer grenzüberschreitenden Überweisung beteiligte Institut außer dem Institut des Auftraggebers und dem Institut des Begünstigten;
f) „grenzüberschreitende Überweisung" einen Geschäftsvorgang, der auf Veranlassung eines Auftraggebers über ein Institut oder eine Zweigstelle in einem Mitgliedstaat zu dem Zweck durchgeführt wird, einem Begünstigten bei einem Institut oder einer Zweigstelle in einem anderen Mitgliedstaat einen Geldbetrag zur Verfügung zu stellen, wobei es sich bei dem Auftraggeber und dem Begünstigten um die gleiche Person handeln kann;
g) „Auftrag für eine grenzüberschreitende Überweisung" eine von einem Auftraggeber unmittelbar an ein Institut erteilte unbedingte Anweisung in beliebiger Form, eine grenzüberschreitende Überweisung auszuführen;

---

[9] ABl. Nr. L 322 vom 17. 12. 1977, S. 30. Richtlinie zuletzt geändert durch die Richtlinie 95/26/EG (ABl. Nr. L 168 vom 18. 7. 1995, S. 7).
[10] ABl. Nr. L 332 vom 31. 12. 1993, S. 4.

6. Grenzüberschreitende Überweisungen

h) „Auftraggeber" eine natürliche oder juristische Person, die eine grenzüberschreitende Überweisung an einen Begünstigten veranlasst;
i) „Begünstigter" den Endempfänger einer grenzüberschreitenden Überweisung, deren entsprechender Betrag ihm auf einem Konto zur Verfügung gestellt wird, über das er verfügen kann;
j) „Kunde" je nach Zusammenhang den Auftraggeber oder den Begünstigten;
k) „Referenzzinssatz" einen Zinssatz, der einer Entschädigung entspricht und der nach den Bestimmungen festgelegt wird, die von dem Mitgliedstaat erlassen werden, in dem sich das Institut befindet, das die Entschädigung an den Kunden zu zahlen hat;
l) „Tag der Annahme" den Tag, an dem sämtliche von einem Institut für die Ausführung einer grenzüberschreitenden Überweisung gestellten Bedingungen hinsichtlich der finanziellen Deckung und der für die Ausführung des Auftrags erforderlichen Informationen erfüllt sind.

Abschnitt II. Transparenz der Konditionen für grenzüberschreitende Überweisungen

Artikel 3. Vorherige Informationen über die Konditionen für grenzüberschreitende Überweisungen

Die Institute stellen ihren tatsächlichen und möglichen Kunden die Informationen über die Konditionen für grenzüberschreitende Überweisungen schriftlich, gegebenenfalls auch auf elektronischem Wege, und in leicht verständlicher Form zur Verfügung. Diese Informationen müssen mindestens folgendes umfassen:
– die Angabe der Zeitspanne, die erforderlich ist, bis der Betrag im Rahmen der Ausführung eines dem Institut erteilten Auftrags für eine grenzüberschreitende Überweisung dem Konto des Instituts des Begünstigten gutgeschrieben wird. Der Beginn dieser Frist ist genau anzugeben;
– die Angabe der Zeitspanne, die bei Eingang einer grenzüberschreitenden Überweisung erforderlich ist, bis dem Konto des Instituts gutgeschriebene Betrag dem Konto des Begünstigten gutgeschrieben wird;
– die Berechnungsmodalitäten aller vom Kunden an das Institut zu zahlenden Provisionen und Gebühren, gegebenenfalls einschließlich der Sätze;
– gegebenenfalls das von dem Institut zugrunde gelegte Wertstellungsdatum;
– die Angabe der den Kunden zur Verfügung stehenden Beschwerde- und Abhilfeverfahren sowie der Einzelheiten ihrer Inanspruchnahme;
– die Angabe der bei der Umrechnung angewandten Referenzkurse.

Artikel 4. Nach einer grenzüberschreitenden Überweisung zu erteilende Informationen

Die Institute erteilen ihren Kunden, sofern diese nicht ausdrücklich darauf verzichten, nach der Ausführung oder dem Eingang einer grenzüberschreitenden Überweisung klare und leicht verständliche schriftliche Informationen, gegebenenfalls auch auf elektronischem Wege. Diese Informationen müssen mindestens folgendes umfassen:
– eine Bezugsangabe, anhand deren der Kunde die grenzüberschreitende Überweisung bestimmen kann;
– den eigentlichen Überweisungsbetrag;

– den Betrag sämtlicher vom Kunden zu zahlender Gebühren und Provisionen;
– gegebenenfalls das von dem Institut zugrunde gelegte Wertstellungsdatum.

Hat der Auftraggeber verfügt, dass die Kosten für die grenzüberschreitende Überweisung ganz oder teilweise vom Begünstigten zu tragen sind, so ist dieser von seinem eigenen Institut hiervon in Kenntnis zu setzen.

Ist eine Umrechnung in eine andere Währung erfolgt, so unterrichtet das Institut, das diese Umrechnung vorgenommen hat, seinen Kunden über den von ihm angewandten Wechselkurs.

Abschnitt III. Mindestverpflichtungen der Institute bei grenzüberschreitenden Überweisungen

Artikel 5. Besondere Zusagen des Instituts
Ein Institut muss auf Ersuchen eines Kunden hinsichtlich einer grenzüberschreitenden Überweisung, zu der die erforderlichen Angaben gemacht worden sind, in bezug auf die Frist für die Ausführung der Überweisung sowie die damit verbundenen Provisionen und Gebühren – ausgenommen diejenigen im Zusammenhang mit dem anzuwendenden Wechselkurs – bindende Zusagen machen, es sei denn, es wünscht keine Geschäftsbeziehungen zu dem betreffenden Kunden aufzunehmen.

Artikel 6. Verpflichtungen bezüglich der Fristen
(1) Das Institut des Auftraggebers muss die grenzüberschreitende Überweisung innerhalb der mit dem Auftraggeber vereinbarten Frist ausführen.

Wird die vereinbarte Frist nicht eingehalten oder ist der Betrag, sofern keine Frist vereinbart wurde, am Ende des fünften Bankgeschäftstags nach dem Tag der Annahme des Auftrags für die grenzüberschreitende Überweisung dem Konto des Instituts des Begünstigten noch nicht gutgeschrieben worden, so hat das Institut des Auftraggebers diesem eine Entschädigung zu zahlen. Die Entschädigung besteht in der Zahlung von Zinsen, die auf der Grundlage des Betrags der grenzüberschreitenden Überweisung unter Anwendung des Referenzzinssatzes berechnet werden, und zwar für den Zeitraum zwischen
– dem Ende der vereinbarten Frist oder – wenn keine Frist vereinbart wurde – dem Ende des fünften Bankgeschäftstags nach dem Tag der Annahme des Auftrags für die grenzüberschreitende Überweisung und
– dem Zeitpunkt, zu dem der Betrag dem Konto des Instituts des Begünstigten gutgeschrieben wird.

Desgleichen hat ein zwischengeschaltetes Institut dem Institut des Auftraggebers eine Entschädigung zu zahlen, wenn die Verantwortung für die Nichtausführung der grenzüberschreitenden Überweisung innerhalb der vereinbarten Frist oder – wenn keine Frist vereinbart wurde – vor Ende des fünften Bankgeschäftstags nach dem Tag der Annahme des Auftrags für die grenzüberschreitende Überweisung bei dem zwischengeschalteten Institut liegt.

(2) Das Institut des Begünstigten muss diesem den Betrag der grenzüberschreitenden Überweisung innerhalb der mit ihm vereinbarten Frist zur Verfügung stellen.

Wird die vereinbarte Frist nicht eingehalten oder ist – wenn keine Frist vereinbart wurde – der Betrag am Ende des Bankgeschäftstags nach dem Tag, an dem der Betrag dem Konto des Instituts des Begünstigten gutgeschrieben wurde, dem Konto

6. Grenzüberschreitende Überweisungen

des Begünstigten noch nicht gutgeschrieben worden, so hat das Institut des Begünstigten diesem eine Entschädigung zu zahlen.

Die Entschädigung besteht in der Zahlung von Zinsen, die auf der Grundlage des Betrags der grenzüberschreitenden Überweisung unter Anwendung des Referenzzinssatzes berechnet werden, und zwar für den Zeitraum zwischen
- dem Ende der vereinbarten Frist oder – sofern keine Frist vereinbart wurde – dem Ende des Bankgeschäftstags nach dem Tag, an dem der Betrag dem Konto des Instituts des Begünstigten gutgeschrieben wurde, und
- dem Zeitpunkt, zu dem der Betrag dem Konto des Begünstigten gutgeschrieben wurde.

(3) Eine Entschädigung gemäß den Absätzen 1 und 2 ist dann nicht zu zahlen, wenn das Institut des Auftraggebers oder das Institut des Begünstigten nachweisen kann, dass die Verantwortung für die eingetretene Verzögerung beim Auftraggeber oder dem Begünstigten liegt.

(4) Die Absätze 1, 2 und 3 lassen die sonstigen Rechte der Kunden und der an der Ausführung des Auftrags für die grenzüberschreitende Überweisung beteiligten Institute unberührt.

Artikel 7. Verpflichtung zur weisungsgemäßen Ausführung des grenzüberschreitenden Überweisungsauftrags

(1) Das Institut des Auftraggebers, etwaige zwischengeschaltete Institute und das Institut des Begünstigten sind nach dem Tag der Annahme des Auftrags für die grenzüberschreitende Überweisung verpflichtet, diese in voller Höhe auszuführen, es sei denn, dass der Auftraggeber verfügt hat, dass die Gebühren für die grenzüberschreitende Überweisung ganz oder teilweise vom Begünstigten übernommen werden sollen.

Unterabsatz 1 schließt nicht aus, dass das Kreditinstitut des Begünstigten diesem die Kontoführungsgebühren im Einklang mit den geltenden Bestimmungen und Usancen in Rechnung stellt. Diese Inrechnungstellung darf von dem Institut jedoch nicht als Grund dafür herangezogen werden, seinen Verpflichtungen gemäß dem genannten Unterabsatz nicht nachzukommen.

(2) Hat das Institut des Auftraggebers oder ein zwischengeschaltetes Institut entgegen den Bestimmungen von Absatz 1 einen Abzug vom Betrag der grenzüberschreitenden Überweisung vorgenommen, so ist das Institut des Auftraggebers unbeschadet etwaiger sonstiger Forderungen verpflichtet, dem Begünstigten auf Ersuchen des Auftraggebers den abgezogenen Betrag ohne irgendwelche Abzüge und auf eigene Kosten zu überweisen, es sei denn, der Auftraggeber gibt die Weisung, dass der Betrag ihm selbst gutgeschrieben werden soll.

Jedes zwischengeschaltete Institut, das entgegen Absatz 1 einen Abzug vorgenommen hat, muss den abgezogenen Betrag ohne irgendwelche Abzüge und auf eigene Kosten dem Institut des Auftraggebers oder, wenn dieses entsprechende Anweisungen gibt, dem Begünstigten überweisen.

(3) Liegt die Verantwortung dafür, dass der Auftrag für eine grenzüberschreitende Überweisung nicht gemäß den Anweisungen des Auftraggebers ausgeführt worden ist, beim Institut des Begünstigten, so ist dieses unbeschadet etwaiger sonstiger Forderungen verpflichtet, dem Begünstigten auf eigene Kosten jeden Betrag gutzuschreiben, der ungerechtfertigterweise abgezogen wurde.

Artikel 8. Erstattungspflicht der Institute bei Nichtabwicklung der Überweisung

(1) Werden im Anschluss an einen Auftrag für eine grenzüberschreitende Überweisung, der vom Institut des Auftraggebers angenommen wurde, die überwiesenen Beträge nicht dem Konto des Instituts des Begünstigten gutgeschrieben, so ist das Institut des Auftraggebers unbeschadet etwaiger sonstiger Forderungen verpflichtet, dem Auftraggeber den Überweisungsbetrag bis zu 12 500 ECU wieder gutzuschreiben, und zwar zuzüglich

– der Zinsen auf den Betrag der grenzüberschreitenden Überweisung, die nach dem Referenzzinssatz für die Zeit von der Erteilung des Überweisungsauftrags bis zum Zeitpunkt der Gutschrift zu berechnen sind, und

– des Betrags der Gebühren für die grenzüberschreitende Überweisung, die vom Auftraggeber entrichtet wurden.

Dem Auftraggeber werden diese Beträge spätestens vierzehn Bankgeschäftstage nach dem Zeitpunkt, zu dem er den Anspruch geltend gemacht hat, zur Verfügung gestellt, es sei denn, die der grenzüberschreitenden Überweisung entsprechenden Beträge wurden inzwischen dem Konto des Instituts des Begünstigten gutgeschrieben.

Dieser Anspruch darf nicht vor Ablauf der Frist, die zwischen dem Auftraggeber und seinem Institut für die Ausführung der grenzüberschreitenden Überweisung vereinbart wurde, oder – falls keine Frist vereinbart wurde – nicht vor Ablauf der in Artikel 6 Absatz 1 Unterabsatz 2 genannten Frist geltend gemacht werden.

Ebenso ist jedes zwischengeschaltete Institut, das den Auftrag für eine grenzüberschreitende Überweisung angenommen hat, verpflichtet, dem Institut, von dem es die Anweisung zu deren Ausführung erhalten hat, auf eigene Kosten den Betrag dieser Überweisung, einschließlich der diesbezüglichen Gebühren und Zinsen, zu erstatten. Ist die grenzüberschreitende Überweisung nicht abgewickelt worden, weil letzteres Institut eine fehlerhafte oder unvollständige Anweisung erteilt hat, so hat das zwischengeschaltete Institut sich im Rahmen des Möglichen um die Erstattung des Betrags der grenzüberschreitenden Überweisung zu bemühen.

(2) Ist die grenzüberschreitende Überweisung nicht abgewickelt worden, weil ein zwischengeschaltetes Institut, das vom Institut des Begünstigten bestimmt wurde, sie nicht ausgeführt hat, so ist letzteres abweichend von Absatz 1 verpflichtet, dem Begünstigten einen Betrag bis zu 12 500 ECU zur Verfügung zu stellen.

(3) Ist die grenzüberschreitende Überweisung nicht abgewickelt worden, weil der Auftraggeber seinem Institut eine fehlerhafte oder unvollständige Anweisung erteilt hat oder weil ein vom Auftraggeber ausdrücklich bestimmtes zwischengeschaltetes Institut die Überweisung nicht ausgeführt hat, so haben das Institut des Auftraggebers und die anderen beteiligten Institute sich abweichend von Absatz 1 im Rahmen des Möglichen um die Erstattung des Überweisungsbetrags zu bemühen.

Ist der Betrag von dem Institut des Auftraggebers wieder eingezogen worden, so ist dieses Institut verpflichtet, ihn dem Auftraggeber gutzuschreiben. Die Institute einschließlich des Instituts des Auftraggebers sind in diesem Fall nicht verpflichtet, die angefallenen Gebühren und Zinsen zu erstatten, und können die im Rahmen des Wiedereinzugs angefallenen und nachgewiesenen Gebühren abziehen.

Artikel 9. Fälle höherer Gewalt

Die Institute, die an der Ausführung eines Auftrags für eine grenzüberschreitende

6. Grenzüberschreitende Überweisungen

Überweisung beteiligt sind, sind unbeschadet der Bestimmungen der Richtlinie 91/308/EWG von den sich aus der vorliegenden Richtlinie ergebenden Verpflichtungen befreit, wenn sie Gründe höherer Gewalt – d. h. ungewöhnliche und unvorhersehbare Ereignisse, auf die derjenige, der sich auf höhere Gewalt beruft, keinen Einfluss hat und deren Folgen trotz Anwendung der gebotenen Sorgfalt nicht hätten vermieden werden können – geltend machen können, die im Zusammenhang mit diesen Bestimmungen von Bedeutung sind.

Artikel 10. Beilegung von Streitigkeiten

Die Mitgliedstaaten tragen dafür Sorge, dass angemessene und wirksame Beschwerde- und Abhilfeverfahren zur Beilegung etwaiger Streitigkeiten zwischen einem Auftraggeber und seinem Institut bzw. zwischen einem Begünstigten und seinem Institut vorhanden sind, gegebenenfalls unter Benutzung bestehender Verfahren.

Abschnitt IV. Schlussbestimmungen

Artikel 11. Umsetzungsfrist

(1) Die Mitgliedstaaten erlassen die erforderlichen Rechts- und Verwaltungsvorschriften, um dieser Richtlinie bis zum 14. August 1999 nachzukommen. Sie setzen die Kommission unverzüglich davon in Kenntnis. Wenn die Mitgliedstaaten diese Vorschriften erlassen, nehmen sie in den Vorschriften selbst oder durch einen Hinweis bei der amtlichen Veröffentlichung auf diese Richtlinie Bezug. Die Mitgliedstaaten regeln die Einzelheiten der Bezugnahme.

(2) Die Mitgliedstaaten teilen der Kommission den Wortlaut der wichtigsten Rechts- und Verwaltungsvorschriften mit, die sie auf dem unter diese Richtlinie fallenden Gebiet erlassen.

Artikel 12. Bericht an das Europäische Parlament und den Rat

Die Kommission legt dem Europäischen Parlament und dem Rat spätestens zwei Jahre nach Ablauf der Umsetzungsfrist für diese Richtlinie einen Bericht über deren Anwendung vor, dem gegebenenfalls Vorschläge für ihre Änderung beigefügt werden.
In diesem Bericht ist insbesondere die Frage der Frist gemäß Artikel 6 Absatz 1 anhand der Gegebenheiten jedes Mitgliedstaats und der technischen Entwicklungen zu prüfen.

Artikel 13. Inkrafttreten

Diese Richtlinie tritt am Tag ihrer Veröffentlichung im ABl. der Europäischen Gemeinschaften in Kraft.

Artikel 14. Adressaten

Diese Richtlinie ist an die Mitgliedstaaten gerichtet.

Gemeinsame Erklärung – Europäisches Parlament, Rat und Kommission

Das Europäische Parlament, der Rat und die Kommission nehmen den Willen der Mitgliedstaaten zur Kenntnis, die erforderlichen Rechts- und Verwaltungsvorschriften zu erlassen, um dieser Richtlinie bis zum 1. Januar 1999 nachzukommen.

7. Richtlinie des Rates vom 10. Mai 1993 über Wertpapierdienstleistungen (93/22/EWG)

Amtsblatt Nr. L 141 vom 11/06/1993, S. 27–46 geändert durch: Richtlinie 95/26/EG vom 29. Juni 1995 (Amtsblatt Nr. L 168 vom 18/07/1995, S. 07–13), Richtlinie 97/9/EG vom 3. März 1997 (Amtsblatt Nr. L 084 vom 26/03/1997, S. 22–31) und Richtlinie 2000/64/EG vom 7. November 2000 (Amtsblatt Nr. L 290 vom 17/11/2000, S. 27–28)

DER RAT DER EUROPÄISCHEN GEMEINSCHAFTEN –
gestützt auf den Vertrag zur Gründung der Europäischen Wirtschaftsgemeinschaft, insbesondere auf Artikel 57 Absatz 2, auf Vorschlag der Kommission[1], in Zusammenarbeit mit dem Europäischen Parlament[2], nach Stellungnahme des Wirtschafts- und Sozialausschusses[3], in Erwägung nachstehender Gründe:

Diese Richtlinie ist unter dem zweifachen Aspekt der Niederlassungsfreiheit und des freien Dienstleistungsverkehrs im Bereich der Wertpapierfirmen ein wesentliches Instrument für die Verwirklichung des Binnenmarktes, die durch die Einheitliche Europäische Akte beschlossen und durch das Weißbuch der Kommission vorgezeichnet worden ist.

Aus Gründen des Anlegerschutzes und der Stabilität des Finanzsystems dürfen Firmen, die die unter diese Richtlinie fallenden Wertpapierdienstleistungen erbringen, erst nach Zulassung durch ihren Herkunftsmitgliedstaat tätig werden.

Dabei wurde das Konzept zugrunde gelegt, dass eine Harmonisierung nur insoweit angestrebt wird, wie dies zur Gewährleistung der gegenseitigen Anerkennung der Zulassungen und der Aufsichtssysteme unbedingt erforderlich und hinreichend ist, die die Erteilung einer einzigen Zulassung für die gesamte Gemeinschaft und die Anwendung des Grundsatzes der Kontrolle durch den Herkunftsmitgliedstaat ermöglicht.

Aufgrund der gegenseitigen Anerkennung können die in ihrem Herkunftsmitgliedstaat zugelassenen Wertpapierfirmen in der gesamten Gemeinschaft alle oder einen Teil der unter diese Richtlinie fallenden Dienstleistungen, für die sie die Zulassung erhalten haben, durch die Gründung einer Zweigniederlassung oder im Rahmen des Dienstleistungsverkehrs erbringen.

Die Grundsätze der gegenseitigen Anerkennung und der Kontrolle durch den Herkunftsmitgliedstaat machen es erforderlich, dass die zuständigen Behörden eines jeden Mitgliedstaats die Zulassung in den Fällen nicht erteilen oder entziehen, in denen aus Umständen wie dem Inhalt des Geschäftsplans, der gebietsmäßigen Abdeckung oder der tatsächlich ausgeübten Tätigkeit unzweifelhaft hervorgeht, dass die Wertpapierfirma die Rechtsordnung eines Mitgliedstaats in der Absicht gewählt hat, sich den strengeren Normen eines anderen Mitgliedstaats zu entziehen, in dem sie den überwiegenden Teil ihrer Tätigkeit ausübt oder auszuüben beabsichtigt.

Zur Anwendung dieser Richtlinie muss eine Wertpapierfirma, die eine juristische Person ist, in dem Mitgliedstaat zugelassen werden, in dem sich ihr satzungsmäßiger Sitz befindet.

Eine Wertpapierfirma, die keine juristische Person ist, muss in dem Mitgliedstaat zugelassen werden, in dem sich ihre Hauptverwaltung befindet.

---

[1] ABl. Nr. C 43 vom 22. 2. 1989, S. 7 und ABl. Nr. C 42 vom 22. 2. 1990, S. 7.
[2] ABl. Nr. C 304 vom 4. 12. 1989, S. 39 und ABl. Nr. C 115 vom 26. 4. 1993.
[3] ABl. Nr. C 298 vom 27. 11. 1989, S. 6.

7. Wertpapierdienstleistungen 159

Im übrigen müssen die Mitgliedstaaten verlangen, dass die Hauptverwaltung einer Wertpapierfirma sich stets in ihrem Herkunftsmitgliedstaat befindet und dass sie dort tatsächlich tätig ist.

Im Interesse des Anlegerschutzes muss es innerhalb der Firma interne Kontrollmechanismen dergestalt geben, dass entweder die Leitungsfunktionen von zwei Personen wahrgenommen werden oder, soweit die Richtlinie dies nicht vorschreibt, mit anderen Mechanismen ein gleichwertiges Ergebnis erzielt wird.

Im Interesse eines fairen Wettbewerbs muss sichergestellt werden, dass Wertpapierfirmen, bei denen es sich nicht um Kreditinstitute handelt, die gleiche Freiheit genießen, Zweigniederlassungen zu errichten und grenzüberschreitend Dienstleistungen zu erbringen, wie sie in der Zweiten Richtlinie 89/646/EWG des Rates vom 15. Dezember 1989 zur Koordinierung der Rechts- und Verwaltungsvorschriften über die Aufnahme und Ausübung der Tätigkeit der Kreditinstitute[4] vorgesehen ist.

Eine Wertpapierfirma darf sich nicht auf diese Richtlinie berufen, um Devisenkassageschäfte oder Devisentermingeschäfte auf andere Weise als in Verbindung mit Wertpapierdienstleistungen zu erbringen. Die Errichtung einer Zweigniederlassung nur zur Tätigung dieser Devisengeschäfte wäre daher ein Missbrauch des in dieser Richtlinie vorgesehenen Mechanismus.

Eine in ihrem Herkunftsmitgliedstaat zugelassene Wertpapierfirma kann in der gesamten Gemeinschaft auf die von ihr für angemessen erachtete Art und Weise tätig werden; zu diesem Zweck kann sie, wenn sie es für erforderlich hält, Bevollmächtigte einsetzen, die für ihre Rechnung und unter ihrer vollen und unbedingten Haftung Aufträge entgegennehmen und weiterleiten. In diesem Fall muss die Tätigkeit dieser Bevollmächtigten als Tätigkeit der Wertpapierfirma angesehen werden.

Im übrigen berührt diese Richtlinie nicht die Möglichkeit des Herkunftsmitgliedstaats, für die Stellung dieser Bevollmächtigten besondere Anforderungen festzulegen.

Übt die Wertpapierfirma eine grenzüberschreitende Tätigkeit aus, so werden diese Bevollmächtigten vom Aufnahmemitgliedstaat so behandelt, als handele es sich um die Wertpapierfirma selbst.

Im übrigen dürfen die Akquisition und der Direktverkauf von Wertpapieren nicht unter diese Richtlinie fallen, sondern müssen durch einzelstaatliche Rechtsvorschriften geregelt werden.

Wertpapiere umfassen die üblicherweise auf dem Kapitalmarkt gehandelten Wertpapiergattungen, z.B. Staatstitel, Aktien, handelbare Wertpapiere, die zum Erwerb von Aktien durch Zeichnung oder Austausch berechtigen, Aktienzertifikate, als Teil einer Serie ausgegebene Schuldverschreibungen, Index-Optionsscheine und Wertpapiere, die zum Erwerb solcher Schuldverschreibungen durch Zeichnung berechtigen.

Geldmarktinstrumente umfassen die üblicherweise auf dem Geldmarkt gehandelten Kategorien von Instrumenten, z.B. Schatzanweisungen, Einlagenzertifikate und Commercial Papers.

Die sehr weit gefasste Definition der Wertpapiere und der Geldmarktinstrumente in dieser Richtlinie gilt nur für diese Richtlinie und berührt daher in keiner Weise die unterschiedlichen Definitionen von Finanzinstrumenten, die in den einzelstaatlichen Rechtsvorschriften zu anderen Zwecken und insbesondere zu Steuerzwecken festgelegt sind; darüber hinaus gilt die Definition der Wertpapiere nur für Instrumente, die gehandelt

---

[4] ABl. Nr. L 386 vom 30. 12. 1989, S. 1. Richtlinie zuletzt geändert durch die Richtlinie 92/30/EWG (ABl. Nr. L 110 vom 28. 4. 1992, S. 52).

werden können, so dass Aktien oder Aktien gleichzustellende Wertpapiere, die von Organismen wie den „building societies" oder den „Industrial and Provident societies" ausgegeben werden und die in der Praxis nur über den Rückkauf durch den ausgebenden Organismus übertragen werden können, nicht unter diese Definition fallen.

Als Finanzterminkontrakten gleichwertige Instrumente sind jene Kontrakte anzusehen, die mit einer Barzahlung verbunden sind, welche unter Bezugnahme auf die Schwankungen eines der folgenden Faktoren berechnet wird: Zinssätze bzw. Wechselkurse, Wert eines der in Abschnitt B des Anhangs aufgeführten Instrumente, Index für eines dieser Instrumente.

Für die Zwecke dieser Richtlinie beinhaltet die Annahme und Übermittlung von Aufträgen auch die Zusammenführung von zwei oder mehreren Anlegern, durch die ein Geschäftsabschluss zwischen diesen Anlegern ermöglicht wird.

Die Gemeinschaftsvorschriften zur Regelung öffentlicher Angebote der in dieser Richtlinie genannten Instrumente oder ersatzweise diesbezügliche einzelstaatliche Vorschriften bleiben von dieser Richtlinie unberührt. Dies gilt ebenso für die Vermarktung und Ausgabe dieser Instrumente.

Die Mitgliedstaaten sind unbeschadet der zur Stärkung des Europäischen Währungssystems erforderlichen Maßnahmen auch weiterhin uneingeschränkt für die Durchführung der Maßnahmen im Rahmen ihrer Währungspolitik zuständig.

Aus dem Anwendungsbereich der Richtlinie sind auf Gemeinschaftsebene koordinierte Versicherungsunternehmen auszuklammern, deren Tätigkeit von den zuständigen Aufsichtsbehörden in geeigneter Weise überwacht wird, sowie Unternehmen, die Rückversicherungs- und Retrozessionstätigkeiten ausüben.

Unternehmen, die keine Dienstleistungen für Dritte erbringen, sondern deren Tätigkeit darin besteht, Wertpapierdienstleistungen ausschließlich für ihr Mutterunternehmen, ihre Tochterunternehmen oder ein anderes Tochterunternehmen ihres Mutterunternehmens zu erbringen, dürfen nicht unter diese Richtlinie fallen.

Diese Richtlinie soll für Firmen gelten, die im Rahmen ihrer üblichen Tätigkeit auf professioneller Basis Wertpapierdienstleistungen für Dritte erbringen; deshalb empfiehlt es sich, aus dem Anwendungsbereich dieser Richtlinie alle Personen auszuklammern, die eine andere berufliche Tätigkeit ausüben (z.B. Anwälte, Notare) und die im Rahmen dieser anderen beruflichen Tätigkeit Wertpapierdienstleistungen nur gelegentlich erbringen, sofern diese Tätigkeit geregelt ist und die betreffende Regelung nicht die gelegentliche Erbringung von Wertpapierdienstleistungen ausschließt.

Aus dem gleichen Grund sollten aus dem Anwendungsbereich natürliche und juristische Personen ausgeklammert werden, die Wertpapierdienstleistungen lediglich für Erzeuger oder Verwender von Rohstoffen und nur in dem für die Abwicklung von Geschäften mit diesen Erzeugnissen notwendigen Masse erbringen, wenn die Durchführung derartiger Geschäfte ihre Haupttätigkeit darstellt.

Unternehmen, deren Wertpapierdienstleistungen ausschließlich in der Verwaltung eines Systems der Arbeitnehmerbeteiligung bestehen und die mithin keine Wertpapierdienstleistungen für Dritte erbringen, dürfen nicht unter diese Richtlinie fallen.

Aus dem Anwendungsbereich der Richtlinie auszuklammern sind Zentralbanken und andere Einrichtungen mit ähnlichen Aufgaben sowie die öffentlichen Einrichtungen, die für die Verwaltung der staatlichen Schulden – einschließlich der Platzierung der staatlichen Schuldtitel – zuständig oder daran beteiligt sind. Diese Ausklammerung gilt jedoch insbesondere nicht für Einrichtungen mit öffentlicher Kapitalbeteiligung, deren Aufgabe erwerbswirtschaftlicher Art ist oder mit der Übernahme von Beteiligungen zusammenhängt.

7. Wertpapierdienstleistungen 161

Aus dem Anwendungsbereich der Richtlinie auszuklammern sind Unternehmen oder natürliche bzw. juristische Personen, die lediglich Aufträge entgegennehmen und an bestimmte Gegenparteien weiterleiten, ohne Geld oder Wertpapiere ihrer Kunden zu halten. Für sie gelten daher nicht die Niederlassungsfreiheit und der freie Dienstleistungsverkehr nach Maßgabe dieser Richtlinie, sondern, wenn sie in einem anderen Mitgliedstaat tätig werden wollen, die von diesem Mitgliedstaat erlassenen einschlägigen Bestimmungen.

Aus dem Anwendungsbereich der Richtlinie auszuklammern sind Organismen für gemeinsame Anlagen, unabhängig davon, ob sie auf Gemeinschaftsebene koordiniert worden sind, sowie die Verwahr- und Verwaltungsgesellschaften derartiger Organismen, sofern für sie eine unmittelbar auf ihre Tätigkeit abgestimmte Sonderregelung gilt.

Beschränken sich Vereinigungen, die von den Pensionsfonds eines Mitgliedstaates gegründet wurden, um deren Vermögenswerte zu verwalten, auf diese Verwaltung, ohne Wertpapierdienstleistungen an Dritte zu erbringen, und unterliegen die Pensionsfonds selbst der Überwachung durch die Behörden, die für die Beaufsichtigung der Versicherungsunternehmen zuständig sind, so ist es nicht erforderlich, auf diese Vereinigungen die in dieser Richtlinie vorgesehenen Bedingungen für den Zugang zu dieser Tätigkeit und deren Ausübung anzuwenden.

Es empfiehlt sich nicht, diese Richtlinie auf die nach italienischem Recht definierten „agenti di cambio" anzuwenden, da sie zu einer Gruppe gehören, für die keine Neuzulassungen mehr vorgesehen sind, ihre Tätigkeit sich auf das italienische Hoheitsgebiet beschränkt und die Gefahr von Wettbewerbsverzerrungen ausgeschlossen ist.

Die den Wertpapierfirmen durch diese Richtlinie verliehenen Rechte berühren nicht das Recht der Mitgliedstaaten, der Zentralbanken oder anderer nationaler Einrichtungen mit ähnlichen Aufgaben, ihre Gegenparteien anhand objektiver und nichtdiskriminierender Kriterien zu wählen.

Die Verantwortung für die Überwachung der Solvenz der Wertpapierfirmen gemäß der Richtlinie 93/6/EWG des Rates vom 15. März 1993 über die angemessene Eigenkapitalausstattung von Wertpapierfirmen und Kreditinstituten[5], in der die auf dem Gebiet des Marktrisikos geltenden Regeln koordiniert werden, liegt auch in Zukunft bei den zuständigen Behörden des Herkunftsmitgliedstaats.

Generell kann der Herkunftsmitgliedstaat insbesondere hinsichtlich der Zulassungsbedingungen, der aufsichtsrechtlichen Auflagen und der Melde- und Transparenzvorschriften strengere Bestimmungen als die in dieser Richtlinie festgelegten Bestimmungen erlassen.

Für die Ausübung der nicht unter diese Richtlinie fallenden Tätigkeiten gelten die allgemeinen Vertragsbestimmungen über das Niederlassungsrecht und den freien Dienstleistungsverkehr.

Aus Gründen des Anlegerschutzes ist insbesondere darauf zu achten, dass die Eigentumsrechte des Anlegers an den Wertpapieren und andere eigentumsähnliche Rechte sowie seine Rechte an den der Firma anvertrauten Geldern durch Abgrenzung von den Rechten der Firma geschützt werden.

Ungeachtet dieses Grundsatzes darf die Firma jedoch im eigenen Namen im Interesse des Anlegers handeln, wenn dies aufgrund der Natur des Geschäfts erforderlich ist und der Anleger dazu seine Zustimmung erteilt hat, z.B. bei Wertpapierleihgeschäften.

---

[5] Siehe Seite 1 dieses Amtsblatts.

Die Verfahren für die Zulassung von Zweigstellen von in einem Drittland zugelassenen Wertpapierfirmen finden auf diese weiterhin Anwendung. Diese Zweigstellen kommen nur in dem Mitgliedstaat, in dem sie errichtet sind, nicht jedoch in den anderen Mitgliedstaaten in den Genuss des freien Dienstleistungsverkehrs gemäß Artikel 59 Absatz 2 des Vertrages bzw. der Niederlassungsfreiheit.

Jedoch sind die Anträge eines Unternehmens, das dem Recht eines Drittlands unterliegt, auf Zulassung eines Tochterunternehmens oder auf Genehmigung des Erwerbs einer Beteiligung Gegenstand eines Verfahrens, mit dem sichergestellt werden soll, dass die Wertpapierfirmen der Gemeinschaft in diesem Drittland eine Behandlung nach dem Prinzip der Gegenseitigkeit erfahren.

Die von den zuständigen Behörden der Mitgliedstaaten erteilten Zulassungen von Wertpapierfirmen haben nach dieser Richtlinie einen gemeinschaftsweiten und nicht mehr nur einzelstaatlichen Geltungsbereich, und die bestehenden Gegenseitigkeitsklauseln werden damit unwirksam. Daher ist ein flexibles Verfahren erforderlich, mit dem die Gegenseitigkeit auf gemeinschaftlicher Grundlage bewertet werden kann.

Da die Gemeinschaft ihre Kapitalmärkte für die anderen Länder offen halten will, ist das Ziel dieses Verfahrens nicht eine Abschottung der Kapitalmärkte der Gemeinschaft, sondern eine weitergehende Liberalisierung der gesamten Kapitalmärkte in den Drittländern.

Zu diesem Zweck sieht diese Richtlinie Verfahren für Verhandlungen mit Drittländern oder – als letztes Mittel – die Möglichkeit vor, Maßnahmen zu ergreifen, mit denen neue Zulassungsanträge ausgesetzt bzw. die Neuzulassungen begrenzt werden könnten.

Eines der Ziele dieser Richtlinie ist der Anlegerschutz. Dazu sollte den unterschiedlichen Schutzbedürfnissen der einzelnen Gruppen von Anlegern und ihrer unterschiedlichen fachlichen Erfahrung Rechnung getragen werden.

Die Mitgliedstaaten haben dafür zu sorgen, dass die Tätigkeiten, die unter die gegenseitige Anerkennung fallen, ohne Behinderung auf die gleiche Weise wie im Herkunftsmitgliedstaat ausgeübt werden können, soweit sie nicht im Gegensatz zu den im Aufnahmemitgliedstaat geltenden Rechts- und Verwaltungsvorschriften zum Schutz des Allgemeininteresses stehen.

Kein Mitgliedstaat darf das Recht der Anleger, die in diesem Mitgliedstaat ihren gewöhnlichen Aufenthalt bzw. eine Niederlassung haben, einschränken, von einer unter diese Richtlinie fallenden Wertpapierfirma, die außerhalb dieses Mitgliedstaats gelegen ist und außerhalb dieses Mitgliedstaats Geschäfte tätigt, Wertpapierdienstleistungen zu erhalten.

In einigen Mitgliedstaaten können die Clearing- und Abwicklungsaufgaben von anderen Stellen wahrgenommen werden als von den Märkten, auf denen die Geschäfte abgewickelt werden; jedes mal wenn in dieser Richtlinie von Zugang zu oder Mitgliedschaft in geregelten Märkten die Rede ist, müssen diese Begriffe folglich dahingehend ausgelegt werden, dass sie den Zugang zu und die Mitgliedschaft bei Stellen einschließen, welche die Clearing- und Abwicklungsaufgaben für die geregelten Märkte wahrnehmen.

Jeder Mitgliedstaat hat für die Gleichbehandlung aller Wertpapierfirmen, denen von einem Mitgliedstaat eine Zulassung erteilt wurde, sowie aller Finanzinstrumente, die auf einem geregelten Markt eines Mitgliedstaats notiert werden, in seinem Hoheitsgebiet Sorge zu tragen.

Insbesondere müssen alle Wertpapierfirmen gleichermaßen Mitglied eines geregelten Marktes werden oder Zugang zu diesem Markt erhalten können; daher müssen unabhängig von den in den Mitgliedstaaten bestehenden Formen der organisatorischen Abwicklung der Geschäfte alle technischen und rechtlichen Zugangsbeschränkungen zu den im

7. Wertpapierdienstleistungen

Rahmen dieser Richtlinie geregelten Märkten nach Maßgabe dieser Richtlinie aufgehoben werden.

Einige Mitgliedstaaten erlauben Kreditinstituten, nur indirekt – mittels eines spezialisierten Tochterunternehmens – Mitglied ihrer geregelten Märkte zu werden. Die den Kreditinstituten mit dieser Richtlinie eingeräumte Möglichkeit, direkt Mitglied der geregelten Märkte zu werden, ohne ein spezialisiertes Tochterunternehmen gründen zu müssen, stellt für diese Mitgliedstaaten eine wichtige Reform dar, deren Auswirkungen im Lichte der Entwicklung der Kapitalmärkte erneut geprüft werden sollten. Daher muss der Bericht, den die Kommission dem Rat zu diesem Thema bis zum 31.Dezember 1998 vorlegen wird, sämtliche Faktoren berücksichtigen, anhand deren der Rat für diese Mitgliedstaaten erneut die Auswirkungen sowie insbesondere das Risiko von Interessenkonflikten und das Niveau des Anlegerschutzes beurteilen kann.

Es ist äußerst wichtig, dass die Harmonisierung der Ausgleichssysteme zum gleichen Zeitpunkt wie diese Richtlinie zur Anwendung gelangt.

Im übrigen können die Aufnahmemitgliedstaaten bis zum Beginn der Anwendung einer Richtlinie zur Harmonisierung der Ausgleichssysteme die Anwendung ihres Ausgleichssystems auch für die in anderen Mitgliedstaaten zugelassenen Wertpapierfirmen, einschließlich der Kreditinstitute, vorschreiben, wenn es im Herkunftsmitgliedstaat kein Ausgleichssystem gibt oder dieses keinen gleichwertigen Schutz bietet.

Die Struktur der geregelten Märkte muss weiterhin dem einzelstaatlichen Recht unterliegen, ohne dass dadurch für Wertpapierfirmen, welche die betreffenden Wertpapierdienstleistungen in ihrem Herkunftsmitgliedstaat erbringen dürfen, die Liberalisierung des Zugangs zu den geregelten Märkten der Aufnahmemitgliedstaaten behindert würde.

Gemäß diesem Grundsatz regeln das Recht der Bundesrepublik Deutschland und das Recht der Niederlande die Tätigkeit des Kursmaklers bzw. des „hökman" dergestalt, dass diese ihre Tätigkeit nicht parallel zu anderen Tätigkeiten ausüben dürfen. Es ist daher festzustellen, dass der Kursmakler und der „hökman" ihre Dienstleistungen nicht in den anderen Mitgliedstaaten erbringen dürfen.

Niemand darf – unabhängig davon, welcher Mitgliedstaat sein Herkunftsmitgliedstaat ist – als Kursmakler oder „hökman" tätig werden, ohne den gleichen Unvereinbarkeitsvorschriften wie den Vorschriften, die sich aus dem Status des Kursmaklers oder „hökman" ergeben, unterworfen zu sein.

Es ist festzustellen, dass die Bestimmungen, die sich aus der Richtlinie 79/279/EWG des Rates vom 5. März 1979 zur Koordinierung der Bedingungen für die Zulassung von Wertpapieren zur amtlichen Notierung an einer Wertpapierbörse[6] ergeben, durch die vorliegende Richtlinie nicht berührt werden.

Die Stabilität und das reibungslose Funktionieren des Finanzsystems sowie der Anlegerschutz erfordern, dass der Aufnahmemitgliedstaat über das Recht und die Zuständigkeit verfügt, jeglichen Praktiken von Wertpapierfirmen in seinem Hoheitsgebiet, die gegen die Wohlverhaltensregeln sowie gegen die von ihm aus Gründen des Gemeinwohls erlassenen Rechts- und Verwaltungsvorschriften verstoßen, vorzubeugen und sie zu ahnden sowie im Notfall einzugreifen.

Im übrigen müssen die zuständigen Behörden des Aufnahmemitgliedstaats bei der Ausübung ihrer Befugnisse auf die engste Zusammenarbeit mit den zuständigen Behörden des

---

[6] ABl. Nr. L 66 vom 16. 3. 1979, S. 21. Richtlinie zuletzt geändert durch die Akte über den Beitritt Spaniens und Portugals.

Herkunftsmitgliedstaats zählen können, ganz besonders für Tätigkeiten im Rahmen des freien Dienstleistungsverkehrs.

Die zuständigen Behörden des Herkunftsmitgliedstaats haben das Recht, von den zuständigen Behörden des Aufnahmemitgliedstaats über die Maßnahmen informiert zu werden, die einer Firma auferlegte Sanktionen oder Beschränkungen der Tätigkeiten einer Firma beinhalten und die die letztgenannten Behörden gegenüber den von den erstgenannten Behörden zugelassenen Wertpapierfirmen ergreifen, um ihrer Aufsichtspflicht wirksam nachzukommen. Hierzu muss die Zusammenarbeit zwischen den zuständigen Behörden des Herkunfts- und des Aufnahmemitgliedstaats sichergestellt werden.

Im Hinblick auf die doppelte Zielsetzung des Anlegerschutzes und der Gewährleistung eines reibungslosen Funktionierens der Wertpapiermärkte ist für die Transparenz der Geschäfte sowie dafür zu sorgen, dass die zu diesem Zweck in dieser Richtlinie für die geregelten Märkte vorgesehenen Regeln sowohl für Wertpapierfirmen als auch für Kreditinstitute, wenn sie auf dem Markt tätig werden, gelten.

Die Prüfung von Problemen, die sich auf den unter die Richtlinien des Rates über Wertpapierdienstleistungen und Wertpapiere fallenden Gebieten sowohl hinsichtlich der Anwendung bestehender Maßnahmen als auch im Hinblick auf eine engere Koordinierung stellen, macht es notwendig, dass die einzelstaatlichen Behörden und die Kommission in einem Ausschuss zusammenarbeiten. Die Einsetzung eines solchen Ausschusses präjudiziert nicht andere Formen der Zusammenarbeit zwischen Aufsichtsbehörden in diesem Bereich.

Es wird von Zeit zu Zeit erforderlich sein, technische Änderungen an einzelnen Regelungen dieser Richtlinie vorzunehmen, um neuen Entwicklungen auf dem Gebiet der Wertpapierdienstleistungen Rechnung zu tragen.

Die Kommission wird die erforderlichen Änderungen nach Befassung des für Fragen der Wertpapiermärkte einzusetzenden Ausschusses vornehmen –
HAT FOLGENDE RICHTLINIE ERLASSEN:

Titel I. Begriffsbestimmungen und Anwendungsbereich

Artikel 1
Im Sinne dieser Richtlinie bedeuten
1. „Wertpapierdienstleistung": jede für Dritte erbrachte Dienstleistung, die in Abschnitt A des Anhangs aufgeführt ist und sich auf eines der Instrumente in Abschnitt B des Anhangs bezieht.
2. „Wertpapierfirma": jede juristische Person, die im Rahmen ihrer üblichen beruflichen oder gewerblichen Tätigkeit gewerbsmäßig Wertpapierdienstleistungen für Dritte erbringt.

Für die Zwecke dieser Richtlinie können die Mitgliedstaaten in den Begriff der Wertpapierfirma Firmen einbeziehen, die keine juristischen Personen sind,
– wenn ihre Rechtsform Dritten gegenüber einen Grad an Schutz bietet, der dem von juristischen Personen gebotenen Schutz gleichwertig ist, und
– sofern sie einer gleichwertigen und ihrer Rechtsform angemessenen Aufsicht unterliegen.

Erbringen diese natürlichen Personen jedoch Dienstleistungen, die das Halten von Geldern oder Wertpapieren Dritter umfassen, so können sie nur dann als Wertpapierfirma im Sinne dieser Richtlinie gelten, wenn sie unbeschadet der

7. Wertpapierdienstleistungen

sonstigen in dieser Richtlinie und in der Richtlinie 93/6/EWG festgelegten Anforderungen folgende Bedingungen erfüllen:
- Die Eigentumsrechte Dritter an ihren Wertpapieren und Geldern werden gewahrt, vor allem im Falle einer Insolvenz der Firma oder ihrer Eigentümer, einer Pfändung, einer Aufrechnung oder anderer von den Gläubigern der Firma oder ihren Eigentümern geltend gemachter Ansprüche.
- Die Wertpapierfirma ist Vorschriften unterworfen, welche die Überwachung ihrer Solvenz einschließlich der ihrer Eigentümer zum Gegenstand haben.
- Der Jahresabschluss der Wertpapierfirma wird von einer oder mehreren nach dem einzelstaatlichen Recht zur Rechnungsprüfung befugten Personen geprüft.
- Hat eine Firma nur einen Eigentümer, so trifft dieser entsprechende Vorkehrungen für den Schutz der Anleger, falls die Firma die Geschäftstätigkeit aufgrund seines Ablebens, seiner Geschäftsunfähigkeit oder einer vergleichbaren Gegebenheit einstellt.

Die Kommission erstattet vor dem 31. Dezember 1997 Bericht über die Anwendung der Absätze 2 und 3 dieser Nummer und schlägt gegebenenfalls ihre Änderung oder Streichung vor.

Übt jemand eine Tätigkeit gemäß Abschnitt A Nummer 1 Buchstabe a) des Anhangs aus und wird diese Tätigkeit ausschließlich für Rechnung und unter der vollen und unbedingten Haftung einer Wertpapierfirma ausgeübt, so gilt diese Tätigkeit als Tätigkeit der Wertpapierfirma selbst und nicht als Tätigkeit der betreffenden Person.

3. „Kreditinstitut": ein Kreditinstitut im Sinne des Artikels 1 erster Gedankenstrich der Richtlinie 77/780/EWG[7] mit Ausnahme der in Artikel 2 Absatz 2 der genannten Richtlinie bezeichneten Institute.

4. „Wertpapiere":
- Aktien und andere, Aktien gleichzustellende Wertpapiere,
- Schuldverschreibungen und sonstige verbriefte Schuldtitel, die auf dem Kapitalmarkt gehandelt werden können, und
- alle anderen üblicherweise gehandelten Titel, die zum Erwerb solcher Wertpapiere durch Zeichnung oder Austausch berechtigen oder zu einer Barzahlung führen,
mit Ausnahme von Zahlungsmitteln.

5. „Geldmarktinstrumente": die üblicherweise auf dem Geldmarkt gehandelten Gattungen von Instrumenten.

6. „Herkunftsmitgliedstaat":
a) bei Wertpapierfirmen, die natürliche Personen sind: der Mitgliedstaat, in dem diese Personen ihre Hauptverwaltung haben;
b) bei Wertpapierfirmen, die juristische Personen sind: der Mitgliedstaat, in dem diese ihren satzungsmäßigen Sitz haben, oder, wenn sie gemäß dem für sie geltenden einzelstaatlichen Recht keinen satzungsmäßigen Sitz haben, der Mitgliedstaat, in dem ihr Hauptverwaltungssitz liegt;
c) bei einem Markt: der Mitgliedstaat, in dem der für den Handel verantwortliche Organismus seinen satzungsmäßigen Sitz hat, oder, wenn dieser Organismus ge-

---

[7] ABl. Nr. L 322 vom 17. 12. 1977, S. 30. Richtlinie zuletzt geändert durch die Richtlinie 89/646/EWG (ABl. Nr. L 386 vom 30. 12. 1989, S. 1).

mäß dem für ihn geltenden einzelstaatlichen Recht keinen satzungsmäßigen Sitz hat, der Mitgliedstaat, in dem sein Hauptverwaltungssitz liegt.

7. „Aufnahmemitgliedstaat": der Mitgliedstaat, in dem eine Wertpapierfirma eine Zweigniederlassung hat oder Dienstleistungen erbringt.

8. „Zweigniederlassung": eine Betriebsstelle, die einen rechtlich unselbständigen Teil einer Wertpapierfirma bildet und Wertpapierdienstleistungen erbringt, für die der Wertpapierfirma eine Zulassung erteilt wurde; hat eine Wertpapierfirma mit Sitz in einem anderen Mitgliedstaat in ein und demselben Mitgliedstaat mehrere Betriebsstellen errichtet, so werden diese als eine einzige Zweigniederlassung betrachtet.

9. „zuständige Behörden": die Behörden, die von den Mitgliedstaaten gemäß Artikel 22 benannt werden.

10. „qualifizierte Beteiligung": das direkte oder indirekte Halten von wenigstens 10 % des Kapitals oder der Stimmrechte oder die Möglichkeit der Wahrnehmung eines maßgeblichen Einflusses auf die Geschäftsführung einer Wertpapierfirma, an der eine Beteiligung gehalten wird.

Bei der Anwendung dieser Definition im Rahmen der Artikel 4 und 9 sowie der übrigen in Artikel 9 genannten Beteiligungsschwellen werden die in Artikel 7 der Richtlinie 88/627/EWG[8] erwähnten Stimmrechte berücksichtigt.

11. „Mutterunternehmen": ein Mutterunternehmen im Sinne der Artikel 1 und 2 der Richtlinie 83/349/EWG[9].

12. „Tochterunternehmen": ein Tochterunternehmen im Sinne der Artikel 1 und 2 der Richtlinie 83/349/EWG; jedes Tochterunternehmen eines Tochterunternehmens wird ebenfalls als Tochterunternehmen des Mutterunternehmens angesehen, das an der Spitze dieser Unternehmen steht.

13. „geregelter Markt": ein Markt für Finanzinstrumente im Sinne des Abschnitts B des Anhangs,

– der in das Verzeichnis gemäß Artikel 16 eingetragen ist, das von dem Mitgliedstaat erstellt wird, welcher der Herkunftsmitgliedstaat im Sinne von Artikel 1 Nummer 6 Buchstabe c) ist,

– der regelmäßig funktioniert,

– der dadurch gekennzeichnet ist, dass die Funktionsbedingungen des Marktes, die Bedingungen für den Zugang zum Markt sowie, wenn die Richtlinie 79/279/EWG Anwendung findet, die in dieser Richtlinie festgelegten Bedingungen für die Zulassung zur Notierung und, wenn die genannte Richtlinie keine Anwendung findet, die Bedingungen, die diese Finanzinstrumente erfüllen müssen, um tatsächlich auf dem Markt gehandelt werden zu können, durch Bestimmungen festgelegt sind, die von den zuständigen Behörden erlassen oder genehmigt wurden,

– auf dem alle Melde- und Transparenzvorschriften, welche nach den Artikeln 20 und 21 gelten, eingehalten werden müssen.

14. „Kontrolle": die Kontrolle im Sinne des Artikels 1 der Richtlinie 83/349/EWG.

Artikel 2
(1) Diese Richtlinie gilt für sämtliche Wertpapierfirmen. Für Kreditinstitute, deren

---

[8] ABl. Nr. L 348 vom 17. 12. 1988, S. 62.
[9] ABl. Nr. L 193 vom 18. 7. 1983, S. 1. Richtlinie zuletzt geändert durch die Richtlinie 90/605/EWG (ABl. Nr. L 317 vom 16. 11. 1990, S. 60).

7. Wertpapierdienstleistungen

nach den Richtlinien 77/780/EWG und 89/646/EWG erteilte Zulassung eine oder mehrere der in Abschnitt A des Anhangs aufgezählten Wertpapierdienstleistungen abdeckt, gelten jedoch nur Absatz 3 dieses Artikels, Artikel 8 Absatz 2, Artikel 10, Artikel 11, Artikel 12 Absatz 1, Artikel 14 Absätze 3 und 4, Artikel 15, Artikel 19 und Artikel 20.

(2) Diese Richtlinie gilt nicht für

a) Versicherungsunternehmen im Sinne von Artikel 1 der Richtlinie 73/239/EWG[10] oder von Artikel 1 der Richtlinie 79/267/EWG[11], sowie Unternehmen, die die in der Richtlinie 64/225/EWG[12] genannten Rückversicherungs- und Retrozessionstätigkeiten ausüben;

b) Unternehmen, die Wertpapierdienstleistungen ausschließlich für ihr Mutterunternehmen, ihre Tochterunternehmen oder ein anderes Tochterunternehmen ihres Mutterunternehmens erbringen;

c) Personen, die Wertpapierdienstleistungen erbringen, wenn diese Tätigkeit im Rahmen einer Berufstätigkeit gelegentlich ausgeübt wird und letztere durch Rechts- oder Verwaltungsvorschriften bzw. Standesregeln geregelt ist und diese die Erbringung der Dienstleistung nicht ausschließen;

d) Firmen, deren Wertpapierdienstleistungen ausschließlich in der Verwaltung eines Systems der Arbeitnehmerbeteiligung bestehen;

e) Firmen, die als Wertpapierdienstleistungen sowohl die unter dem Buchstaben b) als auch die unter dem Buchstaben d) genannten Dienstleistungen erbringen;

f) Zentralbanken der Mitgliedstaaten und andere nationale Einrichtungen mit ähnlichen Aufgaben sowie sonstige öffentliche Einrichtungen, die für die Verwaltung der staatlichen Schulden zuständig oder daran beteiligt sind;

g) Firmen,
– die weder Geld noch Wertpapiere ihrer Kunden halten können und daher zu keiner Zeit zu Schuldnern dieser Kunden werden können und
– die als einzige Wertpapierdienstleistung Aufträge für Wertpapiere und Anteile an Organismen für gemeinsame Anlagen entgegennehmen und weiterleiten können und
– die bei Erbringung dieser Dienstleistung Aufträge nur weiterleiten können an

i) Wertpapierfirmen, die gemäß dieser Richtlinie zugelassen sind;

ii) Kreditinstitute, die gemäß den Richtlinien 77/780/EWG und 89/646/EWG zugelassen sind;

iii) Zweigniederlassungen von Wertpapierfirmen oder Kreditinstituten, die in einem Drittland zugelassen worden sind und Aufsichtsvorschriften unterliegen, welche nach Auffassung der zuständigen Behörden mindestens genauso streng wie die Aufsichtsvorschriften dieser Richtlinie und der Richtlinien 89/646/EWG oder 93/6/EWG sind und denen sie nachkommen;

iv) Organismen für gemeinsame Anlagen, die aufgrund der Rechtsvorschriften eines Mitgliedstaates befugt sind, Anteile in der Öffentlichkeit zu vertreiben, sowie an die Geschäftsleiter solcher Organismen;

---

[10] ABl. Nr. L 228 vom 16. 8. 1973, S. 3. Richtlinie zuletzt geändert durch die Richtlinie 90/619/EWG (ABl. Nr. L 330 vom 29. 11. 1990, S. 50).

[11] ABl. Nr. L 63 vom 13. 3. 1979, S. 1. Richtlinie zuletzt geändert durch die Richtlinie 90/618/EWG (ABl. Nr. L 330 vom 29. 11. 1990, S. 44).

[12] ABl. Nr. 56 vom 4. 4. 1964, S. 878/64.

v) Investmentgesellschaften mit festem Kapital im Sinne von Artikel 15 Absatz 4 der Richtlinie 77/91/EWG[13], deren Wertpapiere auf einem geregelten Markt in einem Mitgliedstaat notiert bzw. gehandelt werden;
– und deren Tätigkeit auf einzelstaatlicher Ebene einer Regelung bzw. Standesregeln unterworfen ist;

h) Organismen für gemeinsame Anlagen unabhängig davon, ob sie auf Gemeinschaftsebene koordiniert worden sind, sowie die Verwahr- und Verwaltungsgesellschaften derartiger Organismen;

i) Personen, deren Haupttätigkeit darin besteht, Rohstoffgeschäfte untereinander oder mit den Erzeugern oder den gewerblichen Verwendern dieser Erzeugnisse zu tätigen, und die Wertpapierdienstleistungen nur für diese Gegenparteien und insoweit erbringen, als es für ihre Haupttätigkeit erforderlich ist;

j) Firmen, deren Wertpapierdienstleistung ausschließlich darin besteht, auf einem Finanztermin- oder Optionsmarkt nur für eigene Rechnung oder für Rechnung anderer Mitglieder des gleichen Marktes tätig zu werden oder für diese einen Preis zu machen, und die durch eine Garantie seitens eines Clearingmitglieds des gleichen Marktes abgedeckt sind. Die Verantwortung für die Erfüllung der von einer solchen Firma abgeschlossenen Geschäfte muss von einem Clearingmitglied des gleichen Marktes übernommen werden;

k) Vereinigungen, die von dänischen Pensionsfonds mit dem ausschließlichen Ziel gegründet wurden, die Vermögenswerte der beteiligten Pensionsfonds zu verwalten;

l) „agenti di cambio", deren Tätigkeiten und Aufgaben im Königlichen Dekret der Italienischen Republik Nr. 222 vom 7. März 1925 sowie dessen späteren Änderungen geregelt sind und die ihre Tätigkeiten gemäß Artikel 19 des Gesetzes der Italienischen Republik Nr. 1 vom 2. Januar 1991 fortsetzen dürfen.

(3) Die Kommission berichtet bis zum 31. Dezember 1998 und danach in regelmäßigen Abständen über die Anwendung von Absatz 2 in Verbindung mit Abschnitt A des Anhangs und schlägt gegebenenfalls im Lichte der Auswirkungen dieser Richtlinie für die Definition der Ausnahmen und die erfassten Dienstleistungen Änderungen vor.

(4) Die durch diese Richtlinie verliehenen Rechte beziehen sich nicht auf Dienstleistungen, die von einer Gegenpartei dem Staat, der Zentralbank eines Mitgliedstaats oder anderen nationalen Einrichtungen mit ähnlichen Aufgaben im Rahmen der Geld-, Wechselkurs-, Staatsschuld- oder Reservepolitik des betreffenden Mitgliedstaats erbracht werden.

Titel II. Bedingungen für den Zugang zur Tätigkeit

Artikel 3

(1) Jeder Mitgliedstaat sieht vor, dass Wertpapierfirmen, für die er der Herkunftsmitgliedstaat ist, ihre Tätigkeit erst nach einer Zulassung aufnehmen können. Diese Zulassung wird von den zuständigen Behörden dieses Staats, die gemäß Artikel 22 benannt werden, erteilt. In der Zulassung werden diejenigen der in Ab-

---

[13] ABl. Nr. L 26 von 31. 1. 1977. Richtlinie zuletzt geändert durch die Akte über den Beitritt Spaniens und Portugals.

7. Wertpapierdienstleistungen

schnitt A des Anhangs genannten Wertpapierdienstleistungen angegeben, die die Firma erbringen darf. Die Zulassung kann sich ferner auf eine oder mehrere der in Abschnitt C genannten Nebendienstleistungen erstrecken. Die Zulassung im Sinne dieser Richtlinie kann auf keinen Fall für Dienstleistungen erteilt werden, die ausschließlich zu den in Abschnitt C des Anhangs genannten Dienstleistungen gehören.

(2) Die Mitgliedstaaten verlangen, dass
– sich bei Wertpapierfirmen, bei denen es sich um juristische Personen handelt und die gemäß dem für sie geltenden einzelstaatlichen Recht einen satzungsmäßigen Sitz haben, die Hauptverwaltung im gleichen Mitgliedstaat befindet wie der Sitz;
– sich bei anderen Wertpapierfirmen die Hauptverwaltung in dem Mitgliedstaat befindet, der die Zulassung erteilt hat und in dem sie effektiv tätig sind.

(3) Unbeschadet anderer allgemeingültiger Bedingungen, die in den nationalen Rechtsvorschriften niedergelegt sind, erteilen die zuständigen Behörden die Zulassung nur, wenn
– die Wertpapierfirma, wie in der Richtlinie 93/6/EWG vorgeschrieben, über ein angesichts der Art der betreffenden Wertpapierdienstleistung ausreichendes Anfangskapital verfügt;
– die Personen, die die Geschäfte der Wertpapierfirma tatsächlich leiten, gut beleumdet sind und ausreichende Erfahrungen besitzen.
Über die Geschäftspolitik der Firma müssen mindestens zwei Personen, die die genannten Bedingungen erfüllen, bestimmen. Sofern jedoch mit geeigneten Vorkehrungen ein gleichwertiges Ergebnis insbesondere hinsichtlich Artikel 1 Nummer 2 Absatz 3 letzter Gedankenstrich gewährleistet wird, können die zuständigen Behörden auch Wertpapierfirmen in Form von natürlichen Personen oder – unter Berücksichtigung der Art und des Umfangs ihrer Tätigkeit – Wertpapierfirmen in Form von juristischen Personen, deren Geschäfte entsprechend ihrer Satzung oder nationalen Rechtsvorschriften von einer einzigen natürlichen Person geleitet werden, die Zulassung erteilen.

(4) Die Mitgliedstaaten verlangen ferner, dass mit dem Zulassungsantrag ein Geschäftsplan eingereicht wird, aus dem vor allem die Art der geplanten Geschäfte und der organisatorische Aufbau der Wertpapierfirma hervorgehen.

(5) Dem Antragsteller ist binnen sechs Monaten nach Einreichung eines vollständigen Antrags mitzuteilen, ob eine Zulassung erteilt wird. Jede Ablehnung eines Antrags ist zu begründen.

(6) Nach Erteilung der Zulassung kann die Wertpapierfirma sofort mit ihrer Tätigkeit beginnen.

(7) Die zuständigen Behörden dürfen einer unter diese Richtlinie fallenden Wertpapierfirma die Zulassung nur entziehen, wenn die betreffende Firma
a) von der Zulassung nicht binnen zwölf Monaten Gebrauch macht, ausdrücklich auf sie verzichtet oder seit mehr als sechs Monaten ihre Wertpapierdienstleistungen eingestellt hat, es sei denn, dass der betreffende Mitgliedstaat in diesen Fällen das Erlöschen der Zulassung vorsieht;
b) die Zulassung aufgrund falscher Erklärungen oder auf sonstige rechtswidrige Weise erhalten hat;
c) die Voraussetzungen, auf denen die Zulassung beruhte, nicht mehr erfüllt;
d) nicht mehr die Bestimmungen der Richtlinie 93/6/EWG einhält;

e) in schwerwiegender Weise systematisch gegen die zur Durchführung der Artikel 10 und 11 erlassenen Bestimmungen verstoßen hat;
f) oder wenn ein anderer in den einzelstaatlichen Rechtsvorschriften vorgesehener Fall für den Entzug vorliegt.

Artikel 4

Die zuständigen Behörden erteilen die Zulassung für die Aufnahme der Tätigkeit einer Wertpapierfirma nur, wenn ihnen die Identität und der Beteiligungsbetrag der direkten oder indirekten Aktionäre oder Gesellschafter, die als juristische oder natürliche Personen eine qualifizierte Beteiligung an der Wertpapierfirma halten, mitgeteilt wurden.

Die zuständigen Behörden verweigern die Zulassung, wenn sie nicht davon überzeugt sind, dass die betreffenden Aktionäre oder Gesellschafter den zur Gewährleistung einer soliden und umsichtigen Führung der Wertpapierfirma zu stellenden Ansprüchen genügen.

Artikel 5

Die Mitgliedstaaten dürfen bei der Aufnahme oder Weiterführung der Geschäftstätigkeit von Zweigniederlassungen von Wertpapierfirmen mit satzungsmäßigem Sitz außerhalb der Gemeinschaft keine Bestimmungen anwenden, die dazu führen, dass diese günstiger behandelt werden als Zweigniederlassungen von Wertpapierfirmen mit satzungsmäßigem Sitz in einem Mitgliedstaat.

Artikel 6

Im Fall der Zulassung einer Wertpapierfirma ist eine vorherige Konsultation der zuständigen Behörden des anderen Mitgliedstaats vorzusehen,
– wenn ein Tochterunternehmen einer in einem anderen Mitgliedstaat zugelassenen Wertpapierfirma oder eines entsprechenden Kreditinstituts errichtet wird,
oder
– wenn ein Tochterunternehmen des Mutterunternehmens einer in einem anderen Mitgliedstaat zugelassenen Wertpapierfirma oder eines entsprechenden Kreditinstituts errichtet wird,
oder
– wenn die Wertpapierfirma von den gleichen natürlichen oder juristischen Personen wie eine in einem anderen Mitgliedstaat zugelassene Wertpapierfirma oder ein entsprechendes Kreditinstitut kontrolliert wird.

Titel III. Beziehungen zu Drittländern

Artikel 7

(1) Die zuständigen Behörden der Mitgliedstaaten melden der Kommission
a) jede Zulassung eines direkten oder indirekten Tochterunternehmens mit zumindest einem Mutterunternehmen, das dem Recht eines Drittlands unterliegt.
b) jeden Erwerb einer Beteiligung an einer Wertpapierfirma der Gemeinschaft durch ein solches Mutterunternehmen, durch den diese Wertpapierfirma zu einem Tochterunternehmen desselben wird. In beiden Fällen unterrichtet die Kommission hierüber den Rat, bis vom Rat auf Vorschlag der Kommission ein Ausschuss für Wertpapiere eingesetzt wird. Wird einem direkten oder indirekten Tochterun-

7. Wertpapierdienstleistungen

ternehmen eines oder mehrerer dem Recht eines Drittlands unterliegenden Mutterunternehmen die Zulassung erteilt, so ist der Aufbau der Gruppe in der Mitteilung anzugeben, die die zuständigen Behörden der Kommission zu machen haben.

(2) Die Mitgliedstaaten teilen der Kommission alle allgemeinen Schwierigkeiten mit, auf die ihre Wertpapierfirmen bei ihrer Niederlassung oder bei der Erbringung von Wertpapierdienstleistungen in einem Drittland stoßen.

(3) Die Kommission erstellt erstmals nicht später als sechs Monate vor dem Beginn der Anwendung dieser Richtlinie und danach in regelmäßigen Abständen einen Bericht, der die Behandlung von Gemeinschaftswertpapierfirmen in Drittländern gemäß den Absätzen 4 und 5 bei ihrer Niederlassung und der Ausführung von Wertpapiergeschäften sowie dem Erwerb von Beteiligungen an Wertpapierfirmen von Drittländern untersucht. Die Kommission übermittelt diese Berichte dem Rat und fügt ihnen gegebenenfalls Vorschläge bei.

(4) Stellt die Kommission im Rahmen der in Artikel 3 genannten Berichte oder aufgrund anderer Informationen fest, dass ein Drittland Wertpapierfirmen der Gemeinschaft nicht einen effektiven Marktzugang gestattet, der demjenigen vergleichbar ist, den die Gemeinschaft den Wertpapierfirmen dieses Drittlands gewährt, so kann sie dem Rat Vorschläge unterbreiten, um ein geeignetes Mandat für Verhandlungen mit dem Ziel zu erhalten, für die Wertpapierfirmen der Gemeinschaft vergleichbare Wettbewerbsmöglichkeiten zu erreichen. Der Rat beschließt hierüber mit qualifizierter Mehrheit.

(5) Stellt die Kommission im Rahmen der in Absatz 3 genannten Berichte oder aufgrund anderer Informationen fest, dass Wertpapierfirmen der Gemeinschaft in einem Drittland keine Inländerbehandlung erfahren, ihnen also nicht die gleichen Wettbewerbsmöglichkeiten geboten werden wie inländischen Wertpapierfirmen, und dass die Bedingungen für einen effektiven Marktzugang nicht gegeben sind, so kann sie Verhandlungen zur Beseitigung der Diskriminierung aufnehmen. Im Falle des Unterabsatzes 1 kann nach dem Verfahren, das in der Richtlinie vorgesehen wird, mit der der Rat den in Absatz 1 genannten Ausschuss einsetzt, gleichzeitig mit der Einleitung der Verhandlungen jederzeit beschlossen werden, dass die zuständigen Behörden der Mitgliedstaaten ihre Entscheidungen über bereits eingereichte oder künftige Anträge auf Zulassung und über den Erwerb von Beteiligungen direkter oder indirekter, dem Recht des betreffenden Drittlands unterliegender Mutterunternehmen beschränken oder aussetzen müssen. Die Laufzeit der betreffenden Maßnahmen darf drei Monate nicht überschreiten. Vor Ablauf dieser Frist von drei Monaten kann der Rat anhand der Verhandlungsergebnisse auf Vorschlag der Kommission mit qualifizierter Mehrheit die Fortführung der Maßnahmen beschließen. Eine solche Beschränkung oder Aussetzung ist weder bei der Gründung von Tochterunternehmen durch die Gemeinschaft ordnungsgemäß zugelassene Wertpapierfirmen oder ihre Tochterunternehmen noch beim Erwerb von Beteiligungen an einer Wertpapierfirma der Gemeinschaft durch solche Wertpapierfirmen oder Tochterunternehmen zulässig.

(6) Trifft die Kommission eine Feststellung im Sinne der Absätze 4 oder 5, so teilen die Mitgliedstaaten der Kommission auf Verlangen folgendes mit:

a) jeden Antrag auf Zulassung eines direkten oder indirekten Tochterunternehmens mit mindestens einem Mutterunternehmen, das dem Recht des betreffenden Drittlands unterliegt;

b) jede ihnen nach Artikel 9 gemeldete Absicht des Erwerbs einer Beteiligung an einer Wertpapierfirma der Gemeinschaft durch ein solches Mutterunternehmen, dessen Tochterunternehmen die Wertpapierfirma der Gemeinschaft durch den Erwerb würde. Diese Mitteilungspflicht besteht nicht mehr, sobald mit dem in Absatz 4 oder 5 genannten Drittland ein Abkommen geschlossen wurde bzw. wenn die in Absatz 5 Unterabsätze 2 und 3 genannten Maßnahmen nicht mehr zur Anwendung kommen.

(7) Die nach diesem Artikel getroffenen Maßnahmen müssen mit den Verpflichtungen der Gemeinschaft vereinbar sein, die sich aus zwei- oder mehrseitigen internationalen Abkommen über die Aufnahme und Ausübung der Tätigkeiten von Wertpapierfirmen ergeben.

Titel IV. Bedingungen für die Ausübung

Artikel 8

(1) Die zuständigen Behörden des Herkunftsmitgliedstaates verlangen von einer von ihnen zugelassenen Wertpapierfirma, dass sie die in Artikel 3 Absatz 3 genannten Bedingungen fortwährend erfüllt.

(2) Die zuständigen Behörden des Herkunftsmitgliedstaates verlangen von einer von ihnen zugelassenen Wertpapierfirma, dass sie die in der Richtlinie 93/6/EWG vorgesehenen Regeln einhält.

(3) Die Aufsicht über eine Wertpapierfirma obliegt den zuständigen Behörden des Herkunftsmitgliedstaates unabhängig davon, ob die Wertpapierfirma in einem anderen Mitgliedstaat eine Zweigniederlassung errichtet oder Dienstleistungen erbringt; die Bestimmungen dieser Richtlinie, die eine Zuständigkeit der Behörden des Aufnahmemitgliedstaates vorsehen, bleiben hiervon unberührt.

Artikel 9

(1) Die Mitgliedstaaten schreiben vor, dass jede Person, die beabsichtigt, an einer Wertpapierfirma eine qualifizierte Beteiligung direkt oder indirekt zu erwerben, zuvor die zuständigen Behörden unterrichtet und den Umfang dieser Beteiligung mitteilt. Jede Person hat die zuständigen Behörden ebenfalls zu unterrichten, wenn sie beabsichtigt, den Umfang ihrer qualifizierten Beteiligung derart zu erhöhen, dass die Schwellen von 20 %, 33 % oder 50 % der Stimmrechte oder des Kapitals erreicht oder überschritten werden oder dass die Wertpapierfirma ihr Tochterunternehmen wird.

Unbeschadet des Absatzes 2 können die zuständigen Behörden binnen einer Frist von höchstens drei Monaten ab der in Unterabsatz 1 vorgesehenen Unterrichtung Einspruch gegen diese Absicht erheben, wenn sie nicht davon überzeugt sind, dass die in Unterabsatz 1 genannte Person den im Interesse der Gewährleistung einer soliden und umsichtigen Führung der Wertpapierfirma zu stellenden Ansprüchen genügt. Erheben sie keinen Einspruch, so können sie einen Termin festsetzen, bis zu dem die Absichten verwirklicht werden müssen.

(2) Wenn es sich bei dem Erwerber der in Absatz 1 genannten Beteiligungen um eine in einem anderen Mitgliedstaat zugelassene Wertpapierfirma oder um ein Mutterunternehmen einer in einem anderen Mitgliedstaat zugelassenen Wertpapierfirma oder um eine Person handelt, die eine in einem anderen Mitgliedstaat zugelassene Wertpapierfirma kontrolliert, und wenn aufgrund des Erwerbs die be-

7. Wertpapierdienstleistungen 173

treffende Wertpapierfirma zu einem Tochterunternehmen des Erwerbers wird oder von diesem kontrolliert wird, muss die Bewertung des Erwerbs Gegenstand der in Artikel 6 genannten vorherigen Konsultation sein.

(3) Die Mitgliedstaaten schreiben vor, dass jede Person, die beabsichtigt, ihre an einer Wertpapierfirma direkt oder indirekt gehaltene qualifizierte Beteiligung abzutreten, zuvor die zuständigen Behörden unterrichtet und den geplanten Umfang ihrer Beteiligung mitteilt. Außerdem hat jede Person die zuständigen Behörden davon zu unterrichten, wenn sie beabsichtigt, den Umfang ihrer qualifizierten Beteiligung derart zu senken, dass die Schwellen von 20 %, 33 % oder 50 % der Stimmrechte oder des Kapitals unterschritten werden oder dass die Wertpapierfirma nicht mehr ihr Tochterunternehmen ist.

(4) Die Wertpapierfirmen unterrichten die zuständigen Behörden über den Erwerb oder die Abtretung von Beteiligungen an ihrem Kapital, aufgrund deren diese Beteiligungen eine der in den Absätzen 1 und 3 genannten Schwellen über- bzw. unterschreiten, sobald sie von dem Erwerb oder der Abtretung Kenntnis erhalten. Ferner unterrichten sie die Behörden mindestens einmal jährlich über die Identität der Aktionäre oder Gesellschafter, die qualifizierte Beteiligungen halten, sowie über deren Betrag, wie er sich zum Beispiel aus den Mitteilungen anlässlich der Jahreshauptversammlung der Aktionäre oder Gesellschafter oder aus den Pflichtmeldungen der börsennotierten Gesellschaften ergibt.

(5) Die Mitgliedstaaten schreiben vor, dass, falls der durch die in Absatz 1 genannten Personen ausgeübte Einfluss sich zum Schaden einer umsichtigen und soliden Geschäftsführung der Wertpapierfirma auswirken könnte, die zuständigen Behörden die erforderlichen Maßnahmen ergreifen, um diesen Zustand zu beenden. Diese Maßnahmen können vor allem einstweilige Verfügungen, Sanktionen für die Mitglieder der Geschäftsleitung oder die Suspendierung des Stimmrechts für Aktien und Anteile, die von den betreffenden Aktionären oder Gesellschaftern gehalten werden, umfassen. Ähnliche Maßnahmen gelten für Personen, die ihrer in Absatz 1 festgelegten Pflicht zur vorherigen Unterrichtung nicht nachkommen. Für den Fall, dass eine Beteiligung trotz Einspruchs der zuständigen Behörden erworben wurde, sehen die Mitgliedstaaten unbeschadet der von ihnen zu verhängenden Sanktionen vor, dass die entsprechenden Stimmrechte ausgesetzt werden oder dass die Stimmrechtsausübung ungültig ist oder für nichtig erklärt werden kann.

Artikel 10

(1) Der Herkunftsmitgliedstaat erlässt Aufsichtsregeln, die die Wertpapierfirma fortwährend einzuhalten hat. Sie schreiben vor, dass die Wertpapierfirma insbesondere
- über eine ordnungsgemäße Verwaltung und Buchhaltung, Kontroll- und Sicherheitsvorkehrungen in bezug auf die elektronische Datenverarbeitung sowie über angemessene interne Kontrollverfahren verfügt, wozu insbesondere eine Regelung für persönliche Transaktionen der Angestellten der Firma gehört;
- geeignete Vorkehrungen für die den Anlegern gehörenden Wertpapiere trifft, um deren Eigentumsrechte – insbesondere für den Fall der Insolvenz der Firma – zu schützen und zu verhindern, dass die Wertpapierfirma die Wertpapiere der Anleger ohne deren ausdrückliche Zustimmung für eigene Rechnung verwendet;

– geeignete Vorkehrungen für die den Anlegern gehörenden Gelder trifft, um deren Rechte zu schützen und zu verhindern, dass die Gelder der Anleger von der Wertpapierfirma – außer wenn es sich um ein Kreditinstitut handelt – für eigene Rechnung verwendet werden;
– dafür Sorge trägt, dass die Aufzeichnungen über die ausgeführten Transaktionen mindestens ausreichen, um den Behörden des Herkunftsmitgliedstaats die Kontrolle der Einhaltung der Aufsichtsregeln, für die sie zuständig sind, zu ermöglichen. Diese Aufzeichnungen sind so lange aufzubewahren, wie dies von den zuständigen Behörden vorgeschrieben wird;
– so aufgebaut und organisiert ist, dass das Risiko von Interessenkonflikten zwischen der Firma und ihren Kunden oder von Interessenkonflikten zwischen verschiedenen Kunden der Firma, die den Interessen der Kunden schaden, möglichst gering ist. Jedoch dürfen die organisatorischen Modalitäten bei der Errichtung einer Zweigniederlassung den vom Aufnahmemitgliedstaat in bezug auf Interessenkonflikte erlassenen Wohlverhaltensregeln nicht zuwiderlaufen.

Artikel 11
(1) Die Mitgliedstaaten erlassen Wohlverhaltensregeln, welche die Wertpapierfirmen fortwährend einzuhalten haben. Diese Regeln müssen zumindest die Beachtung der unter den nachstehenden Gedankenstrichen aufgeführten Grundsätze gewährleisten und so angewandt werden, dass der Professionalität der Person Rechnung getragen wird, für die die Dienstleistung erbracht wird. Die Mitgliedstaaten wenden diese Regeln gegebenenfalls auch auf die in Abschnitt C des Anhangs genannten Nebendienstleistungen an. Gemäß diesen Grundsätzen muss die Wertpapierfirma
– bei der Ausübung ihrer Tätigkeit recht und billig im bestmöglichen Interesse ihrer Kunden und der Integrität des Marktes handeln;
– ihre Tätigkeit mit der gebotenen Sachkenntnis, Sorgfalt und Gewissenhaftigkeit im bestmöglichen Interesse ihrer Kunden und der Integrität des Marktes ausüben;
– über die für einen erfolgreichen Abschluss ihrer Tätigkeit erforderlichen Mittel und Verfahren verfügen und diese wirksam einsetzen;
– von ihren Kunden Angaben über ihre finanzielle Lage, ihre Erfahrung mit Wertpapiergeschäften und ihre mit den gewünschten Dienstleistungen verfolgten Ziele verlangen;
– bei den Verhandlungen mit ihren Kunden alle zweckdienlichen Informationen in geeigneter Form mitteilen;
– sich um die Vermeidung von Interessenkonflikten bemühen, und, wenn sich diese nicht vermeiden lassen, dafür sorgen, dass ihre Kunden nach Recht und Billigkeit behandelt werden;
– alle für die Ausübung ihrer Tätigkeit geltenden Vorschriften im bestmöglichen Interesse ihrer Kunden und der Integrität des Marktes nachkommen.
(2) Unbeschadet der im Rahmen der Harmonisierung der Wohlverhaltensregeln zu fassenden Beschlüsse fallen die Durchführung und die Überwachung der Einhaltung dieser Vorschriften weiterhin in die Zuständigkeit des Mitgliedstaats, in dem die Dienstleistung erbracht wird.
(3) Führt eine Wertpapierfirma einen Auftrag aus, so bestimmt sich das Kriterium der Professionalität des Anlegers bei der Anwendung der in Absatz 1 genannten Regeln nach dem Anleger, von dem der Auftrag ausgeht, unabhängig davon, ob er

7. Wertpapierdienstleistungen

direkt vom Anleger selbst oder indirekt über eine Wertpapierfirma, die die Dienstleistung gemäß Abschnitt A Nummer 1 Buchstabe a) des Anhangs anbietet, erteilt wird.

Artikel 12

Die Wertpapierfirma hat den Anlegern, bevor sie mit ihnen in eine Geschäftsbeziehung eintritt, Aufschluss darüber zu geben, welcher Entschädigungsfonds oder welcher gleichwertige Schutz für das oder die geplanten Geschäfte zur Verfügung steht, welche Absicherung durch das eine oder andere System geboten wird oder ob kein Fonds besteht und keine Entschädigung erwartet werden kann.
Der Rat nimmt die Erklärung der Kommission zur Kenntnis, dass sie ihm spätestens bis zum 31. Juli 1993 Vorschläge zur Harmonisierung der Entschädigungssysteme in bezug auf die Geschäfte von Wertpapierfirmen vorlegen wird. Der Rat nimmt so rasch wie möglich dazu Stellung, wobei angestrebt wird, dass die vorgeschlagenen Systeme zum Zeitpunkt des Beginns der Anwendung dieser Richtlinie zur Anwendung gelangen.

Artikel 13

Die Bestimmungen dieser Richtlinie hindern die in einem anderen Mitgliedstaat zugelassenen Wertpapierfirmen nicht daran, Werbung für ihre Dienstleistungen über alle verfügbaren Kommunikationskanäle im Aufnahmemitgliedstaat zu betreiben, sofern Form und Inhalt dieser Werbung den einschlägigen Vorschriften entsprechen, die im Interesse der Allgemeinheit festgelegt worden sind.

Titel V. Freie Niederlassung und freier Dienstleistungsverkehr

Artikel 14

(1) Die Mitgliedstaaten sorgen dafür, dass die Wertpapierdienstleistungen und die in Abschnitt C des Anhangs aufgeführten sonstigen Leistungen in ihrem Hoheitsgebiet gemäß den Artikeln 17, 18 und 19 sowohl durch Errichtung einer Zweigniederlassung als auch im Wege des Dienstleistungsverkehrs von jeder Wertpapierfirma erbracht werden können, die durch die zuständigen Behörden eines anderen Mitgliedstaats gemäß dieser Richtlinie zugelassen wurde und kontrolliert wird, sofern die betreffenden Dienstleistungen durch die Zulassung abgedeckt sind.
Diese Richtlinie berührt nicht die Befugnisse der Aufnahmemitgliedstaaten in bezug auf die Anteilscheine von Organismen für gemeinsame Anlagen, die nicht in den Anwendungsbereich der Richtlinie 85/611/EWG[14] des Rates fallen.
(2) Die Mitgliedstaaten dürfen die Errichtung einer Zweigniederlassung oder die Erbringung von Dienstleistungen gemäß Absatz 1 weder von einer Zulassung noch von einem Dotationskapital noch von einer sonstigen Voraussetzung gleicher Wirkung abhängig machen.
(3) Ein Mitgliedstaat kann vorschreiben, dass die Geschäfte betreffend die in Absatz 1 genannten Dienstleistungen auf einem geregelten Markt abgewickelt werden, wenn sie allen nachfolgenden Kriterien entsprechen:

---

[14] ABl. Nr. L 375 vom 31. 12. 1985, S. 3. Richtlinie zuletzt geändert durch die Richtlinie 88/220/EWG (ABl. Nr. L 100 vom 19. 4. 1988, S. 31).

– der Anleger hat seinen gewöhnlichen Aufenthalt bzw. eine Niederlassung in dem betreffenden Mitgliedstaat;
– die Wertpapierfirma wickelt das Geschäft entweder über eine in diesem Mitgliedstaat befindliche Haupt- oder Zweigniederlassung oder im Rahmen des freien Dienstleistungsverkehrs in diesem Mitgliedstaat ab;
– das Geschäft betrifft Instrumente, die auf einem geregelten Markt in diesem Mitgliedstaat gehandelt werden.
(4) Wendet ein Mitgliedstaat Absatz 3 an, so gesteht er den Anlegern, die in diesem Mitgliedstaat ihren gewöhnlichen Aufenthalt bzw. eine Niederlassung haben, das Recht zu, von der Verpflichtung nach Absatz 3 abzuweichen und die in Absatz 3 genannten Geschäfte außerhalb eines geregelten Marktes abwickeln zu lassen. Die Mitgliedstaaten können die Ausübung dieses Rechts von einer ausdrücklichen Genehmigung abhängig machen, wobei die unterschiedliche Schutzbedürftigkeit der Anleger und insbesondere die Fähigkeit der gewerblichen und institutionellen Anleger, ihre Interessen bestmöglich zu vertreten, zu berücksichtigen sind. Diese Genehmigung muss auf jeden Fall unter Bedingungen erteilt werden können, die eine rasche Abwicklung der Aufträge des Anlegers nicht in Frage stellen.
(5) Die Kommission erstattet bis zum 31. Dezember 1998 über die Anwendung der Absätze 3 und 4 Bericht und unterbreitet gegebenenfalls Vorschläge für deren Änderung.

Artikel 15

(1) Unbeschadet der Niederlassungs- und Dienstleistungsfreiheit gemäß Artikel 14 sorgen die Aufnahmemitgliedstaaten dafür, dass Wertpapierfirmen, die von den zuständigen Behörden ihres Herkunftsmitgliedstaats die Genehmigung erhalten haben, Dienstleistungen gemäß Abschnitt A Nummer 1 Buchstabe b) und Nummer 2 des Anhangs zu erbringen, in den Aufnahmemitgliedstaaten – direkt oder indirekt – Mitglieder der geregelten Märkte, auf denen gleichartige Dienstleistungen erbracht werden, werden können oder – direkt oder indirekt – Zugang zu diesen Märkten erhalten, wie auch Zugang zu Clearing- und Abwicklungssystemen erhalten oder Mitglieder von Systemen dieser Art werden können, die dort Mitgliedern solcher Märkte zur Verfügung stehen. Die Mitgliedstaaten heben alle einzelstaatlichen Vorschriften oder Satzungen von geregelten Märkten auf, die die Anzahl der zugangsberechtigten Personen beschränken. Ist der Zugang zu einem geregelten Markt wegen dessen rechtlicher Struktur oder dessen technischer Kapazitäten beschränkt, so tragen die Mitgliedstaaten dafür Sorge, dass diese Struktur und diese Kapazitäten von Zeit zu Zeit angepasst werden.
(2) Die Mitgliedschaft in bzw. der Zugang zu einem geregelten Markt setzt die Einhaltung der Eigenkapitalanforderungen durch die Wertpapierfirmen und die Kontrolle dieser Einhaltung durch den Herkunftsmitgliedstaat entsprechend der Richtlinie 93/6/EWG voraus. Zusätzliche Eigenkapitalanforderungen dürfen von den Aufnahmemitgliedstaaten nur für nicht unter die genannte Richtlinie fallende Bereiche gemacht werden. Der Zugang zu einem geregelten Markt, die Zulassung als Mitglied eines solchen Marktes und die Beibehaltung dieses Zugangs oder dieser Mitgliedschaft setzen voraus, dass die Satzungs- und Verwaltungsregeln des geregelten Marktes und die Regeln für Geschäfte auf diesem Markt, die Berufsvorschriften für das auf diesem Markt oder in Verbindung mit ihm tätige Personal sowie die Regeln und Verfahren der Clearing- und Abwicklungssysteme eingehalten

7. Wertpapierdienstleistungen 177

werden. Die Einzelheiten der Anwendung dieser Regeln und Verfahren können auf geeignete Weise angepasst werden, um insbesondere die Erfüllung der sich daraus ergebenden Verpflichtungen zu gewährleisten; dabei ist jedoch auf die Einhaltung von Artikel 28 zu achten.

(3) Zur Erfüllung der Verpflichtung nach Absatz 1 müssen die Aufnahmemitgliedstaaten den in Absatz 1 genannten Wertpapierfirmen, die Mitglied ihrer geregelten Märkte werden oder Zugang zu ihnen erhalten wollen, die Möglichkeit einräumen, zu wählen zwischen
– dem direkten Weg durch Gründung einer Zweigniederlassung im Aufnahmemitgliedstaat oder
– dem indirekten Weg durch Gründung einer Tochtergesellschaft im Aufnahmemitgliedstaat oder Erwerb einer im Aufnahmestaat bestehenden Firma, die dort bereits Mitglied dieser Märkte ist oder Zugang zu ihnen hat.

Jedoch können die Mitgliedstaaten, die zum Zeitpunkt des Erlasses dieser Richtlinie Rechtsvorschriften anwenden, wonach die Kreditinstitute nur mittels eines spezialisierten Tochterunternehmens Mitglied eines geregelten Marktes werden bzw. Zugang zu einem solchen Markt erhalten können, den Kreditinstituten anderer Staaten hinsichtlich des Zugangs zu diesem geregelten Markt die gleiche Pflicht in nichtdiskriminierender Weise noch bis zum 31. Dezember 1996 auferlegen. Das Königreich Spanien, die Griechische Republik und die Portugiesische Republik können diese Frist bis zum 31. Dezember 1999 verlängern. Die Kommission erstellt bis zum 31. Dezember 1998 unter Berücksichtigung der mit der Anwendung dieses Artikels gesammelten Erfahrungen einen Bericht und unterbreitet gegebenenfalls einen Vorschlag; der Rat kann anhand dieses Vorschlags mit qualifizierter Mehrheit die Revision dieser Regelung beschließen.

(4) Vorbehaltlich der Absätze 1, 2 und 3 können dort, wo auf dem geregelten Markt des Aufnahmemitgliedstaats Geschäfte durchgeführt werden, ohne dass eine physische Anwesenheit erforderlich wäre, die in Absatz 1 genannten Wertpapierfirmen auf gleicher Basis Mitglied dieses Marktes werden bzw. Zugang zu ihm erhalten, ohne im Aufnahmemitgliedstaat niedergelassen zu sein. Der Herkunftsmitgliedstaat gestattet dem geregelten Markt eines Aufnahmemitgliedstaats, geeignete Vorkehrungen in seinem Hoheitsgebiet vorzusehen, die seinen Wertpapierfirmen ermöglichen, gemäß diesem Absatz zu diesem geregelten Markt zugelassen zu werden.

(5) Dieser Artikel berührt nicht die Möglichkeiten der Mitgliedstaaten, die Schaffung neuer Märkte in ihrem Hoheitsgebiet zu genehmigen oder zu untersagen.

(6) Dieser Artikel berührt nicht
– in der Bundesrepublik Deutschland die Vorschriften für die Tätigkeit des Kursmaklers,
– in den Niederlanden die Vorschriften für die Tätigkeit des „hökman".

Artikel 16
Jeder Mitgliedstaat hat zum Zwecke der gegenseitigen Anerkennung und der Anwendung dieser Richtlinie ein Verzeichnis der geregelten Märkte zu erstellen, für welche er Herkunftsmitgliedstaat ist und die seinen Vorschriften entsprechen, und dieses Verzeichnis den übrigen Mitgliedstaaten und der Kommission zusammen mit den Vorschriften über die Organisation und die Funktionsweise dieser geregelten Märkte zur Unterrichtung zu übermitteln. Die gleiche Mitteilung ist für jede

Änderung dieses Verzeichnisses oder der genannten Vorschriften vorzunehmen. Die Kommission veröffentlicht im ABl. der Europäischen Gemeinschaften mindestens einmal jährlich die Verzeichnisse der geregelten Märkte und deren aktualisierte Fassungen. Die Kommission erstellt vor dem 31. Dezember 1996 einen Bericht über die auf diese Weise bei ihr eingegangenen Informationen und schlägt gegebenenfalls Änderungen zu der Definition der geregelten Märkte im Sinne dieser Richtlinie vor.

Artikel 17

(1) Jede Wertpapierfirma, die die Bedingungen von Artikel 3 erfüllt und im Hoheitsgebiet eines anderen Mitgliedstaats eine Zweigniederlassung errichten möchte, teilt dies den zuständigen Behörden des Herkunftsmitgliedstaats mit.

(2) Die Mitgliedstaaten schreiben vor, dass eine Wertpapierfirma, die eine Zweigniederlassung in einem anderen Mitgliedstaat errichten möchte, zusammen mit der Mitteilung gemäß Artikel 1 folgendes anzugeben hat:

a) den Mitgliedstaat, in dessen Hoheitsgebiet sie eine Zweigniederlassung errichten möchte;

b) einen Geschäftsplan, in dem insbesondere die Art der vorgesehenen Geschäfte und die Organisationsstruktur der Zweigniederlassung angegeben sind;

c) die Anschrift, unter der die Unterlagen der Wertpapierfirma im Aufnahmemitgliedstaat angefordert werden können;

d) die Namen der Geschäftsführer der Zweigniederlassung.

(3) Sofern die zuständigen Behörden des Herkunftsmitgliedstaats in Anbetracht des betreffenden Vorhabens keinen Grund haben, die Angemessenheit der Verwaltungsstrukturen und der Finanzlage der betreffenden Wertpapierfirma anzuzweifeln, übermitteln sie die Angaben gemäß Absatz 2 innerhalb von drei Monaten nach Eingang sämtlicher Angaben den zuständigen Behörden des Aufnahmemitgliedstaats und teilen dies der betreffenden Wertpapierfirma mit.

Sie machen ferner genaue Angaben zu etwaigen Entschädigungssystemen, die den Schutz der Anleger der Zweigniederlassung sicherstellen sollen. Verweigern die zuständigen Behörden des Herkunftsmitgliedstaats die Übermittlung der in Absatz 2 genannten Angaben an die zuständigen Behörden des Aufnahmemitgliedstaats, so nennen sie der betroffenen Wertpapierfirma innerhalb von drei Monaten nach Eingang sämtlicher Angaben die Gründe dafür. Bei einer solchen Weigerung oder bei Nichtäußerung können die Gerichte des Herkunftsmitgliedstaats angerufen werden.

(4) Bevor die Zweigniederlassung der Wertpapierfirma ihre Tätigkeiten aufnimmt, verfügen die zuständigen Behörden des Aufnahmemitgliedstaats über einen Zeitraum von zwei Monaten nach Eingang der in Absatz 3 genannten Angaben zur Vorbereitung der Beaufsichtigung der Wertpapierfirma gemäß Artikel 19 und gegebenenfalls zur Angabe der Bedingungen, einschließlich der Wohlverhaltensregeln, die für die Ausübung dieser Tätigkeiten im Aufnahmemitgliedstaat aus Gründen des Allgemeininteresses gelten.

(5) Nach Eingang einer Mitteilung der zuständigen Behörden des Aufnahmemitgliedstaats oder – bei Nichtäußerung – nach Ablauf der in Absatz 4 genannten Frist kann die Zweigniederlassung errichtet werden und ihre Tätigkeiten aufnehmen.

7. Wertpapierdienstleistungen 179

(6) Im Falle einer Änderung des Inhalts von gemäß Absatz 2 Buchstaben b), c) und d) übermittelten Angaben teilt die Wertpapierfirma den zuständigen Behörden im Herkunfts- und im Aufnahmemitgliedstaat die betreffende Änderung mindestens einen Monat vor deren Durchführung schriftlich mit, damit sich die zuständigen Behörden des Herkunftsmitgliedstaats gemäß Absatz 3 und die zuständigen Behörden des Aufnahmemitgliedstaats gemäß Absatz 4 zu dieser Änderung äußern können.

(7) Im Falle einer Änderung der gemäß Absatz 3 Unterabsatz 2 übermittelten Angaben teilen die Behörden des Herkunftsmitgliedstaats dies den Behörden des Aufnahmemitgliedstaats mit.

Artikel 18

(1) Jede Wertpapierfirma, die ihre Tätigkeit erstmals im Hoheitsgebiet eines anderen Mitgliedstaats im Wege des freien Dienstleistungsverkehrs ausüben möchte, teilt den zuständigen Behörden des Herkunftsmitgliedstaats folgendes mit:
– den Mitgliedstaat, in dem sie ihre Tätigkeit ausüben möchte;
– einen Geschäftsplan mit Angabe der Wertpapierdienstleistung(en), die sie erbringen möchte.

(2) Die zuständigen Behörden des Herkunftsmitgliedstaats bringen den zuständigen Behörden des Aufnahmemitgliedstaats die Mitteilung nach Absatz 1 innerhalb eines Monats nach deren Eingang zur Kenntnis. Daraufhin darf die Wertpapierfirma mit der Erbringung der betreffenden Wertpapierdienstleistung(en) im Aufnahmemitgliedstaat beginnen.

Die zuständigen Behörden des Aufnahmemitgliedstaats teilen der Wertpapierfirma gegebenenfalls nach Erhalt der Mitteilung gemäß Absatz 1 die Bedingungen, einschließlich der Wohlverhaltensregeln, mit, die bei den betreffenden Wertpapierdienstleistungen aus Gründen des Allgemeininteresses im Aufnahmemitgliedstaat zu beachten sind.

(3) Bei einer Änderung des Inhalts der nach Absatz 1 zweiter Gedankenstrich mitgeteilten Angaben teilt die Wertpapierfirma den zuständigen Behörden des Herkunftsmitgliedstaats und des Aufnahmemitgliedstaats diese Änderung vor deren Vornahme schriftlich mit, damit die zuständigen Behörden des Aufnahmemitgliedstaats die Firma gegebenenfalls von jeder Änderung oder Ergänzung der nach Absatz 2 mitgeteilten Angaben unterrichten können.

Artikel 19

(1) Die Aufnahmemitgliedstaaten können für statistische Zwecke verlangen, dass jede Wertpapierfirma mit einer Zweigniederlassung in ihrem Hoheitsgebiet den zuständigen Behörden des Aufnahmemitgliedstaats in regelmäßigen Abständen einen Bericht über die in ihrem Hoheitsgebiet getätigten Geschäfte erstattet. Die Aufnahmemitgliedstaaten können im Rahmen ihrer Verantwortung für die Geldpolitik unbeschadet der für den Ausbau des Europäischen Währungssystems erforderlichen Maßnahmen in ihrem Hoheitsgebiet von den Zweigniederlassungen von Wertpapierfirmen aus anderen Mitgliedstaaten die Angaben verlangen, die sie zu diesem Zweck von den inländischen Wertpapierfirmen verlangen.

(2) Die Aufnahmemitgliedstaaten können in Ausübung der ihnen mit dieser Richtlinie übertragenen Befugnisse von den Zweigniederlassungen der Wertpapierfirmen die gleichen Angaben verlangen, die sie zu diesem Zweck von den Inlands-

firmen verlangen. Die Aufnahmemitgliedstaaten können von den Wertpapierfirmen, die in ihrem Hoheitsgebiet im Rahmen des freien Dienstleistungsverkehrs tätig sind, die Angaben verlangen, die erforderlich sind, um die Einhaltung der auf diese Firmen anwendbaren Normen der Aufnahmemitgliedstaaten durch diese Firmen zu kontrollieren; diese Anforderungen dürfen jedoch nicht strenger sein als die Anforderungen, die diese Mitgliedstaaten den niedergelassenen Firmen zur Überwachung der Einhaltung derselben Normen auferlegen.

(3) Stellen die zuständigen Behörden des Aufnahmemitgliedstaats fest, dass eine Wertpapierfirma, die eine Zweigniederlassung in ihrem Hoheitsgebiet hat oder dort Dienstleistungen erbringt, die Rechts- und Verwaltungsvorschriften nicht beachtet, die in Anwendung der eine Zuständigkeit der Behörden des Aufnahmemitgliedstaats beinhaltenden Bestimmungen dieser Richtlinie in diesem Staat erlassen wurden, so fordern die Behörden die betreffende Wertpapierfirma auf, die vorschriftswidrige Situation zu beenden.

(4) Kommt die Wertpapierfirma der Aufforderung nicht nach, so setzen die zuständigen Behörden des Aufnahmemitgliedstaats die zuständigen Behörden des Herkunftsmitgliedstaats davon in Kenntnis. Die zuständigen Behörden des Herkunftsmitgliedstaats treffen unverzüglich die geeigneten Maßnahmen, damit die betreffende Wertpapierfirma die vorschriftswidrige Situation beendet. Die Art dieser Maßnahmen ist den zuständigen Behörden des Aufnahmemitgliedstaats mitzuteilen.

(5) Verletzt die Wertpapierfirma trotz der vom Herkunftsmitgliedstaat getroffenen Maßnahmen – oder wenn sich die betreffenden Maßnahmen als unzureichend erweisen oder der betreffende Staat keine Maßnahmen getroffen hat – weiter die in Absatz 3 genannten Rechts- und Verwaltungsvorschriften des Aufnahmemitgliedstaats, so kann dieser nach Unterrichtung der zuständigen Behörden des Herkunftsmitgliedstaats geeignete Maßnahmen ergreifen, um weitere Unregelmäßigkeiten zu verhindern oder zu ahnden; soweit erforderlich, kann er dieser Wertpapierfirma auch neue Geschäfte in seinem Hoheitsgebiet untersagen. Die Mitgliedstaaten sorgen dafür, dass die für diese Maßnahmen erforderlichen Schriftstücke in ihrem Hoheitsgebiet den Wertpapierfirmen zugestellt werden können.

(6) Die vorstehenden Bestimmungen berühren nicht die Befugnis der Aufnahmemitgliedstaaten, geeignete Maßnahmen zu ergreifen, um Unregelmäßigkeiten in ihrem Gebiet zu verhindern oder zu ahnden, die gegen die nach Artikel 11 verabschiedeten Wohlverhaltensregeln sowie gegen die von ihnen aus Gründen des Gemeinwohls erlassenen Rechts- und Verwaltungsvorschriften verstoßen. Dies umfasst auch die Möglichkeit, einer Wertpapierfirma, die sich vorschriftswidrig verhält, neue Geschäfte in ihrem Hoheitsgebiet zu untersagen.

(7) Jede Maßnahme gemäß den Absätzen 4, 5 und 6, die Sanktionen und Einschränkungen für die Tätigkeiten einer Wertpapierfirma enthält, ist ordnungsgemäß zu begründen und der betreffenden Wertpapierfirma mitzuteilen. Gegen jede dieser Maßnahmen können die Gerichte des Mitgliedstaats angerufen werden, von dem sie ergriffen wurden.

(8) In dringenden Fällen können die zuständigen Behörden des Aufnahmemitgliedstaats vor der Einleitung des in den Absätzen 3, 4 und 5 vorgesehenen Verfahrens die Sicherungsmaßnahmen ergreifen, die zum Schutz der Interessen der Anleger oder sonstigen Personen, denen Dienstleistungen erbracht werden, notwendig sind. Die Kommission und die zuständigen Behörden der anderen betrof-

7. Wertpapierdienstleistungen

fenen Mitgliedstaaten sind von solchen Maßnahmen umgehend zu unterrichten. Die Kommission kann nach Anhörung der zuständigen Behörden der betroffenen Mitgliedstaaten beschließen, dass der betreffende Mitgliedstaat die Maßnahmen zu ändern oder aufzuheben hat.

(9) Bei Widerruf der Zulassung werden die zuständigen Behörden des Aufnahmemitgliedstaats davon unterrichtet; sie treffen entsprechende Maßnahmen, damit die betreffende Wertpapierfirma nicht neue Geschäfte im Hoheitsgebiet dieses Mitgliedstaats tätigt und die Interessen der Anleger gewahrt werden. Alle zwei Jahre unterbreitet die Kommission einem Ausschuss, der zu einem späteren Zeitpunkt im Wertpapierbereich eingesetzt wird, einen Bericht über diese Fälle.

(10) Die Mitgliedstaaten teilen der Kommission die Anzahl und die Art der Fälle mit, in denen eine Weigerung gemäß Artikel 17 vorliegt oder Maßnahmen nach Absatz 5 getroffen worden sind. Alle zwei Jahre unterbreitet die Kommission einem Ausschuss, der zu einem späteren Zeitpunkt im Wertpapierbereich eingesetzt wird, einen Bericht über diese Fälle.

Artikel 20

(1) Um zu gewährleisten, dass die für die Märkte und die Aufsicht zuständigen Behörden über die für die Erfüllung ihrer Aufgaben notwendigen Informationen verfügen können, verlangen die Herkunftsmitgliedstaaten mindestens:

a) dass die Wertpapierfirmen, unbeschadet der gemäß Artikel 10 getroffenen Maßnahmen, mindestens fünf Jahre lang alle einschlägigen Angaben zu den Geschäften im Zusammenhang mit den Dienstleistungen nach Artikel 14 Absatz 1, die sie mit auf einem geregelten Markt gehandelten Finanzinstrumenten getätigt haben, unabhängig davon, ob diese Geschäfte auf einem geregelten Markt abgewickelt wurden oder nicht, für die Behörden zur Verfügung halten;

b) dass die Wertpapierfirmen einer zuständigen Behörde des Herkunftsmitgliedstaats alle Geschäfte im Sinne des Buchstabens a) melden, wenn diese Geschäfte folgendes betreffen:

– Aktien oder andere Instrumente, welche den Zugang zu Kapitalanteilen ermöglichen,
– Schuldverschreibungen oder andere gleichwertige Instrumente;
– standardisierte Terminkontrakte über Aktien,
– standardisierte Optionskontrakte über Aktien.

Diese Meldung muss der Behörde so bald wie möglich vorliegen. Die Frist wird von der Behörde festgesetzt. Aus dienstlichen oder praktischen Gründen kann sie bis zum Ablauf des folgenden Arbeitstages, auf keinen Fall aber darüber hinaus verlängert werden. Die Meldung muss insbesondere die Bezeichnung und die Zahl der erworbenen bzw. veräußerten Instrumente, Datum und Uhrzeit des Abschlusses sowie den Kurs, zu dem das Geschäft abgeschlossen wurde, und die Möglichkeit zur Feststellung der Wertpapierfirma enthalten.

Die Herkunftsmitgliedstaaten können vorsehen, dass die Verpflichtung gemäß Buchstabe b) bei Schuldverschreibungen und gleichwertigen Wertpapieren nur für die Gesamtheit der dasselbe Finanzinstrument betreffenden Geschäfte gilt.

(2) Tätigt eine Wertpapierfirma ein Geschäft auf einem geregelten Markt eines Aufnahmemitgliedstaats, so kann der Herkunftsmitgliedstaat auf seine Meldeanforderungen verzichten, wenn die Wertpapierfirma gleichwertige Anforderun-

gen in bezug auf die Meldung desselben Geschäfts an die für diesen Markt zuständigen Behörden einhalten muss.

(3) Die Mitgliedstaaten sehen vor, dass die Meldungen gemäß Absatz 1 Buchstabe b) entweder von der Wertpapierfirma selbst bzw. durch ein System zur Zusammenführung von Kauf- und Verkaufsaufträgen („trade matching system") oder über die zuständigen Stellen der Wertpapierbörse oder eines anderen geregelten Markts vorzunehmen sind.

(4) Die Mitgliedstaaten tragen dafür Sorge, dass die nach diesem Artikel verfügbaren Informationen auch für eine ordnungsgemäße Anwendung des Artikels 23 zur Verfügung stehen.

(5) Jeder Mitgliedstaat kann in dem durch diesen Artikel geregelten Bereich strengere nichtdiskriminierende Bestimmungen zum Grundsatz und zur Form der Aufbewahrung der Unterlagen und der Meldung von Angaben über die Geschäfte erlassen oder beibehalten, die
– auf einem geregelten Markt getätigt wurden, für den er als Herkunftsmitgliedstaat gilt, oder
– von den Wertpapierfirmen getätigt wurden, für die er als Herkunftsmitgliedstaat gilt.

Artikel 21

(1) Damit die Anleger jederzeit die Bedingungen eines von ihnen geplanten Geschäfts beurteilen und die Bedingungen seiner Abwicklung anschließend überprüfen können, ergreift jede zuständige Behörde für jeden der geregelten Märkte, die sie in das Verzeichnis gemäß Artikel 16 eingetragen hat, Maßnahmen, um den Anlegern die Informationen gemäß Absatz 2 zu verschaffen. Entsprechend den Verpflichtungen gemäß Absatz 2 bestimmen die zuständigen Behörden unter Berücksichtigung der Art, der Größe und des Bedarfs des betreffenden Marktes und der auf diesem Markt tätigen Anleger die Formvorschriften und die Fristen, innerhalb deren die Informationen vorliegen müssen, sowie die Mittel, mit denen sie zur Verfügung zu stellen sind.

(2) Die zuständigen Behörden verlangen für jedes Instrument zumindest
a) die Veröffentlichung – zu Beginn jeden Börsentages – des gewogenen Durchschnittskurses, des höchsten und des niedrigsten Kurses sowie des gehandelten Volumens, wie sie sich auf dem betreffenden geregelten Markt während des gesamten vorangegangenen Börsentages ergeben;
b) außerdem für kontinuierliche Märkte mit einer Zusammenführung der Kauf- und Verkaufsaufträge („trade matching") und für Märkte mit Kursquotierungen die Veröffentlichung
– mit Ablauf jeder Stunde des Börsentages des gewogenen Durchschnittskurses und des gehandelten Volumens, wie sie sich auf dem betreffenden geregelten Markt während eines Handelszeitraums von sechs Stunden ergeben, der so endet, dass vor der Veröffentlichung eine Zeitspanne von zwei Handelsstunden liegt, und
– alle zwanzig Minuten des gewogenen Durchschnittskurses sowie des höchsten und des niedrigsten Kurses, wie sie sich auf dem betreffenden geregelten Markt über einen Handelszeitraum von zwei Stunden ergeben, der so endet, dass vor der Veröffentlichung eine Zeitspanne von einer Handelsstunde liegt. Ist den Anlegern die Information über Kurse und Mengen, zu denen Geschäfte getätigt werden können, vorher zugänglich, so

7. Wertpapierdienstleistungen 183

i) muss diese Information während der Handelsstunden jederzeit zur Verfügung stehen;

ii) müssen die für einen bestimmten Kurs und eine bestimmte Menge angekündigten Bedingungen die Bedingungen sein, zu denen die Anleger ein solches Geschäft tätigen können.

Die zuständigen Behörden können die Veröffentlichung verschieben oder aussetzen, wenn dies durch außerordentliche Marktbedingungen oder – im Falle kleinerer Märkte – zur Wahrung der Anonymität der Firmen und der Anleger gerechtfertigt ist. Die zuständigen Behörden können bei außergewöhnlichen Geschäften, die im Vergleich zum Durchschnitt der Geschäfte mit dem betreffenden Wertpapier auf diesem Markt sehr umfangreich sind oder aber nach objektiven und veröffentlichten Kriterien definierte sehr schwer handelbare Wertpapiere betreffen, Sonderbestimmungen anwenden. Die zuständigen Behörden können darüber hinaus bei Geschäften mit Schuldverschreibungen oder mit gleichwertigen Instrumenten – insbesondere in bezug auf die Fristen für die Veröffentlichung – flexiblere Bestimmungen anwenden.

(3) Jeder Mitgliedstaat kann in dem durch diesen Artikel geregelten Bereich strengere oder ergänzende Bestimmungen zum Grundsatz und zur Form der den Anlegern zur Verfügung zu stellenden Informationen über die Geschäfte erlassen oder beibehalten, die auf den geregelten Märkten getätigt werden, für die er als Herkunftsmitgliedstaat gilt, sofern diese Bestimmungen unabhängig davon gelten, in welchem Mitgliedstaat der Emittent des Finanzinstrumentes ansässig ist oder in welchem Mitgliedstaat das Instrument erstmalig auf dem geregelten Markt notiert wurde.

(4) Die Kommission erstattet bis zum 31. Dezember 1997 Bericht über die Anwendung dieses Artikels; der Rat kann auf Vorschlag der Kommission mit qualifizierter Mehrheit beschließen, diesen Artikel zu ändern.

Titel VI. Für die Zulassung und Aufsicht zuständige Behörden

Artikel 22

(1) Die Mitgliedstaaten benennen die zuständigen Behörden, die in dieser Richtlinie vorgesehenen Aufgaben zu erfüllen haben. Sie setzen die Kommission unter Angabe etwaiger Aufgabenteilungen davon in Kenntnis.

(2) Bei den in Absatz 1 genannten Behörden muss es sich entweder um Behörden oder aber um Stellen handeln, die im einzelstaatlichen Recht oder von staatlichen Behörden anerkannt sind, die dazu gesetzlich ausdrücklich befugt sind.

(3) Die betreffenden Behörden sind mit allen zur Erfüllung ihrer Aufgabe notwendigen Befugnissen auszustatten.

Artikel 23

(1) Bestehen in einem Mitgliedstaat mehrere zuständige Behörden, so arbeiten diese bei der Beaufsichtigung der Tätigkeiten der dort arbeitenden Wertpapierfirmen eng zusammen.

(2) Die Mitgliedstaaten sorgen dafür, dass diese zuständigen Behörden und die für die Beaufsichtigung der Finanzmärkte, der Kreditinstitute, der sonstigen Finanzinstitute und der Versicherungsunternehmen zuständigen Behörden bezüglich der von ihnen jeweils beaufsichtigten Einrichtungen eng zusammenarbeiten.

(3) Werden Wertpapierfirmen im grenzüberschreitenden Dienstleistungsverkehr oder durch Errichtung von Zweigniederlassungen in einem anderen Mitgliedstaat oder in mehreren anderen Mitgliedstaaten als ihrem Herkunftsmitgliedstaat tätig, so arbeiten die zuständigen Behörden aller betroffenen Mitgliedstaaten eng zusammen, um ihre jeweiligen Aufsichtspflichten in den unter die Richtlinie fallenden Bereichen wirksamer zu erfüllen. Sie liefern einander auf Anfrage alle Informationen bezüglich der Verwaltung und der Eigentumsverhältnisse dieser Wertpapierfirmen, die deren Beaufsichtigung erleichtern könnten, sowie sämtliche Informationen, die geeignet sind, die Kontrolle dieser Firmen zu erleichtern. Insbesondere arbeiten die Behörden des Herkunftsmitgliedstaats zusammen, um den Behörden des Aufnahmemitgliedstaats die Erfassung der in Artikel 19 Absatz 2 genannten Angaben zu ermöglichen.

Soweit für die Ausübung ihrer Aufsichtsbefugnisse erforderlich, werden die zuständigen Behörden des Herkunftsmitgliedstaats von den zuständigen Behörden des Aufnahmemitgliedstaats über alle vom Aufnahmemitgliedstaat nach Artikel 19 Absatz 6 ergriffenen Maßnahmen unterrichtet, die die gegenüber einer Wertpapierfirma verhängten Sanktionen oder Beschränkungen ihrer Tätigkeiten beinhalten.

Artikel 24

(1) Die Aufnahmemitgliedstaaten sorgen dafür, dass im Falle einer in einem anderen Mitgliedstaat zugelassenen Wertpapierfirma, die ihre Tätigkeit über eine Zweigniederlassung im Aufnahmemitgliedstaat ausübt, die zuständigen Behörden des Herkunftsmitgliedstaats – nach vorheriger Unterrichtung der zuständigen Behörden des Aufnahmemitgliedstaats – die in Artikel 23 Absatz 3 genannten Informationen selbst oder durch zu diesem Zweck benannte Personen vor Ort überprüfen können.

(2) Die zuständigen Behörden des Herkunftsmitgliedstaats können auch die zuständigen Behörden des Aufnahmemitgliedstaats um diese Überprüfung ersuchen. Die ersuchten Behörden müssen dem Ersuchen im Rahmen ihrer Befugnisse entsprechen, indem sie die Überprüfung entweder selbst vornehmen oder die ersuchenden Behörden dazu ermächtigen oder aber gestatten, dass ein Wirtschaftsprüfer oder Sachverständiger die Überprüfung vornimmt.

(3) Dieser Artikel berührt nicht das Recht der zuständigen Behörden des Aufnahmemitgliedstaats, in Ausübung der ihnen aufgrund dieser Richtlinie obliegenden Aufgaben vor Ort Prüfungen von in ihrem Hoheitsgebiet errichteten Zweigniederlassungen vorzunehmen.

Artikel 25

(1) Die Mitgliedstaaten schreiben vor, dass alle Personen, die für die zuständigen Behörden tätig sind oder waren, sowie die von den zuständigen Behörden beauftragten Wirtschaftsprüfer und Sachverständigen dem Berufsgeheimnis unterliegen. Dieses Berufsgeheimnis hat zum Inhalt, dass vertrauliche Informationen, die sie in ihrer beruflichen Eigenschaft erhalten, an keine Person oder Behörde weitergegeben werden dürfen, es sei denn, in zusammengefasster oder allgemeiner Form, so dass die einzelnen Wertpapierfirmen nicht zu erkennen sind; es gilt nicht für Fälle, die unter das Strafrecht fallen. In Fällen, in denen für eine Wertpapierfirma durch Gerichtsbeschluss das Konkursverfahren eröffnet oder die Zwangsabwicklung eingeleitet worden ist, können jedoch vertrauliche Informationen, die sich nicht auf

7. Wertpapierdienstleistungen

Dritte beziehen, welche an Versuchen zur Rettung der Firma beteiligt sind, in zivilgerichtlichen Verfahren weitergegeben werden.

(2) Absatz 1 steht dem Informationsaustausch der zuständigen Behörden der einzelnen Mitgliedstaaten gemäß dieser und anderen für Wertpapierfirmen geltenden Richtlinien nicht entgegen. Die Informationen fallen unter das Berufsgeheimnis gemäß Absatz 1.

(3) Die Mitgliedstaaten können mit den zuständigen Behörden von Drittländern Kooperationsvereinbarungen, die den Austausch von Informationen vorsehen, nur insoweit treffen, wie hinsichtlich der mitgeteilten Informationen der Schutz des Berufsgeheimnisses mindestens ebenso gewährleistet ist wie nach dem vorliegenden Artikel.

(4) Die zuständigen Behörden, die aufgrund der Absätze 1 und 2 vertrauliche Informationen erhalten, dürfen diese im Rahmen der Durchführung ihrer Aufgaben nur für folgende Zwecke verwenden:

– zur Prüfung, ob die Zulassungsbedingungen für Wertpapierfirmen erfüllt werden, und zur leichteren Überwachung der Bedingungen der Tätigkeitsausübung auf der Basis der einzelnen Firma oder auf konsolidierter Basis, insbesondere hinsichtlich der in der Richtlinie 93/6/EWG vorgesehenen Eigenkapitalanforderungen, der verwaltungsmäßigen und buchhalterischen Organisation und der internen Kontrollmechanismen, oder

– zur Verhängung von Sanktionen oder

– im Rahmen eines Verwaltungsverfahrens über die Anfechtung einer Entscheidung der zuständigen Behörden oder

– im Rahmen von Gerichtsverfahren aufgrund von Artikel 26.

(5) Die Absätze 1 und 4 stehen einem Informationsaustausch folgender Art nicht entgegen:

a) innerhalb eines Mitgliedstaats, wenn es dort mehrere zuständige Behörden gibt, oder

b) sowohl innerhalb eines Mitgliedstaats als auch zwischen Mitgliedstaaten, zwischen den zuständigen Behörden und

– den im öffentlichen Auftrag mit der Überwachung von Kreditinstituten, anderen Finanzinstituten und Versicherungsunternehmen betrauten Stellen sowie den mit der Überwachung der Finanzmärkte betrauten Stellen,

– Organen, die mit der Liquidation oder dem Konkurs von Wertpapierfirmen oder ähnlichen Verfahren betraut werden oder

– den mit der gesetzlichen Kontrolle der Rechnungslegung der betreffenden Wertpapierfirma und sonstiger Finanzinstitute betrauten Personen,

damit sie den ihnen übertragenen Kontrollaufgaben nachkommen können; des weiteren stehen die genannten Absätze dem nicht entgegen, dass an die mit der Führung der Entschädigungssysteme betrauten Stellen Informationen übermittelt werden, die diese zur Erfüllung ihrer Aufgabe benötigen. Diese Informationen fallen unter das Berufsgeheimnis nach Absatz 1.

(6) Dieser Artikel steht auch dem nicht entgegen, dass eine zuständige Behörde den Zentralbanken, die nicht die individuelle Aufsicht über die Kreditinstitute bzw. Wertpapierfirmen ausüben, die Informationen übermittelt, die sie als Währungsbehörden benötigen. Die in diesem Rahmen übermittelten Informationen fallen unter das Berufsgeheimnis nach Absatz 1.

(7) Dieser Artikel steht dem nicht entgegen, dass die zuständigen Behörden die Informationen gemäß den Absätzen 1 bis 4 einer Clearingstelle oder einer ähnlichen, gesetzlich anerkannten Stelle übermitteln, um Clearing- oder Abwicklungsdienstleistungen auf einem der Märkte ihres Mitgliedstaats sicherzustellen, sofern diese Informationen ihrer Auffassung nach erforderlich sind, um das ordnungsgemäße Funktionieren dieser Stellen im Falle von Verstößen – oder auch nur möglichen Verstößen – der Marktteilnehmer sicherzustellen. Die in diesem Rahmen übermittelten Informationen fallen unter das Berufsgeheimnis nach Absatz 1. Die Mitgliedstaaten sorgen jedoch dafür, dass die gemäß Absatz 2 erhaltenen Informationen in dem in diesem Absatz genannten Fall nur mit der ausdrücklichen Zustimmung der zuständigen Behörden, die die Informationen übermittelt haben, weitergegeben werden dürfen.

(8) Ferner können die Mitgliedstaaten ungeachtet der Absätze 1 und 4 durch Gesetze die Weitergabe bestimmter Informationen an andere Dienststellen ihrer Zentralbehörden, die für die Rechtsvorschriften über die Überwachung der Kreditinstitute, der Finanzinstitute, der Wertpapierfirmen und der Versicherungsunternehmen zuständig sind, sowie an die von diesen Dienststellen beauftragten Inspektoren gestatten. Diese Informationen können jedoch nur geliefert werden, wenn sich dies aus aufsichtsrechtlichen Gründen als erforderlich erweist. Die Mitgliedstaaten schreiben jedoch vor, dass die Informationen, die sie aufgrund der Absätze 2 und 5 oder im Wege der Überprüfungen vor Ort nach Artikel 24 erlangen, nicht Gegenstand der im vorliegenden Absatz genannten Weitergabe sein dürfen, es sei denn, das ausdrückliche Einverständnis der zuständigen Behörden, die die Informationen erteilt haben, oder der zuständigen Behörden des Mitgliedstaats, in dem die Überprüfung vor Ort durchgeführt worden ist, liegt vor.

(9) Ist in einem Mitgliedstaat zum Zeitpunkt der Annahme dieser Richtlinie ein Informationsaustausch zwischen den Behörden vorgesehen, mit dem die Einhaltung der Gesetze über die Beaufsichtigung, die Struktur, die Funktionsweise und das Geschäftsgebaren von Wirtschaftsunternehmen sowie der Vorschriften für die Finanzmärkte kontrolliert werden soll, so kann dieser Mitgliedstaat die Übermittlung dieser Informationen so lange, bis alle Rechtsvorschriften über den Informationsaustausch zwischen Behörden für den gesamten Finanzsektor koordiniert sind, spätestens aber bis zum 1. Juli 1996, weiterhin zulassen. Die Mitgliedstaaten tragen jedoch dafür Sorge, dass die aus einem anderen Mitgliedstaat stammenden Informationen nur mit ausdrücklicher Zustimmung der Behörden, die diese Informationen gegeben haben, nach Maßgabe des Unterabsatzes 1 weitergegeben werden können und nur zu den Zwecken verwendet werden, für die die letztgenannten Behörden ihre Zustimmung gegeben haben.

Der Rat nimmt die in Unterabsatz 1 genannte Koordinierung ausgehend von einem Vorschlag der Kommission vor. Der Rat nimmt die Erklärung der Kommission zur Kenntnis, dass sie ihm entsprechende Vorschläge bis zum 31. Juli 1993 vorlegen wird. Der Rat nimmt so rasch wie möglich dazu Stellung, wobei angestrebt wird, dass die vorgeschlagene Regelung zum Zeitpunkt des Beginns der Anwendung dieser Richtlinie zur Anwendung gelangt.

Artikel 26

Die Mitgliedstaaten sorgen dafür, dass gegen Entscheidungen, die gegenüber einer Wertpapierfirma in Anwendung der gemäß dieser Richtlinie erlassenen Rechts-

7. Wertpapierdienstleistungen

und Verwaltungsvorschriften getroffen werden, Rechtsmittel eingelegt werden können. Dies gilt auch für den Fall, dass über einen Zulassungsantrag, der alle aufgrund der geltenden Vorschriften erforderlichen Angaben enthält, nicht binnen sechs Monaten nach seinem Eingang entschieden wird.

Artikel 27

Unbeschadet des Verfahrens zum Entzug der Zulassung und der strafrechtlichen Bestimmungen sehen die Mitgliedstaaten vor, dass ihre zuständigen Behörden gegen Wertpapierfirmen, die gegen Rechts- oder Verwaltungsvorschriften über die Beaufsichtigung oder die Ausübung ihrer Tätigkeit verstoßen, bzw. gegen diejenigen Personen, die die Tätigkeit dieser Firmen tatsächlich kontrollieren, Maßnahmen ergreifen oder Sanktionen verhängen können, die ausdrücklich darauf abzielen, dass die festgestellten Verstöße abgestellt oder ihre Ursachen beseitigt werden.

Artikel 28

Die Mitgliedstaaten sorgen dafür, dass bei der Anwendung der Bestimmungen dieser Richtlinie keine Diskriminierung erfolgt.

Titel VII Schlussbestimmungen

Artikel 29

Bis zur Annahme einer weiteren Richtlinie mit Bestimmungen zur Anpassung dieser Richtlinie an den technischen Fortschritt in bestimmten Bereichen erlässt der Rat entsprechend dem Beschluss 87/373/EWG[15] auf Vorschlag der Kommission mit qualifizierter Mehrheit die gegebenenfalls erforderlichen Anpassungen; bei diesen Bereichen handelt es sich um
- Erweiterung der in Abschnitt C des Anhangs enthaltenen Liste;
- terminologische Anpassungen der im Anhang enthaltenen Listen zur Berücksichtigung von Entwicklungen auf den Finanzmärkten;
- in Artikel 23 aufgeführte Bereiche, in denen die zuständigen Behörden Informationen austauschen müssen;
- Klärung der Begriffsbestimmungen zwecks einheitlicher Anwendung dieser Richtlinie in der Gemeinschaft;
- Klärung der Begriffsbestimmungen mit den Ziel, bei der Anwendung dieser Richtlinie der Entwicklung auf den Finanzmärkten Rechnung zu tragen;
- terminologische und sprachliche Abstimmung der Begriffsbestimmungen mit späteren Rechtsvorschriften über Wertpapierfirmen und damit zusammenhängende Bereiche;
- andere, in Artikel 7 Absatz 5 vorgesehene Aufgaben.

Artikel 30

(1) Wertpapierfirmen, denen in ihrem Herkunftsmitgliedstaat bereits vor dem 31. Dezember 1995 eine Zulassung für Wertpapierdienstleistungen erteilt wurde, gelten im Sinne dieser Richtlinie als zugelassen, wenn im Recht dieses Staates für die Aufnahme dieser Tätigkeit die Einhaltung von Bedingungen vorgesehen ist,

---

[15] ABl. Nr. L 197 vom 18. 7. 1987, S. 33.

die den in Artikel 3 Absatz 3 und Artikel 4 niedergelegten Bedingungen gleichwertig sind.

(2) Die am 31. Dezember 1995 bereits tätigen Wertpapierfirmen, die nicht zu den Firmen im Sinne von Absatz 1 gehören, können ihrer Tätigkeit weiterhin nachgehen, sofern sie vor dem 31. Dezember 1996 gemäß den Bestimmungen des Herkunftsmitgliedstaats die Zulassung für die Fortsetzung der Tätigkeit gemäß den Durchführungsbestimmungen zu dieser Richtlinie erhalten. Die Bestimmungen dieser Richtlinie über die Niederlassungsfreiheit und die Dienstleistungsfreiheit gelten für diese Firmen erst nach Erteilung dieser Zulassung.

(3) Sofern Wertpapierfirmen ihre Tätigkeit in anderen Mitgliedstaaten vor der Annahme dieser Richtlinie über Zweigniederlassungen oder im Wege von Dienstleistungen aufgenommen haben, teilen die Behörden des Herkunftsmitgliedstaats den Behörden der betroffenen übrigen Mitgliedstaaten zwischen dem 1. Juli 1995 und dem 31. Dezember 1995 im Sinne von Artikel 17 Absätze 1 und 2 sowie Artikel 18 unter Angabe der jeweiligen Tätigkeit das Verzeichnis der Firmen mit, die den Bestimmungen dieser Richtlinie nachkommen, und die in diesen Staaten tätig sind.

(4) Natürliche Personen, die zum Zeitpunkt der Annahme dieser Richtlinie in einem Mitgliedstaat für die Erbringung von Wertpapierdienstleistungen zugelassen sind, gelten als zugelassen im Sinne dieser Richtlinie, sofern sie die Bedingungen von Artikel 1 Nummer 2 Absatz 2 zweiter Gedankenstrich und Artikel 1 Nummer 2 Absatz 3 erster bis vierter Gedankenstrich erfüllen.

Artikel 31

Die Mitgliedstaaten erlassen bis zum 1. Juli 1995 die Rechts- und Verwaltungsvorschriften, die erforderlich sind, um dieser Richtlinie nachzukommen.
Diese Vorschriften treten spätestens am 31. Dezember 1995 in Kraft. Die Mitgliedstaaten setzen die Kommission unverzüglich davon in Kenntnis.
Wenn die Mitgliedstaaten Vorschriften nach Absatz 1 erlassen, nehmen sie in den Vorschriften selbst oder durch einen Hinweis bei der amtlichen Veröffentlichung auf diese Richtlinie Bezug. Die Mitgliedstaaten regeln die Einzelheiten der Bezugnahme.

Artikel 32
Diese Richtlinie ist an die Mitgliedstaaten gerichtet.

Anhang

Abschnitt A. Dienstleistungen

1. a) Annahme und Übermittlung – für Rechnung von Anlegern – von Aufträgen, die eines oder mehrere der in Abschnitt B genannten Instrumente zum Gegenstand haben.
b) Ausführung solcher Aufträge für fremde Rechnung.
2. Handel mit jedem der in Abschnitt B genannten Instrumente für eigene Rechnung.
3. Individuelle Verwaltung einzelner Portefeuilles mit einem Ermessensspielraum im Rahmen eines Mandats der Anleger, sofern die betreffenden Portefeuilles eines oder mehrere der in Abschnitt B genannten Instrumente enthalten.

7. Wertpapierdienstleistungen

4. Übernahme (underwriting) der Emissionen eines oder mehrerer der in Abschnitt B genannten Instrumente und/oder Platzierung dieser Emissionen.

Abschnitt B. Instrumente
1. a) Wertpapiere.
   b) Anteile an Organismen für gemeinsame Anlagen.
2. Geldmarktinstrumente.
3. Finanzterminkontrakte (Futures) einschließlich gleichwertiger Instrumente mit Barzahlung.
4. Zinsterminkontrakte (FRA).
5. Zins- und Devisenswaps sowie Swaps auf Aktien- oder Aktienindexbasis („equity swaps").
6. Kauf- oder Verkaufsoptionen auf alle unter diesen Abschnitt B fallende Instrumente einschließlich gleichwertiger Instrumente mit Barzahlung. Zu dieser Kategorie gehören insbesondere die Devisen- und die Zinsoptionen.

Abschnitt C. Nebendienstleistungen
1. Verwahrung und Verwaltung eines oder mehrerer der in Abschnitt B genannten Instrumente.
2. Schließfachvermietung.
3. Gewährung von Krediten oder Darlehen an Anleger für die Durchführung von Geschäften mit einem oder mehreren der in Abschnitt B genannten Instrumente, wobei das kredit- bzw. darlehensgewährende Unternehmen an diesen Geschäften beteiligt ist.
4. Beratung von Unternehmen hinsichtlich der Kapitalstrukturierung, der industriellen Strategie und damit zusammenhängender Fragen sowie Beratung und Dienstleistungen bei Unternehmensfusionen und -aufkäufen.
5. Dienstleistungen im Zusammenhang mit Übernahmetransaktionen (Underwriting).
6. Anlageberatung über eines oder mehrere der in Abschnitt B genannten Instrumente.
7. Devisengeschäfte, wenn diese Dienste im Zusammenhang mit der Erbringung von Wertpapierdienstleistungen stehen.

8. Vorschlag vom 27. März 2001 für eine Richtlinie des Europäischen Parlaments und des Rates über Finanzsicherheiten

(von der Kommission vorgelegt)

DAS EUROPÄISCHE PARLAMENT UND DER RAT DER EUROPÄISCHEN UNION,

gestützt auf den Vertrag zur Gründung der Europäischen Gemeinschaft, insbesondere auf Artikel 95, auf Vorschlag der Kommission, nach Stellungnahme der Europäischen Zentralbank, nach Stellungnahme des Wirtschafts- und Sozialausschusses, nach Stellungnahme des Ausschusses der Regionen, gemäß dem Verfahren des Artikels 251 EG-Vertrag, in Erwägung nachstehender Gründe:

(1) Die Richtlinie 98/26/EG des Europäischen Parlaments und des Rates vom 19. Mai 1998 über die Wirksamkeit von Abrechnungen in Zahlungs- sowie Wertpapierliefer- und -abrechnungssystemen[1] stellte einen entscheidenden Schritt zur Schaffung eines soliden rechtlichen Rahmens für Zahlungs- und Wertpapierabrechnungssysteme dar. Die Umsetzung dieser Richtlinie hat gezeigt, dass das bei derartigen Systemen durch unterschiedliche Rechtsordnungen bedingte Risiko begrenzt werden muss und gemeinsame Regeln für die in solchen Systemen gestellten Sicherheiten von Nutzen sind.

(2) In ihrer Mitteilung vom 11. Mai 1999 an das Europäische Parlament und den Rat über Finanzdienstleistungen „Umsetzung des Finanzmarktrahmens: Aktionsplan"[2] hat sich die Kommission nach Anhörung von Marktsachverständigen und nationalen Behörden dazu verpflichtet, weitere Vorschläge für Legislativmaßnahmen zum Thema Sicherheiten auszuarbeiten, um über die Richtlinie 98/26/EG hinausgehende Fortschritte zu erzielen.

(3) Es sollte eine gemeinschaftsweite Regelung für die Bereitstellung von Wertpapieren und Barguthaben als Sicherheit in Form eines Pfands oder im Wege der Vollrechtsübertragung, einschließlich Wertpapierpensionsgeschäften (Repos), geschaffen werden. Dies wird zu einer weiteren Integration und höheren Kostenwirksamkeit des Finanzmarkts sowie zur Stabilität des Finanzsystems in der Gemeinschaft beitragen und dadurch den freien Dienstleistungs- und Kapitalverkehr auf dem Finanzbinnenmarkt fördern. Im Zentrum dieser Richtlinie stehen Finanzsicherheiten im Verkehr zwischen einem Sicherungsgeber und einem Sicherungsnehmer.

(4) Um die Rechtssicherheit in diesem Bereich zu erhöhen, sollten die Mitgliedstaaten dafür sorgen, dass Sicherheiten von bestimmten Vorschriften ihres Insolvenzrechts ausgenommen sind, was insbesondere für Bestimmungen gilt, die der effektiven Verwertung einer Sicherheit im Wege stehen oder derzeit praktizierte Verfahren, wie die Aufrechnung infolge Beendigung („Close out Netting"), die Bereitstellung zusätzlicher Sicherheiten oder die Ersetzung bestehender Sicherheiten in Frage stellen würden.

(5) Der in der Richtlinie 98/26/EG festgelegte Grundsatz, wonach Sicherheiten in Form von im Effektengiro übertragbaren Wertpapieren den Gesetzen des Landes unterliegen, in dem sich das maßgebliche Register, Konto oder zentrale Verwahrsystem befindet, sollte auf grenzübergreifend gehaltene, als Sicherheit im Sinne dieser Richtlinie verwendete Wertpapiere ausgeweitet werden, um für diese die erforderliche Rechtssicherheit zu schaffen.

---

[1] ABl L 166 vom 11.6.1998, S. 45.
[2] KOM(1999) 232 endg.

8. Finanzsicherheiten

(6) Um bei Sicherheiten in Form gerierbarer Wertpapiere den Verwaltungsaufwand für die Vertragspartner zu verringern, sollte die einzige Voraussetzung für die Gültigkeit darin bestehen, dass der kontoführenden Einrichtung das Recht zur Kenntnis gebracht und von dieser registriert wird, während bei Inhaberpapieren die Aushändigung die Voraussetzung für Gültigkeit ist.

(7) Diese Vereinfachung bei der Verwendung von Sicherheiten wird auch die Effizienz der für die Umsetzung der gemeinsamen Geldpolitik notwendigen grenzübergreifenden Transaktionen der Europäischen Zentralbank und der Zentralbanken der an der Wirtschafts- und Währungsunion teilnehmenden Mitgliedstaaten erhöhen. Darüber hinaus wird die Tatsache, dass Sicherheiten in begrenztem Umfang vor bestimmten Vorschriften des Insolvenzrechts geschützt sind, eine weitergehende Funktion der gemeinsamen Geldpolitik zum Tragen bringen, nämlich den Marktteilnehmern zu ermöglichen, die auf dem Markt vorhandene Liquidität durch grenzübergreifende, sicherheitsunterlegte Transaktionen ins Gleichgewicht zu bringen.

(8) Die Lex rei sitae-Regel, wonach die Gültigkeit und damit Durchsetzbarkeit einer Sicherheit gegenüber Dritten nach dem Recht des Landes zu beurteilen ist, in dem die Sicherheit belegen ist – auch wenn es sich dabei um ein Drittland handelt – wird derzeit von allen Mitgliedstaaten anerkannt. Der Ort, an dem im Effektengiro übertragbare Wertpapiere belegen sind, sollte bestimmt werden. Hält der Sicherungsnehmer eine nach dem Recht des Landes, in dem das maßgebliche Konto geführt wird, gültige Sicherheit (ob es sich dabei um einen Mitgliedstaat handelt oder nicht), so sollten auch die Durchsetzbarkeit gegenüber konkurrierenden Titeln oder Rechten und die Verwertbarkeit der Sicherheit ausschließlich dem Recht dieses Landes unterliegen, um so einer etwaigen, durch unvorhergesehene Rechtsvorschriften verursachten Rechtsunsicherheit vorzubeugen.

(9) Die Möglichkeiten eines Vertragsabschlusses zwischen Parteien aus der Gemeinschaft und einem Drittland sollten dadurch verbessert werden, dass die Mitgliedstaaten auch solche Verträge von bestimmten Vorschriften ihres Insolvenzrechts ausnehmen. In den Genuss einer derartigen Freistellung sollten somit auch Verträge zwischen einem Sicherungsgeber aus der Gemeinschaft und einem Sicherungsnehmer aus einem Drittland kommen.

(10) Die Möglichkeit der Aufrechnung infolge Beendigung („Close out Netting") sollte aufrecht erhalten werden und zwar nicht nur als Mechanismus zur Verwertung von Sicherheiten in Form der Vollrechtsübertragung (einschließlich Wertpapierpensionsgeschäften), sondern darüber hinaus auch in Fällen, in denen sie Bestandteil des Vertrags ist. Auf dem Finanzmarkt gängige, solide Risikomanagementpraktiken sollten erhalten werden, indem den Marktteilnehmern die Möglichkeit gegeben wird, ihre aus allen möglichen Finanztransaktionen erwachsenden Kreditrisiken auf Nettobasis zu managen und zu verringern. Das Kreditrisiko wird dabei durch Aufaddierung der geschätzten Risiken, die aus allen ausstehenden Transaktionen mit einer Gegenpartei erwachsen, ermittelt, wobei reziproke Posten glattgestellt werden, um einen einzigen aggregierten Betrag zu erhalten, der dann mit dem Marktwert der Sicherheit verglichen wird.

(11) Ebenfalls festgehalten werden sollte an der von den Aufsichtsbehörden bevorzugten, soliden Praxis der Marktteilnehmer, zum Management und zur Begrenzung ihrer gegenseitigen Kreditrisiken den Marktwert von Kreditrisiko und Sicherheit zu ermitteln und ausgehend von dieser Berechnung entweder eine Aufstockung der Sicherheit zu verlangen oder überschüssige Sicherheiten zurückzugeben. Demgegenüber sollte darauf verzichtet werden, bei einer Verschlechterung der Bonität des Sicherungsgebers eine Aufstockung der Sicherheit zu verlangen, weil dies dem von den Mitgliedstaaten mit ihrem Insolvenz-

recht verfolgten Ziel zuwiderlaufen könnte, zu verhindern, dass sich die Position eines Gläubigers infolge eines Konkurses verbessert.

(12) Um das systembedingte Risiko auf den Finanzmärkten der Gemeinschaft zu begrenzen, sollten die zur Verwertung einer Sicherheit erforderlichen Formalitäten beschränkt werden. Die Nichteinhaltung einer solchen Formalität sollte nicht zur Ungültigkeit einer Sicherheit führen.

(13) Barguthaben sollten sowohl im Wege der Vollrechtsübertragung als auch in Form eines Pfands als Sicherheit gestellt werden können, wobei im ersten Fall die Anerkennung des Netting und im zweiten Fall die Verpfändung der Barsicherheit einen Schutz darstellt. Der Sicherungsgeber sollte deshalb Eigentümer des verpfändeten Barguthabens bleiben können, damit er im Falle eines Konkurses des Sicherungsnehmers geschützt ist. Von besonderer Bedeutung ist dies in den häufigen Fällen, in denen Barguthaben als Ersatz für Wertpapiere verwendet werden.

(14) Da zur Umsetzung dieser Richtlinie Maßnahmen allgemeiner Tragweite im Sinne von Artikel 2 des Ratsbeschlusses 1999/468/EG vom 28. Juni 1999 zur Festlegung der Modalitäten für die Ausübung der der Kommission übertragenen Durchführungsbefugnisse[3] erforderlich sind, sollten diese nach dem in Artikel 5 dieses Beschlusses festgelegten Regelungsverfahren erlassen werden.

(15) Diese Richtlinie steht im Einklang mit den Grundrechten, insbesondere den in der Charta der Grundrechte der Europäischen Union[4] festgelegten Grundsätzen, die allgemeine Prinzipien des Gemeinschaftsrechts darstellen.

(16) Da die mit der vorgeschlagenen Richtlinie angestrebte Mindestregelung für die Verwendung von Sicherheiten von den Mitgliedstaaten allein nicht erreicht werden kann, sollte die Maßnahme gemäß dem Subsidiaritätsprinzip und dem Grundsatz der Verhältnismäßigkeit wegen ihres Umfangs und ihrer Auswirkungen besser auf Gemeinschaftsebene getroffen werden. Diese Richtlinie beschränkt sich auf die zur Erreichung dieses Ziels unbedingt erforderlichen Maßnahme –

HABEN FOLGENDE RICHTLINIE ERLASSEN:

Artikel 1. Gegenstand

Diese Richtlinie legt eine Gemeinschaftsregelung für Finanzsicherheiten im Verkehr zwischen einem Sicherungsgeber und einem Sicherungsnehmer fest.

Artikel 2. Anwendungsbereich

1. Diese Richtlinie gilt für Finanzsicherheiten, die die in den Absätzen 2, 3 und 4 festgelegten Bedingungen erfüllen.
2. Der Vertrag ist schriftlich niedergelegt oder in einem Schriftstück nachweisbar und vom Sicherungsgeber oder in seinem Namen unterzeichnet;
3. Der Vertrag enthält folgende Angaben und Bestimmungen:
a) er bezeichnet die Finanzsicherheit, für die er gilt; zu diesem Zweck reicht es aus, wenn der Vertrag das Konto bezeichnet, dem die Finanzsicherheit gutgebracht werden kann;
b) er beschreibt die Verbindlichkeiten, für die die Sicherheit gestellt wird. Diese können auch als Kategorie oder ihrer Art nach beschrieben werden.

---

[3] ABl. L 184 vom 17.7.1999, S. 23.
[4] ABl. C 364 vom 18.12.2000, S. 1.

8. Finanzsicherheiten

c) handelt es sich um eine Finanzsicherheit in Form eines beschränkten dinglichen Sicherungsrechts an einem Barguthaben, so ist dieses Barguthaben entweder beim Sicherungsnehmer bzw. bei einem Dritten, der für Rechnung des Sicherungsnehmers handelt, zu unterhalten oder bereitzustellen oder auf einem von dem Sicherungsrecht erfassten Konto bei einem Dritten zu unterhalten bzw. bereitzustellen;

d) handelt es sich um eine Finanzsicherheit in Form einer Vollrechtsübertragung an einem Barguthaben, so ist dieses Barguthaben beim Sicherungsnehmer oder bei einem Dritten, der im Namen des Sicherungsnehmers handelt, zu unterhalten oder bereitzustellen;

e) individuelle Stücke von Inhaberpapieren sind dem Sicherungsnehmer oder einer anderen Person, die als Bevollmächtigter oder Verwahrer für den Sicherungsnehmer auftritt, zu übergeben;

f) handelt es sich um eine Finanzsicherheit in Form eines beschränkten dinglichen Sicherungsrechts an im Effektengiro übertragbaren Wertpapieren, so müssen diese Wertpapiere

i) einem Depotkonto für Wertpapiersicherheit gutgebracht werden oder

ii) anderweitig als mit dem beschränkten dinglichen Sicherungsrecht des Sicherungsnehmers belastetes Eigentum des Sicherungsgebers gekennzeichnet sein;

g) handelt es sich um eine Finanzsicherheit in Form einer Vollrechtsübertragung von im Effektengiro übertragbaren Wertpapieren, so sind diese einem Depotkonto des Sicherungsnehmers oder einem Depotkonto einer vom Sicherungsnehmer bestimmten anderen Person gutzubringen.

4. Sowohl beim Sicherungsgeber als auch beim Sicherungsnehmer muss es sich handeln um:

a) eine öffentliche Stelle oder eine Zentralbank,

b) ein der Aufsicht unterliegendes Finanzinstitut oder

c) eine juristische Person, deren Eigenkapitalbasis oder Bruttovermögen bei der tatsächlichen Bereitstellung der Sicherheit dem jüngsten, höchstens zwei Jahre vor diesem Zeitpunkt veröffentlichten Abschluss zufolge 100 Mio. EUR bzw. 1000 Mio. EUR übersteigt;

5. Mit Ausnahme der in Artikel 9 genannten Fälle gilt diese Richtlinie nur für Finanzsicherheiten, die nach Maßgabe ihres Vertrags tatsächlich bereitgestellt, übertragen, gehalten oder bezeichnet werden.

6. Die durch eine Finanzsicherheit besicherten Verbindlichkeiten können ganz oder teilweise bestehen aus

a) künftigen, bedingten oder nur dem Grunde nach bestehenden Verbindlichkeiten (einschließlich solcher, die aus einem Rahmenvertrag oder einem analogen Vertrag erwachsen);

b) Verbindlichkeiten einer anderen Person als der des Sicherungsgebers gegenüber dem Sicherungsnehmer oder

c) Verpflichtungen einer bestimmten Kategorie oder Art, wie sie von Zeit zu Zeit entstehen können.

Artikel 3. Begriffsbestimmungen

1. Für die Zwecke dieser Richtlinie gelten folgende Begriffsbestimmungen:

a) „Finanzsicherheit" bezeichnet eine Sicherheit in Form der Vollrechtsübertragung oder eines beschränkten dinglichen Sicherungsrechts;

b) „Finanzsicherheit in Form der Vollrechtsübertragung" bezeichnet ein Wertpapierpensionsgeschäft oder die Übereignung bzw. Zession eines Finanzaktivums zum Zweck der Besicherung von Verbindlichkeiten;

c) „Finanzsicherheit in Form eines beschränkten dinglichen Sicherungsrechts" bezeichnet ein Sicherungsrecht an einem Finanzaktivum zur Besicherung von Verbindlichkeiten, wobei das Eigentum beim Sicherungsgeber verbleibt, es sei denn der Sicherungsnehmer oder ein Dritter erwirbt das Eigentum

i) aufgrund seiner Rechte im Verwertungs- bzw. Beendigungsfall oder

ii) aufgrund seines Verfügungsrechts;

d) „Wertpapierpensionsgeschäft" bezeichnet eine Vereinbarung, der zufolge der Sicherungsgeber Finanzinstrumente oder eigentumsgleiche Berechtigungen hieran an den Sicherungsnehmer verkauft, wobei beide Parteien vereinbaren, dass der Sicherungsgeber Finanzinstrumente derselben Art zu einem künftigen Termin („Rückkaufsdatum") oder auf Verlangen zum vereinbarten Preis („Rückkaufspreis") kauft bzw. der Sicherungsnehmer sie verkauft; „Wertpapierpensionsgeschäft" schließt Nebenbedingungen ein, wonach

i) beide Parteien verpflichtet sind, einander Finanzsicherheiten zu übereignen, um ein bestimmtes Verhältnis oder eine bestimmte Marge zwischen dem aktuellen Marktwert der entsprechenden Finanzinstrumente und ihrem jeweiligen Rückkaufspreis aufrechtzuerhalten oder

ii) der Sicherungsgeber vor dem Rückkaufsdatum von dem Sicherungsnehmer verlangen kann, dass dieser ihm als Ersatz Finanzinstrumente derselben Art übereignet, wie einige oder alle der im Gegenzug für die Übereignung anderer Finanzinstrumente an den Sicherungsnehmer veräußerten;

e) „Sicherungsgeber" bezeichnet die Partei, die im Rahmen eines Vertrags eine Finanzsicherheit stellt, unabhängig davon, ob sie aus einem Mitgliedstaat stammt oder nicht;

f) „Sicherungsnehmer" bezeichnet die Partei, die im Rahmen eines Vertrags eine Finanzsicherheit erhält, unabhängig davon, ob sie aus einem Mitgliedstaat stammt oder nicht;

g) „Finanzsicherheit" bezeichnet ein Barguthaben in beliebiger Währung („Barsicherheit") sowie Finanzinstrumente;

h) „Finanzinstrumente" bezeichnet Aktien und andere, Aktien gleichzustellende Wertpapiere und Schuldverschreibungen und sonstige verbriefte Schuldtitel, die auf dem Kapitalmarkt gehandelt werden können, und alle anderen üblicherweise gehandelten Titel, die zum Erwerb solcher Wertpapiere durch Zeichnung oder Austausch berechtigen oder zu einer Barzahlung führen, mit Ausnahme von Zahlungsmitteln sowie Anteile an Organismen für gemeinsame Anlagen, Geldmarktinstrumente, sowie eigentumsgleiche Rechte hieran;

i) „besicherte Verbindlichkeiten" bezeichnet die Verbindlichkeiten, zu deren Besicherung die Finanzsicherheit gestellt wurde und bei deren Erfüllung der Sicherungsgeber zur Rückübertragung der Finanzsicherheit bzw. zur Übertragung einer Sicherheit derselben Art berechtigt ist;

j) „im Effektengiro übertragbare Wertpapiere" bezeichnet Finanzsicherheiten in Form von Finanzinstrumenten, bei denen die Eigentumsrechte durch einen Registereintrag oder eine Depotbuchung nach außen sichtbar gemacht werden;

8. Finanzsicherheiten

k) „maßgeblicher Intermediär" bezeichnet in Bezug auf im Effektengiro übertragbare Wertpapiere die Person, die das maßgebliche Depotkonto führt und die mit der Person des Sicherungsgebers oder des Sicherungsnehmers identisch sein kann;

l) „maßgebliches Konto" bezeichnet

i) bei Sicherheiten in Form von Barguthaben das Konto, dem dieses Barguthaben gutgebracht wurde;

ii) bei im Effektengiro übertragbaren Wertpapieren das Register oder Depotkonto, auf dem Übereignungen oder sonstige Verfügungen über die im Effektengiro übertragbaren Wertpapiere zugunsten des Sicherungsnehmers verbucht werden;

m) „Depotkonto für Wertpapiersicherheit" bezeichnet bei einem beschränkten dinglichen Sicherungsrecht an im Effektengiro übertragbaren Wertpapieren

i) ein im Namen des Sicherungsnehmers oder eines für ihn handelnden Dritten bei dem maßgeblichen Intermediär zu diesem Zweck eröffnetes Depotkonto oder

ii) ein im Namen des Sicherungsgebers oder eines für ihn handelnden Dritten bei dem maßgeblichen Intermediär eröffnetes Depotkonto oder Unterkonto, bei dem das Recht des Sicherungsnehmers vermerkt ist;

n) „Sicherheiten derselben Art" bezeichnet

i) bei einem Barguthaben die Zahlung eines Betrags in gleicher Höhe und gleicher Währung;

ii) bei Finanzinstrumenten ein anderes Finanzinstrument des gleichen Emittenten oder Schuldners, das Bestandteil derselben Emission ist, auf den gleichen Nennwert und die gleiche Währung lautet und das gleiche Recht verbrieft; sieht der Vertrag jedoch die Übereignung anderer Vermögenswerte als Folge eines Ereignisses vor, das als Finanzsicherheit gestellte Finanzinstrumente betrifft, so bezeichnet der Begriff diese anderen Vermögenswerte;

o) „Liquidationsverfahren" bezeichnet Gesamtverfahren, bei denen das Vermögen verwertet und der Erlös unter den Gläubigern, Aktionären oder Gesellschaftern aufgeteilt wird und eine Behörde oder ein Gericht tätig werden müssen; dazu zählen auch Gesamtverfahren, die durch Vergleich oder eine ähnliche Maßnahme geschlossen werden, unabhängig davon, ob die Verfahren infolge Zahlungsunfähigkeit eröffnet werden oder nicht, oder ob die Einleitung freiwillig oder zwangsweise erfolgt;

p) „Sanierungsmaßnahmen" bezeichnet Maßnahmen, die das Tätigwerden einer Behörde oder eines Gerichts mit dem Ziel beinhalten, die finanzielle Lage zu sichern oder wieder herzustellen, und die die bestehenden Rechte Dritter beeinträchtigen; dazu zählen unter anderem auch Maßnahmen, die eine Aussetzung der Zahlungen, eine Aussetzung der Vollstreckungsmaßnahmen oder eine Kürzung der Forderungen erlauben;

q) „Verwertungs- bzw. Beendigungsfall" bezeichnet ein Ereignis, das den Sicherungsnehmer zur Verwertung bzw. Aneignung der Finanzsicherheit bzw. zur Aufrechnung infolge Beendigung („Close out Netting") berechtigt;

r) „Verfügungsrecht" bezeichnet das Recht des Sicherungsnehmers, bei einer Finanzsicherheit in Form eines beschränkten dinglichen Rechts die Sicherheit gemäß dem Sicherungsvertrag so zu verwenden bzw. so über sie zu verfügen, als wäre er ihr Eigentümer;

s) „Aufrechnung infolge Beendigung" („Close out Netting") bezeichnet eine Vereinbarung im Rahmen der Bestellung einer Finanzsicherheit bzw. eines Vertrags,

der das einzelne Sicherungsgeschäft umfasst, wonach das Eintreten eines Verwertungs- bzw. Beendigungsfalls Folgendes nach sich zieht:
i) die entsprechenden Verpflichtungen werden entweder sofort fällig und in eine Zahlungsverpflichtung in Höhe ihres geschätzten aktuellen Werts umgewandelt oder beendigt und durch einen entsprechenden Zahlungsanspruch ersetzt, wobei in jedem Fall nach den Ziffern iii) und iv) zu verfahren ist;
ii) jede Verpflichtung des Sicherungsnehmers zur Lieferung bzw. kontenmäßigen Gutbringung von Finanzsicherheiten derselben Art wird entweder sofort fällig und in eine Zahlungsverpflichtung in Höhe ihres aktuellen oder ihres Ersatzwerts umgewandelt oder durch einen entsprechenden Zahlungsanspruch ersetzt, wobei in jedem Fall nach den Ziffern iii) und iv) zu verfahren ist;
iii) alle auf unterschiedliche Währungen lautenden Verpflichtungen gemäß Ziffer i) oder ii) werden in eine einzige Währung umgerechnet und
iv) die Verpflichtungen, die beiden Parteien aus den Ziffern i) bis iii) erwachsen, werden gegeneinander aufgerechnet und ein Nettoabschlussbetrag ermittelt, der von der Partei mit den höheren Verbindlichkeiten zu begleichen ist.
2. Jeder Verweis auf ein „Schriftstück" bezeichnet auch elektronische Dokumente und jeder Verweis auf eine „Unterschrift" bezeichnet auch digitale Signaturen mit Authentizitätsnachweis.

Artikel 4. Formvorschriften für Finanzsicherheiten
1. Die Mitgliedstaaten stellen sicher, dass die Wirksamkeit der Bestellung einer Finanzsicherheit sowie ihr prozessualer Nachweis nicht davon abhängig gemacht werden, ob der Sicherungsgeber, der Sicherungsnehmer oder ein Dritter Formalakte, die über die in Artikel 2 Absatz 1 genannten hinausgehen, erfüllt hat.
2. Die in Absatz 1 genannten Formalakte umfassen unter anderem
a) die Ausfertigung eines Dokuments in einer bestimmten Form oder auf bestimmte Art und Weise;
b) jede Anmeldung bei einer offiziellen oder öffentlichen Stelle bzw. jede Erfassung in einem öffentlichen oder privaten Register;
c) jede Bekanntgabe in einer Zeitung oder Zeitschrift, in einem offiziellen Register oder einer offiziellen Veröffentlichung oder auf andere Art und Weise;
d) jede Anzeige an einen Beauftragten einer öffentlichen Stelle, einen Verwahrer, einen sonstigen Beauftragten oder eine beliebige andere Person;
e) die Beibringung eines bestimmten Nachweises über das Datum der Ausfertigung eines Dokuments oder des Abschlusses eines Rechtsgeschäfts, über die Höhe der besicherten Verbindlichkeiten oder über etwaige sonstige Punkte.

Artikel 5. Verwertung der Sicherheit
1. Im Verwertungs- bzw. Beendigungsfall muss der Sicherungsnehmer jedes beschränkte dingliche Recht an einer der folgenden Finanzsicherheiten wie in dem dazugehörigen Vertrag festgelegt realisieren können:
a) bei Finanzinstrumenten durch Verkauf, ohne dass
i) eine Verkaufsandrohung erforderlich ist;
ii) ein Gericht, ein Beauftragter einer öffentlichen Stelle oder eine andere Person den Verkaufsbedingungen zugestimmt haben muss;
iii) der Verkauf mittels einer Auktion oder auf eine andere vorgeschriebene Art und Weise stattfinden muss oder

iv) eine zusätzliche Wartefrist verstrichen sein muss.
b) bei Sicherheiten in Form von Barguthaben durch Aufrechnung gegen die besicherten Verbindlichkeiten oder durch Einziehung der Guthabensforderung, ohne dass eine vorherige Verwertungsandrohung erforderlich ist.
2. Im Verwertungs- bzw. Beendigungsfall muss die Aufrechnung gemäß ihren eigenen Bedingungen ohne vorherige Androhung möglich sein. Absatz 1 Buchstabe a) findet Anwendung, wenn der Wert eines im Rahmen der Aufrechnung berücksichtigten Vermögenswertes unter Zugrundelegung des Verkaufserlöses von Wertpapieren derselben Art oder eines anderen Vermögenswertes bestimmt wird oder bestimmt werden kann.
3. Die Mitgliedstaaten stellen die Verwertbarkeit von Finanzsicherheiten bei Liquidationsverfahren oder Sanierungsmaßnahmen sicher. Jedes der folgenden Ereignisse kann bei einer Finanzsicherheit vereinbarungsgemäß den Verwertungs- bzw. Beendigungsfall auslösen:
a) die Eröffnung eines Liquidationsverfahrens oder die Einleitung von Sanierungsmaßnahmen gegenüber Sicherungsgeber oder -nehmer;
b) das Eintreten eines Ereignisses, aufgrund dessen Liquidationsverfahren oder Sanierungsmaßnahmen gegenüber Sicherungsgeber oder -nehmer eingeleitet werden können;
c) das Eintreten eines Ereignisses im Sinne von Buchstabe a) oder b), sofern das insolvenzbegründende Ereignis nach Ablauf einer bestimmten Zeit nicht rückgängig gemacht bzw. annulliert wurde oder
d) das Eintreten eines Ereignisses im Sinne von Buchstabe a), b) oder c) in Verbindung mit einer Kündigungserklärung des Sicherungsnehmers, (wenn sich dieses Ereignis auf den Sicherungsgeber bezieht) bzw. des Sicherungsgebers (wenn sich dieses Ereignis auf den Sicherungsnehmer bezieht), derzufolge das Ereignis als Verwertungs- bzw. Beendigungsfall angesehen wird.
4. Von diesem Artikel unberührt bleiben etwaige gesetzliche Verpflichtungen, Finanzsicherheiten nach wirtschaftlichen Gesichtspunkten zu ver- oder bewerten.

Artikel 6. Verfügungsrecht für Finanzsicherheiten in Form eines beschränkten dinglichen Rechts
1. Übt ein Sicherungsnehmer ein Verfügungsrecht aus, geht er damit die Verpflichtung ein, eine Sicherheit derselben Art zu beschaffen, die an die Stelle der ursprünglichen Sicherheit tritt und demselben Sicherungsrecht unterliegt wie in Artikel 2 Absatz 3 vorgesehen oder – vorbehaltlich der Tilgung der besicherten Verbindlichkeiten – dem Sicherungsgeber eine Sicherheit derselben Art zu übertragen.
2. Kommt ein Sicherungsnehmer der in Absatz 1 genannten Verpflichtung nach und beschafft eine Sicherheit derselben Art erneut, so dass diese gemäß Artikel 2 Absatz 3 gehalten wird, unterliegt diese Sicherheit demselben Vertrag wie die ursprüngliche Sicherheit.
3. Im Hinblick auf etwaige Nichtigkeits- oder Anfechtungsregeln, die aufgrund des Zeitpunkts der betreffenden Verfügung oder mit Hinweis darauf geltend gemacht werden könnten, ist die Sicherheit derselben Art so zu behandeln, als wäre sie zu dem Zeitpunkt wieder beschafft worden, zu dem die ursprüngliche Sicherheit gemäß Artikel 2 Absatz 3 bestellt wurde.

4. Tritt ein Verwertungs- oder Beendigungsfall ein, solange eine in Absatz 1 beschriebene Verpflichtung noch offen ist, so kann sie in die Aufrechnung für einen solchen Fall einbezogen werden.

Artikel 7. Anerkennung von Finanzsicherheiten in Form der Vollrechtsübertragung
Soll laut Vertrag das Eigentum an einer Finanzsicherheit bei Aushändigung bzw. Zahlung auf den Sicherungsnehmer übergehen, wenn dieser im Gegenzug zur Lieferung einer Sicherheit derselben Art verpflichtet ist, so erkennen die Mitgliedstaaten an, dass das Eigentum an der Finanzsicherheit wie zwischen den Parteien vereinbart auf den Sicherungsnehmer übergeht.

Artikel 8. Anerkennung von Bestimmungen über die Aufrechnung im Beendigungsfall
1. Eine Bestimmung über die Aufrechnung infolge Beendigung greift auch, wenn in Bezug auf den Sicherungsgeber und/oder Sicherungsnehmer Liquidationsverfahren oder Sanierungsmaßnahmen laufen oder eingeleitet wurden.
2. Eine Bestimmung über die Aufrechnung infolge Beendigung greift ungeachtet angeblicher Zessionen, gerichtlicher oder sonstiger Pfändungen und anderweitiger Verfügungen über oder im Hinblick auf jene Rechte.

Artikel 9. Abbedingung bestimmter Insolvenzbestimmungen
1. Liquidationsverfahren und Sanierungsmaßnahmen haben keine rückwirkende Kraft auf die im Rahmen einer Finanzsicherheit bestehenden Rechte und Pflichten.
2. 1. Hat ein Sicherungsgeber
a) sich verpflichtet, eine Finanzsicherheit bzw. eine zusätzliche Finanzsicherheit bereitzustellen, um Änderungen im Wert der Finanzsicherheit oder im Betrag der besicherten Verbindlichkeit Rechnung zu tragen oder
b) ist er berechtigt, seine Finanzsicherheit zurückzuverlangen, wenn er dafür als Ersatz oder im Austausch eine Finanzsicherheit gleichen Werts zur Verfügung stellt,
so können die entsprechenden Rechtsgeschäfte nicht als nichtig, fehlerhaft oder anfechtbar im Sinne der in Absatz 3 genannten Rechtsvorschriften angesehen werden, es sei denn die Bestellung der Finanzsicherheit selbst wäre nichtig, fehlerhaft oder anfechtbar.
3. Die Absätze 1 und 2 gelten für jede Rechtsvorschrift, der zufolge die Bestellung bzw. Übertragung einer Finanzsicherheit ungültig ist bzw. als ungültig gilt oder annulliert oder für nichtig erklärt werden kann, wenn sie innerhalb eines bestimmten Zeitraums erfolgt, der in Bezug auf die Einleitung eines Liquidationsverfahrens oder einer Sanierungsmaßnahme, in Bezug auf den Erlass eines Gerichtsbeschlusses oder Verwaltungsakts oder in Bezug auf sonstige Maßnahmen oder Ereignisse, die im Laufe derartiger Verfahren bzw. Maßnahmen eintreten, festgelegt wird. Hierzu zählen auch alle Rechtsvorschriften, nach denen ein im Laufe derartiger Verfahren oder Maßnahmen ergangener Gerichtsbeschluss oder Verwaltungsakt rückwirkend Geltung erhält.

Artikel 10. Internationales Privatrecht
1. Alle in Absatz 3 genannten Regelungsgegenstände im Hinblick auf Finanz-

8. Finanzsicherheiten

sicherheiten in Form von im Effektengiro übertragbaren Wertpapieren bzw. Barguthaben unterliegen dem Recht des Landes bzw. gegebenenfalls dem Recht des Teils des Landes, in dem das maßgebliche Konto geführt wird, ob es sich dabei um einen Mitgliedstaat handelt oder nicht. Dieser Verweis auf das Recht eines Landes bzw. eines Teils eines Landes ist als Sachnormverweisung zu verstehen, d. h. es wird jegliche Vorschrift ausgeschlossen, die für die jeweilige Rechtsfrage auf das Recht eines anderen Staates verweist.

2. Als Ort der Kontoführung im Sinne dieses Artikels zu jedem Zeitpunkt gilt
a) die im Kontovertrag genannte Zweigstelle oder Niederlassung des maßgeblichen Intermediärs, sofern dieser das maßgebliche Konto zwecks Kontoauszugsübermittlung an die Kontoinhaber, zur Erfüllung gesetzlicher Anforderungen oder zu Rechnungslegungszwecken dieser Zweigstelle oder Niederlassung zuordnet;
b) in allen anderen Fällen der Ort, an dem der maßgebliche Intermediär niedergelassen ist oder – sollte er das maßgebliche Konto über eine Zweigstelle führen – der Ort, an dem sich diese Zweigstelle befindet.

3. Die in Absatz 1 genannten Regelungsgegenstände sind
a) die Begründung eines dinglichen Sicherungsrechts an im Effektengiro übertragbaren Wertpapieren und die Rangordnung bzw. Priorität eines solchen Rechts im Verhältnis zu konkurrierenden dinglichen Rechten anderer;
b) jegliche Formerfordernisse oder sonstige Rechtshandlungen, die notwendig sind, um ein dingliches Sicherungsrecht an im Effektengiro übertragbaren Wertpapieren auch mit absoluter Wirkung gegenüber Dritten zu erwerben;
c) die zur Realisierung nach Eintritt des Verwertungs- bzw. Beendigungsfalls notwendigen Schritte; diese umfassen auch die Formerfordernisse und sonstigen Rechtshandlungen, die erforderlich sind, um die absolute Wirksamkeit von Verfügungen gegenüber Personen, die keine Vertragsparteien sind, sicherzustellen.

Artikel 11. Aktualisierung der Schwellen
Die Kommission aktualisiert die in Artikel 2 Absatz 4 Buchstabe c in Bezug auf Eigenkapitalbasis und Bruttovermögen festgelegten Schwellen, um der Entwicklung der Marktpraktiken Rechnung zu tragen. Dabei wendet sie das in Artikel 12 Absatz 2 genannte Verfahren an.

Artikel 12. Ausschussverfahren
1. Die Kommission wird von dem durch ...[... / /EG] eingesetzten [Wertpapierausschuss] unterstützt.
2. Wird auf diesen Absatz Bezug genommen, so gilt das in Artikel 5 des Beschlusses 1999/468/EG festgelegte Regelungsverfahren gemäß Artikel 7 [und Artikel 8] dieses Beschlusses.
3. Die in Artikel 5 Absatz 6 des Beschlusses 1999/468/EG festgelegte Frist beträgt [maximal drei Monate].

Artikel 13. Umsetzung
Die Mitgliedstaaten setzen die Rechts- und Verwaltungsvorschriften in Kraft, die erforderlich sind, um dieser Richtlinie spätestens ab dem 31. Dezember 2004 nachzukommen. Sie setzen die Kommission unverzüglich davon in Kenntnis. Wenn die Mitgliedstaaten derartige Vorschriften erlassen, nehmen sie in den Vorschriften selbst oder durch einen Hinweis bei der amtlichen Veröffentlichung auf

diese Richtlinie Bezug. Die Mitgliedstaaten regeln die Einzelheiten der Bezugnahme.

Artikel 14. Inkrafttreten
Diese Richtlinie tritt am zwanzigsten Tag nach ihrer Veröffentlichung im Amtsblatt der Europäischen Gemeinschaften in Kraft.

Artikel 15. Adressaten
Diese Richtlinie ist an die Mitgliedstaaten gerichtet.

9. Richtlinie des Rates vom 18. Dezember 1986 zur Koordinierung der Rechtsvorschriften der Mitgliedstaaten betreffend die selbständigen Handelsvertreter (86/653/EWG)

Amtsblatt Nr. L 382 vom 31/12/1986, S. 17–21

DER RAT DER EUROPÄISCHEN GEMEINSCHAFTEN –
gestützt auf den Vertrag zur Gründung der Europäischen Wirtschaftsgemeinschaft, insbesondere auf Artikel 57 Absatz 2 und Artikel 100, auf Vorschlag der Kommission[1], nach Stellungnahme des Europäischen Parlaments[2], nach Stellungnahme des Wirtschafts- und Sozialausschusses[3], in Erwägung nachstehender Gründe:

Die Beschränkungen der Niederlassungsfreiheit und des freien Dienstleistungsverkehrs für die Vermittlertätigkeiten in Handel, Industrie und Handwerk sind durch die Richtlinie 64/224/EWG[4] aufgehoben worden.

Die Unterschiede zwischen den einzelstaatlichen Rechtsvorschriften auf dem Gebiet der Handelsvertretungen beeinflussen die Wettbewerbsbedingungen und die Berufsausübung innerhalb der Gemeinschaft spürbar und beeinträchtigen den Umfang des Schutzes der Handelsvertreter in ihren Beziehungen zu ihren Unternehmen sowie die Sicherheit im Handelsverkehr. Diese Unterschiede erschweren im übrigen auch erheblich den Abschluss und die Durchführung von Handelsvertreterverträgen zwischen einem Unternehmer und einem Handelsvertreter, die in verschiedenen Mitgliedstaaten niedergelassen sind.

Der Warenaustausch zwischen den Mitgliedstaaten muss unter Bedingungen erfolgen, die denen eines Binnenmarktes entsprechen, weswegen die Rechtordnungen der Mitgliedstaaten in dem zum guten Funktionieren des Gemeinsamen Marktes erforderlichen Umfang angeglichen werden müssen. Selbst vereinheitlichte Kollisionsnormen auf dem Gebiet der Handelsvertretung können die erwähnten Nachteile nicht beseitigen und lassen daher einen Verzicht auf die vorgeschlagene Harmonisierung nicht zu.

Die Rechtsbeziehungen zwischen Handelsvertreter und Unternehmer sind in diesem Zusammenhang mit Vorrang zu behandeln.

Die in den Mitgliedstaaten für Handelsvertreter geltenden Vorschriften sind in Anlehnung an die Grundsätze von Artikel 117 des Vertrages auf dem Wege des Fortschritts zu harmonisieren.

Einigen Mitgliedstaaten müssen zusätzliche Übergangsfristen eingeräumt werden, da sie besondere Anstrengungen zu unternehmen haben, um ihre Regelungen den Anforderungen dieser Richtlinie anzupassen; es handelt sich insbesondere um den Ausgleich nach Beendigung des Vertragsverhältnisses zwischen dem Unternehmer und dem Handelsvertreter –

HAT FOLGENDE RICHTLINIE ERLASSEN:

Kapitel I. Anwendungsbereich

Artikel 1

(1) Die durch diese Richtlinie vorgeschriebenen Harmonisierungsmaßnahmen gel-

---

[1] ABl. Nr. C 13 vom 18. 1. 1977, S. 2 und ABl. Nr. C 56 vom 2. 3. 1979, S. 5.
[2] ABl. Nr. C 239 vom 9. 10. 1978, S. 17.
[3] ABl. Nr. C 59 vom 8. 3. 1978, S. 31.
[4] ABl. Nr. 56 vom 4. 4. 1964, S. 869/64.

ten für die Rechts- und Verwaltungsvorschriften der Mitgliedstaaten, die die Rechtsbeziehungen zwischen Handelsvertretern und ihren Unternehmern regeln.

(2) Handelsvertreter im Sinne dieser Richtlinie ist, wer als selbständiger Gewerbetreibender ständig damit betraut ist, für eine andere Person (im folgenden Unternehmer genannt) den Verkauf oder den Ankauf von Waren zu vermitteln oder diese Geschäfte im Namen und für Rechnung des Unternehmers abzuschließen.

(3) Handelsvertreter im Sinne dieser Richtlinie ist insbesondere nicht
– eine Person, die als Organ befugt ist, für eine Gesellschaft oder Vereinigung verbindlich zu handeln;
– ein Gesellschafter, der rechtlich befugt ist, für die anderen Gesellschafter verbindlich zu handeln;
– ein Zwangsverwalter (receiver), ein gerichtlich bestellter Vermögensverwalter (receiver and manager), ein Liquidator (liquidator) oder ein Konkursverwalter (trustee in bankruptcy).

Artikel 2

(1) Diese Richtlinie ist nicht anzuwenden
– auf Handelsvertreter, die für ihre Tätigkeit kein Entgelt erhalten;
– auf Handelsvertreter, soweit sie an Handelsbörsen oder auf Rohstoffmärkten tätig sind;
– auf die unter der Bezeichnung „Crown Agents for Overseas Governments and Administrations" bekannte Körperschaft, wie sie im Vereinigten Königreich nach dem Gesetz von 1979 über die „Crown Agents" eingeführt worden ist, oder deren Tochterunternehmen.

(2) Jeder Mitgliedstaat kann vorsehen, dass die Richtlinie nicht auf Personen anwendbar ist, die Handelsvertretertätigkeiten ausüben, welche nach dem Recht dieses Mitgliedstaates als nebenberufliche Tätigkeiten angesehen werden.

Kapitel II. Rechte und Pflichten

Artikel 3

(1) Bei der Ausübung seiner Tätigkeit hat der Handelsvertreter die Interessen des Unternehmers wahrzunehmen und sich nach den Geboten von Treu und Glauben zu verhalten
(2) Im besonderen muss der Handelsvertreter
a) sich in angemessener Weise für die Vermittlung und gegebenenfalls den Abschluss der ihm anvertrauten Geschäfte einsetzen;
b) dem Unternehmer die erforderlichen ihm zur Verfügung stehenden Informationen übermitteln;
c) den vom Unternehmer erteilten angemessenen Weisungen nachkommen.

Artikel 4

(1) Der Unternehmer hat sich gegenüber dem Handelsvertreter nach den Geboten von Treu und Glauben zu verhalten.
(2) Insbesondere hat der Unternehmer dem Handelsvertreter
a) die erforderlichen Unterlagen zur Verfügung zu stellen, die sich auf die betreffenden Waren beziehen;

b) die für die Ausführung des Handelsvertretervertrages erforderlichen Informationen zu geben und ihn insbesondere binnen angemessener Frist zu benachrichtigen, sobald er absieht, dass der Umfang der Geschäfte erheblich geringer sein wird, als der Handelsvertreter normalerweise hätte erwarten können.

(3) Im übrigen muss der Unternehmer dem Handelsvertreter binnen angemessener Frist von der Annahme oder Ablehnung und der Nichtausführung der vom Handelsvertreter vermittelten Geschäfte Kenntnis geben.

Artikel 5
Die Parteien dürfen keine Vereinbarungen treffen, die von den Artikeln 3 und 4 abweichen.

Kapitel III. Vergütung

Artikel 6
(1) Bei Fehlen einer diesbezüglichen Vereinbarung zwischen den Parteien und unbeschadet der Anwendung der verbindlichen Vorschriften der Mitgliedstaaten über die Höhe der Vergütungen hat der Handelsvertreter Anspruch auf eine Vergütung, die an dem Ort, an dem er seine Tätigkeit ausübt, für die Vertretung von Waren, die den Gegenstand des Handelsvertretervertrags bilden, üblich ist. Mangels einer solchen Üblichkeit hat der Handelsvertreter Anspruch auf eine angemessene Vergütung, bei der alle mit dem Geschäft zusammenhängenden Faktoren berücksichtigt sind.

(2) Jeder Teil der Vergütung, der je nach Zahl oder Wert der Geschäfte schwankt, gilt als Provision im Sinne dieser Richtlinie.

(3) Die Artikel 7 bis 12 gelten nicht, soweit der Handelsvertreter nicht ganz oder teilweise in Form einer Provision vergütet wird.

Artikel 7
(1) Für ein während des Vertragsverhältnisses abgeschlossenes Geschäft hat der Handelsvertreter Anspruch auf die Provision,
a) wenn der Geschäftsabschluss auf seine Tätigkeit zurückzuführen ist oder
b) wenn das Geschäft mit einem Dritten abgeschlossen wurde, den er bereits vorher für Geschäfte gleicher Art als Kunden geworben hatte.
(2) Für ein während der Vertragsverhältnisses abgeschlossenes Geschäft hat der Handelsvertreter ebenfalls Anspruch auf die Provision,
– wenn ihm ein bestimmter Bezirk oder Kundenkreis zugewiesen ist oder
– wenn er die Alleinvertretung für einen bestimmten Bezirk oder Kundenkreis hat und sofern das Geschäft mit einem Kunden abgeschlossen worden ist, der diesem Bezirk oder dieser Gruppe angehört.
Die Mitgliedstaaten müssen in ihr Recht die eine oder die andere der unter den beiden obigen Gedankenstrichen enthaltenen Alternativen aufnehmen.

Artikel 8
Für ein erst nach Beendigung des Vertragsverhältnisses geschlossenes Geschäft hat der Handelsvertreter Anspruch auf Provision:

a) wenn der Geschäftsabschluss überwiegend auf die Tätigkeit zurückzuführen ist, die er während des Vertragsverhältnisses ausgeübt hat, und innerhalb einer angemessenen Frist nach dessen Beendigung erfolgt oder
b) wenn die Bestellung des Dritten gemäß Artikel 7 vor Beendigung des Handelsvertreterverhältnisses beim Unternehmer oder beim Handelsvertreter eingegangen ist.

Artikel 9
Der Handelsvertreter hat keinen Anspruch auf die Provision nach Artikel 7, wenn diese gemäß Artikel 8 dem Vorgänger zusteht, es sei denn, dass die Umstände eine Teilung der Provision zwischen den Handelsvertretern rechtfertigen.

Artikel 10
(1) Der Anspruch auf Provision besteht, sobald und soweit eines der folgenden Ereignisse eintritt:
a) der Unternehmer hat das Geschäft ausgeführt;
b) der Unternehmer hätte nach dem Vertrag mit dem Dritten das Geschäft ausführen sollen;
c) der Dritte hat das Geschäft ausgeführt.
(2) Der Anspruch auf Provision besteht spätestens, wenn der Dritte seinen Teil des Geschäfts ausgeführt hat oder ausgeführt haben müsste, falls der Unternehmer seinen Teil des Geschäfts ausgeführt hätte.
(3) Die Provision ist spätestens am letzten Tag des Monats zu zahlen, der auf das Quartal folgt, in welchem der Anspruch des Handelsvertreters auf Provision erworben worden ist.
(4) Von den Absätzen 2 und 3 darf nicht durch Vereinbarung zum Nachteil des Handelsvertreters abgewichen werden.

Artikel 11
(1) Der Anspruch auf Provision erlischt nur, wenn und soweit
– feststeht, dass der Vertrag zwischen dem Dritten und dem Unternehmer nicht ausgeführt wird, und
– die Nichtausführung nicht auf Umständen beruht, die vom Unternehmer zu vertreten sind.
(2) Vom Handelsvertreter bereits empfangene Provisionen sind zurückzuzahlen, falls der Anspruch darauf erloschen ist.
(3) Vom Absatz 1 darf nicht durch Vereinbarungen zum Nachteil des Handelsvertreters abgewichen werden.

Artikel 12
(1) Der Unternehmer hat dem Handelsvertreter eine Abrechnung über die geschuldeten Provisionen zu geben, und zwar spätestens am letzten Tag des Monats, der auf das Quartal folgt, in dem der Provisionsanspruch erworben worden ist. Diese Abrechnung muss alle für die Berechnung der Provision wesentlichen Angaben enthalten.
(2) Der Handelsvertreter kann verlangen, dass ihm alle Auskünfte, insbesondere ein Auszug aus den Büchern, gegeben werden, über die der Unternehmer verfügt

und die der Handelsvertreter zur Nachprüfung des Betrags der ihm zustehenden Provisionen benötigt.
(3) Von den Absätzen 1 und 2 darf nicht durch Vereinbarungen zum Nachteil des Handelsvertreters abgewichen werden.
(4) Diese Richtlinie berührt nicht die einzelstaatlichen Bestimmungen, nach denen der Handelsvertreter ein Recht auf Einsicht in die Bücher des Unternehmers hat.

Kapitel IV. Abschluss und Beendigung des Handelsvertretervertrages

Artikel 13
(1) Jede Partei kann von der anderen Partei eine von dieser unterzeichnete Urkunde verlangen, die den Inhalt des Vertrages einschließlich der Änderungen oder Ergänzungen wiedergibt. Dieser Anspruch kann nicht ausgeschlossen werden.
(2) Absatz 1 hindert einen Mitgliedstaat nicht daran vorzuschreiben, dass ein Vertretungsvertrag nur in schriftlicher Form gültig ist.

Artikel 14
Ein auf bestimmte Zeit geschlossener Vertrag, der nach Ende seiner Laufzeit von beiden Parteien fortgesetzt wird, gilt als in einen auf unbestimmte Zeit geschlossenen Vertrag umgewandelt.

Artikel 15
(1) Ist der Vertrag auf unbestimmte Zeit geschlossen, so kann er von jeder Partei unter Einhaltung einer First gekündigt werden.
(2) Die Kündigungsfrist beträgt für das erste Vertragsjahr einen Monat, für das angefangene zweite Vertragsjahr zwei Monate, für das angefangene dritte und die folgenden Vertragsjahre drei Monate. Kürzere Fristen dürfen die Parteien nicht vereinbaren.
(3) Die Mitgliedstaaten können die Kündigungsfrist für das vierte Vertragsjahr auf vier Monate, für das fünfte Vertragsjahr auf fünf Monate und für das sechste und die folgenden Vertragsjahre auf sechs Monate festsetzen. Sie können bestimmen, dass die Parteien kürzere Fristen nicht vereinbaren dürfen.
(4) Vereinbaren die Parteien längere Fristen als die der Absätze 2 und 3, so darf die vom Unternehmer einzuhaltende Frist nicht kürzer sein als die vom Handelsvertreter einzuhaltende Frist.
(5) Sofern die Parteien nicht etwas anderes vereinbart haben, ist die Kündigung nur zum Ende eines Kalendermonats zulässig.
(6) Dieser Artikel gilt auch für einen auf bestimmte Zeit geschlossenen Vertrag, der nach Artikel 14 in einen auf unbestimmte Zeit geschlossenen Vertrag umgewandelt wird, mit der Maßgabe, dass bei der Berechnung der Dauer der Kündigungsfrist die vorher geltende feste Laufzeit zu berücksichtigen ist.

Artikel 16
Diese Richtlinie berührt nicht die Anwendung der Rechtsvorschriften der Mitgliedstaaten, wenn diese Rechtsvorschriften die fristlose Beendigung des Vertragsverhältnisses für den Fall vorsehen, dass

a) eine der Parteien ihren Pflichten insgesamt oder teilweise nicht nachgekommen ist;
b) außergewöhnliche Umstände eintreten.

Artikel 17
(1) Die Mitgliedstaaten treffen die erforderlichen Maßnahmen dafür, dass der Handelsvertreter nach Beendigung des Vertragsverhältnisses Anspruch auf Ausgleich nach Absatz 2 oder Schadensersatz nach Absatz 3 hat.

(2) a) Der Handelsvertreter hat Anspruch auf einen Ausgleich, wenn und soweit
– er für den Unternehmer neue Kunden geworben oder die Geschäftsverbindungen mit vorhandenen Kunden wesentlich erweitert hat und der Unternehmer aus den Geschäften mit diesen Kunden noch erhebliche Vorteile zieht und
– die Zahlung eines solchen Ausgleichs unter Berücksichtigung aller Umstände, insbesondere der dem Handelsvertreter aus Geschäften mit diesen Kunden entgehenden Provisionen, der Billigkeit entspricht. Die Mitgliedstaaten können vorsehen, dass zu diesen Umständen auch die Anwendung oder Nichtanwendung einer Wettbewerbsabrede im Sinne des Artikels 20 gehört.

b) Der Ausgleich darf einen Betrag nicht überschreiten, der einem jährlichen Ausgleich entspricht, der aus dem Jahresdurchschnittsbetrag der Vergütungen, die der Handelsvertreter während der letzten fünf Jahre erhalten hat, errechnet wird; ist der Vertrag vor weniger als fünf Jahren geschlossen worden, wird der Ausgleich nach dem Durchschnittsbetrag des entsprechenden Zeitraums ermittelt.

c) Die Gewährung dieses Ausgleichs schließt nicht das Recht des Handelsvertreters aus, Schadensersatzansprüche geltend zu machen.

(3) Der Handelsvertreter hat Anspruch auf Ersatz des ihm durch die Beendigung des Vertragsverhältnisses mit dem Unternehmer entstandenen Schadens.
Dieser Schaden umfasst insbesondere
– den Verlust von Ansprüchen auf Provision, die dem Handelsvertreter bei normaler Fortsetzung des Vertrages zugestanden hätten und deren Nichtzahlung dem Unternehmer einen wesentlichen Vorteil aus der Tätigkeit des Handelsvertreters verschaffen würde, und/oder
– Nachteile, die sich aus der nicht erfolgten Amortisation von Kosten und Aufwendungen ergeben, die der Handelsvertreter in Ausführung des Vertrages auf Empfehlung des Unternehmers gemacht hatte.

(4) Der Anspruch auf Ausgleich nach Absatz 2 oder Schadensersatz nach Absatz 3 entsteht auch dann, wenn das Vertragsverhältnis durch Tod des Handelsvertreters endet.

(5) Der Handelsvertreter verliert den Anspruch auf Ausgleich nach Absatz 2 oder Schadensersatz nach Absatz 3, wenn er dem Unternehmer nicht innerhalb eines Jahres nach Beendigung des Vertragsverhältnisses mitgeteilt hat, dass er seine Rechte geltend macht.

(6) Die Kommission legt dem Rat innerhalb von acht Jahren nach Bekanntgabe dieser Richtlinie einen Bericht über die Durchführung dieses Artikels vor und unterbreitet ihm gegebenenfalls Änderungsvorschläge.

Artikel 18
Der Anspruch auf Ausgleich oder Schadensersatz nach Artikel 17 besteht nicht,

9. Handelsvertreter 207

a) wenn der Unternehmer den Vertrag wegen eines schuldhaften Verhaltens des Handelsvertreters beendet hat, das aufgrund der einzelstaatlichen Rechtsvorschriften eine fristlose Beendigung des Vertrages rechtfertigt;
b) wenn der Handelsvertreter das Vertragsverhältnis beendet hat, es sei denn, diese Beendigung ist aus Umständen, die dem Unternehmer zuzurechnen sind, oder durch Alter, Gebrechen oder Krankheit des Handelsvertreters, derentwegen ihm eine Fortsetzung seiner Tätigkeit billigerweise nicht zugemutet werden kann, gerechtfertigt;
c) wenn der Handelsvertreter gemäß einer Vereinbarung mit dem Unternehmer die Rechte und Pflichten, die er nach dem Vertrag besitzt, an einen Dritten abtritt.

Artikel 19
Die Parteien können vor Ablauf des Vertrages keine Vereinbarungen treffen, die von Artikel 17 und 18 zum Nachteil des Handelsvertreters abweichen.

Artikel 20
(1) Eine Vereinbarung, die den Handelsvertreter nach Beendigung des Vertrages in einer gewerblichen Tätigkeit einschränkt, wird in dieser Richtlinie als Wettbewerbsabrede bezeichnet.
(2) Eine Wettbewerbsabrede ist nur gültig, wenn und soweit sie
a) schriftlich getroffen worden ist und
b) sich auf den dem Handelsvertreter zugewiesenen Bezirk oder Kundenkreis sowie auf Warengattungen erstreckt, die gemäß dem Vertrag Gegenstand seiner Vertretung sind.
(3) Eine Wettbewerbsabrede ist längstens zwei Jahre nach Beendigung des Vertragsverhältnisses wirksam.
(4) Dieser Artikel berührt nicht die einzelstaatlichen Rechtsvorschriften, die weitere Beschränkungen der Wirksamkeit oder Anwendbarkeit der Wettbewerbsabreden vorsehen oder nach denen die Gerichte die Verpflichtungen der Parteien aus einer solchen Vereinbarung mindern können.

Kapitel V. Allgemeine und Schlussbestimmungen

Artikel 21
Diese Richtlinie verpflichtet keinen Mitgliedstaat die Offenlegung von Informationen vorzuschreiben, wenn eine solche Offenlegung mit einer öffentlichen Ordnung unvereinbar wäre.

Artikel 22
(1) Die Mitgliedstaaten erlassen die erforderlichen Vorschriften, um dieser Richtlinie vor dem 1. Januar 1990 nachzukommen. Sie setzen die Kommission unverzüglich davon in Kenntnis. Die genannten Bestimmungen finden zumindest auf die nach ihrem Inkrafttreten geschlossenen Verträge Anwendung. Sie finden auf laufende Verträge spätestens am 1. Januar 1994 Anwendung.
(2) Vom Zeitpunkt der Bekanntgabe dieser Richtlinie an teilen die Mitgliedstaaten der Kommission den Wortlaut der wesentlichen Rechts- oder Verwaltungsvorschriften mit, die sie auf dem unter diese Richtlinie fallenden Gebiet erlassen.

(3) Jedoch gilt bezüglich Irlands und des Vereinigten Königreichs anstelle des Datums 1. Januar 1990 in Absatz 1 der 1. Januar 1994.
Bezüglich Italiens gilt hinsichtlich der sich aus Artikel 17 ergebenden Verpflichtungen anstelle des genannten Datums der 1. Januar 1993.

Artikel 23
Diese Richtlinie ist an die Mitgliedstaaten gerichtet.

IV. Datenschutz und elektronischer Geschäftsverkehr

1. Richtlinie des Europäischen Parlaments und des Rates vom 24. Oktober 1995 zum Schutz natürlicher Personen bei der Verarbeitung personenbezogener Daten und zum freien Datenverkehr (95/46/EG)

Amtsblatt Nr. L 281 vom 23/11/1995, S. 31-50

DAS EUROPÄISCHE PARLAMENT UND DER RAT DER EUROPÄISCHEN UNION –

gestützt auf den Vertrag zur Gründung der Europäischen Gemeinschaft, insbesondere auf Artikel 100a, auf Vorschlag der Kommission[1], nach Stellungnahme des Wirtschafts- und Sozialausschusses[2], gemäß dem Verfahren des Artikels 189b des Vertrags[3], in Erwägung nachstehender Gründe:

(1) Die Ziele der Gemeinschaft, wie sie in dem durch den Vertrag über die Europäische Union geänderten Vertrag festgelegt sind, bestehen darin, einen immer engeren Zusammenschluss der europäischen Völker zu schaffen, engere Beziehungen zwischen den in der Gemeinschaft zusammengeschlossenen Staaten herzustellen, durch gemeinsames Handeln den wirtschaftlichen und sozialen Fortschritt zu sichern, indem die Europa trennenden Schranken beseitigt werden, die ständige Besserung der Lebensbedingungen ihrer Völker zu fördern, Frieden und Freiheit zu wahren und zu festigen und für die Demokratie einzutreten und sich dabei auf die in den Verfassungen und Gesetzen der Mitgliedstaaten sowie in der Europäischen Konvention zum Schutze der Menschenrechte und Grundfreiheiten anerkannten Grundrechte zu stützen.

(2) Die Datenverarbeitungssysteme stehen im Dienste des Menschen; sie haben, ungeachtet der Staatsangehörigkeit oder des Wohnorts der natürlichen Personen, deren Grundrechte und -freiheiten und insbesondere deren Privatsphäre zu achten und zum wirtschaftlichen und sozialen Fortschritt, zur Entwicklung des Handels sowie zum Wohlergehen der Menschen beizutragen.

(3) Für die Errichtung und das Funktionieren des Binnenmarktes, der gemäß Artikel 7a des Vertrags den freien Verkehr von Waren, Personen, Dienstleistungen und Kapital gewährleisten soll, ist es nicht nur erforderlich, dass personenbezogene Daten von einem Mitgliedstaat in einen anderen Mitgliedstaat übermittelt werden können, sondern auch, dass die Grundrechte der Personen gewahrt werden.

(4) Immer häufiger werden personenbezogene Daten in der Gemeinschaft in den verschiedenen Bereichen wirtschaftlicher und sozialer Tätigkeiten verarbeitet. Die Fortschritte der Informationstechnik erleichtern die Verarbeitung und den Austausch dieser Daten beträchtlich.

---

[1] ABl. Nr. C 277 vom 5. 11. 1990, S. 3, und ABl. Nr. C 311 vom 27. 11. 1992, S. 30.
[2] ABl. Nr. C 159 vom 17. 6. 1991, S. 38.
[3] Stellungnahme des Europäischen Parlaments vom 11. März 1992 (ABl. Nr. C 94 vom 13. 4. 1992, S. 198), bestätigt am 2. Dezember 1993 (ABl. Nr. C 342 vom 20. 12. 1993, S. 30). Gemeinsamer Standpunkt des Rates vom 20. Februar 1995 (ABl. Nr. C 93 vom 13. 4. 1995, S. 1) und Beschluss des Europäischen Parlaments vom 15. Juni 1995 (ABl. Nr. C 166 vom 3. 7. 1995).

(5) Die wirtschaftliche und soziale Integration, die sich aus der Errichtung und dem Funktionieren des Binnenmarktes im Sinne von Artikel 7a des Vertrags ergibt, wird notwendigerweise zu einer spürbaren Zunahme der grenzüberschreitenden Ströme personenbezogener Daten zwischen allen am wirtschaftlichen und sozialen Leben der Mitgliedstaaten Beteiligten im öffentlichen wie im privaten Bereich führen. Der Austausch personenbezogener Daten zwischen in verschiedenen Mitgliedstaaten niedergelassenen Unternehmen wird zunehmen. Die Verwaltungen der Mitgliedstaaten sind aufgrund des Gemeinschaftsrechts gehalten, zusammenzuarbeiten und untereinander personenbezogene Daten auszutauschen, um im Rahmen des Raums ohne Grenzen, wie er durch den Binnenmarkt hergestellt wird, ihren Auftrag erfüllen oder Aufgaben anstelle der Behörden eines anderen Mitgliedstaats durchführen zu können.

(6) Die verstärkte wissenschaftliche und technische Zusammenarbeit sowie die koordinierte Einführung neuer Telekommunikationsnetze in der Gemeinschaft erfordern und erleichtern den grenzüberschreitenden Verkehr personenbezogener Daten.

(7) Das unterschiedliche Niveau des Schutzes der Rechte und Freiheiten von Personen, insbesondere der Privatsphäre, bei der Verarbeitung personenbezogener Daten in den Mitgliedstaaten kann die Übermittlung dieser Daten aus dem Gebiet eines Mitgliedstaats in das Gebiet eines anderen Mitgliedstaats verhindern. Dieses unterschiedliche Schutzniveau kann somit ein Hemmnis für die Ausübung einer Reihe von Wirtschaftstätigkeiten auf Gemeinschaftsebene darstellen, den Wettbewerb verfälschen und die Erfüllung des Auftrags der im Anwendungsbereich des Gemeinschaftsrechts tätigen Behörden verhindern. Dieses unterschiedliche Schutzniveau ergibt sich aus der Verschiedenartigkeit der einzelstaatlichen Rechts- und Verwaltungsvorschriften.

(8) Zur Beseitigung der Hemmnisse für den Verkehr personenbezogener Daten ist ein gleichwertiges Schutzniveau hinsichtlich der Rechte und Freiheiten von Personen bei der Verarbeitung dieser Daten in allen Mitgliedstaaten unerlässlich. Insbesondere unter Berücksichtigung der großen Unterschiede, die gegenwärtig zwischen den einschlägigen einzelstaatlichen Rechtsvorschriften bestehen, und der Notwendigkeit, die Rechtsvorschriften der Mitgliedstaaten zu koordinieren, damit der grenzüberschreitende Fluss personenbezogener Daten kohärent und in Übereinstimmung mit dem Ziel des Binnenmarktes im Sinne des Artikels 7a des Vertrags geregelt wird, lässt sich dieses für den Binnenmarkt grundlegende Ziel nicht allein durch das Vorgehen der Mitgliedstaaten verwirklichen. Deshalb ist eine Maßnahme der Gemeinschaft zur Angleichung der Rechtsvorschriften erforderlich.

(9) Die Mitgliedstaaten dürfen aufgrund des gleichwertigen Schutzes, der sich aus der Angleichung der einzelstaatlichen Rechtsvorschriften ergibt, den freien Verkehr personenbezogener Daten zwischen ihnen nicht mehr aus Gründen behindern, die den Schutz der Rechte und Freiheiten natürlicher Personen und insbesondere das Recht auf die Privatsphäre betreffen. Die Mitgliedstaaten besitzen einen Spielraum, der im Rahmen der Durchführung der Richtlinie von den Wirtschafts- und Sozialpartnern genutzt werden kann. Sie können somit in ihrem einzelstaatlichen Recht allgemeine Bedingungen für die Rechtmäßigkeit der Verarbeitung festlegen. Hierbei streben sie eine Verbesserung des gegenwärtig durch ihre Rechtsvorschriften gewährten Schutzes an. Innerhalb dieses Spielraums können unter Beachtung des Gemeinschaftsrechts Unterschiede bei der Durchführung der Richtlinie auftreten, was Auswirkungen für den Datenverkehr sowohl innerhalb eines Mitgliedstaats als auch in der Gemeinschaft haben kann.

(10) Gegenstand der einzelstaatlichen Rechtsvorschriften über die Verarbeitung personenbezogener Daten ist die Gewährleistung der Achtung der Grundrechte und -freihei-

1. Verarbeitung personenbezogener Daten

ten, insbesondere des auch in Artikel 8 der Europäischen Konvention zum Schutze der Menschenrechte und Grundfreiheiten und in den allgemeinen Grundsätzen des Gemeinschaftsrechts anerkannten Rechts auf die Privatsphäre. Die Angleichung dieser Rechtsvorschriften darf deshalb nicht zu einer Verringerung des durch diese Rechtsvorschriften garantierten Schutzes führen, sondern muss im Gegenteil darauf abzielen, in der Gemeinschaft ein hohes Schutzniveau sicherzustellen.

(11) Die in dieser Richtlinie enthaltenen Grundsätze zum Schutz der Rechte und Freiheiten der Personen, insbesondere der Achtung der Privatsphäre, konkretisieren und erweitern die in dem Übereinkommen des Europarats vom 28. Januar 1981 zum Schutze der Personen bei der automatischen Verarbeitung personenbezogener Daten enthaltenen Grundsätze.

(12) Die Schutzprinzipien müssen für alle Verarbeitungen personenbezogener Daten gelten, sobald die Tätigkeiten des für die Verarbeitung Verantwortlichen in den Anwendungsbereich des Gemeinschaftsrechts fallen. Auszunehmen ist die Datenverarbeitung, die von einer natürlichen Person in Ausübung ausschließlich persönlicher oder familiärer Tätigkeiten – wie zum Beispiel Schriftverkehr oder Führung von Anschriftenverzeichnissen – vorgenommen wird

(13) Die in den Titeln V und VI des Vertrags über die Europäische Union genannten Tätigkeiten, die die öffentliche Sicherheit, die Landesverteidigung, die Sicherheit des Staates oder die Tätigkeiten des Staates im Bereich des Strafrechts betreffen, fallen unbeschadet der Verpflichtungen der Mitgliedstaaten gemäß Artikel 56 Absatz 2 sowie gemäß den Artikeln 57 und 100a des Vertrags zur Gründung der Europäischen Gemeinschaft nicht in den Anwendungsbereich des Gemeinschaftsrechts. Die Verarbeitung personenbezogener Daten, die zum Schutz des wirtschaftlichen Wohls des Staates erforderlich ist, fällt nicht unter diese Richtlinie, wenn sie mit Fragen der Sicherheit des Staates zusammenhängt.

(14) In Anbetracht der Bedeutung der gegenwärtigen Entwicklung im Zusammenhang mit der Informationsgesellschaft bezüglich Techniken der Erfassung, Übermittlung, Veränderung, Speicherung, Aufbewahrung oder Weitergabe von personenbezogenen Ton- und Bilddaten muss diese Richtlinie auch auf die Verarbeitung dieser Daten Anwendung finden.

(15) Die Verarbeitung solcher Daten wird von dieser Richtlinie nur erfasst, wenn sie automatisiert erfolgt oder wenn die Daten, auf die sich die Verarbeitung bezieht, in Dateien enthalten oder für solche bestimmt sind, die nach bestimmten personenbezogenen Kriterien strukturiert sind, um einen leichten Zugriff auf die Daten zu ermöglichen.

(16) Die Verarbeitung von Ton- und Bilddaten, wie bei der Videoüberwachung, fällt nicht unter diese Richtlinie, wenn sie für Zwecke der öffentlichen Sicherheit, der Landesverteidigung, der Sicherheit des Staates oder der Tätigkeiten des Staates im Bereich des Strafrechts oder anderen Tätigkeiten erfolgt, die nicht unter das Gemeinschaftsrecht fallen.

(17) Bezüglich der Verarbeitung von Ton- und Bilddaten für journalistische, literarische oder künstlerische Zwecke, insbesondere im audiovisuellen Bereich, finden die Grundsätze dieser Richtlinie gemäß Artikel 9 eingeschränkt Anwendung.

(18) Um zu vermeiden, dass einer Person der gemäß dieser Richtlinie gewährleistete Schutz vorenthalten wird, müssen auf jede in der Gemeinschaft erfolgte Verarbeitung personenbezogener Daten die Rechtsvorschriften eines Mitgliedstaats angewandt werden. Es ist angebracht, auf die Verarbeitung, die von einer Person, die dem in dem Mitglied-

staat niedergelassenen für die Verarbeitung Verantwortlichen unterstellt ist, vorgenommen werden, die Rechtsvorschriften dieses Staates anzuwenden.

(19) Eine Niederlassung im Hoheitsgebiet eines Mitgliedstaats setzt die effektive und tatsächliche Ausübung einer Tätigkeit mittels einer festen Einrichtung voraus. Die Rechtsform einer solchen Niederlassung, die eine Agentur oder eine Zweigstelle sein kann, ist in dieser Hinsicht nicht maßgeblich. Wenn der Verantwortliche im Hoheitsgebiet mehrerer Mitgliedstaaten niedergelassen ist, insbesondere mit einer Filiale, muss er vor allem zu Vermeidung von Umgehungen sicherstellen, dass jede dieser Niederlassungen die Verpflichtungen einhält, die im jeweiligen einzelstaatlichen Recht vorgesehen sind, das auf ihre jeweiligen Tätigkeiten anwendbar ist.

(20) Die Niederlassung des für die Verarbeitung Verantwortlichen in einem Drittland darf dem Schutz der Personen gemäß dieser Richtlinie nicht entgegenstehen. In diesem Fall sind die Verarbeitungen dem Recht des Mitgliedstaats zu unterwerfen, in dem sich die für die betreffenden Verarbeitungen verwendeten Mittel befinden, und Vorkehrungen zu treffen, um sicherzustellen, dass die in dieser Richtlinie vorgesehenen Richte und Pflichten tatsächlich eingehalten werden.

(21) Diese Richtlinie berührt nicht die im Strafrecht geltenden Territorialitätsregeln.

(22) Die Mitgliedstaaten können in ihren Rechtsvorschriften oder bei der Durchführung der Vorschriften zur Umsetzung dieser Richtlinie die allgemeinen Bedingungen präzisieren, unter denen die Verarbeitungen rechtmäßig sind. Insbesondere nach Artikel 5 in Verbindung mit den Artikeln 7 und 8 können die Mitgliedstaaten neben den allgemeinen Regeln besondere Bedingungen für die Datenverarbeitung in spezifischen Bereichen und für die verschiedenen Datenkategorien gemäß Artikel 8 vorsehen.

(23) Die Mitgliedstaaten können den Schutz von Personen sowohl durch ein allgemeines Gesetz zum Schutz von Personen bei der Verarbeitung personenbezogener Daten als auch durch gesetzliche Regelungen für bestimmte Bereiche, wie zum Beispiel die statistischen Ämter, sicherstellen.

(24) Diese Richtlinie berührt nicht die Rechtsvorschriften zum Schutz juristischer Personen bei der Verarbeitung von Daten, die sich auf sie beziehen.

(25) Die Schutzprinzipien finden zum einen ihren Niederschlag in den Pflichten, die den Personen, Behörden, Unternehmen, Geschäftsstellen oder anderen für die Verarbeitung verantwortlichen Stellen obliegen; diese Pflichten betreffen insbesondere die Datenqualität, die technische Sicherheit, die Meldung bei der Kontrollstelle und die Voraussetzungen, unter denen eine Verarbeitung vorgenommen werden kann. Zum anderen kommen sie zum Ausdruck in den Rechten der Personen, deren Daten Gegenstand von Verarbeitungen sind, über diese informiert zu werden, Zugang zu den Daten zu erhalten, ihre Berichtigung verlangen bzw. unter gewissen Voraussetzungen Widerspruch gegen die Verarbeitung einlegen zu können.

(26) Die Schutzprinzipien müssen für alle Informationen über eine bestimmte oder bestimmbare Person gelten. Bei der Entscheidung, ob eine Person bestimmbar ist, sollten alle Mittel berücksichtigt werden, die vernünftigerweise entweder von dem Verantwortlichen für die Verarbeitung oder von einem Dritten eingesetzt werden könnten, um die betreffende Person zu bestimmen. Die Schutzprinzipien finden keine Anwendung auf Daten, die derart anonymisiert sind, dass die betroffene Person nicht mehr identifizierbar ist. Die Verhaltensregeln im Sinne des Artikels 27 können ein nützliches Instrument sein, mit dem angegeben wird, wie sich die Daten in einer Form anonymisieren und aufbewahren lassen, die die Identifizierung der betroffenen Person unmöglich macht.

1. Verarbeitung personenbezogener Daten 213

(27) Datenschutz muss sowohl für automatisierte als auch für nicht automatisierte Verarbeitungen gelten. In der Tat darf der Schutz nicht von den verwendeten Techniken abhängen, da andernfalls ernsthafte Risiken der Umgehung entstehen würden. Bei manuellen Verarbeitungen erfasst diese Richtlinie lediglich Dateien, nicht jedoch unstrukturierte Akten. Insbesondere muss der Inhalt einer Datei nach bestimmten personenbezogenen Kriterien strukturiert sein, die einen leichten Zugriff auf die Daten ermöglichen. Nach der Definition in Artikel 2 Buchstabe c) können die Mitgliedstaaten die Kriterien zur Bestimmung der Elemente einer strukturierten Sammlung personenbezogener Daten sowie die verschiedenen Kriterien zur Regelung des Zugriffs zu einer solchen Sammlung festlegen. Akten und Aktensammlungen sowie ihre Deckblätter, die nicht nach bestimmten Kriterien strukturiert sind, fallen unter keinen Umständen in den Anwendungsbereich dieser Richtlinie.

(28) Die Verarbeitung personenbezogener Daten muss gegenüber den betroffenen Personen nach Treu und Glauben erfolgen. Sie hat den angestrebten Zweck zu entsprechen, dafür erheblich zu sein und nicht darüber hinauszugehen. Die Zwecke müssen eindeutig und rechtmäßig sein und bei der Datenerhebung festgelegt werden. Die Zweckbestimmungen der Weiterverarbeitung nach der Erhebung dürfen nicht mit den ursprünglich festgelegten Zwecken unvereinbar sein.

(29) Die Weiterverarbeitung personenbezogener Daten für historische, statistische oder wissenschaftliche Zwecke ist im allgemeinen nicht als unvereinbar mit den Zwecken der vorausgegangenen Datenerhebung anzusehen, wenn der Mitgliedstaat geeignete Garantien vorsieht. Diese Garantien müssen insbesondere ausschließen, dass die Daten für Maßnahmen oder Entscheidungen gegenüber einzelnen Betroffenen verwendet werden.

(30) Die Verarbeitung personenbezogener Daten ist nur dann rechtmäßig, wenn sie auf der Einwilligung der betroffenen Person beruht oder notwendig ist im Hinblick auf den Abschluss oder die Erfüllung eines für die betroffene Person bindenden Vertrags, zur Erfüllung einer gesetzlichen Verpflichtung, zur Wahrnehmung einer Aufgabe im öffentlichen Interesse, in Ausübung hoheitlicher Gewalt oder wenn sie im Interesse einer anderen Person erforderlich ist, vorausgesetzt, dass die Interessen oder die Rechte und Freiheiten der betroffenen Person nicht überwiegen. Um den Ausgleich der in Frage stehenden Interessen unter Gewährleistung eines effektiven Wettbewerbs sicherzustellen, können die Mitgliedstaaten insbesondere die Bedingungen näher bestimmen, unter denen personenbezogene Daten bei rechtmäßigen Tätigkeiten im Rahmen laufender Geschäfte von Unternehmen und anderen Einrichtungen an Dritte weitergegeben werden können. Ebenso können sie die Bedingungen festlegen, unter denen personenbezogene Daten an Dritte zum Zweck der kommerziellen Werbung oder der Werbung von Wohltätigkeitsverbänden oder anderen Vereinigungen oder Stiftungen, z. B. mit politischer Ausrichtung, weitergegeben werden können, und zwar unter Berücksichtigung der Bestimmungen dieser Richtlinie, nach denen betroffene Personen ohne Angabe von Gründen und ohne Kosten Widerspruch gegen die Verarbeitung von Daten, die sie betreffen, erheben können.

(31) Die Verarbeitung personenbezogener Daten ist ebenfalls als rechtmäßig anzusehen, wenn sie erfolgt, um ein für das Leben der betroffenen Person wesentliches Interesse zu schützen.

(32) Es ist nach einzelstaatlichem Recht festzulegen, ob es sich bei dem für die Verarbeitung Verantwortlichen, der mit der Wahrnehmung einer Aufgabe betraut wurde, die im öffentlichen Interesse liegt, oder in Ausübung hoheitlicher Gewalt erfolgt, um eine Behörde oder um eine andere unter das öffentliche Recht oder das Privatrecht fallende Person, wie beispielsweise eine Berufsvereinigung, handeln soll.

(33) Daten, die aufgrund ihrer Art geeignet sind, die Grundfreiheiten oder die Privatsphäre zu beeinträchtigen, dürfen nicht ohne ausdrückliche Einwilligung der betroffenen Person verarbeitet werden. Ausnahmen von diesem Verbot müssen ausdrücklich vorgesehen werden bei spezifischen Notwendigkeiten, insbesondere wenn die Verarbeitung dieser Daten für gewisse auf das Gesundheitswesen bezogene Zwecke von Personen vorgenommen wird, die nach dem einzelstaatlichen Recht dem Berufsgeheimnis unterliegen, oder wenn die Verarbeitung für berechtigte Tätigkeiten bestimmter Vereinigungen oder Stiftungen vorgenommen wird, deren Ziel es ist, die Ausübung von Grundfreiheiten zu ermöglichen.

(34) Die Mitgliedstaaten können, wenn dies durch ein wichtiges öffentliches Interesse gerechtfertigt ist, Ausnahmen vom Verbot der Verarbeitung sensibler Datenkategorien vorsehen in Bereichen wie dem öffentlichen Gesundheitswesen und der sozialen Sicherheit – insbesondere hinsichtlich der Sicherung von Qualität und Wirtschaftlichkeit der Verfahren zur Abrechnung von Leistungen in den sozialen Krankenversicherungssystemen –, der wissenschaftlichen Forschung und der öffentlichen Statistik. Die Mitgliedstaaten müssen jedoch geeignete besondere Garantien zum Schutz der Grundrechte und der Privatsphäre von Personen vorsehen.

(35) Die Verarbeitung personenbezogener Daten durch staatliche Stellen für verfassungsrechtlich oder im Völkerrecht niedergelegte Zwecke von staatlich anerkannten Religionsgesellschaften erfolgt ebenfalls im Hinblick auf ein wichtiges öffentliches Interesse.

(36) Wenn es in bestimmten Mitgliedstaaten zum Funktionieren des demokratischen Systems gehört, dass die politischen Parteien im Zusammenhang mit Wahlen Daten über die politische Einstellung von Personen sammeln, kann die Verarbeitung derartiger Daten aus Gründen eines wichtigen öffentlichen Interesses zugelassen werden, sofern angemessene Garantien vorgesehen werden.

(37) Für die Verarbeitung personenbezogener Daten zu journalistischen, literarischen oder künstlerischen Zwecken, insbesondere im audiovisuellen Bereich, sind Ausnahmen von bestimmten Vorschriften dieser Richtlinie vorzusehen, soweit sie erforderlich sind, um die Grundrechte der Person mit der Freiheit der Meinungsäußerung und insbesondere der Freiheit, Informationen zu erhalten oder weiterzugeben, die insbesondere in Artikel 10 der Europäischen Konvention zum Schutze der Menschenrechte und der Grundfreiheiten garantiert ist, in Einklang zu bringen. Es obliegt deshalb den Mitgliedstaaten, unter Abwägung der Grundrechte Ausnahmen und Einschränkungen festzulegen, die bei den allgemeinen Maßnahmen zur Rechtmäßigkeit der Verarbeitung von Daten, bei den Maßnahmen zur Übermittlung der Daten in Drittländer sowie hinsichtlich der Zuständigkeiten der Kontrollstellen erforderlich sind, ohne dass jedoch Ausnahmen bei den Maßnahmen zur Gewährleistung der Sicherheit der Verarbeitung vorzusehen sind. Ferner sollte mindestens die in diesem Bereich zuständige Kontrollstelle bestimmte nachträgliche Zuständigkeiten erhalten, beispielsweise zur regelmäßigen Veröffentlichung eines Berichts oder zur Befassung der Justizbehörden.

(38) Datenverarbeitung nach Treu und Glauben setzt voraus, dass die betroffenen Personen in der Lage sind, das Vorhandensein einer Verarbeitung zu erfahren und ordnungsgemäß und umfassend über die Bedingungen der Erhebung informiert zu werden, wenn Daten bei ihnen erhoben werden.

(39) Bestimmte Verarbeitungen betreffen Daten, die der Verantwortliche nicht unmittelbar bei der betroffenen Person erhoben hat. Des weiteren können Daten rechtmäßig an Dritte weitergegeben werden, auch wenn die Weitergabe bei der Erhebung der Daten bei der betroffenen Person nicht vorgesehen war. In diesen Fällen muss die betroffene Person

1. Verarbeitung personenbezogener Daten 215

zum Zeitpunkt der Speicherung der Daten oder spätestens bei der erstmaligen Weitergabe der Daten an Dritte unterrichtet werden.

(40) Diese Verpflichtung erübrigt sich jedoch, wenn die betroffene Person bereits unterrichtet ist. Sie besteht auch nicht, wenn die Speicherung oder Weitergabe durch Gesetz ausdrücklich vorgesehen ist oder wenn die Unterrichtung der betroffenen Person unmöglich ist oder unverhältnismäßigen Aufwand erfordert, was bei Verarbeitungen für historische, statistische oder wissenschaftliche Zwecke der Fall sein kann. Diesbezüglich können die Zahl der betroffenen Personen, das Alter der Daten und etwaige Ausgleichsmaßnahmen in Betracht gezogen werden.

(41) Jede Person muss ein Auskunftsrecht hinsichtlich der sie betreffenden Daten, die Gegenstand einer Verarbeitung sind, haben, damit sie sich insbesondere von der Richtigkeit dieser Daten und der Zulässigkeit ihrer Verarbeitung überzeugen kann. Aus denselben Gründen muss jede Person außerdem das Recht auf Auskunft über den logischen Aufbau der automatisierten Verarbeitung der sie betreffenden Daten, zumindest im Fall automatisierter Entscheidungen im Sinne des Artikels 15 Absatz 1, besitzen. Dieses Recht darf weder das Geschäftsgeheimnis noch das Recht an geistigem Eigentum, insbesondere das Urheberrecht zum Schutz von Software, berühren. Dies darf allerdings nicht dazu führen, dass der betroffenen Person jegliche Auskunft verweigert wird.

(42) Die Mitgliedstaaten können die Auskunfts- und Informationsrechte im Interesse der betroffenen Person oder zum Schutz der Rechte und Freiheiten Dritter einschränken. Zum Beispiel können sie vorsehen, dass Auskunft über medizinische Daten nur über ärztliches Personal erhalten werden kann.

(43) Die Mitgliedstaaten können Beschränkungen des Auskunfts- und Informationsrechts sowie bestimmter Pflichten des für die Verarbeitung Verantwortlichen vorsehen, soweit dies beispielsweise für die Sicherheit des Staates, die Landesverteidigung, die öffentliche Sicherheit, für zwingende wirtschaftliche oder finanzielle Interessen eines Mitgliedstaats oder der Union oder für die Ermittlung und Verfolgung von Straftaten oder von Verstößen gegen Standesregeln bei reglementierten Berufen erforderlich ist. Als Ausnahmen und Beschränkungen sind Kontroll-, Überwachungs- und Ordnungsfunktionen zu nennen, die in den drei letztgenannten Bereichen in bezug auf öffentliche Sicherheit, wirtschaftliches oder finanzielles Interesse und Strafverfolgung erforderlich sind. Die Erwähnung der Aufgaben in diesen drei Bereichen lässt die Zulässigkeit von Ausnahmen und Einschränkungen aus Gründen der Sicherheit des Staates und der Landesverteidigung unberührt.

(44) Die Mitgliedstaaten können aufgrund gemeinschaftlicher Vorschriften gehalten sein, von den das Auskunftsrecht, die Information der Personen und die Qualität der Daten betreffenden Bestimmungen dieser Richtlinie abzuweichen, um bestimmte der obengenannten Zweckbestimmungen zu schützen.

(45) Auch wenn die Daten Gegenstand einer rechtmäßigen Verarbeitung aufgrund eines öffentlichen Interesses, der Ausübung hoheitlicher Gewalt oder der Interessen eines einzelnen sein können, sollte doch jede betroffene Person das Recht besitzen, aus überwiegenden, schutzwürdigen, sich aus ihrer besonderen Situation ergebenden Gründen Widerspruch dagegen einzulegen, dass sie betreffenden Daten verarbeitet werden. Die Mitgliedstaaten können allerdings innerstaatliche Bestimmungen vorsehen, die dem entgegenstehen.

(46) Für den Schutz der Rechte und Freiheiten der betroffenen Personen bei der Verarbeitung personenbezogener Daten müssen geeignete technische und organisatorische Maßnahmen getroffen werden, und zwar sowohl zum Zeitpunkt der Planung des Ver-

arbeitungssystems als auch zum Zeitpunkt der eigentlichen Verarbeitung, um insbesondere deren Sicherheit zu gewährleisten und somit jede unrechtmäßige Verarbeitung zu verhindern. Die Mitgliedstaaten haben dafür Sorge zu tragen, dass der für die Verarbeitung Verantwortliche diese Maßnahmen einhält. Diese Maßnahmen müssen unter Berücksichtigung des Standes der Technik und der bei ihrer Durchführung entstehenden Kosten ein Schutzniveau gewährleisten, das den von der Verarbeitung ausgehenden Risiken und der Art der zu schützenden Daten angemessen ist.

(47) Wird eine Nachricht, die personenbezogene Daten enthält, über Telekommunikationsdienste oder durch elektronische Post übermittelt, deren einziger Zweck darin besteht, Nachrichten dieser Art zu übermitteln, so gilt in der Regel die Person, von der die Nachricht stammt, und nicht die Person, die den Übermittlungsdienst anbietet, als Verantwortlicher für die Verarbeitung der in der Nachricht enthaltenen personenbezogenen Daten. Jedoch gelten die Personen, die diese Dienste anbieten, in der Regel als Verantwortliche für die Verarbeitung der personenbezogenen Daten, die zusätzlich für den Betrieb des Dienstes erforderlich sind.

(48) Die Meldeverfahren dienen der Offenlegung der Zweckbestimmungen der Verarbeitungen sowie ihrer wichtigsten Merkmale mit dem Zweck der Überprüfung ihrer Vereinbarkeit mit den einzelstaatlichen Vorschriften zur Umsetzung dieser Richtlinie.

(49) Um unangemessene Verwaltungsformalitäten zu vermeiden, können die Mitgliedstaaten bei Verarbeitungen, bei denen eine Beeinträchtigung der Rechte und Freiheiten der Betroffenen nicht zu erwarten ist, von der Meldepflicht absehen oder sie vereinfachen, vorausgesetzt, dass diese Verarbeitungen den Bestimmungen entsprechen, mit denen der Mitgliedstaat die Grenzen solcher Verarbeitungen festgelegt hat. Eine Befreiung oder eine Vereinfachung kann ebenso vorgesehen werden, wenn ein vom für die Verarbeitung Verantwortlichen benannter Datenschutzbeauftragter sicherstellt, dass eine Beeinträchtigung der Rechte und Freiheiten der Betroffenen durch die Verarbeitung nicht zu erwarten ist. Ein solcher Beauftragter, ob Angestellter des für die Verarbeitung Verantwortlichen oder externer Beauftragter, muss seine Aufgaben in vollständiger Unabhängigkeit ausüben können.

(50) Die Befreiung oder Vereinfachung kann vorgesehen werden für Verarbeitungen, deren einziger Zweck das Führen eines Registers ist, das gemäß einzelstaatlichem Recht zur Information der Öffentlichkeit bestimmt ist und entweder der gesamten Öffentlichkeit oder allen Personen, die ein berechtigtes Interesse nachweisen können, zur Einsichtnahme offen steht.

(51) Die Vereinfachung oder Befreiung von der Meldepflicht entbindet jedoch den für die Verarbeitung Verantwortlichen von keiner der anderen sich aus dieser Richtlinie ergebenen Verpflichtungen.

(52) In diesem Zusammenhang ist die nachträgliche Kontrolle durch die zuständigen Stellen im allgemeinen als ausreichende Maßnahme anzusehen.

(53) Bestimmte Verarbeitungen können jedoch aufgrund ihrer Art, ihrer Tragweite oder ihrer Zweckbestimmung – wie beispielsweise derjenigen, betroffene Personen von der Inanspruchnahme eines Rechts, einer Leistung oder eines Vertrags auszuschließen – oder aufgrund der besonderen Verwendung einer neuen Technologie besondere Risiken im Hinblick auf die Rechte und Freiheiten der betroffenen Personen aufweisen. Es obliegt den Mitgliedstaaten, derartige Risiken in ihren Rechtsvorschriften aufzuführen, wenn sie dies wünschen.

(54) Bei allen in der Gesellschaft durchgeführten Verarbeitungen sollte die Zahl der Verarbeitungen mit solchen besonderen Risiken sehr beschränkt sein. Die Mitgliedstaaten

1. Verarbeitung personenbezogener Daten

müssen für diese Verarbeitungen vorsehen, dass vor ihrer Durchführung eine Vorabprüfung durch die Kontrollstelle oder in Zusammenarbeit mit ihr durch den Datenschutzbeauftragten vorgenommen wird. Als Ergebnis dieser Vorabprüfung kann die Kontrollstelle gemäß einzelstaatlichem Recht eine Stellungnahme abgeben oder die Verarbeitung genehmigen. Diese Prüfung kann auch bei der Ausarbeitung einer gesetzgeberischen Maßnahme des nationalen Parlaments oder einer auf eine solche gesetzgeberische Maßnahme gestützten Maßnahme erfolgen, die die Art der Verarbeitung und geeignete Garantien festlegt.

(55) Für den Fall der Missachtung der Rechte der betroffenen Personen durch den für die Verarbeitung Verantwortlichen ist im nationalen Recht eine gerichtliche Überprüfungsmöglichkeit vorzusehen. Mögliche Schäden, die den Personen aufgrund einer unzulässigen Verarbeitung entstehen, sind von dem für die Verarbeitung Verantwortlichen zu ersetzen, der von seiner Haftung befreit werden kann, wenn er nachweist, dass der Schaden ihm nicht angelastet werden kann, insbesondere weil ein Fehlverhalten der betroffenen Person oder ein Fall höherer Gewalt vorliegt. Unabhängig davon, ob es sich um eine Person des Privatrechts oder des öffentlichen Rechts handelt, müssen Sanktionen jede Person treffen, die die einzelstaatlichen Vorschriften zur Umsetzung dieser Richtlinie nicht einhält.

(56) Grenzüberschreitender Verkehr von personenbezogenen Daten ist für die Entwicklung des internationalen Handels notwendig. Der in der Gemeinschaft durch diese Richtlinie gewährte Schutz von Personen steht der Übermittlung personenbezogener Daten in Drittländer, die ein angemessenes Schutzniveau aufweisen, nicht entgegen. Die Angemessenheit des Schutzniveaus, das ein Drittland bietet, ist unter Berücksichtigung aller Umstände im Hinblick auf eine Übermittlung oder eine Kategorie von Übermittlungen zu beurteilen.

(57) Bietet hingegen ein Drittland kein angemessenes Schutzniveau, so ist die Übermittlung personenbezogener Daten in dieses Land zu untersagen.

(58) Ausnahmen von diesem Verbot sind unter bestimmten Voraussetzungen vorzusehen, wenn die betroffene Person ihre Einwilligung erteilt hat oder die Übermittlung im Rahmen eines Vertrags oder Gerichtsverfahrens oder zur Wahrung eines wichtigen öffentlichen Interesses erforderlich ist, wie zum Beispiel bei internationalem Datenaustausch zwischen Steuer- oder Zollverwaltungen oder zwischen Diensten, die für Angelegenheiten der sozialen Sicherheit zuständig sind. Ebenso kann eine Übermittlung aus einem gesetzlich vorgesehenen Register erfolgen, das der öffentlichen Einsichtnahme oder der Einsichtnahme durch Personen mit berechtigtem Interesse dient. In diesem Fall sollte eine solche Übermittlung nicht die Gesamtheit oder ganze Kategorien der im Register enthaltenen Daten umfassen. Ist ein Register zur Einsichtnahme durch Personen mit berechtigtem Interesse bestimmt, so sollte die Übermittlung nur auf Antrag dieser Person oder nur dann erfolgen, wenn diese Person die Adressaten der Übermittlung sind.

(59) Besondere Maßnahmen können getroffen werden, um das unzureichende Schutzniveau in einem Drittland auszugleichen, wenn der für die Verarbeitung Verantwortliche geeignete Sicherheiten nachweist. Außerdem sind Verfahren für die Verhandlungen zwischen der Gemeinschaft und den betreffenden Drittländern vorzusehen.

(60) Übermittlungen in Drittstaaten dürfen auf jeden Fall nur unter voller Einhaltung der Rechtsvorschriften erfolgen, die die Mitgliedstaaten gemäß dieser Richtlinie, insbesondere gemäß Artikel 8, erlassen haben.

(61) Die Mitgliedstaaten und die Kommission müssen in ihren jeweiligen Zuständigkeitsbereichen die betroffenen Wirtschaftskreise ermutigen, Verhaltensregeln auszuarbeiten, um unter Berücksichtigung der Besonderheiten der Verarbeitung in bestimmten Bereichen

die Durchführung dieser Richtlinie im Einklang mit den hierfür vorgesehenen einzelstaatlichen Bestimmungen zu fördern.

(62) Die Einrichtung unabhängiger Kontrollstellen in den Mitgliedstaaten ist ein wesentliches Element des Schutzes der Personen bei der Verarbeitung personenbezogener Daten.
(63) Diese Stellen sind mit den notwendigen Mitteln für die Erfüllung dieser Aufgabe auszustatten, d. h. Untersuchungs- und Einwirkungsbefugnissen, insbesondere bei Beschwerden, sowie Klagerecht. Die Kontrollstellen haben zur Transparenz der Verarbeitungen in dem Mitgliedstaat beizutragen, dem sie unterstehen.
(64) Die Behörden der verschiedenen Mitgliedstaaten werden einander bei der Wahrnehmung ihrer Aufgaben unterstützen müssen, um sicherzustellen, dass die Schutzregeln in der ganzen Europäischen Union beachtet werden.
(65) Auf Gemeinschaftsebene ist eine Arbeitsgruppe für den Schutz der Rechte von Personen bei der Verarbeitung personenbezogener Daten einzusetzen, die ihre Aufgaben in völliger Unabhängigkeit wahrzunehmen hat. Unter Berücksichtigung dieses besonderen Charakters hat sie die Kommission zu beraten und insbesondere zur einheitlichen Anwendung der zur Umsetzung dieser Richtlinie erlassenen einzelstaatlichen Vorschriften beizutragen.
(66) Für die Übermittlung von Daten in Drittländern ist es zur Anwendung dieser Richtlinie erforderlich, der Kommission Durchführungsbefugnisse zu übertragen und ein Verfahren gemäß den Bestimmungen des Beschlusses 87/373/EWG des Rates[4] festzulegen.
(67) Am 20. Dezember 1994 wurde zwischen dem Europäischen Parlament, dem Rat und der Kommission ein Modus vivendi betreffend die Maßnahmen zur Durchführung der nach dem Verfahren des Artikels 189b des EG-Vertrag erlassenen Rechtsakte vereinbart.
(68) Die in dieser Richtlinie enthaltenen Grundsätze des Schutzes der Rechte und Freiheiten der Personen und insbesondere der Achtung der Privatsphäre bei der Verarbeitung personenbezogener Daten können – besonders für bestimmte Bereiche – durch spezifische Regeln ergänzt oder präzisiert werden, die mit diesen Grundsätzen in Einklang stehen.
(69) Den Mitgliedstaaten sollte eine Frist von längstens drei Jahren ab Inkrafttreten ihrer Vorschriften zur Umsetzung dieser Richtlinie eingeräumt werden, damit sie die neuen einzelstaatlichen Vorschriften fortschreitend auf alle bereits laufenden Verarbeitungen anwenden können. Um eine kosteneffiziente Durchführung dieser Vorschriften zu erleichtern, wird den Mitgliedstaaten eine weitere Frist von zwölf Jahren nach Annahme dieser Richtlinie eingeräumt, um die Anpassung bestehender manueller Dateien an bestimmte Vorschriften dieser Richtlinie sicherzustellen. Werden in solchen Dateien enthaltene Daten während dieser erweiterten Umsetzungsfrist manuell verarbeitet, so sollten die Dateien zum Zeitpunkt der Verarbeitung mit diesen Vorschriften in Einklang gebracht werden.
(70) Die betroffene Person braucht nicht erneut ihre Einwilligung zu geben, damit der Verantwortliche nach Inkrafttreten der einzelstaatlichen Vorschriften zur Umsetzung dieser Richtlinie eine Verarbeitung sensibler Daten fortführen kann, die für die Erfüllung eines in freier Willenserklärung geschlossenen Vertrags erforderlich ist und vor Inkrafttreten der genannten Vorschriften mitgeteilt wurde.
(71) Diese Richtlinie steht den gesetzlichen Regelungen eines Mitgliedstaats im Bereich der geschäftsmäßigen Werbung gegenüber in seinem Hoheitsgebiet ansässigen Verbrau-

---

[4] ABl. Nr. L 197 vom 18. 7. 1987, S. 33.

1. Verarbeitung personenbezogener Daten

chern nicht entgegen, sofern sich diese gesetzlichen Regelungen nicht auf den Schutz der Person bei der Verarbeitung personenbezogener Daten beziehen.

(72) Diese Richtlinie erlaubt bei der Umsetzung der mit ihr festgelegten Grundsätze die Berücksichtigung des Grundsatzes des öffentlichen Zugangs zu amtlichen Dokumenten –
HABEN FOLGENDE RICHTLINIE ERLASSEN:

Kapitel I. Allgemeine Bestimmungen

Artikel 1. Gegenstand der Richtlinie

(1) Die Mitgliedstaaten gewährleisten nach den Bestimmungen dieser Richtlinie den Schutz der Grundrechte und Grundfreiheiten und insbesondere den Schutz der Privatsphäre natürlicher Personen bei der Verarbeitung personenbezogener Daten.

(2) Die Mitgliedstaaten beschränken oder untersagen nicht den freien Verkehr personenbezogener Daten zwischen Mitgliedstaaten aus Gründen des gemäß Absatz 1 gewährleisteten Schutzes.

Artikel 2. Begriffsbestimmungen

Im Sinne dieser Richtlinie bezeichnet der Ausdruck

a) „personenbezogene Daten" alle Informationen über eine bestimmte oder bestimmbare natürliche Person („betroffene Person"); als bestimmbar wird eine Person angesehen, die direkt oder indirekt identifiziert werden kann, insbesondere durch Zuordnung zu einer Kennummer oder zu einem oder mehreren spezifischen Elementen, die Ausdruck ihrer physischen, physiologischen, psychischen, wirtschaftlichen, kulturellen oder sozialen Identität sind;

b) „Verarbeitung personenbezogener Daten" („Verarbeitung") jeden mit oder ohne Hilfe automatisierter Verfahren ausgeführten Vorgang oder jede Vorgangsreihe im Zusammenhang mit personenbezogenen Daten wie das Erheben, das Speichern, die Organisation, die Aufbewahrung, die Anpassung oder Veränderung, das Auslesen, das Abfragen, die Benutzung, die Weitergabe durch Übermittlung, Verbreitung oder jede andere Form der Bereitstellung, die Kombination oder die Verknüpfung sowie das Sperren, Löschen oder Vernichten;

c) „Datei mit personenbezogenen Daten" („Datei") jede strukturierte Sammlung personenbezogener Daten, die nach bestimmten Kriterien zugänglich sind, gleichgültig ob diese Sammlung zentral, dezentralisiert oder nach funktionalen oder geographischen Gesichtspunkten aufgeteilt geführt wird;

d) „für die Verarbeitung Verantwortlicher" die natürliche oder juristische Person, Behörde, Einrichtung oder jede andere Stelle, die allein oder gemeinsam mit anderen über die Zwecke und Mittel der Verarbeitung von personenbezogenen Daten entscheidet. Sind die Zwecke und Mittel der Verarbeitung von personenbezogenen Daten in einzelstaatlichen oder gemeinschaftlichen Rechts- und Verwaltungsvorschriften festgelegt, so können der für die Verarbeitung Verantwortliche bzw. die spezifischen Kriterien für seine Benennung durch einzelstaatliche oder gemeinschaftliche Rechtsvorschriften bestimmt werden;

e) „Auftragsverarbeiter" die natürliche oder juristische Person, Behörde, Einrichtung oder jede andere Stelle, die personenbezogene Daten im Auftrag des für die Verarbeitung Verantwortlichen verarbeitet;

f) „Dritter" die natürliche oder juristische Person, Behörde, Einrichtung oder jede andere Stelle, außer der betroffenen Person, dem für die Verarbeitung Verantwortlichen, dem Auftragsverarbeiter und den Personen, die unter der unmittelbaren Verantwortung des für die Verarbeitung Verantwortlichen oder des Auftragsverarbeiters befugt sind, die Daten zu verarbeiten;

g) „Empfänger" die natürliche oder juristische Person, Behörde, Einrichtung oder jede andere Stelle, die Daten erhält, gleichgültig, ob es sich bei ihr um einen Dritten handelt oder nicht. Behörden, die im Rahmen eines einzelnen Untersuchungsauftrags möglicherweise Daten erhalten, gelten jedoch nicht als Empfänger;

h) „Einwilligung der betroffenen Person" jede Willensbekundung, die ohne Zwang, für den konkreten Fall und in Kenntnis der Sachlage erfolgt und mit der die betroffene Person akzeptiert, dass personenbezogene Daten, die sie betreffen, verarbeitet werden.

Artikel 3. Anwendungsbereich

(1) Diese Richtlinie gilt für die ganz oder teilweise automatisierte Verarbeitung personenbezogener Daten sowie für die nicht automatisierte Verarbeitung personenbezogener Daten, die in einer Datei gespeichert sind oder gespeichert werden sollen.

(2) Diese Richtlinie findet keine Anwendung auf die Verarbeitung personenbezogener Daten,

– die für die Ausübung von Tätigkeiten erfolgt, die nicht in den Anwendungsbereich des Gemeinschaftsrechts fallen, beispielsweise Tätigkeiten gemäß den Titeln V und VI des Vertrags über die Europäische Union, und auf keinen Fall auf Verarbeitungen betreffend die öffentliche Sicherheit, die Landesverteidigung, die Sicherheit des Staates (einschließlich seines wirtschaftlichen Wohls, wenn die Verarbeitung die Sicherheit des Staates berührt) und die Tätigkeiten des Staates im strafrechtlichen Bereich;

– die von einer natürlichen Person zur Ausübung ausschließlich persönlicher oder familiärer Tätigkeiten vorgenommen wird.

Artikel 4. Anwendbares einzelstaatliches Recht

(1) Jeder Mitgliedstaat wendet die Vorschriften, die er zur Umsetzung dieser Richtlinie erlässt, auf alle Verarbeitungen personenbezogener Daten an,

a) die im Rahmen der Tätigkeiten einer Niederlassung ausgeführt werden, die der für die Verarbeitung Verantwortliche im Hoheitsgebiet dieses Mitgliedstaats besitzt. Wenn der Verantwortliche eine Niederlassung im Hoheitsgebiet mehrerer Mitgliedstaaten besitzt, ergreift er die notwendigen Maßnahmen, damit jede dieser Niederlassungen die im jeweils anwendbaren einzelstaatlichen Recht festgelegten Verpflichtungen einhält;

b) die von einem für die Verarbeitung Verantwortlichen ausgeführt werden, der nicht in seinem Hoheitsgebiet, aber an einem Ort niedergelassen ist, an dem das einzelstaatliche Recht dieses Mitgliedstaats gemäß dem internationalen öffentlichen Recht Anwendung findet;

c) die von einem für die Verarbeitung Verantwortlichen ausgeführt werden, der nicht im Gebiet der Gemeinschaft niedergelassen ist und zum Zwecke der Verarbeitung personenbezogener Daten auf automatisierte oder nicht automatisierte Mittel zurückgreift, die im Hoheitsgebiet des betreffenden Mitgliedstaats belegen

1. Verarbeitung personenbezogener Daten

sind, es sei denn, dass diese Mittel nur zum Zweck der Durchfuhr durch das Gebiet der Europäischen Gemeinschaft verwendet werden.

(2) In dem in Absatz 1 Buchstabe c) genannten Fall hat der für die Verarbeitung Verantwortliche einen im Hoheitsgebiet des genannten Mitgliedstaats ansässigen Vertreter zu benennen, unbeschadet der Möglichkeit eines Vorgehens gegen den für die Verarbeitung Verantwortlichen selbst.

Kapitel II. Allgemeine Bedingungen für die Rechtmäßigkeit der Verarbeitung personenbezogener Daten

Artikel 5
Die Mitgliedstaaten bestimmen nach Maßgabe dieses Kapitels die Voraussetzungen näher, unter denen die Verarbeitung personenbezogener Daten rechtmäßig ist.

Abschnitt I. Grundsätze in Bezug auf die Qualität der Daten

Artikel 6
(1) Die Mitgliedstaaten sehen vor, dass personenbezogene Daten
a) nach Treu und Glauben und auf rechtmäßige Weise verarbeitet werden;
b) für festgelegte eindeutige und rechtmäßige Zwecke erhoben und nicht in einer mit diesen Zweckbestimmungen nicht zu vereinbarenden Weise weiterverarbeitet werden. Die Weiterverarbeitung von Daten zu historischen, statistischen oder wissenschaftlichen Zwecken ist im allgemeinen nicht als unvereinbar mit den Zwecken der vorausgegangenen Datenerhebung anzusehen, sofern die Mitgliedstaaten geeignete Garantien vorsehen;
c) den Zwecken entsprechen, für die sie erhoben und/oder weiterverarbeitet werden, dafür erheblich sind und nicht darüber hinausgehen;
d) sachlich richtig und, wenn nötig, auf den neuesten Stand gebracht sind; es sind alle angemessenen Maßnahmen zu treffen, damit im Hinblick auf die Zwecke, für die sie erhoben oder weiterverarbeitet werden, nichtzutreffende oder unvollständige Daten gelöscht oder berichtigt werden;
e) nicht länger, als es für die Realisierung der Zwecke, für die sie erhoben oder weiterverarbeitet werden, erforderlich ist, in einer Form aufbewahrt werden, die die Identifizierung der betroffenen Personen ermöglicht. Die Mitgliedstaaten sehen geeignete Garantien für personenbezogene Daten vor, die über die vorgenannte Dauer hinaus für historische, statistische oder wissenschaftliche Zwecke aufbewahrt werden.
(2) Der für die Verarbeitung Verantwortliche hat für die Einhaltung des Absatzes 1 zu sorgen.

Abschnitt II. Grundsätze in Bezug auf die Zulässigkeit der Verarbeitung von Daten

Artikel 7
Die Mitgliedstaaten sehen vor, dass die Verarbeitung personenbezogener Daten lediglich erfolgen darf, wenn eine der folgenden Voraussetzungen erfüllt ist:
a) Die betroffene Person hat ohne jeden Zweifel ihre Einwilligung gegeben;

b) die Verarbeitung ist erforderlich für die Erfüllung eines Vertrags, dessen Vertragspartei die betroffene Person ist, oder für die Durchführung vorvertraglicher Maßnahmen, die auf Antrag der betroffenen Person erfolgen;
c) die Verarbeitung ist für die Erfüllung einer rechtlichen Verpflichtung erforderlich, der der für die Verarbeitung Verantwortliche unterliegt;
d) die Verarbeitung ist erforderlich für die Wahrung lebenswichtiger Interessen der betroffenen Person;
e) die Verarbeitung ist erforderlich für die Wahrnehmung einer Aufgabe, die im öffentlichen Interesse liegt oder in Ausübung öffentlicher Gewalt erfolgt und dem für die Verarbeitung Verantwortlichen oder dem Dritten, dem die Daten übermittelt werden, übertragen wurde;
f) die Verarbeitung ist erforderlich zur Verwirklichung des berechtigten Interesses, das von dem für die Verarbeitung Verantwortlichen oder von dem bzw. den Dritten wahrgenommen wird, denen die Daten übermittelt werden, sofern nicht das Interesse oder die Grundrechte und Grundfreiheiten der betroffenen Person, die gemäß Artikel 1 Absatz 1 geschützt sind, überwiesen.

Abschnitt III. Besondere Kategorien der Verarbeitung

Artikel 8. Verarbeitung besonderer Kategorien personenbezogener Daten

(1) Die Mitgliedstaaten untersagen die Verarbeitung personenbezogener Daten, aus denen die rassische und ethnische Herkunft, politische Meinungen, religiöse oder philosophische Überzeugungen oder die Gewerkschaftszugehörigkeit hervorgehen, sowie von Daten über Gesundheit oder Sexualleben.

(2) Absatz 1 findet in folgenden Fällen keine Anwendung:
a) Die betroffene Person hat ausdrücklich in die Verarbeitung der genannten Daten eingewilligt, es sei denn, nach den Rechtsvorschriften des Mitgliedstaats kann das Verbot nach Absatz 1 durch die Einwilligung der betroffenen Person nicht aufgehoben werden; oder
b) die Verarbeitung ist erforderlich, um den Rechten und Pflichten des für die Verarbeitung Verantwortlichen auf dem Gebiet des Arbeitsrechts Rechnung zu tragen, sofern dies aufgrund von einzelstaatlichem Recht, das angemessene Garantien vorsieht, zulässig ist; oder
c) die Verarbeitung ist zum Schutz lebenswichtiger Interessen der betroffenen Person oder eines Dritten erforderlich, sofern die Person aus physischen oder rechtlichen Gründen außerstande ist, ihre Einwilligung zu geben; oder
d) die Verarbeitung erfolgt auf der Grundlage angemessener Garantien durch eine politisch, philosophisch, religiös oder gewerkschaftlich ausgerichtete Stiftung, Vereinigung oder sonstige Organisation, die keinen Erwerbszweck verfolgt, im Rahmen ihrer rechtmäßigen Tätigkeiten und unter der Voraussetzung, dass sich die Verarbeitung nur auf die Mitglieder der Organisation oder auf Personen, die im Zusammenhang mit deren Tätigkeitszweck regelmäßige Kontakte mit ihr unterhalten, bezieht und die Daten nicht ohne Einwilligung der betroffenen Personen an Dritte weitergegeben werden; oder
e) die Verarbeitung bezieht sich auf Daten, die die betroffene Person offenkundig öffentlich gemacht hat, oder ist zur Geltendmachung, Ausübung oder Verteidigung rechtlicher Ansprüche vor Gericht erforderlich.

1. Verarbeitung personenbezogener Daten

(3) Absatz 1 gilt nicht, wenn die Verarbeitung der Daten zum Zweck der Gesundheitsvorsorge, der medizinischen Diagnostik, der Gesundheitsversorgung oder Behandlung oder für die Verwaltung von Gesundheitsdiensten erforderlich ist und die Verarbeitung dieser Daten durch ärztliches Personal erfolgt, das nach dem einzelstaatlichen Recht, einschließlich der von den zuständigen einzelstaatlichen Stellen erlassenen Regelungen, dem Berufsgeheimnis unterliegt, oder durch sonstige Personen, die einer entsprechenden Geheimhaltungspflicht unterliegen.

(4) Die Mitgliedstaaten können vorbehaltlich angemessener Garantien aus Gründen eines wichtigen öffentlichen Interesses entweder im Wege einer nationalen Rechtsvorschrift oder im Wege einer Entscheidung der Kontrollstelle andere als die in Absatz 2 genannten Ausnahmen vorsehen.

(5) Die Verarbeitung von Daten, die Straftaten, strafrechtliche Verurteilungen oder Sicherungsmaßregeln betreffen, darf nur unter behördlicher Aufsicht oder aufgrund von einzelstaatlichem Recht, das angemessene Garantien vorsieht, erfolgen, wobei ein Mitgliedstaat jedoch Ausnahmen aufgrund innerstaatlicher Rechtsvorschriften, die geeignete besondere Garantien vorsehen, festlegen kann. Ein vollständiges Register der strafrechtlichen Verurteilungen darf allerdings nur unter behördlicher Aufsicht geführt werden. Die Mitgliedstaaten können vorsehen, dass Daten, die administrative Strafen oder zivilrechtliche Urteile betreffen, ebenfalls unter behördlicher Aufsicht verarbeitet werden müssen.

(6) Die in den Absätzen 4 und 5 vorgesehenen Abweichungen von Absatz 1 sind der Kommission mitzuteilen.

(7) Die Mitgliedstaaten bestimmen, unter welchen Bedingungen eine nationale Kennziffer oder andere Kennzeichen allgemeiner Bedeutung Gegenstand einer Verarbeitung sein dürfen.

Artikel 9. Verarbeitung personenbezogener Daten und Meinungsfreiheit

Die Mitgliedstaaten sehen für die Verarbeitung personenbezogener Daten, die allein zu journalistischen, künstlerischen oder literarischen Zwecken erfolgt, Abweichungen und Ausnahmen von diesem Kapitel sowie von den Kapiteln IV und VI nur insofern vor, als sich dies als notwendig erweist, um das Recht auf Privatsphäre mit den für die Freiheit der Meinungsäußerung geltenden Vorschriften in Einklang zu bringen.

Abschnitt IV. Information der betroffenen Person

Artikel 10. Information bei der Erhebung personenbezogener Daten bei der betroffenen Person

Die Mitgliedstaaten sehen vor, dass die Person, bei der die sie betreffenden Daten erhoben werden, vom für die Verarbeitung Verantwortlichen oder seinem Vertreter zumindest die nachstehenden Informationen erhält, sofern diese ihr noch nicht vorliegen:

a) Identität des für die Verarbeitung Verantwortlichen und gegebenenfalls seines Vertreters,
b) Zweckbestimmungen der Verarbeitung, für die die Daten bestimmt sind,
c) weitere Informationen, beispielsweise betreffend
– die Empfänger oder Kategorien der Empfänger der Daten,

– die Frage, ob die Beantwortung der Fragen obligatorisch oder freiwillig ist, sowie mögliche Folgen einer unterlassenen Beantwortung,

– das Bestehen von Auskunfts- und Berichtigungsrechten bezüglich sie betreffender Daten, sofern sie unter Berücksichtigung der spezifischen Umstände, unter denen die Daten erhoben werden, notwendig sind, um gegenüber der betroffenen Person eine Verarbeitung nach Treu und Glauben zu gewährleisten.

Artikel 11. Informationen für den Fall, dass die Daten nicht bei der betroffenen Person erhoben wurden

(1) Für den Fall, dass die Daten nicht bei der betroffenen Person erhoben wurden, sehen die Mitgliedstaaten vor, dass die betroffene Person bei Beginn der Speicherung der Daten bzw. im Fall einer beabsichtigten Weitergabe der Daten an Dritte spätestens bei der ersten Übermittlung vom für die Verarbeitung Verantwortlichen oder seinem Vertreter zumindest die nachstehenden Informationen erhält, sofern diese ihr noch nicht vorliegen:

a) Identität des für die Verarbeitung Verantwortlichen und gegebenenfalls seines Vertreters,

b) Zweckbestimmungen der Verarbeitung,

c) weitere Informationen, beispielsweise betreffend

– die Datenkategorien, die verarbeitet werden,

– die Empfänger oder Kategorien der Empfänger der Daten,

– das Bestehen von Auskunfts- und Berichtigungsrechten bezüglich sie betreffender Daten, sofern sie unter Berücksichtigung der spezifischen Umstände, unter denen die Daten erhoben werden, notwendig sind, um gegenüber der betroffenen Person eine Verarbeitung nach Treu und Glauben zu gewährleisten.

(2) Absatz 1 findet – insbesondere bei Verarbeitungen für Zwecke der Statistik oder der historischen oder wissenschaftlichen Forschung – keine Anwendung, wenn die Information der betroffenen Person unmöglich ist, unverhältnismäßigen Aufwand erfordert oder die Speicherung oder Weitergabe durch Gesetz ausdrücklich vorgesehen ist. In diesen Fällen sehen die Mitgliedstaaten geeignete Garantien vor.

Abschnitt V. Auskunftsrecht der betroffenen Person

Artikel 12. Auskunftsrecht

Die Mitgliedstaaten garantieren jeder betroffenen Person das Recht, vom für die Verarbeitung Verantwortlichen folgendes zu erhalten:

a) frei und ungehindert in angemessenen Abständen ohne unzumutbare Verzögerung oder übermäßige Kosten

– die Bestätigung, dass es Verarbeitungen sie betreffender Daten gibt oder nicht gibt, sowie zumindest Informationen über die Zweckbestimmungen dieser Verarbeitungen, die Kategorien der Daten, die Gegenstand der Verarbeitung sind, und die Empfänger oder Kategorien der Empfänger, an die die Daten übermittelt werden;

– eine Mitteilung in verständlicher Form über die Daten, die Gegenstand der Verarbeitung sind, sowie die verfügbaren Informationen über die Herkunft der Daten;

1. Verarbeitung personenbezogener Daten

– Auskunft über den logischen Aufbau der automatisierten Verarbeitung der sie betreffenden Daten, zumindest im Fall automatisierter Entscheidungen im Sinne von Artikel 15 Absatz 1;
b) je nach Fall die Berichtigung, Löschung oder Sperrung von Daten, deren Verarbeitung nicht den Bestimmungen dieser Richtlinie entspricht, insbesondere wenn diese Daten unvollständig oder unrichtig sind;
c) die Gewähr, dass jede Berichtigung, Löschung oder Sperrung, die entsprechend Buchstabe b) durchgeführt wurde, den Dritten, denen die Daten übermittelt wurden, mitgeteilt wird, sofern sich dies nicht als unmöglich erweist oder kein unverhältnismäßiger Aufwand damit verbunden ist.

Abschnitt VI. Ausnahmen und Einschränkungen

Artikel 13. Ausnahmen und Einschränkungen

(1) Die Mitgliedstaaten können Rechtsvorschriften erlassen, die die Pflichten und Rechte gemäß Artikel 6 Absatz 1, Artikel 10, Artikel 11 Absatz 1, Artikel 12 und Artikel 21 beschränken, sofern eine solche Beschränkung notwendig ist für
a) die Sicherheit des Staates;
b) die Landesverteidigung;
c) die öffentliche Sicherheit;
d) die Verhütung, Ermittlung, Feststellung und Verfolgung von Straftaten oder Verstößen gegen die berufsständischen Regeln bei reglementierten Berufen;
e) ein wichtiges wirtschaftliches oder finanzielles Interesse eines Mitgliedstaats oder der Europäischen Union einschließlich Währungs-, Haushalts- und Steuerangelegenheiten;
f) Kontroll-, Überwachungs- und Ordnungsfunktionen, die dauernd oder zeitweise mit der Ausübung öffentlicher Gewalt für die unter den Buchstaben c), d) und e) genannten Zwecke verbunden sind;
g) den Schutz der betroffenen Person und der Rechte und Freiheiten anderer Personen.
(2) Vorbehaltlich angemessener rechtlicher Garantien, mit denen insbesondere ausgeschlossen wird, dass die Daten für Maßnahmen oder Entscheidungen gegenüber bestimmten Personen verwendet werden, können die Mitgliedstaaten in Fällen, in denen offensichtlich keine Gefahr eines Eingriffs in die Privatsphäre der betroffenen Person besteht, die in Artikel 12 vorgesehenen Rechte gesetzlich einschränken, wenn die Daten ausschließlich für Zwecke der wissenschaftlichen Forschung verarbeitet werden oder personenbezogen nicht länger als erforderlich lediglich zur Erstellung von Statistiken aufbewahrt werden.

Abschnitt VII. Widerspruchsrecht der betroffenen Person

Artikel 14. Widerspruchsrecht der betroffenen Person

Die Mitgliedstaaten erkennen das Recht der betroffenen Person an,
a) zumindest in den Fällen von Artikel 7 Buchstaben e) und f) jederzeit aus überwiegenden, schutzwürdigen, sich aus ihrer besonderen Situation ergebenden Gründen dagegen Widerspruch einlegen zu können, dass sie betreffende Daten verarbeitet werden; dies gilt nicht bei einer im einzelstaatlichen Recht vorgesehenen entgegenstehenden Bestimmung. Im Fall eines berechtigten Widerspruchs kann

sich die vom für die Verarbeitung Verantwortlichen vorgenommene Verarbeitung nicht mehr auf diese Daten beziehen;

b) auf Antrag kostenfrei gegen eine vom für die Verarbeitung Verantwortlichen beabsichtigte Verarbeitung sie betreffender Daten für Zwecke der Direktwerbung Widerspruch einzulegen oder vor der ersten Weitergabe personenbezogener Daten an Dritte oder vor deren erstmaliger Nutzung im Auftrag Dritter zu Zwecken der Direktwerbung informiert zu werden und ausdrücklich auf das Recht hingewiesen zu werden, kostenfrei gegen eine solche Weitergabe oder Nutzung Widerspruch einlegen zu können. Die Mitgliedstaaten ergreifen die erforderlichen Maßnahmen, um sicherzustellen, dass die betroffenen Personen vom Bestehen des unter Buchstabe b) Unterabsatz 1 vorgesehenen Rechts Kenntnis haben.

Artikel 15. Automatisierte Einzelentscheidungen

(1) Die Mitgliedstaaten räumen jeder Person das Recht ein, keiner für sie rechtliche Folgen nach sich ziehenden und keiner sie erheblich beeinträchtigenden Entscheidung unterworfen zu werden, die ausschließlich aufgrund einer automatisierten Verarbeitung von Daten zum Zwecke der Bewertung einzelner Aspekte ihrer Person ergeht, wie beispielsweise ihrer beruflichen Leistungsfähigkeit, ihrer Kreditwürdigkeit, ihrer Zuverlässigkeit oder ihres Verhaltens.

(2) Die Mitgliedstaaten sehen unbeschadet der sonstigen Bestimmungen dieser Richtlinie vor, dass eine Person einer Entscheidung nach Absatz 1 unterworfen werden kann, sofern diese

a) im Rahmen des Abschlusses oder der Erfüllung eines Vertrags ergeht und dem Ersuchen der betroffenen Person auf Abschluss oder Erfüllung des Vertrags stattgegeben wurde oder die Wahrung ihrer berechtigten Interessen durch geeignete Maßnahmen – beispielsweise die Möglichkeit, ihren Standpunkt geltend zu machen – garantiert wird oder

b) durch ein Gesetz zugelassen ist, das Garantien zur Wahrung der berechtigten Interessen der betroffenen Person festlegt.

Abschnitt VIII. Vertraulichkeit und Sicherheit der Verarbeitung

Artikel 16. Vertraulichkeit der Verarbeitung

Personen, die dem für die Verarbeitung Verantwortlichen oder dem Auftragsverarbeiter unterstellt sind und Zugang zu personenbezogenen Daten haben, sowie der Auftragsverarbeiter selbst dürfen personenbezogene Daten nur auf Weisung des für die Verarbeitung Verantwortlichen verarbeiten, es sei denn, es bestehen gesetzliche Verpflichtungen.

Artikel 17. Sicherheit der Verarbeitung

(1) Die Mitgliedstaaten sehen vor, dass der für die Verarbeitung Verantwortliche die geeigneten technischen und organisatorischen Maßnahmen durchführen muss, die für den Schutz gegen die zufällige oder unrechtmäßige Zerstörung, den zufälligen Verlust, die unberechtigte Änderung, die unberechtigte Weitergabe oder den unberechtigten Zugang – insbesondere wenn im Rahmen der Verarbeitung Daten in einem Netz übertragen werden – und gegen jede andere Form der unrechtmäßigen Verarbeitung personenbezogener Daten erforderlich sind.

1. Verarbeitung personenbezogener Daten

Diese Maßnahmen müssen unter Berücksichtigung des Standes der Technik und der bei ihrer Durchführung entstehenden Kosten ein Schutzniveau gewährleisten, das den von der Verarbeitung ausgehenden Risiken und der Art der zu schützenden Daten angemessen ist.

(2) Die Mitgliedstaaten sehen vor, dass der für die Verarbeitung Verantwortliche im Fall einer Verarbeitung in seinem Auftrag einen Auftragsverarbeiter auszuwählen hat, der hinsichtlich der für die Verarbeitung zu treffenden technischen Sicherheitsmaßnahmen und organisatorischen Vorkehrungen ausreichende Gewähr bietet; der für die Verarbeitung Verantwortliche überzeugt sich von der Einhaltung dieser Maßnahmen.

(3) Die Durchführung einer Verarbeitung im Auftrag erfolgt auf der Grundlage eines Vertrags oder Rechtsakts, durch den der Auftragsverarbeiter an den für die Verarbeitung Verantwortlichen gebunden ist und in dem insbesondere folgendes vorgesehen ist:
– Der Auftragsverarbeiter handelt nur auf Weisung des für die Verarbeitung Verantwortlichen;
– die in Absatz 1 genannten Verpflichtungen gelten auch für den Auftragsverarbeiter, und zwar nach Maßgabe der Rechtsvorschriften des Mitgliedstaats, in dem er seinen Sitz hat.

(4) Zum Zwecke der Beweissicherung sind die datenschutzrelevanten Elemente des Vertrags oder Rechtsakts und die Anforderungen in bezug auf Maßnahmen nach Absatz 1 schriftlich oder in einer anderen Form zu dokumentieren.

Abschnitt IX. Meldung

Artikel 18. Pflicht zur Meldung bei der Kontrollstelle

(1) Die Mitgliedstaaten sehen eine Meldung durch den für die Verarbeitung Verantwortlichen oder gegebenenfalls seinen Vertreter bei der in Artikel 28 genannten Kontrollstelle vor, bevor eine vollständig oder teilweise automatisierte Verarbeitung oder eine Mehrzahl von Verarbeitungen zur Realisierung einer oder mehrerer verbundener Zweckbestimmungen durchgeführt wird.

(2) Die Mitgliedstaaten können eine Vereinfachung der Meldung oder eine Ausnahme von der Meldepflicht nur in den folgenden Fällen und unter folgenden Bedingungen vorsehen:
– Sie legen für Verarbeitungskategorien, bei denen unter Berücksichtigung der zu verarbeitenden Daten eine Beeinträchtigung der Rechte und Freiheiten der betroffenen Personen unwahrscheinlich ist, die Zweckbestimmungen der Verarbeitung, die Daten oder Kategorien der verarbeiteten Daten, die Kategorie(n) der betroffenen Personen, die Empfänger oder Kategorien der Empfänger, denen die Daten weitergegeben werden, und die Dauer der Aufbewahrung fest, und/oder
– der für die Verarbeitung Verantwortliche bestellt entsprechend dem einzelstaatlichen Recht, dem er unterliegt, einen Datenschutzbeauftragten, dem insbesondere folgendes obliegt:
– die unabhängige Überwachung der Anwendung der zur Umsetzung dieser Richtlinie erlassenen einzelstaatlichen Bestimmungen,
– die Führung eines Verzeichnisses mit den in Artikel 21 Absatz 2 vorgesehenen Informationen über die durch den für die Verarbeitung Verantwortlichen vorgenommene Verarbeitung,

um auf diese Weise sicherzustellen, dass die Rechte und Freiheiten der betroffenen Personen durch die Verarbeitung nicht beeinträchtigt werden.

(3) Die Mitgliedstaaten können vorsehen, dass Absatz 1 keine Anwendung auf Verarbeitungen findet, deren einziger Zweck das Führen eines Register ist, das gemäß den Rechts- oder Verwaltungsvorschriften zur Information der Öffentlichkeit bestimmt ist und entweder der gesamten Öffentlichkeit oder allen Personen, die ein berechtigtes Interesse nachweisen können, zur Einsichtnahme offen steht.

(4) Die Mitgliedstaaten können die in Artikel 8 Absatz 2 Buchstabe d) genannten Verarbeitungen von der Meldepflicht ausnehmen oder die Meldung vereinfachen.

(5) Die Mitgliedstaaten können die Meldepflicht für nicht automatisierte Verarbeitungen von personenbezogenen Daten generell oder in Einzelfällen vorsehen oder sie einer vereinfachten Meldung unterwerfen.

Artikel 19. Inhalt der Meldung

(1) Die Mitgliedstaaten legen fest, welche Angaben die Meldung zu enthalten hat. Hierzu gehört zumindest folgendes:
a) Name und Anschrift des für die Verarbeitung Verantwortlichen und gegebenenfalls seines Vertreters;
b) die Zweckbestimmung(en) der Verarbeitung;
c) eine Beschreibung der Kategorie(n) der betroffenen Personen und der diesbezüglichen Daten oder Datenkategorien;
d) die Empfänger oder Kategorien von Empfängern, denen die Daten mitgeteilt werden können;
e) eine geplante Datenübermittlung in Drittländer;
f) eine allgemeine Beschreibung, die es ermöglicht, vorläufig zu beurteilen, ob die Maßnahmen nach Artikel 17 zur Gewährleistung der Sicherheit der Verarbeitung angemessen sind.

(2) Die Mitgliedstaaten legen die Verfahren fest, nach denen Änderungen der in Absatz 1 genannten Angaben der Kontrollstelle zu melden sind.

Artikel 20. Vorabkontrolle

(1) Die Mitgliedstaaten legen fest, welche Verarbeitungen spezifische Risiken für die Rechte und Freiheiten der Personen beinhalten können, und tragen dafür Sorge, dass diese Verarbeitungen vor ihrem Beginn geprüft werden.

(2) Solche Vorabprüfungen nimmt die Kontrollstelle nach Empfang der Meldung des für die Verarbeitung Verantwortlichen vor, oder sie erfolgen durch den Datenschutzbeauftragten, der im Zweifelsfall die Kontrollstelle konsultieren muss.

(3) Die Mitgliedstaaten können eine solche Prüfung auch im Zuge der Ausarbeitung einer Maßnahme ihres Parlaments oder einer auf eine solche gesetzgeberische Maßnahme gestützten Maßnahme durchführen, die die Art der Verarbeitung festlegt und geeignete Garantien vorsieht.

Artikel 21. Öffentlichkeit der Verarbeitungen

(1) Die Mitgliedstaaten erlassen Maßnahmen, mit denen die Öffentlichkeit der Verarbeitungen sichergestellt wird.

(2) Die Mitgliedstaaten sehen vor, dass die Kontrollstelle ein Register der gemäß Artikel 18 gemeldeten Verarbeitungen führt.

1. Verarbeitung personenbezogener Daten

Das Register enthält mindestens die Angaben nach Artikel 19 Absatz 1 Buchstaben a) bis e).

Das Register kann von jedermann eingesehen werden.

(3) Die Mitgliedstaaten sehen vor, dass für Verarbeitungen, die von der Meldung ausgenommen sind, der für die Verarbeitung Verantwortliche oder eine andere von den Mitgliedstaaten benannte Stelle zumindest die in Artikel 19 Absatz 1 Buchstaben a) bis e) vorgesehenen Angaben auf Antrag jedermann in geeigneter Weise verfügbar macht.

Die Mitgliedstaaten können vorsehen, dass diese Bestimmungen keine Anwendung auf Verarbeitungen findet, deren einziger Zweck das Führen von Registern ist, die gemäß den Rechts- und Verwaltungsvorschriften zur Information der Öffentlichkeit bestimmt sind und die entweder der gesamten Öffentlichkeit oder allen Personen, die ein berechtigtes Interesse nachweisen können, zur Einsichtnahme offen stehen.

Kapitel III. Rechtsbehelfe, Haftung und Sanktionen

Artikel 22. Rechtsbehelfe

Unbeschadet des verwaltungsrechtlichen Beschwerdeverfahrens, das vor Beschreiten des Rechtsweges insbesondere bei der in Artikel 28 genannten Kontrollstelle eingeleitet werden kann, sehen die Mitgliedstaaten vor, dass jede Person bei der Verletzung der Rechte, die ihr durch die für die betreffende Verarbeitung geltenden einzelstaatlichen Rechtsvorschriften garantiert sind, bei Gericht einen Rechtsbehelf einlegen kann.

Artikel 23. Haftung

(1) Die Mitgliedstaaten sehen vor, dass jede Person, der wegen einer rechtswidrigen Verarbeitung oder jeder anderen mit den einzelstaatlichen Vorschriften zur Umsetzung dieser Richtlinie nicht zu vereinbarenden Handlung ein Schaden entsteht, das Recht hat, von dem für die Verarbeitung Verantwortlichen Schadenersatz zu verlangen.

(2) Der für die Verarbeitung Verantwortliche kann teilweise oder vollständig von seiner Haftung befreit werden, wenn er nachweist, dass der Umstand, durch den der Schaden eingetreten ist, ihm nicht zur Last gelegt werden kann.

Artikel 24. Sanktionen

Die Mitgliedstaaten ergreifen geeignete Maßnahmen, um die volle Anwendung der Bestimmungen dieser Richtlinie sicherzustellen, und legen insbesondere die Sanktionen fest, die bei Verstößen gegen die zur Umsetzung dieser Richtlinie erlassenen Vorschriften anzuwenden sind.

Kapitel IV. Übermittlung personenbezogener Daten in Drittländer

Artikel 25. Grundsätze

(1) Die Mitgliedstaaten sehen vor, dass die Übermittlung personenbezogener Daten, die Gegenstand einer Verarbeitung sind oder nach der Übermittlung verarbeitet werden sollen, in ein Drittland vorbehaltlich der Beachtung der aufgrund der

anderen Bestimmungen dieser Richtlinie erlassenen einzelstaatlichen Vorschriften zulässig ist, wenn dieses Drittland ein angemessenes Schutzniveau gewährleistet.

(2) Die Angemessenheit des Schutzniveaus, das ein Drittland bietet, wird unter Berücksichtigung aller Umstände beurteilt, die bei einer Datenübermittlung oder einer Kategorie von Datenübermittlungen eine Rolle spielen; insbesondere werden die Art der Daten, die Zweckbestimmung sowie die Dauer der geplanten Verarbeitung, das Herkunfts- und das Endbestimmungsland, die in dem betreffenden Drittland geltenden allgemeinen oder sektoriellen Rechtsnormen sowie die dort geltenden Standesregeln und Sicherheitsmaßnahmen berücksichtigt.

(3) Die Mitgliedstaaten und die Kommission unterrichten einander über die Fälle, in denen ihres Erachtens ein Drittland kein angemessenes Schutzniveau im Sinne des Absatzes 2 gewährleistet.

(4) Stellt die Kommission nach dem Verfahren des Artikels 31 Absatz 2 fest, dass ein Drittland kein angemessenes Schutzniveau im Sinne des Absatzes 2 des vorliegenden Artikels aufweist, so treffen die Mitgliedstaaten die erforderlichen Maßnahmen, damit keine gleichartige Datenübermittlung in das Drittland erfolgt.

(5) Zum geeigneten Zeitpunkt leitet die Kommission Verhandlungen ein, um Abhilfe für die gemäß Absatz 4 festgestellte Lage zu schaffen.

(6) Die Kommission kann nach dem Verfahren des Artikels 31 Absatz 2 feststellen, dass ein Drittland aufgrund seiner innerstaatlichen Rechtsvorschriften oder internationaler Verpflichtungen, die es insbesondere infolge der Verhandlungen gemäß Absatz 5 eingegangen ist, hinsichtlich des Schutzes der Privatsphäre sowie der Freiheiten und Grundrechte von Personen ein angemessenes Schutzniveau im Sinne des Absatzes 2 gewährleistet.
Die Mitgliedstaaten treffen die aufgrund der Feststellung der Kommission gebotenen Maßnahmen.

Artikel 26. Ausnahmen
(1) Abweichend von Artikel 25 sehen die Mitgliedstaaten vorbehaltlich entgegenstehender Regelungen für bestimmte Fälle im innerstaatlichen Recht vor, dass eine Übermittlung oder eine Kategorie von Übermittlungen personenbezogener Daten in ein Drittland, das kein angemessenes Schutzniveau im Sinne des Artikels 25 Absatz 2 gewährleistet, vorgenommen werden kann, sofern
a) die betroffene Person ohne jeden Zweifel ihre Einwilligung gegeben hat oder
b) die Übermittlung für die Erfüllung eines Vertrags zwischen der betroffenen Person und dem für die Verarbeitung Verantwortlichen oder zur Durchführung von vorvertraglichen Maßnahmen auf Antrag der betroffenen Person erforderlich ist oder
c) die Übermittlung zum Abschluss oder zur Erfüllung eines Vertrags erforderlich ist, der im Interesse der betroffenen Person vom für die Verarbeitung Verantwortlichen mit einem Dritten geschlossen wurde oder geschlossen werden soll, oder
d) die Übermittlung entweder für die Wahrung eines wichtigen öffentlichen Interesses oder zur Geltendmachung, Ausübung oder Verteidigung von Rechtsansprüchen vor Gericht erforderlich oder gesetzlich vorgeschrieben ist oder
e) die Übermittlung für die Wahrung lebenswichtiger Interessen der betroffenen Person erforderlich ist oder
f) die Übermittlung aus einem Register erfolgt, das gemäß den Rechts- oder Verwaltungsvorschriften zur Information der Öffentlichkeit bestimmt ist und ent-

1. Verarbeitung personenbezogener Daten

weder der gesamten Öffentlichkeit oder allen Personen, die ein berechtigtes Interesse nachweisen können, zur Einsichtnahme offen steht, soweit die gesetzlichen Voraussetzungen für die Einsichtnahme im Einzelfall gegeben sind.

(2) Unbeschadet des Absatzes 1 kann ein Mitgliedstaat eine Übermittlung oder eine Kategorie von Übermittlungen personenbezogener Daten in ein Drittland genehmigen, das kein angemessenes Schutzniveau im Sinne des Artikels 25 Absatz 2 gewährleistet, wenn der für die Verarbeitung Verantwortliche ausreichende Garantien hinsichtlich des Schutzes der Privatsphäre, der Grundrechte und der Grundfreiheiten der Personen sowie hinsichtlich der Ausübung der damit verbundenen Rechte bietet; diese Garantien können sich insbesondere aus entsprechenden Vertragsklauseln ergeben.

(3) Der Mitgliedstaat unterrichtet die Kommission und die anderen Mitgliedstaaten über die von ihm nach Absatz 2 erteilten Genehmigungen.

Legt ein anderer Mitgliedstaat oder die Kommission einen in bezug auf den Schutz der Privatsphäre, der Grundrechte und der Personen hinreichend begründeten Widerspruch ein, so erlässt die Kommission die geeigneten Maßnahmen nach dem Verfahren des Artikels 31 Absatz 2.

Die Mitgliedstaaten treffen die aufgrund des Beschlusses der Kommission gebotenen Maßnahmen.

(4) Befindet die Kommission nach dem Verfahren des Artikels 31 Absatz 2, dass bestimmte Standardvertragsklauseln ausreichende Garantien gemäß Absatz 2 bieten, so treffen die Mitgliedstaaten die aufgrund der Feststellung der Kommission gebotenen Maßnahmen.

Kapitel V. Verhaltensregeln

Artikel 27

(1) Die Mitgliedstaaten und die Kommission fördern die Ausarbeitung von Verhaltensregeln, die nach Maßgabe der Besonderheiten der einzelnen Bereiche zur ordnungsgemäßen Durchführung der einzelstaatlichen Vorschriften beitragen sollen, die die Mitgliedstaaten zur Umsetzung dieser Richtlinie erlassen.

(2) Die Mitgliedstaaten sehen vor, dass die Berufsverbände und andere Vereinigungen, die andere Kategorien von für die Verarbeitung Verantwortlichen vertreten, ihre Entwürfe für einzelstaatliche Verhaltensregeln oder ihre Vorschläge zur Änderung oder Verlängerung bestehender einzelstaatlicher Verhaltensregeln der zuständigen einzelstaatlichen Stelle unterbreiten können.

Die Mitgliedstaaten sehen vor, dass sich diese Stellen insbesondere davon überzeugt, dass die ihr unterbreiteten Entwürfe mit den zur Umsetzung dieser Richtlinie erlassenen einzelstaatlichen Vorschriften in Einklang stehen. Die Stelle holt die Stellungnahmen der betroffenen Personen oder ihrer Vertreter ein, falls ihr dies angebracht erscheint.

(3) Die Entwürfe für gemeinschaftliche Verhaltensregeln sowie Änderungen oder Verlängerungen bestehender gemeinschaftlicher Verhaltensregeln können der in Artikel 29 genannten Gruppe unterbreitet werden. Die Gruppe nimmt insbesondere dazu Stellung, ob die ihr unterbreiteten Entwürfe mit den zur Umsetzung dieser Richtlinie erlassenen einzelstaatlichen Vorschriften in Einklang stehen. Sie holt die Stellungnahmen der betroffenen Personen oder ihrer Vertreter ein, falls ihr dies angebracht erscheint. Die Kommission kann dafür Sorge tragen, dass die

Verhaltensregeln, zu denen die Gruppe eine positive Stellungnahme abgegeben hat, in geeigneter Weise veröffentlicht werden.

Kapitel VI. Kontrollstelle und Gruppe für den Schutz von Personen bei der Verarbeitung personenbezogener Daten

Artikel 28. Kontrollstelle

(1) Die Mitgliedstaaten sehen vor, dass eine oder mehrere öffentliche Stellen beauftragt werden, die Anwendung der von den Mitgliedstaaten zur Umsetzung dieser Richtlinie erlassenen einzelstaatlichen Vorschriften in ihrem Hoheitsgebiet zu überwachen. Diese Stellen nehmen die ihnen zugewiesenen Aufgaben in völliger Unabhängigkeit wahr.

(2) Die Mitgliedstaaten sehen vor, dass die Kontrollstellen bei der Ausarbeitung von Rechtsverordnungen oder Verwaltungsvorschriften bezüglich des Schutzes der Rechte und Freiheiten von Personen bei der Verarbeitung personenbezogener Daten angehört werden.

(3) Jede Kontrollstelle verfügt insbesondere über:
– Untersuchungsbefugnisse, wie das Recht auf Zugang zu Daten, die Gegenstand von Verarbeitungen sind, und das Recht auf Einholung aller für die Erfüllung ihres Kontrollauftrags erforderlichen Informationen;
– wirksame Einwirkungsbefugnisse, wie beispielsweise die Möglichkeit, im Einklang mit Artikel 20 vor der Durchführung der Verarbeitungen Stellungnahmen abzugeben und für eine geeignete Veröffentlichung der Stellungnahmen zu sorgen, oder die Befugnis, die Sperrung, Löschung oder Vernichtung von Daten oder das vorläufige oder endgültige Verbot einer Verarbeitung anzuordnen, oder die Befugnis, eine Verwarnung oder eine Ermahnung an den für die Verarbeitung Verantwortlichen zu richten oder die Parlamente oder andere politische Institutionen zu befassen;
– das Klagerecht oder eine Anzeigebefugnis bei Verstößen gegen die einzelstaatlichen Vorschriften zur Umsetzung dieser Richtlinie.
Gegen beschwerende Entscheidungen der Kontrollstelle steht der Rechtsweg offen.

(4) Jede Person oder ein sie vertretender Verband kann sich zum Schutz der die Person betreffenden Rechte und Freiheiten bei der Verarbeitung personenbezogener Daten an jede Kontrollstelle mit einer Eingabe wenden. Die betroffene Person ist darüber zu informieren, wie mit der Eingabe verfahren wurde.
Jede Kontrollstelle kann insbesondere von jeder Person mit dem Antrag befasst werden, die Rechtmäßigkeit einer Verarbeitung zu überprüfen, wenn einzelstaatliche Vorschriften gemäß Artikel 13 Anwendung finden. Die Person ist unter allen Umständen darüber zu unterrichten, dass eine Überprüfung stattgefunden hat.

(5) Jede Kontrollstelle legt regelmäßig einen Bericht über ihre Tätigkeit vor. Dieser Bericht wird veröffentlicht.

(6) Jede Kontrollstelle ist im Hoheitsgebiet ihres Mitgliedstaats für die Ausübung der ihr gemäß Absatz 3 übertragenen Befugnisse zuständig, unabhängig vom einzelstaatlichen Recht, das auf die jeweilige Verarbeitung anwendbar ist. Jede Kontrollstelle kann von einer Kontrollstelle eines anderen Mitgliedstaats um die Ausübung ihrer Befugnisse ersucht werden.

1. Verarbeitung personenbezogener Daten

Die Kontrollstellen sorgen für die zur Erfüllung ihrer Kontrollaufgaben notwendige gegenseitige Zusammenarbeit, insbesondere durch den Austausch sachdienlicher Informationen.

(7) Die Mitgliedstaaten sehen vor, dass die Mitglieder und Bediensteten der Kontrollstellen hinsichtlich der vertraulichen Informationen, zu denen sie Zugang haben, dem Berufsgeheimnis, auch nach Ausscheiden aus dem Dienst, unterliegen.

Artikel 29. Datenschutzgruppe

(1) Es wird eine Gruppe für den Schutz von Personen bei der Verarbeitung personenbezogener Daten eingesetzt (nachstehend „Gruppe" genannt).
Die Gruppe ist unabhängig und hat beratende Funktion.

(2) Die Gruppe besteht aus je einem Vertreter der von den einzelnen Mitgliedstaaten bestimmten Kontrollstellen und einem Vertreter der Stelle bzw. der Stellen, die für die Institutionen und Organe der Gemeinschaft eingerichtet sind, sowie einem Vertreter der Kommission.

Jedes Mitglied der Gruppe wird von der Institution, der Stelle oder den Stellen, die es vertritt, benannt. Hat ein Mitgliedstaat mehrere Kontrollstellen bestimmt, so ernennen diese einen gemeinsamen Vertreter. Gleiches gilt für die Stellen, die für die Institutionen und die Organe der Gemeinschaft eingerichtet sind.

(3) Die Gruppe beschließt mit der einfachen Mehrheit der Vertreter der Kontrollstellen.

(4) Die Gruppe wählt ihren Vorsitzenden. Die Dauer der Amtszeit des Vorsitzenden beträgt zwei Jahre. Wiederwahl ist möglich.

(5) Die Sekretariatsgeschäfte der Gruppe werden von der Kommission wahrgenommen.

(6) Die Gruppe gibt sich eine Geschäftsordnung.

(7) Die Gruppe prüft die Fragen, die der Vorsitzende von sich aus oder auf Antrag eines Vertreters der Kontrollstellen oder auf Antrag der Kommission auf die Tagesordnung gesetzt hat.

Artikel 30

(1) Die Gruppe hat die Aufgabe,
a) alle Fragen im Zusammenhang mit den zur Umsetzung dieser Richtlinie erlassenen einzelstaatlichen Vorschriften zu prüfen, um zu einer einheitlichen Anwendung beizutragen;
b) zum Schutzniveau in der Gemeinschaft und in Drittländern gegenüber der Kommission Stellung zu nehmen;
c) die Kommission bei jeder Vorlage zur Änderung dieser Richtlinie, zu allen Entwürfen zusätzlicher oder spezifischer Maßnahmen zur Wahrung der Rechte und Freiheiten natürlicher Personen bei der Verarbeitung personenbezogener Daten sowie zu allen anderen Entwürfen von Gemeinschaftsmaßnahmen zu beraten, die sich auf diese Rechte und Freiheiten auswirken;
d) Stellungnahmen zu den auf Gemeinschaftsebene erarbeiteten Verhaltensregeln abzugeben.

(2) Stellt die Gruppe fest, dass sich im Bereich des Schutzes von Personen bei der Verarbeitung personenbezogener Daten zwischen den Rechtsvorschriften oder der Praxis der Mitgliedstaaten Unterschiede ergeben, die die Gleichwertigkeit des

Schutzes in der Gemeinschaft beeinträchtigen könnten, so teilt sie dies der Kommission mit.

(3) Die Gruppe kann von sich aus Empfehlungen zu allen Fragen abgeben, die den Schutz von Personen bei der Verarbeitung personenbezogener Daten in der Gemeinschaft betreffen.

(4) Die Stellungnahmen und Empfehlungen der Gruppe werden der Kommission und dem in Artikel 31 genannten Ausschuss übermittelt.

(5) Die Kommission teilt der Gruppe mit, welche Konsequenzen sie aus den Stellungnahmen und Empfehlungen gezogen hat. Sie erstellt hierzu einen Bericht, der auch dem Europäischen Parlament und dem Rat übermittelt wird. Dieser Bericht wird veröffentlicht.

(6) Die Gruppe erstellt jährlich einen Bericht über den Stand des Schutzes natürlicher Personen bei der Verarbeitung personenbezogener Daten in der Gemeinschaft und in Drittländern, den sie der Kommission, dem Europäischen Parlament und dem Rat übermittelt. Dieser Bericht wird veröffentlicht.

Kapitel VII. Gemeinschaftliche Durchführungsmaßnahmen

Artikel 31. Ausschussverfahren

(1) Die Kommission wird von einem Ausschuss unterstützt, der sich aus Vertretern der Mitgliedstaaten zusammensetzt und in dem der Vertreter der Kommission den Vorsitz führt.

(2) Der Vertreter der Kommission unterbreitet dem Ausschuss einen Entwurf der zu treffenden Maßnahmen. Der Ausschuss gibt seine Stellungnahme zu diesem Entwurf innerhalb einer Frist ab, die der Vorsitzende unter Berücksichtigung der Dringlichkeit der betreffenden Frage festsetzen kann. Die Stellungnahme wird mit der Mehrheit abgegeben, die in Artikel 148 Absatz 2 des Vertrags vorgesehen ist. Bei der Abstimmung im Ausschuss werden die Stimmen der Vertreter der Mitgliedstaaten gemäß dem vorgenannten Artikel gewogen. Der Vorsitzende nimmt an der Abstimmung nicht teil. Die Kommission erlässt Maßnahmen, die unmittelbar gelten. Stimmen sie jedoch mit der Stellungnahme des Ausschusses nicht überein, werden sie von der Kommission unverzüglich dem Rat mitgeteilt. In diesem Fall gilt folgendes:
– Die Kommission verschiebt die Durchführung der von ihr beschlossenen Maßnahmen um drei Monate vom Zeitpunkt der Mitteilung an;
– der Rat kann innerhalb des im ersten Gedankenstrich genannten Zeitraums mit qualifizierter Mehrheit einen anderslautenden Beschluss fassen.

Schlussbestimmungen

Artikel 32

(1) Die Mitgliedstaaten erlassen die erforderlichen Rechts- und Verwaltungsvorschriften, um dieser Richtlinie binnen drei Jahren nach ihrer Annahme nachzukommen. Wenn die Mitgliedstaaten derartige Vorschriften erlassen, nehmen sie in den Vorschriften selbst oder durch einen Hinweis bei der amtlichen Veröffentlichung auf diese Richtlinie Bezug. Die Mitgliedstaaten regeln die Einzelheiten der Bezugnahme.

1. Verarbeitung personenbezogener Daten

(2) Die Mitgliedstaaten tragen dafür Sorge, dass Verarbeitungen, die zum Zeitpunkt des Inkrafttretens der einzelstaatlichen Vorschriften zur Umsetzung dieser Richtlinie bereits begonnen wurden, binnen drei Jahren nach diesem Zeitpunkt mit diesen Bestimmungen in Einklang gebracht werden.

Abweichend von Unterabsatz 1 können die Mitgliedstaaten vorsehen, dass die Verarbeitungen von Daten, die zum Zeitpunkt des Inkrafttretens der einzelstaatlichen Vorschriften zur Umsetzung dieser Richtlinie bereits in manuellen Dateien enthalten sind, binnen zwölf Jahren nach Annahme dieser Richtlinie mit den Artikeln 6, 7 und 8 in Einklang zu bringen sind. Die Mitgliedstaaten gestatten jedoch, dass die betroffene Person auf Antrag und insbesondere bei Ausübung des Zugangsrechts die Berichtigung, Löschung oder Sperrung von Daten erreichen kann, die unvollständig, unzutreffend oder auf eine Art und Weise aufbewahrt sind, die mit den vom für die Verarbeitung Verantwortlichen verfolgten rechtmäßigen Zwecken unvereinbar ist.

(3) Abweichend von Absatz 2 können die Mitgliedstaaten vorbehaltlich geeigneter Garantien vorsehen, dass Daten, die ausschließlich zum Zwecke der historischen Forschung aufbewahrt werden, nicht mit den Artikeln 6, 7 und 8 in Einklang gebracht werden müssen.

(4) Die Mitgliedstaaten teilen der Kommission den Wortlaut der innerstaatlichen Vorschriften mit, die sie auf dem unter diese Richtlinie fallenden Gebiet erlassen.

Artikel 33

Die Kommission legt dem Europäischen Parlament und dem Rat regelmäßig, und zwar erstmals drei Jahre nach dem in Artikel 32 Absatz 1 genannten Zeitpunkt, einen Bericht über die Durchführung dieser Richtlinie vor und fügt ihm gegebenenfalls geeignete Änderungsvorschläge bei. Dieser Bericht wird veröffentlicht.

Die Kommission prüft insbesondere die Anwendung dieser Richtlinie auf die Verarbeitung personenbezogener Bild- und Tondaten und unterbreitet geeignete Vorschläge, die sich unter Berücksichtigung der Entwicklung der Informationstechnologie und der Arbeiten über die Informationsgesellschaft als notwendig erweisen könnten.

Artikel 34

Diese Richtlinie ist an die Mitgliedstaaten gerichtet.

2. Richtlinie des Europäischen Parlaments und des Rates vom 15. Dezember 1997 über die Verarbeitung personenbezogener Daten und den Schutz der Privatsphäre im Bereich der Telekommunikation (97/66/EG)

Amtsblatt Nr. L 024 vom 30/01/1998, S. 01–08

DAS EUROPÄISCHE PARLAMENT UND DER RAT DER EUROPÄISCHEN UNION –
gestützt auf den Vertrag zur Gründung der Europäischen Gemeinschaft, insbesondere auf Artikel 100a, auf Vorschlag der Kommission[1], nach Stellungnahme des Wirtschafts- und Sozialausschusses[2], gemäß dem Verfahren des Artikels 189b des Vertrags[3], in Kenntnis des vom Vermittlungsausschuss am 6. November 1997 gebilligten gemeinsamen Entwurfs, in Erwägung nachstehender Gründe:
(1) Die Richtlinie 95/46/EG des Europäischen Parlaments und des Rates vom 24. Oktober 1995 zum Schutz natürlicher Personen bei der Verarbeitung personenbezogener Daten und zum freien Datenverkehr[4] schreibt vor, dass die Mitgliedstaaten die Rechte und die Freiheit natürlicher Personen bei der Verarbeitung personenbezogener Daten und insbesondere ihr Recht auf Privatsphäre sicherstellen, um in der Gemeinschaft den freien Verkehr personenbezogener Daten zu gewährleisten.
(2) Die Vertraulichkeit der Kommunikation wird im Einklang mit den internationalen Menschenrechtsbestimmungen (insbesondere der Europäischen Konvention zum Schutz der Menschenrechte und Grundfreiheiten) und den Verfassungen der Mitgliedstaaten garantiert.
(3) Gegenwärtig werden öffentliche Telekommunikationsnetze in der Europäischen Gemeinschaft mit fortschrittlichen neuen Digitaltechnologien ausgestattet, die besondere Anforderungen an den Schutz personenbezogener Daten und der Privatsphäre des Benutzers mit sich bringen. Die Entwicklung der Informationsgesellschaft ist durch die Einführung neuer Telekommunikationsdienste gekennzeichnet. Die erfolgreiche grenzüberschreitende Entwicklung dieser Dienste, beispielsweise Video auf Abruf und interaktives Fernsehen, hängt zum Teil davon ab, inwieweit die Benutzer darauf vertrauen, dass ihre Privatsphäre unangetastet bleibt.
(4) Dies gilt insbesondere für die Einführung des diensteintegrierenden digitalen Telekommunikationsnetzes (ISDN) und digitaler Mobilfunknetze.
(5) In seiner Entschließung vom 30. Juni 1988 über die Entwicklung des gemeinsamen Marktes für Telekommunikationsdienste und -geräte bis 1992[5] hat der Rat Maßnahmen zum Schutz personenbezogener Daten gefordert, um ein geeignetes Umfeld für die künftige Entwicklung der Telekommunikationsdienste in der Gemeinschaft zu schaffen. In

---

[1] ABl. C 200 vom 22.7.1994, S. 4.
[2] ABl. C 159 vom 17.6.1991, S. 38.
[3] Stellungnahme des Europäischen Parlaments vom 11. März 1992 (ABl. C 94 vom 13.4.1992, S. 198), gemeinsamer Standpunkt des Rates vom 12. September 1996 (ABl. C 315 vom 24.10.1996, S. 30) und Beschluss des Europäischen Parlaments vom 16. Januar 1997 (ABl. C 33 vom 3.2.1997, S. 78). Beschluss des Europäischen Parlaments vom 20. November 1997 (ABl. C 371 vom 8.12.1997). Beschluss des Rates vom 1. Dezember 1997.
[4] ABl. L 281 vom 23.11.1995, S. 31.
[5] ABl. C 257 vom 4.10.1988, S. 1.

2. Schutz der Privatsphäre 237

seiner Entschließung vom 18. Juli 1989 über eine verstärkte Koordinierung bei der Einführung des diensteintegrierenden digitalen Fernmeldenetzes (ISDN) in der Europäischen Gemeinschaft bis 1992[6] betonte der Rat erneut die Bedeutung des Schutzes personenbezogener Daten und der Privatsphäre.

(6) Das Europäische Parlament hat auf die Bedeutung des Schutzes personenbezogener Daten und der Privatsphäre in Telekommunikationsnetzen, insbesondere bei der Einführung des diensteintegrierenden digitalen Telekommunikationsnetzes (ISDN), hingewiesen.

(7) Öffentliche Telekommunikationsnetze erfordern besondere rechtliche, ordnungspolitische und technische Vorschriften zum Schutz der Grundrechte und Grundfreiheiten natürlicher Personen und der berechtigten Interessen juristischer Personen, insbesondere hinsichtlich der zunehmenden Risiken im Zusammenhang mit der automatischen Speicherung und der Verarbeitung personenbezogener Daten über Teilnehmer und Benutzer.

(8) Die von den Mitgliedstaaten erlassenen rechtlichen, ordnungspolitischen und technischen Vorschriften zum Schutz personenbezogener Daten, der Privatsphäre und der berechtigten Interessen juristischer Personen im Bereich der Telekommunikation müssen harmonisiert werden, um Behinderungen des Telekommunikations-Binnenmarktes gemäß dem in Artikel 7a des Vertrags festgelegten Ziel zu beseitigen. Die Harmonisierung beschränkt sich auf die Anforderungen, die notwendig sind, um zu gewährleisten, dass die Entstehung und die Weiterentwicklung neuer Telekommunikationsdienste und -netze zwischen Mitgliedstaaten nicht behindert werden.

(9) Die Mitgliedstaaten, die Anbieter und die Nutzer sowie die zuständigen Stellen der Gemeinschaft sollten bei der Einführung und Weiterentwicklung der Telekommunikationstechnologien zusammenarbeiten, soweit dies zur Anwendung der in den Bestimmungen dieser Richtlinie vorgesehenen Garantien erforderlich ist.

(10) Zu diesen neuen Diensten zählen das interaktive Fernsehen und Video auf Abruf.

(11) Im Bereich der Telekommunikation gilt vor allem für alle Fragen des Schutzes der Grundrechte und Grundfreiheiten, die von dieser Richtlinie nicht spezifisch erfasst werden, einschließlich der Pflichten des für die Verarbeitung Verantwortlichen und der Rechte des einzelnen die Richtlinie 95/46/EG. Die Richtlinie 95/46/EG gilt für nicht öffentlich zugängliche Telekommunikationsdienste.

(12) Diese Richtlinie bezieht sich – ähnlich wie in Artikel 3 der Richtlinie 95/46/EG vorgesehen – nicht auf Fragen des Schutzes der Grundrechte und -freiheiten in Bereichen, die nicht unter das Gemeinschaftsrecht fallen. Es ist Sache der Mitgliedstaaten, Maßnahmen zu ergreifen, die sie für den Schutz der öffentlichen Sicherheit, für die Landesverteidigung, für die Sicherheit des Staates (einschließlich des wirtschaftlichen Wohls des Staates, soweit die Tätigkeiten die Sicherheit des Staates berühren) und für die Anwendung strafrechtlicher Bestimmungen für erforderlich halten. Diese Richtlinie betrifft nicht die Möglichkeit der Mitgliedstaaten zur rechtmäßigen Überwachung des Telekommunikationsverkehrs für die genannten Zwecke.

(13) Bei Teilnehmern eines öffentlich zugänglichen Telekommunikationsdienstes kann es sich um natürliche oder juristische Personen handeln. Diese Richtlinie zielt durch Ergänzung der Richtlinie 95/46/EG darauf ab, die Grundrechte natürlicher Personen, insbesondere ihr Recht auf Privatsphäre, sowie die berechtigten Interessen juristischer Personen zu schützen. Aus diesen Vorschriften ergibt sich unter keinen Umständen eine

---

[6] ABl. C 196 vom 1.8.1989, S. 4.

Verpflichtung der Mitgliedstaaten, die Richtlinie 95/46/EG auch im Hinblick auf den Schutz der berechtigten Interessen juristischer Personen anzuwenden. Dieser Schutz wird im Rahmen der geltenden gemeinschaftlichen und einzelstaatlichen Rechtsvorschriften sichergestellt.

(14) Die Anwendung bestimmter Anforderungen für die Anzeige des rufenden und angerufenen Anschlusses sowie für die Einschränkung dieser Anzeige und für die automatische Weiterschaltung zu Teilnehmeranschlüssen, die an analoge Vermittlungen angeschlossen sind, darf in besonderen Fällen nicht zwingend vorgeschrieben werden, wenn sich die Anwendung als technisch nicht machbar erweist oder einen unangemessen hohen wirtschaftlichen Aufwand erfordert. Für die Beteiligten ist es wichtig, in solchen Fällen in Kenntnis gesetzt zu werden, und die Mitgliedstaaten müssen sie deshalb der Kommission anzeigen.

(15) Diensteanbieter müssen geeignete Maßnahmen ergreifen, um die Sicherheit ihrer Dienste, erforderlichenfalls zusammen mit dem Netzbetreiber, zu gewährleisten, und sie müssen die Teilnehmer über alle besonderen Risiken der Verletzung der Netzsicherheit unterrichten. Die Bewertung der Sicherheit erfolgt unter Berücksichtigung des Artikels 17 der Richtlinie 95/46/EG.

(16) Es müssen Maßnahmen getroffen werden, um den unerlaubten Zugang zur Kommunikation zu verhindern und so die Vertraulichkeit der mit öffentlichen Telekommunikationsnetzen und öffentlich zugänglichen Telekommunikationsdiensten erfolgenden Kommunikation zu schützen. Im innerstaatlichen Recht einiger Mitgliedstaaten ist nur der absichtliche unberechtigte Zugriff auf die Kommunikation untersagt.

(17) Daten über Teilnehmer, die zum Verbindungsaufbau verarbeitet werden, enthalten Informationen über das Privatleben natürlicher Personen und betreffen ihr Recht auf Achtung ihrer Kommunikationsfreiheit, oder sie betreffen berechtigte Interessen juristischer Personen. Diese Daten dürfen nur für einen begrenzten Zeitraum und nur insoweit gespeichert werden, wie dies für die Erbringung des Dienstes, für die Gebührenabrechnung und für Zusammenschaltungszahlungen erforderlich ist. Jede weitere Verarbeitung, die der Betreiber des öffentlich zugänglichen Telekommunikationsdienstes zum Zwecke der Vermarktung seiner eigenen Telekommunikationsdienste vornehmen möchte, darf nur unter der Bedingung gestattet werden, dass der Teilnehmer dieser Verarbeitung auf der Grundlage genauer, vollständiger Angaben des Betreibers des öffentlich zugänglichen Telekommunikationsdienstes über die Formen der von ihm beabsichtigten weiteren Verarbeitung zugestimmt hat.

(18) Die Einführung von Einzelgebührennachweisen hat die Möglichkeiten des Teilnehmers verbessert, die Richtigkeit der vom Diensteanbieter erstellten Gebührenabrechnung zu überprüfen; gleichzeitig können dadurch Gefahren für die Privatsphäre der Benutzer von öffentlich zugänglichen Telekommunikationsdiensten entstehen. Um die Privatsphäre des Benutzers zu schützen, müssen die Mitgliedstaaten daher darauf hinwirken, dass bei den Telekommunikationsdiensten beispielsweise alternative Funktionen entwickelt werden, die den anonymen oder rein privaten Zugang zu öffentlich zugänglichen Telekommunikationsdiensten ermöglichen, beispielsweise Telefonkarten mit Geheimzahl (calling cards) und Möglichkeiten der Zahlung per Kreditkarte. Alternativ hierzu können die Mitgliedstaaten zum selben Zweck auch vorschreiben, dass einige Ziffern der in den Einzelgebührennachweisen aufgeführten Rufnummern unkenntlich gemacht werden.

(19) Im Hinblick auf die Rufnummernanzeige ist es erforderlich, das Recht des Anrufers zu wahren, die Anzeige der Rufnummer des Anschlusses, von dem aus der Anruf erfolgt, zu unterdrücken, ebenso wie das Recht des Angerufenen, Anrufe von nicht identifizier-

2. Schutz der Privatsphäre 239

ten Anschlüssen abzuweisen. Es ist gerechtfertigt, in Sonderfällen die Unterdrückung der Rufnummernanzeige aufzuheben. Bestimmte Teilnehmer, insbesondere telefonische Beratungsdienste und ähnliche Einrichtungen, haben ein Interesse daran, die Anonymität ihrer Anrufer zu gewährleisten. Im Hinblick auf die Anzeige der Rufnummer des Angerufenen ist es erforderlich, das Recht und das berechtigte Interesse des Angerufenen zu wahren, die Anzeige der Rufnummer des Anschlusses, mit dem der Anrufer tatsächlich verbunden ist, zu unterdrücken; dies gilt besonders für den Fall weitergeschalteter Anrufe. Die Betreiber öffentlich zugänglicher Telekommunikationsdienste müssen ihre Teilnehmer über die Möglichkeit der Anzeige der Rufnummer des Anrufenden und des Angerufenen, über alle Dienste, die auf der Grundlage der Anzeige der Rufnummer des Anrufenden und des Angerufenen angeboten werden, und über die verfügbaren Funktionen zur Wahrung der Vertraulichkeit unterrichten. Die Teilnehmer können dann sachkundig die Funktionen auswählen, die sie zur Wahrung der Vertraulichkeit nutzen möchten. Die permanenten Funktionen zur Wahrung der Vertraulichkeit müssen nicht unbedingt als automatischer Netzdienst zur Verfügung stehen, sondern können von dem Betreiber des öffentlich zugänglichen Telekommunikationsdienstes auf einfachen Antrag bereitgestellt werden.

(20) Es sind Vorkehrungen zu treffen, um die Teilnehmer vor Schaden durch die automatische Weiterschaltung von Anrufen durch andere zu schützen. In derartigen Fällen muss der Teilnehmer durch einfachen Antrag beim Betreiber des öffentlich zugänglichen Telekommunikationsdienstes die Weiterschaltung von Anrufen auf sein Endgerät unterbinden können.

(21) Teilnehmerverzeichnisse werden weit verbreitet und sind öffentlich verfügbar. Das Recht auf Privatsphäre natürlicher Personen und das berechtigte Interesse juristischer Personen erfordern daher, dass die Teilnehmer bestimmen können, welche ihrer persönlichen Daten in einem Teilnehmerverzeichnis veröffentlicht werden. Die Mitgliedstaaten können diese Möglichkeit auf Teilnehmer beschränken, die natürliche Personen sind.

(22) Es sind Vorkehrungen zu treffen, um die Teilnehmer gegen das Eindringen in ihre Privatsphäre durch unerbetene Anrufe oder unerbetene Fernkopieübermittlungen zu schützen. Die Mitgliedstaaten können diese Vorkehrungen auf Teilnehmer beschränken, die natürliche Personen sind.

(23) Es muss gewährleistet sein, dass die aus Gründen des Datenschutzes erforderliche Einführung von technischen Merkmalen der Telekommunikationsgeräte harmonisiert wird, damit sie der Verwirklichung des Binnenmarktes nicht entgegensteht.

(24) Insbesondere können die Mitgliedstaaten — ähnlich wie in Artikel 13 der Richtlinie 95/46/EG vorgesehen — den Geltungsbereich der Pflichten und Rechte der Teilnehmer unter bestimmten Umständen einschränken, indem sie beispielsweise sicherstellen, dass der Betreiber eines öffentlich zugänglichen Telekommunikationsdienstes die Unterdrückung der Anzeige der Rufnummer des Anrufers im Einklang mit dem innerstaatlichen Recht für die Verhinderung oder Ermittlung von Straftaten oder die Sicherheit des Staates aufheben kann.

(25) Das innerstaatliche Recht muss gerichtliche Rechtsbehelfe für den Fall vorsehen, dass die Rechte der Benutzer und Teilnehmer nicht respektiert werden. Gegen jede Person, ob für sie nun privates oder öffentliches Recht gilt, die den nach dieser Richtlinie getroffenen Maßnahmen zuwiderhandelt, müssen Sanktionen verhängt werden.

(26) Bei der Anwendung dieser Richtlinie ist es sinnvoll, auf die Erfahrung der gemäß Artikel 29 der Richtlinie 95/46/EG eingesetzten Datenschutzgruppe aus Vertretern der

für den Schutz personenbezogener Daten zuständigen Kontrollstellen der Mitgliedstaaten zurückzugreifen.

(27) Aufgrund der technischen Entwicklungen und der zu erwartenden Weiterentwicklungen der angebotenen Dienstleistungen ist es erforderlich, die im Anhang dieser Richtlinie genannten Kategorien von Daten für die Anwendung des Artikels 6 dieser Richtlinie unter Mitwirkung des gemäß Artikel 31 der Richtlinie 95/46/EG eingesetzten Ausschusses aus Vertretern der Mitgliedstaaten technisch zu spezifizieren, damit ungeachtet technologischer Wandlungen eine kohärente Anwendung der Vorschriften dieser Richtlinie gewährleistet ist; dieses Verfahren kann nur auf Spezifikationen angewendet werden, die erforderlich sind, um den Anhang an neue technologische Entwicklungen anzupassen, wobei Änderungen der Markt- oder Verbrauchernachfrage zu berücksichtigen sind. Die Kommission muss ihre Absicht, dieses Verfahren anzuwenden, dem Europäischen Parlament in angemessener Form mitteilen; ansonsten wird nach Artikel 100a des Vertrags verfahren.

(28) Zur leichteren Anpassung an die Vorschriften dieser Richtlinie bedarf es einer Sonderregelung für die Datenverarbeitungen, die zum Zeitpunkt des Inkrafttretens der nach dieser Richtlinie erlassenen innerstaatlichen Vorschriften bereits durchgeführt werden –
HAT FOLGENDE RICHTLINIE ERLASSEN:

Artikel 1. Zielsetzung und Geltungsbereich

(1) Diese Richtlinie dient der Harmonisierung der Vorschriften der Mitgliedstaaten, die erforderlich sind, um einen gleichwertigen Schutz der Grundrechte und Grundfreiheiten, insbesondere des Rechts auf Privatsphäre, in bezug auf die Verarbeitung personenbezogener Daten im Bereich der Telekommunikation sowie den freien Verkehr dieser Daten und von Telekommunikationsgeräten und -diensten in der Gemeinschaft zu gewährleisten.

(2) Die Bestimmungen dieser Richtlinie stellen eine Detaillierung und Ergänzung der Richtlinie 95/46/EG im Hinblick auf die in Absatz 1 genannten Zwecke dar. Darüber hinaus regeln sie den Schutz der berechtigten Interessen von Teilnehmern, bei denen es sich um juristische Personen handelt.

(3) Diese Richtlinie gilt nicht für Tätigkeiten, die nicht in den Anwendungsbereich des Gemeinschaftsrechts fallen, beispielsweise Tätigkeiten gemäß den Titeln V und VI des Vertrags über die Europäische Union, und auf keinen Fall für Tätigkeiten betreffend die öffentliche Sicherheit, die Landesverteidigung, die Sicherheit des Staates (einschließlich seines wirtschaftlichen Wohls, wenn die Tätigkeit die Sicherheit des Staates berührt) und die Tätigkeiten des Staates im strafrechtlichen Bereich.

Artikel 2. Begriffsbestimmungen

Zusätzlich zu den Begriffsbestimmungen der Richtlinie 95/46/EG bezeichnet im Sinne dieser Richtlinie der Ausdruck

a) „Teilnehmer" eine natürliche oder juristische Person, die mit einem Anbieter öffentlich zugänglicher Telekommunikationsdienste einen Vertrag über die Inanspruchnahme dieser Dienste geschlossen hat;

b) „Benutzer" eine natürliche Person, die einen öffentlich zugänglichen Telekommunikationsdienst für private oder geschäftliche Zwecke nutzt, ohne diesen Dienst zwangsläufig abonniert zu haben;

2. Schutz der Privatsphäre 241

c) „öffentliches Telekommunikationsnetz" Übertragungs- und gegebenenfalls Vermittlungssysteme sowie sonstige Betriebsmittel, mit denen Signale zwischen definierten Abschlusspunkten über Draht, über Funk, auf optischem oder anderem elektromagnetischem Wege übertragen werden und die ganz oder teilweise der Erbringung öffentlich zugänglicher Telekommunikationsdienste dienen;

d) „Telekommunikationsdienst" Dienste, die ganz oder teilweise in der Übertragung und Weiterleitung von Signalen über das Telekommunikationsnetz bestehen, mit Ausnahme von Hör- und Fernsehfunk.

Artikel 3. Betroffene Dienste

(1) Diese Richtlinie gilt für die Verarbeitung personenbezogener Daten im Zusammenhang mit der Erbringung öffentlich zugänglicher Telekommunikationsdienste in öffentlichen Telekommunikationsnetzen in der Gemeinschaft, insbesondere über das diensteintegrierende digitale Telekommunikationsnetz (ISDN) und öffentliche digitale Mobilfunknetze.

(2) Die Artikel 8, 9 und 10 gelten für Teilnehmeranschlüsse, die an digitale Vermittlungsstellen angeschlossen sind, und – soweit dies technisch machbar ist und keinen unverhältnismäßigen wirtschaftlichen Aufwand erfordert – für Teilnehmeranschlüsse, die an analoge Vermittlungsstellen angeschlossen sind.

(3) Die Mitgliedstaaten teilen der Kommission die Fälle mit, in denen eine Einhaltung der Anforderungen der Artikel 8, 9 und 10 technisch nicht machbar wäre oder eine unverhältnismäßige Investition erfordern würde.

Artikel 4. Sicherheit

(1) Der Betreiber eines öffentlich zugänglichen Telekommunikationsdienstes muss geeignete technische und organisatorische Maßnahmen ergreifen, um die Sicherheit seiner Dienste zu gewährleisten; die Netzsicherheit ist hierbei erforderlichenfalls zusammen mit dem Betreiber des öffentlichen Telekommunikationsnetzes zu gewährleisten. Diese Maßnahmen müssen unter Berücksichtigung des Standes der Technik und der Kosten ihrer Durchführung ein Sicherheitsniveau gewährleisten, das angesichts des bestehenden Risikos angemessen ist.

(2) Besteht ein besonderes Risiko der Verletzung der Netzsicherheit, muss der Betreiber eines öffentlich zugänglichen Telekommunikationsdienstes die Teilnehmer über dieses Risiko und über mögliche Abhilfen einschließlich deren Kosten unterrichten.

Artikel 5. Vertraulichkeit der Kommunikation

(1) Die Mitgliedstaaten stellen durch innerstaatliche Vorschriften die Vertraulichkeit der mit öffentlichen Telekommunikationsnetzen und öffentlich zugänglichen Telekommunikationsdiensten erfolgenden Kommunikation sicher. Insbesondere untersagen sie das Mithören, Abhören und Speichern sowie andere Arten des Abfangens oder Überwachens von Kommunikationen durch andere Personen als die Benutzer, wenn keine Einwilligung der betroffenen Benutzer vorliegt, es sei denn, diese Personen seien gemäß Artikel 14 Absatz 1 gesetzlich dazu ermächtigt.

(2) Absatz 1 betrifft nicht das rechtlich zulässige Aufzeichnen von Kommunikationen im Rahmen einer rechtmäßigen Geschäftspraxis zum Nachweis einer kommerziellen Transaktion oder einer sonstigen geschäftlichen Kommunikation.

Artikel 6. Verkehrsdaten und Daten für die Gebührenabrechnung

(1) Verkehrsdaten, die sich auf Teilnehmer und Benutzer beziehen und die für den Verbindungsaufbau verarbeitet und vom Betreiber eines öffentlichen Telekommunikationsnetzes und/oder eines öffentlich zugänglichen Telekommunikationsdienstes gespeichert werden, sind nach Beendigung der Verbindung unbeschadet der Absätze 2, 3 und 4 zu löschen oder zu anonymisieren.

(2) Zum Zwecke der Gebührenabrechnung und der Bezahlung von Zusammenschaltungen ist es zulässig, die im Anhang genannten Daten zu verarbeiten. Diese Verarbeitung ist nur bis zum Ablauf der Frist zulässig, innerhalb deren die Rechnung rechtlich angefochten oder der Anspruch auf Zahlung geltend gemacht werden kann.

(3) Der Betreiber eines öffentlich zugänglichen Telekommunikationsdienstes kann die in Absatz 2 genannten Daten zum Zwecke der Vermarktung seiner eigenen Telekommunikationsdienste verarbeiten, wenn der Teilnehmer seine Einwilligung gegeben hat.

(4) Die Verarbeitung von Verkehrs- und Gebührenabrechnungsdaten darf nur durch auf Weisung der Betreiber öffentlicher Telekommunikationsnetze und/oder öffentlich zugänglicher Telekommunikationsdienste handelnde Personen erfolgen, die für Gebührenabrechnungen oder Verkehrsabwicklung, Kundenanfragen, Betrugsermittlung sowie für die Vermarktung der eigenen Telekommunikationsdienste des Betreibers zuständig sind; ferner ist sie auf das für diese Tätigkeiten erforderliche Maß zu beschränken.

(5) Die Absätze 1, 2, 3 und 4 gelten unbeschadet der Möglichkeit der zuständigen Behörden, in Einklang mit den geltenden Rechtsvorschriften für die Beilegung von Streitigkeiten, insbesondere Zusammenschaltungs- oder Abrechnungsstreitigkeiten, von Verkehrs- und Gebührenabrechnungsdaten Kenntnis zu erhalten.

Artikel 7. Einzelgebührennachweis

(1) Die Teilnehmer haben das Recht, Rechnungen ohne Einzelgebührennachweis zu erhalten.

(2) Die Mitgliedstaaten wenden innerstaatliche Vorschriften an, um das Recht der Teilnehmer, Einzelgebührennachweise zu erhalten, und das Recht anrufender Benutzer und angerufener Teilnehmer auf Vertraulichkeit miteinander in Einklang zu bringen, indem sie beispielsweise sicherstellen, dass diesen Benutzern und Teilnehmern ausreichende Alternativen für die Kommunikation oder die Zahlung zur Verfügung stehen.

Artikel 8. Anzeige der Rufnummer des Anrufers und des Angerufenen und deren Unterdrückung

(1) Wird die Anzeige der Rufnummer des Anrufers angeboten, so muss der anrufende Benutzer die Möglichkeit haben, die Rufnummernanzeige für jeden Anruf einzeln auf einfache Weise und gebührenfrei zu unterdrücken. Dem anrufenden Teilnehmer muss diese Möglichkeit als Dauerfunktion für jeden Anschluss zur Verfügung stehen.

(2) Wird die Anzeige der Rufnummer des Anrufers angeboten, so muss der angerufene Teilnehmer die Möglichkeit haben, die Anzeige der Rufnummer eingehender Anrufe auf einfache Weise und für jede angemessene Nutzung dieser Funktion gebührenfrei zu unterdrücken.

2. Schutz der Privatsphäre

(3) Wird die Anzeige der Rufnummer des Anrufers angeboten und wird die Rufnummer vor der Herstellung der Verbindung angezeigt, so muss der angerufene Teilnehmer die Möglichkeit haben, eingehende Anrufe, bei denen die Rufnummernanzeige durch den anrufenden Benutzer oder Teilnehmer unterdrückt wurde, auf einfache Weise und gebührenfrei abzuweisen.

(4) Wird die Anzeige der Rufnummer des Angerufenen angeboten, so muss der angerufene Teilnehmer die Möglichkeit haben, die Anzeige seiner Rufnummer beim anrufenden Benutzer auf einfache Weise und gebührenfrei zu unterdrücken.

(5) Absatz 1 gilt auch für aus der Gemeinschaft kommende Anrufe in Drittländern; die Absätze 2, 3 und 4 gelten auch für aus Drittländern kommende Anrufe.

(6) Wird die Anzeige der Rufnummer des Anrufers und/oder des Angerufenen angeboten, so stellen die Mitgliedstaaten sicher, dass die Betreiber öffentlich zugänglicher Telekommunikationsdienste die Öffentlichkeit hierüber und über die in den Absätzen 1, 2, 3 und 4 beschriebenen Möglichkeiten unterrichten.

Artikel 9. Ausnahmen

Die Mitgliedstaaten stellen sicher, dass es transparente Verfahren gibt, nach denen der Betreiber eines öffentlichen Telekommunikationsnetzes und/oder eines öffentlich zugänglichen Telekommunikationsdienstes die Unterdrückung der Rufnummernanzeige aufheben kann, und zwar

a) vorübergehend, wenn ein Teilnehmer beantragt hat, dass böswillige oder belästigende Anrufe zurückverfolgt werden; in diesem Fall werden im Einklang mit dem innerstaatlichen Recht die Daten mit der Rufnummer des anrufenden Teilnehmers vom Betreiber des öffentlichen Telekommunikationsnetzes und/oder des öffentlich zugänglichen Telekommunikationsdienstes gespeichert und zur Verfügung gestellt;

b) permanent für Einrichtungen, die Notrufe bearbeiten und dafür von einem Mitgliedstaat anerkannt sind, einschließlich Strafverfolgungsbehörden, Ambulanzdiensten und Feuerwehren, zum Zwecke der Beantwortung dieser Anrufe.

Artikel 10. Automatische Anrufweiterschaltung

Die Mitgliedstaaten stellen sicher, dass jeder Teilnehmer die Möglichkeit hat, auf einfache Weise und gebührenfrei die von einer dritten Partei veranlasste automatische Weiterschaltung zum Endgerät des Teilnehmers abzustellen.

Artikel 11. Teilnehmerverzeichnisse

(1) Die personenbezogenen Daten in gedruckten oder elektronischen Teilnehmerverzeichnissen, die öffentlich zugänglich oder durch Auskunftsdienste erhältlich sind, sollten auf das für die Ermittlung eines bestimmten Teilnehmers erforderliche Maß beschränkt werden, es sei denn, der Teilnehmer hat der Veröffentlichung zusätzlicher personenbezogener Daten zweifelsfrei zugestimmt. Der Teilnehmer ist gebührenfrei berechtigt, zu beantragen, dass er nicht in ein Verzeichnis aufgenommen wird, zu erklären, dass seine/ihre personenbezogenen Daten nicht zum Zwecke des Direktmarketings verwendet werden dürfen und zu verlangen, dass seine/ihre Adresse teilweise weggelassen und keine Angabe zu seinem/ihrem Geschlecht gemacht wird, soweit dies sprachlich anwendbar ist.

(2) Ungeachtet des Absatzes 1 können die Mitgliedstaaten den Betreibern gestatten, von Teilnehmern, die sicherstellen möchten, dass ihre Angaben nicht in ein

Verzeichnis aufgenommen werden, die Zahlung einer Gebühr zu verlangen, sofern es sich dabei um einen Betrag handelt, der nicht von der Ausübung dieses Rechts abhält, und sofern er unter Berücksichtigung der Qualitätsanforderungen an das öffentliche Verzeichnis im Hinblick auf den allgemeinen Dienst auf die dem Betreiber tatsächlich entstandenen Kosten für die Anpassung und die Aktualisierung der Liste der nicht in das öffentliche Verzeichnis aufzunehmenden Teilnehmer begrenzt ist.

(3) Die gemäß Absatz 1 übertragenen Rechte gelten für Teilnehmer, die natürliche Personen sind. Die Mitgliedstaaten tragen im Rahmen des Gemeinschaftsrechts und der geltenden einzelstaatlichen Rechtsvorschriften außerdem dafür Sorge, dass die legitimen Interessen anderer Teilnehmer als natürlicher Personen in bezug auf ihre Aufnahme in öffentliche Verzeichnisse ausreichend geschützt werden.

Artikel 12. Unerbetene Anrufe

(1) Die Verwendung von Kommunikation mit Automaten als Gesprächspartner (Voice-Mail-System) oder Fernkopien (Telefax) für die Zwecke des Direktmarketings darf nur bei vorheriger Einwilligung der Teilnehmer gestattet werden.

(2) Die Mitgliedstaaten ergreifen geeignete Maßnahmen, um gebührenfrei sicherzustellen, dass mit Ausnahme der in Absatz 1 genannten Anrufe unerbetene Anrufe zum Zweck des Direktmarketings, die entweder ohne die Einwilligung der betreffenden Teilnehmer erfolgen oder an Teilnehmer gerichtet sind, die keine solchen Anrufe erhalten möchten, nicht gestattet sind; welche dieser Optionen gewählt wird, ist im innerstaatlichen Recht zu regeln.

(3) Die gemäß den Absätzen 1 und 2 übertragenen Rechte gelten für Teilnehmer, die natürliche Personen sind. Die Mitgliedstaaten tragen im Rahmen des Gemeinschaftsrechts und der geltenden einzelstaatlichen Rechtsvorschriften außerdem dafür Sorge, dass die legitimen Interessen anderer Teilnehmer als natürlicher Personen in bezug auf unerbetene Anrufe ausreichend geschützt werden.

Artikel 13. Technische Merkmale und Normung

(1) Bei der Durchführung der Bestimmungen dieser Richtlinie stellen die Mitgliedstaaten vorbehaltlich der Absätze 2 und 3 sicher, dass keine zwingenden Anforderungen in bezug auf spezifische technische Merkmale für Endgeräte oder sonstige Telekommunikationsgeräte gestellt werden, die deren Vermarktung und freien Vertrieb in und zwischen den Mitgliedstaaten behindern.

(2) Soweit die Bestimmungen dieser Richtlinie nur mit Hilfe spezifischer technischer Merkmale durchgeführt werden können, unterrichten die Mitgliedstaaten die Kommission darüber gemäß der Richtlinie 83/189/EWG des Rates vom 28. März 1983 über ein Informationsverfahren auf dem Gebiet der Normen und technischen Vorschriften[7].

(3) Soweit erforderlich, sorgt die Kommission für die Erarbeitung gemeinsamer europäischer Normen zur Einführung spezifischer technischer Merkmale im Sinne der Gemeinschaftsvorschriften zur Angleichung der Rechtsvorschriften der Mitgliedstaaten über Telekommunikationsendgeräte einschließlich der gegenseitigen Anerkennung ihrer Konformität und des Beschlusses 87/95/EWG des Rates vom

---

[7] ABl. L 109 vom 26.4.1983, S. 8. Richtlinie zuletzt geändert durch die Richtlinie 94/10/EG (ABl. L 100 vom 19.4.1994, S. 30).

2. Schutz der Privatsphäre 245

22. Dezember 1986 über die Normung auf dem Gebiet der Informationstechnik und der Telekommunikation[8].

Artikel 14. Ausweitung des Geltungsbereichs bestimmter Vorschriften der Richtlinie 95/46/EG

(1) Die Mitgliedstaaten können Rechtsvorschriften erlassen, die die Pflichten und Rechte gemäß den Artikeln 5 und 6 sowie gemäß Artikel 8 Absätze 1, 2, 3 und 4 beschränken, sofern eine solche Beschränkung gemäß Artikel 13 Absatz 1 der Richtlinie 95/46/EG für die Sicherheit des Staates, die Landesverteidigung, die öffentliche Sicherheit oder die Verhütung, Ermittlung, Feststellung und Verfolgung von Straftaten oder des unzulässigen Gebrauchs von Telekommunikationssystemen notwendig ist.

(2) Die Bestimmungen des Kapitels III der Richtlinie 95/46/EG über Rechtsbehelfe, Haftung und Sanktionen gelten im Hinblick auf innerstaatliche Vorschriften, die nach der vorliegenden Richtlinie erlassen werden, und im Hinblick auf die aus dieser Richtlinie resultierenden individuellen Rechte.

(3) Die gemäß Artikel 29 der Richtlinie 95/46/EG eingesetzte Datenschutzgruppe nimmt die in Artikel 30 der genannten Richtlinie festgelegten Aufgaben auch im Hinblick auf den Schutz der Grundrechte und der Grundfreiheiten und der berechtigten Interessen im Bereich der Telekommunikation, der Gegenstand der vorliegenden Richtlinie ist, wahr.

(4) Die Kommission, die von dem nach Artikel 31 der Richtlinie 95/46/EG eingesetzten Ausschuss unterstützt wird, legt die technischen Einzelheiten des Anhangs nach dem in diesem Artikel genannten Verfahren fest. Der betreffende Ausschuss wird speziell für die von der vorliegenden Richtlinie erfassten Fragen einberufen.

Artikel 15. Umsetzung dieser Richtlinie

(1) Die Mitgliedstaaten erlassen die erforderlichen Rechts- und Verwaltungsvorschriften, um dieser Richtlinie bis zum 24. Oktober 1998 nachzukommen. Abweichend von Unterabsatz 1 setzen die Mitgliedstaaten die zur Anpassung an Artikel 5 erforderlichen Rechts- und Verwaltungsvorschriften bis spätestens 24. Oktober 2000 in Kraft. Wenn die Mitgliedstaaten Vorschriften nach Unterabsatz 1 erlassen, nehmen sie in den Vorschriften selbst oder durch einen Hinweis bei der amtlichen Veröffentlichung auf diese Richtlinie Bezug. Die Mitgliedstaaten regeln die Einzelheiten der Bezugnahme.

(2) Abweichend von Artikel 6 Absatz 3 ist eine Einwilligung nicht für Verarbeitungen erforderlich, die zum Zeitpunkt des Inkrafttretens der nach dieser Richtlinie erlassenen innerstaatlichen Vorschriften bereits durchgeführt werden. Die Teilnehmer werden in diesen Fällen über die Verarbeitung unterrichtet; wenn sie innerhalb einer vom Mitgliedstaat festgelegten Frist keinen Einspruch einlegen, wird dies als Einwilligung ihrerseits gewertet.

(3) Artikel 11 gilt nicht für Ausgaben von Teilnehmerverzeichnissen, die vor dem Inkrafttreten der nach dieser Richtlinie erlassenen innerstaatlichen Vorschriften veröffentlicht wurden.

---

[8] ABl. L 36 vom 7.2.1987, S. 31. Beschluss zuletzt geändert durch die Beitrittsakte von 1994.

(4) Die Mitgliedstaaten teilen der Kommission den Wortlaut der innerstaatlichen Rechtsvorschriften mit, die sie auf dem unter diese Richtlinie fallenden Gebiet erlassen.

Artikel 16. Adressaten
Diese Richtlinie ist an die Mitgliedstaaten gerichtet.

Anhang. Liste der Daten
Für die in Artikel 6 Absatz 2 genannten Zwecke können folgende Daten verarbeitet werden:
Daten, die folgendes enthalten:
– die Nummer oder die Identifikation des Teilnehmerendgerätes;
– die Anschrift des Teilnehmers und die Art des Endgerätes;
– die Gesamtzahl der für den Abrechnungszeitraum zu berechnenden Einheiten;
– die Nummer des angerufenen Teilnehmers;
– Art, Beginn und Dauer der Anrufe und/oder die übermittelte Datenmenge;
– Datum des Anrufs/der Dienstleistung;
– andere Zahlungsinformationen, beispielsweise Vorauszahlung, Ratenzahlung, Sperren des Anschlusses und Mahnungen.

3. Richtlinie des Europäischen Parlaments und des Rates vom 22. Juni 1998 über ein Informationsverfahren auf dem Gebiet der Normen und technischen Vorschriften (98/34/EG)

Amtsblatt Nr. L 204 vom 21/07/1998, S. 37–48 geändert durch: Richtlinie 98/48/EG vom 20. Juli 1998 (Amtsblatt Nr. L 217 vom 05/08/1998, S. 18–26)

DAS EUROPÄISCHE PARLAMENT UND DER RAT DER EUROPÄISCHEN UNION –

gestützt auf den Vertrag zur Gründung der Europäischen Gemeinschaft, insbesondere auf die Artikel 100a, 213 und 43, auf Vorschlag der Kommission[1], nach Stellungnahme des Wirtschafts- und Sozialausschusses[2], gemäß dem Verfahren des Artikels 189b des Vertrags[3], in Erwägung nachstehender Gründe:

(1) Die Richtlinie 89/189/EWG des Rates vom 28. März 1983 über ein Informationsverfahren auf dem Gebiet der Normen und technischen Vorschriften[4] ist mehrfach in wesentlichen Punkten geändert worden. Aus Gründen der Übersichtlichkeit und Klarheit empfiehlt es sich, die genannte Richtlinie zu kodifizieren.

(2) Der Binnenmarkt umfasst einen Raum ohne Binnengrenzen, in dem der freie Verkehr von Waren, Personen, Dienstleistungen und Kapital gewährleistet ist. Folglich ist das Verbot mengenmäßiger Beschränkungen im Warenaustausch sowie von Maßnahmen mit gleicher Wirkung wie solche mengenmäßigen Beschränkungen eine der Grundlagen der Gemeinschaft.

(3) Im Hinblick auf das reibungslose Funktionieren des Binnenmarktes ist es angebracht, bei den nationalen Maßnahmen zur Erstellung von Normen oder technischen Vorschriften die größtmögliche Transparenz zu gewährleisten.

(4) Handelsbeschränkungen aufgrund technischer Vorschriften für Erzeugnisse sind nur zulässig, wenn sie notwendig sind, um zwingenden Erfordernissen zu genügen und wenn sie einem Ziel allgemeinen Interesses dienen, für das sie eine wesentliche Garantie darstellen.

(5) Es ist unerlässlich, dass die Kommission schon vor dem Erlass technischer Vorschriften über die erforderlichen Informationen verfügt. Die Mitgliedstaaten sind nach Artikel 5 des Vertrags gehalten, der Kommission die Erfüllung ihrer Aufgabe zu erleichtern; sie sind deshalb verpflichtet, der Kommission von ihren Entwürfen auf dem Gebiet der technischen Vorschriften Mitteilung zu machen.

(6) Desgleichen müssen alle Mitgliedstaaten über die von einem von ihnen geplanten technischen Vorschriften unterrichtet sein.

(7) Durch den Binnenmarkt soll den Unternehmen ein besseres Umfeld für die Wettbewerbsfähigkeit gewährleistet werden; eine bessere Nutzung der Vorteile dieses Marktes durch die Unternehmen erfordert insbesondere eine verstärkte Information. Deshalb ist es notwendig, dass den Wirtschaftsteilnehmern durch die regelmäßige Veröffentlichung

---

[1] ABl. C 78 vom 12.3.1997, S. 4.
[2] ABl. C 133 vom 28.4.1997, S. 5.
[3] Stellungnahme des Europäischen Parlaments vom 17. September 1997 (ABl. C 304 vom 6.10.1997, S. 79), gemeinsamer Standpunkt des Rates vom 23. Februar 1998 (ABl. C 110 vom 8.4.1998, S. 1), Beschluss des Europäischen Parlaments vom 30. April 1998 (ABl. C 152 vom 18.5.1998) und Beschluss des Rates vom 28. Mai 1998.
[4] ABl. L 109 vom 26.4.1983, S. 8. Richtlinie zuletzt geändert durch die Entscheidung 96/139/EG der Kommission (ABl. L 32 vom 10.2.1996, S. 31).

der Titel der notifizierten Entwürfe sowie durch die Bestimmungen über die Vertraulichkeit dieser Entwürfe die Möglichkeit gegeben wird, zu den geplanten technischen Vorschriften anderer Mitgliedstaaten Stellung zu nehmen.

(8) Aus Gründen der Rechtssicherheit ist es angebracht, dass die Mitgliedstaaten öffentlich bekannt geben, dass eine nationale technische Vorschrift unter Einhaltung der vorliegenden Richtlinie in Kraft gesetzt worden ist.

(9) Hinsichtlich der technischen Vorschriften für Erzeugnisse beinhalten die Maßnahmen zur Gewährleistung des reibungslosen Funktionierens des Marktes oder für seine Vollendung insbesondere eine größere Transparenz der nationalen Vorhaben sowie eine Ausweitung der Kriterien und Bedingungen für die Abschätzung der Auswirkungen der geplanten Regelungen auf den Markt.

(10) Aus dieser Sicht ist es wichtig, dass alle für ein Erzeugnis geltenden Bestimmungen und die Entwicklungen bei der nationalen Regelungspraxis für die Erzeugnisse berücksichtigt werden.

(11) Die Vorschriften, die keine technischen Spezifikationen sind und den Lebenszyklus eines Erzeugnisses nach seinem Inverkehrbringen betreffen, können den freien Verkehr dieses Erzeugnisses beeinträchtigen oder Hindernisse beim reibungslosen Funktionieren des Binnenmarktes schaffen.

(12) Es hat sich erwiesen, dass der Begriff der technischen De-facto-Vorschrift geklärt werden muss. Die Bestimmungen, nach denen sich eine Behörde auf technische Spezifikationen oder sonstige Vorschriften bezieht oder zu ihrer Einhaltung auffordert sowie die Produktvorschriften, an denen die Behörde aus Gründen des öffentlichen Interesses beteiligt ist, verleihen diesen Spezifikationen und Vorschriften eine stärkere Verbindlichkeit, als sie eigentlich aufgrund ihres privaten Ursprungs hätten.

(13) Die Kommission und die Mitgliedstaaten müssen außerdem über die erforderliche Frist verfügen, um Änderungen der geplanten Maßnahme vorschlagen zu können, mit denen etwaige aus dieser entstehende Handelshemmnisse beseitigt oder abgeschwächt werden.

(14) Der betroffene Mitgliedstaat zieht diese Änderungsvorschläge bei der Ausarbeitung des endgültigen Wortlauts der geplanten Maßnahme in Erwägung.

(15) Der Binnenmarkt setzt voraus, dass die Kommission in Fällen, in denen der Grundsatz der gegenseitigen Anerkennung durch die Mitgliedstaaten nicht angewandt werden kann, verbindliche Rechtsakte der Gemeinschaft erlässt oder deren Erlass vorschlägt. Es wurde eine besondere Stillhaltefrist festgesetzt, um zu vermeiden, dass durch nationale Maßnahmen die Annahme von in dem gleichen Bereich unterbreiteten verbindlichen Rechtsakten der Gemeinschaft durch den Rat oder durch die Kommission beeinträchtigt wird.

(16) In beiden Fällen ist der betreffende Mitgliedstaat gemäß den allgemeinen Bestimmungen des Artikels 5 des Vertrags verpflichtet, das Inkraftsetzen der geplanten Maßnahme während eines genügend langen Zeitraums auszusetzen, um die Möglichkeit zu schaffen, dass Änderungsvorschläge gemeinsam geprüft werden oder der Vorschlag eines verbindlichen Rechtsakts des Rates ausgearbeitet oder ein verbindlicher Rechtsakt der Kommission angenommen wird. Die in der Vereinbarung der im Rat vereinigten Vertreter der Regierungen der Mitgliedstaaten vom 28. Mai 1969 über die Stillhalteregelung und die Unterrichtung der Kommission[5] in der Fassung der Vereinbarung vom 5. März

---

5 ABl. C 76 vom 17.6.1969, S. 9.

3. Informationsverfahren auf dem Gebiet der Normen

1973[6] vorgesehenen Fristen haben sich in solchen Fällen als unzureichend erwiesen; es ist deshalb erforderlich, längere Fristen vorzusehen.

(17) Das in der Vereinbarung vom 28. Mai 1969 vorgesehene Verfahren einer Stillhalteregelung und der Unterrichtung der Kommission ist für die davon erfassten Erzeugnisse, die nicht unter diese Richtlinie fallen, weiterhin anwendbar.

(18) Um den Beschluss von Gemeinschaftsmaßnahmen durch den Rat zu erleichtern, sollten die Mitgliedstaaten davon absehen, eine technische Vorschrift in Kraft zu setzen, wenn der Rat einen gemeinsamen Standpunkt zu einem Vorschlag der Kommission hinsichtlich desselben Sachgebiets festgelegt hat.

(19) Innerstaatliche technische Normen können in der Praxis dieselben Wirkungen auf den freien Warenverkehr ausüben wie technische Vorschriften.

(20) Es ist deshalb erforderlich, die Unterrichtung der Kommission über Entwürfe von Normen unter den gleichen Bedingungen, wie sie für technische Vorschriften gelten, sicherzustellen. Gemäß Artikel 213 des Vertrags kann die Kommission zur Erfüllung der ihr übertragenen Aufgaben alle erforderlichen Auskünfte einholen und alle erforderlichen Nachprüfungen vornehmen; der Rahmen und die nähere Maßgabe hierfür werden vom Rat gemäß den Bestimmungen des Vertrags festgelegt.

(21) Es ist darüber hinaus erforderlich, dass die Mitgliedstaaten und die Normungsgremien über die von den Normungsgremien der anderen Mitgliedstaaten geplanten Normen unterrichtet werden.

(22) Die systematische Notifizierungspflicht besteht nur für Gegenstände, die neu genormt werden, sofern diese auf nationaler Ebene vorgenommenen Maßnahmen Unterschiede in den nationalen Normen zur Folge haben können, die den Markt beeinträchtigen könnten. Jede weitere Notifizierung oder Mitteilung über die Fortschritte der nationalen Arbeiten soll davon abhängen, ob diejenigen, die zuvor über den Gegenstand der Normung unterrichtet worden sind, an diesen Arbeiten interessiert sind.

(23) Die Kommission muss jedoch die nationalen Normungsprogramme teilweise oder vollständig anfordern können, um die Entwicklungen der Normung in bestimmten Wirtschaftszweigen zu überprüfen.

(24) Das Europäische Normungssystem muss durch und für die Betroffenen angewandt werden, und zwar auf der Grundlage von Kohärenz, Transparenz, Offenheit, Konsens, Unabhängigkeit von Einzelinteressen, Effizienz und Entscheidungen unter Mitwirkung der einzelnen Staaten.

(25) Das Funktionieren der Normung in der Gemeinschaft muss auf den grundlegenden Rechten der nationalen Normungsgremien beruhen, wie zum Beispiel der Möglichkeit, Normenentwürfe zu erhalten, die aufgrund der übermittelten Bemerkungen getroffenen Maßnahmen zu erfahren, an den nationalen Normungstätigkeiten teilzunehmen oder anstelle nationaler Normen die Ausarbeitung europäischer Normen zu fordern. Es ist Aufgabe der Mitgliedstaaten, die in ihrer Macht stehenden gebotenen Maßnahmen zu ergreifen, damit ihre Normungsgremien diese Rechte respektieren.

(26) Die Bestimmungen hinsichtlich der Stillhaltefrist für die nationalen Normungsgremien während der Ausarbeitung einer europäischen Norm sind an die von diesen Gremien im Rahmen der europäischen Normungsgremien erlassenen Bestimmungen anzupassen.

---

[6] ABl. C 9 vom 15.3.1973, S. 3.

(27) Es empfiehlt sich, einen Ständigen Ausschuss einzusetzen, dessen Mitglieder von den Mitgliedstaaten ernannt werden und dessen Auftrag darin besteht, die Kommission bei der Prüfung innerstaatlicher Normenentwürfe und bei ihren Bemühungen um Verminderung möglicher Beeinträchtigung des freien Warenverkehrs zu unterstützen.

(28) Es ist zweckmäßig, den Ständigen Ausschuss zu den Entwürfen für Normungsaufträge im Sinne dieser Richtlinie anzuhören.

(29) Diese Richtlinie soll die Verpflichtungen der Mitgliedstaaten in bezug auf die in Anhang III Teil B aufgeführten Richtlinien und deren Umsetzungsfristen unberührt lassen – HABEN FOLGENDE RICHTLINIE ERLASSEN:

Artikel 1
Für diese Richtlinie gelten folgende Begriffsbestimmungen:
1. „Erzeugnis" Erzeugnisse, die gewerblich hergestellt werden, und landwirtschaftliche Erzeugnisse, einschließlich Fischprodukte;
2. „technische Spezifikation" Spezifikation, die in einem Schriftstück enthalten ist, das Merkmale für ein Erzeugnis vorschreibt, wie Qualitätsstufen, Gebrauchstauglichkeit, Sicherheit oder Abmessungen, einschließlich der Vorschriften über Verkaufsbezeichnung, Terminologie, Symbole, Prüfungen und Prüfverfahren, Verpackung, Kennzeichnung und Beschriftung des Erzeugnisses sowie über Konformitätsbewertungsverfahren.
Unter den Begriff „technische Spezifikation" fallen ferner die Herstellungsmethoden und -verfahren für die landwirtschaftlichen Erzeugnisse gemäß Artikel 38 Absatz 1 des Vertrags, für die Erzeugnisse, die zur menschlichen und tierischen Ernährung bestimmt sind, für die Arzneimittel gemäß Artikel 1 der Richtlinie 65/65/ EWG des Rates[7] sowie die Herstellungsmethoden und -verfahren für andere Erzeugnisse, sofern sie die Merkmale dieser Erzeugnisse beeinflussen;
3. „sonstige Vorschrift" eine Vorschrift für ein Erzeugnis, die keine technische Spezifikation ist und insbesondere zum Schutz der Verbraucher oder der Umwelt erlassen wird und den Lebenszyklus des Erzeugnisses nach dem Inverkehrbringen betrifft, wie Vorschriften für Gebrauch, Wiederverwertung, Wiederverwendung oder Beseitigung, sofern diese Vorschriften die Zusammensetzung oder die Art des Erzeugnisses oder seine Vermarktung wesentlich beeinflussen können;
4. „Norm" technische Spezifikation, die von einem anerkannten Normungsgremium zur wiederholten oder ständigen Anwendung angenommen wurde, deren Einhaltung jedoch nicht zwingend vorgeschrieben ist und die unter eine der nachstehend genannten Kategorien fällt:
– internationale Norm: Norm, die von einer internationalen Normungsorganisation angenommen wird und der Öffentlichkeit zugänglich ist;
– europäische Norm: Norm, die von einem europäischen Normungsgremium angenommen wird und der Öffentlichkeit zugänglich ist;
– nationale Norm: Norm, die von einem nationalen Normungsgremium angenommen wird und der Öffentlichkeit zugänglich ist;
5. „Normungsprogramm" Arbeitsplan einer anerkannten normenschaffenden Körperschaft, welcher die laufenden Arbeitsthemen der Normungstätigkeit enthält;

---

[7] Richtlinie 65/65/EWG des Rates vom 26. Januar 1965 zur Angleichung der Rechts- und Verwaltungsvorschriften über Arzneimittel (ABl. 22 vom 9.2.1965, S. 369/65). Zuletzt geändert durch die Richtlinie 93/39/EWG (ABl. L 214 vom 24.8.1993, S. 22).

3. Informationsverfahren auf dem Gebiet der Normen 251

6. „Normentwurf" Schriftstück, das die technischen Spezifikationen für einen bestimmten Gegenstand enthält und dessen Verabschiedung nach dem innerstaatlichen Normungsverfahren in der Form beabsichtigt ist, in der das Schriftstück als Ergebnis der Vorbereitungsarbeiten zur Stellungnahme oder für eine öffentliche Anhörung veröffentlicht wird;
7. „europäisches Normungsgremium" eine in Anhang I aufgeführte Organisation;
8. „nationales Normungsgremium" eine in Anhang II aufgeführte Organisation;
9. „technische Vorschrift" technische Spezifikationen sowie sonstige Vorschriften einschließlich der einschlägigen Verwaltungsvorschriften, deren Beachtung de jure oder de facto für das Inverkehrbringen oder die Verwendung in einem Mitgliedstaat oder in einem großen Teil dieses Staates verbindlich ist, sowie – vorbehaltlich der Bestimmungen des Artikels 10 – der Rechts- und Verwaltungsvorschriften der Mitgliedstaaten, mit denen Herstellung, Einfuhr, Inverkehrbringen oder Verwendung eines Erzeugnisses verboten wird.

Technische De-facto-Vorschriften sind insbesondere:
– die Rechts- oder Verwaltungsvorschriften eines Mitgliedstaats, in denen entweder auf technische Spezifikationen oder sonstige Vorschriften oder auf Berufskodizes oder Verhaltenskodizes, die ihrerseits einen Verweis auf technische Spezifikationen oder sonstige Vorschriften enthalten, verwiesen wird und deren Einhaltung eine Konformität mit den durch die genannten Rechts- oder Verwaltungsvorschriften festgelegten Bestimmungen vermuten lässt;
– freiwillige Vereinbarungen, bei denen der Staat Vertragspartei ist und die im öffentlichen Interesse die Einhaltung von technischen Spezifikationen und sonstigen Vorschriften mit Ausnahme der Vergabevorschriften im öffentlichen Beschaffungswesen bezwecken;
– die technischen Spezifikationen oder sonstigen Vorschriften, die mit steuerlichen oder finanziellen Maßnahmen verbunden sind, die auf den Verbrauch der Erzeugnisse Einfluss haben, indem sie die Einhaltung dieser technischen Spezifikationen oder sonstigen Vorschriften fördern; dies gilt nicht für technische Spezifikationen oder sonstige Vorschriften, die die nationalen Systeme der sozialen Sicherheit betreffen.

Dies betrifft die technischen Vorschriften, die von den durch die Mitgliedstaaten benannten Behörden festgelegt werden und in einer von der Kommission vor dem 1. Juli 1995 im Rahmen des Ausschusses nach Artikel 5 zu erstellenden Liste aufgeführt sind.

Änderungen dieser Liste werden nach demselben Verfahren vorgenommen;
10. „Entwurf einer technischen Vorschrift" Text einer technischen Spezifikation oder einer sonstigen Vorschrift, einschließlich Verwaltungsvorschriften, der ausgearbeitet worden ist, um diese Spezifikation als technische Vorschrift festzuschreiben oder letztlich festschreiben zu lassen, und der sich im Stadium der Ausarbeitung befindet, in dem noch wesentliche Änderungen möglich sind.
Diese Richtlinie gilt nicht für Maßnahmen, die die Mitgliedstaaten im Rahmen des Vertrags zum Schutz von Personen, insbesondere der Arbeitnehmer, bei der Verwendung von Erzeugnissen für erforderlich halten, sofern diese Maßnahmen keine Auswirkungen auf die Erzeugnisse haben.

Artikel 2
(1) Die Kommission und die in den Anhängen I und II aufgeführten Normungs-

gremien werden über die neuen Gegenstände unterrichtet, für die die in Anhang II aufgeführten nationalen Gremien durch die Aufnahme in ihr Normungsprogramm beschlossen haben, eine Norm auszuarbeiten oder zu ändern, sofern es sich nicht um die identische oder äquivalente Übertragung einer internationalen oder europäischen Norm handelt.

(2) In den in Absatz 1 genannten Informationen wird insbesondere angegeben, ob es sich bei der Norm handelt um:
– die nicht äquivalente Übertragung einer internationalen Norm;
– eine neue nationale Norm;
– die Änderung einer nationalen Norm.

Die Kommission kann nach Anhörung des in Artikel 5 vorgesehenen Ausschusses Regeln für die kodifizierte Vorlage dieser Informationen sowie ein Schema und Kriterien aufstellen, nach denen die Informationen abzufassen sind, um ihre Auswertung zu erleichtern.

(3) Die Kommission kann die teilweise oder vollständige Übermittlung der Normungsprogramme verlangen.

Diese Informationen stehen den Mitgliedstaaten bei der Kommission in einer Form zur Verfügung, die eine Beurteilung und den Vergleich der verschiedenen Normungsprogramme gestattet.

(4) Gegebenenfalls ändert die Kommission Anhang II auf der Grundlage der Mitteilungen der Mitgliedstaaten.

(5) Der Rat entscheidet auf Vorschlag der Kommission über jede Änderung des Anhangs I.

Artikel 3

Die in den Anhängen I und II aufgeführten Normungsgremien sowie die Kommission erhalten auf Anforderung alle Normenentwürfe. Sie werden von den betroffenen Normungsgremien über die Maßnahmen unterrichtet, die aufgrund ihrer eventuellen Bemerkungen zu diesen Entwürfen getroffen wurden.

Artikel 4

(1) Die Mitgliedstaaten ergreifen alle gebotenen Maßnahmen, damit ihre Normungsgremien
– die Informationen gemäß den Artikeln 2 und 3 übermitteln;
– die Normenentwürfe so veröffentlichen, dass Bemerkungen auch von einer Partei eingehen können, die in einem anderen Mitgliedstaat niedergelassen ist;
– den anderen in Anhang II aufgeführten Gremien das Recht zur passiven oder aktiven Teilnahme (durch Entsendung eines Beobachters) an den geplanten Arbeiten einräumen;
– sich nicht dagegenstellen, dass ein in ihrem Arbeitsprogramm enthaltener Normungsgegenstand auf europäischer Ebene nach den Regeln der europäischen Normungsgremien behandelt wird, und keine Maßnahme ergreifen, die einer Entscheidung hierüber vorgreifen könnte.

(2) Die Mitgliedstaaten sehen insbesondere von jeder Anerkennung, Zulassung oder Verwendung ab, bei der auf eine nationale Norm verwiesen wird, die in Widerspruch zu den Artikeln 2, 3 und zu Absatz 1 des vorliegenden Artikels in Kraft gesetzt worden ist.

3. Informationsverfahren auf dem Gebiet der Normen 253

Artikel 5
Es wird ein Ständiger Ausschuss aus von den Mitgliedstaaten ernannten Vertretern eingesetzt; diese können sich durch Sachverständige oder Berater unterstützen lassen; den Vorsitz im Ausschuss führt ein Vertreter der Kommission.
Der Ausschuss gibt sich eine Geschäftsordnung.

Artikel 6
(1) Der Ausschuss hält mindestens zweimal im Jahr mit den Vertretern der in den Anhängen I und II aufgeführten Normungsgremien Sitzungen ab.

(2) Die Kommission legt dem Ausschuss einen Bericht über die Einführung und Anwendung der Verfahren nach diese Richtlinie vor und unterbreitet ihm Vorschläge zur Beseitigung der bestehenden oder voraussichtlichen Handelshemmnisse.

(3) Der Ausschuss nimmt zu den Mitteilungen und Vorschlägen nach Absatz 2 Stellung, wobei er gegenüber der Kommission insbesondere anregen kann,
– die europäischen Normungsgremien zu ersuchen, innerhalb einer bestimmten Frist eine europäische Norm zu erarbeiten;
– darauf hinzuwirken, dass die betroffenen Mitgliedstaaten zur Verhinderung von Handelshemmnissen gegebenenfalls zunächst untereinander geeignete Schritte beschließen;
– alle angemessenen Maßnahmen zu ergreifen;
– die Gebiete zu ermitteln, für die sich eine Harmonisierung als notwendig erweist, und gegebenenfalls die entsprechenden Arbeiten zur Harmonisierung in einem bestimmten Bereich aufzunehmen.

(4) Der Ausschuss ist von der Kommission anzuhören
a) vor jeder Änderung der Listen der Anhänge I und II (Artikel 2 Absatz 1);
b) bei der Aufstellung der Regeln für die kodifizierte Vorlage der Angaben sowie des Schemas und der Kriterien, nach denen die Normungsprogramme abzufassen sind (Artikel 2 Absatz 2);
c) bei der Wahl des praktischen Systems für den in dieser Richtlinie vorgesehenen Informationsaustausch sowie bei etwaigen Änderungen desselben;
d) bei der Überprüfung der Arbeitsweise des aufgrund dieser Richtlinie geschaffenen Systems;
e) zu den Anträgen, die an die in Absatz 3 erster Gedankenstrich genannten Normungsgremien gerichtet sind.

(5) Der Ausschuss kann von der Kommission zu jedem ihr vorgelegten Vorentwurf einer technischen Vorschrift angehört werden.

(6) Der Ausschuss kann sich auf Antrag seines Vorsitzenden oder eines Mitgliedstaats mit jeder Frage im Zusammenhang mit der Durchführung dieser Richtlinie befassen.

(7) Die Arbeiten des Ausschusses und die ihm zur Verfügung zu stellenden Informationen sind vertraulich.
Der Ausschuss und die einzelstaatlichen Verwaltungen können jedoch unter Anwendung der nötigen Vorsichtsmaßnahmen natürliche und juristische Personen, die auch dem Privatsektor angehören können, als Sachverständige anhören.

Artikel 7
(1) Die Mitgliedstaaten treffen die erforderlichen Maßnahmen, damit ihre Nor-

mungsgremien während der Ausarbeitung nach Artikel 6 Absatz 3 erster Gedankenstrich oder nach der Annahme einer europäischen Norm nichts unternehmen, was die angestrebte Harmonisierung beeinträchtigen könnte, und insbesondere in dem betreffenden Bereich keine neue oder überarbeitete nationale Norm veröffentlichen, die nicht vollständig mit einer bestehenden europäischen Norm übereinstimmt.

(2) Absatz 1 gilt nicht für Arbeiten der Normungsgremien, die diese auf Antrag der Behörden durchführen, um im Fall bestimmter Erzeugnisse technische Spezifikationen oder eine Norm zwecks Festlegung einer technischen Vorschrift für diese Erzeugnisse festzulegen.

Die Mitgliedstaaten teilen der Kommission gemäß Artikel 8 Absatz 1 jeden unter Unterabsatz 1 fallenden Antrag als Entwurf einer technischen Vorschrift mit und legen die Gründe dar, die die Festlegung einer solchen Vorschrift rechtfertigen.

Artikel 8

(1) Vorbehaltlich des Artikels 10 übermitteln die Mitgliedstaaten der Kommission unverzüglich jeden Entwurf einer technischen Vorschrift, sofern es sich nicht um eine vollständige Übertragung einer internationalen oder europäischen Norm handelt; in diesem Fall reicht die Mitteilung aus, um welche Norm es sich handelt. Sie unterrichten die Kommission gleichzeitig in einer Mitteilung über die Gründe, die die Festlegung einer derartigen technischen Vorschrift erforderlich machen, es sei denn, die Gründe gehen bereits aus dem Entwurf hervor.

Gegebenenfalls – sofern dies noch nicht bei einer früheren Mitteilung geschehen ist – übermitteln die Mitgliedstaaten gleichzeitig den Wortlaut der hauptsächlich und unmittelbar betroffenen grundlegenden Rechts- und Verwaltungsvorschriften, wenn deren Wortlaut für die Beurteilung der Tragweite des Entwurfs einer technischen Vorschrift notwendig ist.

Die Mitgliedstaaten machen eine weitere Mitteilung in der vorgenannten Art und Weise, wenn sie an dem Entwurf einer technischen Vorschrift wesentliche Änderungen vornehmen, die den Anwendungsbereich ändern, den ursprünglichen Zeitpunkt für die Anwendung vorverlegen, Spezifikationen oder Vorschriften hinzufügen oder verschärfen.

Zielt der Entwurf einer technischen Vorschrift insbesondere darauf ab, das Inverkehrbringen oder die Verwendung eines Stoffes, einer Zubereitung oder eines chemischen Erzeugnisses aus Gründen des Gesundheits-, Verbraucher- oder Umweltschutzes einzuschränken, so übermitteln die Mitgliedstaaten, sofern verfügbar, ebenfalls eine Zusammenfassung aller zweckdienlichen Angaben über die betroffenen Stoffe, Zubereitungen oder Erzeugnisse sowie über bekannte und erhältliche Substitutionsprodukte oder die Fundstellen dieser Angaben sowie Angaben über die zu erwartenden Auswirkungen dieser Maßnahme auf Gesundheits-, Verbraucher- und Umweltschutz, sofern zweckmäßig mit einer Risikoanalyse, die im Fall eines bereits existierenden Stoffes nach den allgemeinen Grundsätzen für die Beurteilung der Gefahren chemischer Erzeugnisse im Sinne des Artikels 10 Absatz 4 der Verordnung (EWG) Nr. 793/93[8] und im Fall eines neuen Stoffes nach

---

[8] Verordnung (EWG) Nr. 793/93 des Rates vom 23. März 1993 zur Bewertung und Kontrolle der Umweltrisiken chemischer Altstoffe (ABl. L 84 vom 5.4.1993, S. 1).

3. Informationsverfahren auf dem Gebiet der Normen

den Grundsätzen im Sinne des Artikels 3 Absatz 2 der Richtlinie 67/548/EWG[9] durchgeführt wird.

Die Kommission unterrichtet die anderen Mitgliedstaaten unverzüglich über den Entwurf einer technischen Vorschrift und alle ihr zugegangenen Dokumente. Sie kann den Entwurf auch dem nach Artikel 5 eingesetzten Ausschuss und gegebenenfalls dem jeweils zuständigen Ausschuss zur Stellungnahme vorlegen.

Im bezug auf die technischen Spezifikationen oder sonstigen Vorschriften nach Artikel 1 Nummer 9 Unterabsatz 2 dritter Gedankenstrich können sich die Bemerkungen oder ausführlichen Stellungnahmen der Kommission oder der Mitgliedstaaten nur auf den Aspekt der Maßnahme der möglicherweise ein Handelshemmnis darstellt, nicht aber auf den steuerlichen oder finanziellen Aspekt beziehen.

(2) Die Kommission und die Mitgliedstaaten können bei dem Mitgliedstaat, der einen Entwurf einer technischen Vorschrift unterbreitet hat, Bemerkungen vorbringen, die dieser Mitgliedstaat bei der weiteren Ausarbeitung der technischen Vorschrift soweit wie möglich berücksichtigt.

(3) Die Mitgliedstaaten teilen der Kommission unverzüglich den endgültigen Wortlaut einer technischen Vorschrift mit.

(4) Die aufgrund dieses Artikels übermittelten Informationen gelten nicht als vertraulich, es sei denn, dies wird von dem notifizierenden Mitgliedstaat ausdrücklich beantragt. Ein solcher Antrag ist zu begründen.

Der in Artikel 5 genannte Ausschuss und die staatlichen Verwaltungen können im Fall eines solchen Antrags die Sachverständigenmeinung natürlicher oder juristischer Personen einholen, die gegebenenfalls im privaten Sektor tätig sind; sie lassen dabei die nötige Vorsicht walten.

(5) Ist ein Entwurf für technische Vorschriften Bestandteil einer Maßnahme, die aufgrund anderer verbindlicher Gemeinschaftsakte der Kommission im Entwurfsstadium mitgeteilt werden muss, so können die Mitgliedstaaten die Mitteilung gemäß Absatz 1 im Rahmen dieses anderen Rechtsakts übersenden, sofern förmlich darauf hingewiesen wird, dass die Mitteilung auch diese Richtlinie betrifft. Reagiert die Kommission im Rahmen dieser Richtlinie nicht auf den Entwurf einer technischen Vorschrift, so hat dies keinen Einfluss auf eine Entscheidung, die aufgrund anderer Rechtsakte der Gemeinschaft getroffen werden könnte.

Artikel 9

(1) Die Mitgliedstaaten nehmen den Entwurf einer technischen Vorschrift nicht vor Ablauf von drei Monaten nach Eingang der Mitteilung gemäß Artikel 8 Absatz 1 bei de Kommission an.

(2) Die Mitgliedstaaten nehmen
– den Entwurf einer technischen Vorschrift in Form einer freiwilligen Vereinbarung im Sinne des Artikels 1 Nummer 9 Unterabsatz 2 zweiter Gedankenstrich nicht vor Ablauf von vier Monaten und
– unbeschadet der Absätze 3, 4 und 5 einen anderen Entwurf einer technischen Vorschrift nicht vor Ablauf von sechs Monaten

---

[9] Richtlinie 67/548/EWG des Rates vom 27. Juni 1967 zur Angleichung der Rechts- und Verwaltungsvorschriften für die Einstufung, Verpackung und Kennzeichnung gefährlicher Stoffe (ABl. 196 vom 16.8.1967, S. 1). Richtlinie geändert durch die Richtlinie 92/32/EWG (ABl. L 154 vom 5.6.1992, S. 1).

nach Eingang der Mitteilung gemäß Artikel 8 Absatz 1 bei der Kommission an, wenn die Kommission oder ein anderer Mitgliedstaat innerhalb von drei Monaten nach der Übermittlung eine ausführliche Stellungnahme abgibt, der zufolge die geplante Maßnahme Elemente enthält, die den freien Warenverkehr im Rahmen des Binnenmarktes beeinträchtigen könnten. Der betroffene Mitgliedstaat unterrichtet die Kommission über die Maßnahmen, die er aufgrund der ausführlichen Stellungnahme zu ergreifen beabsichtigt. Die Kommission äußert sich zu diesen Maßnahmen.

(3) Die Mitgliedstaaten nehmen den Entwurf einer technischen Vorschrift nicht vor Ablauf von zwölf Monaten nach Eingang der Mitteilung gemäß Artikel 8 Absatz 1 bei der Kommission an, wenn die Kommission innerhalb von drei Monaten nach diesem Zeitpunkt ihre Absicht bekannt gibt, für den gleichen Gegenstand eine Richtlinie, eine Verordnung oder eine Entscheidung im Sinne des Artikels 189 des Vertrags vorzuschlagen oder anzunehmen.

(4) Die Mitgliedstaaten nehmen den Entwurf einer technischen Vorschrift nicht vor Ablauf von zwölf Monaten nach Eingang der Mitteilung gemäß Artikel 8 Absatz 1 bei der Kommission an, wenn die Kommission innerhalb von drei Monaten nach diesem Zeitpunkt die Feststellung bekannt gibt, dass der Entwurf der technischen Vorschrift einen Gegenstand betrifft, für welchen dem Rat ein Vorschlag für eine Richtlinie, eine Verordnung oder eine Entscheidung im Sinne des Artikels 189 des Vertrags vorgelegt worden ist.

(5) Legt der Rat innerhalb der Stillhaltefrist gemäß den Absätzen 3 und 4 einen gemeinsamen Standpunkt fest, so wird diese Frist vorbehaltlich des Absatzes 6 auf 18 Monate ausgedehnt.

(6) Die in den Absätzen 3, 4 und 5 genannten Pflichten entfallen,

– wenn die Kommission den Mitgliedstaaten mitteilt, dass sie auf ihre Absicht verzichtet, einen verbindlichen Gemeinschaftsrechtsakt vorzuschlagen oder zu erlassen, oder

– wenn die Kommission die Mitgliedstaaten von der Rücknahme ihres Entwurfs oder Vorschlags unterrichtet oder

– sobald ein verbindlicher Gemeinschaftsrechtsakt von der Kommission oder vom Rat erlassen worden ist.

(7) Die Absätze 1 bis 5 gelten nicht, wenn ein Mitgliedstaat aus dringenden Gründen, die durch eine ernste und unvorhersehbare Situation entstanden sind und sich auf den Gesundheitsschutz von Mensch und Tier, auf den Erhalt von Pflanzen oder auf die Sicherheit beziehen, gezwungen ist, ohne die Möglichkeit einer vorherigen Konsultation in kürzester Frist technische Vorschriften auszuarbeiten, um sie unverzüglich zu erlassen und in Kraft zu setzen. Der Mitgliedstaat begründet in der in Artikel 8 genannten Mitteilung die Dringlichkeit der betreffenden Maßnahmen. Die Kommission äußert sich unverzüglich zu dieser Mitteilung. Bei missbräuchlicher Anwendung dieses Verfahrens trifft sie die erforderlichen Maßnahmen. Das Europäische Parlament wird von der Kommission regelmäßig unterrichtet.

Artikel 10

(1) Die Artikel 8 und 9 gelten nicht für Rechts- und Verwaltungsvorschriften der Mitgliedstaaten oder für freiwillige Vereinbarungen, durch die die Mitgliedstaaten

3. Informationsverfahren auf dem Gebiet der Normen 257

- den verbindlichen Gemeinschaftsrechtsakten, mit denen technische Spezifikationen in Kraft gesetzt werden, nachkommen;
- die Verpflichtungen aus einem internationalen Übereinkommen erfüllen, wodurch gemeinsame technische Spezifikationen in der Gemeinschaft in Kraft gesetzt werden;
- die Schutzklauseln in Anspruch nehmen, die in verbindlichen Gemeinschaftsrechtsakten enthalten sind;
- Artikel 8 Absatz 1 der Richtlinie 92/59/EWG[10] anwenden;
- lediglich einem Urteil des Gerichtshofs der Europäischen Gemeinschaften nachkommen;
- lediglich eine technische Vorschrift im Sinne des Artikels 1 Nummer 9 zum Zweck der Beseitigung eines Handelshemmnisses entsprechend einem Antrag der Kommission ändern.

(2) Artikel 9 gilt nicht für Rechts- und Verwaltungsvorschriften, die die Mitgliedstaaten in bezug auf ein Herstellungsverbot erlassen, sofern diese Bestimmungen den freien Warenverkehr nicht behindern.

(3) Artikel 9 Absätze 3 bis 6 gelten nicht für freiwillige Vereinbarungen im Sinne des Artikels 1 Nummer 9 Unterabsatz 2 zweiter Gedankenstrich.

(4) Artikel 9 gilt nicht für technische Spezifikationen oder sonstige Vorschriften im Sinne des Artikels 1 Nummer 9 Unterabsatz 2 dritter Gedankenstrich.

Artikel 11
Die Kommission erstattet dem Europäischen Parlament, dem Rat und dem Wirtschafts- und Sozialausschuss alle zwei Jahre Bericht über die Ergebnisse der Anwendung dieser Richtlinie. Die Verzeichnisse der Normungsvorhaben, mit denen die europäischen Normungsgremien gemäß dieser Richtlinie betraut worden sind, sowie Statistiken über die eingegangenen Notifizierungen werden einmal jährlich im Amtsblatt der Europäischen Gemeinschaften veröffentlicht.

Artikel 12
Erlassen die Mitgliedstaaten eine technische Vorschrift, nehmen sie in dieser selbst oder durch einen Hinweis bei der amtlichen Veröffentlichung auf diese Richtlinie Bezug. Die Mitgliedstaaten regeln die Einzelheiten dieser Bezugnahme.

Artikel 13
(1) Die in Anhang III Teil A aufgeführten Richtlinien und Entscheidungen werden aufgehoben. Dies berührt nicht die Verpflichtungen der Mitgliedstaaten hinsichtlich der im Anhang III Teil B aufgeführten Umsetzungsfristen.
(2) Bezugnahmen auf die aufgehobenen Richtlinien und Entscheidungen gelten als Bezugnahmen auf die vorliegende Richtlinie und sind nach Maßgabe der Entsprechungstabelle in Anhang IV zu lesen.

Artikel 14
Diese Richtlinie tritt am 20. Tag nach ihrer Veröffentlichung im Amtsblatt der Europäischen Gemeinschaften in Kraft.

---

[10] Richtlinie 92/59/EWG des Rates vom 19. Juni 1992 über die allgemeine Produktsicherheit (ABl. L 228 von 11.8.1992, S. 24).

Artikel 15
Diese Richtlinie ist an die Mitgliedstaaten gerichtet.

Anhang I. Europäische Normungsgremien
CEN (Europäisches Komitee für Normung)
CENELEC (Europäisches Komitee für Elektrotechnische Normung)
ETSI (Europäisches Institut für Telekommunikationsstandard)

Anhang II. Nationale Normungsgremien

1. Belgien
IBN/BIN (Institut belge de normalisation/ Belgisch Instituut voor Normalisatie)
CEB/BEC (Comité électrotechnique belge/ Belgisch Elektrotechnisch Comité)

2. Dänemark
DS (Dansk Standard)
NTA (Telestyrelsen, National Telecom Agency)

3. Deutschland
DIN (Deutsches Institut für Normung e. V.)
DKE (Deutsche Elektrotechnische Kommission im DIN und VDE)

4. Griechenland
ΕΛΟΤ (Ελληνιχός Οργανισμός Τυποποίησης)

5. Spanien
ANOR (Asociación Española de Normalización y Certificación)

6. Frankreich
AFNOR (Association française de normalisation)
UTE (Union technique de l'électricité – Bureau de normalisation auprès de l'AFNOR)

7. Irland
NSAI (National Standards Authority of Ireland)
ETCI (Electrotechnical Council of Ireland)

8. Italien[11]
UNI (Ente nazionale italiano di unificazione)
CEI (Comitato elettrotecnico italiano)

9. Luxemburg
ITM (Inspection du travail et des mines)
SEE (Service de l'énergie de l'État)

10. Niederlande
NNI (Nederlands Normalisatieinstituut)
NEC (Nederlands Elektrotechnisch Comité)

---

[11] UNI und CEI haben in Zusammenarbeit mit dem Istituto Superiore delle Poste e Telecomunicazioni und dem Ministero dell'Industria die Arbeiten im Rahmen von ETSI an CONCIT (Comitato nazionale di coordinamento per le tecnologie dell'informazione) übertragen.

3. Informationsverfahren auf dem Gebiet der Normen   259

11. Österreich
ON (Österreichisches Normungsinstitut)
ÖVE (Österreichischer Verband für Elektrotechnik)

12. Portugal
IPQ (Instituto Português da Qualidade)

13. Vereinigtes Königreich
BSI (British Standards Institution)
BEC (British Electrotechnical Committee)

14. Finnland
SFS (Suomen Standardisoimisliitto SFS ry/ Finlands Standardiseringsförbund SFS rf)
THK/TFC (Telehallintokeskus/ Teleförvaltningscentralen)
SESKO (Suomen Sähköteknillinen Standardisoimisyhdistys SESKO ry/ Finlands Elektrotekniska Standardiseringsförening SESKO rf)

15. Schweden
SIS (Standardiseringen i Sverige)
SEK (Svenska elektriska kommissionen)
IST (Informationstekniska standardiseringen)

Anhang III

Teil A. Aufgehobene Richtlinien und Entscheidungen (gemäß Artikel 13)
Richtlinie 83/189/EWG des Rates und ihre nachfolgenden Änderungen
Richtlinie 88/182/EWG des Rates
Entscheidung 90/230/EWG der Kommission
Entscheidung 92/400/EWG der Kommission
Richtlinie 94/10/EG des Europäischen Parlaments und des Rates
Entscheidung 96/139/EG der Kommission

V. Deliktshaftung

I. Richtlinie des Rates vom 25. Juli 1985 zur Angleichung der Rechts- und Verwaltungsvorschriften der Mitgliedstaaten über die Haftung für fehlerhafte Produkte (85/374/EWG)

Amtsblatt Nr. L 210 vom 07/08/1985, S. 29–33 geändert durch: Richtlinie 1999/34/EG vom 10. Mai 1999 (Amtsblatt Nr. L 141 vom 04/06/1999, S. 20–21)

DER RAT DER EUROPÄISCHEN GEMEINSCHAFTEN –
gestützt auf den Vertrag zur Gründung der Europäischen Wirtschaftsgemeinschaft, insbesondere auf Artikel 100, auf Vorschlag der Kommission[1], nach Stellungnahme des Europäischen Parlaments[2], nach Stellungnahme des Wirtschafts- und Sozialausschusses[3], in Erwägung nachstehender Gründe:
Eine Angleichung der einzelstaatlichen Rechtsvorschriften über die Haftung des Herstellers für Schäden, die durch die Fehlerhaftigkeit seiner Produkte verursacht worden sind, ist erforderlich, weil deren Unterschiedlichkeit den Wettbewerb verfälschen, den freien Warenverkehr innerhalb des Gemeinsamen Marktes beeinträchtigen und zu einem unterschiedlichen Schutz des Verbrauchers vor Schädigungen seiner Gesundheit und seines Eigentums durch ein fehlerhaftes Produkt führen kann.
Nur bei einer verschuldensunabhängigen Haftung des Herstellers kann das unserem Zeitalter fortschreitender Technisierung eigene Problem einer gerechten Zuweisung der mit der modernen technischen Produktion verbundenen Risiken in sachgerechter Weise gelöst werden.
Die Haftung darf sich nur auf bewegliche Sachen erstrecken, die industriell hergestellt werden. Folglich sind landwirtschaftliche Produkte und Jagderzeugnisse von der Haftung auszuschließen, außer wenn sie einer industriellen Verarbeitung unterzogen worden sind, die Ursache eines Fehlers dieses Erzeugnisses sein kann. Die in dieser Richtlinie vorzusehende Haftung muss auch für bewegliche Sachen gelten, die bei der Errichtung von Bauwerken verwendet oder in Bauwerke eingebaut werden.
Der Schutz des Verbrauchers erfordert es, dass alle am Produktionsprozess Beteiligten haften, wenn das Endprodukt oder der von ihnen gelieferte Bestandteil oder Grundstoff fehlerhaft war. Aus demselben Grunde hat die Person, die Produkte in die Gemeinschaft einführt, sowie jede Person zu haften, die sich als Hersteller ausgibt, indem sie ihren Namen, ihr Warenzeichen oder ein anderes Erkennungszeichen anbringt, oder die ein Produkt liefert, dessen Hersteller nicht festgestellt werden kann.
Haften mehrere Personen für denselben Schaden, so erfordert der Schutz des Verbrauchers, dass der Geschädigte eine jede für den vollen Ersatz des Schadens in Anspruch nehmen kann.
Damit der Verbraucher in seiner körperlichen Unversehrtheit und seinem Eigentum geschützt wird, ist zur Bestimmung der Fehlerhaftigkeit eines Produkts nicht auf dessen mangelnde Gebrauchsfähigkeit, sondern auf einen Mangel an Sicherheit abzustellen, die von der Allgemeinheit berechtigterweise erwartet werden darf. Bei der Beurteilung dieser

---

[1] ABl. Nr. C 241 vom 14. 10. 1976, S. 9, und ABl. Nr. C 271 vom 26. 10. 1979, S. 3.
[2] ABl. Nr. C 127 vom 21. 5. 1979, S. 61.
[3] ABl. Nr. C 114 vom 7. 5. 1979, S. 15.

Sicherheit wird von jedem missbräuchlichen Gebrauch des Produkts abgesehen, der unter den betreffenden Umständen als unvernünftig gelten muss.

Eine gerechte Verteilung der Risiken zwischen dem Geschädigten und dem Hersteller bedingt, dass es dem Hersteller möglich sein muss, sich von der Haftung zu befreien, wenn er den Beweis für ihn entlastende Umstände erbringt.

Der Schutz des Verbrauchers erfordert, dass die Haftung des Herstellers nicht durch Handlungen anderer Personen beeinträchtigt wird, die zur Verursachung des Schadens beigetragen haben. Ein Mitverschulden des Geschädigten kann jedoch berücksichtigt werden und die Haftung mindern oder ausschließen.

Der Schutz des Verbrauchers erfordert die Wiedergutmachung von Schäden, die durch Tod und Körperverletzungen verursacht wurden, sowie die Wiedergutmachung von Sachschäden. Letztere ist jedoch auf Gegenstände des privaten Ge- bzw. Verbrauchs zu beschränken und zur Vermeidung einer allzu großen Zahl von Streitfällen um eine Selbstbeteiligung in fester Höhe zu vermindern. Die Richtlinie berührt nicht die Gewährung von Schmerzensgeld und die Wiedergutmachung anderer seelischer Schäden, die gegebenenfalls nach dem im Einzelfall anwendbaren Recht vorgesehen sind.

Eine einheitlich bemessene Verjährungsfrist für Schadenersatzansprüche liegt sowohl im Interesse des Geschädigten als auch des Herstellers.

Produkte nutzen sich im Laufe der Zeit ab, es werden strengere Sicherheitsnormen entwickelt, und die Erkenntnisse von Wissenschaft und Technik schreiten fort. Es wäre daher unbillig, den Hersteller zeitlich unbegrenzt für Mängel seiner Produkte haftbar zu machen. Seine Haftung hat somit nach einem angemessenen Zeitraum zu erlöschen, wobei ein rechtshängiger Anspruch jedoch nicht berührt wird.

Damit ein wirksamer Verbraucherschutz gewährleistet ist, darf es nicht möglich sein, die Haftung des Herstellers gegenüber dem Geschädigten durch eine Vertragsklausel abweichend zu regeln.

Nach den Rechtssystemen der Mitgliedstaaten kann der Geschädigte aufgrund einer vertraglichen Haftung oder aufgrund einer anderen als der in dieser Richtlinie vorgesehenen außervertraglichen Haftung Anspruch auf Schadenersatz haben. Soweit derartige Bestimmungen ebenfalls auf die Verwirklichung des Ziels eines wirksamen Verbraucherschutzes ausgerichtet sind, dürfen sie von dieser Richtlinie nicht beeinträchtigt werden. Soweit in einem Mitgliedstaat ein wirksamer Verbraucherschutz im Arzneimittelbereich auch bereits durch eine besondere Haftungsregelung gewährleistet ist, müssen Klagen aufgrund dieser Regelung ebenfalls weiterhin möglich sein.

Da die Haftung für nukleare Schäden in allen Mitgliedstaaten bereits ausreichenden Sonderregelungen unterliegt, können Schäden dieser Art aus dem Anwendungsbereich dieser Richtlinie ausgeschlossen werden.

Der Ausschluss von landwirtschaftlichen Naturprodukten und Jagderzeugnissen aus dem Anwendungsbereich dieser Richtlinie kann in einigen Mitgliedstaaten in Anbetracht der Erfordernisse des Verbraucherschutzes als ungerechtfertigte Einschränkung dieses Schutzes empfunden werden; deshalb müssen die Mitgliedstaaten die Haftung auf diese Produkte ausdehnen können.

Aus ähnlichen Gründen kann es in einigen Mitgliedstaaten als ungerechtfertigte Einschränkung des Verbraucherschutzes empfunden werden, dass ein Hersteller sich von der Haftung befreien kann, wenn er den Beweis erbringt, dass der Stand der Wissenschaft und Technik zu dem Zeitpunkt, zu dem er das betreffende Erzeugnis in der Verkehr gebracht hat, es nicht gestattete, die Existenz des Fehlers festzustellen. Die Mitgliedstaaten müssen daher die Möglichkeit haben, einschlägige Rechtsvorschriften, denen zufolge ein

1. Haftung für fehlerhafte Produkte 263

solcher Beweis nicht von der Haftung befreien kann, beizubehalten bzw. dahingehende Rechtsvorschriften zu erlassen. Werden entsprechende neue Rechtsvorschriften eingeführt, so muss jedoch die Inanspruchnahme einer derartigen Abweichung von einem gemeinschaftlichen Stillhalteverfahren abhängig gemacht werden, damit der Umfang des Schutzes in der Gemeinschaft möglichst in einheitlicher Weise erweitert wird.

In Anbetracht der Rechtstraditionen in den meisten Mitgliedstaaten empfiehlt es sich nicht, für die verschuldensunabhängige Haftung des Herstellers eine finanzielle Obergrenze festzulegen. Da es jedoch auch andere Rechtstraditionen gibt, erscheint es möglich, den Mitgliedstaaten das Recht einzuräumen, vom Grundsatz der unbeschränkten Haftung abzuweichen und für Todesfälle und Körperverletzungen, die durch gleiche Artikel mit demselben Fehler verursacht wurden, die Gesamthaftung des Herstellers zu begrenzen, sofern diese Begrenzung hoch genug angesetzt wird, um einen angemessenen Schutz der Verbraucher und ein einwandfreies Funktionieren des Gemeinsamen Marktes sicherzustellen.

Mit dieser Richtlinie lässt sich vorerst keine vollständige Harmonisierung erreichen, sie öffnet jedoch den Weg für eine umfassendere Harmonisierung. Der Rat sollte von der Kommission daher regelmäßig mit Berichten über die Durchführung dieser Richtlinie befasst werden, denen gegebenenfalls entsprechende Vorschläge beizufügen wären.

Im Hinblick darauf ist es besonders wichtig, dass die Bestimmungen der Richtlinie, die den Mitgliedstaaten Abweichungen ermöglichen, nach einem ausreichend langen Zeitraum überprüft werden, sobald genügend praktische Erfahrungen über die Auswirkungen dieser Abweichungen auf den Verbraucherschutz und auf das Funktionieren des Gemeinsamen Marktes gesammelt worden sind –

HAT FOLGENDE RICHTLINIE ERLASSEN:

Artikel 1

Der Hersteller eines Produkts haftet für den Schaden, der durch einen Fehler dieses Produkts verursacht worden ist.

Artikel 2

Bei der Anwendung dieser Richtlinie gilt als „Produkt" jede bewegliche Sache, ausgenommen landwirtschaftliche Naturprodukte und Jagderzeugnisse, auch wenn sie einen Teil einer anderen beweglichen Sache oder einer unbeweglichen Sache bildet. Unter „landwirtschaftlichen Naturprodukten" sind Boden-, Tierzucht- und Fischereierzeugnisse zu verstehen, ausgenommen Produkte, die einer ersten Verarbeitung unterzogen wurden. Unter „Produkt" ist auch Elektrizität zu verstehen.

Artikel 3

(1) „Hersteller" ist der Hersteller des Endprodukts, eines Grundstoffs oder eines Teilprodukts sowie jede Person, die sich als Hersteller ausgibt, indem sie ihren Namen, ihr Warenzeichen oder ein anderes Erkennungszeichen auf dem Produkt anbringt.

(2) Unbeschadet der Haftung des Herstellers gilt jede Person, die ein Produkt zum Zweck des Verkaufs, der Vermietung, des Mietkaufs oder einer anderen Form des Vertriebs im Rahmen ihrer geschäftlichen Tätigkeit in die Gemeinschaft einführt, im Sinne dieser Richtlinie als Hersteller dieses Produkts und haftet wie der Hersteller.

(3) Kann der Hersteller des Produkts nicht festgestellt werden, so wird jeder Lieferant als dessen Hersteller behandelt, es sei denn, dass er dem Geschädigten innerhalb angemessener Zeit den Hersteller oder diejenige Person benennt, die ihm das Produkt geliefert hat. Dies gilt auch für eingeführte Produkte, wenn sich bei diesen der Importeur im Sinne des Absatzes 2 nicht feststellen lässt, selbst wenn der Name des Herstellers angegeben ist.

Artikel 4
Der Geschädigte hat den Schaden, den Fehler und den ursächlichen Zusammenhang zwischen Fehler und Schaden zu beweisen.

Artikel 5
Haften aufgrund dieser Richtlinie mehrere Personen für denselben Schaden, so haften sie unbeschadet des einzelstaatlichen Rückgriffsrechts gesamtschuldnerisch.

Artikel 6
(1) Ein Produkt ist fehlerhaft, wenn es nicht die Sicherheit bietet, die man unter Berücksichtigung aller Umstände, insbesondere
a) der Darbietung des Produkts,
b) des Gebrauchs des Produkts, mit dem billigerweise gerechnet werden kann,
c) des Zeitpunkts, zu dem das Produkt in den Verkehr gebracht wurde,
zu erwarten berechtigt ist.
(2) Ein Produkt kann nicht allein deshalb als fehlerhaft angesehen werden, weil später ein verbessertes Produkt in den Verkehr gebracht wurde.

Artikel 7
Der Hersteller haftet aufgrund dieser Richtlinie nicht, wenn er beweist,
a) dass er das Produkt nicht in den Verkehr gebracht hat;
b) dass unter Berücksichtigung der Umstände davon auszugehen ist, dass der Fehler, der den Schaden verursacht hat, nicht vorlag, als das Produkt von ihm in den Verkehr gebracht wurde, oder dass dieser Fehler später entstanden ist;
c) dass er das Produkt weder für den Verkauf oder eine andere Form des Vertriebs mit wirtschaftlichem Zweck hergestellt noch im Rahmen seiner beruflichen Tätigkeit hergestellt oder vertrieben hat;
d) dass der Fehler darauf zurückzuführen ist, dass das Produkt verbindlichen hoheitlich erlassenen Normen entspricht;
e) dass der vorhandene Fehler nach dem Stand der Wissenschaft und Technik zu dem Zeitpunkt, zu dem er das betreffende Produkt in den Verkehr brachte, nicht erkannt werden konnte;
f) wenn es sich um den Hersteller eines Teilproduktes handelt, dass der Fehler durch die Konstruktion des Produkts in welches das Teilprodukt eingearbeitet wurde, oder durch die Anleitungen des Herstellers des Produktes verursacht worden ist.

Artikel 8
(1) Unbeschadet des einzelstaatlichen Rückgriffsrechts wird die Haftung eines Herstellers nicht gemindert, wenn der Schaden durch einen Fehler des Produkts und zugleich durch die Handlung eines Dritten verursacht worden ist.

1. Haftung für fehlerhafte Produkte

(2) Die Haftung des Herstellers kann unter Berücksichtigung aller Umstände gemindert werden oder entfallen, wenn der Schaden durch einen Fehler des Produkts und zugleich durch Verschulden des Geschädigten oder einer Person, für die der Geschädigte haftet, verursacht worden ist.

Artikel 9
Der Begriff „Schaden" im Sinne des Artikels 1 umfasst
a) den durch Tod und Körperverletzungen verursachten Schaden;
b) die Beschädigung oder Zerstörung einer anderen Sache als des fehlerhaften Produktes – bei einer Selbstbeteiligung von 500 ECU –, sofern diese Sache
i) von einer Art ist, wie sie gewöhnlich für den privaten Ge- oder Verbrauch bestimmt ist, und
ii) von dem Geschädigten hauptsächlich zum privaten Ge- oder Verbrauch verwendet worden ist.

Dieser Artikel berührt nicht die Rechtsvorschriften der Mitgliedstaaten betreffend immaterielle Schäden.

Artikel 10
(1) Die Mitgliedstaaten sehen in ihren Rechtsvorschriften vor, dass der aufgrund dieser Richtlinie vorgesehene Ersatzanspruch nach Ablauf einer Frist von drei Jahren ab dem Tage verjährt, an dem der Kläger von dem Schaden, dem Fehler und der Identität des Herstellers Kenntnis erlangt hat oder hätte erlangen müssen.
(2) Die Rechtsvorschriften der Mitgliedstaaten über die Hemmung oder Unterbrechung der Verjährung werden durch diese Richtlinie nicht berührt.

Artikel 11
Die Mitgliedstaaten sehen in ihren Rechtsvorschriften vor, dass die dem Geschädigten aus dieser Richtlinie erwachsenden Ansprüche nach Ablauf einer Frist von zehn Jahren ab dem Zeitpunkt erlöschen, zu dem der Hersteller das Produkt, welches den Schaden verursacht hat, in den Verkehr gebracht hat, es sei denn, der Geschädigte hat in der Zwischenzeit ein gerichtliches Verfahren gegen den Hersteller eingeleitet.

Artikel 12
Die Haftung des Herstellers aufgrund dieser Richtlinie kann gegenüber dem Geschädigten nicht durch eine die Haftung begrenzende oder von der Haftung befreiende Klausel begrenzt oder ausgeschlossen werden.

Artikel 13
Die Ansprüche, die ein Geschädigter aufgrund der Vorschriften über die vertragliche und außervertragliche Haftung oder aufgrund einer zum Zeitpunkt der Bekanntgabe dieser Richtlinie bestehenden besonderen Haftungsregelung geltend machen kann, werden durch diese Richtlinie nicht berührt.

Artikel 14
Diese Richtlinie ist nicht auf Schäden infolge eines nuklearen Zwischenfalls anwendbar, die in von den Mitgliedstaaten ratifizierten internationalen Übereinkommen erfasst sind.

Artikel 15

(1) Jeder Mitgliedstaat kann
a) abweichend von Artikel 2 in seinen Rechtsvorschriften vorsehen, dass der Begriff „Produkt" im Sinne von Artikel 1 auch landwirtschaftliche Naturprodukte und Jagderzeugnisse umfasst;
b) abweichend von Artikel 7 Buchstabe e) in seinen Rechtsvorschriften die Regelung beibehalten oder – vorbehaltlich des Verfahrens nach Absatz 2 des vorliegenden Artikels – vorsehen, dass der Hersteller auch dann haftet, wenn er beweist, dass der vorhandene Fehler nach dem Stand der Wissenschaft und Technik zu dem Zeitpunkt, zu dem er das betreffende Produkt in den Verkehr brachte, nicht erkannt werden konnte.

(2) Will ein Mitgliedstaat eine Regelung nach Absatz 1 Buchstabe b) einführen, so teilt er der Kommission den Wortlaut der geplanten Regelung mit; die Kommission unterrichtet die übrigen Mitgliedstaaten hiervon.

Der betreffende Mitgliedstaat führt die geplante Regelung erst neun Monate nach Unterrichtung der Kommission und nur dann ein, wenn diese dem Rat in der Zwischenzeit keinen einschlägigen Änderungsvorschlag zu dieser Richtlinie vorgelegt hat. Bringt die Kommission jedoch innerhalb von drei Monaten nach der Unterrichtung dem betreffenden Mitgliedstaat nicht ihre Absicht zur Kenntnis, dem Rat einen derartigen Vorschlag zu unterbreiten, so kann der Mitgliedstaat die geplante Regelung unverzüglich einführen.

Legt die Kommission dem Rat innerhalb der genannten Frist von neun Monaten einen derartigen Änderungsvorschlag zu dieser Richtlinie vor, so stellt der betreffende Mitgliedstaat die geplante Regelung für einen weiteren Zeitraum von achtzehn Monaten nach der Unterbreitung dieses Vorschlags zurück.

(3) Zehn Jahre nach dem Zeitpunkt der Bekanntgabe dieser Richtlinie legt die Kommission dem Rat einen Bericht darüber vor, wie sich die Anwendung des Artikels 7 Buchstabe e) und des Absatzes 1 Buchstabe b) des vorliegenden Artikels durch die Gerichte auf den Verbraucherschutz und das Funktionieren des Gemeinsamen Marktes ausgewirkt hat. Der Rat entscheidet unter Berücksichtigung dieses Berichts nach Maßgabe des Artikels 100 des Vertrages auf Vorschlag der Kommission über die Aufhebung des Artikels 7 Buchstabe e).

Artikel 16

(1) Jeder Mitgliedstaat kann vorsehen, dass die Gesamthaftung des Herstellers für die Schäden infolge von Tod oder Körperverletzungen, die durch gleiche Artikel mit demselben Fehler verursacht wurden, auf einen Betrag von nicht weniger als 70 Millionen ECU begrenzt wird.

(2) Zehn Jahre nach dem Zeitpunkt der Bekanntgabe dieser Richtlinie unterbreitet die Kommission dem Rat einen Bericht über die Frage, wie sich diese Haftungsbegrenzung durch diejenigen Mitgliedstaaten, die von der in Absatz 1 vorgesehenen Möglichkeit Gebrauch gemacht haben, auf den Verbraucherschutz und das Funktionieren des Gemeinsamen Marktes ausgewirkt hat. Der Rat entscheidet unter Berücksichtigung dieses Berichts nach Maßgabe des Artikels 100 des Vertrages auf Vorschlag der Kommission über die Aufhebung des Absatzes 1.

Artikel 17

Diese Richtlinie ist nicht auf Produkte anwendbar, die in den Verkehr gebracht wurden, bevor die in Artikel 19 genannten Vorschriften in Kraft getreten sind.

1. Haftung für fehlerhafte Produkte

Artikel 18

(1) Als ECU im Sinne dieser Richtlinie gilt die Rechnungseinheit, die durch die Verordnung (EWG) Nr. 3180/78[4], in der Fassung der Verordnung (EWG) Nr. 2626/84[5], festgelegt worden ist. Der Gegenwert in nationaler Währung ist bei der ersten Festsetzung derjenige, welcher am Tag der Annahme dieser Richtlinie gilt.

(2) Der Rat prüft auf Vorschlag der Kommission alle fünf Jahre die Beträge dieser Richtlinie unter Berücksichtigung der wirtschaftlichen und monetären Entwicklung in der Gemeinschaft und ändert diese Beträge gegebenenfalls.

Artikel 19

(1) Die Mitgliedstaaten erlassen die erforderlichen Rechts- und Verwaltungsvorschriften, um dieser Richtlinie spätestens drei Jahre nach ihrer Bekanntgabe nachzukommen. Sie setzen die Kommission unverzüglich davon in Kenntnis[6].

(2) Das in Artikel 15 Absatz 2 vorgesehene Verfahren ist vom Tag der Bekanntgabe der Richtlinie an anzuwenden.

Artikel 20

Die Mitgliedstaaten teilen der Kommission den Wortlaut der wichtigsten innerstaatlichen Rechtsvorschriften mit, die sie auf dem unter diese Richtlinie fallenden Gebiet erlassen.

Artikel 21

Die Kommission legt dem Rat alle fünf Jahre einen Bericht über die Anwendung dieser Richtlinie vor und unterbreitet ihm gegebenenfalls geeignete Vorschläge.

Artikel 22

Diese Richtlinie ist an die Mitgliedstaaten gerichtet.

---

[4] ABl. Nr. L 379 vom 30. 12. 1978, S. 1.
[5] ABl. Nr. L 247 vom 16. 9. 1984, S. 1.
[6] Diese Richtlinie wurde den Mitgliedstaaten am 30. Juli 1985 bekannt gegeben.

2. Richtlinie des Rates vom 29. Juni 1992 über die allgemeine Produktsicherheit (92/59/EWG)

Amtsblatt Nr. L 228 vom 11/08/1992, S. 24–32

DER RAT DER EUROPÄISCHEN GEMEINSCHAFTEN –

gestützt auf den Vertrag zur Gründung der Europäischen Wirtschaftsgemeinschaft, insbesondere auf Artikel 100a, auf Vorschlag der Kommission[1], in Zusammenarbeit mit dem Europäischen Parlament[2], nach Stellungnahme des Wirtschafts- und Sozialausschusses[3], in Erwägung nachstehender Gründe:

Es sind Maßnahmen zur schritt weisen Vollendung des Binnenmarktes bis zum 31. Dezember 1992 zu erlassen. Der Binnenmarkt umfasst einen Raum ohne Binnengrenzen, in dem der freie Verkehr von Waren, Personen, Dienstleistungen und Kapital gewährleistet ist.

Mehrere Mitgliedstaaten haben horizontale Rechtsvorschriften zur Produktsicherheit erlassen, die den Wirtschaftssubjekten vor allem eine allgemeine Verpflichtung auferlegen, nur sichere Produkte in den Verkehr zu bringen. Diese Rechtsvorschriften führen zu einem unterschiedlichen Schutzniveau. Derartige Unterschiede und das Fehlen horizontaler Rechtsvorschriften in anderen Mitgliedstaaten sind geeignet, den innergemeinschaftlichen Handel zu behindern und Wettbewerbsverzerrungen innerhalb des Binnenmarktes hervorzurufen. Es ist sehr schwierig, Gemeinschaftsvorschriften für alle gegenwärtigen und künftigen Produkte zu erlassen. Für solche Produkte sind umfassende horizontale Rahmenvorschriften notwendig, die Lücken in gegenwärtigen oder künftigen spezifischen Rechtsvorschriften schließen, um vor allem das nach Artikel 100a Absatz 3 des Vertrages geforderte hohe Schutzniveau für die Sicherheit und Gesundheit von Personen zu gewährleisten.

Daher ist es erforderlich, für alle auf den Markt gebrachten Produkte, die für die Verbraucher bestimmt sind oder von den Verbrauchern verwendet werden könnten, gemeinschaftsweit eine allgemeine Sicherheitsanforderung zu schaffen. Dabei sind jedoch bestimmte gebrauchte Produkte von Natur wegen auszuschließen.

Produktionsanlagen, Investitionsgüter und andere nur zur beruflichen Nutzung bestimmte Produkte werden von dieser Richtlinie nicht betroffen.

Die Bestimmungen dieser Richtlinie gelten, soweit es im Rahmen von Gemeinschaftsregelungen keine spezifischen Bestimmungen über die Sicherheit der betreffenden Produkte gibt.

Wenn in geltenden spezifischen Gemeinschaftsvorschriften, die auf eine vollständige Harmonisierung abzielen, insbesondere solchen, die auf der Grundlage der neuen Konzeption verabschiedet wurden, Anforderungen hinsichtlich der Produktsicherheit festgelegt sind, ist es nicht notwendig, den Wirtschaftssubjekten in bezug auf die Vermarktung der unter solche Vorschriften fallenden Produkte weitere Verpflichtungen aufzuerlegen.

Wenn für das betreffende Erzeugnis in spezifischen Gemeinschaftsvorschriften nur bestimmte Gesichtspunkte der Sicherheit oder Risikokategorien abgedeckt werden, sind die

---

[1] ABl. Nr. C 156 vom 27. 6. 1990, S. 8.
[2] ABl. Nr. C 96 vom 17. 4. 1990, S. 283, und Beschluss vom 11. Juni 1992 (noch nicht im Amtsblatt veröffentlicht).
[3] ABl. Nr. C 75 vom 26. 3. 1990, S. 1.

2. Allgemeine Produktsicherheit

Verpflichtungen der Wirtschaftssubjekte hinsichtlich dieser Aspekte ausschließlich durch diese Vorschriften bestimmt.

Die Verpflichtung zur Einhaltung der allgemeinen Sicherheitsanforderung ist durch die Verpflichtung der Wirtschaftssubjekte zu ergänzen, dem Verbraucher einschlägige Informationen zu liefern und entsprechend den besonderen Merkmalen der Produkte angemessene Maßnahmen zu treffen, so dass der Verbraucher über etwaige Risiken dieser Produkte unterrichtet ist.

In Ermangelung spezifischer Vorschriften sind Kriterien für die Beurteilung der Sicherheit eines Produktes festzulegen.

Die Mitgliedstaaten schaffen Behörden mit den erforderlichen Befugnissen, geeignete Maßnahmen zur Kontrolle der Sicherheit von Produkten zu treffen.

Zu den geeigneten Maßnahmen muss insbesondere gehören, dass die Mitgliedstaaten die Rücknahme bereits in Verkehr gebrachter gefährlicher Produkte wirksam und sofort organisieren können.

Um die Einheit des Marktes zu erhalten, ist die Kommission von jeder Maßnahme zu unterrichten, mit der das Inverkehrbringen eines Produkts beschränkt oder seine Rücknahme vom Markt angeordnet wird, es sei denn, die Maßnahme betrifft einen Vorfall, der nur örtliche, auf jeden Fall auf das Hoheitsgebiet des betreffenden Mitgliedstaats begrenzte Auswirkungen hat. Solche Maßnahmen dürfen nur unter Beachtung der Bestimmungen des Vertrages, insbesondere der Artikel 30 bis 36, getroffen werden.

Die vorliegende Richtlinie beeinträchtigt nicht die Notifizierungsverfahren gemäß der Richtlinie 83/189/EWG des Rates vom 28. März 1983 über ein Informationsverfahren auf dem Gebiet der Normen und technischen Vorschriften[4] und der Entscheidung 88/383/EWG der Kommission vom 24. Februar 1988 über die Verbesserung der Information im Bereich Sicherheit, Arbeitshygiene und Gesundheitsschutz am Arbeitsplatz[5].
Eine wirksame Überwachung der Produktsicherheit erfordert die Schaffung eines landes- und gemeinschaftsweiten Systems für den raschen Informationsaustausch über Produktsicherheitsnotfälle. Daher ist das Verfahren nach der Entscheidung 89/45/EWG des Rates vom 21. Dezember 1988 über ein gemeinschaftliches System zum raschen Austausch von Informationen über die Gefahren bei der Verwendung von Konsumgütern[6] in die vorliegende Richtlinie einzugliedern und diese Entscheidung aufzuheben.

Außerdem ist es angebracht, die gemäß dieser Entscheidung festgelegten detaillierten Verfahren in die vorliegende Richtlinie zu übernehmen und der Kommission die Befugnis zu übertragen, diese Verfahren mit Unterstützung eines Ausschusses anzupassen. Entsprechende Meldeverfahren gibt es im übrigen bereits für Arzneimittel (Richtlinien 75/319/EWG[7] und 81/851/EWG[8]), Viehseuchen (Richtlinie 82/894/EWG[9]), Erzeugnisse tierischen Ursprungs (Richtlinie 89/622/EWG[10]) und in Form des Systems zum schnellen Informationsaustausch im Fall einer radiologischen Notstandssituation (Entscheidung 87/600/Euratom[11]).

---

[4] ABl. Nr. L 109 vom 26. 4. 1983, S. 8.
[5] ABl. Nr. L 183 vom 14. 7. 1988, S. 34.
[6] ABl. Nr. L 17 vom 21. 1. 1989, S. 51.
[7] ABl. Nr. L 147 vom 9. 6. 1975, S. 13.
[8] ABl. Nr. L 317 vom 6. 11. 1981, S. 1.
[9] ABl. Nr. L 378 vom 31. 12. 1982, S. 58.
[10] ABl. Nr. L 395 vom 30. 12. 1989, S. 13.
[11] ABl. Nr. L 371 vom 30. 12. 1987, S. 76.

Es ist in erster Linie Sache der Mitgliedstaaten, unter Einhaltung der Bestimmungen des Vertrages, insbesondere der Artikel 30 bis 36, die entsprechenden Maßnahmen in bezug auf gefährliche Produkte zu ergreifen, die sich in ihrem Hoheitsgebiet befinden.
Es besteht daher die Möglichkeit, dass die einzelnen Mitgliedstaaten für ein bestimmtes Produkt unterschiedliche Entscheidungen treffen. Dies kann zu nicht vertretbaren Disparitäten beim Verbraucherschutz führen und somit den innergemeinschaftlichen Handel behindern.
Es können schwere Produktsicherheitsnotfälle eintreten, die die gesamte Gemeinschaft oder einen bedeutenden Teil derselben betreffen oder in unmittelbarer Zukunft betreffen könnten und für die wegen des Sicherheitsproblems, das das Produkt aufweist, im Rahmen der Verfahren, die in den spezifischen Gemeinschaftsvorschriften für das jeweilige Produkt bzw. die jeweilige Produktgruppe vorgesehen sind, keine mit der Dringlichkeit des Problems zu vereinbarende wirksame Lösung gefunden werden kann.
Daher ist ein geeignetes Verfahren zu schaffen, bei dem als letztes Mittel für die gesamte Gemeinschaft Maßnahmen in Form von an die Mitgliedstaaten gerichteten Entscheidungen erlassen werden können, damit Notfällen der genannten Art begegnet werden kann. Solche Entscheidungen gelten für die Wirtschaftssubjekte nicht unmittelbar, sondern müssen in innerstaatliches Recht umgesetzt werden.
Nach diesem Verfahren darf die Kommission mit Unterstützung eines Ausschusses der Vertreter der Mitgliedstaaten nur befristete Maßnahmen beschließen.
Zur Zusammenarbeit mit den Mitgliedstaaten ist ein Regelungsausschuss gemäß dem Verfahren III Variante b) des Beschlusses 87/373/EWG[12] einzusetzen.
Diese Richtlinie hat keine Auswirkungen auf die Rechte der Geschädigten im Sinne der Richtlinie 85/374/EWG des Rates vom 25. Juli 1985 zur Angleichung der Rechts- und Verwaltungsvorschriften der Mitgliedstaaten über die Haftung für fehlerhafte Produkte[13].
Die Mitgliedstaaten haben dafür zu sorgen, dass bei den zuständigen Gerichten geeignete Rechtsbehelfe gegen Maßnahmen der zuständigen Behörden eingelegt werden können, durch die das Inverkehrbringen eines Produktes beschränkt oder seine Rücknahme vom Markt angeordnet wird.
Im Lichte der Erfahrungen ist eine etwaige Anpassung dieser Richtlinie insbesondere hinsichtlich der Ausdehnung des Anwendungsbereichs und hinsichtlich der Vorschriften für Notfälle und für Maßnahmen auf Gemeinschaftsebene in Betracht zu ziehen.
Bei importierten Produkten sind im übrigen Maßnahmen zur Abwendung von Gefahren für die Sicherheit und Gesundheit von Personen in Übereinstimmung mit den internationalen Verpflichtungen der Gemeinschaft zu erlassen –
HAT FOLGENDE RICHTLINIE ERLASSEN:

Titel I. Ziele – Geltungsbereich – Begriffsbestimmungen

Artikel 1
(1) Mit dieser Richtlinie soll sichergestellt werden, dass die in den Verkehr gebrachten Produkte sicher sind.
(2) Die Bestimmungen dieser Richtlinie gelten, soweit es im Rahmen gemeinschaftlicher Rechtsvorschriften keine spezifischen Bestimmungen über die Sicherheit der betreffenden Produkte gibt.

---
[12] ABl. Nr. L 197 vom 18. 7. 1987, S. 3.
[13] ABl. Nr. L 210 vom 7. 8. 1985, S. 29.

2. Allgemeine Produktsicherheit

Enthält eine spezifische gemeinschaftliche Rechtsvorschrift Bestimmungen, in denen die Sicherheitsanforderungen für bestimmte Produkte festgelegt werden, so finden insbesondere die Artikel 2, 3 und 4 auf keinen Fall Anwendung auf diese Produkte.

Enthält eine spezifische gemeinschaftliche Rechtsvorschrift Bestimmungen, die nur bestimmte Gesichtspunkte der Sicherheit der betreffenden Produkte oder Risikokategorien für die betreffenden Produkte regeln, so finden diese Bestimmungen in bezug auf diese Sicherheits- bzw. Risikogesichtspunkte Anwendung.

Artikel 2

Im Sinne dieser Richtlinie gilt als

a) „Produkt" jedes Produkt, das für Verbraucher bestimmt ist oder von Verbrauchern benutzt werden könnte und das entgeltlich oder unentgeltlich im Rahmen einer Geschäftstätigkeit geliefert wird, unabhängig davon, ob es neu, gebraucht oder wiederaufgearbeitet ist.

Diese Richtlinie gilt jedoch nicht für gebrauchte Produkte, die als Antiquitäten oder als Produkte geliefert werden, die vor ihrer Verwendung instand gesetzt oder wiederaufgearbeitet werden müssen, sofern der Lieferant der von ihm belieferten Person klare Angaben darüber macht;

b) „sicheres Produkt" jedes Produkt, das bei normaler oder vernünftigerweise vorhersehbarer Verwendung, was auch die Gebrauchsdauer einschließt, keine oder nur geringe, mit seiner Verwendung zu vereinbarende und unter Wahrung eines hohen Schutzniveaus für die Gemeinschaft und Sicherheit von Personen vertretbare Gefahren birgt, insbesondere im Hinblick auf

- die Eigenschaften des Produkts, unter anderem seine Zusammensetzung, seine Verpackung, die Bedingungen für seinen Zusammenbau, seine Wartung;
- seine Einwirkung auf andere Produkte, wenn eine gemeinsame Verwendung mit anderen Produkten vernünftigerweise vorhersehbar ist;
- seine Aufmachung, seine Etikettierung, gegebenenfalls seine Gebrauchs- und Bedienungsanleitung und Anweisungen für seine Beseitigung sowie alle sonstigen Angaben oder Informationen seitens des Herstellers;
- die Gruppen von Verbrauchern, die bei der Verwendung des Produkts einem erhöhten Risiko ausgesetzt sind, vor allem Kinder.

Die Möglichkeit, einen höheren Sicherheitsgrad zu erreichen, oder die Verfügbarkeit anderer Produkte, die eine geringere Gefährdung aufweisen, ist kein ausreichender Grund, um ein Produkt als nicht sicher oder gefährlich anzusehen;

c) „gefährliches Produkt" jedes Produkt, das nicht der Begriffsbestimmung des sicheren Produkts gemäß Buchstabe b) entspricht;

d) „Hersteller"

- der Hersteller des Produkts, wenn er seinen Sitz in der Gemeinschaft hat, und jede andere Person, die als Hersteller auftritt, indem sie auf dem Produkt ihren Namen, ihr Markenzeichen oder ein anderes Unterscheidungszeichen anbringt, oder die Person, die das Produkt wiederaufarbeitet;
- der Vertreter des Herstellers, wenn dieser seinen Sitz nicht in der Gemeinschaft hat, oder, falls kein Vertreter mit Sitz in der Gemeinschaft vorhanden ist, der Importeur des Produkts;
- sonstige Gewerbetreibende der Absatzkette, soweit ihre Tätigkeit die Sicherheitseigenschaften eines auf den Markt gebrachten Produkts beeinflussen kann;

e) „Händler" jeder Gewerbetreibende der Absatzkette, dessen Tätigkeit die Sicherheitseigenschaften eines auf den Markt gebrachten Produktes nicht beeinflusst.

Titel II. Allgemeine Sicherheitsverpflichtung

Artikel 3
(1) Die Hersteller dürfen nur sichere Produkte auf den Markt bringen.

(2) Die Hersteller haben im Rahmen ihrer jeweiligen Geschäftstätigkeit
– dem Verbraucher einschlägige Informationen zu erteilen, damit er die Gefahren, die von dem Produkt während der üblichen oder nach vernünftigem Ermessen voraussehbaren Gebrauchsdauer ausgehen und ohne entsprechende Warnhinweise nicht unmittelbar erkennbar sind, beurteilen und sich dagegen schützen kann.

Die Anbringung solcher Warnhinweise entbindet jedoch nicht von der Verpflichtung, die übrigen Sicherheitsanforderungen dieser Richtlinie zu beachten;
– den Eigenschaften der von ihnen gelieferten Produkte angemessene Maßnahmen zu treffen, damit sie imstande sind, die etwaigen von diesen Produkten ausgehenden Gefahren zu erkennen, und zu deren Vermeidung zweckmäßige Vorkehrungen, erforderlichenfalls einschließlich der Rücknahme des betreffenden Produkts vom Markt, zu treffen.

Die obenerwähnten Maßnahmen umfassen, sofern zweckmäßig, beispielsweise die Kennzeichnung der Produkte oder des Produktpostens im Hinblick auf deren Identifizierung, die Durchführung von Stichproben bei den in den Verkehr gebrachten Produkten und die Untersuchung von Beschwerden sowie die Unterrichtung der Händler über diese Überwachungsmaßnahmen.

(3) Die Händler haben sorgfältig zu handeln, um zur Einhaltung der allgemeinen Sicherheitsverpflichtung beizutragen, indem sie vor allem keine Produkte liefern, von denen sie wissen oder bei denen sie anhand der ihnen vorliegenden Informationen und als Gewerbetreibende hätten davon ausgehen müssen, dass sie dieser Anforderung nicht genügen. Im Rahmen ihrer jeweiligen Geschäftstätigkeit haben sie vor allem an der Überwachung der Sicherheit der auf dem Markt befindlichen Produkte mitzuwirken, insbesondere durch Weitergabe von Hinweisen auf eine von den Produkten ausgehende Gefährdung und durch Mitarbeit an Maßnahmen zur Vermeidung dieser Gefahren.

Artikel 4
(1) Sind die Sicherheitsanforderungen an das Produkt nicht durch spezifische gemeinschaftliche Rechtsvorschriften geregelt, so gilt ein Produkt als sicher, wenn es den mit dem Vertrag, insbesondere den Artikeln 30 und 36, in Einklang stehenden spezifischen Rechtsvorschriften des Mitgliedstaats, in dessen Hoheitsgebiet sich das Produkt im Verkehr befindet, über die Gesundheits- und Sicherheitsanforderungen für das Inverkehrbringen dieses Produkts entspricht.

(2) In Ermangelung einer spezifischen Vorschrift im Sinne von Absatz 1 wird die Übereinstimmung eines Produkts mit der allgemeinen Sicherheitsanforderung unter Berücksichtigung der innerstaatlichen unverbindlichen Normen, die eine europäische Norm umsetzen, etwaiger technischer Spezifikationen der Gemeinschaft oder andernfalls der Normen des Mitgliedstaats, in dem sich das Produkt im Verkehr befindet, der auf dem Gebiet der Gesundheit und der Sicherheit bestehenden Verhaltenskodizes des betreffenden Bereichs oder aber anhand des Stands der

2. Allgemeine Produktsicherheit 273

Kenntnisse und der Technik sowie der Sicherheit, welche die Verbraucher billigerweise erwarten dürfen, bewertet.

(3) Die Übereinstimmung eines Produkts mit den Bestimmungen des Absatzes 1 oder 2 hindert die zuständigen Behörden der Mitgliedstaaten nicht daran, zweckmäßige Maßnahmen zu ergreifen, um die Vermarktung eines Produkts zu beschränken oder dessen Rücknahme vom Markt zu verlangen, wenn sich trotz dieser Übereinstimmung herausstellt, dass es für die Gesundheit und die Sicherheit der Verbraucher gefährlich ist.

Titel III. Pflichten und Befugnisse der Mitgliedstaaten

Artikel 5

Die Mitgliedstaaten erlassen die erforderlichen Rechts- und Verwaltungsvorschriften, um sicherzustellen, dass die Hersteller und Händler die sich für sie aus dieser Richtlinie ergebenden Verpflichtungen einhalten und nur sichere Produkte auf den Markt gebracht werden.

Die Mitgliedstaaten müssen insbesondere Behörden schaffen oder benennen, welche die Übereinstimmung der Produkte mit der Verpflichtung, nur sichere Produkte auf den Markt zu bringen, kontrollieren, und dabei sicherstellen, dass diese Behörden über die erforderlichen Befugnisse verfügen, um geeignete Maßnahmen im Sinne dieser Richtlinie treffen zu können, einschließlich der Möglichkeit, angemessene Sanktionen bei Zuwiderhandlungen gegen diese Richtlinie zu verhängen. Sie melden diese Behörden der Kommission, die diese Information den übrigen Mitgliedstaaten übermittelt.

Artikel 6

(1) Aufgrund von Artikel 5 verfügen die Mitgliedstaaten über die entsprechend dem Ausmaß der Gefährdung und in Übereinstimmung mit dem Vertrag, insbesondere mit den Artikeln 30 und 36, auszuübenden Befugnisse für den Erlass geeigneter Maßnahmen, um unter anderem

a) die Sicherheitseigenschaften eines Produkts, auch nachdem es als sicher auf den Markt gebracht wurde, in angemessenem Umfang bis zur letzten Stufe des Gebrauchs oder Verbrauchs zu überprüfen;

b) von allen Beteiligten alle erforderlichen Informationen zu verlangen;

c) im Hinblick auf Sicherheitsprüfungen Muster eines Produkts oder einer Produktreihe zu entnehmen;

d) das Inverkehrbringen eines Produkts Vorbedingungen zu unterwerfen, um dieses sicher zu machen und das Anbringen geeigneter Warnhinweise über von dem Produkt ausgehende Gefährdungen zu verlangen;

e) zu veranlassen, dass alle, die einer von einem Produkt ausgehenden Gefahr ausgesetzt sein können, rechtzeitig in geeigneter Form, auch durch die Veröffentlichung entsprechender Warnungen, auf diese Gefahr hingewiesen werden;

f) für den für die entsprechenden Prüfungen erforderlichen Zeitraum vorübergehend zu verbieten, das betreffende Produkt oder den betreffenden Produktposten zu liefern, zur Lieferung anzubieten oder auszustellen, sofern genaue und übereinstimmende Indizien für die Gefährlichkeit dieser Produkte vorliegen;

g) das Inverkehrbringen eines Produkts oder eines Produktpostens, das bzw. der sich als gefährlich erwiesen hat, zu verbieten und notwendige flankierende Maßnahmen zur Gewährleistung der Einhaltung dieses Verbots festzulegen;
h) die Rücknahme eines bereits auf dem Markt befindlichen Produkts oder eines Produktpostens und nötigenfalls dessen Vernichtung unter geeigneten Bedingungen effizient und sofort zu organisieren.
(2) Die von den zuständigen Behörden der Mitgliedstaaten aufgrund dieses Artikels zu treffenden Maßnahmen richten sich je nachdem
a) an den Hersteller,
b) im Rahmen ihrer jeweiligen Geschäftstätigkeit an die Händler und insbesondere an den Verantwortlichen der ersten Vertriebsstufe auf dem Inlandsmarkt;
c) an jede andere Person, wenn sich dies als nötig erweist, im Hinblick auf deren Mitwirkung an Maßnahmen zur Vermeidung der sich aus einem Produkt ergebenden Gefährdung.

Titel IV. Unterrichtung und Informationsaustausch

Artikel 7
(1) Trifft ein Mitgliedstaat Maßnahmen, durch die das Inverkehrbringen eines Produkts oder eines Produktpostens beschränkt oder seine Rücknahme vom Markt nach Artikel 6 Absatz 1 Buchstaben d) bis h) angeordnet wird, so unterrichtet er hiervon unter Angabe der Gründe die Kommission, sofern die Unterrichtungspflicht nicht in einer besonderen gemeinschaftlichen Rechtsvorschrift vorgesehen ist. Diese Verpflichtung besteht nicht, wenn die Maßnahmen einen Vorfall betreffen, der nur örtliche, auf jeden Fall auf das Hoheitsgebiet des betreffenden Mitgliedstaats begrenzte Auswirkungen hat.
(2) Die Kommission konsultiert umgehend die betroffenen Parteien. Stellt die Kommission nach dieser Konsultation fest, dass die Maßnahme gerechtfertigt ist, so unterrichtet sie unverzüglich den Mitgliedstaat, der die Maßnahme getroffen hat, sowie die übrigen Mitgliedstaaten. Stellt die Kommission nach dieser Konsultation fest, dass die Maßnahme nicht gerechtfertigt ist, so unterrichtet sie unverzüglich den Mitgliedstaat, der die Maßnahme getroffen hat.

Titel V. Notfälle und Maßnahmen auf Gemeinschaftsebene

Artikel 8
(1) Trifft ein Mitgliedstaat Sofortmaßnahmen oder beschließt er die Einführung von Sofortmaßnahmen, welche die etwaige Vermarktung oder Verwendung eines Produkts oder eines Produktpostens in seinem Hoheitsgebiet verhindern, einschränken oder besonderen Bedingungen unterwerfen, weil das betreffende Produkt oder der betreffende Produktposten eine ernste und unmittelbare Gefahr für die Gesundheit und Sicherheit der Verbraucher darstellt, so unterrichtet er hiervon unverzüglich die Kommission, sofern diese Verpflichtung nicht schon aufgrund gleichwertiger Verfahren im Rahmen anderer Rechtsakte der Gemeinschaft vorgesehen ist.
Diese Verpflichtung besteht nicht, wenn die Auswirkungen der Gefahr das Hoheitsgebiet des betreffenden Mitgliedstaats nicht überschreiten oder nicht überschreiten können.

2. Allgemeine Produktsicherheit

Unbeschadet des Unterabsatzes 1 können die Mitgliedstaaten ihnen vorliegende Informationen über das Bestehen einer ernsten und unmittelbaren Gefahr der Kommission auch mitteilen, bevor sie beschließen, diesbezügliche Maßnahmen zu ergreifen.

(2) Bei Erhalt solcher Informationen überprüft die Kommission sie auf ihre Übereinstimmung mit der vorliegenden Richtlinie und übermittelt sie den übrigen Mitgliedstaaten, die ihrerseits der Kommission unverzüglich mitteilen, welche Maßnahmen sie ergriffen haben.

(3) Die detaillierten Verfahrensregeln für das gemeinschaftliche Informationssystem gemäß diesem Artikel sind im Anhang aufgeführt. Die Kommission passt die Einzelheiten dieser Verfahren nach dem Verfahren des Artikels 11 an.

Artikel 9

Erlangt die Kommission auf dem Wege einer Notifizierung durch einen Mitgliedstaat oder durch von einem Mitgliedstaat übermittelte Informationen, insbesondere gemäß den Artikeln 7 und 8, Kenntnis von einer ernsten und unmittelbaren Gefahr für die Gesundheit und Sicherheit der Verbraucher in mehr als einem Mitgliedstaat, die von einem bestimmten Produkt ausgeht, und

a) haben ein oder mehrere Mitgliedstaaten Maßnahmen im Sinne von Artikel 6 Absatz 1 Buchstaben d) bis h) ergriffen, durch welche das Inverkehrbringen des betreffenden Produkts eingeschränkt oder seine Rücknahme vom Markt angeordnet wird, und

b) bestehen zwischen den Mitgliedstaaten Meinungsunterschiede über die in bezug auf diese Gefahr zu ergreifenden Maßnahmen und

c) kann die Gefahr angesichts der Art des Produktsicherheitsproblems nach den Verfahren der einschlägigen Gemeinschaftsvorschriften für das betreffende Produkt oder die betreffende Produktgruppe nicht in mit der Dringlichkeit des Problems zu vereinbarender Weise bewältigt werden und

d) kann die Gefahr nur durch Erlass geeigneter und gemeinschaftsweit anwendbarer Maßnahmen zur Gewährleistung des Schutzes der Gesundheit und Sicherheit der Verbraucher sowie des ordnungsgemäßen Funktionierens des Gemeinsamen Marktes angemessen bewältigt werden,

so kann die Kommission nach Anhörung der Mitgliedstaaten und auf Antrag zumindest eines dieser Staaten gemäß dem Verfahren des Artikels 11 einen Beschluss fassen, mit dem die Mitgliedstaaten verpflichtet werden, nach Maßgabe des Artikels 6 Absatz 1 Buchstaben d) bis h) geeignete vorläufige Vorkehrungen zu treffen.

Artikel 10

(1) Die Kommission wird von einem Ausschuss für Produktsicherheitsnotfälle (nachstehend „Ausschuss" genannt) unterstützt, dem Vertreter aller Mitgliedstaaten angehören und in dem der Vertreter der Kommission den Vorsitz führt.

(2) Unbeschadet des Artikels 9 Buchstabe c) arbeiten der in Absatz 1 genannte Ausschuss und die sonstigen Ausschüsse, die im Rahmen einer spezifischen Gemeinschaftsvorschrift eingesetzt worden sind und die Kommission bei der Behandlung von Gesundheits- und Sicherheitsaspekten des betreffenden Produkts unterstützen, eng zusammen.

Artikel 11

(1) Der Vertreter der Kommission unterbreitet dem Ausschuss einen Entwurf der zu treffenden Maßnahmen. Der Ausschuss gibt nach vorheriger Prüfung des Vorliegens der Bedingungen nach Artikel 9 seine Stellungnahme zu diesem Entwurf innerhalb einer Frist ab, die der Vorsitzende unter Berücksichtigung der Dringlichkeit der betreffenden Frage festsetzen kann, die aber keinesfalls einen Monat überschreiten darf. Die Stellungnahme wird mit der Mehrheit abgegeben, die in Artikel 148 Absatz 2 des Vertrages für die Annahme der vom Rat auf Vorschlag der Kommission zu fassenden Beschlüsse vorgesehen ist. Bei der Abstimmung im Ausschuss werden die Stimmen der Vertreter der Mitgliedstaaten gemäß dem vorgenannten Artikel gewogen. Der Vorsitzende nimmt an der Abstimmung nicht teil.

Die Kommission erlässt die beabsichtigten Maßnahmen, wenn sie mit der Stellungnahme des Ausschusses übereinstimmen. Stimmen die beabsichtigten Maßnahmen mit der Stellungnahme des Ausschusses nicht überein oder liegt keine Stellungnahme vor, so unterbreitet die Kommission dem Rat unverzüglich einen Vorschlag für die zu treffenden Maßnahmen. Der Rat beschließt mit qualifizierter Mehrheit.

Hat der Rat nach Ablauf einer Frist von 15 Tagen nach seiner Befassung keinen Beschluss gefasst, so werden die vorgeschlagenen Maßnahmen von der Kommission erlassen, es sei denn, der Rat hat sich mit einfacher Mehrheit gegen die genannten Maßnahmen ausgesprochen.

(2) Maßnahmen, die nach diesem Verfahren erlassen worden sind, gelten für die Dauer von höchstens drei Monaten. Sie können nach dem gleichen Verfahren verlängert werden.

(3) Die Mitgliedstaaten treffen alle erforderlichen Maßnahmen, um die nach diesem Verfahren erlassenen Entscheidungen innerhalb einer Frist von weniger als zehn Tagen durchzuführen.

(4) Die zuständigen Behörden der Mitgliedstaaten, die die nach diesem Verfahren getroffenen Maßnahmen durchführen, geben den betroffenen Parteien innerhalb einer Frist von einem Monat Gelegenheit zur Äußerung und unterrichten hiervon die Kommission.

Artikel 12

Die Mitgliedstaaten und die Kommission treffen die erforderlichen Maßnahmen, damit ihre Beamten und Bediensteten verpflichtet werden, die aufgrund dieser Richtlinie gesammelten Informationen, die ihrem Wesen nach dem Geschäftsgeheimnis unterliegen, geheim zu halten, es sei denn, bestimmte Informationen über sicherheitsrelevante Eigenschaften eines Produkts müssen unter Berücksichtigung der Gesamtumstände veröffentlicht werden, um den Schutz der Gesundheit und Sicherheit von Personen zu gewährleisten.

Titel VI. Sonstige und Schlussbestimmungen

Artikel 13
Diese Richtlinie lässt die Richtlinie 85/374/EWG unberührt.

Artikel 14
(1) Jede aufgrund dieser Richtlinie getroffene Entscheidung, durch die das Inverkehrbringen eines Produkts beschränkt oder seine Rücknahme vom Markt ange-

2. Allgemeine Produktsicherheit

ordnet wird, ist angemessen zu begründen. Die Entscheidung ist der betroffenen Partei umgehend zuzustellen; diese ist gleichzeitig über die Rechtsbehelfe, die sie nach den Rechtsvorschriften des betreffenden Mitgliedstaats einlegen kann, und über die für diese Rechtsbehelfe geltenden Fristen zu unterrichten.

Den Adressaten ist möglichst vor dem Erlass der Entscheidung Gelegenheit zur Äußerung zu geben. Hat eine Konsultation, insbesondere wegen der Dringlichkeit der zu treffenden Maßnahmen, vorher nicht stattgefunden, ist ihnen nach dem Erlass dieser Entscheidung zu gegebener Zeit Gelegenheit zur Äußerung zu geben.

Bei den Maßnahmen, durch die die Rücknahme des Produkts vom Markt angeordnet wird, ist dem Bestreben Rechnung zu tragen, Händler, Benutzer und Verbraucher zur Mitwirkung bei der Durchführung dieser Maßnahmen zu veranlassen.

(2) Die Mitgliedstaaten stellen sicher, dass Entscheidungen der zuständigen Behörden, durch die das Inverkehrbringen eines Produkts beschränkt oder seine Rücknahme vom Markt angeordnet wird, von den zuständigen Gerichten überprüft werden können.

(3) Keine Entscheidung aufgrund dieser Richtlinie, durch die das Inverkehrbringen eines Produkts beschränkt oder seine Rücknahme vom Markt angeordnet wird, berührt in irgendeiner Weise eine eventuelle strafrechtliche Prüfung der Haftung der Partei, an die sie gerichtet ist.

Artikel 15
Die Kommission unterbreitet dem Europäischen Parlament und dem Rat alle zwei Jahre, gerechnet ab Erlass dieser Richtlinie, einen Bericht über deren Anwendung.

Artikel 16
Vier Jahre nach dem in Artikel 17 Absatz 1 genannten Zeitpunkt befindet der Rat anhand eines Berichts der Kommission über die zwischenzeitlichen Erfahrungen, der entsprechende Vorschläge enthält, über die etwaige Anpassung dieser Richtlinie, und zwar insbesondere hinsichtlich der Erweiterung des in Artikel 1 Absatz 1 und Artikel 2 Buchstabe a) festgelegten Anwendungsbereichs sowie über eine etwaige Änderung der Vorschriften des Titels V.

Artikel 17
(1) Die Mitgliedstaaten erlassen die erforderlichen Rechts- und Verwaltungsvorschriften, um dieser Richtlinie spätestens am 29. Juni 1994 nachzukommen. Sie setzen die Kommission unverzüglich davon in Kenntnis. Die erlassenen Vorschriften sind ab dem 29. Juni 1994 anwendbar.

(2) Wenn die Mitgliedstaaten Vorschriften nach Absatz 1 erlassen, nehmen sie in den Vorschriften selbst oder durch einen Hinweis bei der amtlichen Veröffentlichung auf diese Richtlinie Bezug. Die Mitgliedstaaten regeln die Einzelheiten der Bezugnahme.

(3) Die Mitgliedstaaten teilen der Kommission den Wortlaut der innerstaatlichen Rechtsvorschriften mit, die sie auf dem unter diese Richtlinie fallenden Gebiet erlassen.

Artikel 18
Die Entscheidung 89/45/EWG wird zu dem in Artikel 17 Absatz 1 genannten Zeitpunkt aufgehoben.

Artikel 19
Diese Richtlinie ist an die Mitgliedstaaten gerichtet.

Anhang. Detaillierte Verfahrensregeln zur Durchführung des gemeinschaftlichen Systems zum raschen Austausch von Informationen gemäß Artikel 8

1. Das System bezieht sich auf in Verkehr gebrachte Produkte im Sinne des Artikels 2 Buchstabe a) dieser Richtlinie.

Arzneimittel im Geltungsbereich der Richtlinie 75/319/EWG und 81/851/EWG, Tiere im Geltungsbereich der Richtlinie 82/894/EWG, Erzeugnisse tierischen Ursprungs, soweit sie in den Geltungsbereich der Richtlinie 89/662/EWG fallen, sowie das System für radiologische Notfälle, welches die weitreichende Verseuchung von Produkten abdeckt (Entscheidung 87/600/Euratom), sind von dieser Regelung ausgenommen, da hierfür äquivalente Meldeverfahren gelten.

2. Das System zielt grundsätzlich auf einen raschen Informationsaustausch bei ernsten unmittelbaren Gefahren für die Gesundheit und Sicherheit der Verbraucher ab. Genaue Kriterien für den ernsten und unmittelbaren Charakter von Gefahren können nicht festgelegt werden; daher müssen die einzelstaatlichen Behörden jeden Fall individuell prüfen. Zu beachten ist, dass Artikel 8 dieser Richtlinie unmittelbare Gefahren bei der Verwendung eines Erzeugnisses durch den Verbraucher betrifft und deshalb Erzeugnisse mit langfristigen Risiken, die eine Prüfung etwaiger technischer Änderungen durch Richtlinien oder Normen erfordern, ausschließt.

3. Sobald der Verdacht auf eine ernste und unmittelbare Gefahr besteht, setzt sich die einzelstaatliche Behörde – soweit möglich und angebracht – mit dem Hersteller oder Händler des betreffenden Erzeugnisses in Verbindung. Ihr Standpunkt und die Einzelheiten, die sie mitteilen, können sowohl den Verwaltungen der Mitgliedstaaten als auch der Kommission als Anhaltspunkt dienen, um zu entscheiden, welche Maßnahmen zu ergreifen sind, um den Verbraucherschutz bei minimalem Eingriff in die Geschäftstätigkeiten sicherzustellen. Hierzu sollten sich die Mitgliedstaaten bemühen, möglichst vollständige Informationen über die Erzeugnisse und die Art der Gefahr zu erhalten, ohne dabei die notwendige zügige Bearbeitung zu gefährden.

4. Sobald ein Mitgliedstaat eine ernste und unmittelbare Gefahr erkennt, deren Auswirkungen sich über sein Hoheitsgebiet hinaus ausdehnen bzw. ausdehnen können, und Maßnahmen ergriffen oder beschlossen worden sind, benachrichtigt er hiervon unverzüglich die Kommission. In der entsprechenden Mitteilung gibt der Mitgliedstaat an, dass die Kommission gemäß Artikel 8 dieser Richtlinie benachrichtigt wird. Ferner sind die vorliegenden Informationen mitzuteilen, insbesondere

a) Angaben zur Identifizierung des Erzeugnisses;
b) die damit verbundene Gefahr sowie Ergebnisse etwaiger Tests bzw. Analysen, die für die Bestimmung des Risikograds relevant sind;
c) Art der getroffenen oder beschlossenen Maßnahmen;
d) wenn möglich, Informationen über die Absatzkette.

Diese Informationen sind schriftlich, vorzugsweise per Telex oder Telefax, mitzuteilen; die Kommission kann jedoch zuvor telefonisch benachrichtigt werden. Dabei ist stets zu bedenken, dass die schnelle Übermittlung der Informationen eine entscheidende Rolle spielt.

5. Unbeschadet von Nummer 4 können die Mitgliedstaaten gegebenenfalls vor der Entscheidung über die zu treffenden Maßnahmen Informationen an die Kommission weiterleiten. Eine sofortige Kontaktaufnahme, sobald die Gefahr entdeckt oder vermutet wird, kann Vorbeugungsmaßnahmen erleichtern.

6. Betrachtet ein Mitgliedstaat bestimmte Informationen als vertraulich, so hat er darauf hinzuweisen und die Bitte um vertrauliche Behandlung zu begründen. Dabei ist zu bedenken, dass die Notwendigkeit wirksamer Maßnahmen zum Schutz des Verbrauchers in der Regel Vorrang vor Vertraulichkeitserwägungen hat. Ferner ist daran zu erinnern, dass sowohl von der Kommission als auch von den verantwortlichen Mitgliedern des Netzes in den einzelnen Mitgliedstaaten Vorsichtsmaßnahmen ergriffen werden, um jede unnötige Verbreitung von Informationen zu vermeiden, die den Ruf eines Produkts oder einer Produktreihe schädigen könnten.

7. Die Kommission prüft die Übereinstimmung der erhaltenen Informationen mit Artikel 8 dieser Richtlinie, nimmt gegebenenfalls Fühlung mit dem mitteilenden Land auf und übermittelt die Informationen unverzüglich per Telex oder Telefax an die zuständigen Behörden der übrigen Mitgliedstaaten mit einer Kopie an die ständigen Vertretungen; diese Behörden können gleichzeitig mit der Übermittlung des Fernschreibens über Telefon benachrichtigt werden. Die Kommission kann ferner mit dem vermutlichen Ursprungsland des Erzeugnisses Fühlung aufnehmen, um die erforderlichen Prüfungen vorzunehmen.

8. Gleichzeitig kann die Kommission, wenn sie dies für notwendig hält, zur Ergänzung der erhaltenen Informationen unter außergewöhnlichen Umständen selbständig eine Untersuchung durchführen und/oder den in Artikel 10 Absatz 1 dieser Richtlinie vorgesehenen Ausschuss für Produktsicherheitsnotfälle einberufen. Im Fall einer solchen Untersuchung haben die Mitgliedstaaten der Kommission die angeforderten Informationen soweit wie möglich zu übermitteln.

9. Die übrigen Mitgliedstaaten werden sodann gebeten, der Kommission nach Möglichkeit unverzüglich mitzuteilen,

a) ob das Erzeugnis in ihrem Hoheitsgebiet in Verkehr gebracht wurde;
b) welche Zusatzinformationen sie über die betreffende Gefahr besitzen, unter anderem die Ergebnisse etwaiger Tests oder Analysen, die zur Bewertung des Risikograds durchgeführt wurden;

sie übermitteln der Kommission auf jeden Fall so rasch wie möglich Informationen über

c) die ergriffenen oder beschlossenen Maßnahmen gemäß Artikel 8 Absatz 1 dieser Richtlinie;
d) den Zeitpunkt, zu dem das in der Information erwähnte Erzeugnis in ihrem Hoheitsgebiet vorgefunden worden ist, ohne dass Maßnahmen ergriffen oder beschlossen wurden, und die Gründe, aus denen keinerlei Maßnahmen getroffen werden.

10. Die Kommission kann je nach Verlauf der Angelegenheit und den Informationen, die ihr die Mitgliedstaaten gemäß Nummer 9 übermitteln, den Ausschuss für Produktsicherheitsnotfälle einberufen, um zu den Ergebnissen Stellung zu nehmen und die getroffenen Maßnahmen zu bewerten. Der Ausschuss für Produktsicher-

heitsnotfälle kann auch auf Ersuchen eines Vertreters eines Mitgliedstaats einberufen werden.

11. Die Kommission setzt sich über ihre internen Koordinierungsverfahren dafür ein, dass
a) Doppelarbeit bei der Bearbeitung der Mitteilungen vermieden wird;
b) die der Kommission zur Verfügung stehenden Möglichkeiten und Erfahrungen voll ausgeschöpft werden;
c) die betreffenden Dienststellen vollständig informiert werden;
d) die Beratungen in den einzelnen Ausschüssen gemäß Artikel 10 dieser Richtlinie durchgeführt werden.

12. Beabsichtigt ein Mitgliedstaat, abgesehen von Sofortmaßnahmen, gegen ernste und unmittelbare Gefahren eine Änderung seiner Rechtsvorschriften durch Verabschiedung technischer Spezifikationen, so müssen diese der Kommission gemäß der Richtlinie 83/189/EWG bereits im Stadium des Entwurfs mitgeteilt werden, gegebenenfalls unter Angabe der dringenden Gründe nach Artikel 9 Absatz 3 der Richtlinie.

13. Um dem Ausschuss für Produktsicherheitsnotfälle einen Überblick über die Lage zu vermitteln, wird er in regelmäßigen Zeitabständen über alle eingegangen Mitteilungen und die entsprechenden Folgemaßnahmen unterrichtet. Hinsichtlich der Nummern 8 und 10 und in den Fällen, die den Geltungsbereich der in den Rechtsvorschriften der Gemeinschaft über spezifische Produkte oder Produktzweige festgelegten Verfahren und/oder Ausschüsse fallen, sind diese Ausschüsse zu befassen. Wird der Ausschuss für Produktsicherheitsnotfälle nicht befasst und werden keine Maßnahmen nach Nummer 11 Buchstabe d) ergriffen, so werden die Kontaktstellen über jeden Meinungsaustausch in anderen Ausschüssen unterrichtet.

14. Zur Zeit gibt es zwei Netze von Kontaktstellen: das Netz für Nahrungsmittel und das Netz für andere Erzeugnisse als Nahrungsmittel. Das Verzeichnis der Kontaktstellen und für die Netze zuständigen Beamten mit Ruf-, Fernschreiber- und Telefaxnummer und Anschriften wird vertraulich behandelt und nur an die Mitglieder des Netzes verteilt. Dieses Verzeichnis ermöglicht die Kontaktaufnahme mit der Kommission und zwischen den Mitgliedstaaten, um die Klärung von Einzelheiten zu erleichtern. Treten bei den Kontakten zwischen den Mitgliedstaaten neue Informationen von allgemeinem Interesse zutage, so benachrichtigt der Mitgliedstaat, der den zweiseitigen Kontakt aufnimmt, die Kommission hiervon. Nur bei den von den Kontaktstellen in den Mitgliedstaaten erhaltenen oder bestätigten Informationen wird davon ausgegangen, dass sie im Rahmen des Systems für den raschen Informationsaustausch erhalten wurden.

Die Kommission erstellt alljährlich eine Bilanz über die Effizienz des Netzes, die erforderlichen Verbesserungen und die erzielten Fortschritte in der Technologie der Verbindungen zwischen den mit der Durchführung betrauten Stellen.

3. Verordnung des Rates vom 9. Oktober 1997 über die Haftung von Luftfahrtunternehmen bei Unfällen (Nr. 2027/97/EG)

Amtsblatt Nr. L 285 vom 17/10/1997, S. 01–03

DER RAT DER EUROPÄISCHEN UNION –

gestützt auf den Vertrag zur Gründung der Europäischen Gemeinschaft, insbesondere auf Artikel 84 Absatz 2, auf Vorschlag der Kommission[1], nach Stellungnahme des Wirtschafts- und Sozialausschusses[2], gemäß dem Verfahren des Artikels 189c des Vertrags[3], in Erwägung nachstehender Gründe:

(1) Im Rahmen der gemeinsamen Verkehrspolitik ist das Niveau des Schutzes von Fluggästen, die von Unfällen im Luftverkehr betroffen sind, zu verbessern.

(2) Die Haftung bei Unfällen ist geregelt durch das am 12. Oktober 1929 in Warschau unterzeichnete Abkommen zur Vereinheitlichung von Regeln über die Beförderung im internationalen Luftverkehr bzw. dieses Abkommen in der durch das Haager Protokoll vom 28. September 1955 geänderten Fassung und das Abkommen von Guadalajara vom 18. September 1961 – je nachdem, welches Anwendung findet, wobei jedes dieser Abkommen nachstehend, falls anwendbar, „Warschauer Abkommen" genannt wird. Das Warschauer Abkommen gilt weltweit zum Nutzen sowohl der Fluggäste als auch der Luftfahrtunternehmen.

(3) Die durch das Warschauer Abkommen festgesetzten Haftungsgrenzen sind in Anbetracht der heutigen wirtschaftlichen und sozialen Maßstäbe zu niedrig und führen oft zu langwierigen Rechtsstreitigkeiten, die das Image des Luftverkehrs schädigen. Daher haben verschiedene Mitgliedstaaten die Haftungsgrenzen erhöht, was wiederum zu unterschiedlichen Beförderungsbedingungen im Luftverkehrsbinnenmarkt geführt hat.

(4) Das Warschauer Abkommen gilt überdies nur für den internationalen Luftverkehr. Im Luftverkehrsbinnenmarkt wird nicht mehr zwischen nationalen und internationalen Flügen unterschieden. Aus diesem Grund sollten im nationalen und internationalen Luftverkehr dieselben Bestimmungen über Höhe und Art der Haftung gelten.

(5) Eine umfassende Überprüfung und Revision des Warschauer Abkommens ist seit langem überfällig und wäre langfristig auf internationaler Ebene eine einheitlichere und praktischere Lösung hinsichtlich der Haftung der Luftfahrtunternehmen bei Unfällen. Die Bemühungen um eine Anhebung der im Warschauer Abkommen vorgeschriebenen Haftungsgrenzen sollten weiter in Verhandlungen auf multilateraler Ebene fortgesetzt werden.

(6) Maßnahmen auf Gemeinschaftsebene sind im Einklang mit dem Subsidiaritätsprinzip wünschenswert, um eine Harmonisierung im Bereich der Haftung von Luftfahrtunternehmen zu erreichen, und könnten als Leitlinie für einen besseren Schutz der Fluggäste weltweit dienen.

---

[1] ABl. C 104 vom 10. 4. 1996, S. 18 und ABl. C 29 vom 30. 1. 1997, S. 10.
[2] ABl. C 212 vom 22. 7. 1996, S. 38.
[3] Stellungnahme des Europäischen Parlaments vom 17. September 1996 (ABl. C 320 vom 28. 10. 1996, S. 30), gemeinsamer Standpunkt des Rates vom 24. Februar 1997 (ABl. C 123 vom 21. April 1997, S. 89) und Beschluss des Europäischen Parlaments vom 29. Mai 1997 (ABl. C 182 vom 16. 6. 1997).

(7) Im Einklang mit derzeitigen Tendenzen auf internationaler Ebene ist es angemessen, jegliche finanzielle Haftungsgrenzen im Sinne von Artikel 22 Absatz 1 des Warschauer Abkommens oder sonstige rechtliche oder vertragliche Haftungsgrenzen aufzuheben.

(8) Um zu verhindern, dass Opfer von Unfällen keine Entschädigung erhalten, sollten die Luftfahrtunternehmen der Gemeinschaft bei Schadensersatzforderungen im Rahmen von Artikel 17 des Warschauer Abkommens aufgrund von Tod, körperlicher Verletzung oder sonstigen gesundheitlichen Schäden eines Fluggastes bis zu einem bestimmten Betrag nicht Artikel 20 Absatz 1 des Warschauer Abkommens geltend machen.

(9) Für den Fall, dass der Schaden durch Fahrlässigkeit des betreffenden Fluggastes mitverursacht wurde, können die Luftfahrtunternehmen der Gemeinschaft von ihrer Haftung befreit werden.

(10) Die Verpflichtungen aufgrund dieser Verordnung sind im Lichte von Artikel 7 der Verordnung (EWG) Nr. 2407/92 des Rates vom 23. Juli 1992 über die Erteilung von Betriebsgenehmigungen an Luftfahrtunternehmen[4] zu sehen. In dieser Hinsicht sollten die Luftfahrtunternehmen der Gemeinschaft bis zu einem in dieser Verordnung festgelegten Betrag versichert sein.

(11) Die Luftfahrtunternehmen der Gemeinschaft sollten stets berechtigt sein, Dritte zu belangen.

(12) Die rasche Zahlung eines Vorschusses kann den geschädigten Fluggästen oder den schadensersatzberechtigten natürlichen Personen in beträchtlicher Weise helfen, die unmittelbaren Kosten aufgrund eines Luftverkehrsunfalls zu tragen.

(13) Die Bestimmungen über Art und Begrenzung der Haftung im Falle des Todes, der körperlichen Verletzung oder sonstigen gesundheitlichen Schädigungen des Fluggastes sind Teil der Beförderungsbedingungen in dem Beförderungsvertrag zwischen Luftfahrtunternehmen und Fluggast. Um die Gefahr von Wettbewerbsverzerrungen zu vermeiden, sollten Luftfahrtunternehmen aus Drittländern ihre Fluggäste in angemessener Form über ihre Beförderungsbedingungen informieren.

(14) Es ist angemessen und erforderlich, die in dieser Verordnung festgelegten finanziellen Haftungsgrenzen zu überprüfen, um der wirtschaftlichen Entwicklung und den in internationalen Gremien sich vollziehenden Entwicklungen Rechnung zu tragen.

(15) Das Warschauer Abkommen wird gegenwärtig im Rahmen der Internationalen Zivilluftfahrt-Organisation (ICAO) überprüft. In Erwartung der Ergebnisse dieser Überprüfung ergreift die Gemeinschaft Übergangsmaßnahmen, um den Schutz der Fluggäste zu verbessern. Der Rat sollte, nachdem die ICAO ihre Überprüfung abgeschlossen hat, diese Verordnung so bald wie möglich überprüfen –
HAT FOLGENDE VERORDNUNG ERLASSEN:

Artikel 1

Diese Verordnung regelt die Haftung von Luftfahrtunternehmen der Gemeinschaft für Schäden bei Unfällen, bei denen ein Fluggast getötet, körperlich verletzt oder sonst gesundheitlich geschädigt wird, sofern sich der Unfall, durch den der Schaden verursacht worden ist, an Bord eines Flugzeugs oder beim Ein- oder Ausstieg ereignet hat. In dieser Verordnung werden außerdem einige Anforderungen an den Versicherungsschutz von Luftfahrtunternehmen der Gemeinschaft geklärt. Mit dieser Verordnung werden ferner einige Anforderungen festgelegt, denen Luftfahrtunternehmen, die nicht in der Gemeinschaft niedergelassen sind und Flüge

---

[4] ABl. L 240 vom 24. 8. 1992, S. 1.

3. Haftung von Luftfahrtunternehmen

nach, aus oder innerhalb der Gemeinschaft durchführen, hinsichtlich der Information der Fluggäste nachzukommen haben.

Artikel 2

(1) Im Sinne dieser Verordnung bedeutet:

a) „Luftfahrtunternehmen" ein Lufttransportunternehmen mit einer gültigen Betriebsgenehmigung;

b) „Luftfahrtunternehmen der Gemeinschaft" ein Luftfahrtunternehmen mit einer von einem Mitgliedstaat im Einklang mit der Verordnung (EWG) Nr. 2407/92 erteilten gültigen Betriebsgenehmigung;

c) „Schadensersatzberechtigter" ein Fluggast oder jede Person, die in bezug auf diesen Fluggast gemäß den geltenden Rechtsvorschriften schadensersatzberechtigt ist;

d) „Ecu" die bei der Aufstellung des Gesamthaushaltsplans der Europäischen Gemeinschaften gemäß den Artikeln 207 und 209 des Vertrags verwendete Rechnungseinheit;

e) „SZR" ein Sonderziehungsrecht gemäß der Definition des Internationalen Währungsfonds;

f) „Warschauer Abkommen" das am 12. Oktober 1929 in Warschau unterzeichnete Abkommen zur Vereinheitlichung von Regeln über die Beförderung im internationalen Luftverkehr bzw. das Warschauer Abkommen in der durch das Haager Protokoll vom 28. September 1955 geänderten Fassung und das in Guadalajara am 18. September 1961 geschlossene Zusatzabkommen zum Warschauer Abkommen – je nachdem welches auf den Fluggastbeförderungsvertrag Anwendung findet – sowie alle anderen internationalen Vereinbarungen, die auf diesem Abkommen aufbauen oder mit ihm im Zusammenhang stehen und in Kraft sind.

(2) Die in dieser Verordnung verwendeten Begriffe, die nicht in Absatz 1 definiert sind, entsprechen den im Warschauer Abkommen benutzten Begriffen.

Artikel 3

(1) a) Die Haftung eines Luftfahrtunternehmens der Gemeinschaft für Schäden bei Unfällen, bei denen ein Fluggast getötet, körperlich verletzt oder sonst gesundheitlich geschädigt wird, ist keiner durch Rechtsvorschriften, Übereinkünfte oder Verträge festgelegten finanziellen Begrenzung unterworfen.

b) Die Versicherungspflicht nach Artikel 7 der Verordnung (EWG) Nr. 2407/92 ist in dem Sinne zu verstehen, dass ein Luftfahrtunternehmen der Gemeinschaft bis zu der in Artikel 3 Absatz 2 festgelegten Haftungsbegrenzung und darüber hinaus bis zu einer angemessenen Höhe versichert sein muss.

(2) Bei Schäden bis zu einem 100 000 SZR entsprechenden Betrag in Ecu kann das Luftfahrtunternehmen der Gemeinschaft auch dann keine Haftungsfreistellung oder Haftungsbegrenzung geltend machen, wenn es beweist, dass es selbst oder sein Personal alle erforderlichen Maßnahmen zur Verhütung des Schadens getroffen hat oder dass diese Maßnahmen nicht getroffen werden konnten.

(3) Unbeschadet des Absatzes 2 kann das Luftfahrtunternehmen der Gemeinschaft – sofern es nachweist, dass der Schaden durch die Fahrlässigkeit der geschädigten oder getöteten Person verursacht oder mitverursacht wurde – gemäß dem anwendbaren Recht ganz oder teilweise von seiner Haftung befreit werden.

Artikel 4

Wird ein Fluggast bei einem Unfall getötet, körperlich verletzt oder sonst gesundheitlich geschädigt, so besagt keine Bestimmung dieser Verordnung, dass
a) das Luftfahrtunternehmen der Gemeinschaft die einzige schadensersatzpflichtige Partei ist oder
b) die Rechte des Luftfahrtunternehmens der Gemeinschaft, eine Mithaftung oder Entschädigung seitens einer anderen Partei gemäß den geltenden Rechtsvorschriften zu erwirken, eingeschränkt werden.

Artikel 5

(1) Das Luftfahrtunternehmen der Gemeinschaft zahlt unverzüglich, keinesfalls jedoch später als fünfzehn Tage nach der Feststellung der Identität der schadensersatzberechtigten natürlichen Person einen Vorschuss zur Befriedigung der unmittelbaren wirtschaftlichen Bedürfnisse, und zwar im Verhältnis zur Schwere des Falles.
(2) Unbeschadet des Absatzes 1 beläuft sich dieser Vorschuss mindestens auf einen 15 000 SZR entsprechenden Betrag in Ecu je Fluggast im Todesfall.
(3) Der Vorschuss stellt keine Haftungsanerkennung dar und kann mit den eventuell später aufgrund der Haftung des Luftfahrtunternehmens der Gemeinschaft gezahlten Beträgen verrechnet werden, ist aber nicht zurückzuzahlen, es sei denn, es handelt sich um Fälle gemäß Artikel 3 Absatz 3 oder um Fälle, in denen in der Folge nachgewiesen wird, dass die Person, die den Vorschuss erhalten hat, den Schaden durch Fahrlässigkeit verursacht oder mitverursacht hat oder keinen Schadensersatzanspruch hatte.

Artikel 6

(1) Die Bestimmungen der Artikel 3 und 5 werden in die Beförderungsbedingungen des Luftfahrtunternehmens der Gemeinschaft aufgenommen.
(2) Angemessene Auskünfte über die Bestimmungen der Artikel 3 und 5 sind den Fluggästen in den Vertretungen des Luftfahrtunternehmens der Gemeinschaft sowie in Reisebüros, an den Abfertigungsschaltern und den Verkaufsstellen auf Anfrage zu erteilen. Auf dem Beförderungsschein oder einem Äquivalent werden diese Bestimmungen in zusammengefasster Form in einfacher und verständlicher Sprache wiedergegeben.
(3) Luftfahrtunternehmen mit Sitz außerhalb der Gemeinschaft, die Flüge nach, aus oder innerhalb der Gemeinschaft durchführen und nicht die Bestimmungen der Artikel 3 und 5 anwenden, informieren die Fluggäste beim Kauf des Beförderungsscheins in den Vertretungen des Luftfahrtunternehmens, in Reisebüros oder an den Abfertigungsschaltern im Gebiet des Mitgliedstaats ausdrücklich und eindeutig darüber. Die Fluggäste erhalten von den Luftfahrtunternehmen ein Formblatt mit deren Beförderungsbedingungen. Allein die Angabe einer Haftungsgrenze auf dem Beförderungsschein oder einem Äquivalent ist als Information nicht ausreichend.

Artikel 7

Die Kommission erstellt bis spätestens zwei Jahre nach Inkrafttreten dieser Verordnung einen Bericht über die Anwendung dieser Verordnung, in dem unter anderem den wirtschaftlichen Entwicklungen und den in internationalen Gremien

3. Haftung von Luftfahrtunternehmen

sich vollziehenden Entwicklungen Rechnung getragen wird. Dieser Bericht kann durch Vorschläge für eine Überprüfung dieser Verordnung ergänzt werden.

Artikel 8
Diese Verordnung tritt ein Jahr nach ihrer Veröffentlichung im Amtsblatt der Europäischen Gemeinschaften in Kraft. Diese Verordnung ist in allen ihren Teilen verbindlich und gilt unmittelbar in jedem Mitgliedstaat.

Texts in English

I. Formation of contract

1. Council Directive of 20 December 1985 to protect the consumer in respect of contracts negotiated away from business premises (85/577/EEC)
Official Journal L 372, 31/12/1985, p. 31–33

THE COUNCIL OF THE EUROPEAN COMMUNITIES,
Having regard to the Treaty establishing the European Economic Community, and in particular Article 100 thereof, Having regard to the proposal from the Commission[1], Having regard to the opinion of the European Parliament[2], Having regard to the opinion of the Economic and Social Committee[3],
Whereas it is a common form of commercial practice in the Member States for the conclusion of a contract or a unilateral engagement between a trader and consumer to be made away from the business premises of the trader, and whereas such contracts and engagements are the subject of legislation which differs from one Member State to another;
Whereas any disparity between such legislation may directly affect the functioning of the common market; whereas it is therefore necessary to approximate laws in this field;
Whereas the preliminary programme of the European Economic Community for a consumer protection and information policy[4] provides inter alia, under paragraphs 24 and 25, that appropriate measures be taken to protect consumers against unfair commercial practices in respect of doorstep selling; whereas the second programme of the European Economic Community for a consumer protection and information policy[5] confirmed that the action and priorities defined in the preliminary programme would be pursued;
Whereas the special feature of contracts concluded away from the business premises of the trader is that as a rule it is the trader who initiates the contract negotiations, for which the consumer is unprepared or which he does not except; whereas the consumer is often unable to compare the quality and price of the offer with other offers; whereas this surprise element generally exists not only in contracts made at the doorstep but also in other forms of contract concluded by the trader away from his business premises;
Whereas the consumer should be given a right of cancellation over a period of at least seven days in order to enable him to assess the obligations arising under the contract;
Whereas appropriate measures should be taken to ensure that the consumer is informed in writing of this period for reflection;
Whereas the freedom of Member States to maintain or introduce a total or partial prohibition on the conclusion of contracts away from business premises, inasmuch as they consider this to be in the interest of consumers, must not be affected;

---

[1] OJ No C 22, 29. 1. 1977, p. 6; OJ No C 127, 1. 6. 1978, p. 6.
[2] OJ No C 241, 10. 10. 1977, p. 26.
[3] OJ No C 180, 18. 7. 1977, p. 39.
[4] OJ No C 92, 25. 4. 1975, p. 2.
[5] OJ No C 133, 3. 6. 1981, p. 1.

HAS ADOPTED THIS DIRECTIVE:

Article 1
1. This Directive shall apply to contracts under which a trader supplies goods or services to a consumer and which are concluded:
– during an excursion organised by the trader away from his business premises, or
– during a visit by a trader
(i) to the consumer's home or to that of another consumer;
(ii) to the consumer's place of work; where the visit does not take place at the express request of the consumer.
2. This Directive shall also apply to contracts for the supply of goods or services other than those concerning which the consumer requested the visit of the trader, provided that when he requested the visit the consumer did not know, or could not reasonably have known, that the supply of those other goods or services formed part of the trader's commercial or professional activities.
3. This Directive shall also apply to contracts in respect of which an offer was made by the consumer under conditions similar to those described in paragraph 1 or paragraph 2 although the consumer was not bound by that offer before its acceptance by the trader.
4. This Directive shall also apply to offers made contractually by the consumer under conditions similar to those described in paragraph 1 or paragraph 2 where the consumer is bound by his offer.

Article 2
For the purposes of this Directive:
– 'consumer' means a natural person who, in transactions covered by this Directive, is acting for purposes which can be regarded as outside his trade or profession;
– 'trader' means a natural or legal person who, for the transaction in question, acts in his commercial or professional capacity, and anyone acting in the name or on behalf of a trader.

Article 3
1. The Member States may decide that this Directive shall apply only to contracts for which the payment to be made by the consumer exceeds a specified amount. This amount may not exceed 60 ECU.
The Council, acting on a proposal from the Commission, shall examine and, if necessary, revise this amount for the first time no later than four years after notification of the Directive and thereafter every two years, taking into account economic and monetary developments in the Community.
2. This Directive shall not apply to:
(a) contracts for the construction, sale and rental of immovable property or contracts concerning other rights relating to immovable property. Contracts for the supply of goods and for their incorporation in immovable property or contracts for repairing immovable property shall fall within the scope of this Directive;
(b) contracts for the supply of foodstuffs or beverages or other goods intended for current consumption in the household and supplied by regular roundsmen;
(c) contracts for the supply of goods or services, provided that all three of the following conditions are met:

(i) the contract is concluded on the basis of a trader's catalogue which the consumer has a proper opportunity of reading in the absence of the trader's representative,

(ii) there is intended to be continuity of contact between the trader's representative and the consumer in relation to that or any subsequent transaction,

(iii) both the catalogue and the contract clearly inform the consumer of his right to return goods to the supplier within a period of not less than seven days of receipt or otherwise to cancel the contract within that period without obligation of any kind other than to take reasonable care of the goods;

(d) insurance contracts;

(e) contracts for securities.

3. By way of derogation from Article 1 (2), Member States may refrain from applying this Directive to contracts for the supply of goods or services having a direct connection with the goods or services concerning which the consumer requested the visit of the trader.

Article 4

In the case of transactions within the scope of Article 1, traders shall be required to give consumers written notice of their right of cancellation within the period laid down in Article 5, together with the name and address of a person against whom that right may be exercised. Such notice shall be dated and shall state particulars enabling the contract to be identified. It shall be given to the consumer:

(a) in the case of Article 1 (1), at the time of conclusion of the contract;

(b) in the case of Article 1 (2), not later than the time of conclusion of the contract;

(c) in the case of Article 1 (3) and 1 (4), when the offer is made by the consumer.

Member States shall ensure that their national legislation lays down appropriate consumer protection measures in cases where the information referred to in this Article is not supplied.

Article 5

1. The consumer shall have the right to renounce the effects of his undertaking by sending notice within a period of not less than seven days from receipt by the consumer of the notice referred to in Article 4, in accordance with the procedure laid down by national law. It shall be sufficient if the notice is dispatched before the end of such period.

2. The giving of the notice shall have the effect of releasing the consumer from any obligations under the cancelled contract.

Article 6

The consumer may not waive the rights conferred on him by this Directive.

Article 7

If the consumer exercises his right of renunciation, the legal effects of such renunciation shall be governed by national laws, particularly regarding the reimbursement of payments for goods or services provided and the return of goods received.

Article 8
This Directive shall not prevent Member States from adopting or maintaining more favourable provisions to protect consumers in the field which it covers.

Article 9
1. Member States shall take the measures necessary to comply with this Directive within 24 months of its notification[6]. They shall forthwith inform the Commission thereof.
2. Member States shall ensure that the texts of the main provisions of national law which they adopt in the field covered by this Directive are communicated to the Commission.

Article 10
This Directive is addressed to the Member States.

---

[6] This Directive was notified to the Member States on 23 December 1985.

2. Directive of the European Parliament and of the Council of 20 May 1997 on the protection of consumers in respect of distance contracts (97/7/EC)

Official Journal L 144, 04/06/1997, p. 19–27

THE EUROPEAN PARLIAMENT AND THE COUNCIL OF THE EUROPEAN UNION,

Having regard to the Treaty establishing the European Community, and in particular Article 100a thereof, Having regard to the proposal from the Commission[1], Having regard to the opinion of the Economic and Social Committee[2], Acting in accordance with the procedure laid down in Article 189b of the Treaty[3], in the light of the joint text approved by the Conciliation Committee on 27 November 1996,

(1) Whereas, in connection with the attainment of the aims of the internal market, measures must be taken for the gradual consolidation of that market;

(2) Whereas the free movement of goods and services affects not only the business sector but also private individuals; whereas it means that consumers should be able to have access to the goods and services of another Member State on the same terms as the population of that State;

(3) Whereas, for consumers, cross-border distance selling could be one of the main tangible results of the completion of the internal market, as noted, inter alia, in the communication from the Commission to the Council entitled 'Towards a single market in distribution'; whereas it is essential to the smooth operation of the internal market for consumers to be able to have dealings with a business outside their country, even if it has a subsidiary in the consumer's country of residence;

(4) Whereas the introduction of new technologies is increasing the number of ways for consumers to obtain information about offers anywhere in the Community and to place orders; whereas some Member States have already taken different or diverging measures to protect consumers in respect of distance selling, which has had a detrimental effect on competition between businesses in the internal market; whereas it is therefore necessary to introduce at Community level a minimum set of common rules in this area;

(5) Whereas paragraphs 18 and 19 of the Annex to the Council resolution of 14 April 1975 on a preliminary programme of the European Economic Community for a consumer protection and information policy[4] point to the need to protect the purchasers of goods or services from demands for payment for unsolicited goods and from high-pressure selling methods;

(6) Whereas paragraph 33 of the communication from the Commission to the Council entitled 'A new impetus for consumer protection policy', which was approved by the Council resolution of 23 June 1986[5], states that the Commission will submit proposals

---

[1] OJ No C 156, 23. 6. 1992, p. 14 and OJ No C 308, 15. 11. 1993, p. 18.
[2] OJ No C 19, 25. 1. 1993, p. 111.
[3] Opinion of the European Parliament of 26 May 1993 (OJ No C 176, 28. 6. 1993, p. 95), Council common position of 29 June 1995 (OJ No C 288, 30. 10. 1995, p. 1) and Decision of the European Parliament of 13 December 1995 (OJ No C 17, 22. 1. 1996, p. 51). Decision of the European Parliament of 16 January 1997 and Council Decision of 20 January 1997.
[4] OJ No C 92, 25. 4. 1975, p. 1.
[5] OJ No C 167, 5. 7. 1986, p. 1.

regarding the use of new information technologies enabling consumers to place orders with suppliers from their homes;

(7) Whereas the Council resolution of 9 November 1989 on future priorities for relaunching consumer protection policy[6] calls upon the Commission to give priority to the areas referred to in the Annex to that resolution; whereas that Annex refers to new technologies involving teleshopping; whereas the Commission has responded to that resolution by adopting a three-year action plan for consumer protection policy in the European Economic Community (1990–1992); whereas that plan provides for the adoption of a Directive;

(8) Whereas the languages used for distance contracts are a matter for the Member States;

(9) Whereas contracts negotiated at a distance involve the use of one or more means of distance communication; whereas the various means of communication are used as part of an organised distance sales or service-provision scheme not involving the simultaneous presence of the supplier and the consumer; whereas the constant development of those means of communication does not allow an exhaustive list to be compiled but does require principles to be defined which are valid even for those which are not as yet in widespread use;

(10) Whereas the same transaction comprising successive operations or a series of separate operations over a period of time may give rise to different legal descriptions depending on the law of the Member States; whereas the provisions of this Directive cannot be applied differently according to the law of the Member States, subject to their recourse to Article 14; whereas, to that end, there is therefore reason to consider that there must at least be compliance with the provisions of this Directive at the time of the first of a series of successive operations or the first of a series of separate operations over a period of time which may be considered as forming a whole, whether that operation or series of operations are the subject of a single contract or successive, separate contracts;

(11) Whereas the use of means of distance communication must not lead to a reduction in the information provided to the consumer; whereas the information that is required to be sent to the consumer should therefore be determined, whatever the means of communication used; whereas the information supplied must also comply with the other relevant Community rules, in particular those in Council Directive 84/450/EEC of 10 September 1984 relating to the approximation of the laws, regulations and administrative provisions of the Member States concerning misleading advertising[7]; whereas, if exceptions are made to the obligation to provide information, it is up to the consumer, on a discretionary basis, to request certain basic information such as the identity of the supplier, the main characteristics of the goods or services and their price;

(12) Whereas in the case of communication by telephone it is appropriate that the consumer receive enough information at the beginning of the conversation to decide whether or not to continue;

(13) Whereas information disseminated by certain electronic technologies is often ephemeral in nature insofar as it is not received on a permanent medium; whereas the consumer must therefore receive written notice in good time of the information necessary for proper performance of the contract;

(14) Whereas the consumer is not able actually to see the product or ascertain the nature of the service provided before concluding the contract; whereas provision should be made, unless otherwise specified in this Directive, for a right of withdrawal from the contract;

---

[6] OJ No C 294, 22. 11. 1989, p. 1.
[7] OJ No L 250, 19. 9. 1984, p. 17.

whereas, if this right is to be more than formal, the costs, if any, borne by the consumer when exercising the right of withdrawal must be limited to the direct costs for returning the goods; whereas this right of withdrawal shall be without prejudice to the consumer's rights under national laws, with particular regard to the receipt of damaged products and services or of products and services not corresponding to the description given in the offer of such products or services; whereas it is for the Member States to determine the other conditions and arrangements following exercise of the right of withdrawal;

(15) Whereas it is also necessary to prescribe a time limit for performance of the contract if this is not specified at the time of ordering;

(16) Whereas the promotional technique involving the dispatch of a product or the provision of a service to the consumer in return for payment without a prior request from, or the explicit agreement of, the consumer cannot be permitted, unless a substitute product or service is involved;

(17) Whereas the principles set out in Articles 8 and 10 of the European Convention for the Protection of Human Rights and Fundamental Freedoms of 4 November 1950 apply; whereas the consumer's right to privacy, particularly as regards freedom from certain particularly intrusive means of communication, should be recognised; whereas specific limits on the use of such means should therefore be stipulated; whereas Member States should take appropriate measures to protect effectively those consumers, who do not wish to be contacted through certain means of communication, against such contacts, without prejudice to the particular safeguards available to the consumer under Community legislation concerning the protection of personal data and privacy;

(18) Whereas it is important for the minimum binding rules contained in this Directive to be supplemented where appropriate by voluntary arrangements among the traders concerned, in line with Commission recommendation 92/295/EEC of 7 April 1992 on codes of practice for the protection of consumers in respect of contracts negotiated at a distance[8];

(19) Whereas in the interest of optimum consumer protection it is important for consumers to be satisfactorily informed of the provisions of this Directive and of codes of practice that may exist in this field;

(20) Whereas non-compliance with this Directive may harm not only consumers but also competitors; whereas provisions may therefore be laid down enabling public bodies or their representatives, or consumer organisations which, under national legislation, have a legitimate interest in consumer protection, or professional organisations which have a legitimate interest in taking action, to monitor the application thereof;

(21) Whereas it is important, with a view to consumer protection, to address the question of cross-border complaints as soon as this is feasible; whereas the Commission published on 14 February 1996 a plan of action on consumer access to justice and the settlement of consumer disputes in the internal market; whereas that plan of action includes specific initiatives to promote out-of-court procedures; whereas objective criteria (Annex II) are suggested to ensure the reliability of those procedures and provision is made for the use of standardised claims forms (Annex III);

(22) Whereas in the use of new technologies the consumer is not in control of the means of communication used; whereas it is therefore necessary to provide that the burden of proof may be on the supplier;

(23) Whereas there is a risk that, in certain cases, the consumer may be deprived of protection under this Directive through the designation of the law of a non-member country as the law applicable to the contract; whereas provisions should therefore be included in this Directive to avert that risk;

---

[8] OJ No L 156, 10. 6. 1992, p. 21.

(24) *Whereas a Member State may ban, in the general interest, the marketing on its territory of certain goods and services through distance contracts; whereas that ban must comply with Community rules; whereas there is already provision for such bans, notably with regard to medicinal products, under Council Directive 89/552/EEC of 3 October 1989 on the co-ordination of certain provisions laid down by law, regulation or administrative action in Member States concerning the pursuit of television broadcasting activities[9] and Council Directive 92/28/EEC of 31 March 1992 on the advertising of medicinal products for human use[10],*
HAVE ADOPTED THIS DIRECTIVE:

Article 1. Object
The object of this Directive is to approximate the laws, regulations and administrative provisions of the Member States concerning distance contracts between consumers and suppliers.

Article 2. Definitions
For the purposes of this Directive:
(1) 'distance contract' means any contract concerning goods or services concluded between a supplier and a consumer under an organised distance sales or service-provision scheme run by the supplier, who, for the purpose of the contract, makes exclusive use of one or more means of distance communication up to and including the moment at which the contract is concluded;
(2) 'consumer' means any natural person who, in contracts covered by this Directive, is acting for purposes which are outside his trade, business or profession;
(3) 'supplier' means any natural or legal person who, in contracts covered by this Directive, is acting in his commercial or professional capacity;
(4) 'means of distance communication' means any means which, without the simultaneous physical presence of the supplier and the consumer, may be used for the conclusion of a contract between those parties. An indicative list of the means covered by this Directive is contained in Annex I;
(5) 'operator of a means of communication' means any public or private natural or legal person whose trade, business or profession involves making one or more means of distance communication available to suppliers.

Article 3. Exemptions
1. This Directive shall not apply to contracts:
– relating to financial services, a non-exhaustive list of which is given in Annex II,
– concluded by means of automatic vending machines or automated commercial premises,
– concluded with telecommunications operators through the use of public payphones,
– concluded for the construction and sale of immovable property or relating to other immovable property rights, except for rental,
– concluded at an auction.
2. Articles 4, 5, 6 and 7 (1) shall not apply:

---

[9] OJ No L 298, 17. 10. 1989, p. 23.
[10] OJ No L 113, 30. 4. 1992, p. 13.

– to contracts for the supply of foodstuffs, beverages or other goods intended for everyday consumption supplied to the home of the consumer, to his residence or to his workplace by regular roundsmen,
– to contracts for the provision of accommodation, transport, catering or leisure services, where the supplier undertakes, when the contract is concluded, to provide these services on a specific date or within a specific period; exceptionally, in the case of outdoor leisure events, the supplier can reserve the right not to apply Article 7 (2) in specific circumstances.

Article 4. Prior information
1. In good time prior to the conclusion of any distance contract, the consumer shall be provided with the following information:
(a) the identity of the supplier and, in the case of contracts requiring payment in advance, his address;
(b) the main characteristics of the goods or services;
(c) the price of the goods or services including all taxes;
(d) delivery costs, where appropriate;
(e) the arrangements for payment, delivery or performance;
(f) the existence of a right of withdrawal, except in the cases referred to in Article 6 (3);
(g) the cost of using the means of distance communication, where it is calculated other than at the basic rate;
(h) the period for which the offer or the price remains valid;
(i) where appropriate, the minimum duration of the contract in the case of contracts for the supply of products or services to be performed permanently or recurrently.
2. The information referred to in paragraph 1, the commercial purpose of which must be made clear, shall be provided in a clear and comprehensible manner in any way appropriate to the means of distance communication used, with due regard, in particular, to the principles of good faith in commercial transactions, and the principles governing the protection of those who are unable, pursuant to the legislation of the Member States, to give their consent, such as minors.
3. Moreover, in the case of telephone communications, the identity of the supplier and the commercial purpose of the call shall be made explicitly clear at the beginning of any conversation with the consumer.

Article 5. Written confirmation of information
1. The consumer must receive written confirmation or confirmation in another durable medium available and accessible to him of the information referred to in Article 4 (1) (a) to (f), in good time during the performance of the contract, and at the latest at the time of delivery where goods not for delivery to third parties are concerned, unless the information has already been given to the consumer prior to conclusion of the contract in writing or on another durable medium available and accessible to him.
In any event the following must be provided:
– written information on the conditions and procedures for exercising the right of withdrawal, within the meaning of Article 6, including the cases referred to in the first indent of Article 6 (3),

– the geographical address of the place of business of the supplier to which the consumer may address any complaints,
– information on after-sales services and guarantees which exist,
– the conclusion for cancelling the contract, where it is of unspecified duration or a duration exceeding one year.
2. Paragraph 1 shall not apply to services which are performed through the use of a means of distance communication, where they are supplied on only one occasion and are invoiced by the operator of the means of distance communication. Nevertheless, the consumer must in all cases be able to obtain the geographical address of the place of business of the supplier to which he may address any complaints.

Article 6. Right of withdrawal

1. For any distance contract the consumer shall have a period of at least seven working days in which to withdraw from the contract without penalty and without giving any reason. The only charge that may be made to the consumer because of the exercise of his right of withdrawal is the direct cost of returning the goods.
The period for exercise of this right shall begin:
– in the case of goods, from the day of receipt by the consumer where the obligations laid down in Article 5 have been fulfilled,
– in the case of services, from the day of conclusion of the contract or from the day on which the obligations laid down in Article 5 were fulfilled if they are fulfilled after conclusion of the contract, provided that this period does not exceed the three-month period referred to in the following subparagraph.
If the supplier has failed to fulfil the obligations laid down in Article 5, the period shall be three months. The period shall begin:
– in the case of goods, from the day of receipt by the consumer,
– in the case of services, from the day of conclusion of the contract.
If the information referred to in Article 5 is supplied within this three-month period, the seven working day period referred to in the first subparagraph shall begin as from that moment.
2. Where the right of withdrawal has been exercised by the consumer pursuant to this Article, the supplier shall be obliged to reimburse the sums paid by the consumer free of charge. The only charge that may be made to the consumer because of the exercise of his right of withdrawal is the direct cost of returning the goods. Such reimbursement must be carried out as soon as possible and in any case within 30 days.
3. Unless the parties have agreed otherwise, the consumer may not exercise the right of withdrawal provided for in paragraph 1 in respect of contracts:
– for the provision of services if performance has begun, with the consumer's agreement, before the end of the seven working day period referred to in paragraph 1,
– for the supply of goods or services the price of which is dependent on fluctuations in the financial market which cannot be controlled by the supplier,
– for the supply of goods made to the consumer's specifications or clearly personalised or which, by reason of their nature, cannot be returned or are liable to deteriorate or expire rapidly,
– for the supply of audio or video recordings or computer software which were unsealed by the consumer,
– for the supply of newspapers, periodicals and magazines,

– for gaming and lottery services.
4. The Member States shall make provision in their legislation to ensure that:
– if the price of goods or services is fully or partly covered by credit granted by the supplier, or
– if that price is fully or partly covered by credit granted to the consumer by a third party on the basis of an agreement between the third party and the supplier, the credit agreement shall be cancelled, without any penalty, if the consumer exercises his right to withdraw from the contract in accordance with paragraph 1.
Member States shall determine the detailed rules for cancellation of the credit agreement.

Article 7. Performance
1. Unless the parties have agreed otherwise, the supplier must execute the order within a maximum of 30 days from the day following that on which the consumer forwarded his order to the supplier.
2. Where a supplier fails to perform his side of the contract on the grounds that the goods or services ordered are unavailable, the consumer must be informed of this situation and must be able to obtain a refund of any sums he has paid as soon as possible and in any case within 30 days.
3. Nevertheless, Member States may lay down that the supplier may provide the consumer with goods or services of equivalent quality and price provided that this possibility was provided for prior to the conclusion of the contract or in the contract. The consumer shall be informed of this possibility in a clear and comprehensible manner. The cost of returning the goods following exercise of the right of withdrawal shall, in this case, be borne by the supplier, and the consumer must be informed of this. In such cases the supply of goods or services may not be deemed to constitute inertia selling within the meaning of Article 9.

Article 8. Payment by card
Member States shall ensure that appropriate measures exist to allow a consumer:
– to request cancellation of a payment where fraudulent use has been made of his payment card in connection with distance contracts covered by this Directive,
– in the event of fraudulent use, to be recredited with the sums paid or have them returned.

Article 9. Inertia selling
Member States shall take the measures necessary to:
– prohibit the supply of goods or services to a consumer without their being ordered by the consumer beforehand, where such supply involves a demand for payment,
– exempt the consumer from the provision of any consideration in cases of unsolicited supply, the absence of a response not constituting consent.

Article 10. Restrictions on the use of certain means of distance communication
1. Use by a supplier of the following means requires the prior consent of the consumer:
– automated calling system without human intervention (automatic calling machine),

– facsimile machine (fax).
2. Member States shall ensure that means of distance communication, other than those referred to in paragraph 1, which allow individual communications may be used only where there is no clear objection from the consumer.

Article 11. Judicial or administrative redress
1. Member States shall ensure that adequate and effective means exist to ensure compliance with this Directive in the interests of consumers.
2. The means referred to in paragraph 1 shall include provisions whereby one or more of the following bodies, as determined by national law, may take action under national law before the courts or before the competent administrative bodies to ensure that the national provisions for the implementation of this Directive are applied:
(a) public bodies or their representatives;
(b) consumer organisations having a legitimate interest in protecting consumers;
(c) professional organisations having a legitimate interest in acting.
3. (a) Member States may stipulate that the burden of proof concerning the existence of prior information, written confirmation, compliance with time-limits or consumer consent can be placed on the supplier.
(b) Member States shall take the measures needed to ensure that suppliers and operators of means of communication, where they are able to do so, cease practices which do not comply with measures adopted pursuant to this Directive.
4. Member States may provide for voluntary supervision by self-regulatory bodies of compliance with the provisions of this Directive and recourse to such bodies for the settlement of disputes to be added to the means which Member States must provided to ensure compliance with the provisions of this Directive.

Article 12. Binding nature
1. The consumer may not waive the rights conferred on him by the transposition of this Directive into national law.
2. Member States shall take the measures needed to ensure that the consumer does not lose the protection granted by this Directive by virtue of the choice of the law of a non-member country as the law applicable to the contract if the latter has close connection with the territory of one or more Member States.

Article 13. Community rules
1. The provisions of this Directive shall apply insofar as there are no particular provisions in rules of Community law governing certain types of distance contracts in their entirety.
2. Where specific Community rules contain provisions governing only certain aspects of the supply of goods or provision of services, those provisions, rather than the provisions of this Directive, shall apply to these specific aspects of the distance contracts.

Article 14. Minimal clause
Member States may introduce or maintain, in the area covered by this Directive, more stringent provisions compatible with the Treaty, to ensure a higher level of consumer protection. Such provisions shall, where appropriate, include a ban, in

the general interest, on the marketing of certain goods or services, particularly medicinal products, within their territory by means of distance contracts, with due regard for the Treaty.

Article 15. Implementation
1. Member States shall bring into force the laws, regulations and administrative provisions necessary to comply with this Directive no later than three years after it enters into force. They shall forthwith inform the Commission thereof.
2. When Member States adopt the measures referred to in paragraph 1, these shall contain a reference to this Directive or shall be accompanied by such reference on the occasion of their official publication. The procedure for such reference shall be laid down by Member States.
3. Member States shall communicate to the Commission the text of the provisions of national law which they adopt in the field governed by this Directive.
4. No later than four years after the entry into force of this Directive the Commission shall submit a report to the European Parliament and the Council on the implementation of this Directive, accompanied if appropriate by a proposal for the revision thereof.

Article 16. Consumer information
Member States shall take appropriate measures to inform the consumer of the national law transposing this Directive and shall encourage, where appropriate, professional organisations to inform consumers of their codes of practice.

Article 17. Complaints systems
The Commission shall study the feasibility of establishing effective means to deal with consumers' complaints in respect of distance selling. Within two years after the entry into force of this Directive the Commission shall submit a report to the European Parliament and the Council on the results of the studies, accompanied if appropriate by proposals.

Article 18
This Directive shall enter into force on the day of its publication in the Official Journal of the European Communities.

Article 19
This Directive is addressed to the Member States.

Annex I. Means of communication covered by Article 2 (4)
– Unaddressed printed matter
– Addressed printed matter
– Standard letter
– Press advertising with order form
– Catalogue
– Telephone with human intervention
– Telephone without human intervention (automatic calling machine, audiotext)
– Radio
– Videophone (telephone with screen)

– Videotext (microcomputer and television screen) with keyboard or touch screen
– Electronic mail
– Facsimile machine (fax)
– Television (teleshopping).

Annex II. Financial services within the meaning of Article 3 (I)

– Investment services
– Insurance and reinsurance operations
– Banking services
– Operations relating to dealings in futures or options.

Such services include in particular:
– investment services referred to in the Annex to Directive 93/22/EEC[11]; services of collective investment undertakings,
– services covered by the activities subject to mutual recognition referred to in the Annex to Directive 89/646/EEC[12];
– operations covered by the insurance and reinsurance activities referred to in:
– Article 1 of Directive 73/239/EEC[13],
– the Annex to Directive 79/267/EEC[14],
– Directive 64/225/EEC[15],
– Directives 92/49/EEC[16] and 92/96/EEC[17].

Statement by the Council and the Parliament re Article 6 (I)

The Council and the Parliament note that the Commission will examine the possibility and desirability of harmonising the method of calculating the cooling-off period under existing consumer-protection legislation, notably Directive 85/577/EEC of 20 December 1985 on the protection of consumers in respect of contracts negotiated away from commercial establishments ('door-to-door sales')[18].

Statement by the Commission re Article 3 (I), first indent

The Commission recognises the importance of protecting consumers in respect of distance contracts concerning financial services and has published a Green Paper entitled 'Financial services: meeting consumers' expectations'. In the light of reactions to the Green Paper the Commission will examine ways of incorporating consumer protection into the policy on financial services and the possible legislative implications and, if need be, will submit appropriate proposals.

---

[11] OJ No L 141, 11. 6. 1993, p. 27.
[12] OJ No L 386, 30. 12. 1989, p. 1. Directive as amended by Directive 92/30/EEC (OJ No L 110, 28. 4. 1992, p. 52).
[13] OJ No L 228, 16. 8. 1973, p. 3. Directive as last amended by Directive 92/49/EEC (OJ No L 228, 11. 8. 1992, p. 1).
[14] OJ No L 63, 13. 3. 1979, p. 1. Directive as last amended by Directive 90/619/EEC (OJ No L 330, 29. 11. 1990, p. 50).
[15] OJ No 56, 4. 4. 1964, p. 878/64. Directive as amended by the 1973 Act of Accession.
[16] OJ No L 228, 11. 8. 1992, p. 1.
[17] OJ No L 360, 9. 12. 1992, p. 1.
[18] OJ No L 372, 31. 12. 1985, p. 31.

3. Amended proposal of 23 July 1999 for a European Parliament and Council Directive concerning the distance marketing of consumer financial services and amending Directives 97/7/EC and 98/27/EC

(presented by the Commission)

THE EUROPEAN PARLIAMENT AND THE COUNCIL OF THE EUROPEAN UNION,

Having regard to the Treaty establishing the European Community, and in particular Articles 47 (2), 55 and 95 thereof, Having regard to the proposal from the Commission, Having regard to the opinion of the Economic and Social Committee, Acting in accordance with the procedure laid down in Article 251 of the Treaty,

(1) Whereas it is important, in the context of achieving the aims of the single market, to adopt measures designed to progressively consolidate this market and those measures must contribute to attaining a high level of consumer protection, in accordance with Articles 95 and 153 of the Treaty;

(2) Whereas, both for consumers and suppliers of financial services, the distance marketing of financial services will constitute one of the main tangible results of the completion of the internal market;

(3) Whereas, within the framework of the internal market, it is in the interest of consumers to have access without discrimination to the widest possible range of financial services available in the Community so that they can choose those that are best suited to their needs; whereas in order to safeguard freedom of choice, which is an essential consumer right, a high degree of consumer protection is required in order to enhance consumer confidence in distance selling;

(4) Whereas it is essential to the smooth operation of the internal market for consumers to be able to negotiate and conclude contracts with a supplier established outside their country, regardless of whether the supplier is also established in the consumer's country of residence;

(5) Whereas because of their intangible nature, financial services are particularly suited to distance selling; whereas the establishment of a legal framework governing the distance marketing of financial services should increase consumer confidence in the use of new techniques for the distance marketing of financial services, such as electronic commerce;

(6) Whereas Directive 97/7/EC of the European Parliament and of the Council of 20 May 1997 on the protection of consumers in respect of distance contracts[1], lays down the main rules applicable to distance contracts for goods or services concluded between a supplier and a consumer; whereas, however, that Directive does not cover financial services;

(7) Whereas, in the context of the analysis conducted by the Commission with a view to ascertaining the need for specific measures in this field, the Commission invited all the interested parties to transmit their comments, notably in connection with the preparation of its Green Paper entitled 'Financial Services – Meeting Consumers' Expectations'[2]; whereas the consultations in this context showed that there is a need to strengthen consumer protection in this area; whereas the Commission therefore decided to present a specific proposal concerning the distance marketing of financial services[3];

---

[1] OJ No L 144, 4.6.1997, p. 6.
[2] COM (96) 209 final, 22.5.1996.

(8) Whereas the adoption by the Member States of conflicting or different consumer protection rules governing the distance marketing of consumer financial services would impede the functioning of the internal market and competition between firms in the market; whereas it is therefore necessary to enact common rules at Community level in this area, consistent with no reduction in overall consumer protection in any Member State;

(9) Whereas, given the high level of consumer protection guaranteed by this Directive, with a view to ensuring the free movement of financial services, Member States may not adopt provisions other than those laid down in this Directive in the fields harmonised by this Directive;

(10) Whereas this Directive covers all financial services liable to be provided at a distance; whereas, however, certain financial services are governed by specific provisions of Community law; whereas those specific provisions continue to apply to those financial services; whereas, however, it is advisable to lay down principles governing the distance marketing of such services;

(11) Whereas, in accordance with the principles of subsidiarity and proportionality as set out in Article 5 of the Treaty, the objectives of this Directive cannot be sufficiently achieved by the Member States and can therefore be better achieved by the Community;

(12) Whereas contracts negotiated at a distance involve the use of means of distance communication; whereas the various means of communication are used as part of a distance sales or service-provision scheme not involving the simultaneous presence of the supplier and the consumer; whereas the constant development of those means of communication requires principles to be defined that are valid even for those means that are not yet in widespread use; whereas, therefore, distance contracts are to be those the offer, negotiation and conclusion of which are carried out at a distance;

(13) Whereas a single contract involving successive operations may be subject to different legal treatment in the different Member States, whereas, however, it is important that this Directive be applied in the same way in all the Member States; whereas, to this end, it is appropriate that this Directive should be considered to apply to the first of a series of successive operations, or to the first of a series of separate operations over a period of time which may be considered as forming a whole, irrespective of whether that operation or series of operations are the subject of a single contract or several successive contracts;

(14) Whereas by covering a service-provision scheme organised by the financial services provider, this Directive aims to exclude from its scope services provided on a strictly occasional basis and outside a commercial structure dedicated to the conclusion of distance contracts;

(15) Whereas the supplier is the person providing services at a distance; whereas this Directive should however also apply when one of the marketing stages involves an intermediary; whereas, having regard to the nature and degree of that involvement, the pertinent provisions of this Directive should apply to such an intermediary, irrespective of his legal status;

(16) Whereas the use of means of distance communications must not lead to an unwarranted restriction on the information provided to the client; whereas in the interest of transparency this Directive lays down the requirements needed to ensure that an appropriate level of information is provided the consumer both before and after conclusion of the contract; whereas the consumer must receive, before conclusion of the contract, the prior information needed so as to properly appraise the financial service and hence make a

---

[3] Communication from the Commission "Financial services: enhancing consumer confidence", COM (97) 309 final, 26.6.1997.

well-informed choice; whereas the supplier must specify how long his offer applies as it stands;

(16a) Whereas with a view to optimum protection of the consumer, it is important that the consumer should be adequately informed of the provisions of this Directive and of any codes of conduct existing in this area;

(17) Whereas provision should be made for a right of withdrawal, without penalty and without having to furnish grounds;

(18) Deleted

(19) Whereas consumers should be protected against unsolicited services; whereas consumers should be exempt from any obligation in the case of unsolicited services, the absence of a reply not being construed as signifying consent on their part; whereas, however, this rule should be without prejudice to the tacit renewal of contracts validly concluded between the parties whenever the law of the Member States permits such tacit renewal;

(20) Whereas Member States should take appropriate measures to effectively protect consumers who do not wish to be contacted through certain means of communication; whereas this Directive is without prejudice to the particular safeguards available to consumers under Community legislation concerning the protection of personal data and privacy;

(21) Whereas, with a view to protecting consumers, it is important to make arrangements for resolving disputes; whereas there is a need for suitable and effective complaint and redress procedures in the Member States with a view to settling potential disputes between suppliers and consumers, by using, where appropriate, existing procedures;

(22) Whereas, as regards consumer access to justice and in particular to courts and tribunals in the case of cross-border disputes, account should be taken of the Communication from the Commission to the Council and European Parliament entitled 'Towards greater effectiveness in the adoption and enforcement of decisions within the European Union'[4];

(23) Whereas Member States should encourage public or private bodies established with a view to settling disputes out of court to co-operate to in resolving cross-border disputes; whereas such co-operation could in particular entail allowing consumers to submit to extra-judicial bodies in the Member State of their residence complaints concerning suppliers established in other Member States;

(24) Whereas the Community and the Member States have entered into commitments in the context of the WTO – General Agreement on Trade in Services (GATS) concerning the possibility for European consumers to purchase banking and investment services abroad; whereas the GATS entitles Member States to adopt measures for prudential reasons, including measures to protect investors, depositors, policy-holders and persons to whom a financial service is owed by the supplier of the financial service; whereas such measures should not impose restrictions going beyond what is required to ensure consumer protection;

(25) Deleted

(26) Whereas, in view of the adoption of this Directive, it is necessary to adapt the scope of Directive 97/7/EC and Directive 98/27/EC of the European Parliament and of the Council of 19 May 1998 on injunctions for the protection of consumers' interests[5];

HAVE ADOPTED THIS DIRECTIVE:

---

[4] OJ No C 33, 31.1.1998, p. 3.
[5] OJ No L 199, 11.6.1998, p.51.

Article 1. Scope
a) The object of this Directive is to approximate the laws, regulations and administrative provisions of the Member States concerning the distance marketing of consumer financial services.

b) In the case of contracts for financial services comprising successive operations or a series of separate operations performed over time, the provisions of this Directive shall apply only to the first operation, irrespective of whether those operations are deemed by national law to form part of a single contract or individual separate contracts.

Article 2. Definitions
For the purposes of this Directive:
a) 'distance contract' means any contract concerning financial services concluded between a supplier and a consumer under an organised distance sales or service-provision scheme run by the supplier, who, for the purpose of that contract, makes exclusive use of means of distance communication up to and including the time at which the contract is concluded;
b) 'financial service' means any banking, insurance, investment or payment service;
b(1) 'real estate credit' means any credit, irrespective of any surety or bond attached thereto, mainly intended to permit the acquisition or maintenance of property rights to a site or to a building to be constructed or under construction, or the renovation or improvement of a building;
c) 'supplier' means any natural or legal person who, acting in his commercial or professional capacity, is the actual provider of services subject to contracts covered by this Directive or acts as intermediary in the supply of those services or in the conclusion of a distance contract between those parties;
d) 'consumer' means any natural person who, in contracts covered by this Directive, is acting for purposes which are outside his trade, business or profession;
e) 'means of distance communication' refers to any means which, without the simultaneous physical presence of the supplier and the consumer, may be used for the distance marketing of a service between those parties;
f) 'durable medium' means any instrument enabling the consumer to store information addressed personally and specifically to him and which is mainly contained on floppy disks, CD-ROMs, and the hard drive of the consumer's computer on which electronic mail is stored;
g) 'operator or supplier of a means of distance communication' means any public or private, natural or legal person whose trade, business or profession involves making one or more means of distance communication available to suppliers.

Article 3. Information of the consumer before conclusion of the contract
1. In good time before conclusion of the contract, consumers shall be provided with the following information:
a) the identity and address of the supplier and the identity and address of the representative of the supplier in the consumer's country of residence whom he can consult where necessary, if such a representative exists;
b) a description of the main characteristics of the financial service;
c) the total price of the financial service, including all taxes;

3. Distance marketing of consumer financial services

d) the arrangements for payment, delivery or performance of the contract;
e) the period for which the offer or the price remains valid;
f) when the price is liable to vary between the time the information is provided and the time the contract is concluded, an indication of this possibility and particulars allowing the consumer to verify the price at the time of conclusion of the contract;
g) the cost of using the means of distance communication, where it is calculated other than at the basic rate;
h) the existence and duration of a right of withdrawal within the meaning of Article 4 and the conditions and procedures governing its exercise;
i) the absence of a right of withdrawal for the financial services referred to in Article 4 (1), sentence 2;
j) the amount referred to in Article 5 (1) (a) or, in the case referred to in Article 5 (1) (b), the amount used for calculating the price to be paid by the consumer if he exercises his right of withdrawal;
k) where appropriate, the minimum duration of the contract, in the case of financial services to be performed permanently or recurrently;
l) information on cancelling the contract;
m) the law applicable to the contract, when there is a contractual clause which makes it possible to choose a law other than that of the consumer's place of residence;
n) the court having jurisdiction in the event of a dispute, when there is a clause concerning the choice of jurisdiction vesting competence in a court other than that of the consumer's place of residence in the event of a dispute; this provision is without prejudice to the Brussels Convention;
o) reference to the supervisory authority on whom the supplier depends, when he is subject to supervision;
p) out-of-court complaint and redress procedures.
However, as regards:
– the services covered by Directive 92/49/EEC, and without prejudice to Article 43 of that Directive, only the information referred to in c), d), e), f), g), h), i), j), k), l), and p) must be provided;
– the services covered by Directive 92/96/EEC, and without prejudice to Article 31 and Annex 2 of that Directive, only the information referred to in c), e), f), g), j) and o) must be provided;
– the financial services covered by Directive 85/611/EEC, and without prejudice to Articles 27 to 35 and 44 to 47 and Annexes A and B of that Directive, only the information referred to in g), i), m), n), o) and p) must be provided;
– the financial services covered by Directive 89/298/EEC, and without prejudice to Articles 7 to 18 and 21 of that Directive, only the information referred to in g), i), m), n), o) and p) must be provided;
– the services covered by Directive 93/22/EEC and, without prejudice to Article 11 of that Directive, only the information referred to in e), f), g), h), i), j), m), n), o) and p) must be provided.
2. The information referred to in paragraph 1, whose commercial purpose must be clearly apparent, must be provided in a clear and comprehensible manner in any way appropriate to the means of distance communication used and must in particular comply with the principles of fairness in commercial transactions and the

principles that govern the protection of persons who are legally incapable pursuant to national law, such as minors.
3. Deleted
4. Deleted

Article 3a. Communication of the contractual terms and conditions and of the prior information

1. The supplier must communicate to the consumer all the contractual terms and conditions on paper or on a durable medium, including the information referred to in Article 3 (1), presented in a clear and comprehensible manner, once the contract has been concluded.
2. The supplier shall be exempt from this obligation when the contractual terms and conditions and the information referred to in Article 3 (1) have been provided to the consumer prior to conclusion of the contract on paper or on another durable medium.
3. The choice of medium shall be determined by agreement between the parties.

Article 4. Right of withdrawal after conclusion of the contract

1. Member States shall provide that consumers have a right of withdrawal of 14 to 30 days, depending on the nature of the financial services concerned, without having to indicate grounds and without penalty:
a) when the contractual terms and conditions and the information referred to in Article 3 (1) have been provided to the consumer prior to conclusion of the contract, in compliance with Article 3 (a) (2), from the date of conclusion of the contract;
b) when the contract has been concluded at the express request of the consumer before the contractual terms and conditions and the information referred to in Article 3 (1) have been communicated to him, from the date of receipt of these particulars or the last of such particulars, in compliance with Article 3 (a) (1).
When the supplier complies with the withdrawal period provided for by the legislation of the Member State in which he is established, he shall not be bound by a different period in the Member State in which the consumer resides.
1(a) The right of withdrawal shall not apply to contracts concerning:
a) foreign exchange services;
b) the reception, transmission and/or execution of orders related to, and services in respect of or related to the following financial products:
– money market instruments
– transferable securities
– OCITS and other collective investment schemes
– financial futures and options
– exchange and interest rate instruments whose price depends on fluctuations in the financial market outside the supplier's control;
c) non-life insurance for a period of less than two months;
d) contracts whose performance has been fully completed before the consumer exercises his right of withdrawal.
1(b) In the case of real estate credit, Member States may provide that the consumer may not rely on the right of withdrawal when:

– with his consent, the amount borrowed has been transferred to the seller of the property or to his representative;
– when a notarial act relating to the real estate credit to which he is party has been validly and regularly recorded.

However, in the case of credit funded by bonds secured against real estate, Member States may provide that the consumer shall not benefit from the right of withdrawal provided for in paragraph 1.

2. Without prejudice to the right of withdrawal, when the consumer has been unfairly induced by the supplier to conclude the contract, this contract may be annulled, with all the attendant legal consequences in terms of the law applicable to the contract, without prejudice to the consumer's right to seek compensation for the harm he has suffered under national law.

When suppliers communicate objective information to the consumer on prices of financial services that depend on market fluctuations, this shall not be considered as an unfair inducement.

3. The consumer shall exercise his right of withdrawal by notifying the supplier to this effect on paper or on a durable medium available and accessible to the supplier.

4. Deleted

5. The other legal effects and conditions of withdrawal shall be governed by the law applicable to the contract.

Article 5. Performance of the contract and payment of the service provided before withdrawal

-1 The supplier may not commence to perform the contract before expiry of the time limit provided for in Article 4 (1) without the consumer's express consent.

1. When the consumer exercises his right of withdrawal under Article 4 (1) he may be required to pay, without any undue delay, only either:

a) a lump sum corresponding to the price of the financial service effectively provided by the supplier before exercise of the right of withdrawal, independently of the moment of withdrawal;

b) or, when the cost of the financial service effectively provided by the supplier depends on the time at which the right of withdrawal is exercised, an amount enabling the consumer to calculate the price to be paid on a pro rata basis for the period between the day on which the contact was concluded and the day on which he exercises his right of withdrawal.

In either (a) or (b), the amount payable may not be such that it could be construed as a penalty.

2. Unless he can prove that the consumer was duly informed about the price, in conformity with Article 3 (1) (j), the supplier may not require the consumer to pay any amount where he exercises his right of withdrawal.

3. The supplier shall, without any undue delay and no later than 30 days, return to the consumer any sums he has received from him on conclusion of the distance contract, except for the sums referred to in paragraph 1.

Article 6
Deleted

Article 7
Deleted

Article 8. Unavailability of the service
1. Without prejudice to the rules of civil law of the Member States pertaining to the non-performance of contracts, if the financial service which is the subject of the contract is partly or totally unavailable, the supplier shall, without any undue delay, inform the consumer to this effect.
2. If the financial service is totally unavailable, the supplier shall, without any undue delay and no later than 30 days, reimburse any sum paid by the consumer.
3. If the financial service is only partly available, the contract may only be performed with the express consent of the consumer and the supplier.
Failing this express agreement, the supplier shall without any undue delay and no later than 30 days, return to the consumer any sums he may have paid.
Where the service is only partly performed, the supplier shall return to the consumer all sums relating to the part of the service that has not been performed, without any undue delay and no later than 30 days.

Article 8a. Payment by card
Member States shall take appropriate measures to ensure that:
– consumers can request the cancellation of a payment in the case of fraudulent use of their payment card in transactions falling within this Directive;
– in the case of fraudulent use, the amounts paid are recredited or that the consumer is reimbursed.

Article 8b. Return of original documents
In the event of the consumer exercising his rights pursuant to Article 4 (1) or in the cases provided for in Article 8, the consumer shall, without any undue delay, return to the supplier any original contract document bearing the supplier's signature communicated to him on conclusion of the contract.

Article 9. Unsolicited services
Without prejudice to the legal provisions of the Member States on the tacit renewal of contracts, when such rules permit tacit renewal, Member States shall take the necessary measures to:
– prohibit the supply of financial services to a consumer without a prior request on his part, when this supply includes a request for immediate or deferred payment;
– exempt the consumer from any obligation in the event of unsolicited supplies, the absence of a reply not constituting consent.

Article 10. Unsolicited communications
1. The use by a supplier of the following techniques shall require the consumer's prior consent:
– automated calling systems without human intervention (automatic calling machines)
– fax machines.
2. Member States shall ensure that means of distance communication other than those referred to in paragraph 1, when they allow individual communications

a) shall not be authorised unless the consent of the consumers concerned has been obtained or
b) may only be used if the consumer has not expressed his manifest objection.
3. The measures referred to in paragraphs 1 and 2 shall not entail costs for consumers.
4. In the case of telephone communications, the identity of the supplier and the commercial purpose of the call shall be made explicitly clear at the beginning of any conversation with the consumer.
5. Member States shall provide for appropriate penalties in the event of the supplier's failure to comply with Article 10.
They may provide for this purpose notably that the consumer may cancel the contract at any time, free of charge and without penalties.

Article 11. Imperative nature of the Directive's provisions
1. Consumers may not waive the rights conferred on them by this Directive.
2. Deleted
3. Consumers may not be deprived of the protection granted by this Directive where the law governing the contract is that of a third country if the consumer is resident on the territory of a Member State and the contract has a close link with the Community.

Article 12. Judicial and administrative redress
1. Member States shall ensure that adequate and effective complaints and redress procedures for the settlement of disputes between suppliers and consumers are put in place, using existing procedures where appropriate.
2. The procedures referred to in paragraph 1 shall include provisions whereby one or more of the following bodies, as determined by national law, may take action under national law before the courts or competent administrative bodies to ensure that the national provisions for the implementation of this directive are applied:
a) public bodies or their representatives;
b) consumer organisations having a legitimate interest in protecting consumers;
c) professional organisations having a legitimate interest in acting.
3. Deleted
4. Member States shall take the measures necessary to ensure that operators and suppliers of means of distance communication put an end to practices that have been declared to be contrary to this Directive, on the basis of a judicial decision, an administrative decision or a decision issued by a supervisory authority notified to them, where those operators or suppliers are in a position to do so.

Article 12a. Out-of-court redress
Member States shall encourage bodies established with a view to the out-of-court settlement of disputes to co-operate in the resolution of cross-border disputes.

Article 13. Burden of proof
The burden of proof in respect of the supplier's obligations to inform the consumer and the consumer's consent to conclusion of the contract and, where appropriate, its performance, shall lie with the supplier.

Any contractual term or condition providing that the burden of proof of the respect by the supplier of all or part of the obligations incumbent on him pursuant to this Directive should lie with the consumer shall be an unfair term within the meaning of Council Directive 93/13/EEC[6].

Article 14. Directive 90/619/EEC
Deleted

Article 15. Directive 97/7/EC
Directive 97/7/EC is amended as follows:
1. The first indent of Article 3 (1) is replaced by the following:
'– relating to financial services to which Directive …/…/EC of the European Parliament and of the Council (*) applies.
(*) OJ L …'
2. Annex II is deleted.

Article 16. Directive 98/27/EC
The following point 10 is added to the Annex of Directive 98/27/EC:
'10. Directive …/…/EC of the European Parliament and of the Council on the distance marketing of consumer financial services (*).
(*) OJ L …'

Article 17. Transposition
1. Member States shall bring into force the laws, regulations and administrative provisions necessary to comply with this Directive by 30 June 2002 at the latest. They shall forthwith inform the Commission thereof.
At the time of their official publication, these provisions shall refer to this Directive or shall be accompanied by such a reference. Member States shall determine how such reference is to be made.
2. Member States shall communicate to the Commission the text of the main laws, regulations or administrative provisions which they adopt in the field governed by this Directive. In that communication, Member States shall provide a table showing the national provisions corresponding to each article of this Directive.

Article 18. Entry into force
This Directive shall enter into force on the twentieth day following that of its publication in the Official Journal of the European Communities.

Article 19. Addressees
This Directive is addressed to the Member States.

---

[6] Council Directive 93/13/EEC of 5 April 1993 on unfair terms in consumer contracts, OJ No L 95, 21.4.1993, p. 29.

4. Directive of the European Parliament and of the Council of 8 June 2000 on certain legal aspects of information society services, in particular electronic commerce, in the Internal Market ('Directive on electronic commerce') (2000/31/EC)

Official Journal L 178, 17/07/2000, p. 01–16

THE EUROPEAN PARLIAMENT AND THE COUNCIL OF THE EUROPEAN UNION,

Having regard to the Treaty establishing the European Community, and in particular Articles 47 (2), 55 and 95 thereof, Having regard to the proposal from the Commission[1], Having regard to the opinion of the Economic and Social Committee[2], Acting in accordance with the procedure laid down in Article 251 of the Treaty[3], Whereas:

(1) The European Union is seeking to forge ever closer links between the States and peoples of Europe, to ensure economic and social progress; in accordance with Article 14 (2) of the Treaty, the internal market comprises an area without internal frontiers in which the free movements of goods, services and the freedom of establishment are ensured; the development of information society services within the area without internal frontiers is vital to eliminating the barriers which divide the European peoples.

(2) The development of electronic commerce within the information society offers significant employment opportunities in the Community, particularly in small and medium-sized enterprises, and will stimulate economic growth and investment in innovation by European companies, and can also enhance the competitiveness of European industry, provided that everyone has access to the Internet.

(3) Community law and the characteristics of the Community legal order are a vital asset to enable European citizens and operators to take full advantage, without consideration of borders, of the opportunities afforded by electronic commerce; this Directive therefore has the purpose of ensuring a high level of Community legal integration in order to establish a real area without internal borders for information society services.

(4) It is important to ensure that electronic commerce could fully benefit from the internal market and therefore that, as with Council Directive 89/552/EEC of 3 October 1989 on the co-ordination of certain provisions laid down by law, regulation or administrative action in Member States concerning the pursuit of television broadcasting activities[4], a high level of Community integration is achieved.

(5) The development of information society services within the Community is hampered by a number of legal obstacles to the proper functioning of the internal market which make less attractive the exercise of the freedom of establishment and the freedom to provide services; these obstacles arise from divergences in legislation and from the legal uncertainty as to which national rules apply to such services; in the absence of co-ordination and adjustment of legislation in the relevant areas, obstacles might be justified in the light

---

[1] OJ No C 30, 5.2.1999, p. 4.
[2] OJ No C 169, 16.6.1999, p. 36.
[3] Opinion of the European Parliament of 6 May 1999 (OJ No C 279, 1.10.1999, p. 389), Council common position of 28 February 2000 (OJ No C 128, 8.5.2000, p. 32) and Decision of the European Parliament of 4 May 2000 (not yet published in the Official Journal).
[4] OJ No L 298, 17.10.1989, p. 23. Directive as amended by Directive 97/36/EC of the European Parliament and of the Council (OJ No L 202, 30.7.1997, p. 60).

of the case-law of the Court of Justice of the European Communities; legal uncertainty exists with regard to the extent to which Member States may control services originating from another Member State.

(6) In the light of Community objectives, of Articles 43 and 49 of the Treaty and of secondary Community law, these obstacles should be eliminated by co-ordinating certain national laws and by clarifying certain legal concepts at Community level to the extent necessary for the proper functioning of the internal market; by dealing only with certain specific matters which give rise to problems for the internal market, this Directive is fully consistent with the need to respect the principle of subsidiarity as set out in Article 5 of the Treaty.

(7) In order to ensure legal certainty and consumer confidence, this Directive must lay down a clear and general framework to cover certain legal aspects of electronic commerce in the internal market.

(8) The objective of this Directive is to create a legal framework to ensure the free movement of information society services between Member States and not to harmonise the field of criminal law as such.

(9) The free movement of information society services can in many cases be a specific reflection in Community law of a more general principle, namely freedom of expression as enshrined in Article 10 (1) of the Convention for the Protection of Human Rights and Fundamental Freedoms, which has been ratified by all the Member States; for this reason, directives covering the supply of information society services must ensure that this activity may be engaged in freely in the light of that Article, subject only to the restrictions laid down in paragraph 2 of that Article and in Article 46 (1) of the Treaty; this Directive is not intended to affect national fundamental rules and principles relating to freedom of expression.

(10) In accordance with the principle of proportionality, the measures provided for in this Directive are strictly limited to the minimum needed to achieve the objective of the proper functioning of the internal market; where action at Community level is necessary, and in order to guarantee an area which is truly without internal frontiers as far as electronic commerce is concerned, the Directive must ensure a high level of protection of objectives of general interest, in particular the protection of minors and human dignity, consumer protection and the protection of public health; according to Article 152 of the Treaty, the protection of public health is an essential component of other Community policies.

(11) This Directive is without prejudice to the level of protection for, in particular, public health and consumer interests, as established by Community acts; amongst others, Council Directive 93/13/EEC of 5 April 1993 on unfair terms in consumer contracts[5] and Directive 97/7/EC of the European Parliament and of the Council of 20 May 1997 on the protection of consumers in respect of distance contracts[6] form a vital element for protecting consumers in contractual matters; those Directives also apply in their entirety to information society services; that same Community acquis, which is fully applicable to information society services, also embraces in particular Council Directive 84/450/EEC of 10 September 1984 concerning misleading and comparative advertising[7], Council Directive 87/102/EEC of 22 December 1986 for the approximation of the laws, regulations and administrative provisions of the Member States concerning consumer credit[8], Council Directive 93/22/EEC of 10 May 1993 on investment services in the securities field[9],

---

[5] OJ No L 95, 21.4.1993, p. 29.
[6] OJ No L 144, 4.6.1999, p. 19.
[7] OJ No L 250, 19.9.1984, p. 17. Directive as amended by Directive 97/55/EC of the European Parliament and of the Council (OJ No L 290, 23.10.1997, p. 18).

4. Electronic commerce

Council Directive 90/314/EEC of 13 June 1990 on package travel, package holidays and package tours[10], Directive 98/6/EC of the European Parliament and of the Council of 16 February 1998 on consumer production in the indication of prices of products offered to consumers[11], Council Directive 92/59/EEC of 29 June 1992 on general product safety[12], Directive 94/47/EC of the European Parliament and of the Council of 26 October 1994 on the protection of purchasers in respect of certain aspects on contracts relating to the purchase of the right to use immovable properties on a timeshare basis[13], Directive 98/27/EC of the European Parliament and of the Council of 19 May 1998 on injunctions for the protection of consumers' interests[14], Council Directive 85/374/EEC of 25 July 1985 on the approximation of the laws, regulations and administrative provisions concerning liability for defective products[15], Directive 1999/44/EC of the European Parliament and of the Council of 25 May 1999 on certain aspects of the sale of consumer goods and associated guarantees[16], the future Directive of the European Parliament and of the Council concerning the distance marketing of consumer financial services and Council Directive 92/28/EEC of 31 March 1992 on the advertising of medicinal products[17]; this Directive should be without prejudice to Directive 98/43/EC of the European Parliament and of the Council of 6 July 1998 on the approximation of the laws, regulations and administrative provisions of the Member States relating to the advertising and sponsorship of tobacco products[18] adopted within the framework of the internal market, or to directives on the protection of public health; this Directive complements information requirements established by the above mentioned Directives and in particular Directive 97/7/EC.

(12) It is necessary to exclude certain activities from the scope of this Directive, on the grounds that the freedom to provide services in these fields cannot, at this stage, be guaranteed under the Treaty or existing secondary legislation; excluding these activities does not preclude any instruments which might prove necessary for the proper functioning of the internal market; taxation, particularly value added tax imposed on a large number of the services covered by this Directive, must be excluded form the scope of this Directive.

(13) This Directive does not aim to establish rules on fiscal obligations nor does it preempt the drawing up of Community instruments concerning fiscal aspects of electronic commerce.

(14) The protection of individuals with regard to the processing of personal data is solely governed by Directive 95/46/EC of the European Parliament and of the Council of 24 October 1995 on the protection of individuals with regard to the processing of personal

---

[8] OJ No L 42, 12.2.1987, p. 48. Directive as last amended by Directive 98/7/EC of the European Parliament and of the Council (OJ No L 101, 1.4.1998, p. 17).
[9] OJ No L 141, 11.6.1993, p. 27. Directive as last amended by Directive 97/9/EC of the European Parliament and of the Council (OJ No L 84, 26.3.1997, p. 22).
[10] OJ No L 158, 23.6.1990, p. 59.
[11] OJ No L 80, 18.3.1998, p. 27.
[12] OJ No L 228, 11.8.1992, p. 24.
[13] OJ No L 280, 29.10.1994, p. 83.
[14] OJ No L 166, 11.6.1998, p. 51. Directive as amended by Directive 1999/44/EC (OJ No L 171, 7.7.1999, p. 12).
[15] OJ No L 210, 7.8.1985, p. 29. Directive as amended by Directive 1999/34/EC (OJ No L 141, 4.6.1999, p. 20).
[16] OJ No L 171, 7.7.1999, p. 12.
[17] OJ No L 113, 30.4.1992, p. 13.
[18] OJ No L 213, 30.7.1998, p. 9.

data and on the free movement of such data[19] and Directive 97/66/EC of the European Parliament and of the Council of 15 December 1997 concerning the processing of personal data and the protection of privacy in the telecommunications sector[20] which are fully applicable to information society services; these Directives already establish a Community legal framework in the field of personal data and therefore it is not necessary to cover this issue in this Directive in order to ensure the smooth functioning of the internal market, in particular the free movement of personal data between Member States; the implementation and application of this Directive should be made in full compliance with the principles relating to the protection of personal data, in particular as regards unsolicited commercial communication and the liability of intermediaries; this Directive cannot prevent the anonymous use of open networks such as the Internet.

(15) The confidentiality of communications is guaranteed by Article 5 Directive 97/66/EC; in accordance with that Directive, Member States must prohibit any kind of interception or surveillance of such communications by others than the senders and receivers, except when legally authorised.

(16) The exclusion of gambling activities from the scope of application of this Directive covers only games of chance, lotteries and betting transactions, which involve wagering a stake with monetary value; this does not cover promotional competitions or games where the purpose is to encourage the sale of goods or services and where payments, if they arise, serve only to acquire the promoted goods or services.

(17) The definition of information society services already exists in Community law in Directive 98/34/EC of the European Parliament and of the Council of 22 June 1998 laying down a procedure for the provision of information in the field of technical standards and regulations and of rules on information society services[21] and in Directive 98/84/EC of the European Parliament and of the Council of 20 November 1998 on the legal protection of services based on, or consisting of, conditional access[22]; this definition covers any service normally provided for remuneration, at a distance, by means of electronic equipment for the processing (including digital compression) and storage of data, and at the individual request of a recipient of a service; those services referred to in the indicative list in Annex V to Directive 98/34/EC which do not imply data processing and storage are not covered by this definition.

(18) Information society services span a wide range of economic activities which take place on-line; these activities can, in particular, consist of selling goods on-line; activities such as the delivery of goods as such or the provision of services off-line are not covered; information society services are not solely restricted to services giving rise to on-line contracting but also, in so far as they represent an economic activity, extend to services which are not remunerated by those who receive them, such as those offering on-line information or commercial communications, or those providing tools allowing for search, access and retrieval of data; information society services also include services consisting of the transmission of information via a communication network, in providing access to a communication network or in hosting information provided by a recipient of the service; television broadcasting within the meaning of Directive EEC/89/552 and radio broadcasting are not information society services because they are not provided at individual request; by contrast, services which are transmitted point to point, such as video-on-demand or

---

[19] OJ No L 281, 23.11.1995, p. 31.
[20] OJ No L 24, 30.1.1998, p. 1.
[21] OJ No L 204, 21.7.1998, p. 37. Directive as amended by Directive 98/48/EC (OJ No L 217, 5.8.1998, p. 18).
[22] OJ No L 320, 28.11.1998, p. 54.

the provision of commercial communications by electronic mail are information society services; the use of electronic mail or equivalent individual communications for instance by natural persons acting outside their trade, business or profession including their use for the conclusion of contracts between such persons is not an information society service; the contractual relationship between an employee and his employer is not an information society service; activities which by their very nature cannot be carried out at a distance and by electronic means, such as the statutory auditing of company accounts or medical advice requiring the physical examination of a patient are not information society services.

(19) The place at which a service provider is established should be determined in conformity with the case-law of the Court of Justice according to which the concept of establishment involves the actual pursuit of an economic activity through a fixed establishment for an indefinite period; this requirement is also fulfilled where a company is constituted for a given period; the place of establishment of a company providing services via an Internet website is not the place at which the technology supporting its website is located or the place at which its website is accessible but the place where it pursues its economic activity; in cases where a provider has several places of establishment it is important to determine from which place of establishment the service concerned is provided; in cases where it is difficult to determine from which of several places of establishment a given service is provided, this is the place where the provider has the centre of his activities relating to this particular service.

(20) The definition of "recipient of a service" covers all types of usage of information society services, both by persons who provide information on open networks such as the Internet and by persons who seek information on the Internet for private or professional reasons.

(21) The scope of the co-ordinated field is without prejudice to future Community harmonisation relating to information society services and to future legislation adopted at national level in accordance with Community law; the co-ordinated field covers only requirements relating to on-line activities such as on-line information, on-line advertising, on-line shopping, on-line contracting and does not concern Member States' legal requirements relating to goods such as safety standards, labelling obligations, or liability for goods, or Member States' requirements relating to the delivery or the transport of goods, including the distribution of medicinal products; the co-ordinated field does not cover the exercise of rights of pre-emption by public authorities concerning certain goods such as works of art.

(22) Information society services should be supervised at the source of the activity, in order to ensure an effective protection of public interest objectives; to that end, it is necessary to ensure that the competent authority provides such protection not only for the citizens of its own country but for all Community citizens; in order to improve mutual trust between Member States, it is essential to state clearly this responsibility on the part of the Member State where the services originate; moreover, in order to effectively guarantee freedom to provide services and legal certainty for suppliers and recipients of services, such information society services should in principle be subject to the law of the Member State in which the service provider is established.

(23) This Directive neither aims to establish additional rules on private international law relating to conflicts of law nor does it deal with the jurisdiction of Courts; provisions of the applicable law designated by rules of private international law must not restrict the freedom to provide information society services as established in this Directive.

(24) In the context of this Directive, notwithstanding the rule on the control at source of information society services, it is legitimate under the conditions established in this Directive for Member States to take measures to restrict the free movement of information society services.

(25) National courts, including civil courts, dealing with private law disputes can take measures to derogate from the freedom to provide information society services in conformity with conditions established in this Directive.

(26) Member States, in conformity with conditions established in this Directive, may apply their national rules on criminal law and criminal proceedings with a view to taking all investigative and other measures necessary for the detection and prosecution of criminal offences, without there being a need to notify such measures to the Commission.

(27) This Directive, together with the future Directive of the European Parliament and of the Council concerning the distance marketing of consumer financial services, contributes to the creating of a legal framework for the on-line provision of financial services; this Directive does not pre-empt future initiatives in the area of financial services in particular with regard to the harmonisation of rules of conduct in this field; the possibility for Member States, established in this Directive, under certain circumstances of restricting the freedom to provide information society services in order to protect consumers also covers measures in the area of financial services in particular measures aiming at protecting investors.

(28) The Member States' obligation not to subject access to the activity of an information society service provider to prior authorisation does not concern postal services covered by Directive 97/67/EC of the European Parliament and of the Council of 15 December 1997 on common rules for the development of the internal market of Community postal services and the improvement of quality of service[23] consisting of the physical delivery of a printed electronic mail message and does not affect voluntary accreditation systems, in particular for providers of electronic signature certification service.

(29) Commercial communications are essential for the financing of information society services and for developing a wide variety of new, charge-free services; in the interests of consumer protection and fair trading, commercial communications, including discounts, promotional offers and promotional competitions or games, must meet a number of transparency requirements; these requirements are without prejudice to Directive 97/7/EC; this Directive should not affect existing Directives on commercial communications, in particular Directive 98/43/EC.

(30) The sending of unsolicited commercial communications by electronic mail may be undesirable for consumers and information society service providers and may disrupt the smooth functioning of interactive networks; the question of consent by recipient of certain forms of unsolicited commercial communications is not addressed by this Directive, but has already been addressed, in particular, by Directive 97/7/EC and by Directive 97/66/EC; in Member States which authorise unsolicited commercial communications by electronic mail, the setting up of appropriate industry filtering initiatives should be encouraged and facilitated; in addition it is necessary that in any event unsolicited commercial communities are clearly identifiable as such in order to improve transparency and to facilitate the functioning of such industry initiatives; unsolicited commercial communications by electronic mail should not result in additional communication costs for the recipient.

(31) Member States which allow the sending of unsolicited commercial communications by electronic mail without prior consent of the recipient by service providers established in their territory have to ensure that the service providers consult regularly and respect the opt-out registers in which natural persons not wishing to receive such commercial communications can register themselves.

(32) In order to remove barriers to the development of cross-border services within the Community which members of the regulated professions might offer on the Internet, it is

---

[23] OJ No L 15, 21.1.1998, p. 14.

4. Electronic commerce

necessary that compliance be guaranteed at Community level with professional rules aiming, in particular, to protect consumers or public health; codes of conduct at Community level would be the best means of determining the rules on professional ethics applicable to commercial communication; the drawing-up or, where appropriate, the adaptation of such rules should be encouraged without prejudice to the autonomy of professional bodies and associations.

(33) This Directive complements Community law and national law relating to regulated professions maintaining a coherent set of applicable rules in this field.

(34) Each Member State is to amend its legislation containing requirements, and in particular requirements as to form, which are likely to curb the use of contracts by electronic means; the examination of the legislation requiring such adjustment should be systematic and should cover all the necessary stages and acts of the contractual process, including the filing of the contract; the result of this amendment should be to make contracts concluded electronically workable; the legal effect of electronic signatures is dealt with by Directive 1999/93/EC of the European Parliament and of the Council of 13 December 1999 on a Community framework for electronic signatures[24]; the acknowledgement of receipt by a service provider may take the form of the on-line provision of the service paid for.

(35) This Directive does not affect Member States' possibility of maintaining or establishing general or specific legal requirements for contracts which can be fulfilled by electronic means, in particular requirements concerning secure electronic signatures.

(36) Member States may maintain restrictions for the use of electronic contracts with regard to contracts requiring by law the involvement of courts, public authorities, or professions exercising public authority; this possibility also covers contracts which require the involvement of courts, public authorities, or professions exercising public authority in order to have an effect with regard to third parties as well as contracts requiring by law certification or attestation by a notary.

(37) Member States' obligation to remove obstacles to the use of electronic contracts concerns only obstacles resulting from legal requirements and not practical obstacles resulting from the impossibility of using electronic means in certain cases.

(38) Member States' obligation to remove obstacles to the use of electronic contracts is to be implemented in conformity with legal requirements for contracts enshrined in Community law.

(39) The exceptions to the provisions concerning the contracts concluded exclusively by electronic mail or by equivalent individual communications provided for by this Directive, in relation to information to be provided and the placing of orders, should not enable, as a result, the by-passing of those provisions by providers of information society services.

(40) Both existing and emerging disparities in Member States' legislation and case-law concerning liability of service providers acting as intermediaries prevent the smooth functioning of the internal market, in particular by impairing the development of cross-border services and producing distortions of competition; service providers have a duty to act, under certain circumstances, with a view to preventing or stopping illegal activities; this Directive should constitute the appropriate basis for the development of rapid and reliable procedures for removing and disabling access to illegal information; such mechanisms could be developed on the basis of voluntary agreements between all parties concerned and should be encouraged by Member States; it is in the interest of all parties involved in the provision of information society services to adopt and implement such procedures; the provisions of this Directive relating to liability should not preclude the development and effective operation, by the different interested parties, of technical systems of protection

---

[24] OJ No L 13, 19.1.2000, p. 12.

and identification and of technical surveillance instruments made possible by digital technology within the limits laid down by Directives 95/46/EC and 97/66/EC.

(41) This Directive strikes a balance between the different interests at stake and establishes principles upon which industry agreements and standards can be based.

(42) The exemptions from liability established in this Directive cover only cases where the activity of the information society service provider is limited to the technical process of operating and giving access to a communication network over which information made available by third parties is transmitted or temporarily stored, for the sole purpose of making the transmission more efficient; this activity is of a mere technical, automatic and passive nature, which implies that the information society service provider has neither knowledge of nor control over the information which is transmitted or stored.

(43) A service provider can benefit from the exemptions for "mere conduit" and for "caching" when he is in no way involved with the information transmitted; this requires among other things that he does not modify the information that he transmits; this requirement does not cover manipulations of a technical nature which take place in the course of the transmission as they do not alter the integrity of the information contained in the transmission.

(44) A service provider who deliberately collaborates with one of the recipients of his service in order to undertake illegal acts goes beyond the activities of "mere conduit" or "caching" and as a result cannot benefit from the liability exemptions established for these activities.

(45) The limitations of the liability of intermediary service providers established in this Directive do not affect the possibility of injunctions of different kinds; such injunctions can in particular consist of orders by courts or administrative authorities requiring the termination or prevention of any infringement, including the removal of illegal information or the disabling of access to it.

(46) In order to benefit from a limitation of liability, the provider of an information society service, consisting of the storage of information, upon obtaining actual knowledge or awareness of illegal activities has to act expeditiously to remove or to disable access to the information concerned; the removal or disabling of access has to be undertaken in the observance of the principle of freedom of expression and of procedures established for this purpose at national level; this Directive does not affect Member States' possibility of establishing specific requirements which must be fulfilled expeditiously prior to the removal or disabling of information.

(47) Member States are prevented from imposing a monitoring obligation on service providers only with respect to obligations of a general nature; this does not concern monitoring obligations in a specific case and, in particular, does not affect orders by national authorities in accordance with national legislation.

(48) This Directive does not affect the possibility for Member States of requiring service providers, who host information provided by recipients of their service, to apply duties of care, which can reasonably be expected from them and which are specified by national law, in order to detect and prevent certain types of illegal activities.

(49) Member States and the Commission are to encourage the drawing-up of codes of conduct; this is not to impair the voluntary nature of such codes and the possibility for interested parties of deciding freely whether to adhere to such codes.

(50) It is important that the proposed directive on the harmonisation of certain aspects of copyright and related rights in the information society and this Directive come into force within a similar time scale with a view to establishing a clear framework of rules relevant to the issue of liability of intermediaries for copyright and relating rights infringements at Community level.

4. Electronic commerce

(51) Each Member State should be required, where necessary, to amend any legislation which is liable to hamper the use of schemes for the out-of-court settlement of disputes through electronic channels; the result of this amendment must be to make the functioning of such schemes genuinely and effectively possible in law and in practice, even across borders.

(52) The effective exercise of the freedoms of the internal market makes it necessary to guarantee victims effective access to means of settling disputes; damage which may arise in connection with information society services is characterised both by its rapidity and by its geographical extent; in view of this specific character and the need to ensure that national authorities do not endanger the mutual confidence which they should have in one another, this Directive requests Member States to ensure that appropriate court actions are available; Member States should examine the need to provide access to judicial procedures by appropriate electronic means.

(53) Directive 98/27/EC, which is applicable to information society services, provides a mechanism relating to actions for an injunction aimed at the protection of the collective interests of consumers; this mechanism will contribute to the free movement of information society services by ensuring a high level of consumer protection.

(54) The sanctions provided for under this Directive are without prejudice to any other sanction or remedy provided under national law; Member States are not obliged to provide criminal sanctions for infringement of national provisions adopted pursuant to this Directive.

(55) This Directive does not affect the law applicable to contractual obligations relating to consumer contracts; accordingly, this Directive cannot have the result of depriving the consumer of the protection afforded to him by the mandatory rules relating to contractual obligations of the law of the Member State in which he has his habitual residence.

(56) As regards the derogation contained in this Directive regarding contractual obligations concerning contracts concluded by consumers, those obligations should be interpreted as including information on the essential elements of the content of the contract, including consumer rights, which have a determining influence on the decision to contract.

(57) The Court of Justice has consistently held that a Member State retains the right to take measures against a service provider that is established in another Member State but directs all or most of his activity to the territory of the first Member State if the choice of establishment was made with a view to evading the legislation that would have applied to the provider had he been established on the territory of the first Member State.

(58) This Directive should not apply to services supplied by service providers established in a third country; in view of the global dimension of electronic commerce, it is, however, appropriate to ensure that the Community rules are consistent with international rules; this Directive is without prejudice to the results of discussions within international organisations (amongst others WTO, OECD, Uncitral) on legal issues.

(59) Despite the global nature of electronic communications, co-ordination of national regulatory measures at European Union level is necessary in order to avoid fragmentation of the internal market, and for the establishment of an appropriate European regulatory framework; such co-ordination should also contribute to the establishment of a common and strong negotiating position in international forums.

(60) In order to allow the unhampered development of electronic commerce, the legal framework must be clear and simple, predictable and consistent with the rules applicable at international level so that it does not adversely affect the competitiveness of European industry or impede innovation in that sector.

(61) If the market is actually to operate by electronic means in the context of globalisation, the European Union and the major non-European areas need to consult each other with a view to making laws and procedures compatible.

(62) Co-operation with third countries should be strengthened in the area of electronic commerce, in particular with applicant countries, the developing countries and the European Union's other trading partners.
(63) The adoption of this Directive will not prevent the Member States from taking into account the various social, societal and cultural implications which are inherent in the advent of the information society; in particular it should not hinder measures which Member States might adopt in conformity with Community law to achieve social, cultural and democratic goals taking into account their linguistic diversity, national and regional specificities as well as their cultural heritage, and to ensure and maintain public access to the widest possible range of information society services; in any case, the development of the information society is to ensure that Community citizens can have access to the cultural European heritage provided in the digital environment.
(64) Electronic communication offers the Member States an excellent means of providing public services in the cultural, educational and linguistic fields.
(65) The Council, in its resolution of 19 January 1999 on the consumer dimension of the information society[25], stressed that the protection of consumers deserved special attention in this field; the Commission will examine the degree to which existing consumer protection rules provide insufficient protection in the context of the information society and will identify, where necessary, the deficiencies of this legislation and those issues which could require additional measures; if need be, the Commission should make specific additional proposals to resolve such deficiencies that will thereby have been identified,
HAVE ADOPTED THIS DIRECTIVE:

Chapter I. General provisions

Article 1. Objective and scope
1. This Directive seeks to contribute to the proper functioning of the internal market by ensuring the free movement of information society services between the Member States.
2. This Directive approximates, to the extent necessary for the achievement of the objective set out in paragraph 1, certain national provisions on information society services relating to the internal market, the establishment of service providers, commercial communications, electronic contracts, the liability of intermediaries, codes of conduct, out-of-court dispute settlements, court actions and co-operation between Member States.
3. This Directive complements Community law applicable to information society services without prejudice to the level of protection for, in particular, public health and consumer interests, as established by Community acts and national legislation implementing them in so far as this does not restrict the freedom to provide information society services.
4. This Directive does not establish additional rules on private international law nor does it deal with the jurisdiction of Courts.
5. This Directive shall not apply to:
(a) the field of taxation;
(b) questions relating to information society services covered by Directives 95/46/EC and 97/66/EC;

---

[25] OJ No C 23, 28.1.1999, p. 1.

(c) questions relating to agreements or practices governed by cartel law;
(d) the following activities of information society services:
- the activities of notaries or equivalent professions to the extent that they involve a direct and specific connection with the exercise of public authority,
- the representation of a client and defence of his interests before the courts,
- gambling activities which involve wagering a stake with monetary value in games of chance, including lotteries and betting transactions.
6. This Directive does not affect measures taken at Community or national level, in the respect of Community law, in order to promote cultural and linguistic diversity and to ensure the defence of pluralism.

Article 2. Definitions
For the purpose of this Directive, the following terms shall bear the following meanings:
(a) "information society services": services within the meaning of Article 1 (2) of Directive 98/34/EC as amended by Directive 98/48/EC;
(b) "service provider": any natural or legal person providing an information society service;
(c) "established service provider": a service provider who effectively pursues an economic activity using a fixed establishment for an indefinite period. The presence and use of the technical means and technologies required to provide the service do not, in themselves, constitute an establishment of the provider;
(d) "recipient of the service": any natural or legal person who, for professional ends or otherwise, uses an information society service, in particular for the purposes of seeking information or making it accessible;
(e) "consumer": any natural person who is acting for purposes which are outside his or her trade, business or profession;
(f) "commercial communication": any form of communication designed to promote, directly or indirectly, the goods, services or image of a company, organisation or person pursuing a commercial, industrial or craft activity or exercising a regulated profession. The following do not in themselves constitute commercial communications:
- information allowing direct access to the activity of the company, organisation or person, in particular a domain name or an electronic-mail address,
- communications relating to the goods, services or image of the company, organisation or person compiled in an independent manner, particularly when this is without financial consideration;
(g) "regulated profession": any profession within the meaning of either Article 1 (d) of Council Directive 89/48/EEC of 21 December 1988 on a general system for the recognition of higher-education diplomas awarded on completion of professional education and training of at least three-years' duration[26] or of Article 1 (f) of Council Directive 92/51/EEC of 18 June 1992 on a second general system for the recognition of professional education and training to supplement Directive 89/48/EEC[27];

---

[26] OJ No L 19, 24.1.1989, p. 16.
[27] OJ No L 209, 24.7.1992, p. 25. Directive as last amended by Commission Directive 97/38/EC (OJ No L 184, 12.7.1997, p. 31).

(h) "co-ordinated field": requirements laid down in Member States' legal systems applicable to information society service providers or information society services, regardless of whether they are of a general nature or specifically designed for them.
(i) The co-ordinated field concerns requirements with which the service provider has to comply in respect of:
– the taking up of the activity of an information society service, such as requirements concerning qualifications, authorisation or notification,
– the pursuit of the activity of an information society service, such as requirements concerning the behaviour of the service provider, requirements regarding the quality or content of the service including those applicable to advertising and contracts, or requirements concerning the liability of the service provider;
(ii) The co-ordinated field does not cover requirements such as:
– requirements applicable to goods as such,
– requirements applicable to the delivery of goods,
– requirements applicable to services not provided by electronic means.

Article 3. Internal market

1. Each Member State shall ensure that the information society services provided by a service provider established on its territory comply with the national provisions applicable in the Member State in question which fall within the co-ordinated field.
2. Member States may not, for reasons falling within the co-ordinated field, restrict the freedom to provide information society services from another Member State.
3. Paragraphs 1 and 2 shall not apply to the fields referred to in the Annex.
4. Member States may take measures to derogate from paragraph 2 in respect of a given information society service if the following conditions are fulfilled:
(a) the measures shall be:
(i) necessary for one of the following reasons:
– public policy, in particular the prevention, investigation, detection and prosecution of criminal offences, including the protection of minors and the fight against any incitement to hatred on grounds of race, sex, religion or nationality, and violations of human dignity concerning individual persons,
– the protection of public health,
– public security, including the safeguarding of national security and defence,
– the protection of consumers, including investors;
(ii) taken against a given information society service which prejudices the objectives referred to in point (i) or which presents a serious and grave risk of prejudice to those objectives;
(iii) proportionate to those objectives;
(b) before taking the measures in question and without prejudice to court proceedings, including preliminary proceedings and acts carried out in the framework of a criminal investigation, the Member State has:
– asked the Member State referred to in paragraph 1 to take measures and the latter did not take such measures, or they were inadequate,
– notified the Commission and the Member State referred to in paragraph 1 of its intention to take such measures.

5. Member States may, in the case of urgency, derogate from the conditions stipulated in paragraph 4 (b). Where this is the case, the measures shall be notified in the shortest possible time to the Commission and to the Member State referred to in paragraph 1, indicating the reasons for which the Member State considers that there is urgency.

6. Without prejudice to the Member State's possibility of proceeding with the measures in question, the Commission shall examine the compatibility of the notified measures with Community law in the shortest possible time; where it comes to the conclusion that the measure is incompatible with Community law, the Commission shall ask the Member State in question to refrain from taking any proposed measures or urgently to put an end to the measures in question.

Chapter II. Principles

Section 1. Establishment and information requirements

Article 4. Principle excluding prior authorisation
1. Member States shall ensure that the taking up and pursuit of the activity of an information society service provider may not be made subject to prior authorisation or any other requirement having equivalent effect.
2. Paragraph 1 shall be without prejudice to authorisation schemes which are not specifically and exclusively targeted at information society services, or which are covered by Directive 97/13/EC of the European Parliament and of the Council of 10 April 1997 on a common framework for general authorisations and individual licences in the field of telecommunications services[28].

Article 5. General information to be provided
1. In addition to other information requirements established by Community law, Member States shall ensure that the service provider shall render easily, directly and permanently accessible to the recipients of the service and competent authorities, at least the following information:
(a) the name of the service provider;
(b) the geographic address at which the service provider is established;
(c) the details of the service provider, including his electronic mail address, which allow him to be contacted rapidly and communicated with in a direct and effective manner;
(d) where the service provider is registered in a trade or similar public register, the trade register in which the service provider is entered and his registration number, or equivalent means of identification in that register;
(e) where the activity is subject to an authorisation scheme, the particulars of the relevant supervisory authority;
(f) as concerns the regulated professions:
– any professional body or similar institution with which the service provider is registered,
– the professional title and the Member State where it has been granted,

---

[28] OJ No L 117, 7.5.1997, p. 15.

– a reference to the applicable professional rules in the Member State of establishment and the means to access them;

(g) where the service provider undertakes an activity that is subject to VAT, the identification number referred to in Article 22 (1) of the sixth Council Directive 77/388/EEC of 17 May 1977 on the harmonisation of the laws of the Member States relating to turnover taxes – Common system of value added tax: uniform basis of assessment[29].

2. In addition to other information requirements established by Community law, Member States shall at least ensure that, where information society services refer to prices, these are to be indicated clearly and unambiguously and, in particular, must indicate whether they are inclusive of tax and delivery costs.

Section 2. Commercial communications

Article 6. Information to be provided

In addition to other information requirements established by Community law, Member States shall ensure that commercial communications which are part of, or constitute, an information society service comply at least with the following conditions:

(a) the commercial communication shall be clearly identifiable as such;

(b) the natural or legal person on whose behalf the commercial communication is made shall be clearly identifiable;

(c) promotional offers, such as discounts, premiums and gifts, where permitted in the Member State where the service provider is established, shall be clearly identifiable as such, and the conditions which are to be met to qualify for them shall be easily accessible and be presented clearly and unambiguously;

(d) promotional competitions or games, where permitted in the Member State where the service provider is established, shall be clearly identifiable as such, and the conditions for participation shall be easily accessible and be presented clearly and unambiguously.

Article 7. Unsolicited commercial communication

1. In addition to other requirements established by Community law, Member States which permit unsolicited commercial communication by electronic mail shall ensure that such commercial communication by a service provider established in their territory shall be identifiable clearly and unambiguously as such as soon as it is received by the recipient.

2. Without prejudice to Directive 97/7/EC and Directive 97/66/EC, Member States shall take measures to ensure that service providers undertaking unsolicited commercial communications by electronic mail consult regularly and respect the opt-out registers in which natural persons not wishing to receive such commercial communications can register themselves.

Article 8. Regulated professions

1. Member States shall ensure that the use of commercial communications which

---

[29] OJ No L 145, 13.6.1977, p. 1. Directive as last amended by Directive 1999/85/EC (OJ No L 277, 28.10.1999, p. 34).

are part of, or constitute, an information society service provided by a member of a regulated profession is permitted subject to compliance with the professional rules regarding, in particular, the independence, dignity and honour of the profession, professional secrecy and fairness towards clients and other members of the profession.

2. Without prejudice to the autonomy of professional bodies and associations, Member States and the Commission shall encourage professional associations and bodies to establish codes of conduct at Community level in order to determine the types of information that can be given for the purposes of commercial communication in conformity with the rules referred to in paragraph 1

3. When drawing up proposals for Community initiatives which may become necessary to ensure the proper functioning of the Internal Market with regard to the information referred to in paragraph 2, the Commission shall take due account of codes of conduct applicable at Community level and shall act in close co-operation with the relevant professional associations and bodies.

4. This Directive shall apply in addition to Community Directives concerning access to, and the exercise of, activities of the regulated professions.

Section 3. Contracts concluded by electronic means

Article 9. Treatment of contracts

1. Member States shall ensure that their legal system allows contracts to be concluded by electronic means. Member States shall in particular ensure that the legal requirements applicable to the contractual process neither create obstacles for the use of electronic contracts nor result in such contracts being deprived of legal effectiveness and validity on account of their having been made by electronic means.

2. Member States may lay down that paragraph 1 shall not apply to all or certain contracts falling into one of the following categories:

(a) contracts that create or transfer rights in real estate, except for rental rights;

(b) contracts requiring by law the involvement of courts, public authorities or professions exercising public authority;

(c) contracts of suretyship granted and on collateral securities furnished by persons acting for purposes outside their trade, business or profession;

(d) contracts governed by family law or by the law of succession.

3. Member States shall indicate to the Commission the categories referred to in paragraph 2 to which they do not apply paragraph 1. Member States shall submit to the Commission every five years a report on the application of paragraph 2 explaining the reasons why they consider it necessary to maintain the category referred to in paragraph 2 (b) to which they do not apply paragraph 1.

Article 10. Information to be provided

1. In addition to other information requirements established by Community law, Member States shall ensure, except when otherwise agreed by parties who are not consumers, that at least the following information is given by the service provider clearly, comprehensibly and unambiguously and prior to the order being placed by the recipient of the service:

(a) the different technical steps to follow to conclude the contract;

(b) whether or not the concluded contract will be filed by the service provider and whether it will be accessible;
(c) the technical means for identifying and correcting input errors prior to the placing of the order;
(d) the languages offered for the conclusion of the contract.
2. Member States shall ensure that, except when otherwise agreed by parties who are not consumers, the service provider indicates any relevant codes of conduct to which he subscribes and information on how those codes can be consulted electronically.
3. Contract terms and general conditions provided to the recipient must be made available in a way that allows him to store and reproduce them.
4. Paragraphs 1 and 2 shall not apply to contracts concluded exclusively by exchange of electronic mail or by equivalent individual communications.

Article 11. Placing of the order

1. Member States shall ensure, except when otherwise agreed by parties who are not consumers, that in cases where the recipient of the service places his order through technological means, the following principles apply:
– the service provider has to acknowledge the receipt of the recipient's order without undue delay and by electronic means,
– the order and the acknowledgement of receipt are deemed to be received when the parties to whom they are addressed are able to access them.
2. Member States shall ensure that, except when otherwise agreed by parties who are not consumers, the service provider makes available to the recipient of the service appropriate, effective and accessible technical means allowing him to identify and correct input errors, prior to the placing of the order.
3. Paragraph 1, first indent, and paragraph 2 shall not apply to contracts concluded exclusively by exchange of electronic mail or by equivalent individual communications.

Section 4: Liability of intermediary service providers

Article 12. "Mere conduit"

1. Where an information society service is provided that consists of the transmission in a communication network of information provided by a recipient of the service, or the provision of access to a communication network, Member States shall ensure that the service provider is not liable for the information transmitted, on condition that the provider:
(a) does not initiate the transmission;
(b) does not select the receiver of the transmission; and
(c) does not select or modify the information contained in the transmission.
2. The acts of transmission and of provision of access referred to in paragraph 1 include the automatic, intermediate and transient storage of the information transmitted in so far as this takes place for the sole purpose of carrying out the transmission in the communication network, and provided that the information is not stored for any period longer than is reasonably necessary for the transmission.

3. This Article shall not affect the possibility for a court or administrative authority, in accordance with Member States' legal systems, of requiring the service provider to terminate or prevent an infringement.

Article 13. "Caching"

1. Where an information society service is provided that consists of the transmission in a communication network of information provided by a recipient of the service, Member States shall ensure that the service provider is not liable for the automatic, intermediate and temporary storage of that information, performed for the sole purpose of making more efficient the information's onward transmission to other recipients of the service upon their request, on condition that:
(a) the provider does not modify the information;
(b) the provider complies with conditions on access to the information;
(c) the provider complies with rules regarding the updating of the information, specified in a manner widely recognised and used by industry;
(d) the provider does not interfere with the lawful use of technology, widely recognised and used by industry, to obtain data on the use of the information; and
(e) the provider acts expeditiously to remove or to disable access to the information it has stored upon obtaining actual knowledge of the fact that the information at the initial source of the transmission has been removed from the network, or access to it has been disabled, or that a court or an administrative authority has ordered such removal or disablement.
2. This Article shall not affect the possibility for a court or administrative authority, in accordance with Member States' legal systems, of requiring the service provider to terminate or prevent an infringement.

Article 14. Hosting

1. Where an information society service is provided that consists of the storage of information provided by a recipient of the service, Member States shall ensure that the service provider is not liable for the information stored at the request of a recipient of the service, on condition that:
(a) the provider does not have actual knowledge of illegal activity or information and, as regards claims for damages, is not aware of facts or circumstances from which the illegal activity or information is apparent; or
(b) the provider, upon obtaining such knowledge or awareness, acts expeditiously to remove or to disable access to the information.
2. Paragraph 1 shall not apply when the recipient of the service is acting under the authority or the control of the provider.
3. This Article shall not affect the possibility for a court or administrative authority, in accordance with Member States' legal systems, of requiring the service provider to terminate or prevent an infringement, nor does it affect the possibility for Member States of establishing procedures governing the removal or disabling of access to information.

Article 15. No general obligation to monitor

1. Member States shall not impose a general obligation on providers, when providing the services covered by Articles 12, 13 and 14, to monitor the information

which they transmit or store, nor a general obligation actively to seek facts or circumstances indicating illegal activity.

2. Member States may establish obligations for information society service providers promptly to inform the competent public authorities of alleged illegal activities undertaken or information provided by recipients of their service or obligations to communicate to the competent authorities, at their request, information enabling the identification of recipients of their service with whom they have storage agreements.

Chapter III. Implementation

Article 16. Codes of conduct

1. Member States and the Commission shall encourage:
(a) the drawing up of codes of conduct at Community level, by trade, professional and consumer associations or organisations, designed to contribute to the proper implementation of Articles 5 to 15;
(b) the voluntary transmission of draft codes of conduct at national or Community level to the Commission;
(c) the accessibility of these codes of conduct in the Community languages by electronic means;
(d) the communication to the Member States and the Commission, by trade, professional and consumer associations or organisations, of their assessment of the application of their codes of conduct and their impact upon practices, habits or customs relating to electronic commerce;
(e) the drawing up of codes of conduct regarding the protection of minors and human dignity.

2. Member States and the Commission shall encourage the involvement of associations or organisations representing consumers in the drafting and implementation of codes of conduct affecting their interests and drawn up in accordance with paragraph 1 (a). Where appropriate, to take account of their specific needs, associations representing the visually impaired and disabled should be consulted.

Article 17. Out-of-court dispute settlement

1. Member States shall ensure that, in the event of disagreement between an information society service provider and the recipient of the service, their legislation does not hamper the use of out-of-court schemes, available under national law, for dispute settlement, including appropriate electronic means.

2. Member States shall encourage bodies responsible for the out-of-court settlement of, in particular, consumer disputes to operate in a way which provides adequate procedural guarantees for the parties concerned.

3. Member States shall encourage bodies responsible for out-of-court dispute settlement to inform the Commission of the significant decisions they take regarding information society services and to transmit any other information on the practices, usages or customs relating to electronic commerce.

Article 18. Court actions

1. Member States shall ensure that court actions available under national law concerning information society services' activities allow for the rapid adoption of

measures, including interim measures, designed to terminate any alleged infringement and to prevent any further impairment of the interests involved.
2. The Annex to Directive 98/27/EC shall be supplemented as follows:
"11. Directive 2000/31/EC of the European Parliament and of the Council of 8 June 2000 on certain legal aspects on information society services, in particular electronic commerce, in the internal market (Directive on electronic commerce) (OJ L 178, 17.7.2000, p. 1)."

Article 19. Co-operation
1. Member States shall have adequate means of supervision and investigation necessary to implement this Directive effectively and shall ensure that service providers supply them with the requisite information.
2. Member States shall co-operate with other Member States; they shall, to that end, appoint one or several contact points, whose details they shall communicate to the other Member States and to the Commission.
3. Member States shall, as quickly as possible, and in conformity with national law, provide the assistance and information requested by other Member States or by the Commission, including by appropriate electronic means.
4. Member States shall establish contact points which shall be accessible at least by electronic means and from which recipients and service providers may:
(a) obtain general information on contractual rights and obligations as well as on the complaint and redress mechanisms available in the event of disputes, including practical aspects involved in the use of such mechanisms;
(b) obtain the details of authorities, associations or organisations from which they may obtain further information or practical assistance.
5. Member States shall encourage the communication to the Commission of any significant administrative or judicial decisions taken in their territory regarding disputes relating to information society services and practices, usages and customs relating to electronic commerce. The Commission shall communicate these decisions to the other Member States.

Article 20. Sanctions
Member States shall determine the sanctions applicable to infringements of national provisions adopted pursuant to this Directive and shall take all measures necessary to ensure that they are enforced. The sanctions they provide for shall be effective, proportionate and dissuasive.

Chapter IV. Final provisions

Article 21. Re-examination
1. Before 17 July 2003, and thereafter every two years, the Commission shall submit to the European Parliament, the Council and the Economic and Social Committee a report on the application of this Directive, accompanied, where necessary, by proposals for adapting it to legal, technical and economic developments in the field of information society services, in particular with respect to crime prevention, the protection of minors, consumer protection and to the proper functioning of the internal market.

2. In examining the need for an adaptation of this Directive, the report shall in particular analyse the need for proposals concerning the liability of providers of hyperlinks and location tool services, "notice and take down" procedures and the attribution of liability following the taking down of content. The report shall also analyse the need for additional conditions for the exemption from liability, provided for in Articles 12 and 13, in the light of technical developments, and the possibility of applying the internal market principles to unsolicited commercial communications by electronic mail.

Article 22. Transposition

1. Member States shall bring into force the laws, regulations and administrative provisions necessary to comply with this Directive before 17 January 2002. They shall forthwith inform the Commission thereof.

2. When Member States adopt the measures referred to in paragraph 1, these shall contain a reference to this Directive or shall be accompanied by such reference at the time of their official publication. The methods of making such reference shall be laid down by Member States.

Article 23. Entry into force

This Directive shall enter into force on the day of its publication in the Official Journal of the European Communities.

Article 24. Addressees

This Directive is addressed to the Member States.

Annex. Derogations from Article 3

As provided for in Article 3 (3), Article 3 (1) and (2) do not apply to:
– copyright, neighbouring rights, rights referred to in Directive 87/54/EEC[30] and Directive 96/9/EC[31] as well as industrial property rights,
– the emission of electronic money by institutions in respect of which Member States have applied one of the derogations provided for in Article 8 (1) of Directive 2000/46/EC[32],
– Article 44 (2) of Directive 85/611/EEC[33],
– Article 30 and Title IV of Directive 92/49/EEC[34], Title IV of Directive 92/96/EEC[35], Articles 7 and 8 of Directive 88/357/EEC[36] and Article 4 of Directive 90/619/EEC[37],
– the freedom of the parties to choose the law applicable to their contract,
– contractual obligations concerning consumer contacts,

---

[30] OJ No L 24, 27.1.1987, p. 36.
[31] OJ No L 77, 27.3.1996, p. 20.
[32] Not yet published in the Official Journal.
[33] OJ No L 375, 31.12.1985, p. 3. Directive as last amended by Directive 95/26/EC (OJ No L 168, 18.7.1995, p. 7).
[34] OJ No L 228, 11.8.1992, p. 1. Directive as last amended by Directive 95/26/EC.
[35] OJ No L 360, 9.12.1992, p. 2. Directive as last amended by Directive 95/26/EC.
[36] OJ No L 172, 4.7.1988, p. 1. Directive as last amended by Directive 92/49/EEC.
[37] OJ No L 330, 29.11.1990, p. 50. Directive as last amended by Directive 92/96/EC.

4. Electronic commerce

– formal validity of contracts creating or transferring rights in real estate where such contracts are subject to mandatory formal requirements of the law of the Member State where the real estate is situated,
– the permissibility of unsolicited commercial communications by electronic mail.

5. Directive of the European Parliament and of the Council of 13 December 1999 on a Community framework for electronic signatures (1999/93/EC)

Official Journal L 013, 19/01/2000, p. 12–20

THE EUROPEAN PARLIAMENT AND THE COUNCIL OF THE EUROPEAN UNION,

Having regard to the Treaty establishing the European Community, and in particular Articles 47 (2), 55 and 95 thereof, Having regard to the proposal from the Commission[1], Having regard to the opinion of the Economic and Social Committee[2], Having regard to the opinion of the Committee of the Regions[3], Acting in accordance with the procedure laid down in Article 251 of the Treaty[4], Whereas:

(1) On 16 April 1997 the Commission presented to the European Parliament, the Council, the Economic and Social Committee and the Committee of the Regions a Communication on a European Initiative in Electronic Commerce;

(2) On 8 October 1997 the Commission presented to the European Parliament, the Council, the Economic and Social Committee and the Committee of the Regions a Communication on ensuring security and trust in electronic communication – towards a European framework for digital signatures and encryption;

(3) On 1 December 1997 the Council invited the Commission to submit as soon as possible a proposal for a Directive of the European Parliament and of the Council on digital signatures;

(4) Electronic communication and commerce necessitate "electronic signatures" and related services allowing data authentication; divergent rules with respect to legal recognition of electronic signatures and the accreditation of certification-service providers in the Member States may create a significant barrier to the use of electronic communications and electronic commerce; on the other hand, a clear Community framework regarding the conditions applying to electronic signatures will strengthen confidence in, and general acceptance of, the new technologies; legislation in the Member States should not hinder the free movement of goods and services in the internal market;

(5) The interoperability of electronic-signature products should be promoted; in accordance with Article 14 of the Treaty, the internal market comprises an area without internal frontiers in which the free movement of goods is ensured; essential requirements specific to electronic-signature products must be met in order to ensure free movement within the internal market and to build trust in electronic signatures, without prejudice to Council Regulation (EC) No 3381/94 of 19 December 1994 setting up a Community regime for the control of exports of dual-use goods[5] and Council Decision 94/942/CFSP of 19 De-

---

[1] OJ No C 325, 23.10.1998, p. 5.
[2] OJ No C 40, 15.2.1999, p. 29.
[3] OJ No C 93, 6.4.1999, p. 33.
[4] Opinion of the European Parliament of 13 January 1999 (OJ No C 104, 14.4.1999, p. 49), Council Common Position of 28 June 1999 (OJ No C 243, 27.8.1999, p. 33) and Decision of the European Parliament of 27 October 1999 (not yet published in the Official Journal). Council Decision of 30 November 1999.
[5] OJ No L 367, 31.12.1994, p. 1. Regulation as amended by Regulation (EC) No 837/95 (OJ No L 90, 21.4.1995, p. 1).

cember 1994 on the joint action adopted by the Council concerning the control of exports of dual-use goods[6];
(6) This Directive does not harmonise the provision of services with respect to the confidentiality of information where they are covered by national provisions concerned with public policy or public security;
(7) The internal market ensures the free movement of persons, as a result of which citizens and residents of the European Union increasingly need to deal with authorities in Member States other than the one in which they reside; the availability of electronic communication could be of great service in this respect;
(8) Rapid technological development and the global character of the Internet necessitate an approach which is open to various technologies and services capable of authenticating data electronically;
(9) Electronic signatures will be used in a large variety of circumstances and applications, resulting in a wide range of new services and products related to or using electronic signatures; the definition of such products and services should not be limited to the issuance and management of certificates, but should also encompass any other service and product using, or ancillary to, electronic signatures, such as registration services, time-stamping services, directory services, computing services or consultancy services related to electronic signatures;
(10) The internal market enables certification-service-providers to develop their cross-border activities with a view to increasing their competitiveness, and thus to offer consumers and businesses new opportunities to exchange information and trade electronically in a secure way, regardless of frontiers; in order to stimulate the Community-wide provision of certification services over open networks, certification-service-providers should be free to provide their services without prior authorisation; prior authorisation means not only any permission whereby the certification-service-provider concerned has to obtain a decision by national authorities before being allowed to provide its certification services, but also any other measures having the same effect;
(11) Voluntary accreditation schemes aiming at an enhanced level of service-provision may offer certification-service-providers the appropriate framework for developing further their services towards the levels of trust, security and quality demanded by the evolving market; such schemes should encourage the development of best practice among certification-service-providers; certification-service-providers should be left free to adhere to and benefit from such accreditation schemes;
(12) Certification services can be offered either by a public entity or a legal or natural person, when it is established in accordance with the national law; whereas Member States should not prohibit certification-service-providers from operating outside voluntary accreditation schemes; it should be ensured that such accreditation schemes do not reduce competition for certification services;
(13) Member States may decide how they ensure the supervision of compliance with the provisions laid down in this Directive; this Directive does not preclude the establishment of private-sector-based supervision systems; this Directive does not oblige certification-service-providers to apply to be supervised under any applicable accreditation scheme;
(14) It is important to strike a balance between consumer and business needs;
(15) Annex III covers requirements for secure signature-creation devices to ensure the functionality of advanced electronic signatures; it does not cover the entire system environment in which such devices operate; the functioning of the internal market requires the

---

[6] OJ No L 367, 31.12.1994, p. 8. Decision as last amended by Decision 99/193/CFSP (OJ No L 73, 19.3.1999, p. 1).

Commission and the Member States to act swiftly to enable the bodies charged with the conformity assessment of secure signature devices with Annex III to be designated; in order to meet market needs conformity assessment must be timely and efficient;

(16) This Directive contributes to the use and legal recognition of electronic signatures within the Community; a regulatory framework is not needed for electronic signatures exclusively used within systems, which are based on voluntary agreements under private law between a specified number of participants; the freedom of parties to agree among themselves the terms and conditions under which they accept electronically signed data should be respected to the extent allowed by national law; the legal effectiveness of electronic signatures used in such systems and their admissibility as evidence in legal proceedings should be recognised;

(17) This Directive does not seek to harmonise national rules concerning contract law, particularly the formation and performance of contracts, or other formalities of a non-contractual nature concerning signatures; for this reason the provisions concerning the legal effect of electronic signatures should be without prejudice to requirements regarding form laid down in national law with regard to the conclusion of contracts or the rules determining where a contract is concluded;

(18) The storage and copying of signature-creation data could cause a threat to the legal validity of electronic signatures;

(19) Electronic signatures will be used in the public sector within national and Community administrations and in communications between such administrations and with citizens and economic operators, for example in the public procurement, taxation, social security, health and justice systems;

(20) Harmonised criteria relating to the legal effects of electronic signatures will preserve a coherent legal framework across the Community; national law lays down different requirements for the legal validity of hand-written signatures; whereas certificates can be used to confirm the identity of a person signing electronically; advanced electronic signatures based on qualified certificates aim at a higher level of security; advanced electronic signatures which are based on a qualified certificate and which are created by a secure-signature-creation device can be regarded as legally equivalent to hand-written signatures only if the requirements for hand-written signatures are fulfilled;

(21) In order to contribute to the general acceptance of electronic authentication methods it has to be ensured that electronic signatures can be used as evidence in legal proceedings in all Member States; the legal recognition of electronic signatures should be based upon objective criteria and not be linked to authorisation of the certification-service-provider involved; national law governs the legal spheres in which electronic documents and electronic signatures may be used; this Directive is without prejudice to the power of a national court to make a ruling regarding conformity with the requirements of this Directive and does not affect national rules regarding the unfettered judicial consideration of evidence;

(22) Certification-service-providers providing certification-services to the public are subject to national rules regarding liability;

(23) The development of international electronic commerce requires cross-border arrangements involving third countries; in order to ensure interoperability at a global level, agreements on multilateral rules with third countries on mutual recognition of certification services could be beneficial;

(24) In order to increase user confidence in electronic communication and electronic commerce, certification-service-providers must observe data protection legislation and individual privacy;

(25) Provisions on the use of pseudonyms in certificates should not prevent Member States from requiring identification of persons pursuant to Community or national law;

5. Electronic signatures

(26) The measures necessary for the implementation of this Directive are to be adopted in accordance with Council Decision 1999/468/EC of 28 June 1999 laying down the procedures for the exercise of implementing powers conferred on the Commission[7];
(27) Two years after its implementation the Commission will carry out a review of this Directive so as, inter alia, to ensure that the advance of technology or changes in the legal environment have not created barriers to achieving the aims stated in this Directive; it should examine the implications of associated technical areas and submit a report to the European Parliament and the Council on this subject;
(28) In accordance with the principles of subsidiarity and proportionality as set out in Article 5 of the Treaty, the objective of creating a harmonised legal framework for the provision of electronic signatures and related services cannot be sufficiently achieved by the Member States and can therefore be better achieved by the Community; this Directive does not go beyond what is necessary to achieve that objective,
HAVE ADOPTED THIS DIRECTIVE:

Article 1. Scope
The purpose of this Directive is to facilitate the use of electronic signatures and to contribute to their legal recognition. It establishes a legal framework for electronic signatures and certain certification-services in order to ensure the proper functioning of the internal market.

It does not cover aspects related to the conclusion and validity of contracts or other legal obligations where there are requirements as regards form prescribed by national or Community law nor does it affect rules and limits, contained in national or Community law, governing the use of documents.

Article 2. Definitions
For the purpose of this Directive:
1. "electronic signature" means data in electronic form which are attached to or logically associated with other electronic data and which serve as a method of authentication;
2. "advanced electronic signature" means an electronic signature which meets the following requirements:
(a) it is uniquely linked to the signatory;
(b) it is capable of identifying the signatory;
(c) it is created using means that the signatory can maintain under his sole control; and
(d) it is linked to the data to which it relates in such a manner that any subsequent change of the data is detectable;
3. "signatory" means a person who holds a signature-creation device and acts either on his own behalf or on behalf of the natural or legal person or entity he represents;
4. "signature-creation data" means unique data, such as codes or private cryptographic keys, which are used by the signatory to create an electronic signature;
5. "signature-creation device" means configured software or hardware used to implement the signature-creation data;

---
[7] OJ No L 184, 17.7.1999, p. 23.

6. "secure-signature-creation device" means a signature-creation device which meets the requirements laid down in Annex III;
7. "signature-verification-data" means data, such as codes or public cryptographic keys, which are used for the purpose of verifying an electronic signature;
8. "signature-verification device" means configured software or hardware used to implement the signature-verification-data;
9. "certificate" means an electronic attestation which links signature-verification data to a person and confirms the identity of that person;
10. "qualified certificate" means a certificate which meets the requirements laid down in Annex I and is provided by a certification-service-provider who fulfils the requirements laid down in Annex II;
11. "certification-service-provider" means an entity or a legal or natural person who issues certificates or provides other services related to electronic signatures;
12. "electronic-signature product" means hardware or software, or relevant components thereof, which are intended to be used by a certification-service-provider for the provision of electronic-signature services or are intended to be used for the creation or verification of electronic signatures;
13. "voluntary accreditation" means any permission, setting out rights and obligations specific to the provision of certification services, to be granted upon request by the certification-service-provider concerned, by the public or private body charged with the elaboration of, and supervision of compliance with, such rights and obligations, where the certification-service-provider is not entitled to exercise the rights stemming from the permission until it has received the decision by the body.

Article 3. Market access

1. Member States shall not make the provision of certification services subject to prior authorisation.
2. Without prejudice to the provisions of paragraph 1, Member States may introduce or maintain voluntary accreditation schemes aiming at enhanced levels of certification-service provision. All conditions related to such schemes must be objective, transparent, proportionate and non-discriminatory. Member States may not limit the number of accredited certification-service-providers for reasons which fall within the scope of this Directive.
3. Each Member State shall ensure the establishment of an appropriate system that allows for supervision of certification-service-providers which are established on its territory and issue qualified certificates to the public.
4. The conformity of secure signature-creation-devices with the requirements laid down in Annex III shall be determined by appropriate public or private bodies designated by Member States. The Commission shall, pursuant to the procedure laid down in Article 9, establish criteria for Member States to determine whether a body should be designated.
A determination of conformity with the requirements laid down in Annex III made by the bodies referred to in the first subparagraph shall be recognised by all Member States.
5. The Commission may, in accordance with the procedure laid down in Article 9, establish and publish reference numbers of generally recognised standards for electronic-signature products in the Official Journal of the European Communities.

5. Electronic signatures

Member States shall presume that there is compliance with the requirements laid down in Annex II, point (f), and Annex III when an electronic signature product meets those standards.

6. Member States and the Commission shall work together to promote the development and use of signature-verification devices in the light of the recommendations for secure signature-verification laid down in Annex IV and in the interests of the consumer.

7. Member States may make the use of electronic signatures in the public sector subject to possible additional requirements. Such requirements shall be objective, transparent, proportionate and non-discriminatory and shall relate only to the specific characteristics of the application concerned. Such requirements may not constitute an obstacle to cross-border services for citizens.

Article 4. Internal market principles

1. Each Member State shall apply the national provisions which it adopts pursuant to this Directive to certification-service-providers established on its territory and to the services which they provide. Member States may not restrict the provision of certification-services originating in another Member State in the fields covered by this Directive.

2. Member States shall ensure that electronic-signature products which comply with this Directive are permitted to circulate freely in the internal market.

Article 5. Legal effects of electronic signatures

1. Member States shall ensure that advanced electronic signatures which are based on a qualified certificate and which are created by a secure-signature-creation device:
(a) satisfy the legal requirements of a signature in relation to data in electronic form in the same manner as a hand-written signature satisfies those requirements in relation to paper-based data; and
(b) are admissible as evidence in legal proceedings.

2. Member States shall ensure that an electronic signature is not denied legal effectiveness and admissibility as evidence in legal proceedings solely on the grounds that it is:
– in electronic form, or
– not based upon a qualified certificate, or
– not based upon a qualified certificate issued by an accredited certification-service-provider, or
– not created by a secure signature-creation device.

Article 6. Liability

1. As a minimum, Member States shall ensure that by issuing a certificate as a qualified certificate to the public or by guaranteeing such a certificate to the public a certification-service-provider is liable for damage caused to any entity or legal or natural person who reasonably relies on that certificate:
(a) as regards the accuracy at the time of issuance of all information contained in the qualified certificate and as regards the fact that the certificate contains all the details prescribed for a qualified certificate;

(b) for assurance that at the time of the issuance of the certificate, the signatory identified in the qualified certificate held the signature-creation data corresponding to the signature-verification data given or identified in the certificate;

(c) for assurance that the signature-creation data and the signature-verification data can be used in a complementary manner in cases where the certification-service-provider generates them both;

unless the certification-service-provider proves that he has not acted negligently.

2. As a minimum Member States shall ensure that a certification-service-provider who has issued a certificate as a qualified certificate to the public is liable for damage caused to any entity or legal or natural person who reasonably relies on the certificate for failure to register revocation of the certificate unless the certification-service-provider proves that he has not acted negligently.

3. Member States shall ensure that a certification-service-provider may indicate in a qualified certificate limitations on the use of that certificate. provided that the limitations are recognisable to third parties. The certification-service-provider shall not be liable for damage arising from use of a qualified certificate which exceeds the limitations placed on it.

4. Member States shall ensure that a certification-service-provider may indicate in the qualified certificate a limit on the value of transactions for which the certificate can be used, provided that the limit is recognisable to third parties. The certification-service-provider shall not be liable for damage resulting from this maximum limit being exceeded.

5. The provisions of paragraphs 1 to 4 shall be without prejudice to Council Directive 93/13/EEC of 5 April 1993 on unfair terms in consumer contracts[8].

Article 7. International aspects

1. Member States shall ensure that certificates which are issued as qualified certificates to the public by a certification-service-provider established in a third country are recognised as legally equivalent to certificates issued by a certification-service-provider established within the Community if:

(a) the certification-service-provider fulfils the requirements laid down in this Directive and has been accredited under a voluntary accreditation scheme established in a Member State; or

(b) a certification-service-provider established within the Community which fulfils the requirements laid down in this Directive guarantees the certificate; or

(c) the certificate or the certification-service-provider is recognised under a bilateral or multilateral agreement between the Community and third countries or international organisations.

2. In order to facilitate cross-border certification services with third countries and legal recognition of advanced electronic signatures originating in third countries, the Commission shall make proposals, where appropriate, to achieve the effective implementation of standards and international agreements applicable to certification services. In particular, and where necessary, it shall submit proposals to the Council for appropriate mandates for the negotiation of bilateral and multilateral

---

[8] OJ No L 95, 21.4.1993, p. 29.

agreements with third countries and international organisations. The Council shall decide by qualified majority.
3. Whenever the Commission is informed of any difficulties encountered by Community undertakings with respect to market access in third countries, it may, if necessary, submit proposals to the Council for an appropriate mandate for the negotiation of comparable rights for Community undertakings in these third countries. The Council shall decide by qualified majority.
Measures taken pursuant to this paragraph shall be without prejudice to the obligations of the Community and of the Member States under relevant international agreements.

Article 8. Data protection
1. Member States shall ensure that certification-service-providers and national bodies responsible for accreditation or supervision comply with the requirements laid down in Directive 95/46/EC of the European Parliament and of the Council of 24 October 1995 on tile protection of individuals with regard to the processing of personal data and on the free movement of such data[9].
2. Member States shall ensure that a certification-service-provider which issues certificates to the public may collect personal data only directly from the data subject, or after the explicit consent of the data subject, and only insofar as it is necessary for the purposes of issuing and maintaining the certificate. The data may not be collected or processed for any other purposes without the explicit consent of the data subject.
3. Without prejudice to the legal effect given to pseudonyms under national law, Member States shall not prevent certification service providers from indicating in the certificate a pseudonym instead of the signatory's name.

Article 9. Committee
1. The Commission shall be assisted by an "Electronic-Signature Committee", hereinafter referred to as "the committee".
2. Where reference is made to this paragraph, Articles 4 and 7 of Decision 1999/468/EC shall apply, having regard to the provisions of Article 8 thereof. The period laid down in Article 4 (3) of Decision 1999/468/EC shall be set at three months.
3. The Committee shall adopt its own rules of procedure.

Article 10. Tasks of the committee
The committee shall clarify the requirements laid down in the Annexes of this Directive, the criteria referred to in Article 3 (4) and the generally recognised standards for electronic signature products established and published pursuant to Article 3 (5), in accordance with the procedure laid down in Article 9 (2).

Article 11. Notification
1. Member States shall notify to the Commission and the other Member States the following:

---

[9] OJ No L 281, 23.11.1995, p. 31.

(a) information on national voluntary accreditation schemes, including any additional requirements pursuant to Article 3 (7);
(b) the names and addresses of the national bodies responsible for accreditation and supervision as well as of the bodies referred to in Article 3 (4);
(c) the names and addresses of all accredited national certification service providers.
2. Any information supplied under paragraph 1 and changes in respect of that information shall be notified by the Member States as soon as possible.

Article 12. Review
1. The Commission shall review the operation of this Directive and report thereon to the European Parliament and to the Council by 19 July 2003 at the latest.
2. The review shall inter alia assess whether the scope of this Directive should be modified, taking account of technological, market and legal developments. The report shall in particular include an assessment, on the basis of experience gained, of aspects of harmonisation. The report shall be accompanied, where appropriate, by legislative proposals.

Article 13. Implementation
1. Member States shall bring into force the laws, regulations and administrative provisions necessary to comply with this Directive before 19 July 2001. They shall forthwith inform the Commission thereof.
When Member States adopt these measures, they shall contain a reference to this Directive or shall be accompanied by such a reference on the occasion of their official publication. The methods of making such reference shall be laid down by the Member States.
2. Member States shall communicate to the Commission the text of the main provisions of domestic law which they adopt in the field governed by this Directive.

Article 14. Entry into force
This Directive shall enter into force on the day of its publication in the Official Journal of the European Communities

Article 15. Addressees
This Directive is addressed to the Member States.

Annex I. Requirements for qualified certificates
Qualified certificates must contain:
(a) an indication that the certificate is issued as a qualified certificate;
(b) the identification of the certification-service-provider and the State in which it is established;
(c) the name of the signatory or a pseudonym, which shall be identified as such;
(d) provision for a specific attribute of the signatory to be included if relevant, depending on the purpose for which the certificate is intended;
(e) signature-verification data which correspond to signature-creation data under the control of the signatory;
(f) an indication of the beginning and end of the period of validity of the certificate;

5. Electronic signatures

(g) the identity code of the certificate;
(h) the advanced electronic signature of the certification-service-provider issuing it;
(i) limitations on the scope of use of the certificate, if applicable; and
(j) limits on the value of transactions for which the certificate can be used, if applicable.

Annex II. Requirements for certification-service-providers issuing qualified certificates

Certification-service-providers must:
(a) demonstrate the reliability necessary for providing certification services;
(b) ensure the operation of a prompt and secure directory and a secure and immediate revocation service;
(c) ensure that the date and time when a certificate is issued or revoked can be determined precisely;
(d) verify, by appropriate means in accordance with national law, the identity and, if applicable, any specific attributes of the person to which a qualified certificate is issued;
(e) employ personnel who possess the expert knowledge, experience, and qualifications necessary for the services provided, in particular competence at managerial level, expertise in electronic signature technology and familiarity with proper security procedures; they must also apply administrative and management procedures which are adequate and correspond to recognised standards;
(f) use trustworthy systems and products which are protected against modification and ensure the technical and cryptographic security of the process supported by them;
(g) take measures against forgery of certificates, and, in cases where the certification-service-provider generates signature-creation data, guarantee confidentiality during the process of generating such data;
(h) maintain sufficient financial resources to operate in conformity with the requirements laid down in the Directive, in particular to bear the risk of liability for damages, for example, by obtaining appropriate insurance;
(i) record all relevant information concerning a qualified certificate for an appropriate period of time, in particular for the purpose of providing evidence of certification for the purposes of legal proceedings. Such recording may be done electronically;
(j) not store or copy signature-creation data of the person to whom the certification-service-provider provided key management services;
(k) before entering into a contractual relationship with a person seeking a certificate to support his electronic signature inform that person by a durable means of communication of the precise terms and conditions regarding the use of the certificate, including any limitations on its use, the existence of a voluntary accreditation scheme and procedures for complaints and dispute settlement. Such information, which may be transmitted electronically, must be in writing and in redily understandable language. Relevant parts of this information must also be made available on request to third-parties relying on the certificate;
(l) use trustworthy systems to store certificates in a verifiable form so that:
– only authorised persons can make entries and changes,

– information can be checked for authenticity,
– certificates are publicly available for retrieval in only those cases for which the certificate-holder's consent has been obtained, and
– any technical changes compromising these security requirements are apparent to the operator.

Annex III. Requirements for secure signature-creation devices

1. Secure signature-creation devices must, by appropriate technical and procedural means, ensure at the least that:
(a) the signature-creation-data used for signature generation can practically occur only once, and that their secrecy is reasonably assured;
(b) the signature-creation-data used for signature generation cannot, with reasonable assurance, be derived and the signature is protected against forgery using currently available technology;
(c) the signature-creation-data used for signature generation can be reliably protected by the legitimate signatory against the use of others.
2. Secure signature-creation devices must not alter the data to be signed or prevent such data from being presented to the signatory prior to the signature process.

Annex IV. Recommendations for secure signature verification

During the signature-verification process it should be ensured with reasonable certainty that:
(a) the data used for verifying the signature correspond to the data displayed to the verifier;
(b) the signature is reliably verified and the result of that verification is correctly displayed;
(c) the verifier can, as necessary, reliably establish the contents of the signed data;
(d) the authenticity and validity of the certificate required at the time of signature verification are reliably verified;
(e) the result of verification and the signatory's identity are correctly displayed;
(f) the use of a pseudonym is clearly indicated; and
(g) any security-relevant changes can be detected.

II. Contents of contract

I. Directive of the European Parliament and of the Council of 29 June 2000 on combating late payment in commercial transactions (2000/35/EC)

Official Journal L 200, 08/08/2000, p. 35–38

THE EUROPEAN PARLIAMENT AND THE COUNCIL OF THE EUROPEAN UNION,

Having regard to the Treaty establishing the European Community, and in particular Article 95 thereof, Having regard to the proposal from the Commission[1], Having regard to the opinion of the Economic and Social Committee[2], Acting in accordance with the procedure laid down in Article 251 of the Treaty[3], in the light of the joint text approved by the Conciliation Committee on 4 May 2000, Whereas:

(1) In its resolution on the integrated programme in favour of SMEs and the craft sector[4], the European Parliament urged the Commission to submit proposals to deal with the problem of late payment.

(2) On 12 May 1995 the Commission adopted a recommendation on payment periods in commercial transactions[5].

(3) In its resolution on the Commission recommendation on payment periods in commercial transactions[6], the European Parliament called on the Commission to consider transforming its recommendation into a proposal for a Council directive to be submitted as soon as possible.

(4) On 29 May 1997 the Economic and Social Committee adopted an opinion on the Commission's Green Paper on Public procurement in the European Union: Exploring the way forward[7].

(5) On 4 June 1997 the Commission published an action plan for the single market, which underlined that late payment represents an increasingly serious obstacle for the success of the single market.

(6) On 17 July 1997 the Commission published a report on late payments in commercial transactions[8], summarising the results of an evaluation of the effects of the Commission's recommendation of 12 May 1995.

(7) Heavy administrative and financial burdens are placed on businesses, particularly small and medium-sized ones, as a result of excessive payment periods and late payment.

---

[1] OJ No C 168, 3.6.1998, p. 13, and OJ No C 374, 3.12.1998, p. 4.
[2] OJ No C 407, 28.12.1998, p. 50.
[3] Opinion of the European Parliament of 17 September 1998 (OJ No C 313, 12.10.1998, p. 142), Council Common Position of 29 July 1999 (OJ No C 284, 6.10.1999, p. 1) and decision of the European Parliament of 16 December 1999 (not yet published in the Official Journal). Decision of the European Parliament of 15 June 2000 and Decision of the Council of 18 May 2000.
[4] OJ No C 323, 21.11.1994, p. 19.
[5] OJ No L 127, 10.6.1995, p. 19.
[6] OJ No C 211, 22.7.1996, p. 43.
[7] OJ No C 287, 22.9.1997, p. 92.
[8] OJ No C 216, 17.7.1997, p. 10.

Moreover, these problems are a major cause of insolvencies threatening the survival of businesses and result in numerous job losses.
(8) In some Member States contractual payment periods differ significantly from the Community average.
(9) The differences between payment rules and practices in the Member States constitute an obstacle to the proper functioning of the internal market.
(10) This has the effect of considerably limiting commercial transactions between Member States. This is in contradiction with Article 14 of the Treaty as entrepreneurs should be able to trade throughout the internal market under conditions which ensure that transborder operations do not entail greater risks than domestic sales. Distortions of competition would ensue if substantially different rules applied to domestic and Trans-border operations.
(11) The most recent statistics indicate that there has been, at best, no improvement in late payments in many Member States since the adoption of the recommendation of 12 May 1995.
(12) The objective of combating late payments in the internal market cannot be sufficiently achieved by the Member States acting individually and can, therefore, be better achieved by the Community. This Directive does not go beyond what is necessary to achieve that objective. This Directive complies therefore, in its entirety, with the requirements of the principles of subsidiarity and proportionality as laid down in Article 5 of the Treaty.
(13) This Directive should be limited to payments made as remuneration for commercial transactions and does not regulate transactions with consumers, interest in connection with other payments, e. g. payments under the laws on cheques and bills of exchange, payments made as compensation for damages including payments from insurance companies.
(14) The fact that the liberal professions are covered by this Directive does not mean that Member States have to treat them as undertakings or merchants for purposes not covered by this Directive.
(15) This Directive only defines the term "enforceable title" but does not regulate the various procedures of forced execution of such a title and the conditions under which forced execution of such a title can be stopped or suspended.
(16) Late payment constitutes a breach of contract which has been made financially attractive to debtors in most Member States by low interest rates on late payments and/or slow procedures for redress. A decisive shift, including compensation of creditors for the costs incurred, is necessary to reverse this trend and to ensure that the consequences of late payments are such as to discourage late payment.
(17) The reasonable compensation for the recovery costs has to be considered without prejudice to national provisions according to which a national judge can award to the creditor any additional damage caused by the debtor's late payment, taking also into account that such incurred costs may be already compensated for by the interest for late payment.
(18) This Directive takes into account the issue of long contractual payment periods and, in particular, the existence of certain categories of contracts where a longer payment period in combination with a restriction of freedom of contract or a higher interest rate can be justified.
(19) This Directive should prohibit abuse of freedom of contract to the disadvantage of the creditor. Where an agreement mainly serves the purpose of procuring the debtor additional liquidity at the expense of the creditor, or where the main contractor imposes on his suppliers and subcontractors terms of payment which are not justified on the grounds of the terms granted to himself, these may be considered to be factors constituting such an

abuse. This Directive does not affect national provisions relating to the way contracts are concluded or regulating the validity of contractual terms which are unfair to the debtor.

(20) The consequences of late payment can be dissuasive only if they are accompanied by procedures for redress which are rapid and effective for the creditor. In conformity with the principle of non-discrimination contained in Article 12 of the Treaty, those procedures should be available to all creditors who are established in the Community.

(21) It is desirable to ensure that creditors are in a position to exercise a retention of title on a non-discriminatory basis throughout the Community, if the retention of title clause is valid under the applicable national provisions designated by private international law.

(22) This Directive should regulate all commercial transactions irrespective of whether they are carried out between private or public undertakings or between undertakings and public authorities, having regard to the fact that the latter handle a considerable volume of payments to business. It should therefore also regulate all commercial transactions between main contractors and their suppliers and subcontractors.

(23) Article 5 of this Directive requires that the recovery procedure for unchallenged claims be completed within a short period of time in conformity with national legislation, but does not require Member States to adopt a specific procedure or to amend their existing legal procedures in a specific way,

HAVE ADOPTED THIS DIRECTIVE:

Article 1. Scope
This Directive shall apply to all payments made as remuneration for commercial transactions.

Article 2. Definitions
For the purposes of this Directive:
1. "commercial transactions" means transactions between undertakings or between undertakings and public authorities which lead to the delivery of goods or the provision of services for remuneration,
"public authority" means any contracting authority or entity, as defined by the Public Procurement Directives (92/50/EEC[9], 93/36/EEC[10], 93/37/EEC[11] and 93/38/EEC[12]),
"undertaking" means any organisation acting in the course of its independent economic or professional activity, even where it is carried on by a single person;
2. "late payment" means exceeding the contractual or statutory period of payment;
3. "retention of title" means the contractual agreement according to which the seller retains title to the goods in question until the price has been paid in full;
4. "interest rate applied by the European Central Bank to its main refinancing operations" means the interest rate applied to such operations in the case of fixed-rate tenders. In the event that a main refinancing operation was conducted according to a variable-rate tender procedure, this interest rate refers to the marginal interest rate which resulted from that tender. This applies both in the case of single-rate and variable-rate auctions;
5. "enforceable title" means any decision, judgement or order for payment issued by

---
[9] OJ No L 209, 24.7.1992, p. 1.
[10] OJ No L 199, 9.8.1993, p. 1.
[11] OJ No L 199, 9.8.1993, p. 54.
[12] OJ No L 199, 9.8.1993, p. 84.

a court or other competent authority, whether for immediate payment or payment by instalments, which permits the creditor to have his claim against the debtor collected by means of forced execution; it shall include a decision, judgement or order for payment that is provisionally enforceable and remains so even if the debtor appeals against it.

Article 3. Interest in case of late payment

1. Member States shall ensure that:
(a) interest in accordance with point (d) shall become payable from the day following the date or the end of the period for payment fixed in the contract;
(b) if the date or period for payment is not fixed in the contract, interest shall become payable automatically without the necessity of a reminder:
(i) 30 days following the date of receipt by the debtor of the invoice or an equivalent request for payment; or
(ii) if the date of the receipt of the invoice or the equivalent request for payment is uncertain, 30 days after the date of receipt of the goods or services; or
(iii) if the debtor receives the invoice or the equivalent request for payment earlier than the goods or the services, 30 days after the receipt of the goods or services; or
(iv) if a procedure of acceptance or verification, by which the conformity of the goods or services with the contract is to be ascertained, is provided for by statute or in the contract and if the debtor receives the invoice or the equivalent request for payment earlier or on the date on which such acceptance or verification takes place, 30 days after this latter date;
(c) the creditor shall be entitled to interest for late payment to the extent that:
(i) he has fulfilled his contractual and legal obligations; and
(ii) he has not received the amount due on time, unless the debtor is not responsible for the delay;
(d) the level of interest for late payment ("the statutory rate"), which the debtor is obliged to pay, shall be the sum of the interest rate applied by the European Central Bank to its most recent main refinancing operation carried out before the first calendar day of the half-year in question ("the reference rate"), plus at least seven percentage points ("the margin"), unless otherwise specified in the contract. For a Member State which is not participating in the third stage of economic and monetary union, the reference rate referred to above shall be the equivalent rate set by its national central bank. In both cases, the reference rate in force on the first calendar day of the half-year in question shall apply for the following six months;
(e) unless the debtor is not responsible for the delay, the creditor shall be entitled to claim reasonable compensation from the debtor for all relevant recovery costs incurred through the latter's late payment. Such recovery costs shall respect the principles of transparency and proportionality as regards the debt in question. Member States may, while respecting the principles referred to above, fix maximum amounts as regards the recovery costs for different levels of debt.
2. For certain categories of contracts to be defined by national law, Member States may fix the period after which interest becomes payable to a maximum of 60 days provided that they either restrain the parties to the contract from exceeding this period or fix a mandatory interest rate that substantially exceeds the statutory rate.
3. Member States shall provide that an agreement on the date for payment or on the consequences of late payment which is not in line with the provisions of para-

graphs 1 (b) to (d) and 2 either shall not be enforceable or shall give rise to a claim for damages if, when all circumstances of the case, including good commercial practice and the nature of the product, are considered, it is grossly unfair to the creditor. In determining whether an agreement is grossly unfair to the creditor, it will be taken, inter alia, into account whether the debtor has any objective reason to deviate from the provisions of paragraphs 1 (b) to (d) and 2. If such an agreement is determined to be grossly unfair, the statutory terms will apply, unless the national courts determine different conditions which are fair.
4. Member States shall ensure that, in the interests of creditors and of competitors, adequate and effective means exist to prevent the continued use of terms which are grossly unfair within the meaning of paragraph 3.
5. The means referred to in paragraph 4 shall include provisions whereby organisations officially recognised as, or having a legitimate interest in, representing small and medium-sized enterprises may take action according to the national law concerned before the courts or before competent administrative bodies on the grounds that contractual terms drawn up for general use are grossly unfair within the meaning of paragraph 3, so that they can apply appropriate and effective means to prevent the continued use of such terms.

Article 4. Retention of title
1. Member States shall provide in conformity with the applicable national provisions designated by private international law that the seller retains title to goods until they are fully paid for if a retention of title clause has been expressly agreed between the buyer and the seller before the delivery of the goods.
2. Member States may adopt or retain provisions dealing with down payments already made by the debtor.

Article 5. Recovery procedures for unchallenged claims
1. Member States shall ensure that an enforceable title can be obtained, irrespective of the amount of the debt, normally within 90 calendar days of the lodging of the creditor's action or application at the court or other competent authority, provided that the debt or aspects of the procedure are not disputed. This duty shall be carried out by Member States in conformity with their respective national legislation, regulations and administrative provisions.
2. The respective national legislation, regulations and administrative provisions shall apply the same conditions for all creditors who are established in the European Community.
3. The 90 calendar day period referred to in paragraph 1 shall not include the following:
(a) periods for service of documents;
(b) any delays caused by the creditor, such as periods devoted to correcting applications.
4. This Article shall be without prejudice to the provisions of the Brussels Convention on jurisdiction and enforcement of judgements in civil and commercial matters[13].

---

[13] Consolidated version in OJ No C 27, 26.1.1998, p. 3.

Article 6. Transposition

1. Member States shall bring into force the laws, regulations and administrative provisions necessary to comply with this Directive before 8 August 2002. They shall forthwith inform the Commission thereof.

When Member States adopt these measures, they shall contain a reference to this Directive or shall be accompanied by such reference on the occasion of their official publication. The methods of making such reference shall be laid down by Member States.

2. Member States may maintain or bring into force provisions which are more favourable to the creditor than the provisions necessary to comply with this Directive.

3. In transposing this Directive, Member States may exclude:
(a) debts that are subject to insolvency proceedings instituted against the debtor;
(b) contracts that have been concluded prior to 8 August 2002; and
(c) claims for interest of less than EUR 5.

4. Member States shall communicate to the Commission the text of the main provisions of national law which they adopt in the field covered by this Directive.

5. The Commission shall undertake two years after 8 August 2002 a review of, inter alia, the statutory rate, contractual payment periods and late payments, to assess the impact on commercial transactions and the operation of the legislation in practice. The results of this review and of other reviews will be made known to the European Parliament and the Council, accompanied where appropriate by proposals for improvement of this Directive.

Article 7. Entry into force

This Directive shall enter into force on the day of its publication in the Official Journal of the European Communities.

Article 8. Addressees

This Directive is addressed to the Member States.

2. Council Directive of 5 April 1993 on unfair terms in consumer contracts (93/13/EEC)

Official Journal L 095, 21/04/1993, p. 29–34

THE COUNCIL OF THE EUROPEAN COMMUNITIES,
Having regard to the Treaty establishing the European Economic Community, and in particular Article 100 A thereof, Having regard to the proposal from the Commission[1], In co-operation with the European Parliament[2], Having regard to the opinion of the Economic and Social Committee[3],
Whereas it is necessary to adopt measures with the aim of progressively establishing the internal market before 31 December 1992; whereas the internal market comprises an area without internal frontiers in which goods, persons, services and capital move freely;
Whereas the laws of Member States relating to the terms of contract between the seller of goods or supplier of services, on the one hand, and the consumer of them, on the other hand, show many disparities, with the result that the national markets for the sale of goods and services to consumers differ from each other and that distortions of competition may arise amongst the sellers and suppliers, notably when they sell and supply in other Member States;
Whereas, in particular, the laws of Member States relating to unfair terms in consumer contracts show marked divergences;
Whereas it is the responsibility of the Member States to ensure that contracts concluded with consumers do not contain unfair terms;
Whereas, generally speaking, consumers do not know the rules of law which, in Member States other than their own, govern contracts for the sale of goods or services; whereas this lack of awareness may deter them from direct transactions for the purchase of goods or services in another Member State;
Whereas, in order to facilitate the establishment of the internal market and to safeguard the citizen in his role as consumer when acquiring goods and services under contracts which are governed by the laws of Member States other than his own, it is essential to remove unfair terms from those contracts;
Whereas sellers of goods and suppliers of services will thereby be helped in their task of selling goods and supplying services, both at home and throughout the internal market; whereas competition will thus be stimulated, so contributing to increased choice for Community citizens as consumers;
Whereas the two Community programmes for a consumer protection and information policy[4] underlined the importance of safeguarding consumers in the matter of unfair terms of contract; whereas this protection ought to be provided by laws and regulations which are either harmonised at Community level or adopted directly at that level;
Whereas in accordance with the principle laid down under the heading 'Protection of the economic interests of the consumers', as stated in those programmes: 'acquirers of goods and services should be protected against the abuse of power by the seller or supplier, in particular against one-sided standard contracts and the unfair exclusion of essential rights in contracts';

---

[1] OJ No C 73, 24. 3. 1992, p. 7.
[2] OJ No C 326, 16. 12. 1991, p. 108 and OJ No C 21, 25. 1. 1993.
[3] OJ No C 159, 17. 6. 1991, p. 34.
[4] OJ No C 92, 25. 4. 1975, p. 1 and OJ No C 133, 3. 6. 1981, p. 1.

Whereas more effective protection of the consumer can be achieved by adopting uniform rules of law in the matter of unfair terms; whereas those rules should apply to all contracts concluded between sellers or suppliers and consumers; whereas as a result inter alia contracts relating to employment, contracts relating to succession rights, contracts relating to rights under family law and contracts relating to the incorporation and organisation of companies or partnership agreements must be excluded from this Directive;

Whereas the consumer must receive equal protection under contracts concluded by word of mouth and written contracts regardless, in the latter case, of whether the terms of the contract are contained in one or more documents;

Whereas, however, as they now stand, national laws allow only partial harmonisation to be envisaged; whereas, in particular, only contractual terms which have not been individually negotiated are covered by this Directive; whereas Member States should have the option, with due regard for the Treaty, to afford consumers a higher level of protection through national provisions that are more stringent than those of this Directive;

Whereas the statutory or regulatory provisions of the Member States which directly or indirectly determine the terms of consumer contracts are presumed not to contain unfair terms; whereas, therefore, it does not appear to be necessary to subject the terms which reflect mandatory statutory or regulatory provisions and the principles or provisions of international conventions to which the Member States or the Community are party; whereas in that respect the wording 'mandatory statutory or regulatory provisions' in Article 1 (2) also covers rules which, according to the law, shall apply between the contracting parties provided that no other arrangements have been established;

Whereas Member States must however ensure that unfair terms are not included, particularly because this Directive also applies to trades, business or professions of a public nature;

Whereas it is necessary to fix in a general way the criteria for assessing the unfair character of contract terms;

Whereas the assessment, according to the general criteria chosen, of the unfair character of terms, in particular in sale or supply activities of a public nature providing collective services which take account of solidarity among users, must be supplemented by a means of making an overall evaluation of the different interests involved; whereas this constitutes the requirement of good faith; whereas, in making an assessment of good faith, particular regard shall be had to the strength of the bargaining positions of the parties, whether the consumer had an inducement to agree to the term and whether the goods or services were sold or supplied to the special order of the consumer; whereas the requirement of good faith may be satisfied by the seller or supplier where he deals fairly and equitably with the other party whose legitimate interests he has to take into account;

Whereas, for the purposes of this Directive, the annexed list of terms can be of indicative value only and, because of the cause of the minimal character of the Directive, the scope of these terms may be the subject of amplification or more restrictive editing by the Member States in their national laws;

Whereas the nature of goods or services should have an influence on assessing the unfairness of contractual terms;

Whereas, for the purposes of this Directive, assessment of unfair character shall not be made of terms which describe the main subject matter of the contract nor the quality/price ratio of the goods or services supplied; whereas the main subject matter of the contract and the price/quality ratio may nevertheless be taken into account in assessing the fairness of other terms; whereas it follows, inter alia, that in insurance contracts, the terms which clearly define or circumscribe the insured risk and the insurer's liability shall not be subject to such assessment since these restrictions are taken into account in calculating the premium paid by the consumer;

2. Unfair terms in consumer contracts

Whereas contracts should be drafted in plain, intelligible language, the consumer should actually be given an opportunity to examine all the terms and, if in doubt, the interpretation most favourable to the consumer should prevail;

Whereas Member States should ensure that unfair terms are not used in contracts concluded with consumers by a seller or supplier and that if, nevertheless, such terms are so used, they will not bind the consumer, and the contract will continue to bind the parties upon those terms if it is capable of continuing in existence without the unfair provisions;

Whereas there is a risk that, in certain cases, the consumer may be deprived of protection under this Directive by designating the law of a non-member country as the law applicable to the contract; whereas provisions should therefore be included in this Directive designed to avert this risk;

Whereas persons or organisations, if regarded under the law of a Member State as having a legitimate interest in the matter, must have facilities for initiating proceedings concerning terms of contract drawn up for general use in contracts concluded with consumers, and in particular unfair terms, either before a court or before an administrative authority competent to decide upon complaints or to initiate appropriate legal proceedings; whereas this possibility does not, however, entail prior verification of the general conditions obtaining in individual economic sectors;

Whereas the courts or administrative authorities of the Member States must have at their disposal adequate and effective means of preventing the continued application of unfair terms in consumer contracts,

HAS ADOPTED THIS DIRECTIVE:

Article 1

1. The purpose of this Directive is to approximate the laws, regulations and administrative provisions of the Member States relating to unfair terms in contracts concluded between a seller or supplier and a consumer.

2. The contractual terms which reflect mandatory statutory or regulatory provisions and the provisions or principles of international conventions to which the Member States or the Community are party, particularly in the transport area, shall not be subject to the provisions of this Directive.

Article 2

For the purposes of this Directive:

(a) 'unfair terms' means the contractual terms defined in Article 3;

(b) 'consumer' means any natural person who, in contracts covered by this Directive, is acting for purposes which are outside his trade, business or profession;

(c) 'seller or supplier' means any natural or legal person who, in contracts covered by this Directive, is acting for purposes relating to his trade, business or profession, whether publicly owned or privately owned.

Article 3

1. A contractual term which has not been individually negotiated shall be regarded as unfair if, contrary to the requirement of good faith, it causes a significant imbalance in the parties' rights and obligations arising under the contract, to the detriment of the consumer.

2. A term shall always be regarded as not individually negotiated where it has been drafted in advance and the consumer has therefore not been able to influence the

substance of the term, particularly in the context of a pre-formulated standard contract.

The fact that certain aspects of a term or one specific term have been individually negotiated shall not exclude the application of this Article to the rest of a contract if an overall assessment of the contract indicates that it is nevertheless a pre-formulated standard contract.

Where any seller or supplier claims that a standard term has been individually negotiated, the burden of proof in this respect shall be incumbent on him.

3. The Annex shall contain an indicative and non-exhaustive list of the terms which may be regarded as unfair.

Article 4

1. Without prejudice to Article 7, the unfairness of a contractual term shall be assessed, taking into account the nature of the goods or services for which the contract was concluded and by referring, at the time of conclusion of the contract, to all the circumstances attending the conclusion of the contract and to all the other terms of the contract or of another contract on which it is dependent.

2. Assessment of the unfair nature of the terms shall relate neither to the definition of the main subject matter of the contract nor to the adequacy of the price and remuneration, on the one hand, as against the services or goods supplies in exchange, on the other, in so far as these terms are in plain intelligible language.

Article 5

In the case of contracts where all or certain terms offered to the consumer are in writing, these terms must always be drafted in plain, intelligible language. Where there is doubt about the meaning of a term, the interpretation most favourable to the consumer shall prevail. This rule on interpretation shall not apply in the context of the procedures laid down in Article 7 (2).

Article 6

1. Member States shall lay down that unfair terms used in a contract concluded with a consumer by a seller or supplier shall, as provided for under their national law, not be binding on the consumer and that the contract shall continue to bind the parties upon those terms if it is capable of continuing in existence without the unfair terms.

2. Member States shall take the necessary measures to ensure that the consumer does not lose the protection granted by this Directive by virtue of the choice of the law of a non-member country as the law applicable to the contract if the latter has a close connection with the territory of the Member States.

Article 7

1. Member States shall ensure that, in the interests of consumers and of competitors, adequate and effective means exist to prevent the continued use of unfair terms in contracts concluded with consumers by sellers or suppliers.

2. The means referred to in paragraph 1 shall include provisions whereby persons or organisations, having a legitimate interest under national law in protecting consumers, may take action according to the national law concerned before the courts or before competent administrative bodies for a decision as to whether contractual

2. Unfair terms in consumer contracts

terms drawn up for general use are unfair, so that they can apply appropriate and effective means to prevent the continued use of such terms.

3. With due regard for national laws, the legal remedies referred to in paragraph 2 may be directed separately or jointly against a number of sellers or suppliers from the same economic sector or their associations which use or recommend the use of the same general contractual terms or similar terms.

Article 8
Member States may adopt or retain the most stringent provisions compatible with the Treaty in the area covered by this Directive, to ensure a maximum degree of protection for the consumer.

Article 9
The Commission shall present a report to the European Parliament and to the Council concerning the application of this Directive five years at the latest after the date in Article 10 (1).

Article 10
1. Member States shall bring into force the laws, regulations and administrative provisions necessary to comply with this Directive no later than 31 December 1994. They shall forthwith inform the Commission thereof.
These provisions shall be applicable to all contracts concluded after 31 December 1994.
2. When Member States adopt these measures, they shall contain a reference to this Directive or shall be accompanied by such reference on the occasion of their official publication. The methods of making such a reference shall be laid down by the Member States.
3. Member States shall communicate the main provisions of national law which they adopt in the field covered by this Directive to the Commission.

Article 11
This Directive is addressed to the Member States.

Annex. Terms referred to in article 3 (3)
1. Terms which have the object or effect of:
(a) excluding or limiting the legal liability of a seller or supplier in the event of the death of a consumer or personal injury to the latter resulting from an act or omission of that seller or supplier;
(b) inappropriately excluding or limiting the legal rights of the consumer vis-à-vis the seller or supplier or another party in the event of total or partial non-performance or inadequate performance by the seller or supplier of any of the contractual obligations, including the option of offsetting a debt owed to the seller or supplier against any claim which the consumer may have against him;
(c) making an agreement binding on the consumer whereas provision of services by the seller or supplier is subject to a condition whose realisation depends on his own will alone;
(d) permitting the seller or supplier to retain sums paid by the consumer where the latter decides not to conclude or perform the contract, without providing for the

consumer to receive compensation of an equivalent amount from the seller or supplier where the latter is the party cancelling the contract;

(e) requiring any consumer who fails to fulfil his obligation to pay a disproportionately high sum in compensation;

(f) authorising the seller or supplier to dissolve the contract on a discretionary basis where the same facility is not granted to the consumer, or permitting the seller or supplier to retain the sums paid for services not yet supplied by him where it is the seller or supplier himself who dissolves the contract;

(g) enabling the seller or supplier to terminate a contract of indeterminate duration without reasonable notice except where there are serious grounds for doing so;

(h) automatically extending a contract of fixed duration where the consumer does not indicate otherwise, when the deadline fixed for the consumer to express this desire not to extend the contract is unreasonably early;

(i) irrevocably binding the consumer to terms with which he had no real opportunity of becoming acquainted before the conclusion of the contract;

(j) enabling the seller or supplier to alter the terms of the contract unilaterally without a valid reason which is specified in the contract;

(k) enabling the seller or supplier to alter unilaterally without a valid reason any characteristics of the product or service to be provided;

(l) providing for the price of goods to be determined at the time of delivery or allowing a seller of goods or supplier of services to increase their price without in both cases giving the consumer the corresponding right to cancel the contract if the final price is too high in relation to the price agreed when the contract was concluded;

(m) giving the seller or supplier the right to determine whether the goods or services supplied are in conformity with the contract, or giving him the exclusive right to interpret any term of the contract;

(n) limiting the seller's or supplier's obligation to respect commitments undertaken by his agents or making his commitments subject to compliance with a particular formality;

(o) obliging the consumer to fulfil all his obligations where the seller or supplier does not perform his;

(p) giving the seller or supplier the possibility of transferring his rights and obligations under the contract, where this may serve to reduce the guarantees for the consumer, without the latter's agreement;

(q) excluding or hindering the consumer's right to take legal action or exercise any other legal remedy, particularly by requiring the consumer to take disputes exclusively to arbitration not covered by legal provisions, unduly restricting the evidence available to him or imposing on him a burden of proof which, according to the applicable law, should lie with another party to the contract.

2. Scope of subparagraphs (g), (j) and (l)

(a) Subparagraph (g) is without hindrance to terms by which a supplier of financial services reserves the right to terminate unilaterally a contract of indeterminate duration without notice where there is a valid reason, provided that the supplier is required to inform the other contracting party or parties thereof immediately.

(b) Subparagraph (j) is without hindrance to terms under which a supplier of financial services reserves the right to alter the rate of interest payable by the consumer or due to the latter, or the amount of other charges for financial services

2. Unfair terms in consumer contracts

without notice where there is a valid reason, provided that the supplier is required to inform the other contracting party or parties thereof at the earliest opportunity and that the latter are free to dissolve the contract immediately.

Subparagraph (j) is also without hindrance to terms under which a seller or supplier reserves the right to alter unilaterally the conditions of a contract of indeterminate duration, provided that he is required to inform the consumer with reasonable notice and that the consumer is free to dissolve the contract.

(c) Subparagraphs (g), (j) and (l) do not apply to:
– transactions in transferable securities, financial instruments and other products or services where the price is linked to fluctuations in a stock exchange quotation or index or a financial market rate that the seller or supplier does not control;
– contracts for the purchase or sale of foreign currency, traveller's cheques or international money orders denominated in foreign currency;

(d) Subparagraph (l) is without hindrance to price-indexation clauses, where lawful, provided that the method by which prices vary is explicitly described.

3. Directive of the European Parliament and of the Council of 16 February 1998 on consumer protection in the indication of the prices of products offered to consumers (98/6/EC)

Official Journal L 080, 18/03/1998, p. 27–31

THE EUROPEAN PARLIAMENT AND THE COUNCIL OF THE EUROPEAN UNION,

Having regard to the Treaty establishing the European Community, and in particular Article 129a (2) thereof, Having regard to the proposal from the Commission[1], Having regard to the opinion of the Economic and Social Committee[2], Acting in accordance with the procedure laid down in Article 189b of the Treaty[3], in the light of the joint text approved by the Conciliation Committee on 9 December 1997,

(1) Whereas transparent operation of the market and correct information is of benefit to consumer protection and healthy competition between enterprises and products;

(2) Whereas consumers must be guaranteed a high level of protection; whereas the Community should contribute thereto by specific action which supports and supplements the policy pursued by the Member States regarding precise, transparent and unambiguous information for consumers on the prices of products offered to them;

(3) Whereas the Council Resolution of 14 April 1975 on a preliminary programme of the European Economic Community for a consumer protection and information policy[4] and the Council Resolution of 19 May 1981 on a second programme of the European Economic Community for a consumer protection and information policy[5] provide for the establishment of common principles for indicating prices;

(4) Whereas these principles have been established by Directive 79/581/EEC concerning the indication of prices of certain foodstuffs[6] and Directive 88/314/EEC concerning the indication of prices of non-food products[7];

(5) Whereas the link between indication of the unit price of products and their pre-packaging in pre-established quantities or capacities corresponding to the values of the ranges adopted at Community level has proved overly complex to apply; whereas it is thus necessary to abandon this link in favour of a new simplified mechanism and in the interest of the consumer, without prejudice to the rules governing packaging standardisation;

(6) Whereas the obligation to indicate the selling price and the unit price contributes substantially to improving consumer information, as this is the easiest way to enable consumers to evaluate and compare the price of products in an optimum manner and hence to make informed choices on the basis of simple comparisons;

---

[1] OJ No C 260, 5. 10. 1995, p. 5 and OJ No C 249, 27. 8. 1996, p. 2.

[2] OJ No C 82, 19. 3. 1996, p. 32.

[3] Opinion of the European Parliament of 18 April 1996 (OJ No C 141, 13. 5. 1996, p. 191). Council Common Position of 27 September 1996 (OJ No C 333, 7. 11. 1996, p. 7) and Decision of the European Parliament of 18 February 1997 (OJ No C 85, 17. 3. 1997, p. 26). Decision of the European Parliament of 16 December 1997 and Decision of the Council of 18 December 1997.

[4] OJ No C 92, 25. 4. 1975, p. 1.

[5] OJ No C 133, 3. 6. 1981, p. 1.

[6] OJ No L 158, 26. 6. 1979, p. 19. Directive as last amended by Directive 95/58/EC (OJ No L 299, 12. 12. 1995, p. 11).

[7] OJ No L 142, 9. 6. 1988, p. 19. Directive as last amended by Directive 95/58/EC (OJ No L 299, 12. 12. 1995, p. 11).

3. Indication of the prices of products

(7) Whereas, therefore, there should be a general obligation to indicate both the selling price and the unit price for all products except for products sold in bulk, where the selling price cannot be determined until the consumer indicates how much of the product is required;

(8) Whereas it is necessary to take into account the fact that certain products are customarily sold in quantities different from one kilogram, one litre, one metre, one square metre or one cubic metre; whereas it is thus appropriate to allow Member States to authorise that the unit price refer to a different single unit of quantity, taking into account the nature of the product and the quantities in which it is customarily sold in the Member State concerned;

(9) Whereas the obligation to indicate the unit price may entail an excessive burden for certain small retail businesses under certain circumstances; whereas Member States should therefore be allowed to refrain from applying this obligation during an appropriate transitional period;

(10) Whereas Member States should also remain free to waive the obligation to indicate the unit price in the case of products for which such price indication would not be useful or would be liable to cause confusion for instance when indication of the quantity is not relevant for price comparison purposes, or when different products are marketed in the same packaging;

(11) Whereas in the case of non-food products, Member States, with a view to facilitating application of the mechanism implemented, are free to draw up a list of products or categories of products for which the obligation to indicate the unit price remains applicable;

(12) Whereas Community-level rules can ensure homogenous and transparent information that will benefit all consumers in the context of the internal market; whereas the new, simplified approach is both necessary and sufficient to achieve this objective;

(13) Whereas Member States must make sure that the system is effective; whereas the transparency of the system should also be maintained when the Euro is introduced; whereas, to that end, the maximum number of prices to be indicated should be limited;

(14) Whereas particular attention should be paid to small retail businesses; whereas, to this end, the Commission should, in its report on the application of this Directive to be presented no later than three years after the date referred to in Article 11 (1), take particular account of the experience gleaned in the application of the Directive by small retail businesses, inter alia, regarding technological developments and the introduction of the single currency; whereas this report, having regard to the transitional period referred to in Article 6, should be accompanied by a proposal,

HAVE ADOPTED THIS DIRECTIVE:

Article 1

The purpose of this Directive is to stipulate indication of the selling price and the price per unit of measurement of products offered by traders to consumers in order to improve consumer information and to facilitate comparison of prices.

Article 2

For the purposes of this Directive:
(a) selling price shall mean the final price for a unit of the product, or a given quantity of the product, including VAT and all other taxes;
(b) unit price shall mean the final price, including VAT and all other taxes, for one kilogram, one litre, one metre, one square metre or one cubic metre of the product or a different single unit of quantity which is widely and customarily used in the Member State concerned in the marketing of specific products;

(c) products sold in bulk shall mean products which are not pre-packaged and are measured in the presence of the consumer;
(d) trader shall mean any natural or legal person who sells or offers for sale products which fall within his commercial or professional activity;
(e) consumer shall mean any natural person who buys a product for purposes that do not fall within the sphere of his commercial or professional activity.

Article 3
1. The selling price and the unit price shall be indicated for all products referred to in Article 1, the indication of the unit price being subject to the provisions of Article 5. The unit price need not be indicated if it is identical to the sales price.
2. Member States may decide not to apply paragraph 1 to:
– products supplied in the course of the provision of a service,
– sales by auction and sales of works of art and antiques.
3. For products sold in bulk, only the unit price must be indicated.
4. Any advertisement which mentions the selling price of products referred to in Article 1 shall also indicate the unit price subject to Article 5.

Article 4
1. The selling price and the unit price must be unambiguous, easily identifiable and clearly legible. Member States may provide that the maximum number of prices to be indicated be limited.
2. The unit price shall refer to a quantity declared in accordance with national and Community provisions.
Where national or Community provisions require the indication of the net weight and the net drained weight for certain pre-packed products, it shall be sufficient to indicate the unit price of the net drained weight.

Article 5
1. Member States may waive the obligation to indicate the unit price of products for which such indication would not be useful because of the products' nature or purpose or would be liable to create confusion.
2. With a view to implementing paragraph 1, Member States may, in the case of non-food products, establish a list of the products or product categories to which the obligation to indicate the unit price shall remain applicable.

Article 6
If the obligation to indicate the unit price were to constitute an excessive burden for certain small retail businesses because of the number of products on sale, the sales area, the nature of the place of sale, specific conditions of sale where the product is not directly accessible for the consumer or certain forms of business, such as certain types of itinerant trade, Member States may, for a transitional period following the date referred to in Article 11 (1), provide that the obligation to indicate the unit price of products other than those sold in bulk, which are sold in the said businesses, shall not apply, subject to Article 12.

Article 7

Member States shall provide appropriate measures to inform all persons concerned of the national law transposing this Directive.

Article 8

Member States shall lay down penalties for infringements of national provisions adopted in application of this Directive, and shall take all necessary measures to ensure that these are enforced. These penalties must be effective, proportionate and dissuasive.

Article 9

1. The transition period of nine years referred to in Article 1 of Directive 95/58/EC of the European Parliament and of the Council of 29 November 1995 amending Directive 79/581/EEC on consumer protection in the indication of the prices of foodstuffs and Directive 88/314/EEC on consumer protection in the indication of the prices of non-food products[8] shall be extended until the date referred to in Article 11 (1) of this Directive.
2. Directives 79/581/EEC and 88/314/EEC shall be repealed with effect from the date referred to in Article 11 (1) of this Directive.

Article 10

This Directive shall not prevent Member States from adopting or maintaining provisions which are more favourable as regards consumer information and comparison of prices, without prejudice to their obligations under the Treaty.

Article 11

1. Member States shall bring into force the laws, regulations and administrative provisions necessary to comply with this Directive not later than 18 March 2000. They shall forthwith inform the Commission thereof. The provisions adopted shall be applicable as of that date.
When Member States adopt these measures, they shall contain a reference to this Directive or shall be accompanied by such reference at the time of their official publication. The methods of making such reference shall be laid down by Member States.
2. Member States shall communicate to the Commission the text of the provisions of national law which they adopt in the field governed by this Directive.
3. Member States shall communicate the provisions governing the penalties provided for in Article 8, and any later amendments thereto.

Article 12

The Commission shall, not later than three years after the date referred to in Article 11 (1), submit to the European Parliament and the Council a comprehensive report on the application of this Directive, in particular on the application of Article 6, accompanied by a proposal.

---

[8] OJ No L 299, 12. 12. 1995, p. 11.

The European Parliament and the Council shall, on this basis, re-examine the provisions of Article 6 and shall act, in accordance with the Treaty, within three years of the presentation by the Commission of the proposal referred to in the first paragraph.

Article 13
This Directive shall enter into force on the day of its publication in the Official Journal of the European Communities.

Article 14
This Directive is addressed to the Member States.

Commission Declaration. Article 2 (b)
The Commission takes the view that the expression 'for one kilogram, one litre, one metre, one square metre or cubic metre of the product or a different single unit of quantity' in Article 2 (b) also applies to products sold by individual item or singly.

Commission Declaration. Article 12, first paragraph
The Commission considers that Article 12, first paragraph, of the Directive cannot be construed as calling into question its right of initiative.

4. Council Directive of 10 September 1984 relating to the approximation of the laws, regulations and administrative provisions of the Member States concerning misleading advertising (84/450/EEC)

Official Journal L 250, 19/09/1984, p. 17–20 as amended by: Directive 97/55/EC of 6 October 1997 (Official Journal L 290, 23/10/1007, p. 18–23)

THE COUNCIL OF THE EUROPEAN COMMUNITIES,

Having regard to the Treaty establishing the European Economic Community, and in particular Article 100 thereof, Having regard to the proposal from the Commission[1], Having regard to the opinion of the European Parliament[2], Having regard to the opinion of the Economic and Social Committee[3],

Whereas the laws against misleading advertising now in force in the Member States differ widely; whereas, since advertising reaches beyond the frontiers of individual Member States, it has a direct effect on the establishment and the functioning of the common market;

Whereas misleading advertising can lead to distortion of competition within the common market;

Whereas advertising, whether or not it induces a contract, affects the economic welfare of consumers;

Whereas misleading advertising may cause a consumer to take decisions prejudicial to him when acquiring goods or other property, or using services, and the differences between the laws of the Member States not only lead, in many cases, to inadequate levels of consumer protection, but also hinder the execution of advertising campaigns beyond national boundaries and thus affect the free circulation of goods and provision of services;

Whereas the second programme of the European Economic Community for a consumer protection and information policy[4] provides for appropriate action for the protection of consumers against misleading and unfair advertising;

Whereas it is in the interest of the public in general, as well as that of consumers and all those who, in competition with one another, carry on a trade, business, craft or profession, in the common market, to harmonise in the first instance national provisions against misleading advertising and that, at a second stage, unfair advertising and, as far as necessary, comparative advertising should be dealt with, on the basis of appropriate Commission proposals;

Whereas minimum and objective criteria for determining whether advertising is misleading should be established for this purpose;

Whereas the laws to be adopted by Member States against misleading advertising must be adequate and effective;

Whereas persons or organisations regarded under national law as having a legitimate interest in the matter must have facilities for initiating proceedings against misleading advertising, either before a court or before an administrative authority which is competent to decide upon complaints or to initiate appropriate legal proceedings;

---

[1] OJ No C 70, 21. 3. 1978, p. 4.
[2] OJ No C 140, 5. 6. 1979, p. 23.
[3] OJ No C 171, 9. 7. 1979, p. 43.
[4] OJ No C 133, 3. 6. 1981, p. 1.

Whereas it should be for each Member State to decide whether to enable the courts or administrative authorities to require prior recourse to other established means of dealing with the complaint;

Whereas the courts or administrative authorities must have powers enabling them to order or obtain the cessation of misleading advertising;

Whereas in certain cases it may be desirable to prohibit misleading advertising even before it is published; whereas, however, this in no way implies that Member States are under an obligation to introduce rules requiring the systematic prior vetting of advertising;

Whereas provision should be made for accelerated procedures under which measures with interim or definitive effect can be taken;

Whereas it may be desirable to order the publication of decisions made by courts or administrative authorities or of corrective statements in order to eliminate any continuing effects of misleading advertising;

Whereas administrative authorities must be impartial and the exercise of their powers must be subject to judicial review;

Whereas the voluntary control exercised by self-regulatory bodies to eliminate misleading advertising may avoid recourse to administrative or judicial action and ought therefore to be encouraged;

Whereas the advertiser should be able to prove, by appropriate means, the material accuracy of the factual claims he makes in his advertising, and may in appropriate cases be required to do so by the court or administrative authority;

Whereas this Directive must not preclude Member States from retaining or adopting provisions with a view to ensuring more extensive protection of consumers, persons carrying on a trade, business, craft or profession, and the general public,

HAS ADOPTED THIS DIRECTIVE:

Article 1

The purpose of this Directive is to protect consumers, persons carrying on a trade or business or practising a craft or profession and the interests of the public in general against misleading advertising and the unfair consequences thereof.

Article 2

For the purposes of this Directive:

1. 'advertising' means the making of a representation in any form in connection with a trade, business, craft or profession in order to promote the supply of goods or services, including immovable property, rights and obligations;

2. 'misleading advertising' means any advertising which in any way, including its presentation, deceives or is likely to deceive the persons to whom it is addressed or whom it reaches and which, by reason of its deceptive nature, is likely to affect their economic behaviour or which, for those reasons, injures or is likely to injure a competitor;

3. 'person' means any natural or legal person.

Article 3

In determining whether advertising is misleading, account shall be taken of all its features, and in particular of any information it contains concerning:

(a) the characteristics of goods or services, such as their availability, nature, execution, composition, method and date of manufacture or provision, fitness for purpose, uses, quantity, specification, geographical or commercial origin or the results

to be expected from their use, or the results and material features of tests or checks carried out on the goods or services;
(b) the price or the manner in which the price is calculated, and the conditions on which the goods are supplied or the services provided;
(c) the nature, attributes and rights of the advertiser, such as his identity and assets, his qualifications and ownership of industrial, commercial or intellectual property rights or his awards and distinctions.

Article 4
1. Member States shall ensure that adequate and effective means exist for the control of misleading advertising in the interests of consumers as well as competitors and the general public. Such means shall include legal provisions under which persons or organisations regarded under national law as having a legitimate interest in prohibiting misleading advertising may:
(a) take legal action against such advertising; and/or
(b) bring such advertising before an administrative authority competent either to decide on complaints or to initiate appropriate legal proceedings.
It shall be for each Member State to decide which of these facilities shall be available and whether to enable the courts or administrative authorities to require prior recourse to other established means of dealing with complaints, including those referred to in Article 5.
2. Under the legal provisions referred to in paragraph 1, Member States shall confer upon the courts or administrative authorities powers enabling them, in cases where they deem such measures to be necessary taking into account all the interests involved and in particular the public interest:
– to order the cessation of, or to institute appropriate legal proceedings for an order for the cessation of, misleading advertising, or
– if misleading advertising has not yet been published but publication is imminent, to order the prohibition of, or to institute appropriate legal proceedings for an order for the prohibition of, such publication,
even without proof of actual loss or damage or of intention or negligence on the part of the advertiser.
Member States shall also make provision for the measures referred to in the first subparagraph to be taken under an accelerated procedure:
– either with interim effect, or
– with definitive effect,
on the understanding that it is for each Member State to decide which of the two options to select.
Furthermore, Member States may confer upon the courts or administrative authorities powers enabling them, with a view to eliminating the continuing effects of misleading advertising the cessation of which has been ordered by a final decision:
– to require publication of that decision in full or in part and in such form as they deem adequate,
– to require in addition the publication of a corrective statement.
3. The administrative authorities referred to in paragraph 1 must:
(a) be composed so as not to cast doubt on their impartiality;
(b) have adequate powers, where they decide on complaints, to monitor and enforce the observance of their decisions effectively;

(c) normally give reasons for their decisions.
Where the powers referred to in paragraph 2 are exercised exclusively by an administrative authority, reasons for its decisions shall always be given. Furthermore in this case, provision must be made for procedures whereby improper or unreasonable exercise of its powers by the administrative authority or improper or unreasonable failure to exercise the said powers can be the subject of judicial review.

Article 5
This Directive does not exclude the voluntary control of misleading advertising by self-regulatory bodies and recourse to such bodies by the persons or organisations referred to in Article 4 if proceedings before such bodies are in addition to the court or administrative proceedings referred to in that Article.

Article 6
Member States shall confer upon the courts or administrative authorities powers enabling them in the civil or administrative proceedings provided for in Article 4:
(a) to require the advertiser to furnish evidence as to the accuracy of factual claims in advertising if, taking into account the legitimate interests of the advertiser and any other party to the proceedings, such a requirement appears appropriate on the basis of the circumstances of the particular case; and
(b) to consider factual claims as inaccurate if the evidence demanded in accordance with (a) is not furnished or is deemed insufficient by the court or administrative authority.

Article 7
This Directive shall not preclude Member States from retaining or adopting provisions with a view to ensuring more extensive protection for consumers, persons carrying on a trade, business, craft or profession, and the general public.

Article 8
1. Member States shall bring into force the measures necessary to comply with this Directive by 1 October 1986 at the latest. They shall forthwith inform the Commission thereof.
2. Member States shall communicate to the Commission the text of all provisions of national law which they adopt in the field covered by this Directive.

Article 9
This Directive is addressed to the Member States.

5. Directive of European Parliament and of the Council of 6 October 1997 amending Directive 84/450/EEC concerning misleading advertising so as to include comparative advertising (97/55/EC)

Official Journal L 290, 23/10/1007, p. 18–23

THE EUROPEAN PARLIAMENT AND THE COUNCIL OF THE EUROPEAN UNION,

Having regard to the Treaty establishing the European Community, and in particular Article 100a thereof, Having regard to the proposal from the Commission[1], Having regard to the opinion of the Economic and Social Committee[2], Acting in accordance with the procedure laid down in Article 189b of the Treaty[3], in the light of the joint text approved by the Conciliation Committee on 25 June 1997,

(1) Whereas one of the Community's main aims is to complete the internal market; whereas measures must be adopted to ensure the smooth running of the said market; whereas the internal market comprises an area which has no internal frontiers and in which goods, persons, services and capital can move freely;

(2) Whereas the completion of the internal market will mean an ever wider range of choice; whereas, given that consumers can and must make the best possible use of the internal market, and that advertising is a very important means of creating genuine outlets for all goods and services throughout the Community, the basic provisions governing the form and content of comparative advertising should be uniform and the conditions of the use of comparative advertising in the Member States should be harmonised; whereas if these conditions are met, this will help demonstrate objectively the merits of the various comparable products; whereas comparative advertising can also stimulate competition between suppliers of goods and services to the consumer's advantage;

(3) Whereas the laws, regulations and administrative provisions of the individual Member States concerning comparative advertising differ widely; whereas advertising reaches beyond the frontiers and is received on the territory of other Member States; whereas the acceptance or non-acceptance of comparative advertising according to the various national laws may constitute an obstacle to the free movement of goods and services and create distortions of competition; whereas, in particular, firms may be exposed to forms of advertising developed by competitors to which they cannot reply in equal measure; whereas the freedom to provide services relating to comparative advertising should be assured; whereas the Community is called on to remedy the situation;

(4) Whereas the sixth recital of Council Directive 84/450/EEC of 10 September 1984 relating to the approximation of laws, regulations and administrative provisions of the Member States concerning misleading advertising[4] states that, after the harmonisation of national provisions against misleading advertising, 'at a second stage ..., as far as neces-

---

[1] OJ No C 180, 11. 7. 1991, p. 14, and OJ No C 136, 19. 5. 1994, p. 4.
[2] OJ No C 49, 24. 2. 1992, p. 35.
[3] Opinion of the European Parliament of 18 November 1992 (OJ No C 337, 21. 12. 1992, p. 142), Common Position of the Council of 19 March 1996 (OJ No C 219, 27. 7. 1996, p. 14) and Decision of the European Parliament of 23 October 1996 (OJ No C 347, 16. 11. 1996, p. 69). Decision of the European Parliament of 16 September 1997 and Decision of the Council of 15 September 1997.
[4] OJ No L 250, 19. 9. 1984, p. 17.

sary, comparative advertising should be dealt with, on the basis of appropriate Commission proposals';
(5) Whereas point 3 (d) of the Annex to the Council Resolution of 14 April 1975 on a preliminary programme of the European Economic Community for a consumer protection and information policy[5] includes the right to information among the basic rights of consumers; whereas this right is confirmed by the Council Resolution of 19 May 1981 on a second programme of the European Economic Community for a consumer protection and information policy[6], point 40 of the Annex, which deals specifically with consumer information; whereas comparative advertising, when it compares material, relevant, verifiable and representative features and is not misleading, may be a legitimate means of informing consumers of their advantage;
(6) Whereas it is desirable to provide a broad concept of comparative advertising to cover all modes of comparative advertising;
(7) Whereas conditions of permitted comparative advertising, as far as the comparison is concerned, should be established in order to determine which practices relating to comparative advertising may distort competition, be detrimental to competitors and have an adverse effect on consumer choice; whereas such conditions of permitted advertising should include criteria of objective comparison of the features of goods and services;
(8) Whereas the comparison of the price only of goods and services should be possible if this comparison respects certain conditions, in particular that it shall not be misleading;
(9) Whereas, in order to prevent comparative advertising being used in an anti-competitive and unfair manner, only comparisons between competing goods and services meeting the same needs or intended for the same purpose should be permitted;
(10) Whereas the international conventions on copyright as well as the national provisions on contractual and non-contractual liability shall apply when the results of comparative tests carried out by third parties are referred to or reproduced in comparative advertising;
(11) Whereas the conditions of comparative advertising should be cumulative and respected in their entirety; whereas, in accordance with the Treaty, the choice of forms and methods for the implementation of these conditions shall be left to the Member States, insofar as those forms and methods are not already determined by this Directive;
(12) Whereas these conditions should include, in particular, consideration of the provisions resulting from Council Regulation (EEC) No 2081/92 of 14 July 1992 on the protection of geographical indications and designations of origin for agricultural products and foodstuffs[7], and in particular Article 13 thereof, and of the other Community provisions adopted in the agricultural sphere;
(13) Whereas Article 5 of First Council Directive 89/104/EEC of 21 December 1988 to approximate the laws of the Member States relating to trade marks[8] confers exclusive rights on the proprietor of a registered trade mark, including the right to prevent all third parties from using, in the course of trade, any sign which is identical with, or similar to, the trade mark in relation to identical goods or services or even, where appropriate, other goods;
(14) Whereas it may, however, be indispensable, in order to make comparative advertising effective, to identify the goods or services of a competitor, making reference to a trade mark or trade name of which the latter is the proprietor;

---

[5] OJ No C 92, 25. 4. 1975, p. 1.
[6] OJ No C 133, 3. 6. 1981, p. 1.
[7] OJ No L 208, 24. 7. 1992, p. 1.
[8] OJ No L 40, 11. 2. 1989, p. 1. Directive as last amended by Decision 92/10/EEC (OJ No L 6, 11. 1. 1992, p. 35).

5. Comparative advertising

(15) Whereas such use of another's trade mark, trade name or other distinguishing marks does not breach this exclusive right in cases where it complies with the conditions laid down by this Directive, the intended target being solely to distinguish between them and thus to highlight differences objectively;

(16) Whereas provisions should be made for the legal and/or administrative means of redress mentioned in Articles 4 and 5 of Directive 84/450/EEC to be available to control comparative advertising which fails to meet the conditions laid down by this Directive; whereas according to the 16th recital of the Directive, voluntary control by self-regulatory bodies to eliminate misleading advertising may avoid recourse to administrative or juridical action and ought therefore to be encouraged; whereas Article 6 applies to unpermitted comparative advertising in the same way;

(17) Whereas national self-regulatory bodies may co-ordinate their work through associations or organisations established at Community level and inter alia deal with cross-border complaints;

(18) Whereas Article 7 of Directive 84/450/EEC allowing Member States to retain or adopt provisions with a view to ensuring more extensive protection for consumers, persons carrying on a trade, business, craft or profession, and the general public, should not apply to comparative advertising, given that the objective of amending the said Directive is to establish conditions under which comparative advertising is permitted;

(19) Whereas a comparison which presents goods or services as an imitation or a replica of goods or services bearing a protected trade mark or trade name shall not be considered to fulfil the conditions to be met by permitted comparative advertising;

(20) Whereas this Directive in no way affects Community provisions on advertising for specific products and/or services or restrictions or prohibitions on advertising in particular media;

(21) Whereas, if a Member State, in compliance with the provisions of the Treaty, prohibits advertising regarding certain goods or services, this ban may, whether it is imposed directly or by a body or organisation responsible under the law of that Member State for regulating the exercise of a commercial, industrial, craft or professional activity, be extended to comparative advertising;

(22) Whereas Member States shall not be obliged to permit comparative advertising for goods or services on which they, in compliance with the provisions of the Treaty, maintain or introduce bans, including bans as regards marketing methods or advertising which targets vulnerable consumer groups; whereas Member States may, in compliance with the provisions of the Treaty, maintain or introduce bans or limitations on the use of comparisons in the advertising of professional services, whether imposed directly or by a body or organisation responsible under the law of the Member States for regulating the exercise of a professional activity;

(23) Whereas regulating comparative advertising is, under the conditions set out in this Directive, necessary for the smooth running of the internal market and whereas action at Community level is therefore required; whereas the adoption of a Directive is the appropriate instrument because it lays down uniform general principles while allowing the Member States to choose the form and appropriate method by which to attain these objectives; whereas it is in accordance with the principle of subsidiarity,

HAVE ADOPTED THIS DIRECTIVE:

Article 1

Directive 94/450/EEC is hereby amended as follows:
(1) The title shall be replaced by the following:

'Council Directive of 10 September 1984 concerning misleading and comparative advertising';
(2) Article 1 shall be replaced by the following:
'Article 1
The purpose of this Directive is to protect consumers, persons carrying on a trade or business or practising a craft or profession and the interests of the public in general against misleading advertising and the unfair consequences thereof and to lay down the conditions under which comparative advertising is permitted.';
(3) The following point shall be inserted in Article 2:
'2a "comparative advertising" means any advertising which explicitly or by implication identifies a competitor or goods or services offered by a competitor;'
(4) The following Article shall be added:
'Article 3a
1. Comparative advertising shall, as far as the comparison is concerned, be permitted when the following conditions are met:
(a) it is not misleading according to Articles 2 (2), 3 and 7 (1);
(b) it compares goods or services meeting the same needs or intended for the same purpose;
(c) it objectively compares one or more material, relevant, verifiable and representative features of those goods and services, which may include price;
(d) it does not create confusion in the market place between the advertiser and a competitor or between the advertiser's trade marks, trade names, other distinguishing marks, goods or services and those of a competitor;
(e) it does not discredit or denigrate the trade marks, trade names, other distinguishing marks, goods, services, activities, or circumstances of a competitor;
(f) for products with designation of origin, it relates in each case to products with the same designation;
(g) it does not take unfair advantage of the reputation of a trade mark, trade name or other distinguishing marks of a competitor or of the designation of origin of competing products;
(h) it does not present goods or services as imitations or replicas of goods or services bearing a protected trade mark or trade name.
2. Any comparison referring to a special offer shall indicate in a clear and unequivocal way the date on which the offer ends or, where appropriate, that the special offer is subject to the availability of the goods and services, and, where the special offer has not yet begun, the date of the start of the period during which the special price or other specific conditions shall apply.';
(5) The first and second subparagraphs of Article 4 (1) shall be replaced by the following:
'1. Member States shall ensure that adequate and effective means exist to combat misleading advertising and for the compliance with the provisions on comparative advertising in the interests of consumers as well as competitors and the general public.
Such means shall include legal provisions under which persons or organisations regarded under national law as having a legitimate interest in prohibiting misleading advertising or regulating comparative advertising may:
(a) take legal action against such advertising; and/or

(b) bring such advertising before an administrative authority competent either to decide on complaints or to initiate appropriate legal proceedings.';
(6) Article 4 (2) is hereby amended as follows:
(a) the indents in the first subparagraph shall be replaced by the following:
'– to order the cessation of, or to institute appropriate legal proceedings for an order for the cessation of, misleading advertising or unpermitted comparative advertising, or
– if the misleading advertising or unpermitted comparative advertising has not yet been published but publication is imminent, to order the prohibition of, or to institute appropriate legal proceedings for an order for the prohibition of, such publication,';
(b) the introductory wording to the third subparagraph shall be replaced by the following:
'Furthermore, Member States may confer upon the courts or administrative authorities powers enabling them, with a view to eliminating the continuing effects of misleading advertising or unpermitted comparative advertising, the cessation of which has been ordered by a final decision:';
(7) Article 5 shall be replaced by the following:
'Article 5
This Directive does not exclude the voluntary control, which Member States may encourage, of misleading or comparative advertising by self-regulatory bodies and recourse before such bodies are in addition to the court of administrative proceedings referred to in that Article.';
(8) Article 6 (a) shall be replaced by the following:
'(a) to require the advertiser to furnish evidence as to the accuracy of factual claims in advertising if, taking into account the legitimate interest of the advertiser and any other party to the proceedings, such a requirement appears appropriate on the basis of the circumstances of the particular case and in the case of comparative advertising to require the advertiser to furnish such evidence in a short period of time; and';
(9) Article 7 shall be replaced by the following:
'Article 7
1. This Directive shall not preclude Member States from retaining or adopting provisions with a view to ensuring more extensive protection, with regard to misleading advertising, for consumers, persons carrying on a trade, business, craft or profession, and the general public.
2. Paragraph 1 shall not apply to comparative advertising as far as the comparison is concerned.
3. The provisions of this Directive shall apply without prejudice to Community provisions on advertising for specific products and/or services or to restrictions or prohibitions on advertising in particular media.
4. The provisions of this Directive concerning comparative advertising shall not oblige Member States which, in compliance with the provisions of the Treaty, maintain or introduce advertising bans regarding certain goods or services, whether imposed directly or by a body or organisation responsible, under the law of the Member States, for regulating the exercise of a commercial, industrial, craft or professional activity, to permit comparative advertising regarding those goods or serv-

ices. Where these bans are limited to particular media, the Directive shall apply to the media not covered by these bans.
5. Nothing in this Directive shall prevent Member States from, in compliance with the provisions of the Treaty, maintaining or introducing bans or limitations on the use of comparisons in the advertising of professional services, whether imposed directly or by a body or organisation responsible, under the law of the Member States, for regulating the exercise of a professional activity.'

Article 2. Complaints systems
The Commission shall study the feasibility of establishing effective means to deal with cross-border complaints in respect of comparative advertising. Within two years after the entry into force of this Directive the Commission shall submit a report to the European Parliament and the Council on the results of the studies, accompanied if appropriate by proposals.

Article 3
1. Member States shall bring into force the laws, regulations and administrative provisions necessary to comply with this Directive at the latest 30 months after its publication in the Official Journal of the European Communities. They shall forthwith inform the Commission thereof.
2. When Member States adopt these measures, they shall contain a reference to this Directive or shall be accompanied by such reference on the occasion of their official publication. The methods of making such reference shall be laid down by Member States.
3. Member States shall communicate to the Commission the text of the main provisions of domestic law which they adopt in the field governed by this Directive.

Article 4
This Directive is addressed to the Member States.

Commission declaration
The Commission declares that it intends to submit the report referred to in Article 2 as far as possible at the same time as the report on complaints systems provided for in Article 17 of Directive 97/7/EC on the protection of consumers in respect of distance contracts.

6. Council Directive of 31 March 1992 on the advertising of medicinal products for human use (92/28/EEC)
Official Journal L 113, 30/04/1992, p. 13–18

THE COUNCIL OF THE EUROPEAN COMMUNITIES,
Having regard to the Treaty establishing the European Economic Community, and in particular Article 100a thereof, Having regard to the proposal from the Commission[1], In co-operation with the European Parliament[2], Having regard to the opinion of the Economic and Social Committee[3],

Whereas Directive 84/450/EEC[4] harmonised the laws, regulations and administrative provisions of the Member States concerning misleading advertising; whereas this Directive is without prejudice to the application of measures adopted pursuant to that Directive;

Whereas all Member States have adopted further specific measures concerning the advertising of medicinal products; whereas there are disparities between these measures; whereas these disparities are likely to have an impact on the establishment and functioning of the internal market, since advertising disseminated in one Member State is likely to have effects in other Member States;

Whereas Council Directive 89/552/EEC of 3 October 1989 on the co-ordination of certain provisions laid down by law, regulation or administrative action in Member States concerning the pursuit of television broadcasting activities[5] prohibits the television advertising of medicinal products which are available only on medical prescription in the Member State within whose jurisdiction the television broadcaster is located; whereas this principle should be made of general application by extending it to other media;

Whereas advertising to the general public, even of non-prescription medicinal products, could affect public health, were it to be excessive and ill-considered; whereas advertising of medicinal products to the general public, where it is permitted, ought therefore to satisfy certain essential criteria which ought to be defined;

Whereas, furthermore, distribution of samples free of charge to the general public for promotional ends must be prohibited;

Whereas the advertising of medicinal products to persons qualified to prescribe or supply them contributes to the information available to such persons; whereas, nevertheless, this advertising should be subject to strict conditions and effective monitoring, referring in particular to the work carried out within the framework of the Council of Europe;

Whereas medical sales representatives have an important role in the promotion of medicinal products; whereas, therefore, certain obligations should be imposed upon them, in particular the obligation to supply the person visited with a summary of product characteristics;

Whereas persons qualified to prescribe medicinal products must be able to carry out these functions objectively without being influenced by direct or indirect financial inducements;

Whereas it should be possible within certain restrictive conditions to provide samples of medicinal products free of charge to persons qualified to prescribe or supply them so that

---

[1] OJ No C 163, 4. 7. 1990, p. 10 and OJ No C 207, 8. 8. 1991, p. 25.
[2] OJ No C 183, 15. 7. 1991, p. 227 and OJ No C 67, 16. 3. 1992.
[3] OJ No C 60, 8. 3. 1991, p. 40.
[4] OJ No L 250, 19. 9. 1984, p. 17.
[5] OJ No L 298, 17. 10. 1989, p. 23.

they can familiarise themselves with new products and acquire experience in dealing with them;

Whereas persons qualified to prescribe or supply medicinal products must have access to a neutral, objective source of information about products available on the market; whereas it is nevertheless for the Member States to take all measures necessary to this end, in the light of their own particular situation;

Whereas advertising of medicinal products should be subject to effective, adequate monitoring; whereas reference in this regard should be made to the monitoring mechanisms set up by Directive 84/450/EEC;

Whereas each undertaking which manufactures or imports medicinal products should set up a mechanism to ensure that all information supplied about a medicinal product conforms with the approved conditions of use,

HAS ADOPTED THIS DIRECTIVE:

Chapter I. Scope, definitions and general principles

Article 1

1. This Directive concerns the advertising in the Community of medicinal products for human use covered by Chapter s II to V of Council Directive 65/65/EEC of 26 January 1965 on the approximation of provisions laid down by law, regulation or administrative action relating to medicinal products[6].

2. For the purposes of this Directive:
– the definitions of the name of the medicinal product and of the common name shall be those laid down in Article 1 of Directive 92/27/EEC[7];
– the summary of product characteristics shall be the summary approved by the competent authority which granted the marketing authorisation in accordance with Article 4b of Directive 65/65/EEC.

3. For the purposes of this Directive, advertising of medicinal products shall include any form of door-to-door information, canvassing activity or inducement designed to promote the prescription, supply, sale or consumption of medicinal products; it shall include in particular:
– the advertising of medicinal products to the general public,
– advertising of medicinal products to persons qualified to prescribe or supply them,
– visits by medical sales representatives to persons qualified to prescribe medicinal products,
– the supply of samples,
– the provision of inducements to prescribe or supply medicinal products by the gift, offer or promise of any benefit or bonus, whether in money or in kind, except when their intrinsic value is minimal,
– sponsorship of promotional meetings attended by persons qualified to prescribe or supply medicinal products,

---

[6] OJ No 22, 9. 2. 1965, p. 369/65. Directive last amended by Directive 89/341/EEC (OJ No L 142, 25. 5. 1989, p. 11).
[7] See page 8 of this Official Journal.

– sponsorship of scientific congresses attended by persons qualified to prescribe or supply medicinal products and in particular payment of their travelling and accommodation expenses in connection therewith.

4. The following are not covered by this Directive:
– the labelling of medicinal products and the accompanying package leaflets, which are subject to the provisions of Directive 92/27/EEC;
– correspondence, possibly accompanied by material of a non-promotional nature, needed to answer a specific question about a particular medicinal product;
– factual, informative announcements and reference material relating, for example, to pack changes, adverse-reaction warnings as part of general drug precautions, trade catalogues and price lists, provided they include no product claims;
– statements relating to human health or diseases, provided there is no reference, even indirect, to medicinal products.

Article 2
1. Member States shall prohibit any advertising of a medicinal product in respect of which a marketing authorisation has not been granted in accordance with Community law.
2. All parts of the advertising of a medicinal product must comply with the particulars listed in the summary of product characteristics.
3. The advertising of a medicinal product:
– shall encourage the rational use of the medicinal product, by presenting it objectively and without exaggerating its properties,
– shall not be misleading.

Chapter II. Advertising to the general public

Article 3
1. Member States shall prohibit the advertising to the general public of medicinal products which:
– are available on medical prescription only, in accordance with Directive 92/26/EEC[8],
– contain psychotropic or narcotic substances, within the meaning of the international conventions,
– may not be advertised to the general public in accordance with paragraph 2.
2. Medicinal products may be advertised to the general public which, by virtue of their composition and purpose, are intended and designed for use without the intervention of a medical practitioner for diagnostic purposes or for the prescription or monitoring of treatment, with the advice of the pharmacist, if necessary.
Member States shall prohibit the mentioning in advertising to the general public of therapeutic indications such as:
– tuberculosis,
– sexually transmitted diseases,
– other serious infectious diseases,
– cancer and other tumoral diseases,

---

[8] See page 5 of this Official Journal.

– chronic insomnia,
– diabetes and other metabolic illnesses.
3. Member States shall also be able to ban on their territory advertising to the general public of medicinal products the cost of which may be reimbursed.
4. The prohibition referred to in paragraph 1 shall not apply to vaccination campaigns carried out by the industry and approved by the competent authorities of the Member States.
5. The prohibition referred to in paragraph 1 shall apply without prejudice to Articles 2, 3 and 14 of Directive 89/552/EEC.
6. Member States shall prohibit the direct distribution of medicinal products to the public by the industry for promotional purposes; they may, however, authorise such distribution in special cases for other purposes.

Article 4
1. Without prejudice to Article 3, all advertising to the general public of a medicinal product shall:
(a) be set out in such a way that it is clear that the message is an advertisement and that the product is clearly identified as a medicinal product;
(b) include the following minimum information:
– the name of the medicinal product, as well as the common name if the medicinal product contains only one active ingredient,
– the information necessary for correct use of the medicinal product,
– an express, legible invitation to read carefully the instructions on the package leaflet or on the outer packaging, according to the case.
2. Member States may decide that the advertising of a medicinal product to the general public may, notwithstanding paragraph 1, include only the name of the medicinal product if it is intended solely as a reminder.

Article 5
The advertising of a medicinal product to the general public shall not contain any material which:
(a) gives the impression that a medical consultation or surgical operation is unnecessary, in particular by offering a diagnosis or by suggesting treatment by mail;
(b) suggests that the effects of taking the medicine are guaranteed, are unaccompanied by side effects or are better than, or equivalent to, those of another treatment or medicinal product;
(c) suggests that the health of the subject can be enhanced by taking the medicine;
(d) suggests that the health of the subject could be affected by not taking the medicine; this prohibition shall not apply to the vaccination campaigns referred to in Article 3 (4);
(e) is directed exclusively or principally at children;
(f) refers to a recommendation by scientists, health professionals or persons who are neither of the foregoing but who, because of their celebrity, could encourage the consumption of medicinal products;
(g) suggests that the medicinal product is a foodstuff, cosmetic or other consumer product;
(h) suggests that the safety or efficacy of the medicinal product is due to the fact that it is natural;

(i) could, by a description or detailed representation of a case history, lead to erroneous self diagnosis;
(j) refers, in improper, alarming or misleading terms, to claims of recovery;
(k) uses, in improper, alarming or misleading terms, pictorial representations of changes in the human body caused by disease or injury, or of the action of a medicinal product on the human body or parts thereof;
(l) mentions that the medicinal product has been granted a marketing authorisation.

Chapter III. Advertising to health professionals

Article 6
1. Any advertising of a medicinal product to persons qualified to prescribe or supply such products shall include:
– essential information compatible with the summary of product characteristics;
– the supply classification of the medicinal product.
Member States may also require such advertising to include the selling price or indicative price of the various presentations and the conditions for reimbursement by social security bodies.
2. Member States may decide that the advertising of a medicinal product to persons qualified to prescribe or supply such products may, notwithstanding paragraph 1, include only the name of the medicinal product, if it is intended solely as a reminder.

Article 7
1. Any documentation relating to a medicinal product which is transmitted as part of the promotion of that product to persons qualified to prescribe or supply it shall include as a minimum the particulars listed in Article 6 (1) and shall state the date on which it was drawn up or last revised.
2. All the information contained in the documentation referred to in paragraph 1 shall be accurate, up-to-date, verifiable and sufficiently complete to enable the recipient to form his or her own opinion of the therapeutic value of the medicinal product concerned.
3. Quotations as well as tables and other illustrative matter taken from medical journals or other scientific works for use in the documentation referred to in paragraph 1 shall be faithfully reproduced and the precise sources indicated.

Article 8
1. Medical sales representatives shall be given adequate training by the firm which employs them and shall have sufficient scientific knowledge to be able to provide information which is precise and as complete as possible about the medicinal products which they promote.
2. During each visit, medical sales representatives shall give the persons visited, or have available for them, summaries of the product characteristics of each medicinal product they present together, if the legislation of the Member State so permits, with details of the price and conditions for reimbursement referred to in Article 6 (1).

3. Medical sales representatives shall transmit to the scientific service referred to in Article 13 (1) any information about the use of the medicinal products they advertise, with particular reference to any adverse reactions reported to them by the persons they visit.

Article 9
1. Where medicinal products are being promoted to persons qualified to prescribe or supply them, no gifts, pecuniary advantages or benefits in kind may be supplied, offered or promised to such persons unless they are inexpensive and relevant to the practice of medicine or pharmacy.
2. Hospitality at sales promotion must always be reasonable in level and secondary to the main purpose of the meeting and must not be extended to other than health professionals.
3. Persons qualified to prescribe or supply medicinal products shall not solicit or accept any inducement prohibited under paragraph 1 or contrary to paragraph 2.
4. Existing measures or trade practices in Member States relating to prices, margins and discounts shall not be affected by this Article.

Article 10
The provisions of Article 9 (1) shall not prevent hospitality being offered, directly or indirectly, at events for purely professional and scientific purposes; such hospitality must always be reasonable in level and remain subordinate to the main scientific objective of the meeting; it must not be extended to persons other than health professionals.

Article 11
1. Free samples shall be provided on an exceptional basis only to persons qualified to prescribe them and on the following conditions:
(a) a limited number of samples for each medicinal product each year on prescription;
(b) any supply of samples must be in response to a written request, signed and dated, from the recipient;
(c) those supplying samples must maintain an adequate system of control and accountability;
(d) each sample shall be identical with the smallest presentation on the market;
(e) each sample shall be marked free medical sample – not for resale or bear another legend of analogous meaning;
(f) each sample shall be accompanied by a copy of the summary of product characteristics;
(g) no samples of medicinal products containing psychotropic or narcotic substances within the meaning of international conventions may be supplied.
2. Member States may also place further restrictions on the distribution of samples of certain medicinal products.

Chapter IV. Monitoring of advertising

Article 12
1. Member States shall ensure that there are adequate and effective methods to

monitor the advertising of medicinal products. Such methods, which may be based on a system of prior vetting, shall in any event include legal provisions under which persons or organisations regarded under national law as having a legitimate interest in prohibiting any advertisement inconsistent with this Directive may take legal action against such advertisement, or bring such advertisement before an administrative authority competent either to decide on complaints or to initiate appropriate legal proceedings.

2. Under the legal provisions referred to in paragraph 1, Member States shall confer upon the courts or administrative authorities powers enabling them, in cases where they deem such measures to be necessary taking into account all the interests involved and in particular the public interest:
– to order the cessation of, or to institute appropriate legal proceedings for an order for the cessation of, misleading advertising,
or
– if misleading advertising has not yet been published but publication is imminent, to order the prohibition of, or to institute appropriate legal proceedings for an order for the prohibition of, such publication,
even without proof of actual loss or damage or of intention or negligence on the part of the advertiser.
Member States shall also make provision for the measures referred to in the first subparagraph to be taken under an accelerated procedure:
– either with interim effect, or
– with definitive effect,
on the understanding that it is for each Member State to decide which of the two options to select.
Furthermore, Member States may confer upon the courts or administrative authorities powers enabling them, with a view to eliminating the continuing effects of misleading advertising the cessation of which has been ordered by a final decision:
– to require publication of that decision in full or in part and in such form as they deem adequate,
– to require in addition the publication of a corrective statement.
3. Under the legal provisions referred to in paragraph 1, Member States shall ensure that any decision taken in accordance with paragraph 2 shall state in detail the reasons on which it is based and shall be communicated in writing to the person concerned, mentioning the redress available at law and the time limit allowed for access to such redress.
4. This Article shall not exclude the voluntary control of advertising of medicinal products by self-regulatory bodies and recourse to such bodies, if proceedings before such bodies are possible in addition to the judicial or administrative proceedings referred to in paragraph 1.

Article 13
1. The marketing authorisation holder shall establish within his undertaking a scientific service in charge of information about the medicinal products which he places on the market.
2. The person responsible for placing the product on the market shall:
– keep available for, or communicate to, the authorities or bodies responsible for monitoring advertising of medicinal products a sample of all advertisements ema-

nating from his undertaking together with a statement indicating the persons to whom it is addressed, the method of dissemination and the date of first dissemination,
– ensure that advertising of medicinal products by his undertaking conforms to the requirements of this Directive,
– verify that medical sales representatives employed by his undertaking have been adequately trained and fulfil the obligations imposed upon them by Article 8 (2) and (3),
– supply the authorities or bodies responsible for monitoring advertising of medicinal products with the information and assistance they require to carry out their responsibilities,
– ensure that the decisions taken by the authorities or bodies responsible for monitoring advertising of medicinal products are immediately and fully complied with.

Article 14
Member States shall take the appropriate measures to ensure that all the provisions of this Directive are applied in full and shall determine in particular what penalties shall be imposed should the provisions adopted in the execution of this Directive be infringed.

Article 15
1. Member States shall take the measures necessary in order to comply with this Directive with effect from 1 January 1993. They shall forthwith inform the Commission thereof.
2. When Member States adopt the said measures, such measures shall contain a reference to this Directive or be accompanied by such reference on the occasion of their official publication. The methods of making such a reference shall be laid down by the Member States.

Article 16
This Directive is addressed to the Member States.

7. Directive of the European Parliament and of the Council of 19 May 1998 on injunctions for the protection of consumers' interests (98/27/EC)

Official Journal L 166, 11/06/1998, p. 51–55 as amended by: Directive 1999/44/EC of 25 May 1999 (Official Journal L 171, 07/07/1999, p. 12–16) and Directive 2000/31/EC of 8 June 2000 (Official Journal L 178, 17/07/2000, p. 01–16)

THE EUROPEAN PARLIAMENT AND THE COUNCIL OF THE EUROPEAN UNION,

Having regard to the Treaty establishing the European Community, and in particular Article 100a thereof, Having regard to the proposal from the Commission[1], Having regard to the opinion of the Economic and Social Committee[2], Acting in accordance with the procedure laid down in Article 189b of the Treaty[3],

(1) Whereas certain Directives, listed in the schedule annexed to this Directive, lay down rules with regard to the protection of consumers' interests;

(2) Whereas current mechanisms available both at national and at Community level for ensuring compliance with those Directives do not always allow infringements harmful to the collective interests of consumers to be terminated in good time; whereas collective interests mean interests which do not include the cumulation of interests of individuals who have been harmed by an infringement; whereas this is without prejudice to individual actions brought by individuals who have been harmed by an infringement;

(3) Whereas, as far as the purpose of bringing about the cessation of practices that are unlawful under the national provisions applicable is concerned, the effectiveness of national measures transposing the above Directives including protective measures that go beyond the level required by those Directives, provided they are compatible with the Treaty and allowed by those Directives, may be thwarted where those practices produce effects in a Member State other than that in which they originate;

(4) Whereas those difficulties can disrupt the smooth functioning of the internal market, their consequence being that it is sufficient to move the source of an unlawful practice to another country in order to place it out of reach of all forms of enforcement; whereas this constitutes a distortion of competition;

(5) Whereas those difficulties are likely to diminish consumer confidence in the internal market and may limit the scope for action by organisations representing the collective interests of consumers or independent public bodies responsible for protecting the collective interests of consumers, adversely affected by practices that infringe Community law;

(6) Whereas those practices often extend beyond the frontiers between the Member States; whereas there is an urgent need for some degree of approximation of national provisions designed to enjoin the cessation of the above mentioned unlawful practices irrespective of the country in which the unlawful practice has produced its effects; whereas, with regard to jurisdiction, this is without prejudice to the rules of private international law and the Conventions in force between Member States, while respecting the general

---

[1] OJ No C 107, 13. 4. 1996, p. 3 and OJ No C 80, 13. 3. 1997, p. 10.
[2] OJ No C 30, 30. 1. 1997, p. 112.
[3] Opinion of the European Parliament of 14 November 1996 (OJ No C 362, 2. 12. 1996, p. 236). Council common position of 30 October 1997 (OJ No C 389, 22. 12. 1997, p. 51) and Decision of the European Parliament of 12 March 1998 (OJ No C 104, 6. 4. 1998). Council Decision of 23 April 1998.

obligations of the Member States deriving from the Treaty, in particular those related to the smooth functioning of the internal market;

(7) Whereas the objective of the action envisaged can only be attained by the Community; whereas it is therefore incumbent on the Community to act;

(8) Whereas the third paragraph of Article 3b of the Treaty makes it incumbent on the Community not to go beyond what is necessary to achieve the objectives of the Treaty; whereas, in accordance with that Article, the specific features of national legal systems must be taken into account to every extent possible by leaving Member States free to choose between different options having equivalent effect; whereas the courts or administrative authorities competent to rule on the proceedings referred to in Article 2 of this Directive should have the right to examine the effects of previous decisions;

(9) Whereas one option should consist in requiring one or more independent public bodies, specifically responsible for the protection of the collective interests of consumers, to exercise the rights of action set out in this Directive; whereas another option should provide for the exercise of those rights by organisations whose purpose is to protect the collective interests of consumers, in accordance with criteria laid down by national law;

(10) Whereas Member States should be able to choose between or combine these two options in designating at national level the bodies and/or organisations qualified for the purposes of this Directive;

(11) Whereas for the purposes of intra-Community infringements the principle of mutual recognition should apply to these bodies and/or organisations; whereas the Member States should, at the request of their national entities, communicate to the Commission the name and purpose of their national entities which are qualified to bring an action in their own country according to the provisions of this Directive;

(12) Whereas it is the business of the Commission to ensure the publication of a list of these qualified entities in the Official Journal of the European Communities; whereas, until a statement to the contrary is published, a qualified entity is assumed to have legal capacity if its name is included in that list;

(13) Whereas Member States should be able to require that a prior consultation be undertaken by the party that intends to bring an action for an injunction, in order to give the defendant an opportunity to bring the contested infringement to an end; whereas Member States should be able to require that this prior consultation take place jointly with an independent public body designated by those Member States;

(14) Whereas, where the Member States have established that there should be prior consultation, a deadline of two weeks after the request for consultation is received should be set after which, should the cessation of the infringement not be achieved, the applicant shall be entitled to bring an action before the competent court or administrative authority without any further delay;

(15) Whereas it is appropriate that the Commission report on the functioning of this Directive and in particular on its scope and the operation of prior consultation;

(16) Whereas the application of this Directive should not prejudice the application of Community competition rules,

HAVE ADOPTED THIS DIRECTIVE:

Article 1. Scope

1. The purpose of this Directive is to approximate the laws, regulations and administrative provisions of the Member States relating to actions for an injunction referred to in Article 2 aimed at the protection of the collective interests of consumers included in the Directives listed in the Annex, with a view to ensuring the smooth functioning of the internal market.

2. For the purpose of this Directive, an infringement shall mean any act contrary to the Directives listed in the Annex as transposed into the internal legal order of the Member States which harms the collective interests referred to in paragraph 1.

Article 2. Actions for an injunction
1. Member States shall designate the courts or administrative authorities competent to rule on proceedings commenced by qualified entities within the meaning of Article 3 seeking:
(a) an order with all due expediency, where appropriate by way of summary procedure, requiring the cessation or prohibition of any infringement;
(b) where appropriate, measures such as the publication of the decision, in full or in part, in such form as deemed adequate and/or the publication of a corrective statement with a view to eliminating the continuing effects of the infringement;
(c) insofar as the legal system of the Member State concerned so permits, an order against the losing defendant for payments into the public purse or to any beneficiary designated in or under national legislation, in the event of failure to comply with the decision within a time-limit specified by the courts or administrative authorities, of a fixed amount for each day's delay or any other amount provided for in national legislation, with a view to ensuring compliance with the decisions.
2. This Directive shall be without prejudice to the rules of private international law, with respect to the applicable law, thus leading normally to the application of either the law of the Member State where the infringement originated or the law of the Member State where the infringement has its effects.

Article 3. Entities qualified to bring an action
For the purposes of this Directive, a 'qualified entity' means any body or organisation which, being properly constituted according to the law of a Member State, has a legitimate interest in ensuring that the provisions referred to in Article 1 are complied with, in particular:
(a) one or more independent public bodies, specifically responsible for protecting the interests referred to in Article 1, in Member States in which such bodies exist and/or
(b) organisations whose purpose is to protect the interests referred to in Article 1, in accordance with the criteria laid down by their national law.

Article 4. Intra-Community infringements
1. Each Member State shall take the measures necessary to ensure that, in the event of an infringement originating in that Member State, any qualified entity from another Member State where the interests protected by that qualified entity are affected by the infringement, may seize the court or administrative authority referred to in Article 2, on presentation of the list provided for in paragraph 3. The courts or administrative authorities shall accept this list as proof of the legal capacity of the qualified entity without prejudice to their right to examine whether the purpose of the qualified entity justifies its taking action in a specific case.
2. For the purposes of intra-Community infringements, and without prejudice to the rights granted to other entities under national legislation, the Member States shall, at the request of their qualified entities, communicate to the Commission that these entities are qualified to bring an action under Article 2. The Member

States shall inform the Commission of the name and purpose of these qualified entities.
3. The Commission shall draw up a list of the qualified entities referred to in paragraph 2, with the specification of their purpose. This list shall be published in the Official Journal of the European Communities; changes to this list shall be published without delay, the updated list shall be published every six months.

Article 5. Prior consultation

1. Member States may introduce or maintain in force provisions whereby the party that intends to seek an injunction can only start this procedure after it has tried to achieve the cessation of the infringement in consultation with either the defendant or with both the defendant and a qualified entity within the meaning of Article 3 (a) of the Member State in which the injunction is sought. It shall be for the Member State to decide whether the party seeking the injunction must consult the qualified entity. If the cessation of the infringement is not achieved within two weeks after the request for consultation is received, the party concerned may bring an action for an injunction without any further delay.
2. The rules governing prior consultation adopted by Member States shall be notified to the Commission and shall be published in the Official Journal of the European Communities.

Article 6. Reports

1. Every three years and for the first time no later than five years after the entry into force of this Directive the Commission shall submit to the European Parliament and the Council a report on the application of this Directive.
2. In its first report the Commission shall examine in particular:
– the scope of this Directive in relation to the protection of the collective interests of persons exercising a commercial, industrial, craft or professional activity;
– the scope of this Directive as determined by the Directives listed in the Annex;
– whether the prior consultation in Article 5 has contributed to the effective protection of consumers.

Where appropriate, this report shall be accompanied by proposals with a view to amending this Directive.

Article 7. Provisions for wider action

This Directive shall not prevent Member States from adopting or maintaining in force provisions designed to grant qualified entities and any other person concerned more extensive rights to bring action at national level.

Article 8. Implementation

1. Member States shall bring into force the laws, regulations and administrative provisions necessary to comply with this Directive no later than 30 months after its entry into force. They shall immediately inform the Commission thereof.

When Member States adopt these measures, they shall contain a reference to this Directive or shall be accompanied by such reference on the occasion of their official publication. The methods of making such reference shall be adopted by Member States.

2. Member States shall communicate to the Commission the provisions of national law which they adopt in the field covered by this Directive.

Article 9. Entry into force
This Directive shall enter into force on the twentieth day following that of its publication in the Official Journal of the European Communities.

Article 10. Addressees
This Directive is addressed to the Member States.

Annex. List of Directives covered by Article 1[4]
1. Council Directive 84/450/EEC of 10 September 1984 relating to the approximation of the laws, regulations and administrative provisions of the Member States concerning misleading advertising (OJ L 250, 19.9.1984, p. 17).
2. Council Directive 85/577/EEC of 20 December 1985 to protect the consumer in respect of contracts negotiated away from business premises (OJ L 372, 31.12.1985, p. 31).
3. Council Directive 87/102/EEC of 22 December 1986 for the approximation of the laws, regulations and administrative provisions of the Member States concerning consumer credit (OJ L 42, 12.2.1987, p. 48), as last amended by Directive 98/7/EC (OJ L 101, 1.4.1998, p. 17).
4. Council Directive 89/552/EEC of 3 October 1989 on the co-ordination of certain provisions laid down by law, regulation or administrative action in Member States concerning the pursuit of television broadcasting activities: Articles 10 to 21 (OJ L 298, 17.10.1989, p. 23 as amended by Directive 97/36/EC (OJ L 202, 30.7.1997, p. 60)).
5. Council Directive 90/314/EEC of 13 June 1990 on package travel, package holidays and package tours (OJ L 158, 23.6.1990, p. 59).
6. Council Directive 92/28/EEC of 31 March 1992 on the advertising of medicinal products for human use (OJ L 113, 30.4.1992, p. 13).
7. Council Directive 93/13/EEC of 5 April 1993 on unfair terms in consumer contracts (OJ L 95, 21.4.1993, p. 29).
8. Directive 94/47/EC of the European Parliament and of the Council of 26 October 1994 on the protection of purchasers in respect of certain aspects of contracts relating to the purchase of the right to use immovable properties on a timeshare basis (OJ L 280, 29.10.1994, p. 83).
9. Directive 97/7/EC of the European Parliament and of the Council of 20 May 1997 on the protection of consumers in respect of distance contracts (OJ L 144, 4.6.1997, p. 1

---

[4] Directive Nos 1, 6, 7 and 9 contain specific provisions on injunctive actions.

III. Specific contracts

I. Directive of the European Parliament and of the Council of 25 May 1999 on certain aspects of the sale of consumer goods and associated guarantees (1999/44/EC)

Official Journal L 171, 07/07/1999, p. 12–16

THE EUROPEAN PARLIAMENT AND THE COUNCIL OF THE EUROPEAN UNION,

Having regard to the Treaty establishing the European Community, and in particular Article 95 thereof, Having regard to the proposal from the Commission[1], Having regard to the opinion of the Economic and Social Committee[2], Acting in accordance with the procedure laid down in Article 251 of the Treaty in the light of the joint text approved by the Conciliation Committee on 18 May 1999[3],

(1) Whereas Article 153 (1) and (3) of the Treaty provides that the Community should contribute to the achievement of a high level of consumer protection by the measures it adopts pursuant to Article 95 thereof;

(2) Whereas the internal market comprises an area without internal frontiers in which the free movement of goods, persons, services and capital is guaranteed; whereas free movement of goods concerns not only transactions by persons acting in the course of a business but also transactions by private individuals; whereas it implies that consumers resident in one Member State should be free to purchase goods in the territory of another Member State on the basis of a uniform minimum set of fair rules governing the sale of consumer goods;

(3) Whereas the laws of the Member States concerning the sale of consumer goods are somewhat disparate, with the result that national consumer goods markets differ from one another and that competition between sellers may be distorted;

(4) Whereas consumers who are keen to benefit from the large market by purchasing goods in Member States other than their State of residence play a fundamental role in the completion of the internal market; whereas the artificial reconstruction of frontiers and the compartmentalisation of markets should be prevented; whereas the opportunities available to consumers have been greatly broadened by new communication technologies which allow ready access to distribution systems in other Member States or in third countries; whereas, in the absence of minimum harmonisation of the rules governing the sale of consumer goods, the development of the sale of goods through the medium of new distance communication technologies risks being impeded;

(5) Whereas the creation of a common set of minimum rules of consumer law, valid no matter where goods are purchased within the Community, will strengthen consumer confidence and enable consumers to make the most of the internal market;

---

[1] OJ No C 307, 16.10.1996, p. 8 and OJ No C 148, 14.5.1998, p. 12.
[2] OJ No C 66, 3.3.1997, p. 5.
[3] Opinion of the European Parliament of 10 March 1998 (OJ No C 104, 6.4.1998, p. 30); Council Common Position of 24 September 1998 (OJ No C 333, 30.10.1998, p. 46) and Decision of the European Parliament of 17 December 1998. (OJ No C 98, 9.4.1999, p. 226). Decision of the European Parliament of 5 May 1999. Council Decision of 17 May 1999.

(6) Whereas the main difficulties encountered by consumers and the main source of disputes with sellers concern the non-conformity of goods with the contract; whereas it is therefore appropriate to approximate national legislation governing the sale of consumer goods in this respect, without however impinging on provisions and principles of national law relating to contractual and non-contractual liability;

(7) Whereas the goods must, above all, conform with the contractual specifications; whereas the principle of conformity with the contract may be considered as common to the different national legal traditions; whereas in certain national legal traditions it may not be possible to rely solely on this principle to ensure a minimum level of protection for the consumer; whereas under such legal traditions, in particular, additional national provisions may be useful to ensure that the consumer is protected in cases where the parties have agreed no specific contractual terms or where the parties have concluded contractual terms or agreements which directly or indirectly waive or restrict the rights of the consumer and which, to the extent that these rights result from this Directive, are not binding on the consumer;

(8) Whereas, in order to facilitate the application of the principle of conformity with the contract, it is useful to introduce a rebuttable presumption of conformity with the contract covering the most common situations; whereas that presumption does not restrict the principle of freedom of contract; whereas, furthermore, in the absence of specific contractual terms, as well as where the minimum protection clause is applied, the elements mentioned in this presumption may be used to determine the lack of conformity of the goods with the contract; whereas the quality and performance which consumers can reasonably expect will depend inter alia on whether the goods are new or second-hand; whereas the elements mentioned in the presumption are cumulative; whereas, if the circumstances of the case render any particular element manifestly inappropriate, the remaining elements of the presumption nevertheless still apply;

(9) Whereas the seller should be directly liable to the consumer for the conformity of the goods with the contract; whereas this is the traditional solution enshrined in the legal orders of the Member States; whereas nevertheless the seller should be free, as provided for by national law, to pursue remedies against the producer, a previous seller in the same chain of contracts or any other intermediary, unless he has renounced that entitlement; whereas this Directive does not affect the principle of freedom of contract between the seller, the producer, a previous seller or any other intermediary; whereas the rules governing against whom and how the seller may pursue such remedies are to be determined by national law;

(10) Whereas, in the case of non-conformity of the goods with the contract, consumers should be entitled to have the goods restored to conformity with the contract free of charge, choosing either repair or replacement, or, failing this, to have the price reduced or the contract rescinded;

(11) Whereas the consumer in the first place may require the seller to repair the goods or to replace them unless those remedies are impossible or disproportionate; whereas whether a remedy is disproportionate should be determined objectively; whereas a remedy would be disproportionate if it imposed, in comparison with the other remedy, unreasonable costs; whereas, in order to determine whether the costs are unreasonable, the costs of one remedy should be significantly higher than the costs of the other remedy;

(12) Whereas in cases of a lack of conformity, the seller may always offer the consumer, by way of settlement, any available remedy; whereas it is for the consumer to decide whether to accept or reject this proposal;

(13) Whereas, in order to enable consumers to take advantage of the internal market and to buy consumer goods in another Member State, it should be recommended that, in the interests of consumers, the producers of consumer goods that are marketed in several

1. Sale of consumer goods

Member States attach to the product a list with at least one contact address in every Member State where the product is marketed;

(14) Whereas the references to the time of delivery do not imply that Member States have to change their rules on the passing of the risk;

(15) Whereas Member States may provide that any reimbursement to the consumer may be reduced to take account of the use the consumer has had of the goods since they were delivered to him; whereas the detailed arrangements whereby rescission of the contract is effected may be laid down in national law;

(16) Whereas the specific nature of second-hand goods makes it generally impossible to replace them; whereas therefore the consumer's right of replacement is generally not available for these goods; whereas for such goods, Member States may enable the parties to agree a shortened period of liability;

(17) Whereas it is appropriate to limit in time the period during which the seller is liable for any lack of conformity which exists at the time of delivery of the goods; whereas Member States may also provide for a limitation on the period during which consumers can exercise their rights, provided such a period does not expire within two years from the time of delivery; whereas where, under national legislation, the time when a limitation period starts is not the time of delivery of the goods, the total duration of the limitation period provided for by national law may not be shorter than two years from the time of delivery;

(18) Whereas Member States may provide for suspension or interruption of the period during which any lack of conformity must become apparent and of the limitation period, where applicable and in accordance with their national law, in the event of repair, replacement or negotiations between seller and consumer with a view to an amicable settlement;

(19) Whereas Member States should be allowed to set a period within which the consumer must inform the seller of any lack of conformity; whereas Member States may ensure a higher level of protection for the consumer by not introducing such an obligation; whereas in any case consumers throughout the Community should have at least two months in which to inform the seller that a lack of conformity exists;

(20) Whereas Member States should guard against such a period placing at a disadvantage consumers shopping across borders; whereas all Member States should inform the Commission of their use of this provision; whereas the Commission should monitor the effect of the varied application of this provision on consumers and on the internal market; whereas information on the use made of this provision by a Member State should be available to the other Member States and to consumers and consumer organisations throughout the Community; whereas a summary of the situation in all Member States should therefore be published in the Official Journal of the European Communities;

(21) Whereas, for certain categories of goods, it is current practice for sellers and producers to offer guarantees on goods against any defect which becomes apparent within a certain period; whereas this practice can stimulate competition; whereas, while such guarantees are legitimate marketing tools, they should not mislead the consumer; whereas, to ensure that consumers are not misled, guarantees should contain certain information, including a statement that the guarantee does not affect the consumer's legal rights;

(22) Whereas the parties may not, by common consent, restrict or waive the rights granted to consumers, since otherwise the legal protection afforded would be thwarted; whereas this principle should apply also to clauses which imply that the consumer was aware of any lack of conformity of the consumer goods existing at the time the contract was concluded; whereas the protection granted to consumers under this Directive should not be reduced on the grounds that the law of a non-member State has been chosen as being applicable to the contract;

(23) Whereas legislation and case-law in this area in the various Member States show that there is growing concern to ensure a high level of consumer protection; whereas, in the light of this trend and the experience acquired in implementing this Directive, it may be necessary to envisage more far-reaching harmonisation, notably by providing for the producer's direct liability for defects for which he is responsible;

(24) Whereas Member States should be allowed to adopt or maintain in force more stringent provisions in the field covered by this Directive to ensure an even higher level of consumer protection;

(25) Whereas, according to the Commission recommendation of 30 March 1998 on the principles applicable to the bodies responsible for out-of-court settlement of consumer disputes[4], Member States can create bodies that ensure impartial and efficient handling of complaints in a national and cross-border context and which consumers can use as mediators;

(26) Whereas it is appropriate, in order to protect the collective interests of consumers, to add this Directive to the list of Directives contained in the Annex to Directive 98/27/EC of the European Parliament and of the Council of 19 May 1998 on injunctions for the protection of consumers' interests[5],

HAVE ADOPTED THIS DIRECTIVE:

Article 1. Scope and definitions

1. The purpose of this Directive is the approximation of the laws, regulations and administrative provisions of the Member States on certain aspects of the sale of consumer goods and associated guarantees in order to ensure a uniform minimum level of consumer protection in the context of the internal market.

2. For the purposes of this Directive:

(a) consumer: shall mean any natural person who, in the contracts covered by this Directive, is acting for purposes which are not related to his trade, business or profession;

(b) consumer goods: shall mean any tangible movable item, with the exception of:
– goods sold by way of execution or otherwise by authority of law,
– water and gas where they are not put up for sale in a limited volume or set quantity,
– electricity;

(c) seller: shall mean any natural or legal person who, under a contract, sells consumer goods in the course of his trade, business or profession;

(d) producer: shall mean the manufacturer of consumer goods, the importer of consumer goods into the territory of the Community or any person purporting to be a producer by placing his name, trade mark or other distinctive sign on the consumer goods;

(e) guarantee: shall mean any undertaking by a seller or producer to the consumer, given without extra charge, to reimburse the price paid or to replace, repair or handle consumer goods in any way if they do not meet the specifications set out in the guarantee statement or in the relevant advertising;

(f) repair: shall mean, in the event of lack of conformity, bringing consumer goods into conformity with the contract of sale.

---

[4] OJ No L 115, 17.4.1998, p. 31.
[5] OJ No L 166, 11.6.1998, p. 51.

3. Member States may provide that the expression "consumer goods" does not cover second-hand goods sold at public auction where consumers have the opportunity of attending the sale in person.
4. Contracts for the supply of consumer goods to be manufactured or produced shall also be deemed contracts of sale for the purpose of this Directive.

Article 2. Conformity with the contract
1. The seller must deliver goods to the consumer which are in conformity with the contract of sale.
2. Consumer goods are presumed to be in conformity with the contract if they:
(a) comply with the description given by the seller and possess the qualities of the goods which the seller has held out to the consumer as a sample or model;
(b) are fit for any particular purpose for which the consumer requires them and which he made known to the seller at the time of conclusion of the contract and which the seller has accepted;
(c) are fit for the purposes for which goods of the same type are normally used;
(d) show the quality and performance which are normal in goods of the same type and which the consumer can reasonably expect, given the nature of the goods and taking into account any public statements on the specific characteristics of the goods made about them by the seller, the producer or his representative, particularly in advertising or on labelling.
3. There shall be deemed not to be a lack of conformity for the purposes of this Article if, at the time the contract was concluded, the consumer was aware, or could not reasonably be unaware of, the lack of conformity, or if the lack of conformity has its origin in materials supplied by the consumer.
4. The seller shall not be bound by public statements, as referred to in paragraph 2 (d) if he:
– shows that he was not, and could not reasonably have been, aware of the statement in question,
– shows that by the time of conclusion of the contract the statement had been corrected, or
– shows that the decision to buy the consumer goods could not have been influenced by the statement.
5. Any lack of conformity resulting from incorrect installation of the consumer goods shall be deemed to be equivalent to lack of conformity of the goods if installation forms part of the contract of sale of the goods and the goods were installed by the seller or under his responsibility. This shall apply equally if the product, intended to be installed by the consumer, is installed by the consumer and the incorrect installation is due to a shortcoming in the installation instructions.

Article 3. Rights of the consumer
1. The seller shall be liable to the consumer for any lack of conformity which exists at the time the goods were delivered.
2. In the case of a lack of conformity, the consumer shall be entitled to have the goods brought into conformity free of charge by repair or replacement, in accordance with paragraph 3, or to have an appropriate reduction made in the price or the contract rescinded with regard to those goods, in accordance with paragraphs 5 and 6.

3. In the first place, the consumer may require the seller to repair the goods or he may require the seller to replace them, in either case free of charge, unless this is impossible or disproportionate.

A remedy shall be deemed to be disproportionate if it imposes costs on the seller which, in comparison with the alternative remedy, are unreasonable, taking into account:
- the value the goods would have if there were no lack of conformity,
- the significance of the lack of conformity, and
- whether the alternative remedy could be completed without significant inconvenience to the consumer.

Any repair or replacement shall be completed within a reasonable time and without any significant inconvenience to the consumer, taking account of the nature of the goods and the purpose for which the consumer required the goods.

4. The terms "free of charge" in paragraphs 2 and 3 refer to the necessary costs incurred to bring the goods into conformity, particularly the cost of postage, labour and materials.

5. The consumer may require an appropriate reduction of the price or have the contract rescinded:
- if the consumer is entitled to neither repair nor replacement, or
- if the seller has not completed the remedy within a reasonable time, or
- if the seller has not completed the remedy without significant inconvenience to the consumer.

6. The consumer is not entitled to have the contract rescinded if the lack of conformity is minor.

Article 4. Right of redress

Where the final seller is liable to the consumer because of a lack of conformity resulting from an act or omission by the producer, a previous seller in the same chain of contracts or any other intermediary, the final seller shall be entitled to pursue remedies against the person or persons liable in the contractual chain. the person or persons liable against whom the final seller may pursue remedies, together with the relevant actions and conditions of exercise, shall be determined by national law.

Article 5. Time limits

1. The seller shall be held liable under Article 3 where the lack of conformity becomes apparent within two years as from delivery of the goods. If, under national legislation, the rights laid down in Article 3 (2) are subject to a limitation period, that period shall not expire within a period of two years from the time of delivery.

2. Member States may provide that, in order to benefit from his rights, the consumer must inform the seller of the lack of conformity within a period of two months from the date on which he detected such lack of conformity.

Member States shall inform the Commission of their use of this paragraph. The Commission shall monitor the effect of the existence of this option for the Member States on consumers and on the internal market.

Not later than 7 January 2003, the Commission shall prepare a report on the use made by Member States of this paragraph. This report shall be published in the Official Journal of the European Communities.

3. Unless proved otherwise, any lack of conformity which becomes apparent within six months of delivery of the goods shall be presumed to have existed at the time of delivery unless this presumption is incompatible with the nature of the goods or the nature of the lack of conformity.

Article 6. Guarantees

1. A guarantee shall be legally binding on the offerer under the conditions laid down in the guarantee statement and the associated advertising.
2. The guarantee shall:
– state that the consumer has legal rights under applicable national legislation governing the sale of consumer goods and make clear that those rights are not affected by the guarantee,
– set out in plain intelligible language the contents of the guarantee and the essential particulars necessary for making claims under the guarantee, notably the duration and territorial scope of the guarantee as well as the name and address of the guarantor.
3. On request by the consumer, the guarantee shall be made available in writing or feature in another durable medium available and accessible to him.
4. Within its own territory, the Member State in which the consumer goods are marketed may, in accordance with the rules of the Treaty, provide that the guarantee be drafted in one or more languages which it shall determine from among the official languages of the Community.
5. Should a guarantee infringe the requirements of paragraphs 2, 3 or 4, the validity of this guarantee shall in no way be affected, and the consumer can still rely on the guarantee and require that it be honoured.

Article 7. Binding nature

1. Any contractual terms or agreements concluded with the seller before the lack of conformity is brought to the seller's attention which directly or indirectly waive or restrict the rights resulting from this Directive shall, as provided for by national law, not be binding on the consumer.
Member States may provide that, in the case of second-hand goods, the seller and consumer may agree contractual terms or agreements which have a shorter time period for the liability of the seller than that set down in Article 5 (1). Such period may not be less than one year.
2. Member States shall take the necessary measures to ensure that consumers are not deprived of the protection afforded by this Directive as a result of opting for the law of a non-member State as the law applicable to the contract where the contract has a close connection with the territory of the Member States.

Article 8. National law and minimum protection

1. The rights resulting from this Directive shall be exercised without prejudice to other rights which the consumer may invoke under the national rules governing contractual or non-contractual liability.
2. Member States may adopt or maintain in force more stringent provisions, compatible with the Treaty in the field covered by this Directive, to ensure a higher level of consumer protection.

Article 9
Member States shall take appropriate measures to inform the consumer of the national law transposing this Directive and shall encourage, where appropriate, professional organisations to inform consumers of their rights.

Article 10
The Annex to Directive 98/27/EC shall be completed as follows: "10. Directive 1999/44/EC of the European Parliament and of the Council of 25 May 1999 on certain aspects of the sale of consumer goods and associated guarantees (OJ L 171, 7.7.1999, p. 12).".

Article 11. Transposition
1. Member States shall bring into force the laws, regulations and administrative provisions necessary to comply with this Directive not later than 1 January 2002. They shall forthwith inform the Commission thereof.
When Member States adopt these measures, they shall contain a reference to this Directive, or shall be accompanied by such reference at the time of their official publication. The procedure for such reference shall be adopted by Member States.
2. Member States shall communicate to the Commission the provisions of national law which they adopt in the field covered by this Directive.

Article 12. Review
The Commission shall, not later than 7 July 2006, review the application of this Directive and submit to the European Parliament and the Council a report. The report shall examine, inter alia, the case for introducing the producer's direct liability and, if appropriate, shall be accompanied by proposals.

Article 13. Entry into force
This Directive shall enter into force on the day of its publication in the Official Journal of the European Communities.

Article 14
This Directive is addressed to the Member States.

2. Council Directive of 22 December 1986 for the approximation of the laws, regulations and administrative provisions of the Member States concerning consumer credit (87/102/EEC)

Official Journal L 042, 12/02/1987, p. 48–53 as amended by: Directive 90/88/EEC of 22 February 1990 (Official Journal L 061, 10/03/1990, p. 14–18) and Directive 98/7/EC of 16 February 1998 (Official Journal L 101, 01/04/1998, p. 17–23)

THE COUNCIL OF THE EUROPEAN COMMUNITIES,

Having regard to the Treaty establishing the European Economic Community, and in particular Article 100 thereof, Having regard to the proposal from the Commission[1], Having regard to the opinion of the European Parliament[2], Having regard to the opinion of the Economic and Social Committee[3],

Whereas wide differences exist in the laws of the Member States in the field of consumer credit;

Whereas these differences of law can lead to distortions of competition between grantors of credit in the common market;

Whereas these differences limit the opportunities the consumer has to obtain credit in other Member States; whereas they affect the volume and the nature of the credit sought, and also the purchase of goods and services;

Whereas, as a result, these differences have an influence on the free movement of goods and services obtainable by consumers on credit and thus directly affect the functioning of the common market;

Whereas, given the increasing volume of credit granted in the Community to consumers, the establishment of a common market in consumer credit would benefit alike consumers, grantors of credit, manufacturers, wholesalers and retailers of goods and providers of services;

Whereas the programmes of the European Economic Community for a consumer protection and information policy[4] provide, inter alia, that the consumer should be protected against unfair credit terms and that a harmonisation of the general conditions governing consumer credit should be undertaken as a priority;

Whereas differences of law and practice result in unequal consumer protection in the field of consumer credit from one Member State to another;

Whereas there has been much change in recent years in the types of credit available to and used by consumers; whereas new forms of consumer credit have emerged and continue to develop;

Whereas the consumer should receive adequate information on the conditions and cost of credit and on his obligations; whereas this information should include, inter alia, the annual percentage rate of charge for credit, or, failing that, the total amount that the consumer must pay for credit; whereas, pending a decision on a Community method or methods of calculating the annual percentage rate of charge, Member States should be able to retain existing methods or practices for calculating this rate, or failing that, should establish provisions for indicating the total cost of the credit to the consumer;

---

[1] OJ No C 80, 27. 3. 1979, p. 4 and OJ No C 183, 10. 7. 1984, p. 4.
[2] OJ No C 242, 12. 9. 1983, p. 10.
[3] OJ No C 113, 7. 5. 1980, p. 22.
[4] OJ No C 92, 25. 4. 1975, p. 1 and OJ No C 133, 3. 6. 1981, p. 1.

Whereas the terms of credit may be disadvantageous to the consumer; whereas better protection of consumers can be achieved by adopting certain requirements which are to apply to all forms of credit;

Whereas, having regard to the character of certain credit agreements or types of transaction, these agreements or transactions should be partially or entirely excluded from the field of application of this Directive;

Whereas it should be possible for Member States, in consultation with the Commission, to exempt from the Directive certain forms of credit of a non-commercial character granted under particular conditions;

Whereas the practices existing in some Member States in respect of authentic acts drawn up before a notary or judge are such as to render the application of certain provisions of this Directive unnecessary in the case of such acts; whereas it should therefore be possible for Member States to exempt such acts from those provisions;

Whereas credit agreements for very large financial amounts tend to differ from the usual consumer credit agreements; whereas the application of the provisions of this Directive to agreements for very small amounts could create unnecessary administrative burdens both for consumers and grantors of credit; whereas therefore, agreements above or below specified financial limits should be excluded from the Directive;

Whereas the provision of information on the cost of credit in advertising and at the business premises of the creditor or credit broker can make it easier for the consumer to compare different offers;

Whereas consumer protection is further improved if credit agreements are made in writing and contain certain minimum particulars concerning the contractual terms;

Whereas, in the case of credit granted for the acquisition of goods, Member States should lay down the conditions in which goods may be repossessed, particularly if the consumer has not given his consent; whereas the account between the parties should upon repossession be made up in such manner as to ensure that the repossession does not entail any unjustified enrichment;

Whereas the consumer should be allowed to discharge his obligations before the due date; whereas the consumer should then be entitled to an equitable reduction in the total cost of the credit;

Whereas the assignment of the creditor's rights arising under a credit agreement should not be allowed to weaken the position of the consumer;

Whereas those Member States which permit consumers to use bills of exchange, promissory notes or cheques in connection with credit agreements should ensure that the consumer is suitably protected when so using such instruments;

Whereas, as regards goods or services which the consumer has contracted to acquire on credit, the consumer should, at least in the circumstances defined below, have rights vis-à-vis the grantor of credit which are in addition to his normal contractual rights against him and against the supplier of the goods or services; whereas the circumstances referred to above are those where the grantor of credit and the supplier of goods or services have a pre-existing agreement whereunder credit is made available exclusively by that grantor of credit to customers of that supplier for the purpose of enabling the consumer to acquire goods or services from the latter;

Whereas the ECU is as defined in Council Regulation (EEC) No 3180/78[5], as last amended by Regulation (EEC) No 2626/84[6]; whereas Member States should to a limited extent be at liberty to round off the amounts in national currency resulting from the con-

---

[5] OJ No L 379, 30. 12. 1978, p. 1.
[6] OJ No L 247, 16. 9. 1984, p. 1.

version of amounts of this Directive expressed in ECU; whereas the amounts in this Directive should be periodically re-examined in the light of economic and monetary trends in the Community, and, if need be, revised;
Whereas suitable measures should be adopted by Member States for authorising persons offering credit or offering to arrange credit agreements or for inspecting or monitoring the activities of persons granting credit or arranging for credit to be granted or for enabling consumers to complain about credit agreements or credit conditions;
Whereas credit agreements should not derogate, to the detriment of the consumer, from the provisions adopted in implementation of this Directive or corresponding to its provisions; whereas those provisions should not be circumvented as a result of the way in which agreements are formulated;
Whereas, since this Directive provides for a certain degree of approximation of the laws, regulations and administrative provisions of the Member States concerning consumer credit and for a certain level of consumer protection, Member States should not be prevented from retaining or adopting more stringent measures to protect the consumer, with due regard for their obligations under the Treaty;
Whereas, not later than 1 January 1995, the Commission should present to the Council a report concerning the operation of this Directive,
HAS ADOPTED THIS DIRECTIVE:

Article 1
1. This Directive applies to credit agreements.
2. For the purpose of this Directive:
(a) 'consumer' means a natural person who, in transactions covered by this Directive, is acting for purposes which can be regarded as outside his trade or profession;
(b) 'creditor' means a natural or legal person who grants credit in the course of his trade, business or profession, or a group of such persons;
(c) 'credit agreement' means an agreement whereby a creditor grants or promises to grant to a consumer a credit in the form of a deferred payment, a loan or other similar financial accommodation.
Agreements for the provision on a continuing basis of a service or a utility, where the consumer has the right to pay for them, for the duration of their provision, by means of instalments, are not deemed to be credit agreements for the purpose of this Directive;
(d) 'total cost of the credit to the consumer' means all the costs of the credit including interest and other charges directly connected with the credit agreement, determined in accordance with the provisions or practices existing in, or to be established by, the Member States.
(e) 'annual percentage rate of charge' means the total cost of the credit to the consumer expressed as an annual percentage of the amount of the credit granted and calculated according to existing methods of the Member States.

Article 2
1. This Directive shall not apply to:
(a) credit agreements or agreements promising to grant credit:
– intended primarily for the purpose of acquiring or retaining property rights in land or in an existing or projected building,
– intended for the purpose of renovating or improving a building as such;

(b) hiring agreements except where these provide that the title will pass ultimately to the hirer;
(c) credit granted or made available without payment of interest or any other charge;
(d) credit agreements under which no interest is charged provided the consumer agrees to repay the credit in a single payment;
(e) credit in the form of advances on a current account granted by a credit institution or financial institution other than on credit card accounts.
Nevertheless, the provisions of Article 6 shall apply to such credits;
(f) credit agreements involving amounts less than 200 ECU or more than 20 000 ECU;
(g) credit agreements under which the consumer is required to repay the credit:
– either, within a period not exceeding three months,
– or, by a maximum number of four payments within a period not exceeding 12 months.
2. A Member State may, in consultation with the Commission, exempt from the application of this Directive certain types of credit which fulfil the following conditions:
– they are granted at rates of charge below those prevailing in the market, and
– they are not offered to the public generally.
3. The provisions of Article 4 and of Articles 6 to 12 shall not apply to credit agreements or agreements promising to grant credit, secured by mortgage on immovable property, in so far as these are not already excluded from the Directive under paragraph 1 (a) of this Article.
4. Member States may exempt from the provisions of Articles 6 to 12 credit agreements in the form of an authentic act signed before a notary or judge.

Article 3

Without prejudice to Council Directive 84/450/EEC of 10 September 1984 relating to the approximation of the laws, regulations and administrative provisions of the Member States concerning misleading advertising[7], and to the rules and principles applicable to unfair advertising, any advertisement, or any offer which is displayed at business premises, in which a person offers credit or offers to arrange a credit agreement and in which a rate of interest or any figures relating to the cost of the credit are indicated, shall also include a statement of the annual percentage rate of charge, by means of a representative example if no other means is practicable.

Article 4

1. Credit agreements shall be made in writing. The consumer shall receive a copy of the written agreement.
2. The written agreement shall include:
(a) a statement of the annual percentage rate of charge;
(b) a statement of the conditions under which the annual percentage rate of charge may be amended.

---

[7] OJ No L 250, 19. 9. 1984, p. 17.

In cases where it is not possible to state the annual percentage rate of charge, the consumer shall be provided with adequate information in the written agreement. This information shall at least include the information provided for in the second indent of Article 6 (1).

3. The written agreement shall further include the other essential terms of the contract.

By way of illustration, the Annex to this Directive contains a list of terms which Member States may require to be included in the written agreement as being essential.

Article 5

By way of derogation from Articles 3 and 4 (2), and pending a decision on the introduction of a Community method or methods of calculating the annual percentage rate of charge, those Member States which, at the time of notification of this Directive, do not require the annual percentage rate of charge to be shown or which do not have an established method for its calculation, shall at least require the total cost of the credit to the consumer to be indicated.

Article 6

1. Notwithstanding the exclusion provided for in Article 2 (1) (e), where there is an agreement between a credit institution or financial institution and a consumer for the granting of credit in the form of an advance on a current account, other than on credit card accounts, the consumer shall be informed at the time or before the agreement is concluded:
– of the credit limit, if any,
– of the annual rate of interest and the charges applicable from the time the agreement is concluded and the conditions under which these may be amended,
– of the procedure for terminating the agreement.
This information shall be confirmed in writing.

2. Furthermore, during the period of the agreement, the consumer shall be informed of any change in the annual rate of interest or in the relevant charges at the time it occurs. Such information may be given in a statement of account or in any other manner acceptable to Member States.

3. In Member States where tacitly accepted overdrafts are permissible, the Member States concerned shall ensure that the consumer is informed of the annual rate of interest and the charges applicable, and of any amendment thereof, where the overdraft extends beyond a period of three months.

Article 7

In the case of credit granted for the acquisition of goods, Member States shall lay down the conditions under which goods may be repossessed, in particular if the consumer has not given his consent. They shall further ensure that where the creditor recovers possession of the goods the account between the parties shall be made up so as to ensure that the repossession does not entail any unjustified enrichment.

Article 8

The consumer shall be entitled to discharge his obligations under a credit agreement before the time fixed by the agreement. In this event, in accordance with the rules laid down by the Member States, the consumer shall be entitled to an equitable reduction in the total cost of the credit.

Article 9
Where the creditor's rights under a credit agreement are assigned to a third person, the consumer shall be entitled to plead against that third person any defence which was available to him against the original creditor, including set-off where the latter is permitted in the Member State concerned.

Article 10
The Member States which, in connection with credit agreements, permit the consumer:
(a) to make payment by means of bills of exchange including promissory notes;
(b) to give security by means of bills of exchange including promissory notes and cheques,
shall ensure that the consumer is suitably protected when using these instruments in those ways.

Article 11
1. Member States shall ensure that the existence of a credit agreement shall not in any way affect the rights of the consumer against the supplier of goods or services purchased by means of such an agreement in cases where the goods or services are not supplied or are otherwise not in conformity with the contract for their supply.
2. Where:
(a) in order to buy goods or obtain services the consumer enters into a credit agreement with a person other than the supplier of them;
and
(b) the grantor of the credit and the supplier of the goods or services have a pre-existing agreement whereunder credit is made available exclusively by that grantor of credit to customers of that supplier for the acquisition of goods or services from that supplier; and
(c) the consumer referred to in subparagraph (a) obtains his credit pursuant to that pre-existing agreement; and
(d) the goods or services covered by the credit agreement are not supplied, or are supplied only in part, or are not in conformity with the contract for supply of them; and
(e) the consumer has pursued his remedies against the supplier but has failed to obtain the satisfaction to which he is entitled,
the consumer shall have the right to pursue remedies against the grantor of credit. Member States shall determine to what extent and under what conditions these remedies shall be exercisable.
3. Paragraph 2 shall not apply where the individual transaction in question is for an amount less than the equivalent of 200 ECU.

Article 12
1. Member States shall:

(a) ensure that persons offering credit or offering to arrange credit agreements shall obtain official authorisation to do so, either specifically or as suppliers of goods and services; or

(b) ensure that persons granting credit or arranging for credit to be granted shall be subject to inspection or monitoring of their activities by an institution or official body; or

(c) promote the establishment of appropriate bodies to receive complaints concerning credit agreements or credit conditions and to provide relevant information or advice to consumers regarding them.

2. Member States may provide that the authorisation referred to in paragraph 1 (a) shall not be required where persons offering to conclude or arrange credit agreements satisfy the definition in Article 1 of the first Council Directive of 12 December 1977 on the co-ordination of laws, regulations and administrative provisions relating to the taking up and pursuit of the business of credit institutions[8] and are authorised in accordance with the provisions of that Directive.

Where persons granting credit or arranging for credit to be granted have been authorised both specifically, under the provisions of paragraph 1 (a) and also under the provisions of the aforementioned Directive, but the latter authorisation is subsequently withdrawn, the competent authority responsible for issuing the specific authorisation to grant credit under paragraph 1 (a) shall be informed and shall decide whether the persons concerned may continue to grant credit, or arrange for credit to be granted, or whether the specific authorisation granted under paragraph 1 (a) should be withdrawn.

Article 13

1. For the purposes of this Directive, the ECU shall be that defined by Regulation (EEC) No 3180/78, as amended by Regulation (EEC) No 2626/84. The equivalent in national currency shall initially be calculated at the rate obtaining on the date of adoption of this Directive.

Member States may round off the amounts in national currency resulting from the conversion of the amounts in ECU provided such rounding off does not exceed 10 ECU.

2. Every five years, and for the first time in 1995, the Council, acting on a proposal from the Commission, shall examine and, if need be, revise the amounts in this Directive, in the light of economic and monetary trends in the Community.

Article 14

1. Member States shall ensure that credit agreements shall not derogate, to the detriment of the consumer, from the provisions of national law implementing or corresponding to this Directive.

2. Member States shall further ensure that the provisions which they adopt in implementation of this directive are not circumvented as a result of the way in which agreements are formulated, in particular by the device of distributing the amount of credit over several agreements.

---

[8] OJ No L 322, 17. 12. 1977, p. 30.

Article 15
This Directive shall not preclude Member States from retaining or adopting more stringent provisions to protect consumers consistent with their obligations under the Treaty.

Article 16
1. Member States shall bring into force the measures necessary to comply with this Directive not later than 1 January 1990 and shall forthwith inform the Commission thereof.
2. Member States shall communicate to the Commission the texts of the main provisions of national law which they adopt in the field covered by this Directive.

Article 17
Not later than 1 January 1995 the Commission shall present a report to the Council concerning the operation of this Directive.

Article 18
This Directive is addressed to the Member States.

Annex. List of terms referred to in Article 4 (3)
1. Credit agreements for financing the supply of particular goods or services:
(i) a description of the goods or services covered by the agreement;
(ii) the cash price and the price payable under the credit agreement;
(iii) the amount of the deposit, if any, the number and amount of instalments and the dates on which they fall due, or the method of ascertaining any of the same if unknown at the time the agreement is concluded;
(iv) an indication that the consumer will be entitled, as provided in Article 8, to a reduction if he repays early;
(v) who owns the goods (if ownership does not pass immediately to the consumer) and the terms on which the consumer becomes the owner of them;
(vi) a description of the security required, if any;
(vii) the cooling-off period, if any;
(viii) an indication of the insurance (s) required, if any, and, when the choice of insurer is not left to the consumer, an indication of the cost thereof.
(ix) the obligation on the consumer to save a certain amount of money which must be placed in a special account.
2. Credit agreements operated by credit cards:
(i) the amount of the credit limit, if any;
(ii) the terms of repayment or the means of determining them;
(iii) the cooling-off period, if any.
3. Credit agreements operated by running account which are not otherwise covered by the Directive:
(i) the amount of the credit limit, if any, or the method of determining it;
(ii) the terms of use and repayment;
(iii) the cooling-off period, if any.
4. Other credit agreements covered by the Directive:
(i) the amount of the credit limit, if any;
(ii) an indication of the security required, if any;

(iii) the terms of repayment;
(iv) the cooling-off period, if any;
(v) an indication that the consumer will be entitled, as provided in Article 8, to a reduction if he repays early.

Annex II

The basic equitation expressing the equivalence of loans on the one hand, and repayments and charges on the other:

$$\sum_{K=1}^{K=m} \frac{A_K}{(1+i)^{t_K}} = \sum_{K'=1}^{K'=m'} \frac{A'_{K'}}{(1+i)^{t_{K'}}}$$

Meaning of letters and symbols:
K   is the number of a loan
K'   is the number of a repayment or a payment of charges
A_K is the amount of loan number K
$A'_{K'}$ is the amount of repayment number K'
Σ   represents a sum
m   is the number of the last loan
m'   is the number of the last repayment or payment of charges
t_K is the interval, expressed in years and fractions of a year, between the date of loan No1 and those of subsequent loans Nos 2 to m
$t_{K'}$ is the interval expressed in years and fractions of a year between the date of loan No 1 and those of repayments or payments of charges Nos 1 to m'
i   is the percentage rate that can be calculated (either by algebra, by successive approximations, or by a computer programme) where the other terms in the equation are known from the contract or otherwise.

Remarks
(a) The amounts paid by both parties at different times shall not necessarily be equal and shall not necessarily be paid at equal intervals.
(b) The starting date shall be that of the first loan.
(c) Intervals between dates used in the calculations shall be expressed in years or in fractions of a year.

Annex III. Examples of calculation

First example
Sum loaned S = ECU 1 000.
It is repaid in a single payment of ECU 1 200 made 18 months, i. e. 1,5 years, after the date of the loan.
The equation becomes

$$1\ 000 = \frac{1\ 200}{(1+i)^{1,5}}$$

or $(1+i)^{1,5} = 1,2$
    $1 + i = 1,129243 \ldots$
    $i = 0,129243 \ldots$

III. Specific contracts

This amount will be rounded down to 12,9 % or 12,92 % depending on whether the State or habitual practice allows the percentage to be rounded off to the first or second decimal.

Second example
The sum agreed is S = ECU 1 000 but the creditor retains ECU 50 for enquiry and administrative expenses, so that the loan is in fact ECU 950; the repayment of ECU 1 200, as in the first example, is made 18 months after the date of the loan.
The equation becomes:
$$950 = \frac{1\,200}{(1+i)^{1,5}}$$
$$\text{or} \quad (1+i)^{1,5} = \frac{1\,200}{950} = 1{,}263157\ldots$$
$$1 + i = 1{,}16851\ldots$$
$$i = 0{,}16851\ldots \text{ rounded off to } 16{,}9\% \text{ or } 16{,}85\%.$$

Third example
The sum lent is ECU 1 000, repayable in two amounts each of ECU 600, paid after one and two years respectively.

The equation becomes:
$$1\,000 = \frac{600}{1+i} + \frac{600}{(1+i)^2}$$
it is solved by algebra and produces i = 0,1306623, rounded off to 13,1 % or 13,07 %.

Fourth example
The sum lent is ECU 1 000 and the amounts to be paid by the borrower are:

After three months (0,25 years)	ECU 272
After six months (0,50 years)	ECU 272
After twelve months (1 year)	ECU 544
Total	ECU 1 088

The equation becomes:
$$1\,000 = \frac{272}{(1+i)^{0,25}} + \frac{272}{(1+i)^{0,50}} + \frac{544}{1+i}$$
This equation allows i to be calculated by successive approximations, which can be programmed on a ocket computer.
The result is:
i = 0,1321 rounded off 13,2 or 13,21 %.

3. Directive of the European Parliament and the Council of 26 October 1994 on the protection of purchasers in respect of certain aspects of contracts relating to the purchase of the right to use immovable properties on a timeshare basis (94/47/EC)

Official Journal L 280, 29/10/1994, p. 83–87

THE EUROPEAN PARLIAMENT AND THE COUNCIL OF THE EUROPEAN UNION,
Having regard to the Treaty establishing the European Community, and in particular Article 100a thereof, Having regard to the proposal from the Commission[1], Having regard to the opinion of the Economic and Social Committee[2], Acting in accordance with the procedure laid down in Article 189b of the Treaty[3],
1. Whereas the disparities between national legislations on contracts relating to the purchase of the right to use one or more immovable properties on a timeshare basis are likely to create barriers to the proper operation of the internal market and distortions of competition and lead to the compartmentalisation of national markets;
2. Whereas the aim of this Directive is to establish a minimum basis of common rules on such matters which will make it possible to ensure that the internal market operates properly and will thereby protect purchasers; whereas it is sufficient for those rules to cover contractual transactions only with regard to those aspects that relate to information on the constituent parts of contracts, the arrangements for communicating such information and the procedures and arrangements for cancellation and withdrawal; whereas the appropriate instrument to achieve that aim is a Directive; whereas this Directive is therefore consistent with the principle of subsidiarity;
3. Whereas the legal nature of the rights which are the subject of the contracts covered by this Directive varies considerably from one Member State to another; whereas reference should therefore be made in summary form to those variations, giving a sufficiently broad definition of such contracts, without thereby implying harmonisation within the Community of the legal nature of the rights in question;
4. Whereas this Directive is not designed to regulate the extent to which contracts for the use of one or more immovable properties on a timeshare basis may be concluded in Member States or the legal basis for such contracts;
5. Whereas, in practice, contracts relating to the purchase of the right to use one or more immovable properties on a timeshare basis differ from tenancy agreements; whereas that difference can be seen from, inter alia, the means of payment;
6. Whereas it may be seen from the market that hotels, residential hotels and other similar residential tourist premises are involved in contractual transactions similar to those which have made this Directive necessary;
7. Whereas it is necessary to avoid any misleading or incomplete details in information concerned specifically with the sale of the rights to use one or more immovable properties on a timeshare basis; whereas such information should be supplemented by a document

---

[1] OJ No C 299, 5. 11. 1993, p. 8.
[2] OJ No C 108, 19. 4. 1993, p. 1.
[3] Opinion of the European Parliament of 26 May 1993 (OJ No C 176, 28. 6. 1993, p. 95 and OJ No C 225, 20. 9. 1993, p. 70) confirmed on 2 December 1993 (OJ No C 342, 20. 12. 1993, p. 3); Council common position of 4 March 1994 (OJ No C 137, 19. 5. 1994, p. 42) and decision of the European Parliament of 4 May 1994 (OJ No C 205, 25. 7. 1994) Join text of the Conciliation Committee of 22. 9. 1994.

which must be made available to anyone who requests it; whereas the information therein must constitute part of the contract for the purchase of the right to use one or more immovable properties on a timeshare basis;

8. Whereas, in order to give purchasers a high level of protection and in view of the specific characteristics of systems for using immovable properties on a timeshare basis, contracts for the purchase of the right to use one or more immovable properties on a timeshare basis must include certain minimal items;

9. Whereas, with a view to establishing effective protection for purchasers in this field, it is necessary to stipulate minimum obligations with which vendors must comply vis-à-vis purchasers;

10. Whereas the contract for the purchase of the right to use one or more immovable properties on a timeshare basis must be drawn up in the official language or one of the official languages of the Member State in which the purchaser is resident or in the official language or one of the official languages of the Member State of which he is a national which must be one of the official languages of the Community; whereas, however, the Member State in which the purchaser is resident may require that the contract be drawn up in its language or its languages which must be an official language or official languages of the Community; whereas provision should be made for a certified translation of each contract for the purposes of the formalities to be completed in the Member State in which the relevant property is situated;

11. Whereas to give the purchaser the chance to realise more fully what his obligations and rights under the contract are he should be allowed a period during which he may withdraw from the contract without giving reasons since the property in question is often situated in a State and subject to legislation which are different from his own;

12. Whereas the requirement on the vendor's part that advance payments be made before the end of the period during which the purchaser may withdraw without giving reasons may reduce the purchaser's protection; whereas, therefore, advance payments before the end of that period should be prohibited;

13. Whereas in the event of cancellation of or withdrawal from a contract for the purchase of the right to use one or more immovable properties on a timeshare basis the price of which is entirely or partly covered by credit granted to the purchaser by the vendor or by a third party on the basis of an agreement concluded between that third party and the vendor, it should be provided that the credit agreement should be cancelled without penalty;

14. Whereas there is a risk, in certain cases, that the consumer may be deprived of the protection provided for in this Directive if the law of a non-member State is specified as the law applicable to the contract; whereas this Directive should therefore include provisions intended to obviate that risk;

15. Whereas it is for the Member States to adopt measures to ensure that the vendor fulfils his obligations,

HAVE ADOPTED THIS DIRECTIVE:

Article 1

The purpose of this Directive shall be to approximate the laws, regulations and administrative provisions of the Member States on the protection of purchasers in respect of certain aspects of contracts relating directly or indirectly to the purchase of the right to use one or more immovable properties on a timeshare basis.

This Directive shall cover only those aspects of the above provisions concerning contractual transactions that relate to:

– information on the constituent parts of a contract and the arrangements for the communication of that information,

– the procedures and arrangements for cancellation and withdrawal.
With due regard to the general rules of the Treaty, the Member States shall remain competent for other matters, inter alia determination of the legal nature of the rights which are the subject of the contracts covered by this Directive.

Article 2

For the purposes of this Directive:
– 'contract relating directly or indirectly to the purchase of the right to use one or more immovable properties on a timeshare basis', hereinafter referred to as 'contract', shall mean any contract or group of contracts concluded for at least three years under which, directly or indirectly, on payment of a certain global price, a real property right or any other right relating to the use of one or more immovable properties for a specified or specifiable period of the year, which may not be less than one week, is established or is the subject of a transfer or an undertaking to transfer,
– 'immovable property' shall mean any building or part of a building for use as accommodation to which the right which is the subject of the contract relates,
– 'vendor' shall mean any natural or legal person who, acting in transactions covered by this Directive and in his professional capacity, establishes, transfers or undertakes to transfer the right which is the subject of the contract,
– 'purchaser' shall mean any natural person who, acting in transactions covered by this Directive, for purposes which may be regarded as being outwith his professional capacity, has the right which is the subject of the contract transferred to him or for whom the right which is the subject of the contract is established.

Article 3

1. The Member States shall make provision in their legislation for measures to ensure that the vendor is required to provide any person requesting information on the immovable property or properties with a document which, in addition to a general description of the property or properties, shall provide at least brief and accurate information on the particulars referred to in points (a) to (g), (i) and (l) of the Annex and on how further information may be obtained.
2. The Member States shall make provision in their legislation to ensure that all the information referred to in paragraph 1 which must be provided in the document referred to in paragraph 1 forms an integral part of the contract.
Unless the parties expressly agree otherwise, only changes resulting from circumstances beyond the vendor's control may be made to the information provided in the document referred to in paragraph 1.
Any changes to that information shall be communicated to the purchaser before the contract is concluded. The contract shall expressly mention any such changes.
3. Any advertising referring to the immovable property concerned shall indicate the possibility of obtaining the document referred to in paragraph 1 and where it may be obtained.

Article 4

The Member States shall make provision in their legislation to ensure that:
– the contract, which shall be in writing, includes at least the items referred to in the Annex,

– the contract and the document referred to in Article 3 (1) are drawn up in the language or one of the languages of Member State in which the purchaser is resident or in the language or one of the languages of the Member State of which he is national which shall be an official language or official languages of the Community, at the purchaser's option. The Member State in which the purchaser is resident may, however, require that the contract be drawn up in all cases in at least its language or languages which must be an official language or official languages of the Community, and – the vendor provides the purchaser with a certified translation of the contract in the language or one of the languages of the Member State in which the immovable property is situated which shall be an official language or official languages of the Community.

Article 5
The Member States shall make provision in their legislation to ensure that:
1. in addition to the possibilities available to the purchaser under national laws on the nullity of contracts, the purchaser shall have the right:
– to withdraw without giving any reason within 10 calendar days of both parties' signing the contract or of both parties' signing a binding preliminary contract. If the 10th day is a public holiday, the period shall be extended to the first working day thereafter,
– if the contract does not include the information referred to in points (a), (b), (c), (d) (1), (d) (2), (h), (i), (k), (l) and (m) of the Annex, at the time of both parties' signing the contract or of both parties' signing a binding preliminary contract, to cancel the contract within three months thereof. If the information in question is provided within those three months, the purchaser's withdrawal period provided for in the first indent, shall then start,
– if by the end of the three-month period provided for in the second indent the purchaser has not exercised the right to cancel and the contract does not include the information referred to in points (a), (b), (c), (d) (1), (d) (2), (h), (i), (k), (l) and (m) of the Annex, to the withdrawal period provided for in the first indent from the day after the end of that three-month period;
2. if the purchaser intends to exercise the rights provided for in paragraph 1 he shall, before the expiry of the relevant deadline, notify the person whose name and address appear in the contract for that purpose by a means which can be proved in accordance with national law in accordance with the procedures specified in the contract pursuant to point (l) of the Annex. The deadline shall be deemed to have been observed if the notification, if it is in writing, is dispatched before the deadline expires;
3. where the purchaser exercises the right provided for in the first indent of paragraph 1, he may be required to defray, where appropriate, only those expenses which, in accordance with national law, are incurred as a result of the conclusion of and withdrawal from the contract and which correspond to legal formalities which must be completed before the end of the period referred to in the first indent of paragraph 1. Such expenses shall be expressly mentioned in the contract;
4. where the purchaser exercises the right of cancellation provided for in the second indent of paragraph 1 he shall not be required to make any defrayal.

Article 6
The Member States shall make provision in their legislation to prohibit any ad-

3. Right to use immovable properties on a timeshare basis

vance payments by a purchaser before the end of the period during which he may exercise the right of withdrawal.

Article 7
The Member States shall make provision in their legislation to ensure that:
– if the price is fully or partly covered by credit granted by the vendor, or
– if the price is fully or partly covered by credit granted to the purchaser by a third party on the basis of an agreement between the third party and the vendor,
the credit agreement shall be cancelled, without any penalty, if the purchaser exercises his right to cancel or withdraw from the contract as provided for in Article 5. The Member States shall lay down detailed arrangements to govern the cancellation of credit agreements.

Article 8
The Member States shall make provision in their legislation to ensure that any clause whereby a purchaser renounces the enjoyment of rights under this Directive or whereby a vendor is freed from the responsibilities arising from this Directive shall not be binding on the purchaser, under conditions laid down by national law.

Article 9
The Member States shall take the measures necessary to ensure that, whatever the law applicable may be, the purchaser is not deprived of the protection afforded by this Directive, if the immovable property concerned is situated within the territory of a Member State.

Article 10
The Member States shall make provision in their legislation for the consequences of non-compliance with this Directive.

Article 11
This Directive shall not prevent Member States from adopting or maintaining provisions which are more favourable as regards the protection of purchasers in the field in question, without prejudice to their obligations under the Treaty.

Article 12
1. Member States shall bring into force the laws, regulations and administrative provisions necessary for them to comply with this Directive no later than 30 months after its publication in the Official Journal of the European Communities. They shall immediately inform the Commission thereof.
When Member States adopt those measures, they shall include references to this Directive or shall accompany them with such references on their official publication. The Member States shall lay down the manner in which such references shall be made.
2. The Member States shall communicate to the Commission the texts of the provisions of national law which they adopt in the field governed by this Directive.

Article 13
This Directive is addressed to the Member States.

Annex. Minimum list of items to be included in the contract referred to in Article 4

(a) The identities and domiciles of the parties, including specific information on the vendor's legal status at the time of the conclusion of the contract and the identity and domicile of the owner.

(b) The exact nature of the right which is the subject of the contract and a clause setting out the conditions governing the exercise of that right within the territory of the Member State(s) in which the property or properties concerned relates is or are situated and if those conditions have been fulfilled or, if they have not, what conditions remain to be fulfilled.

(c) When the property has been determined, an accurate description of that property and its location.

(d) Where the immovable property is under construction:

(1) the state of completion;

(2) a reasonable estimate of the deadline for completion of the immovable property;

(3) where it concerns a specific immovable property, the number of the building permit and the name(s) and full address(es) of the competent authority or authorities;

(4) the state of completion of the services rendering the immovable property fully operational (gas, electricity, water and telephone connections);

(5) a guarantee regarding completion of the immovable property or a guarantee regarding reimbursement of any payment made if the property is not completed and, where appropriate, the conditions governing the operation of those guarantees.

(e) The services (lighting, water, maintenance, refuse collection) to which the purchaser has or will have access and on what conditions.

(f) The common facilities, such as swimming pool, sauna, etc., to which the purchaser has or may have access, and, where appropriate, on what conditions.

(g) The principles on the basis of which the maintenance of and repairs to the immovable property and its administration and management will be arranged.

(h) The exact period within which the right which is the subject of the contract may be exercised and, if necessary, its duration; the date on which the purchaser may start to exercise the contractual right.

(i) The price to be paid by the purchaser to exercise the contractual right; an estimate of the amount to be paid by the purchaser for the use of common facilities and services; the basis for the calculation of the amount of charges relating to occupation of the property, the mandatory statutory charges (for example, taxes and fees) and the administrative overheads (for example, management, maintenance and repairs).

(j) A clause stating that acquisition will not result in costs, charges or obligations other than those specified in the contract.

(k) Whether or not is possible to join a scheme for the exchange or resale of the contractual rights, and any costs involved should an exchange and/or resale scheme be organised by the vendor or by a third party designated by him in the contract.

(l) Information on the right to cancel or withdraw from the contract and indication of the person to whom any letter of cancellation or withdrawal should be sent, specifying also the arrangements under which such letters may be sent; precise indication of the nature and amount of the costs which the purchaser will be required to defray pursuant to Article 5 (3) if he exercises his right to withdraw;

where appropriate, information on the arrangements for the cancellation of the credit agreement linked to the contract in the event of cancellation of the contract or withdrawal from it.
(m) The date and place of each party's signing of the contract.

4. Council Directive of 13 June 1990 on package travel, package holidays and package tours (90/314/EEC)

Official Journal L 158, 23/06/1990, p. 59–64

THE COUNCIL OF THE EUROPEAN COMMUNITIES,
Having regard to the Treaty establishing the European Economic Community, and in particular Article 100a thereof, Having regard to the proposal from the Commission[1], In co-operation with the European Parliament[2], Having regard to the opinion of the Economic and Social Committee[3],
Whereas one of the main objectives of the Community is to complete the internal market, of which the tourist sector is an essential part;
Whereas the national laws of Member States concerning package travel, package holidays and package tours, hereinafter referred to as 'packages', show many disparities and national practices in this field are markedly different, which gives rise to obstacles to the freedom to provide services in respect of packages and distortions of competition amongst operators established in different Member States;
Whereas the establishment of common rules on packages will contribute to the elimination of these obstacles and thereby to the achievement of a common market in services, thus enabling operators established in one Member State to offer their services in other Member States and Community consumers to benefit from comparable conditions when buying a package in any Member State;
Whereas paragraph 36 (b) of the Annex to the Council resolution of 19 May 1981 on a second programme of the European Economic Community for a consumer protection and information policy[4] invites the Commission to study, inter alia, tourism and, if appropriate, to put forward suitable proposals, with due regard for their significance for consumer protection and the effects of differences in Member States' legislation on the proper functioning of the common market;
Whereas in the resolution on a Community policy on tourism on 10 April 1984[5] the Council welcomed the Commission's initiative in drawing attention to the importance of tourism and took note of the Commission's initial guidelines for a Community policy on tourism;
Whereas the Commission communication to the Council entitled 'A New Impetus for Consumer Protection Policy', which was approved by resolution of the Council on 6 May 1986[6], lists in paragraph 37, among the measures proposed by the Commission, the harmonisation of legislation on packages;
Whereas tourism plays an increasingly important role in the economies of the Member States; whereas the package system is a fundamental part of tourism; whereas the package travel industry in Member States would be stimulated to greater growth and productivity if at least a minimum of common rules were adopted in order to give it a Community dimension; whereas this would not only produce benefits for Community citizens buying packages organised on the basis of those rules, but would attract tourists from outside the Community seeking the advantages of guaranteed standards in packages;

---

[1] OJ No C 96, 12. 4. 1988, p. 5.
[2] OJ No C 69, 20. 3. 1989, p. 102 and OJ No C 149, 18. 6. 1990.
[3] OJ No C 102, 24. 4. 1989, p. 27.
[4] OJ No C 165, 23. 6. 1981, p. 24.
[5] OJ No C 115, 30. 4. 1984, p. 1.
[6] OJ No C 118, 7. 3. 1986, p. 28.

4. Package travel

Whereas disparities in the rules protecting consumers in different Member States are a disincentive to consumers in one Member State from buying packages in another Member State;

Whereas this disincentive is particularly effective in deterring consumers from buying packages outside their own Member State, and more effective than it would be in relation to the acquisition of other services, having regard to the special nature of the services supplied in a package which generally involve the expenditure of substantial amounts of money in advance and the supply of the services in a State other than that in which the consumer is resident;

Whereas the consumer should have the benefit of the protection introduced by this Directive irrespective of whether he is a direct contracting party, a transferee or a member of a group on whose behalf another person has concluded a contract in respect of a package;

Whereas the organiser of the package and/or the retailer of it should be under obligation to ensure that in descriptive matter relating to packages which they respectively organise and sell, the information which is given is not misleading and brochures made available to consumers contain information which is comprehensible and accurate;

Whereas the consumer needs to have a record of the terms of contract applicable to the package; whereas this can conveniently be achieved by requiring that all the terms of the contract be stated in writing of such other documentary form as shall be comprehensible and accessible to him, and that he be given a copy thereof;

Whereas the consumer should be at liberty in certain circumstances to transfer to a willing third person a booking made by him for a package;

Whereas the price established under the contract should not in principle be subject to revision except where the possibility of upward or downward revision is expressly provided for in the contract; whereas that possibility should nonetheless be subject to certain conditions;

Whereas the consumer should in certain circumstances be free to withdraw before departure from a package travel contract;

Whereas there should be a clear definition of the rights available to the consumer in circumstances where the organiser of the package cancels it before the agreed date of departure;

Whereas if, after the consumer has departed, there occurs a significant failure of performance of the services for which he has contracted or the organiser perceives that he will be unable to procure a significant part of the services to be provided; the organiser should have certain obligations towards the consumer;

Whereas the organiser and/or retailer party to the contract should be liable to the consumer for the proper performance of the obligations arising from the contract; whereas, moreover, the organiser and/or retailer should be liable for the damage resulting for the consumer from failure to perform or improper performance of the contract unless the defects in the performance of the contract are attributable neither to any fault of theirs nor to that of another supplier of services;

Whereas in cases where the organiser and/or retailer is liable for failure to perform or improper performance of the services involved in the package, such liability should be limited in accordance with the international conventions governing such services, in particular the Warsaw Convention of 1929 in International Carriage by Air, the Berne Convention of 1961 on Carriage by Rail, the Athens Convention of 1974 on Carriage by Sea and the Paris Convention of 1962 on the Liability of Hotel-keepers; whereas, moreover, with regard to damage other than personal injury, it should be possible for liability also to be limited under the package contract provided, however, that such limits are not unreasonable;

Whereas certain arrangements should be made for the information of consumers and the handling of complaints;

Whereas both the consumer and the package travel industry would benefit if organisers and/or retailers were placed under an obligation to provide sufficient evidence of security in the event of insolvency;
Whereas Member States should be at liberty to adopt, or retain, more stringent provisions relating to package travel for the purpose of protecting the consumer,
HAS ADOPTED THIS DIRECTIVE:

Article 1
The purpose of this Directive is to approximate the laws, regulations and administrative provisions of the Member States relating to packages sold or offered for sale in the territory of the Community.

Article 2
For the purposes of this Directive:
1. 'package' means the pre-arranged combination of not fewer than two of the following when sold or offered for sale at an inclusive price and when the service covers a period of more than twenty-four hours or includes overnight accommodation:
(a) transport;
(b) accommodation;
(c) other tourist services not ancillary to transport or accommodation and accounting for a significant proportion of the package.
The separate billing of various components of the same package shall not absolve the organiser or retailer from the obligations under this Directive;
2. 'organiser' means the person who, other than occasionally, organises packages and sells or offers them for sale, whether directly or through a retailer;
3. 'retailer' means the person who sells or offers for sale the package put together by the organiser;
4. 'consumer' means the person who takes or agrees to take the package ('the principal contractor'), or any person on whose behalf the principal contractor agrees to purchase the package ('the other beneficiaries') or any person to whom the principal contractor or any of the other beneficiaries transfers the package ('the transferee');
5. 'contract' means the agreement linking the consumer to the organiser and/or the retailer.

Article 3
1. Any descriptive matter concerning a package and supplied by the organiser or the retailer to the consumer, the price of the package and any other conditions applying to the contract must not contain any misleading information.
2. When a brochure is made available to the consumer, it shall indicate in a legible, comprehensible and accurate manner both the price and adequate information concerning:
(a) the destination and the means, characteristics and categories of transport used;
(b) the type of accommodation, its location, category or degree of comfort and its main features, its approval and tourist classification under the rules of the host Member State concerned;
(c) the meal plan;

(d) the itinerary;
(e) general information on passport and visa requirements for nationals of the Member State or States concerned and health formalities required for the journey and the stay;
(f) either the monetary amount or the percentage of the price which is to be paid on account, and the timetable for payment of the balance;
(g) whether a minimum number of persons is required for the package to take place and, if so, the deadline for informing the consumer in the event of cancellation.
The particulars contained in the brochure are binding on the organiser or retailer, unless:
– changes in such particulars have been clearly communicated to the consumer before conclusion of the contract, in which case the brochure shall expressly state so,
– changes are made later following an agreement between the parties to the contract.

Article 4
1. (a) The organiser and/or the retailer shall provide the consumer, in writing or any other appropriate form, before the contract is concluded, with general information on passport and visa requirements applicable to nationals of the Member State or States concerned and in particular on the periods for obtaining them, as well as with information on the health formalities required for the journey and the stay;
(b) The organiser and/or retailer shall also provide the consumer, in writing or any other appropriate form, with the following information in good time before the start of the journey:
(i) the times and places of intermediate stops and transport connections as well as details of the place to be occupied by the traveller, e.g. cabin or berth on ship, sleeper compartment on train;
(ii) the name, address and telephone number of the organiser's and/or retailer's local representative or, failing that, of local agencies on whose assistance a consumer in difficulty could call.
Where no such representatives or agencies exist, the consumer must in any case be provided with an emergency telephone number or any other information that will enable him to contract the organiser and/or the retailer;
(iii) in the case of journeys or stays abroad by minors, information enabling direct contact to be established with the child or the person responsible at the child's place of stay;
(iv) information on the optional conclusion of an insurance policy to cover the cost of cancellation by the consumer or the cost of assistance, including repatriation, in the event of accident or illness.
2. Member States shall ensure that in relation to the contract the following principles apply:
(a) depending on the particular package, the contract shall contain at least the elements listed in the Annex;
(b) all the terms of the contract are set out in writing or such other form as is comprehensible and accessible to the consumer and must be communicated to him before the conclusion of the contract; the consumer is given a copy of these terms;

(c) the provision under (b) shall not preclude the belated conclusion of last-minute reservations or contracts.

3. Where the consumer is prevented from proceeding with the package, he may transfer his booking, having first given the organiser or the retailer reasonable notice of his intention before departure, to a person who satisfies all the conditions applicable to the package. The transferor of the package and the transferee shall be jointly and severally liable to the organiser or retailer party to the contract for payment of the balance due and for any additional costs arising from such transfer.

4. (a) The prices laid down in the contract shall not be subject to revision unless the contract expressly provides for the possibility of upward or downward revision and states precisely how the revised price is to be calculated, and solely to allow for variations in:
– transportation costs, including the cost of fuel,
– dues, taxes or fees chargeable for certain services, such as landing taxes or embarkation or disembarkation fees at ports and airports,
– the exchange rates applied to the particular package.
(b) During the twenty days prior to the departure date stipulated, the price stated in the contract shall not be increased.

5. If the organiser finds that before the departure he is constrained to alter significantly any of the essential terms, such as the price, he shall notify the consumer as quickly as possible in order to enable him to take appropriate decisions and in particular:
– either to withdraw from the contract without penalty,
– or to accept a rider to the contract specifying the alterations made and their impact on the price.
The consumer shall inform the organiser or the retailer of his decision as soon as possible.

6. If the consumer withdraws from the contract pursuant to paragraph 5, or if, for whatever cause, other than the fault of the consumer, the organiser cancels the package before the agreed date of departure, the consumer shall be entitled:
(a) either to take a substitute package of equivalent or higher quality where the organiser and/or retailer is able to offer him such a substitute. If the replacement package offered is of lower quality, the organiser shall refund the difference in price to the consumer;
(b) or to be repaid as soon as possible all sums paid by him under the contract.
In such a case, he shall be entitled, if appropriate, to be compensated by either the organiser or the retailer, whichever the relevant Member State's law requires, for non-performance of the contract, except where:
(i) cancellation is on the grounds that the number of persons enrolled for the package is less than the minimum number required and the consumer is informed of the cancellation, in writing, within the period indicated in the package description; or
(ii) cancellation, excluding overbooking, is for reasons of force majeure, i. e. unusual and unforeseeable circumstances beyond the control of the party by whom it is pleaded, the consequences of which could not have been avoided even if all due care had been exercised.

7. Where, after departure, a significant proportion of the services contracted for is not provided or the organiser perceives that he will be unable to procure a signifi-

cant proportion of the services to be provided, the organiser shall make suitable alternative arrangements, at no extra cost to the consumer, for the continuation of the package, and where appropriate compensate the consumer for the difference between the services offered and those supplied.
If it is impossible to make such arrangements or these are not accepted by the consumer for good reasons, the organiser shall, where appropriate, provide the consumer, at no extra cost, with equivalent transport back to the place of departure, or to another return-point to which the consumer has agreed and shall, where appropriate, compensate the consumer.

Article 5

1. Member States shall take the necessary steps to ensure that the organiser and/or retailer party to the contract is liable to the consumer for the proper performance of the obligations arising from the contract, irrespective of whether such obligations are to be performed by that organiser and/or retailer or by other suppliers of services without prejudice to the right of the organiser and/or retailer to pursue those other suppliers of services.
2. With regard to the damage resulting for the consumer from the failure to perform or the improper performance of the contract, Member States shall take the necessary steps to ensure that the organiser and/or retailer is/are liable unless such failure to perform or improper performance is attributable neither to any fault of theirs nor to that of another supplier of services, because:
– the failures which occur in the performance of the contract are attributable to the consumer,
– such failures are attributable to a third party unconnected with the provision of the services contracted for, and are unforeseeable or unavoidable,
– such failures are due to a case of force majeure such as that defined in Article 4 (6), second subparagraph (ii), or to an event which the organiser and/or retailer or the supplier of services, even with all due care, could not foresee or forestall.
In the cases referred to in the second and third indents, the organiser and/or retailer party to the contract shall be required to give prompt assistance to a consumer in difficulty.
In the matter of damages arising from the non-performance or improper performance of the services involved in the package, the Member States may allow compensation to be limited in accordance with the international conventions governing such services.
In the matter of damage other than personal injury resulting from the non-performance or improper performance of the services involved in the package, the Member States may allow compensation to be limited under the contract. Such limitation shall not be unreasonable.
3. Without prejudice to the fourth subparagraph of paragraph 2, there may be no exclusion by means of a contractual clause from the provisions of paragraphs 1 and 2.
4. The consumer must communicate any failure in the performance of a contract which he perceives on the spot to the supplier of the services concerned and to the organiser and/or retailer in writing or any other appropriate form at the earliest opportunity.
This obligation must be stated clearly and explicitly in the contract.

Article 6
In cases of complaint, the organiser and/or retailer or his local representative, if there is one, must make prompt efforts to find appropriate solutions.

Article 7
The organiser and/or retailer party to the contract shall provide sufficient evidence of security for the refund of money paid over and for the repatriation of the consumer in the event of insolvency.

Article 8
Member States may adopt or return more stringent provisions in the field covered by this Directive to protect the consumer.

Article 9
1. Member States shall bring into force the measures necessary to comply with this Directive before 31 December 1992. They shall forthwith inform the Commission thereof.
2. Member States shall communicate to the Commission the texts of the main provisions of national law which they adopt in the field governed by this Directive. The Commission shall inform the other Member States thereof.

Article 10
This Directive is addressed to the Member States.

Annex. Elements to be included in the contract if relevant to the particular package:
(a) the travel destination(s) and, where periods of stay are involved, the relevant periods, with dates;
(b) the means, characteristics and categories of transport to be used, the dates, times and points of departure and return;
(c) where the package includes accommodation, its location, its tourist category or degree of comfort, its main features, its compliance with the rules of the host Member State concerned and the meal plan;
(d) whether a minimum number of persons is required for the package to take place and, if so, the deadline for informing the consumer in the event of cancellation;
(e) the itinerary;
(f) visits, excursions or other services which are included in the total price agreed for the package;
(g) the name and address of the organiser, the retailer and, where appropriate, the insurer;
(h) the price of the package, an indication of the possibility of price revisions under Article 4 (4) and an indication of any dues, taxes or fees chargeable for certain services (landing, embarkation or disembarkation fees at ports and airports, tourist taxes) where such costs are not included in the package;
(i) the payment schedule and method of payment;
(j) special requirements which the consumer has communicated to the organiser or retailer when making the booking, and which both have accepted;
(k) periods within which the consumer must make any complaint concerning failure to perform or improper performance of the contract.

5. Council Regulation of 4 February 1991 establishing common rules for a denied-boarding compensation system in scheduled air transport (No 295/91/EEC)

Official Journal No L 036, 08/02/1991, p. 05–07

THE COUNCIL OF THE EUROPEAN COMMUNITIES,
Having regard to the Treaty establishing the European Economic Community, and in particular Article 84 (2) thereof, Having regard to the proposal from the Commission[1], Having regard to the opinion of the European Parliament[2], Having regard to the opinion of the Economic and Social Committee[3],
Whereas liberalisation measures adopted by the Council in July 1990 represent a further step towards a fully developed common air transport policy;
Whereas common action in the field of the protection of the interests of air transport users is required, in order to ensure a well-balanced development in the light of the radically changing environment in which air carriers have to operate;
Whereas current practice in the field of denied-boarding compensation differs substantially between air carriers;
Whereas certain common minimum standards in the field of denied-boarding compensation should ensure that the quality of air carriers' services is maintained in a context of increased competition;
Whereas an air carrier should be obliged to establish rules for boarding in the event of an overbooked flight;
Whereas in the event of boarding being denied the rights of passengers should be defined;
Whereas air carriers should be obliged to pay compensation and to provide additional services to passengers who are denied boarding;
Whereas passengers should be clearly informed about applicable rules,
HAS ADOPTED THE REGULATION:

Article 1

This Regulation establishes common minimum rules applicable where passengers are denied access to an overbooked scheduled flight for which they have a valid ticket and a confirmed reservation departing from an airport located in the territory of a Member State to which the Treaty applies, irrespective of the State where the air carrier is established, the nationality of the passenger and the point of destination.

Article 2

For the purposes of this Regulation:
(a) 'denied boarding' means a refusal to accommodate passengers on a flight although they have:
– a valid ticket,
– a confirmed reservation on that flight, and
– presented themselves for check-in within the required time limit and as stipulated;

---

[1] OJ No C 129, 24. 5. 1990, p. 15.
[2] OJ No C 19, 28. 1. 1991.
[3] OJ No C 31, 6. 2. 1991.

(b) 'confirmed reservation' means that a ticket sold by the air carrier or its authorised travel agent contains:
– a specification of the number, date and time of the flight, and
– the notation 'OK', or any other entry, in the appropriate space on the ticket signifying the registration by the air carrier as well as the express confirmation by the air carrier of the reservation;
(c) 'scheduled flight' means a flight possessing all of the following characteristics:
– it is performed by aircraft for the transport of passengers or passengers and cargo and/or mail for remuneration, in such a manner that, for each flight, seats are available for purchase by members of the public, either directly from the carrier or from its authorised agents,
– it is operated to serve traffic between two or more points, either:
(i) according to a published timetable; or
(ii) with flights so regular or frequent that they constitute a recognisably systematic series;
(d) 'overbooked flight' means a flight where the number of passengers holding a confirmed reservation and presenting themselves for check-in within the required time limit and as stipulated exceeds the number of available seats on that flight;
(e) 'volunteer' means a person who has:
– a valid ticket,
– a confirmed reservation, and
– presented himself for check-in within the required time limit and as stipulated and who responds positively to the air carrier's call for passengers being prepared to surrender their confirmed reservation in exchange for compensation;
(f) 'final destination' means the destination on the flight coupon presented at the check-in counter or, in the case of successive flights, on the last flight coupon of the ticket. Connecting flights which can be carried out without difficulties although a delay has been caused by denied boarding are not taken into account.

Article 3

1. The air carrier must lay down the rules which it will follow for boarding in the event of an overbooked flight. It shall notify these rules and any changes therein to the Member State concerned and to the Commission, which shall make them available to the other Member States. Any such changes shall enter into force one month after their notification.
2. The rules referred to in paragraph 1 shall be made available to the public at the carrier's agencies and check-in counters.
3. The rules referred to in paragraph 1 should include the possibility of a call for volunteers prepared not to board.
4. In any event the air carrier should take into consideration the interests of passengers who must be given boarding priority for legitimate reasons, such as handicapped persons and unaccompanied children.

Article 4

1. In the event of boarding being denied, a passenger shall have the choice between:
– reimbursement without penalty of the cost of the ticket for the part of the journey not made, or

– re-routing to his final destination at the earliest opportunity, or
– re-routing at a later date at the passenger's convenience.
2. Irrespective of the passenger's choice mentioned in the case referred to in paragraph 1, the air carrier shall, immediately after boarding has been denied, pay minimum compensation, without prejudice to paragraphs 3 and 4, amounting to:
– ECU 150 for flights of up to 3 500 km,
– ECU 300 for flights of more than 3 500 km,
having regard to the final destination specified in the ticket.
3. Where the air carrier offers re-routing to the final destination on an alternative flight, the arrival time of which does not exceed the scheduled arrival time of the flight originally booked by two hours for flights of up to 3 500 km, and by four hours for flights of more than 3 500 km, the compensation provided for in paragraph 2 above may be reduced by 50 %.
4. The amounts of compensation need not exceed the price of the ticket in respect of the final destination.
5. The compensation shall be paid in cash or, in agreement with the passenger, in travel vouchers and/or other services.
6. If, on an overbooked flight, a passenger agrees to be placed in a class lower than that for which a ticket has been purchased, he shall be entitled to reimbursement of the difference in price.
7. The distances given in paragraphs 2 and 3 shall be measured by the great circle track method (great circle route).

Article 5

1. In the event of boarding being denied on a flight sold as part of a package tour, the air carrier shall be obliged to compensate the tour operator who has concluded a contract with the passenger and who is liable to him for the proper performance of the contract for the said package tour under Council Directive 90/314/EEC of 13 June 1990 on package travel, package holidays and package tours[4].
2. Without prejudice to the rights and obligations arising under Directive 90/314/EEC, the tour operator shall be obliged to pass on to the passenger the sums collected under paragraph 1.

Article 6

1. Apart from the minimum compensation amounts set out in Article 4, the air carrier shall offer free of charge to passengers who are denied boarding:
(a) the expenses for a telephone call and/or telex/fax message to the point of destination;
(b) meals and refreshments in a reasonable relation to the waiting time;
(c) hotel accommodation in cases where an additional stay of one or more nights is necessary.
2. When a town, city or region is served by several airports and an air carrier offers a passenger, who has been denied boarding, a flight to an airport other than the destination airport that the passenger had booked, the cost of travelling between

---

[4] OJ No L 158, 23. 6. 1990, p. 59

the alternative airports or to an alternative close-by destination, agreed with the passenger, shall be borne by the air carrier.

Article 7
The air carrier shall not be obliged to pay denied-boarding compensation in cases where the passenger is travelling free of charge or at reduced fares not available directly or indirectly to the public.

Article 8
Air carriers shall provide each passenger affected by denied boarding with a form setting out the denied-boarding compensation rules.

Article 9
1. This Regulation shall apply without prejudice to subsequent application to the courts having jurisdiction with a view to further compensation.
2. Paragraph 1 shall not apply to the volunteers as defined in Article 2 (e) who have accepted compensation under the rules referred to in Article 3.

Article 10
This Regulation shall enter into force two months after the date of its publication in the Official Journal of the European Communities. This Regulation shall be binding in its entirety and directly applicable in all Member States.

6. Directive of the European Parliament and of the Council of 27 January 1997 on cross-border credit transfers (97/5/EC)

Official Journal L 043, 14/02/1997, p. 25–31

THE EUROPEAN PARLIAMENT AND THE COUNCIL OF THE EUROPEAN UNION,

Having regard to the Treaty establishing the European Community, and in particular Article 100a thereof, Having regard to the proposal from the Commission[1], Having regard to the opinion of the Economic and Social Committee[2], Having regard to the opinion of the European Monetary Institute, Acting in accordance with the procedure laid down in Article 189b of the Treaty[3] in the light of the joint text approved on 22 November 1996 by the Conciliation Committee,

(1) Whereas the volume of cross-border payments is growing steadily as completion of the internal market and progress towards full economic and monetary union lead to greater trade and movement of people within the Community; whereas cross-border credit transfers account for a substantial part of the volume and value of cross-border payments;

(2) Whereas it is essential for individuals and businesses, especially small and medium-sized enterprises, to be able to make credit transfers rapidly, reliably and cheaply from one part of the Community to another; whereas, in conformity with the Commission Notice on the application of the EC competition rules to cross-border credit transfers[4], greater competition in the market for cross-border credit transfers should lead to improved services and reduced prices;

(3) Whereas this Directive seeks to follow up the progress made towards completion of the internal market, in particular towards liberalisation of capital movements, with a view to the implementation of economic and monetary union; whereas its provisions must apply to credit transfers in the currencies of the Member States and in ecus;

(4) Whereas the European Parliament, in its resolution of 12 February 1993[5], called for a Council Directive to lay down rules in the area of transparency and performance of cross-border payments;

(5) Whereas the issues covered by this Directive must be dealt with separately from the systemic issues which remain under consideration within the Commission; whereas it may become necessary to make a further proposal to cover these systemic issues, particularly the problem of settlement finality;

(6) Whereas the purpose of this Directive is to improve cross-border credit transfer services and thus assist the European Monetary Institute (EMI) in its task of promoting the efficiency of cross-border payments with a view to the preparation of the third stage of economic and monetary union;

(7) Whereas, in line with the objectives set out in the second recital, this Directive should apply to any credit transfer of an amount of less than ECU 50 000;

---

[1] OJ No C 360, 17. 12. 1994, p. 13, and OJ No C 199, 3. 8. 1995, p. 16.
[2] OJ No C 236, 11. 9. 1995, p. 1.
[3] Opinion of the European Parliament of 19 May 1995 (OJ No C 151, 19. 6. 1995, p. 370), Council common position of 4 December 1995 (OJ No C 353, 30. 12. 1995, p. 52) and Decision of the European Parliament of 13 March 1996 (OJ No C 96, 1. 4. 1996, p. 74). Decision of the Council of 19 December 1996 and Decision of the European Parliament of 16 January 1997.
[4] OJ No C 251, 27. 9. 1995, p. 3.
[5] OJ No C 72, 15. 3. 1993, p. 158.

(8) Whereas, having regard to the third paragraph of Article 3b of the Treaty, and with a view to ensuring transparency, this Directive lays down the minimum requirements needed to ensure an adequate level of customer information both before and after the execution of a cross-border credit transfer; whereas these requirements include indication of the complaints and redress procedures offered to customers, together with the arrangements for access thereto; whereas this Directive lays down minimum execution requirements, in particular in terms of performance, which institutions offering cross-border credit transfer services should adhere to, including the obligation to execute a cross-border credit transfer in accordance with the customer's instructions; whereas this Directive fulfils the conditions deriving from the principles set out in Commission Recommendation 90/109/EEC of 14 February 1990 on the transparency of banking conditions relating to cross-border financial transactions[6]; whereas this Directive is without prejudice to Council Directive 91/308/EEC of 10 June 1991 on prevention of the use of the financial system for the purpose of money laundering[7];

(9) Whereas this Directive should contribute to reducing the maximum time taken to execute a cross-border credit transfer and encourage those institutions which already take a very short time to do so to maintain that practice;

(10) Whereas the Commission, in the report it will submit to the European Parliament and the Council within two years of implementation of this Directive, should particularly examine the time-limit to be applied in the absence of a time-limit agreed between the originator and his institution, taking into account both technical developments and the situation existing in each Member State;

(11) Whereas there should be an obligation upon institutions to refund in the event of a failure to successfully complete a credit transfer; whereas the obligation to refund imposes a contingent liability on institutions which might, in the absence of any limit, have a prejudicial effect on solvency requirements; whereas that obligation to refund should therefore be applicable up to ECU 12 500;

(12) Whereas Article 8 does not affect the general provisions of national law whereby an institution has responsibility towards the originator when a cross-border credit transfer has not been completed because of an error committed by that institution;

(13) Whereas it is necessary to distinguish, among the circumstances with which institutions involved in the execution of a cross-border credit transfer may be confronted, including circumstances relating to insolvency, those caused by force majeure; whereas for that purpose the definition of force majeure given in Article 4 (6) of Directive 90/314/EEC of 13 June 1990 on package travel, package holidays and package tours[8] should be taken as a basis;

(14) Whereas there need to be adequate and effective complaints and redress procedures in the Member States for the settlement of possible disputes between customers and institutions, using existing procedures where appropriate,

HAVE ADOPTED THIS DIRECTIVE:

Section I. Scope and definitions

Article 1. Scope

The provisions of this Directive shall apply to cross-border credit transfers in the

---

[6] OJ No L 67, 15. 3. 1990, p. 39.
[7] OJ No L 166, 28. 6. 1991, p. 77.
[8] OJ No L 158, 23. 6. 1990, p. 59.

currencies of the Member States and the ECU up to the equivalent of ECU 50 000 ordered by persons other than those referred to in Article 2 (a), (b) and (c) and executed by credit institutions or other institutions.

Article 2. Definitions

For the purposes of this Directive:

(a) 'credit institution' means an institution as defined in Article 1 of Council Directive 77/780/EEC[9], and includes branches, within the meaning of the third indent of that Article and located in the Community, of credit institutions which have their head offices outside the Community and which by way of business execute cross-border credit transfers;

(b) 'other institution' means any natural or legal person, other than a credit institution, that by way of business executes cross-border credit transfers;

(c) 'financial institution' means an institution as defined in Article 4 (1) of Council Regulation (EC) No 3604/93 of 13 December 1993 specifying definitions for the application of the prohibition of privileged access referred to in Article 104a of the Treaty[10];

(d) 'institution' means a credit institution or other institution; for the purposes of Articles 6, 7 and 8, branches of one credit institution situated in different Member States which participate in the execution of a cross-border credit transfer shall be regarded as separate institutions;

(e) 'intermediary institution' means an institution which is neither that of the originator nor that of the beneficiary and which participates in the execution of a cross-border credit transfer;

(f) 'cross-border credit transfer' means a transaction carried out on the initiative of an originator via an institution or its branch in one Member State, with a view to making available an amount of money to a beneficiary at an institution or its branch in another Member State; the originator and the beneficiary may be one and the same person;

(g) 'cross-border credit transfer order' means an unconditional instruction in any form, given directly by an originator to an institution to execute a cross-border credit transfer;

(h) 'originator' means a natural or legal person that orders the making of a cross-border credit transfer to a beneficiary;

(i) 'beneficiary' means the final recipient of a cross-border credit transfer for whom the corresponding funds are made available in an account to which he has access;

(j) 'customer' means the originator or the beneficiary, as the context may require;

(k) 'reference interest rate' means an interest rate representing compensation and established in accordance with the rules laid down by the Member State in which the establishment which must pay the compensation to the customer is situated;

(l) 'date of acceptance' means the date of fulfilment of all the conditions required by the institution as to the execution of the cross-border credit transfer order and relating to the availability of adequate financial cover and the information required to execute that order.

---

[9] OJ No L 322, 17. 12. 1977, p. 30. Directive as last amended by Directive 95/26/EC (OJ No L 168, 18. 7. 1995, p. 7).
[10] OJ No L 332, 31. 12. 1993, p. 4.

Section II. Transparency of conditions for cross-boarder credit transfers

Article 3. Prior information on conditions for cross-border credit transfers
The institutions shall make available to their actual and prospective customers in writing, including where appropriate by electronic means, and in a readily comprehensible form, information on conditions for cross-border credit transfers. This information shall include at least:
– indication of the time needed, when a cross-border credit transfer order given to the institution is executed, for the funds to be credited to the account of the beneficiary's institution; the start of that period must be clearly indicated,
– indication of the time needed, upon receipt of a cross-border credit transfer, for the funds credited to the account of the institution to be credited to the beneficiary's account,
– the manner of calculation of any Commission fees and charges payable by the customer to the institution, including where appropriate the rates,
– the value date, if any, applied by the institution,
– details of the complaint and redress procedures available to the customer and arrangements for access to them,
– indication of the reference exchange rates used.

Article 4. Information subsequent to a cross-border credit transfer
The institutions shall supply their customers, unless the latter expressly forgo this, subsequent to the execution or receipt of a cross-border credit transfer, with clear information in writing, including where appropriate by electronic means, and in a readily comprehensible form. This information shall include at least:
– a reference enabling the customer to identify the cross-border credit transfer,
– the original amount of the cross-border credit transfer,
– the amount of all charges and Commission fees payable by the customer,
– the value date, if any, applied by the institution.
Where the originator has specified that the charges for the cross-border credit transfer are to be wholly or partly borne by the beneficiary, the latter shall be informed thereof by his own institution.
Where any amount has been converted, the institution which converted it shall inform its customer of the exchange rate used.

Section III. Minimum obligations of institutions in Respect of cross-border credit transfers

Article 5. Specific undertakings by the institution
Unless it does not wish to do business with that customer, an institution must at a customer's request, for a cross-border credit transfer with stated specifications, give an undertaking concerning the time needed for execution of the transfer and the Commission fees and charges payable, apart from those relating to the exchange rate used.

Article 6. Obligations regarding time taken
1. The originator's institution shall execute the cross-border credit transfer in question within the time limit agreed with the originator.

6. Cross-border credit transfers

Where the agreed time limit in not complied with or, in the absence of any such time limit, where, at the end of the fifth banking business day following the date of acceptance of the cross-border credit transfer order, the funds have not been credited to the account of the beneficiary's institution, the originator's institution shall compensate the originator.

Compensation shall comprise the payment of interest calculated by applying the reference rate of interest to the amount of the cross-border credit transfer for the period from:
– the end of the agreed time limit or, in the absence of any such time limit, the end of the fifth banking business day following the date of acceptance of the cross-border credit transfer order, to
– the date on which the funds are credited to the account of the beneficiary's institution.

Similarly, where non-execution of the cross-border credit transfer within the time limit agreed or, in the absence of any such time limit, before the end of the fifth banking business day following the date of acceptance of the cross-border credit transfer is attributable to an intermediary institution, that institution shall be required to compensate the originator's institution.

2. The beneficiary's institution shall make the funds resulting from the cross-border credit transfer available to the beneficiary within the time limit agreed with the beneficiary.

Where the agreed time limit is not complied with or, in the absence of any such time limit, where, at the end of the banking business day following the day on which the funds were credited to the account of the beneficiary's institution, the funds have not been credited to the beneficiary's account, the beneficiary's institution shall compensate the beneficiary.

Compensation shall comprise the payment of interest calculated by applying the reference rate of interest to the amount of the cross-border credit transfer for the period from:
– the end of the agreed time limit or, in the absence of any such time limit, the end of the banking business day following the day on which the funds were credited to the account of the beneficiary's institution, to
– the date on which the funds are credited to the beneficiary's account.

3. No compensation shall be payable pursuant to paragraphs 1 and 2 where the originator's institution or, as the case may be, the beneficiary's institution can establish that the delay is attributable to the originator or, as the case may be, the beneficiary.

4. Paragraphs 1, 2 and 3 shall be entirely without prejudice to the other rights of customers and institutions that have participated in the execution of a cross-border credit transfer order.

Article 7. Obligation to execute the cross-border transfer in accordance with instructions

1. The originator's institution, any intermediary institution and the beneficiary's institution, after the date of acceptance of the cross-border credit transfer order, shall each be obliged to execute that credit transfer for the full amount thereof unless the originator has specified that the costs of the cross-border credit transfer are to be borne wholly or partly by the beneficiary.

The first subparagraph shall be without prejudice to the possibility of the beneficiary's institution levying a charge on the beneficiary relating to the administration of his account, in accordance with the relevant rules and customs. However, such a charge may not be used by the institution to avoid the obligations imposed by the said subparagraph.

2. Without prejudice to any other claim which may be made, where the originator's institution or an intermediary institution has made a deduction from the amount of the cross-border credit transfer in breach of paragraph 1, the originator's institution shall, at the originator's request, credit, free of all deductions and at its own cost, the amount deducted to the beneficiary unless the originator requests that the amount be credited to him.

Any intermediary institution which has made a deduction in breach of paragraph 1 shall credit the amount deducted, free of all deductions and at its own cost, to the originator's institution or, if the originator's institution so requests, to the beneficiary of the cross-border credit transfer.

3. Where a breach of the duty to execute the cross-border credit transfer order in accordance with the originator's instructions has been caused by the beneficiary's institution, and without prejudice to any other claim which may be made, the beneficiary's institution shall be liable to credit to the beneficiary, at its own cost, any sum wrongly deducted.

Article 8. Obligation upon institutions to refund in the event of non-execution of transfers

1. If, after a cross-border credit transfer order has been accepted by the originator's institution, the relevant amounts are not credited to the account of the beneficiary's institution, and without prejudice to any other claim which may be made, the originator's institution shall credit the originator, up to ECU 12 500, with the amount of the cross-border credit transfer plus:

– interest calculated by applying the reference interest rate to the amount of the cross-border credit transfer for the period between the date of the cross-border credit transfer order and the date of the credit, and

– the charges relating to the cross-border credit transfer paid by the originator.

These amounts shall be made available to the originator within fourteen banking business days following the date of his request, unless the funds corresponding to the cross-border credit transfer have in the meantime been credited to the account of the beneficiary's institution.

Such a request may not be made before expiry of the time limit agreed between the originator's institution and the originator for the execution of the cross-border credit transfer order or, in the absence of any such time limit, before expiry of the time limit laid down in the second subparagraph of Article 6 (1).

Similarly, each intermediary institution which has accepted the cross-border credit transfer order owes an obligation to refund at its own cost the amount of the credit transfer, including the related costs and interest, to the institution which instructed it to carry out the order. If the cross-border credit transfer was not completed because of errors or omissions in the instructions given by that institution, the intermediary institution shall endeavour as far as possible to refund the amount of the transfer.

6. Cross-border credit transfers

2. By way of derogation from paragraph 1, if the cross-border credit transfer was not completed because of its non-execution by an intermediary institution chosen by the beneficiary's institution, the latter institution shall be obliged to make the funds available to the beneficiary up to ECU 12 500.

3. By way of derogation from paragraph 1, if the cross-border credit transfer was not completed because of an error or omission in the instructions given by the originator to his institution or because of non-execution of the cross-border credit transfer by an intermediary institution expressly chosen by the originator, the originator's institution and the other institutions involved shall endeavour as far as possible to refund the amount of the transfer.

Where the amount has been recovered by the originator's institution, it shall be obliged to credit it to the originator. The institutions, including the originator's institution, are not obliged in this case to refund the charges and interest accruing, and can deduct the costs arising from the recovery if specified.

Article 9. Situation of force majeure

Without prejudice to the provisions of Directive 91/308/EEC, institutions participating in the execution of a cross-border credit transfer order shall be released from the obligations laid down in this Directive where they can adduce reasons of force majeure, namely abnormal and unforeseeable circumstances beyond the control of the person pleading force majeure, the consequences of which would have been unavoidable despite all efforts to the contrary, which are relevant to its provisions.

Article 10. Settlement of disputes

Member States shall ensure that there are adequate and effective complaints and redress procedures for the settlement of disputes between an originator and his institution or between a beneficiary and his institution, using existing procedures where appropriate.

Section IV. Final provisions

Article 11. Implementation

1. Member States shall bring into force the laws, regulations and administrative provisions necessary to comply with this Directive by 14 August 1999 at the latest. They shall forthwith inform the Commission thereof.

When Member States adopt these provisions, they shall contain a reference to this Directive or shall be accompanied by such reference on the occasion of their official publication. The methods of making such reference shall be laid down by Member States.

2. Member States shall communicate to the Commission the text of the main laws, regulations or administrative provisions which they adopt in the field governed by this Directive.

Article 12. Report to the European Parliament and the Council

No later than two years after the date of implementation of this Directive, the Commission shall submit a report to the European Parliament and the Council on the application of this Directive, accompanied where appropriate by proposals for its revision.

This report shall, in the light of the situation existing in each Member State and of the technical developments that have taken place, deal particularly with the question of the time limit set in Article 6 (1).

Article 13. Entry into force
This Directive shall enter into force on the date of its publication in the Official Journal of the European Communities.

Article 14. Addressees
This Directive is addressed to the Member States.

Joint statement – by the European Parliament, the Council and the Commission
The European Parliament, the Council and the Commission note the determination of the Member States to implement the laws, regulations and administrative provisions required to comply with this Directive by 1 January 1999.

7. Council Directive of 10 May 1993 on investment services in the securities field (93/22/EEC)

Official Journal L 141, 11/06/1993, p. 27–46 as amended by: Directive 95/26/EC of 29 June 1995 (Official Journal L 168, 18/07/1995, p. 07–13), Directive 97/9/EC of 3 March 1997 (Official Journal L 084, 26/03/1997, p. 22–31) and Directive 2000/64/EC of 7 November 2000 (Official Journal L 290, 17/11/2000, p. 27–28)

THE COUNCIL OF THE EUROPEAN COMMUNITIES,
Having regard to the Treaty establishing the European Economic Community, and in particular Article 57 (2) thereof, Having regard to the proposal from the Commission[1], In co-operation with the European Parliament[2], Having regard to the opinion of the Economic and Social Committee[3],
Whereas this Directive constitutes an instrument essential to the achievement of the internal market, a course determined by the Single European Act and set out in timetable form in the Commission's White Paper, from the point of view both of the right of establishment and of the freedom to provide financial services, in the field of investment firms;
Whereas firms that provide the investment services covered by this Directive must be subject to authorisation by their home Member States in order to protect investors and the stability of the financial system;
Whereas the approach adopted is to effect only the essential harmonisation necessary and sufficient to secure the mutual recognition of authorisation and of prudential supervision systems, making possible the grant of a single authorisation valid throughout the Community and the application of the principle of home Member State supervision; whereas, by virtue of mutual recognition, investment firms authorised in their home Member States may carry on any or all of the services covered by this Directive for which they have received authorisation throughout the Community by establishing branches or under the freedom to provide services;
Whereas the principles of mutual recognition and of home Member State supervision require that the Member States' competent authorities should not grant or should withdraw authorisation where factors such as the content of programmes of operations, the geographical distribution or the activities actually carried on indicate clearly that an investment firm has opted for the legal system of one Member State for the purpose of evading the stricter standards in force in another Member State within the territory of which it intends to carry on or does carry on the greater part of its activities; whereas, for the purposes of this Directive, an investment firm which is a legal person must be authorised in the Member State in which it has its registered office; whereas an investment firm which is not a legal person must be authorised in the Member State in which it has its head office; whereas, in addition, Member States must require that an investment firm's head office must always be situated in its home Member State and that it actually operates there;
Whereas it is necessary, for the protection of investors, to guarantee the internal supervision of every firm, either by means of two-man management or, where that is not required by this Directive, by other mechanisms that ensure an equivalent result;
Whereas in order to guarantee fair competition, it must be ensured that investment firms that are not credit institutions have the same freedom to create branches and provide services across frontiers as is provided for by the Second Council Directive (89/646/EEC) of

---

[1] OJ No C 43, 22. 2. 1989, p. 7; and OJ No C 42, 22. 2. 1990, p. 7.
[2] OJ No C 304, 4. 12. 1989, p. 39; and OJ No C 115, 26. 4. 1993.
[3] OJ No C 298, 27. 11. 1989, p. 6.

15 December 1989 on the co-ordination of laws, regulations and administrative provisions relating to the taking up and pursuit of the business of credit institutions[4];
Whereas an investment firm should not be able to invoke this Directive in order to carry out spot or forward exchange transactions other than as services connected with the provision or investment services; whereas, therefore, the use of a branch solely for such foreign-exchange transactions would constitute misuse of the machinery of this Directive;
Whereas an investment firm authorised in its home Member State may carry on business throughout the Community by whatever means it deems appropriate; whereas, to that end it may, if it deems it necessary, retain tied agents to receive and transmit orders for its account and under its full and unconditional responsibility; whereas, in these circumstances, such agents' business must be regarded as that of the firm; whereas, moreover, this Directive does not prevent a home Member State from making the status of such agents subject to special requirements; whereas should the investment firm carry on cross-border business, the host Member State must treat those agents as being the firm itself; whereas, moreover, the door-to-door selling of transferable securities should not be covered by this Directive and the regulation thereof should remain a matter for national provisions;
Whereas 'transferable securities' means those classes of securities which are normally dealt in on the capital market, such as government securities, shares in companies, negotiable securities giving the right to acquire shares by subscription or exchange, depositary receipts, bonds issued as part of a series, index warrants and securities giving the right to acquire such bonds by subscription;
Whereas 'money-market instruments' means those classes of instruments which are normally dealt in on the money market such as treasury bills, certificates of deposit and commercial paper;
Whereas the very wide definitions of transferable securities and money-market instruments included in this Directive are valid only for this Directive and consequently in no way affect the various definitions of financial instruments used in national legislation for other purposes such as taxation; whereas, furthermore, the definition of transferable securities covers negotiable instruments only; whereas, consequently, shares and other securities equivalent to shares issued by bodies such as building societies and industrial and provident societies, ownership of which cannot in practice be transferred except by the issuing body's buying them back, are not covered by this definition;
Whereas 'instrument equivalent to a financial-futures contract' means a contract which is settled by a payment in cash calculated by reference to fluctuations in interest or exchange rates, the value of any instrument listed in Section B of the Annex or an index of any such instruments;
Whereas, for the purposes of this Directive, the business of the reception and transmission of orders also includes bringing together two or more investors thereby bringing about a transaction between those investors;
Whereas no provision in this Directive affects the Community provisions or, failing such, the national provisions regulating public offers of the instruments covered by this Directive; whereas the same applies to the marketing and distribution of such instruments;
Whereas Member States retain full responsibility for implementing their own monetary-policy measures, without prejudice to the measures necessary to strengthen the European Monetary System;

---

[4] OJ No L 386, 30. 12. 1989, p. 1. Directive as last amended by Directive 92/30/EEC (OJ No L 110, 28. 4. 1992, p. 52).

7. Investment services in the securities field

Whereas it is necessary to exclude insurance undertakings the activities of which are subject to appropriate monitoring by the competent prudential-supervision authorities and which are co-ordinated at Community level and undertakings carrying out reinsurance and retrocession activities;

Whereas undertakings which do not provide services for third parties but the business of which consists in providing investment services solely for their parent undertakings, for their subsidiaries, or for other subsidiaries of their parent undertakings should not be covered by this Directive;

Whereas the purpose of this Directive is to cover undertakings the normal business of which is to provide third parties with investment services on a professional basis; whereas its scope should not therefore cover any person with a different professional activity (e. g. a barrister or solicitor) who provides investment services only on an incidental basis in the course of that other professional activity, provided that that activity is regulated and the relevant rules do not prohibit the provision, on an incidental basis, of investment services; whereas it is also necessary for the same reason to exclude from the scope of this Directive persons who provide investment services only for producers or users of commodities to the extent necessary for transactions in such products where such transactions constitute their main business;

Whereas firms which provide investment services consisting exclusively in the administration of employee-participation schemes and which therefore do not provide investment services for third parties should not be covered by this Directive;

Whereas it is necessary to exclude from the scope of this Directive central banks and other bodies performing similar functions as well as public bodies charged with or intervening in the management of the public debt, which concept covers the investment thereof; whereas, in particular, this exclusion does not cover bodies that are partly or wholly State-owned the role of which is commercial or linked to the acquisition of holdings;

Whereas it is necessary to exclude from the scope of this Directive any firms or persons whose business consists only of receiving and transmitting orders to certain counterparties and who do not hold funds or securities belonging to their clients; whereas, therefore, they will not enjoy the right of establishment and freedom to provide services under the conditions laid down in this Directive, being subject, when they wish to operate in another Member State, to the relevant provisions adopted by that State;

Whereas it is necessary to exclude from the scope of this Directive collective investment undertakings whether or not co-ordinated at Community level, and the depositaries or managers of such undertakings, since they are subject to specific rules directly adapted to their activities;

Whereas, where associations created by a Member State's pension funds to permit the management of their assets confine themselves to such management and do not provide investment services for third parties, and where the pension funds are themselves subject to the control of the authorities charged with monitoring insurance undertakings, it does not appear to be necessary to subject such associations to the conditions for taking up business and for operation imposed by this Directive;

Whereas this Directive should not apply to 'agenti di cambio' as defined by Italian law since they belong to a category the authorisation of which is not to be renewed, their activities are confined to the national territory and they do not give rise to a risk of the distortion of competition;

Whereas the rights conferred on investment firms by this Directive are without prejudice to the right of Member States, central banks and other national bodies performing similar functions to choose their counterparties on the basis of objective, non-discriminatory criteria;

Whereas responsibility for supervising the financial soundness of an investment firm will rest with the competent authorities of its home Member State pursuant to Council Directive 93/6/EEC of 15 March 1993 on the capital adequacy of investment firms and credit institutions[5], which co-ordinates the rules applicable to market risk;

Whereas a home Member State may, as a general rule, establish rules stricter than those laid down in this Directive, in particular as regards authorisation conditions, prudential requirements and the rules of reporting and transparency;

Whereas the carrying on of activities not covered by this Directive is governed by the general provisions of the Treaty on the right of establishment and the freedom to provide services;

Whereas in order to protect investors an investor's ownership and other similar rights in respect of securities and his rights in respect of funds entrusted to a firm should in particular be protected by being kept distinct from those of the firm; whereas this principle does not, however, prevent a firm from doing business in its name but on behalf of the investor, where that is required by the very nature of the transaction and the investor is in agreement, for example stock lending;

Whereas the procedures for the authorisation of branches of investment firms authorised in third countries will continue to apply to such firms; whereas those branches will not enjoy the freedom to provide services under the second paragraph of Article 59 of the Treaty or the right of establishment in Member States other than those in which they are established; whereas, however, requests for the authorisation of subsidiaries or of the acquisition of holdings by undertakings governed by the laws of third countries are subject to a procedure intended to ensure that Community investment firms receive reciprocal treatment in the third countries in question;

Whereas the authorisations granted to investment firms by the competent national authorities pursuant to this Directive will have Community-wide, and no longer merely nationwide application, and existing reciprocity clauses will henceforth have no effect; whereas a flexible procedure is therefore needed to make it possible to assess reciprocity on a Community basis; whereas the aim of this procedure is not to close the Community's financial markets but rather, as the Community intends to keep its financial markets open to the rest of the world, to improve the liberalisation of the global financial markets in third countries; whereas, to that end, this Directive provides for procedures for negotiating with third countries and, as a last resort, for the possibility of taking measures involving the suspension of new applications for authorisation and the restriction of new authorisations;

Whereas one of the objectives of this Directive is to protect investors; whereas it is therefore appropriate to take account of the different requirements for protection of various categories of investors and of their levels of professional expertise;

Whereas the Member States must ensure that there are no obstacles to prevent activities that receive mutual recognition from being carried on in the same manner as in the home Member State, as long as they do not conflict with laws and regulations protecting the general good in force in the host Member State;

Whereas a Member State may not limit the right of investors habitually resident or established in that Member State to avail themselves of any investment service provided by an investment firm covered by this Directive situated outside that Member State and acting outwith that Member State;

Whereas in certain Member States clearing and settlement functions may be performed by bodies separate from the markets on which transactions are effected; whereas, accordingly, any reference in this Directive to access to and membership of regulated markets

---

[5] See page 1 of this Official Journal.

should be read as including references to access to and membership of bodies performing clearing and settlement functions for regulated markets;
Whereas each Member State must ensure that within its territory, treatment of all investment firms authorised in any Member State and likewise all financial instruments listed on the Member States' regulated markets is non-discriminatory; whereas investment firms must all have the same opportunities of joining or having access to regulated markets; whereas, regardless of the manner in which transactions are at present organised in the Member States, it is therefore important, subject to the conditions imposed by this Directive, to abolish the technical and legal restrictions on access to the regulated markets within the framework of this Directive;
Whereas some Member States authorise credit institutions to become members of their regulated markets only indirectly, by setting up specialised subsidiaries; whereas the opportunity which this Directive gives credit institutions of becoming members of regulated markets directly without having to set up specialised subsidiaries constitutes a significant reform for those Member States and all its consequences should be reassessed in the light of the development of the financial markets; whereas, in view of those factors, the report which the Commission will submit to the Council on this matter no later than 31 December 1998 will have to take account of all the factors necessary for the Council to be able to reassess the consequences for those Member States, and in particular the danger of conflicts of interest and the level of protection afforded to investors;
Whereas it is of the greatest importance that the harmonisation of compensation systems be brought into effect on the same date as this Directive; whereas, moreover, until the date on which a Directive harmonising compensation systems is brought into effect, host Member States will be able to impose application of their compensation systems on investment firms including credit institutions authorised by other Member States, where the home Member States have no compensation systems or where their systems do not offer equivalent levels of protection;
Whereas the structure of regulated markets must continue to be governed by national law, without thereby forming an obstacle to the liberalisation of access to the regulated markets of host Member States for investment firms authorised to provide the services concerned in their home Member States; whereas, pursuant to that principle, the law of the Federal Republic of Germany and the law of the Netherlands govern the activities Kursmakler and hoekmannen respectively so as to ensure that they do not exercise their functions in parallel with other functions; whereas it should be noted that Kursmakler and hoekmannen may not provide services in other Member States; whereas no one, whatever his home Member State, may claim to act as a Kursmakler or a hoekman without being subject to the same rules on incompatibility as result from the status of Kursmakler or hoekman;
Whereas it should be noted that this Directive cannot affect the measures taken pursuant to Council Directive 79/279/EEC of 5 March 1979 co-ordinating the conditions for the admission of securities to official stock-exchange listing[6];
Whereas the stability and sound operation of the financial system and the protection of investors presuppose that a host Member State has the right and responsibility both to prevent and to penalise any action within its territory by investment firms contrary to the rules of conduct and other legal or regulatory provisions it has adopted in the interest of the general good and to take action in emergencies; whereas, moreover, the competent authorities of the host Member State must, in discharging their responsibilities, be able to

---

[6] OJ No L 66, 16. 3. 1979, p. 21. Directive last amended by the Act of Accession of Spain and Portugal.

count on the closest co-operation with the competent authorities of the home Member State, particularly as regards business carried on under the freedom to provide services; whereas the competent authorities of the home Member State are entitled to be informed by the competent authorities of the host Member State of any measures involving penalties on an investment firm or restrictions on its activities which the latter have taken vis-à-vis the investment firms which the former have authorised so as to be able to perform their function of prudential supervision efficiently; whereas to that end co-operation between the competent authorities of home and host Member States must be ensured;

Whereas, with the two-fold aim of protecting investors and ensuring the smooth operation of the markets in transferable securities, it is necessary to ensure that transparency of transactions is achieved and that the rules laid down for that purpose in this Directive for regulated markets apply both to investment firms and to credit institutions when they operate on the market;

Whereas examination of the problems arising in the areas covered by the Council Directives on investment services and securities, as regards both the application of existing measures and the possibility of closer co-ordination in the future, requires co-operation between national authorities and the Commission within a committee; whereas the establishment of such a committee does not rule out other forms of co-operation between supervisory authorities in this field;

Whereas technical amendments to the detailed rules laid down in this Directive may from time to time be necessary to take account of new developments in the investment-services sector; whereas the Commission will make such amendments as are necessary, after referring the matter to the committee to be set up in the securities-markets field,

HAS ADOPTED THIS DIRECTIVE:

Title I. Definitions and scope

Article 1

For the purposes of this Directive:
1. investment service shall mean any of the services listed in Section A of the Annex relating to any of the instruments listed in Section B of the Annex that are provided for a third party;
2. investment firm shall mean any legal person the regular occupation or business of which is the provision of investment services for third parties on a professional basis.

For the purposes of this Directive, Member States may include as investment firms undertakings which are not legal persons if:
– their legal status ensures a level of protection for third parties' interests equivalent to that afforded by legal persons, and
– they are subject to equivalent prudential supervision appropriate to their legal form.

However, where such natural persons provide services involving the holding of third parties' funds or transferable securities, they may be considered as investment firms for the purposes of this Directive only if, without prejudice to the other requirements imposed in this Directive and in Directive 93/6/EEC, they comply with the following conditions:
– the ownership rights of third parties in instruments and funds belonging to them must be safeguarded, especially in the event of the insolvency of a firm or of its

proprietors, seizure, set-off or any other action by creditors of the firm or of its proprietors,
- an investment firm must be subject to rules designed to monitor the firm's solvency and that of its proprietors,
- an investment firm's annual accounts must be audited by one or more persons empowered, under national law, to audit accounts,
- where a firm has only one proprietor, he must make provision for the protection of investors in the event of the firm's cessation of business following his death, his incapacity or any other such event.

No later than 31 December 1997 the Commission shall report on the application of the second and third subparagraphs of this point and, if appropriate, propose their amendment or deletion.

Where a person provides one of the services referred to in Section A (1) (a) of the Annex and where that activity is carried on solely for the account of and under the full and unconditional responsibility of an investment firm, that activity shall be regarded as the activity not of that person but of the investment firm itself;
3. credit institution shall mean a credit institution as defined in the first indent of Article 1 of Directive 77/780/EEC[7] with the exception of the institutions referred to in Article 2 (2) thereof;
4. transferable securities shall mean:
- shares in companies and other securities equivalent to shares in companies,
- bonds and other forms of securitised debt
which are negotiable on the capital market and
- any other securities normally dealt in giving the right to acquire any such transferable securities by subscription or exchange or giving rise to a cash settlement excluding instruments of payment;
5. money-market instruments shall mean those classes of instruments which are normally dealt in on the money market;
6. home Member State shall mean:
(a) where the investment firm is a natural person, the Member State in which his head office is situated;
(b) where the investment firm is a legal person, the Member State in which its registered office is situated or, if under its national law it has no registered office, the Member State in which its head office is situated;
(c) in the case of a market, the Member State in which the registered office of the body which provides trading facilities is situated or, if under its national law it has no registered office, the Member State in which that body's head office is situated;
7. host Member State shall mean the Member State in which an investment firm has a branch or provides services;
8. branch shall mean a place of business which is a part of an investment firm, which has no legal personality and which provides investment services for which the investment firm has been authorised; all the places of business set up in the same Member State by an investment firm with headquarters in another Member State shall be regarded as a single branch;

---

[7] OJ No L 322, 17. 12. 1977, p. 30. Directive last amended by Directive 89/646/EEC (OJ No L 386, 30. 12. 1989, p. 1).

9. competent authorities shall mean the authorities which each Member State designates under Article 22;
10. qualifying holding shall mean any direct or indirect holding in an investment firm which represents 10 % or more of the capital or of the voting rights or which makes it possible to exercise a significant influence over the management of the investment firm in which that holding subsists.
For the purposes of this definition, in the context of Articles 4 and 9 and of the other levels of holding referred to in Article 9, the voting rights referred to in Article 7 of Directive 88/627/EEC[8] shall be taken into account;
11. parent undertaking shall mean a parent undertaking as defined in Articles 1 and 2 of Directive 83/349/EEC[9];
12. subsidiary shall mean a subsidiary undertaking as defined in Articles 1 and 2 of Directive 83/349/EEC; any subsidiary of a subsidiary undertaking shall also be regarded as a subsidiary of the parent undertaking which is the ultimate parent of those undertakings;
13. regulated market shall mean a market for the instruments listed in Section B of the Annex which:
– appears on the list provided for in Article 16 drawn up by the Member State which is the home Member State as defined in Article 1 (6) (c),
– functions regularly,
– is characterised by the fact that regulations issued or approved by the competent authorities define the conditions for the operation of the market, the conditions for access to the market and, where Directive 79/279/EEC is applicable, the conditions governing admission to listing imposed in that Directive and, where that Directive is not applicable, the conditions that must be satisfied by a financial instrument before it can effectively be dealt in on the market,
– requires compliance with all the reporting and transparency requirements laid down pursuant to Articles 20 and 21;
14. control shall mean control as defined in Article 1 of Directive 83/349/EEC.

Article 2
1. This Directive shall apply to all investment firms. Only paragraph 4 of this Article and Articles 8 (2), 10, 11, 12, first paragraph, 14 (3) and (4), 15, 19 and 20, however, shall apply to credit institutions the authorisation of which, under Directives 77/780/EEC and 89/646/EEC, covers one or more of the investment services listed in Section A of the Annex to this Directive.
2. This Directive shall not apply to:
(a) insurance undertakings as defined in Article 1 of Directive 73/239/EEC[10] or Article 1 of Directive 79/267/EEC[11] or undertakings carrying on the reinsurance and retrocession activities referred to in Directive 64/225/EEC[12];

---

[8] OJ No L 348, 17. 12. 1988, p. 62.
[9] OJ No L 193, 18. 7. 1983, p. 1. Directive last amended by Directive 90/605/EEC (OJ No L 317, 16. 11. 1990, p. 60).
[10] OJ No L 228, 16. 8. 1973, p. 3. Directive last amended by Directive 90/619/EEC (OJ No L 330, 29. 11. 1990, p. 50).
[11] OJ No L 63, 13. 3. 1979, p. 1. Directive last amended by Directive 90/618/EEC (OJ No L 330, 29. 11. 1990, p. 44).
[12] OJ No 56, 4. 4. 1964, p. 878/64.

(b) firms which provide investment services exclusively for their parent undertakings, for their subsidiaries or for other subsidiaries of their parent undertakings;
(c) persons providing an investment service where that service is provided in an incidental manner in the course of a professional activity and that activity is regulated by legal or regulatory provisions or a code of ethics governing the profession which do not exclude the provision of that service;
(d) firms that provide investment services consisting exclusively in the administration of employee-participation schemes;
(e) firms that provide investment services that consist in providing both the services referred to in (b) and those referred to in (d);
(f) the central banks of Member States and other national bodies performing similar functions and other public bodies charged with or intervening in the management of the public debt;
(g) firms
– which may not hold clients' funds or securities and which for that reason may not at any time place themselves in debit with their clients, and
– which may not provide any investment service except the reception and transmission of orders in transferable securities and units in collective investment undertakings, and
– which in the course of providing that service may transmit orders only to
(i) investment firms authorised in accordance with this Directive;
(ii) credit institutions authorised in accordance with Directives 77/780/EEC and 89/646/ EEC;
(iii) branches of investment firms or of credit institutions which are authorised in a third country and which are subject to and comply with prudential rules considered by the competent authorities as at least as stringent as those laid down in this Directive, in Directive 89/646/EEC or in Directive 93/6/EEC;
(iv) collective investment undertakings authorised under the law of a Member State to market units to the public and to the managers of such undertakings;
(v) investment companies with fixed capital, as defined in Article 15 (4) of Directive 77/91/EEC[13], the securities of which are listed or dealt in on a regulated market in a Member State;
– the activities of which are governed at national level by rules or by a code of ethics;
(h) collective investment undertakings whether co-ordinated at Community level or not and the depositaries and managers of such undertakings;
(i) persons whose main business is trading in commodities amongst themselves or with producers or professional users of such products and who provide investment services only for such producers and professional users to the extent necessary for their main business;
(j) firms that provide investment services consisting exclusively in dealing for their own account on financial-futures or options markets or which deal for the accounts of other members of those markets or make prices for them and which are guaranteed by clearing members of the same markets. Responsibility for ensur-

---

[13] OJ No L 26, 30. 1. 1977, p. 1. Directive last amended by the Act of Accession of Spain and Portugal.

ing the performance of contracts entered into by such firms must be assumed by clearing members of the same markets;

(k) associations set up by Danish pension funds with the sole aim of managing the assets of pension funds that are members of those associations;

(l) 'agenti di cambio' whose activities and functions are governed by Italian Royal Decree No 222 of 7 March 1925 and subsequent provisions amending it, and who are authorised to carry on their activities under Article 19 of Italian Law No 1 of 2 January 1991.

3. No later than 31 December 1998 and at regular intervals thereafter the Commission shall report on the application of paragraph 2 in conjunction with Section A of the Annex and shall, where appropriate, propose amendments to the definition of the exclusions and the services covered in the light of the operation of this Directive.

4. The rights conferred by this Directive shall not extend to the provision of services as counterparty to the State, the central bank or other Member State national bodies performing similar functions in the pursuit of the monetary, exchange-rate, public-debt and reserves management policies of the Member State concerned.

Title II. Conditions for taking up business

Article 3

1. Each Member State shall make access to the business of investment firms subject to authorisation for investment firms of which it is the home Member State. Such authorisation shall be granted by the home Member State's competent authorities designated in accordance with Article 22. The authorisation shall specify the investment services referred to in Section A of the Annex which the undertaking is authorised to provide. The authorisation may also cover one or more of the non-core services referred to in Section C of the Annex. Authorisation within the meaning of this Directive may in no case be granted for services covered only by Section C of the Annex.

2. Each Member State shall require that:
– any investment firm which is a legal person and which, under its national law, has a registered office shall have its head office in the same Member State as its registered office,
– any other investment firm shall have its head office in the Member State which issued its authorisation and in which it actually carries on its business.

3. Without prejudice to other conditions of general application laid down by national law, the competent authorities shall not grant authorisation unless:
– an investment firm has sufficient initial capital in accordance with the rules laid down in Directive 93/6/EEC having regard to the nature of the investment service in question,
– the persons who effectively direct the business of an investment firm are of sufficiently good repute and are sufficiently experienced.

The direction of a firm's business must be decided by at least two persons meeting the above conditions. Where an appropriate arrangement ensures that the same result will be achieved, however, particularly in the cases provided for in the last indent of the third subparagraph of Article 1 (2), the competent authorities may grant authorisation to investment firms which are natural persons or, taking ac-

count of the nature and volume of their activities, to investment firms which are legal persons where such firms are managed by single natural persons in accordance with their articles of association and national laws.
4. Member States shall also require that every application for authorisation be accompanied by a programme of operations setting out inter alia the types of business envisaged and the organisational structure of the investment firm concerned.
5. An applicant shall be informed within six months of the submission of a complete application whether or not authorisation has been granted. Reasons shall be given whenever an authorisation is refused.
6. An investment firm may commence business as soon as authorisation has been granted.
7. The competent authorities may withdraw the authorisation issued to an investment firm subject to this Directive only where that investment firm:
(a) does not make use of the authorisation within 12 months, expressly renounces the authorisation or ceased to provide investment services more than six months previously unless the Member State concerned has provided for authorisation to lapse in such cases;
(b) has obtained the authorisation by making false statements or by any other irregular means;
(c) no longer fulfils the conditions under which authorisation was granted;
(d) no longer complies with Directive 93/6/EEC;
(e) has seriously and systematically infringed the provisions adopted pursuant to Articles 10 or 11; or
(f) falls within any of the cases where national law provides for withdrawal.

Article 4

The competent authorities shall not grant authorisation to take up the business of investment firms until they have been informed of the identities of the shareholders or members, whether direct or indirect, natural or legal persons, that have qualifying holdings and of the amounts of those holdings.
The competent authorities shall refuse authorisation if, taking into account the need to ensure the sound and prudent management of an investment firm, they are not satisfied as to the suitability of the aforementioned shareholders or members.

Article 5

In the case of branches of investment firms that have registered offices outwith the Community and are commencing or carrying on business, the Member States shall not apply provisions that result in treatment more favourable than that accorded to branches of investment firms that have registered offices in Member States.

Article 6

The competent authorities of the other Member State involved shall be consulted beforehand on the authorisation of any investment firm which is:
– a subsidiary of an investment firm or credit institution authorised in another Member State,
– a subsidiary of the parent undertaking of an investment firm or credit institution authorised in another Member State,
or

– controlled by the same natural or legal persons as control an investment firm or credit institution authorised in another Member State.

Title III. Relations with third countries

Article 7

1. The competent authorities of the Member States shall inform the Commission:
(a) of the authorisation of any firm which is the direct or indirect subsidiary of a parent undertaking governed by the law of a third country;
(b) whenever such a parent undertaking acquires a holding in a Community investment firm such that the latter would become its subsidiary.
In both cases the Commission shall inform the Council until such time as a committee on transferable securities is set up by the Council acting on a proposal from the Commission.
When authorisation is granted to any firm which is the direct or indirect subsidiary of a parent undertaking governed by the law of a third country, the competent authorities shall specify the structure of the group in the notification which they address to the Commission.

2. The Member States shall inform the Commission of any general difficulties which their investment firms encounter in establishing themselves or providing investment services in any third country.

3. Initially no later than six months before this Directive is brought into effect and thereafter periodically the Commission shall draw up a report examining the treatment accorded to Community investment firms in third countries, in the terms referred to in paragraphs 4 and 5, as regards establishment, the carrying on of investment services activities and the acquisition of holdings in third-country investment firms. The Commission shall submit those reports to the Council together with any appropriate proposals.

4. Whenever it appears to the Commission, either on the basis of the reports provided for in paragraph 3 or on the basis of other information, that a third country does not grant Community investment firms effective market access comparable to that granted by the Community to investment firms from that third country, the Commission may submit proposals to the Council for an appropriate mandate for negotiation with a view to obtaining comparable competitive opportunities for Community investment firms. The Council shall act by a qualified majority.

5. Whenever it appears to the Commission, either on the basis of the reports referred to in paragraph 3 or on the basis of other information, that Community investment firms in a third country are not granted national treatment affording the same competitive opportunities as are available to domestic investment firms and that the conditions of effective market access are not fulfilled, the Commission may initiate negotiations in order to remedy the situation.
In the circumstances described in the first subparagraph it may also be decided, at any time and in addition to the initiation of negotiations, in accordance with the procedure to be laid down in the Directive by which the Council will set up the committee referred to in paragraph 1, that the competent authorities of the Member States must limit or suspend their decisions regarding requests pending or future requests for authorisation and the acquisition of holdings by direct or indirect

parent undertakings governed by the law of the third country in question. The duration of such measures may not exceed three months.

Before the end of that three-month period and in the light of the results of the negotiations the Council may, acting on a proposal from the Commission, decide by a qualified majority whether the measures shall be continued.

Such limitations or suspensions may not be applied to the setting up of subsidiaries by investment firms duly authorised in the Community or by their subsidiaries, or to the acquisition of holdings in Community investment firms by such firms or subsidiaries.

6. Whenever it appears to the Commission that one of the situations described in paragraphs 4 and 5 obtains, the Member States shall inform it at its request:

(a) of any application for the authorisation of any firm which is the direct or indirect subsidiary of a parent undertaking governed by the law of the third country in question;

(b) whenever they are informed in accordance with Article 10 that such a parent undertaking proposes to acquire a holding in a Community investment firm such that the latter would become its subsidiary.

This obligation to provide information shall lapse whenever agreement is reached with the third country referred to in paragraph 4 or 5 or when the measures referred to in the second and third subparagraphs of paragraph 5 cease to apply.

7. Measures taken under this Article shall comply with the Community's obligations under any international agreements, bilateral or multilateral, governing the taking up or pursuit of the business of investment firms.

Title IV. Operating conditions

Article 8

1. The competent authorities of the home Member States shall require that an investment firm which they have authorised comply at all times with the conditions imposed in Article 3 (3).

2. The competent authorities of the home Member State shall require that an investment firm which they have authorised comply with the rules laid down in Directive 93/6/EEC.

3. The prudential supervision of an investment firm shall be the responsibility of the competent authorities of the home Member State whether the investment firm establishes a branch or provides services in another Member State or not, without prejudice to those provisions of this Directive which give responsibility to the authorities of the host Member State.

Article 9

1. Member States shall require any person who proposes to acquire, directly or indirectly, a qualifying holding in an investment firm first to inform the competent authorities, telling them of the size of his intended holding. Such a person shall likewise inform the competent authorities if he proposes to increase his qualifying holding so that the proportion of the voting rights or of the capital that he holds would reach or exceed 20, 33, or 50 % or so that the investment firm would become his subsidiary.

Without prejudice to paragraph 2, the competent authorities shall have up to three months from the date of the notification provided for in the first subparagraph to oppose such a plan if, in view of the need to ensure sound and prudent management of the investment firm, they are not satisfied as to the suitability of the person referred to in the first subparagraph. If they do not oppose the plan, they may fix a deadline for its implementation.

2. If the acquirer of the holding referred to in paragraph 1 is an investment firm authorised in another Member State or the parent undertaking of an investment firm authorised in another Member State or a person controlling an investment firm authorised in another Member State and if, as a result of that acquisition, the firm in which the acquirer proposes to acquire a holding would become the acquirer's subsidiary or come under his control, the assessment of the acquisition must be the subject of the prior consultation provided for in Article 6.

3. Member States shall require any person who proposes to dispose, directly or indirectly, of a qualifying holding in an investment firm first to inform the competent authorities, telling them of the size of his holding. Such a person shall likewise inform the competent authorities if he proposes to reduce his qualifying holding so that the proportion of the voting rights or of the capital held by him would fall below 20, 33 or 50 % or so that the investment firm would cease to be his subsidiary.

4. On becoming aware of them, investment firms shall inform the competent authorities of any acquisitions or disposals of holdings in their capital that cause holdings to exceed or fall below any of the thresholds referred to in paragraphs 1 and 3.

At least once a year they shall also inform the competent authorities of the names of shareholders and members possessing qualifying holdings and the sizes of such holdings as shown, for example, by the information received at annual general meetings of shareholders and members or as a result of compliance with the regulations applicable to companies listed on stock exchanges.

5. Member States shall require that, where the influence exercised by the persons referred to in paragraph 1 is likely to be prejudicial to the sound and prudent management of an investment firm, the competent authorities take appropriate measures to put an end to that situation. Such measures may consist, for example, in injunctions, sanctions against directors and those responsible for management or suspension of the exercise of the voting rights attaching to the shares held by the shareholders or members in question.

Similar measures shall apply to persons failing to comply with the obligation to provide prior information imposed in paragraph 1. If a holding is acquired despite the opposition of the competent authorities, the Member States shall, regardless of any other sanctions to be adopted, provide either for exercise of the corresponding voting rights to be suspended, for the nullity of the votes cast or for the possibility of their annulment.

Article 10

Each home Member State shall draw up prudential rules which investment firms shall observe at all times. In particular, such rules shall require that each investment firm:

– have sound administrative and accounting procedures, control and safeguard arrangements for electronic data processing, and adequate internal control mechanisms including, in particular, rules for personal transactions by its employees,
– make adequate arrangements for instruments belonging to investors with a view to safeguarding the latter's ownership rights, especially in the event of the investment firm's instruments for its own account except with the investors' express consent,
– make adequate arrangements for funds belonging to investors with a view to safeguarding the latter's rights and, except in the case of credit institutions, preventing the investment firm's using investors' funds for its own account,
– arrange for records to be kept of transactions executed which shall at least be sufficient to enable the home Member State's authorities to monitor compliance with the prudential rules which they are responsible for applying; such records shall be retained for periods to be laid down by the competent authorities,
– be structured and organised in such a way as to minimise the risk of clients' interests being prejudiced by conflicts of interest between the firm and its clients or between one of its clients and another. Nevertheless, where a branch is set up the organisational arrangements may not conflict with the rules of conduct laid down by the host Member State to cover conflicts of interest.

Article 11
1. Member States shall draw up rules of conduct which investment firms shall observe at all times. Such rules must implement at least the principles set out in the following indents and must be applied in such a way as to take account of the professional nature of the person for whom the service is provided. The Member States shall also apply these rules where appropriate to the non-core services listed in Section C of the Annex. These principles shall ensure that an investment firm:
– acts honestly and fairly in conducting its business activities in the best interests of its clients and the integrity of the market,
– acts with due skill, care and diligence, in the best interests of its clients and the integrity of the market,
– has and employs effectively the resources and procedures that are necessary for the proper performance of its business activities,
– seeks from its clients information regarding their financial situations, investment experience and objectives as regards the services requested,
– makes adequate disclosure of relevant material information in its dealings with its clients,
– tries to avoid conflicts of interests and, when they cannot be avoided, ensures that its clients are fairly treated, and
– complies with all regulatory requirements applicable to the conduct of its business activities so as to promote the best interests of its clients and the integrity of the market.
2. Without prejudice to any decisions to be taken in the context of the harmonisation of the rules of conduct, their implementation and the supervision of compliance with them shall remain the responsibility of the Member State in which a service is provided.
3. Where an investment firm executes an order, for the purposes of applying the rules referred to in paragraph 1 the professional nature of the investor shall be as-

sessed with respect to the investor from whom the order originates, regardless of whether the order was placed directly by the investor himself or indirectly through an investment firm providing the service referred to in Section A (1) (a) of the Annex.

Article 12
Before doing business with them, a firm shall inform investors which compensation fund or equivalent protection will apply in respect of the transactions envisaged, what cover is offered by whichever system applies, or if there is no fund or compensation.

The Council notes the Commission's statement to the effect that it will submit proposals on the harmonisation of compensation systems covering transactions by investment firms by 31 July 1993 at the latest. The Council will act on those proposals within the shortest possible time with the aim of bringing the systems proposed into effect on the same date as this Directive.

Article 13
This Directive shall not prevent investment firms authorised in other Member States from advertising their services through all available means of communication in their host Member States, subject to any rules governing the form and the content of such advertising adopted in the interest of the general good.

Title V. The right of establishment and the freedom to provide services

Article 14
1. Member States shall ensure that investment services and the other services listed in Section C of the Annex may be provided within their territories in accordance with Articles 17, 18 and 19 either by the establishment of a branch or under the freedom to provide services by any investment firm authorised and supervised by the competent authorities of another Member State in accordance with this Directive, provided that such services are covered by the authorisation.

This Directive shall not affect the powers of host Member States in respect of the units of collective investment undertakings to which Directive 85/611/EEC[14] does not apply.

2. Member States may not make the establishment of a branch or the provision of services referred to in paragraph 1 subject to any authorisation requirement, to any requirement to provide endowment capital or to any other measure having equivalent effect.

3. A Member State may require that transactions relating to the services referred to in paragraph 1 must, where they satisfy all the following criteria, be carried out on a regulated market:
– the investor must be habitually resident or established in that Member State,
– the investment firm must carry out such transactions through a main establishment, through a branch situated in that Member State or under the freedom to provide services in that Member State,

---

[14] OJ No L 375, 31. 12. 1985, p. 3. Directive last amended by Directive 88/220/EEC (OJ No L 100, 19. 4. 1988, p. 31).

– the transaction must involve a instrument dealt in on a regulated market in that Member State.

4. Where a Member State applies paragraph 3 it shall give investors habitually resident or established in that Member State the right not to comply with the obligation imposed in paragraph 3 and have the transactions referred to in paragraph 3 carried out away from a regulated market. Member States may make the exercise of this right subject to express authorisation, taking into account investors' differing needs for protection and in particular the ability of professional and institutional investors to act in their own best interests. It must in any case be possible for such authorisation to be given in conditions that do not jeopardise the prompt execution of investors' orders.

5. The Commission shall report on the operation of paragraphs 3 and 4 not later than 31 December 1998 and shall, if appropriate, propose amendments thereto.

Article 15

1. Without prejudice to the exercise of the right of establishment or the freedom to provide services referred to in Article 14, host Member States shall ensure that investment firms which are authorised by the competent authorities of their home Member States to provide the services referred to in Section A (1) (b) and (2) of the Annex can, either directly or indirectly, become members of or have access to the regulated markets in their host Member States where similar services are provided and also become members of or have access to the clearing and settlement systems which are provided for the members of such regulated markets there.
Member States shall abolish any national rules or laws or rules of regulated markets which limit the number of persons allowed access thereto. If, by virtue of its legal structure or its technical capacity, access to a regulated market is limited, the Member State concerned shall ensure that its structure and capacity are regularly adjusted.

2. Membership of or access to a regulated market shall be conditional on investment firms' complying with capital adequacy requirements and home Member States' supervising such compliance in accordance with Directive 93/6/EEC.
Host Member States shall be entitled to impose additional capital requirements only in respect of matters not covered by that Directive.
Access to a regulated market, admission to membership thereof and continued access or membership shall be subject to compliance with the rules of the regulated market in relation to the constitution and administration of the regulated market and to compliance with the rules relating to transactions on the market, with the professional standards imposed on staff operating on and in conjunction with the market, and with the rules and procedures for clearing and settlement. The detailed arrangements for implementing these rules and procedures may be adapted as appropriate, inter alia to ensure fulfilment of the ensuing obligations, provided, however, that Article 28 is complied with.

3. In order to meet the obligation imposed in paragraph 1, host Member States shall offer the investment firms referred to in that paragraph the choice of becoming members of or of having access to their regulated markets either:
– directly, by setting up branches in the host Member States, or
– indirectly, by setting up subsidiaries in the host Member States or by acquiring firms in the host Member States that are already members of their regulated markets or already have access thereto.

However, those Member States which, when this Directive is adopted, apply laws which do not permit credit institutions to become members of or have access to regulated markets unless they have specialised subsidiaries may continue until 31 December 1996 to apply the same obligation in a non-discriminatory way to credit institutions from other Member States for purposes of access to those regulated markets.

The Kingdom of Spain, the Hellenic Republic and the Portuguese Republic may extend that period until 31 December 1999. One year before that date the Commission shall draw up a report, taking into account the experience acquired in applying this Article and shall if appropriate, submit a proposal. The Council may, acting by qualified majority on the basis of that proposal, decide to review those arrangements.

4. Subject to paragraphs 1, 2 and 3, where the regulated market of the host Member State operates without any requirement for a physical presence the investment firms referred to in paragraph 1 may become members of or have access to it on the same basis without having to be established in the host Member State. In order to enable their investment firms to become members of or have access to host Member States' regulated markets in accordance with this paragraph home Member States shall allow those host Member States' regulated markets to provide appropriate facilities within the home Member States' territories.

5. This Article shall not affect the Member States' right to authorise or prohibit the creation of new markets within their territories.

6. This Article shall have no effect:
– in the Federal Republic of Germany, on the regulation of the activities of Kursmakler, or
– in the Netherlands, on the regulation of the activities of hoekmannen.

Article 16

For the purposes of mutual recognition and the application of this Directive, it shall be for each Member State to draw up a list of the regulated markets for which it is the home Member State and which comply with its regulations, and to forward that list for information, together with the relevant rules of procedures and operation of those regulated markets, to the other Member States and the Commission. A similar communication shall be effected in respect of each change to the aforementioned list or rules. The Commission shall publish the lists of regulated markets and updates thereto in the Official Journal of the European Communities at least once a year.

No later than 31 December 1996 the Commission shall report on the information thus received and, where appropriate, propose amendments to the definition of regulated market for the purposes of this Directive.

Article 17

1. In addition to meeting the conditions imposed in Article 3, any investment firm wishing to establish a branch within the territory of another Member State shall notify the competent authorities of its home Member State.

2. Member States shall require every investment firm wishing to establish a branch within the territory of another Member State to provide the following information when effecting the notification provided for in paragraph 1:

7. Investment services in the securities field

(a) the Member State within the territory of which it plans to establish a branch;
(b) a programme of operations setting out inter alia the types of business envisaged and the organisational structure of the branch;
(c) the address in the host Member State from which documents may be obtained;
(d) the names of those responsible for the management of the branch.
3. Unless the competent authorities of the home Member State have reason to doubt the adequacy of the administrative structure or the financial situation of an investment firm, taking into account the activities envisaged, they shall, within three months of receiving all the information referred to in paragraph 2, communicate that information to the competent authorities of the host Member State and shall inform the investment firm concerned accordingly.

They shall also communicate details of any compensation scheme intended to protect the branch's investors.

Where the competent authorities of the home Member State refuse to communicate the information referred to in paragraph 2 to the competent authorities of the host Member State, they shall give reasons for their refusal to the investment firm concerned within three months of receiving all the information. That refusal or failure to reply shall be subject to the right to apply to the courts in the home Member States.
4. Before the branch of an investment firm commences business the competent authorities of the host Member State shall, within two months of receiving the information referred to in paragraph 3, prepare for the supervision of the investment firm in accordance with Article 19 and, if necessary, indicate the conditions, including the rules of conduct, under which, in the interest of the general good, that business must be carried on in the host Member State.
5. On receipt of a communication from the competent authorities of the host Member State or on the expiry of the period provided for in paragraph 4 without receipt of any communication from those authorities, the branch may be established and commence business.
6. In the event of a change in any of the particulars communicated in accordance with paragraph 2 (b), (c) or (d), an investment firm shall give written notice of that change to the competent authorities of the home and host Member States at least one month before implementing the change so that the competent authorities of the home Member State may take a decision on the change under paragraph 3 and the competent authorities of the host Member State may do so under paragraph 4.
7. In the event of a change in the particulars communicated in accordance with the second subparagraph of paragraph 3, the authorities of the home Member State shall inform the authorities of the host Member State accordingly.

Article 18
1. Any investment firm wishing to carry on business within the territory of another Member State for the first time under the freedom to provide services shall communicate the following information to the competent authorities of its home Member State:
– the Member State in which it intends to operate,
– a programme of operations stating in particular the investment service or services which it intends to provide.

2. The competent authorities of the home Member State shall, within one month of receiving the information referred to in paragraph 1, forward it to the competent authorities of the host Member State. The investment firm may then start to provide the investment service or services in question in the host Member State.
Where appropriate, the competent authorities of the host Member State shall, on receipt of the information referred to in paragraph 1, indicate to the investment firm the conditions, including the rules of conduct, with which, in the interest of the general good, the providers of the investment services in question must comply in the host Member State.
3. Should the content of the information communicated in accordance with the second indent of paragraph 1 be amended, the investment firm shall give notice of the amendment in writing to the competent authorities of the home Member State and of the host Member State before implementing the change, so that the competent authorities of the host Member State may, if necessary, inform the firm of any change or addition to be made to the information communicated under paragraph 2.

Article 19

1. Host Member States may, for statistical purposes, require all investment firms with branches within their territories to report periodically on their activities in those host Member States to the competent authorities of those host Member States.
In discharging their responsibilities in the conduct of monetary policy, without prejudice to the measures necessary for the strengthening of the European Monetary System, host Member States may within their territories require all branches of investment firms originating in other Member States to provide the same particulars as national investment firms for that purpose.
2. In discharging their responsibilities under this Directive, host Member States may require branches of investment firms to provide the same particulars as national firms for that purpose.
Host Member States may require investment firms carrying on business within their territories under the freedom to provide services to provide the information necessary for the monitoring of their compliance with the standards set by the host Member State that apply to them, although those requirements may not be more stringent than those which the same Member State imposes on established firms for the monitoring of their compliance with the same standards.
3. Where the competent authorities of a host Member State ascertain that an investment firm that has a branch or provides services within its territory is in breach of the legal or regulatory provisions adopted in that State pursuant to those provisions of this Directive which confer powers on the host Member State's competent authorities, those authorities shall require the investment firm concerned to put an end to its irregular situation.
4. If the investment firm concerned fails to take the necessary steps, the competent authorities of the host Member State shall inform the competent authorities of the home Member State accordingly. The latter shall, at the earliest opportunity, take all appropriate measures to ensure that the investment firm concerned puts an end to its irregular situation. The nature of those measures shall be communicated to the competent authorities of the host Member State.

7. Investment services in the securities field

5. If, despite the measures taken by the home Member State or because such measures prove inadequate or are not available in the State in question, the investment firm persists in violating the legal or regulatory provisions referred to in paragraph 2 in force in the host Member State, the latter may, after informing the competent authorities of the home Member State, take appropriate measures to prevent or to penalise further irregularities and, in so far as necessary, to prevent that investment firm from initiating any further transactions within its territory. The Member States shall ensure that within their territories it is possible to serve the legal documents necessary for those measures on investment firms.

6. The foregoing provisions shall not affect the powers of host Member States to take appropriate measures to prevent or to penalise irregularities committed within their territories which are contrary to the rules of conduct introduced pursuant to Article 11 as well as to other legal or regulatory provisions adopted in the interest of the general good. This shall include the possibility of preventing offending investment firms from initiating any further transactions within their territories.

7. Any measure adopted pursuant to paragraphs 4, 5 or 6 involving penalties or restrictions on the activities of an investment firm must be properly justified and communicated to the investment firm concerned. Every such measure shall be subject to the right to apply to the courts in the Member State which adopted it.

8. Before following the procedure laid down in paragraphs 3, 4 or 5 the competent authorities of the host Member State may, in emergencies, take any precautionary measures necessary to protect the interests of investors and others for whom services are provided. The Commission and the competent authorities of the other Member States concerned must be informed of such measures at the earliest opportunity.

After consulting the competent authorities of the Member States concerned, the Commission may decide that the Member State in question must amend or abolish those measures.

9. In the event of the withdrawal of authorisation, the competent authorities of the host Member State shall be informed and shall take appropriate measures to prevent the investment firm concerned from initiating any further transactions within its territory and to safeguard investors' interests. Every two years the Commission shall submit a report on such cases to the committee set up at a later stage in the securities field.

10. The Member States shall inform the Commission of the number and type of cases in which there have been refusals pursuant to Article 17 or measures have been taken in accordance with paragraph 5. Every two years the Commission shall submit a report on such cases to the committee set up at a later date in the securities field.

Article 20

1. In order to ensure that the authorities responsible for the markets and for supervision have access to the information necessary for the performance of their duties, home Member States shall at least require:

(a) without prejudice to steps taken in implementation of Article 10, that investment firms keep at the disposal of the authorities for at least five years the relevant data on transactions relating to the services referred to in Article 14 (1) which

they have carried out in instruments dealt in on a regulated market, whether such transactions were carried out on a regulated market or not;
(b) that investment firms report to competent authorities in their home Member States all the transactions referred to in (a) where those transactions cover:
– shares or other instruments giving access to capital,
– bonds and other forms of securitised debt,
– standardised forward contracts relating to shares or
– standardised options on shares.

Such reports must be made available to the relevant authority at the earliest opportunity. The time limit shall be fixed by that authority. It may be extended to the end of the following working day where operational or practical reasons so dictate but in no circumstances may it exceed that limit.

Such reports must, in particular, include details of the names and numbers of the instruments bought or sold, the dates and times of the transactions, the transaction prices and means of identifying the investment firms concerned.

Home Member States may provide that the obligation imposed in (b) shall, in the case of bonds and other forms of securitised debt, apply only to aggregated transactions in the same instrument.

2. Where an investment firm carries out a transaction on a regulated market in its host Member State, the home Member State may waive its own requirements as regards reporting if the investment firm is subject to equivalent requirements to report the transaction in question to the authorities in charge of that market.

3. Member States shall provide that the report referred to in paragraph 1 (b) shall be made either by the investment firm itself or by a trade-matching system, or through stock-exchange authorities or those of another regulated market.

4. Member States shall ensure that the information available in accordance with this Article is also available for the proper application of Article 23.

5. Each Member State may, in a non-discriminatory manner, adopt or maintain provisions more stringent in the field governed by this Article with regard to substance and form in respect of the conservation and reporting of data relating to transactions:
– carried out on a regulated market of which it is the home Member State or
– carried out by investment firms of which it is the home Member State.

Article 21

1. In order to enable investors to assess at any time the terms of a transaction they are considering and to verify afterwards the conditions in which it has been carried out, each competent authority shall, for each of the regulated markets which it has entered on the list provided for in Article 16, take measures to provide investors with the information referred to in paragraph 2. In accordance with the requirements imposed in paragraph 2, the competent authorities shall determine the form in which and the precise time within which the information is to be provided, as well as the means by which it is to be made available, having regard to the nature, size and needs of the market concerned and of the investors operating on that market.

2. The competent authorities shall require for each instrument at least:

(a) publication at the start of each day's trading on the market of the weighted average price, the highest and the lowest prices and the volume dealt in on the regulated market in question for the whole of the preceding day's trading;
(b) in addition, for continuous order-driven and quote-driven markets, publication:
– at the end of each hour's trading on the market, of the weighted average price and the volume dealt in on the regulated market in question for a six-hour trading period ending so as to leave two hours' trading on the market before publication, and
– every 20 minutes, of the weighted average price and the highest and lowest prices on the regulated market in question for a two-hour trading period ending so as to leave one hour's trading on the market before publication.

Where investors have prior access to information on the prices and quantities for which transactions may be undertaken:
(i) such information shall be available at all times during market trading hours;
(ii) the terms announced for a given price and quantity shall be terms on which it is possible for an investor to carry out such a transaction.

The competent authorities may delay or suspend publication where that proves to be justified by exceptional market conditions or, in the case of small markets, to preserve the anonymity of firms and investors. The competent authorities may apply special provisions in the case of exceptional transactions that are very large in scale compared with average transactions in the security in question on that market and in the case of highly illiquid securities defined by means of objective criteria and made public. The competent authorities may also apply more flexible provisions, particularly as regards publication deadlines, for transactions concerning bonds and other forms of securities debt.

3. In the field governed by this Article each Member State may adopt or maintain more stringent provisions or additional provisions with regard to the substance and form in which information must be made available to investors concerning transactions carried out on regulated markets of which it is the home Member State, provided that those provisions apply regardless of the Member State in which the issuer of the financial instrument is located or of the Member State on the regulated market of which the instrument was listed for the first time.

4. The Commission shall report on the application of this Article no later than 31 December 1997; the Council may, on a proposal from the Commission, decide by a qualified majority to amend this Article.

Title VI. Authorities responsible for authorisation and supervision

Article 22

1. Member States shall designate the competent authorities which are to carry out the duties provided for in this Directive. They shall inform the Commission thereof, indicating any division of those duties.

2. The authorities referred to in paragraph 1 must be either public authorities, bodies recognised by national law or bodies recognised by public authorities expressly empowered for that purpose by national law.

3. The authorities concerned must have all the powers necessary for the performance of their functions.

Article 23

1. Where there are two or more competent authorities in the same Member State, they shall collaborate closely in supervising the activities of investment firms operating in that Member State.
2. Member States shall ensure that such collaboration takes place between such competent authorities and the public authorities responsible for the supervision of financial markets, credit and other financial institutions and insurance undertakings, as regards the entities which those authorities supervise.
3. Where, through the provision of services or by the establishment of branches, an investment firm operates in one or more Member States other than its home Member State the competent authorities of all the Member States concerned shall collaborate closely in order more effectively to discharge their respective responsibilities in the area covered by this Directive.

They shall supply one another on request with all the information concerning the management and ownership of such investment firms that is likely to facilitate their supervision and all information likely to facilitate the monitoring of such firms. In particular, the authorities of the home Member State shall co-operate to ensure that the authorities of the host Member State collect the particulars referred to in Article 19 (2).

In so far as it is necessary for the purpose of exercising their powers of supervision, the competent authorities of the home Member State shall be informed by the competent authorities of the host Member State of any measures taken by the host Member State pursuant to Article 19 (6) which involve penalties imposed on an investment firm or restrictions on an investment firm's activities.

Article 24

1. Each host Member State shall ensure that, where an investment firm authorised in another Member State carries on business within its territory through a branch, the competent authorities of the home Member State may, after informing the competent authorities of the host Member State, themselves or through the intermediary of persons they instruct for the purpose carry out on-the-spot verification of the information referred to in Article 23 (3).
2. The competent authorities of the home Member State may also ask the competent authorities of the host Member State to have such verification carried out. Authorities which receive such requests must, within the framework of their powers, act upon them by carrying out the verifications themselves, by allowing the authorities who have requested them to carry them out or by allowing auditors or experts to do so.
3. This Article shall not affect the right of the competent authorities of a host Member State, in discharging their responsibilities under this Directive, to carry out on-the-spot verifications of branches established within their territory.

Article 25

1. Member States shall provide that all persons who work or who have worked for the competent authorities, as well as auditors and experts instructed by the competent authorities, shall be bound by the obligation of professional secrecy. Accordingly no confidential information which they may receive in the course of their duties may be divulged to any person or authority whatsoever, save in summary or

aggregate form such that individual investment firms cannot be identified, without prejudice to cases covered by criminal law.
Nevertheless, where an investment firm has been declared bankrupt or is being compulsorily wound up, confidential information which does not concern third parties involved in attempts to rescue that investment firm may be divulged in civil or commercial proceedings.
2. Paragraph 1 shall not prevent the competent authorities of different Member States from exchanging information in accordance with this Directive or other Directives applicable to investment firms. That information shall be subject to the conditions of professional secrecy imposed in paragraph 1.
3. Member States may conclude co-operation agreements providing for exchanges of information with the competent authorities of third countries only if the information disclosed is covered by guarantees of professional secrecy at least equivalent to those provided for in this Article.
4. Competent authorities receiving confidential information under paragraph 1 or 2 may use it only in the course of their duties:
– to check that the conditions governing the taking up of the business of investment firms are met and to facilitate the monitoring, on a non-consolidated or consolidated basis, of the conduct of that business, especially with regard to the capital adequacy requirements imposed in Directive 93/6/EEC, administrative and accounting procedures and internal-control mechanisms,
– to impose sanctions,
– in administrative appeals against decisions by the competent authorities, or
– in court proceedings initiated under Article 26.
5. Paragraphs 1 and 4 shall not preclude the exchange of information:
(a) within a Member State, where there are two or more competent authorities, or
(b) within a Member State or between Member States, between competent authorities and
– authorities responsible for the supervision of credit institutions, other financial organisations and insurance undertakings and the authorities responsible for the supervision of financial markets,
– bodies responsible for the liquidation and bankruptcy of investment firms and other similar procedures and
– persons responsible for carrying out statutory audits of the accounts of investment firms and other financial institutions,
in the performance of their supervisory functions, or the disclosure to bodies which administer compensation schemes of information necessary for the performance of their functions. Such information shall be subject to the conditions of professional secrecy imposed in paragraph 1.
6. This Article shall not prevent a competent authority from disclosing to those central banks which do not supervise credit institutions or investment firms individually such information as they may need to act as monetary authorities. Information received in this context shall be subject to the conditions of professional secrecy imposed in paragraph 1.
7. This Article shall not prevent the competent authorities from communicating the information referred to in paragraphs 1 to 4 to a clearing house or other similar body recognised under national law for the provision of clearing or settlement services for one of their Member State's markets if they consider that it is neces-

sary to communicate the information in order to ensure the proper functioning of those bodies in relation to defaults or potential defaults by market participants. The information received shall be subject to the conditions of professional secrecy imposed in paragraph 1. The Member States shall, however, ensure that information received under paragraph 2 may not be disclosed in the circumstances referred to in this paragraph without the express consent of the competent authorities which disclosed it.

8. In addition, notwithstanding the provisions referred to in paragraphs 1 and 4, Member States may, by virtue of provisions laid down by law, authorise the disclosure of certain information to other departments of their central government administrations responsible for legislation on the supervision of credit institutions, financial institutions, investment firms and insurance undertakings and to inspectors instructed by those departments.

Such disclosures may, however, be made only where necessary for reasons of prudential control.

Member States shall, however, provide that information received under paragraphs 2 and 5 and that obtained by means of the on-the-spot verifications referred to in Article 24 may never be disclosed in the cases referred to in this paragraph except with the express consent of the competent authorities which disclosed the information or of the competent authorities of the Member State in which the on-the-spot verification was carried out.

9. If, at the time of the adoption of this Directive, a Member State provides for the exchange of information between authorities in order to check compliance with the laws on prudential supervision, on the organisation, operation and conduct of commercial companies and on the regulation of financial markets, that Member State may continue to authorise the forwarding of such information pending co-ordination of all the provisions governing the exchange of information between authorities for the entire financial sector but not in any case after 1 July 1996.

Member States shall, however, ensure that, where information comes from another Member State, it may not be disclosed in the circumstances referred to in the first subparagraph without the express consent of the competent authorities which disclosed it and it may be used only for the purposes for which those authorities gave their agreement.

The Council shall effect the co-ordination referred to in the first subparagraph on the basis of a Commission proposal. The Council notes the Commission's statement to the effect that it will submit proposals by 31 July 1993 at the latest. The Council will act on those proposals within the shortest possible time with the intention of bringing the rules proposed into effect on the same date as this Directive.

Article 26

Member States shall ensure that decisions taken in respect of an investment firm under laws, regulations and administrative provisions adopted in accordance with this Directive are subject to the right to apply to the courts; the same shall apply where no decision is taken within six months of its submission in respect of an application for authorisation which provides all the information required under the provisions in force.

Article 27

Without prejudice to the procedures for the withdrawal of authorisation or to the provisions of criminal law, Member States shall provide that their respective competent authorities may, with regard to investment firms or those who effectively control the business of such firms that infringe laws, regulations or administrative provisions concerning the supervision or carrying on of their activities, adopt or impose in respect of them measures or penalties aimed specifically at ending observed breaches or the causes of such breaches.

Article 28

Member States shall ensure that this Directive is implemented without discrimination.

Title VII. Final provisions

Article 29

Pending the adoption of a further Directive laying down provisions adapting this Directive to technical progress in the areas specified below, the Council shall, in accordance with Decision 87/373/EEC[15], acting by a qualified majority on a proposal from the Commission, adopt any adaptations which may be necessary, as follows:
– expansion of the list in Section C of the Annex,
– adaptation of the terminology of the lists in the Annex to take account of developments on financial markets,
– the areas in which the competent authorities must exchange information as listed in Article 23;
– clarification of the definitions in order to ensure uniform application of this Directive in the Community,
– clarification of the definitions in order to take account in the implementation of this Directive of developments on financial markets,
– the alignment of terminology and the framing of definitions in accordance with subsequent measures on investment firms and related matters,
– the other tasks provided for in Article 7 (5).

Article 30

1. Investment firms already authorised in their home Member States to provide investment services before 31 December 1995 shall be deemed to be so authorised for the purpose of this Directive, if the laws of those Member States provide that to take up such activities they must comply with conditions equivalent to those imposed in Articles 3 (3) and 4.
2. Investment firms which are already carrying on business on 31 December 1995 and are not included among those referred to in paragraph 1 may continue their activities provided that, no later than 31 December 1996 and pursuant to the provisions of their home Member States, they obtain authorisation to continue such

---

[15] OJ No L 197, 18. 7. 1987, p. 33.

activities in accordance with the provisions adopted in implementation of this Directive.
Only the grant of such authorisation shall enable such firms to qualify under the provisions of this Directive on the right of establishment and the freedom to provide services.
3. Where before the date of the adoption of this Directive investment firms have commenced business in other Member States either through branches or under the freedom to provide services, the authorities of each home Member State shall, between 1 July and 31 December 1995, communicate, for the purposes of Articles 17 (1) and (2) and 18, to the authorities of each of the other Member States concerned the list of firms that comply with this Directive and operate in those States, indicating the business carried on.
4. Natural persons authorised in a Member State on the date of the adoption of this Directive to offer investment services shall be deemed to be authorised under this Directive, provided that they fulfil the requirements imposed in Article 1 (2), second subparagraph, second indent, and third subparagraph, all four indents.

Article 31
No later than 1 July 1995 Member States shall adopt the laws, regulations and administrative provisions necessary for them to comply with this Directive.
These provisions shall enter into force no later than 31 December 1995. The Member States shall forthwith inform the Commission thereof.
When Member States adopt the provisions referred to in the first paragraph they shall include a reference to this Directive or accompany them with such a reference on the occasion of their official publication. The manner in which such references are to be made shall be laid down by the Member States.

Article 32
This Directive is addressed to the Member States.

Annex

Section A. Services
1. (a) Reception and transmission, on behalf of investors, of orders in relation to one or more of the instruments listed in Section B.
(b) Execution of such orders other than for own account.
2. Dealing in any of the instruments listed in Section B for own account.
3. Managing portfolios of investments in accordance with mandates given by investors on a discriminatory, client-by-client basis where such portfolios include one or more of the instruments listed in Section B.
4. Underwriting in respect of issues of any of the instruments listed in Section B and/or the placing of such issues.

Section B. Instruments
1. (a) Transferable securities.
(b) Units in collective investment undertakings.
2. Money-market instruments.
3. Financial-futures contracts, including equivalent cash-settled instruments.

7. Investment services in the securities field

4. Forward interest-rate agreements (FRAs).
5. Interest-rate, currency and equity swaps.
6. Options to acquire or dispose of any instruments falling within this section of the Annex, including equivalent cash-settled instruments. This category includes in particular options on currency and on interest rates.

Section C. Non-core services

1. Safekeeping and administration in relation to one or more of the instruments listed in Section B.
2. Safe custody services.
3. Granting credits or loans to an investor to allow him to carry out a transaction in one or more of the instruments listed in Section B, where the firm granting the credit or loan is involved in the transaction.
4. Advice to undertakings on capital structure, industrial strategy and related matters and advice and service relating to mergers and the purchase of undertakings.
5. Services related to underwriting.
6. Investment advice concerning one or more of the instruments listed in Section B.
7. Foreign-exchange service where these are connected with the provision of investment services.

8. Proposal of 27 march 2001 for a Directive of the European Parliament and of the Council on financial collateral arrangements

(presented by the Commission)

THE EUROPEAN PARLIAMENT AND THE COUNCIL OF THE EUROPEAN UNION,
Having regard to the Treaty establishing the European Community, and in particular Article 95 thereof, Having regard to the proposal from the Commission, Having regard to the opinion of the European Central Bank, Having regard to the opinion of the Economic and Social Committee, Having regard to the opinion of the Committee of the Regions, Acting in accordance with the procedure laid down in Article 251 of the Treaty, Whereas:
(1) Directive 98/26/EC of the European Parliament and of the Council of 19 May 1998 on settlement finality in payment and securities settlement systems[1] constituted a milestone in establishing a sound legal framework for payment and securities settlement systems. Implementation of that Directive has demonstrated the importance of limiting systemic risk inherent in such systems stemming from the different influence of several jurisdictions, and the benefits of common rules in relation to collateral pledged to such systems.
(2) In its Communication of 11 May 1999 to the European Parliament and to the Council on Financial Services: Implementing the Framework for Financial Markets: Action Plan[2] the Commission undertook, after consultation with market experts and national authorities, to work on further proposals for legislative action on collateral urging further progress in the field of collateral, beyond the Directive 98/26/EC.
(3) A Community regime should be created for the provision of securities and cash as collateral under both pledge and title transfer structures including repurchase agreements (repos). This will contribute to the integration and cost-efficiency of the financial market as well as to the stability of the financial system in the Community, thereby supporting the freedom to provide services and the free movement of capital in the single market in financial services. This Directive focuses on the provision of collateral between two parties to a collateral arrangement.
(4) In order to improve the legal certainty of collateral arrangements, Member States should ensure that certain provisions of insolvency law do not apply to such arrangements, in particular, those that would inhibit the effective realisation of collateral or cast doubt on the validity of current techniques such as close-out netting, the provision of additional collateral in the form of top-up collateral and substitution of collateral.
(5) The principle in Directive 98/26/EC, whereby the law applicable to book entry securities provided as collateral is the law of the jurisdiction where the relevant register, account or centralised deposit system is located, should be extended in order to create legal certainty regarding the use of such securities held in a cross-border context and used as collateral under the scope of this Directive.
(6) In order to limit the administrative burdens for participants using book-entry securities as collateral the only perfection requirement should be that the interest be notified to, and recorded by, the relevant entity maintaining the account, while for bearer securities the perfection requirement should be delivery of the collateral.
(7) The simplification of the use of collateral through the limitation of administrative burdens will promote the efficiency of the cross-border operations of the European Central Bank and the national Central Banks of Member States participating in the Economic

---
[1] OJ L166, 11.6.1998, p. 45.
[2] COM(1999)232 final.

and Monetary Union, necessary for the implementation of the common monetary policy. Furthermore, the provision of limited protection of collateral arrangements from some rules of insolvency law will in addition support the wider aspect of the common monetary policy, where the participants in the money market balance the overall amount of liquidity in the market among themselves, by cross-border transactions backed by collateral.

(8) The lex rei sitae rule, according to which the applicable law for determining whether a collateral arrangement is properly perfected and therefore good against third parties is the law of the country where the collateral is located, including where the location is in a third country, is currently recognised by all Member States. The location of book entry collateral should be determined. If the collateral taker has a valid and effective collateral arrangement according to the governing law of the country in which the relevant account is maintained, whether or not that country is a Member State, then the validity against any competing title or interest and enforceability of the collateral should be governed solely by the law of that country, thus preventing legal uncertainty as a result of other unforeseen legislation.

(9) The possibilities for Community counterparties to conclude collateral arrangements with counterparties from third countries should also be enhanced, by that Member States should ensure that certain provisions of insolvency law do not apply to such arrangements. Those exceptions should therefore also apply to a Community collateral provider where the collateral taker is from a third country.

(10) The enforceability of close-out netting should be protected, not only as an enforcement mechanism for title transfer collateral arrangements including repurchase agreements but more widely, where close-out netting forms part of a collateral arrangement. Sound risk management practices commonly used in the financial market should be protected by enabling participants to manage and reduce their credit exposures arising from all kinds of financial transactions on a net basis, where the credit exposure is calculated by combining the estimated current exposures under all outstanding transactions with a counterparty, setting off reciprocal items to produce a single aggregated amount that is compared with the current value of the collateral.

(11) The sound market practice favoured by regulators where participants in the financial market use top-up collateral arrangements to manage and limit their credit risk to each other by mark-to-market calculations of the current market value of the credit exposure and the value of the collateral and accordingly ask for top-up collateral or return the surplus of collateral should be protected. However, there should be no protection for the provision of top-up collateral which is required upon deterioration of the credit rating of the collateral provider because this could contradict the basic insolvency law policy of Member States, which discourages provisions under which a creditor's position is improved as a result of an insolvency-related event.

(12) In order to limit the systemic risk in the Community financial market, the formalities, which may be required for the execution of a collateral arrangement should be limited. Penalties for breach of such formalities should not include the invalidity of a collateral arrangement.

(13) It should be possible to provide cash as collateral under both title transfer and pledge structures respectively protected by the recognition of netting or by the pledge of cash collateral. The collateral provider should therefore be able to retain ownership of the pledged cash and consequently be protected in cases where the collateral taker becomes bankrupt. This is of particular importance in the frequent situations where cash is used in substitution for securities.

(14) Since the measures necessary for the implementation of this Directive are measures of general scope within the meaning of Article 2 of Council Decision 1999/468/EC of 28 June 1999 laying down the procedures for the exercise of implementing powers con-

ferred on the Commission[3] they should be adopted by use of the regulatory procedure provided for in Article 5 of that Decision.

(15) This Act complies with the fundamental rights and follows the principles laid down in particular in the Charter of Fundamental Rights of the European Union as general principles of Community law[4].

(16) In accordance with the principles of subsidiarity and proportionality, the objectives of the proposed action, to create a minimum regime relating to the use of financial collateral, cannot be sufficiently achieved by the Member States and can therefore, by reason of the scale and effect of the action be better achieved by the Community. This Directive confines itself to the minimum required in order to achieve those objectives and does not go beyond what is necessary for that purpose,

HAVE ADOPTED THIS DIRECTIVE:

Article 1. Subject matter

This Directive lays down a Community regime in relation to financial collateral arrangements between a collateral provider and a collateral taker.

Article 2. Scope of application

1. This Directive shall apply to financial collateral arrangements which satisfy the requirements set out in paragraph 2, 3 and 4.

2. The arrangement must be in writing or evidenced in writing and signed by or on behalf of the collateral provider.

3. The arrangement must contain the following provisions:

(a) it must identify the financial collateral to which it applies; for this purpose it is sufficient if the arrangement identifies the account to which financial collateral can be credited from time to time;

(b) it must describe the relevant financial obligations for which the collateral is provided. Where the relevant financial obligations consist of a specified class or kind of obligations, it must describe the class or kind of obligation for which the collateral is provided;

(c) where the arrangement is a security financial collateral arrangement and the financial collateral consists of or includes cash, it must provide for the cash to be deposited with or transferred to the collateral taker or deposited with or transferred to a third party for the account of the collateral taker or to be deposited in an account with a third party designated as an account which is subject to the security financial collateral arrangement;

(d) where the arrangement is a title transfer financial collateral arrangement and the financial collateral consists of or includes cash, it must provide for the cash to be deposited with or transferred to the collateral taker or a third party for the account of the collateral taker;

(e) where the financial collateral consists of or includes bearer securities, it must provide for those securities to be delivered to the collateral taker or to another person acting as agent or custodian on behalf of the collateral taker;

---

[3] OJ No L 184, 17.7.1999, p. 23.
[4] OJ No C 364, 18.12.2000, p. 1.

(f) where the arrangement is a security financial collateral arrangement and the financial collateral consists of or includes book entry securities collateral, it must provide for the book entry securities collateral:
(i) to be transferred into a securities collateral account; or
(ii) to be otherwise held and designated so as to indicate that it is held for the account of the collateral provider but subject to the security financial collateral arrangement;
(g) where the arrangement is a title transfer financial collateral arrangement and the financial collateral consists of or includes book entry securities collateral, it must provide for the book entry securities collateral to be transferred into an account in the name of the collateral taker or an account in the name of another person designated by the collateral taker.
4. The collateral provider and the collateral taker must each be:
(a) a public authority or a central bank;
(b) a financial institution under prudential supervision; or
(c) a person other than a natural person whose capital base exceeds EUR 100 million or whose gross assets exceed EUR 1000 million, at the time where financial collateral is actually delivered, according to the most recently prepared account published within a period no greater than two years prior to that time.
5. Except as provided by Article 9, this Directive shall not apply in respect of any financial collateral unless and until that financial collateral is actually delivered, transferred, held or designated in accordance with the collateral arrangement.
6. The relevant financial obligations under a financial collateral arrangement may consist of or include:
(a) future, contingent or prospective obligations (including such obligations arising under a master agreement or similar arrangement);
(b) obligations owed to the collateral taker by a person other than the collateral provider; or
(c) obligations of a specified class or kind arising from time to time.

Article 3. Definitions

1. For the purpose of this Directive:
(a) "financial collateral arrangement" means a title transfer financial collateral arrangement or a security financial collateral arrangement;
(b) "title transfer financial collateral arrangement" means a sale and repurchase agreement or an arrangement under which a collateral provider transfers ownership of financial collateral to a collateral taker, for the purpose of securing the performance of relevant financial obligations;
(c) "security financial collateral arrangement" means an arrangement under which a collateral provider disposes of, or delivers financial collateral by way of security in favour of, or to a collateral taker, for the purpose of securing the performance of relevant financial obligations, where ownership of the financial collateral remains with the collateral provider unless and until the financial collateral is transferred or appropriated to the collateral taker or transferred to a third party as a result of:
(i) the exercise of the rights of the collateral taker following the occurrence of an enforcement event; or
(ii) the exercise of a right of use;

(d) "sale and repurchase agreement" means an agreement under which a collateral provider sells financial instruments or interests in or in respect of financial instruments to a collateral taker subject to an agreement by the collateral provider to purchase and by the collateral taker to sell equivalent financial instruments at a future date (the "repurchase date") or on demand, and at a price (the "repurchase price"), specified in or determined as provided in the agreement and includes any term of such an agreement under which:

(i) either party is obliged to transfer to the other full ownership of financial collateral in order to maintain a specified ratio or margin between the current market value of the equivalent financial instruments due to be purchased at the repurchase date and the repurchase price; or

(ii) the collateral provider is entitled, before the repurchase date, to require the collateral taker to transfer to it full ownership of financial instruments equivalent to some or all of those sold in exchange for the transfer to the collateral taker of full ownership of other financial instruments by way of substitution;

(e) "collateral provider" means the party providing financial collateral under a financial collateral arrangement, whether or not that party is from a Member State;

(f) "collateral taker" means the party receiving financial collateral under a financial collateral arrangement, whether or not that party is from a Member State:

(g) "financial collateral" means cash in any currency ("cash collateral") and financial instruments;

(h) "financial instruments" means shares in companies and other securities equivalent to shares in companies and bonds and other forms of securitised debt if these are negotiable on the capital market and any other securities normally dealt in giving the right to acquire any such transferable securities by subscription or exchange or giving rise to a cash settlement excluding instruments of payment and it means as well units in collective investment undertakings, money market instruments and interests in or in respect of any of the foregoing;

(i) "relevant financial obligations" means, in relation to a financial collateral arrangement, the obligations in respect of which the financial collateral is provided and on the discharge of which the collateral provider is entitled to the retransfer of the financial collateral or the transfer of equivalent collateral;

(j) "book entry securities collateral" means financial collateral which consists of financial instruments, title to which is evidenced by entries in a register or account;

(k) "relevant intermediary" means, in relation to book entry securities collateral which is subject to a financial collateral arrangement, the person – who may also be the collateral provider or the collateral taker – who maintains the relevant account;

(l) "relevant account" means:

(i) in relation to cash collateral, the account to which that cash collateral is credited;

(ii) in relation to book entry securities collateral which is subject to a financial collateral arrangement, the register or account in which the entries by which that book entry securities collateral is transferred to or disposed of in favour of the collateral taker are made;

(m) "securities collateral account" means, in relation to book entry securities, collateral provided under a security financial collateral arrangement:

8. Financial collateral arrangements

(i) an account with the relevant intermediary in the name of the collateral taker, or of a third party acting for the collateral taker, designated as an account for holding book entry securities collateral under that security financial collateral arrangement; or

(ii) an account or sub-account with the relevant intermediary in the name of the collateral provider, or of a third party acting for the collateral provider, on which the interest of the collateral taker under that security financial collateral arrangement has been noted;

(n) "equivalent collateral":

(i) in relation to an amount of cash, means a payment of the same amount and in the same currency;

(ii) in relation to financial instruments, means financial instruments of the same issuer or debtor, forming part of the same issue and of the same nominal amount, currency and description or, where a financial collateral arrangement provides for the transfer of other assets following the occurrence of any event relating to or affecting any financial instruments provided as financial collateral, those other assets;

(o) "winding-up proceedings" means collective proceedings involving realisation of the assets and distribution of the proceeds among the creditors, shareholders or members as appropriate, which necessarily involve any intervention by administrative or judicial authorities, including where the collective proceedings are terminated by a composition or other analogous measure, whether or not they are founded on insolvency or are voluntary or compulsory;

(p) "reorganisation measures" means measures involving any intervention by administrative bodies or judicial authorities which are intended to preserve or restore the financial situation and which affect pre-existing rights of third parties, including but not limited to measures involving the possibility of a suspension of payments, suspension of enforcement measures or reduction of claims;

(q) "enforcement event" means an event on the occurrence of which, under the terms of a financial collateral arrangement, the collateral taker is entitled to realise or appropriate financial collateral or a close-out netting provision comes into effect;

(r) "right of use" means the right of the collateral taker to use and dispose of financial collateral held under a security financial collateral arrangement as though he were the absolute owner of it, in accordance with the security financial collateral arrangement;

(s) "close-out netting provision" means a provision of a financial collateral arrangement, or of an arrangement of which a financial collateral arrangement forms part, under which, on the occurrence of an enforcement event:

(i) the relevant financial obligations are accelerated so as to be immediately due and expressed as an obligation to pay an amount representing their estimated current value, or are terminated and replaced by an obligation to pay such an amount, in either case in accordance with points (iii) and (iv);

(ii) any obligation of the collateral taker to deliver equivalent collateral, or to cause equivalent collateral to be credited to a securities collateral account, is accelerated so as to be immediately performable and expressed as an obligation to pay an amount representing its current value or replacement value or its estimated

current value or replacement value, or is replaced by an obligation to pay such an amount, in either case in accordance with points (iii) and (iv);
(iii) any obligations arising under point (i) or (ii) which are expressed in different currencies are converted into one single currency; and
(iv) an account is taken of what is due from each party to the other in respect of the obligations arising under points (i) to (iii) and those obligations fall to be discharged by the payment of an aggregate net sum equal to the balance of the account by the party from whom the larger amount is due.
2. References to "writing" include recording in electronic form and references to "signature" include electronic signature with authentication.

Article 4. Formal requirements on financial collateral arrangement
1. Member States shall ensure that the creation, validity, perfection, enforceability or admissibility in evidence of a financial collateral arrangement shall not be dependent on the performance by the collateral provider or the collateral taker or by a third party of any formal act beyond those specified in Article 2 (1).
2. The Formal acts referred to in the first paragraph include, but are not limited to:
(a) the execution of a document in a particular form or in a particular manner;
(b) the making of any filing with an official or public body or registration in a public or private register;
(c) advertisement in a newspaper or journal, in an official register or publication or in any other manner;
(d) notification to a public officer, to a custodian or agent or to any other person;
(e) the provision of evidence in a particular form as to the date of execution of a document or instrument, the amount of the relevant financial obligations or any other matter.

Article 5. Enforcement of financial collateral arrangement
1. On the occurrence of an enforcement event, the collateral taker shall be able to realise any of the following financial collateral provided under, and in accordance with the terms in, a security financial collateral arrangement:
(a) financial instruments by sale without any requirement:
(i) that notice of the intention to sell shall have been given;
(ii) that the terms of the sale be approved by any court, public officer or other person;
(iii) that the sale be conducted by public auction or in any other prescribed manner; or
(iv) that any additional time period shall have elapsed.
(b) cash collateral by setting it off against or applying it in discharge of relevant financial obligations without any requirement that prior notice of the intention to realise the cash collateral shall have been given.
2. On the occurrence of an enforcement event, it must be possible for a close-out netting provision to take effect in accordance with its terms without any requirement that prior notice shall have been given. Paragraph 1 (a) applies where the value of any item taken into account in the close-out netting provision is or may be determined by reference to the sale of equivalent securities or any other asset.
3. Member States shall ensure that a financial collateral arrangement can be enforced in the event of winding-up proceedings or reorganisation measures. Any of

the following events may be enforcement events if the terms of a financial collateral arrangement so provide:

(a) the commencement of winding-up proceedings or reorganisation measures in respect of the collateral provider or the collateral taker;

(b) the occurrence of an event on the basis of which winding-up proceedings or reorganisation measures could be commenced in respect of the collateral provider or the collateral taker;

(c) the occurrence of an event referred to in point (a) or (b) followed by the lapse of a specified period without the relevant insolvency event having been reversed or cancelled; or

(d) the occurrence of an event referred to in point (a), (b) or (c) coupled with the giving of a notice by the collateral taker, where the relevant event occurs in relation to the collateral provider, or by the collateral provider, where the relevant event occurs in relation to the collateral taker, electing to treat such occurrence as an enforcement event.

4. This Article is without prejudice to any requirement imposed by applicable law, that the realisation or valuation of financial collateral is conducted in a commercially reasonable manner.

Article 6. Right of use of financial collateral under security financial collateral arrangement

1. Where a collateral taker exercises a right of use, he thereby incurs an obligation to cause equivalent collateral to be transferred so as again to be held subject to the security financial collateral arrangement in the manner referred to in Article 2 (3) or, subject to the discharge of the relevant financial obligations, to be transferred to the collateral provider.

2. Where a collateral taker, in discharge of an obligation as described in paragraph 1, causes equivalent collateral to be transferred so as again to be held in the manner referred to in Article 2 (3), that equivalent collateral shall be subject to the security financial collateral arrangement to which the original collateral was subject.

3. For the purposes of any rule of law under which any disposition is deemed to be invalid or may be reversed or declared void by reason of or by reference to the time at which it is made, that equivalent collateral shall be treated as having been delivered or disposed of under that security financial collateral arrangement at the time when the original collateral was first transferred so as to be held in the manner referred to in Article 2 (3).

4. If an enforcement event occurs while an obligation as described in paragraph 1 remains outstanding, the obligation may be the subject of a close-out netting provision.

Article 7. Recognition of title transfer financial collateral arrangements

If a financial collateral arrangement provides that ownership of financial collateral is to pass to the collateral taker on delivery or payment, subject to an obligation to deliver equivalent collateral, Member States shall recognise that ownership of the financial collateral passes to the collateral taker in accordance with the arrangement.

Article 8. Recognition of close-out netting provisions
1. A close-out netting provision shall be effective notwithstanding the commencement or continuation of winding-up proceedings or reorganisation measures in respect of the collateral provider and/or the collateral taker.
2. A close-out netting provision shall be effective in accordance with its terms notwithstanding any purported assignment, judicial or other attachment or other disposition of or in respect of such rights.

Article 9. Certain insolvency provisions disapplied
1. Winding-up proceedings or reorganisation measures shall not have retroactive effects on the rights and obligations under a financial collateral arrangement.
2. Where under a financial collateral arrangement a collateral provider:
(a) has an obligation to provide financial collateral or additional financial collateral in order to take account of changes in the value of the financial collateral or in the amount of the relevant financial obligations; or
(b) has a right to withdraw financial collateral on providing, by way of substitution or exchange, financial collateral of substantially the same value;
the provision of the financial collateral, additional financial collateral or substitute or replacement financial collateral shall not be treated as invalid, defective or voidable under any such rule of law as is described in paragraph 3 unless, and then only to the extent that, the financial collateral arrangement is itself treated as invalid, defective or voidable.
3. Paragraph 1 and 2 apply to any rule of law under which a disposition or transfer of financial collateral is or may be deemed to be invalid, or may be reversed or declared void if made within a prescribed period defined by reference to the commencement of winding-up proceedings or reorganisation measures or by reference to the making of any order or decree or the taking of any other action or occurrence of any other event in the course of such proceedings or measures. This includes any rule under which an order or decree made in the course of such proceedings or measures takes effect from a time earlier than the time when it is actually made.

Article 10. Conflict of laws
1. Any question with respect to any of the matters specified in paragraph 3 arising in relation to the application of a financial collateral arrangement to any book entry securities collateral or cash collateral shall be governed by the law of the country or, where appropriate, the law of the part of the country in which the relevant account is maintained, whether or not that country is a Member State. The reference to the law of a country or part of a country is a reference to its domestic law, disregarding any rule under which, in deciding the relevant question, reference would be made to the law of another country.
2. A relevant account shall be treated for the purposes of this Article as maintained at any given time:
(a) at the office or branch of the relevant intermediary identified in the agreement governing the relevant account, provided that the relevant intermediary allocates the relevant account to that office or branch for purposes of reporting to its account holders or for regulatory or accounting purposes;

(b) where the relevant intermediary is legally established or, where the relevant intermediary is acting in relation to the relevant account through a branch, where that branch is legally established, in any other case.

3. The matters referred to in paragraph 1 are:
(a) the creation of any title to or interest in the book entry securities collateral arising under the financial collateral arrangement and the ranking or priority of any such title or interest as against any competing title or interest claimed by another person;
(b) any act or thing necessary to ensure that any title to or interest in the book entry securities collateral arising under the financial collateral arrangement may be asserted generally against third parties;
(c) the steps required for the realisation of the collateral following the occurrence of an enforcement event, including any act or thing necessary to ensure that any disposal of the collateral will be effective generally as against persons who are not parties to the financial collateral arrangement.

Article 11. Updating of thresholds

The Commission shall update the thresholds relating to capital base and gross assets in Article 2 (4) (c) in order to adjust to development in the market practice. In updating those thresholds the Commission shall act in accordance with the procedure referred to in Article 12 (2).

Article 12. Committee

1. The Commission shall be assisted by the [Securities Committee], instituted by … […//EC].
2. Where reference is made to this paragraph, the regulatory procedure laid down in Article 5 of Decision 1999/468/EC shall apply, in compliance with Article 7 [and Article 8] thereof.
3. The period provided for in Article 5 (6) of Decision 1999/468/EC shall be [maximum of three months].

Article 13. Implementation

Member States shall bring into force the laws, regulations and administrative provisions necessary to comply with this Directive by [31 December 2004] at the latest. They shall forthwith inform the Commission thereof.
When Member States adopt those provisions, they shall contain a reference to this Directive or be accompanied by such a reference on the occasion of their official publication. Member States shall determine how such reference is to be made.

Article 14. Entry into force

This Directive shall enter into force on the twentieth day following that of its publication in the Official Journal of the European Communities.

Article 15. Addressees

This Directive is addressed to the Member States.

9. Council Directive of 18 December 1986 on the co-ordination of the laws of the Member States relating to self-employed commercial agents (86/653/EEC)

Official Journal L 382, 31/12/1986, p. 17–21

THE COUNCIL OF THE EUROPEAN COMMUNITIES,
Having regard to the Treaty establishing the European Economic Community, and in particular Articles 57 (2) and 100 thereof, Having regard to the proposal from the Commission[1], Having regard to the opinion of the European Parliament[2], Having regard to the opinion of the Economic and Social Committee[3],
Whereas the restrictions on the freedom of establishment and the freedom to provide services in respect of activities of intermediaries in commerce, industry and small craft industries were abolished by Directive 64/224/EEC[4];
Whereas the differences in national laws concerning commercial representation substantially affect the conditions of competition and the carrying-on of that activity within the Community and are detrimental both to the protection available to commercial agents vis-à-vis their principals and to the security of commercial transactions; whereas moreover those differences are such as to inhibit substantially the conclusion and operation of commercial representation contracts where principal and commercial agents are established in different Member States;
Whereas trade in goods between Member States should be carried on under conditions which are similar to those of a single market, and this necessitates approximation of the legal systems of the Member States to the extent required for the proper functioning of the common market; whereas in this regard the rules concerning conflict of laws do not, in the matter of commercial representation, remove the inconsistencies referred to above, nor would they even if they were made uniform, and accordingly the proposed harmonisation is necessary notwithstanding the existence of those rules;
Whereas in this regard the legal relationship between commercial agent and principal must be given priority;
Whereas it is appropriate to be guided by the principles of Article 117 of the Treaty and to maintain improvements already made, when harmonising the laws of the Member States relating to commercial agents;
Whereas additional transitional periods should be allowed for certain Member States which have to make a particular effort to adapt their regulations, especially those concerning indemnity for termination of contract between the principal and the commercial agent, to the requirements of this Directive,
HAS ADOPTED THIS DIRECTIVE:

Chapter I. Scope

Article 1
1. The harmonisation measures prescribed by this Directive shall apply to the laws, regulations and administrative provisions of the Member States governing the relations between commercial agents and their principals.

---

[1] OJ No C 13, 18.1.1977, p. 2; OJ No C 56, 2.3.1979, p. 5.
[2] OJ No C 239, 9.10.1978, p. 17.
[3] OJ No C 59, 8.03.1978, p. 31.
[4] OJ No 56, 4.4.1964, p. 869/64.

9. Self-employment commercial agents

2. For the purposes of this Directive, 'commercial agent' shall mean a self-employed intermediary who has continuing authority to negotiate the sale or the purchase of goods on behalf of another person, hereinafter called the 'principal', or to negotiate and conclude such transactions on behalf of and in the name of that principal.
3. A commercial agent shall be understood within the meaning of this Directive as not including in particular:
– a person who, in his capacity as an officer, is empowered to enter into commitments binding on a company or association,
– a partner who is lawfully authorised to enter into commitments binding on his partners,
– a receiver, a receiver and manager, a liquidator or a trustee in bankruptcy.

Article 2
1. This Directive shall not apply to:
– commercial agents whose activities are unpaid,
– commercial agents when they operate on commodity exchanges or in the commodity market, or
– the body known is the Crown Agents for Overseas Governments and Administrations, as set up under the Crown Agents Act 1979 in the United Kingdom, or its subsidiaries.
2. Each of the Member States shall have the right to provide that the Directive shall not apply to those persons whose activities as commercial agents are considered secondary by the law of that Member State.

Chapter II. Rights and obligations

Article 3
1. In performing has activities a commercial agent must look after his principal's interests and act dutifully and in good faith.
2. In particular, a commercial agent must:
(a) make proper efforts to negotiate and, where appropriate, conclude the transactions he is instructed to take care of;
(b) communicate to his principal all the necessary information available to him;
(c) comply with reasonable instructions given by his principal.

Article 4
1. In his relations with his commercial agent a principal must act dutifully and in good faith.
2. A principal must in particular:
(a) provide his commercial agent with the necessary documentation relating to the goods concerned;
(b) obtain for his commercial agent the information necessary for the performance of the agency contract, and in particular notify the commercial agent within a reasonable period once he anticipates that the volume of commercial transactions will be significantly lower than that which the commercial agent could normally have expected.

3. A principal must, in addition, inform the commercial agent within a reasonable period of his acceptance, refusal, and of any non-execution of a commercial transaction which the commercial agent has procured for the principal.

Article 5
The parties may not derogate from the provisions of Articles 3 and 4.

Chapter III. Remuneration

Article 6
1. In the absence of any agreement on this matter between the parties, and without prejudice to the application of the compulsory provisions of the Member States concerning the level of remuneration, a commercial agent shall be entitled to the remuneration that commercial agents appointed for the goods forming the subject of his agency contract are customarily allowed in the place where he carries on his activities. If there is no such customary practice a commercial agent shall be entitled to reasonable remuneration taking into account all the aspects of the transaction.
2. Any part of the remuneration which varies with the number or value of business transactions shall be deemed to be Commission within the meaning of this Directive.
3. Articles 7 to 12 shall not apply if the commercial agent is not remunerated wholly or in part by Commission.

Article 7
1. A commercial agent shall be entitled to Commission on commercial transactions concluded during the period covered by the agency contract:
(a) where the transaction has been concluded as a result of his action; or
(b) where the transaction is concluded with a third party whom he has previously acquired as a customer for transactions of the same kind.
2. A commercial agent shall also be entitled to Commission on transactions concluded during the period covered by the agency contract:
– either where he is entrusted with a specific geographical area or group of customers,
– or where he has an exclusive right to a specific geographical area or group of customers,
and where the transaction has been entered into with a customer belonging to that area or group.
Member State shall include in their legislation one of the possibilities referred to in the above two indents.

Article 8
A commercial agent shall be entitled to Commission on commercial transactions concluded after the agency contract has terminated:
(a) if the transaction is mainly attributable to the commercial agent's efforts during the period covered by the agency contract and if the transaction was entered into within a reasonable period after that contract terminated; or

(b) if, in accordance with the conditions mentioned in Article 7, the order of the third party reached the principal or the commercial agent before the agency contract terminated.

Article 9
A commercial agent shall not be entitled to the Commission referred to in Article 7, if that Commission is payable, pursuant to Article 8, to the previous commercial agent, unless it is equitable because of the circumstances for the Commission to be shared between the commercial agents.

Article 10
1. The Commission shall become due as soon as and to the extent that one of the following circumstances obtains:
(a) the principal has executed the transaction; or
(b) the principal should, according to his agreement with the third party, have executed the transaction; or
(c) the third party has executed the transaction.
2. The Commission shall become due at the latest when the third party has executed his part of the transaction or should have done so if the principal had executed his part of the transaction, as he should have.
3. The Commission shall be paid not later than on the last day of the month following the quarter in which it became due.
4. Agreements to derogate from paragraphs 2 and 3 to the detriment of the commercial agent shall not be permitted.

Article 11
1. The right to Commission can be extinguished only if and to the extent that:
– it is established that the contract between the third party and the principal will not be executed, and
– that face is due to a reason for which the principal is not to blame.
2. Any Commission which the commercial agent has already received shall be refunded if the right to it is extinguished.
3. Agreements to derogate from paragraph 1 to the detriment of the commercial agent shall not be permitted.

Article 12
1. The principal shall supply his commercial agent with a statement of the Commission due, not later than the last day of the month following the quarter in which the Commission has become due. This statement shall set out the main components used in calculating the amount of Commission.
2. A commercial agent shall be entitled to demand that he be provided with all the information, and in particular an extract from the books, which is available to his principal and which he needs in order to check the amount of the Commission due to him.
3. Agreements to derogate from paragraphs 1 and 2 to the detriment of the commercial agent shall not be permitted.
4. This Directive shall not conflict with the internal provisions of Member States which recognise the right of a commercial agent to inspect a principal's books.

Chapter IV. Conclusion and termination of the agency contract

Article 13
1. Each party shall be entitled to receive from the other on request a signed written document setting out the terms of the agency contract including any terms subsequently agreed. Waiver of this right shall not be permitted.
2. Notwithstanding paragraph 1 a Member State may provide that an agency contract shall not be valid unless evidenced in writing.

Article 14
An agency contract for a fixed period which continues to be performed by both parties after that period has expired shall be deemed to be converted into an agency contract for an indefinite period.

Article 15
1. Where an agency contract is concluded for an indefinite period either party may terminate it by notice.
2. The period of notice shall be one month for the first year of the contract, two months for the second year commenced, and three months for the third year commenced and subsequent years. The parties may not agree on shorter periods of notice.
3. Member States may fix the period of notice at four months for the fourth year of the contract, five months for the fifth year and six months for the sixth and subsequent years. They may decide that the parties may not agree to shorter periods.
4. If the parties agree on longer periods than those laid down in paragraphs 2 and 3, the period of notice to be observed by the principal must not be shorter than that to be observed by the commercial agent.
5. Unless otherwise agreed by the parties, the end of the period of notice must coincide with the end of a calendar month.
6. The provision of this Article shall apply to an agency contract for a fixed period where it is converted under Article 14 into an agency contract for an indefinite period, subject to the proviso that the earlier fixed period must be taken into account in the calculation of the period of notice.

Article 16
Nothing in this Directive shall affect the application of the law of the Member States where the latter provides for the immediate termination of the agency contract:
(a) because of the failure of one party to carry out all or part of his obligations;
(b) where exceptional circumstances arise.

Article 17
1. Member States shall take the measures necessary to ensure that the commercial agent is, after termination of the agency contract, indemnified in accordance with paragraph 2 or compensated for damage in accordance with paragraph 3.
2. (a) The commercial agent shall be entitled to an indemnity if and to the extent that:

– he has brought the principal new customers or has significantly increased the volume of business with existing customers and the principal continues to derive substantial benefits from the business with such customers, and

– the payment of this indemnity is equitable having regard to all the circumstances and, in particular, the Commission lost by the commercial agent on the business transacted with such customers. Member States may provide for such circumstances also to include the application or otherwise of a restraint of trade clause, within the meaning of Article 20;

(b) The amount of the indemnity may not exceed a figure equivalent to an indemnity for one year calculated from the commercial agent's average annual remuneration over the preceding five years and if the contract goes back less than five years the indemnity shall be calculated on the average for the period in question;

(c) The grant of such an indemnity shall not prevent the commercial agent from seeking damages.

3. The commercial agent shall be entitled to compensation for the damage he suffers as a result of the termination of his relations with the principal.

Such damage shall be deemed to occur particularly when the termination takes place in circumstances:

– depriving the commercial agent of the Commission which proper performance of the agency contract would have procured him whilst providing the principal with substantial benefits linked to the commercial agent's activities,

– and/or which have not enabled the commercial agent to amortise the costs and expenses that he had incurred for the performance of the agency contract on the principal's advice.

4. Entitlement to the indemnity as provided for in paragraph 2 or to compensation for damage as provided for under paragraph 3, shall also arise where the agency contract is terminated as a result of the commercial agent's death.

5. The commercial agent shall lose his entitlement to the indemnity in the instances provided for in paragraph 2 or to compensation for damage in the instances provided for in paragraph 3, if within one year following termination of the contract he has not notified the principal that he intends pursuing his entitlement.

6. The Commission shall submit to the Council, within eight years following the date of notification of this Directive, a report on the implementation of this Article, and shall if necessary submit to it proposals for amendments.

Article 18

The indemnity or compensation referred to in Article 17 shall not be payable:

(a) where the principal has terminated the agency contract because of default attributable to the commercial agent which would justify immediate termination of the agency contract under national law;

(b) where the commercial agent has terminated the agency contract, unless such termination is justified by circumstances attributable to the principal or on grounds of age, infirmity or illness of the commercial agent in consequence of which he cannot reasonably be required to continue his activities;

(c) where, with the agreement of the principal, the commercial agent assigns his rights and duties under the agency contract to another person.

Article 19
The parties may not derogate from Articles 17 and 18 to the detriment of the commercial agent before the agency contract expires.

Article 20
1. For the purposes of this Directive an agreement restricting the business activities of a commercial agent following termination of the agency contract is hereinafter referred to as a restraint of trade clause.
2. A restraint of trade clause shall be valid only if and to the extent that:
(a) it is concluded in writing; and
(b) it relates to the geographical area or the group of customers and the geographical area entrusted to the commercial agent and to the kind of goods covered by his agency under the contract.
3. A restraint of trade clause shall be valid for not more than two years after termination of the agency contract.
4. This Article shall not affect provisions of national law which impose other restrictions on the validity or enforceability of restraint of trade clauses or which enable the courts to reduce the obligations on the parties resulting from such an agreement.

Chapter V. General and final provisions

Article 21
Nothing in this Directive shall require a Member State to provide for the disclosure of information where such disclosure would be contrary to public policy.

Article 22
1. Member States shall bring into force the provisions necessary to comply with this Directive before 1 January 1990. They shall for with inform the Commission thereof. Such provisions shall apply at least to contracts concluded after their entry into force. They shall apply to contracts in operation by 1 January 1994 at the latest.
2. As from the notification of this Directive, Member States shall communicate to the Commission the main laws, regulations and administrative provisions which they adopt in the field governed by this Directive.
3. However, with regard to Ireland and the United Kingdom, 1 January 1990 referred to in paragraph 1 shall be replaced by 1 January 1994.
With regard to Italy, 1 January 1990 shall be replaced by 1 January 1993 in the case of the obligations deriving from Article 17.

Article 23
This Directive is addressed to the Member States.

IV. Electronic commerce and protection of personal data

I. Directive of the European Parliament and of the Council of 24 October 1995 on the protection of individuals with regard to the processing of personal data and on the free movement of such data (95/46/EC)

Official Journal L 281, 23/11/1995, p. 31–50

THE EUROPEAN PARLIAMENT AND THE COUNCIL OF THE EUROPEAN UNION,

Having regard to the Treaty establishing the European Community, and in particular Article 100a thereof, Having regard to the proposal from the Commission[1], Having regard to the opinion of the Economic and Social Committee[2], Acting in accordance with the procedure referred to in Article 189b of the Treaty[3],

(1) Whereas the objectives of the Community, as laid down in the Treaty, as amended by the Treaty on European Union, include creating an ever closer union among the peoples of Europe, fostering closer relations between the States belonging to the Community, ensuring economic and social progress by common action to eliminate the barriers which divide Europe, encouraging the constant improvement of the living conditions of its peoples, preserving and strengthening peace and liberty and promoting democracy on the basis of the fundamental rights recognised in the constitution and laws of the Member States and in the European Convention for the Protection of Human Rights and Fundamental Freedoms;

(2) Whereas data-processing systems are designed to serve man; whereas they must, whatever the nationality or residence of natural persons, respect their fundamental rights and freedoms, notably the right to privacy, and contribute to economic and social progress, trade expansion and the well-being of individuals;

(3) Whereas the establishment and functioning of an internal market in which, in accordance with Article 7a of the Treaty, the free movement of goods, persons, services and capital is ensured require not only that personal data should be able to flow freely from one Member State to another, but also that the fundamental rights of individuals should be safeguarded;

(4) Whereas increasingly frequent recourse is being had in the Community to the processing of personal data in the various spheres of economic and social activity; whereas the progress made in information technology is making the processing and exchange of such data considerably easier;

(5) Whereas the economic and social integration resulting from the establishment and functioning of the internal market within the meaning of Article 7a of the Treaty will necessarily lead to a substantial increase in cross-border flows of personal data between all those involved in a private or public capacity in economic and social activity in the Mem-

---

[1] OJ No C 277, 5. 11. 1990, p. 3 and OJ No C 311, 27. 11. 1992, p. 30.
[2] OJ No C 159, 17. 6. 1991, p. 38.
[3] Opinion of the European Parliament of 11 March 1992 (OJ No C 94, 13. 4. 1992, p. 198), confirmed on 2 December 1993 (OJ No C 342, 20. 12. 1993, p. 30); Council common position of 20 February 1995 (OJ No C 93, 13. 4. 1995, p. 1) and Decision of the European Parliament of 15 June 1995 (OJ No C 166, 3. 7. 1995).

ber States; whereas the exchange of personal data between undertakings in different Member States is set to increase; whereas the national authorities in the various Member States are being called upon by virtue of Community law to collaborate and exchange personal data so as to be able to perform their duties or carry out tasks on behalf of an authority in another Member State within the context of the area without internal frontiers as constituted by the internal market;

(6) Whereas, furthermore, the increase in scientific and technical co-operation and the co-ordinated introduction of new telecommunications networks in the Community necessitate and facilitate cross-border flows of personal data;

(7) Whereas the difference in levels of protection of the rights and freedoms of individuals, notably the right to privacy, with regard to the processing of personal data afforded in the Member States may prevent the transmission of such data from the territory of one Member State to that of another Member State; whereas this difference may therefore constitute an obstacle to the pursuit of a number of economic activities at Community level, distort competition and impede authorities in the discharge of their responsibilities under Community law; whereas this difference in levels of protection is due to the existence of a wide variety of national laws, regulations and administrative provisions;

(8) Whereas, in order to remove the obstacles to flows of personal data, the level of protection of the rights and freedoms of individuals with regard to the processing of such data must be equivalent in all Member States; whereas this objective is vital to the internal market but cannot be achieved by the Member States alone, especially in view of the scale of the divergences which currently exist between the relevant laws in the Member States and the need to co-ordinate the laws of the Member States so as to ensure that the cross-border flow of personal data is regulated in a consistent manner that is in keeping with the objective of the internal market as provided for in Article 7a of the Treaty; whereas Community action to approximate those laws is therefore needed;

(9) Whereas, given the equivalent protection resulting from the approximation of national laws, the Member States will no longer be able to inhibit the free movement between them of personal data on grounds relating to protection of the rights and freedoms of individuals, and in particular the right to privacy; whereas Member States will be left a margin for manoeuvre, which may, in the context of implementation of the Directive, also be exercised by the business and social partners; whereas Member States will therefore be able to specify in their national law the general conditions governing the lawfulness of data processing; whereas in doing so the Member States shall strive to improve the protection currently provided by their legislation; whereas, within the limits of this margin for manoeuvre and in accordance with Community law, disparities could arise in the implementation of the Directive, and this could have an effect on the movement of data within a Member State as well as within the Community;

(10) Whereas the object of the national laws on the processing of personal data is to protect fundamental rights and freedoms, notably the right to privacy, which is recognised both in Article 8 of the European Convention for the Protection of Human Rights and Fundamental Freedoms and in the general principles of Community law; whereas, for that reason, the approximation of those laws must not result in any lessening of the protection they afford but must, on the contrary, seek to ensure a high level of protection in the Community;

(11) Whereas the principles of the protection of the rights and freedoms of individuals, notably the right to privacy, which are contained in this Directive, give substance to and amplify those contained in the Council of Europe Convention of 28 January 1981 for the Protection of Individuals with regard to Automatic Processing of Personal Data;

(12) Whereas the protection principles must apply to all processing of personal data by any person whose activities are governed by Community law; whereas there should be ex-

cluded the processing of data carried out by a natural person in the exercise of activities which are exclusively personal or domestic, such as correspondence and the holding of records of addresses;

(13) Whereas the activities referred to in Titles V and VI of the Treaty on European Union regarding public safety, defence, State security or the activities of the State in the area of criminal laws fall outside the scope of Community law, without prejudice to the obligations incumbent upon Member States under Article 56 (2), Article 57 or Article 100a of the Treaty establishing the European Community; whereas the processing of personal data that is necessary to safeguard the economic well-being of the State does not fall within the scope of this Directive where such processing relates to State security matters;

(14) Whereas, given the importance of the developments under way, in the framework of the information society, of the techniques used to capture, transmit, manipulate, record, store or communicate sound and image data relating to natural persons, this Directive should be applicable to processing involving such data;

(15) Whereas the processing of such data is covered by this Directive only if it is automated or if the data processed are contained or are intended to be contained in a filing system structured according to specific criteria relating to individuals, so as to permit easy access to the personal data in question;

(16) Whereas the processing of sound and image data, such as in cases of video surveillance, does not come within the scope of this Directive if it is carried out for the purposes of public security, defence, national security or in the course of State activities relating to the area of criminal law or of other activities which do not come within the scope of Community law;

(17) Whereas, as far as the processing of sound and image data carried out for purposes of journalism or the purposes of literary or artistic expression is concerned, in particular in the audio-visual field, the principles of the Directive are to apply in a restricted manner according to the provisions laid down in Article 9;

(18) Whereas, in order to ensure that individuals are not deprived of the protection to which they are entitled under this Directive, any processing of personal data in the Community must be carried out in accordance with the law of one of the Member States; whereas, in this connection, processing carried out under the responsibility of a controller who is established in a Member State should be governed by the law of that State;

(19) Whereas establishment on the territory of a Member State implies the effective and real exercise of activity through stable arrangements; whereas the legal form of such an establishment, whether simply branch or a subsidiary with a legal personality, is not the determining factor in this respect; whereas, when a single controller is established on the territory of several Member States, particularly by means of subsidiaries, he must ensure, in order to avoid any circumvention of national rules, that each of the establishments fulfils the obligations imposed by the national law applicable to its activities;

(20) Whereas the fact that the processing of data is carried out by a person established in a third country must not stand in the way of the protection of individuals provided for in this Directive; whereas in these cases, the processing should be governed by the law of the Member State in which the means used are located, and there should be guarantees to ensure that the rights and obligations provided for in this Directive are respected in practice;

(21) Whereas this Directive is without prejudice to the rules of territoriality applicable in criminal matters;

(22) Whereas Member States shall more precisely define in the laws they enact or when bringing into force the measures taken under this Directive the general circumstances in which processing is lawful; whereas in particular Article 5, in conjunction with Articles 7 and 8, allows Member States, independently of general rules, to provide for special

processing conditions for specific sectors and for the various categories of data covered by Article 8;

(23) Whereas Member States are empowered to ensure the implementation of the protection of individuals both by means of a general law on the protection of individuals as regards the processing of personal data and by sectorial laws such as those relating, for example, to statistical institutes;

(24) Whereas the legislation concerning the protection of legal persons with regard to the processing data which concerns them is not affected by this Directive;

(25) Whereas the principles of protection must be reflected, on the one hand, in the obligations imposed on persons, public authorities, enterprises, agencies or other bodies responsible for processing, in particular regarding data quality, technical security, notification to the supervisory authority, and the circumstances under which processing can be carried out, and, on the other hand, in the right conferred on individuals, the data on whom are the subject of processing, to be informed that processing is taking place, to consult the data, to request corrections and even to object to processing in certain circumstances;

(26) Whereas the principles of protection must apply to any information concerning an identified or identifiable person; whereas, to determine whether a person is identifiable, account should be taken of all the means likely reasonably to be used either by the controller or by any other person to identify the said person; whereas the principles of protection shall not apply to data rendered anonymous in such a way that the data subject is no longer identifiable; whereas codes of conduct within the meaning of Article 27 may be a useful instrument for providing guidance as to the ways in which data may be rendered anonymous and retained in a form in which identification of the data subject is no longer possible;

(27) Whereas the protection of individuals must apply as much to automatic processing of data as to manual processing; whereas the scope of this protection must not in effect depend on the techniques used, otherwise this would create a serious risk of circumvention; whereas, nonetheless, as regards manual processing, this Directive covers only filing systems, not unstructured files; whereas, in particular, the content of a filing system must be structured according to specific criteria relating to individuals allowing easy access to the personal data; whereas, in line with the definition in Article 2 (c), the different criteria for determining the constituents of a structured set of personal data, and the different criteria governing access to such a set, may be laid down by each Member State; whereas files or sets of files as well as their cover pages, which are not structured according to specific criteria, shall under no circumstances fall within the scope of this Directive;

(28) Whereas any processing of personal data must be lawful and fair to the individuals concerned; whereas, in particular, the data must be adequate, relevant and not excessive in relation to the purposes for which they are processed; whereas such purposes must be explicit and legitimate and must be determined at the time of collection of the data; whereas the purposes of processing further to collection shall not be incompatible with the purposes as they were originally specified;

(29) Whereas the further processing of personal data for historical, statistical or scientific purposes is not generally to be considered incompatible with the purposes for which the data have previously been collected provided that Member States furnish suitable safeguards; whereas these safeguards must in particular rule out the use of the data in support of measures or decisions regarding any particular individual;

(30) Whereas, in order to be lawful, the processing of personal data must in addition be carried out with the consent of the data subject or be necessary for the conclusion or performance of a contract binding on the data subject, or as a legal requirement, or for the performance of a task carried out in the public interest or in the exercise of official author-

1. Processing of personal data

ity, or in the legitimate interests of a natural or legal person, provided that the interests or the rights and freedoms of the data subject are not overriding; whereas, in particular, in order to maintain a balance between the interests involved while guaranteeing effective competition, Member States may determine the circumstances in which personal data may be used or disclosed to a third party in the context of the legitimate ordinary business activities of companies and other bodies; whereas Member States may similarly specify the conditions under which personal data may be disclosed to a third party for the purposes of marketing whether carried out commercially or by a charitable organisation or by any other association or foundation, of a political nature for example, subject to the provisions allowing a data subject to object to the processing of data regarding him, at no cost and without having to state his reasons;

(31) Whereas the processing of personal data must equally be regarded as lawful where it is carried out in order to protect an interest which is essential for the data subject's life;

(32) Whereas it is for national legislation to determine whether the controller performing a task carried out in the public interest or in the exercise of official authority should be a public administration or another natural or legal person governed by public law, or by private law such as a professional association;

(33) Whereas data which are capable by their nature of infringing fundamental freedoms or privacy should not be processed unless the data subject gives his explicit consent; whereas, however, derogations from this prohibition must be explicitly provided for in respect of specific needs, in particular where the processing of these data is carried out for certain health-related purposes by persons subject to a legal obligation of professional secrecy or in the course of legitimate activities by certain associations or foundations the purpose of which is to permit the exercise of fundamental freedoms;

(34) Whereas Member States must also be authorised, when justified by grounds of important public interest, to derogate from the prohibition on processing sensitive categories of data where important reasons of public interest so justify in areas such as public health and social protection – especially in order to ensure the quality and cost-effectiveness of the procedures used for settling claims for benefits and services in the health insurance system – scientific research and government statistics; whereas it is incumbent on them, however, to provide specific and suitable safeguards so as to protect the fundamental rights and the privacy of individuals;

(35) Whereas, moreover, the processing of personal data by official authorities for achieving aims, laid down in constitutional law or international public law, of officially recognised religious associations is carried out on important grounds of public interest;

(36) Whereas where, in the course of electoral activities, the operation of the democratic system requires in certain Member States that political parties compile data on people's political opinion, the processing of such data may be permitted for reasons of important public interest, provided that appropriate safeguards are established;

(37) Whereas the processing of personal data for purposes of journalism or for purposes of literary of artistic expression, in particular in the audio-visual field, should qualify for exemption from the requirements of certain provisions of this Directive in so far as this is necessary to reconcile the fundamental rights of individuals with freedom of information and notably the right to receive and impart information, as guaranteed in particular in Article 10 of the European Convention for the Protection of Human Rights and Fundamental Freedoms; whereas Member States should therefore lay down exemptions and derogations necessary for the purpose of balance between fundamental rights as regards general measures on the legitimacy of data processing, measures on the transfer of data to third countries and the power of the supervisory authority; whereas this should not, however, lead Member States to lay down exemptions from the measures to ensure security of processing; whereas at least the supervisory authority responsible for this sector should also

be provided with certain ex-post powers, e.g. to publish a regular report or to refer matters to the judicial authorities;

(38) Whereas, if the processing of data is to be fair, the data subject must be in a position to learn of the existence of a processing operation and, where data are collected from him, must be given accurate and full information, bearing in mind the circumstances of the collection;

(39) Whereas certain processing operations involve data which the controller has not collected directly from the data subject; whereas, furthermore, data can be legitimately disclosed to a third party, even if the disclosure was not anticipated at the time the data were collected from the data subject; whereas, in all these cases, the data subject should be informed when the data are recorded or at the latest when the data are first disclosed to a third party;

(40) Whereas, however, it is not necessary to impose this obligation of the data subject already has the information; whereas, moreover, there will be no such obligation if the recording or disclosure are expressly provided for by law or if the provision of information to the data subject proves impossible or would involve disproportionate efforts, which could be the case where processing is for historical, statistical or scientific purposes; whereas, in this regard, the number of data subjects, the age of the data, and any compensatory measures adopted may be taken into consideration;

(41) Whereas any person must be able to exercise the right of access to data relating to him which are being processed, in order to verify in particular the accuracy of the data and the lawfulness of the processing; whereas, for the same reasons, every data subject must also have the right to know the logic involved in the automatic processing of data concerning him, at least in the case of the automated decisions referred to in Article 15 (1); whereas this right must not adversely affect trade secrets or intellectual property and in particular the copyright protecting the software; whereas these considerations must not, however, result in the data subject being refused all information;

(42) Whereas Member States may, in the interest of the data subject or so as to protect the rights and freedoms of others, restrict rights of access and information; whereas they may, for example, specify that access to medical data may be obtained only through a health professional;

(43) Whereas restrictions on the rights of access and information and on certain obligations of the controller may similarly be imposed by Member States in so far as they are necessary to safeguard, for example, national security, defence, public safety, or important economic or financial interests of a Member State or the Union, as well as criminal investigations and prosecutions and action in respect of breaches of ethics in the regulated professions; whereas the list of exceptions and limitations should include the tasks of monitoring, inspection or regulation necessary in the three last-mentioned areas concerning public security, economic or financial interests and crime prevention; whereas the listing of tasks in these three areas does not affect the legitimacy of exceptions or restrictions for reasons of State security or defence;

(44) Whereas Member States may also be led, by virtue of the provisions of Community law, to derogate from the provisions of this Directive concerning the right of access, the obligation to inform individuals, and the quality of data, in order to secure certain of the purposes referred to above;

(45) Whereas, in cases where data might lawfully be processed on grounds of public interest, official authority or the legitimate interests of a natural or legal person, any data subject should nevertheless be entitled, on legitimate and compelling grounds relating to his particular situation, to object to the processing of any data relating to himself; whereas Member States may nevertheless lay down national provisions to the contrary;

1. Processing of personal data

(46) Whereas the protection of the rights and freedoms of data subjects with regard to the processing of personal data requires that appropriate technical and organisational measures be taken, both at the time of the design of the processing system and at the time of the processing itself, particularly in order to maintain security and thereby to prevent any unauthorised processing; whereas it is incumbent on the Member States to ensure that controllers comply with these measures; whereas these measures must ensure an appropriate level of security, taking into account the state of the art and the costs of their implementation in relation to the risks inherent in the processing and the nature of the data to be protected;

(47) Whereas where a message containing personal data is transmitted by means of a telecommunications or electronic mail service, the sole purpose of which is the transmission of such messages, the controller in respect of the personal data contained in the message will normally be considered to be the person from whom the message originates, rather than the person offering the transmission services; whereas, nevertheless, those offering such services will normally be considered controllers in respect of the processing of the additional personal data necessary for the operation of the service;

(48) Whereas the procedures for notifying the supervisory authority are designed to ensure disclosure of the purposes and main features of any processing operation for the purpose of verification that the operation is in accordance with the national measures taken under this Directive;

(49) Whereas, in order to avoid unsuitable administrative formalities, exemptions from the obligation to notify and simplification of the notification required may be provided for by Member States in cases where processing is unlikely adversely to affect the rights and freedoms of data subjects, provided that it is in accordance with a measure taken by a Member State specifying its limits; whereas exemption or simplification may similarly be provided for by Member States where a person appointed by the controller ensures that the processing carried out is not likely adversely to affect the rights and freedoms of data subjects; whereas such a data protection official, whether or not an employee of the controller, must be in a position to exercise his functions in complete independence;

(50) Whereas exemption or simplification could be provided for in cases of processing operations whose sole purpose is the keeping of a register intended, according to national law, to provide information to the public and open to consultation by the public or by any person demonstrating a legitimate interest;

(51) Whereas, nevertheless, simplification or exemption from the obligation to notify shall not release the controller from any of the other obligations resulting from this Directive;

(52) Whereas, in this context, ex post facto verification by the competent authorities must in general be considered a sufficient measure;

(53) Whereas, however, certain processing operation are likely to pose specific risks to the rights and freedoms of data subjects by virtue of their nature, their scope or their purposes, such as that of excluding individuals from a right, benefit or a contract, or by virtue of the specific use of new technologies; whereas it is for Member States, if they so wish, to specify such risks in their legislation;

(54) Whereas with regard to all the processing undertaken in society, the amount posing such specific risks should be very limited; whereas Member States must provide that the supervisory authority, or the data protection official in co-operation with the authority, check such processing prior to it being carried out; whereas following this prior check, the supervisory authority may, according to its national law, give an opinion or an authorisation regarding the processing; whereas such checking may equally take place in the course of the preparation either of a measure of the national parliament or of a measure based on such a legislative measure, which defines the nature of the processing and lays down appropriate safeguards;

(55) Whereas, if the controller fails to respect the rights of data subjects, national legislation must provide for a judicial remedy; whereas any damage which a person may suffer as a result of unlawful processing must be compensated for by the controller, who may be exempted from liability if he proves that he is not responsible for the damage, in particular in cases where he establishes fault on the part of the data subject or in case of force majeure; whereas sanctions must be imposed on any person, whether governed by private of public law, who fails to comply with the national measures taken under this Directive;

(56) Whereas cross-border flows of personal data are necessary to the expansion of international trade; whereas the protection of individuals guaranteed in the Community by this Directive does not stand in the way of transfers of personal data to third countries which ensure an adequate level of protection; whereas the adequacy of the level of protection afforded by a third country must be assessed in the light of all the circumstances surrounding the transfer operation or set of transfer operations;

(57) Whereas, on the other hand, the transfer of personal data to a third country which does not ensure an adequate level of protection must be prohibited;

(58) Whereas provisions should be made for exemptions from this prohibition in certain circumstances where the data subject has given his consent, where the transfer is necessary in relation to a contract or a legal claim, where protection of an important public interest so requires, for example in cases of international transfers of data between tax or customs administrations or between services competent for social security matters, or where the transfer is made from a register established by law and intended for consultation by the public or persons having a legitimate interest; whereas in this case such a transfer should not involve the entirety of the data or entire categories of the data contained in the register and, when the register is intended for consultation by persons having a legitimate interest, the transfer should be made only at the request of those persons or if they are to be the recipients;

(59) Whereas particular measures may be taken to compensate for the lack of protection in a third country in cases where the controller offers appropriate safeguards; whereas, moreover, provision must be made for procedures for negotiations between the Community and such third countries;

(60) Whereas, in any event, transfers to third countries may be effected only in full compliance with the provisions adopted by the Member States pursuant to this Directive, and in particular Article 8 thereof;

(61) Whereas Member States and the Commission, in their respective spheres of competence, must encourage the trade associations and other representative organisations concerned to draw up codes of conduct so as to facilitate the application of this Directive, taking account of the specific characteristics of the processing carried out in certain sectors, and respecting the national provisions adopted for its implementation;

(62) Whereas the establishment in Member States of supervisory authorities, exercising their functions with complete independence, is an essential component of the protection of individuals with regard to the processing of personal data;

(63) Whereas such authorities must have the necessary means to perform their duties, including powers of investigation and intervention, particularly in cases of complaints from individuals, and powers to engage in legal proceedings; whereas such authorities must help to ensure transparency of processing in the Member States within whose jurisdiction they fall;

(64) Whereas the authorities in the different Member States will need to assist one another in performing their duties so as to ensure that the rules of protection are properly respected throughout the European Union;

(65) Whereas, at Community level, a Working Party on the Protection of Individuals with regard to the Processing of Personal Data must be set up and be completely inde-

pendent in the performance of its functions; whereas, having regard to its specific nature, it must advise the Commission and, in particular, contribute to the uniform application of the national rules adopted pursuant to this Directive;

(66) Whereas, with regard to the transfer of data to third countries, the application of this Directive calls for the conferment of powers of implementation on the Commission and the establishment of a procedure as laid down in Council Decision 87/373/EEC[4];

(67) Whereas an agreement on a modus vivendi between the European Parliament, the Council and the Commission concerning the implementing measures for acts adopted in accordance with the procedure laid down in Article 189b of the EC Treaty was reached on 20 December 1994;

(68) Whereas the principles set out in this Directive regarding the protection of the rights and freedoms of individuals, notably their right to privacy, with regard to the processing of personal data may be supplemented or clarified, in particular as far as certain sectors are concerned, by specific rules based on those principles;

(69) Whereas Member States should be allowed a period of not more than three years from the entry into force of the national measures transposing this Directive in which to apply such new national rules progressively to all processing operations already under way; whereas, in order to facilitate their cost-effective implementation, a further period expiring 12 years after the date on which this Directive is adopted will be allowed to Member States to ensure the conformity of existing manual filing systems with certain of the Directive's provisions; whereas, where data contained in such filing systems are manually processed during this extended transition period, those systems must be brought into conformity with these provisions at the time of such processing;

(70) Whereas it is not necessary for the data subject to give his consent again so as to allow the controller to continue to process, after the national provisions taken pursuant to this Directive enter into force, any sensitive data necessary for the performance of a contract concluded on the basis of free and informed consent before the entry into force of these provisions;

(71) Whereas this Directive does not stand in the way of a Member State's regulating marketing activities aimed at consumers residing in territory in so far as such regulation does not concern the protection of individuals with regard to the processing of personal data;

(72) Whereas this Directive allows the principle of public access to official documents to be taken into account when implementing the principles set out in this Directive,

HAVE ADOPTED THIS DIRECTIVE:

Chapter I. general provisions

Article 1. Object of the Directive

1. In accordance with this Directive, Member States shall protect the fundamental rights and freedoms of natural persons, and in particular their right to privacy with respect to the processing of personal data.

2. Member States shall neither restrict nor prohibit the free flow of personal data between Member States for reasons connected with the protection afforded under paragraph 1.

---

[4] OJ No L 197, 18. 7. 1987, p. 33.

Article 2. Definitions

For the purposes of this Directive:

(a) 'personal data' shall mean any information relating to an identified or identifiable natural person ('data subject'); an identifiable person is one who can be identified, directly or indirectly, in particular by reference to an identification number or to one or more factors specific to his physical, physiological, mental, economic, cultural or social identity;

(b) 'processing of personal data' ('processing') shall mean any operation or set of operations which is performed upon personal data, whether or not by automatic means, such as collection, recording, organisation, storage, adaptation or alteration, retrieval, consultation, use, disclosure by transmission, dissemination or otherwise making available, alignment or combination, blocking, erasure or destruction;

(c) 'personal data filing system' ('filing system') shall mean any structured set of personal data which are accessible according to specific criteria, whether centralised, decentralised or dispersed on a functional or geographical basis;

(d) 'controller' shall mean the natural or legal person, public authority, agency or any other body which alone or jointly with others determines the purposes and means of the processing of personal data; where the purposes and means of processing are determined by national or Community laws or regulations, the controller or the specific criteria for his nomination may be designated by national or Community law;

(e) 'processor' shall mean a natural or legal person, public authority, agency or any other body which processes personal data on behalf of the controller;

(f) 'third party' shall mean any natural or legal person, public authority, agency or any other body other than the data subject, the controller, the processor and the persons who, under the direct authority of the controller or the processor, are authorised to process the data;

(g) 'recipient' shall mean a natural or legal person, public authority, agency or any other body to whom data are disclosed, whether a third party or not; however, authorities which may receive data in the framework of a particular inquiry shall not be regarded as recipients;

(h) 'the data subject's consent' shall mean any freely given specific and informed indication of his wishes by which the data subject signifies his agreement to personal data relating to him being processed.

Article 3. Scope

1. This Directive shall apply to the processing of personal data wholly or partly by automatic means, and to the processing otherwise than by automatic means of personal data which form part of a filing system or are intended to form part of a filing system.

2. This Directive shall not apply to the processing of personal data:

– in the course of an activity which falls outside the scope of Community law, such as those provided for by Titles V and VI of the Treaty on European Union and in any case to processing operations concerning public security, defence, State security (including the economic well-being of the State when the processing operation relates to State security matters) and the activities of the State in areas of criminal law,

1. Processing of personal data

– by a natural person in the course of a purely personal or household activity.

Article 4. National law applicable
1. Each Member State shall apply the national provisions it adopts pursuant to this Directive to the processing of personal data where:
(a) the processing is carried out in the context of the activities of an establishment of the controller on the territory of the Member State; when the same controller is established on the territory of several Member States, he must take the necessary measures to ensure that each of these establishments complies with the obligations laid down by the national law applicable;
(b) the controller is not established on the Member State's territory, but in a place where its national law applies by virtue of international public law;
(c) the controller is not established on Community territory and, for purposes of processing personal data makes use of equipment, automated or otherwise, situated on the territory of the said Member State, unless such equipment is used only for purposes of transit through the territory of the Community.
2. In the circumstances referred to in paragraph 1 (c), the controller must designate a representative established in the territory of that Member State, without prejudice to legal actions which could be initiated against the controller himself.

Chapter II. General rules on the lawfulness of the processing of personal data

Article 5
Member States shall, within the limits of the provisions of this Chapter, determine more precisely the conditions under which the processing of personal data is lawful.

Section I. Principles relating to data quality

Article 6
1. Member States shall provide that personal data must be:
(a) processed fairly and lawfully;
(b) collected for specified, explicit and legitimate purposes and not further processed in a way incompatible with those purposes. Further processing of data for historical, statistical or scientific purposes shall not be considered as incompatible provided that Member States provide appropriate safeguards;
(c) adequate, relevant and not excessive in relation to the purposes for which they are collected and/or further processed;
(d) accurate and, where necessary, kept up to date; every reasonable step must be taken to ensure that data which are inaccurate or incomplete, having regard to the purposes for which they were collected or for which they are further processed, are erased or rectified;
(e) kept in a form which permits identification of data subjects for no longer than is necessary for the purposes for which the data were collected or for which they are further processed. Member States shall lay down appropriate safeguards for personal data stored for longer periods for historical, statistical or scientific use.
2. It shall be for the controller to ensure that paragraph 1 is complied with.

Section II. Criteria for making data processing legitimate

Article 7.

Member States shall provide that personal data may be processed only if:
(a) the data subject has unambiguously given his consent; or
(b) processing is necessary for the performance of a contract to which the data subject is party or in order to take steps at the request of the data subject prior to entering into a contract; or
(c) processing is necessary for compliance with a legal obligation to which the controller is subject; or
(d) processing is necessary in order to protect the vital interests of the data subject; or
(e) processing is necessary for the performance of a task carried out in the public interest or in the exercise of official authority vested in the controller or in a third party to whom the data are disclosed; or
(f) processing is necessary for the purposes of the legitimate interests pursued by the controller or by the third party or parties to whom the data are disclosed, except where such interests are overridden by the interests for fundamental rights and freedoms of the data subject which require protection under Article 1 (1).

Section III. Special categories of processing

Article 8. The processing of special categories of data

1. Member States shall prohibit the processing of personal data revealing racial or ethnic origin, political opinions, religious or philosophical beliefs, trade-union membership, and the processing of data concerning health or sex life.
2. Paragraph 1 shall not apply where:
(a) the data subject has given his explicit consent to the processing of those data, except where the laws of the Member State provide that the prohibition referred to in paragraph 1 may not be lifted by the data subject's giving his consent; or
(b) processing is necessary for the purposes of carrying out the obligations and specific rights of the controller in the field of employment law in so far as it is authorised by national law providing for adequate safeguards; or
(c) processing is necessary to protect the vital interests of the data subject or of another person where the data subject is physically or legally incapable of giving his consent; or
(d) processing is carried out in the course of its legitimate activities with appropriate guarantees by a foundation, association or any other non-profit-seeking body with a political, philosophical, religious or trade-union aim and on condition that the processing relates solely to the members of the body or to persons who have regular contact with it in connection with its purposes and that the data are not disclosed to a third party without the consent of the data subjects; or
(e) the processing relates to data which are manifestly made public by the data subject or is necessary for the establishment, exercise or defence of legal claims.
3. Paragraph 1 shall not apply where processing of the data is required for the purposes of preventive medicine, medical diagnosis, the provision of care or treatment or the management of health-care services, and where those data are processed by a health professional subject under national law or rules established by national

competent bodies to the obligation of professional secrecy or by another person also subject to an equivalent obligation of secrecy.

4. Subject to the provision of suitable safeguards, Member States may, for reasons of substantial public interest, lay down exemptions in addition to those laid down in paragraph 2 either by national law or by decision of the supervisory authority.

5. Processing of data relating to offences, criminal convictions or security measures may be carried out only under the control of official authority, or if suitable specific safeguards are provided under national law, subject to derogations which may be granted by the Member State under national provisions providing suitable specific safeguards. However, a complete register of criminal convictions may be kept only under the control of official authority.

Member States may provide that data relating to administrative sanctions or judgements in civil cases shall also be processed under the control of official authority.

6. Derogations from paragraph 1 provided for in paragraphs 4 and 5 shall be notified to the Commission.

7. Member States shall determine the conditions under which a national identification number or any other identifier of general application may be processed.

Article 9. Processing of personal data and freedom of expression

Member States shall provide for exemptions or derogations from the provisions of this Chapter, Chapter IV and Chapter VI for the processing of personal data carried out solely for journalistic purposes or the purpose of artistic or literary expression only if they are necessary to reconcile the right to privacy with the rules governing freedom of expression.

Section IV. Information to be given to the data subject

Article 10. Information in cases of collection of data from the data subject

Member States shall provide that the controller or his representative must provide a data subject from whom data relating to himself are collected with at least the following information, except where he already has it:
(a) the identity of the controller and of his representative, if any;
(b) the purposes of the processing for which the data are intended;
(c) any further information such as
– the recipients or categories of recipients of the data,
– whether replies to the questions are obligatory or voluntary, as well as the possible consequences of failure to reply,
– the existence of the right of access to and the right to rectify the data concerning him
in so far as such further information is necessary, having regard to the specific circumstances in which the data are collected, to guarantee fair processing in respect of the data subject.

Article 11. Information where the data have not been obtained from the data subject

1. Where the data have not been obtained from the data subject, Member States shall provide that the controller or his representative must at the time of undertaking the recording of personal data or if a disclosure to a third party is envisaged,

no later than the time when the data are first disclosed provide the data subject with at least the following information, except where he already has it:
(a) the identity of the controller and of his representative, if any;
(b) the purposes of the processing;
(c) any further information such as
– the categories of data concerned,
– the recipients or categories of recipients,
– the existence of the right of access to and the right to rectify the data concerning him
in so far as such further information is necessary, having regard to the specific circumstances in which the data are processed, to guarantee fair processing in respect of the data subject.
2. Paragraph 1 shall not apply where, in particular for processing for statistical purposes or for the purposes of historical or scientific research, the provision of such information proves impossible or would involve a disproportionate effort or if recording or disclosure is expressly laid down by law. In these cases Member States shall provide appropriate safeguards.

Section V. The data right of access to data

Article 12. Right of access
Member States shall guarantee every data subject the right to obtain from the controller:
(a) without constraint at reasonable intervals and without excessive delay or expense:
– confirmation as to whether or not data relating to him are being processed and information at least as to the purposes of the processing, the categories of data concerned, and the recipients or categories of recipients to whom the data are disclosed,
– communication to him in an intelligible form of the data undergoing processing and of any available information as to their source,
– knowledge of the logic involved in any automatic processing of data concerning him at least in the case of the automated decisions referred to in Article 15 (1);
(b) as appropriate the rectification, erasure or blocking of data the processing of which does not comply with the provisions of this Directive, in particular because of the incomplete or inaccurate nature of the data;
(c) notification to third parties to whom the data have been disclosed of any rectification, erasure or blocking carried out in compliance with (b), unless this proves impossible or involves a disproportionate effort.

Section VI. Exemptions and restrictions

Article 13. Exemptions and restrictions
1. Member States may adopt legislative measures to restrict the scope of the obligations and rights provided for in Articles 6 (1), 10, 11 (1), 12 and 21 when such a restriction constitutes a necessary measures to safeguard:
(a) national security;
(b) defence;

(c) public security;
(d) the prevention, investigation, detection and prosecution of criminal offences, or of breaches of ethics for regulated professions;
(e) an important economic or financial interest of a Member State or of the European Union, including monetary, budgetary and taxation matters;
(f) a monitoring, inspection or regulatory function connected, even occasionally, with the exercise of official authority in cases referred to in (c), (d) and (e);
(g) the protection of the data subject or of the rights and freedoms of others.
2. Subject to adequate legal safeguards, in particular that the data are not used for taking measures or decisions regarding any particular individual, Member States may, where there is clearly no risk of breaching the privacy of the data subject, restrict by a legislative measure the rights provided for in Article 12 when data are processed solely for purposes of scientific research or are kept in personal form for a period which does not exceed the period necessary for the sole purpose of creating statistics.

Section VII. The data subject's right to object

Article 14. The data subject's right to object
Member States shall grant the data subject the right:
(a) at least in the cases referred to in Article 7 (e) and (f), to object at any time on compelling legitimate grounds relating to his particular situation to the processing of data relating to him, save where otherwise provided by national legislation. Where there is a justified objection, the processing instigated by the controller may no longer involve those data;
(b) to object, on request and free of charge, to the processing of personal data relating to him which the controller anticipates being processed for the purposes of direct marketing, or to be informed before personal data are disclosed for the first time to third parties or used on their behalf for the purposes of direct marketing, and to be expressly offered the right to object free of charge to such disclosures or uses.
Member States shall take the necessary measures to ensure that data subjects are aware of the existence of the right referred to in the first subparagraph of (b).

Article 15. Automated individual decisions
1. Member States shall grant the right to every person not to be subject to a decision which produces legal effects concerning him or significantly affects him and which is based solely on automated processing of data intended to evaluate certain personal aspects relating to him, such as his performance at work, creditworthiness, reliability, conduct, etc.
2. Subject to the other Articles of this Directive, Member States shall provide that a person may be subjected to a decision of the kind referred to in paragraph 1 if that decision:
(a) is taken in the course of the entering into or performance of a contract, provided the request for the entering into or the performance of the contract, lodged by the data subject, has been satisfied or that there are suitable measures to safeguard his legitimate interests, such as arrangements allowing him to put his point of view; or

(b) is authorised by a law which also lays down measures to safeguard the data subject's legitimate interests.

Section VIII. Confidentiality and security of processing

Article 16. Confidentiality of processing
Any person acting under the authority of the controller or of the processor, including the processor himself, who has access to personal data must not process them except on instructions from the controller, unless he is required to do so by law.

Article 17. Security of processing
1. Member States shall provide that the controller must implement appropriate technical and organisational measures to protect personal data against accidental or unlawful destruction or accidental loss, alteration, unauthorised disclosure or access, in particular where the processing involves the transmission of data over a network, and against all other unlawful forms of processing.
Having regard to the state of the art and the cost of their implementation, such measures shall ensure a level of security appropriate to the risks represented by the processing and the nature of the data to be protected.
2. The Member States shall provide that the controller must, where processing is carried out on his behalf, choose a processor providing sufficient guarantees in respect of the technical security measures and organisational measures governing the processing to be carried out, and must ensure compliance with those measures.
3. The carrying out of processing by way of a processor must be governed by a contract or legal act binding the processor to the controller and stipulating in particular that:
– the processor shall act only on instructions from the controller,
– the obligations set out in paragraph 1, as defined by the law of the Member State in which the processor is established, shall also be incumbent on the processor.
4. For the purposes of keeping proof, the parts of the contract or the legal act relating to data protection and the requirements relating to the measures referred to in paragraph 1 shall be in writing or in another equivalent form.

Section IX. Notification

Article 18. Obligation to notify the supervisory authority
1. Member States shall provide that the controller or his representative, if any, must notify the supervisory authority referred to in Article 28 before carrying out any wholly or partly automatic processing operation or set of such operations intended to serve a single purpose or several related purposes.
2. Member States may provide for the simplification of or exemption from notification only in the following cases and under the following conditions:
– where, for categories of processing operations which are unlikely, taking account of the data to be processed, to affect adversely the rights and freedoms of data subjects, they specify the purposes of the processing, the data or categories of data undergoing processing, the category or categories of data subject, the recipients or categories of recipient to whom the data are to be disclosed and the length of time the data are to be stored, and/or

– where the controller, in compliance with the national law which governs him, appoints a personal data protection official, responsible in particular:
– for ensuring in an independent manner the internal application of the national provisions taken pursuant to this Directive
– for keeping the register of processing operations carried out by the controller, containing the items of information referred to in Article 21 (2), thereby ensuring that the rights and freedoms of the data subjects are unlikely to be adversely affected by the processing operations.

3. Member States may provide that paragraph 1 does not apply to processing whose sole purpose is the keeping of a register which according to laws or regulations is intended to provide information to the public and which is open to consultation either by the public in general or by any person demonstrating a legitimate interest.

4. Member States may provide for an exemption from the obligation to notify or a simplification of the notification in the case of processing operations referred to in Article 8 (2) (d).

5. Member States may stipulate that certain or all non-automatic processing operations involving personal data shall be notified, or provide for these processing operations to be subject to simplified notification.

Article 19. Contents of notification

1. Member States shall specify the information to be given in the notification. It shall include at least:

(a) the name and address of the controller and of his representative, if any;

(b) the purpose or purposes of the processing;

(c) a description of the category or categories of data subject and of the data or categories of data relating to them;

(d) the recipients or categories of recipient to whom the data might be disclosed;

(e) proposed transfers of data to third countries;

(f) a general description allowing a preliminary assessment to be made of the appropriateness of the measures taken pursuant to Article 17 to ensure security of processing.

2. Member States shall specify the procedures under which any change affecting the information referred to in paragraph 1 must be notified to the supervisory authority.

Article 20. Prior checking

1. Member States shall determine the processing operations likely to present specific risks to the rights and freedoms of data subjects and shall check that these processing operations are examined prior to the start thereof.

2. Such prior checks shall be carried out by the supervisory authority following receipt of a notification from the controller or by the data protection official, who, in cases of doubt, must consult the supervisory authority.

3. Member States may also carry out such checks in the context of preparation either of a measure of the national parliament or of a measure based on such a legislative measure, which define the nature of the processing and lay down appropriate safeguards.

Article 21. Publicising of processing operations

1. Member States shall take measures to ensure that processing operations are publicised.
2. Member States shall provide that a register of processing operations notified in accordance with Article 18 shall be kept by the supervisory authority.
The register shall contain at least the information listed in Article 19 (1) (a) to (e).
The register may be inspected by any person.
3. Member States shall provide, in relation to processing operations not subject to notification, that controllers or another body appointed by the Member States make available at least the information referred to in Article 19 (1) (a) to (e) in an appropriate form to any person on request.
Member States may provide that this provision does not apply to processing whose sole purpose is the keeping of a register which according to laws or regulations is intended to provide information to the public and which is open to consultation either by the public in general or by any person who can provide proof of a legitimate interest.

Chapter III. Judicial remedies, liability and sanctions

Article 22. Remedies

Without prejudice to any administrative remedy for which provision may be made, inter alia before the supervisory authority referred to in Article 28, prior to referral to the judicial authority, Member States shall provide for the right of every person to a judicial remedy for any breach of the rights guaranteed him by the national law applicable to the processing in question.

Article 23. Liability

1. Member States shall provide that any person who has suffered damage as a result of an unlawful processing operation or of any act incompatible with the national provisions adopted pursuant to this Directive is entitled to receive compensation from the controller for the damage suffered.
2. The controller may be exempted from this liability, in whole or in part, if he proves that he is not responsible for the event giving rise to the damage.

Article 24. Sanctions

The Member States shall adopt suitable measures to ensure the full implementation of the provisions of this Directive and shall in particular lay down the sanctions to be imposed in case of infringement of the provisions adopted pursuant to this Directive.

Chapter IV. Transfer of personal data to third countries

Article 25. Principles

1. The Member States shall provide that the transfer to a third country of personal data which are undergoing processing or are intended for processing after transfer may take place only if, without prejudice to compliance with the national pro-

visions adopted pursuant to the other provisions of this Directive, the third country in question ensures an adequate level of protection.

2. The adequacy of the level of protection afforded by a third country shall be assessed in the light of all the circumstances surrounding a data transfer operation or set of data transfer operations; particular consideration shall be given to the nature of the data, the purpose and duration of the proposed processing operation or operations, the country of origin and country of final destination, the rules of law, both general and sectoral, in force in the third country in question and the professional rules and security measures which are complied with in that country.

3. The Member States and the Commission shall inform each other of cases where they consider that a third country does not ensure an adequate level of protection within the meaning of paragraph 2.

4. Where the Commission finds, under the procedure provided for in Article 31 (2), that a third country does not ensure an adequate level of protection within the meaning of paragraph 2 of this Article, Member States shall take the measures necessary to prevent any transfer of data of the same type to the third country in question.

5. At the appropriate time, the Commission shall enter into negotiations with a view to remedying the situation resulting from the finding made pursuant to paragraph 4.

6. The Commission may find, in accordance with the procedure referred to in Article 31 (2), that a third country ensures an adequate level of protection within the meaning of paragraph 2 of this Article, by reason of its domestic law or of the international commitments it has entered into, particularly upon conclusion of the negotiations referred to in paragraph 5, for the protection of the private lives and basic freedoms and rights of individuals.

Member States shall take the measures necessary to comply with the Commission's decision.

Article 26. Derogations

1. By way of derogation from Article 25 and save where otherwise provided by domestic law governing particular cases, Member States shall provide that a transfer or a set of transfers of personal data to a third country which does not ensure an adequate level of protection within the meaning of Article 25 (2) may take place on condition that:

(a) the data subject has given his consent unambiguously to the proposed transfer; or

(b) the transfer is necessary for the performance of a contract between the data subject and the controller or the implementation of precontractual measures taken in response to the data subject's request; or

(c) the transfer is necessary for the conclusion or performance of a contract concluded in the interest of the data subject between the controller and a third party; or

(d) the transfer is necessary or legally required on important public interest grounds, or for the establishment, exercise or defence of legal claims; or

(e) the transfer is necessary in order to protect the vital interests of the data subject; or

(f) the transfer is made from a register which according to laws or regulations is intended to provide information to the public and which is open to consultation either by the public in general or by any person who can demonstrate legitimate interest, to the extent that the conditions laid down in law for consultation are fulfilled in the particular case.

2. Without prejudice to paragraph 1, a Member State may authorise a transfer or a set of transfers of personal data to a third country which does not ensure an adequate level of protection within the meaning of Article 25 (2), where the controller adduces adequate safeguards with respect to the protection of the privacy and fundamental rights and freedoms of individuals and as regards the exercise of the corresponding rights; such safeguards may in particular result from appropriate contractual clauses.

3. The Member State shall inform the Commission and the other Member States of the authorisations it grants pursuant to paragraph 2.

If a Member State or the Commission objects on justified grounds involving the protection of the privacy and fundamental rights and freedoms of individuals, the Commission shall take appropriate measures in accordance with the procedure laid down in Article 31 (2).

Member States shall take the necessary measures to comply with the Commission's decision.

4. Where the Commission decides, in accordance with the procedure referred to in Article 31 (2), that certain standard contractual clauses offer sufficient safeguards as required by paragraph 2, Member States shall take the necessary measures to comply with the Commission's decision.

Chapter V. Codes of conduct

Article 27

1. The Member States and the Commission shall encourage the drawing up of codes of conduct intended to contribute to the proper implementation of the national provisions adopted by the Member States pursuant to this Directive, taking account of the specific features of the various sectors.

2. Member States shall make provision for trade associations and other bodies representing other categories of controllers which have drawn up draft national codes or which have the intention of amending or extending existing national codes to be able to submit them to the opinion of the national authority.

Member States shall make provision for this authority to ascertain, among other things, whether the drafts submitted to it are in accordance with the national provisions adopted pursuant to this Directive. If it sees fit, the authority shall seek the views of data subjects or their representatives.

3. Draft Community codes, and amendments or extensions to existing Community codes, may be submitted to the Working Party referred to in Article 29. This Working Party shall determine, among other things, whether the drafts submitted to it are in accordance with the national provisions adopted pursuant to this Directive. If it sees fit, the authority shall seek the views of data subjects or their representatives. The Commission may ensure appropriate publicity for the codes which have been approved by the Working Party.

Chapter VI. Supervisory authority and working party on the protection of individuals with regard to the processing of personal data

Article 28. Supervisory authority

1. Each Member State shall provide that one or more public authorities are responsible for monitoring the application within its territory of the provisions adopted by the Member States pursuant to this Directive.
These authorities shall act with complete independence in exercising the functions entrusted to them.
2. Each Member State shall provide that the supervisory authorities are consulted when drawing up administrative measures or regulations relating to the protection of individuals' rights and freedoms with regard to the processing of personal data.
3. Each authority shall in particular be endowed with:
– investigative powers, such as powers of access to data forming the subject-matter of processing operations and powers to collect all the information necessary for the performance of its supervisory duties,
– effective powers of intervention, such as, for example, that of delivering opinions before processing operations are carried out, in accordance with Article 20, and ensuring appropriate publication of such opinions, of ordering the blocking, erasure or destruction of data, of imposing a temporary or definitive ban on processing, of warning or admonishing the controller, or that of referring the matter to national parliaments or other political institutions,
– the power to engage in legal proceedings where the national provisions adopted pursuant to this Directive have been violated or to bring these violations to the attention of the judicial authorities.
Decisions by the supervisory authority which give rise to complaints may be appealed against through the courts.
4. Each supervisory authority shall hear claims lodged by any person, or by an association representing that person, concerning the protection of his rights and freedoms in regard to the processing of personal data. The person concerned shall be informed of the outcome of the claim.
Each supervisory authority shall, in particular, hear claims for checks on the lawfulness of data processing lodged by any person when the national provisions adopted pursuant to Article 13 of this Directive apply. The person shall at any rate be informed that a check has taken place.
5. Each supervisory authority shall draw up a report on its activities at regular intervals. The report shall be made public.
6. Each supervisory authority is competent, whatever the national law applicable to the processing in question, to exercise, on the territory of its own Member State, the powers conferred on it in accordance with paragraph 3. Each authority may be requested to exercise its powers by an authority of another Member State.
The supervisory authorities shall co-operate with one another to the extent necessary for the performance of their duties, in particular by exchanging all useful information.
7. Member States shall provide that the members and staff of the supervisory authority, even after their employment has ended, are to be subject to a duty of professional secrecy with regard to confidential information to which they have access.

Article 29. Working Party on the Protection of Individuals with regard to the Processing of Personal Data

1. A Working Party on the Protection of Individuals with regard to the Processing of Personal Data, hereinafter referred to as 'the Working Party', is hereby set up. It shall have advisory status and act independently.

2. The Working Party shall be composed of a representative of the supervisory authority or authorities designated by each Member State and of a representative of the authority or authorities established for the Community institutions and bodies, and of a representative of the Commission.

Each member of the Working Party shall be designated by the institution, authority or authorities which he represents. Where a Member State has designated more than one supervisory authority, they shall nominate a joint representative. The same shall apply to the authorities established for Community institutions and bodies.

3. The Working Party shall take decisions by a simple majority of the representatives of the supervisory authorities.

4. The Working Party shall elect its chairman. The chairman's term of office shall be two years. His appointment shall be renewable.

5. The Working Party's secretariat shall be provided by the Commission.

6. The Working Party shall adopt its own rules of procedure.

7. The Working Party shall consider items placed on its agenda by its chairman, either on his own initiative or at the request of a representative of the supervisory authorities or at the Commission's request.

Article 30

1. The Working Party shall:

(a) examine any question covering the application of the national measures adopted under this Directive in order to contribute to the uniform application of such measures;

(b) give the Commission an opinion on the level of protection in the Community and in third countries;

(c) advise the Commission on any proposed amendment of this Directive, on any additional or specific measures to safeguard the rights and freedoms of natural persons with regard to the processing of personal data and on any other proposed Community measures affecting such rights and freedoms;

(d) give an opinion on codes of conduct drawn up at Community level.

2. If the Working Party finds that divergences likely to affect the equivalence of protection for persons with regard to the processing of personal data in the Community are arising between the laws or practices of Member States, it shall inform the Commission accordingly.

3. The Working Party may, on its own initiative, make recommendations on all matters relating to the protection of persons with regard to the processing of personal data in the Community.

4. The Working Party's opinions and recommendations shall be forwarded to the Commission and to the committee referred to in Article 31.

5. The Commission shall inform the Working Party of the action it has taken in response to its opinions and recommendations. It shall do so in a report which

shall also be forwarded to the European Parliament and the Council. The report shall be made public.

6. The Working Party shall draw up an annual report on the situation regarding the protection of natural persons with regard to the processing of personal data in the Community and in third countries, which it shall transmit to the Commission, the European Parliament and the Council. The report shall be made public.

Chapter VII. Community implementing measures

Article 31. The Committee

1. The Commission shall be assisted by a committee composed of the representatives of the Member States and chaired by the representative of the Commission.
2. The representative of the Commission shall submit to the committee a draft of the measures to be taken. The committee shall deliver its opinion on the draft within a time limit which the chairman may lay down according to the urgency of the matter.

The opinion shall be delivered by the majority laid down in Article 148 (2) of the Treaty. The votes of the representatives of the Member States within the committee shall be weighted in the manner set out in that Article. The chairman shall not vote.

The Commission shall adopt measures which shall apply immediately. However, if these measures are not in accordance with the opinion of the committee, they shall be communicated by the Commission to the Council forthwith. It that event:
– the Commission shall defer application of the measures which it has decided for a period of three months from the date of communication,
– the Council, acting by a qualified majority, may take a different decision within the time limit referred to in the first indent.

Chapter VIII. Final provisions

Article 32

1. Member States shall bring into force the laws, regulations and administrative provisions necessary to comply with this Directive at the latest at the end of a period of three years from the date of its adoption.

When Member States adopt these measures, they shall contain a reference to this Directive or be accompanied by such reference on the occasion of their official publication. The methods of making such reference shall be laid down by the Member States.

2. Member States shall ensure that processing already under way on the date the national provisions adopted pursuant to this Directive enter into force, is brought into conformity with these provisions within three years of this date.

By way of derogation from the preceding subparagraph, Member States may provide that the processing of data already held in manual filing systems on the date of entry into force of the national provisions adopted in implementation of this Directive shall be brought into conformity with Articles 6, 7 and 8 of this Directive within 12 years of the date on which it is adopted. Member States shall, however, grant the data subject the right to obtain, at his request and in particular at the time of exercising his right of access, the rectification, erasure or blocking of data which are incomplete, inaccurate or stored in a way incompatible with the legitimate purposes pursued by the controller.

3. By way of derogation from paragraph 2, Member States may provide, subject to suitable safeguards, that data kept for the sole purpose of historical research need not be brought into conformity with Articles 6, 7 and 8 of this Directive.

4. Member States shall communicate to the Commission the text of the provisions of domestic law which they adopt in the field covered by this Directive.

Article 33

The Commission shall report to the Council and the European Parliament at regular intervals, starting not later than three years after the date referred to in Article 32 (1), on the implementation of this Directive, attaching to its report, if necessary, suitable proposals for amendments. The report shall be made public.

The Commission shall examine, in particular, the application of this Directive to the data processing of sound and image data relating to natural persons and shall submit any appropriate proposals which prove to be necessary, taking account of developments in information technology and in the light of the state of progress in the information society.

Article 34

This Directive is addressed to the Member States.

2. Directive of the European Parliament and of the Council of 15 December 1997 concerning the processing of personal data and the protection of privacy in the telecommunications sector (97/66/EC)

Official Journal L 024, 30/01/1998, p. 01–08

THE EUROPEAN PARLIAMENT AND THE COUNCIL OF THE EUROPEAN UNION,

Having regard to the Treaty establishing the European Community, and in particular Article 100a thereof, Having regard to the proposal from the Commission[1], Having regard to the opinion of the Economic and Social Committee[2], Acting in accordance with the procedure laid down in Article 189b of the Treaty[3], in the light of the joint text approved by the Conciliation Committee on 6 November 1997,

(1) Whereas Directive 95/46/EC of the European Parliament and of the Council of 24 October 1995 on the protection of individuals with regard to the processing of personal data and on the free movement of such data[4] requires Member States to ensure the rights and freedoms of natural persons with regard to the processing of personal data, and in particular their right to privacy, in order to ensure the free flow of personal data in the Community;

(2) Whereas confidentiality of communications is guaranteed in accordance with the international instruments relating to human rights (in particular the European Convention for the Protection of Human Rights and Fundamental Freedoms) and the constitutions of the Member States;

(3) Whereas currently in the Community new advanced digital technologies are introduced in public telecommunications networks, which give rise to specific requirements concerning the protection of personal data and privacy of the user; whereas the development of the information society is characterised by the introduction of new telecommunications services; whereas the successful cross-border development of these services, such as video-on-demand, interactive television, is partly dependent on the confidence of the users that their privacy will not be at risk;

(4) Whereas this is the case, in particular, with the introduction of the Integrated Services Digital Network (ISDN) and digital mobile networks;

(5) Whereas the Council, in its Resolution of 30 June 1988 on the development of the common market for telecommunications services and equipment up to 1992[5], called for steps to be taken to protect personal data, in order to create an appropriate environment for the future development of telecommunications in the Community; whereas the Council re-emphasised the importance of the protection of personal data and privacy in its Resolution of 18 July 1989 on the strengthening of the co-ordination for the introduction of

---

[1] OJ No C 200, 22.7.1994, p. 4.
[2] OJ No C 159, 17.6.1991, p. 38.
[3] Opinion of the European Parliament of 11 March 1992 (OJ No C 94, 13.4.1992, p. 198). Council Common Position of 12 September 1996 (OJ No C 315, 24.10.1996, p. 30) and Decision of the European Parliament of 16 January 1997 (OJ No C 33, 3.2.1997, p. 78). Decision of the European Parliament of 20 November 1997 (OJ No C 371, 8.12.1997). Council Decision of 1 December 1997.
[4] OJ No L 281, 23.11.1995, p. 31.
[5] OJ No C 257, 4.10.1988, p. 1.

the Integrated Services Digital Network (ISDN) in the European Community up to 1992[6];

(6) Whereas the European Parliament has underlined the importance of the protection of personal data and privacy in the telecommunications networks, in particular with regard to the introduction of the Integrated Services Digital Network (ISDN);

(7) Whereas, in the case of public telecommunications networks, specific legal, regulatory, and technical provisions must be made in order to protect fundamental rights and freedoms of natural persons and legitimate interests of legal persons, in particular with regard to the increasing risk connected with automated storage and processing of data relating to subscribers and users;

(8) Whereas legal, regulatory, and technical provisions adopted by the Member States concerning the protection of personal data, privacy and the legitimate interest of legal persons, in the telecommunications sector, must be harmonised in order to avoid obstacles to the internal market for telecommunications in conformity with the objective set out in Article 7a of the Treaty; whereas the harmonisation is limited to requirements that are necessary to guarantee that the promotion and development of new telecommunications services and networks between Member States will not be hindered;

(9) Whereas the Member States, providers and users concerned, together with the competent Community bodies, should co-operate in introducing and developing the relevant technologies where this is necessary to apply the guarantees provided for by the provisions of this Directive.

(10) Whereas these new services include interactive television and video on demand;

(11) Whereas, in the telecommunications sector, in particular for all matters concerning protection of fundamental rights and freedoms, which are not specifically covered by the provisions of this Directive, including the obligations on the controller and the rights of individuals, Directive 95/46/EC applies; whereas Directive 95/46/EC applies to non-publicly available telecommunications services;

(12) Whereas this Directive, similarly to what is provided for by Article 3 of Directive 95/46/EC, does not address issues of protection of fundamental rights and freedoms related to activities which are not governed by Community law; whereas it is for Member States to take such measures as they consider necessary for the protection of public security, defence, State security (including the economic well-being of the State when the activities relate to State security matters) and the enforcement of criminal law; whereas this Directive shall not affect the ability of Member States to carry out lawful interception of telecommunications, for any of these purposes;

(13) Whereas subscribers of a publicly available telecommunications service may be natural or legal persons; whereas the provisions of this Directive are aimed to protect, by supplementing Directive 95/46/EC, the fundamental rights of natural persons and particularly their right to privacy, as well as the legitimate interests of legal persons; whereas these provisions may in no case entail an obligation for Member States to extend the application of Directive 95/46/EC to the protection of the legitimate interests of legal persons; whereas this protection is ensured within the framework of the applicable Community and national legislation;

(14) Whereas the application of certain requirements relating to presentation and restriction of calling and connected line identification and to automatic call forwarding to subscriber lines connected to analogue exchanges must not be made mandatory in specific cases where such application would prove to be technically impossible or would require a disproportionate economic effort; whereas it is important for interested parties to be in-

---

[6] OJ No C 196, 1.8.1989, p. 4.

2. Protection of privacy

formed of such cases and the Member States should therefore notify them to the Commission;

(15) Whereas service providers must take appropriate measures to safeguard the security of their services, if necessary in conjunction with the provider of the network, and inform subscribers of any special risks of a breach of the security of the network; whereas security is appraised in the light of the provision of Article 17 of Directive 95/46/EC;

(16) Whereas measures must be taken to prevent the unauthorised access to communications in order to protect the confidentiality of communications by means of public telecommunications networks and publicly available telecommunications services; whereas national legislation in some Member States only prohibits intentional unauthorised access to communications;

(17) Whereas the data relating to subscribers processed to establish calls contain information on the private life of natural persons and concern the right to respect for their correspondence or concern the legitimate interests of legal persons; whereas such data may only be stored to the extent that is necessary for the provision of the service for the purpose of billing and for interconnection payments, and for a limited time; whereas any further processing which the provider of the publicly available telecommunications services may want to perform for the marketing of its own telecommunications services may only be allowed if the subscriber has agreed to this on the basis of accurate and full information given by the provider of the publicly available telecommunications services about the types of further processing he intends to perform;

(18) Whereas the introduction of itemised bills has improved the possibilities for the subscriber to verify the correctness of the fees charged by the service provider; whereas, at the same time, it may jeopardise the privacy of the users of publicly available telecommunications services; whereas therefore, in order to preserve the privacy of the user, Member States must encourage the development of telecommunications service options such as alternative payment facilities which allow anonymous or strictly private access to publicly available telecommunications services, for example calling cards and facilities for payment by credit card; whereas, alternatively, Member States may, for the same purpose, require the deletion of a certain number of digits from the called numbers mentioned in itemised bills;

(19) Whereas it is necessary, as regards calling line identification, to protect the right of the calling party to withhold the presentation of the identification of the line from which the call is being made and the right of the called party to reject calls from unidentified lines; whereas it is justified to override the elimination of calling line identification presentation in specific cases; whereas certain subscribers, in particular helplines and similar organisations, have an interest in guaranteeing the anonymity of their callers; whereas it is necessary, as regards connected line identification, to protect the right and the legitimate interest of the called party to withhold the presentation of the identification of the line to which the calling party is actually connected, in particular in the case of forwarded calls; whereas the providers of publicly available telecommunications services must inform their subscribers of the existence of calling and connected line identification in the network and of all services which are offered on the basis of calling and connected line identification and about the privacy options which are available; whereas this will allow the subscribers to make an informed choice about the privacy facilities they may want to use; whereas the privacy options which are offered on a per-line basis do not necessarily have to be available as an automatic network service but may be obtainable through a simple request to the provider of the publicly available telecommunications service;

(20) Whereas safeguards must be provided for subscribers against the nuisance which may be caused by automatic call forwarding by others; whereas, in such cases, it must be

possible for subscribers to stop the forwarded calls being passed on to their terminals by simple request to the provider of the publicly available telecommunications service;
(21) Whereas directories are widely distributed and publicly available; whereas the right to privacy of natural persons and the legitimate interest of legal persons require that subscribers are able to determine the extent to which their personal data are published in a directory; whereas Member States may limit this possibility to subscribers who are natural persons;
(22) Whereas safeguards must be provided for subscribers against intrusion into their privacy by means of unsolicited calls and telefaxes; whereas Member States may limit such safeguards to subscribers who are natural persons;
(23) Whereas it is necessary to ensure that the introduction of technical features of telecommunications equipment for data protection purposes is harmonised in order to be compatible with the implementation of the internal market;
(24) Whereas in particular, similarly to what is provided for by Article 13 of Directive 95/46/EC, Member States can restrict the scope of subscribers' obligations and rights in certain circumstances, for example by ensuring that the provider of a publicly available telecommunications service may override the elimination of the presentation of calling line identification in conformity with national legislation for the purpose of prevention or detection of criminal offences or State security;
(25) Whereas where the rights of the users and subscribers are not respected, national legislation must provide for judicial remedy; whereas sanctions must be imposed on any person, whether governed by private or public law, who fails to comply with the national measures taken under this Directive;
(26) Whereas it is useful in the field of application of this Directive to draw on the experience of the Working Party on the protection of individuals with regard to the processing of personal data composed of representatives of the supervisory authorities of the Member States, set up by Article 29 of Directive 95/46/EC;
(27) Whereas, given the technological developments and the attendant evolution of the services on offer, it will be necessary technically to specify the categories of data listed in the Annex to this Directive for the application of Article 6 of this Directive with the assistance of the Committee composed of representatives of the Member States set up in Article 31 of Directive 95/46/EC in order to ensure a coherent application of the requirements set out in this Directive regardless of changes in technology; whereas this procedure applies solely to specifications necessary to adapt the Annex to new technological developments, taking into consideration changes in market and consumer demand; whereas the Commission must duly inform the European Parliament of its intention to apply this procedure and whereas, otherwise, the procedure laid down in Article 100a of the Treaty shall apply;
(28) Whereas, to facilitate compliance with the provisions of this Directive, certain specific arrangements are needed for processing of data already under way on the date that national implementing legislation pursuant to this Directive enters into force,
HAVE ADOPTED THIS DIRECTIVE:

Article 1. Object and scope

1. This Directive provides for the harmonisation of the provisions of the Member States required to ensure an equivalent level of protection of fundamental rights and freedoms, and in particular the right to privacy, with respect to the processing of personal data in the telecommunications sector and to ensure the free movement of such data and of telecommunications equipment and services in the Community.

2. The provisions of this Directive particularise and complement Directive 95/46/EC for the purposes mentioned in paragraph 1. Moreover, they provide for protection of legitimate interests of subscribers who are legal persons.

3. This Directive shall not apply to the activities which fall outside the scope of Community law, such as those provided for by Titles V and VI of the Treaty on European Union, and in any case to activities concerning public security, defence, State security (including the economic well-being of the State when the activities relate to State security matters) and the activities of the State in areas of criminal law.

Article 2. Definitions

In addition to the definitions given in Directive 95/46/EC, for the purposes of this Directive:

(a) 'subscriber' shall mean any natural or legal person who or which is party to a contract with the provider of publicly available telecommunications services for the supply of such services;

(b) 'user' shall mean any natural person using a publicly available telecommunications service, for private or business purposes, without necessarily having subscribed to this service;

(c) 'public telecommunications network' shall mean transmission systems and, where applicable, switching equipment and other resources which permit the conveyance of signals between defined termination points by wire, by radio, by optical or by other electromagnetic means, which are used, in whole or in part, for the provision of publicly available telecommunications services;

(d) 'telecommunications service' shall mean services whose provision consists wholly or partly in the transmission and routing of signals on telecommunications networks, with the exception of radio- and television broadcasting.

Article 3. Services concerned

1. This Directive shall apply to the processing of personal data in connection with the provision of publicly available telecommunications services in public telecommunications networks in the Community, in particular via the Integrated Services Digital Network (ISDN) and public digital mobile networks.

2. Articles 8, 9 and 10 shall apply to subscriber lines connected to digital exchanges and, where technically possible and if it does not require a disproportionate economic effort, to subscriber lines connected to analogue exchanges.

3. Cases where it would be technically impossible or require a disproportionate investment to fulfil the requirements of Articles 8, 9 and 10 shall be notified to the Commission by the Member States.

Article 4. Security

1. The provider of a publicly available telecommunications service must take appropriate technical and organisational measures to safeguard security of its services, if necessary in conjunction with the provider of the public telecommunications network with respect to network security. Having regard to the state of the art and the cost of their implementation, these measures shall ensure a level of security appropriate to the risk presented.

2. In case of a particular risk of a breach of the security of the network, the provider of a publicly available telecommunications service must inform the subscribers concerning such risk and any possible remedies, including the costs involved.

Article 5. Confidentiality of the communications

1. Member States shall ensure via national regulations the confidentiality of communications by means of a public telecommunications network and publicly available telecommunications services. In particular, they shall prohibit listening, tapping, storage or other kinds of interception or surveillance of communications, by others than users, without the consent of the users concerned, except when legally authorised, in accordance with Article 14 (1).

2. Paragraph 1 shall not affect any legally authorised recording of communications in the course of lawful business practice for the purpose of providing evidence of a commercial transaction or of any other business communication.

Article 6. Traffic and billing data

1. Traffic data relating to subscribers and users processed to establish calls and stored by the provider of a public telecommunications network and/or publicly available telecommunications service must be erased or made anonymous upon termination of the call without prejudice to the provisions of paragraphs 2, 3 and 4.

2. For the purpose of subscriber billing and interconnection payments, data indicated in the Annex may be processed. Such processing is permissible only up to the end of the period during which the bill may lawfully be challenged or payment may be pursued.

3. For the purpose of marketing its own telecommunications services, the provider of a publicly available telecommunications service may process the data referred to in paragraph 2, if the subscriber has given his consent.

4. Processing of traffic and billing data must be restricted to persons acting under the authority of providers of the public telecommunications networks and/or publicly available telecommunications services handling billing or traffic management, customer enquiries, fraud detection and marketing the provider's own telecommunications services and it must be restricted to what is necessary for the purposes of such activities.

5. Paragraphs 1, 2, 3 and 4 shall apply without prejudice to the possibility for competent authorities to be informed of billing or traffic data in conformity with applicable legislation in view of settling disputes, in particular interconnection or billing disputes.

Article 7. Itemised billing

1. Subscribers shall have the right to receive non-itemised bills.

2. Member States shall apply national provisions in order to reconcile the rights of subscribers receiving itemised bills with the right to privacy of calling users and called subscribers, for example by ensuring that sufficient alternative modalities for communications or payments are available to such users and subscribers.

Article 8. Presentation and restriction of calling and connected line identification

1. Where presentation of calling-line identification is offered, the calling user must have the possibility via a simple means, free of charge, to eliminate the pres-

entation of the calling-line identification on a per-call basis. The calling subscriber must have this possibility on a per-line basis.
2. Where presentation of calling-line identification is offered, the called subscriber must have the possibility via a simple means, free of charge for reasonable use of this function, to prevent the presentation of the calling line identification of incoming calls.
3. Where presentation of calling line identification is offered and where the calling line identification is presented prior to the call being established, the called subscriber must have the possibility via a simple means to reject incoming calls where the presentation of the calling line identification has been eliminated by the calling user or subscriber.
4. Where presentation of connected line identification is offered, the called subscriber must have the possibility via a simple means, free of charge, to eliminate the presentation of the connected line identification to the calling user.
5. The provisions set out in paragraph 1 shall also apply with regard to calls to third countries originating in the Community; the provisions set out in paragraphs 2, 3 and 4 shall also apply to incoming calls originating in third countries.
6. Member States shall ensure that where presentation of calling and/or connected line identification is offered, the providers of publicly available telecommunications services inform the public thereof and of the possibilities set out in paragraphs 1, 2, 3 and 4.

Article 9. Exceptions
Member States shall ensure that there are transparent procedures governing the way in which a provider of a public telecommunications network and/or a publicly available telecommunications service may override the elimination of the presentation of calling line identification:
(a) on a temporary basis, upon application of a subscriber requesting the tracing of malicious or nuisance calls; in this case, in accordance with national law, the data containing the identification of the calling subscriber will be stored and be made available by the provider of a public telecommunications network and/or publicly available telecommunications service;
(b) on a per-line basis for organisations dealing with emergency calls and recognised as such by a Member State, including law enforcement agencies, ambulance services and fire brigades, for the purpose of answering such calls.

Article 10. Automatic call forwarding
Member States shall ensure that any subscriber is provided, free of charge and via a simple means, with the possibility to stop automatic call forwarding by a third party to the subscriber's terminal.

Article 11. Directories of subscribers
1. Personal data contained in printed or electronic directories of subscribers available to the public or obtainable through directory enquiry services should be limited to what is necessary to identify a particular subscriber, unless the subscriber has given his unambiguous consent to the publication of additional personal data. The subscriber shall be entitled, free of charge, to be omitted from a printed or electronic directory at his or her request, to indicate that his or her personal data

may not be used for the purpose of direct marketing, to have his or her address omitted in part and not to have a reference revealing his or her sex, where this is applicable linguistically.
2. Notwithstanding paragraph 1, Member States may allow operators to require a payment from subscribers wishing to ensure that their particulars are not entered in a directory, provided that the sum involved does not act as a disincentive to the exercise of this right, and that, taking account of the quality requirements of the public directory in the light of the universal service, it is limited to the actual costs incurred by the operator for the adaptation and updating of the list of subscribers not to be included in the public directory.
3. The rights conferred by paragraph 1 shall apply to subscribers who are natural persons. Member States shall also guarantee, in the framework of Community law and applicable national legislation, that the legitimate interests of subscribers other than natural persons with regard to their entry in public directories are sufficiently protected.

Article 12. Unsolicited calls
1. The use of automated calling systems without human intervention (automatic calling machine) or facsimile machines (fax) for the purposes of direct marketing may only be allowed in respect of subscribers who have given their prior consent.
2. Member States shall take appropriate measures to ensure that, free of charge, unsolicited calls for purposes of direct marketing, by means other than those referred to in paragraph 1, are not allowed either without the consent of the subscribers concerned or in respect of subscribers who do not wish to receive these calls, the choice between these options to be determined by national legislation.
3. The rights conferred by paragraphs 1 and 2 shall apply to subscribers who are natural persons. Member States shall also guarantee, in the framework of Community law and applicable national legislation, that the legitimate interests of subscribers other than natural persons with regard to unsolicited calls are sufficiently protected.

Article 13. Technical features and standardisation
1. In implementing the provisions of this Directive, Member States shall ensure, subject to paragraphs 2 and 3, that no mandatory requirements for specific technical features are imposed on terminal or other telecommunications equipment which could impede the placing of equipment on the market and the free circulation of such equipment in and between Member States.
2. Where provisions of this Directive can be implemented only by requiring specific technical features, Member States shall inform the Commission according to the procedures provided for by Directive 83/189/EEC[7] which lays down a procedure for the provision of information in the field of technical standards and regulations.
3. Where required, the Commission will ensure the drawing up of common European standards for the implementation of specific technical features, in accordance with Community legislation on the approximation of the laws of the Member

---

[7] OJ No L 109, 26.4.1983, p. 8. Directive as last amended by Directive 94/10/EC (OJ No L 100, 19.4.1994, p. 30).

States concerning telecommunications terminal equipment, including the mutual recognition of their conformity, and Council Decision 87/95/EEC of 22 December 1986 on standardisation in the field of information technology and telecommunications[8].

Article 14. Extension of the scope of application of certain provisions of Directive 95/46/EC

1. Member States may adopt legislative measures to restrict the scope of the obligations and rights provided for in Articles 5, 6 and Article 8 (1), (2), (3) and (4), when such restriction constitutes a necessary measure to safeguard national security, defence, public security, the prevention, investigation, detection and prosecution of criminal offences or of unauthorised use of the telecommunications system, as referred to in Article 13 (1) of Directive 95/46/EC.
2. The provisions of Chapter III on judicial remedies, liability and sanctions of Directive 95/46/EC shall apply with regard to national provisions adopted pursuant to this Directive and with regard to the individual rights derived from this Directive.
3. The Working Party on the Protection of Individuals with regard to the Processing of Personal Data established according to Article 29 of Directive 95/46/EC shall carry out the tasks laid down in Article 30 of the above mentioned Directive also with regard to the protection of fundamental rights and freedoms and of legitimate interests in the telecommunications sector, which is the subject of this Directive.
4. The Commission, assisted by the Committee established by Article 31 of Directive 95/46/EC, shall technically specify the Annex according to the procedure mentioned in this Article. The aforesaid Committee shall be convened specifically for the subjects covered by this Directive.

Article 15. Implementation of the Directive

1. Member States shall bring into force the laws, regulations and administrative provisions necessary for them to comply with this Directive not later than 24 October 1998.
By way of derogation from the first subparagraph, Member States shall bring into force the laws, regulations and administrative provisions necessary for them to comply with Article 5 of this Directive not later than 24 October 2000.
When Member States adopt these measures, they shall contain a reference to this Directive or shall be accompanied by such a reference at the time of their official publication. The procedure for such reference shall be adopted by Member States.
2. By way of derogation from Article 6 (3), consent is not required with respect to processing already under way on the date the national provisions adopted pursuant to this Directive enter into force. In those cases the subscribers shall be informed of this processing and if they do not express their dissent within a period to be determined by the Member State, they shall be deemed to have given their consent.
3. Article 11 shall not apply to editions of directories which have been published before the national provisions adopted pursuant to this Directive enter into force.

---

[8] OJ No L 36, 7.2.1987, p. 31. Decision as last amended by the 1994 Act of Accession.

4. Member States shall communicate to the Commission the text of the provisions of national law which they adopt in the field governed by this Directive.

Article 16. Addressees
This Directive is addressed to the Member States.

Annex. List of data
For the purpose referred to in Article 6 (2) the following data may be processed:
Data containing the:
– number or identification of the subscriber station,
– address of the subscriber and the type of station,
– total number of units to be charged for the accounting period,
– called subscriber number,
– type, starting time and duration of the calls made and/or the data volume transmitted,
– date of the call/service,
– other information concerning payments such as advance payment, payments by instalments, disconnection and reminders.

3. Directive of the European Parliament and of the Council of 22 June 1998 laying down a procedure for the provision of information in the field of technical standards and regulations (98/34/EC)

Official Journal L 204, 21/07/1998, p. 37–48 as amended by: Directive 98/48/EC of 20 July 1998 (Official Journal L 217, 05/08/1998, p. 18–26)

THE EUROPEAN PARLIAMENT AND THE COUNCIL OF THE EUROPEAN UNION,

Having regard to the Treaty establishing the European Community, and in particular Articles 100a, 213 and 43 thereof, Having regard to the proposal from the Commission[1], Having regard to the opinion of the Economic and Social Committee[2], Acting in accordance with the procedure laid down in Article 189b of the Treaty[3],

(1) Whereas Council Directive 83/189/EEC of 28 March 1983 laying down a procedure for the provision of information in the field of technical standards and regulations[4] has been variously and substantially amended; whereas for reasons of clarity and rationality the said Directive should be consolidated;

(2) Whereas the internal market comprises an area without internal frontiers in which the free movement of goods, persons, services and capital is ensured; whereas, therefore, the prohibition of quantitative restrictions on the movement of goods and of measures having an equivalent effect is one of the basic principles of the Community;

(3) Whereas in order to promote the smooth functioning of the internal market, as much transparency as possible should be ensured as regards national initiatives for the establishment of technical standards or regulations;

(4) Whereas barriers to trade resulting from technical regulations relating to products may be allowed only where they are necessary in order to meet essential requirements and have an objective in the public interest of which they constitute the main guarantee;

(5) Whereas it is essential for the Commission to have the necessary information at its disposal before the adoption of technical provisions; whereas, consequently, the Member States which are required to facilitate the achievement of its task pursuant to Article 5 of the Treaty must notify it of their projects in the field of technical regulations;

(6) Whereas all the Member States must also be informed of the technical regulations contemplated by any one Member State;

(7) Whereas the aim of the internal market is to create an environment that is conducive to the competitiveness of undertakings; whereas increased provision of information is one way of helping undertakings to make more of the advantages inherent in this market; whereas it is therefore necessary to enable economic operators to give their assessment of the impact of the national technical regulations proposed by other Member States, by pro-

---

[1] OJ No C 78, 12.3.1997, p. 4.
[2] OJ No C 133, 28.4.1997, p. 5.
[3] Opinion of the European Parliament of 17 September 1997 (OJ No C 304, 6.10.1997, p. 79), Council Common Position of 23 February 1998 (OJ No C 110, 8.4.1998, p. 1) and Decision of the European Parliament of 30 April 1998 (OJ No C 152, 18.5.1998). Decision of the Council of 28 May 1998.
[4] OJ No L 109, 26.4.1983, p. 8. Directive as last amended by Commission Decision 96/139/EC (OJ No L 32, 10.2.1996, p. 31).

viding for the regular publication of the titles of notified drafts and by means of the provisions relating to the confidentiality of such drafts;
(8) Whereas it is appropriate, in the interests of legal certainty, that Member States publicly announce that a national technical regulation has been adopted in accordance with the formalities laid down in this Directive;
(9) Whereas, as far as technical regulations for products are concerned, the measures designed to ensure the proper functioning or the continued development of the market include greater transparency of national intentions and a broadening of the criteria and conditions for assessing the potential effect of the proposed regulations on the market;
(10) Whereas it is therefore necessary to assess all the requirements laid down in respect of a product and to take account of developments in national practices for the regulation of products;
(11) Whereas requirements, other than technical specifications, referring to the life cycle of a product after it has been placed on the market are liable to affect the free movement of that product or to create obstacles to the proper functioning of the internal market;
(12) Whereas it is necessary to clarify the concept of a de facto technical regulation; whereas, in particular, the provisions by which the public authority refers to technical specifications or other requirements, or encourages the observance thereof, and the provisions referring to products with which the public authority is associated, in the public interest, have the effect of conferring on such requirements or specifications a more binding value than they would otherwise have by virtue of their private origin;
(13) Whereas the Commission and the Member States must also be allowed sufficient time in which to propose amendments to a contemplated measure, in order to remove or reduce any barriers which it might create to the free movement of goods;
(14) Whereas the Member State concerned must take account of these amendments when formulating the definitive text of the measure envisaged;
(15) Whereas it is inherent in the internal market that, in particular where the principle of mutual recognition cannot be implemented by the Member States, the Commission adopts or proposes the adoption of binding Community acts; whereas a specific temporary standstill period has been established in order to prevent the introduction of national measures from compromising the adoption of binding Community acts by the Council or the Commission in the same field;
(16) Whereas the Member State in question must, pursuant to the general obligations laid down in Article 5 of the Treaty, defer implementation of the contemplated measure for a period sufficient to allow either a joint examination of the proposed amendments or the preparation of a proposal for a binding act of the Council or the adoption of a binding act of the Commission; whereas the time limits laid down in the Agreement of the representatives of the Governments of the Member States meeting within the Council of 28 May 1969 providing for standstill and notification to the Commission[5], as amended by the Agreement of 5 March 1973[6], have proved inadequate in the cases concerned and should accordingly be extended;
(17) Whereas the procedure concerning the standstill arrangement and notification of the Commission contained in the above mentioned agreement of 28 May 1969 remains applicable to products subject to that procedure which are not covered by this Directive;
(18) Whereas, with a view to facilitating the adoption of Community measures by the Council, Member States should refrain from adopting technical regulations once the Council has adopted a common position on a Commission proposal concerning that sector;

---

[5] OJ No C 76, 17.6.1969, p. 9.
[6] OJ No C 9, 15.3.1973, p. 3.

3. Information in the field of technical standards and regulations

(19) Whereas, in practice, national technical standards may have the same effects on the free movement of goods as technical regulations;

(20) Whereas it would therefore appear necessary to inform the Commission of draft standards under similar conditions to those which apply to technical regulations; whereas, pursuant to Article 213 of the Treaty, the Commission may, within the limits and under the conditions laid down by the Council in accordance with the provisions of the Treaty, collect any information and carry out any checks required for the performance of the tasks entrusted to it;

(21) Whereas it is also necessary for the Member States and the standards institutions to be informed of standards contemplated by standards institutions in the other Member States;

(22) Whereas systematic notification is actually necessary only in the case of new subjects for standardisation and in so far as the treatment of these subjects at national level may give rise to differences in national standards which are liable to disturb the functioning of the market as a result; whereas any subsequent notification or communication relating to the progress of national activities must depend on the interest in such activities expressed by those to whom this new subject has already been communicated;

(23) Whereas the Commission must nevertheless be able to request the communication of all or part of the national standardisation programmes so that it can review the development of standardisation activity in particular economic sectors;

(24) Whereas the European standardisation system must be organised by and for the parties concerned, on a basis of coherence, transparency, openness, consensus, independence of special interests, efficiency and decision-making based on national representation;

(25) Whereas the functioning of standardisation in the Community must be based on fundamental rights for the national standardisation bodies, such as the possibility of obtaining draft standards, being informed of the action taken in response to comments submitted, being associated with national standardisation activities or requesting the preparation of European standards in place of national standards; whereas it is for the Member States to take the appropriate measures in their power to ensure that their standardisation bodies observe these rights;

(26) Whereas the provisions concerning the standstill arrangements applicable to national standardisation bodies when a European standard is in preparation must be brought into line with the relevant provisions adopted by the standardisation bodies within the framework of the European standardisation bodies;

(27) Whereas it is necessary to set up a Standing Committee, the members of which will be appointed by the Member States with the task of helping the Commission to examine draft national standards and co-operating in its efforts to lessen any adverse effects thereof on the free movement of goods;

(28) Whereas the Standing Committee should be consulted on the draft standardisation requests referred to in this Directive;

(29) Whereas this Directive must not affect the obligations of the Member States concerning the deadlines for transposition of the Directives set out in Annex III, Part B,
HAVE ADOPTED THIS DIRECTIVE:

Article I
For the purposes of this Directive, the following meanings shall apply:
1. 'product', any industrially manufactured product and any agricultural product, including fish products;
2. 'technical specification', a specification contained in a document which lays down the characteristics required of a product such as levels of quality, perform-

ance, safety or dimensions, including the requirements applicable to the product as regards the name under which the product is sold, terminology, symbols, testing and test methods, packaging, marking or labelling and conformity assessment procedures.

The term 'technical specification' also covers production methods and processes used in respect of agricultural products as referred to Article 38 (1) of the Treaty, products intended for human and animal consumption, and medicinal products as defined in Article 1 of Directive 65/65/EEC[7], as well as production methods and processes relating to other products, where these have an effect on their characteristics;

3. 'other requirements', a requirement, other than a technical specification, imposed on a product for the purpose of protecting, in particular, consumers or the environment, and which affects its life cycle after it has been placed on the market, such as conditions of use, recycling, reuse or disposal, where such conditions can significantly influence the composition or nature of the product or its marketing;

4. 'standard', a technical specification approved by a recognised standardisation body for repeated or continuous application, with which compliance is not compulsory and which is one of the following:

– international standard: a standard adopted by an international standardisation organisation and made available to the public,

– European standard: a standard adopted by a European standardisation body and made available to the public,

– national standard: a standard adopted by a national standardisation body and made available to the public;

5. 'standards programme', a work programme of a recognised standardisation body listing the subjects on which standardisation work is being carried out;

6. 'draft standard', document containing the text of the technical specifications concerning a given subject, which is being considered for adoption in accordance with the national standards procedure, as that document stands after the preparatory work and as circulated for public comment or scrutiny;

7. 'European standardisation body', a body referred to in Annex I;

8. 'national standardisation body', a body referred to in Annex II;

9. 'technical regulation', technical specifications and other requirements, including the relevant administrative provisions, the observance of which is compulsory, de jure or de facto, in the case of marketing or use in a Member State or a major part thereof, as well as laws, regulations or administrative provisions of Member States, except those provided for in Article 10, prohibiting the manufacture, importation, marketing or use of a product.

De facto technical regulations include:

– laws, regulations or administrative provisions of a Member State which refer either to technical specifications or other requirements or to professional codes or codes of practice which in turn refer to technical specifications or other require-

---

[7] Council Directive 65/65/EEC of 26 January 1965 on the approximation of provisions laid down by law, regulation or administrative action relating to medicinal products (OJ 22, 9.2.1965, p. 369/65), Directive as last amended by Directive 93/39/EEC (OJ No L 214, 24.8.1993, p. 22).

ments and compliance with which confers a presumption of conformity with the obligations imposed by the aforementioned laws, regulations or administrative provisions,
– voluntary agreements to which a public authority is a contracting party and which provide, in the public interest, for compliance with technical specifications or other requirements, excluding public procurement tender specifications,
– technical specifications or other requirements which are linked to fiscal or financial measures affecting the consumption of products by encouraging compliance with such technical specifications or other requirements; technical specifications or other requirements linked to national social-security systems are not included.
This comprises technical regulations imposed by the authorities designated by the Member States and appearing on a list to be drawn up by the Commission before 1 July 1995, in the framework of the Committee referred to in Article 5.
The same procedure shall be used for amending this list;
10. 'draft technical regulation', the text of a technical specification or other requirement, including administrative provisions formulated with the aim of enacting it or of ultimately having it enacted as a technical regulation, the text being at a stage of preparation at which substantial amendments can still be made.
This Directive shall not apply to those measures Member States consider necessary under the Treaty for the protection of persons, in particular workers, when products are used, provided that such measures do not affect the products.

Article 2

1. The Commission and the standardisation bodies referred to in Annexes I and II shall be informed of the new subjects for which the national bodies referred to in Annex II have decided, by including them in their standards programme, to prepare or amend a standard, unless it is an identical or equivalent transposition of an international or European standard.
2. The information referred to in paragraph 1 shall indicate, in particular, whether the standard concerned:
– will transpose an international standard without being the equivalent,
– will be a new national standard, or
– will amend a national standard.
After consulting the Committee referred to in Article 5, the Commission may draw up rules for the consolidated presentation of this information and a plan and criteria governing the presentation of this information in order to facilitate its evaluation.
3. The Commission may ask for all or part of the standards programmes to be communicated to it.
It shall make this information available to the Member States in a form which allows the different programmes to be assessed and compared.
4. Where appropriate, the Commission shall amend Annex II on the basis of communications from the Member States.
5. The Council shall decide, on the basis of a proposal from the Commission, on any amendment to Annex I.

Article 3

The standardisation bodies referred to in Annexes I and II, and the Commission, shall be sent all draft standards on request; they shall be kept informed by the body concerned of the action taken on any comments they have made relating to drafts.

Article 4
1. Member States shall take all necessary steps to ensure that their standardisation bodies:
– communicate information in accordance with Articles 2 and 3,
– publish the draft standards in such a way that comments may also be obtained from parties established in other Member States,
– grant the other bodies referred to in Annex II the right to be involved passively or actively (by sending an observer) in the planned activities,
– do not object to a subject for standardisation in their work programme being discussed at European level in accordance with the rules laid down by the European standardisation bodies and undertake no action which may prejudice a decision in this regard.
2. Member States shall refrain in particular from any act of recognition, approval or use by reference to a national standard adopted in breach of Articles 2 and 3 and of paragraph 1 of this Article.

Article 5
A Standing Committee shall be set up consisting of representatives appointed by the Member States who may call on the assistance of experts or advisers; its chairman shall be a representative of the Commission.
The Committee shall draw up its own rules of procedure.

Article 6
1. The Committee shall meet at least twice a year with the representatives of the standards institutions referred to in Annexes I and II.
2. The Commission shall submit to the Committee a report on the implementation and application of the procedures set out in this Directive, and shall present proposals aimed at eliminating existing or foreseeable barriers to trade.
3. The Committee shall express its opinion on the communications and proposals referred to in paragraph 2 and may in this connection propose, in particular, that the Commission:
– request the European standards institutions to draw up a European standard within a given time limit,
– ensure where necessary, in order to avoid the risk of barriers to trade, that initially the Member States concerned decide amongst themselves on appropriate measures,
– take all appropriate measures,
– identify the areas where harmonisation appears necessary, and, should the case arise, undertake appropriate harmonisation in a given sector.
4. The Committee must be consulted by the Commission:
(a) before any amendment is made to the lists in Annexes I and II (Article 2 (1));
(b) when drawing up the rules for the consolidated presentation of information and the plan and criteria for the presentation of standards programmes (Article 2 (2));

(c) when deciding on the actual system whereby the exchange of information provided for in this Directive is to be effected and on any change to it;
(d) when reviewing the operation of the system set up by this Directive;
(e) on the requests to the standards institutions referred to in the first indent of paragraph 3.

5. The Committee may be consulted by the Commission on any preliminary draft technical regulation received by the latter.

6. Any question regarding the implementation of this Directive may be submitted to the Committee at the request of its chairman or of a Member State.

7. The proceedings of the Committee and the information to be submitted to it shall be confidential.

However, the Committee and the national authorities may, provided that the necessary precautions are taken, consult, for an expert opinion, natural or legal persons, including persons in the private sector.

Article 7

1. Member States shall take all appropriate measures to ensure that, during the preparation of a European standard referred to in the first indent of Article 6 (3) or after its approval, their standardisation bodies do not take any action which could prejudice the harmonisation intended and, in particular, that they do not publish in the field in question a new or revised national standard which is not completely in line with an existing European standard.

2. Paragraph 1 shall not apply to the work of standards institutions undertaken at the request of the public authorities to draw up technical specifications or a standard for specific products for the purpose of enacting a technical regulation for such products.

Member States shall communicate all requests of the kind referred to in the preceding subparagraph to the Commission as draft technical regulations, in accordance with Article 8 (1), and shall state the grounds for their enactment.

Article 8

1. Subject to Article 10, Member States shall immediately communicate to the Commission any draft technical regulation, except where it merely transposes the full text of an international or European standard, in which case information regarding the relevant standard shall suffice; they shall also let the Commission have a statement of the grounds which make the enactment of such a technical regulation necessary, where these have not already been made clear in the draft.

Where appropriate, and unless it has already been sent with a prior communication, Member States shall simultaneously communicate the text of the basic legislative or regulatory provisions principally and directly concerned, should knowledge of such text be necessary to assess the implications of the draft technical regulation.

Member States shall communicate the draft again under the above conditions if they make changes to the draft that have the effect of significantly altering its scope, shortening the timetable originally envisaged for implementation, adding specifications or requirements, or making the latter more restrictive.

Where, in particular, the draft seeks to limit the marketing or use of a chemical substance, preparation or product on grounds of public health or of the protection of consumers or the environment, Member States shall also forward either a summary or the references of all relevant data relating to the substance, preparation or product concerned and to known and available substitutes, where such information may be available, and communicate the anticipated effects of the measure on public health and the protection of the consumer and the environment, together with an analysis of the risk carried out as appropriate in accordance with the general principles for the risk evaluation of chemical substances as referred to in Article 10 (4) of Regulation (EEC) No 793/93[8] in the case of an existing substance or in Article 3 (2) of Directive 67/548/EEC[9], in the case of a new substance.

The Commission shall immediately notify the other Member States of the draft and all documents which have been forwarded to it; it may also refer this draft, for an opinion, to the Committee referred to in Article 5 and, where appropriate, to the committee responsible for the field in question.

With respect to the technical specifications or other requirements referred to in the second subparagraph of Article 1 (9), third indent, the detailed comments or opinions of the Commission or the Member States may concern only the aspect which may hinder trade and not the fiscal or financial aspect of the measure.

2. The Commission and the Member States may make comments to the Member State which has forwarded a draft technical regulation; that Member State shall take such comments into account as far as possible in the subsequent preparation of the technical regulation.

3. Member States shall communicate the definitive text of a technical regulation to the Commission without delay.

4. Information supplied under this Article shall not be confidential except at the express request of the notifying Member State. Any such request shall be supported by reasons.

In cases of this kind, if necessary precautions are taken, the Committee referred to in Article 5 and the national authorities may seek expert advice from physical or legal persons in the private sector.

5. When draft technical regulations form part of measures which are required to be communicated to the Commission at the draft stage under another Community act, Member States may make a communication within the meaning of paragraph 1 under that other act, provided that they formally indicate that the said communication also constitutes a communication for the purposes of this Directive.

The absence of a reaction from the Commission under this Directive to a draft technical regulation shall not prejudice any decision which might be taken under other Community acts.

Article 9

1. Member States shall postpone the adoption of a draft technical regulation for three months from the date of receipt by the Commission of the communication referred to in Article 8 (1).

---

[8] Council Regulation (EEC) No 793/93 of 23 March 1993 on the evaluation and control of the risks of existing substances (OJ No L 84, 5.4.1993, p. 1).

[9] Council Directive 67/548/EEC of 27 June 1967 on the approximation of the laws, regulations and administrative provisions relating to the classification, packaging and labelling of dangerous substances (OJ No L 196, 16.8.1967, p. 1). Directive, as amended by Directive 92/32/EEC, (OJ No L 154, 5.6.1992, p. 1).

3. Information in the field of technical standards and regulations

2. Member States shall postpone:
– for four months the adoption of a draft technical regulation in the form of a voluntary agreement within the meaning of Article 1 (9), second indent,
– without prejudice to paragraphs 3, 4 and 5, for six months the adoption of any other draft technical regulation,
from the date of receipt by the Commission of the communication referred to in Article 8 (1) if the Commission or another Member State delivers a detailed opinion, within three months of that date, to the effect that the measure envisaged may create obstacles to the free movement of goods within the internal market.
The Member State concerned shall report to the Commission on the action it proposes to take on such detailed opinions. The Commission shall comment on this reaction.
3. Member States shall postpone the adoption of a draft technical regulation for 12 months from the date of receipt by the Commission of the communication referred to in Article 8 (1) if, within the three months following that date, the Commission announces its intention to propose or adopt a directive, regulation or decision on the matter in accordance with Article 189 of the Treaty.
4. Member States shall postpone the adoption of a draft technical regulation for 12 months from the date of receipt by the Commission of the communication referred to in Article 8 (1) if, within the three months following that date, the Commission announces its finding that the draft technical regulation concerns a matter which is covered by a proposal for a directive, regulation or decision presented to the Council in accordance with Article 189 of the Treaty.
5. If the Council adopts a common position during the standstill period referred to in paragraphs 3 and 4, that period shall, subject to paragraph 6, be extended to 18 months.
6. The obligations referred to in paragraphs 3, 4 and 5 shall lapse:
– when the Commission informs the Member States that it no longer intends to propose or adopt a binding Community act,
– when the Commission informs the Member States of the withdrawal of its draft or proposal,
– when the Commission or the Council has adopted a binding Community act.
7. Paragraphs 1 to 5 shall not apply in those cases where, for urgent reasons, occasioned by serious and unforeseeable circumstances relating to the protection of public health or safety, the protection of animals or the preservation of plants, a Member State is obliged to prepare technical regulations in a very short space of time in order to enact and introduce them immediately without any consultations being possible. The Member State shall give, in the communication referred to in Article 8, the reasons which warrant the urgency of the measures taken. The Commission shall give its views on the communication as soon as possible. It shall take appropriate action in cases where improper use is made of this procedure. The European Parliament shall be kept informed by the Commission.

Article 10

1. Articles 8 and 9 shall not apply to those laws, regulations and administrative provisions of the Member States or voluntary agreements by means of which Member States:

– comply with binding Community acts which result in the adoption of technical specifications,
– fulfil the obligations arising out of international agreements which result in the adoption of common technical specifications in the Community,
– make use of safeguard clauses provided for in binding Community acts,
– apply Article 8 (1) of Directive 92/59/EEC[10],
– restrict themselves to implementing a judgement of the Court of Justice of the European Communities,
– restrict themselves to amending a technical regulation within the meaning of Article 1 (9) of this Directive, in accordance with a Commission request, with a view to removing an obstacle to trade.
2. Article 9 shall not apply to the laws, regulations and administrative provisions of the Member States prohibiting manufacture insofar as they do not impede the free movement of products.
3. Article 9 (3) to (6) shall not apply to the voluntary agreements referred to in Article 1 (9), second indent.
4. Article 9 shall not apply to the technical specifications or other requirements referred to in Article 1 (9), third indent.

Article 11
The Commission shall report every two years to the European Parliament, the Council and the Economic and Social Committee on the results of the application of this Directive. Lists of standardisation work entrusted to the European standardisation organisations pursuant to this Directive, as well as statistics on the notifications received, shall be published on an annual basis in the Official Journal of the European Communities.

Article 12
When Member States adopt a technical regulation, it shall contain a reference to this Directive or shall be accompanied by such reference on the occasion of its official publication. The methods of making such reference shall be laid down by Member States.

Article 13
1. The Directives and Decisions listed in Annex III, Part A are hereby repealed without prejudice to the obligations of the Member States concerning the deadlines for transposition of the said Directives, set out in Annex III, Part B.
2. References to the repealed directives and decisions shall be construed as references to this Directive and shall be read in accordance with the correlation table set out in Annex IV.

Article 14
This Directive shall enter into force on the 20th day following that of its publication in the Official Journal of the European Communities.

---

[10] Council Directive 92/59/EEC of 29 June 1992 on general product safety (OJ No L 228, 11.8.1992, p. 24).

3. *Information in the field of technical standards and regulations* 519

Article 15
This Directive is addressed to the Member States.

Annex I. European standardisation bodies
CEN (European Committee for Standardisation)
CENELEC (European Committee for Electrotechnical Standardisation)
ETSI (European Telecommunications Standards Institute)

Annex II. National standardisation bodies

1. BELGIUM
IBN/BIN (Institut belge de normalisation/ Belgisch Instituut voor Normalisatie)
CEB/BEC (Comité électrotechnique belge/ Belgisch Elektrotechnisch Comité)

2. DENMARK
DS (Dansk Standard)
NTA (Telestyrelsen, National Telecom Agency)

3. GERMANY
DIN (Deutsches Institut für Normung e. V.)
DKE (Deutsche Elektrotechnische Kommission im DIN und VDE)

4. GREECE
ΕΛΟΤ (Ελληνιχός Οργανισμός Τυποποίησης)

5. SPAIN
AENOR (Asociación Española de Normalización y Certificación)

6. FRANCE
AFNOR (Association française de normalisation)
UTE (Union technique de l'électricité – Bureau de normalisation auprès de l'AFNOR)

7. IRELAND
NSAI (National Standards Authority of Ireland)
ETCI (Electrotechnical Council of Ireland)

8. ITALY[11]
UNI (Ente nazionale italiano di unificazione)
CEI (Comitato elettrotecnico italiano)

9. LUXEMBOURG
ITM (Inspection du travail et des mines)
SEE (Service de l'énergie de l'État)

10. NETHERLANDS
NNI (Nederlands Normalisatie InstituutNEC/ Nederlands Elektrotechnisch Comité)

---

[11] UNI and CEI, in co-operation with the Istituto superiore delle Poste e Telecommunicazioni and the ministero dell' Industria, have allocated the work within ETSI to CONCIT, Comitato nazionale di co-ordinamento per le tecnologie dell' informazione.

11. AUSTRIA
ON (Österreichisches Normungsinstitut)
ÖVE (Österreichischer Verband für Elektrotechnik)

12. PORTUGAL
IPQ (Instituto Português da Qualidade)

13. UNITED KINGDOM
BSI (British Standards Institution)
BEC (British Electrotechnical Committee)

14. FINLAND
SFS (Suomen Standardisoimisliitto SFS ry/ Finlands Standardiseringsförbund SFS rf)
THK/TFC (Telehallintokeskus/)Teleförvaltningscentralen
SESKO (Suomen Sähköteknillinen Standardisoimisyhdistys SESKO ry/ Finlands Elektrotekniska Standardiseringsförening SESKO rf)

15. SWEDEN
SIS (Standardiseringen i Sverige)
SEK (Svenska elektriska kommissionen)
IST (Informationstekniska standardiseringen)

Annex III

Part A. Repealed Directives and Decisions (referred to by Article 13)
Directive 83/189/EEC and its following amendments
Council Directive 88/182/EEC
Commission Decision 90/230/EEC
Commission Decision 92/400/EEC
Directive 94/10/EC of the European Parliament and Council
Commission Decision 96/139/EC

V. Tort liability

1. Council Directive of 25 July 1985 on the approximation of the laws, regulations and administrative provisions of the Member States concerning liability for defective products (85/374/EEC)

Official Journal L 210, 07/08/1985, p. 29–33 as amended by: Directive 1999/34/EC of 10 May 1999 (Official Journal L 141, 04/06/1999, p. 20–21)

THE COUNCIL OF THE EUROPEAN COMMUNITIES,
Having regard to the Treaty establishing the European Economic Community, and in particular Article 100 thereof, Having regard to the proposal from the Commission[1], Having regard to the opinion of the European Parliament[2], Having regard to the opinion of the Economic and Social Committee[3],
Whereas approximation of the laws of the Member States concerning the liability of the producer for damage caused by the defectiveness of his products is necessary because the existing divergences may distort competition and affect the movement of goods within the common market and entail a differing degree of protection of the consumer against damage caused by a defective product to his health or property;
Whereas liability without fault on the part of the producer is the sole means of adequately solving the problem, peculiar to our age of increasing technicality, of a fair apportionment of the risks inherent in modern technological production;
Whereas liability without fault should apply only to movables which have been industrially produced; whereas, as a result, it is appropriate to exclude liability for agricultural products and game, except where they have undergone a processing of an industrial nature which could cause a defect in these products; whereas the liability provided for in this Directive should also apply to movables which are used in the construction of immovables or are installed in immovables;
Whereas protection of the consumer requires that all producers involved in the production process should be made liable, in so far as their finished product, component part or any raw material supplied by them was defective; whereas, for the same reason, liability should extend to importers of products into the Community and to persons who present themselves as producers by affixing their name, trade mark or other distinguishing feature or who supply a product the producer of which cannot be identified;
Whereas, in situations where several persons are liable for the same damage, the protection of the consumer requires that the injured person should be able to claim full compensation for the damage from any one of them;
whereas, to protect the physical well-being and property of the consumer, the defectiveness of the product should be determined by reference not to its fitness for use but to the lack of the safety which the public at large is entitled to expect; whereas the safety is assessed by excluding any misuse of the product not reasonable under the circumstances;
Whereas a fair apportionment of risk between the injured person and the producer implies that the producer should be able to free himself from liability if he furnishes proof as to the existence of certain exonerating circumstances;

---

[1] OJ No C 241, 14. 10. 1976, p. 9 and OJ No C 271, 26. 10. 1979, p. 3.
[2] OJ No C 127, 21. 5. 1979, p. 61.
[3] OJ No C 114, 7. 5. 1979, p. 15.

Whereas the protection of the consumer requires that the liability of the producer remains unaffected by acts or omissions of other persons having contributed to cause the damage; whereas, however, the contributory negligence of the injured person may be taken into account to reduce or disallow such liability;

Whereas the protection of the consumer requires compensation for death and personal injury as well as compensation for damage to property; whereas the latter should nevertheless be limited to goods for private use or consumption and be subject to a deduction of a lower threshold of a fixed amount in order to avoid litigation in an excessive number of cases; whereas this Directive should not prejudice compensation for pain and suffering and other non-material damages payable, where appropriate, under the law applicable to the case;

Whereas a uniform period of limitation for the bringing of action for compensation is in the interests both of the injured person and of the producer;

Whereas products age in the course of time, higher safety standards are developed and the state of science and technology progresses; whereas, therefore, it would not be reasonable to make the producer liable for an unlimited period for the defectiveness of his product; whereas, therefore, liability should expire after a reasonable length of time, without prejudice to claims pending at law;

Whereas, to achieve effective protection of consumers, no contractual derogation should be permitted as regards the liability of the producer in relation to the injured person;

Whereas under the legal systems of the Member States an injured party may have a claim for damages based on grounds of contractual liability or on grounds of non-contractual liability other than that provided for in this Directive; in so far as these provisions also serve to attain the objective of effective protection of consumers, they should remain unaffected by this Directive; whereas, in so far as effective protection of consumers in the sector of pharmaceutical products is already also attained in a Member State under a special liability system, claims based on this system should similarly remain possible;

Whereas, to the extent that liability for nuclear injury or damage is already covered in all Member States by adequate special rules, it has been possible to exclude damage of this type from the scope of this Directive;

Whereas, since the exclusion of primary agricultural products and game from the scope of this Directive may be felt, in certain Member States, in view of what is expected for the protection of consumers, to restrict unduly such protection, it should be possible for a Member State to extend liability to such products;

Whereas, for similar reasons, the possibility offered to a producer to free himself from liability if he proves that the state of scientific and technical knowledge at the time when he put the product into circulation was not such as to enable the existence of a defect to be discovered may be felt in certain Member States to restrict unduly the protection of the consumer; whereas it should therefore be possible for a Member State to maintain in its legislation or to provide by new legislation that this exonerating circumstance is not admitted; whereas, in the case of new legislation, making use of this derogation should, however, be subject to a Community stand-still procedure, in order to raise, if possible, the level of protection in a uniform manner throughout the Community;

Whereas, taking into account the legal traditions in most of the Member States, it is inappropriate to set any financial ceiling on the producer's liability without fault; whereas, in so far as there are, however, differing traditions, it seems possible to admit that a Member State may derogate from the principle of unlimited liability by providing a limit for the total liability of the producer for damage resulting from a death or personal injury and caused by identical items with the same defect, provided that this limit is established at a level sufficiently high to guarantee adequate protection of the consumer and the correct functioning of the common market;

1. Liability for detective products 523

Whereas the harmonisation resulting from this cannot be total at the present stage, but opens the way towards greater harmonisation; whereas it is therefore necessary that the Council receive at regular intervals, reports from the Commission on the application of this Directive, accompanied, as the case may be, by appropriate proposals;
Whereas it is particularly important in this respect that a re-examination be carried out of those parts of the Directive relating to the derogations open to the Member States, at the expiry of a period of sufficient length to gather practical experience on the effects of these derogations on the protection of consumers and on the functioning of the common market,
HAS ADOPTED THIS DIRECTIVE:

Article 1
The producer shall be liable for damage caused by a defect in his product.

Article 2
For the purpose of this Directive 'product' means all movables, with the exception of primary agricultural products and game, even though incorporated into another movable or into an immovable. 'Primary agricultural products' means the products of the soil, of stock-farming and of fisheries, excluding products which have undergone initial processing. 'Product' includes electricity.

Article 3
1. 'Producer' means the manufacturer of a finished product, the producer of any raw material or the manufacturer of a component part and any person who, by putting his name, trade mark or other distinguishing feature on the product presents himself as its producer.
2. Without prejudice to the liability of the producer, any person who imports into the Community a product for sale, hire, leasing or any form of distribution in the course of his business shall be deemed to be a producer within the meaning of this Directive and shall be responsible as a producer.
3. Where the producer of the product cannot be identified, each supplier of the product shall be treated as its producer unless he informs the injured person, within a reasonable time, of the identity of the producer or of the person who supplied him with the product. The same shall apply, in the case of an imported product, if this product does not indicate the identity of the importer referred to in paragraph 2, even if the name of the producer is indicated.

Article 4
The injured person shall be required to prove the damage, the defect and the causal relationship between defect and damage.

Article 5
Where, as a result of the provisions of this Directive, two or more persons are liable for the same damage, they shall be liable jointly and severally, without prejudice to the provisions of national law concerning the rights of contribution or recourse.

Article 6
1. A product is defective when it does not provide the safety which a person is entitled to expect, taking all circumstances into account, including:

(a) the presentation of the product;
(b) the use to which it could reasonably be expected that the product would be put;
(c) the time when the product was put into circulation.
2. A product shall not be considered defective for the sole reason that a better product is subsequently put into circulation.

Article 7
The producer shall not be liable as a result of this Directive if he proves:
(a) that he did not put the product into circulation; or
(b) that, having regard to the circumstances, it is probable that the defect which caused the damage did not exist at the time when the product was put into circulation by him or that this defect came into being afterwards; or
(c) that the product was neither manufactured by him for sale or any form of distribution for economic purpose nor manufactured or distributed by him in the course of his business; or
(d) that the defect is due to compliance of the product with mandatory regulations issued by the public authorities; or
(e) that the state of scientific and technical knowledge at the time when he put the product into circulation was not such as to enable the existence of the defect to be discovered; or
(f) in the case of a manufacturer of a component, that the defect is attributable to the design of the product in which the component has been fitted or to the instructions given by the manufacturer of the product.

Article 8
1. Without prejudice to the provisions of national law concerning the right of contribution or recourse, the liability of the producer shall not be reduced when the damage is caused both by a defect in product and by the act or omission of a third party.
2. The liability of the producer may be reduced or disallowed when, having regard to all the circumstances, the damage is caused both by a defect in the product and by the fault of the injured person or any person for whom the injured person is responsible.

Article 9
For the purpose of Article 1, 'damage' means:
(a) damage caused by death or by personal injuries;
(b) damage to, or destruction of, any item of property other than the defective product itself, with a lower threshold of 500 ECU, provided that the item of property:
(i) is of a type ordinarily intended for private use or consumption, and
(ii) was used by the injured person mainly for his own private use or consumption.
This Article shall be without prejudice to national provisions relating to non-material damage.

Article 10
1. Member States shall provide in their legislation that a limitation period of three years shall apply to proceedings for the recovery of damages as provided for in this Directive. The limitation period shall begin to run from the day on which the plaintiff became aware, or should reasonably have become aware, of the damage, the defect and the identity of the producer.
2. The laws of Member States regulating suspension or interruption of the limitation period shall not be affected by this Directive.

Article 11
Member States shall provide in their legislation that the rights conferred upon the injured person pursuant to this Directive shall be extinguished upon the expiry of a period of 10 years from the date on which the producer put into circulation the actual product which caused the damage, unless the injured person has in the meantime instituted proceedings against the producer.

Article 12
The liability of the producer arising from this Directive may not, in relation to the injured person, be limited or excluded by a provision limiting his liability or exempting him from liability.

Article 13
This Directive shall not affect any rights which an injured person may have according to the rules of the law of contractual or non-contractual liability or a special liability system existing at the moment when this Directive is notified.

Article 14
This Directive shall not apply to injury or damage arising from nuclear accidents and covered by international conventions ratified by the Member States.

Article 15
1. Each Member State may:
(a) by way of derogation from Article 2, provide in its legislation that within the meaning of Article 1 of this Directive 'product' also means primary agricultural products and game;
(b) by way of derogation from Article 7 (e), maintain or, subject to the procedure set out in paragraph 2 of this Article, provide in this legislation that the producer shall be liable even if he proves that the state of scientific and technical knowledge at the time when he put the product into circulation was not such as to enable the existence of a defect to be discovered.
2. A Member State wishing to introduce the measure specified in paragraph 1 (b) shall communicate the text of the proposed measure to the Commission. The Commission shall inform the other Member States thereof.
The Member State concerned shall hold the proposed measure in abeyance for nine months after the Commission is informed and provided that in the meantime the Commission has not submitted to the Council a proposal amending this Directive on the relevant matter. However, if within three months of receiving the said information, the Commission does not advise the Member State concerned

that it intends submitting such a proposal to the Council, the Member State may take the proposed measure immediately.

If the Commission does submit to the Council such a proposal amending this Directive within the aforementioned nine months, the Member State concerned shall hold the proposed measure in abeyance for a further period of 18 months from the date on which the proposal is submitted.

3. Ten years after the date of notification of this Directive, the Commission shall submit to the Council a report on the effect that rulings by the courts as to the application of Article 7 (e) and of paragraph 1 (b) of this Article have on consumer protection and the functioning of the common market. In the light of this report the Council, acting on a proposal from the Commission and pursuant to the terms of Article 100 of the Treaty, shall decide whether to repeal Article 7 (e).

Article 16

1. Any Member State may provide that a producer's total liability for damage resulting from a death or personal injury and caused by identical items with the same defect shall be limited to an amount which may not be less than 70 million ECU.

2. Ten years after the date of notification of this Directive, the Commission shall submit to the Council a report on the effect on consumer protection and the functioning of the common market of the implementation of the financial limit on liability by those Member States which have used the option provided for in paragraph 1. In the light of this report the Council, acting on a proposal from the Commission and pursuant to the terms of Article 100 of the Treaty, shall decide whether to repeal paragraph 1.

Article 17

This Directive shall not apply to products put into circulation before the date on which the provisions referred to in Article 19 enter into force.

Article 18

1. For the purposes of this Directive, the ECU shall be that defined by Regulation (EEC) No 3180/78[4], as amended by Regulation (EEC) No 2626/84[5]. The equivalent in national currency shall initially be calculated at the rate obtaining on the date of adoption of this Directive.

2. Every five years the Council, acting on a proposal from the Commission, shall examine and, if need be, revise the amounts in this Directive, in the light of economic and monetary trends in the Community.

Article 19

1. Member States shall bring into force, not later than three years from the date of notification of this Directive, the laws, regulations and administrative provisions necessary to comply with this Directive. They shall forthwith inform the Commission thereof[6].

---

[4] OJ No L 379, 30. 12. 1978, p. 1.
[5] OJ No L 247, 16. 9. 1984, p. 1.
[6] This Directive was notified to the Member States on 30 July 1985.

2. The procedure set out in Article 15 (2) shall apply from the date of notification of this Directive.

Article 20
Member States shall communicate to the Commission the texts of the main provisions of national law which they subsequently adopt in the field governed by this Directive.

Article 21
Every five years the Commission shall present a report to the Council on the application of this Directive and, if necessary, shall submit appropriate proposals to it.

Article 22
This Directive is addressed to the Member States.

2. Council Directive of 29 June 1992 on general product safety (92/59/EEC)

Official Journal L 228, 11/08/1992, p. 24–32

THE COUNCIL OF THE EUROPEAN COMMUNITIES,
Having regard to the Treaty establishing the European Economic Community, and in particular Article 100a thereof, Having regard to the proposal from the Commission[1], In co-operation with the European Parliament[2], Having regard to the opinion of the Economic and Social Committee[3],
Whereas it is important to adopt measures with the aim of progressively establishing the internal market over a period expiring on 31 December 1992; whereas the internal market is to comprise an area without internal frontiers in which the free movement of goods, persons, services and capital is ensured;
Whereas some Member States have adopted horizontal legislation on product safety, imposing, in particular, a general obligation on economic operators to market only safe products; whereas those legislations differ in the level of protection afforded to persons; whereas such disparities and the absence of horizontal legislation in other Member States are liable to create barriers to trade and distortions of competition within the internal market;
Whereas it is very difficult to adopt Community legislation for every product which exists or may be developed; whereas there is a need for a broadly-based, legislative framework of a horizontal nature to deal with those products, and also to cover lacunae in existing or forthcoming specific legislation, in particular with a view to ensuring a high level of protection of safety and health of persons, as required by Article 100 a (3) of the Treaty;
Whereas it is therefore necessary to establish on a Community level a general safety requirement for any product placed on the market that is intended for consumers or likely to be used by consumers; whereas certain second-hand goods should nevertheless be excluded by their nature;
Whereas production equipment, capital goods and other products used exclusively in the context of a trade or business are not covered by this Directive;
Whereas, in the absence of more specific safety provisions, within the framework of Community regulations, covering the products concerned, the provisions of this Directive are to apply;
Whereas when there are specific rules of Community law, of the total harmonisation type, and in particular rules adopted on the basis of the new approach, which lay down obligations regarding product safety, further obligations should not be imposed on economic operators as regards the placing on the market of products covered by such rules;
Whereas, when the provisions of specific Community regulations cover only certain aspects of safety or categories of risks in respect of the product concerned, the obligations of economic operators in respect of such aspects are determined solely by those provisions;
Whereas it is appropriate to supplement the duty to observe the general safety requirement by an obligation on economic operators to supply consumers with relevant information and adopt measures commensurate with the characteristics of the products, enabling them to be informed of the risks that these products might present;

---

[1] OJ No C 156, 27. 6. 1990, p. 8.
[2] OJ No C 96, 17. 4. 1990, p. 283 and Decision of 11 June 1992 (not yet published in the Official Journal).
[3] OJ No C 75, 26. 3. 1990, p. 1.

2. General product safety

Whereas in the absence of specific regulations, criteria should be defined whereby product safety can be assessed;

Whereas Member States must establish authorities responsible for monitoring product safety and with powers to take the appropriate measures;

Whereas it is necessary in particular for the appropriate measures to include the power for Member States to organise, immediately and efficiently, the withdrawal of dangerous products already placed on the market;

Whereas it is necessary for the preservation of the unity of the market to inform the Commission of any measure restricting the placing on the market of a product or requiring its withdrawal from the market except for those relating to an event which is local in effect and in any case limited to the territory of the Member State concerned; whereas such measures can be taken only in compliance with the provisions of the Treaty, and in particular Articles 30 to 36;

Whereas this Directive applies without prejudice to the notification procedures in Council Directive 83/189/EEC of 28 March 1983 laying down a procedure for the provision of information in the field of technical standards and regulations[4] and in Commission Decision 88/383/EEC of 24 February 1988 providing for the improvement of information on safety, hygiene and health at work[5];

Whereas effective supervision of product safety requires the setting-up at national and Community levels of a system of rapid exchange of information in emergency situations in respect of the safety of a product and whereas the procedure laid down by Council Decision 89/45/EEC of 21 December 1988 on a Community system for the rapid exchange of information on dangers arising from the use of consumer products[6] should therefore be incorporated into this Directive and the above Decision should be repealed; whereas it is also advisable for this Directive to take over the detailed procedures adopted under the above Decision and to give the Commission, assisted by a committee, power to adapt them;

Whereas, moreover, equivalent notification procedures already exist for pharmaceuticals, which come under Directives 75/319/EEC[7] and 81/851/EEC[8], concerning animal diseases referred to in Directive 82/894/EEC[9], for products of animal origin covered by Directive 89/662/EEC[10], and in the form of the system for the rapid exchange of information in radiological emergencies under Decision 87/600/Euratom[11];

Whereas it is primarily for Member States, in compliance with the Treaty and in particular with Articles 30 to 36 thereof, to take appropriate measures with regard to dangerous products located within their territory;

Whereas in such a situation the decision taken on a particular product could differ from one Member State to another; whereas such a difference may entail unacceptable disparities in consumer protection and constitute a barrier to intra-Community trade;

Whereas it may be necessary to cope with serious product-safety problems which affect or could affect, in the immediate future, all or a large part of the Community and which, in view of the nature of the safety problem posed by the product cannot be dealt with effec-

---

[4] OJ No L 109, 26. 4. 1983, p. 8
[5] OJ No L 183, 14. 7. 1988, p. 34.
[6] OJ No L 17, 21. 1. 1989, p. 51.
[7] OJ No L 147, 9. 6. 1975, p. 13.
[8] OJ No L 317, 6. 11. 1981, p. 1.
[9] OJ No L 378, 31. 12. 1982, p. 58.
[10] OJ No L 395, 30. 12. 1989, p. 13.
[11] OJ No L 371, 30. 12. 1987, p. 76.

tively in a manner commensurate with the urgency of the problem under the procedures laid down in the specific rules of Community law applicable to the products or category of products in question;

Whereas it is therefore necessary to provide for an adequate mechanism allowing, in the last resort, for the adoption of measures applicable throughout the Community, in the form of a decision addressed to the Member States, in order to cope with emergency situations as mentioned above; whereas such a decision is not of direct application to economic operators and must be incorporated into a national instrument; whereas measures adopted under such a procedure can be no more than interim measures that have to be taken by the Commission assisted by a committee of representatives of the Member States; whereas, for reasons of co-operation with the Member States, it is appropriate to provide for a regulatory committee according to procedure III (b) of Decision 87/373/EEC[12];

Whereas this Directive does not affect victims' rights within the meaning of Council Directive 85/374/EEC of 25 July 1985 on the approximation of the laws, regulations and administrative provisions of the Member States concerning liability for defective products[13];

Whereas it is necessary that Member States provide for appropriate means of redress before the competent courts in respect of measures taken by the competent authorities which restrict the placing on the market of a product or require its withdrawal;

Whereas it is appropriate to consider, in the light of experience, possible adaptation of this Directive, particularly as regards extension of its scope and provisions on emergency situations and intervention at Community level;

Whereas, in addition, the adoption of measures concerning imported products with a view to preventing risks to the safety and health of persons must comply with the Community's international obligations,

HAS ADOPTED THIS DIRECTIVE:

Title I. Objective – Scope – Definitions

Article 1

1. The purpose of the provisions of this Directive is to ensure that products placed on the market are safe.

2. The provisions of this Directive shall apply in so far as there are no specific provisions in rules of Community law governing the safety of the products concerned.

In particular, where specific rules of Community law contain provisions imposing safety requirements on the products which they govern, the provisions of Articles 2 to 4 of this Directive shall not, in any event, apply to those products.

Where specific rules of Community law contain provisions governing only certain aspects of product safety or categories of risks for the products concerned, those are the provisions which shall apply to the products concerned with regard to the relevant safety aspects or risks.

Article 2

For the purposes of this Directive:

---

[12] OJ No L 197, 18. 7. 1987, p. 33.
[13] OJ No L 210, 7. 8. 1985, p. 29.

2. General product safety

(a) product shall mean any product intended for consumers or likely to be used by consumers, supplied whether for consideration or not in the course of a commercial activity and whether new, used or reconditioned. However, this Directive shall not apply to second-hand products supplied as antiques or as products to be repaired or reconditioned prior to being used, provided that the supplier clearly informs the person to whom he supplies the product to that effect;

(b) safe product shall mean any product which, under normal or reasonably foreseeable conditions of use, including duration, does not present any risk or only the minimum risks compatible with the product's use, considered as acceptable and consistent with a high level of protection for the safety and health of persons, taking into account the following points in particular:
– the characteristics of the product, including its composition, packaging, instructions for assembly and maintenance,
– the effect on other products, where it is reasonably foreseeable that it will be used with other products,
– the presentation of the product, the labelling, any instructions for its use and disposal and any other indication or information provided by the producer,
– the categories of consumers at serious risk when using the product, in particular children.

The feasibility of obtaining higher levels of safety or the availability of other products presenting a lesser degree of risk shall not constitute grounds for considering a product to be 'unsafe' or 'dangerous';

(c) dangerous product shall mean any product which does not meet the definition of 'safe product' according to point (b) hereof;

(d) producer shall mean:
– the manufacturer of the product, when he is established in the Community, and any other person presenting himself as the manufacturer by affixing to the product his name, trade mark or other distinctive mark, or the person who reconditions the product,
– the manufacturer's representative, when the manufacturer is not established in the Community or, if there is no representative established in the Community, the importer of the product,
– other professionals in the supply chain, insofar as their activities may affect the safety properties of a product placed on the market.

(e) distributor shall mean any professional in the supply chain whose activity does not affect the safety properties of a product.

Title II. General safety requirement

Article 3
1. Producers shall be obliged to place only safe products on the market.
2. Within the limits of their respective activities, producers shall:
– provide consumers with the relevant information to enable them to assess the risks inherent in a product throughout the normal or reasonably foreseeable period of its use, where such risks are not immediately obvious without adequate warnings, and to take precautions against those risks.

Provision of such warnings does not, however, exempt any person from compliance with the other requirements laid down in this Directive,
– adopt measures commensurate with the characteristics of the products which they supply, to enable them to be informed of risks which these products might present and to take appropriate action including, if necessary, withdrawing the product in question from the market to avoid these risks.

The above measures shall for example include, whenever appropriate, marking of the products or product batches in such a way that they can be identified, sample testing of marketed products, investigating complaints made and keeping distributors informed of such monitoring.

3. Distributors shall be required to act with due care in order to help to ensure compliance with the general safety requirement, in particular by not supplying products which they know or should have presumed, on the basis of the information in their possession and as professionals, do not comply with this requirement. In particular, within the limits of their respective activities, they shall participate in monitoring the safety of products placed on the market, especially by passing on information on product risks and co-operating in the action taken to avoid these risks.

Article 4

1. Where there are no specific Community provisions governing the safety of the products in question, a product shall be deemed safe when it conforms to the specific rules of national law of the Member State in whose territory the product is in circulation, such rules being drawn up in conformity with the Treaty, and in particular Articles 30 and 36 thereof, and laying down the health and safety requirements which the product must satisfy in order to be marketed.

2. In the absence of specific rules as referred to in paragraph 1, the conformity of a product to the general safety requirement shall be assessed having regard to voluntary national standards giving effect to a European standard or, where they exist, to Community technical specifications or, failing these, to standards drawn up in the Member State in which the product is in circulation, or to the codes of good practice in respect of health and safety in the sector concerned or to the state of the art and technology and to the safety which consumers may reasonably expect.

3. Conformity of a product with the provisions mentioned in paragraphs 1 or 2 shall not bar the competent authorities of the Member States from taking appropriate measures to impose restrictions on its being placed on the market or to require its withdrawal from the market where there is evidence that, despite such conformity, it is dangerous to the health and safety of consumers.

Title III. Obligations and powers of the Member States

Article 5

Member States shall adopt the necessary laws, regulations and administrative provisions to make producers and distributors comply with their obligations under this Directive in such a way that products placed on the market are safe.

In particular, Member States shall establish or nominate authorities to monitor the compliance of products with the obligation to place only safe products on the market and arrange for such authorities to have the necessary powers to take the appropriate measures incumbent upon them under this Directive, including the possibility of imposing suitable penalties in the event of failure to comply with the obligations deriving from this Directive. They shall notify the Commission of the said authorities; the Commission shall pass on the information to the other Member States.

Article 6

1. For the purposes of Article 5, Member States shall have the necessary powers, acting in accordance with the degree or risk and in conformity with the Treaty, and in particular Articles 30 and 36 thereof, to adopt appropriate measures with a view, inter alia, to:
(a) organising appropriate checks on the safety properties of products, even after their being placed on the market as being safe, on an adequate scale, up to the final stage of use or consumption;
(b) requiring all necessary information from the parties concerned;
(c) taking samples of a product or a product line and subjecting them to safety checks;
(d) subjecting product marketing to prior conditions designed to ensure product safety and requiring that suitable warnings be affixed regarding the risks which the product may present;
(e) making arrangements to ensure that persons who might be exposed to a risk from a product are informed in good time and in a suitable manner of the said risk by, inter alia, the publication of special warnings;
(f) temporarily prohibiting, for the period required to carry out the various checks, anyone from supplying, offering to supply or exhibiting a product or product batch, whenever there are precise and consistent indications that they are dangerous;
(g) prohibiting the placing on the market of a product or product batch which has proved dangerous and establishing the accompanying measures needed to ensure that the ban is complied with;
(h) organising the effective and immediate withdrawal of a dangerous product or product batch already on the market and, if necessary, its destruction under appropriate conditions.
2. The measures to be taken by the competent authorities of the Member States under this Article shall be addressed, as appropriate, to:
(a) the producer;
(b) within the limits of their respective activities, distributors and in particular the party responsible for the first stage of distribution on the national market;
(c) any other person, where necessary, with regard to co-operation in action taken to avoid risks arising from a product.

Title IV. Notification and Exchanges of Information

Article 7

1. Where a Member State takes measures which restrict the placing of a product or a product batch on the market or require its withdrawal from the market, such as provided for in Article 6 (1) (d) to (h), the Member State shall, to the extent that such notification is not required under any specific Community legislation, inform the Commission of the said measures, specifying its reasons for adopting them.

This obligation shall not apply where the measures relate to an event which is local in effect and in any case limited to the territory of the Member State concerned.

2. The Commission shall enter into consultations with the parties concerned as quickly as possible. Where the Commission concludes, after such consultations, that the measure is justified, it shall immediately inform the Member State which initiated the action and the other Member States. Where the Commission concludes, after such consultations, that the measures is not justified, it shall immediately inform the Member State which initiated the action.

Title V. Emergency situations and action at Community level

Article 8

1. Where a Member State adopts or decides to adopt emergency measures to prevent, restrict or impose specific conditions on the possible marketing or use, within its own territory, of a product or product batch by reason of a serious and immediate risk presented by the said product or product batch to the health and safety of consumers, it shall forthwith inform the Commission thereof, unless provision is made for this obligation in procedures of a similar nature in the context of other Community instruments.

This obligation shall not apply if the effects of the risk do not, or cannot, go beyond the territory of the Member State concerned.

Without prejudice to the provisions of the first subparagraph, Member States may pass on to the Commission any information in their possession regarding the existence of a serious and immediate risk before deciding to adopt the measures in question.

2. On receiving this information, the Commission shall check to see whether it complies with the provisions of this Directive and shall forward it to the other Member States, which, in turn, shall immediately inform the Commission of any measures adopted.

3. Detailed procedures for the Community information system described in this Article are set out in the Annex. They shall be adapted by the Commission in accordance with the procedure laid down in Article 11.

Article 9

If the Commission becomes aware, through notification given by the Member States or through information provided by them, in particular under Article 7 or Article 8, of the existence of a serious and immediate risk from a product to the health and safety of consumers in various Member States and if:

(a) one or more Member States have adopted measures entailing restrictions on the marketing of the product or requiring its withdrawal from the market, such as those provided for in Article 6 (1) (d) to (h);

(b) Member States differ on the adoption of measures to deal with the risk in question;

(c) the risk cannot be dealt with, in view of the nature of the safety issue posed by the product and in a manner compatible with the urgency of the case, under the other procedures laid down by the specific Community legislation applicable to the product or category of products concerned; and

(d) the risk can be eliminated effectively only by adopting appropriate measures applicable at Community level, in order to ensure the protection of the health and safety of consumers and the proper functioning of the common market,
the Commission, after consulting the Member States and at the request of at least one of them, may adopt a decision, in accordance with the procedure laid down in Article 11, requiring Member States to take temporary measures from among those listed in Article 6 (1) (d) to (h).

Article 10
1. The Commission shall be assisted by a Committee on Product Safety Emergencies, hereinafter referred to as 'the Committee', composed of the representatives of the Member States and chaired by a representative of the Commission.
2. Without prejudice to Article 9 (c), there shall be close co-operation between the Committee referred to in paragraph 1 and the other Committees established by specific rules of Community law to assist the Commission as regards the health and safety aspects of the product concerned.

Article 11
1. The Commission representative shall submit to the Committee a draft of the measures to be taken. The Committee, having verified that the conditions listed in Article 9 are fulfilled, shall deliver its opinion on the draft within a time limit which the Chairman may lay down according to the urgency of the matter but which may not exceed one month. The opinion shall be delivered by the majority laid down in Article 148 (2) of the Treaty for adoption of decisions by the Council on a proposal from the Commission. The votes of the representatives of the Member States within the Committee shall be weighted in the manner set out in that Article. The Chairman shall not vote.
The Commission shall adopt the measures in question, if they are in accordance with the opinion of the Committee. If the measures proposed are not in accordance with the Committee's opinion, or in the absence of an opinion, the Commission shall forthwith submit to the Council a proposal regarding the measures to be taken. The Council shall act by a qualified majority.
If the Council has not acted with 15 days of the date on which the proposal was submitted to it, the measures proposed shall be adopted by the Commission unless the Council has decided against them by a simple majority.
2. Any measure adopted under this procedure shall be valid for no longer than tree months. That period may be prolonged under the dame procedure.
3. Member States shall take all necessary measures to implement the decisions adopted under this procedures within less than 10 days.
4. The competent authorities of the Member States responsible for carrying out measures adopted under this procedures shall, within one month, give the parties concerned an opportunity to submit their views and shall inform the Commission accordingly.

Article 12
The Member States and the Commission shall take the steps necessary to ensure that their officials and agents are required not to disclose information obtained for the purposes of this Directive which, by its nature, is covered by professional se-

crecy, except for information relating to the safety properties of a given product which must be made public if circumstances so require, in order to protect the health and safety of persons.

Title VI. Miscellaneous and final provisions

Article 13
This Directive shall be without prejudice to Directive 85/374/EEC.

Article 14
1. Any decision adopted under this Directive and involving restrictions on the placing of a product on the market, or requiring its withdrawal from the market, must state the appropriate reasons on which it is based. It shall be notified as soon as possible to the party concerned and shall indicate the remedies available under the provisions in force in the Member State in question and the time limits applying to such remedies.

The parties concerned shall, whenever feasible, be given an opportunity to submit their views before the adoption of the measure. If this has not been done in advance because of the urgency of the measures to be taken, such opportunity shall be given in due course after the measure has been implemented.

Measures requiring the withdrawal of a product from the market shall take into consideration the need to encourage distributors, users and consumers to contribute to the implementation of such measures.

2. Member States shall ensure that any measure taken by the competent authorities involving restrictions on the placing of a product on the market or requiring its withdrawal from the market can be challenged before the competent courts.

3. Any decision taken by virtue of this Directive and involving restrictions on the placing of a product on the market or requiring its withdrawal from the market shall be entirely without prejudice to assessment of the liability of the party concerned, in the light of the national criminal law applying in the case in question.

Article 15
Every two years following the date of adoption, the Commission shall submit a report on the implementation of this Directive to the European Parliament and the Council.

Article 16
Four years from the date referred to in Article 17 (1), on the basis of a Commission report on the experience acquired, together with appropriate proposals, the Council shall decide whether to adjust this Directive, in particular with a view to extending its scope as laid down in Article 1 (1) and Article 2 (a), and whether the provisions of Title V should be amended.

Article 17
1. Member States shall adopt the laws, regulations and administrative provisions necessary to comply with this Directive by 29 June 1994 at the latest. They shall forthwith inform the Commission thereof. The provisions adopted shall apply with effect from 29 June 1994.

2. When these measures are adopted by the Member States, they shall contain a reference to this Directive or be accompanied by such a reference on the occasion of their official publication. The methods of making such a reference shall be laid down by the Member States.
3. Member States shall communicate to the Commission the text of the provisions of national law which they adopt in the area covered by this Directive.

Article 18
Decision 89/45/EEC is hereby repealed on the date referred to in Article 17 (1).

Article 19
This Directive is addressed to the Member States.

Annex. Detailed procedures for the application of the community system for the rapid exchange of information provided for in Article 8

1. The system covers products placed on the market as defined in Article 2 (a) of this Directive.
Pharmaceuticals, which come under Directive 75/319/EEC and 81/851/EEC, and animals, to which Directive 82/894/EEC applies and products of animal origin, as far as they are covered by Directive 89/662/EEC, and the system for radiological emergencies which covers widespread contamination of products (Decision 87/600/Euratom), are excluded, since they are covered by equivalent notification procedures.
2. The system is essentially aimed at a rapid exchange of information in the event of a serious and immediate risk to the health and safety of consumers. It is impossible to lay down specific criteria as to what, precisely, constitutes an immediate and serious risk; in this regard, the national authorities will therefore judge each individual case on its merits. It should be noted that, as Article 8 of this Directive relates to immediate threats posed by a product to consumers, products involving possible long-term risks, which call for a study of possible technical changes by means of directives or standards are not concerned.
3. As soon as a serious and immediate risk is detected, the national authority shall consult, insofar as possible and appropriate, the producer or distributor of the product concerned. Their point of view and the details which they supply may be useful both to the administrations of the Member States and to the Commission in determining what action should be taken to ensure that the consumer is protected with a minimum of commercial disruption. To these ends the Member States should endeavour to obtain the maximum of information on the products and the nature of the danger, without compromising the need for rapidity.
4. As soon as a Member State has detected a serious and immediate risk, the effects of which extend or could extend beyond its territory, and measures have been taken or decided on, it shall immediately inform the Commission. The Member State shall indicate that it is notifying the Commission under Article 8 of this Directive. All available details shall be given, in particular on:
(a) information to identify the product;
(b) the danger involved, including the results of any tests/analyses which are relevant to assessing the level of risk;
(c) the nature of the measures taken or decided on;

(d) information on supply chains where such information is possible.

Such information must be transmitted in writing, preferably by telex or fax, but may be preceded by a telephone call to the Commission. It should be remembered that the speed with which the information is communicated is crucial.

5. Without prejudice to point 4, Member States may, where appropriate, pass information to the Commission at the stage preceding the decision on the measures to be taken. Immediate contact, as soon as a risk is discovered or suspected, can in fact facilitate preventive action.

6. If the Member State considers certain information to be confidential, it should specify this and justify its request for confidentiality, bearing in mind that the need to take effective measures to protect consumers normally outweighs considerations of confidentiality. It should also be remembered that precautions are taken in all cases, both by the Commission and by the members of the network responsible in the various Member States, to avoid any unnecessary disclosure of information likely to harm the reputation of a product or series of products.

7. The Commission shall verify the conformity of the information received with Article 8 of this Directive, contact the notifying country, if necessary, and forward the information immediately by telex or fax to the relevant authorities in the other Member States with a copy to each permanent representation; these authorities may, at the same time as the transmission of the telex, be contacted by telephone. The Commission may also contact the Member State presumed to be the country or origin of the product to carry out the necessary verifications.

8. At the same time the Commission, when it considers it to be necessary, and in order to supplement the information received, can in exceptional circumstances institute an investigation of its own motion and/or convene the Committee on Emergencies provided for in Article 10 (1) of this Directive.

In the case of such an investigation Member States shall supply the Commission with the requested information to the best of their ability.

9. The other Member States are requested, wherever possible, to inform the Commission without delay of the following:

(a) whether the product has been marketed in its territory;

(b) supplementary information it has obtained on the danger involved, including the results of any tests/analyses carried out to assess the level of risk,

and in any case they must inform the Commission as soon as possible of the following:

(c) the measures taken or decided on, of the type mentioned in Article 8 (1) of this Directive;

(d) when the product mentioned in this information has been found within their territory but no measures have been taken or decided on and the reasons why no measures are to be taken.

10. The Commission may, in the light of the evolution of a case and the information received from Member States under point 9 above, convene the above Committee on Emergencies in order to exchange views on the results obtained and to evaluate the measures taken. The Committee on Emergencies may also be convened at the request of a representative of a Member State.

11. The Commission shall, by means of its internal co-ordination procedures, endeavour to:

(a) avoid unnecessary duplication in dealing with notifications;

2. General product safety

(b) make full use of the expertise available within the Commission;
(c) keep the other services concerned fully informed;
(d) ensure that discussions in the various relevant committees are held in accordance with Article 10 of this Directive.

12. When a Member State intends, apart from any specific measures taken because of serious and immediate risks, to modify its legislation by adopting technical specifications, the latter must be notified to the Commission at the draft stage, in accordance with Directive 83/189/EEC, if necessary, quoting the urgent reasons set out in Article 9 (3) of that Directive.

13. To allow it to have an overview of the situation, the Committee on Emergencies shall be periodically informed of all the notifications received and of the follow-up. With regard to points 8 and 10 above, and in those cases which fall within the scope of procedures and/or committees provided for by Community legislation governing specific products or product sectors, those committees shall be involved. In cases where the Committee on Emergencies is not involved and no provisions are made under 11 (d), the contact points shall be informed of any exchange of views within other committees.

14. At present there are two networks of contact points: the food products network and the non-food products network. The list of contact points and officials responsible for the networks with telephone, telex and fax numbers and addresses is confidential and distributed to the members of the network only. This list enables contact to be established with the Commission and between Member States in order to facilitate clarification of points of detail. When such contacts between Member States give rise to new information of general interest, the Member States which initiated the bilateral contact shall inform the Commission. Only information received or confirmed through contact points in Member States may be considered as received through the rapid exchange of information procedure.

Every year the Commission shall carry out a review of the effectiveness of the network, of any necessary improvements and of the progress made in the communications technology between the authorities responsible for its operation.

3. Council Regulation of 9 October 1997 on air carrier liability in the event of accidents (No 2027/97/EC)

Official Journal No L 285, 17/10/1997, p. 01–03

THE COUNCIL OF EUROPEAN UNION,
Having regard to the Treaty establishing the European Community, and in particular Article 84 (2) thereof, Having regard to the proposal from the Commission[1], Having regard to the opinion of the Economic and Social Committee[2], Acting in accordance with the procedure laid down in Article 189 (c) of the Treaty[3],

(1) Whereas, in the framework of the common transport policy, it is necessary to improve the level of protection of passengers involved in air accidents;

(2) Whereas the rules on liability in the event of accidents are governed by the Convention for the Unification of Certain Rules Relating to International Carriage by Air, signed at Warsaw on 12 October 1929, or that Convention as amended at The Hague on 28 September 1955 and the Convention done at Guadalajara on 18 September 1961, whichever may be applicable each being hereinafter referred to, as applicable, as the 'Warsaw Convention'; whereas the Warsaw Convention is applied world-wide for the benefit of both passengers and air carriers;

(3) Whereas the limit set on liability by the Warsaw Convention is too low by today's economic and social standards and often leads to lengthy legal actions which damage the image of air transport; whereas as a result Member States have variously increased the liability limit, thereby leading to different terms and conditions of carriage in the internal aviation market;

(4) Whereas in addition the Warsaw Convention applies only to international transport; whereas, in the internal aviation market, the distinction between national and international transport has been eliminated; whereas it is therefore appropriate to have the same level and nature of liability in both national and international transport;

(5) Whereas a full review and revision of the Warsaw Convention is long overdue and would represent, in the long term, a more uniform and applicable response, at an international level, to the issue of air carrier liability in the event of accidents; whereas efforts to increase the limits of liability imposed in the Warsaw Convention should continue through negotiation at multilateral level;

(6) Whereas, in compliance with the principle of subsidiarity, action at Community level is desirable in order to achieve harmonisation in the field of air carrier liability and could serve as a guideline for improved passenger protection on a global scale;

(7) Whereas it is appropriate to remove all monetary limits of liability within the meaning of Article 22 (1) of the Warsaw Convention or any other legal or contractual limits, in accordance with present trends at international level;

(8) Whereas, in order to avoid situations where victims of accidents are not compensated, Community air carriers should not, with respect of any claim arising out of the death, wounding or other bodily injury of a passenger under Article 17 of the Warsaw Convention, avail themselves of any defence under Article 20 (1) of the Warsaw Convention up to a certain limit;

---

[1] OJ No C 104, 10. 4. 1996, p. 18 and OJ No C 29, 30. 1. 1997, p. 10.
[2] OJ No C 212, 22. 7. 1996, p. 38.
[3] Opinion of the European Parliament of 17 September 1996 (OJ No C 320, 28. 10. 1996, p. 30), Council Common Position of 24 February 1997 (OJ No C 123, 21. 4. 1997, p. 89) and Decision of the European Parliament of 29 May 1997 (OJ No C 182, 16. 6. 1997).

(9) Whereas Community air carriers may be exonerated from their liability in cases of contributory negligence of the passenger concerned;
(10) Whereas it is necessary to clarify the obligations of this Regulation in the light of Article 7 of Council Regulation (EEC) No 2407/92 of 23 July 1992 on licensing of air carriers [4]; whereas, in this regard, Community air carriers should be insured up to a certain limit laid down in this Regulation;
(11) Whereas Community air carriers should always be entitled to claim against third parties;
(12) Whereas prompt advance payments can considerably assist the injured passengers or natural persons entitled to compensation in meeting the immediate costs following an air accident;
(13) Whereas the rules on the nature and limitation of liability in the event of death, wounding or any other bodily injury suffered by a passenger form part of the terms and conditions of carriage in the air transport contract between carrier and passenger; whereas, in order to reduce the risk of distorting competition, third-country carriers should adequately inform passengers of their conditions of carriage;
(14) Whereas it is appropriate and necessary that the monetary limits expressed in this Regulation be reviewed in order to take into account economic developments and developments in international fora;
(15) Whereas the International Civil Aviation Organisation (ICAO) is at present engaged in a review of the Warsaw Convention; whereas, pending the outcome of such review, actions on an interim basis by the Community will enhance the protection of passengers; whereas the Council should review this Regulation as soon as possible after the review by ICAO,
HAS ADOPTED THIS REGULATION:

Article 1
This Regulation lays down the obligations of Community air carriers in relation to liability in the event of accidents to passengers for damage sustained in the event of death or wounding of a passenger or any other bodily injury suffered by a passenger, if the accident which caused the damage so sustained took place on board an aircraft or in the course of any of the operations of embarking or disembarking.
This Regulation also clarifies some insurance requirements for Community air carriers.
In addition, this Regulation sets down some requirements on information to be provided by air carriers established outside the Community which operate to, from or within the Community.

Article 2
1. For the purpose of this Regulation:
(a) 'air carrier' shall mean an air transport undertaking with a valid operating licence;
(b) 'Community air carrier' shall mean an air carrier with a valid operating licence granted by a Member State in accordance with the provisions of Regulation (EEC) No 2407/92;
(c) 'person entitled to compensation' shall mean a passenger or any person entitled to claim in respect of that passenger, in accordance with applicable law;

---
[4] OJ No L 240, 24. 8. 1992, p. 1.

(d) 'ECU' shall mean the unit of account in drawing up the general budget of the European Communities in accordance with Articles 207 and 209 of the Treaty;
(e) 'SDR' shall mean a Special Drawing Right as defined by the International Monetary Fund;
(f) 'Warsaw Convention' shall mean the Convention for the Unification of Certain Rules Relating to International Carriage by Air, signed at Warsaw on 12 October 1929, or the Warsaw Convention as amended at The Hague on 28 September 1955 and the Convention supplementary to the Warsaw Convention done at Guadalajara on 18 September 1961 – whichever is applicable to the passenger contract of carriage, together with all international instruments which supplement, and are associated with, it and are in force.
2. Concepts contained in this Regulation which are not defined in paragraph 1 shall be equivalent to those used in the Warsaw Convention.

Article 3
1. (a) The liability of a Community air carrier for damages sustained in the event of death, wounding or any other bodily injury by a passenger in the event of an accident shall not be subject to any financial limit, be it defined by law, convention or contract.
(b) The obligation of insurance set out in Article 7 of Regulation (EEC) No 2407/92 shall be understood as requiring that a Community air carrier shall be insured up to the limit of the liability required under paragraph 2 and thereafter up to a reasonable level.
2. For any damages up to the sum of the equivalent in ecus of 100 000 SDR, the Community air carrier shall not exclude or limit his liability by proving that he and his agents have taken all necessary measures to avoid the damage or that it was impossible for him or them to take such measures.
3. Notwithstanding the provisions of paragraph 2, if the Community air carrier proves that the damage was caused by, or contributed to by, the negligence of the injured or deceased passenger, the carrier may be exonerated wholly or partly from its liability in accordance with applicable law.

Article 4
In the event of death, wounding or any other bodily injury suffered by a passenger in the event of an accident, nothing in this Regulation shall
(a) imply that a Community air carrier is the sole party liable to pay damages; or
(b) restrict any rights of a Community air carrier to seek contribution or indemnity from any other party in accordance with applicable law.

Article 5
1. The Community air carrier shall without delay, and in any event not later than fifteen days after the identity of the natural person entitled to compensation has been established, make such advance payments as may be required to meet immediate economic needs on a basis proportional to the hardship suffered.
2. Without prejudice to paragraph 1, an advance payment shall not be less than the equivalent in ecus of 15 000 SDR per passenger in the event of death.
3. An advance payment shall not constitute recognition of liability and may be offset against any subsequent sums paid on the basis of Community air carrier lia-

bility, but is not returnable, except in the cases prescribed in Article 3 (3) or in circumstances where it is subsequently proved that the person who received the advance payment caused, or contributed to, the damage by negligence or was not the person entitled to compensation.

Article 6
1. The provisions contained in Articles 3 and 5 shall be included in the Community air carrier's conditions of carriage.
2. Adequate information on the provisions contained in Articles 3 and 5 shall, on request, be available to passengers at the Community air carrier's agencies, travel agencies and check-in counters and at points of sale. The ticket document or an equivalent shall contain a summary of the requirements in plain and intelligible language.
3. Air carriers established outside the Community operating to, from or within the Community and not applying the provisions referred to in Articles 3 and 5 shall expressly and clearly inform the passengers thereof, at the time of purchase of the ticket at the carrier's agencies, travel agencies or check-in counters located in the territory of a Member State. Air carriers shall provide the passengers with a form setting out their conditions. The fact that only a liability limit is indicated on the ticket document or an equivalent shall not constitute sufficient information.

Article 7
No later than two years after the entry into force of this Regulation, the Commission shall draw up a report on the application of the Regulation which, inter alia, takes into account economic developments and developments in international fora. Such report may be accompanied by proposals for a revision of this Regulation.

Article 8
This Regulation shall enter into force one year after the date of its publication in the Official Journal of the European Communities. This Regulation shall be binding in its entirety and directly applicable in all Member States.

Textes en langue française

I. Formation de contrat

I. Directive du Conseil du 20 décembre 1985 concernant la protection des consommateurs dans le cas de contrats négociés en dehors des établissements commerciaux (85/577/CEE)

Journal officiel n° L 372 du 31/12/1985, p. 31-33

LE CONSEIL DES COMMUNAUTÈS EUROPÈENNES,

vu le traité instituant la Communauté économique européenne, et notamment son article 100, vu la proposition de la Commission[1], vu l'avis de l'Assemblée[2], vu l'avis du Comité économique et social[3],

considérant qu'il est de pratique commerciale courante dans les États membres que la conclusion d'un contrat ou d'un engagement unilatéral entre un commerçant et un consommateur puisse être faite en dehors des établissements commerciaux dudit commerçant et que ces contrats et engagements font l'objet de législations différentes suivant les États membres;

considérant qu'une disparité entre ces législations peut avoir une incidence directe sur le fonctionnement du marché commun; qu'il convient donc de procéder, dans ce domaine, au rapprochement des législations;

considérant que le programme préliminaire de la Communauté économique européenne pour une politique de protection et d'information des consommateurs[4] prévoit, notamment en ses paragraphes 24 et 325, qu'il y a lieu de protéger les consommateurs par des mesures appropriées contre les pratiques commerciales abusives dans le domaine du démarchage à domicile; que le deuxième programme de la Communauté économique européenne pour une politique de protection et d'information des consommateurs[5] a confirmé la poursuite des actions et priorités du programme préliminaire;

considérant que les contrats conclus en dehors des établissements commerciaux du commerçant se caractérisent par le fait que l'initiative des négociations émane normalement du commerçant et que le consommateur ne s'est, en aucune façon, préparé à ces négociations et se trouve pris au dépourvu; que, souvent, il n'est pas à même de comparer la qualité et le prix de l'offre avec d'autres offres; que cet élément de surprise entre généralement en ligne de compte, non seulement pour les contrats conclus par démarchage à domicile, mais également pour d'autres formes de contrat dont le commerçant prend l'initiative en dehors de ses établissements commerciaux;

---

[1] JO n° C 22 du 29. 1. 1977, p. 6 et JO n° C 127 du 1. 6. 1978, p. 6.
[2] JO n° C 241 du 10. 10. 1977, p. 26.
[3] JO n° C 180 du 28. 7. 1977, p. 39.
[4] JO n° C 92 du 25. 4. 1975, p. 2.
[5] JO n° C 133 du 3. 6. 1981, p. 1.

considérant qu'il y a lieu d'accorder au consommateur un droit de résiliation pendant une durée de sept jours au moins, afin de lui donner la possibilité d'apprécier les obligations qui découlent du contrat;
considérant qu'il est nécessaire de prendre les mesures appropriées afin que le consommateur soit informé par écrit de ce délai de réflexion;
considérant qu'il convient de ne pas affecter la liberté des États membres de maintenir ou d'introduire une interdiction, totale ou partielle, de conclusion de contrats en dehors des établissements commerciaux, dans la mesure où ils estiment que ceci est dans l'intérêt des consommateurs,
A ARRÊTÉ LA PRÈSENTE DIRECTIVE:

Article premier
1. La présente directive s'applique aux contrats conclus entre un commerçant fournissant des biens ou des services et un consommateur:
– pendant une excursion organisée par le commerçant en dehors de ses établissements commerciaux
ou
– pendant une visite du commerçant:
i) chez le consommateur ou chez un autre consommateur;
ii) au lieu de travail du consommateur,
lorsque la visite n'a pas lieu à la demande expresse du consommateur.
2. La présente directive s'applique également aux contrats concernant la fourniture d'un autre bien ou service que le bien ou le service à propos duquel le consommateur a demandé la visite du commerçant, à condition que le consommateur, lorsqu'il a sollicité la visite, n'ait pas su, ou n'ait pas pu raisonnablement savoir, que la fourniture de cet autre bien ou service faisait partie des activités commerciales ou professionnelles du commerçant.
3. La présente directive s'applique également aux contrats pour lesquels une offre a été faite par le consommateur dans des conditions semblables à celles décrites au paragraphe 1 ou au paragraphe 2, bien que le consommateur n'ait pas été lié par cette offre avant l'acceptation de celle-ci par le commerçant.
4. La présente directive s'applique également aux offres contractuellement faites par le consommateur dans des conditions semblables à celles décrites au paragraphe 1 ou au paragraphe 2 lorsque le consommateur est lié par son offre.

Article 2
Aux fins de la présente directive, on entend par:
– «consommateur», toute personne physique qui, pour les transactions couvertes par la présente directive, agit pour un usage pouvant être considéré comme étranger à son activité professionnelle,
– «commerçant», toute personne physique ou morale qui, en concluant la transaction en question, agit dans le cadre de son activité commerciale ou professionnelle, ainsi que toute personne qui agit au nom ou pour le compte d'un commerçant.

Article 3
1. Les États membres peuvent décider que la présente directive sera appliquée aux seuls contrats pour lesquels la contre-valeur à acquitter par le consommateur ex-

1. Contrats négociés en dehors des établissements commerciaux

cède une somme déterminée. Cette somme ne peut dépasser 60 Écus. Le Conseil, sur proposition de la Commission, procède tous les deux ans, et pour la première fois au plus tard quatre ans après notification de la présente directive, à l'examen et, le cas échéant, à la révision de ce montant compte tenu de l'évolution économique et monétaire intervenue dans la Communauté.

2. La présente directive ne s'applique pas:

a) aux contrats relatifs à la construction, à la vente et à la location des biens immobiliers ainsi qu'aux contrats portant sur d'autres droits relatifs à des biens immobiliers. Les contrats relatifs à la livraison de biens et à leur incorporation dans les biens immeubles ou les contrats relatifs à la réparation de biens immobiliers tombent sous le champ d'application de la présente directive;

b) aux contrats relatifs à la livraison de denrées alimentaires ou de boissons ou d'autres biens ménagers de consommation courante fournis par des livreurs effectuant des tournées fréquentes et régulières;

c) aux contrats concernant la fourniture de biens ou de services, à condition que les trois critères suivants soient remplis:

i) que le contrat soit conclu sur la base d'un catalogue d'un commerçant que le consommateur a eu l'occasion de consulter en l'absence du représentant du commerçant;

ii) qu'il soit prévu une continuité de contact entre le représentant du commerçant et le consommateur en ce qui concerne cette transaction ou toute transaction ultérieure;

iii) que le catalogue et le contrat mentionnent clairement au consommateur son droit de retourner les biens au fournisseur dans un délai d'au moins sept jours à compter de la date de la réception ou de résilier le contrat au cours de cette période sans obligation aucune, si ce n'est de prendre raisonnablement soin des biens;

d) aux contrats d'assurance;

e) aux contrats relatifs aux valeurs mobilières.

3. Par dérogation à l'article 1er paragraphe 2, les États membres peuvent ne pas appliquer la présente directive aux contrats concernant la fourniture d'un bien ou d'un service ayant un rapport direct avec le bien ou le service à propos duquel le consommateur a demandé la visite du commerçant.

Article 4

Le commerçant est tenu d'informer par écrit le consommateur, dans le cas de transactions visées à l'article 1er, de son droit de résilier le contrat au cours des délais définis à l'article 5 ainsi que des nom et adresse d'une personne à l'égard de laquelle il peut exercer ce droit. Cette information est datée et mentionne les éléments permettant d'identifier le contrat. Elle est donnée au consommateur:

a) dans le cas de l'article 1er paragraphe 1, au moment de la conclusion du contrat;

b) dans le cas de l'article 1er paragraphe 2, au plus tard lors de la conclusion du contrat;

c) dans le cas de l'article 1er paragraphe 3 et de l'article 1er paragraphe 4, lorsque l'offre est faite par le consommateur. Les États membres veillent à ce que leur législation nationale prévoie des mesures appropriées visant à protéger le consommateur lorsque l'information visée au présent article n'est pas fournie.

Article 5
1. Le consommateur a le droit de renoncer aux effets de son engagement en adressant une notification dans un délai d'au moins sept jours à compter du moment où le consommateur a reçu l'information visée à l'article 4 et conformément aux modalités et conditions prescrites par la législation nationale. En ce qui concerne le respect du délai, il suffit que la notification soit expédiée avant l'expiration de celui-ci.
2. La notification faite a pour effet de libérer le consommateur de toute obligation découlant du contrat résilié.

Article 6
Le consommateur ne peut renoncer aux droits qui lui sont conférés en vertu de la présente directive.

Article 7
Si le consommateur exerce son droit de renonciation, les effets juridiques de la renonciation sont réglés conformément à la législation nationale, notamment en ce qui concerne le remboursement de paiements afférents à des biens ou à des prestations de services ainsi que la restitution de marchandises reçues.

Article 8
La présente directive ne fait pas obstacle à ce que les États membres adoptent ou maintiennent des dispositions encore plus favorables en matière de protection des consommateurs dans le domaine couvert par elle.

Article 9
1. Les États membres prennent les mesures nécessaires pour se conformer à la présente directive dans un délai de vingt-quatre mois à compter de sa notification[6] et en informent immédiatement la Commission.
2. Les États membres veillent à communiquer à la Commission le texte des dispositions essentielles de droit interne qu'ils adoptent dans le domaine régi par la présente directive.

Article 10
Les États membres sont destinataires de la présente directive.

---

[6] La présente directive a été n°tifiée aux États membres le 23 décembre 1985.

2. Directive du Parlement européen et du Conseil du 20 mai 1997 concernant la protection des consommateurs en matière de contrats à distance (97/7/CE)

Journal officiel n° L 144 du 04/06/1997, p. 19-27

LE PARLEMENT EUROPÈEN ET LE CONSEIL DE L'UNION EUROPÈENNE, vu le traité instituant la Communauté européenne, et notamment son article 100 A, vu la proposition de la Commission[1], vu l'avis du Comité économique et social[2], statuant conformément à la procédure prévue à l'article 189 B du traité[3], au vu du projet commun approuvé le 27 novembre 1996 par le comité de conciliation,

1. considérant qu'il importe, dans le cadre de la réalisation des objectifs du marché intérieur, d'arrêter les mesures destinées à consolider progressivement ce marché;
2. considérant que la libre circulation des biens et des services concerne non seulement le commerce professionnel mais également les particuliers; qu'elle implique, pour les consommateurs, de pouvoir accéder aux biens et aux services d'un autre État membre dans les mêmes conditions que la population de cet État;
3. considérant que la vente transfrontalière à distance peut être l'une des principales manifestations concrètes pour les consommateurs de l'achèvement du marché intérieur, comme cela a été constaté, entre autres, dans la communication de la Commission au Conseil intitulée «Vers un marché unique de la distribution»; qu'il est indispensable, pour le bon fonctionnement du marché intérieur, que les consommateurs puissent s'adresser à une entreprise en dehors de leur pays, même si cette dernière dispose d'une filiale dans le pays de résidence du consommateur;
4. considérant que l'introduction de nouvelles technologies entraîne une multiplication des moyens mis à la disposition des consommateurs pour connaître les offres faites partout dans la Communauté et pour passer leurs commandes; que certains États membres ont déjà pris des dispositions différentes ou divergentes de protection des consommateurs en matière de vente à distance, avec des incidences négatives sur la concurrence entre les entreprises dans le marché intérieur; qu'il est par conséquent nécessaire d'introduire un minimum de règles communes au niveau communautaire dans ce domaine;
5. considérant que les points 18 et 19 de l'annexe de la résolution du Conseil, du 14 avril 1975, concernant un programme préliminaire de la Communauté économique européenne pour une politique de protection et d'information des consommateurs[4] font ressortir la nécessité de protéger les acheteurs de biens ou de services contre la demande de paiement de marchandises non commandées et les méthodes de vente agressives;
6. considérant que la communication de la Commission au Conseil intitulée «Nouvelle impulsion pour la politique de protection des consommateurs», qui a été approuvée par la résolution du Conseil du 23 juin 1986[5], annonce, au point 33, que la Commission pré-

---

[1] JO n° C 156 du 23. 6. 1992, p. 14 et JO n° C 308 du 15. 11. 1993, p. 18.
[2] JO n° C 19 du 25. 1. 1993, p. 111.
[3] Avis du Parlement européen du 26 mai 1993 (JO n° C 176 du 28. 6. 1993, p. 95), position commune du Conseil du 29 juin 1995 (JO n° C 288 du 30. 10. 1995, p. 1) et décision du Parlement européen du 13 décembre 1995 (JO n° C 17 du 22. 1. 1996, p. 51). Décision du Parlement européen du 16 janvier 1997 et décision du Conseil du 20 janvier 1997.
[4] JO n° C 92 du 25. 4. 1975, p. 1.
[5] JO n° C 167 du 5. 7. 1986, p. 1.

sentera des propositions concernant l'utilisation de nouvelles technologies de l'information qui permettent aux consommateurs de passer, depuis leur domicile, des commandes à un fournisseur;

7. considérant que la résolution du Conseil, du 9 novembre 1989, sur les priorités futures pour la relance de la politique de protection des consommateurs[6] invite la Commission à consacrer ses efforts en priorité aux domaines visés à l'annexe de ladite résolution; que cette annexe mentionne les nouvelles technologies permettant la vente à distance; que la Commission a donné suite à cette résolution par l'adoption d'un «plan d'action triennal pour la politique de protection des consommateurs dans la Communauté économique européenne (1990–1992)» et que ce plan prévoit l'adoption d'une directive en la matière;

8. considérant que l'emploi des langues en matière de contrats à distance relève de la compétence des États membres;

9. considérant que le contrat à distance se caractérise par l'utilisation d'une ou de plusieurs techniques de communication à distance; que ces différentes techniques sont utilisées dans le cadre d'un système organisé de vente ou de prestation de services à distance sans qu'il y ait présence simultanée du fournisseur et du consommateur; que l'évolution permanente de ces techniques ne permet pas d'en dresser une liste exhaustive mais nécessite de définir des principes valables même pour celles qui ne sont encore que peu utilisées;

10. considérant qu'une même transaction comportant des opérations successives ou une série d'opérations distinctes à exécution échelonnée peut donner lieu à des descriptions juridiques différentes selon le droit des États membres; que les dispositions de la présente directive ne peuvent être appliquées différemment selon le droit des États membres, sous réserve de leur recours à l'article 14; que, à cette fin, il y a lieu de considérer qu'il doit y avoir au moins conformité avec les dispositions de la présente directive à la date de la première d'une série d'opérations successives ou de la première d'une série d'opérations distinctes à exécution échelonnée pouvant être considérées comme formant un tout, indépendamment du fait que cette opération ou cette série d'opérations fasse l'objet d'un seul contrat ou de plusieurs contrats successifs distincts;

11. considérant que l'utilisation de techniques de communication à distance ne doit pas conduire à une diminution de l'information fournie au consommateur; qu'il convient donc de déterminer les informations qui doivent être obligatoirement transmises au consommateur, quelle que soit la technique de communication utilisée; que l'information transmise doit en outre être faite en conformité avec les autres règles communautaires pertinentes, et en particulier avec celles de la directive 84/450/CEE du Conseil, du 10 septembre 1984, relative au rapprochement des dispositions législatives, réglementaires et administratives des États membres en matière de publicité trompeuse[7]; que, si des exceptions sont apportées à l'obligation de fournir des informations, il appartient au consommateur, de façon discrétionnaire, de demander certaines informations de base telles que l'identité du fournisseur, les caractéristiques essentielles des marchandises ou des services et leurs prix;

12. considérant que, dans le cas d'une communication par téléphone, il convient que le consommateur reçoive suffisamment d'informations au début de la conversation afin de décider s'il continue ou non celle-ci;

13. considérant que l'information diffusée par certaines technologies électroniques a souvent un caractère éphémère dans la mesure où elle n'est pas reçue sur un support durable;

---

[6] JO n° C 294 du 22. 11. 1989, p. 1.
[7] JO n° L 250 du 19. 9. 1984, p. 17.

2. Contrats à distance

qu'il est nécessaire que le consommateur reçoive par écrit, en temps utile, des informations nécessaires à la bonne exécution du contrat;

14. considérant que le consommateur n'a pas la possibilité in concreto de voir le produit ou de prendre connaissance des caractéristiques du service avant la conclusion du contrat; qu'il convient de prévoir un droit de rétractation, sauf disposition contraire dans la présente directive; que, pour que ce droit ne reste pas de pure forme, les éventuels frais supportés par le consommateur lorsqu'il exerce son droit de rétractation doivent être limités aux frais directs de renvoi des marchandises; que ce droit de rétractation ne doit pas préjuger de l'application des droits dont le consommateur bénéficie en vertu de sa législation nationale, notamment en ce qui concerne la réception de produits endommagés, de services défectueux ou de produits ou services qui ne correspondent pas à la description qui en est faite dans l'offre; qu'il appartient aux États membres de déterminer les autres conditions et modalités consécutives à l'exercice du droit de rétractation;

15. considérant qu'il est également nécessaire de prévoir un délai d'exécution du contrat si celui-ci n'a pas été défini lors de la commande;

16. considérant que la technique promotionnelle consistant à envoyer un produit ou à fournir un service à titre onéreux au consommateur sans demande préalable ou accord explicite de sa part, pour autant qu'il ne s'agisse pas d'une fourniture de remplacement, ne peut être admise;

17. considérant les principes établis par les articles 8 et 10 de la convention européenne de sauvegarde des droits de l'homme et des libertés fondamentales du 4 novembre 1950; qu'il y a lieu de reconnaître au consommateur un droit à la protection de la vie privée, notamment en ce qui concerne la tranquillité à l'égard de certaines techniques de communication particulièrement envahissantes; que, en conséquence, il y a lieu de préciser les limites spécifiques à l'usage de pareilles techniques; que les États membres devraient prendre les mesures nécessaires pour protéger efficacement contre le démarchage les consommateurs qui auront fait savoir qu'ils ne souhaitent pas être démarchés par certains moyens de communication, sans préjudice des sauvegardes particulières dont dispose le consommateur dans le cadre de la législation communautaire relative à la protection des données personnelles et de la vie privée;

18. considérant qu'il est important que les règles de base contraignantes contenues dans la présente directive soient complétées, le cas échéant, par des dispositions volontaires des professionnels concernés, conformément à la recommandation 92/295/CEE de la Commission, du 7 avril 1992, concernant des codes de conduite pour la protection des consommateurs en matière de contrats négociés à distance[8];

19. considérant qu'il est important, dans l'intérêt d'une protection optimale du consommateur, que celui-ci soit informé de façon satisfaisante sur les dispositions de la présente directive ainsi que sur les codes de pratique qui peuvent exister dans ce domaine;

20. considérant que le non-respect des dispositions de la présente directive peut porter préjudice aux consommateurs mais aussi aux concurrents; que l'on peut donc prévoir des dispositions permettant à des organismes publics ou à leur représentant, ou à des organisations de consommateurs ayant, selon la législation nationale, un intérêt légitime à protéger les consommateurs, ou à des organisations professionnelles ayant un intérêt légitime à agir, de veiller à son application;

---

[8] JO n° L 156 du 10. 6. 1992, p. 21.

21. considérant qu'il est important pour la protection des consommateurs de traiter, dès que possible, la question des plaintes transfrontalières; que la Commission a publié, le 14 février 1996, un plan d'action sur l'accès des consommateurs à la justice et le règlement des litiges de consommation dans le marché intérieur; que ce plan comporte des initiatives spécifiques visant à promouvoir les procédures extrajudiciaires; que des critères objectifs (annexe II) sont établis pour garantir la fiabilité de ces procédures et qu'il est prévu d'utiliser des formules de plainte standardisées (annexe III);

22. considérant que, dans l'utilisation des nouvelles technologies, le consommateur n'a pas la maîtrise de la technique; qu'il est donc nécessaire de prévoir que la charge de la preuve peut incomber au fournisseur;

23. considérant qu'il existe le risque, dans certains cas, de priver le consommateur de la protection accordée par la présente directive en désignant le droit d'un pays tiers comme droit applicable au contrat; que, en conséquence, il convient de prévoir dans la présente directive des dispositions visant à éviter ce risque;

24. considérant qu'un État membre peut interdire, pour des raisons d'intérêt général, la commercialisation de certains produits et services sur son territoire par voie de contrat à distance; que cette interdiction doit se faire dans le respect des règles communautaires; que de telles interdictions sont déjà prévues, notamment en matière de médicaments par la directive 89/552/CEE du Conseil, du 3 octobre 1989, visant à la coordination de certaines dispositions législatives, réglementaires et administratives des États membres relatives à l'exercice d'activités de radiodiffusion télévisuelle[9] et par la directive 92/28/CEE du Conseil, du 31 mars 1992, concernant la publicité faite à l'égard des médicaments à usage humain[10],

ONT ARRÊTÉ LA PRÉSENTE DIRECTIVE:

Article premier Objet

La présente directive a pour objet de rapprocher les dispositions législatives, réglementaires et administratives des États membres concernant les contrats à distance entre consommateur et fournisseur.

Article 2. Définitions

Aux fins de la présente directive, on entend par:

1) «contrat à distance»: tout contrat concernant des biens ou services conclu entre un fournisseur et un consommateur dans le cadre d'un système de vente ou de prestations de services à distance organisé par le fournisseur, qui, pour ce contrat, utilise exclusivement une ou plusieurs techniques de communication à distance jusqu'à la conclusion du contrat, y compris la conclusion du contrat elle-même;

2) «consommateur»: toute personne physique qui, dans les contrats relevant de la présente directive, agit à des fins qui n'entrent pas dans le cadre de son activité professionnelle;

3) «fournisseur»: toute personne physique ou morale qui, dans les contrats relevant de la présente directive, agit dans le cadre de son activité professionnelle;

4) «technique de communication à distance»: tout moyen qui, sans présence physique et simultanée du fournisseur et du consommateur, peut être utilisé pour la

---

[9] JO n° L 298 du 17. 10. 1989, p. 23.
[10] JO n° L 113 du 30. 4. 1992, p. 13.

2. Contrats à distance 553

conclusion du contrat entre ces parties. Une liste indicative des techniques visées par la présente directive figure à l'annexe I;
5) «opérateur de technique de communication»: toute personne physique ou morale, publique ou privée, dont l'activité professionnelle consiste à mettre à la disposition des fournisseurs une ou plusieurs techniques de communication à distance.

Article 3. Exemptions
1. La présente directive ne s'applique pas aux contrats:
– portant sur les services financiers dont une liste non exhaustive figure à l'annexe II,
– conclus par le moyen de distributeurs automatiques ou de locaux commerciaux automatisés,
– conclus avec les opérateurs de télécommunications du fait de l'utilisation des cabines téléphoniques publiques,
– conclus pour la construction et la vente des biens immobiliers ou portent sur d'autres droits relatifs à des biens immobiliers, à l'exception de la location,
– conclus lors d'une vente aux enchères.
2. Les articles 4, 5, 6 et l'article 7 paragraphe 1 ne s'appliquent pas:
– aux contrats de fourniture de denrées alimentaires, de boissons ou d'autres biens ménagers de consommation courante fournis au domicile d'un consommateur, à sa résidence ou à son lieu de travail par des distributeurs effectuant des tournées fréquentes et régulières,
– aux contrats de fourniture de services d'hébergement, de transports, de restauration, de loisirs, lorsque le fournisseur s'engage, lors de la conclusion du contrat, à fournir ces prestations à une date déterminée ou à une période spécifiée; exceptionnellement, dans le cas d'activités de loisirs en plein air, le fournisseur peut se réserver le droit de ne pas appliquer l'article 7 paragraphe 2 dans des circonstances spécifiques.

Article 4. Informations préalables
1. En temps utile avant la conclusion de tout contrat à distance, le consommateur doit bénéficier des informations suivantes:
a) identité du fournisseur et, dans le cas de contrats nécessitant un paiement anticipé, son adresse;
b) caractéristiques essentielles du bien ou du service;
c) prix du bien ou du service, toutes taxes comprises;
d) frais de livraison, le cas échéant;
e) modalités de paiement, de livraison ou d'exécution;
f) existence d'un droit de rétractation, sauf dans les cas visés à l'article 6 paragraphe 3;
g) coût de l'utilisation de la technique de communication à distance, lorsqu'il est calculé sur une base autre que le tarif de base;
h) durée de validité de l'offre ou du prix;
i) le cas échéant, durée minimale du contrat dans le cas de contrats portant sur la fourniture durable ou périodique d'un bien ou d'un service.
2. Les informations visées au paragraphe 1, dont le but commercial doit apparaître sans équivoque, doivent être fournies de manière claire et compréhensible par tout moyen adapté à la technique de communication à distance utilisée, dans le res-

pect, notamment, des principes de loyauté en matière de transactions commerciales et des principes qui régissent la protection des personnes frappées d'incapacité juridique selon leur législation nationale, telles que les mineurs.
3. En outre, dans le cas de communications téléphoniques, le fournisseur indique explicitement au début de toute conversation avec le consommateur son identité et le but commercial de l'appel.

Article 5. Confirmation écrite des informations
1. Le consommateur doit recevoir, par écrit ou sur un autre support durable à sa disposition et auquel il a accès, confirmation des informations mentionnées à l'article 4 paragraphe 1 points a) à f), en temps utile lors de l'exécution du contrat et au plus tard au moment de la livraison en ce qui concerne les biens non destinés à la livraison à des tiers, à moins que ces informations n'aient déjà été fournies au consommateur préalablement à la conclusion du contrat par écrit ou sur un autre support durable à sa disposition et auquel il a accès.
En tout état de cause, doivent être fournies:
– une information écrite sur les conditions et les modalités d'exercice du droit de rétractation au sens de l'article 6, y compris les cas visés à l'article 6 paragraphe 3 premier tiret,
– l'adresse géographique de l'établissement du fournisseur où le consommateur peut présenter ses réclamations,
– les informations relatives aux services après-vente et aux garanties commerciales existants,
– les conditions de résiliation du contrat lorsque celui-ci est à durée indéterminée ou d'une durée supérieure à un an.
2. Le paragraphe 1 ne s'applique pas aux services dont l'exécution elle-même est réalisée au moyen d'une technique de communication à distance, lorsque ces services sont fournis en une seule fois, et dont la facturation est effectuée par l'opérateur de la technique de communication. Néanmoins, le consommateur doit en tout cas pouvoir avoir connaissance de l'adresse géographique de l'établissement du fournisseur où le consommateur peut présenter ses réclamations.

Article 6. Droit de rétractation
1. Pour tout contrat à distance, le consommateur dispose d'un délai d'au moins sept jours ouvrables pour se rétracter sans pénalités et sans indication du motif. Les seuls frais qui peuvent être imputés au consommateur en raison de l'exercice de son droit de rétractation sont les frais directs de renvoi des marchandises.
Pour l'exercice de ce droit, le délai court:
– pour les biens, à compter du jour de leur réception par le consommateur lorsque les obligations visées à l'article 5 ont été remplies,
– pour les services, à compter du jour de la conclusion du contrat ou à partir du jour où les obligations prévues à l'article 5 ont été remplies si elles sont remplies après la conclusion du contrat, à condition que le délai n'excède pas le délai de trois mois indiqué à l'alinéa suivant.
Au cas où le fournisseur n'a pas rempli les obligations visées à l'article 5, le délai est de trois mois. Ce délai court:
– pour les biens, à compter du jour de leur réception par le consommateur,
– pour les services, à compter du jour de la conclusion du contrat.

2. Contrats à distance

Si, dans ce délai de trois mois, les informations visées à l'article 5 sont fournies, le délai de sept jours ouvrables indiqué au premier alinéa commence à courir dès ce moment.

2. Lorsque le droit de rétractation est exercé par le consommateur conformément au présent article, le fournisseur est tenu au remboursement des sommes versées par le consommateur, sans frais. Les seuls frais qui peuvent être imputés au consommateur en raison de l'exercice de son droit de rétractation sont les frais directs de renvoi des marchandises. Ce remboursement doit être effectué dans les meilleurs délais et, en tout cas, dans les trente jours.

3. Sauf si les parties en ont convenu autrement, le consommateur ne peut exercer le droit de rétractation prévu au paragraphe 1 pour les contrats:
– de fourniture de services dont l'exécution a commencé, avec l'accord du consommateur, avant la fin du délai de sept jours ouvrables prévu au paragraphe 1,
– de fourniture de biens ou de services dont le prix est fonction de fluctuations des taux du marché financier, que le fournisseur n'est pas en état de contrôler,
– de fourniture de biens confectionnés selon les spécifications du consommateur ou nettement personnalisés ou qui, du fait de leur nature, ne peuvent être réexpédiés ou sont susceptibles de se détériorer ou de se périmer rapidement,
– de fourniture d'enregistrements audio ou vidéo ou de logiciels informatiques descellés par le consommateur,
– de fourniture de journaux, de périodiques et de magazines,
– de services de paris et de loteries.

4. Les États membres prévoient dans leur législation que:
– si le prix d'un bien ou d'un service est entièrement ou partiellement couvert par un crédit accordé par le fournisseur
ou
– si ce prix est entièrement ou partiellement couvert par un crédit accordé au consommateur par un tiers sur la base d'un accord conclu entre le tiers et le fournisseur,
le contrat de crédit est résilié, sans pénalité, lorsque le consommateur exerce son droit de rétractation conformément au paragraphe 1.
Les États membres déterminent les modalités de la résiliation du contrat de crédit.

Article 7. Exécution

1. Sauf si les parties en ont convenu autrement, le fournisseur doit exécuter la commande au plus tard dans un délai de trente jours à compter du jour suivant celui où le consommateur a transmis sa commande au fournisseur.
2. En cas de défaut d'exécution du contrat par un fournisseur résultant de l'indisponibilité du bien ou du service commandé, le consommateur doit être informé de cette indisponibilité et doit pouvoir être remboursé dans les meilleurs délais et, en tout cas, dans les trente jours, des sommes qu'il a, le cas échéant, versées en paiement.
3. Néanmoins, les États membres peuvent prévoir que le fournisseur peut fournir au consommateur un bien ou un service d'une qualité et d'un prix équivalents si la possibilité en a été prévue préalablement à la conclusion du contrat, ou dans le contrat. Le consommateur est informé de cette possibilité de manière claire et compréhensible. Les frais de retour consécutifs à l'exercice du droit de rétractation sont, dans ce cas, à la charge du fournisseur et le consommateur doit en être in-

formé. Dans de tels cas, la fourniture d'un bien ou d'un service ne peut être assimilée à une fourniture non demandée au sens de l'article 9.

Article 8. Paiement par carte

Les États membres veillent à ce que des mesures appropriées existent pour que le consommateur :
– puisse demander l'annulation d'un paiement en cas d'utilisation frauduleuse de sa carte de paiement dans le cadre de contrats à distance couverts par la présente directive,
– en cas d'utilisation frauduleuse, soit recrédité des sommes versées en paiement ou se les voie restituées.

Article 9. Fourniture non demandée

Les États membres prennent les mesures nécessaires pour :
– interdire la fourniture de biens ou de services à un consommateur sans commande préalable de celui-ci, lorsque cette fourniture comporte une demande de paiement,
– dispenser le consommateur de toute contre-prestation en cas de fourniture non demandée, l'absence de réponse ne valant pas consentement.

Article 10. Limites à l'utilisation de certaines techniques de communication à distance

1. L'utilisation par un fournisseur des techniques suivantes nécessite le consentement préalable du consommateur :
– système automatisé d'appel sans intervention humaine (automate d'appel),
– télécopieur.
2. Les États membres veillent à ce que les techniques de communication à distance, autres que celles visées au paragraphe 1, lorsqu'elles permettent une communication individuelle, ne puissent être utilisées qu'en l'absence d'opposition manifeste du consommateur.

Article 11. Recours judiciaire ou administratif

1. Les États membres veillent à ce qu'il existe des moyens adéquats et efficaces pour faire respecter les dispositions de la présente directive dans l'intérêt des consommateurs.
2. Les moyens visés au paragraphe 1 comprennent des dispositions permettant à l'un ou plusieurs des organismes suivants, tels que déterminés par la législation nationale, de saisir selon le droit national les tribunaux ou les organismes administratifs compétents pour faire appliquer les dispositions nationales destinées à la mise en œuvre de la présente directive.
a) les organismes publics ou leurs représentants ;
b) les organisations de consommateurs ayant un intérêt légitime à protéger les consommateurs ;
c) les organisations professionnelles ayant un intérêt légitime à agir.
3. a) Les États membres peuvent établir que la production de la preuve de l'existence d'une information préalable, d'une confirmation écrite ou du respect des délais et du consentement du consommateur peut être à la charge du fournisseur.
b) Les États membres prennent les mesures nécessaires pour que les fournisseurs,

2. Contrats à distance

ainsi que les opérateurs de techniques de communication lorsqu'ils sont en mesure de le faire, mettent fin aux pratiques non conformes aux dispositions prises en application de la présente directive.

4. Les États membres peuvent prévoir que le contrôle volontaire du respect des dispositions de la présente directive confié à des organismes autonomes et le recours à de tels organismes pour la solution de litiges s'ajoutent aux moyens que les États membres doivent prévoir pour assurer le respect des dispositions de la présente directive.

Article 12. Caractère contraignant des dispositions

1. Le consommateur ne peut renoncer aux droits qui lui sont conférés en vertu de la transposition en droit national de la présente directive.
2. Les États membres prennent les mesures nécessaires pour que le consommateur ne soit pas privé de la protection accordée par la présente directive du fait du choix du droit d'un pays tiers comme droit applicable au contrat, lorsque le contrat présente un lien étroit avec le territoire d'un ou de plusieurs des États membres.

Article 13. Règles communautaires

1. Les dispositions de la présente directive s'appliquent pour autant qu'il n'existe pas, dans le cadre de réglementations communautaires, des dispositions particulières qui régissent certains types de contrats à distance dans leur globalité.
2. Lorsqu'une réglementation communautaire spécifique contient des dispositions qui ne régissent que certains aspects de la fourniture de biens ou de services, ces dispositions s'appliquent, de préférence aux dispositions de la présente directive, à ces aspects précis des contrats à distance.

Article 14. Clause minimale

Les États membres peuvent adopter ou maintenir, dans le domaine régi par la présente directive, des dispositions plus strictes compatibles avec le traité, pour assurer un niveau de protection plus élevé au consommateur. Ces dispositions comprennent, le cas échéant, l'interdiction, pour des raisons d'intérêt général, de la commercialisation sur leur territoire par voie de contrats à distance de certains biens ou services, notamment des médicaments, dans le respect du traité.

Article 15. Mise en œuvre

1. Les États membres mettent en vigueur les dispositions législatives, réglementaires et administratives nécessaires pour se conformer à la présente directive au plus tard trois ans après son entrée en vigueur. Ils en informent immédiatement la Commission.
2. Lorsque les États membres adoptent les dispositions visées au paragraphe 1, celles-ci contiennent une référence à la présente directive ou sont accompagnées d'une telle référence lors de leur publication officielle. Les modalités de cette référence sont arrêtées par les États membres.
3. Les États membres communiquent à la Commission le texte des dispositions de droit interne qu'ils adoptent dans le domaine régi par la présente directive.
4. Au plus tard quatre ans après l'entrée en vigueur de la présente directive, la Commission présente au Parlement européen et au Conseil un rapport sur l'application de la présente directive, accompagné, le cas échéant, d'une proposition de révision de la présente directive.

Article 16. Information du consommateur
Les États membres prennent les mesures appropriées pour informer le consommateur sur la législation nationale transposant la présente directive et incite, le cas échéant, les organisations professionnelles à informer les consommateurs sur leurs codes de pratique.

Article 17. Systèmes de réclamations
La Commission étudie la possibilité de mettre en place des moyens efficaces pour traiter les réclamations des consommateurs en matière de ventes à distance. Dans les deux ans suivant l'entrée en vigueur de la présente directive, la Commission soumet un rapport au Parlement européen et au Conseil sur les résultats des études réalisées, en l'accompagnant, le cas échéant, des propositions appropriées.

Article 18
La présente directive entre en vigueur le jour de sa publication au Journal officiel des Communautés européennes.

Article 19
Les États membres sont destinataires de la présente directive.

Annexe I. Techniques de communication visées à l'article 2 point 4
– Imprimé non adressé
– Imprimé adressé
– Lettre standardisée
– Publicité presse avec bon de commande
– Catalogue
– Téléphone avec intervention humaine
– Téléphone sans intervention humaine (automate d'appel, audiotexte)
– Radio
– Visiophone (téléphone avec image)
– Vidéotexte (micro-ordinateur, écran de télévision) avec clavier ou écran tactile
– Courrier électronique
– Télécopieur
– Télévision (téléachat, télévente).

Annexe II. Services financiers visés à l'article 3 paragraphe 1
– Services d'investissement
– Opérations d'assurance et de réassurance
– Services bancaires
– Opérations ayant trait aux fonds de pensions
– Services visant des opérations à terme ou en option.
Ces services comprennent en particulier:
– les services d'investissement visés à l'annexe de la directive 93/22/CEE[11], les services d'entreprises d'investissements collectifs,

---

[11] JO n° L 141 du 11. 6. 1993, p. 27.

2. Contrats à distance

- les services relevant des activités bénéficiant de la reconnaissance mutuelle et visés à l'annexe de la directive 89/646/CEE[12],
- les opérations relevant des activités d'assurance et de réassurance visées:
  - à l'article 1er de la directive 73/239/CEE[13],
  - à l'annexe de la directive 79/267/CEE[14],
- par la directive 64/225/CEE[15],
- par les directives 92/49/CEE[16] et 92/96/CEE[17].

Déclaration du Conseil et du Parlement européen sur l'article 6 paragraphe 1

Le Conseil et le Parlement européen notent que la Commission examinera la possibilité et l'opportunité d'harmoniser la méthode de calcul du délai de réflexion dans le cadre de la législation existante en matière de protection des consommateurs, notamment la directive 85/577/CEE, du 20 décembre 1985, concernant la protection des consommateurs dans le cas de contrats négociés en dehors des établissements commerciaux (démarchage à domicile)[18].

Déclaration de la Commission sur l'article 3 paragraphe 1 premier tiret

La Commission reconnaît l'importance que revêt la protection des consommateurs en matière de contrats à distance portant sur les services financiers et elle a d'ailleurs publié un livre vert intitulé «Services financiers: répondre aux attentes des consommateurs». À la lumière des réactions que suscitera le livre vert, la Commission examinera les moyens d'intégrer la protection des consommateurs dans la politique ayant trait aux services financiers et les éventuelles incidences législatives et, au besoin, présentera des propositions appropriées.

---

[12] JO n° L 386 du 30. 12. 1989, p. 1. Directive modifiée par la directive 92/30/CEE (JO n° L 110 du 28. 4. 1992, p. 52).
[13] JO n° L 228 du 16. 8. 1973, p. 3. Directive modifiée en dernier lieu par la directive 92/49/CEE (JO n° L 228 du 11. 8. 1992, p. 1).
[14] JO n° L 63 du 13. 3. 1979, p. 1. Directive modifiée en dernier lieu par la directive 90/619/CEE (JO n° L 330 du 29. 11. 1990, p. 50).
[15] JO n° 56 du 4. 4. 1964, p. 878/64. Directive modifiée par l'acte d'adhésion de 1973.
[16] JO n° L 228 du 11. 8. 1992, p. 1.
[17] JO n° L 360 du 9. 12. 1992, p. 1.
[18] JO n° L 372 du 31. 12. 1985, p. 31.

3. Proposition modifiée du 23 juillet 1999 de directive du Parlement européen et du Conseil concernant la commercialisation à distance de services financiers auprès des consommateurs, et modifiant les directives 97/7/CE et 98/27/CE

(présentée par la Commission)

LE PARLEMENT EUROPÉEN ET LE CONSEIL DE L'UNION EUROPÉENNE,

vu le traité instituant la Communauté européenne, et notamment ses articles 47 paragraphe 2, 55 et 95, vu la proposition de la Commission, vu l'avis du Comité économique et social, Statuant conformément à la procédure prévue à l'article 251 du traité,

(1) Considérant qu'il importe, dans le cadre de la réalisation des objectifs du marché intérieur, d'arrêter les mesures destinées à consolider progressivement celui-ci, ces mesures devant par ailleurs contribuer à réaliser un haut degré de protection des consommateurs, conformément aux articles 95 et 153 du traité;

(2) Considérant que, tant pour les consommateurs que pour les fournisseurs de services financiers, la commercialisation à distance de services financiers constituera l'un des principaux résultats tangibles de l'achèvement du marché intérieur;

(3) Considérant que, dans le cadre du marché intérieur, il est dans l'intérêt des consommateurs de pouvoir accéder sans discrimination à l'éventail le plus large possible de services financiers disponibles dans la Communauté, afin de pouvoir choisir ceux qui sont le plus adaptés à leurs besoins; qu' afin d'assurer la liberté de choix des consommateurs, qui est un droit essentiel de ceux-ci, un degré élevé de protection du consommateur est nécessaire afin de garantir que la confiance du consommateur puisse croître dans le commerce à distance;

(4) Considérant qu'il est essentiel pour le bon fonctionnement du marché intérieur que les consommateurs puissent négocier et conclure des contrats avec un fournisseur établi en dehors de leur pays, que le fournisseur soit ou non également établi dans le pays de résidence du consommateur;

(5) Considérant qu'en raison de leur nature immatérielle, les services financiers se prêtent particulièrement aux marchés à distance et que la mise en place d'un cadre juridique applicable à la commercialisation à distance de services financiers doit accroître la confiance du consommateur dans le recours aux nouvelles techniques de commercialisation à distance de services financiers comme le commerce électronique;

(6) Considérant que la directive 97/7/CE du Parlement européen et du Conseil, du 20 mai 1997, concernant la protection des consommateurs en matière de contrats à distance[1] arrête les principales dispositions applicables aux contrats à distance portant sur des biens ou des services conclus entre un fournisseur et un consommateur; que les services financiers ne sont toutefois pas visés par ladite directive;

(7) Considérant que, dans le cadre de l'analyse qu'elle a mené visant à déterminer la nécessité de mesures spécifiques dans ce domaine, la Commission a invité toutes les parties intéressées à lui transmettre leurs observations, à l'occasion notamment de l'élaboration de son Livre vert intitulé «Services financiers: répondre aux attentes des consommateurs»[2]; que les consultations menées dans ce contexte ont indiqué la nécessité de renforcer la protection des consommateurs dans ce domaine; que la Commission a donc décidé

---

[1] JO n° L 144 du 4.6.1997, p. 19.
[2] COM(96) 209 final du 22 mai 1996.

3. Commercialisation à distance de services financiers

de présenter une proposition spécifique concernant la commercialisation à distance des services financiers[3];

(8) Considérant que si des dispositions divergentes ou différentes de protection des consommateurs étaient prises par les Etats membres en matière de commercialisation à distance des services financiers à distance auprès des consommateurs, cela aurait une incidence négative sur le fonctionnement du marché intérieur et sur la concurrence entre les entreprises dans celui-ci; qu'il est par conséquent nécessaire d'introduire des règles communes au niveau communautaire dans ce domaine sans porter atteinte à la protection générale du consommateur dans les Etats membres;

(9) Considérant qu'eu égard au niveau élevé de protection des consommateurs assuré par la présente directive, afin d'assurer la libre circulation des services financiers, les Etats membres ne peuvent prévoir d'autres dispositions que celles établies par la présente directive pour les domaines harmonisés par celle-ci;

(10) Considérant que la présente directive couvre tous les services financiers qui peuvent être fournis à distance; que certains services financiers sont cependant régis par des dispositions spécifiques de la législation communautaire; que ces dispositions spécifiques continuent à s'appliquer à ces services financiers; qu'il est toutefois opportun d'établir des principes relatifs à la commercialisation à distance de tels services;

(11) Considérant que conformément au principe de subsidiarité et au principe de proportionnalité tels qu'énoncés à l'article 5 du traité, les objectifs de la présente directive ne peuvent pas être réalisés de manière suffisante par les Etats membres et peuvent donc être mieux réalisés au niveau communautaire;

(12) Considérant que les contrats négociés à distance impliquent l'utilisation de techniques de communication à distance; que ces différentes techniques sont utilisées dans le cadre d'un système de vente ou de prestation de services à distance sans qu'il y ait présence simultanée du fournisseur et du consommateur; que l'évolution permanente de ces techniques impose de définir des principes valables même pour celles qui ne sont encore que peu utilisées; que les contrats à distance sont donc ceux dont l'offre, la négociation et la conclusion s'effectue à distance;

(13) Considérant qu'un même contrat comportant des opérations successives peut recevoir des qualifications juridiques différentes dans les différents Etats membres; qu'il importe cependant que la directive soit appliquée de la même manière dans tous les Etats membres; qu'à cette fin, il y a lieu de considérer que la présente directive s'applique à la première d'une série d'opérations successives, ou à la première d'une série d'opérations distinctes s'échelonnant sur une certaine période et pouvant être considérées comme formant un tout, que cette opération ou cette série d'opérations fasse l'objet d'un contrat unique ou de contrats distincts successifs;

(14) Considérant qu'en faisant référence à un système de prestations de services organisé par le fournisseur de services financiers, la directive vise à exclure de son champ d'application les prestations de services effectuées sur une base strictement occasionnelle et en dehors d'une structure commerciale dont le but est de conclure des contrats à distance;

(15) Considérant que le fournisseur est la personne qui fournit des services à distance; que la présente directive doit toutefois également s'appliquer lorsqu'une des étapes de la commercialisation se déroule avec la participation d'un intermédiaire; que, eu égard à la

---

[3] Communication de la Commission «Services financiers: renforcer la confiance des consommateurs», COM (97) 309 final, 26.06.1997.

nature et au degré de cette participation, les dispositions pertinentes de la présente directive doivent s'appliquer à cet intermédiaire, indépendamment de son statut juridique;
(16) Considérant que l'utilisation de techniques de communication à distance ne doit pas conduire à restreindre indûment l'information fournie au client; que, afin d'assurer la transparence, la présente directive fixé des exigences visant à un niveau adéquat d'information au consommateur, tant avant la conclusion du contrat qu'après celle-ci; que le consommateur doit recevoir, avant la conclusion d'un contrat, les informations préalables nécessaires afin de pouvoir apprécier convenablement le service financier qui lui est proposé et donc arrêter son choix en connaissance de cause; que le fournisseur doit expressément indiquer combien de temps son offre éventuelle reste inchangée;
(16bis) Considérant qu'il est important pour assurer une protection optimale du consommateur, que celui-ci soit suffisamment informé des dispositions de la présente directive et éventuellement des codes de conduite existant dans ce domaine;
(17) Considérant qu'il convient de prévoir un droit de rétractation sans pénalité et sans obligation de justification;
(18) (supprimé)
(19) Considérant que le consommateur doit être protégé contre les services non sollicités; que le consommateur doit être exempté de toute obligation dans les cas de services non sollicités, l'absence de réponse ne valant pas consentement de sa part; que cette règle ne porte cependant pas préjudice au renouvellement tacite des contrats valablement conclus entre parties, lorsque le droit des Etats membres permet un tel renouvellement tacite;
(20) Considérant que les Etats membres doivent prendre les mesures nécessaires afin de protéger efficacement les consommateurs qui ne souhaitent pas être démarchés au moyen de certaines techniques de communication; que la présente directive ne porte pas préjudice aux garanties particulières qu'offre au consommateur la législation communautaire concernant la protection de la vie privée et des données à caractère personnel;
(21) Considérant qu'il importe, afin de protéger les consommateurs, de traiter la question des litiges; qu'il convient de prévoir des procédures appropriées et efficaces de réclamation et de recours dans les Etats membres en vue du règlement d'éventuels litiges entre fournisseurs et consommateurs, en utilisant, le cas échéant, les procédures existantes;
(22) Considérant que, concernant l'accès des consommateurs à la justice et plus particulièrement aux cours et tribunaux en cas de litiges transfrontières, il convient de tenir compte de la communication de la Commission au Conseil et au Parlement européen, intitulée «Vers une efficacité accrue dans l'obtention et l'exécution des décisions au sein de l'Union européenne»[4];
(23) Considérant qu'il conviendrait que les Etats membres incitent les organismes publics ou privés institués en vue du règlement extrajudiciaire des litiges à coopérer pour résoudre les litiges transfrontaliers; que cette coopération pourrait notamment viser à permettre au consommateur d'adresser aux organes extrajudiciaires établis dans l'Etat membre où il réside, les plaintes concernant les fournisseurs établis dans d'autres Etats membres;
(24) Considérant que la Communauté européenne et les Etats membres ont pris des engagements dans le cadre de l'accord OMC sur le commerce des services concernant la possibilité pour les consommateurs d'acheter à l'étranger des services bancaires et des services d'investissements; que le GATS permet aux Etats membres d'adopter des mesures pour des raisons prudentielles, incluant des mesures pour la protection des investisseurs,

---

[4] JO n° C 33 du 31.1.1998, p. 3.

3. Commercialisation à distance de services financiers 563

des déposants, des preneurs d'assurances ou des personnes à qui un service financier est dû par le fournisseur de service financier; que de telles mesures ne devraient pas imposer des restrictions qui aillent au-delà de ce qui est justifié pour assurer la protection des consommateurs;

(25) (supprimé)

(26) Considérant que suite à l'adoption de la présente directive il convient d'adapter le champ d'application des directives 97/7/CE et 98/27/CE du Parlement européen et du Conseil du 19 mai 1998 relative aux actions en cessation en matière de protection des intérêts des consommateurs[5];

ONT ARRÊTÉ LA PRÉSENTE DIRECTIVE:

Article Premier. Champ d'application

a) La présente directive a pour objet de rapprocher les dispositions législatives, réglementaires et administratives des Etats membres concernant la commercialisation à distance de services financiers auprès des consommateurs.

b) Pour les contrats portant sur des services financiers comportant des opérations successives ou une série d'opérations séparées échelonnées dans le temps, le dispositions de la présente directive ne s'appliquent que lors de la première opération, indépendamment du fait que ces opérations puissent être considérées aux termes de la législation nationale comme faisant partie d'un contrat unique ou de contrats individuels distincts.

Article 2. Définitions

Aux fins de la présente directive, on entend par:

a) «contrat à distance»: tout contrat concernant des services financiers conclu entre un fournisseur et un consommateur dans le cadre d'un système de vente ou de prestation de service à distance organisé par le fournisseur qui, pour ce contrat, utilise exclusivement des techniques de communication à distance jusqu'à, et y compris, la conclusion du contrat;

b) «service financier»: tout service bancaire, d'assurance, d'investissement et de paiement;

b bis) «crédit immobilier»: tout crédit, quelque soit la garantie ou la sûreté qui y est attaché, destiné principalement à permettre l'acquisition ou le maintien de droits de propriété sur un terrain ou sur un immeuble construit ou à construire, ou destinés à permettre la rénovation ou l'amélioration d'un immeuble;

c) «fournisseur»: toute personne physique ou morale qui, dans le cadre de ses activités commerciales ou professionnelles, fournit elle-même les services faisant l'objet de contrats relevant de la présente directive ou sert d'intermédiaire dans la fourniture de ces services ou pour la conclusion à distance d'un contrat entre ces parties;

d) «consommateur»: toute personne physique qui, dans les contrats relevant de la présente directive, agit à des fins qui n'entrent pas dans le cadre de son activité commerciale ou professionnelle;

---

[5] JO n° L 166 du 11.6.1998, p. 51.

e) «technique de communication à distance»: tout moyen qui peut être utilisé, sans qu'il y ait présence physique et simultanée du fournisseur et du consommateur, pour la commercialisation à distance d'un service entre ces parties;
f) «support durable»: tout instrument permettant au consommateur de conserver des informations qui lui sont adressées personnellement et spécifiquement, et qui sont contenues notamment sur des disquettes informatiques, des CD-ROM ainsi que le disque dur de l'ordinateur du consommateur stockant des courriers électroniques;
g) «opérateur ou fournisseur d'une technique de communication à distance»: toute personne physique ou morale, publique ou privée, dont l'activité commerciale ou professionnelle consiste à mettre à la disposition de fournisseurs une ou plusieurs techniques de communication à distance.

Article 3. Information du consommateur avant la conclusion du contrat
1. En temps utile avant la conclusion du contrat, le consommateur doit bénéficier des informations préalables suivantes:
a) l'identité et l'adresse du fournisseur ainsi que l'identité et l'adresse du représentant du fournisseur établi dans le pays de résidence du consommateur auquel peut s'adresser celui-ci le cas échéant, lorsqu'un tel représentant existe;
b) une description des caractéristiques principales du service financier;
c) le prix total du service financier, toutes taxes afférentes à celui-ci comprises;
d) les modes de paiement et de fourniture ou d'exécution du contrat;
e) la durée de validité de l'offre ou du prix;
f) lorsque le prix est susceptible de varier entre le moment où l'information est donnée et le moment où le contrat est conclu, une indication de cette possibilité de variation et les éléments permettant au consommateur de vérifier le prix au moment de la conclusion du contrat;
g) le coût de l'utilisation de la technique de communication à distance, lorsqu'il est calculé sur une base autre que le tarif de base;
h) l'existence, la durée, les conditions et les modalités d'exercice du droit de rétractation tel que prévu à l'article 4;
i) l'absence de droit de rétractation pour les services financiers visés à l'article 4 paragraphe 1 alinéa 2;
j) du montant visé à l'article 5 § 1 litt. a ou, dans le cas visé à l'article 5 § 1 litt. b, du montant servant de base de calcul au prix qu'il sera tenu de payer si le consommateur exerce son droit de rétractation;
k) le cas échéant, la durée minimale du contrat, en cas de contrats de prestation de services financiers permanents ou périodiques;
l) des données relatives à la résiliation du contrat;
m) la loi applicable au contrat, lorsqu'il existe une clause contractuelle qui fait choix d'une loi autre que celle de la résidence du consommateur;
n) le tribunal compétent en cas de litige, lorsqu'il existe une clause d'élection de for qui attribue compétence à une juridiction différente de celle de la résidence du consommateur en cas de litige, sans préjudice de la Convention de Bruxelles;
o) les références de l'autorité de supervision dont dépend le fournisseur, lorsque celui-ci est assujetti à une telle supervision;
p) les procédures de réclamation et de recours non judiciaires.
Toutefois, en ce qui concerne:

3. Commercialisation à distance de services financiers 565

– les services visés par la Directive 92/49/CEE, et sans préjudice des dispositions de l'article 43 de cette directive, ne doivent être fournies que les informations visées aux littera c), d), e), f), g), h), i), j), k), l) et p;
– les services visés par la Directive 92/96/CEE, et sans préjudice des dispositions de l'article 31 et de l'annexe 2 de cette Directive, ne doivent être fournies que les informations visées aux littera c), e), f), g), j) et o);
– les services financiers visés par la Directive 85/611/CEE, et sans préjudice des dispositions des articles 27 à 35 et 44 à 47 et des annexes A et B de cette directive, ne doivent être fournies que les informations visées aux littera g), i), m), n), o) et p);
– les services financiers visés par la Directive 89/298/CEE, et sans préjudice des dispositions des articles 7 à 18 et 21 cette directive, ne doivent être fournies que les informations visées aux littera g), i), m), n), o) et p);
– les services visés par la Directive 93/22/CEE, et sans préjudice des dispositions de l'article 11 de cette directive, ne doivent être fournies que les informations visées aux littera e), f), g), h), i), j), m), n), o) et p).

2. Les informations visées au paragraphe 1, dont le but commercial doit apparaître sans équivoque, doivent être fournies de manière claire et compréhensible par tout moyen adapté à la technique de communication à distance utilisée, dans le respect, notamment, des principes de loyauté en matière de transactions commerciales et des principes qui régissent la protection des personnes frappées d'incapacité juridique selon leur législation nationale, telles que les mineurs.
3. supprimé
4. supprimé

Article 3bis. Communication des conditions contractuelles et de l'information préalable

1. Le fournisseur doit communiquer au consommateur toutes les conditions contractuelles, sur un support papier ou sur un autre support durable ainsi que les informations mentionnées à l'article 3 paragraphe 1 présenté de manière claire et compréhensible dès que le contrat a été conclu.
2. Le fournisseur est dispensé de cette obligation lorsque les conditions contractuelles et les informations mentionnées à l'article 3 paragraphe 1 ont été fournies au consommateur préalablement à la conclusion du contrat sur un support papier ou sur un autre support durable.
3. Le choix du support est à déterminer de commun accord par les parties.

Article 4. Droit de rétractation après la conclusion du contrat

1. Les Etats membres prévoient que le consommateur dispose d'un droit de rétractation de 14 à 30 jours, pouvant varier en fonction des services financiers concernés, sans indication de motif et sans pénalité:
a) à compter de la conclusion du contrat, lorsque les conditions contractuelles et les informations visées à l'article 3 paragraphe 1 ont été fournies au consommateur préalablement à la conclusion du contrat, conformément à l'article 3 bis paragraphe 2;
b) lorsque le contrat est conclu à la demande expresse du consommateur avant que les conditions contractuelles et les informations visées à l'article 3 paragraphe 1 ne

lui aient été communiquées, à compter du jour de la réception des ces éléments ou du dernier de ceux-ci, conformément à l'article 3 bis paragraphe 1.

Lorsque le fournisseur respecte le délai de rétractation prévu par la législation de l'Etat membre où il est établi, il n'est pas tenu de respecter un délai de rétractation différent qui serait prévu par l'Etat membre où réside le consommateur.

1 bis. Le droit de rétractation ne s'applique pas pour les contrats portant:
a) sur des opérations de change;
b) sur la réception, la transmission et/ou l'exécution d'instructions et la prestation de services relatives aux produits financiers suivants:
– instruments du marché monétaire
– titres négociables
– OPCVM et autres systèmes de placement collectif
– contrats à terme et options
– instruments sur taux de change et taux d'intérêt dont le prix dépend de fluctuations du marché financier que le fournisseur n'est pas en mesure de contrôler;
c) sur des assurances non-vie d'une durée inférieure à 2 mois;
d) les contrats dont l'exécution est entièrement terminée avant que le consommateur n'exerce son droit de rétractation.

1ter. En ce qui concerne le crédit immobilier, les Etats membres peuvent prévoir que le bénéfice du droit de rétractation ne peut plus être invoqué par le consommateur:
– lorsqu'avec son consentement le montant du financement a été transféré au vendeur du bien immeuble ou au représentant de ce dernier;
– une fois qu'un acte notarié relatif au crédit immobilier auquel il est partie a été valablement et régulièrement passé.

Toutefois, en ce qui concerne les crédits financé sur base d'obligations foncières, les Etats membres peuvent prévoir que le consommateur ne bénéficie pas du droit de rétractation prévu au paragraphe 1er.

2. Sans préjudice du droit de rétractation, lorsque le consommateur a été incité de manière déloyale par le fournisseur à conclure le contrat, ce contrat peut être résolu, avec toutes les conséquences légales qui en résultent aux termes du droit applicable à ce contrat, sans préjudice du droit du consommateur d'obtenir réparation du dommage qu'il aurait subi en vertu du droit national.

N'est pas une incitation déloyale au sens de la présente disposition le fait pour le fournisseur de communiquer au consommateur des informations objectives relatives au prix du service financier dépendant des fluctuations du marché.

3. Le consommateur exerce son droit de rétractation en notifiant celle-ci au fournisseur sur un support papier ou sur un autre support durable à la disposition de celui-ci et auquel celui-ci a accès.

4. (supprimé)

5. Les autres effets juridiques et les conditions de la rétractation sont réglés conformément à la loi applicable au contrat.

Article 5. Exécution du contrat et paiement du service fourni avant la rétractation
-1 L'exécution du contrat, avant l'écoulement du délai prévu à l'article 4 paragraphe 1, ne peut être entamée par le fournisseur qu'avec le consentement exprès du consommateur.

1. Lorsque le consommateur exerce le droit de rétractation qui lui est conféré par l'article 4 paragraphe 1, il ne peut être tenu qu'au paiement dans les meilleurs délais:
a) soit d'un montant forfaitaire correspondant au prix du service financier effectivement fourni par le fournisseur avant l'exercice du droit de rétractation, indépendamment du moment où intervient cette rétractation;
b) soit lorsque le coût du service financier effectivement fourni par le fournisseur dépend du moment où intervient l'exercice du droit de rétractation, d'un montant permettant au consommateur de calculer le prix à payer au prorata de la période comprise entre le jour où le contrat a été conclu et le jour où celui-ci exerce son droit de rétractation.
Dans les cas visés aux points a) et b), le montant dû ne saurait être tel qu'il puisse constituer une pénalité.
2. À défaut de pouvoir apporter la preuve de ce que le consommateur a été informé conformément à l'article 3 paragraphe 1 littera j, le fournisseur ne peut réclamer aucun montant au consommateur lorsque celui-ci exerce son droit de rétractation.
3. Le fournisseur est tenu de rembourser dans les meilleurs délais et au plus tard, dans les trente jours, au consommateur toutes sommes qu'il aurait perçues de celui-ci à l'occasion de la conclusion du contrat à distance, à l'exception des sommes visées au paragraphe 1.

Article 6
Supprimé

Article 7
Supprimé

Article 8. Indisponibilité du service
1. Sans préjudice des règles du droit civil des Etats membres relatives à l'inexécution des contrats, en cas d'indisponibilité partielle ou totale du service financier qui fait l'objet du contrat, le fournisseur doit informer le consommateur sans délai de cette indisponibilité.
2. En cas d'indisponibilité totale du service financier, le fournisseur rembourse, sans délai, et au plus tard dans les trente jours, au consommateur les sommes qui auraient été payées par celui-ci.
3. En cas d'indisponibilité partielle du service financier le contrat ne peut être exécuté qu'avec l'accord exprès du consommateur et du fournisseur.
À défaut de cet accord exprès, le fournisseur est tenu de rembourser au consommateur sans délai et au plus tard dans les trente jours, les sommes qui auraient été payées par le consommateur.
Lorsque le service n'est exécuté que partiellement, le fournisseur rembourse au consommateur toutes sommes afférentes à la partie du service non exécuté, sans délai et au plus tard dans les trente jours.

Article 8 bis. Paiement par carte
Les Etats membres veillent à ce que des mesures appropriées existent pour que le consommateur:

– puisse demander l'annulation d'un paiement en cas d'utilisation frauduleuse de sa carte de paiement dans le cadre de contrats couverts par la présente directive;
– dans un tel cas d'utilisation frauduleuse, soit remboursé des sommes versées en paiement, ou se les voie restituées.

Article 8 ter. Restitution des documents originaux
Au cas où le consommateur fait usage des droits que lui reconnaît l'article 4 paragraphe 1, ainsi que dans les hypothèses visées à l'article 8, le consommateur renvoie sans délai au fournisseur tout document contractuel original revêtu de la signature du fournisseur qui lui aurait été communiqué à l'occasion de la conclusion du contrat.

Article 9. Services non demandés
Sans préjudice des règles du droit des Etats membres relatives à la reconduction tacite des contrats lorsque celui-ci permet un tel renouvellement tacite, les Etats membres prennent les mesures nécessaires pour:
– interdire la fourniture de services financiers à un consommateur sans demande préalable de celui-ci, lorsque cette fourniture comporte une demande de paiement immédiate ou différée dans le temps;
– dispenser le consommateur de toute obligation en cas de fourniture non demandée, l'absence de réponse ne valant pas consentement.

Article 10. Communications non sollicitées
1. L'utilisation par un fournisseur des techniques suivantes nécessite le consentement préalable du consommateur:
– système automatisé d'appel sans intervention humaine (automate d'appel);
– télécopieur.
2. Les Etats membres veillent à ce que les techniques de communication à distance autres que celles visées au paragraphe 1, lorsqu'elles permettent une communication individuelle:
a) ne soient pas autorisées si elles n'ont pas obtenu le consentement des consommateurs concernés,
b) ne puissent être utilisées qu'en l'absence d'opposition manifeste du consommateur.
3. Les mesures visées aux paragraphes 1 et 2 ne doivent pas entraîner de frais pour les consommateurs.
4. Dans le cas des communications téléphoniques, l'identité du fournisseur et le but commercial de l'appel sont précisés au début de toute conversation avec le consommateur.
5. Les Etats membres prévoient des sanctions adéquates, effectives et proportionnées en cas de manquement du fournisseur aux dispositions de l'article 10.
Ils peuvent notamment, à cet effet, veiller à permettre au consommateur de résilier le contrat à tout moment, sans frais et sans pénalité.

Article 11. Caractère impératif des dispositions de la directive
1. Le consommateur ne peut renoncer aux droits qui lui sont conférés en vertu de la présente directive.
2. Supprimé

3. Le consommateur ne peut être privé de la protection accordée par la présente directive lorsque la loi qui régit le contrat est celle d'un pays tiers, dès lors, que d'une part, le consommateur a sa résidence sur le territoire de l'un des États membres et que, d'autre part, le contrat présente un lien étroit avec la Communauté.

Article 12. Recours judiciaire ou administratif

1. Les Etats membres veillent à la mise en place de procédures adéquates et efficaces de réclamation et de recours en vue du règlement des litiges entre fournisseurs et consommateurs.

2. Les procédures visées au paragraphe 1 comprennent des dispositions permettant à un ou plusieurs des organismes ci-après, tels que déterminés par la législation nationale, de saisir, selon le droit national, les tribunaux ou les organismes administratifs compétents pour faire appliquer les dispositions nationales destinées à la mise en œuvre de la présente directive:

a) les organismes publics ou leurs représentants;
b) les organisations de consommateurs ayant un intérêt légitime à protéger les consommateurs;
c) les organisations professionnelles ayant un intérêt légitime à agir.

3. supprimé

4. Les Etats membres prennent les mesures nécessaires pour que les opérateurs et fournisseurs de techniques de communication à distance, lorsqu'ils sont en mesure de le faire et sur base d'une décision de justice, d'une décision administrative ou d'une autorité de contrôle qui leur est notifiée, mettent fin aux pratiques déclarées non conformes aux dispositions de la présente directive.

Article 12 bis. Recours extrajudiciaire

Les Etats membres incitent les organes extrajudiciaires institués en vue du règlement extrajudiciaire des litiges à coopérer pour résoudre les litiges transfrontières.

Article 13. Charge de la preuve

La charge de la preuve du respect des obligations d'information du consommateur mises à charge du fournisseur, ainsi que du consentement du consommateur à la conclusion du contrat et, le cas échéant, à son exécution, incombe au fournisseur. Est une clause abusive au sens de la directive 93/13/CEE[6], la clause contractuelle prévoyant que la charge de la preuve du respect par le fournisseur de toute ou partie des obligations qui lui incombent en vertu de la présente directive incombe au consommateur.

Article 14. Directive 90/619/CEE

Supprimé

Article 15. Directive 97/7/CE

La directive 97/7/CE est modifiée comme suit:
1. À l'article 3 paragraphe 1, le premier tiret est remplacé par le texte suivant:

---

[6] JO n° L 95 du 21.4.1993, p. 29.

« – portant sur les services financiers auxquels s'applique la directive .../.../CE du Parlement européen et du Conseil (*).
(*) JO L ...»
2. L'annexe II de la directive est supprimée.

Article 16. Directive 98/27/CE
Dans l'annexe de la directive 98/27/CE, est ajouté le point 10 suivant:
«10. Directive .../.../CE du Parlement européen et du Conseil du ..., concernant la commercialisation à distance de services financiers auprès des consommateurs (*).
(*) JO L ...»

Article 17. Transposition
1. Les Etats membres mettent en œuvre les dispositions législatives, réglementaires et administratives nécessaires pour se conformer à la présente directive au plus tard le 30 juin 2002. Ils en informent immédiatement la Commission.
Ces dispositions, lors de leur publication officielle, font référence à la présente directive ou sont accompagnées d'une telle référence. Les modalités d'une telle référence sont fixées par les Etats membres.
2. Les Etats membres communiquent à la Commission le texte des principales dispositions législatives, réglementaires ou administratives qu'ils adoptent dans le domaine régi par la présente directive. Dans cette communication, ils fournissent un tableau indiquant, au regard de chaque article de la présente directive, les dispositions nationales qui lui correspondent.

Article 18. Entrée en vigueur
La présente directive entre en vigueur le vingtième jour suivant celui de sa publication au Journal officiel des Communautés européennes.

Article 19. destinataires
Les Etats membres sont destinataires de la présente directive.

4. Directive du Parlement européen et du Conseil du 8 juin 2000 relative à certains aspects juridiques des services de la société de l'information, et notamment du commerce électronique, dans le marché intérieur («directive sur le commerce électronique») (2000/31/CE)

Journal officiel n° L 178 du 17/07/2000, p. 01-16

LE PARLEMENT EUROPÈEN ET LE CONSEIL DE L'UNION EUROPÈENNE,
vu le traité instituant la Communauté européenne, et notamment son article 47, paragraphe 2, son article 55 et son article 95, vu la proposition de la Commission[1], vu l'avis du Comité économique et social[2], statuant conformément à la procédure visée à l'article 251 du traité[3], considérant ce qui suit:

1. L'Union européenne vise à établir des liens toujours plus étroits entre les États et les peuples européens et à assurer le progrès économique et social. Conformément à l'article 14, paragraphe 2, du traité, le marché intérieur comporte un espace sans frontières intérieures dans lequel la libre circulation des marchandises et des services ainsi que la liberté d'établissement sont assurées. Le développement des services de la société de l'information dans l'espace sans frontières intérieures est un moyen essentiel pour éliminer les barrières qui divisent les peuples européens.

2. Le développement du commerce électronique dans la société de l'information offre des opportunités importantes pour l'emploi dans la Communauté, en particulier dans les petites et moyennes entreprises. Il facilitera la croissance économique des entreprises européennes ainsi que leurs investissements dans l'innovation, et il peut également renforcer la compétitivité des entreprises européennes, pour autant que tout le monde puisse accéder à l'Internet.

3. Le droit communautaire et les caractéristiques de l'ordre juridique communautaire constituent un atout essentiel pour que les citoyens et les opérateurs européens puissent bénéficier pleinement, sans considération de frontières, des possibilités offertes par le commerce électronique. La présente directive a ainsi pour objet d'assurer un niveau élevé d'intégration juridique communautaire afin d'établir un réel espace sans frontières intérieures pour les services de la société de l'information.

4. Il est important de veiller à ce que le commerce électronique puisse bénéficier dans sa globalité du marché intérieur et donc que au même titre que pour la directive 89/552/CEE du Conseil du 3 octobre 1989 visant à la coordination de certaines dispositions législatives, réglementaires et administratives des États membres relatives à l'exercice d'activités de radiodiffusion télévisuelle[4], un niveau élevé d'intégration communautaire soit obtenu.

5. Le développement des services de la société de l'information dans la Communauté est limité par un certain nombre d'obstacles juridiques au bon fonctionnement du marché in-

---

[1] JO n° C 30 du 5.2.1999, p. 4.
[2] JO n° C 169 du 16.6.1999, p. 36.
[3] Avis du Parlement européen du 6 mai 1999 (JO n° C 279 du 1.10.1999, p. 389), position commune du Conseil du 28 février 2000 (JO n° C 128 du 8.5.2000, p. 32) et décision du Parlement européen du 4 mai 2000 (n°n encore parue au Journal officiel).
[4] JO n° L 298 du 17.10.1989, p. 23. Directive modifiée par la directive 97/36/CE du Parlement européen et du Conseil (JO n° L 202 du 30.7.1997, p. 60).

térieur qui sont de nature à rendre moins attrayant l'exercice de la liberté d'établissement et de la libre prestation des services. Ces obstacles résident dans la divergence des législations ainsi que dans l'insécurité juridique des régimes nationaux applicables à ces services. En l'absence d'une coordination et d'un ajustement des législations dans les domaines concernés, des obstacles peuvent être justifiés au regard de la jurisprudence de la Cour de justice des Communautés européennes. Une insécurité juridique existe sur l'étendue du contrôle que les États membres peuvent opérer sur les services provenant d'un autre État membre.

6. Il convient, au regard des objectifs communautaires, des articles 43 et 49 du traité et du droit communautaire dérivé, de supprimer ces obstacles par une coordination de certaines législations nationales et par une clarification au niveau communautaire de certains concepts juridiques, dans la mesure nécessaire au bon fonctionnement du marché intérieur. La présente directive, en ne traitant que certaines questions spécifiques qui soulèvent des problèmes pour le marché intérieur, est pleinement cohérente avec la nécessité de respecter le principe de subsidiarité tel qu'énoncé à l'article 5 du traité.

7. Pour garantir la sécurité juridique et la confiance du consommateur, il y a lieu que la présente directive établisse un cadre général clair pour couvrir certains aspects juridiques du commerce électronique dans le marché intérieur.

8. L'objectif de la présente directive est de créer un cadre juridique pour assurer la libre circulation des services de la société de l'information entre les États membres et non d'harmoniser le domaine du droit pénal en tant que tel.

9. Dans bien des cas, la libre circulation des services de la société de l'information peut refléter spécifiquement, dans la législation communautaire, un principe plus général, à savoir la liberté d'expression, consacrée par l'article 10, paragraphe 1, de la convention de sauvegarde des droits de l'homme et des libertés fondamentales, qui a été ratifiée par tous les États membres. Pour cette raison, les directives couvrant la fourniture de services de la société de l'information doivent assurer que cette activité peut être exercée librement en vertu de l'article précité, sous réserve uniquement des restrictions prévues au paragraphe 2 du même article et à l'article 46, paragraphe 1, du traité. La présente directive n'entend pas porter atteinte aux règles et principes fondamentaux nationaux en matière de liberté d'expression.

10. Conformément au principe de proportionnalité, les mesures prévues par la présente directive se limitent strictement au minimum requis pour atteindre l'objectif du bon fonctionnement du marché intérieur. Là où il est nécessaire d'intervenir au niveau communautaire, et afin de garantir un espace qui soit réellement sans frontières intérieures pour le commerce électronique, la directive doit assurer un haut niveau de protection des objectifs d'intérêt général, en particulier la protection des mineurs, de la dignité humaine, du consommateur et de la santé publique. Conformément à l'article 152 du traité, la protection de la santé publique est une composante essentielle des autres politiques de la Communauté.

11. La présente directive est sans préjudice du niveau de protection existant notamment en matière de protection de la santé publique et des intérêts des consommateurs, établi par les instruments communautaires. Entre autres, la directive 93/13/CEE du Conseil du 5 avril 1993 concernant les clauses abusives dans les contrats conclus avec les consommateurs[5] et la directive 97/7/CE du Parlement européen et du Conseil du 20 mai 1997

---

[5] JO n° L 95 du 21.4.1993, p. 29.

4. Commerce électronique

concernant la protection des consommateurs en matière de contrats à distance[6] constituent un élément fondamental pour la protection des consommateurs en matière contractuelle. Ces directives sont également applicables, dans leur intégralité, aux services de la société de l'information. Ce même acquis communautaire, qui est pleinement applicable aux services de la société de l'information, englobe aussi notamment la directive 84/450/CEE du Conseil du 10 septembre 1984 relative à la publicité trompeuse et comparative[7], la directive 87/102/CEE du Conseil du 22 décembre 1986 relative au rapprochement des dispositions législatives, réglementaires et administratives des États membres en matière de crédit à la consommation[8], la directive 93/22/CEE du Conseil du 10 mai 1993 concernant les services d'investissement dans le domaine des valeurs mobilières[9], la directive 90/314/CEE du Conseil du 13 juin 1990 concernant les voyages, vacances et circuits à forfait[10], la directive 98/6/CE du Parlement européen et du Conseil du 16 février 1998 relative à la protection des consommateurs en matière d'indication des prix des produits offerts aux consommateurs[11], la directive 92/59/CEE du Conseil du 29 juin 1992 relative à la sécurité générale des produits[12], la directive 94/47/CE du Parlement européen et du Conseil du 26 octobre 1994 concernant la protection des acquéreurs pour certains aspects des contrats portant sur l'acquisition d'un droit d'utilisation à temps partiel de biens immobiliers[13], la directive 98/27/CE du Parlement européen et du Conseil du 19 mai 1998 relative aux actions en cessation en matière de protection des intérêts des consommateurs[14], la directive 85/374/CEE du Conseil du 25 juillet 1985 relative à la responsabilité du fait des produits défectueux[15], la directive 1999/44/CE du Parlement européen et du Conseil du 25 mai 1999 relative à certains aspects de la vente et aux garanties des biens de consommation[16], la future directive du Parlement européen et du Conseil concernant la vente à distance de services financiers aux consommateurs et la directive 92/28/CEE du Conseil du 31 mars 1992 concernant la publicité faite à l'égard des médicaments[17]. La présente directive doit être sans préjudice de la directive 98/43/CE du Parlement européen et du Conseil du 6 juillet 1998 concernant le rapprochement des dispositions législatives, réglementaires et administratives des États membres en matière de publicité et de parrainage en faveur des produits du tabac[18] adoptée dans le cadre du marché intérieur ou des directives relatives à la protection de la santé publique. La présente direc-

---

[6] JO n° L 144 du 4.6.1997, p. 19.
[7] JO n° L 250 du 19.9.1984, p. 17. Directive modifiée par la directive 97/55/CE du Parlement européen et du Conseil (JO n° L 290 du 23.10.1997, p. 18).
[8] JO n° L 42 du 12.2.1987, p. 48. Directive modifiée en dernier lieu par la directive 98/7/CE du Parlement européen et du Conseil (JO n° L 101 du 1.4.1998, p. 17).
[9] JO n° L 141 du 11.6.1993, p. 27. Directive modifiée en dernier lieu par la directive 97/9/CE du Parlement européen et du Conseil (JO n° L 84 du 26.3.1997, p. 22).
[10] JO n° L 158 du 23.6.1990, p. 59.
[11] JO n° L 80 du 18.3.1998, p. 27.
[12] JO n° L 228 du 11.8.1992, p. 24.
[13] JO n° L 280 du 29.10.1994, p. 83.
[14] JO n° L 166 du 11.6.1998, p. 51. Directive modifiée par la directive 1999/44/CE (JO n° L 171 du 7.7.1999, p. 12).
[15] JO n° L 210 du 7.8.1985, p. 29. Directive modifiée par la directive 1999/34/CE (JO n° L 141 du 4.6.1999, p. 20).
[16] JO n° L 171 du 7.7.1999, p. 12.
[17] JO n° L 113 du 30.4.1992, p. 13.
[18] JO n° L 213 du 30.7.1998, p. 9.

tive complète les exigences d'information établies par les directives précitées et en particulier la directive 97/7/CE.

12. Il est nécessaire d'exclure du champ d'application de la présente directive certaines activités compte tenu du fait que la libre prestation des services dans ces domaines ne peut être, à ce stade, garantie au regard du traité ou du droit communautaire dérivé existant. Cette exclusion doit être sans préjudice des éventuels instruments qui pourraient s'avérer nécessaires pour le bon fonctionnement du marché intérieur. La fiscalité, notamment la taxe sur la valeur ajoutée frappant un grand nombre des services visés par la présente directive, doit être exclue du champ d'application de la présente directive.

13. La présente directive n'a pas pour but d'établir des règles en matière d'obligations fiscales ni ne préjuge de l'élaboration d'instruments communautaires relatifs aux aspects fiscaux du commerce électronique.

14. La protection des personnes physiques à l'égard du traitement des données à caractère personnel est uniquement régie par la directive 95/46/CE du Parlement européen et du Conseil du 24 octobre 1995 relative à la protection des personnes physiques à l'égard du traitement des données à caractère personnel et à la libre circulation de ces données[19] et par la directive 97/66/CE du Parlement européen et du Conseil du 15 décembre 1997 concernant le traitement des données à caractère personnel et la protection de la vie privée dans le secteur des télécommunications[20], qui sont pleinement applicables aux services de la société de l'information. Ces directives établissent d'ores et déjà un cadre juridique communautaire dans le domaine des données à caractère personnel et, par conséquent, il n'est pas nécessaire de traiter cette question dans la présente directive afin d'assurer le bon fonctionnement du marché intérieur, et notamment la libre circulation des données à caractère personnel entre les États membres. La mise en œuvre et l'application de la présente directive devraient être conformes aux principes relatifs à la protection des données à caractère personnel, notamment pour ce qui est des communications commerciales non sollicitées et de la responsabilité des intermédiaires. La présente directive ne peut pas empêcher l'utilisation anonyme de réseaux ouverts tels qu'Internet.

15. Le secret des communications est garanti par l'article 5 de la directive 97/66/CE. Conformément à cette directive, les États membres doivent interdire tout type d'interception illicite ou la surveillance de telles communications par d'autres que les expéditeurs et les récepteurs, sauf lorsque ces activités sont légalement autorisées.

16. L'exclusion des activités de jeux d'argent du champ d'application de la présente directive couvre uniquement les jeux de hasard, les loteries et les transactions portant sur des paris, qui supposent des enjeux en valeur monétaire. Elle ne couvre pas les concours ou jeux promotionnels qui ont pour but d'encourager la vente de biens ou de services et pour lesquels les paiements, s'ils ont lieu, ne servent qu'à acquérir les biens ou les services en promotion.

17. La définition des services de la société de l'information existe déjà en droit communautaire. Elle figure dans la directive 98/34/CE du Parlement européen et du Conseil du 22 juin 1998 prévoyant une procédure d'information dans le domaine des normes et réglementations techniques et des règles relatives aux services de la société de l'information[21] et dans la directive 98/84/CE du Parlement européen et du Conseil du 20 novem-

---

[19] JO n° L 281 du 28.11.1995, p. 31.
[20] JO n° L 24 du 30.1.1998, p. 1.
[21] JO n° L 204 du 21.7.1998, p. 37. Directive modifiée par la directive 98/48/CE (JO n° L 217 du 5.8.1998, p. 18).

4. Commerce électronique

bre 1998 concernant la protection juridique des services à accès conditionnel et des services d'accès conditionnel[22]. Cette définition couvre tout service fourni, normalement contre rémunération, à distance au moyen d'équipement électronique de traitement (y compris la compression numérique) et de stockage des données, à la demande individuelle d'un destinataire de services. Les services visés dans la liste indicative figurant à l'annexe V de la directive 98/34/CE qui ne comportent pas de traitement et de stockage des données ne sont pas couverts par la présente définition.

18. Les services de la société de l'information englobent un large éventail d'activités économiques qui ont lieu en ligne. Ces activités peuvent consister, en particulier, à vendre des biens en ligne. Les activités telles que la livraison de biens en tant que telle ou la fourniture de services hors ligne ne sont pas couvertes. Les services de la société de l'information ne se limitent pas exclusivement aux services donnant lieu à la conclusion de contrats en ligne, mais, dans la mesure où ils représentent une activité économique, ils s'étendent à des services qui ne sont pas rémunérés par ceux qui les reçoivent, tels que les services qui fournissent des informations en ligne ou des communications commerciales, ou ceux qui fournissent des outils permettant la recherche, l'accès et la récupération des données. Les services de la société de l'information comportent également des services qui consistent à transmettre des informations par le biais d'un réseau de communication, à fournir un accès à un réseau de communication ou à héberger des informations fournies par un destinataire de services. Les services de télévision au sens de la directive 89/552/CEE et de radiodiffusion ne sont pas des services de la société de l'information car ils ne sont pas fournis sur demande individuelle. En revanche, les services transmis de point à point, tels que les services de vidéo à la demande ou la fourniture de communications commerciales par courrier électronique constituent des services de la société de l'information. L'utilisation du courrier électronique ou d'autres moyens de communication individuels équivalents par des personnes physiques agissant à des fins qui n'entrent pas dans le cadre de leurs activités commerciales ou professionnelles, y compris leur utilisation pour la conclusion de contrats entre ces personnes, n'est pas un service de la société de l'information. La relation contractuelle entre un employé et son employeur n'est pas un service de la société de l'information. Les activités qui, par leur nature, ne peuvent pas être réalisées à distance ou par voie électronique, telles que le contrôle légal des comptes d'une société ou la consultation médicale requérant un examen physique du patient, ne sont pas des services de la société de l'information.

19. Le lieu d'établissement d'un prestataire devrait être déterminé conformément à la jurisprudence de la Cour de justice, selon laquelle le concept d'établissement implique l'exercice effectif d'une activité économique au moyen d'une installation stable et pour une durée indéterminée. Cette exigence est également remplie lorsqu'une société est constituée pour une période donnée. Le lieu d'établissement d'une société fournissant des services par le biais d'un site Internet n'est pas le lieu où se situe l'installation technologique servant de support au site ni le lieu où son site est accessible, mais le lieu où elle exerce son activité économique. Dans le cas où un prestataire a plusieurs lieux d'établissement, il est important de déterminer de quel lieu d'établissement le service concerné est presté. Dans les cas où il est difficile de déterminer, entre plusieurs lieux d'établissement, celui à partir duquel un service donné est fourni, le lieu d'établissement est celui dans lequel le prestataire a le centre de ses activités pour ce service spécifique.

---

[22] JO n° L 320 du 28.11.1998, p. 54.

20. La définition du «destinataire d'un service» couvre tous les types d'utilisation des services de la société de l'information, tant par les personnes qui fournissent l'information sur les réseaux ouverts tels que l'Internet que par celles qui recherchent des informations sur l'Internet pour des raisons privées ou professionnelles.

21. La portée du domaine coordonné est sans préjudice d'une future harmonisation communautaire concernant les services de la société de l'information et de futures législations adoptées au niveau national conformément au droit communautaire. Le domaine coordonné ne couvre que les exigences relatives aux activités en ligne, telles que l'information en ligne, la publicité en ligne, les achats en ligne, la conclusion de contrats en ligne et ne concerne pas les exigences juridiques des États membres relatives aux biens telles que les normes en matière de sécurité, les obligations en matière d'étiquetage ou la responsabilité du fait des produits, ni les exigences des États membres relatives à la livraison ou au transport de biens, y compris la distribution de médicaments. Le domaine coordonné ne couvre pas l'exercice du droit de préemption par les pouvoirs publics concernant certains biens tels que les œuvres d'art.

22. Le contrôle des services de la société de l'information doit se faire à la source de l'activité pour assurer une protection efficace des objectifs d'intérêt général. Pour cela, il est nécessaire de garantir que l'autorité compétente assure cette protection non seulement pour les citoyens de son propre pays, mais aussi pour l'ensemble des citoyens de la Communauté. Pour améliorer la confiance mutuelle entre les États membres, il est indispensable de préciser clairement cette responsabilité de l'État membre d'origine des services. En outre, afin d'assurer efficacement la libre prestation des services et une sécurité juridique pour les prestataires et leurs destinataires, ces services de la société de l'information doivent être soumis en principe au régime juridique de l'État membre dans lequel le prestataire est établi.

23. La présente directive n'a pas pour objet d'établir des règles supplémentaires de droit international privé relatives aux conflits de loi ni de traiter de la compétence des tribunaux. Les dispositions du droit applicable désigné par les règles du droit international privé ne doivent pas restreindre la libre prestation des services de la société de l'information telle que prévue par la présente directive.

24. Dans le cadre de la présente directive et nonobstant le principe du contrôle à la source de services de la société de l'information, il apparaît légitime, dans les conditions prévues par la présente directive, que les États membres prennent des mesures tendant à limiter la libre circulation des services de la société de l'information.

25. Les juridictions nationales, y compris les juridictions civiles, statuant sur les différends de droit privé peuvent déroger à la libre prestation des services de la société de l'information, conformément aux conditions définies dans la présente directive.

26. Les États membres peuvent, conformément aux conditions définies dans la présente directive, appliquer leurs règles nationales de droit pénal et de procédure pénale pour engager toutes les mesures d'enquêtes et autres nécessaires pour détecter et poursuivre les infractions en matière pénale, sans qu'il soit besoin de notifier ces mesures à la Commission.

27. La présente directive, en liaison avec la future directive du Parlement européen et du Conseil concernant la vente à distance de services financiers aux consommateurs, contribue à la création d'un cadre juridique pour la prestation en ligne de services financiers. La présente directive ne préjuge pas de futures initiatives dans le domaine des services financiers, notamment en ce qui concerne l'harmonisation des règles de conduite dans ce domaine. La possibilité pour les États membres, établie par la présente directive, de restrein-

dre, dans certaines circonstances, la libre prestation des services de la société de l'information aux fins de protection des consommateurs couvre également les mesures dans le domaine des services financiers, notamment des mesures visant à protéger les investisseurs.

28. *L'obligation faite aux États membres de ne pas soumettre l'accès à l'activité d'un prestataire de services de la société de l'information à une autorisation préalable ne concerne pas les services postaux couverts par la directive 97/67/CE du Parlement européen et du Conseil du 15 décembre 1997 concernant des règles communes pour le développement du marché intérieur des services postaux de la Communauté et l'amélioration de la qualité du service*[23], *consistant dans la remise physique d'un message imprimé par courrier électronique et n'affecte pas les régimes d'accréditation volontaire, notamment pour les prestataires de services de signature électronique et de certification.*

29. *Les communications commerciales sont essentielles pour le financement des services de la société de l'information et le développement d'une large variété de nouveaux services gratuits. Dans l'intérêt de la protection des consommateurs et de la loyauté des transactions, les communications commerciales, y compris les rabais, les offres, concours et jeux promotionnels, doivent respecter un certain nombre d'obligations relatives à la transparence. Ces obligations sont sans préjudice de la directive 97/7/CE. La présente directive ne doit pas affecter les directives existantes concernant les communications commerciales, en particulier la directive 98/43/CE.*

30. *L'envoi par courrier électronique de communications commerciales non sollicitées peut être inopportun pour les consommateurs et pour les fournisseurs de services de la société de l'information et susceptible de perturber le bon fonctionnement des réseaux interactifs. La question du consentement du destinataire pour certaines formes de communication commerciale non sollicitée n'est pas traitée dans la présente directive, mais a déjà été traitée, en particulier, dans la directive 97/7/CE et dans la directive 97/66/CE. Dans les États membres qui autorisent l'envoi par courrier électronique de communications commerciales non sollicitées, la mise en place de dispositifs de filtrage approprié par les entreprises doit être encouragée et facilitée. Il faut en outre, en toute hypothèse, que les communications commerciales non sollicitées soient clairement identifiables en tant que telles afin d'améliorer la transparence et de faciliter le fonctionnement de tels dispositifs mis en place par les entreprises. L'envoi par courrier électronique de communications commerciales non sollicitées ne saurait entraîner de frais supplémentaires pour le destinataire.*

31. *Les États membres qui autorisent l'envoi par courrier électronique, par des prestataires établis sur leur territoire, de communications commerciales non sollicitées sans le consentement préalable du destinataire, doivent veiller à ce que les prestataires consultent régulièrement les registres «opt-out» où les personnes physiques qui ne souhaitent pas recevoir ce type de communications commerciales peuvent s'inscrire, et respectent le souhait de ces personnes.*

32. *Pour supprimer les entraves au développement des services transfrontaliers dans la Communauté que les membres des professions réglementées pourraient proposer sur l'Internet, il est nécessaire que le respect des règles professionnelles prévues pour protéger notamment le consommateur ou la santé publique soit garanti au niveau communautaire. Les codes de conduite au niveau communautaire constituent le meilleur instrument pour*

---

[23] JO n° L 15 du 21.1.1998, p. 14.

déterminer les règles déontologiques applicables à la communication commerciale. Il convient d'encourager leur élaboration ou, le cas échéant, leur adaptation, sans préjudice de l'autonomie des organismes et des associations professionnels.

33. La présente directive complète le droit communautaire et le droit national relatif aux professions réglementées en maintenant un ensemble cohérent de règles applicables dans ce domaine.

34. Chaque État membre doit ajuster sa législation qui contient des exigences, notamment de forme, susceptibles de gêner le recours à des contrats par voie électronique. Il convient que l'examen des législations nécessitant cet ajustement se fasse systématiquement et porte sur l'ensemble des étapes et des actes nécessaires au processus contractuel, y compris l'archivage du contrat. Il convient que le résultat de cet ajustement soit de rendre réalisables les contrats conclus par voie électronique. L'effet juridique des signatures électroniques fait l'objet de la directive 1999/93/CE du Parlement européen et du Conseil du 13 décembre 1999 sur un cadre communautaire pour les signatures électroniques[24], l'accusé de réception par un prestataire peut être constitué par la fourniture en ligne d'un service payé.

35. La présente directive n'affecte pas la possibilité pour les États membres de maintenir ou d'établir pour les contrats des exigences juridiques générales ou spécifiques qui peuvent être satisfaites par des moyens électroniques, notamment des exigences en matière de sécurité des signatures électroniques.

36. Les États membres peuvent maintenir des restrictions à l'utilisation de contrats électroniques en ce qui concerne les contrats pour lesquels la loi requiert l'intervention de tribunaux, d'autorités publiques ou de professions exerçant une autorité publique. Cette possibilité couvre également les contrats requérant l'intervention de tribunaux, d'autorités publiques ou de professions exerçant une autorité publique afin de produire des effets à l'égard des tiers, aussi bien que les contrats requérant une certification juridique ou une attestation par un notaire.

37. L'obligation faite aux États membres d'éliminer les obstacles à l'utilisation des contrats électroniques ne concerne que les obstacles résultant d'exigences juridiques et non pas les obstacles d'ordre pratique résultant d'une impossibilité d'utiliser les moyens électroniques dans certains cas.

38. L'obligation faite aux États membres d'éliminer les obstacles à l'utilisation des contrats électroniques est mise en œuvre dans le respect des exigences juridiques pour les contrats, consacrées par le droit communautaire.

39. Les exceptions aux dispositions relatives aux contrats passés exclusivement au moyen du courrier électronique ou au moyen de communications individuelles équivalentes prévues dans la présente directive, en ce qui concerne les informations à fournir et la passation d'une commande, ne sauraient avoir comme conséquence de permettre le contournement de ces dispositions par les prestataires de services de la société de l'information.

40. Les divergences existantes et émergentes entre les législations et les jurisprudences des États membres dans le domaine de la responsabilité des prestataires de services agissant en qualité d'intermédiaires empêchent le bon fonctionnement du marché intérieur, en particulier en gênant le développement des services transfrontaliers et en produisant des distorsions de concurrence. Les prestataires des services ont, dans certains cas, le devoir d'agir pour éviter les activités illégales ou pour y mettre fin. La présente directive doit constituer

---

[24] JO n° L 13 du 19.1.2000, p. 12.

4. Commerce électronique 579

la base adéquate pour l'élaboration de mécanismes rapides et fiables permettant de retirer les informations illicites et de rendre l'accès à celles-ci impossible. Il conviendrait que de tels mécanismes soient élaborés sur la base d'accords volontaires négociés entre toutes les parties concernées et qu'ils soient encouragés par les États membres. Il est dans l'intérêt de toutes les parties qui participent à la fourniture de services de la société de l'information d'adopter et d'appliquer de tels mécanismes. Les dispositions de la présente directive sur la responsabilité ne doivent pas faire obstacle au développement et à la mise en œuvre effective, par les différentes parties concernées, de systèmes techniques de protection et d'identification ainsi que d'instruments techniques de surveillance rendus possibles par les techniques numériques, dans le respect des limites établies par les directives 95/46/CE et 97/66/CE.

41. La présente directive instaure un équilibre entre les différents intérêts en jeu et établit des principes qui peuvent servir de base aux normes et aux accords adoptés par les entreprises.

42. Les dérogations en matière de responsabilité prévues par la présente directive ne couvrent que les cas où l'activité du prestataire de services dans le cadre de la société de l'information est limitée au processus technique d'exploitation et de fourniture d'un accès à un réseau de communication sur lequel les informations fournies par des tiers sont transmises ou stockées temporairement, dans le seul but d'améliorer l'efficacité de la transmission. Cette activité revêt un caractère purement technique, automatique et passif, qui implique que le prestataire de services de la société de l'information n'a pas la connaissance ni le contrôle des informations transmises ou stockées.

43. Un prestataire de services peut bénéficier de dérogations pour le «simple transport» et pour la forme de stockage dite «caching» lorsqu'il n'est impliqué en aucune manière dans l'information transmise. Cela suppose, entre autres, qu'il ne modifie pas l'information qu'il transmet. Cette exigence ne couvre pas les manipulations à caractère technique qui ont lieu au cours de la transmission, car ces dernières n'altèrent pas l'intégrité de l'information contenue dans la transmission.

44. Un prestataire de services qui collabore délibérément avec l'un des destinataires de son service afin de se livrer à des activités illégales va au-delà des activités de «simple transport» ou de «caching» et, dès lors, il ne peut pas bénéficier des dérogations en matière de responsabilité prévues pour ce type d'activité.

45. Les limitations de responsabilité des prestataires de services intermédiaires prévues dans la présente directive sont sans préjudice de la possibilité d'actions en cessation de différents types. Ces actions en cessation peuvent notamment revêtir la forme de décisions de tribunaux ou d'autorités administratives exigeant qu'il soit mis un terme à toute violation ou que l'on prévienne toute violation, y compris en retirant les informations illicites ou en rendant l'accès à ces dernières impossible.

46. Afin de bénéficier d'une limitation de responsabilité, le prestataire d'un service de la société de l'information consistant dans le stockage d'informations doit, dès qu'il prend effectivement connaissance ou conscience du caractère illicite des activités, agir promptement pour retirer les informations concernées ou rendre l'accès à celles-ci impossible. Il y a lieu de procéder à leur retrait ou de rendre leur accès impossible dans le respect du principe de la liberté d'expression et des procédures établies à cet effet au niveau national. La présente directive n'affecte pas la possibilité qu'ont les États membres de définir des exigences spécifiques auxquelles il doit être satisfait promptement avant de retirer des informations ou d'en rendre l'accès impossible.

47. *L'interdiction pour les États membres d'imposer aux prestataires de services une obligation de surveillance ne vaut que pour les obligations à caractère général. Elle ne concerne pas les obligations de surveillance applicables à un cas spécifique et, notamment, elle ne fait pas obstacle aux décisions des autorités nationales prises conformément à la législation nationale.*

48. *La présente directive n'affecte en rien la possibilité qu'ont les États membres d'exiger des prestataires de services qui stockent des informations fournies par des destinataires de leurs services qu'ils agissent avec les précautions que l'on peut raisonnablement attendre d'eux et qui sont définies dans la législation nationale, et ce afin de détecter et d'empêcher certains types d'activités illicites.*

49. *Les États membres et la Commission doivent encourager l'élaboration de codes de conduite. Cela ne porte pas atteinte au caractère volontaire de ces codes et à la possibilité, pour les parties intéressées, de décider librement si elles adhèrent ou non à ces codes.*

50. *Il est important que la proposition de directive sur l'harmonisation de certains aspects du droit d'auteur et des droits voisins dans la société de l'information et la présente directive entrent en vigueur au même moment afin d'établir un cadre réglementaire clair en ce qui concerne la responsabilité des intermédiaires en cas de violation du droit d'auteur et des droits voisins au niveau communautaire.*

51. *Il doit incomber à chaque État membre, le cas échéant, de modifier toute législation susceptible de gêner l'utilisation des mécanismes de règlement extrajudiciaire des litiges par les voies électroniques. Le résultat de cette modification doit être de rendre réellement et effectivement possible, en droit et dans la pratique, le fonctionnement de tels mécanismes, y compris dans des situations transfrontalières.*

52. *L'exercice effectif des libertés du marché intérieur nécessite de garantir aux victimes un accès efficace aux règlements des litiges. Les dommages qui peuvent se produire dans le cadre des services de la société de l'information se caractérisent à la fois par leur rapidité et leur étendue géographique. En raison de cette spécificité et de la nécessité de veiller à ce que les autorités nationales ne mettent pas en cause la confiance qu'elles doivent s'accorder mutuellement, la présente directive invite les États membres à faire en sorte que les recours juridictionnels appropriés soient disponibles. Les États membres doivent évaluer la nécessité de fournir un accès aux procédures juridictionnelles par les moyens électroniques appropriés.*

53. *La directive 98/27/CE, applicable aux services de la société de l'information, prévoit un mécanisme relatif aux actions en cessation visant à protéger les intérêts collectifs des consommateurs. Ce mécanisme contribuera à la libre circulation des services de la société de l'information en assurant un niveau élevé de protection des consommateurs.*

54. *Les sanctions prévues dans le cadre de la présente directive sont sans préjudice de toute autre sanction ou voie de droit prévue par le droit national. Les États membres ne sont pas tenus de prévoir des sanctions pénales pour la violation des dispositions nationales adoptées en application de la présente directive.*

55. *La présente directive ne porte pas atteinte au droit applicable aux obligations contractuelles relatives aux contrats conclus par les consommateurs. En conséquence, la présente directive ne saurait avoir pour effet de priver le consommateur de la protection que lui procurent les règles impératives relatives aux obligations contractuelles prévues par le droit de l'État membre dans lequel il a sa résidence habituelle.*

56. *En ce qui concerne la dérogation prévue par la présente directive pour les obligations contractuelles dans les contrats conclus par les consommateurs, celles-ci doivent être interprétées comme comprenant les informations sur les éléments essentiels du contenu du*

4. Commerce électronique 581

contrat, y compris les droits du consommateur, ayant une influence déterminante sur la décision de contracter.

57. Conformément à une jurisprudence constante de la Cour de justice, un État membre conserve le droit de prendre des mesures à l'encontre d'un prestataire établi dans un autre État membre, mais dont l'activité est entièrement ou principalement tournée vers le territoire du premier État membre, lorsque le choix de cet établissement a été fait en vue de se soustraire aux règles qui seraient applicables à ce prestataire s'il s'était établi sur le territoire du premier État membre.

58. La présente directive ne doit pas s'appliquer aux services fournis par des prestataires établis dans un pays tiers. Compte tenu de la dimension mondiale du service électronique, il convient toutefois d'assurer la cohérence des règles communautaires avec les règles internationales. La présente directive est sans préjudice des résultats des discussions en cours sur les aspects juridiques dans les organisations internationales (entre autres, OMC, OCDE, Cnudci).

59. En dépit de la nature planétaire des communications électroniques, la coordination au niveau de l'Union européenne des mesures réglementaires nationales est nécessaire afin d'éviter la fragmentation du marché intérieur et d'établir un cadre réglementaire européen approprié. Cette coordination doit également contribuer à l'établissement d'une position de négociation commune et forte dans les enceintes internationales.

60. Pour permettre un développement sans entrave du commerce électronique, le cadre juridique doit être clair et simple, prévisible et cohérent avec les règles applicables au niveau international, de sorte qu'il ne porte pas atteinte à la compétitivité de l'industrie européenne et qu'il ne fasse pas obstacle à l'innovation dans ce secteur.

61. Si le marché doit réellement fonctionner par des moyens électroniques dans un contexte mondialisé, l'Union européenne et les grands ensembles non européens ont besoin de se concerter pour rendre leurs législations et leurs procédures compatibles.

62. La coopération avec les pays tiers doit être renforcée dans le domaine du commerce électronique, notamment avec les pays candidats, les pays en développement et les autres partenaires commerciaux de l'Union européenne.

63. L'adoption de la présente directive ne saurait empêcher les États membres de prendre en compte les différentes implications sociales, sociétales et culturelles inhérentes à l'avènement de la société de l'information. En particulier, elle ne devrait pas porter atteinte aux mesures destinées à atteindre des objectifs sociaux, culturels et démocratiques que les États membres pourraient adopter, conformément au droit communautaire, en tenant compte de leur diversité linguistique, des spécificités nationales et régionales ainsi que de leurs patrimoines culturels, et à assurer et à maintenir l'accès du public à un éventail le plus large possible de services de la société de l'information. Le développement de la société de l'information doit assurer, en tout état de cause, l'accès des citoyens de la Communauté au patrimoine culturel européen fourni dans un environnement numérique.

64. La communication électronique constitue pour les États membres un excellent moyen de fournir un service public dans les domaines culturel, éducatif et linguistique.

65. Le Conseil, dans sa résolution du 19 janvier 1999 sur la dimension consumériste de la société de l'information[25], a souligné que la protection des consommateurs méritait une attention particulière dans le cadre de celle-ci. La Commission étudiera la mesure dans laquelle les règles de protection des consommateurs existantes fournissent une protection

---

[25] JO n° C 23 du 28.1.1999, p. 1.

insuffisante au regard de la société de l'information et identifiera, le cas échéant, les lacunes de cette législation et les aspects pour lesquels des mesures additionnelles pourraient s'avérer nécessaires. En cas de besoin, la Commission devrait faire des propositions spécifiques additionnelles visant à combler les lacunes qu'elle aurait ainsi identifiées,
A ARRÊTÉ LA PRÉSENTE DIRECTIVE :

Chapitre I. Disposition générales

Article premier. Objectif et champ d'application
1. La présente directive a pour objectif de contribuer au bon fonctionnement du marché intérieur en assurant la libre circulation des services de la société de l'information entre les États membres.
2. La présente directive rapproche, dans la mesure nécessaire à la réalisation de l'objectif visé au paragraphe 1, certaines dispositions nationales applicables aux services de la société de l'information et qui concernent le marché intérieur, l'établissement des prestataires, les communications commerciales, les contrats par voie électronique, la responsabilité des intermédiaires, les codes de conduite, le règlement extrajudiciaire des litiges, les recours juridictionnels et la coopération entre États membres.
3. La présente directive complète le droit communautaire applicable aux services de la société de l'information sans préjudice du niveau de protection, notamment en matière de santé publique et des intérêts des consommateurs, établi par les instruments communautaires et la législation nationale les mettant en œuvre dans la mesure où cela ne restreint pas la libre prestation de services de la société de l'information.
4. La présente directive n'établit pas de règles additionnelles de droit international privé et ne traite pas de la compétence des juridictions.
5. La présente directive n'est pas applicable :
a) au domaine de la fiscalité ;
b) aux questions relatives aux services de la société de l'information couvertes par les directives 95/46/CE et 97/66/CE ;
c) aux questions relatives aux accords ou pratiques régis par le droit sur les ententes ;
d) aux activités suivantes des services de la société de l'information :
– les activités de notaire ou les professions équivalentes, dans la mesure où elles comportent une participation directe et spécifique à l'exercice de l'autorité publique,
– la représentation d'un client et la défense de ses intérêts devant les tribunaux,
– les activités de jeux d'argent impliquant des mises ayant une valeur monétaire dans des jeux de hasard, y compris les loteries et les transactions portant sur des paris.
6. La présente directive ne porte pas atteinte aux mesures prises au niveau communautaire ou au niveau national, dans le respect du droit communautaire, pour promouvoir la diversité culturelle et linguistique et assurer la défense du pluralisme.

Article 2. Définitions
Aux fins de la présente directive, on entend par :

4. Commerce électronique 583

a) «services de la société de l'information»: les services au sens de l'article 1er, paragraphe 2, de la directive 98/34/CE, telle que modifiée par la directive 98/48/CE;
b) «prestataire»: toute personne physique ou morale qui fournit un service de la société de l'information;
c) «prestataire établi»: prestataire qui exerce d'une manière effective une activité économique au moyen d'une installation stable pour une durée indéterminée. La présence et l'utilisation des moyens techniques et des technologies requis pour fournir le service ne constituent pas en tant que telles un établissement du prestataire;
d) «destinataire du service»: toute personne physique ou morale qui, à des fins professionnelles ou non, utilise un service de la société de l'information, notamment pour rechercher une information ou la rendre accessible;
e) «consommateur»: toute personne physique agissant à des fins qui n'entrent pas dans le cadre de son activité professionnelle ou commerciale;
f) «communication commerciale»: toute forme de communication destinée à promouvoir, directement ou indirectement, des biens, des services, ou l'image d'une entreprise, d'une organisation ou d'une personne ayant une activité commerciale, industrielle, artisanale ou exerçant une profession réglementée. Ne constituent pas en tant que telles des communications commerciales:
– les informations permettant l'accès direct à l'activité de l'entreprise, de l'organisation ou de la personne, notamment un nom de domaine ou une adresse de courrier électronique,
– les communications relatives aux biens, aux services ou à l'image de l'entreprise, de l'organisation ou de la personne élaborées d'une manière indépendante, en particulier lorsqu'elles sont fournies sans contrepartie financière;
g) «profession réglementée»: toute profession au sens, soit de l'article 1er, point d), de la directive 89/49/CEE du Conseil du 21 décembre 1988 relative à un système général de reconnaissance des diplômes d'enseignement supérieur qui sanctionne des formations professionnelles d'une durée minimale de trois ans[26], soit au sens de l'article 1er, point f), de la directive 92/51/CEE du Conseil du 18 juin 1992 relative à un deuxième système général de reconnaissance des formations professionnelles, qui complète la directive 89/48/CEE[27];
h) «domaine coordonné»: les exigences prévues par les systèmes juridiques des États membres et applicables aux prestataires des services de la société de l'information ou aux services de la société de l'information, qu'elles revêtent un caractère général ou qu'elles aient été spécifiquement conçues pour eux.
i) Le domaine coordonné a trait à des exigences que le prestataire doit satisfaire et qui concernent:
– l'accès à l'activité d'un service de la société de l'information, telles que les exigences en matière de qualification, d'autorisation ou de notification,
– l'exercice de l'activité d'un service de la société de l'information, telles que les exigences portant sur le comportement du prestataire, la qualité ou le contenu du service, y compris en matière de publicité et de contrat, ou sur la responsabilité du prestataire.

---

[26] JO n° L 19 du 24.1.1989, p. 16.
[27] JO n° L 209 du 24.7.1992, p. 25. Directive modifiée en dernier lieu par la directive 97/38/CE (JO n° L 184 du 12.7.1997, p. 31).

ii) Le domaine coordonnée ne couvre pas les exigences telles que:
- les exigences applicables aux biens en tant que tels,
- les exigences applicables à la livraison de biens,
- les exigences applicables aux services qui ne sont pas fournis par voie électronique.

Article 3. Marché intérieur

1. Chaque État membre veille à ce que les services de la société de l'information fournis par un prestataire établi sur son territoire respectent les dispositions nationales applicables dans cet État membre relevant du domaine coordonné.
2. Les État membres ne peuvent, pour des raisons relevant du domaine coordonné, restreindre la libre circulation des services de la société de l'information en provenance d'un autre État membre.
3. Les paragraphes 1 et 2 ne sont pas applicables aux domaines visés à l'annexe.
4. Les États membres peuvent prendre, à l'égard d'un service donné de la société de l'information, des mesures qui dérogent au paragraphe 2 si les conditions suivantes sont remplies:
a) les mesures doivent être:
i) nécessaires pour une des raisons suivantes:
- l'ordre public, en particulier la prévention, les investigations, la détection et les poursuites en matière pénale, notamment la protection des mineurs et la lutte contre l'incitation à la haine pour des raisons de race, de sexe, de religion ou de nationalité et contre les atteintes à la dignité de la personne humaine,
- la protection de la santé publique,
- la sécurité publique, y compris la protection de la sécurité et de la défense nationales,
- la protection des consommateurs, y compris des investisseurs;
ii) prises à l'encontre d'un service de la société de l'information qui porte atteinte aux objectifs visés au point i) ou qui constitue un risque sérieux et grave d'atteinte à ces objectifs;
iii) proportionnelles à ces objectifs;
b) l'État membre a préalablement et sans préjudice de la procédure judiciaire, y compris la procédure préliminaire et les actes accomplis dans le cadre d'une enquête pénale:
- demandé à l'État membre visé au paragraphe 1 de prendre des mesures et ce dernier n'en a pas pris ou elles n'ont pas été suffisantes,
- notifié à la Commission et à l'État membre visé au paragraphe 1 son intention de prendre de telles mesures.
5. Les États membres peuvent, en cas d'urgence, déroger aux conditions prévues au paragraphe 4, point b). Dans ce cas, les mesures sont notifiées dans les plus brefs délais à la Commission et à l'État membre visé au paragraphe 1, en indiquant les raisons pour lesquelles l'État membre estime qu'il y a urgence.
6. Sans préjudice de la faculté pour l'État membre de prendre et d'appliquer les mesures en question, la Commission doit examiner dans les plus brefs délais la compatibilité des mesures notifiées avec le droit communautaire; lorsqu'elle parvient à la conclusion que la mesure est incompatible avec le droit communautaire, la Commission demande à l'État membre concerné de s'abstenir de prendre les mesures envisagées ou de mettre fin d'urgence aux mesures en question.

4. Commerce électronique

Chapitre II. Principes

Section I. Exigences en matière d'établissement et d'information

Article 4. Principe de non-autorisation préalable

1. Les États membres veillent à ce que l'accès à l'activité d'un prestataire de services de la société de l'information et l'exercice de celle-ci ne puissent pas être soumis à un régime d'autorisation préalable ou à toute autre exigence ayant un effet équivalent.

2. Le paragraphe 1 est sans préjudice des régimes d'autorisation qui ne visent pas spécifiquement et exclusivement les services de la société de l'information ou qui sont couverts par la directive 97/13/CE du Parlement européen et du Conseil du 10 avril 1997 relative à un cadre commun pour les autorisations générales et les licences individuelles dans le secteur des services des télécommunications[28].

Article 5. Informations générales à fournir

1. Outre les autres exigences en matière d'information prévues par le droit communautaire, les États membres veillent à ce que le prestataire rende possible un accès facile, direct et permanent, pour les destinataires du service et pour les autorités compétentes, au moins aux informations suivantes:

a) le nom du prestataire de services;

b) l'adresse géographique à laquelle le prestataire de services est établi;

c) les coordonnées du prestataire, y compris son adresse de courrier électronique, permettant d'entrer en contact rapidement et de communiquer directement et efficacement avec lui;

d) dans le cas où le prestataire est inscrit dans un registre de commerce ou dans un autre registre public similaire, le registre de commerce dans lequel il est inscrit et son numéro d'immatriculation, ou des moyens équivalents d'identification figurant dans ce registre;

e) dans le cas où l'activité est soumise à un régime d'autorisation, les coordonnées de l'autorité de surveillance compétente;

f) en ce qui concerne les professions réglementées:

– tout ordre professionnel ou organisme similaire auprès duquel le prestataire est inscrit,

– le titre professionnel et l'État membre dans lequel il a été octroyé,

– une référence aux règles professionnelles applicables dans l'État membre d'établissement et aux moyens d'y avoir accès;

g) dans le cas où le prestataire exerce une activité soumise à la TVA, le numéro d'identification visé à l'article 22, paragraphe 1, de la sixième directive 77/388/CEE du Conseil du 17 mai 1977 en matière d'harmonisation des législations des États membres relatives aux taxes sur le chiffre d'affaires – Système commun de taxe sur la valeur ajoutée: assiette uniforme[29].

---

[28] JO n° L 117 du 7.5.1997, p. 15.
[29] JO n° L 145 du 13.6.1977, p. 1. Directive modifiée en dernier lieu par la directive 1999/85/CE (JO n° L 277 du 28.10.1999, p. 34).

2. Outre les autres exigences en matière d'information prévues par le droit communautaire, les États membres veillent au moins à ce que, lorsque les services de la société de l'information mentionnent des prix, ces derniers soient indiqués de manière claire et non ambiguë et précisent notamment si les taxes et les frais de livraison sont inclus.

Section 2. Communications commerciales

Article 6. Informations à fournir

Outre les autres exigences en matière d'information prévues par le droit communautaire, les États membres veillent à ce que les communications commerciales qui font partie d'un service de la société de l'information ou qui constituent un tel service répondent au moins aux conditions suivantes:
a) la communication commerciale doit être clairement identifiable comme telle;
b) la personne physique ou morale pour le compte de laquelle la communication commerciale est faite doit être clairement identifiable;
c) lorsqu'elles sont autorisées dans l'État membre où le prestataire est établi, les offres promotionnelles, telles que les rabais, les primes et les cadeaux, doivent être clairement identifiables comme telles et les conditions pour en bénéficier doivent être aisément accessibles et présentées de manière précise et non équivoque;
d) lorsqu'ils sont autorisés dans l'État membre où le prestataire est établi, les concours ou jeux promotionnels doivent être clairement identifiables comme tels et leurs conditions de participation doivent être aisément accessibles et présentées de manière précise et non équivoque.

Article 7. Communications commerciales non sollicitées

1. Outre les autres exigences prévues par le droit communautaire, les États membres qui autorisent les communications commerciales non sollicitées par courrier électronique veillent à ce que ces communications commerciales effectuées par un prestataire établi sur leur territoire puissent être identifiées de manière claire et non équivoque dès leur réception par le destinataire.
2. Sans préjudice de la directive 97/7/CE et de la directive 97/66/CE, les États membres prennent des mesures visant à garantir que les prestataires qui envoient par courrier électronique des communications commerciales non sollicitées consultent régulièrement les registres «opt-out» dans lesquels les personnes physiques qui ne souhaitent pas recevoir ce type de communications peuvent s'inscrire, et respectent le souhait de ces dernières.

Article 8. Professions réglementées

1. Les États membres veillent à ce que l'utilisation de communications commerciales qui font partie d'un service de la société de l'information fourni par un membre d'une profession réglementée, ou qui constituent un tel service, soit autorisée sous réserve du respect des règles professionnelles visant, notamment, l'indépendance, la dignité et l'honneur de la profession ainsi que le secret professionnel et la loyauté envers les clients et les autres membres de la profession.
2. Sans préjudice de l'autonomie des organismes et associations professionnels, les États membres et la Commission encouragent les associations et les organismes professionnels à élaborer des codes de conduite au niveau communautaire pour

4. Commerce électronique 587

préciser les informations qui peuvent être données à des fins de communications commerciales dans le respect des règles visées au paragraphe 1.
3. Lors de l'élaboration de propositions relatives à des initiatives communautaires qui peuvent s'avérer nécessaires pour assurer le bon fonctionnement du marché intérieur au regard des informations visées au paragraphe 2, la Commission tient dûment compte des codes de conduite applicables au niveau communautaire et agit en étroite coopération avec les associations et organismes professionnels concernés.
4. La présente directive s'applique en sus des directives communautaires régissant l'accès aux activités des professions réglementées et l'exercice de celles-ci.

Section 3. Contrats par voie électronique

Article 9. Traitement des contrats
1. Les États membres veillent à ce que leur système juridique rende possible la conclusion des contrats par voie électronique. Les États membres veillent notamment à ce que le régime juridique applicable au processus contractuel ne fasse pas obstacle à l'utilisation des contrats électroniques ni ne conduise à priver d'effet et de validité juridiques de tels contrats pour le motif qu'ils sont passés par voie électronique.
2. Les États membres peuvent prévoir que le paragraphe 1 ne s'applique pas à tous les contrats ou à certains d'entre eux qui relèvent des catégories suivantes:
a) les contrats qui créent ou transfèrent des droits sur des biens immobiliers, à l'exception des droits de location;
b) les contrats pour lesquels la loi requiert l'intervention des tribunaux, des autorités publiques ou de professions exerçant une autorité publique;
c) les contrats de sûretés et garanties fournis par des personnes agissant à des fins qui n'entrent pas dans le cadre de leur activité professionnelle ou commerciale;
d) les contrats relevant du droit de la famille ou du droit des successions.
3. Les États membres indiquent à la Commission les catégories visées au paragraphe 2 auxquelles ils n'appliquent pas le paragraphe 1. Ils soumettent tous les cinq ans à la Commission un rapport sur l'application du paragraphe 2 en expliquant les raisons pour lesquelles ils estiment nécessaire de maintenir les catégories visées au paragraphe 2, point b), auxquelles ils n'appliquent pas le paragraphe 1.

Article 10. Informations à fournir
1. Outre les autres exigences en matière d'information prévues par le droit communautaire, les États membres veillent à ce que, sauf si les parties qui ne sont pas des consommateurs en ont convenu autrement, le prestataire de services fournisse au moins les informations mentionnées ci-après, formulées de manière claire, compréhensible et non équivoque et avant que le destinataire du service ne passe sa commande:
a) les différentes étapes techniques à suivre pour conclure le contrat;
b) si le contrat une fois conclu est archivé ou non par le prestataire de services et s'il est accessible ou non;
c) les moyens techniques pour identifier et corriger des erreurs commises dans la saisie des données avant que la commande ne soit passée;
d) les langues proposées pour la conclusion du contrat.

2. Les États membres veillent à ce que, sauf si les parties qui ne sont pas des consommateurs en ont convenu autrement, le prestataire indique les éventuels codes de conduite pertinents auxquels il est soumis ainsi que les informations sur la façon dont ces codes peuvent être consultés par voie électronique.

3. Les clauses contractuelles et les conditions générales fournies au destinataire doivent l'être d'une manière qui lui permette de les conserver et de les reproduire.

4. Les paragraphes 1 et 2 ne sont pas applicables à des contrats conclus exclusivement par le biais d'un échange de courriers électroniques ou par des communications individuelles équivalentes.

Article 11. Passation d'une commande

1. Les États membres veillent, sauf si les parties qui ne sont pas des consommateurs en ont convenu autrement, à ce que, dans les cas où un destinataire du service passe sa commande par des moyens technologiques, les principes suivants s'appliquent:

– le prestataire doit accuser réception de la commande du destinataire sans délai injustifié et par voie électronique,

– la commande et l'accusé de réception sont considérés comme étant reçus lorsque les parties auxquelles il sont adressés peuvent y avoir accès.

2. Les États membres veillent, sauf si les parties qui ne sont pas des consommateurs en ont convenu autrement, à ce que le prestataire mette à la disposition du destinataire du service des moyens techniques appropriés, efficaces et accessibles lui permettant d'identifier les erreurs commises dans la saisie des données et de les corriger, et ce avant la passation de la commande.

3. Le paragraphe 1, premier tiret, et le paragraphe 2 ne sont pas applicables à des contrats conclus exclusivement au moyen d'un échange de courriers électroniques ou au moyen de communications individuelles équivalentes.

Section 4: Responsabilité des prestataires intermédiaires

Article 12. Simple transport («Mere conduit»)

1. Les États membres veillent à ce que, en cas de fourniture d'un service de la société de l'information consistant à transmettre, sur un réseau de communication, des informations fournies par le destinataire du service ou à fournir un accès au réseau de communication, le prestataire de services ne soit pas responsable des informations transmises, à condition que le prestataire:

a) ne soit pas à l'origine de la transmission;

b) ne sélectionne pas le destinataire de la transmission

et

c) ne sélectionne et ne modifie pas les informations faisant l'objet de la transmission.

2. Les activités de transmission et de fourniture d'accès visées au paragraphe 1 englobent le stockage automatique, intermédiaire et transitoire des informations transmises, pour autant que ce stockage serve exclusivement à l'exécution de la transmission sur le réseau de communication et que sa durée n'excède pas le temps raisonnablement nécessaire à la transmission.

3. Le présent article n'affecte pas la possibilité, pour une juridiction ou une autorité administrative, conformément aux systèmes juridiques des États membres, d'exiger

du prestataire qu'il mette un terme à une violation ou qu'il prévienne une violation.

Article 13. Forme de stockage dite «caching»
1. Les États membre veillent à ce que, en cas de fourniture d'un service de la société de l'information consistant à transmettre, sur un réseau de communication, des informations fournies par un destinataire du service, le prestataire ne soit pas responsable au titre du stockage automatique, intermédiaire et temporaire de cette information fait dans le seul but de rendre plus efficace la transmission ultérieure de l'information à la demande d'autres destinataires du service, à condition que:
a) le prestataire ne modifie pas l'information;
b) le prestataire se conforme aux conditions d'accès à l'information;
c) le prestataire se conforme aux règles concernant la mise à jour de l'information, indiquées d'une manière largement reconnue et utilisées par les entreprises;
d) le prestataire n'entrave pas l'utilisation licite de la technologie, largement reconnue et utilisée par l'industrie, dans le but d'obtenir des données sur l'utilisation de l'information
et
e) le prestataire agisse promptement pour retirer l'information qu'il a stockée ou pour en rendre l'accès impossible dès qu'il a effectivement connaissance du fait que l'information à l'origine de la transmission a été retirée du réseau ou du fait que l'accès à l'information a été rendu impossible, ou du fait qu'un tribunal ou une autorité administrative a ordonné de retirer l'information ou d'en rendre l'accès impossible.
2. Le présent article n'affecte pas la possibilité, pour une juridiction ou une autorité administrative, conformément aux systèmes juridiques des États membres, d'exiger du prestataire qu'il mette fin à une violation ou qu'il prévienne une violation.

Article 14. Hébergement
1. Les États membres veillent à ce que, en cas de fourniture d'un service de la société de l'information consistant à stocker des informations fournies par un destinataire du service, le prestataire ne soit pas responsable des informations stockées à la demande d'un destinataire du service à condition que:
a) le prestataire n'ait pas effectivement connaissance de l'activité ou de l'information illicites et, en ce qui concerne une demande en dommages et intérêts, n'ait pas connaissance de faits ou de circonstances selon lesquels l'activité ou l'information illicite est apparente
ou
b) le prestataire, dès le moment où il a de telles connaissances, agisse promptement pour retirer les informations ou rendre l'accès à celles-ci impossible.
2. Le paragraphe 1 ne s'applique pas lorsque le destinataire du service agit sous l'autorité ou le contrôle du prestataire.
3. Le présent article n'affecte pas la possibilité, pour une juridiction ou une autorité administrative, conformément aux systèmes juridiques des États membres, d'exiger du prestataire qu'il mette un terme à une violation ou qu'il prévienne une violation et n'affecte pas non plus la possibilité, pour les États membres, d'instaurer des procédures régissant le retrait de ces informations ou les actions pour en rendre l'accès impossible.

Article 15. Absence d'obligation générale en matière de surveillance

1. Les États membres ne doivent pas imposer aux prestataires, pour la fourniture des services visée aux articles 12, 13 et 14, une obligation générale de surveiller les informations qu'ils transmettent ou stockent, ou une obligation générale de rechercher activement des faits ou des circonstances révélant des activités illicites.

2. Les États membres peuvent instaurer, pour les prestataires de services de la société de l'information, l'obligation d'informer promptement les autorités publiques compétentes d'activités illicites alléguées qu'exerceraient les destinataires de leurs services ou d'informations illicites alléguées que ces derniers fourniraient ou de communiquer aux autorités compétentes, à leur demande, les informations permettant d'identifier les destinataires de leurs services avec lesquels ils ont conclu un accord d'hébergement.

Chapitre III. Mise en œuvre

Article 16. Codes de conduite

1. Les États membres et la Commission encouragent:

a) l'élaboration, par les associations ou organisations d'entreprises, professionnelles ou de consommateurs, de codes de conduite au niveau communautaire, destinés à contribuer à la bonne application des articles 5 à 15;

b) la transmission volontaire à la Commission des projets de codes de conduite au niveau national ou communautaire;

c) l'accessibilité par voie électronique des codes de conduite dans les langues communautaires;

d) la communication aux États membres et à la Commission, par les associations ou organisations d'entreprises, professionnelles ou de consommateurs, de leurs évaluations de l'application de leurs codes de conduite et de leur impact sur les pratiques, les us ou les coutumes relatifs au commerce électronique;

e) l'établissement de codes de conduite pour ce qui a trait à la protection des mineurs et de la dignité humaine.

2. Les États membres et la Commission encouragent les associations ou les organisations représentant les consommateurs à participer à l'élaboration et à l'application des codes de conduite ayant des incidences sur leurs intérêts et élaborés en conformité avec le paragraphe 1, point a). Le cas échéant, les associations représentant les personnes souffrant d'un handicap visuel et, de manière générale, les personnes handicapées devraient être consultées afin de tenir compte de leurs besoins spécifiques.

Article 17. Règlement extrajudiciaire des litiges

1. Les États membres veillent à ce que, en cas de désaccord entre un prestataire de services de la société de l'information et le destinataire du service, leur législation ne fasse pas obstacle à l'utilisation des mécanismes de règlement extrajudiciaire pour le règlement des différends, disponibles dans le droit national, y compris par des moyens électroniques appropriés.

2. Les États membres encouragent les organes de règlement extrajudiciaire, notamment en ce qui concerne les litiges en matière de consommation, à fonctionner de manière à assurer les garanties procédurales appropriées pour les parties concernées.

3. Les États membres encouragent les organes de règlement extrajudiciaire des litiges à communiquer à la Commission les décisions importantes qu'ils prennent en matière de services de la société de l'information ainsi que toute autre information sur les pratiques, les us ou les coutumes relatifs au commerce électronique.

Article 18. Recours juridictionnels
1. Les États membres veillent à ce que les recours juridictionnels disponibles dans le droit national portant sur les activités des services de la société de l'information permettent l'adoption rapide de mesures, y compris par voie de référé, visant à mettre un terme à toute violation alléguée et à prévenir toute nouvelle atteinte aux intérêts concernés.
2. L'annexe de la directive 98/27/CE est complétée par le texte suivant:
«11. Directive 2000/31/CE du Parlement européen et du Conseil du 8 juin 2000 relative à certains aspects des services de la société de l'information, et notamment du commerce électronique, dans le marché intérieur ('directive sur le commerce électronique') (JO L 178 du 17.7.2000, p. 1).»

Article 19. Coopération
1. Les États membres disposent de moyens suffisants de contrôle et d'investigation nécessaires à la mise en œuvre efficace de la présente directive et veillent à ce que les prestataires leur fournissent les informations requises.
2. Les États membres coopèrent avec les autres États membres; à cette fin, ils désignent un ou plusieurs points de contact, dont ils communiquent les coordonnées aux autres États membres et à la Commission.
3. Les États membres fournissent dans les plus brefs délais et conformément au droit national l'assistance et les informations demandées par les autres États membres ou par la Commission, y compris par les voies électroniques appropriées.
4. Les États membres établissent des points de contact accessibles au moins par voie électronique auxquels les destinataires de services et les prestataires de services peuvent s'adresser pour:
a) obtenir des informations générales sur leurs droits et obligations en matière contractuelle ainsi que sur les procédures de réclamation et de recours disponibles en cas de différends, y compris sur les aspects pratiques liés à l'utilisation de ces procédures;
b) obtenir les coordonnées des autorités, associations ou organisations auprès desquelles ils peuvent obtenir d'autres informations ou une assistance pratique.
5. Les États membres encouragent la communication à la Commission des décisions administratives et judiciaires importantes prises sur leur territoire s'agissant des litiges relatifs aux services de la société de l'information ainsi que des pratiques, des us ou des coutumes relatifs au commerce électronique. La Commission communique ces décisions aux autres États membres.

Article 20. Sanctions
Les États membres déterminent le régime des sanctions applicable aux violations des dispositions nationales adoptées en application de la présente directive et prennent toutes mesures nécessaires pour assurer leur mise en œuvre. Les sanctions ainsi prévues doivent être effectives, proportionnées et dissuasives.

Chapitre IV. Disposition finales

Article 21. Réexamen

1. Avant le 17 juillet 2003 et ensuite tous les deux ans, la Commission présente au Parlement européen, au Conseil et au Comité économique et social un rapport relatif à l'application de la présente directive accompagné, le cas échéant, de propositions visant à l'adapter à l'évolution juridique, technique et économique dans le domaine des services de la société de l'information, notamment en ce qui concerne la prévention de la criminalité, la protection des mineurs, la protection des consommateurs et le bon fonctionnement du marché intérieur.
2. Ce rapport, en examinant la nécessité d'adapter la présente directive, analyse en particulier la nécessité de présenter des propositions relatives à la responsabilité des fournisseurs de liens d'hypertexte et de services de moteur de recherche, les procédures de notification et de retrait (notice and take down) et l'imputation de la responsabilité après le retrait du contenu. Le rapport analyse également la nécessité de prévoir des conditions supplémentaires pour l'exemption de responsabilité, prévue aux articles 12 et 13, compte tenu de l'évolution des techniques, et la possibilité d'appliquer les principes du marché intérieur à l'envoi par courrier électronique de communications commerciales non sollicitées.

Article 22. Transposition

1. Les États membres mettent en vigueur les dispositions législatives, réglementaires et administratives nécessaires pour se conformer à la présente directive avant le 17 janvier 2002. Ils en informent immédiatement la Commission.
2. Lorsque les États membres adoptent les dispositions visées au paragraphe 1, celles-ci contiennent une référence à la présente directive ou sont accompagnées d'une telle référence lors de leur publication officielle. Les modalités de cette référence sont arrêtées par les États membres.

Article 23. Entrée en vigueur

Le présente directive entre en vigueur le jour de sa publication au Journal officiel des Communautés européennes.

Article 24. Destinataires

Les États membres sont destinataires de la présente directive.

Annexe. Dérogation à l'article 3

Comme prévu à l'article 3, paragraphe 3, les paragraphes 1 et 2 de l'article 3 ne s'appliquent pas dans les cas suivants:
– le droit d'auteur, les droits voisins, les droits visés par la directive 87/54/CEE[30] et par la directive 96/9/CE[31] ainsi que les droits de propriété industrielle,
– l'émission de monnaie électronique par des institutions pour lesquelles les États membres ont appliqué une des dérogations prévues à l'article 8, paragraphe 1, de la directive 2000/46/CE[32],

---

[30] JO n° L 24 du 27.1.1987, p. 36.
[31] JO n° L 77 du 27.3.1996, p. 20.
[32] Non encore parue au Journal officiel.

4. Commerce électronique

- l'article 44, paragraphe 2, de la directive 85/611/CEE[33],
- l'article 30 et le titre IV de la directive 92/49/CEE[34], le titre IV de la directive 92/96/CEE[35], les articles 7 et 8 de la directive 88/357/CEE[36] et l'article 4 de la directive 90/619/CEE[37],
- la liberté des parties de choisir le droit applicable à leur contrat,
- les obligations contractuelles concernant les contrats conclus par les consommateurs,
- la validité formelle des contrats créant ou transférant des droits sur des biens immobiliers, lorsque ces contrats sont soumis à des exigences formelles impératives selon le droit de l'État membre dans lequel le bien immobilier est situé,
- l'autorisation des communications commerciales non sollicitées par courrier électronique.

---

[33] JO n° L 375 du 31.12.1985, p. 3. Directive modifiée en dernier lieu par la directive 95/26/CE (JO n° L 168 du 18.7.1995, p. 7).
[34] JO n° L 228 du 11.8.1992, p. 1. Directive modifiée en dernier lieu par la directive 95/26/CE.
[35] JO n° L 360 du 9.12.1992, p. 1. Directive modifiée en dernier lieu par la directive 95/26/CE.
[36] JO n° L 172 du 4.7.1988, p. 1. Directive modifiée en dernier lieu par la directive 92/49/CEE.
[37] JO n° L 330 du 29.11.1990, p. 50. Directive modifiée en dernier lieu par la directive 92/96/CEE.

5. Directive du Parlement européen et du Conseil, du 13 décembre 1999, sur un cadre communautaire pour les signatures électroniques (1999/93/CE)

Journal officiel n° L 013 du 19/01/2000, p. 12–20

LE PARLEMENT EUROPÈEN ET LE CONSEIL DE L'UNION EUROPÈENNE,
vu le traité instituant la Communauté européenne, et notamment son article 47, paragraphe 2, et ses articles 55 et 95, vu la proposition de la Commission[1], vu l'avis du Comité économique et social[2], vu l'avis du Comité des régions[3], statuant conformément à la procédure visée à l'article 251 du traité[4], considérant ce qui suit:

1. le 16 avril 1997, la Commission a présenté au Parlement européen, au Conseil, au Comité économique et social et au Comité des régions une communication sur une initiative européenne dans le domaine du commerce électronique;

2. le 8 octobre 1997, la Commission a présenté au Parlement européen, au Conseil, au Comité économique et social et au Comité des régions une communication intitulée «Assurer la sécurité et la confiance dans la communication électronique – Vers un cadre européen pour les signatures numériques et le chiffrement»;

3. le 1er décembre 1997, le Conseil a invité la Commission à présenter dès que possible une proposition de directive du Parlement européen et du Conseil sur les signatures numériques;

4. les communications et le commerce électroniques nécessitent des «signatures électroniques» et des services connexes permettant d'authentifier les données; toute divergence dans les règles relatives à la reconnaissance juridique des signatures électroniques et à l'accréditation des «prestataires de service de certification» dans les États membres risque de constituer un sérieux obstacle à l'utilisation des communications électroniques et au commerce électronique; par ailleurs, l'établissement d'un cadre communautaire clair concernant les conditions applicables aux signatures électroniques contribuera à renforcer la confiance dans les nouvelles technologies et à en favoriser l'acceptation générale; la diversité des législations des États membres ne saurait entraver la libre circulation des marchandises et des services dans le marché intérieur;

5. il convient de promouvoir l'interopérabilité des produits de signature électronique; conformément à l'article 14 du traité, le marché intérieur comporte un espace dans lequel la libre circulation des marchandises est assurée; des exigences essentielles spécifiques aux produits de signature électronique doivent être respectées afin d'assurer la libre circulation dans le marché intérieur et de susciter la confiance dans les signatures électroniques, sans préjudice du règlement (CE) n° 3381/94 du Conseil du 19 décembre 1994 instituant un régime communautaire de contrôle des exportations de biens à double usage[5] et de la déci-

---

[1] JO n° C 325 du 23.10.1998, p. 5.
[2] JO n° C 40 du 15.2.1999, p. 29.
[3] JO n° C 93 du 6.4.1999, p. 33.
[4] Avis du Parlement européen du 13 janvier 1999 (JO n° C 104 du 14.4.1999, p. 49), position commune du Conseil du 28 juin 1999 (JO n° C 243 du 27.8.1999, p. 33) et décision du Parlement européen du 27 octobre 1999 (n°n encore publiée au Journal officiel). Décision du Conseil du 30 n°vembre 1999.
[5] JO n° L 367 du 31.12.1994, p. 1. Règlement modifié par le règlement (CE) n° 837/95 (JO n° L 90 du 21.4.1995, p. 1).

5. Signatures électroniques

sion 94/942/PESC du Conseil du 19 décembre 1994 relative à l'action commune adoptée par le Conseil, concernant le contrôle des exportations de biens à double usage[6];

6. la présente directive n'harmonise pas la fourniture de services en ce qui concerne la confidentialité de l'information quand ils sont couverts par des dispositions nationales relatives à l'ordre public ou à la sécurité publique;

7. le marché intérieur garantit la libre circulation des personnes et, dès lors, les citoyens et résidents de l'Union européenne ont de plus en plus souvent affaire aux autorités d'États membres autres que celui où ils résident; la disponibilité de communications électroniques pourrait être d'une grande utilité dans ce contexte;

8. eu égard a la rapidité des progrès techniques et à la dimension mondiale d'Internet, il convient d'adopter une approche qui prenne en compte les diverses technologies et services permettant d'authentifier des données par la voie électronique;

9. les signatures électroniques seront utilisées dans des circonstances et des applications très variées, ce qui entraînera l'apparition de toute une série de nouveaux services et produits liés à celles-ci ou les utilisant; il convient que la définition de ces produits et services ne soit pas limitée à la délivrance et à la gestion de certificats, mais couvre également tout autre service et produit utilisant des signatures électroniques ou connexe à celles-ci, tels les services d'enregistrement, les services horodateurs, les services d'annuaires, les services informatiques ou les services de consultation liée aux signatures électroniques;

10. le marché intérieur permet aux prestataires de service de certification de développer leurs activités internationales en vue d'accroître leur compétitivité et d'offrir ainsi aux consommateurs et aux entreprises de nouvelles possibilités d'échanger des informations et de commercer en toute sécurité par voie électronique indépendamment des frontières; afin de favoriser la fourniture à l'échelle communautaire de services de certification sur des réseaux ouverts, il y a lieu que les prestataires de service de certification soient libres d'offrir leurs services sans autorisation préalable; on entend par «autorisation préalable» non seulement toute autorisation à obtenir par le prestataire de service de certification au moyen d'une décision des autorités nationales avant d'être autorisé à fournir ses services de certification, mais aussi toute autre mesure ayant le même effet;

11. les régimes volontaires d'accréditation visant à assurer un meilleur service fourni peuvent constituer pour les prestataires de service de certification le cadre propice à l'amélioration de leurs services afin d'atteindre le degré de confiance, de sécurité et de qualité exigés par l'évolution du marché; il est nécessaire que de tels régimes incitent à mettre au point des règles de bonne pratique entre prestataires de service de certification; il y a lieu que ces derniers restent libres de souscrire à ces régimes d'accréditation et d'en bénéficier;

12. il convient de prévoir la possibilité que les services de certification soient fournis soit par une entité publique, soit par une personne morale ou physique, à condition qu'elle ait été établie conformément au droit national; il convient que les États membres n'interdisent pas aux prestataires de service de certification d'opérer en dehors des régimes d'accréditation volontaires; il y a lieu de veiller à ce que les régimes d'accréditation ne limitent pas la concurrence dans le secteur des services de certification;

13. les États membres peuvent décider de la façon dont ils assurent le contrôle du respect des dispositions prévues par la présente directive; celle-ci n'exclut pas la mise en place de systèmes de contrôle faisant intervenir le secteur privé; la présente directive n'oblige pas

---

[6] JO n° L 367 du 31.12.1994, p. 8. Décision modifiée en dernier lieu par la décision 1999/193/PESC (JO n° L 73 du 19.3.1999, p. 1).

les prestataires de services de certification à demander à être contrôlés dans le cadre de tout régime d'accréditation applicable;

14. il est important de trouver un équilibre entre les besoins des particuliers et ceux des entreprises;

15. l'annexe III couvre les exigences relatives aux dispositifs sécurisés de création de signature pour garantir les fonctionnalités des signatures électroniques avancées; elle ne couvre pas l'intégralité du cadre d'utilisation de ces dispositifs; pour le bon fonctionnement du marché intérieur, il est nécessaire que la Commission et les États membres agissent rapidement pour permettre la désignation des organismes chargés d'évaluer la conformité des dispositifs sécurisés de création de signature avec l'annexe III; les besoins du marché exigent que l'évaluation de conformité soit effectuée en temps opportun et de manière efficace;

16. la présente directive favorise l'utilisation et la reconnaissance juridique des signatures électroniques dans la Communauté; un cadre réglementaire n'est pas nécessaire pour les signatures électroniques utilisées exclusivement à l'intérieur de systèmes résultant d'accords volontaires de droit privé entre un nombre défini de participants; il est nécessaire que la liberté des parties de convenir entre elles des modalités et conditions dans lesquelles elles acceptent les données signées électroniquement soit respectée dans les limites autorisées par le droit national; il convient de reconnaître l'efficacité juridique des signatures électroniques utilisées dans de tels systèmes et leur recevabilité comme preuves en justice;

17. la présente directive ne vise pas à harmoniser les règles nationales concernant le droit des contrats, en particulier la formation et l'exécution des contrats, ou d'autres formalités de nature non contractuelle concernant les signatures; pour cette raison, il est nécessaire que les dispositions concernant les effets juridiques des signatures électroniques ne portent pas atteinte aux obligations d'ordre formel instituées par le droit national pour la conclusion de contrats ni aux règles déterminant le lieu où un contrat est conclu;

18. le stockage et la copie de données afférentes à la création d'une signature risquent de compromettre la validité juridique des signatures électroniques;

19. les signatures électroniques seront utilisées dans le secteur public au sein des administrations nationales et communautaires et dans les communications entre lesdites administrations ainsi qu'avec les citoyens et les opérateurs économiques, par exemple dans le cadre des marchés publics, de la fiscalité, de la sécurité sociale, de la santé et du système judiciaire;

20. des critères harmonisés relatifs aux effets juridiques des signatures électroniques seront la garantie d'un cadre juridique cohérent dans la Communauté; les droits nationaux fixent des exigences différentes concernant la validité juridique des signatures manuscrites; les certificats peuvent être utilisés pour confirmer l'identité d'une personne qui signe électroniquement; les signatures électroniques avancées basées sur des certificats qualifiés visent à procurer un plus haut degré de sécurité; les signatures électroniques avancées qui sont basées sur des certificats qualifiés et qui sont créées par un dispositif sécurisé de création de signature ne peuvent être considérées comme étant équivalentes, sur un plan juridique, à des signatures manuscrites que si les exigences applicables aux signatures manuscrites ont été respectées;

21. afin de contribuer à l'acceptation générale des méthodes d'authentification électronique, il est nécessaire de veiller à ce que les signatures électroniques puissent avoir force probante en justice dans tous les États membres; il convient que la reconnaissance juridique des signatures électroniques repose sur des critères objectifs et ne soit pas subordonnée à l'autorisation du prestataire de service de certification concerné; le droit national régit la

5. Signatures électroniques

délimitation des domaines juridiques dans lesquels des documents électroniques et des signatures électroniques peuvent être utilisés; la présente directive n'affecte en rien la capacité d'une juridiction nationale de statuer sur la conformité aux exigences de la présente directive ni les règles nationales relatives à la libre appréciation judiciaire des preuves;

22. les prestataires de service de certification fournissant des services de certification au public sont soumis à la législation nationale en matière de responsabilité;

23. le développement du commerce électronique international rend nécessaires des accords internationaux impliquant des pays tiers; afin de garantir l'interopérabilité globale, il pourrait être bénéfique de conclure avec des pays tiers des accords relatifs à des règles multilatérales en matière de reconnaissance mutuelle des services de certification;

24. pour accroître la confiance des utilisateurs dans les communications et le commerce électroniques, il est nécessaire que les prestataires de service de certification respectent la législation sur la protection des données et qu'ils respectent la vie privée;

25. il convient que les dispositions relatives à l'utilisation de pseudonymes dans des certificats n'empêchent pas les États membres de réclamer l'identification des personnes conformément au droit communautaire ou national;

26. les mesures nécessaires pour la mise en œuvre de la présente directive sont arrêtées en conformité avec la décision 1999/468/CE du Conseil du 28 juin 1999 fixant les modalités de l'exercice des compétences d'exécution conférées à la Commission[7];

27. il y a lieu que la Commission procède, deux ans après sa mise en œuvre, à un réexamen de la présente directive, entre autres pour s'assurer que l'évolution des technologies ou des modifications du contexte juridique n'ont pas engendré d'obstacles à la réalisation des objectifs qui y sont énoncés; il convient qu'elle examine les incidences des domaines techniques connexes et présente un rapport au Parlement européen et au Conseil à ce sujet;

28. conformément aux principes de subsidiarité et de proportionnalité visés à l'article 5 du traité, l'objectif consistant à instituer un cadre juridique harmonisé pour la fourniture de signatures électroniques et de services connexes ne peut pas être réalisé de manière suffisante par les États membres et peut donc être mieux réalisé par la Communauté; la présente directive n'excède pas ce qui est nécessaire pour atteindre cet objectif,

ONT ARRÊTÉ LA PRÉSENTE DIRECTIVE:

Article premier. Champ d'application

L'objectif de la présente directive est de faciliter l'utilisation des signatures électroniques et de contribuer à leur reconnaissance juridique. Elle institue un cadre juridique pour les signatures électroniques et certains services de certification afin de garantir le bon fonctionnement du marché intérieur.

Elle ne couvre pas les aspects liés à la conclusion et à la validité des contrats ou d'autres obligations légales lorsque des exigences d'ordre formel sont prescrites par la législation nationale ou communautaire; elle ne porte pas non plus atteinte aux règles et limites régissant l'utilisation de documents qui figurent dans la législation nationale ou communautaire.

Article 2. Définitions

Aux fins de la présente directive, on entend par:

---

[7] JO n° L 184 du 17.7.1999, p. 23.

1) «signature électronique», une donnée sous forme électronique, qui est jointe ou liée logiquement à d'autres données électroniques et qui sert de méthode d'authentification;

2) «signature électronique avancée» une signature électronique qui satisfait aux exigences suivantes:

a) être liée uniquement au signataire;

b) permettre d'identifier le signataire;

c) être créée par des moyens que le signataire puisse garder sous son contrôle exclusif

et

d) être liée aux données auxquelles elle se rapporte de telle sorte que toute modification ultérieure des données soit détectable;

3) «signataire», toute personne qui détient un dispositif de création de signature et qui agit soit pour son propre compte, soit pour celui d'une entité ou personne physique ou morale qu'elle représente;

4) «données afférentes à la création de signature», des données uniques, telles que des codes ou des clés cryptographiques privées, que le signataire utilise pour créer une signature électronique;

5) «dispositif de création de signature», un dispositif logiciel ou matériel configuré pour mettre en application les données afférentes à la création de signature;

6) «dispositif sécurisé de création de signature», un dispositif de création de signature qui satisfait aux exigences prévues à l'annexe III;

7) «données afférentes à la vérification de signature», des données, telles que des codes ou des clés cryptographiques publiques, qui sont utilisées pour vérifier la signature électronique;

8) «dispositif de vérification de signature», un dispositif logiciel ou matériel configuré pour mettre en application les données afférentes à la vérification de signature;

9) «certificat», une attestation électronique qui lie des données afférentes à la vérification de signature à une personne et confirme l'identité de cette personne;

10) «certificat qualifié», un certificat qui satisfait aux exigences visées à l'annexe I et qui est fourni par un prestataire de service de certification satisfaisant aux exigences visées à l'annexe II;

11) «prestataire de service de certification», toute entité ou personne physique ou morale qui délivre des certificats ou fournit d'autres services liés aux signatures électroniques;

12) «produit de signature électronique», tout produit matériel ou logiciel, ou élément spécifique de ce produit destiné à être utilisé par un prestataire de service de certification pour la fourniture de services de signature électronique ou destiné à être utilisé pour la création ou la vérification de signatures électroniques;

13) «accréditation volontaire», toute autorisation indiquant les droits et obligations spécifiques à la fourniture de services de certification, accordée, sur demande du prestataire de service de certification concerné, par l'organisme public ou privé chargé d'élaborer ces droits et obligations et d'en contrôler le respect, lorsque le prestataire de service de certification n'est pas habilité à exercer les droits découlant de l'autorisation aussi longtemps qu'il n'a pas obtenu la décision de cet organisme.

5. Signatures électroniques

Article 3. Accès au marché

1. Les États membres ne soumettent la fourniture des services de certification à aucune autorisation préalable.

2. Sans préjudice des dispositions du paragraphe 1, les États membres peuvent instaurer ou maintenir des régimes volontaires d'accréditation visant à améliorer le niveau du service de certification fourni. Tous les critères relatifs à ces régimes doivent être objectifs, transparents, proportionnés et non discriminatoires. Les États membres ne peuvent limiter le nombre de prestataires accrédités de service de certification pour des motifs relevant du champ d'application de la présente directive.

3. Chaque État membre veille à instaurer un système adéquat permettant de contrôler les prestataires de service de certification établis sur son territoire et délivrant des certificats qualifiés au public.

4. La conformité des dispositifs sécurisés de création de signature aux conditions posées à l'annexe III est déterminée par les organismes compétents, publics ou privés, désignés par les États membres. La Commission, suivant la procédure visée à l'article 9, énonce les critères auxquels les États membres doivent se référer pour déterminer si un organisme peut être désigné.
La conformité aux exigences de l'annexe III qui a été établie par les organismes visés au premier alinéa est reconnue par l'ensemble des États membres.

5. Conformément à la procédure visée à l'article 9, la Commission peut attribuer, et publier au Journal officiel des Communautés européennes des numéros de référence de normes généralement admises pour des produits de signature électronique. Lorsqu'un produit de signature électronique est conforme à ces normes, les États membres présument qu'il satisfait aux exigences visées à l'annexe II, point f), et à l'annexe III.

6. Les États membres et la Commission œuvrent ensemble pour promouvoir la mise au point et l'utilisation de dispositifs de vérification de signature, à la lumière des recommandations formulées, pour les vérifications sécurisées de signature, à l'annexe IV et dans l'intérêt du consommateur.

7. Les États membres peuvent soumettre l'usage des signatures électroniques dans le secteur public à des exigences supplémentaires éventuelles. Ces exigences doivent être objectives, transparentes, proportionnées et non discriminatoires et ne s'appliquer qu'aux caractéristiques spécifiques de l'application concernée. Ces exigences ne doivent pas constituer un obstacle aux services transfrontaliers pour les citoyens.

Article 4. Principes du marché intérieur

1. Chaque État membre applique les dispositions nationales qu'il adopte conformément à la présente directive aux prestataires de service de certification établis sur son territoire et aux services qu'ils fournissent. Les États membres ne peuvent imposer de restriction à la fourniture de services de certification provenant d'un autre État membre dans les domaines couverts par la présente directive.

2. Les États membres veillent à ce que les produits de signature électronique qui sont conformes à la présente directive puissent circuler librement dans le marché intérieur.

Article 5. Effets juridiques des signatures électroniques

1. Les États membres veillent à ce que les signatures électroniques avancées basées sur un certificat qualifié et créées par un dispositif sécurisé de création de signature:

a) répondent aux exigences légales d'une signature à l'égard de données électroniques de la même manière qu'une signature manuscrite répond à ces exigences à l'égard de données manuscrites ou imprimées sur papier
et
b) soient recevables comme preuves en justice.

2. Les États membres veillent à ce que l'efficacité juridique et la recevabilité comme preuve en justice ne soient pas refusées à une signature électronique au seul motif que:
– la signature se présente sous forme électronique
ou
– qu'elle ne repose pas sur un certificat qualifié
ou
– qu'elle ne repose pas sur un certificat qualifié délivré par un prestataire accrédité de service de certification
ou
– qu'elle n'est pas créée par un dispositif sécurisé de création de signature.

Article 6. Responsabilité

1. Les États membres veillent au moins à ce qu'un prestataire de service de certification qui délivre à l'intention du public un certificat présenté comme qualifié ou qui garantit au public un tel certificat soit responsable du préjudice causé à toute entité ou personne physique ou morale qui se fie raisonnablement à ce certificat pour ce qui est de:
a) l'exactitude de toutes les informations contenues dans le certificat qualifié à la date où il a été délivré et la présence, dans ce certificat, de toutes les données prescrites pour un certificat qualifié;
b) l'assurance que, au moment de la délivrance du certificat, le signataire identifié dans le certificat qualifié détenait les données afférentes à la création de signature correspondant aux données afférentes à la vérification de signature fournies ou identifiées dans le certificat;
c) l'assurance que les données afférentes à la création de signature et celles afférentes à la vérification de signature puissent être utilisées de façon complémentaire, dans le cas où le prestataire de service de certification génère ces deux types de données,
sauf si le prestataire de service de certification prouve qu'il n'a commis aucune négligence.
2. Les États membres veillent au moins à ce qu'un prestataire de service de certification qui a délivré à l'intention du public un certificat présenté comme qualifié soit responsable du préjudice causé à une entité ou personne physique ou morale qui se prévaut raisonnablement du certificat, pour avoir omis de faire enregistrer la révocation du certificat, sauf si le prestataire de service de certification prouve qu'il n'a commis aucune négligence.
3. Les États membres veillent à ce qu'un prestataire de service de certification puisse indiquer, dans un certificat qualifié, les limites fixées à son utilisation, à condition que ces limites soient discernables par des tiers. Le prestataire de service de certification ne doit pas être tenu responsable du préjudice résultant de l'usage abusif d'un certificat qualifié qui dépasse les limites fixées à son utilisation.

4. Les États membres veillent à ce qu'un prestataire de service de certification puisse indiquer, dans un certificat qualifié, la valeur limite des transactions pour lesquelles le certificat peut être utilisé, à condition que cette limite soit discernable par des tiers.

Le prestataire de service de certification n'est pas responsable des dommages qui résultent du dépassement de cette limite maximale.

5. Les dispositions des paragraphes 1 à 4 s'appliquent sans préjudice de la directive 93/13/CEE du Conseil du 5 avril 1993 concernant les clauses abusives dans les contrats conclus avec les consommateurs[8].

Article 7. Aspects internationaux

1. Les États membres veillent à ce que les certificats délivrés à titre de certificats qualifiés à l'intention du public par un prestataire de service de certification établi dans un pays tiers soient reconnus équivalents, sur le plan juridique, aux certificats délivrés par un prestataire de service de certification établi dans la Communauté :
a) si le prestataire de service de certification remplit les conditions visées dans la présente directive et a été accrédité dans le cadre d'un régime volontaire d'accréditation établi dans un État membre
ou
b) si un prestataire de service de certification établi dans la Communauté, qui satisfait aux exigences visées dans la présente directive, garantit le certificat
ou
c) si le certificat ou le prestataire de service de certification est reconnu en application d'un accord bilatéral ou multilatéral entre la Communauté et des pays tiers ou des organisations internationales.

2. Afin de faciliter les services de certification internationaux avec des pays tiers et la reconnaissance juridique des signatures électroniques avancées émanant de pays tiers, la Commission fait, le cas échéant, des propositions visant à la mise en œuvre effective de normes et d'accords internationaux applicables aux services de certification. En particulier et si besoin est, elle soumet des propositions au Conseil concernant des mandats appropriés de négociation d'accords bilatéraux et multilatéraux avec des pays tiers et des organisations internationales. Le Conseil statue à la majorité qualifiée.

3. Lorsque la Commission est informée de l'existence de difficultés rencontrées par des entreprises communautaires pour obtenir l'accès au marché de pays tiers, elle peut, au besoin, soumettre au Conseil des propositions en vue d'obtenir le mandat nécessaire pour négocier des droits comparables pour les entreprises communautaires dans ces pays tiers. Le Conseil statue à la majorité qualifiée.

Les mesures prises au titre du présent paragraphe ne portent pas atteinte aux obligations de la Communauté et des États membres qui découlent d'accords internationaux pertinents.

Article 8. Protection des données

1. Les États membres veillent à ce que les prestataires de service de certification et les organismes nationaux responsables de l'accréditation ou du contrôle satisfas-

---

[8] JO n° L 95 du 21.4.1993, p. 29.

sent aux exigences prévues par la directive 95/46/CE du Parlement européen et du Conseil du 24 octobre 1995 relative à la protection des personnes physiques à l'égard du traitement des données à caractère personnel et à la libre circulation de ces données[9].

2. Les États membres veillent à ce qu'un prestataire de service de certification qui délivre des certificats à l'intention du public ne puisse recueillir des données personnelles que directement auprès de la personne concernée ou avec le consentement explicite de celle-ci et uniquement dans la mesure où cela est nécessaire à la délivrance et à la conservation du certificat. Les données ne peuvent être recueillies ni traitées à d'autres fins sans le consentement explicite de la personne intéressée.

3. Sans préjudice des effets juridiques donnés aux pseudonymes par la législation nationale, les États membres ne peuvent empêcher le prestataire de service de certification d'indiquer dans le certificat un pseudonyme au lieu du nom du signataire.

Article 9. Comité

1. La Commission est assistée par le «comité sur les signatures électroniques», ci-après dénommé «comité».

2. Dans le cas où il est fait référence au présent paragraphe, les articles 4 et 7 de la décision 1999/468/CE s'appliquent, dans le respect des dispositions de l'article 8 de celle-ci.
La période prévue à l'article 4, paragraphe 3, de la décision 1999/468/CE est fixée à trois mois.

3. Le comité adopte son règlement de procédure.

Article 10. Tâches du comité

Le comité clarifie les exigences visées dans les annexes de la présente directive, les critères visés à l'article 3, paragraphe 4, et les normes généralement reconnues pour les produits de signature électronique établies et publiées en application de l'article 3, paragraphe 5, conformément à la procédure visée à l'article 9, paragraphe 2.

Article 11. Notification

1. Les États membres communiquent à la Commission et aux autres États membres:
a) les informations sur les régimes volontaires d'accréditation au niveau national ainsi que toute exigence supplémentaire au titre de l'article 3, paragraphe 7;
b) les nom et adresse des organismes nationaux responsables de l'accréditation et du contrôle, ainsi que des organismes visés à l'article 3, paragraphe 4
et
c) les nom et adresse de tous les prestataires de service de certification nationaux accrédités.

2. Toute information fournie en vertu du paragraphe 1 et les changements concernant celle-ci sont communiqués par les États membres dans les meilleurs délais.

---

[9] JO n° L 281 du 23.11.1995, p. 31.

5. Signatures électroniques

Article 12. Examen
1. La Commission procède à l'examen de la mise en œuvre de la présente directive et en rend compte au Parlement européen et au Conseil pour le 19 juillet 2003 au plus tard.
2. Cet examen doit permettre, entre autres, de déterminer s'il convient de modifier le champ d'application de la présente directive pour tenir compte de l'évolution des technologies, du marché et du contexte juridique. Le compte rendu d'examen doit notamment comporter une évaluation, fondée sur l'expérience acquise, des aspects relatifs à l'harmonisation. Le compte rendu est accompagné, le cas échéant, de propositions législatives.

Article 13. Mise en œuvre
1. Les États membres mettent en vigueur les dispositions législatives, réglementaires et administratives nécessaires pour se conformer à la présente directive avant le 19 juillet 2001. Ils en informent immédiatement la Commission.
Lorsque les États membres adoptent ces dispositions, celles-ci contiennent une référence à la présente directive ou sont accompagnées d'une telle référence lors de leur publication officielle. Les modalités de cette référence sont adoptées par les États membres.
2. Les États membres communiquent à la Commission le texte des dispositions essentielles de droit interne qu'ils adoptent dans le domaine régi par la présente directive.

Article 14. Entrée en vigueur
La présente directive entre en vigueur le jour de sa publication au Journal officiel des Communautés européennes.

Article 15. Destinataires
Les États membres sont destinataires de la présente directive.

Annexe I. Exigences concernant les certificats qualifiés
Tout certificat qualifié doit comporter:
a) une mention indiquant que le certificat est délivré à titre de certificat qualifié;
b) l'identification du prestataire de service de certification ainsi que le pays dans lequel il est établi;
c) le nom du signataire ou un pseudonyme qui est identifié comme tel;
d) la possibilité d'inclure, le cas échéant, une qualité spécifique du signataire, en fonction de l'usage auquel le certificat est destiné;
e) des données afférentes à la vérification de signature qui correspondent aux données pour la création de signature sous le contrôle du signataire;
f) l'indication du début et de la fin de la période de validité du certificat;
g) le code d'identité du certificat;
h) la signature électronique avancée du prestataire de service de certification qui délivre le certificat;
i) les limites à l'utilisation du certificat, le cas échéant et
j) les limites à la valeur des transactions pour lesquelles le certificat peut être utilisé, le cas échéant.

Annexe II. Exigences concernant les prestataires de service de certification délivrant des certificats qualifiés

Les prestataires de service de certification doivent:
a) faire la preuve qu'is sont suffisamment fiables pour fournir des services de certification;
b) assurer le fonctionnement d'un service d'annuaire rapide et sûr et d'un service de révocation sûr et immédiat;
c) veiller à ce que la date et l'heure d'émission et de révocation d'un certificat puissent être déterminées avec précision;
d) vérifier, par des moyens appropriés et conformes au droit national, l'identité et, le cas échéant, les qualités spécifiques de la personne à laquelle un certificat qualifié est délivré;
e) employer du personnel ayant les connaissances spécifiques, l'expérience et les qualifications nécessaires à la fourniture des services et, en particulier, des compétences au niveau de la gestion, des connaissances spécialisées en technologie des signatures électroniques et une bonne pratique des procédures de sécurité appropriées; ils dovient également appliquer des procédures et méthodes administratives et de gestion qui soient adaptées et conformes à des normes reconnues;
f) utiliser des systèmes et des produits fiables qui sont protégés contre les modifications et qui assurent la sécurité technique et cryptographique des fonctions qu'ils assument;
g) prendre des mesures contre la contrefaçon des certificats et, dans les cas où le prestataire de service de certification génère des données afférentes à la création de signature, garantir la confidentialité au cours du processus de génération de ces données;
h) disposer des ressources financières suffisantes pour fonctionner conformément aux exigences prévues par la présente directive, en particulier pour endosser la responsabilité de dommages, en contractant, par exemple, une assurance appropriée;
i) enregistrer toutes les informations pertinentes concernant un certificat qualifié pendant le délai utile, en particulier pour pouvoir fournir une preuve de la certification en justice. Ces enregistrements peuvent être effectués par des moyens électroniques;
j) ne pas stocker ni copier les données afférentes à la création de signature de la personne à laquelle le prestataire de service de certification a fourni des services de gestion de clés;
k) avant d'établir une relation contractuelle avec une personne demandant un certificat à l'appui de sa signature électronique, informer cette personne par un moyen de communication durable des modalités et conditions précises d'utilisation des certificats, y compris des limites imposées à leur utilisation, de l'existence d'un régime volontaire d'accréditation et des procédures de réclamation et de règlement des litiges. Cette information, qui peut être transmise par voie électronique, doit être faite par écrit et dans une langue aisément compréhensible. Des éléments pertinents de cette information doivent également être mis à la disposition, sur demande, de tiers qui se prévalent du certificat;
l) utiliser des systèmes fiables pour stocker les certificats sous une forme vérifiable de sorte que:
– seules les personnes autorisées puissent introduire et modifier des données,
– l'information puisse être contrôlée quant à son authenticité,

5. Signatures électroniques 605

– les certificats ne soient disponibles au public pour des recherches que dans les cas où le titulaire du certificat a donné son consentement et
– toute modification technique mettant en péril ces exigences de sécurité soit apparente pour l'opérateur.

Annexe III. Exigences pour les dispositifs sécurisés de création de signature électronique

1. Les dispositifs sécurisés de création de signature doivent au moins garantir, par les moyens techniques et procédures appropriés, que:
a) les données utilisées pour la création de la signature ne puissent, pratiquement, se rencontrer qu'une seule fois et que leur confidentialité soit raisonnablement assurée;
b) l'on puisse avoir l'assurance suffisante que les données utilisées pour la création de la signature ne puissent être trouvées par déduction et que la signature soit protégée contre toute falsification par les moyens techniques actuellement disponibles;
c) les données utilisées pour la création de la signature puissent être protégées de manière fiable par le signataire légitime contre leur utilisation par d'autres.
2. Les dispositifs sécurisés de création de signature ne doivent pas modifier les données à signer ni empêcher que ces données soient soumises au signataire avant le processus de signature.

Annexe IV. Recommandations pour la vérification sécurisée de la signature

Durant le processus de vérification de la signature, il convient de veiller, avec une marge de sécurité suffisante, à ce que:
a) les données utilisées pour vérifier la signature correspondent aux données affichées à l'intention du vérificateur;
b) la signature soit vérifiée de manière sûre et que le résultat de cette vérification soit correctement affiché;
c) le vérificateur puisse, si nécessaire, déterminer de manière sûre le contenu des données signées;
d) l'authenticité et la validité du certificat requis lors de la vérification de la signature soient vérifiées de manière sûre;
e) le résultat de la vérification ainsi que l'identité du signataire soient correctement affichés;
f) l'utilisation d'un pseudonyme soit clairement indiquée et
g) tout changement ayant une influence sur la sécurité puisse être détecté.

II. Contenu de contrat

I. Directive du Parlement européen et du Conseil du 29 juin 2000 concernant la lutte contre le retard de paiement dans les transactions commerciales (2000/35/CE)

Journal officiel n° L 200 du 08/08/2000, p. 35–38

LE PARLEMENT EUROPÈEN ET LE CONSEIL DE L'UNION EUROPÈENNE, vu le traité instituant la Communauté européenne, et notamment son article 95, vu la proposition de la Commission[1], vu l'avis du Comité économique et social[2], statuant conformément à la procédure visée à l'article 251 du traité[3], au vu du projet commun approuvé le 4 mai 2000 par le comité de conciliation, considérant ce qui suit:

1. Le Parlement européen, dans sa résolution concernant le programme intégré en faveur des petites et moyennes entreprises (PME) et de l'artisanat[4], a insisté pour que la Commission soumette des propositions afin de régler le problème des retards de paiement.

2. La Commission a adopté, le 12 mai 1995, une recommandation concernant les délais de paiement dans les transactions commerciales[5].

3. Le Parlement européen, dans sa résolution sur la recommandation de la Commission concernant les délais de paiement dans les transactions commerciales[6], a invité la Commission à envisager la transformation de sa recommandation en une proposition de directive du Conseil à soumettre aussi rapidement que possible.

4. Le Comité économique et social a adopté, le 29 mai 1997, un avis sur le livre vert de la Commission sur les marchés publics dans l'Union européenne: pistes de réflexion pour l'avenir[7].

5. La Commission a publié, le 4 juin 1997, un plan d'action en faveur du marché unique soulignant que les retards de paiement constituent un obstacle de plus en plus sérieux au succès du marché unique.

6. La Commission a publié, le 17 juillet 1997, un rapport sur les retards de paiement dans les transactions commerciales[8] donnant une synthèse des résultats d'une évaluation des effets de la recommandation de la Commission du 12 mai 1995.

7. De lourdes charges administratives et financières pèsent sur les entreprises, en particulier petites et moyennes, en raison des délais de paiement excessifs et des retards de paiement. En outre, ces problèmes constituent l'une des principales causes d'insolvabilité menaçant la survie des entreprises et ils entraînent de nombreuses pertes d'emplois.

---

[1] JO n° C 168 du 3.6.1998, p. 13 et JO n° C 374 du 3.12.1998, p. 4.
[2] JO n° C 407 du 28.12.1998, p. 50.
[3] Avis du Parlement européen du 17 septembre 1998 (JO n° C 313 du 12.10.1998, p. 142), position commune du Conseil du 29 juillet 1999 (JO n° C 284 du 6.10.1999, p. 1) et décision du Parlement européen du 16 décembre 1999 (n° ne pas encore parue au Journal officiel). Décision du Parlement européen du 15 juin 2000 et décision du Conseil du 18 mai 2000.
[4] JO n° C 323 du 21.11.1994, p. 19.
[5] JO n° L 127 du 10.6.1995, p. 19.
[6] JO n° C 211 du 22.7.1996, p. 43.
[7] JO n° C 287 du 22.9.1997, p. 92.
[8] JO n° C 216 du 17.7.1997, p. 10.

8. Dans certains États membres, les délais de paiement contractuels diffèrent notablement de la moyenne communautaire.
9. Les différences existant entre les États membres en ce qui concerne les règles et les pratiques de paiement constituent un obstacle au bon fonctionnement du marché intérieur.
10. Cela a pour effet de limiter considérablement les transactions commerciales entre les États membres. C'est en contradiction avec l'article 14 du traité, car il est souhaitable que les entrepreneurs soient en mesure de commercialiser leurs produits dans l'ensemble du marché intérieur dans des conditions qui garantissent que des transactions transfrontières ne présentent pas de risques plus élevés que des ventes à l'intérieur d'un État membre. Des distorsions de concurrence seraient à craindre si des dispositions substantiellement différentes régissaient les opérations internes d'une part et transfrontières d'autre part.
11. Les statistiques les plus récentes indiquent que, dans le meilleur des cas, la situation en matière de retards de paiement ne s'est pas améliorée dans de nombreux États membres depuis l'adoption de la recommandation du 12 mai 1995.
12. L'objectif de lutte contre les retards de paiement dans le marché intérieur ne peut pas être réalisé de manière suffisante par les États membres agissant individuellement et peut donc être mieux réalisé au niveau communautaire. La présente directive ne va pas au-delà de ce qui est nécessaire pour atteindre cet objectif. Elle répond donc intégralement aux exigences découlant des principes de subsidiarité et de proportionnalité tels qu'ils sont énoncés à l'article 5 du traité.
13. Il convient de limiter la portée de la présente directive aux paiements effectués en rémunération de transactions commerciales et de ne pas réglementer les transactions effectuées avec les consommateurs ni les intérêts en jeu dans d'autres types de paiements, par exemple les paiements effectués au titre de la législation sur les chèques et les lettres de change, ou les paiements effectués dans le cadre de l'indemnisation de dommages, y compris ceux effectués par les compagnies d'assurance.
14. Le fait que les professions libérales sont couvertes par la présente directive ne signifie pas que les États membres doivent les traiter comme des entreprises ou des commerçants à des fins non couvertes par celle-ci.
15. La présente directive ne fait que définir la notion de «titre exécutoire» sans réglementer toutefois les différentes procédures d'exécution forcée d'un tel titre ni fixer les conditions dans lesquelles l'exécution forcée de ce titre peut être arrêtée ou suspendue.
16. Les retards de paiement constituent une violation du contrat qui est devenue financièrement intéressante pour les débiteurs dans la plupart des États membres, en raison du faible niveau des intérêts de retard et/ou de la lenteur des procédures de recours. Des aménagements décisifs, y compris l'indemnisation des créanciers pour les frais encourus, sont nécessaires pour inverser cette tendance et pour faire en sorte que les conséquences d'un dépassement des délais de paiement soient telles qu'elles découragent cette pratique.
17. L'indemnisation raisonnable pour les frais de recouvrement doit être envisagée sans préjudice des dispositions nationales en vertu desquelles un juge national peut accorder au créancier des dommages et intérêts supplémentaires en raison du retard de paiement imputable au débiteur, en prenant également en considération le fait que les frais encourus peuvent déjà être compensés par les intérêts pour retard de paiement.
18. La présente directive tient compte du problème des longs délais de paiement contractuels et notamment de l'existence de certaines catégories de contrats pour lesquels un délai de paiement plus long combiné à une limitation de la liberté contractuelle ou un taux d'intérêt plus élevé peuvent être justifiés.

1. Retard de paiement dans les transactions commerciales 609

19. Il y a lieu que la présente directive interdise l'abus de la liberté contractuelle au détriment du créancier. Lorsqu'un accord vise principalement à procurer au débiteur des liquidités supplémentaires aux dépens du créancier ou lorsque la principale entreprise contractante impose à ses fournisseurs et sous-traitants des conditions de paiement qui ne sont pas justifiées eu égard aux conditions dont il bénéficie lui-même, celles-ci peuvent être considérées comme des facteurs constituant un tel abus. La présente directive n'affecte pas les dispositions nationales relatives aux modes de conclusion des contrats ou réglementant la validité des clauses contractuelles abusives à l'égard du débiteur.

20. Les conséquences d'un retard de paiement ne seront dissuasives que si elles sont assorties de procédures de recours rapides et efficaces pour le créancier. Conformément au principe de non-discrimination figurant à l'article 12 du traité, de telles procédures devraient être accessibles à tous les créanciers qui sont établis dans la Communauté.

21. Il est souhaitable de s'assurer que les créanciers puissent faire usage d'une clause de réserve de propriété sur une base non discriminatoire dans l'ensemble de la Communauté, si la clause de réserve de propriété est valable aux termes des dispositions nationales applicables en vertu du droit international privé.

22. La présente directive doit réglementer toutes les transactions commerciales, qu'elles soient effectuées entre des entreprises privées ou publiques ou entre des entreprises et des pouvoirs publics, eu égard au fait que ces derniers effectuent un nombre considérable de paiements aux entreprises. Elle doit donc également réglementer toutes les transactions commerciales entre les principales entreprises contractantes et leurs fournisseurs et sous-traitants.

23. L'article 5 de la présente directive exige que la procédure de recouvrement pour des dettes non contestées soit menée à bien dans un bref délai conformément à la législation nationale, mais n'exige pas des États membres qu'ils adoptent une procédure spécifique ou qu'ils modifient leurs voies de droit existantes d'une manière spécifique,
ONT ARRÊTÉ LA PRÉSENTE DIRECTIVE:

Article premier. Champ d'application
Les dispositions de la présente directive s'appliquent à tous les paiements effectués en rémunération de transactions commerciales.

Article 2. Définitions
Aux fins de la présente directive, on entend par:
1) «transaction commerciale»: toute transaction entre des entreprises ou entre des entreprises et les pouvoirs publics qui conduit à la fourniture de marchandises ou à la prestation de services contre rémunération;
«pouvoirs publics»: tout pouvoir ou toute entité contractante, tels que définis par les directives sur les marchés publics (92/50/CEE[9], 93/36/CEE[10], 93/37/CEE[11] et 93/38/CEE[12]);
«entreprise»: toute organisation agissant dans l'exercice d'une activité économique ou professionnelle indépendante, même lorsque cette activité n'est exercée que par une seule personne;

---
[9] JO n° L 209 du 24.7.1992, p. 1.
[10] JO n° L 199 du 9.8.1993, p. 1.
[11] JO n° L 199 du 9.8.1993, p. 54.
[12] JO n° L 199 du 9.8.1993, p. 84.

2) «retard de paiement»: tout dépassement des délais, contractuels ou légaux, en matière de paiement;
3) «réserve de propriété»: la convention (contractuelle) selon laquelle le vendeur se réserve la propriété des biens jusqu'au règlement intégral;
4) «taux d'intérêt appliqué par la Banque centrale européenne à ses principales opérations de refinancement»: le taux d'intérêt appliqué à de telles opérations dans le cas d'appels d'offres à taux fixe. Dans l'éventualité où une opération de refinancement principale a été effectuée selon une procédure d'appels d'offres à taux variable, ce taux d'intérêt se réfère au taux d'intérêt marginal résultant de cet appel d'offres. Cela concerne aussi bien les adjudications à taux unique que les adjudications à taux variable;
5) «titre exécutoire»: toute décision, jugement, arrêt, ordonnance ou injonction de payer prononcé par un tribunal ou une autre autorité compétente, que le paiement soit immédiat ou échelonné, qui permet au créancier de recouvrer sa créance auprès du débiteur par voie exécutoire; cela inclut les décisions, les jugements, les arrêts, les ordonnances ou les injonctions de payer qui sont exécutoires par provision et le restent même si le débiteur forme un recours à leur encontre.

Article 3. Intérêts pour retard de paiement

1. Les États membres veillent à ce que:
a) des intérêts au sens du point d) soient exigibles le jour suivant la date de paiement ou la fin du délai de paiement fixée dans le contrat;
b) si la date ou le délai de paiement n'est pas fixé dans le contrat, des intérêts soient automatiquement exigibles, sans qu'un rappel soit nécessaire:
i) trente jours après la date de réception, par le débiteur, de la facture ou d'une demande de paiement équivalente ou
ii) si la date de réception de la facture ou de la demande de paiement équivalente est incertaine, trente jours après la date de réception des marchandises ou de prestation des services ou
iii) si le débiteur reçoit la facture ou la demande de paiement équivalente avant les marchandises ou les services, trente jours après la réception des marchandises ou la prestation des services ou
iv) si une procédure d'acceptation ou de vérification permettant de certifier la conformité des marchandises ou des services avec le contrat est prévue par la loi ou dans le contrat, et si le débiteur reçoit la facture ou la demande de paiement équivalente plus tôt ou à la date de l'acceptation ou de la vérification, trente jours après cette dernière date;
c) le créancier soit en droit de réclamer des intérêts de retard dans la mesure où:
i) il a rempli ses obligations contractuelles et légales et
ii) il n'a pas reçu le montant dû à l'échéance, à moins que le débiteur ne soit pas responsable du retard;
d) le taux d'intérêt pour retard de paiement («taux légal») que le débiteur est obligé d'acquitter correspond au taux d'intérêt de la principale facilité de refinancement appliquée par la Banque centrale européenne (BCE) à son opération de refinancement principal la plus récente effectuée avant le premier jour de calendrier du semestre en question («taux directeur»), majoré d'un minimum de sept points («marge»), sauf dispositions contraires figurant dans le contrat. Pour un État membre qui ne participe pas à la troisième phase de l'Union économique et monétaire,

le taux de référence visé précédemment est le taux directeur équivalent fixé par sa banque centrale. Dans les deux cas, le taux directeur en vigueur le premier jour de calendrier du semestre en question par la banque centrale s'applique pendant les six mois suivants;

e) mis à part les cas où le débiteur n'est pas responsable du retard, le créancier soit en droit de réclamer au débiteur un dédommagement raisonnable pour tous les frais de recouvrement encourus par suite d'un retard de paiement de ce dernier. Ces frais de recouvrement respectent les principes de transparence et de proportionnalité en ce qui concerne la dette en question. Les États membres peuvent, dans le respect des principes susmentionnés, fixer un montant maximal en ce qui concerne les frais de recouvrement pour différents niveaux de dette.

2. Pour certaines catégories de contrats à définir par la législation nationale, les États membres peuvent fixer le délai d'exigibilité des intérêts à un maximum de soixante jours s'ils empêchent les parties au contrat de dépasser ce délai ou s'ils fixent un taux d'intérêt obligatoire dépassant sensiblement le taux légal.

3. Les États membres prévoient qu'un accord sur la date de paiement ou sur les conséquences d'un retard de paiement qui n'est pas conforme aux dispositions du paragraphe 1, points b), c) et d) et du paragraphe 2, ne soit pas applicable, ou puisse donner lieu à une action en réparation du dommage lorsque, compte tenu de tous les éléments du cas d'espèce, y compris les bonnes pratiques et usages commerciaux et la nature des produits, il constitue un abus manifeste à l'égard du créancier. Lorsque l'on déterminera si un accord constitue un abus manifeste à l'égard du créancier, on considérera entre autres si le débiteur a une quelconque raison objective de déroger aux dispositions du paragraphe 1, points b), c) et d), et du paragraphe 2. S'il est établi qu'un tel accord est manifestement abusif, les dispositions légales sont applicables, sauf si les juridictions nationales déterminent des conditions différentes qui sont équitables.

4. Les États membres veillent à ce que, dans l'intérêt des créanciers et des concurrents, il existe des moyens appropriés et efficaces pour mettre fin à l'utilisation de conditions qui sont manifestement abusives au sens du paragraphe 3.

5. Parmi les moyens mentionnés au paragraphe 4 figurent des dispositions permettant aux organisations ayant, ou officiellement reconnues comme ayant, un intérêt légitime à représenter les petites et moyennes entreprises de saisir, conformément aux législations nationales concernées, les juridictions ou les instances administratives compétentes, au motif que les dispositions contractuelles conçues pour un usage général sont manifestement abusives au sens du paragraphe 3, de sorte qu'elles puissent recourir à des moyens appropriés et efficaces pour mettre fin à l'utilisation de telles conditions.

Article 4. Réserve de propriété

1. Les États membres prévoient, conformément aux dispositions nationales applicables en vertu du droit international privé, que le vendeur peut conserver la propriété des biens jusqu'au paiement intégral lorsqu'une clause de réserve de propriété a été explicitement conclue entre l'acheteur et le vendeur avant la livraison des biens.

2. Les États membres peuvent adopter ou conserver des dispositions relatives aux acomptes déjà versés par le débiteur.

Article 5. Procédures de recouvrement pour des créances non contestées

1. Les États membres veillent à ce qu'un titre exécutoire, quel que soit le montant de la dette, puisse être obtenu normalement dans les quatre-vingt-dix jours civils après que le créancier a formé un recours ou introduit une demande auprès d'une juridiction ou d'une autre autorité compétente, lorsqu'il n'y a pas de contestation portant sur la dette ou des points de procédure. Les États membres s'acquittent de cette obligation en conformité avec leurs dispositions législatives, réglementaires et administratives respectives.
2. Les dispositions législatives, réglementaires et administratives nationales respectives s'appliquent dans les mêmes conditions à tous les créanciers qui sont établis dans la Communauté européenne.
3. Les périodes mentionnées ci-après ne sont pas prises en compte dans le calcul du délai de quatre-vingt-dix jours civils visé au paragraphe 1:
a) les délais requis pour les notifications et significations;
b) tout retard causé par le créancier, tel que les délais nécessaires à la rectification de recours et de demandes.
4. Les dispositions du présent article sont également sans préjudice des dispositions de la convention de Bruxelles concernant la compétence judiciaire et l'exécution des jugements en matière civile et commerciale[13].

Article 6. Transposition

1. Les États membres mettent en vigueur les dispositions législatives, réglementaires et administratives nécessaires pour se conformer à la présente directive avant le 8 août 2002. Ils en informent immédiatement la Commission.
Lorsque les États membres adoptent ces dispositions, celles-ci contiennent une référence à la présente directive ou sont accompagnées d'une telle référence lors de leur publication officielle. Les modalités de cette référence sont arrêtées par les États membres.
2. Les États membres peuvent maintenir ou adopter des dispositions plus favorables au créancier que celles nécessaires pour se conformer à la présente directive.
3. Lors de la transposition de la présente directive, les États membres peuvent exclure:
a) les créances qui sont soumises à une procédure d'insolvabilité à l'encontre du créancier,
b) les contrats qui ont été conclus avant 8 août 2002 et
c) les demandes d'intérêts d'un montant inférieur à cinq euros.
4. Les États membres communiquent à la Commission le texte des principales dispositions de droit national qu'ils adoptent dans le domaine régi par la présente directive.
5. Deux ans après le 8 août 2002, la Commission procède à un examen, entre autres, du taux légal, des délais contractuels de paiement et des retards de paiement, pour évaluer les incidences sur les transactions commerciales et les effets de la législation dans la pratique. Les résultats de cet examen et des autres examens auxquels il sera procédé seront communiqués au Parlement européen et au Conseil, assortis au besoin de propositions visant à améliorer la présente directive.

---

[13] JO n° C 27 du 26.1.1998, p. 3 (version consolidée).

Article 7. Entrée en vigueur

La présente directive entre en vigueur le jour de sa publication au Journal officiel des Communautés européennes.

Article 8. Destinataires

Les États membres sont destinataires de la présente directive.

2. Directive du Conseil, du 5 avril 1993, concernant les clauses abusives dans les contrats conclus avec les consommateurs (93/13/CEE)

Journal officiel n° L 095 du 21/04/1993, p. 29–34

LE CONSEIL DES COMMUNAUTÈS EUROPÈENNES,

vu le traité instituant la Communauté économique européenne, et notamment son article 100 A, vu la proposition de la Commission[1], en coopération avec le Parlement européen[2], vu l'avis du Comité économique et social[3],

considérant qu'il importe d'arrêter les mesures destinées à établir progressivement le marché intérieur au cours d'une période expirant le 31 décembre 1992; que le marché intérieur comporte un espace sans frontières intérieures dans lequel la libre circulation des marchandises, des personnes, des services et des capitaux est assurée;

considérant que les législations des États membres concernant les clauses dans les contrats conclus entre, d'une part, le vendeur de biens ou le prestataire de services et le consommateur, d'autre part, présentent de nombreuses disparités, avec pour conséquences que les marchés nationaux relatifs à la vente de biens et à l'offre de services aux consommateurs diffèrent les uns des autres et que des distorsions de concurrence peuvent surgir parmi les vendeurs et les prestataires de services, spécialement lors de la commercialisation dans d'autres États membres;

considérant, en particulier, que les législations des États membres relatives aux clauses abusives dans les contrats conclus avec les consommateurs laissent apparaître des divergences marquées;

considérant qu'il incombe aux États membres de veiller à ce que des clauses abusives ne soient pas incluses dans les contrats conclus avec les consommateurs;

considérant que, généralement, le consommateur ne connaît pas les règles de droit qui, dans les États membres autres que le sien, régissent les contrats relatifs à la vente de biens ou à l'offre de services; que cette méconnaissance peut le dissuader de faire des transactions directes d'achat de biens ou de fourniture de services dans un autre État membre;

considérant que, en vue de faciliter l'établissement du marché intérieur et de protéger le citoyen dans son rôle de consommateur lorsqu'il acquiert des biens et des services par des contrats régis par la législation d'États membres autres que le sien, il est essentiel d'en supprimer les clauses abusives;

considérant que les vendeurs de biens et les prestataires de services seront, de cette façon, aidés dans leur activité de vente de biens et des prestations de services, à la fois dans leur propre pays et dans le marché intérieur; que la concurrence sera ainsi stimulée, contribuant de la sorte à accroître le choix des citoyens de la Communauté, en tant que consommateurs;

considérant que les deux programmes communautaires pour une politique de protection et d'information des consommateurs[4] ont souligné l'importance de la protection des consommateurs dans le domaine des clauses contractuelles abusives; que cette protection doit être

---

[1] JO n° C 73 du 24. 3. 1992, p. 7.
[2] JO n° C 326 du 16. 12. 1991, p. 108 et JO n° C 21 du 25. 1. 1993.
[3] JO n° C 159 du 17. 6. 1991, p. 34.
[4] JO n° C 92 du 25. 4. 1975, p. 1 et JO n° C 133 du 3. 6. 1981, p. 1.

2. Clauses abusives dans les contrats conclus avec les consommateurs 615

assurée par des dispositions législatives et réglementaires, soit harmonisées au niveau communautaire, soit prises directement à ce niveau;

considérant que, selon le principe énoncé dans ces deux programmes, sous le titre «protection des intérêts économiques des consommateurs», les acquéreurs de biens ou de services doivent être protégés contre les abus de puissance du vendeur ou du prestataire, en particulier contre les contrats d'adhésion et l'exclusion abusive de droits essentiels dans les contrats;

considérant qu'une protection plus efficace du consommateur peut être obtenue par l'adoption de règles uniformes concernant les clauses abusives; que ces règles doivent s'appliquer à tout contrat conclu entre un professionnel et un consommateur; que, par conséquent, sont notamment exclus de la présente directive les contrats de travail, les contrats relatifs aux droits successifs, les contrats relatifs au statut familial ainsi que les contrats relatifs à la constitution et aux statuts des sociétés;

considérant que le consommateur doit bénéficier de la même protection, tant dans le cadre d'un contrat oral que dans celui d'un contrat écrit et, dans ce dernier cas, indépendamment du fait que les termes de celui-ci sont contenus dans un ou plusieurs documents;

considérant, toutefois, qu'en l'état actuel des législations nationales, seule une harmonisation partielle est envisageable; que, notamment, seules les clauses contractuelles n'ayant pas fait l'objet d'une négociation individuelle font l'objet de la présente directive; qu'il importe de laisser la possibilité aux États membres, dans le respect du traité, d'assurer un niveau de protection plus élevé au consommateur au moyen de dispositions nationales plus strictes que celles de la présente directive;

considérant que les dispositions législatives ou réglementaires des États membres qui fixent, directement ou indirectement, les clauses de contrats avec les consommateurs sont censées ne pas contenir de clauses abusives; que, par conséquent, il ne s'avère pas nécessaire de soumettre aux dispositions de la présente directive les clauses qui reflètent des dispositions législatives ou réglementaires impératives ainsi que des principes ou des dispositions de conventions internationales dont les États membres ou la Communauté sont partis; que, à cet égard, l'expression «dispositions législatives ou réglementaires impératives» figurant à l'article 1er paragraphe 2 couvre également les règles qui, selon la loi, s'appliquent entre les parties contractantes lorsqu'aucun autre arrangement n'a été convenu;

considérant, toutefois, que les États membres doivent veiller à ce que des clauses abusives n'y figurent pas, notamment parce que la présente directive s'applique également aux activités professionnelles à caractère public;

considérant qu'il est nécessaire de fixer de façon générale les critères d'appréciation du caractère abusif des clauses contractuelles;

considérant que l'appréciation, selon les critères généraux fixés, du caractère abusif des clauses notamment dans les activités professionnelles à caractère public fournissant des services collectifs prenant en compte une solidarité entre usagers, nécessite d'être complétée par un moyen d'évaluation globale des différents intérêts impliqués; que ceci constitue l'exigence de bonne foi; que, dans l'appréciation de la bonne foi, il faut prêter une attention particulière à la force des positions respectives de négociation des parties, à la question de savoir si le consommateur a été encouragé par quelque moyen à donner son accord à la clause et si les biens ou services ont été vendus ou fournis sur commande spéciale du consommateur; que l'exigence de bonne foi peut être satisfaite par le professionnel en traitant de façon loyale et équitable avec l'autre partie dont il doit prendre en compte les intérêts légitimes;

considérant que, pour les besoins de la présente directive, la liste des clauses figurant en annexe ne saurait avoir qu'un caractère indicatif et que, en conséquence du caractère minimal, elle peut faire l'objet d'ajouts ou de formulations plus limitatives notamment en ce qui concerne la portée de ces clauses, par les États membres dans le cadre de leur législation;

considérant que la nature des biens ou services doit avoir une influence sur l'appréciation du caractère abusif des clauses contractuelles;

considérant que, pour les besoins de la présente directive, l'appréciation du caractère abusif ne doit pas porter sur des clauses décrivant l'objet principal du contrat ou le rapport qualité/prix de la fourniture ou de la prestation; que l'objet principal du contrat et le rapport qualité/prix peuvent, néanmoins, être pris en compte dans l'appréciation du caractère abusif d'autres clauses; qu'il en découle, entre autres, que, dans le cas de contrats d'assurance, les clauses qui définissent ou délimitent clairement le risque assuré et l'engagement de l'assureur ne font pas l'objet d'une telle appréciation dès lors que ces limitations sont prises en compte dans le calcul de la prime payée par le consommateur;

considérant que les contrats doivent être rédigés en termes clairs et compréhensibles; que le consommateur doit avoir effectivement l'occasion de prendre connaissance de toutes les clauses, et que, en cas de doute, doit prévaloir l'interprétation la plus favorable au consommateur;

considérant que les États membres doivent prendre les mesures nécessaires afin d'éviter la présence de clauses abusives dans des contrats conclus avec des consommateurs par un professionnel; que, si malgré tout, de telles clauses venaient à y figurer, elles ne lieront pas le consommateur, et le contrat continuera à lier les parties selon les mêmes termes s'il peut subsister sans les clauses abusives;

considérant qu'il existe le risque, dans certains cas, de priver le consommateur de la protection accordée par la présente directive en désignant le droit d'un pays tiers comme droit applicable au contrat; que, en conséquence, il convient de prévoir dans la présente directive des dispositions visant à éviter ce risque;

considérant que les personnes ou les organisations ayant, selon la législation d'un État membre, un intérêt légitime à protéger le consommateur, doivent avoir la possibilité d'introduire un recours contre des clauses contractuelles rédigées en vue d'une utilisation généralisée dans des contrats conclus avec des consommateurs, et en particulier, contre des clauses abusives, soit devant une autorité judiciaire soit devant un organe administratif compétents pour statuer sur les plaintes ou pour engager les procédures judiciaires appropriées; que cette faculté n'implique, toutefois, pas un contrôle préalable des conditions générales utilisées dans tel ou tel secteur économique;

considérant que les autorités judiciaires et organes administratifs des États membres doivent disposer de moyens adéquats et efficaces afin de faire cesser l'application de clauses abusives dans les contrats conclus avec les consommateurs,

A ARRÊTÉ LA PRÉSENTE DIRECTIVE:

Article premier

1. La présente directive a pour objet de rapprocher les dispositions législatives, réglementaires et administratives des États membres relatives aux clauses abusives dans les contrats conclus entre un professionnel et un consommateur.

2. Les clauses contractuelles qui reflètent des dispositions législatives ou réglementaires impératives ainsi que des dispositions ou principes des conventions internationales, dont les États membres ou la Communauté sont partis, notamment dans

le domaine des transports, ne sont pas soumises aux dispositions de la présente directive.

Article 2
Aux fins de la présente directive, on entend par:
a) «clauses abusives»: les clauses d'un contrat telles qu'elles sont définies à l'article 3;
b) «consommateur»: toute personne physique qui, dans les contrats relevant de la présente directive, agit à des fins qui n'entrent pas dans le cadre de son activité professionnelle;
c) «professionnel»: toute personne physique ou morale qui, dans les contrats relevant de la présente directive, agit dans le cadre de son activité professionnelle, qu'elle soit publique ou privée.

Article 3
1. Une clause d'un contrat n'ayant pas fait l'objet d'une négociation individuelle est considérée comme abusive lorsque, en dépit de l'exigence de bonne foi, elle crée au détriment du consommateur un déséquilibre significatif entre les droits et obligations des parties découlant du contrat.
2. Une clause est toujours considérée comme n'ayant pas fait l'objet d'une négociation individuelle lorsqu'elle a été rédigée préalablement et que le consommateur n'a pas, de ce fait, pu avoir d'influence sur son contenu, notamment dans le cadre d'un contrat d'adhésion.
Le fait que certains éléments d'une clause ou qu'une clause isolée aient fait l'objet d'une négociation individuelle n'exclut pas l'application du présent article au reste d'un contrat si l'appréciation globale permet de conclure qu'il s'agit malgré tout d'un contrat d'adhésion.
Si le professionnel prétend qu'une clause standardisée a fait l'objet d'une négociation individuelle, la charge de la preuve lui incombe.
3. L'annexe contient une liste indicative et non exhaustive de clauses qui peuvent être déclarées abusives.

Article 4
1. Sans préjudice de l'article 7, le caractère abusif d'une clause contractuelle est apprécié en tenant compte de la nature des biens ou services qui font l'objet du contrat et en se référant, au moment de la conclusion du contrat, à toutes les circonstances qui entourent sa conclusion, de même qu'à toutes les autres clauses du contrat, ou d'un autre contrat dont il dépend.
2. L'appréciation du caractère abusif des clauses ne porte ni sur la définition de l'objet principal du contrat ni sur l'adéquation entre le prix et la rémunération, d'une part, et les services ou les biens à fournir en contrepartie, d'autre part, pour autant que ces clauses soient rédigées de façon claire et compréhensible.

Article 5
Dans le cas des contrats dont toutes ou certaines clauses proposées au consommateur sont rédigées par écrit, ces clauses doivent toujours être rédigées de façon claire et compréhensible. En cas de doute sur le sens d'une clause, l'interprétation

la pvorable au consommateur prévaut. Cette règle d'interprétation n'est pas applicable dans le cadre des procédures prévues à l'article 7 paragraphe 2.

Article 6
1. Les États membres prévoient que les clauses abusives figurant dans un contrat conclu avec un consommateur par un professionnel ne lient pas les consommateurs, dans les conditions fixées par leurs droits nationaux, et que le contrat restera contraignant pour les parties selon les mêmes termes, s'il peut subsister sans les clauses abusives.
2. Les États membres prennent les mesures nécessaires pour que le consommateur ne soit pas privé de la protection accordée par la présente directive du fait du choix du droit d'un pays tiers comme droit applicable au contrat, lorsque le contrat présente un lien étroit avec le territoire des États membres.

Article 7
1. Les États membres veillent à ce que, dans l'intérêt des consommateurs ainsi que des concurrents professionnels, des moyens adéquats et efficaces existent afin de faire cesser l'utilisation des clauses abusives dans les contrats conclus avec les consommateurs par un professionnel.
2. Les moyens visés au paragraphe 1 comprennent des dispositions permettant à des personnes ou à des organisations ayant, selon la législation nationale, un intérêt légitime à protéger les consommateurs de saisir, selon le droit national, les tribunaux ou les organes administratifs compétents afin qu'ils déterminent si des clauses contractuelles, rédigées en vue d'une utilisation généralisée, ont un caractère abusif et appliquent des moyens adéquats et efficaces afin de faire cesser l'utilisation de telles clauses.
3. Dans le respect de la législation nationale, les recours visés au paragraphe 2 peuvent être dirigés, séparément ou conjointement, contre plusieurs professionnels du même secteur économique ou leurs associations qui utilisent ou recommandent l'utilisation des mêmes clauses contractuelles générales, ou de clauses similaires.

Article 8
Les États membres peuvent adopter ou maintenir, dans le domaine régi par la présente directive, des dispositions plus strictes, compatibles avec le traité, pour assurer un niveau de protection plus élevé au consommateur.

Article 9
La Commission soumet au Parlement européen et au Conseil, cinq ans au plus tard après la date visée à l'article 10 paragraphe 1, un rapport concernant l'application de la présente directive.

Article 10
1. Les États membres mettent en vigueur les dispositions législatives, réglementaires et administratives nécessaires pour se conformer à la présente directive au plus tard le 31 décembre 1994. Ils en informent immédiatement la Commission.
Ces dispositions sont applicables à tous les contrats conclus après le 31 décembre 1994.
2. Lorsque les États membres adoptent ces dispositions, celles-ci contiennent une

référence à la présente directive ou sont accompagnées d'une telle référence lors de leur publication officielle. Les modalités de cette référence sont arrêtées par les États membres.

3. Les États membres communiquent à la Commission le texte des dispositions essentielles de droit interne qu'ils adoptent dans le domaine régi par la présente directive.

Article 11
Les États membres sont destinataires de la présente directive.

Annexe. Clauses visées à l'article 3 paragraphe 3 1.

1. Clauses ayant pour objet ou pour effet:

a) d'exclure ou de limiter la responsabilité légale du professionnel en cas de mort d'un consommateur ou de dommages corporels causés à celui-ci, résultant d'un acte ou d'une omission de ce professionnel;

b) d'exclure ou de limiter de façon inappropriée les droits légaux du consommateur vis-à-vis du professionnel ou d'une autre partie en cas de non-exécution totale ou partielle ou d'exécution défectueuse par le professionnel d'une quelconque des obligations contractuelles, y compris la possibilité de compenser une dette envers le professionnel avec une créance qu'il aurait contre lui;

c) de prévoir un engagement ferme du consommateur, alors que l'exécution des prestations du professionnel est assujettie à une condition dont la réalisation dépend de sa seule volonté;

d) de permettre au professionnel de retenir des sommes versées par le consommateur lorsque celui-ci renonce à conclure ou à exécuter le contrat, sans prévoir le droit, pour le consommateur, de percevoir une indemnité d'un montant équivalent de la part du professionnel lorsque c'est celui-ci qui renonce;

e) d'imposer au consommateur qui n'exécute pas ses obligations une indemnité d'un montant disproportionnellement élevé;

f) d'autoriser le professionnel à résilier le contrat de façon discrétionnaire si la même faculté n'est pas reconnue au consommateur, ainsi que de permettre au professionnel de retenir les sommes versées au titre de prestations non encore réalisées par lui, lorsque c'est le professionnel lui-même qui résilie le contrat;

g) d'autoriser le professionnel à mettre fin sans un préavis raisonnable à un contrat à durée indéterminée, sauf en cas de motif grave;

h) de proroger automatiquement un contrat à durée déterminée en l'absence d'expression contraire du consommateur, alors qu'une date excessivement éloignée de la fin du contrat a été fixée comme date limite pour exprimer cette volonté de non-prorogation de la part du consommateur;

i) constater de manière irréfragable l'adhésion du consommateur à des clauses dont il n'a pas eu, effectivement, l'occasion de prendre connaissance avant la conclusion du contrat;

j) d'autoriser le professionnel à modifier unilatéralement les termes du contrat sans raison valable et spécifiée dans le contrat;

k) d'autoriser les professionnels à modifier unilatéralement sans raison valable des caractéristiques du produit à livrer ou du service à fournir;

l) de prévoir que le prix des biens est déterminé au moment de la livraison, ou d'accorder au vendeur de biens ou au fournisseur de services le droit d'augmenter leurs prix, sans que, dans les deux cas, le consommateur n'ait de droit correspondant lui permettant de rompre le contrat au cas où le prix final est trop élevé par rapport au prix convenu lors de la conclusion du contrat;

m) d'accorder au professionnel le droit de déterminer si la chose livrée ou le service fourni est conforme aux stipulations du contrat ou de lui conférer le droit exclusif d'interpréter une quelconque clause du contrat;

n) de restreindre l'obligation du professionnel de respecter les engagements pris par ses mandataires ou de soumettre ses engagements au respect d'une formalité particulière;

o) d'obliger le consommateur à exécuter ses obligations lors même que le professionnel n'exécuterait pas les siennes;

p) de prévoir la possibilité de cession du contrat de la part du professionnel, lorsqu'elle est susceptible d'engendrer une diminution des garanties pour le consommateur sans l'accord de celui-ci;

q) de supprimer ou d'entraver l'exercice d'actions en justice ou des voies de recours par le consommateur, notamment en obligeant le consommateur à saisir exclusivement une juridiction d'arbitrage non couverte par des dispositions légales, en limitant indûment les moyens de preuves à la disposition du consommateur ou en imposant à celui-ci une charge de preuve qui, en vertu du droit applicable, devrait revenir normalement à une autre partie au contrat.

2. Portée des points g), j) et l)

a) Le point g) ne fait pas obstacle à des clauses par lesquelles le fournisseur de services financiers se réserve le droit de mettre fin au contrat à durée indéterminée unilatéralement, et ce, sans préavis en cas de raison valable, pourvu que soit mise à la charge du professionnel l'obligation d'en informer la ou les autres parties contractantes immédiatement.

b) Le point j) ne fait pas obstacle à des clauses selon lesquelles le fournisseur de services financiers se réserve le droit de modifier le taux d'intérêt dû par le consommateur ou dû à celui-ci, ou le montant de toutes autres charges afférentes à des services financiers, sans aucun préavis en cas de raison valable, pourvu que soit mise à la charge du professionnel l'obligation d'en informer la ou les autres parties contractantes dans les meilleurs délais et que celles-ci soient libres de résilier immédiatement le contrat.

Le point j) ne fait pas non plus obstacle à des clauses selon lesquelles le professionnel se réserve le droit de modifier unilatéralement les conditions d'un contrat de durée indéterminée pourvu que soit mis à sa charge le devoir d'en informer le consommateur avec un préavis raisonnable et que celui-ci soit libre de résilier le contrat.

c) Les points g), j) et l) ne sont pas applicables aux:
– transactions concernant les valeurs mobilières, instruments financiers et autres produits ou services dont le prix est lié aux fluctuations d'un cours ou d'un indice boursier ou d'un taux de marché financier que le professionnel ne contrôle pas,
– contrats d'achat ou de vente de devises, de chèques de voyage ou de mandats-poste internationaux libellés en devises.

d) Le point l) ne fait pas obstacle aux clauses d'indexation de prix pour autant qu'elles soient licites et que le mode de variation du prix y soit explicitement décrit.

3. Directive du Parlement européen et du Conseil du 16 février 1998 relative à la protection des consommateurs en matière d'indication des prix des produits offerts aux consommateurs (98/6/CE)

Journal officiel n° L 080 du 18/03/1998 p. 27–31

LE PARLEMENT EUROPÈEN ET LE CONSEIL DE L'UNION EUROPÈENNE, vu le traité instituant la Communauté européenne, et notamment son article 129 A, paragraphe 2, vu la proposition de la Commission[1], vu l'avis du Comité économique et social[2], statuant conformément à la procédure visée à l'article 189 B du traité[3], au vu du projet commun approuvé le 9 décembre 1997 par le comité de conciliation,

1. considérant que la transparence du fonctionnement du marché et une information correcte sont favorables à la protection des consommateurs et à une concurrence saine entre les entreprises et les produits;

2. considérant qu'il importe d'assurer aux consommateurs un niveau élevé de protection; que la Communauté doit y contribuer par des actions spécifiques qui soutiennent et complètent la politique menée par les États membres en ce qui concerne une information précise, limpide et sans ambiguïté des consommateurs sur les prix des produits qui leur sont offerts;

3. considérant que la résolution du Conseil du 14 avril 1975 concernant un programme préliminaire de la Communauté économique européenne pour une politique de protection et d'information des consommateurs[4] et la résolution du Conseil du 19 mai 1981 concernant un deuxième programme de la Communauté économique européenne pour une politique de protection et d'information des consommateurs[5] prévoient l'élaboration de principes communs relatifs à l'indication des prix;

4. considérant que ces principes ont été établis par la directive 79/581/CEE pour l'indication des prix de certaines denrées alimentaires[6] et par la directive 88/314/CEE pour l'indication des prix des produits non alimentaires[7];

5. considérant que le lien entre l'indication du prix à l'unité de mesure des produits et leur préemballage en quantités ou capacités préétablies correspondant aux valeurs des gammes arrêtées au niveau communautaire s'est avéré excessivement complexe à appliquer; qu'il est donc nécessaire d'abandonner ce lien en faveur d'un nouveau dispositif simplifié et ce dans l'intérêt des consommateurs, sans que cela n'affecte le dispositif relatif à la normalisation des emballages;

---

[1] JO n° C 260 du 5. 10. 1995, p. 5 et JO n° C 249 du 27. 8. 1996, p. 2.
[2] JO n° C 82 du 19. 3. 1996, p. 32.
[3] Avis du Parlement européen du 18 avril 1996 (JO n° C 141 du 13. 5. 1996, p. 191), position commune du Conseil du 27 septembre 1996 (JO n° C 333 du 7. 11. 1996, p. 7) et décision du Parlement européen du 18 février 1997 (JO n° C 85 du 17. 3. 1997, p. 26). Décision du Parlement européen du 16 décembre 1997 et décision du Conseil du 18 décembre 1997.
[4] JO n° C 92 du 25. 4. 1975, p. 1.
[5] JO n° C 133 du 3. 6. 1981, p. 1.
[6] JO n° L 158 du 26. 6. 1979, p. 19. Directive modifiée en dernier lieu par la directive 95/58/CE (JO n° L 299 du 12. 12. 1995, p. 11).
[7] JO n° L 142 du 9. 6. 1988, p. 19. Directive modifiée en dernier lieu par la directive 95/58/CE (JO n° L 299 du 12. 12. 1995, p. 11).

6. *considérant que l'obligation d'indiquer le prix de vente et le prix à l'unité de mesure contribue de façon notable à l'amélioration de l'information des consommateurs, étant donné qu'il s'agit de la manière la plus simple de donner aux consommateurs les possibilités optimales pour évaluer et comparer le prix des produits et donc de leur permettre d'opérer des choix éclairés sur la base de comparaisons simples;*

7. *considérant qu'il devrait donc y avoir une obligation générale d'indiquer à la fois le prix de vente et le prix à l'unité de mesure pour tous les produits, à l'exception des produits commercialisés en vrac, pour lesquels le prix de vente ne peut être fixé avant que le consommateur n'ait indiqué la quantité souhaitée;*

8. *considérant qu'il est nécessaire de tenir compte du fait que, pour la vente de certains produits, l'unité de mesure habituelle n'est pas le kilogramme, le litre, le mètre, le mètre carré ou le mètre cube; qu'il convient donc de permettre aux États membres d'autoriser que le prix à l'unité de mesure fasse référence à une autre quantité unique, compte tenu de la nature du produit et des quantités dans lesquelles il est habituellement vendu dans l'État membre concerné;*

9. *considérant que l'obligation d'indiquer le prix à l'unité de mesure peut entraîner, dans certaines circonstances, une charge excessive pour certains petits commerces de détail; que les États membres devraient donc être autorisés à ne pas appliquer cette obligation pendant une période transitoire appropriée;*

10. *considérant que les États membres devraient également conserver la faculté d'exempter de l'obligation d'indiquer le prix à l'unité de mesure les produits pour lesquels cette indication ne serait pas utile ou serait susceptible de créer des confusions, par exemple, lorsque l'indication de la quantité n'est pas pertinente pour la comparaison des prix ou lorsque des produits différents sont commercialisés sous un même emballage;*

11. *considérant que, dans le but de faciliter l'application du dispositif mis en œuvre, les États membres ont, pour ce qui concerne les produits non alimentaires, la faculté d'établir une liste des produits ou catégories de produits qui demeurent soumis à l'obligation d'indiquer le prix à l'unité de mesure;*

12. *considérant qu'une réglementation au niveau communautaire permet d'assurer une information homogène et transparente au profit de l'ensemble des consommateurs dans le cadre du marché intérieur; que la nouvelle approche simplifiée est à la fois nécessaire et suffisante pour atteindre cet objectif;*

13. *considérant que les États membres doivent veiller à l'efficacité du système; que la transparence du système devrait également être maintenue lors de l'introduction de l'euro; que, à cette fin, le nombre maximal de prix à indiquer devrait être limité;*

14. *considérant qu'une attention particulière doit être accordée aux petits commerces de détail; que, à cet effet, la Commission doit, dans le rapport sur l'application de la présente directive qu'elle devra présenter au plus tard trois ans après la date visée à l'article 11, paragraphe 1, tenir particulièrement compte des expériences réalisées par les petits commerces de détail en ce qui concerne l'application de la présente directive, entre autres celles portant sur l'évolution technologique et l'introduction de la monnaie unique; que ce rapport, compte tenu de la période transitoire visée à l'article 6, devrait être accompagné d'une proposition,*

ONT ARRÊTÉ LA PRÈSENTE DIRECTIVE:

Article premier

La présente directive a pour objet de prévoir l'indication du prix de vente et du prix à l'unité de mesure des produits offerts par des professionnels aux consomma-

3. Indication des prix des produits

teurs, afin d'améliorer l'information des consommateurs et de faciliter la comparaison des prix.

Article 2
Aux fins de la présente directive, on entend par:
a) «prix de vente»: le prix définitif valable pour une unité du produit ou une quantité donnée du produit, c'est-à-dire comprenant la TVA et toutes les taxes accessoires;
b) «prix à l'unité de mesure»: le prix définitif, c'est-à-dire comprenant la TVA et toutes les taxes accessoires, valable pour un kilogramme, un litre, un mètre, un mètre carré ou un mètre cube du produit ou une autre quantité unique lorsqu'elle est utilisée de façon généralisée et habituelle dans l'État membre concerné pour la commercialisation de produits spécifiques;
c) «produits commercialisés en vrac»: des produits qui ne font l'objet d'aucun conditionnement préalable et qui sont mesurés en présence du consommateur;
d) «professionnel»: toute personne physique ou morale qui vend ou offre à la vente des produits relevant de son activité commerciale ou professionnelle;
e) «consommateur»: toute personne physique qui achète un produit à des fins qui ne sont pas du domaine de son activité commerciale ou professionnelle.

Article 3
1. Le prix de vente et le prix à l'unité de mesure doivent être indiqués pour tous les produits visés à l'article 1er, l'indication du prix à l'unité de mesure relevant de l'article 5. Le prix à l'unité de mesure ne doit pas être indiqué s'il est identique au prix de vente.
2. Les États membres peuvent décider de ne pas appliquer le paragraphe 1:
– aux produits fournis à l'occasion d'une prestation de service,
– aux ventes aux enchères et aux ventes d'objets d'art et d'antiquités.
3. Lorsque les produits sont commercialisés en vrac, seul le prix à l'unité de mesure doit être indiqué.
4. Toute publicité qui mentionne le prix de vente des produits visés à l'article 1er doit également indiquer le prix à l'unité de mesure, sous réserve de l'article 5.

Article 4
1. Le prix de vente et le prix à l'unité de mesure doivent être non équivoques, facilement identifiables et aisément lisibles. Les États membres peuvent prévoir que le nombre maximal des prix à indiquer soit limité.
2. Le prix à l'unité de mesure doit faire référence à une quantité déclarée conformément aux dispositions nationales et communautaires.
Lorsque les dispositions nationales ou communautaires exigent l'indication du poids net et du poids net égoutté pour certains produits préemballés, il suffit d'indiquer le prix à l'unité de mesure pour le poids net égoutté.

Article 5
1. Les États membres peuvent exempter de l'obligation d'indiquer le prix à l'unité de mesure les produits pour lesquels une telle indication ne serait pas utile en raison de leur nature ou destination ou serait de nature à créer la confusion.

2. Aux fins de l'application du paragraphe 1, les États membres peuvent, pour ce qui concerne les produits non alimentaires, établir une liste des produits ou catégories de produits qui demeurent soumis à l'obligation d'indiquer le prix à l'unité de mesure.

Article 6
Dans la mesure où l'obligation d'indiquer le prix à l'unité de mesure constituerait une charge excessive pour certains petits commerces de détail en raison du nombre des produits offerts à la vente, de la surface de vente, de la nature du lieu de vente, des conditions spécifiques de ventes où le produit n'est pas directement accessible au consommateur ou de certaines formes de commerce, telles que certains types particuliers de commerce ambulant, les États membres peuvent, pendant une période transitoire suivant la date visée à l'article 11, paragraphe 1, prévoir que l'obligation d'indiquer le prix à l'unité de mesure des produits autres que ceux commercialisés en vrac, qui sont offerts par lesdits commerces, ne s'applique pas, sous réserve de l'article 12.

Article 7
Les États membres prennent les mesures appropriées pour informer toute personne concernée de la législation nationale transposant la présente directive.

Article 8
Les États membres déterminent le régime des sanctions applicables aux violations des dispositions nationales prises en application de la présente directive, et prennent toutes les mesures nécessaires pour assurer la mise en œuvre de celles-ci. Les sanctions ainsi prévues doivent être effectives, proportionnées et dissuasives.

Article 9
1. Le délai de neuf ans visés à l'article 1er de la directive 95/58/CE du Parlement européen et du Conseil du 29 novembre 1995 modifiant la directive 79/581/CEE relative à la protection des consommateurs en matière d'indication des prix des denrées alimentaires et la directive 88/314/CEE relative à la protection des consommateurs en matière d'indication des prix des produits non alimentaires[8], est prolongé jusqu'à la date visée à l'article 11, paragraphe 1, de la présente directive.
2. Les directives 79/581/CEE et 88/314/CEE sont abrogées avec effet à la date visée à l'article 11, paragraphe 1, de la présente directive.

Article 10
La présente directive n'empêche pas les États membres d'adopter ou de maintenir des dispositions plus favorables en ce qui concerne l'information des consommateurs et la comparaison des prix, sans préjudice de leurs obligations au titre du traité.

Article 11
1. Les États membres mettent en vigueur les dispositions législatives, réglementai-

---
[8] JO n° L 299 du 12. 12. 1995, p. 11.

3. Indication des prix des produits

res et administratives nécessaires pour se conformer à la présente directive au plus tard le 18 mars 2000. Ils en informent immédiatement la Commission. Ils appliquent ces dispositions à partir de cette date.

Lorsque les États membres adoptent ces dispositions, celles-ci contiennent une référence à la présente directive ou sont accompagnées d'une telle référence lors de leur publication officielle. Les modalités d'indication de cette référence sont arrêtées par les États membres.

2. Les États membres communiquent à la Commission le texte des dispositions de droit interne qu'ils adoptent dans le domaine régi par la présente directive.

3. Les États membres notifient le régime des sanctions prévues à l'article 8 ainsi que toute modification ultérieure.

Article 12

Au plus tard trois ans après la date visée à l'article 11, paragraphe 1, la Commission soumet au Parlement européen et au Conseil un rapport global concernant l'application de la présente directive, et notamment de l'article 6, accompagné d'une proposition.

Sur cette base, le Parlement européen et le Conseil réexaminent les dispositions de l'article 6 et statuent, conformément au traité, dans un délai de trois ans après la présentation par la Commission de la proposition visée au premier alinéa.

Article 13

La présente directive entre en vigueur le jour de sa publication au Journal officiel des Communautés européennes.

Article 14

Les États membres sont destinataires de la présente directive.

Déclaration de la Commission. Article 2, point b)

La Commission estime que l'expression «valable pour un kilogramme, un litre, un mètre, un mètre carré ou un mètre cube du produit ou une autre quantité unique», à l'article 2, point b), s'applique également aux produits commercialisés à la pièce ou à l'unité.

Déclaration de la Commission. Article 12, paragraphe 1

La Commission considère que l'article 12, paragraphe 1, de la directive ne peut pas être interprété comme mettant en cause son droit d'initiative.

4. Directive du Conseil du 10 septembre 1984 relative au rapprochement des dispositions législatives, réglementaires et administratives des États membres en matière de publicité trompeuse (84/450/CEE)

Journal officiel n° L 250 du 19/09/1984, p. 17-20 avec modifications: Directive 97/55/CE du 6 octobre 1997 (Journal officiel n° L 290 du 23/10/1997, p. 18-23)

LE CONS EIL DES COMMUNAUTÈS EUROPÈENNES,

vu le traité instituant la Communauté économique européenne, et notamment son article 100, vu la proposition de la Commission[1], vu l'avis de l'Assemblée[2], vu l'avis du Comité économique et social[3],

considérant qu'il existe de grandes disparités entre les législations actuellement en vigueur dans les États membres en matière de publicité trompeuse; que la publicité dépasse les frontières des États membres et qu'elle a, par conséquent, une incidence directe sur l'établissement et le fonctionnement du marché commun;

considérant que la publicité trompeuse peut entraîner une distorsion de la concurrence au sein du marché commun;

considérant que la publicité, qu'elle conduise ou non à la conclusion d'un contrat, affecte la situation économique des consommateurs;

considérant que la publicité trompeuse risque d'amener le consommateur à prendre, lorsqu'il acquiert des biens ou utilise des services, des décisions qui lui sont préjudiciables et que les disparités entre les législations des États membres non seulement aboutissent, dans de nombreux cas, à une protection insuffisante des consommateurs, mais aussi entravent la réalisation de campagnes publicitaires par delà les frontières et ainsi affectent la libre circulation des marchandises et des prestations de services;

considérant que le deuxième programme de la Communauté économique européenne pour une politique de protection et d'information des consommateurs[4] prévoit des mesures appropriées destinées à protéger le consommateur contre la publicité trompeuse et déloyale;

considérant qu'il est de l'intérêt du public en général, des consommateurs ainsi que des personnes qui sont en concurrence dans l'exercice d'une activité commerciale, industrielle, artisanale ou libérale au sein du marché commun d'harmoniser, dans un premier stade, des dispositions nationales en matière de protection contre la publicité trompeuse et, dans un deuxième stade, de traiter de la publicité déloyale ainsi que, en tant que de besoin, de la publicité comparative, sur la base de propositions appropriées de la Commission;

considérant qu'il faudrait, à cette fin, fixer des critères minimaux et objectifs sur la base desquels il est possible de déterminer qu'une publicité est trompeuse;

considérant que les dispositions juridiques que doivent arrêter les États membres à l'encontre de la publicité trompeuse doivent être adéquates et efficaces;

considérant que les personnes ou organisations ayant, selon la législation nationale, un intérêt légitime en la matière, doivent avoir la possibilité d'introduire un recours contre

---

[1] JO n° C 70 du 21. 3. 1978, p. 4.
[2] JO n° C 140 du 5. 6. 1979, p. 23.
[3] JO n° C 171 du 9. 7. 1979, p. 43.
[4] JO n° C 133 du 3. 6. 1981, p. 1.

4. Publicité trompeuse

toute publicité trompeuse soit devant un tribunal, soit devant un organe administratif qui est compétent pour statuer sur les plaintes ou pour engager les poursuites judiciaires appropriées;
considérant qu'il devrait appartenir à chaque État membre de décider s'il convient d'habiliter le tribunal ou l'organe administratif à exiger un recours préalable à d'autres voies établies pour le règlement de la plainte;
considérant que les tribunaux ou organes administratifs doivent disposer de pouvoirs leur permettant d'ordonner ou d'obtenir la cessation d'une publicité trompeuse;
considérant que, dans certains cas, il peut être souhaitable d'interdire une publicité trompeuse avant même que celle-ci ne soit portée à la connaissance du public; que, toutefois, ceci n'implique nullement que les États membres soient tenus d'instituer une réglementation qui prévoit le contrôle systématique préalable de la publicité;
considérant qu'il convient de prévoir des procédures accélérées permettant de prendre des mesures à effet provisoire ou définitif;
considérant qu'il peut être souhaitable d'ordonner la publication de décisions rendues par les tribunaux ou les organes administratifs ou de communiqués rectificatifs en vue d'éliminer les effets persistants de la publicité trompeuse;
considérant que les organes administratifs doivent être impartiaux et que l'exercice de leurs compétences doit être susceptible d'un recours juridictionnel;
considérant que les contrôles volontaires exercés par des organismes autonomes pour supprimer la publicité trompeuse peuvent éviter le recours à une action administrative ou judiciaire et devraient donc être encouragés;
considérant que l'annonceur devrait être en mesure de prouver, par des moyens appropriés, l'exactitude matérielle des données de fait contenues dans sa publicité et que, dans des cas appropriés, il peut être tenu de le faire, à la demande du tribunal ou de l'organe administratif;
considérant que la présente directive ne doit pas faire obstacle au maintien ou à l'adoption par les États membres de dispositions visant à assurer une protection plus étendue des consommateurs, des personnes qui exercent une activité commerciale, industrielle, artisanale ou libérale ainsi que du public en général,
A ARRÊTÉ LA PRÉSENTE DIRECTIVE:

Article premier
La présente directive a pour objet de protéger les consommateurs et les personnes qui exercent une activité commerciale, industrielle, artisanale ou libérale ainsi que les intérêts du public en général contre la publicité trompeuse et ses conséquences déloyales.

Article 2
Aux fins de la présente directive, on entend par:
1) publicité: toute forme de communication faite dans le cadre d'une activité commerciale, industrielle, artisanale ou libérale dans le but de promouvoir la fourniture de biens ou de services, y compris les biens immeubles, les droits et les obligations;
2) publicité trompeuse: toute publicité qui, d'une manière quelconque, y compris sa présentation, induit en erreur ou est susceptible d'induire en erreur les personnes auxquelles elle s'adresse ou qu'elle touche et qui, en raison de son caractère trompeur, est susceptible d'affecter leur comportement économique ou qui, pour ces raisons, porte préjudice ou est susceptible de porter préjudice à un concurrent;
3) personne: toute personne physique ou morale.

Article 3
Pour déterminer si une publicité est trompeuse, il est tenu compte de tous ses éléments et notamment de ses indications concernant:
a) les caractéristiques des biens ou services, telles que leur disponibilité, leur nature, leur exécution, leur composition, le mode et la date de fabrication ou de prestation, leur caractère approprié, leurs utilisations, leur quantité, leurs spécifications, leur origine géographique ou commerciale ou les résultats qui peuvent être attendus de leur utilisation, ou les résultats et les caractéristiques essentiels des tests ou contrôles effectués sur les biens ou les services;
b) le prix ou son mode d'établissement et les conditions de fourniture des biens ou de prestation des services;
c) la nature, les qualités et les droits de l'annonceur, tels que son identité et son patrimoine, ses qualifications et ses droits de propriété industrielle, commerciale ou intellectuelle ou les prix qu'il a reçus ou ses distinctions.

Article 4
1. Les États membres veillent à ce qu'il existe des moyens adéquats et efficaces pour contrôler la publicité trompeuse dans l'intérêt des consommateurs aussi bien que des concurrents et du public en général. Ces moyens doivent comporter des dispositions juridiques selon lesquelles les personnes ou organisations ayant, selon la législation nationale, un intérêt légitime à l'interdiction de la publicité trompeuse peuvent:
a) intenter une action en justice contre cette publicité
et/ou
b) porter cette publicité devant un organe administratif compétent soit pour statuer sur les plaintes, soit pour engager les poursuites judiciaires appropriées.
Il appartient à chaque État membre de décider laquelle de ces procédures sera retenue et s'il convient que le tribunal ou l'organe administratif soit habilité à exiger un recours préalable à d'autres voies établies de règlement de plaintes, y compris celles mentionnées à l'article 5.
2. Dans le cadre des dispositions juridiques visées au paragraphe 1, les États membres confèrent aux tribunaux ou aux organes administratifs des compétences les habilitant, au cas où ceux-ci estiment que ces mesures sont nécessaires compte tenu de tous les intérêts en jeu, et notamment de l'intérêt général:
– à ordonner la cessation d'une publicité trompeuse ou à engager les poursuites appropriées en vue de faire ordonner la cessation de cette publicité,
ou
– à interdire une telle publicité ou à engager les poursuites appropriées en vue de faire ordonner l'interdiction de la publicité trompeuse lorsqu'elle n'a pas encore été portée à la connaissance du public, mais que sa publication est imminente, même en l'absence de preuve d'une perte ou d'un préjudice réel, ou d'une intention ou négligence de la part de l'annonceur.
Les États membres prévoient en outre que les mesures visées au premier alinéa peuvent être prises dans le cadre d'une procédure accélérée:
– soit avec effet provisoire,
– soit avec effet définitif,
étant entendu qu'il appartient à chaque État membre de déterminer laquelle de ces deux options sera retenue.

4. Publicité trompeuse

En outre, les États membres peuvent conférer aux tribunaux ou aux organes administratifs des compétences les habilitant, en vue d'éliminer les effets persistants d'une publicité trompeuse dont la cessation a été ordonnée par une décision définitive:
- à exiger la publication de cette décision en tout ou en partie et dans la forme qu'ils jugent adéquate,
- à exiger, en outre, la publication d'un communiqué rectificatif.

3. Les organes administratifs visés au paragraphe 1 doivent:
a) être composés de manière à ne pas mettre en doute leur impartialité;
b) avoir des pouvoirs adéquats pour permettre de surveiller et d'imposer de façon efficace l'observation de leurs décisions lorsqu'ils statuent sur les plaintes;
c) en principe motiver leurs décisions.

Lorsque les compétences visées au paragraphe 2 sont exercées uniquement par un organe administratif, les décisions doivent être motivées dans tous les cas. En outre, dans ce cas, des procédures doivent être prévues par lesquelles tout exercice impropre ou injustifié des pouvoirs de l'organe administratif ou tout manquement impropre ou injustifié à l'exercice desdits pouvoirs peuvent faire l'objet d'un recours juridictionnel.

Article 5
La présente directive n'exclut pas le contrôle volontaire de la publicité trompeuse par des organismes autonomes et le recours à de tels organismes par des personnes ou organisations visées à l'article 4, s'il existe des procédures devant de tels organismes en sus des procédures juridictionnelles ou administratives visées audit article.

Article 6
Les États membres confèrent aux tribunaux ou aux organes administratifs des compétences les habilitant, lors d'une procédure civile ou administrative, visée à l'article 4:
a) à exiger que l'annonceur apporte des preuves concernant l'exactitude matérielle des données de fait contenues dans la publicité si, compte tenu des intérêts légitimes de l'annonceur et de toute autre partie à la procédure, une telle exigence paraît appropriée au vu des circonstances du cas d'espèce
et
b) à considérer des données de fait comme inexactes si les preuves exigées conformément au point a) ne sont pas apportées ou sont estimées insuffisantes par le tribunal ou l'organe administratif.

Article 7
La présente directive ne fait pas obstacle au maintien ou à l'adoption par les États membres de dispositions visant à assurer une protection plus étendue des consommateurs, des personnes qui exercent une activité commerciale, industrielle, artisanale ou libérale ainsi que du public en général.

Article 8
Les États membres prennent les mesures nécessaires pour se conformer à la présente directive au plus tard le 1er octobre 1986. Ils en informent immédiatement la Commission.

Les États membres communiquent à la Commission les dispositions de droit interne qu'ils adoptent dans le domaine régi par la présente directive.

Article 9
Les États membres sont destinataires de la présente directive.

5. Directive du Parlement Européen et du Conseil du 6 octobre 1997 modifiant la directive 84/450/CEE sur la publicité trompeuse afin d'y inclure la publicité comparative (97/55/CE)

Journal officiel n° L 290 du 23/10/1997, p. 18–23

LE PARLEMENT EUROPÉEN ET LE CONSEIL DE L'UNION EUROPÉENNE, *vu le traité instituant la Communauté européenne, et notamment son article 100 A, vu la proposition de la Commission[1], vu l'avis du Comité économique et social[2], statuant conformément à la procédure visée à l'article 189 B du traité[3], au vu du projet commun approuvé le 25 juin 1997 par le comité de conciliation,*

(1) considérant que l'un des principaux objectifs de la Communauté est d'achever le marché intérieur; qu'il importe de prendre des mesures propres à assurer le bon fonctionnement dudit marché; que le marché intérieur consiste en un espace sans frontières intérieures dans lequel la libre circulation des biens, des personnes, des services et des capitaux est assurée;

(2) considérant que, avec l'achèvement du marché intérieur, la variété de l'offre s'élargira de plus en plus; qu'étant donné la possibilité et la nécessité pour les consommateurs de tirer parti au maximum du marché intérieur et le fait que la publicité est un moyen très important pour ouvrir des débouchés réels partout dans la Communauté pour tous les biens et services, les dispositions essentielles régissant la forme et le contenu de la publicité comparative doivent être les mêmes et les conditions de l'utilisation de la publicité comparative dans les États membres doivent être harmonisées; que, si ces conditions sont réunies, cela contribuera à mettre en évidence de manière objective les avantages des différents produits comparables; que la publicité comparative peut aussi stimuler la concurrence entre les fournisseurs de biens et de services dans l'intérêt des consommateurs;

(3) considérant que les dispositions législatives, réglementaires et administratives des divers États membres en matière de publicité comparative sont très différentes; que la publicité déborde les frontières et est reçue sur le territoire d'autres États membres; que l'acceptation ou l'interdiction de la publicité comparative selon les différentes législations nationales peut constituer un obstacle à la libre circulation des biens et des services et créer des distorsions de concurrence; que, notamment, des entreprises peuvent se trouver exposées à des formes de publicité mises en œuvre par des concurrents auxquelles elles ne peuvent pas répondre à armes égales; que la liberté de prestation de services en matière de publicité comparative doit être assurée; que la Communauté est appelée à remédier à la situation;

(4) considérant que le sixième considérant de la directive 84/450/CEE, du 10 septembre 1984, relative au rapprochement des dispositions législatives, réglementaires et administratives des États membres en matière de publicité trompeuse[4] prévoit qu'il convient, après

---

[1] JO n° C 180 du 11. 7. 1991, p. 14 et JO n° C 136 du 19. 5. 1994, p. 4.
[2] JO n° C 49 du 24. 2. 1992, p. 35.
[3] Avis du Parlement européen du 18 novembre 1992 (JO n° C 337 du 21. 12. 1992, p. 142), position commune du Conseil du 19 mars 1996 (JO n° C 219 du 27. 7. 1996, p. 14) et décision du Parlement européen du 23 octobre 1996 (JO n° C 347 du 16. 11. 1996, p. 69). Décision du Parlement européen du 16 septembre 1997 et décision du Conseil du 15 septembre 1997.
[4] JO n° L 250 du 19. 9. 1984, p. 17.

l'*harmonisation des dispositions nationales en matière de protection contre la publicité trompeuse*, «*dans un deuxième stade, de traiter (...), en tant que de besoin, de la publicité comparative, sur la base de propositions appropriées de la Commission*»;

(5) considérant que le point 3 d) de l'annexe de la résolution du Conseil, du 14 avril 1975, concernant un programme préliminaire de la Communauté économique européenne pour une politique de protection et d'information des consommateurs[5] inclut le droit à l'information dans les droits fondamentaux des consommateurs; que ce droit est confirmé par la résolution du Conseil, du 19 mai 1981, concernant un deuxième programme de la Communauté économique européenne pour une politique de protection et d'information des consommateurs[6] dont l'annexe traite expressément de l'information des consommateurs au point 40; que la publicité comparative, quand elle compare des caractéristiques essentielles, pertinentes, vérifiables et représentatives et qu'elle n'est pas trompeuse, peut être un moyen légitime d'informer les consommateurs de leur intérêt;

(6) considérant qu'il est souhaitable de définir un concept général de publicité comparative pour couvrir toutes les formes de celle-ci;

(7) considérant qu'il convient d'établir les conditions dans lesquelles la publicité comparative est considérée comme licite, pour autant que la comparaison est concernée, afin de déterminer les pratiques en matière de publicité comparative qui peuvent entraîner une distorsion de concurrence, porter préjudice aux concurrents et avoir une incidence négative sur le choix des consommateurs; que ces conditions de licéité de la publicité doivent inclure des critères de comparaison objective des caractéristiques des biens et des services;

(8) considérant que la comparaison du seul prix de biens et de services devrait être possible si cette comparaison respecte certaines conditions, en particulier si elle n'est pas trompeuse;

(9) considérant qu'il convient, pour éviter que la publicité comparative ne soit utilisée de manière anticoncurrentielle et déloyale, de ne permettre que les comparaisons entre des biens et des services concurrents répondant aux mêmes besoins ou ayant le même objectif;

(10) considérant que les conventions internationales sur le droit d'auteur ainsi que les dispositions nationales sur la responsabilité contractuelle et extra-contractuelle s'appliquent lors de la mention ou de la reproduction, dans la publicité comparative, des résultats d'essais comparatifs effectués par des tiers;

(11) considérant que les conditions de la publicité comparative doivent être cumulatives et respectées dans leur intégralité; que, conformément au traité, la compétence quant à la forme et aux moyens de mise en œuvre de ces conditions est laissée aux États membres, pour autant que cette forme et ces moyens ne sont pas déjà déterminés par la présente directive;

(12) considérant que ces conditions devraient notamment prendre en compte les dispositions découlant du règlement (CEE) n° 2081/92 du Conseil, du 14 juillet 1992, relatif à la protection des indications géographiques et des appellations d'origine des produits agricoles et des denrées alimentaires[7], en particulier l'article 13 de celui-ci, ainsi que les autres dispositions communautaires adoptées dans le domaine agricole;

---

[5] JO n° C 92 du 25. 4. 1975, p. 1.
[6] JO n° C 133 du 3. 6. 1981, p. 1.
[7] JO n° L 208 du 24. 7. 1992, p. 1.

5. Publicité comparative 633

(13) considérant que l'article 5 de la première directive 89/104/CEE du Conseil, du 21 décembre 1988, rapprochant les législations des États membres sur les marques[8] confère au titulaire d'une marque enregistrée des droits exclusifs, qui comportent, notamment, le droit d'interdire à tout tiers d'utiliser, dans la vie des affaires, un signe identique ou un signe similaire à la marque pour des produits ou des services identiques ou, le cas échéant, même pour d'autres produits;
(14) considérant, toutefois, qu'il peut être indispensable, afin de rendre la publicité comparative effective, d'identifier les produits ou services d'un concurrent en faisant référence à une marque dont ce dernier est titulaire ou à son nom commercial;
(15) considérant qu'une telle utilisation de la marque, du nom commercial ou d'autres signes distinctifs d'autrui n'enfreint pas ce droit exclusif, dans les cas où elle est faite dans le respect des conditions établies par la présente directive, le but visé étant uniquement de les distinguer et, donc, de mettre les différences objectivement en relief;
(16) considérant qu'il convient de prévoir que les recours judiciaires et/ou administratifs mentionnés aux articles 4 et 5 de la directive 84/450/CEE sont disponibles pour contrôler la publicité comparative qui ne correspond pas aux conditions fixées par la présente directive; que, conformément au seizième considérant de ladite directive, les contrôles volontaires exercés par des organismes autonomes pour supprimer la publicité trompeuse peuvent éviter le recours à une action administrative ou judiciaire et devraient donc être encouragés; que l'article 6 s'applique de la même façon à la publicité comparative illicite;
(17) considérant que les organismes autonomes nationaux peuvent coordonner leurs travaux par l'intermédiaire d'associations ou d'organisations établies au niveau communautaire et, entre autres, examiner les réclamations transfrontalières;
(18) considérant que l'article 7 de la directive 84/450/CEE, permettant aux États membres de maintenir ou d'adopter des dispositions visant à assurer une protection plus étendue des consommateurs, des personnes qui exercent une activité commerciale, industrielle, artisanale ou libérale ainsi que du public en général, ne peut être applicable à la publicité comparative, étant donné que l'objectif poursuivi en modifiant ladite directive est de fixer les conditions de licéité de la publicité comparative;
(19) considérant qu'une comparaison qui présente des biens ou des services comme une imitation ou une reproduction de biens ou de services revêtus d'une marque ou d'un nom commercial protégés ne doit pas être considérée comme satisfaisant aux conditions de licéité de la publicité comparative;
(20) considérant que la présente directive ne porte nullement atteinte aux dispositions communautaires applicables à la publicité concernant des produits et/ou services spécifiques ni aux restrictions ou interdictions relatives à la publicité dans des médias déterminés;
(21) considérant que si un État membre interdit, dans le respect des dispositions du traité, la publicité pour certains biens ou services, cette interdiction peut, qu'elle soit imposée directement ou par un organisme ou une organisation ayant compétence, en vertu de la législation de cet État membre, pour réglementer l'exercice d'une activité commerciale, industrielle, artisanale ou libérale, être étendue à la publicité comparative;
(22) considérant que les États membres ne doivent pas être obligés de permettre la publicité comparative pour des biens ou services à propos desquels ils maintiennent ou introduisent, dans le respect des dispositions du traité, des interdictions, y compris des interdic-

---

[8] JO n° L 40 du 11. 2. 1989, p. 1. Directive modifiée en dernier lieu par la décision 92/10/CEE (JO n° L 6 du 11. 1. 1992, p. 35).

tions relatives aux méthodes de commercialisation ou à la publicité s'adressant à des groupes de consommateurs vulnérables; que les États membres peuvent, dans le respect des dispositions du traité, maintenir ou introduire des interdictions ou des restrictions quant au recours à des comparaisons dans la publicité pour des services relevant de professions libérales, que ces interdictions ou ces restrictions soient imposées directement ou par un organisme ou une organisation responsable, en vertu des législations des États membres, de réglementer l'exercice d'une activité libérale;

(23) considérant que la réglementation de la publicité comparative est, dans les conditions établies par la présente directive, nécessaire pour le bon fonctionnement du marché intérieur et qu'une action au niveau communautaire s'impose de ce fait; que l'adoption d'une directive est l'instrument approprié, car une directive établit des principes généraux uniformes, mais laisse aux États membres le soin de choisir la forme et les moyens appropriés pour atteindre ces objectifs; qu'elle est conforme au principe de subsidiarité,
ONT ARRÊTÉ LA PRÉSENTE DIRECTIVE:

Article premier
La directive 84/450/CEE est modifiée comme suit.
1) Le titre est remplacé par le texte suivant:
«Directive du Conseil, du 10 septembre 1984, en matière de publicité trompeuse et de publicité comparative».
2) L'article 1er est remplacé par le texte suivant:
«Article premier
La présente directive a pour objet de protéger les consommateurs, les personnes qui exercent une activité commerciale, industrielle, artisanale ou libérale ainsi que les intérêts du public en général contre la publicité trompeuse et ses conséquences déloyales et d'établir les conditions dans lesquelles la publicité comparative est considérée comme licite.»
3) À l'article 2, le point 2 bis) suivant est inséré:
«2 bis) «publicité comparative»: toute publicité qui, explicitement ou implicitement, identifie un concurrent ou des biens ou services offerts par un concurrent;»
4) L'article 3 bis suivant est ajouté:
«Article 3 bis
1. Pour autant que la comparaison est concernée, la publicité comparative est licite dès lors que les conditions suivantes sont satisfaites:
a) elle n'est pas trompeuse au sens de l'article 2 point 2, de l'article 3 et de l'article 7 paragraphe 1;
b) elle compare des biens ou services répondant aux mêmes besoins ou ayant le même objectif;
c) elle compare objectivement une ou plusieurs caractéristiques essentielles, pertinentes, vérifiables et représentatives de ces biens et services, dont le prix peut faire partie;
d) elle n'engendre pas de confusion sur le marché entre l'annonceur et un concurrent ou entre les marques, noms commerciaux, autres signes distinctifs, biens ou services de l'annonceur et ceux d'un concurrent;
e) elle n'entraîne pas le discrédit ou le dénigrement des marques, noms commerciaux, autres signes distinctifs, biens, services, activités ou situation d'un concurrent;

5. Publicité comparative

f) pour les produits ayant une appellation d'origine, elle se rapporte dans chaque cas à des produits ayant la même appellation;

g) elle ne tire pas indûment profit de la notoriété attachée à une marque, à un nom commercial ou à d'autres signes distinctifs d'un concurrent ou de l'appellation d'origine de produits concurrents;

h) elle ne présente pas un bien ou un service comme une imitation ou une reproduction d'un bien ou d'un service portant une marque ou un nom commercial protégés.

2. Toute comparaison faisant référence à une offre spéciale doit indiquer de manière claire et non équivoque la date à laquelle l'offre spéciale prend fin ou, le cas échéant, le fait qu'elle vaut jusqu'à épuisement des biens ou services et, si l'offre spéciale n'a pas encore commencé, la date du début de la période pendant laquelle un prix spécial ou d'autres conditions spécifiques sont applicables.»

5) À l'article 4 paragraphe 1, les premier et deuxième alinéas sont remplacés par le texte suivant:

«1. Les États membres veillent à ce qu'il existe des moyens adéquats et efficaces de lutter contre la publicité trompeuse et de faire respecter les dispositions en matière de publicité comparative dans l'intérêt des consommateurs aussi bien que dans celui des concurrents et du public en général.

Ces moyens doivent comporter des dispositions juridiques aux termes desquelles les personnes ou organisations ayant, selon la législation nationale, un intérêt légitime à l'interdiction de la publicité trompeuse ou à la réglementation de la publicité comparative peuvent:

a) intenter une action en justice contre cette publicité

et/ou

b) porter cette publicité devant un organe administratif compétent soit pour statuer sur les plaintes, soit pour engager les poursuites judiciaires appropriées.»

6) À l'article 4, le paragraphe 2 est modifié comme suit:

a) Au premier alinéa, les tirets sont remplacés par le texte suivant:

«- à ordonner la cessation ou à engager les poursuites judiciaires appropriées en vue de faire ordonner la cessation d'une publicité trompeuse ou d'une publicité comparative illicite

ou

– lorsque la publicité trompeuse ou la publicité comparative illicite n'a pas encore été portée à la connaissance du public, mais que sa diffusion est imminente, à interdire cette diffusion ou à engager les poursuites appropriées en vue d'en faire ordonner l'interdiction,»

b) la phrase introductive du troisième alinéa est remplacée par le texte suivant:

«En outre, les États membres peuvent conférer aux tribunaux ou aux organes administratifs des compétences les habilitant, en vue d'éliminer les effets persistants d'une publicité trompeuse ou d'une publicité comparative illicite, dont la cessation a été ordonnée par une décision définitive:»

7) L'article 5 est remplacé par le texte suivant:

«Article 5

La présente directive n'exclut pas le contrôle volontaire, que les États membres peuvent encourager, de la publicité trompeuse ou comparative par des organismes autonomes ni le recours à de tels organismes par les personnes ou organisations visées à l'article 4 s'il existe des procédures devant de tels organismes en sus des procédures judiciaires ou administratives visées audit article.»

8) L'article 6 point a) est remplacé par le texte suivant:

«a) à exiger que l'annonceur apporte des preuves concernant l'exactitude matérielle des données de fait contenues dans la publicité si, compte tenu des intérêts légitimes de l'annonceur et de toute autre partie à la procédure, une telle exigence paraît appropriée au vu des circonstances du cas d'espèce et, dans le cas de la publicité comparative, à exiger que l'annonceur fournisse ces preuves à bref délai;»

9) L'article 7 est remplacé par le texte suivant:

«Article 7

1. La présente directive ne fait pas obstacle au maintien ou à l'adoption par les États membres de dispositions visant à assurer, en matière de publicité trompeuse, une protection plus étendue des consommateurs, des personnes qui exercent une activité commerciale, industrielle, artisanale ou libérale ainsi que du public en général.

2. Le paragraphe 1 n'est pas applicable à la publicité comparative pour autant que la comparaison est concernée.

3. Les dispositions de la présente directive s'appliquent sans préjudice des dispositions communautaires applicables à la publicité concernant des produits et/ou services spécifiques ou des restrictions ou interdictions relatives à la publicité dans des médias déterminés.

4. Les dispositions de la présente directive concernant la publicité comparative n'obligent pas les États membres qui, dans le respect des dispositions du traité, maintiennent ou introduisent des interdictions de publicité pour certains biens ou services, qu'elles soient imposées directement ou par un organisme ou une organisation qui est responsable, en vertu des législations des États membres, de réglementer l'exercice d'une activité commerciale, industrielle, artisanale ou libérale, à permettre la publicité comparative pour ces biens ou services. Lorsque ces interdictions sont limitées à des médias déterminés, la directive s'applique aux médias qui ne sont pas couverts par ces interdictions.

5. Aucune disposition de la présente directive n'empêche les États membres de maintenir ou d'introduire, dans le respect des dispositions du traité, des interdictions ou des restrictions quant au recours à des comparaisons dans la publicité pour des services relevant de professions libérales, que ces interdictions ou ces restrictions soient imposées directement ou par un organisme ou une organisation responsable, en vertu des législations des États membres, de réglementer l'exercice d'une activité libérale.»

Article 2. Systèmes de réclamations

La Commission étudie la possibilité de mettre en place des moyens efficaces pour traiter les réclamations transfrontalières en matière de publicité comparative. Dans les deux ans suivant l'entrée en vigueur de la présente directive, la Commission soumet un rapport au Parlement européen et au Conseil sur les résultats des études réalisées, en l'accompagnant, le cas échéant, de propositions.

Article 3

1. Les États membres mettent en vigueur les dispositions législatives, réglementaires et administratives nécessaires pour se conformer à la présente directive au plus

tard trente mois après sa publication au Journal officiel des Communautés européennes. Ils en informent immédiatement la Commission.

2. Lorsque les États membres adoptent ces dispositions, celles-ci contiennent une référence à la présente directive ou sont accompagnées d'une telle référence lors de leur publication officielle. Les modalités de cette référence sont arrêtées par les États membres.

3. Les États membres communiquent à la Commission le texte des dispositions essentielles de droit interne qu'ils adoptent dans le domaine régi par la présente directive.

Article 4
Les États membres sont destinataires de la présente directive.

Déclaration de la Commission
La Commission déclare avoir l'intention de soumettre dans la mesure du possible le rapport auquel se réfère l'article 2 en même temps que celui sur les systèmes de réclamations qui est prévu dans l'article 17 de la directive 97/7/CE concernant la protection des consommateurs en matière de contrats à distance.

6. Directive du Conseil du 31 mars 1992 concernant la publicité faite à l'égard des médicaments à usage humain (92/28/CEE)

Journal officiel n° L 113 du 30/04/1992, p. 13–18

LE CONSEIL DES COMMUNAUTÈS EUROPÈENNES,

vu le traité instituant la Communauté économique européenne, et notamment son article 100 A, vu la proposition de la Commission[1], en coopération avec le Parlement européen[2], vu l'avis du Comité économique et social[3],

considérant que la directive 84/450/CEE[4] a rapproché les dispositions législatives, réglementaires et administratives en matière de publicité trompeuse; que la présente directive ne préjuge pas de l'application des mesures prises en vertu de cette directive;

considérant que tous les États membres ont en outre adopté des mesures spécifiques concernant la publicité pharmaceutique; qu'il existe des disparités entre ces mesures; que ces disparités ont une incidence sur l'établissement et sur le fonctionnement du marché intérieur, du fait que la publicité diffusée dans un État membre est susceptible de produire des effets dans les autres États membres;

considérant que la directive 89/552/CEE du Conseil, du 3 octobre 1989, visant à la coordination de certaines dispositions législatives, réglementaires et administratives des États membres relatives à l'exercice d'activités de radiodiffusion télévisuelle[5] interdit la publicité télévisuelle pour les médicaments qui sont seulement disponibles sur prescription médicale dans l'État membre de la compétence duquel relève l'organisme de radiodiffusion télévisuelle; qu'il y a lieu de généraliser ce principe en l'étendant à d'autres médias;

considérant que la publicité auprès du public faite à l'égard des médicaments qui peuvent être délivrés sans prescription pourrait affecter la santé publique si elle était excessive et inconsidérée; que cette publicité, lorsqu'elle est autorisée, doit donc satisfaire à certains critères essentiels qu'il convient de définir;

considérant, par ailleurs, que la distribution gratuite d'échantillons au public à des fins promotionnelles doit être interdite;

considérant que la publicité des médicaments auprès des personnes habilitées à les prescrire ou à les délivrer contribue à l'information de ces personnes; qu'il convient cependant de les soumettre à des conditions strictes et à un contrôle effectif, en s'inspirant notamment des travaux réalisés dans le cadre du Conseil de l'Europe;

considérant que les délégués médicaux exercent un rôle important dans la promotion des médicaments; qu'il convient dès lors de leur imposer certaines obligations, et en particulier l'obligation de remettre à la personne visitée le résumé des caractéristiques du produit;

considérant que les personnes habilitées à prescrire des médicaments doivent être à même d'exercer ces tâches en toute objectivité, sans être influencées par des incitations financières directes ou indirectes;

considérant qu'il convient que des échantillons gratuits de médicaments puissent être délivrés, dans le respect de certaines conditions restrictives, aux personnes habilitées à pres-

---

[1] JO n° C 163 du 4. 7. 1990, p. 10, et JO n° C 207 du 8. 8. 1991, p. 25.
[2] JO n° C 183 du 15. 7. 1991, p. 227 et JO n° C 67 du 16. 3. 1992.
[3] JO n° C 60 du 8. 3. 1991, p. 40.
[4] JO n° L 250 du 19. 9. 1984, p. 17.
[5] JO n° L 298 du 17. 10. 1989, p. 23.

crire ou à délivrer des médicaments, afin qu'elles se familiarisent avec les nouveaux médicaments et acquièrent une expérience de leur utilisation;
considérant que, s'il importe que les personnes habilitées à prescrire ou à fournir des médicaments disposent de sources d'information neutres et objectives sur les médicaments disponibles sur le marché, c'est cependant aux États membres qu'il incombe de prendre les mesures appropriées à cette fin, en fonction de leur situation particulière;
considérant que la publicité pharmaceutique doit être soumise à un contrôle adéquat et efficace; qu'il convient, à cet égard, de s'inspirer des mécanismes de contrôle institués par la directive 84/450/CEE;
considérant qu'il convient que chaque entreprise qui fabrique ou importe des médicaments mette en place un dispositif permettant d'assurer que toute l'information communiquée à propos d'un médicament soit conforme aux conditions d'utilisation qui ont été approuvées,

A ARRÊTÉ LA PRÉSENTE DIRECTIVE:

Chapitre premier. Définitions, champ d'application et principes généraux

Article premier

1. La présente directice concerne la publicité dans la Communauté des médicaments à usage humain auxquels s'appliquent les chapitres II à V de la directive 65/65/CEE du Conseil, du 26 janvier 1965, concernant le rapprochement des dispositions législatives, réglementaires et administratives relatives aux médicaments[6].
2. Aux fins de la présente directive:
– les définitions de la «dénomination du médicament» et de la «dénomination commune» sont celles qui figurent à l'article 1er de la directive 92/27/CEE[7],
– le «résumé des caractéristiques du produit» est le résumé approuvé par les autorités compétentes ayant délivré l'autorisation de mise sur le marché, conformément à l'article 4 ter de la directive 65/65/CEE.
3. Aux fins de la présente directive, on entend par «publicité pour des médicaments» toute forme de démarchage d'information, de prospection ou d'incitation qui vise à promouvoir la prescription, la délivrance, la vente ou la consommation de médicaments; elle comprend en particulier:
– la publicité pour les médicaments auprès du public,
– la publicité pour les médicaments auprès des personnes habilitées à les prescrire ou à les délivrer,
– la visite des délégués médicaux auprès de personnes habilitées à prescrire ou à délivrer des médicaments,
– la fourniture d'échantillons,
– les incitations à prescrire ou à délivrer des médicaments par l'octroi, l'offre ou la promesse d'avantages, pécuniaires ou en nature, sauf lorsque leur valeur intrinsèque est minime,
– le parrainage de réunions promotionnelles auxquelles assistent des personnes habilitées à prescrire ou à délivrer des médicaments,

---

[6] JO n° 22 du 9. 2. 1965, p. 369/65. Directive modifiée en dernier lieu par la directive 89/341/CEE (JO n° L 142 du 25. 5. 1989, p. 11).
[7] Voir page 8 du présent Journal officiel.

– le parrainage des congrès scientifiques auxquels participent des personnes habilitées à prescrire ou à délivrer des médicaments, et notamment la prise en charge de leurs frais de déplacement et de séjour à cette occasion.
4. Ne sont pas couverts par la présente directive:
– l'étiquetage et la notice des médicaments, qui sont soumis aux dispositions de la directive 92/27/CEE,
– la correspondance, accompagnée le cas échéant de tout document non publicitaire, nécessaire pour répondre à une question précise sur un médicament particulier,
– les informations concrètes et les documents de référence relatifs, par exemple, aux changements d'emballages, aux mises en garde concernant les effets indésirables dans le cadre de la pharmacovigilance, ainsi qu'aux catalogues de vente et aux listes de prix pour autant que n'y figure aucune information sur le médicament,
– les informations relatives à la santé humaine ou à des maladies humaines, pour autant qu'il n'y ait pas de référence, même indirecte, à un médicament.

Article 2
1. Les États membres interdisent toute publicité faite à l'égard d'un médicament pour lequel une autorisation de mise sur le marché conforme au droit communautaire n'a pas été délivrée.
2. Tous les éléments de la publicitié d'un médicament doivent être conformes aux renseignements figurant dans le résumé des caractéristiques du produit.
3. La publicité faite à l'égard d'un médicament:
– doit favoriser l'usage rationnel du médicament, en le présentant de façon objective et sans en exagérer les propriétés,
– ne peut être trompeuse.

Chapitre II. La publicité auprès du public

Article 3
1. Les États membres interdisent la publicité auprès du public faite à l'égard des médicaments
– qui ne peuvent être délivrés que sur prescription médicale, conformément à la directive 92/26/CEE[8],
– qui contiennent des psychotropes ou des stupéfiants, au sens des conventions internationales,
– qui ne sont pas susceptibles de faire l'objet d'une publicité auprès du public conformément au paragraphe 2.
2. Sont susceptibles de faire l'objet d'une publicité auprès du public les médicaments qui, par leur composition et leur objectif, sont prévus et conçus pour être utilisés sans intervention d'un médecin pour le diagnostic, la prescription ou la surveillance du traitement, au besoin avec le Conseil du pharmacien.
Les États membres interdisent la mention, dans la publicité auprès du public, d'indications thérapeutiques telles que:
– la tuberculose,

---

[8] Voir page 5 du présent Journal officiel.

6. Publicité faite à l'égard des médicaments à usage humain 641

- les maladies sexuellement transmissibles,
- les autres maladies infectieuses graves,
- les autres et autres maladies tumorales,
- l'insomnie chronique,
- le diabète et autres maladies du métabolisme.

3. En outre les États membres peuvent interdire sur leur territoire la publicité auprès du public faite à l'égard des médicaments qui sont remboursables.

4. L'interdiction visée au paragraphe 1 ne s'applique pas aux campagnes de vaccination faites par l'industrie, approuvées par les autorités compétentes des États membres.

5. L'interdiction visée au paragraphe 1 s'applique sans préjudice des articles 2, 3 et 14 de la directive 89/552/CEE.

6. Les États membres interdisent la distribution directe des médicaments au public à des fins promotionnelles par l'industrie; ils peuvent toutefois autoriser cette distribution dans des cas exceptionnels pour d'autres fins.

Article 4

1. Sans préjudice de l'article 3, toute publicité auprès du public faite à l'égard d'un médicament doit:

a) être conçue de façon à ce que le caractère publicitaire du message soit évident et que le produit soit clairement identifié comme médicament;

b) comporter au moins:
- la dénomination du médicament, ainsi que la dénomination commune lorsque le médicament ne contient qu'un seul principe actif,
- les informations indispensables pour un bon usage du médicament,
- une invitation expresse et lisible à lire attentivement les instructions figurant sur la notice ou sur l'emballage extérieur, selon le cas.

2. Les États membres peuvent prévoir que la publicité faite à l'égard d'un médicament auprès du public peut, par dérogation au paragraphe 1, ne comporter que la dénomination du médicament, lorsqu'elle a pour objet exclusif de rappeler celle-ci.

Article 5

La publicité auprès du public faite à l'égard d'un médicament ne peut comporter aucun élément qui:

a) ferait apparaître la consultation médicale ou l'intervention chirurgicale comme superflue, en particulier en offrant un diagnostic ou en préconisant un traitement par correspondance;

b) suggérerait que l'effet du médicament est assuré, sans effets secondaires, supérieur ou égal à celui d'un autre traitement ou d'un autre médicament;

c) suggérerait que la bonne santé normale du sujet puisse être améliorée par l'utilisation du médicament;

d) suggérerait que la bonne santé normale du sujet puisse être affectée en cas de non-utilisation du médicament; cette interdiction ne s'applique pas aux campagnes de vaccination visées à l'article 3 paragraphe 4;

e) s'adresserait exclusivement ou principalement aux enfants;

f) se référerait à une recommandation émanant de scientifiques, de professionnels de la santé ou de personnes qui, bien que n'étant ni des scientifiques ni des profes-

sionnels de la santé, peuvent, de par leur notoriété, inciter à la consommation de médicaments;
g) assimilerait le médicament à une denrée alimentaire, à un produit cosmétique ou à un autre produit de consommation;
h) suggérerait que la sécurité ou l'efficacité du médicament est due au fait qu'il s'agit d'une substance naturelle;
i) pourrait induire, par une description ou une figuration détaillée de l'anamnèse à un faux autodiagnostic;
j) se référerait de manière abusive, effrayante ou trompeuse à des attestations de guérison;
k) utiliserait de manière abusive, effrayante ou trompeuse des représentations visuelles des altérations du corps humain dues à des maladies ou à des lésions, ou l'action d'un médicament dans le corps humain ou des parties de celui-ci;
l) mentionnerait que le médicament a reçu une autorisation de mise sur le marché.

Chapitre III. La publicité auprès des professionnels de la santé

Article 6
1. Toute publicité faite à l'égard d'un médicament auprès des personnes habilitées à le prescrire ou à le délivrer doit comporter:
– les informations essentielles compatibles avec le résumé des caractéristiques du produit,
– la classification du médicament en matière de délivrance.
Les États membres peuvent exiger en outre que cette publicité comporte le prix de vente ou tarif indicatif des différentes présentations et les conditions de remboursement par les organismes de sécurité sociale.
2. Les États membres peuvent prévoir que le publicité faite à l'égard d'un médicament auprès des personnes habilitées à le prescrire ou à le délivrer peut, par dérogation au paragraphe 1, ne comporter que la dénomination du médicament, lorsqu'elle a pour objet exclusif de rappeler celle-ci.

Article 7
1. Toute documentation relative à un médicament, qui est communiquée dans le cadre de la promotion de ce médicament auprès des personnes habilitées à le precrire ou à le délivrer, doit inclure au moins les informations visées à l'article 6 paragraphe 1 et préciser la date à laquelle elle a été établie ou révisée en dernier lieu.
2. Toutes les informations contenues dans la documentation visée au paragraphe 1 doivent être exactes, actuelles, vérifiables et suffisamment complètes pour permettre au destinataire de se faire une idée personnelle de la valeur thérapeutique du médicament.
3. Les citations, tableaux et autres illustrations empruntées à des revues médicales ou à des ouvrages scientifiques, qui sont utilisés dans la documentation visée au paragraphe 1, doivent être reproduits fidèlement et la source exacte doit être précisée.

Article 8
1. Les délégués médicaux doivent être formés par la firme qui les emploie de façon adéquate et posséder des connaissances scientifiques suffisantes pour donner des

renseignements précis et aussi complets que possible sur les médicaments qu'ils présentent.

2. Lors de chaque visite, les délégués médicaux sont tenus de remettre à la personne visitée ou de tenir à sa disposition, pour chacun des médicaments qu'ils présentent, le résumé des caractéristiques du produit complété, si la législation de l'État membre le permet, par les informations sur le prix et les conditions de remboursement visées à l'article 6 paragraphe 1.

3. Les délégués médicaux sont tenus de rapporter au service scientifique visé à l'article 13 paragraphe 1 toutes les informations relatives à l'utilisation des médicaments dont ils assurent la publicité, en particulier en ce qui concerne les effets indésirables qui leur sont communiqués par les personnes visitées.

Article 9

1. Dans le cadre de la promotion des médicaments auprès des personnes habilitées à les prescrire ou à les délivrer, il est interdit d'octroyer, d'offrir ou de promettre à ces personnes une prime, un avantage pécuniaire ou un avantage en nature à moins que ceux-ci ne soient de valeur négligeable et n'aient trait à l'exercice de la médecine ou de la pharmacie.

2. L'hospitalité offerte, lors de manifestations de promotion de médicaments, doit toujours être d'un niveau raisonnable et rester accessoire par rapport à l'objectif principal de la réunion; elle ne doit pas être étendue à des personnes autres que les professionnels de la santé.

3. Les personnes habilitées à prescrire ou à délivrer des médicaments ne peuvent solliciter ou accepter aucune des incitations interdites en vertu du paragraphe 1 ou contraires aux dispositions du paragraphe 2.

4. Les mesures ou les pratiques commerciales existant dans des États membres en matière de prix, de marges et de remises ne sont pas affectées par le présent article.

Article 10

Les dispositions de l'article 9 paragraphe 1 ne font pas obstacle à l'hospitalité offerte, de manière directe ou indirecte, lors de manifestations à caractère exclusivement professionnel et scientifique; cette hospitalité doit toujours être d'un niveau raisonnable et rester accessoire par rapport à l'objectif scientifique principal de la réunion; elle ne doit pas être étendue à des personnes autres que les professionnels de la santé.

Article 11

1. Des échantillons gratuits ne peuvent être remis à titre exceptionnel qu'aux personnes habilitées à prescrire et dans les conditions suivantes:

a) un nombre limité d'échantillons pour chaque médicament par an et par prescripteur;

b) chaque fourniture d'échantillons doit répondre à une demande écrite, datée et signée, émanant du destinataire;

c) il doit exister, chez les personnes remettant des échantillons, un système approprié de contrôle et de responsabilité;

d) chaque échantillon doit être identique au plus petit conditionnement commercialisé;

e) chaque échantillon doit porter la mention «échantillon médical gratuit – ne peut être vendu» ou toute autre indication de signification analogue;
f) chaque échantillon doit être accompagné d'une copie du résumé des caractéristiques du produit;
g) aucun échantillon de médicaments contenant des psychotropes ou des stupéfiants, au sens des conventions internationales, ne peut être délivré.
2. En outre, les États membres peuvent restreindre davantage la distribution des échantillons de certains médicaments.

Chapitre IV. Le contrôle de la publicité

Article 12
1. Les États membres veillent à ce qu'il existe des moyens adéquats et efficaces pour contrôler la publicité faite à l'égard des médicaments. Ces moyens, qui peuvent se fonder sur un système de contrôle préalable, doivent en tous cas comporter des dispositions selon lesquelles les personnes ou organisations ayant, selon la législation nationale, un intérêt légitime à l'interdiction d'une publicité incompatible avec la présente directive peuvent intenter une action en justice contre cette publicité ou porter cette publicité devant un organe administratif compétent soit pour statuer sur les plaintes, soit pour engager les poursuites judiciaires appropriées.
2. Dans le cadre des dispositions juridiques visées au paragraphe 1, les États membres confèrent aux tribunaux ou aux organes administratifs des compétences les habilitant, au cas où ceux-ci estiment que ces mesures sont nécessaires compte tenu de tous les intérêts en jeu, et notamment de l'intérêt général:
– à ordonner la cessation d'une publicité trompeuse ou à engager les poursuites appropriées en vue de faire ordonner la cessation de cette publicité
ou
– à interdire une telle publicité ou à engager les poursuites appropriées en vue de faire ordonner l'interdiction de la publicité trompeuse lorsqu'elle n'a pas encore été portée à la connaissance du public, mais que sa publication est imminente, même en l'absence de preuve d'une perte ou d'un préjudice réel, ou d'une intention ou négligence de la part de l'annonceur.
Les États membres prévoient en outre que les mesures visées au premier alinéa peuvent être prises dan le cadre d'une procédure accélérée:
– soit avec effet provisoire,
– soit avec effet définitif,
étant entendu qu'il appartient à chaque État membre de déterminer laquelle de ces deux options sera retenue.
En outre, les États membres peuvent conférer aux tribunaux ou aux organes administratifs des compétences les habilitant, en vue d'éliminer les effets persistants d'une publicité trompeuse dont la cessation a été ordonnée par une décision définitive:
– à exiger la publication de cette décision en tout ou en partie et dans la forme qu'ils jugent adéquate,
– à exiger, en outre, la publication d'un communiqué rectificatif.
3. Dans le cadre des dispositions visées au paragraphe 1, les États membres veillent à ce que toute décision prise en vertu du paragraphe 2 soit motivée de façon précise

et notifiée à l'intéressé avec l'indication des voies de recours prévues par la législation en vigueur et du délai dans lequel le recours peut être formé.

4. Le présent article n'exclut pas le contrôle volontaire de la publicité faite à l'égard des médicaments par des organismes d'auto-réglementation et le recours à de tels organismes, s'il existe des procédures devant de tels organismes en plus des procédures juridictionnelles ou administratives visées au paragraphe 1.

Article 13

1. Le responsable de la mise sur le marché établit au sein de son entreprise un service scientifique chargé de l'information relative aux médicaments qu'il met sur le marché.

2. Le responsable de la mise sur le marché:
– tient à la disposition des autorités ou organes chargés du contrôle de la publicité pharmaceutique ou leur communique un exemplaire de toute publicité émise par son entreprise, accompagné d'une fiche indiquant les destinataires, le mode de diffusion et la date de première diffusion,
– s'assure que la publicité pharmaceutique faite par son entreprise est conforme aux prescriptions de la présente directive,
– vérifie que les délégués médicaux employés par son entreprise sont formés de façon adéquate et respectent les obligations qui leur incombent en vertu de l'article 8 paragraphes 2 et 3,
– fournit aux autorités ou organes chargés du contrôle de la publicité pharmaceutique l'information et l'assistance que ceux-ci requièrent dans l'exercice de leurs compétences,
– veille à ce que les décisions prises par les autorités ou organes chargés du contrôle de la publicité pharmaceutique soient immédiatement et complètement respectées.

Article 14

Les États membres prennent les mesures appropriées pour assurer la pleine application de toutes les dispositions de la présente directive et notamment déterminent les sanctions à appliquer en cas d'infraction aux dispositions adoptées en exécution de la présente directive.

Article 15

1. Les États membres prennent les mesures nécessaires pour se conformer à la présente directive avec effet au 1er janvier 1993. Ils en informent immédiatement la Commission.

2. Lorsque les États membres adoptent ces dispositions, celles-ci contiennent une référence à la présente directive ou sont accompagnées d'une telle référence lors de leur publication officielle. Les modalités de cette référence sont arrêtées par les États membres.

Article 16

Les États membres sont destinataires de la présente directive.

7. Directive du Parlement européen et du Conseil du 19 mai 1998 relative aux actions en cessation en matière de protection des intérêts des consommateurs (98/27/CE)

Journal officiel n° L 166 du 11/06/1998, p. 51–55 avec modifications: Directive 1999/44/CE du 25 mai 1999 (Journal officiel n° L 171 du 07/07/1999, p. 12–16) et Directive 2000/31/CE du 8 juin 2000 (Journal officiel n° L 178 du 17/07/2000, p. 01–16)

LE PARLEMENT EUROPÈEN ET LE CONSEIL DE L'UNION EUROPÈENNE, vu le traité instituant la Communauté européenne, et notamment son article 100 A, vu la proposition de la Commission[1], vu l'avis du Comité économique et social[2], statuant conformément à la procédure visée à l'article 189 B du traité[3],

1. considérant que certaines directives figurant dans la liste annexée à la présente directive fixent des règles en matière de protection des intérêts des consommateurs;

2. considérant que les mécanismes existant actuellement, tant sur le plan national que sur le plan communautaire, pour assurer le respect de ces directives ne permettent pas toujours de mettre un terme, en temps utile, aux infractions préjudiciables aux intérêts collectifs des consommateurs; que, par intérêts collectifs, on entend des intérêts qui ne sont pas une simple accumulation d'intérêts de particuliers auxquels il a été porté atteinte par une infraction; que cela est sans préjudice des recours individuels formés par des particuliers lésés par une infraction;

3. considérant que, dans la mesure où l'objectif de faire cesser des pratiques illicites au regard des dispositions nationales applicables est concerné, l'efficacité des mesures nationales transposant les directives susmentionnées, y compris les mesures de protection qui vont au-delà du niveau requis par ces directives, pour autant qu'elles soient compatibles avec le traité et autorisées par ces directives, peut être entravée lorsque celles-ci produisent des effets dans un État membre autre que celui où elles ont leur origine;

4. considérant que ces difficultés peuvent être nuisibles au bon fonctionnement du marché intérieur, leur conséquence étant qu'il suffit de déplacer le lieu d'origine d'une pratique illicite dans un autre pays pour la faire échapper à toute forme d'application de la loi; que ceci constitue une distorsion de concurrence;

5. considérant que ces mêmes difficultés sont de nature à affecter la confiance des consommateurs dans le marché intérieur et peuvent limiter le champ d'action des organisations représentatives des intérêts collectifs des consommateurs ou des organismes publics indépendants chargés de la protection des intérêts collectifs des consommateurs lésés par des pratiques qui constituent une violation du droit communautaire;

6. considérant que de telles pratiques dépassent souvent les frontières entre les États membres; qu'il est nécessaire et urgent de rapprocher dans une certaine mesure les dispositions nationales permettant de faire cesser les pratiques illicites susmentionnées, abstraction faite du pays où la pratique illicite a produit ses effets; que, en ce qui concerne la compétence, l'action envisagée ne porte pas atteinte aux règles du droit international privé ni

---

[1] JO n° C 107 du 13. 4. 1996, p. 3 et JO n° C 80 du 13. 3. 1997, p. 10.
[2] JO n° C 30 du 30. 1. 1997, p. 112.
[3] Avis du Parlement européen du 14 novembre 1996 (JO n° C 362 du 2. 12. 1996, p. 236), position commune du Conseil du 30 octobre 1997 (JO n° C 389 du 22. 12. 1997, p. 51) et décision du Parlement européen du 12 mars 1998 (JO n° C 104 du 6. 4. 1998). Décision du Conseil du 23 avril 1998.

7. Actions en cessation en matière de protection des intérêts des consommateurs 647

aux conventions en vigueur entre les États membres, tout en respectant les obligations générales des États membres découlant du traité, notamment celles qui ont trait au bon fonctionnement du marché intérieur;

7. considérant que l'objectif de l'action envisagée ne peut être atteint que par la Communauté; qu'il incombe par conséquent à celle-ci d'agir;

8. considérant que l'article 3 B, troisième alinéa, du traité impose à la Communauté de ne pas aller au-delà de ce qui est nécessaire pour atteindre les objectifs du traité; que, conformément à cette disposition, il importe de tenir compte dans la mesure du possible des spécificités des ordres juridiques nationaux, en laissant aux États membres la possibilité de choisir entre différentes options aux effets équivalents; que les tribunaux ou autorités administratives compétents pour statuer sur les recours visés à l'article 2 de la présente directive ont le droit d'examiner les effets de décisions antérieures;

9. considérant qu'une option devrait consister à imposer à un ou plusieurs organismes publics indépendants, spécifiquement chargés de la protection des intérêts collectifs des consommateurs, d'exercer les droits d'actions visés à la présente directive; qu'une autre option devrait prévoir l'exercice de ces droits par les organisations ayant pour but de protéger les intérêts collectifs des consommateurs, selon les critères établis par la législation nationale;

10. considérant que les États membres devraient pouvoir choisir l'une de ces options ou cumuler les deux, en désignant au plan national les organismes et/ou les organisations qualifiés aux fins de la présente directive;

11. considérant que, aux fins de la lutte contre les infractions intracommunautaires, le principe de reconnaissance mutuelle doit s'appliquer à ces organismes et/ou organisations; que les États membres doivent communiquer à la Commission, à la demande de leurs entités nationales, le nom et l'objet de leurs entités nationales qualifiées pour intenter une action dans leur propre pays conformément aux dispositions de la présente directive;

12. considérant qu'il appartient à la Commission d'assurer la publication d'une liste de ces entités qualifiées au Journal officiel des Communautés européennes; que, sauf publication d'une déclaration contraire, une entité qualifiée est présumée avoir la capacité pour agir si son nom figure sur cette liste;

13. considérant qu'il convient que les États membres puissent exiger une consultation préalable à l'initiative de la partie qui entend entamer une action en cessation, afin de permettre à la partie défenderesse de mettre fin à l'infraction contestée; qu'il convient que les États membres puissent exiger que cette consultation préalable se fasse conjointement avec un organisme public indépendant désigné par eux-mêmes;

14. considérant que, dans le cas où les États membres ont établi qu'il devrait y avoir consultation préalable, il convient de fixer un délai limite de deux semaines après réception de la demande de consultation, au-delà duquel, au cas où la cessation de l'infraction ne serait pas obtenue, la partie demanderesse est en droit de saisir le tribunal ou l'autorité administrative compétents sans autre délai;

15. considérant qu'il convient que la Commission présente un rapport sur le fonctionnement de la présente directive et, en particulier, sa portée et le fonctionnement de la consultation préalable;

16. considérant que l'application de la présente directive est sans préjudice de l'application des règles communautaires en matière de concurrence,

ONT ARRÊTÉ LA PRÉSENTE DIRECTIVE:

Article premier. Champ d'application
1. La présente directive a pour objet de rapprocher les dispositions législatives, réglementaires et administratives des États membres relatives aux actions en cessation, mentionnées à l'article 2, visant à protéger les intérêts collectifs des consommateurs inclus dans les directives énumérées en annexe, afin de garantir le bon fonctionnement du marché intérieur.

2. Aux fins de la présente directive, on entend par infraction tout acte qui est contraire aux directives énumérées en annexe telles que transposées dans l'ordre juridique interne des États membres et qui porte atteinte aux intérêts collectifs visés au paragraphe 1.

Article 2. Actions en cessation
1. Les États membres désignent les tribunaux ou autorités administratives compétents pour statuer sur les recours formés par les entités qualifiées au sens de l'article 3 visant:
a) à faire cesser ou interdire toute infraction, avec toute la diligence requise et le cas échéant dans le cadre d'une procédure d'urgence;
b) le cas échéant, à obtenir la prise de mesures telles que la publication de la décision, en tout ou en partie, sous une forme réputée convenir et/ou la publication d'une déclaration rectificative, en vue d'éliminer les effets persistants de l'infraction;
c) dans la mesure où le système juridique de l'État membre concerné le permet, à faire condamner le défendeur qui succombe à verser au trésor public ou à tout bénéficiaire désigné ou prévu par la législation nationale, en cas de non-exécution de la décision au terme du délai fixé par les tribunaux ou les autorités administratives, une somme déterminée par jour de retard ou toute autre somme prévue par la législation nationale aux fins de garantir l'exécution des décisions.

2. La présente directive est sans préjudice des règles de droit international privé en ce qui concerne le droit applicable, qui devrait donc normalement être, soit le droit de l'État membre où l'infraction a son origine, soit celui de l'État membre où l'infraction produit ses effets.

Article 3. Entités qualifiées pour intenter une action
Aux fins de la présente directive, on entend par «entité qualifiée» tout organisme ou organisation dûment constitué conformément au droit d'un État membre, qui a un intérêt légitime à faire respecter les dispositions visées à l'article 1er et, en particulier:
a) un ou plusieurs organismes publics indépendants, spécifiquement chargés de la protection des intérêts visés à l'article 1er, dans les États membres où de tels organismes existent et/ou
b) les organisations dont le but est de protéger les intérêts visés à l'article 1er, conformément aux critères fixés par la législation nationale.

Article 4. Infractions intracommunautaires
1. Chaque État membre prend les mesures nécessaires pour que, en cas d'infraction ayant son origine dans cet État membre, toute entité qualifiée d'un autre État membre, lorsque les intérêts protégés par cette entité qualifiée sont lésés par l'infraction, puisse saisir le tribunal ou l'autorité administrative visés à l'article 2, sur

7. Actions en cessation en matière de protection des intérêts des consommateurs

présentation de la liste prévue au paragraphe 3. Les tribunaux ou autorités administratives acceptent cette liste comme preuve de la capacité pour agir de l'entité qualifiée, sans préjudice de leur droit d'examiner si le but de l'entité qualifiée justifie le fait qu'elle intente une action dans une affaire donnée.
2. Aux fins de la lutte contre les infractions intracommunautaires et sans préjudice des droits reconnus à d'autres entités par la législation nationale, les États membres communiquent à la Commission, à la demande de leurs entités qualifiées, que lesdites entités sont qualifiées pour intenter une action au titre de l'article 2. Les États membres informent la Commission du nom et du but de ces entités qualifiées.
3. La Commission établit une liste des entités qualifiées visées au paragraphe 2, en précisant leur but. Cette liste est publiée au Journal officiel des Communautés européennes; toute modification de cette liste fait l'objet d'une publication immédiate, une liste actualisée étant publiée tous les six mois.

Article 5. Consultation préalable
1. Les États membres peuvent prévoir ou maintenir en vigueur des dispositions en vertu desquelles la partie qui entend introduire une action en cessation ne peut engager cette procédure qu'après avoir tenté d'obtenir la cessation de l'infraction en consultation soit avec la partie défenderesse, soit avec la partie défenderesse et une entité qualifiée, au sens de l'article 3, point a), de l'État membre dans lequel l'action en cessation est introduite. Il appartient à l'État membre de décider si la partie qui entend introduire une action en cessation doit consulter l'entité qualifiée. Si la cessation de l'infraction n'est pas obtenue dans les deux semaines suivant la réception de la demande de consultation, la partie concernée peut introduire une action en cessation, sans autre délai.
2. Les modalités de la consultation préalable arrêtées par les États membres sont notifiées à la Commission et publiées au Journal officiel des Communautés européennes.

Article 6. Rapports
1. Tous les trois ans et pour la première fois au plus tard cinq ans après l'entrée en vigueur de la présente directive, la Commission présente au Parlement européen et au Conseil un rapport sur l'application de la présente directive.
2. Dans son premier rapport, la Commission examine notamment:
– le champ d'application de la présente directive pour ce qui est de la protection des intérêts collectifs des personnes exerçant une activité commerciale, industrielle ou artisanale ou une profession libérale,
– le champ d'application de la présente directive tel que déterminé par les directives énumérées en annexe,
– la question de savoir si la consultation préalable prévue à l'article 5 a contribué à protéger effectivement les consommateurs.
Le cas échéant, ce rapport est assorti de propositions visant à modifier la présente directive.

Article 7. Dispositions assurant une faculté d'agir plus étendue
La présente directive ne fait pas obstacle au maintien ou à l'adoption par les États membres de dispositions visant à assurer au plan national une faculté d'agir plus étendue aux entités qualifiées ainsi qu'à toute autre personne concernée.

Article 8. Mise en œuvre

1. Les États membres mettent en vigueur les dispositions législatives, réglementaires et administratives nécessaires pour se conformer à la présente directive au plus tard trente mois après son entrée en vigueur. Ils en informent immédiatement la Commission.

Lorsque les États membres adoptent ces dispositions, celles-ci contiennent une référence à la présente directive ou sont accompagnées d'une telle référence lors de leur publication officielle. Les modalités de cette référence sont arrêtées par les États membres.

2. Les États membres communiquent à la Commission le texte des dispositions de droit interne qu'ils adoptent dans le domaine régi par la présente directive.

Article 9. Entrée en vigueur

La présente directive entre en vigueur le vingtième jour suivant celui de sa publication au Journal officiel des Communautés européennes.

Article 10. Destinataires

Les États membres sont destinataires de la présente directive.

Annexe. Liste des directives visées à l'Article 1er[4]

1. Directive 84/450/CEE du Conseil du 10 septembre 1984 relative au rapprochement des dispositions législatives, réglementaires et administratives des États membres en matière de publicité trompeuse (JO L 250 du 19. 9. 1984, p. 17).
2. Directive 85/577/CEE du Conseil du 20 décembre 1985 concernant la protection des consommateurs dans le cas de contrats négociés en dehors des établissements commerciaux (JO L 372 du 31. 12. 1985, p. 31).
3. Directive 87/102/CEE du Conseil du 22 décembre 1986 relative au rapprochement des dispositions législatives, réglementaires et administratives des États membres en matière de crédit à la consommation (JO L 42 du 12. 2. 1987, p. 48), modifiée en dernier lieu par la directive 98/7/CE du Parlement européen et du Conseil (JO L 101 du 1. 4. 1998, p. 17).
4. Directive 89/552/CEE du Conseil du 3 octobre 1989 visant à la coordination de certaines dispositions législatives, réglementaires et administratives des États membres relatives à l'exercice d'activités de radiodiffusion télévisuelle: articles 10 à 21 (JO L 298 du 17. 10. 1989, p. 23), modifiée par la directive 97/36/CE du Parlement européen et du Conseil (JO L 202 du 30. 7. 1997, p. 60).
5. Directive 90/314/CEE du Conseil du 13 juin 1990 concernant les voyages, vacances et circuits à forfait (JO L 158 du 23. 6. 1990, p. 59).
6. Directive 92/28/CEE du Conseil du 31 mars 1992 concernant la publicité faite à l'égard des médicaments à usage humain (JO L 113 du 30. 4. 1992, p. 13).
7. Directive 93/13/CEE du Conseil du 5 avril 1993 concernant les clauses abusives dans les contrats conclus avec les consommateurs (JO L 95 du 21. 4. 1993, p. 29).
8. Directive 94/47/CE du Parlement européen et du Conseil du 26 octobre 1994 concernant la protection des acquéreurs pour certains aspects des contrats portant

---

[4] Les directives visées aux points 1, 6, 7 et 9 comportent des dispositions spécifiques concernant les actions en cessation.

7. *Actions en cessation en matière de protection des intérêts des consommateurs*

sur l'acquisition d'un droit d'utilisation à temps partiel de biens immobiliers (JO L 280 du 29. 10. 1994, p. 83).
9. Directive 97/7/CE du Parlement européen et du Conseil du 20 mai 1997 concernant la protection des consommateurs en matière de contrats à distance (JO L 144 du 4. 6. 1997, p. 19).

III. Contrats spécifiques

I. Directive du Parlement européen et du Conseil, du 25 mai 1999, sur certains aspects de la vente et des garanties des biens de consommation (1999/44/CE)
Journal officiel n° L 171 du 07/07/1999, p. 12–16

LE PARLEMENT EUROPÈEN ET LE CONSEIL DE L'UNION EUROPÈENNE,
vu le traité instituant la Communauté européenne, et notamment son article 95, vu la proposition de la Commission[1], vu l'avis du Comité économique et social[2], statuant conformément à la procédure visée à l'article 251 du traité, au vu du projet commun approuvé le 18 mars 1999 par le comité de conciliation[3],

1. considérant que l'article 153, paragraphes 1 et 3, du traité, dispose que la Communauté doit assurer un niveau élevé de protection des consommateurs par le biais des mesures qu'elle adopte en application de l'article 95;

2. considérant que le marché intérieur comporte un espace sans frontières intérieures dans lequel la libre circulation des marchandises, des personnes, des services et des capitaux est assurée; que la libre circulation des marchandises concerne non seulement le commerce professionnel, mais également les achats effectués par les particuliers; qu'elle implique que les consommateurs résidant dans un État membre puissent s'approvisionner librement sur le territoire d'un autre État membre sur la base d'un socle minimal commun de règles équitables régissant la vente de biens de consommation;

3. considérant que les législations des États membres concernant la vente des biens de consommation présentent certaines disparités, avec pour conséquence que les marchés nationaux de biens de consommation diffèrent les uns des autres et que des distorsions de concurrence peuvent exister entre les vendeurs;

4. considérant que le consommateur qui cherche à bénéficier du grand marché, en se procurant des biens dans un État membre autre que celui de sa résidence, joue un rôle fondamental dans l'accomplissement du marché intérieur; qu'il convient d'empêcher la reconstruction artificielle des frontières et le cloisonnement des marchés; que les possibilités qui sont ouvertes au consommateur se voient largement accrues par les nouvelles technologies de communication qui permettent d'avoir un accès facile aux systèmes de distribution existant dans d'autres États membres ou dans des pays tiers; que, en l'absence d'une harmonisation minimale des règles relatives à la vente de biens de consommation, le développement de la vente de biens par la voie des nouvelles technologies de communication à distance risque d'être entravé;

5. considérant que la création d'un socle minimal commun de règles de droit de la consommation, valables indépendamment du lieu de vente des biens dans la Communauté,

---

[1] JO n° C 307 du 16.10.1996, p. 8 et JO n° C 148 du 14.5.1998, p. 12.
[2] JO n° C 66 du 3.3.1997, p. 5.
[3] Avis du Parlement européen du 10 mars 1998 (JO n° C 104 du 6.4.1998, p. 30), position commune du Conseil du 24 septembre 1998 (JO n° C 333 du 30.10.1998, p. 46) et décision du Parlement européen du 17 décembre 1998 (JO n° C 98 du 9.4.1999, p. 226). Décision du Parlement européen du 5 mai 1999. Décision du Conseil du 17 mai 1999.

renforcera la confiance des consommateurs et permettra à ceux-ci de profiter au mieux du marché intérieur;

6. considérant que les principales difficultés rencontrées par les consommateurs et la principale source de conflits avec les vendeurs concernent la non-conformité du bien au contrat; qu'il convient dès lors de rapprocher sur ce point les législations nationales relatives à la vente de biens de consommation, sans pour autant porter atteinte aux dispositions et principes des droits nationaux relatifs aux régimes de responsabilité contractuelle et extracontractuelle;

7. considérant que les biens doivent, avant tout, être conformes aux stipulations contractuelles; que le principe de conformité au contrat peut être considéré comme commun aux différentes traditions juridiques nationales; que, dans certaines traditions juridiques nationales, il n'est pas toujours possible de se fonder sur ce seul principe pour assurer au consommateur un niveau de protection minimal; que, particulièrement dans le cadre de ces traditions juridiques, des dispositions nationales additionnelles peuvent être utiles pour assurer la protection du consommateur lorsqu'aucune clause spécifique n'a été convenue entre les parties ou lorsqu'elles ont prévu des clauses ou passé des accords qui, d'une manière directe ou indirecte, écartent ou limitent les droits du consommateur; que, dans la mesure où ces droits résultent de la présente directive, ces clauses ou accords ne seront pas contraignants pour le consommateur;

8. considérant que, pour faciliter l'application du principe de conformité au contrat, il est utile d'introduire une présomption réfragable de conformité au contrat couvrant les situations les plus courantes; que cette présomption ne restreint pas le principe de la liberté contractuelle; que, par ailleurs, en l'absence de clauses contractuelles spécifiques de même qu'en cas d'application de la clause de protection minimale, les éléments mentionnés dans la présomption peuvent être utilisés pour déterminer le défaut de conformité du bien par rapport au contrat; que la qualité et les prestations auxquelles le consommateur peut raisonnablement s'attendre dépendront, entre autres, du fait que le bien est neuf ou d'occasion; que les éléments mentionnés dans la présomption sont cumulatifs; que, si les circonstances de l'affaire rendent un élément particulier manifestement inadéquat, les autres éléments de la présomption restent néanmoins applicables;

9. considérant qu'il y a lieu que le vendeur soit directement responsable, vis-à-vis du consommateur, de la conformité du bien au contrat; que telle est la solution traditionnelle consacrée dans les ordres juridiques des États membres; qu'il convient néanmoins que le vendeur puisse, selon les règles de droit national applicables, se retourner contre le producteur, un vendeur antérieur placé dans la même chaîne contractuelle ou tout autre intermédiaire, sauf s'il a renoncé à ce droit; que la présente directive n'affecte pas le principe de la liberté contractuelle entre le vendeur, le producteur, un vendeur antérieur ou tout autre intermédiaire; que le droit national détermine les règles établissant contre qui le vendeur peut se retourner et comment il peut le faire;

10. considérant que, en cas de défaut de conformité du bien par rapport au contrat, les consommateurs devraient avoir droit à ce que le bien soit remis en conformité avec le contrat, sans frais, en ayant le choix entre réparation ou remplacement, ou, à défaut, devraient avoir droit à une réduction du prix ou à la résolution du contrat;

11. considérant que, en premier lieu, le consommateur peut exiger du vendeur qu'il répare le bien ou le remplace, à moins que ces modes de dédommagement soient impossibles ou disproportionnés; que le caractère disproportionné du mode de dédommagement doit être déterminé de manière objective; qu'un mode de dédommagement est disproportionné s'il impose des coûts déraisonnables par rapport à l'autre mode de dédommagement; que,

1. Vente et garanties des biens de consommation

pour que des coûts soient jugés déraisonnables, il faut qu'ils soient considérablement plus élevés que ceux de l'autre mode de dédommagement;

12. considérant que, en cas de défaut de conformité, le vendeur peut toujours offrir au consommateur, à titre de solution amiable, l'un quelconque des modes de dédommagement existants; qu'il appartient au consommateur de décider s'il accepte ou refuse cette proposition;

13. considérant que, afin de permettre aux consommateurs de profiter du marché intérieur et d'acheter des biens de consommation dans un autre État membre, il est recommandé que dans l'intérêt des consommateurs, les producteurs de biens de consommation commercialisés dans plusieurs États membres joignent à leurs produits une liste indiquant au moins une adresse de contact dans chaque État membre où est commercialisé le produit en question;

14. considérant que les références à la date de délivrance n'impliquent pas que les États membres doivent modifier leurs règles sur le transfert des risques;

15. considérant que les États membres peuvent prévoir que tout remboursement au consommateur peut être réduit pour tenir compte de l'usage que le consommateur a eu du bien depuis que celui-ci lui a été livré; que les modalités de résolution du contrat peuvent être fixées par le droit national;

16. considérant que la nature spécifique des biens d'occasion rend généralement impossible leur remplacement; que, par conséquent, le droit du consommateur à un remplacement n'est généralement pas possible pour ces biens; que, pour de tels biens, les États membres peuvent permettre aux parties de convenir d'un délai de responsabilité plus court;

17. considérant qu'il convient de limiter dans le temps le délai pendant lequel la responsabilité du vendeur est engagée pour tout défaut de conformité existant lors de la délivrance du bien; que les États membres peuvent également prévoir une limitation du délai pendant lequel les consommateurs sont autorisés à exercer leurs droits, à condition que ce délai n'expire pas au cours des deux ans qui suivent la délivrance du bien; que, lorsque, aux termes de la législation nationale, un délai de prescription ne débute pas au moment de la délivrance du bien, la durée totale du délai de prescription prévu par la législation nationale ne peut pas être inférieure à deux ans à compter de la délivrance;

18. considérant que les États membres peuvent prévoir que le délai pendant lequel tout défaut de conformité doit se manifester et le délai de prescription sont suspendus ou interrompus, le cas échéant et conformément à leur législation nationale, en cas de réparation, de remplacement ou de négociations entre le vendeur et le consommateur en vue d'un accord amiable;

19. considérant qu'il y a lieu que les États membres soient autorisés à fixer un délai pendant lequel le consommateur est tenu d'informer le vendeur de tout défaut de conformité; que les États membres peuvent assurer un niveau de protection plus élevé du consommateur en n'introduisant pas une telle obligation; qu'il convient, en tout état de cause, que les consommateurs dans l'ensemble de la Communauté disposent d'au moins deux mois pour informer le vendeur de l'existence d'un défaut de conformité;

20. considérant qu'il y a lieu que les États membres veillent à ce qu'un tel délai ne désavantage les consommateurs qui achètent au-delà des frontières; qu'il convient qu'ils notifient à la Commission la façon dont ils mettent en œuvre cette disposition; qu'il importe que la Commission surveille les effets sur les consommateurs et sur le marché intérieur de ces diverses mises en œuvre; qu'il importe que l'information concernant la manière dont un État membre met en œuvre cette disposition soit accessible aux autres États membres,

ainsi qu'aux consommateurs et aux organisations de consommateurs dans l'ensemble de la Communauté; qu'il convient donc de publier au Journal officiel des Communautés européennes un résumé de la situation dans les États membres;

21. considérant que, en ce qui concerne certaines catégories de biens, il est de pratique courante que les vendeurs ou les producteurs offrent des garanties sur les biens contre tout défaut qui viendrait à apparaître dans un délai donné; que cette pratique peut stimuler la concurrence; que, bien que ces garanties soient des outils de commercialisation légitimes, elles ne doivent pas induire le consommateur en erreur; que, afin de veiller à ce que le consommateur ne soit pas induit en erreur, les garanties doivent contenir certaines informations, notamment une déclaration selon laquelle la garantie ne porte pas atteinte aux droits légaux du consommateur;

22. considérant que les parties ne peuvent, d'un commun accord, limiter ou écarter les droits accordés aux consommateurs, sous peine de vider de son contenu la protection légale; que ce principe devrait également s'appliquer aux clauses qui sous-entendent que le consommateur avait connaissance de tous les défauts de conformité du bien de consommation qui existaient au moment de la conclusion du contrat; qu'il convient de ne pas diminuer la protection accordée aux consommateurs au titre de la présente directive au motif que le droit d'un État non membre a été choisi comme droit applicable au contrat;

23. considérant que la législation et la jurisprudence dans ce domaine témoignent, dans les différents États membres, d'un souci croissant d'assurer un niveau élevé de protection du consommateur; que, à la lumière de cette évolution et de l'expérience acquise dans la mise en œuvre de la présente directive, il pourra s'avérer nécessaire d'envisager une harmonisation plus poussée, notamment en prévoyant une responsabilité directe du producteur pour les défauts qui lui sont imputables;

24. considérant qu'il importe que les États membres aient la faculté d'adopter ou de maintenir, dans le domaine régi par la présente directive, des dispositions plus strictes en vue d'assurer un niveau de protection encore plus élevé du consommateur;

25. considérant que, selon la recommandation de la Commission du 30 mars 1998 concernant les principes applicables aux organes responsables de la résolution extrajudiciaire des litiges de consommation[4], les États membres peuvent créer des instances qui garantissent un traitement impartial et efficace des plaintes, dans un cadre national et transfrontalier, et que le consommateur peut utiliser comme médiateur;

26. considérant qu'il convient, afin de protéger les intérêts communs des consommateurs, d'ajouter la présente directive à la liste des directives figurant à l'annexe de la directive 98/27/CE du Parlement européen et du Conseil du 19 mai 1998 relative aux actions en cessation en matière de protection des intérêts des consommateurs[5],

ONT ARRÊTÉ LA PRÉSENTE DIRECTIVE:

Article premier. Champ d'application et définitions

1. La présente directive a pour objet de rapprocher les dispositions législatives, réglementaires et administratives des États membres relatives à certains aspects de la vente et des garanties des biens de consommation, en vue d'assurer une protection uniforme minimale des consommateurs dans le cadre du marché intérieur.

2. Aux fins de la présente directive on entend par:

---

[4] JO n° L 115 du 17.4.1998, p. 31.
[5] JO n° L 166 du 11.6.1998, p. 51.

1. Vente et garanties des biens de consommation

a) «consommateur»: toute personne physique qui, dans les contrats relevant de la présente directive, agit à des fins qui n'entrent pas dans le cadre de son activité professionnelle ou commerciale;
b) «bien de consommation»: tout objet mobilier corporel, sauf:
– les biens vendus sur saisie ou de quelque autre manière par autorité de justice,
– l'eau et le gaz lorsqu'ils ne sont pas conditionnés dans un volume délimité ou en quantité déterminée,
– l'électricité;
c) «vendeur»: toute personne physique ou morale qui, en vertu d'un contrat, vend des biens de consommation dans le cadre de son activité professionnelle ou commerciale;
d) «producteur»: le fabricant d'un bien de consommation, l'importateur d'un bien de consommation sur le territoire de la Communauté ou toute personne qui se présente comme producteur en apposant sur le bien de consommation son nom, sa marque ou un autre signe distinctif;
e) «garantie»: tout engagement d'un vendeur ou d'un producteur à l'égard du consommateur, donné sans supplément de coût, de rembourser le prix payé, ou de remplacer, de réparer ou de s'occuper d'une façon quelconque du bien s'il ne correspond pas aux conditions énoncées dans la déclaration de garantie ou dans la publicité y afférent;
f) «réparation»: en cas de défaut de conformité, la mise du bien de consommation dans un état conforme au contrat.
3. Les États membres peuvent prévoir que la notion de »bien de consommation« n'inclut pas les biens d'occasion vendus aux enchères publiques, lorsque les consommateurs ont la possibilité de participer personnellement à la vente.
4. Aux fins de la présente directive, sont également réputés être des contrats de vente les contrats de fourniture de biens de consommation à fabriquer ou à produire.

Article 2. Conformité au contrat

1. Le vendeur est tenu de livrer au consommateur un bien conforme au contrat de vente.
2. Le bien de consommation est présumé conforme au contrat:
a) s'il correspond à la description donnée par le vendeur et possède les qualités du bien que le vendeur a présenté sous forme d'échantillon ou modèle au consommateur;
b) s'il est propre à tout usage spécial recherché par le consommateur, que celui-ci a porté à la connaissance du vendeur au moment de la conclusion du contrat et que le vendeur a accepté;
c) s'il est propre aux usages auxquels servent habituellement les biens du même type;
d) s'il présente la qualité et les prestations habituelles d'un bien de même type auxquelles le consommateur peut raisonnablement s'attendre, eu égard à la nature du bien et, le cas échéant, compte tenu des déclarations publiques faites sur les caractéristiques concrètes du bien par le vendeur, par le producteur ou par son représentant, notamment dans la publicité ou l'étiquetage.
3. Le défaut de conformité est réputé ne pas exister au sens du présent article si, au moment de la conclusion du contrat, le consommateur connaissait, ou ne pouvait

raisonnablement ignorer, ce défaut, ou si le défaut de conformité a son origine dans les matériaux fournis par le consommateur.
4. Le vendeur n'est pas tenu par des déclarations publiques visées au paragraphe 2, point d), s'il:
– démontre qu'il ne connaissait pas, et n'était pas raisonnablement en mesure de connaître, la déclaration en cause,
– démontre que la déclaration en cause avait été rectifiée au moment de la conclusion du contrat
ou
– démontre que la décision d'acheter le bien de consommation n'a pas pu être influencée par la déclaration.
5. Tout défaut de conformité qui résulte d'une mauvaise installation du bien de consommation est assimilé au défaut de conformité du bien lorsque l'installation fait partie du contrat de vente du bien et a été effectuée par le vendeur ou sous sa responsabilité. Cette disposition s'applique également lorsque le bien, destiné à l'installation par le consommateur, est installé par lui et que le montage défectueux est dû à une erreur des instructions de montage.

Article 3. Droits du consommateur
1. Le vendeur répond vis-à-vis du consommateur de tout défaut de conformité qui existe lors de la délivrance du bien.
2. En cas de défaut de conformité, le consommateur a droit soit à la mise du bien dans un état conforme, sans frais, par réparation ou remplacement, conformément au paragraphe 3, soit à une réduction adéquate du prix ou à la résolution du contrat en ce qui concerne ce bien, conformément aux paragraphes 5 et 6.
3. Dans un premier temps, le consommateur a le droit d'exiger du vendeur la réparation du bien ou son remplacement, dans les deux cas sans frais, à moins que cela ne soit impossible ou disproportionné.
Un mode de dédommagement est considéré comme disproportionné s'il impose au vendeur des coûts qui, par rapport à l'autre mode, sont déraisonnables compte tenu:
– de la valeur qu'aurait le bien s'il n'y avait pas défaut de conformité,
– de l'importance du défaut de conformité
et
– de la question de savoir si l'autre mode de dédommagement peut être mis en œuvre sans inconvénient majeur pour le consommateur.
Toute réparation ou tout remplacement est effectué dans un délai raisonnable et sans inconvénient majeur pour le consommateur, compte tenu de la nature du bien et de l'usage recherché par le consommateur.
4. L'expression «sans frais» figurant aux paragraphes 2 et 3 désigne les frais nécessaires exposés pour la mise des biens dans un état conforme, notamment les frais d'envoi du bien et les frais associés au travail et au matériel.
5. Le consommateur peut exiger une réduction adéquate du prix ou la résolution du contrat:
– s'il n'a droit ni à la réparation ni au remplacement du bien
ou
– si le vendeur n'a pas mis en œuvre le mode de dédommagement dans un délai raisonnable
ou

– si le vendeur n'a pas mis en œuvre le mode de dédommagement sans inconvénient majeur pour le consommateur.
6. Le consommateur n'est pas autorisé à demander la résolution du contrat si le défaut de conformité est mineur.

Article 4. Action récursoire
Lorsque la responsabilité du vendeur final est engagée vis-à-vis du consommateur en vertu d'un défaut de conformité qui résulte d'un acte ou d'une omission du producteur, d'un vendeur antérieur placé dans la même chaîne contractuelle ou de tout autre intermédiaire, le vendeur final a le droit de se retourner contre le ou les responsable(s) appartenant à la chaîne contractuelle. Le droit national détermine le ou les responsable(s) contre qui le vendeur final peut se retourner, ainsi que les actions et les conditions d'exercice pertinentes.

Article 5. Délais
1. La responsabilité du vendeur prévue à l'article 3 est engagée lorsque le défaut de conformité apparaît dans un délai de deux ans à compter de la délivrance du bien. Si, en vertu de la législation nationale, les droits prévus à l'article 3, paragraphe 2, sont soumis à un délai de prescription, celui-ci n'expire pas au cours des deux ans qui suivent la délivrance.
2. Les États membres peuvent prévoir que le consommateur, pour bénéficier de ses droits, doit informer le vendeur du défaut de conformité dans un délai de deux mois à compter de la date à laquelle il l'a constaté.
Les États membres informent la Commission de la façon dont ils mettent en œuvre le présent paragraphe. La Commission surveille la manière dont l'existence de cette option pour les États membres se répercute sur les consommateurs et sur le marché intérieur.
Au plus tard le 7 janvier 2003, la Commission élabore un rapport sur la mise en œuvre par les États membres de la présente disposition. Ce rapport est publié au Journal officiel des Communautés européennes.
3. Sauf preuve contraire, les défauts de conformité qui apparaissent dans un délai de six mois à partir de la délivrance du bien sont présumés exister au moment de la délivrance, sauf lorsque cette présomption n'est pas compatible avec la nature du bien ou la nature du défaut de conformité.

Article 6. Garanties
1. Une garantie doit lier juridiquement celui qui l'offre selon les conditions fixées dans la déclaration de garantie et dans la publicité y afférente.
2. La garantie doit:
– indiquer que le consommateur a des droits légaux au titre de la législation nationale en vigueur régissant la vente de biens de consommation et indiquer clairement que ces droits ne sont pas affectés par la garantie,
– établir, en termes simples et compréhensibles, le contenu de la garantie et les éléments essentiels nécessaires à sa mise en œuvre, notamment la durée et son étendue territoriale, ainsi que le nom et l'adresse du garant.
3. À la demande du consommateur, la garantie lui est remise par écrit ou se présente sous un autre support durable, mise à sa disposition et auquel il a accès.

4. L'État membre où le bien de consommation est commercialisé peut, dans le respect des règles du traité, imposer sur son territoire que la garantie figure dans une ou plusieurs langues qu'il détermine parmi les langues officielles de la Communauté.
5. Si une garantie va à l'encontre des exigences des paragraphes 2, 3 et 4, la validité de cette garantie n'est nullement affectée et le consommateur peut toujours se fonder sur elle pour exiger qu'elle soit honorée.

Article 7. Caractère contraignant
1. Les clauses contractuelles ou les accords conclus avec le vendeur, avant que le défaut de conformité ne soit porté à l'attention de celui-ci et qui écartent ou limitent directement ou indirectement les droits résultant de la présente directive, ne lient pas, dans les conditions prévues par le droit national, le consommateur.

Les États membres peuvent prévoir que, dans le cas de biens d'occasion, le vendeur et le consommateur peuvent convenir de clauses contractuelles ou passer des accords prévoyant, pour la responsabilité du vendeur, un délai plus court que celui prévu à l'article 5, paragraphe 1. Ce délai ne peut être inférieur à un an.
2. Les États membres prennent les mesures nécessaires pour que le consommateur ne soit pas privé de la protection accordée par la présente directive par le choix du droit d'un État non membre comme droit applicable au contrat, lorsque le contrat présente un lien étroit avec le territoire des États membres.

Article 8. Droit national et protection minimale
1. Les droits résultant de la présente directive sont exercés sans préjudice d'autres droits dont le consommateur peut se prévaloir au titre des règles nationales relatives au droit de la responsabilité contractuelle ou extracontractuelle.
2. Les États membres peuvent adopter ou maintenir en vigueur, dans le domaine régi par la présente directive, des dispositions plus strictes compatibles avec le traité pour assurer un niveau de protection plus élevé du consommateur.

Article 9
Les États membres prennent les mesures appropriées pour informer le consommateur des dispositions de droit national qui transposent la présente directive et incitent, le cas échéant, les organisations professionnelles à informer les consommateurs de leurs droits.

Article 10
L'annexe de la directive 98/27/CE est complétée par le point suivant: «10. Directive 1999/44/CE du Parlement européen et du Conseil du 25 mai 1999 sur certains aspects de la vente et des garanties des biens de consommation (JO L 171 du 7.7.1999, p. 12).»

Article 11. Transposition
1. Les États membres mettent en vigueur les dispositions législatives, réglementaires et administratives nécessaires pour se conformer à la présente directive au plus tard le 1er janvier 2002. Ils en informent immédiatement la Commission.

Lorsque les États membres adoptent ces dispositions, celles-ci contiennent une référence à la présente directive ou sont accompagnées d'une telle référence lors de leur publication officielle. Les modalités de cette référence sont arrêtées par les États membres.

2. Les États membres communiquent à la Commission le texte des dispositions de droit interne qu'ils adoptent dans le domaine régi par la présente directive.

Article 12. Révision
La Commission réexamine, au plus tard le 7 juillet 2006 l'application de la présente directive et présente un rapport au Parlement européen et au Conseil. Ce rapport examine, notamment, l'éventuelle introduction de la responsabilité directe du producteur et est, le cas échéant, accompagné de propositions.

Article 13. Entrée en vigueur
La présente directive entre en vigueur le jour de sa publication au Journal officiel des Communautés européennes.

Article 14
Les États membres sont destinataires de la présente directive.

2. Directive du Conseil du 22 décembre 1986 relative au rapprochement des dispositions législatives, réglementaires et administratives des États membres en matière de crédit à la consommation (87/102/CEE)

Journal officiel n° L 042 du 12/02/1987, p. 48–53 avec modifications: Directive 90/88/CEE du 22 février 1990 (Journal officiel n° L 061 du 10/03/1990, p. 14–18) et Directive 98/7/CE du 16 février 1998 (Journal officiel n° L 101 du 01/04/1998, p. 17–23)

LE CONSEIL DES COMMUNAUTÈS EUROPÈENNES,

vu le traité instituant la Communauté économique européenne, et notamment son article 100, vu la proposition de la Commission[1], vu l'avis de l'Assemblée[2], vu l'avis du Comité économique et social[3],

considérant qu'il existe de grandes disparités entre les législations des différents États membres dans le domaine du crédit à la consommation;

considérant que ces disparités peuvent entraîner des distorsions de concurrence entre les prêteurs dans le marché commun;

considérant que ces disparités restreignent les possibilités pour les consommateurs d'obtenir un crédit dans d'autres États membres; qu'elles affectent le volume et la nature du crédit demandé ainsi que l'achat de biens et de services;

considérant que, en conséquence, ces disparités influent sur la libre circulation des biens et des services susceptibles d'être affectés d'un crédit et ont ainsi un impact direct sur le fonctionnement du marché commun;

considérant que, vu le volume croissant du crédit accordé aux consommateurs dans la Communauté, les consommateurs, les prêteurs, les fabricants, les grossistes et les détaillants, ainsi que les prestataires de services tireraient tous profit de la création d'un marché commun du crédit à la consommation;

considérant que les programmes de la Communauté économique européenne pour une politique de protection et d'information des consommateurs[4] prévoient notamment que le consommateur doit être protégé contre des conditions abusives de crédit et qu'il y a lieu d'harmoniser en priorité les conditions générales relatives au crédit à la consommation;

considérant que les disparités entre les législations et les pratiques font que le consommateur ne bénéficie pas, en matière de crédit à la consommation, de la même protection dans tous les États membres;

considérant que, au cours des dernières années, les types de crédit offerts aux consommateurs et utilisés par eux ont fortement changé; que de nouvelles formes de crédit à la consommation sont apparues et continuent de se développer;

considérant que le consommateur devrait recevoir des informations adéquates sur les conditions et le coût du crédit, ainsi que sur ses obligations; que ces informations devraient comporter, notamment, le taux annuel effectif global afférent au crédit ou, à défaut, le montant total que le consommateur est tenu de payer au titre du crédit; que, en attendant une décision sur la ou méthode(s) communautaire(s) de calcul du taux annuel effectif global, les États membres devraient être en mesure de continuer d'appliquer les méthodes

---

[1] JO n° C 80 du 27. 3. 1979, p. 4 et JO n° C 183 du 10. 7. 1984, p. 4.
[2] JO n° C 242 du 12. 9. 1983, p. 10.
[3] JO n° C 113 du 7. 5. 1980, p. 22.
[4] JO n° C 92 du 25. 4. 1975, p. 1 et JO n° C 133 du 3. 6. 1981, p. 1.

2. Crédit à la consommation 663

ou pratiques existantes pour le calcul de ce taux, ou, à défaut, devraient fixer des dispositions pour indiquer le coût total du crédit à la consommation;
considérant que les conditions prévues par le contrat de crédit peuvent désavantager le consommateur; qu'une meilleure protection des consommateurs peut être assurée par l'imposition de certaines conditions valables pour toutes les formes de crédit;
considérant que, en raison du caractère spécifique de certains contrats de crédit ou types de transactions, ces contrats ou transactions devraient être partiellement ou entièrement exclus du champ d'application de la présente directive;
considérant que les États membres, en consultation avec la Commission, devraient avoir la possibilité de soustraire à l'application de la présente directive certaines formes de crédits de caractère non commercial octroyés dans des conditions particulières;
considérant que les pratiques existant dans certains États membres en ce qui concerne les actes authentiques établis devant notaire ou devant un juge ont pour effet de rendre superflue l'application de certaines dispositions de la présente directive pour ce qui est de ces actes; que les États membres devraient, par conséquent, pouvoir soustraire de tels actes à l'application de ces dispositions;
considérant que les contrats de crédit d'un montant très important doivent être considérés comme étant différents des contrats usuels de crédits à la consommation; que l'application des dispositions de la présente directive à des contrats d'un montant très modeste pourrait entraîner des charges administratives superflues tant pour les consommateurs que pour les prêteurs; que, en conséquence, les contrats d'un montant supérieur ou inférieur à certaines limites financières devraient être exclus de la directive;
considérant que des informations sur le coût du crédit données dans la publicité et dans les établissements commerciaux du prêteur ou d'un intermédiaire peuvent faciliter la comparaison de différentes offres par le consommateur;
considérant que la protection du consommateur est encore accrue si les contrats de crédit sont conclus par écrit et contiennent certaines informations minimales sur les conditions du contrat;
considérant que, lorsqu'il s'agit d'un crédit consenti en vue de l'acquisition de biens, les États membres devraient fixer les conditions dans lesquelles les biens peuvent être repris, notamment lorsque le consommateur n'a pas donné son accord; que le décompte entre les parties, lorsque le prêteur reprend les biens, devrait être établi de manière à éviter que la reprise n'entraîne un enrichissement non justifié;
considérant qu'il y a lieu d'autoriser le consommateur à s'acquitter de ses obligations par anticipation; que le consommateur devrait, dans ce cas, pouvoir prétendre à une réduction équitable du coût total du crédit;
considérant que la cession des droits du prêteur au titre d'un contrat de crédit ne devrait pas avoir pour effet de placer le consommateur dans une position moins favorable;
considérant que les États membres qui autorisent le consommateur à utiliser des lettres de change, des promesses ou des chèques dans le cas de contrats de crédit devraient veiller à ce que le consommateur soit adéquatement protégé lorsqu'il utilise de tels instruments;
considérant, en ce qui concerne les biens et les services que le consommateur acquiert dans le cadre d'un accord de crédit, que le consommateur devrait, du moins dans les circonstances définies ci-avant, avoir des droits vis-à-vis du prêteur en plus de ses droits contractuels normaux à l'égard du prêteur et à l'égard du fournisseur des biens ou des services; que les circonstances visées ci-avant sont celles dans lesquelles il existe entre le prêteur et le fournisseur des biens ou prestataire des services un accord préalable aux termes duquel un crédit est octroyé exclusivement par ce prêteur aux clients de ce fournisseur ou

prestataire pour l'acquisition de biens ou l'obtention de services fournis par ledit fournisseur ou prestataire;
considérant que l'Écu est celui défini par le règlement (CEE) no 3180/78[5], modifié en dernier lieu par le règlement (CEE) no 2626/84[6]; que les États membres devraient pouvoir, dans certaines limites, arrondir les montants en monnaie nationale résultant de la conversion des montants visés par la présente directive et exprimés en Écus; que les montants visés par la présente directive devraient périodiquement faire l'objet d'un examen et, au besoin, d'une révision, en fonction de l'évolution économique et monétaire dans la Communauté;
considérant que les États membres devraient adopter des mesures appropriées pour délivrer les autorisations aux personnes qui proposent des crédits ou servent d'intermédiaire pour la conclusion de contrats de crédit, ou pour contrôler ou superviser les prêteurs ou les intermédiaires précités, ou pour permettre aux consommateurs d'introduire des réclamations en ce qui concerne les contrats de crédit ou les conditions de crédit;
considérant que les contrats de crédit ne devraient pas déroger, au détriment du consommateur, aux dispositions qui mettent en application la présente directive ou qui lui correspondent; que ces dispositions ne devraient pas être tournées par des formes particulières données aux contrats;
considérant que si la présente directive prévoit un certain rapprochement des dispositions législatives, réglementaires et administratives des États membres relatives au crédit à la consommation ainsi qu'un certain niveau de protection du consommateur, elle ne doit pas empêcher les États membres de maintenir ou d'adopter des mesures plus strictes pour la protection des consommateurs dans le respect des obligations qui leur incombent au titre du traité; considérant que, le 1er janvier 1995 au plus tard, la Commission devrait présenter au Conseil un rapport sur l'application de la présente directive,
A ARRÊTÉ LA PRÉSENTE DIRECTIVE:

Article premier
1. La présente directive s'applique aux contrats de crédit.
2. Aux fins de la présente directive, on entend par:
a) «consommateur» toute personne physique qui, pour les transactions régies par la présente directive, agit dans un but pouvant être considéré comme étranger à son activité commerciale ou professionnelle;
b) «prêteur» toute personne physique ou morale ou tout groupement de ces personnes qui consent un crédit dans le cadre de l'exercice de ses activités commerciales ou professionnelles;
c) «contrat de crédit» un contrat en vertu duquel un prêteur consent ou s'engage à consentir à un consommateur un crédit sous la forme d'un délai de paiement, d'un prêt ou de toute autre facilité de paiement similaire.
Les contrats conclus en vue de la prestation continue de services (privés ou publics) aux termes desquels le consommateur a le droit de régler le coût desdits services, aussi longtemps qu'ils sont fournis, par des paiements échelonnés ne sont pas considérés comme des contrats de crédit aux fins de la présente directive;
d) «coût total du crédit au consommateur» tous les coûts du crédit, y compris les intérêts et les autres frais directement liés au contrat de crédit, déterminés confor-

---

[5] JO n° L 379 du 30. 12. 1978, p. 1.
[6] JO n° L 247 du 16. 9. 1984, p. 1.

2. Crédit à la consommation 665

mément aux dispositions ou pratiques existantes ou prévues dans les États membres;
e) «taux annuel effectif global» le coût total du crédit au consommateur exprimé en pourcentage annuel du montant du crédit consenti et calculé conformément aux méthodes existantes des États membres.

Article 2

1. La présente directive ne s'applique pas:
a) aux contrats de crédit ou de promesse de crédit:
– destinés principalement à permettre l'acquisition ou le maintien de droits de propriété sur un terrain ou sur un immeuble construit ou à construire,
– destinés à permettre la rénovation ou l'amélioration d'un immeuble;
b) aux contrats de location sauf si ces contrats prévoient que le titre de propriété sera finalement transféré au loueur;
c) aux crédits octroyés ou mis à la disposition sans rémunération en intérêts ni autres charges;
d) aux contrats de crédit ne prévoyant pas d'intérêts à condition que le consommateur accepte de rembourser le crédit en une seule fois;
e) aux crédits consentis sous la forme d'avances sur compte courant par un établissement de crédit ou un établissement financier, cette exclusion ne concernant pas les comptes liés à des cartes de crédit.
Toutefois, les dispositions prévues à l'article 6 s'appliquent à ce type de crédit;
f) aux contrats de crédit portant sur des montants inférieurs à 200 Écus ou supérieurs à 20 000 Écus;
g) aux contrats de crédit en vertu desquels le consommateur est tenu de rembourser le crédit:
– soit dans un délai ne dépassant pas trois mois,
– soit en quatre paiements au maximum, dans un délai ne dépassant pas douze mois.
2. Un État membre peut, en consultation avec la Commission, exempter de l'application de la présente directive certains types de crédit qui remplissent les conditions suivantes:
– ils sont accordés à des taux de frais inférieurs à ceux pratiqués sur le marché et
– ils ne sont pas proposés au public en général.
3. Les dispositions de l'article 4 et des articles 6 à 12 ne s'appliquent pas aux contrats de crédit ou promesses de crédit garantis par une hypothèque sur un bien immeuble dans la mesure où ceux-ci ne sont pas déjà exclus du champ d'application de la présente directive en vertu du paragraphe 1 point a).
4. Les États membres peuvent ne pas soumettre aux dispositions des articles 6 à 12 les contrats de crédit conclus sous la forme d'un acte authentique signé devant notaire ou devant un juge.

Article 3

Sans préjudice de la directive 84/450/CEE du Conseil, du 10 septembre 1984, relative au rapprochement des dispositions législatives, réglementaires et administratives des États membres en matière de publicité trompeuse[7], ainsi que des règles et principes applicables à la publicité déloyale, toute publicité, ou toute offre affichée dans des locaux commerciaux, par laquelle un annonceur se déclare prêt à octroyer un crédit ou à servir d'intermédiaire pour la conclusion de contrats de crédit et qui indique le taux d'intérêt ou tout autre chiffre portant sur le coût du crédit, doit également mentionner le taux annuel effectif global, au moyen d'un exemple représentatif s'il n'est pas possible d'utiliser d'autres méthodes.

Article 4
1. Les contrats de crédit sont établis par écrit. Le consommateur reçoit un exemplaire du contrat écrit.
2. Le contrat écrit contient:
a) une indication du taux annuel effectif global;
b) une indication des conditions dans lesquelles le taux annuel effectif global peut être modifié.
Lorsqu'il n'est pas possible d'indiquer le taux annuel effectif global, il y a lieu néanmoins de fournir au consommateur des informations adéquates dans le contrat écrit. Cette information comprend au moins les informations visées à l'article 6 paragraphe 1 deuxième tiret.
3. Le contrat écrit comporte en outre les autres conditions essentielles du contrat.
À titre d'exemple, l'annexe de la présente directive comprend une liste de conditions jugées essentielles dont les États membres peuvent exiger la mention dans le contrat écrit.

Article 5
Par dérogation à l'article 3 et à l'article 4 paragraphe 2, et en attendant une désision sur l'introduction d'une ou de plusieurs méthodes communautaires de calcul du taux annuel effectif global, les États membres qui, au moment de la notification de la présente directive, n'exigent pas qu'apparaisse le taux annuel effectif global ou qui n'ont pas arrêté de méthode pour son calcul exigent au moins que soit indiqué le coût total du crédit au consommateur.

Article 6
1. Nonobstant l'exclusion prévue à l'article 2 paragraphe 1 point e), lorsqu'un contrat a été passé entre un établissement de crédit ou un organisme financier et un consommateur pour l'octroi d'un crédit sous la forme d'une avance sur compte courant, sauf dans le cas des comptes liés à des cartes de crédit, le consommateur est informé au moment de la conclusion du contrat ou avant celle-ci:
– du plafond éventuel du crédit,
– du taux d'intérêt annuel et des frais applicables dès la conclusion du contrat et des conditions dans lesquelles ils pourront être modifiés,
– des modalités selon lesquelles il peut être mis fin au contrat.
Ces informations sont confirmées par écrit.
2. De plus, en cours de contrat, le consommateur est informé de toute modification du taux d'intérêt annuel ou des frais au moment où intervient cette modification. Cette information peut être fournie dans un relevé de compte ou par tout autre moyen jugé acceptable par les États membres.

---

[7] JO n° L 250 du 19. 9. 1984, p. 17.

2. Crédit à la consommation

3. Dans les États membres où l'existence d'un découvert accepté tacitement est licite, ces derniers veillent à ce que le consommateur soit informé du taux d'intérêt annuel et des frais éventuels applicables ainsi que de toute modification de ceux-ci, lorsque ce découvert se prolonge au-delà d'une période de trois mois.

Article 7

Lorsqu'il s'agit d'un crédit consenti en vue de l'acquisition de bien, les États membres fixent les conditions dans lesquelles les biens peuvent être repris, notamment lorsque le consommateur n'a pas donné son accord. Ils veillent en outre à ce que, lorsque le prêteur reprend les biens, le décompte entre les parties soit établi de manière à éviter que la reprise n'entraîne un enrichissement non justifié.

Article 8

Le consommateur a le droit se s'acquitter par anticipation des obligations qui découlent pour lui du contrat de crédit. Dans ce cas, le consommateur a droit, conformément aux dispositions arrêtées par les États membres, à une réduction équitable du coût du crédit.

Article 9

Lorsque les droits du prêteur au titre d'un contrat de crédit sont cédés à un tiers, le consommateur peut faire valoir à l'égard de ce tiers les mêmes exceptions et défenses qu'il pouvait invoquer à l'égard du prêteur initial, y compris le droit à compensation pour autant que celle-ci soit autorisée dans l'État membre concerné.

Article 10

Les États membres qui, en ce qui concerne les contrats de crédit, autorisent le consommateur:
a) à effectuer le paiement au moyen de lettres de change, y compris les promeeses;
b) à donner une garantie au moyen de lettres de change, y compris les promesses et les chèques,
veillent à ce que le consommateur soit convenablement protégé lorsqu'il est fait usage de ces instruments dans les cas indiqués.

Article 11

1. Les États membres veillent à ce que l'existence d'un contrat de crédit n'affecte en rien les droits que le consommateur peut faire valoir à l'encontre du fournisseur des biens ou des services achetés au moyen d'un tel contrat lorsque les biens ou les services ne sont pas fournis ou que, pour d'autres raisons, ils ne sont pas conformes au contrat y relatif.
2. Le consommateur a le droit d'exercer un recours à l'encontre du prêteur lorsque,
a) en vue de l'achat de biens ou l'obtention des services, le consommateur conclut un contrat de crédit avec une personne autre que le fournisseur des biens ou le prestataire des services
et
b) il existe entre le prêteur et le fournisseur des biens ou le prestataire des services un accord préalable aux termes duquel un crédit est octroyé exclusivement par ce prêteur aux clients de ce fournisseur ou prestataire pour l'acquisition de biens ou l'obtention de services fournis par ledit fournisseur ou prestataire

et

c) le consommateur visé au point a) obtient son crédit en vertu de cet accord préalable

et

d) les biens ou les services faisant l'objet du contrat de crédit ne sont pas livrés ou fournis ou ne le sont qu'en partie ou ne sont pas conformes au contrat y relatif

et

e) le consommateur a exercé un recours contre le fournisseurs ou prestataire sans obtenir satisfaction comme il y avait droit.

Les États membres déterminent dans quelle mesure et à quelles conditions ce recours peut être exercé.

3. Le paragraphe 2 ne s'applique pas lorsque l'opération en question porte sur un montant inférieur à l'équivalent de 200 Écus.

Article 12

1. Les États membres:

a) veillent à ce que les personnes proposant des crédits ou servant d'intermédiaire pour la conclusion de contrats de crédit obtiennent l'autorisation officielle de le faire, soit expressément, soit à titre de fournisseurs de biens et prestataires de services

ou

b) veillent à ce que les activités des personnes octroyant des crédits ou servant d'intermédiaire pour l'octroi de crédits soient contrôlées ou supervisées par une institution ou un organisme officiel

ou encore

c) facilitent la mise en place d'organismes appropriés auprès desquels peuvent être déposées des réclamations portant sur les contrats de crédit ou les conditions de crédit et pour fournir aux consommateurs des informations ou des Conseils à leur sujet.

2. Les États membres peuvent prévoir que l'autorisation visée au paragraphe 1 point a) n'est pas nécessaire lorsque les personnes proposant des contrats de crédit ou servant d'intermédiaire pour la conclusion de tels contrats répondent à la définition de l'article 1er de la première directive du Conseil, du 12 décembre 1977, visant à la coordination des dispositions législatives, réglementaires et administratives concernant l'accès à l'activité des établissements de crédit et son exercice[8] et sont autorisées en vertu des dispositions de ladite directive.

Lorsque des personnes octroyant des crédits ou servant d'intermédiaire pour l'octroi de crédits ont obtenu à cette fin à la fois une autorisation expresse au titre des dispositions du paragraphe 1 point a) et une autorisation résultant des dispositions de la directive susmentionnée, mais que cette dernière autorisation leur a été retirée par la suite, l'autorité compétente chargée de délivrer l'autorisation d'octroi de crédits au titre du paragraphe 1 point a) en est informée et décide si les personnes en question peuvent continuer à octroyer des crédits ou à servir d'intermédiaire pour l'octroi de crédits ou si l'autorisation spécifique délivrée au titre du paragraphe 1 point a) doit leur être retirée.

---

[8] JO n° L 322 du 17. 12. 1977, p. 30.

2. Crédit à la consommation

Article 13
1. Aux fins de la présente directive, l'Écu est celui défini par le règlement (CEE) no 3180/78, modifié par le règlement (CEE) no 2626/84. La contrevaleur en monnaie nationale est initialement celle qui est applicable le jour de l'adoption de la présente directive.

Les États membres peuvent arrondir les montants en monnaie nationale résultant de la conversion des montants en Écus à condition que cet ajustement ne dépasse pas 10 Écus.

2. Le Conseil, sur proposition de la Commission, procède tous les cinq ans, et pour la première fois en 1995, à l'examen et, au besoin, à la révision des montants visés par la présente directive, en fonction de l'évolution économique et monétaire dans la Communauté.

Article 14
1. Les États membres veillent à ce que les contrats de crédit ne dérogent pas, au détriment du consommateur, aux dispositions de droit national qui mettent en application la présente directive ou qui lui correspondent.
2. Les États membres veillent ou outre à ce que les dispositions qu'ils adoptent pour la mise en application de la présente directive ne puissent être tournées par des formes particulières données aux contrats, notamment par une répartition du montant du crédit sur plusieurs contrats.

Article 15
La présente directive n'empêche pas les États membres de maintenir ou d'adopter des dispositions plus strictes pour la protection des consommateurs, compte tenu des obligations qui leur incombent au titre du traité.

Article 16
1. Les États membres prennent les mesures nécessaires pour se conformer à la présente directive au plus tard le 1er janvier 1990 et en informent immédiatement la Commission.
2. Les États membres communiquent à la Commission le texte des dispositions essentielles de droit interne qu'ils adoptent dans le domaine régi par la présente directive.

Article 17
Au plus tard le 1er janvier 1995, la Commission présente au Conseil un rapport sur l'application de la présente directive.

Article 18
Les États membres sont destinataires de la présente directive.

Annexe. Liste des éléments visés à l'article 4 paragraphe 3
1. Contrats de crédit ayant pour objet le financement de la fourniture de biens ou de services
i) une description des biens ou des services qui font l'objet du contrat;
ii) le prix au comptant et le prix à payer en vertu du contrat de crédit;

iii) le montant de l'acompte éventuel, le nombre et le montant des paiements échelonnés ainsi que leurs échéances, ou la méthode à utiliser pour déterminer chacun de ces éléments s'ils sont encore inconnus au moment de la conclusion du contrat;

iv) une indication précisant que le consommateur aura droit, conformément à l'article 8, à une réduction en cas de remboursement anticipé;

v) l'identité du propriétaire des biens (s'il n'y a pas immédiatement transfert de propriété au consommateur) et les conditions dans lesquelles le consommateur en devient propriétaire;

vi) des précisions sur les garanties éventuellement demandées;

vii) l'indication du délai de réflexion éventuel;

viii) l'indication de la ou des assurances éventuellement demandées et, si le choix de l'assureur n'est pas laissé au consommateur, du coût de celle(s)-ci.

2. Contrats de crédit liés à l'utilisation de cartes de crédit

i) le plafond éventuel du crédit;

ii) les conditions de remboursement ou le moyen de les déterminer;

iii) l'indication du délai de réflexion éventuel.

ix) l'indication de l'obligation éventuelle pour le consommateur de constituer une épargne d'un certain montant devant être placée sur un compte spécial.

3. Contrats de crédit revêtant la forme de crédits de caisse et non régis par d'autres dispositions de la directive

i) le plafond éventuel du crédit ou la méthode de calcul de celui-ci;

ii) les conditions d'utilisation et de remboursement;

iii) l'indication du délai de réflexion éventuel.

4. Autres contrats de crédit relevant de la directive

i) le plafond éventuel du crédit;

ii) l'indication des garanties éventuellement demandées;

iii) les conditions de remboursement;

iv) l'indication du délai de réflexion éventuel;

v) une indication précisant que le consommateur aura droit, conformément aux dispositions de l'article 8, à une réduction en cas de remboursement anticipé.

Annexe II

Équation de base traduisant l'équivalence des prêts d'une part, et des remboursements et charges, d'autre part

$$\sum_{K=1}^{K=m} \frac{A_K}{(1+i)^{t_K}} = \sum_{K'=1}^{K'=m'} \frac{A'_{K'}}{(1+i)^{t_{K'}}}$$

Signification des lettres et symboles:

K est le numéro d'ordre d'un prêt,

K' est le numéro d'ordre d'un remboursement ou d'un paiement de charges,

A_K est le montant du prêt n° K,

$A'_{K'}$ est le montant du remboursement ou du paiement de charges n° K',

Σ est le signe indiquant une sommation,

2. Crédit à la consommation

m   est le numéro d'ordre du dernier prêt,
m'   est le numéro d'ordre du dernier remboursement ou du dernier paiement de charges
t_K est l'intervalle, exprimé en années et fractions d'années, entre la date du prêt n° 1 et celles des prêts ultérieurs n° 2 à m,
$t_{K'}$ est l'intervalle, exprimé en années et fractions d'années, entre la date du prêt n o 1 et celles des remboursements ou paiements de charges n° 1 à m',
i   est le taux effectif global qui peut être calculé (soit par l'algèbre, soit par approximations successives, soit par un programme d'ordinateur) lorsque les autres termes de l'équation sont connus, par le contrat ou autrement.

Remarques:
a) Les sommes versées de part et d'autre à différents moments ne sont pas nécessairement égales et ne sont pas nécessairement versées à des intervalles égaux.
b) La date initiale est celle du premier prêt.
c) L'écart entre les dates utilisées pour le calcul est exprimé en années ou fractions d'années.

Annexe III. Exemples de calcul

Premier exemple
La somme prêtée S = 1 000 écus.
Elle est remboursée en un seul versement de 1 200 écus effectué 18 mois, soit 1,5 année, après la date du prêt.

L'équation est la suivante :
$$1\,000 = \frac{1\,200}{(1 + i)^{1,5}}$$
$$\text{ou} \quad (1 + i)^{1,5} = 1,2$$
$$1 + i = 1{,}129243 \ldots$$
$$i = 0{,}129243 \ldots$$

Ce montant sera arrondi à 12,9 % ou 12,92 % selon que l'État ou l'usage admet d'arrondir le pourcentage à la première ou à la deuxième décimale.

Deuxième exemple
La somme convenue est S = 1 000 écus mais le prêteur retient 50 écus pour frais d'enquête et de dossier, de sorte que le prêt ne porte en fait que sur 950 écus; le remboursement de 1 200 écus, comme dans le premier exemple, est effectué 18 mois après la date du prêt.

L'équation est la suivante :
$$950 = \frac{1\,200}{(1 + i)^{1,5}}$$
$$\text{ou} \quad (1 + i)^{1,5} = \frac{1\,200}{950} = 1{,}263157 \ldots$$
$$1 + i = 1{,}16851 \ldots$$
$$i = 0{,}16851 \ldots \text{ arrondi à } 16{,}9$$
$$\text{ou } 16{,}85\ \%.$$

Troisième exemple
La somme prêtée est 1 000 écus, remboursables en deux versements de 600 écus chacun, effectués respectivement après 1 et 2 ans.

L'équation est la suivante: $1\,000 = \dfrac{600}{1+i} + \dfrac{600}{(1+i)^2}$

Elle est soluble par l'algèbre et aboutit à i = 0,1306623 arrondi à 13,1 % ou 13,07 %.

Quatrième exemple

La somme prêtée est 1 000 écus et les montants à payer par l'emprunteur sont:
Après trois mois (0,25 année): 272 écus
Après six mois (0,50 année): 272 écus
Après douze mois (1 année): 544 écus
Total 1 088 écus

L'équation est la suivante: $1\,000 = \dfrac{272}{(1+i)^{0,25}} + \dfrac{272}{(1+i)^{0,50}} + \dfrac{544}{1+i}$

Cette équation permet de calculer i par des approximations successives, qui peuvent être programmées sur un ordinateur de poche.
On aboutit à:
i = 0,1321 arrondi à 13,2 ou 13,21 %.

3. Directive du Parlement européen et du Conseil, du 26 octobre 1994, concernant la protection des acquéreurs pour certains aspects des contrats portant sur l'acquisition d'un droit d'utilisation à temps partiel de biens immobiliers (94/47/CE)

Journal officiel n° L 280 du 29/10/1994, p. 83–87

LE PARLEMENT EUROPÈEN ET LE CONSEIL DE L'UNION EUROPÈENNE,
vu le traité instituant la Communauté européenne, et notamment son article 100 A, vu la proposition de la Commission[1], vu l'avis du Comité économique et social[2], statuant conformément à la procédure prévue à l'article 189 B du traité[3],

1. considérant que les disparités entre législations nationales en matière de contrats portant sur l'acquisition d'un droit d'utilisation à temps partiel d'un ou de plusieurs biens immobiliers sont de nature à entraîner des entraves au bon fonctionnement du marché intérieur, des distorsions de concurrence et un cloisonnement des marchés nationaux;

2. considérant que l'objectif de la présente directive est de créer un socle minimal de règles communes en la matière permettant d'assurer le bon fonctionnement du marché intérieur et, par ce biais, la protection des acquéreurs; qu'il suffit que ces règles ne concernent les transactions contractuelles que dans leurs aspects relatifs à l'information sur les éléments constitutifs du contrat et aux modalités de la transmission de cette information, ainsi qu'aux procédures et modalités de résiliation et de rétractation; que l'instrument approprié pour atteindre l'objectif visé est une directive; que la présente directive respecte, par conséquent, le principe de subsidiarité;

3. considérant que la nature juridique des droits qui font l'objet de contrats visés par la présente directive est très différente dans les États membres; qu'il convient dès lors de se référer d'une manière synthétique à ces diverses législations en donnant une définition suffisamment large de ces contrats, sans que cela implique une harmonisation au niveau communautaire de la nature juridique des droits en question;

4. considérant que la présente directive ne vise pas à réglementer la mesure dans laquelle des contrats d'utilisation à temps partiel d'un ou de plusieurs biens immobiliers peuvent être conclus dans les États membres, ni les bases juridiques de ces contrats;

5. considérant que, dans la pratique, les contrats portant sur l'acquisition d'un droit d'utilisation à temps partiel d'un ou de plusieurs biens immobiliers diffèrent des contrats de location; que cette différence se manifeste, entre autres, dans le mode de paiement;

6. considérant que l'on observe sur le marché que des hôtels, des résidences hôtelières ou d'autres structures touristiques résidentielles similaires sont concernés par des transactions contractuelles similaires à celles qui ont rendu nécessaire la présente directive;

7. considérant qu'il y a lieu d'éviter les indications trompeuses ou incomplètes dans l'information qui concerne spécifiquement la vente de droits d'utilisation à temps partiel d'un ou de plusieurs biens immobiliers; qu'il convient d'assortir cette information d'un docu-

---

[1] JO n° C 299 du 5. 11. 1993, p. 8.
[2] JO n° C 108 du 19. 4. 1993, p. 1.
[3] Avis du Parlement européen (JO n° C 176 du 28. 6. 1993, p. 95 et JO n° C 255 du 20. 9. 1993, p. 70) confirmé le 2 décembre 1993 (JO n° C 342 du 20. 12. 1993, p. 3); position commune du Conseil du 4 mars 1994 (JO n° C 137 du 19. 5. 1994, p. 42); décision du Parlement européen du 4 mars 1994 (JO n° C 205 du 25. 7. 1994) projet commun du comité de conciliation du 22 septembre 1994.

ment complémentaire qui doit être à la disposition de toute personne qui le demande; que les renseignements contenus dans ce document complémentaire doivent faire partie du contrat d'acquisition d'un droit d'utilisation à temps partiel d'un ou de plusieurs biens immobiliers;

8. considérant que, dans le but de procurer à l'acquéreur un niveau de protection élevé et étant donné les caractéristiques particulières des systèmes d'utilisation à temps partiel de biens immobiliers, le contrat d'acquisition d'un droit d'utilisation à temps partiel d'un ou de plusieurs biens immobiliers doit comporter certains éléments minimaux;

9. considérant que, pour établir une protection efficace des acquéreurs dans ce domaine, il y a lieu de préciser les obligations minimales que les vendeurs doivent respecter à l'égard des acquéreurs;

10. considérant que le contrat d'acquisition d'un droit d'utilisation à temps partiel d'un ou de plusieurs biens immobiliers doit être rédigé, parmi les langues officielles de la Communauté, dans la ou une des langues de l'État membre où réside l'acquéreur ou dans la ou une des langues de l'État membre dont il est ressortissant; que, toutefois, l'État membre où réside l'acquéreur peut imposer que le contrat soit rédigé dans sa ou ses langues parmi les langues officielles de la Communauté; qu'il importe de prévoir une traduction conforme du contrat aux fins des formalités à remplir dans l'État membre où est situé le bien;

11. considérant que, afin de donner à l'acquéreur la possibilité de mieux apprécier les obligations découlant des contrats conclus et les droits y afférents, il convient de lui accorder un délai pendant lequel il peut se rétracter du contrat, sans indiquer de motif, compte tenu du fait que le bien immobilier est souvent situé dans un État et soumis à une législation qui sont différents de ceux de l'acquéreur;

12. considérant que l'exigence, de la part du vendeur, d'avances de paiement avant l'expiration du délai pendant lequel l'acquéreur peut se rétracter du contrat sans indication de motif peut amoindrir la protection de l'acquéreur; qu'il y a lieu, par conséquent, d'interdire les avances avant l'expiration dudit délai;

13. considérant que, en cas de résiliation ou de rétractation d'un contrat d'acquisition d'un droit d'utilisation à temps partiel d'un ou de plusieurs biens immobiliers dont le prix est entièrement ou partiellement couvert par un crédit accordé à l'acquéreur par le vendeur ou par un tiers sur la base d'un accord conclu entre le tiers et le vendeur, il convient de prévoir que le contrat de crédit est résilié sans pénalité;

14. considérant qu'il existe le risque, dans certains cas, de priver le consommateur de la protection prévue par la présente directive en désignant le droit d'un pays tiers comme droit applicable au contrat; qu'il convient, en conséquence, de prévoir des dispositions visant à prévenir ce risque;

15. considérant qu'il appartient aux États membres d'arrêter des mesures visant à assurer l'accomplissement des obligations du vendeur,

ONT ARRÊTÉ LA PRÈSENTE DIRECTIVE:

Article premier

La présente directive a pour objet de rapprocher les dispositions législatives, réglementaires et administratives des États membres relatives à la protection des acquéreurs pour certains aspects des contrats portant directement ou indirectement sur l'acquisition d'un droit d'utilisation à temps partiel d'un ou de plusieurs biens immobiliers.

3. Droit d'utilisation à temps partiel de biens immobiliers

La présente directive ne vise que les dispositions concernant les transactions contractuelles dans leurs aspects relatifs:
- à l'information sur les éléments constitutifs du contrat et aux modalités de la transmission de cette information,
- aux procédures et modalités de résiliation et de rétractation.

Dans le respect des règles générales du traité, les États membres restent compétents pour les autres aspects, entre autres pour déterminer la nature juridique des droits qui font l'objet des contrats visés par la présente directive.

Article 2
Aux fins de la présente directive, on entend par:
- «contrat portant directement ou indirectement sur l'acquisition d'un droit d'utilisation à temps partiel d'un ou de plusieurs biens immobiliers», ci-après dénommé «contrat»: tout contrat ou groupe de contrats conclu pour au moins trois années, par lequel, directement ou indirectement, moyennant un certain prix global, un droit réel ou tout autre droit portant sur l'utilisation d'un ou de plusieurs biens immobiliers, pendant une période déterminée ou déterminable de l'année qui ne peut être inférieure à une semaine, est créé ou fait l'objet d'un transfert ou d'un engagement de transfert,
- «bien immobilier»: tout immeuble ou toute partie d'un immeuble à usage d'habitation sur lequel porte le droit objet du contrat,
- «vendeur»: toute personne physique ou morale qui, dans les transactions relevant de la présente directive et dans le cadre de son activité professionnelle, crée, transfère ou s'engage à transférer le droit objet du contrat,
- «acquéreur»: toute personne physique qui, agissant dans les transactions relevant de la présente directive, à des fins dont on peut considérer qu'elles n'entrent pas dans le cadre de son activité professionnelle, se voit transférer le droit objet du contrat, ou au bénéfice de laquelle est créé le droit objet du contrat.

Article 3
1. Les États membres prévoient dans leur législation des mesures visant à ce que le vendeur soit tenu de remettre à toute personne qui demande des informations sur le ou les biens immobiliers un document qui, outre une description générale de ce ou ces biens, fournit au moins des informations concises et précises sur les éléments mentionnés aux points a) à g), i) et l) de l'annexe, de même que des indications sur la manière d'obtenir des informations complémentaires.
2. Les États membres prévoient dans leur législation que toutes les informations visées au paragraphe 1 et qui doivent être contenues dans le document visé au paragraphe 1 font partie intégrante du contrat.
Sauf accord exprès des parties, des changements apportés aux informations contenues dans le document visé au paragraphe 1 ne peuvent résulter que de circonstances indépendantes de la volonté du vendeur.
Les changements apportés à ces informations doivent être communiqués à l'acquéreur avant la conclusion du contrat. Le contrat doit faire expressément état de ces changements.
3. Toute publicité relative au bien immobilier concerné indique la possibilité d'obtenir le document visé au paragraphe 1, ainsi que l'endroit où il faut s'adresser à cet effet.

Article 4
Les États membres prévoient dans leur législation:
– que le contrat, qui est obligatoirement établi par écrit, doit contenir au moins les éléments mentionnés à l'annexe,
– que le contrat et le document visé à l'article 3 paragraphe 1 doivent être rédigés, parmi les langues officielles de la Communauté, dans la langue ou une des langues de l'État membre où réside l'acquéreur ou dans la langue ou une des langues de l'État membre dont il est ressortissant, au choix de l'acquéreur. Toutefois, l'État membre où réside l'acquéreur peut imposer que le contrat soit rédigé dans tous les cas au moins dans sa ou ses langues parmi les langues officielles de la Communauté et – que le vendeur doit remettre à l'acquéreur une traduction conforme du contrat dans la langue ou une des langues parmi les langues officielles de la Communauté de l'État membre où le bien immobilier est situé.

Article 5
Les États membres prévoient dans leur législation les éléments suivants:
1) outre les possibilités offertes à l'acquéreur par les législations nationales en matière d'invalidité des contrats, l'acquéreur a le droit:
– de se rétracter, sans indiquer de motif, dans un délai de dix jours de calendrier à compter de la signature du contrat par les deux parties ou de la signature par les deux parties d'un contrat préliminaire contraignant. Si le dixième jour est un jour férié, le délai est prolongé jusqu'au premier jour ouvrable suivant,
– si le contrat ne contient pas les informations mentionnées aux points a), b), c), d) 1, d) 2, h), i), k), l) et m) de l'annexe au moment de la signature du contrat par les deux parties ou de la signature par les deux parties d'un contrat préliminaire contraignant, de résilier le contrat dans un délai de trois mois à partir de ce moment. Si, dans ce délai de trois mois, les informations en question sont fournies, l'acquéreur disposera dès ce moment du délai de rétractation indiqué au premier tiret,
– si, à l'expiration du délai de trois mois prévu au deuxième tiret, il n'a pas fait usage du droit de résiliation et si le contrat ne contient pas les informations mentionnées aux points a), b), c), d) 1, d) 2, h), i), k), l) et m) de l'annexe, de disposer, à partir du jour suivant cette expiration, du délai de rétractation indiqué au premier tiret;
2) si l'acquéreur entend exercer les droits prévus au point 1, il le notifie, avant l'expiration du délai et d'une manière pouvant être prouvée conformément aux législations nationales, à la personne dont le nom et l'adresse figurent, à cet effet, dans le contrat, selon les modalités stipulées dans celui-ci en application du point l) de l'annexe; le délai est réputé respecté si la notification, à condition d'avoir été faite par écrit, a été envoyée avant l'expiration du délai;
3) si l'acquéreur exerce le droit prévu au point 1 premier tiret, il ne peut être tenu de rembourser, le cas échéant, que les frais qui, conformément aux législations nationales, sont encourus du fait de la passation du contrat et de sa rétractation et qui correspondent à des actes devant impérativement être effectués avant la fin de la période visée au point 1 premier tiret. Le contrat doit expressément faire mention de ces frais;
4) si l'acquéreur exerce le droit de résiliation prévu au point 1 deuxième tiret, il n'est tenu à aucun remboursement.

3. Droit d'utilisation à temps partiel de biens immobiliers

Article 6
Les États membres prévoient dans leur législation des mesures visant à interdire tout paiement d'avances par l'acquéreur avant la fin de la période d'exercice du droit de rétractation.

Article 7
Les États membres prévoient dans leur législation que:
– si le prix est entièrement ou partiellement couvert par un crédit accordé par le vendeur ou – si le prix est entièrement ou partiellement couvert par un crédit accordé à l'acquéreur par un tiers sur la base d'un accord conclu entre le tiers et le vendeur,
le contrat de crédit est résilié, sans pénalité, lorsque l'acquéreur exerce le droit de résiliation ou le droit de rétractation du contrat prévus à l'article 5.
Les États membres déterminent les modalités de la résiliation du contrat de crédit.

Article 8
Les États membres prévoient dans leur législation que toute clause par laquelle l'acquéreur renonce aux bénéfices des droits visés par la présente directive, ou par laquelle le vendeur est exonéré des responsabilités découlant de la présente directive, ne lie pas l'acquéreur, dans les conditions fixées par la législation nationale.

Article 9
Les États membres prennent les mesures nécessaires pour que, quelle que soit la loi applicable, l'acquéreur ne soit pas privé de la protection accordée par la présente directive, si le bien immobilier est situé sur le territoire d'un État membre.

Article 10
Les États membres prévoient dans leur législation les conséquences du non-respect des dispositions de la présente directive.

Article 11
La présente directive ne fait pas obstacle à ce que les États membres adoptent ou maintiennent des dispositions plus favorables en matière de protection de l'acquéreur dans le domaine qu'elle régit, sans préjudice de leurs obligations découlant du traité.

Article 12
1. Les États membres mettent en vigueur les dispositions législatives, réglementaires et administratives nécessaires pour se conformer à la présente directive au plus tard trente mois après sa publication au Journal officiel des Communautés européennes. Ils en informent immédiatement la Commission.
Lorsque les États membres adoptent ces dispositions, celles-ci contiennent une référence à la présente directive ou sont accompagnées d'une telle référence lors de leur publication officielle. Les modalités de cette référence sont arrêtées par les États membres.
2. Les États membres communiquent à la Commission le texte des dispositions de droit interne qu'ils adoptent dans le domaine régi par la présente directive.

Article 13
Les États membres sont destinataires de la présente directive.

Annexe. Éléments minimaux que doit contenir le contrat visé à l'article 4

a) l'identité et le domicile des parties, avec indication précise de la qualité juridique du vendeur au moment de la conclusion du contrat, ainsi que de l'identité et du domicile du propriétaire;

b) la nature précise du droit objet du contrat, ainsi qu'une clause indiquant quelles sont les conditions d'exercice de ce droit sur le territoire des États membres où sont situés le bien ou les biens, et si ces conditions ont été remplies, ou, dans le cas contraire, quelles conditions doivent encore être remplies;

c) lorsque le bien est déterminé, une description précise de ce bien et de sa situation;

d) lorsque le bien immobilier est en construction:

1) l'état d'achèvement de la construction;

2) une estimation raisonnable du délai pour l'achèvement du bien immobilier;

3) s'il s'agit d'un bien immobilier déterminé, le numéro du permis de construire et le nom et l'adresse complets de la ou des autorités compétentes en la matière;

4) l'état d'achèvement des services communs rendant le bien immobilier opérationnel (raccordement au gaz, à l'électricité, à l'eau, au téléphone);

5) les garanties relatives au bon achèvement du bien immobilier et, en cas de non-achèvement du bien, celles relatives au remboursement de tout paiement effectué, et, le cas échéant, les modalités d'application de ces garanties;

e) les services communs (éclairage, eau, entretien, enlèvement des ordures) auxquels l'acquéreur a ou aura accès et les conditions de cet accès;

f) les installations communes, telles que piscine, sauna, etc., auxquelles l'acquéreur a ou aura éventuellement accès et, le cas échéant, les conditions de cet accès;

g) les principes selon lesquels l'entretien et la maintenance du bien immobilier, ainsi que son administration et sa gestion, seront organisés;

h) l'indication précise de la période pendant laquelle le droit objet du contrat peut être exercé et, le cas échéant, la durée du régime mis en place; la date à partir de laquelle l'acquéreur pourra exercer le droit objet du contrat;

i) le prix que l'acquéreur devra payer pour exercer le droit objet du contrat; une estimation du montant dont devra s'acquitter l'acquéreur pour l'utilisation des installations et services communs; la base de calcul du montant des charges liées à l'occupation du bien mobilier par l'acquéreur, des charges légales obligatoires (taxes, redevances) ainsi que des frais administratifs complémentaires (gestion, entretien, maintenance);

j) une clause mentionnant que l'acquisition n'entraînera pas de frais, de charges ou d'obligations autres que ceux qui sont stipulés dans le contrat;

k) la possibilité ou non de participer à un système d'échange et/ou de revente du droit objet du contrat, ainsi que les coûts éventuels lorsque le système d'échange et/ou de revente est organisé par le vendeur ou par un tiers désigné par lui dans le contrat;

l) des informations sur le droit de résiliation et le droit de rétractation du contrat et l'indication de la personne à laquelle doit être notifiée une éventuelle résiliation ou rétractation, ainsi que l'indication de la ou des modalités selon lesquelles la notification peut être faite; l'indication précise de la nature et du montant des frais

3. Droit d'utilisation à temps partiel de biens immobiliers

que l'acquéreur serait tenu de rembourser conformément à l'article 5 point 3 de la présente directive s'il exerce son droit de rétractation; le cas échéant, des informations sur les modalités pour résilier le contrat de crédit lié au contrat en cas de résiliation ou de rétractation de celui-ci;

m) la date et le lieu de signature du contrat par chacune des parties.

4. Directive du Conseil, du 13 juin 1990, concernant les voyages, vacances et circuits à forfait (90/314/CEE)

Journal officiel n° L 158 du 23/06/1990, p. 59–64

LE CONSEIL DES COMMUNAUTÈS EUROPÈENNES,

vu le traité instituant la Communauté économique européenne, et notamment son article 100 A, vu la proposition de la Commission[1], en coopération avec le Parlement européen[2], vu l'avis du Comité économique et social[3],

considérant que l'un des principaux objectifs de la Communauté est l'achèvement du marché intérieur, dont le secteur touristique constitue un élément essentiel;

considérant que les législations des États membres sur les voyages, vacances et circuits à forfait, ci-après dénommés «forfait», présentent de nombreuses disparités et que les pratiques nationales dans ce domaine diffèrent considérablement, ce qui entraîne des obstacles à la libre prestation des services en ce qui concerne les forfaits et des distorsions de concurrence entre les opérateurs établis dans des États membres différents;

considérant que l'établissement de règles communes concernant les forfaits contribuera à l'élimination de ces obstacles et ainsi à la réalisation d'un marché commun des services, ce qui permettra aux opérateurs établis dans un État membre de proposer leurs services dans d'autres États membres et aux consommateurs de la Communauté de bénéficier de conditions comparables quel que soit l'État membre dans lequel ils achètent un forfait;

considérant que le point 36 lettre b) de l'annexe à la résolution du Conseil, du 19 mai 1981, concernant un deuxième programme de la Communauté économique européenne pour une politique de protection et d'information des consommateurs[4], invite la Commission à entreprendre des études, notamment dans le domaine du tourisme et, le cas échéant, à présenter des propositions appropriées en tenant compte de leur importance pour la protection des consommateurs et des effets de législations nationales différentes sur le bon fonctionnement du marché commun;

considérant que, dans la résolution du 10 avril 1984 concernant une politique communautaire du tourisme[5], le Conseil accueille favorablement l'initiative de la Commission d'attirer l'attention sur l'importance du tourisme et prend note des premières orientations d'une politique communautaire du tourisme définies par la Commission;

considérant que la communication de la Commission au Conseil, intitulée «Nouvelle impulsion pour la politique de protection des consommateurs» et approuvée par une résolution du Conseil du 6 mai 1986[6] prévoit au point 37, parmi les mesures proposées par la Commission, l'harmonisation des législations sur les forfaits;

considérant que le tourisme joue un rôle de plus en plus important dans l'économie des États membres; que le système du forfait constitue une partie essentielle du tourisme; que la croissance et la productivité du secteur des forfaits dans les États membres seraient stimulées si, à tout le moins, un minimum de règles communes étaient adoptées afin de lui donner une dimension communautaire; que cette évolution procurerait non seulement des

---

[1] JO n° C 96 du 12. 4. 1988, p. 5.
[2] JO n° C 69 du 20. 3. 1989, p. 102 et JO n° C 149 du 18. 6. 1990.
[3] JO n° C 102 du 24. 4. 1989, p. 27.
[4] JO n° C 165 du 23. 6. 1981, p. 24.
[5] JO n° C 115 du 30. 4. 1984, p. 1.
[6] JO n° C 118 du 7. 3. 1986, p. 28.

4. Voyages, vacances et circuits à forfait 681

avantages aux citoyens de la Communauté qui achètent un forfait organisé sur la base de ces règles, mais qu'elle attirerait des touristes de pays tiers qui souhaitent bénéficier des avantages de normes garanties dans les forfaits;

considérant que les règles protégeant le consommateur présentent, d'un État membre à l'autre, des disparités qui dissuadent les consommateurs d'un État membre donné d'acheter des forfaits dans un autre État membre;

considérant que ce facteur de dissuasion décourage de manière particulièrement efficace les consommateurs d'acheter des forfaits en dehors de leur propre État membre; qu'il est plus efficace que dans le cas de l'achat d'autres services, étant donné que le caractère particulier des prestations fournies dans un forfait suppose en général le déboursement anticipé de sommes importantes et la fourniture des prestations dans un État autre que l'État de résidence du consommateur;

considérant que le consommateur doit bénéficier de la protection instaurée par la présente directive, qu'il soit partie au contrat, cessionnaire ou membre d'un groupe pour le compte duquel une autre personne a conclu un contrat relatif à un forfait;

considérant que l'organisateur du forfait et/ou le détaillant doivent être tenus de veiller à ce que, dans les documents qui décrivent le forfait respectivement organisé et vendu par eux, les indications fournies ne soient pas trompeuses et à ce que les brochures mises à la disposition du consommateur contiennent une information claire et précise;

considérant que le consommateur doit avoir une copie des clauses du contrat relatif au forfait; qu'il y a lieu, à cet effet, d'exiger que toutes les clauses du contrat soient consignées par écrit ou sous toute autre forme compréhensible et accessible au consommateur et qu'une copie lui soit remise;

considérant que le consommateur doit, dans certains cas, être libre de céder à une tierce personne intéressée la réservation d'un forfait qu'il a effectuée;

considérant que le prix établi par le contrat ne doit en principe pas pouvoir être révisé, sauf si la possibilité d'une révision, tant à la hausse qu'à la baisse, est expressément prévue par le contrat; que cette possibilité doit toutefois être subordonnée à certaines conditions;

considérant que le consommateur doit avoir la faculté, dans certains cas, de résilier avant le départ un contrat relatif à un forfait;

considérant qu'il convient de définir clairement les droits du consommateur dans le cas où l'organisateur annule le forfait avant la date de départ convenue;

considérant que lorsque, après le départ du consommateur, une partie importante des services prévus au contrat n'est pas fournie ou que l'organisateur constate qu'il ne pourra pas assurer une partie importante des services prévus, l'organisateur doit être soumis à certaines obligations vis-à-vis du consommateur;

considérant que l'organisateur et/ou le détaillant partie au contrat doivent être responsables à l'égard du consommateur de la bonne exécution des obligations résultant du contrat; que, en outre, l'organisateur et/ou le détaillant doivent être responsables des dommages résultant pour le consommateur de l'inexécution ou de la mauvaise exécution du contrat, à moins que les manquements constatés dans l'exécution du contrat ne soient imputables ni à leur faute ni à celle d'un autre prestataire de services;

considérant que, lorsque la responsabilité de l'organisateur et/ou du détaillant se trouve engagée en raison de l'inexécution ou de la mauvaise exécution des prestations faisant l'objet du forfait, il apparaît indiqué qu'elle puisse être limitée conformément aux conventions internationales qui régissent ces prestations, notamment la convention de Varsovie de 1929 sur le transport aérien international, la convention de Berne de 1961 sur le *transport par chemins de fer, la convention d'Athènes de 1974 relative au transport par mer et la convention de Paris de 1962 sur la responsabilité des hôteliers; que, en outre, pour les dommages autres que corporels, des limites à la responsabilité doivent pouvoir résulter également du contrat relatif au forfait, à condition toutefois qu'elles ne soient pas déraisonnables;*

considérant qu'il y a lieu de prévoir certaines mesures en vue d'informer le consommateur et de traiter les réclamations;

considérant qu'il serait avantageux, pour les consommateurs et les professionnels du forfait, que l'organisateur et/ou le détaillant soient tenus de justifier de garanties en cas d'insolvabilité ou de faillite;

considérant que les États membres doivent avoir la faculté d'adopter ou de maintenir, dans le domaine des voyages à forfait, des dispositions plus strictes en vue de protéger le consommateur,

A ARRÊTÉ LA PRÉSENTE DIRECTIVE:

Article premier
La présente directive a pour objet de rapprocher les dispositions législatives, réglementaires et administratives des États membres concernant les voyages à forfait, les vacances et circuits à forfait, vendus ou offerts à la vente sur le territoire de la Communauté.

Article 2
Aux fins de la présente directive, on entend par:
1) forfait: la combinaison préalable d'au moins deux des éléments suivants, lorsqu'elle est vendue ou offerte à la vente à un prix tout compris et lorsque cette prestation dépasse vingt-quatre heures ou inclut une nuitée:
a) transport;
b) logement;
c) autres services touristiques non accessoires au transport ou au logement représentant une part significative dans le forfait.
La facturation séparée de divers éléments d'un même forfait ne soustrait pas l'organisateur ou le détaillant aux obligations de la présente directive;
2) organisateur: la personne qui, de façon non occasionnelle, organise des forfaits et les vend ou offre à la vente directement ou par l'intermédiaire d'un détaillant;
3) détaillant: la personne qui vend ou offre à la vente le forfait établi par l'organisateur;
4) consommateur: la personne qui achète ou s'engage à acheter le forfait («le contractant principal»), ou toute personne au nom de laquelle le contractant principal s'engage à acheter le forfait («les autres bénéficiaires»), ou toute personne à laquelle le contractant principal ou un des autres bénéficiaires cède le forfait («le cessionnaire»);
5) contrat: l'accord qui lie le consommateur à l'organisateur et/ou au détaillant.

Article 3
1. Toute description du forfait communiquée par l'organisateur ou le détaillant au consommateur, son prix et toutes les autres conditions applicables au contrat ne doivent pas contenir d'indications trompeuses. 2. Si une brochure est mise à la dis-

4. Voyages, vacances et circuits à forfait

position du consommateur, elle doit indiquer de manière lisible, claire et précise le prix ainsi que les informations appropriées concernant les éléments suivants:

a) la destination, les moyens, les caractéristiques et les catégories de transport utilisés;

b) le mode d'hébergement, sa situation, sa catégorie ou son niveau de confort et ses principales caractéristiques, son homologation et son classement touristique en vertu de la réglementation de l'État membre d'accueil concerné;

c) les repas fournis;

d) l'itinéraire;

e) les informations d'ordre général concernant les conditions applicables aux ressortissants de l'État ou des États membres concernés en matière de passeports et de visas, ainsi que les formalités sanitaires nécessaires pour le voyage et le séjour;

f) le montant ou le pourcentage du prix à verser à titre d'acompte et le calendrier pour le paiement du solde;

g) si le forfait exige pour sa réalisation un nombre minimal de personnes et, dans ce cas, la date limite d'information du consommateur en cas d'annulation.

Les informations contenues dans la brochure engagent l'organisateur ou le détaillant, à moins que:

– des changements dans ces informations n'aient été clairement communiqués au consommateur avant la conclusion du contrat; la brochure doit en faire état expressément,

– des modifications n'interviennent ultérieurement à la suite d'un accord entre les parties au contrat.

Article 4

1. a) L'organisateur et/ou le détaillant fournissent, par écrit ou sous toute autre forme appropriée, au consommateur, avant la conclusion du contrat, les informations d'ordre général concernant les conditions applicables aux ressortissants de l'État membre ou des États membres concerné(s) en matière de passeports et de visas, et notamment quant aux délais pour leur obtention, ainsi que les informations relatives aux formalités sanitaires nécessaires pour le voyage et le séjour;

b) L'organisateur et/ou le détaillant doivent fournir au consommateur, par écrit ou sous toute autre forme appropriée, en temps voulu avant le début du voyage, les informations suivantes:

i) les horaires et les lieux des escales et correspondances, ainsi que l'indication de la place à occuper par le voyageur, par exemple la cabine ou la couchette s'il s'agit d'un bateau, ou le compartiment couchettes ou le wagon-lit s'il s'agit d'un train;

ii) le nom, l'adresse et le numéro de téléphone de la représentation locale de l'organisateur et/ou du détaillant ou, à défaut, les nom, adresse et numéro de téléphone des organismes locaux susceptibles d'aider le consommateur en cas de difficultés. Lorsque ces représentations et ces organismes n'existent pas, le consommateur doit disposer en tout état de cause d'un numéro d'appel d'urgence ou de toute autre information lui permettant d'établir le contact avec l'organisateur et/ou le détaillant;

iii) pour les voyages et séjours de mineurs d'âge à l'étranger, les informations permettant d'établir un contact direct avec l'enfant ou le responsable sur place de son séjour;

iv) une information sur la souscription facultative d'un contrat d'assurance couvrant les frais d'annulation par le consommateur ou d'un contrat d'assistance couvrant les frais de rapatriement en cas d'accident ou de maladie.
2. Les États membres veillent à ce que le contrat respecte les principes suivants:
a) selon le forfait considéré, le contrat comprend au moins les clauses figurant à l'annexe;
b) toutes les clauses du contrat sont consignées par écrit ou sous toute autre forme compréhensible et accessible au consommateur et doivent lui être communiquées préalablement à la conclusion du contrat; le consommateur en reçoit une copie;
c) les dispositions du point b) ne doivent pas empêcher la conclusion tardive ou «en dernière minute» de réservations ou de contrats.
3. Lorsque le consommateur est empêché de participer au forfait, il peut céder sa réservation, après en avoir informé l'organisateur ou le détaillant dans un délai raisonnable avant le départ, à une personne qui remplit toutes les conditions requises pour le forfait. La personne qui cède son forfait et le cessionnaire sont responsables solidairement, vis-à-vis de l'organisateur ou du détaillant partie au contrat, du paiement du solde du prix ainsi que des frais supplémentaires éventuels occasionnés par cette cession.
4. a) Les prix établis par le contrat ne sont pas révisables, sauf si celui-ci prévoit expressément la possibilité d'une révision tant à la hausse qu'à la baisse, et en détermine les modalités précises de calcul, uniquement pour tenir compte des variations:
– du coût des transports, y compris le coût du carburant,
– des redevances et taxes afférentes à certains services, telles que les taxes d'atterrissage, de débarquement ou d'embarquement dans les ports et les aéroports,
– des taux de change appliqués au forfait considéré.
b) Au cours des vingt jours qui précèdent la date de départ prévue, le prix fixé au contrat ne sera pas majoré.
5. Lorsque, avant le départ, l'organisateur se trouve contraint de modifier, de façon significative, le contrat sur un des éléments essentiels, tel que le prix, il doit le notifier le plus rapidement possible au consommateur pour lui permettre de prendre les décisions appropriées, et notamment:
– soit résilier le contrat sans pénalité,
– soit accepter un avenant au contrat précisant les modifications apportées et leur incidence sur le prix.
Le consommateur doit informer l'organisateur ou le détaillant de sa décision dans les meilleurs délais.
6. Lorsque le consommateur résilie le contrat conformément au paragraphe 5 ou que, pour quelque cause que ce soit, à l'exclusion d'une faute du consommateur, l'organisateur annule le forfait avant la date de départ convenue, le consommateur a droit:
a) soit à un autre forfait de qualité équivalente ou supérieure au cas où l'organisateur et/ou le détaillant peuvent le lui proposer. Si le forfait offert en substitution est de qualité inférieure, l'organisateur doit rembourser au consommateur la différence de prix;
b) soit au remboursement dans les meilleurs délais de toutes les sommes versées par lui en vertu du contrat.

4. Voyages, vacances et circuits à forfait

Dans ces cas, il a droit, si cela est approprié, à un dédommagement pour inexécution du contrat, qui lui est versé soit par l'organisateur, soit par le détaillant, selon ce que prescrit la législation de l'État membre concerné, sauf lorsque:
i) l'annulation résulte du fait que le nombre de personnes inscrites pour le forfait est inférieur au nombre minimum exigé et que le consommateur est informé de l'annulation, par écrit, dans les délais indiqués dans la description du forfait
ou
ii) l'annulation, à l'exclusion d'une surréservation, est imputable à un cas de force majeure, à savoir à des circonstances étrangères à celui qui l'invoque, anormales et imprévisibles, dont les conséquences n'auraient pu être évitées malgré toutes les diligences déployées.

7. Lorsque, après le départ du consommateur, une part importante des services prévus par le contrat n'est pas fournie ou que l'organisateur constate qu'il ne pourra assurer une part importante des services prévus, l'organisateur prend, sans supplément de prix pour le consommateur, d'autres arrangements appropriés pour la continuation du forfait et, le cas échéant, dédommage le consommateur à concurrence de la différence entre les prestations prévues et fournies.

Lorsque de tels arrangements sont impossibles ou ne sont pas acceptés par le consommateur pour des raisons valables, il fournit, le cas échéant, au consommateur, sans supplément de prix, un moyen de transport équivalent qui le ramène au lieu de départ ou à un autre lieu de retour convenu avec lui et, le cas échéant, dédommage le consommateur.

Article 5

1. Les États membres prennent les mesures nécessaires pour que l'organisateur et/ou le détaillant partie au contrat soient responsables à l'égard du consommateur de la bonne exécution des obligations résultant de ce contrat, que ces obligations soient à exécuter par eux-mêmes ou par d'autres prestataires de services et ceci sans préjudice du droit de l'organisateur et/ou du détaillant d'agir contre ces autres prestataires de services.

2. En ce qui concerne les dommages qui résultent pour le consommateur de l'inexécution ou de la mauvaise exécution du contrat, les États membres prennent les mesures nécessaires pour que l'organisateur et/ou détaillant soient responsables, à moins que cette inexécution ou mauvaise exécution ne soit imputable ni à leur faute ni à celle d'un autre prestataire de services parce que:
– les manquements constatés dans l'exécution du contrat sont imputables au consommateur,
– ces manquements sont imputables à un tiers étranger à la fourniture des prestations prévues au contrat, revêtant un caractère imprévisible ou insurmontable,
– ces manquements sont dus à un cas de force majeure, telle que définie à l'article 4 paragraphe 6 deuxième alinéa sous ii) ou à un événement que l'organisateur et/ou le détaillant ou le prestataire, avec toute la diligence nécessaire, ne pouvaient pas prévoir ou surmonter.
Dans les cas visés au premier alinéa deuxième et troisième tirets, l'organisateur et/ou le détaillant partie au contrat sont tenus de faire diligence pour venir en aide au consommateur en difficulté.
En ce qui concerne les dommages résultant de l'inexécution ou de la mauvaise exécution des prestations faisant l'objet du forfait, les États membres peuvent ad-

mettre que le dédommagement soit limité conformément aux conventions internationales qui régissent ces prestations.

En ce qui concerne les dommages autres que corporels résultant de l'inexécution ou de la mauvaise exécution des prestations faisant l'objet du forfait, les États membres peuvent admettre que le dédommagement soit limité en vertu du contrat. Cette limitation ne doit pas être déraisonnable.

3. Sans préjudice du paragraphe 2 quatrième alinéa, il ne peut être dérogé par clause contractuelle aux paragraphes 1 et 2.

4. Toute défaillance dans l'exécution du contrat constatée sur place par le consommateur doit être signalée le plus tôt possible, par écrit ou sous toute autre forme appropriée, par le consommateur au prestataire concerné ainsi qu'à l'organisateur et/ou au détaillant.

Cette obligation doit faire l'objet d'une mention claire et précise dans le contrat.

Article 6
En cas de réclamation, l'organisateur et/ou le détaillant ou son représentant local, s'il en existe, doivent faire preuve de diligence pour trouver des solutions appropriées.

Article 7
L'organisateur et/ou le détaillant partie au contrat justifient des garanties suffisantes propres à assurer, en cas d'insolvabilité ou de faillite, le remboursement des fonds déposés et le rapatriement du consommateur.

Article 8
Les États membres peuvent adopter ou maintenir, dans le domaine régi par la présente directive, des dispositions plus strictes pour protéger le consommateur.

Article 9
1. Les États membres mettent en œuvre les mesures nécessaires pour se conformer à la présente directive au plus tard le 31 décembre 1992. Ils en informent immédiatement la Commission.
2. Les États membres communiquent à la Commission le texte des dispositions essentielles de droit interne qu'ils adoptent dans le domaine régi par la présente directive. La Commission communique ces textes aux autres membres.

Article 10
Les États membres sont destinataires de la présente directive.

Annexe. Éléments à inclure dans le contrat lorsqu'ils s'appliquent au forfait considéré:
a) la destination ou les destinations du voyage et, en cas de séjour fractionné, les différentes périodes et leurs dates;
b) les moyens, les caractéristiques et les catégories de transports utilisés, les dates, heures et lieux de départ et de retour;
c) lorsque le forfait comprend un hébergement, sa situation, sa catégorie touristique ou son niveau de confort, et ses principales caractéristiques, sa conformité au

4. Voyages, vacances et circuits à forfait

regard de la réglementation de l'État membre d'accueil concerné, le nombre de repas fournis;
d) si le forfait exige pour sa réalisation un nombre minimum de personnes et, dans ce cas, la date limite d'information du consommateur en cas d'annulation;
e) l'itinéraire;
f) les visites, les excursions ou autres services inclus dans le prix total convenu du forfait;
g) le nom et l'adresse de l'organisateur, du détaillant et, s'il y a lieu, de l'assureur;
h) le prix du forfait ainsi qu'une indication de toute révision éventuelle du prix en vertu de l'article 4 paragraphe 4, et l'indication des éventuelles redevances et taxes afférentes à certains services (taxes d'atterrissage, de débarquement ou d'embarquement dans les ports et les aéroports, taxes de séjour) lorsqu'elles ne sont pas incluses dans le prix du forfait;
i) le calendrier et les modalités de paiement du prix;
j) les desiderata particuliers que le consommateur a fait connaître à l'organisateur ou au détaillant au moment de la réservation et que l'un et l'autre ont acceptés;
k) les délais dans lesquels le consommateur doit formuler une éventuelle réclamation pour l'inexécution ou la mauvaise exécution du contrat.

5. Règlement du Conseil, du 4 février 1991, établissant des règles communes relatives à un système de compensation pour refus d'embarquement dans les transports aériens réguliers (n° 295/91/CEE)

Journal officiel n° L 036 du 08/02/1991, p. 05–07

LE CONSEIL DES COMMUNAUTÉS EUROPÉENNES,

vu le traité instituant la Communauté économique européenne, et notamment son article 84 paragraphe 2, vu la proposition de la Commission[1], vu l'avis du Parlement européen[2], vu l'avis du Comité économique et social[3],

considérant que les mesures de libéralisation adoptées par le Conseil en juillet 1990 constituent un nouveau pas vers une politique commune à part entière dans le domaine des transports aériens;

considérant qu'une action commune dans le domaine de la protection des intérêts des usagers des transports aériens est nécessaire afin d'assurer le développement harmonieux d'un secteur appelé à évoluer dans un environnement en pleine mutation;

considérant que la pratique en matière de compensation du refus d'embarquement varie considérablement d'un transporteur aérien à l'autre;

considérant que l'établissement de certaines normes minimales communes en ce qui concerne la compensation du refus d'embarquement doit permettre le maintien de la qualité des services offerts par les transporteurs aériens dans un contexte de concurrence accrue;

considérant que les transporteurs aériens doivent être tenus de fixer des règles pour l'embarquement en cas de surréservation;

considérant qu'il y a lieu de définir les droits des passagers en cas de refus d'embarquement;

considérant que les transporteurs aériens doivent être tenus de compenser les passagers refusés à l'embarquement et de leur fournir des services complémentaires;

considérant que les passagers doivent être clairement informés des règles applicables en la matière,

A ARRÊTÉ LE PRÉSENT RÈGLEMENT:

Article premier

Le présent règlement établit les règles minimales communes applicables aux passagers refusés à l'embarquement d'un vol régulier surréservé pour lequel ils disposent d'un billet en cours de validité et ayant fait l'objet d'une confirmation de réservation, au départ d'un aéroport situé sur le territoire d'un État membre et soumis aux dispositions du traité, quels que soient l'État dans lequel est établi le transporteur aérien, la nationalité du passager et le lieu de destination.

Article 2

Aux fins du présent règlement, on entend par:
a) «refus d'embarquement», le refus d'embarquer des passagers qui:
– disposent d'un billet en cours de validité,

---

[1] JO n° C 129 du 24. 5. 1990, p. 15.
[2] JO n° C 19 du 28. 1. 1991.
[3] JO n° C 31 du 6. 2. 1991.

5. Transports aériens réguliers

– disposent d'une réservation confirmée pour le vol concerné
– se sont présentés à l'enregistrement dans les délais et conditions requis;
b) «réservation confirmée», le fait qu'un billet vendu par le transporteur aérien ou par son agent de voyage agréé:
– précise le numéro, la date et l'heure du vol
– porte dans le cadre réservé à cet effet la mention «OK» ou toute autre mention, par laquelle le transporteur aérien indique qu'il a enregistré et expressément confirmé la réservation;
c) «vol régulier», un vol qui présente chacune des caractéristiques suivantes:
– effectué, à titre onéreux, au moyen d'aéronefs destinés à transporter des passagers ou des passagers et du fret et/ou du courrier, dans des conditions telles que, sur chaque vol, des places sont mises à la disposition du public, soit directement par le transporteur aérien, soit par ses agents agréés,
– organisé de façon à assurer la liaison entre deux points ou plus:
i) soit selon un horaire publié;
ii) soit avec une régularité ou une fréquence telle qu'il fait partie d'une série systématique évidente;
d) «vol surréservé», un vol sur lequel le nombre de passagers disposant d'une réservation confirmée et se présentant à l'enregistrement dans les délais et conditions requis dépasse le nombre de sièges disponibles;
e) «volontaire», une personne qui:
– dispose d'un billet en cours de validité,
– dispose d'une réservation confirmée
– s'est présentée à l'enregistrement dans les délais et conditions requis et est prête à céder, lorsque le transporteur aérien en fait la demande, sa réservation confirmée en échange d'une compensation;
f) «destination finale», la destination figurant sur le billet présenté à l'enregistrement ou, s'il y a plusieurs vols successifs, sur le coupon correspondant au dernier vol. Les vols de correspondance qui peuvent être effectués sans problème, même si le refus d'embarquement a provoqué un retard, ne sont pas pris en considération.

Article 3
1. Le transporteur aérien doit fixer les règles qu'il suivra pour l'embarquement des passagers dans le cas d'un vol surréservé. Il notifie ces règles et toutes les éventuelles modifications à l'État membre concerné et à la Commission, qui les mettra à la disposition des autres États membres. Les éventuelles modifications entreront en vigueur un mois après leur notification.
2. Les règles visées au paragraphe 1 sont mises à la disposition du public dans les agences et les comptoirs d'enregistrement du transporteur.
3. Les règles visées au paragraphe 1 devraient prévoir l'éventualité d'un recours à des volontaires disposés à renoncer à l'embarquement.
4. En tout état de cause, le transporteur aérien devrait prendre en considération les intérêts de passagers devant être acheminés en priorité pour des raisons légitimes, tels que les personnes à mobilité réduite et les enfants non accompagnés.

Article 4
1. En cas de refus d'embarquement, le passager a le droit de choisir entre:

– le remboursement sans pénalité du prix du billet pour la partie du voyage non effectuée,
– le réacheminement dans les meilleurs délais jusqu'à la destination finale
– le réacheminement à une date ultérieure à la convenance du passager.

2. Indépendamment du choix effectué par le passager dans le cas visé au paragraphe 1, le transporteur aérien paie, immédiatement après le refus d'embarquement, une compensation minimale, sans préjudice des paragraphes 3 et 4, égale à :
– 150 écus pour les vols jusqu'à 3 500 kilomètres,
– 300 écus pour les vols de plus de 3 500 kilomètres,
compte tenu de la destination finale prévue dans le billet.

3. Lorsque le transporteur offre un réacheminement jusqu'à la destination finale sur un autre vol dont l'heure d'arrivée n'excède pas celle programmée pour le vol initialement réservé de deux heures dans le cas des liaisons allant jusqu'à 3 500 kilomètres et de quatre heures dans le cas des liaisons de plus de 3 500 kilomètres, les compensations prévues au paragraphe 2 peuvent être réduites de 50 %.

4. Les montants des compensations peuvent être limités au prix du billet correspondant à la destination finale.

5. Les compensations seront payées en espèces ou, en accord avec le passager, en bons de voyage et/ou d'autres services.

6. Au cas où, sur un vol surréservé, le passager accepte de voyager dans une classe inférieure à celle pour laquelle le billet a été payé, il a droit au remboursement de la différence du prix.

7. Les distances indiquées aux paragraphes 2 et 3 sont mesurées en fonction de la méthode de la distance du plus grand cercle (route orthodromique).

Article 5

1. En cas de refus d'embarquement sur un vol commercialisé dans le cadre d'un voyage à forfait, le transporteur aérien est tenu de compenser l'opérateur qui a contracté avec le passager et qui est responsable vis-à-vis de lui de la bonne exécution du contrat de ce voyage à forfait, en vertu de la directive 90/314/CEE du Conseil, du 13 juin 1990, concernant les voyages, vacances et circuits à forfait[4].

2. Sans préjudice des droits et obligations qui découlent de la directive 90/314/CEE, l'opérateur est tenu de répercuter sur le passager les sommes perçues au titre du paragraphe 1.

Article 6

1. Outre les compensations minimales prévues à l'article 4, le transporteur aérien offre gratuitement aux passagers refusés à l'embarquement :
a) le coût d'une communication téléphonique et/ou d'un message adressé par télex/télécopie au lieu de destination ;
b) la possibilité de se restaurer suffisamment compte tenu du délai d'attente ;
c) l'hébergement dans un hôtel au cas où les passagers se trouveraient bloqués pour une ou plusieurs nuits.

2. Lorsqu'une ville ou une région est desservie par plusieurs aéroports et qu'un transporteur aérien propose à un passager refusé à l'embarquement un vol en direc-

---

[4] JO n° L 158 du 28. 6. 1990, p. 59.

5. Transports aériens réguliers

tion d'un autre aéroport que celui réservé par le passager, les frais de déplacement entre les aéroports de remplacement ou vers une destination de rechange toute proche, convenu avec le passager, sont à la charge du transporteur.

Article 7
Le transporteur aérien n'est pas tenu au paiement d'une compensation de refus d'embarquement lorsque le passager voyage gratuitement ou à des tarifs réduits non disponibles directement ou indirectement au public.

Article 8
Les transporteurs aériens doivent fournir à chaque passager refusé à l'embarquement un formulaire exposant les règles de compensation en cas de refus d'embarquement.

Article 9
1. Les dispositions du présent règlement s'appliquent sans préjudice d'un recours ultérieur devant les juridictions compétentes en vue de dédommagements supplémentaires.
2. Le paragraphe 1 ne s'applique pas aux volontaires tels que définis à l'article 2 point e) qui ont accepté une compensation en application des règles visées à l'article 3.

Article 10
Le présent règlement entre en vigueur deux mois après sa publication au Journal officiel des Communautés européennes. Le présent règlement est obligatoire dans tous ses éléments et directement applicable dans tout État membre.

6. Directive du Parlement européen et du Conseil du 27 janvier 1997 concernant les virements transfrontaliers (97/5/CE)

Journal officiel n° L 043 du 14/02/1997, p. 25-31

LE PARLEMENT EUROPÈEN ET LE CONSEIL DE L'UNION EUROPÈENNE, vu le traité instituant la Communauté européenne, et notamment son article 100 A, vu la proposition de la Commission[1], vu l'avis du Comité économique et social[2], vu l'avis de l'Institut monétaire européen, statuant conformément à la procédure visée à l'article 189 B du traité[3], au vu du projet commun approuvé le 22 novembre 1996 par le comité de conciliation,

1. considérant que le nombre des paiements transfrontaliers ne cesse d'augmenter au fur et à mesure que l'achèvement du marché intérieur et les progrès vers une Union économique et monétaire complète entraînent une augmentation des échanges et de la circulation des personnes au sein de la Communauté; que, par leur nombre et leur valeur, les virements transfrontaliers forment une part substantielle de ces paiements transfrontaliers;

2. considérant qu'il est essentiel que les particuliers et les entreprises, notamment petites et moyennes, puissent effectuer des virements rapides, fiables et peu coûteux d'une partie à l'autre de la Communauté; que, conformément à la communication de la Commission relative à l'application des règles de concurrence de la Communauté européenne aux systèmes de virements transfrontaliers[4], une plus grande concurrence sur les marché des virements devrait amener une amélioration des services et une baisse des prix;

3. considérant que la présente directive entend faire suite aux progrès accomplis dans l'achèvement du marché intérieur, notamment dans la libéralisation des mouvements de capitaux, en vue de la réalisation de l'Union économique et monétaire; que les dispositions de la présente directive doivent s'appliquer aux virements effectués dans les monnaies des États membres et en écus;

4. considérant que le Parlement européen, dans sa résolution du 12 février 1993[5], a demandé l'élaboration d'une directive du Conseil définissant des règles en matière de transparence et de qualité d'exécution des paiements transfrontaliers;

5. considérant que les questions couvertes par la présente directive doivent être traitées séparément des problèmes d'ordre systémique encore à l'examen au sein de la Commission; qu'il pourra s'avérer nécessaire de présenter une nouvelle proposition couvrant ces questions systémiques, notamment le problème du caractère définitif du règlement (settlement finality);

6. considérant que l'objectif de la présente directive est d'améliorer les services de virements transfrontaliers et, par conséquent, d'assister l'Institut monétaire européen (IME) dans l'accomplissement de la tâche qui lui incombe d'encourager l'efficacité des virements transfrontaliers en vue de la préparation de la troisième phase de l'Union économique et monétaire;

---

[1] JO n° C 360 du 17. 12. 1994, p. 13 et JO n° C 199 du 3. 8. 1995, p. 16.
[2] JO n° C 236 du 11. 9. 1995, p. 1.
[3] Avis du Parlement européen du 19 mai 1995 (JO n° C 151 du 19. 6. 1995, p. 370), position commune du Conseil du 4 décembre 1995 (JO n° C 353 du 30. 12. 1995, p. 52) et décision du Parlement européen du 13 mars 1996 (JO n° C 96 du 1. 4. 1996, p. 74). Décision du Conseil du 19 décembre 1996 et décision du Parlement européen du 16 janvier 1997.
[4] JO n° C 251 du 27. 9. 1995, p. 3.
[5] JO n° C 72 du 15. 3. 1993, p. 158.

7. considérant que, dans la ligne des objectifs visés au deuxième considérant, il convient que la présente directive s'applique à tout virement d'un montant inférieur à 50 000 écus;

8. considérant que, conformément à l'article 3 B troisième alinéa du traité, et afin d'assurer la transparence, la présente directive établit les exigences minimales nécessaires pour assurer un niveau adéquat d'information de la clientèle, tant préalablement que postérieurement à l'exécution d'un virement transfrontalier; considérant que ces exigences comprennent une indication des procédures de réclamation et de recours offertes aux clients, ainsi que des modalités d'accès à celles-ci; que la présente directive établit des exigences d'exécution minimales, notamment en termes de qualité, auxquelles devront se conformer les établissements proposant des services de virements transfrontaliers, y compris l'obligation d'exécuter le virement transfrontalier conformément aux instructions du client; que la présente directive satisfait aux conditions découlant des principes énoncés dans la recommandation 90/109/CEE de la Commission, du 14 février 1990, concernant la transparence des conditions de banque applicables aux transactions financières transfrontalières[6]; que la présente directive ne préjuge pas des dispositions de la directive 91/308/CEE du Conseil, du 10 juin 1991, relative à la prévention de l'utilisation du système financier aux fins du blanchiment de capitaux[7];

9. considérant que la présente directive devrait contribuer à réduire le délai maximal d'exécution d'un virement transfrontalier et encourager les établissements qui pratiquent déjà des délais très brefs à les maintenir;

10. considérant qu'il convient que la Commission, dans ce rapport qu'elle soumettra au Parlement européen et au Conseil dans un délai de deux ans après la mise en application de la présente directive, examine tout particulièrement la question du délai à appliquer en l'absence d'un délai convenu entre le donneur d'ordre et son établissement, tenant compte tant de l'évolution technique que de la situation existant dans chacun des États membres;

11. considérant qu'il convient que les établissements aient une obligation de remboursement au cas où le virement n'a pas été mené à bonne fin; que cette obligation de remboursement pourrait entraîner une responsabilité des établissements qui, en l'absence de toute limitation, risquerait d'affecter leur capacité à satisfaire aux exigences de solvabilité; qu'il convient dès lors que l'obligation de remboursement s'applique jusqu'à concurrence de 12 500 écus;

12. considérant que l'article 8 ne porte pas atteinte aux dispositions générales de droit national selon lesquelles un établissement est responsable envers le donneur d'ordre au cas où un virement transfrontalier n'aurait pas été mené à bonne fin à cause d'une erreur de ce même établissement;

13. considérant qu'il est nécessaire de distinguer, parmi les circonstances auxquelles peuvent être confrontés les établissements participant à l'exécution d'un virement transfrontalier, entre autres les circonstances liées à une situation d'insolvabilité, celles qui relèvent de la force majeure, et que, à cette fin, il convient de se fonder sur la définition de la force majeure figurant à l'article 4 paragraphe 6 deuxième alinéa point ii) de la directive 90/314/CEE du Conseil, du 13 juin 1990, concernant les voyages, vacances et circuits à forfait[8];

14. considérant que, au niveau des États membres, doivent exister des procédures de ré-

---

[6] JO n° L 67 du 15. 3. 1990, p. 39.
[7] JO n° L 166 du 28. 6. 1991, p. 77.
[8] JO n° L 158 du 23. 6. 1990, p. 59.

clamation et de recours adéquates et efficaces pour le règlement des différends éventuels entre clients et établissements, usage étant fait, le cas échéant, des procédures existantes, ONT ARRÊTÉ LA PRÈSENTE DIRECTIVE:

Section I. Champ d'application et définitions

Article premier. Champ d'application

Les dispositions de la présente directive s'appliquent aux virements transfrontaliers effectués dans les devises des États membres et en écus jusqu'à concurrence d'un montant de la contre-valeur de 50 000 écus, ordonnés par des personnes autres que celles visées à l'article 2 points a), b) et c) et exécutés par les établissements de crédit et autres établissements.

Article 2. Définitions

Aux fins de la présente directive, on entend par:

a) «établissement de crédit»: un établissement tel qu'il est défini à l'article 1er de la directive 77/780/CEE[9], ainsi qu'une succursale, telle que définie à l'article 1er troisième tiret de ladite directive et située dans la Communauté, d'un établissement de crédit ayant son siège social en dehors de la Communauté et qui, dans le cadre de ses activités, exécute des virements transfrontaliers;

b) «autre établissement»: toute personne physique ou morale, autre qu'un établissement de crédit, qui, dans le cadre de ses activités, exécute des virements transfrontaliers;

c) «institution financière»: une institution telle que définie à l'article 4 paragraphe 1 du règlement (CE) n° 3604/93 du Conseil, du 13 décembre 1993, précisant les définitions en vue de l'application de l'interdiction de l'accès privilégié énoncée à l'article 104 A du traité[10];

d) «établissement»: un établissement de crédit ou un autre établissement; aux fins des articles 6, 7 et 8, les succursales d'un même établissement de crédit situées dans des États membres différents qui participent à l'exécution d'un virement transfrontalier sont considérées comme des établissements distincts;

e) «établissement intermédiaire»: un établissement autre que l'établissement du donneur d'ordre ou du bénéficiaire participant à l'exécution d'un virement transfrontalier;

f) «virement transfrontalier»: une opération effectuée à l'initiative d'un donneur d'ordre via un établissement, ou une succursale d'établissement, situé dans un État membre, en vue de mettre une somme d'argent à la disposition d'un bénéficiaire dans un établissement, ou une succursale d'établissement, situé dans un autre État membre; le donneur d'ordre et le bénéficiaire peuvent être une seule et même personne;

g) «ordre de virement transfrontalier»: une instruction inconditionnelle, quelle que soit sa forme, donnée directement par un donneur d'ordre à un établissement, d'exécuter un virement transfrontalier;

---

[9] JO n° L 322 du 17. 12. 1977, p. 30. Directive modifiée en dernier lieu par la directive 95/26/CE (JO n° L 168 du 18. 7. 1995, p. 7).
[10] JO n° L 332 du 31. 12. 1993, p. 4.

6. Virements transfrontaliers

h) «donneur d'ordre»: une personne physique ou morale qui ordonne l'exécution d'un virement transfrontalier en faveur d'un bénéficiaire;

i) «bénéficiaire»: le destinataire final d'un virement transfrontalier dont les fonds correspondants sont mis à sa disposition sur un compte dont il peut disposer;

j) «client»: le donneur d'ordre ou le bénéficiaire, selon le contexte;

k) «taux d'intérêt de référence»: un taux d'intérêt représentatif d'une indemnisation et établi conformément aux règles fixées par l'État membre où est situé l'établissement qui doit verser l'indemnisation au client;

l) «date d'acceptation»: la date de réalisation de toutes les conditions exigées par un établissement pour l'exécution d'un ordre de virement transfrontalier, et relatives à l'existence d'une couverture financière suffisante et aux informations nécessaires pour l'exécution de cet ordre.

Section II. Transcription des conditions applicables aux virements transfrontaliers

Article 3. Informations préalables sur les conditions applicables aux virements transfrontaliers

Les établissements mettent à la disposition de leurs clients effectifs et potentiels les informations par écrit, y compris, le cas échéant, par voie électronique, et présentées sous une forme aisément compréhensible, sur les conditions applicables aux virements transfrontaliers. Ces informations doivent comporter au moins:

– l'indication du délai nécessaire pour qu'en exécution d'un ordre de virement transfrontalier donné à l'établissement, les fonds soient crédités sur le compte de l'établissement du bénéficiaire. Le point de départ du délai doit être clairement indiqué,

– l'indication du délai nécessaire, en cas de réception d'un virement transfrontalier, pour que les fonds crédités sur le compte de l'établissement soient crédités sur le compte du bénéficiaire,

– les modalités de calcul de toutes les commissions et frais payables par le client à l'établissement, y compris, le cas échéant, les taux,

– la date de valeur, s'il en existe une, appliquée par l'établissement,

– l'indication des procédures de réclamation et de recours offertes aux clients ainsi que des modalités d'accès à celles-ci,

– l'indication des cours de change de référence utilisés.

Article 4. Informations postérieures à un virement transfrontalier

Les établissements fournissent à leurs clients, à moins que ceux-ci n'y renoncent expressément, postérieurement à l'exécution ou à la réception d'un virement transfrontalier, des informations écrites claires, y compris, le cas échéant, par voie électronique, et présentées sous une forme aisément compréhensible. Ces informations contiennent au moins:

– une référence permettant au client d'identifier le virement transfrontalier,

– le montant initial du virement transfrontalier,

– le montant de tous les frais et commissions à la charge du client,

– la date de valeur, s'il en existe une, appliquée par l'établissement.

Si le donneur d'ordre a spécifié que les frais relatifs au virement transfrontalier devaient être imputés en totalité ou en partie au bénéficiaire, celui-ci doit en être informé par son propre établissement.

Lorsqu'il y a eu conversion, l'établissement qui a effectué la conversion informe son client du taux de change utilisé.

Section III. Obligation des établissements concernant les virements transfrontaliers

Article 5. Engagements spécifiques de l'établissement
Sauf s'il ne souhaite pas entrer en relation d'affaires avec un client, un établissement doit, à la demande de ce client, à propos d'un virement transfrontalier dont les spécifications sont précisées, s'engager sur le délai d'exécution de ce virement et sur les commissions et frais y relatifs, à l'exception de ceux qui sont liés au cours du change qui serait appliqué.

Article 6. Obligations concernant les délais
1. L'établissement du donneur d'ordre doit effectuer le virement transfrontalier concerné dans le délai convenu avec le donneur d'ordre.
Lorsque le délai convenu n'est pas respecté ou, en l'absence d'un tel délai, lorsqu'à la fin du cinquième jour bancaire ouvrable qui suit la date d'acceptation de l'ordre de virement transfrontalier, les fonds n'ont pas été crédités sur le compte de l'établissement du bénéficiaire, l'établissement du donneur d'ordre indemnise ce dernier.
L'indemnisation consiste dans le versement d'un intérêt calculé sur le montant du virement transfrontalier par application du taux d'intérêt de référence pour la période s'écoulant entre:
– le terme du délai convenu ou, en l'absence d'un tel délai, la fin du cinquième jour bancaire ouvrable qui suit la date d'acceptation de l'ordre de virement transfrontalier, d'une part,
et
– la date à laquelle les fonds sont crédités sur le compte de l'établissement du bénéficiaire, d'autre part.
De même, lorsque la non-exécution du virement transfrontalier dans le délai convenu ou, en l'absence d'un tel délai, avant la fin du cinquième jour bancaire ouvrable qui suit la date d'acceptation de l'ordre de virement transfrontalier est imputable à un établissement intermédiaire, celui-ci est tenu d'indemniser l'établissement du donneur d'ordre.
2. L'établissement du bénéficiaire doit mettre les fonds résultant du virement transfrontalier à la disposition du bénéficiaire dans le délai convenu avec celui-ci.
Lorsque le délai convenu n'est pas respecté ou, en l'absence d'un tel délai, lorsqu'à la fin du jour bancaire ouvrable qui suit le jour où les fonds ont été crédités sur le compte de l'établissement du bénéficiaire, les fonds n'ont pas été crédités sur le compte du bénéficiaire, l'établissement du bénéficiaire indemnise ce dernier.
L'indemnisation consiste dans le versement d'un intérêt calculé sur le montant du virement transfrontalier par application du taux d'intérêt de référence pour la période s'écoulant entre:

6. Virements transfrontaliers

– le terme du délai convenu ou, en l'absence d'un tel délai, la fin du jour bancaire ouvrable qui suit le jour où les fonds ont été crédités sur le compte de l'établissement du bénéficiaire, d'une part,

et

– la date à laquelle les fonds sont crédités sur le compte du bénéficiaire, d'autre part.

3. Aucune indemnisation n'est due en application des paragraphes 1 et 2 lorsque l'établissement du donneur d'ordre – respectivement, l'établissement du bénéficiaire – peut établir que le retard est imputable au donneur d'ordre – respectivement, au bénéficiaire.

4. Les paragraphes 1, 2 et 3 ne préjugent en rien des autres droits des clients et des établissements ayant participé à l'exécution de l'ordre de virement transfrontalier.

Article 7. Obligation d'effectuer le virement transfrontalier conformément aux instructions

1. L'établissement du donneur d'ordre, tout établissement intermédiaire et l'établissement du bénéficiaire sont tenus, après la date d'acceptation de l'ordre de virement transfrontalier, d'exécuter ce virement transfrontalier pour son montant intégral, sauf si le donneur d'ordre a spécifié que les frais relatifs au virement transfrontalier devaient être imputés en totalité ou en partie au bénéficiaire.

Le premier alinéa ne préjuge pas de la possibilité, pour l'établissement de crédit du bénéficiaire, de facturer à celui-ci les frais relatifs à la gestion de son compte, conformément aux règles et usages applicables. Cependant, cette facturation ne peut pas être utilisée par l'établissement pour se dégager des obligations fixées par ledit alinéa.

2. Sans préjudice de tout autre recours susceptible d'être présenté, lorsque l'établissement du donneur d'ordre ou un établissement intermédiaire a procédé à une déduction sur le montant du virement transfrontalier en violation du paragraphe 1, l'établissement du donneur d'ordre est tenu, sur demande du donneur d'ordre, de virer, sans aucune déduction et à ses propres frais, le montant déduit au bénéficiaire, sauf si le donneur d'ordre demande que ce montant lui soit crédité.

Tout établissement intermédiaire qui procède à une déduction en violation du paragraphe 1 est tenu de virer le montant déduit, sans aucune déduction et à ses propres frais, à l'établissement du donneur d'ordre ou, si l'établissement du donneur d'ordre le demande, au bénéficiaire du virement transfrontalier.

3. Lorsque le manquement à l'obligation d'exécuter l'ordre de virement transfrontalier conformément aux instructions du donneur d'ordre est imputable à l'établissement du bénéficiaire, et sans préjudice de tout autre recours susceptible d'être présenté, l'établissement du bénéficiaire est tenu de rembourser à celui-ci, à ses propres frais, tout montant déduit à tort.

Article 8. Obligation de remboursement faite aux établissements en cas de virements non menés à bonne fin

1. Si, à la suite d'un ordre de virement transfrontalier accepté par l'établissement du donneur d'ordre, les fonds correspondants ne sont pas crédités sur le compte de l'établissement du bénéficiaire, et sans préjudice de tout autre recours susceptible d'être présenté, l'établissement du donneur d'ordre est tenu de créditer celui-ci, jusqu'à concurrence de 12 500 écus, du montant du virement transfrontalier majoré:

– d'un intérêt calculé sur le montant du virement transfrontalier par application du taux d'intérêt de référence pour la période s'écoulant entre la date de l'ordre de virement transfrontalier et la date du crédit

et

– du montant des frais relatifs au virement transfrontalier réglés par le donneur d'ordre.

Ces montants sont mis à la disposition du donneur d'ordre dans un délai de quatorze jours bancaires ouvrables après la date à laquelle le donneur d'ordre a présenté sa demande sauf si, entre-temps, les fonds correspondant à l'ordre de virement transfrontalier ont été crédités sur le compte de l'établissement du bénéficiaire.

Cette demande ne peut être présentée avant le terme du délai d'exécution du virement transfrontalier convenu entre l'établissement du donneur d'ordre et celui-ci ou, à défaut d'un tel délai, le terme du délai prévu à l'article 6 paragraphe 1 deuxième alinéa.

De même, chaque établissement intermédiaire ayant accepté l'ordre de virement transfrontalier est tenu de rembourser le montant de ce virement, y compris les frais et intérêts y afférents, à ses propres frais, à l'établissement qui lui a donné l'instruction de l'effectuer. Si le virement transfrontalier n'a pas été mené à bonne fin à cause d'une erreur ou omission dans les instructions données par ce dernier établissement, l'établissement intermédiaire doit s'efforcer dans la mesure du possible de rembourser le montant du virement transfrontalier.

2. Par dérogation au paragraphe 1, si le virement transfrontalier n'a pas été mené à bonne fin du fait de sa non-exécution par un établissement intermédiaire choisi par l'établissement du bénéficiaire, ce dernier établissement est tenu de mettre les fonds à la disposition du bénéficiaire jusqu'à concurrence de 12 500 écus.

3. Par dérogation au paragraphe 1, si le virement transfrontalier n'a pas été mené à bonne fin à cause d'une erreur ou omission dans les instructions données par le donneur d'ordre à son établissement ou du fait de la non-exécution de l'ordre de virement transfrontalier par un établissement intermédiaire expressément choisi par le donneur d'ordre, l'établissement du donneur d'ordre et les autres établissements qui sont intervenus dans l'opération doivent s'efforcer, dans la mesure du possible, de rembourser le montant du virement.

Lorsque le montant a été récupéré par l'établissement du donneur d'ordre, cet établissement est tenu de le créditer au donneur d'ordre. Dans ce cas, les établissements, y compris l'établissement du donneur d'ordre, ne sont pas tenus de rembourser les frais et intérêts échus et peuvent déduire les frais occasionnés par la récupération pour autant que ceux-ci sont spécifiés.

Article 9. Cas de force majeure

Sans préjudice des dispositions de la directive 91/308/CEE, les établissements participant à l'exécution d'un ordre de virement transfrontalier sont libérés des obligations prévues par les dispositions de la présente directive, dans la mesure où ils peuvent invoquer des raisons de force majeure, à savoir des circonstances étrangères à celui qui l'invoque, anormales et imprévisibles, dont les conséquences n'auraient pu être évitées malgré toutes les diligences déployées, pertinentes au regard de ces dispositions.

Article 10. Règlement des différends

Les États membres veillent à ce qu'il existe des procédures de réclamation et de recours adéquates et efficaces pour le règlement des différends éventuels entre un donneur d'ordre et son établissement ou entre un bénéficiaire et son établissement, usage étant fait, le cas échéant, des procédures existantes.

Section IV. Dispositions finales

Article 11. Mise en application

1. Les États membres mettent en vigueur les dispositions législatives, réglementaires et administratives nécessaires pour se conformer à la présente directive au plus tard le 14 août 1999. Ils en informent immédiatement la Commission.

Lorsque les États membres adoptent ces dispositions, celles-ci contiennent une référence à la présente directive ou sont accompagnées d'une telle référence lors de leur publication officielle. Les modalités de cette référence sont arrêtées par les États membres.

2. Les États membres communiquent à la Commission le texte des principales dispositions législatives, réglementaires ou administratives qu'ils adoptent dans le domaine régi par la présente directive.

Article 12. Rapport au Parlement européen et au Conseil

Au plus tard deux ans après la date de mise en application de la présente directive, la Commission présente au Parlement européen et au Conseil un rapport sur l'application de la présente directive accompagné, le cas échéant, de propositions de révision.

Ce rapport doit, à la lumière de la situation existant dans chaque État membre et des évolutions techniques intervenues, traiter tout particulièrement de la question du délai prévu à l'article 6 paragraphe 1.

Article 13. Entrée en vigueur

La présente directive entre en vigueur le jour de sa publication au Journal officiel des Communautés européennes.

Article 14. Destinataires

Les États membres sont destinataires de la présente directive.

Déclaration conjointe – Parlement européen, Conseil et Commission

Le Parlement européen, le Conseil et la Commission prennent note de la volonté des États membres de s'efforcer de mettre en vigueur les dispositions législatives, réglementaires et administratives nécessaires pour se conformer à la présente directive à la date du 1er janvier 1999.

7. Directive du Conseil, du 10 mai 1993, concernant les services d'investissement dans le domaine des valeurs mobilières (93/22/CEE)

Journal officiel n° L 141 du 11/06/1993, p. 27–46 avec modifications: Directive 95/26/CE du 29 juin 1995 (Journal officiel n° L 168 du 18/07/1995, p. 07–13), Directive 97/9/CE du 3 mars 1997 (Journal officiel n° L 084 du 26/03/1997, p. 22–31) et Directive 2000/64/CE du 7 novembre 2000 (Journal officiel n° L 290 du 17/11/2000, p. 27–28)

LE CONSEIL DES COMMUNAUTÈS EUROPÈENNES,

vu le traité instituant la Communauté économique européenne, et notamment son article 57 paragraphe 2, vu la proposition de la Commission[1], en coopération avec le Parlement européen[2], vu l'avis du Comité économique et social[3],

considérant que la présente directive constitue un instrument essentiel pour la réalisation du marché intérieur, décidée par l'Acte unique européen et programmée par le «Livre blanc» de la Commission, sous le double aspect de la liberté d'établissement et de la libre prestation des services, dans le secteur des entreprises d'investissement;

considérant que les entreprises qui fournissent des services d'investissement couverts par la présente directive doivent être soumises à un agrément délivré par l'État membre d'origine de l'entreprise d'investissement aux fins d'assurer la protection des investisseurs et la stabilité du système financier;

considérant que la démarche retenue consiste à ne réaliser que l'harmonisation essentielle, nécessaire et suffisante pour parvenir à une reconnaissance mutuelle des agréments et des systèmes de contrôle prudentiel, qui permette l'octroi d'un agrément unique valable dans toute la Communauté et l'application du principe du contrôle par l'État membre d'origine; que, en vertu de la reconnaissance mutuelle, les entreprises d'investissement agréées dans leur État membre d'origine peuvent exercer dans toute la Communauté tout ou partie des services autorisés par leur agrément et couverts par la présente directive, par l'établissement d'une succursale ou par voie de prestation de services;

considérant que les principes de la reconnaissance mutuelle et du contrôle exercé par l'État membre d'origine exigent que les autorités compétentes de chaque État membre n'octroient pas ou retirent l'agrément au cas où des éléments comme le contenu du programme des activités, la localisation ou les activités effectivement exercées indiquent de manière évidente que l'entreprise d'investissement a opté pour le système juridique d'un État membre afin de se soustraire aux normes plus strictes en vigueur dans un autre État membre sur le territoire duquel elle entend exercer ou exerce la majeure partie de ses activités; que, pour l'application de la présente directive, une entreprise d'investissement qui est une personne morale doit être agréée dans l'État membre où se trouve son siège statutaire; qu'une entreprise d'investissement qui n'est pas une personne morale doit être agréée dans l'État membre où se trouve son administration centrale; que, par ailleurs, les États membres doivent exiger que l'administration centrale d'une entreprise d'investissement soit toujours située dans son État membre d'origine et qu'elle y opère de manière effective;

---

[1] JO n° C 43 du 22. 2. 1989, p. 7 et JO n° C 42 du 22. 2. 1990, p. 7.
[2] JO n° C 304 du 4. 12. 1989, p. 39 et JO n° C 115 du 26. 4. 1993
[3] JO n° C 298 du 27. 11. 1989, p. 6.

7. Services d'investissement

considérant que, dans l'intérêt de la protection des investisseurs, il est nécessaire d'assurer notamment le contrôle interne de l'entreprise soit par une direction bicéphale, soit, lorsque celle-ci n'est pas requise par la directive, par d'autres mécanismes assurant un résultat équivalent;

considérant que, pour garantir l'égalité des conditions de concurrence, il est nécessaire que les entreprises d'investissement autres que les établissements de crédit disposent de la même liberté de créer des succursales et de fournir des services par-delà les frontières que celle que prévoit la deuxième directive 89/646/CEE du Conseil, du 15 décembre 1989, visant à la coordination des dispositions législatives, réglementaires et administratives concernant l'accès à l'activité des établissements de crédit et son exercice[4];

considérant qu'une entreprise d'investissement ne peut pas se prévaloir de la présente directive pour effectuer des opérations de change au comptant ou à terme ferme autrement qu'en tant que services liés à la fourniture de services d'investissement; que, par conséquent, l'utilisation d'une succursale uniquement pour effectuer ces opérations de change constituerait un détournement du mécanisme de la directive;

considérant qu'une entreprise d'investissement agréée dans son État membre d'origine peut déployer ses activités dans l'ensemble de la Communauté par les moyens qu'elle considère appropriés; qu'elle peut à cette fin, si elle le juge nécessaire, avoir recours à des agents liés qui reçoivent et transmettent des ordres pour son compte et sous sa responsabilité entière et inconditionnelle; que, dans ces conditions, l'activité de ces agents doit être considérée comme celle de l'entreprise; que, par ailleurs, la présente directive ne s'oppose pas à ce que l'État membre d'origine soumette le statut de ces agents à des exigences particulières; qu'au cas où l'entreprise d'investissement exerce une activité transfrontalière, l'État membre d'accueil traite ces agents comme étant l'entreprise elle-même; que, par ailleurs, le démarchage et le colportage des valeurs mobilières ne doivent pas être visés par la présente directive et que leur réglementation doit relever des dispositions nationales;

considérant que, par valeurs mobilières, on entend les catégories de titres habituellement négociées sur le marché des capitaux, par exemple les titres d'État, les actions, les valeurs négociables permettant d'acquérir des actions par voie de souscription ou d'échange, les certificats d'actions, les obligations émises en série, les warrants sur indice et les titres permettant d'acquérir de telles obligations par voie de souscription;

considérant que, par instruments du marché monétaire, on entend les catégories d'instruments habituellement négociées sur le marché monétaire, par exemple les bons du Trésor, les certificats de dépôt et les billets de trésorerie;

considérant que la définition très large des valeurs mobilières et des instruments du marché monétaire retenue dans la présente directive n'a d'effet que pour cette directive et qu'elle n'affecte donc en rien les différentes définitions d'instruments financiers retenues dans les législations nationales à d'autres fins, et notamment à des fins fiscales; que, par ailleurs, la définition des valeurs mobilières ne vise que les instruments négociables et que, par conséquent, les actions ou les valeurs assimilables à des actions, émises par des organismes tels que les «Building societies» ou les «Industrial and Provident societies», dont la propriété ne peut, dans la pratique, être transférée qu'à travers leur rachat par l'organisme émetteur, ne sont pas couvertes par cette définition;

considérant que, par instruments équivalents à un contrat financier à terme, il faut entendre les contrats qui font l'objet d'un règlement en espèces calculé par référence aux

---

[4] JO n° L 386 du 30. 12. 1989, p. 1. Directive modifiée en dernier lieu par la directive 92/30/CEE (JO n° L 110 du 28. 4. 1992, p. 52).

fluctuations de l'un ou l'autre des éléments suivants: les taux d'intérêt ou de change, la valeur de tout instrument énuméré à la section B de l'annexe, un indice relatif à l'un ou l'autre de ces instruments;

considérant que, aux fins de la présente directive, l'activité de réception et de transmission d'ordres comprend également la mise en rapport de deux ou plusieurs investisseurs permettant ainsi la réalisation d'une opération entre ces investisseurs;

considérant qu'aucune disposition de la présente directive ne porte préjudice aux dispositions communautaires ou, à défaut, nationales réglementant l'offre publique des instruments visés par la présente directive; qu'il en va de même pour la commercialisation et la distribution de ces instruments;

considérant que les États membres conservent l'entière responsabilité pour la mise en œuvre des mesures de leur politique monétaire, sans préjudice des mesures nécessaires pour le renforcement du système monétaire européen;

considérant qu'il y a lieu d'exclure les entreprises d'assurance dont les activités font l'objet d'une surveillance appropriée par des autorités compétentes en matière de contrôle prudentiel et qui sont coordonnées au niveau communautaire ainsi que les entreprises exerçant des activités de réassurance et de rétrocession;

considérant que les entreprises qui ne fournissent pas de services à des tiers mais dont l'activité consiste à fournir un service d'investissement exclusivement à leur entreprise mère, à leurs filiales ou à une autre filiale de leur entreprise mère, ne doivent pas être couvertes par la présente directive;

considérant que la présente directive vise à couvrir les entreprises dont l'activité habituelle consiste à fournir à des tiers des services d'investissement à titre professionnel et qu'il convient, dès lors, d'exclure de son champ d'application toute personne dont l'activité professionnelle est d'une autre nature (par exemple avocats, notaires) et qui ne fournit de services d'investissement qu'à titre accessoire dans le cadre de cette autre activité professionnelle, à condition que cette activité soit réglementée et que cette réglementation n'exclue pas la fourniture, à titre accessoire, de services d'investissement; qu'il convient, pour la même raison, également d'exclure du champ d'application les personnes qui ne fournissent de services d'investissement qu'à des producteurs ou utilisateurs de matières premières et dans la mesure nécessaire à la réalisation des transactions sur ces produits lorsque de telles transactions constituent leur activité principale;

considérant que les entreprises dont les services d'investissement consistent exclusivement à gérer un système de participation des travailleurs et qui, à ce titre, ne fournissent pas de services d'investissement à des tiers, ne doivent pas être couvertes par les dispositions de la présente directive;

considérant qu'il y a lieu d'exclure du champ d'application de la directive les banques centrales et autres organismes à vocation similaire ainsi que les organismes publics chargés de la gestion de la dette publique ou intervenant dans ladite gestion – notion englobant le placement de celle-ci; que ne sont notamment pas couverts par cette exclusion les organismes à capitaux publics dont la mission est commerciale ou liée à des prises de participation;

considérant qu'il y a lieu d'exclure du champ d'application de la présente directive les entreprises ou les personnes dont l'activité se limite à recevoir et à transmettre à certaines contreparties des ordres sans détenir de fonds ou de titres appartenant à leurs clients; que, par conséquent, elles ne bénéficieront pas de la liberté d'établissement et de la liberté de prestation de services dans les conditions prévues par la présente directive, étant ainsi soumises, lorsqu'elles veulent opérer dans un autre État membre, aux dispositions pertinentes arrêtées par ce dernier;

7. Services d'investissement 703

considérant qu'il y a lieu d'exclure du champ d'application de la présente directive les organismes de placement collectif, qu'ils soient ou non coordonnés au niveau communautaire, ainsi que les dépositaires et gestionnaires de tels organismes dans la mesure où ils sont soumis à une réglementation spécifique directement adaptée à leurs activités;

considérant que, si les associations créées par les fonds de pension d'un État membre pour permettre la gestion de leurs actifs se limitent à cette gestion sans fournir de services d'investissement à des tiers et que les fonds de pension sont eux-mêmes soumis au contrôle des autorités chargées de la surveillance des entreprises d'assurance, il n'apparaît pas nécessaire de soumettre ces associations aux conditions d'accès et d'exercice posées par la présente directive;

considérant qu'il n'est pas opportun d'appliquer la présente directive aux agenti di cambio tels que définis par la loi italienne, étant donné qu'ils appartiennent à une catégorie pour laquelle aucun nouvel agrément n'est prévu, que leur activité se limite au territoire national et que celle-ci ne présente pas de risques de distorsions de concurrence;

considérant que les droits conférés aux entreprises d'investissement par la présente directive ne préjugent pas du droit des États membres, des banques centrales et des autres organismes centraux à vocation similaire des États membres de choisir leurs contreparties sur la base de critères objectifs et non discriminatoires;

considérant qu'il incombera aux autorités compétentes de l'État membre d'origine de surveiller la solidité financière des entreprises d'investissement en application de la directive 93/6/CEE du Conseil, du 15 mars 1993, sur l'adéquation des fonds propres des entreprises d'investissement et des établissements de crédit[5], qui coordonne les règles applicables dans le domaine du risque de marché;

considérant que l'État membre d'origine peut, en règle générale, édicter des règles plus strictes que celles fixées dans la présente directive, en particulier en matière de conditions d'agrément, d'exigences prudentielles, et de règles de déclaration et de transparence;

considérant que l'exercice des activités qui ne sont pas couvertes par la présente directive est régi par les dispositions générales du traité relatives au droit d'établissement et à la libre prestation de services;

considérant que, afin de protéger les investisseurs, il convient notamment de veiller à ce que les droits de propriété et autres droits de nature analogue de l'investisseur sur les valeurs ainsi que ses droits sur les fonds confiés à l'entreprise soient protégés par une distinction de ceux de l'entreprise; que ce principe n'empêche toutefois pas l'entreprise d'opérer en son nom dans l'intérêt de l'investisseur, lorsque le type même d'opération le requiert et que l'investisseur y consent, par exemple le prêt de titres;

considérant que les procédures prévues en matière d'agrément des succursales d'entreprises d'investissement agréées dans des pays tiers continuent à s'appliquer à celles-ci; que ces succursales ne bénéficient pas de la libre prestation des services en vertu de l'article 59 deuxième alinéa du traité ni de la liberté d'établissement dans des États membres autres que celui où elles sont établies; que, toutefois, les demandes d'agrément d'une filiale ou de prise d'une participation de la part d'une entreprise régie par la loi d'un pays tiers sont assujetties à une procédure qui vise à garantir que les entreprises d'investissement de la Communauté bénéficient d'un régime de réciprocité dans les pays tiers en question;

considérant que les agréments d'entreprises d'investissement accordés par les autorités nationales compétentes conformément aux dispositions de la présente directive auront une

---

[5] Voir page 1 du présent Journal officiel.

portée communautaire, et non plus seulement nationale, et que les clauses de réciprocité existantes seront désormais sans effet; qu'il faut donc une procédure souple qui permette d'évaluer la réciprocité sur une base communautaire; que le but de cette procédure n'est pas de fermer les marchés financiers de la Communauté mais, comme la Communauté se propose de garder ses marchés financiers ouverts au reste du monde, d'améliorer la libéralisation des marchés financiers globaux dans les pays tiers; que, à cette fin, la présente directive prévoit des procédures de négociation avec des pays tiers et, en dernier ressort, la possibilité de prendre des mesures consistant à suspendre de nouvelles demandes d'agrément ou à limiter les nouveaux agréments;

considérant que l'un des objectifs de la présente directive est d'assurer la protection des investisseurs; que à cette fin, il s'avère approprié de prendre en compte les différents besoins de protection des diverses catégories d'investisseurs et leur niveau d'expertise professionnelle;

considérant que les États membres doivent veiller à ce qu'il n'y ait aucun obstacle à ce que les activités bénéficiant de la reconnaissance mutuelle puissent être exercées de la même manière que dans l'État membre d'origine, pour autant qu'elles ne soient pas en opposition avec les dispositions légales et réglementaires d'intérêt général en vigueur dans l'État membre d'accueil;

considérant qu'aucun État membre ne peut limiter le droit des investisseurs résidant habituellement ou établis dans cet État membre de se voir fournir tout service d'investissement par une entreprise d'investissement couverte par la présente directive, située hors de cet État membre et agissant hors de cet État membre;

considérant que, dans certains États membres, la fonction de compensation et de règlement peut être effectuée par des organismes distincts des marchés sur lesquels les transactions sont réalisées et que, par conséquent, chaque fois que dans la présente directive sont mentionnés l'accès aux marchés réglementés ou la qualité de membre de ces marchés, ces notions doivent être interprétées comme incluant l'accès aux organismes qui assurent les fonctions de compensation et de règlement pour les marchés réglementés et la qualité de membre desdits organismes;

considérant que chaque État membre doit veiller à ce qu'un traitement non discriminatoire soit réservé sur son territoire à toutes les entreprises d'investissement qui ont reçu un agrément dans un État membre, ainsi qu'à tous les instruments financiers qui sont cotés sur un marché réglementé d'un État membre; que, à ce titre, notamment, toutes les entreprises d'investissement doivent disposer des mêmes possibilités de devenir membres des marchés réglementés ou d'avoir accès auxdits marchés et que, en conséquence, quels que soient les modes d'organisation des transactions existant dans les États membres, il importe d'abolir, dans les conditions fixées par la présente directive, les limitations techniques et juridiques à l'accès aux marchés réglementés dans le cadre des dispositions de la présente directive;

considérant que certains États membres n'autorisent les établissements de crédit à devenir membres de leurs marchés réglementés qu'indirectement, en créant une filiale spécialisée; que la possibilité donnée par la présente directive aux établissements de crédit de devenir directement membres des marchés réglementés sans avoir à créer de filiale spécialisée constitue, pour ces États membres, une réforme importante dont toutes les conséquences méritent d'être réévaluées au vu du développement des marchés financiers; que, compte tenu de ces éléments, le rapport que la Commission adressera au Conseil sur ce sujet au plus tard le 31 décembre 1998 devra prendre en compte tous les facteurs permettant à celui-ci d'apprécier de nouveau pour ces États membres les conséquences, et notamment les risques de conflits d'intérêts et le degré de protection de l'investisseur; considérant qu'il est de la plus haute importance que l'harmonisation des systèmes d'indemnisation devienne applicable à la même date que la présente directive; que, par ailleurs, les États membres d'accueil gardent, jusqu'à la date à laquelle une directive assurant l'harmonisation des systèmes d'indemnisation deviendra applicable, la faculté d'imposer l'application de leur système d'indemnisation également aux entreprises d'investissement, y compris les établissements de crédit, agréés par les autres États membres, lorsque l'État membre d'origine n'a pas de système d'indemnisation ou lorsque celui-ci n'offre pas une protection équivalente;

considérant que la structure des marchés réglementés doit continuer à relever du droit national sans pour autant constituer un obstacle à la libéralisation de l'accès aux marchés réglementés des États membres d'accueil pour les entreprises d'investissement autorisées à fournir les services concernés dans leur État membre d'origine; que, en application de ce principe, le droit de la république fédérale d'Allemagne et celui des Pays-Bas régissent respectivement l'activité de Kursmakler et de hoekman, de façon à empêcher ceux-ci d'exercer leur fonction en parallèle avec d'autres fonctions; qu'il convient donc de constater que le Kursmakler et le hoekman ne sont pas en mesure de fournir leurs services dans les autres États membres; que personne, quel que soit son État membre d'origine, ne pourrait prétendre agir en tant que Kursmakler ou hoekman sans se voir imposer les mêmes règles d'incompatibilité que celles qui résultent du statut de Kursmakler ou de hoekman;

considérant qu'il convient de retenir que la présente directive ne saurait avoir pour effet d'affecter les dispositions découlant de la directive 79/279/CEE du Conseil, du 5 mars 1979, portant coordination des conditions d'admission de valeurs mobilières à la cote officielle d'une bourse de valeurs[6];

considérant que la stabilité et le bon fonctionnement du système financier et la protection de l'investisseur supposent le droit et la responsabilité de l'État membre d'accueil tant de prévenir et de sanctionner tout agissement sur son territoire de l'entreprise d'investissement contraire aux règles de conduite et aux autres dispositions légales et réglementations qu'il a arrêtées pour des raisons d'intérêt général que d'agir en cas d'urgence; considérant, par ailleurs, que les autorités compétentes de l'État membre d'accueil doivent pouvoir compter, dans l'exercice de leurs responsabilités, sur la plus étroite coopération avec les autorités compétentes de l'État membre d'origine, tout particulièrement pour l'activité exercée en régime de libre prestation de services; que les autorités compétentes de l'État membre d'origine ont le droit d'être informées, par les autorités compétentes de l'État membre d'accueil, des mesures comportant des sanctions imposées à une entreprise ou des restrictions aux activités d'une entreprise que ces dernières ont prises à l'égard des entreprises d'investissement qu'elles ont agréées afin de remplir efficacement leur mission dans le domaine de la surveillance prudentielle; qu'il convient, à cette fin, d'assurer la coopération entre les autorités compétentes des États membres d'origine et d'accueil;

considérant que, dans le double objectif de protéger les investisseurs et d'assurer un bon fonctionnement des marchés de valeurs mobilières, il convient d'assurer la transparence des transactions et que les règles prévues à cet effet dans la présente directive pour les

---

[6] JO n° L 66 du 16. 3. 1979, p. 21. Directive modifiée en dernier lieu par l'acte d'adhésion de l'Espagne et du Portugal.

marchés réglementés s'appliquent aussi bien aux entreprises d'investissement qu'aux établissements de crédit lorsqu'ils interviennent sur le marché;
considérant que l'examen des problèmes qui se posent dans les domaines couverts par les directives du Conseil concernant les services d'investissement et les valeurs mobilières, tant au niveau de l'application des mesures existantes que dans la perspective d'une coordination plus poussée, exige la coopération des autorités nationales et de la Commission au sein d'un comité; que la création d'un tel comité ne préjuge pas d'autres formes de coopération entre autorités de contrôle dans ce domaine;
considérant que des modifications techniques des règles détaillées figurant dans la présente directive pourront être nécessaires, périodiquement, pour tenir compte de l'évolution survenue dans le secteur des services d'investissement; que la Commission procédera aux modifications nécessaires, après avoir saisi le comité à créer dans le domaine des marchés de valeurs mobilières,
A ARRÊTÉ LA PRÉSENTE DIRECTIVE:

Titre premier. Définitions et champ d'application

Article premier

Aux fins de la présente directive, on entend par:
1) «service d'investissement»: tout service figurant à la section A de l'annexe et portant sur l'un des instruments énumérés à la section B de l'annexe, fourni à des tiers;
2) «entreprise d'investissement»: toute personne morale qui exerce habituellement une profession ou une activité consistant à fournir à des tiers un service d'investissement à titre professionnel.

Aux fins de la présente directive, les États membres peuvent inclure dans la notion d'entreprise d'investissement des entreprises qui ne sont pas des personnes morales:
– lorsque leur régime juridique assure aux intérêts des tiers un niveau de protection équivalent à celui offert par les personnes morales
et
– à condition qu'elles fassent l'objet d'une surveillance prudentielle équivalente et adaptée à leur structure juridique.

Toutefois, lorsque ces personnes physiques fournissent des services impliquant la détention de fonds ou de valeurs mobilières de tiers, elles ne peuvent être considérées comme une entreprise d'investissement aux fins de la présente directive que si, sans préjudice des autres exigences fixées par celle-ci et par la directive 93/6/CEE, elles remplissent les conditions suivantes:
– les droits de propriété des tiers à l'égard des valeurs et des fonds qui leur appartiennent doivent être sauvegardés, notamment en cas d'insolvabilité de l'entreprise ou de ses propriétaires, de saisie, de compensation ou de toute autre action intentée par les créanciers de l'entreprise ou de ses propriétaires,
– l'entreprise d'investissement doit être soumise à des règles ayant pour objet la surveillance de sa solvabilité y compris de celle de ses propriétaires,
– les comptes annuels de l'entreprise d'investissement doivent être contrôlés par une ou plusieurs personnes habilitées, en vertu de la loi nationale, au contrôle des comptes,
– lorsqu'une entreprise n'a qu'un seul propriétaire, celui-ci doit prendre des dispositions pour la protection des investisseurs en cas de cessation des activités de l'en-

treprise en raison de son décès, de son incapacitée ou de toute autre situation similaire.

Avant le 31 décembre 1997, la Commission fait rapport sur l'application des deuxième et troisième alinéas du présent point et propose le cas échéant de le modifier ou de le supprimer.

Lorsqu'une personne exerce une activité visée à la section A point 1 a) de l'annexe et que cette activité est exercée uniquement pour le compte et sous la responsabilité entière et inconditionnelle d'une entreprise d'investissement, cette activité est considérée comme étant l'activité de l'entreprise d'investissement elle-même et non celle de cette personne;

3) «établissement de crédit»; un établissement de crédit au sens de l'article 1er premier tiret de la directive 77/780/CEE[7], à l'exclusion des établissements visés à l'article 2 paragraphe 2 de ladite directive;

4) «valeurs mobilières»:
– les actions et autres valeurs assimilables à des actions,
– les obligations et autres titres de créance, négociables sur le marché des capitaux, et
– toutes autres valeurs habituellement négociées permettant d'acquérir de telles valeurs mobilières par voie de souscription ou d'échange ou donnant lieu à un règlement en espèces,
à l'exclusion des moyens de paiement;

5) «instruments du marché monétaire»: les catégories d'instruments habituellement négociées sur le marché monétaire;

6) «État membre d'origine»:
a) lorsque l'entreprise d'investissement est une personne physique, l'État membre où cette personne a son administration centrale;
b) lorsque l'entreprise d'investissement est une personne morale, l'État membre où est situé son siège statutaire ou, si conformément à son droit national elle n'en a pas, l'État membre où est située l'administration centrale;
c) lorsqu'il s'agit d'un marché, l'État membre où est situé le siège statutaire de l'organisme qui assure les négociations ou, si conformément à son droit national il n'en a pas, l'État membre où est située l'administration centrale de cet organisme;

7) «État membre d'accueil»: l'État membre dans lequel une entreprise d'investissement a une succursale ou fournit des services;

8) «succursale»: un siège d'exploitation qui constitue une partie dépourvue de personnalité juridique d'une entreprise d'investissement et fournit des services d'investissement pour lesquels l'entreprise d'investissement a obtenu un agrément; plusieurs sièges d'exploitation créés dans le même État membre par une entreprise d'investissement ayant son siège social dans un autre État membre sont considérés comme une seule succursale;

9) «autorités compétentes»: les autorités que chaque État membre désigne en vertu de l'article 22;

10) «participation qualifiée»: le fait de détenir dans une entreprise d'investissement une participation, directe ou indirecte, qui représente au moins 10 % du ca-

---

[7] JO n° L 322 du 17. 12. 1977, p. 30. Directive modifiée en dernier lieu par la directive 89/646/CEE (JO n° L 386 du 30. 12. 1989, p. 1).

pital ou des droits de vote ou qui permet d'exercer une influence notable sur la gestion de l'entreprise dans laquelle est détenue une participation.
Aux fins de l'application de la présente définition, dans le cadre des articles 4 et 9, et des autres taux de participation visés à l'article 9, les droits de vote visés à l'article 7 de la directive 88/627/CEE[8] sont pris en considération;
11) «entreprise mère»: une entreprise mère au sens des articles 1er et 2 de la directive 83/349/CEE[9];
12) «filiale»: une entreprise filiale au sens des articles 1er et 2 de la directive 83/349/CEE; toute entreprise filiale d'une entreprise filiale est aussi considérée comme filiale de l'entreprise mère qui est à la tête de ces entreprises;
13) «marché réglementé»: le marché d'instruments financiers visés à la section B de l'annexe:
– inscrit sur la liste visée à l'article 16 établie par l'État membre qui est l'État membre d'origine au sens de l'article 1er point 6 c),
– de fonctionnement régulier,
– caractérisé par le fait que des dispositions établies ou approuvées par les autorités compétentes définissent les conditions de fonctionnement du marché, les conditions d'accès au marché, ainsi que, lorsque la directive 79/279/CEE est applicable, les conditions d'admission à la cotation fixées par cette directive et, lorsque cette directive n'est pas applicable, les conditions à remplir par ces instruments financiers pour pouvoir être effectivement négociés sur le marché,
– imposant le respect de toutes les obligations de déclaration et de transparence prescrites en application des articles 20 et 21;
14) «contrôle»: le contrôle défini à l'article 1er de la directive 83/349/CEE.

Article 2
1. La présente directive est applicable à toutes les entreprises d'investissement. Cependant, seuls le paragraphe 4 du présent article, l'article 8 paragraphe 2, les articles 10, 11, l'article 12 premier alinéa, l'article 14 paragraphes 3 et 4 et les articles 15, 19 et 20 sont applicables aux établissements de crédit dont l'agrément, délivré au titre des directives 77/780/CEE et 89/646/CEE, couvre un ou plusieurs des services d'investissement énumérés dans la section A de l'annexe de la présente directive.
2. La présente directive n'est pas applicable:
a) aux entreprises d'assurance au sens de l'article 1er de la directive 73/239/CEE[10] ou de l'article 1er de la directive 79/267/CEE[11], ainsi qu'aux entreprises exerçant les activités de réassurance et de rétrocession visées à la directive 64/225/CEE[12];
b) aux entreprises qui fournissent un service d'investissement exclusivement à leur entreprise mère, à leurs filiales ou à une autre filiale de leur entreprise mère;

---

[8] JO n° L 348 du 17. 12. 1988, p. 62.
[9] JO n° L 193 du 18. 7. 1983, p. 1. Directive modifiée en dernier lieu par la directive 90/605/CEE (JO o L 317 du 16. 11. 1990, p. 60).
[10] JO n° L 228 du 16. 8. 1973, p. 3. Directive modifiée en dernier lieu par la directive 90/619/CEE (JO n° L 330 du 29. 11. 1990, p. 50).
[11] JO n° L 63 du 13. 3. 1979, p. 1. Directive modifiée en dernier lieu par la directive 90/618/CEE (JO n° L 330 du 29. 11. 1990, p. 44).
[12] JO o 56 du 4. 4. 1964, p. 878/64.

7. Services d'investissement

c) aux personnes qui fournissent un service d'investissement si cette activité est exercée de manière accessoire dans le cadre d'une activité professionnelle, et si cette dernière est régie par des dispositions législatives ou réglementaires ou par un code déontologique régissant la profession et que ceux-ci n'excluent pas la fourniture de ce service;

d) aux entreprises dont les services d'investissement consistent exclusivement dans la gestion d'un système de participation des travailleurs;

e) aux entreprises dont les services d'investissement consistent à fournir tant les services visés au point b) que ceux visés au point d);

f) aux banques centrales des États membres et autres organismes nationaux à vocation similaire et autres organismes publics chargés de la gestion de la dette publique ou intervenant dans cette gestion;

g) aux entreprises:

– qui ne peuvent pas détenir de fonds ou de titres appartenant à leurs clients et qui, pour cette raison, ne risquent à aucun moment d'être débiteurs vis-à-vis de leurs clients

et

– qui ne peuvent fournir qu'un service d'investissement consistant à recevoir et à transmettre des ordres concernant des valeurs mobilières et des parts d'organismes de placement collectif

et

– qui, lorsqu'elles fournissent ce service, ne peuvent transmettre d'ordres:

i) qu'à des entreprises d'investissement agréées conformément à la présente directive;

ii) qu'à des établissements de crédit agréés conformément aux directives 77/780/CEE et 89/646/CEE;

iii) qu'à des succursales d'entreprises d'investissement ou d'établissements de crédit qui ont été agréés dans un pays tiers et qui sont soumis à des règles prudentielles que les autorités compétentes estiment au moins aussi strictes que celles qui sont énoncées dans la présente directive ou dans les directives 89/646/CEE ou 93/6/CEE et qui s'y conforment;

iv) qu'à des organismes de placement collectif autorisés par la législation d'un État membre à placer des parts auprès du public, ainsi qu'aux dirigeants de tels organismes;

v) qu'à des sociétés d'investissement à capital fixe, au sens de l'article 15 paragraphe 4 de la directive 77/91/CEE[13], dont les titres sont cotés ou négociés sur un marché réglementé dans un État membre,

et

– dont l'activité est soumise au niveau national à une réglementation ou à un code déontologique;

h) aux organismes de placement collectif, qu'ils soient ou non coordonnés au niveau communautaire, ainsi qu'aux dépositaires et gestionnaires de tels organismes;

---

[13] JO n° L 26 du 31. 1. 1977. Directive modifiée en dernier lieu par l'acte d'adhésion de l'Espagne et du Portugal.

i) aux personnes dont l'activité principale consiste à négocier des matières premières entre elles ou avec des producteurs ou des utilisateurs à des fins professionnelles de ces produits et qui ne fournissent des services d'investissement qu'à ces contreparties et dans la mesure nécessaire à l'exercice de leur activité principale;

j) aux entreprises dont les services d'investissement consistent exclusivement à négocier uniquement pour leur compte sur un marché d'instruments financiers à terme ou d'options, ou qui négocient ou font un prix pour d'autres membres du même marché et qui sont couvertes par la garantie d'un membre compensateur de celui-ci. La responsabilité de l'exécution des contrats passés par ces entreprises doit être assumée par un membre compensateur du même marché;

k) aux associations créées par des fonds de pension danois dans le seul but de gérer les actifs des fonds de pension participants;

l) aux agenti di cambio dont les activités et fonctions sont régies par le décret royal italien no 222 du 7 mars 1925, ainsi que par les dispositions ultérieures le modifiant, et qui ont été autorisés à poursuivre leur activité en vertu de l'article 19 de la loi italienne no 1 du 2 janvier 1991.

3. Au plus tard le 31 décembre 1998, et à intervalles réguliers ensuite, la Commission établit un rapport sur l'application du paragraphe 2, en liaison avec la section A de l'annexe, et, s'il y a lieu, propose des modifications à la définition des exclusions et des services couverts, à la lumière du fonctionnement de la présente directive.

4. Les droits conférés par la présente directive ne s'étendent pas à la fourniture de services à titre de contrepartie à l'État, à la banque centrale ou aux autres organismes nationaux à vocation similaire d'un État membre dans le cadre des politiques de gestion de la monnaie, des taux de change, de la dette publique et des réserves de l'État membre concerné.

Titre II. Conditions d'accès à l'activité

Article 3

1. Chaque État membre fait dépendre d'un agrément l'accès à l'activité des entreprises d'investissement dont il est l'État membre d'origine. Cet agrément est accordé par les autorités compétentes de cet État désignées conformément à l'article 22. Dans l'agrément sont spécifiés les services d'investissement visés à la section A de l'annexe que l'entreprise est autorisée à fournir. L'agrément peut couvrir en outre un ou plusieurs des services auxiliaires visés à la section C de l'annexe. L'agrément, au sens de la présente directive, ne peut en aucun cas être délivré pour des services qui ne relèvent que de la section C de l'annexe.

2. Les États membres exigent:
– des entreprises d'investissement qui sont des personnes morales et qui ont conformément à leur droit national un siège statutaire que leur administration centrale soit située dans le même État membre que leur siège statutaire,
– des autres entreprises d'investissement que leur administration centrale soit située dans l'État membre qui a délivré l'agrément et dans lequel elles opèrent de manière effective.

3. Sans préjudice d'autres conditions générales prévues par la législation nationale, les autorités compétentes n'accordent l'agrément que si:

7. Services d'investissement

– l'entreprise d'investissement dispose, compte tenu de la nature du service d'investissement en question, d'un capital initial suffisant en vertu des règles prescrites dans la directive 93/6/CEE,
– les personnes qui dirigent en fait l'activité de l'entreprise d'investissement remplissent les conditions requises d'honorabilité et d'expérience.

L'orientation de l'activité de l'entreprise doit être déterminée par au minimum deux personnes remplissant ces mêmes conditions. Toutefois, lorsqu'un dispositif approprié assure un résultat équivalent, notamment en ce qui concerne l'article 1er point 2 troisième alinéa dernier tiret, les autorités compétentes peuvent également accorder l'agrément à des entreprises d'investissement «personnes physiques» ou, compte tenu de la nature et du volume de leur activité, à des entreprises d'investissement «personnes morales» qui, conformément à leurs statuts et lois nationales, sont dirigées par une seule personne physique.

4. Les États membres exigent également que les demandes d'agrément soient accompagnées d'un programme d'activité dans lequel seront notamment indiqués le type d'opérations envisagées et la structure de l'organisation de l'entreprise d'investissement.

5. Le demandeur est informé, dans les six mois à compter de la présentation d'une demande complète, que l'agrément est octroyé ou refusé. Le refus de l'agrément est motivé.

6. Lorsque l'agrément est accordé, l'entreprise d'investissement peut immédiatement commencer son activité.

7. Les autorités compétentes ne peuvent retirer l'agrément à une entreprise d'investissement relevant de la présente directive que lorsque celle-ci:
a) ne fait pas usage de l'agrément dans un délai de douze mois, y renonce expressément ou a cessé de fournir des services d'investissement depuis plus de six mois, à moins que l'État membre concerné ne prévoie que, dans ces cas, l'agrément devient caduc;
b) a obtenu l'agrément au moyen de fausses déclarations ou par tout autre moyen irrégulier;
c) ne remplit plus les conditions d'octroi de l'agrément;
d) ne respecte plus les dispositions de la directive 93/6/CEE;
e) a enfreint de manière grave et systématique les dispositions adoptées en application des articles 10 et 11;
f) relève de l'un des autres cas de retrait prévus par la législation nationale.

Article 4

Les autorités compétentes n'accordent pas l'agrément permettant l'accès à l'activité d'une entreprise d'investissement avant d'avoir obtenu communication de l'identité des actionnaires ou associés, directs ou indirects, personnes physiques ou morales, qui y détiennent une participation qualifiée, et du montant de cette participation.

Les autorités compétentes refusent l'agrément si, compte tenu de la nécessité de garantir une gestion saine et prudente de l'entreprise d'investissement, elles ne sont pas convaincues de la qualité desdits actionnaires ou associés.

Article 5

Les États membres n'appliquent pas aux succursales d'entreprises d'investissement ayant leur siège statutaire à l'extérieur de la Communauté, qui commencent ou exercent déjà leurs activités, des dispositions leur assurant un traitement plus favorable que celui auquel sont soumises les succursales d'entreprises d'investissement ayant leur siège statutaire dans un État membre.

Article 6
Doit faire l'objet d'une consultation préalable des autorités compétentes de l'autre État membre concerné l'agrément d'une entreprise d'investissement qui est:
– une filiale d'une entreprise d'investissement ou d'un établissement de crédit agréé dans un autre État membre
ou
– une filiale de l'entreprise mère d'une entreprise d'investissement ou d'un établissement de crédit agréé dans un autre État membre
ou
– contrôlée par les mêmes personnes physiques ou morales qu'une entreprise d'investissement ou qu'un établissement de crédit agréé dans un autre État membre.

Titre III. Relations avec les pays tiers

Article 7
1. Les autorités compétentes des États membres informent la Commission:
a) de tout agrément d'une filiale directe ou indirecte d'une ou de plusieurs entreprises mères qui relèvent du droit d'un pays tiers;
b) de toute prise de participation d'une telle entreprise mère dans une entreprise d'investissement de la Communauté qui ferait de celle-ci sa filiale.
Dans les deux cas, la Commission informe le Conseil en attendant qu'un comité en matière de valeurs mobilières soit institué par le Conseil sur proposition de la Commission.
Lorsque l'agrément est accordé à une filiale directe ou indirecte d'une ou de plusieurs entreprises mères relevant du droit d'un pays tiers, la structure du groupe est précisée dans la notification que les autorités compétentes adressent à la Commission.
2. Les États membres informent la Commission des difficultés d'ordre général que rencontrent leurs entreprises d'investissement pour s'établir ou fournir des services d'investissement dans un pays tiers.
3. La Commission établit, pour la première fois six mois au plus tard avant la mise en application de la présente directive et ensuite périodiquement, un rapport examinant le traitement, au sens des paragraphes 4 et 5, réservé dans les pays tiers aux entreprises d'investissement de la Communauté, en ce qui concerne l'établissement et l'exercice d'activités de services d'investissement, ainsi que les prises de participations dans des entreprises d'investissement de pays tiers. La Commission transmet ces rapports au Conseil, assortis, le cas échéant, de propositions appropriées.
4. Lorsque la Commission constate, soit sur la base des rapports visés au paragraphe 3, soit sur la base d'autres informations, qu'un pays tiers n'accorde pas aux entreprises d'investissement de la Communauté un accès effectif au marché comparable à celui qu'offre la Communauté aux entreprises d'investissement de ce pays tiers, elle peut soumettre des propositions au Conseil afin qu'un mandat de négo-

7. Services d'investissement

ciation approprié lui soit confié en vue d'obtenir des possibilités de concurrence comparables pour les entreprises d'investissement de la Communauté. Le Conseil décide à la majorité qualifiée.

5. Lorsque la Commission constate, soit sur la base des rapports visés au paragraphe 3, soit sur la base d'autres informations, que les entreprises d'investissement de la Communauté ne bénéficient pas, dans un pays tiers, du traitement national offrant les mêmes possibilités de concurrence qu'aux entreprises d'investissement de ce pays et que les conditions d'accès effectif au marché ne sont pas remplies, elle peut engager des négociations en vue de remédier à la situation.

Dans le cas visé au premier alinéa, il peut également être décidé, à tout moment et parallèlement à l'engagement des négociations, selon la procédure à prévoir par la directive par laquelle le Conseil instituera le comité visé au paragraphe 1, que les autorités compétentes des États membres doivent limiter ou suspendre leurs décisions concernant les demandes d'agrément en attente ou futures et les prises de participation des entreprises mères directes ou indirectes relevant du droit du pays tiers en question. La durée des mesures visées ne peut pas excéder trois mois.

Avant l'expiration de ce délai de trois mois et à la lumière des résultats de la négociation, le Conseil peut décider à la majorité qualifiée, sur proposition de la Commission, s'il y a lieu de continuer à appliquer les mesures.

Une telle limitation ou suspension ne peut être appliquée à la création de filiales par des entreprises d'investissement dûment agréées dans la Communauté ou par leurs filiales, ni à la prise de participation par de telles entreprises d'investissement ou filiales dans une entreprise d'investissement de la Communauté.

6. Lorsque la Commission constate l'une des situations visées aux paragraphes 4 et 5, les États membres l'informent, à sa demande:

a) de toute demande d'agrément d'une filiale directe ou indirecte d'une ou de plusieurs entreprises mères relevant du droit du pays tiers en question;

b) de tout projet de prise de participation, dont ils sont saisis en vertu de l'article 9, par une telle entreprise dans une entreprise d'investissement de la Communauté et qui ferait de celle-ci sa filiale.

Cette obligation d'information cesse dès qu'un accord est conclu avec le pays tiers visé au paragraphe 4 ou 5 ou lorsque les mesures visées au paragraphe 5 deuxième et troisième alinéas cessent d'être d'application.

7. Les mesures prises au titre du présent article sont conformes aux obligations qui incombent à la Communauté en vertu d'accords internationaux, tant bilatéraux que multilatéraux, qui régissent l'accès à l'activité d'entreprise d'investissement et son exercice.

Titre IV. Conditions d'exercice

Article 8

1. Les autorités compétentes de l'État membre d'origine exigent que l'entreprise d'investissement qu'elles ont agréée respecte à tout moment les conditions visées à l'article 3 paragraphe 3.

2. Les autorités compétentes de l'État membre d'origine exigent que l'entreprise d'investissement qu'elles ont agréée se conforme aux règles prévues par la directive 93/6/CEE.

3. La surveillance prudentielle d'une entreprise d'investissement incombe aux autorités compétentes de l'État membre d'origine, que l'entreprise d'investissement établisse ou non une succursale ou qu'elle fournisse ou non des services dans un autre État membre, sans préjudice des dispositions de la présente directive qui comportent une compétence des autorités de l'État membre d'accueil.

Article 9

1. Les États membres prévoient que toute personne qui envisage d'acquérir, directement ou indirectement, une participation qualifiée dans une entreprise d'investissement doit en informer préalablement les autorités compétentes, en indiquant le montant de cette participation. Toute personne doit de même informer les autorités compétentes si elle envisage d'accroître sa participation qualifiée de telle façon que le pourcentage des droits de vote ou de parts de capital détenus par elle atteigne ou dépasse les seuils de 20, 33 ou 50 %, ou que l'entreprise d'investissement devienne sa filiale.

Sans préjudice du paragraphe 2, les autorités compétentes disposent d'un délai maximal de trois mois à compter de la date de la notification prévue au premier alinéa pour s'opposer audit projet si, compte tenu de la nécessité de garantir une gestion saine et prudente de l'entreprise d'investissement, elles ne sont pas convaincues de la qualité de la personne visée au premier alinéa. Si elles ne s'opposent pas au projet, elles peuvent fixer un délai maximal pour sa réalisation.

2. Si l'acquéreur des participations visées au paragraphe 1 est une entreprise d'investissement agréée dans un autre État membre, ou l'entreprise mère d'une entreprise d'investissement agréée dans un autre État membre, ou une personne qui contrôle une entreprise d'investissement agréée dans un autre État membre et si, du fait de cette acquisition, l'entreprise concernée devient une filiale de l'acquéreur ou passe sous son contrôle, l'évaluation de l'acquisition devra faire l'objet de la procédure de consultation préalable visée à l'article 6.

3. Les États membres prévoient que toute personne qui envisage de céder, directement ou indirectement, une participation qualifiée dans une entreprise d'investissement doit en informer préalablement les autorités compétentes, en indiquant le montant de cette participation. Toute personne doit de même informer les autorités compétentes si elle envisage de diminuer sa participation qualifiée de telle façon que le pourcentage des droits de vote ou de parts de capital détenus par elle tombe au-dessous des seuils de 20, 33 et 50 %, ou que l'entreprise cesse d'être sa filiale.

4. Dès qu'elles en ont pris connaissance, les entreprises d'investissement communiquent aux autorités compétentes les acquisitions ou cessions de participations dans leur capital qui font franchir, vers le haut ou vers le bas, l'un des seuils visés aux paragraphes 1 et 3.

De même, elles leur communiquent au moins une fois par an l'identité des actionnaires ou associés qui possèdent des participations qualifiées ainsi que le montant de ces participations, tel qu'il résulte par exemple des informations communiquées lors des assemblées générales annuelles des actionnaires ou associés, ou reçues conformément aux dispositions applicables aux sociétés cotées à une bourse de valeurs.

5. Les États membres exigent que, lorsque l'influence exercée par les personnes visées au paragraphe 1 risque d'être préjudiciable à une gestion prudente et saine de l'entreprise d'investissement, les autorités compétentes prennent les mesures ap-

7. Services d'investissement 715

propriées en vue de mettre fin à cette situation. Ces mesures peuvent comprendre notamment des injonctions, des sanctions à l'égard des administrateurs et des dirigeants ou la suspension de l'exercice des droits de vote attachés aux actions ou parts détenues par les actionnaires ou associés en question.
Des mesures similaires s'appliquent aux personnes qui ne respectent pas l'obligation d'information préalable prévue au paragraphe 1. Lorsqu'une participation est acquise en dépit de l'opposition des autorités compétentes, les États membres, indépendamment d'autres sanctions à adopter, prévoient soit la suspension de l'exercice des droits de vote correspondants, soit la nullité des votes émis ou la possibilité de les annuler.

Article 10
L'État membre d'origine établit des règles prudentielles que l'entreprise d'investissement est tenue d'observer à tout moment. Ces règles obligent notamment l'entreprise d'investissement:
– à avoir une bonne organisation administrative et comptable, des mécanismes de contrôle et de sécurité dans le domaine informatique, ainsi que des procédures de contrôle internes adéquates incluant notamment un régime des opérations personnelles des salariés de l'entreprise,
– à prendre les dispositions adéquates pour les valeurs appartenant aux investisseurs, afin de protéger les droits de propriété de ceux-ci, notamment en cas d'insolvabilité de l'entreprise, et d'empêcher que l'entreprise d'investissement utilise les valeurs des investisseurs pour son propre compte si ce n'est avec le consentement explicite des investisseurs,
– à prendre les dispositions adéquates pour les fonds appartenant aux investisseurs afin de protéger les droits de ceux-ci et d'empêcher, sauf dans le cas des établissements de crédit, que l'entreprise d'investissement utilise les fonds des investisseurs pour son propre compte,
– à veiller à ce que l'enregistrement des opérations effectuées soit au moins suffisant pour permettre aux autorités de l'État membre d'origine de contrôler le respect des règles prudentielles qu'elles doivent faire appliquer; ces données enregistrées sont conservées pendant une période à déterminer par les autorités compétentes,
– à être structurée et organisée de façon à restreindre au minimum le risque que des conflits d'intérêts entre l'entreprise et ses clients ou entre ses clients eux-mêmes ne nuisent aux intérêts des clients. Néanmoins, les modalités d'organisation en cas de création d'une succursale ne peuvent pas être en contradiction avec les règles de conduite prescrites par l'État membre d'accueil en matière de conflits d'intérêts.

Article 11
1. Les États membres établissent des règles de conduite que les entreprises d'investissement sont tenues d'observer à tout moment. Ces règles doivent mettre à exécution au moins les principes énoncés aux tirets figurant ci-dessous et doivent être appliquées de manière à tenir compte de la nature professionnelle de la personne à laquelle le service est fourni. Les États membres appliquent également ces règles, lorsque cela s'avère approprié, aux services auxiliaires visés à la section C de l'annexe. Ces principes obligent l'entreprise d'investissement:
– à agir, dans l'exercice de son activité, loyalement et équitablement au mieux des intérêts de ses clients et de l'intégrité du marché,

– à agir avec la compétence, le soin et la diligence qui s'imposent, au mieux des intérêts de ses clients et de l'intégrité du marché,
– à avoir et à utiliser avec efficacité les ressources et les procédures nécessaires pour mener à bonne fin ses activités,
– à s'informer de la situation financière de ses clients, de leur expérience en matière d'investissement et de leurs objectifs en ce qui concerne les services demandés,
– à communiquer d'une manière appropriée les informations utiles dans le cadre des négociations avec ses clients,
– à s'efforcer d'écarter les conflits d'intérêts et, lorsque ces derniers ne peuvent être évités, à veiller à ce que ses clients soient traités équitablement,
– à se conformer à toutes les réglementations applicables à l'exercice de ses activités de manière à promouvoir au mieux les intérêts de ses clients et l'intégrité du marché.
2. Sans préjudice des décisions à prendre dans le cadre d'une harmonisation des règles de conduite, la mise en œuvre et le contrôle du respect de celles-ci demeurent de la compétence de l'État membre où le service est fourni.
3. Lorsqu'une entreprises d'investissement exécute un ordre, le critère de la nature professionnelle de l'investisseur, aux fins de l'application des règles visées au paragraphe 1, est apprécié par rapport à l'investisseur qui est à l'origine de l'ordre, que celui-ci soit placé directement par l'investisseur lui-même ou indirectement par l'intermédiaire d'une entreprise d'investissement offrant le service visé à la section A point 1 a) de l'annexe.

Article 12

L'entreprise est tenue d'indiquer aux investisseurs, avant d'entrer en relation d'affaires avec eux, quel fonds d'indemnisation ou quelle protection équivalente sera d'application, en ce qui concerne la ou les opérations envisagées, la couverture offerte par l'un ou l'autre système, ou si aucun fonds ou aucune indemnisation n'existent.
Le Conseil prend acte du fait que la Commission indique qu'elle lui présentera des propositions concernant l'harmonisation des systèmes d'indemnisation relatifs aux opérations des entreprises d'investissement au plus tard le 31 juillet 1993. Le Conseil se prononcera dans les plus brefs délais, l'objectif recherché étant que les systèmes faisant l'objet de ces propositions deviennent applicables à la date de mise en application de la présente directive.

Article 13

Les dispositions de la présente directive n'empêchent pas les entreprise d'investissement agréées dans un autre État membre de faire de la publicité pour leurs services par tous les moyens de communication disponibles dans l'État membre d'accueil, pour autant qu'elles respectent les règles régissant la forme et le contenu de cette publicité qui ont été arrêtées pour des raisons d'intérêt général.

Titre V. Libre établissement et libre prestation de services

Article 14

1. Les États membres veillent à ce que les services d'investissement et les autres services énumérés à la section C de l'annexe puissent être exercés sur leur territoire

7. Services d'investissement

conformément aux articles 17, 18 et 19, tant par la création d'une succursale que par voie de prestation de services, par toute entreprise d'investissement agréée et contrôlée par les autorités compétentes d'un autre État membre conformément à la présente directive, sous réserve que ces services soient couverts par l'agrément. La présente directive n'affecte pas les compétences des États membres d'accueil concernant les parts d'organismes de placement collectif auxquels la directive 85/611/CEE[14] ne s'applique pas.

2. Les États membres ne peuvent soumettre la création d'une succursale ou la prestation de services visées au paragraphe 1 à l'obligation d'obtenir un agrément ou à celle de fournir un capital de dotation ou à toute autre mesure d'effet équivalent.

3. Un État membre peut exiger que les transactions relatives aux services visés au paragraphe 1 soient effectuées sur un marché réglementé, lorsqu'elles répondent à l'ensemble des critères mentionnés ci-après:
- l'investisseur réside habituellement ou est établi dans cet État membre,
- l'entreprise d'investissement effectue la transaction soit par l'intermédiaire d'un établissement principal ou d'une succursale situés dans cet État membre, soit dans le cadre de la libre prestation de services dans cet État membre,
- la transaction porte sur un instrument négocié sur un marché réglementé de cet État membre.

4. Lorsqu'un État membre applique le paragraphe 3, il accorde aux investisseurs résidant habituellement ou établis dans cet État membre le droit de déroger à l'obligation imposée en vertu du paragraphe 3 et de faire effectuer hors d'un marché réglementé les transactions visées au paragraphe 3. Les États membres peuvent subordonner l'exercice de ce droit à une autorisation explicite, compte tenu des besoins différents des investisseurs en matière de protection et notamment de la capacité des investisseurs professionnels et institutionnels à agir au mieux de leurs intérêts. Cette autorisation doit en tout cas pouvoir être donnée dans des conditions qui ne mettent pas en cause la prompte exécution des ordres de l'investisseur.

5. La Commission rend compte du fonctionnement des dispositions figurant aux paragraphes 3 et 4 au plus tard le 31 décembre 1998 et, le cas échéant, propose les modifications à y apporter.

Article 15

1. Sans préjudice de l'exercice de la liberté d'établissement et de la liberté de prestation de services visées à l'article 14, les États membres d'accueil veillent à ce que les entreprises d'investissement qui sont autorisées à fournir des services visés à la section A points 1 b) et 2 de l'annexe par les autorités compétentes de leur État membre d'origine puissent, dans les États membres d'accueil, devenir membres, soit directement soit indirectement, des marchés réglementés dans lesquels des services similaires sont fournis ou y avoir accès, soit directement soit indirectement, ainsi qu'avoir accès aux systèmes de compensation et de règlement qui y sont mis à la disposition des membres des marchés réglementés ou devenir membres desdits systèmes.

Les États membres abolissent les règles ou lois nationales ou les statuts des marchés réglementés limitant le nombre de personnes admises. Si, en raison de sa structure

---

[14] JO n° L 375 du 31. 12. 1985, p. 3. Directive modifiée en dernier lieu par la directive 88/220/CEE (JO n° L 100 du 19. 4. 1988, p. 31).

juridique ou de ses capacités techniques, l'accès à un marché réglementé est limité, les États membres font en sorte que cette structure et ces capacités soient régulièrement adaptées.

2. La qualité de membre d'un marché réglementé ou l'accès à un tel marché présuppose le respect des exigences d'adéquation des fonds propres par les entreprises d'investissement et le contrôle de celui-ci par l'État membre d'origine conformément à la directive 93/6/CEE.

Les États membres d'accueil ne sont habilités à imposer des exigences supplémentaires en matière de capital que pour ce qui n'est pas couvert par ladite directive.

L'accès à un marché réglementé, l'admission à la qualité de membre ou leur maintien sont conditionnés par le respect des règles de ce marché réglementé en ce qui concerne la constitution et l'administration du marché réglementé, ainsi que par le respect des règles relatives aux opérations sur ce marché, des normes professionnelles imposées au personnel travaillant sur ce marché ou en liaison avec celui-ci et des règles et procédures des systèmes de compensation et de règlement. Les modalités d'application de ces règles et procédures peuvent être adaptées de façon appropriée, notamment pour assurer la bonne fin des obligations qui en résultent en veillant, toutefois, au respect de l'article 28.

3. Pour s'acquitter de l'obligation énoncée au paragraphe 1, les États membres d'accueil sont tenus d'offrir aux entreprises d'investissement visées dans ledit paragraphe le choix de devenir membres de leurs marchés réglementés ou d'avoir accès auxdits marchés:

– soit directement, en créant une succursale dans l'État membre d'accueil,

– soit indirectement, en créant une filiale dans l'État membre d'accueil ou en acquérant une entreprise existante dans l'État d'accueil qui est déjà membre de ces marchés ou qui y a déjà accès.

Toutefois, les États membres qui appliquent, au moment de l'adoption de la présente directive, une législation qui n'autorise les établissements de crédit à devenir membres d'un marché réglementé ou à avoir accès à un tel marché que moyennant une filiale spécialisée peuvent continuer à appliquer jusqu'au 31 décembre 1996 cette même obligation de façon non discriminatoire aux établissements de crédits originaires d'autres États membres pour l'accès à ce marché réglementé.

Le royaume d'Espagne, la République hellénique et la République portugaise peuvent prolonger cette période jusqu'au 31 décembre 1999. Une année avant cette date, la Commission fait un rapport, tenant compte de l'expérience acquise dans l'application du présent article, et présente, le cas échéant, une proposition. Le Conseil, statuant à la majorité qualifiée sur cette proposition, peut décider de la révision de ce régime.

4. Sous réserve des paragraphes 1, 2 et 3, lorsque le marché réglementé de l'État membre d'accueil fonctionne sans qu'une présence physique soit requise, les entreprises d'investissement visées au paragraphe 1 peuvent, sur cette même base, en devenir membres ou y avoir accès sans devoir disposer d'un établissement dans l'État membre d'accueil. Afin de permettre à ses entreprises d'investissement d'être admises à un marché réglementé d'un État d'accueil conformément au présent paragraphe, l'État membre d'origine permet à ces marchés réglementés de fournir, sur son territoire, les moyens nécessaires à cet effet.

5. Les dispositions du présent article ne préjugent pas de la faculté des États membres d'autoriser ou d'interdire la création de nouveaux marchés sur leur territoire.

6. Le présent article n'affecte pas:
- en république fédérale d'Allemagne, la réglementation de l'activité de Kursmakler,
- aux Pays-Bas, la réglementation de l'activité de hoekman.

Article 16

Il appartient à chaque État membre, aux fins de la reconnaissance mutuelle et de l'application de la présente directive, d'établir la liste des marchés réglementés dont il est l'État membre d'origine et qui sont conformes à sa réglementation, et de communiquer pour information aux autres États membres et à la Commission cette liste ainsi que les règles d'organisation et de fonctionnement de ces marchés réglementés. La même communication sera faite pour toute modification de la liste ou des règles précités. La Commission publie au Journal officiel des Communautés européennes au moins une fois par an les listes des marchés réglementés et leurs mises à jour.

Avant le 31 décembre 1996, la Commission fait un rapport sur les informations ainsi reçues et, le cas échéant, propose des modifications à la définition des marchés réglementés au sens de la présente directive.

Article 17

1. En plus des conditions prévues à l'article 3, toute entreprise d'investissement qui désire établir une succursale sur le territoire d'un autre État membre le notifie aux autorités compétentes de l'État membre d'origine.
2. Les États membres exigent que l'entreprise d'investissement qui désire établir une succursale dans un autre État membre accompagne la notification visée au paragraphe 1 des informations suivantes:
a) l'État membre sur le territoire duquel elle envisage d'établir une succursale;
b) un programme d'activité dans lequel seront notamment indiqués le type d'opérations envisagées et la structure de l'organisation de la succursale;
c) l'adresse à laquelle les documents peuvent lui être réclamés dans l'État membre d'accueil;
d) le nom des dirigeants de la succursale.
3. À moins que les autorités compétentes de l'État membre d'origine n'aient des raisons de douter, compte tenu du projet en questions, de l'adéquation des structures administratives ou de la situation financière de l'entreprise d'investissement, elles communiquent les informations visées au paragraphe 2, dans les trois mois à compter de la réception de toutes ces informations, aux autorités compétentes de l'État membre d'accueil et en avisent l'entreprise d'investissement concernée.
Elles communiquent en outre des précisions sur tout système d'indemnisation qui vise à assurer la protection des investisseurs de la succursale.
Lorsque les autorités compétentes de l'État membre d'origine refusent de communiquer les informations visées au paragraphe 2 aux autorités compétentes de l'État membre d'accueil, elles font connaître les raisons de ce refus à l'entreprise d'investissement concernée dans les trois mois suivant la réception de toutes les informations. Ce refus ou l'absence de réponse peut faire l'objet d'un recours juridictionnel dans l'État membre d'origine.
4. Avant que la succursale de l'entreprise d'investissement ne commence à exercer ses activités, les autorités compétentes de l'État membre d'accueil disposent de

deux mois à compter de la réception des informations visées au paragraphe 3 pour organiser la surveillance de l'entreprise d'investissement conformément à l'article 19 et pour indiquer, le cas échéant, les conditions, y compris les règles de conduite, dans lesquelles, pour des raisons d'intérêt général, ces activités doivent être exercées dans l'État membre d'accueil.

5. Dès réception d'une communication des autorités compétentes de l'État membre d'accueil ou, en cas de silence de la part de celles-ci, dès l'échéance du délai prévu au paragraphe 4, la succursale peut être établie et commencer ses activités.

6. En cas de modification du contenu de l'une des informations notifiées conformément au paragraphe 2 points b), c) et d), l'entreprise d'investissement notifie, par écrit, cette modification aux autorités compétentes de l'État membre d'origine et de l'État membre d'accueil un mois au moins avant d'effectuer le changement, pour que les autorités compétentes de l'État membre d'origine puissent se prononcer sur cette modification conformément au paragraphe 3 et les autorités compétentes de l'État membre d'accueil conformément au paragraphe 4.

7. En cas de modification des informations notifiées conformément au paragraphe 3 deuxième alinéa, les autorités de l'État membre d'origine en informent les autorités de l'État membre d'accueil.

Article 18

1. Toute entreprise d'investissement qui désire exercer pour la première fois ses activités sur le territoire d'un autre État membre par voie de la libre prestation de services notifie aux autorités compétentes de l'État membre d'origine:

– l'État membre dans lequel elle envisage d'opérer,

– un programme d'activité, dans lequel seront notamment indiqués le ou les services d'investissement qu'elle envisage de fournir.

2. Les autorités compétentes de l'État membre d'origine communiquent aux autorités compétentes de l'État membre d'accueil la notification visée au paragraphe 1, dans un délai d'un mois à compter de la réception de celle-ci. L'entreprise d'investissement peut alors commencer à fournir le ou les services d'investissement en question dans l'État membre d'accueil.

Les autorités compétentes de l'État membre d'accueil indiquent, le cas échéant, dès réception de la notification visée au paragraphe 1, à l'entreprise d'investissement les conditions, y compris les règles de conduite, auxquelles, pour des raisons d'intérêt général, les prestataires des services d'investissement en question doivent se conformer dans l'État membre d'accueil.

3. En cas de modification du contenu des informations notifiées conformément au paragraphe 1 deuxième tiret, l'entreprise d'investissement notifie, par écrit, cette modification aux autorités compétentes de l'État membre d'origine et de l'État membre d'accueil avant d'effectuer le changement, pour que les autorités compétentes de l'État membre d'accueil puissent, le cas échéant, indiquer à l'entreprise tout changement ou complément par rapport aux informations communiquées conformément au paragraphe 2.

Article 19

1. Les États membres d'accueil peuvent exiger, à des fins statistiques, que toute entreprise d'investissement ayant une succursale sur leur territoire adresse à leurs

7. Services d'investissement   721

autorités compétentes un rapport périodique sur les opérations qu'elle a effectuées sur leur territoire.

Pour l'exercice des responsabilités qui leur incombent au titre de la conduite de la politique monétaire, sans préjudice des mesures nécessaires pour le renforcement du système monétaire européen, les États membres d'accueil peuvent exiger, sur leur territoire, de toutes succursales d'entreprises d'investissement originaires d'autres États membres les informations qu'ils exigent à cette fin des entreprises d'investissement nationales.

2. Pour l'exercice des responsabilités qui leur incombent au titre de la présente directive, les États membres d'accueil peuvent exiger des succursales des entreprises d'investissement les mêmes informations qu'ils exigent à cette fin des entreprises nationales.

Les États membres d'accueil peuvent exiger des entreprises d'investissement opérant en libre prestation de services sur leur territoire les informations nécessaires pour contrôler le respect par ces entreprises des normes des États membres d'accueil qui leur sont applicables, sans que ces exigences ne puissent excéder celles que ces mêmes États membres imposent aux entreprises établies pour le contrôle du respect de ces mêmes normes.

3. Lorsque les autorités compétentes de l'État membre d'accueil constatent qu'une entreprise d'investissement ayant une succursale ou opérant en prestation de services sur leur territoire ne respecte pas les dispositions législative ou réglementaires arrêtées dans cet État en application des dispositions de la présente directive qui comportent une compétence des autorités compétentes de l'État membre d'accueil, elles exigent que l'entreprise d'investissement concernée mette fin à cette situation irrégulière.

4. Si l'entreprise d'investissement concernée ne fait pas le nécessaire, les autorités compétentes de l'État membre d'accueil en informent les autorités compétentes de l'État membre d'origine. Celles-ci prennent, dans les plus brefs délais, toutes les mesures appropriées pour que l'entreprise d'investissement concernée mette fin à cette situation irrégulière. La nature de ces mesures est communiquée aux autorités compétentes de l'État membre d'accueil.

5. Si, en dépit des mesures ainsi prises par l'État membre d'origine ou parce que ces mesures se révèlent inadéquates ou font défaut dans cet État, l'entreprise d'investissement persiste à enfreindre les dispositions législatives ou réglementaires visées au paragraphe 3 qui sont en vigueur dans l'État membre d'accueil, ce dernier peut, après en avoir informé les autorités compétentes de l'État membre d'origine, prendre les mesures appropriées pour prévenir ou sanctionner de nouvelles irrégularités et, au besoin, empêcher cette entreprise d'investissement d'effectuer de nouvelles opérations sur son territoire. Les États membres veillent à ce que, sur leur territoire, les pièces nécessaires pour l'adoption de telles mesures puissent être signifiées aux entreprises d'investissement.

6. Les dispositions précédentes n'affectent pas le pouvoir des États membres d'accueil de prendre des mesures appropriées pour prévenir ou sanctionner, sur leur territoire, les actes qui sont contraires aux règles de conduite adoptées en application de l'article 11 ainsi qu'aux autres dispositions législatives ou réglementaires qu'ils ont arrêtées pour des raisons d'intérêt général. Cela inclut la possibilité d'empêcher une entreprise d'investissement en infraction d'effectuer de nouvelles opérations sur leur territoire.

7. Toute mesure prise en application des paragraphes 4, 5 et 6, et qui comporte des sanctions ou des restrictions aux activités d'une entreprise d'investissement, doit être dûment motivée et communiquée à l'entreprise d'investissement concernée. Elle peut faire l'objet d'un recours juridictionnel dans l'État membre qui l'a prise.

8. Avant d'appliquer la procédure prévue aux paragraphes 3, 4 et 5, les autorités compétentes de l'État membre d'accueil peuvent, en cas d'urgence, prendre les mesures conservatoires nécessaires pour protéger les intérêts des investisseurs et des autres personnes auxquelles des services sont fournis. La Commission et les autorités compétentes des autres États membres concernées doivent être informées de ces mesures dans les plus brefs délais.

La Commission, après consultation des autorités compétentes des États membres intéressés, peut décider que l'État membre concerné doit modifier ou supprimer ces mesures.

9. En cas de retrait de l'agrément, les autorités compétentes de l'État membre d'accueil en sont informées et prennent les mesures appropriées pour empêcher l'entreprise d'investissement concernée d'effectuer de nouvelles opérations sur leur territoire et pour sauvegarder les intérêts des investisseurs. Tous les deux ans, la Commission adresse sur ces cas un rapport à un comité qui sera institué ultérieurement dans le domaine des valeurs mobilières.

10. Les États membres communiquent à la Commission le nombre et la nature des cas dans les quels il y a eu refus, en application de l'article 17, ou dans lesquels des mesures ont été prises conformément au paragraphe 5. Tous les deux ans, la Commission adresse sur ces cas un rapport à un comité qui sera institué ultérieurement dans le domaine des valeurs mobilières.

Article 20

1. Afin d'assurer que les autorités compétentes pour les marchés et pour la surveillance puissent disposer des informations nécessaires à l'exercice de leurs missions, les États membres d'origine exigent au moins:

a) sans préjudice des dispositions prises en exécution de l'article 10, que les entreprises d'investissement conservent à la disposition des autorités pendant cinq ans au moins les données pertinentes sur les transactions relatives aux services visés à l'article 14 paragraphe 1 qu'elles ont effectuées sur des instruments négociés sur un marché réglementé, que ces transactions aient eu lieu sur un marché réglementé ou non;

b) que les entreprises d'investissement déclarent à une autorité compétente de leur État membre d'origine toutes les transactions visées au point a), lorsque ces transactions portent sur:

– des actions ou d'autres instruments donnant accès au capital,

– des obligations ou d'autres instruments équivalent à des obligations,

– des contrats à terme standardisés portant sur des actions,

– des options standardisées portant sur des actions.

Cette déclaration doit être à la dispositions de l'autorité le plus tôt possible. Le délai est fixé par l'autorité. Il peut être prorogé jusqu'à la fin du prochain jour ouvrable lorsque des raisons de service ou des raisons pratiques le justifient, mais il ne doit en aucun cas dépasser cette limite.

7. Services d'investissement

La déclaration doit comporter notamment le nom et le nombre des instruments achetés ou vendus, la date et l'heure de la transaction, le prix de la transaction et la possibilité d'identifier l'entreprise d'investissement.

Les États membres d'origine peuvent prévoir que l'obligation visée au présent point b) ne s'applique, en ce qui concerne les obligations et les titres équivalent à des obligations, qu'à l'ensemble des transactions portant sur le même instrument.

2. Lorsque l'entreprise d'investissement effectue une transaction sur un marché réglementé d'un État membre d'accueil, l'État membre d'origine peut renoncer à ses propres exigences en matière de déclaration si l'entreprise d'investissement est tenue à des exigences équivalentes de déclaration concernant la même transaction aux autorités dont relève ce marché.

3. Les États membres prévoient que les déclarations visées au paragraphe 1 point b) sont effectuées soit par l'entreprise d'investissement elle-même ou par un système de confrontation des ordres (trade matching system), soit par l'intermédiaire des autorités d'une bourse de valeurs ou d'un autre marché réglementé.

4. Les États membres veillent à ce que l'information disponible au titre du présente article soit aussi disponible pour une bonne application de l'article 23.

5. Chaque État membre peut, d'une manière non discriminatoire, adopter ou maintenir dans le domaine régi par le présent article des dispositions plus strictes quant au fond et quant à la forme sur la conservation et la déclaration de données relatives aux transactions:
– effectuées sur un marché réglementé dont il est l'État membre d'origine
ou
– réalisées par des entreprises d'investissement dont il est l'État membre d'origine.

Article 21

1. Afin de permettre aux investisseurs d'apprécier à tout moment les termes d'une transaction qu'ils envisagent et de vérifier a posteriori les conditions dans lesquelles elle a été exécutée, chaque autorité compétente prend, pour chacun des marchés réglementés qu'elle a inscrits sur la liste prévue à l'article 16, des mesures pour fournir aux investisseurs les informations visées au paragraphe 2. Conformément aux obligations énoncées au paragraphe 2, les autorités compétentes fixent la forme et les délais précis dans lesquels l'information doit être fournie, ainsi que les moyens par lesquels cette information doit être rendue disponible, compte tenu de la nature, de la taille et des besoins du marché concerné et des investisseurs qui opèrent sur ce marché.

2. Les autorités compétentes exigent pour chaque instrument au moins:
a) la publication, au début de chaque jour de fonctionnement du marché, du prix moyen pondéré, du prix le plus élevé, du prix le moins élevé et du volume négocié sur le marché réglementé en question au cours de l'entière journée de fonctionnement précédente;
b) en outre, pour les marchés continus fondés sur la confrontation des ordres et pour les marchés à prix affichés, la publication:
– à la fin de chaque heure de fonctionnement du marché, du prix moyen pondéré et du volume négocié sur le marché réglementé en question pendant une période de fonctionnement de six heures se terminant de telle manière, qu'il y ait, avant la publication, un intervalle de deux heures de fonctionnement du marché et,

– toutes les vingt minutes, du prix moyen pondéré, du prix le plus élevé et du prix le moins élevé, sur le marché réglementé en question, calculé sur une période de fonctionnement de deux heures se terminant de telle manière qu'il y ait, avant la publication, un intervalle d'une heure de fonctionnement du marché.
Lorsque les investisseurs ont accès au préalable à l'information sur les prix et les quantités auxquels des transactions peuvent être engagées:
i) une telle information doit être disponible à tout moment pendant les heures de fonctionnement du marché;
ii) les termes annoncés pour un prix et une quantité déterminés doivent être les termes selon lesquels l'investisseur peut effectuer une telle transaction.
Les autorités compétentes peuvent retarder ou suspendre la publication lorsque cela s'avère justifié par des conditions de marchés exceptionnelles ou encore, dans le cas de marchés de petite taille, pour préserver l'anonymat des entreprises et des investisseurs. Les autorités compétentes peuvent appliquer des dispositions spéciales dans les cas de transactions exceptionnelles de très grandes dimensions par rapport à la taille moyenne des transactions sur le titre concerné dans ce marché ou de titres très illiquides définis selon des critères objectifs et rendus publics. Les autorités compétentes peuvent en outre appliquer des dispositions plus souples, notamment quant aux délais de publication, en ce qui concerne les transactions sur obligations ou sur instruments équivalant à des obligations.
3. Chaque État membre peut adopter ou maintenir, dans le domaine régi par le présent article, des dispositions plus strictes ou des dispositions complémentaires quant au fond et quant à la forme sur les informations devant être fournies aux investisseurs concernant les transactions effectuées sur les marchés réglementés dont il est l'État membre d'origine, à condition que ces dispositions soient applicables quel que soit l'État membre où est situé l'émetteur de l'instrument financier ou l'État membre sur le marché réglementé duquel l'instrument a été coté pour la première fois.
4. Au plus tard le 31 décembre 1997, la Commission fait un rapport sur l'application du présent article; le Conseil, statuant à la majorité qualifiée sur proposition de la Commission, peut décider de modifier cet article.

Titre VI. Autorités chargées de l'octroi de l'agrément et de la surveillance

Article 22
1. Les États membres désignent les autorités compétentes qui doivent exercer les fonctions prévues par la présente directive. Ils en informent la Commission, en indiquant toute répartition éventuelle de ces fonctions.
2. Les autorités visées au paragraphe 1 doivent être soit des autorités publiques soit des organismes reconnus par le droit national ou par des autorités publiques expressément habilitées à cette fin par la loi nationale.
3. Les autorités concernées doivent disposer de tous les pouvoirs nécessaires pour accomplir leur mission.

Article 23
1. Lorsqu'il y a plusieurs autorités compétentes dans le même État membre, elles collaborent étroitement dans la surveillance des activités des entreprises d'investissement qui opèrent dans cet État membre.

2. Les États membres veillent à ce qu'une telle collaboration s'instaure entre ces autorités compétentes et les autorités publiques chargées de surveiller les marchés financiers, les établissements de crédit et autres établissements financiers, et les entreprises d'assurance, en ce qui concerne les organismes surveillés par ces différentes autorités.

3. Lorsque, par voie de prestation de services ou par la création de succursales, des entreprises d'investissement opèrent dans un ou plusieurs États membres autres que leur État membre d'origine, les autorités compétentes de tous les États membres concernés collaborent étroitement afin d'assumer plus efficacement leurs responsabilités respectives dans les domaines couverts par la présente directive.

Elles se communiquent sur demande toutes les informations concernant la gestion et la structure de propriété de ces entreprises d'investissement qui sont de nature à faciliter leur surveillance, ainsi que toutes les informations qui sont de nature à rendre plus aisé le contrôle de ces entreprises. En particulier, les autorités de l'État membre d'origine coopèrent afin d'assurer la collecte par les autorités de l'État membre d'accueil des informations visées à l'article 19 paragraphe 2.

Dans la mesure où cela s'avère nécessaire pour l'exercice de leurs pouvoirs de contrôle, les autorités compétentes de l'État membre d'origine sont informées par les autorités compétentes de l'État membre d'accueil de toute mesure qui comporte des sanctions imposées à une entreprise d'investissement ou des restrictions aux activités d'une entreprise d'investissement, prise par l'État membre d'accueil en application de l'article 19 paragraphe 6.

Article 24
1. Les États membres d'accueil veillent à ce que, lorsqu'une entreprise d'investissement agréée dans un autre État membre exerce ses activités dans l'État membre d'accueil par le biais d'une succursale, les autorités compétentes de l'État membre d'origine puissent, après en avoir informé les autorités compétentes de l'État membre d'accueil, procéder elles-mêmes ou par l'intermédiaire de personnes qu'elles mandatent à cet effet à la vérification sur place des informations visées à l'article 23 paragraphe 3.

2. Les autorités compétentes de l'État membre d'origine peuvent également demander aux autorités compétentes de l'État membre d'accueil que cette vérification soit effectuée. Dans le cadre de leurs compétences, les autorités qui ont reçu cette demande doivent y donner suite, soit en procédant elles-mêmes à cette vérification, soit en permettant aux autorités qui ont présenté la demande d'y procéder, soit en permettant qu'un commissaire aux comptes ou un expert y procède.

3. Le présent article ne porte pas préjudice au droit des autorités compétentes de l'État membre d'accueil de procéder, dans l'exercice des responsabilités qui leur incombent au titre de la présente directive, à la vérification sur place des succursales établies sur leur territoire.

Article 25
1. Les États membres prévoient que toutes les personnes exerçant, ou ayant exercé, une activité pour les autorités compétentes, ainsi que les commissaires aux comptes ou les experts mandatés par les autorités compétentes, sont tenus au secret professionnel. Cela implique que les informations confidentielles qu'ils reçoivent à titre professionnel ne peuvent être divulguées à quelque personne ou autorité que

ce soit, excepté sous une forme sommaire ou agrégée, de façon à ce que les entreprises d'investissement individuelles ne puissent pas être identifiées, sans préjudice des cas relevant du droit pénal.

Néanmoins, lorsqu'une entreprise d'investissement a été déclarée en faillite ou que sa liquidation forcée a été ordonnée par un tribunal, les informations confidentielles qui ne concernent pas les tiers impliqués dans les tentatives de sauvetage peuvent être divulguées dans le cadre de procédures civiles ou commerciales.

2. Le paragraphe 1 ne fait pas obstacle à ce que les autorités compétentes des différents États membres procèdent aux échanges d'informations prévus par la présente directive et les autres directives applicables aux entreprises d'investissement. Ces informations sont soumises au secret professionnel visé au paragraphe 1.

3. Les États membres ne peuvent conclure des accords de coopération prévoyant l'échange d'informations avec les autorités compétentes de pays tiers que pour autant que les informations communiquées bénéficient de garanties de secret professionnel au moins équivalentes à celles visées au présent article.

4. Les autorités compétentes qui, au titre des paragraphes 1 ou 2, reçoivent des informations confidentielles ne peuvent les utiliser que dans l'exercice de leurs fonctions:

– pour vérifier que les conditions d'accès à l'activité des entreprises d'investissement sont remplies et pour faciliter le contrôle, sur une base individuelle ou sur une base consolidée, des conditions de l'exercice de l'activité, en particulier en ce qui concerne les exigences relatives à l'adéquation des fonds propres prévues par la directive 93/6/CEE, l'organisation administrative et comptable ainsi que les mécanismes de contrôle interne

ou

– pour l'imposition de sanctions

ou

– dans le cadre d'un recours administratif contre une décision des autorités compétentes

ou

– dans les actions en justice intentées conformément à l'article 26.

5. Les paragraphes 1 et 4 ne font pas obstacle à l'échange d'informations:

a) à l'intérieur d'un même État membre, lorsqu'il y existe plusieurs autorités compétentes,

ou

b) tant à l'intérieur d'un État membre qu'entre États membres, entre les autorités compétentes et

– les autorités investies de la mission publique de surveillance des établissements de crédit, des autres institutions financières et des entreprises d'assurances ainsi que les autorités chargées de la surveillance des marchés financiers,

– les organes chargés de la liquidation et de la faillite des entreprises d'investissement et d'autres procédures similaires

ou

– les personnes chargées du contrôle légal des comptes des entreprises d'investissement et des autres établissements financiers,

pour l'accomplissement de leur mission de surveillance, non plus qu'à la transmission, aux organismes chargés de la gestion de systèmes d'indemnisation, des infor-

7. Services d'investissement

mations nécessaires à l'accomplissement de leur fonction. Ces informations sont soumises au secret professionnel visé au paragraphe 1.

6. Les dispositions du présent article ne font pas davantage obstacle à ce qu'une autorité compétente transmette aux banques centrales qui n'exercent pas le contrôle individuel des établissements de crédit ou des entreprises d'investissement les informations qui leur sont nécessaires en tant qu'autorités monétaires. Les informations reçues dans ce cadre sont soumises au secret professionnel visé au paragraphe 1.

7. Les dispositions du présent article ne font pas obstacle à ce que les autorités compétentes communiquent l'information visée aux paragraphes 1 à 4 à une chambre de compensation ou autre organisme similaire reconnu par la loi nationale pour assurer des services de compensation ou de règlement des contrats sur un des marchés de leur État membre, si elles considèrent qu'une telle communication est nécessaire afin de garantir le fonctionnement régulier de ces organismes par rapport à des manquements, même potentiels, d'un intervenant sur ce marché. Les informations reçues dans ce cadre sont soumises au secret professionnel mentionné au paragraphe 1. Les États membres veillent toutefois à ce que les informations reçues en vertu du paragraphe 2 ne puissent être divulguées, dans le cas visé au présent paragraphe, sans le consentement exprès des autorités compétentes qui ont divulgué les informations.

8. En outre, nonobstant les dispositions visées aux paragraphes 1 et 4, les États membres peuvent autoriser, en vertu de dispositions législatives, la communication de certaines informations à d'autres départements de leurs administrations centrales responsables de la législation concernant la surveillance des établissements de crédit, des établissements financiers, des entreprises d'investissement et des entreprises d'assurance, ainsi qu'aux inspecteurs mandatés par ces départements.

Ces informations ne peuvent toutefois être fournies que lorsque cela s'avère nécessaire pour des raisons de contrôle prudentiel.

Toutefois, les États membres prévoient que les informations reçues au titre des paragraphes 2 et 5 et celles obtenues au moyen des vérifications sur place visées à l'article 24 ne peuvent jamais faire l'objet des communications visées au présent paragraphe, sauf accord explicite des autorités compétentes qui ont communiqué les informations ou des autorités compétentes de l'État membre où la vérification sur place a été effectuée.

9. Si un État membre prévoit, au moment de l'adoption de la présente directive, des échanges d'informations d'une autorité à l'autre aux fins du contrôle du respect des lois en matière de surveillance prudentielle, en matière d'organisation, de fonctionnement et de comportement des sociétés commerciales, et des réglementations des marchés financiers, cet État membre peut, dans l'attente d'une coordination de l'ensemble des dispositions régissant l'échange d'informations entre autorités pour tout le secteur financier et, en tout cas, jusqu'au 1er juillet 1996 au plus tard, continuer à autoriser une telle transmission.

Les États membres veillent toutefois à ce que, lorsque les informations proviennent d'un autre État membre, elles ne puissent être divulguées dans les conditions visées au premier alinéa sans l'assentiment exprès des autorités compétentes qui ont divulgué lesdites informations et elles ne soient utilisées qu'aux fins pour lesquelles ces dernières autorités ont marqué leur accord.

Le Conseil procède à la coordination visée au premier alinéa, sur la base d'une proposition de la Commission. Le Conseil prend acte du fait que la Commission indique qu'elle lui présentera des propositions à cet effet au plus tard le 31 juillet 1993. Le Conseil se prononcera dans les plus brefs délais, l'objectif recherché étant que la réglementation faisant l'objet de ces propositions devienne applicable à la date de mise en application de la présente directive.

Article 26
Les États membres veillent à ce que les décisions prises à l'égard d'une entreprise d'investissement en application des dispositions législatives, réglementaires et administratives arrêtées conformément à la présente directive puissent faire l'objet d'un recours juridictionnel; il en est de même au cas où il n'aurait pas été statué, dans les six mois qui ont suivi son introduction, sur une demande d'agrément comportant tous les éléments requis par les dispositions en vigueur.

Article 27
Sans préjudice des procédures de retrait de l'agrément et des dispositions du droit pénal, les États membres prévoient que leurs autorités compétentes respectives peuvent, à l'encontre des entreprises d'investissement qui enfreignent les dispositions législatives, réglementaires ou administratives régissant la surveillance ou l'exercice de leurs activités, ou à l'encontre de ceux qui contrôlent effectivement les activités de ces entreprises, adopter des mesures ou infliger des sanctions visant expressément à mettre fin aux infractions constatées ou à leur causes.

Article 28
Les États membres veillent à ce qu'aucune discrimination ne soit opérée dans l'application des dispositions de la présente directive.

Titre VII. Dispositions finales

Article 29
D'ici l'adoption d'une nouvelle directive définissant les dispositions relatives à l'adoption de la présente directive au progrès technique dans les domaines énumérés ci-après, le Conseil, conformément à la décision 87/373/CEE[15], procède, en statuant à la majorité qualifiée sur proposition de la Commission, à l'adoption des adaptations éventuellement nécessaires concernant:
– l'extension du contenu de la liste figurant à la section C de l'annexe,
– l'adaptation de la terminologie des listes figurant à l'annexe en vue de tenir compte de l'évolution des marchés financiers,
– les domaines dans lesquels les autorités compétentes doivent échanger des informations, tels qu'ils sont énumérés à l'article 23,
– la clarification des définitions en vue d'assurer une mise en application uniforme de la présente directive dans la Communauté,
– la clarification des définitions en vue de tenir compte, dans l'application de la présente directive, de l'évolution des marchés financiers,

---

[15] JO n° L 197 du 18. 7. 1987, p. 33.

7. Services d'investissement

– l'alignement de la terminologie et la formulation des définitions en fonction des mesures ultérieures concernant les entreprises d'investissement et les domaines connexes,
– les autres tâches prévues par l'article 7 paragraphe 5.

Article 30

1. Les entreprises d'investissement déjà autorisées dans leur État membre d'origine à fournir des services d'investissement avant le 31 décembre 1995 sont réputées agréées aux fins de la présente directive si la législation de cet État membre a subordonné leur accès à l'activité au respect de conditions équivalentes à celles qui sont énoncées à l'article 3 paragraphe 3 et à l'article 4.

2. Les entreprises d'investissement qui exercent déjà leur activité le 31 décembre 1995 et qui ne font pas partie de celles visées au paragraphe 1 peuvent continuer à l'exercer à condition d'obtenir, avant le 31 décembre 1996, en vertu des dispositions de l'État membre d'origine, l'autorisation de poursuivre l'activité conformément aux dispositions adoptées en application de la présente directive.

Seul l'octroi de cette autorisation permettra à ces entreprises de bénéficier des dispositions de la présente directive en matière de liberté d'établissement et de prestation de services.

3. Si les entreprises d'investissement ont commencé, avant la date d'adoption de la présente directive, à exercer leur activité dans d'autres États membres par le biais de succursales ou par voie de prestation de services, les autorités de l'État membre d'origine communiquent, au sens de l'article 17 paragraphes 1 et 2 et de l'article 18, entre le 1er juillet et le 31 décembre 1995, aux autorités de chacun des autres États membres concernés, la liste des entreprises qui respectent les dispositions de la présente directive et qui exercent leur activité dans les États précités en précisant quelle est l'activité exercée.

4. Les personnes physiques qui, à la date de l'adoption de la présente directive, sont agréées dans un État membre pour offrir des services d'investissement sont considérées comme agréées au sens de la présente directive, à condition qu'elles remplissent les conditions visées à l'article 1er point 2 deuxième alinéa deuxième tiret et aux quatre tirets de l'article 1er point 2 troisième alinéa.

Article 31

Les États membres adoptent au plus tard le 1er juillet 1995 les dispositions législatives, réglementaires et administratives nécessaires pour se conformer à la présente directive.

Ces dispositions entrent en vigueur au plus tard le 31 décembre 1995. Les États membres en informent immédiatement la Commission.

Lorsque les États membres adoptent les dispositions visées au premier alinéa, celles-ci contiennent une référence à la présente directive ou sont accompagnées d'une telle référence lors de leur publication officielle. Les modalités de cette référence sont arrêtées par les États membres.

Article 32

Les États membres sont destinataires de la présente directive.

Annexe

Section A. Services
1. a) Réception et transmission, pour le compte d'investisseurs, d'ordres portant sur un ou plusieurs instruments visés à la section B.
b) Exécution de ces ordres pour le compte de tiers.
2. Négociation pour compte propre de tout instrument visé à la section B.
3. Gestion, sur une base discrétionnaire et individualisée, de portefeuilles d'investissement dans le cadre d'un mandat donné par les investisseurs lorsque ces portefeuilles comportent un ou plusieurs des instruments visés à la section B.
4. Prise ferme en ce qui concerne les émissions de tout ou partie des instruments visés à la section B et/ou placement de ces émissions.

Section B. Instruments
1. a) Valeurs mobilières.
b) Parts d'un organisme de placement collectif.
2. Instruments du marché monétaire.
3. Les contrats financiers à terme (futures) y compris les instruments équivalents donnant lieu à un règlement en espèces.
4. Les contrats à terme sur taux d'intérêt (FRA).
5. Les contrats d'échange (swaps) sur taux d'intérêt, sur devises ou les contrats d'échange sur des flux liés à des actions ou à des indices d'actions (equity swaps).
6. Options visant à acheter ou à vendre tout instrument relevant de la présente section de l'annexe, y compris les instruments équivalents donnant lieu à un règlement en espèces. Sont comprises en particuliers dans cette catégorie les options sur devises et sur taux d'intérêt.

Section C. Services auxiliaires
1. Conservation et administration pour un ou plusieurs instruments énumérés à la section B.
2. Location de coffres.
3. Octroi de crédits ou de prêts à un investisseur pour lui permettre d'effectuer une transaction sur un ou plusieurs instruments énumérés à la section B, transaction dans laquelle intervient l'entreprise qui octroie le crédit ou le prêt.
4. Conseil aux entreprises en matière de structure du capital, de stratégie industrielle et de questions connexes et Conseils ainsi que services concernant les fusions et le rachat d'entreprises.
5. Services liés à la prise ferme.
6. Conseils en investissement portant sur un ou plusieurs instruments énumérés à la section B.
7. Service de change lorsque ce service est lié à la fourniture de services d'investissement.

8. Proposition du 27 mars 2001 de Directive du Parlement Européen et du Conseil concernant les contrats de garantie financière

(présentée par la Commission)

LE PARLEMENT EUROPÉEN ET LE CONSEIL DE L'UNION EUROPÉENNE,
vu le traité instituant la Communauté européenne, et notamment son article 95, vu la proposition de la Commission, vu l'avis de la Banque centrale européenne, vu l'avis du Comité économique et social, vu l'avis du Comité des régions, statuant conformément à la procédure visée à l'article 251 du traité, considérant ce qui suit:

(1) La directive 98/26/CE du Parlement européen et du Conseil du 19 mai 1998 concernant le caractère définitif du règlement dans les systèmes de paiement et de règlement des opérations sur titres[1] a constitué une étape importante du processus d'établissement d'un cadre juridique sain pour les systèmes de paiement et de règlement. Sa mise en œuvre a montré qu'il importait de limiter le risque systémique inhérent à ces systèmes du fait de la coexistence de régimes juridiques différents et qu'il serait avantageux d'instaurer une réglementation commune concernant les garanties constituées dans le cadre desdits systèmes.

(2) Dans sa communication au Parlement européen et au Conseil du 11 mai 1999, intitulée «Mise en œuvre du cadre d'action pour les services financiers: plan d'action»[2], la Commission s'est engagée à élaborer, après consultation des experts du marché et des autorités nationales, de nouvelles propositions de mesures législatives sur les garanties favorisant de nouveaux progrès dans ce domaine, au-delà des avancées permises par la directive 98/26/CE.

(3) Il y a lieu d'instituer un régime communautaire applicable aux garanties fournies, sous la forme de titres ou d'espèces, par constitution de sûreté ou par transfert de propriété, en ce compris les opérations de mise en pension («repos»). Ce régime favorisera l'intégration et le fonctionnement au meilleur coût du marché financier ainsi que la stabilité du système financier de l'Union européenne et, partant, la libre prestation des services et la libre circulation des capitaux dans un marché unique des services financiers. La présente directive porte plus spécifiquement sur les garanties fournies par une partie à une autre partie dans le cadre d'un contrat de garantie.

(4) Pour renforcer la sécurité juridique des contrats de garantie, les États membres doivent faire en sorte de les soustraire à certaines dispositions de leur droit de l'insolvabilité, notamment celles qui pourraient faire obstacle à l'exécution de la garantie ou rendre incertaine la validité de techniques actuelles, telles que la compensation avec déchéance du terme, les garanties complémentaires (destinées à pallier les variations de la valeur de marché du risque ou de la garantie) et les substitutions de garanties.

(5) Le principe énoncé dans la directive 98/26/CE, selon lequel la loi applicable aux titres dématérialisés tenant lieu de garantie est celle du pays où le registre, le compte ou le système de dépôt centralisé est situé, doit être étendu de façon à assurer la sécurité juridique en ce qui concerne l'utilisation de ces titres en tant que garantie dans un contexte transfrontalier, dans le champ d'application de la présente directive.

(6) Pour limiter les formalités administratives auxquelles doivent faire face les opérateurs qui utilisent des titres dématérialisés en tant que garanties, la seule condition de validité à

---

[1] JO n° L 166 du 11.06.1998, page 45.
[2] COM (1999) 232 final.

remplir doit consister à notifier le droit à l'intermédiaire de référence auprès duquel le compte de titres est ouvert et à le faire enregistrer par lui; pour les titres au porteur, la condition de validité doit être la livraison physique de la garantie.

(7) Cette simplification de l'utilisation des garanties permise par la limitation des formalités administratives renforcera l'efficacité des opérations transfrontalières de la Banque centrale européenne et des banques centrales nationales des pays membres de l'Union économique et monétaire qui sont nécessaires à la mise en œuvre de la politique monétaire commune. Par ailleurs, l'immunisation partielle des contrats de garantie contre certaines dispositions du droit de l'insolvabilité soutiendra aussi l'aspect plus général de la politique monétaire commune, dans le cadre duquel les opérateurs du marché monétaire rééquilibrent entre eux la liquidité globale du marché au moyen de transactions transfrontalières couvertes par des garanties.

(8) La règle de la lex rei sitae (selon laquelle la validité et donc l'opposabilité aux tiers d'un contrat de garantie s'apprécient selon la loi du pays où la garantie est située, même s'il s'agit d'un pays tiers) est actuellement acceptée par tous les États membres. Le lieu où une garantie constituée de titres dématérialisés est réputée située doit être déterminé. Si le droit du preneur d'une garantie est établi par un contrat valide et applicable selon le droit du pays où le compte de référence est tenu, que ce pays soit ou non un État membre, l'opposabilité à tout titre ou droit concurrent et l'applicabilité de la garantie doivent être régies uniquement par le droit dudit pays, ce qui permet d'éviter l'insécurité juridique qui pourrait résulter de l'intervention d'une autre législation non envisagée.

(9) Il convient aussi de donner aux opérateurs de l'Union européenne davantage de possibilités de conclure des contrats de garantie avec des contreparties de pays tiers en faisant en sorte que les États membres soustraient ces contrats à certaines dispositions de leur droit de l'insolvabilité. Ces exceptions en faveur de ces contrats doivent donc s'appliquer également aux contrats entre un fournisseur de garantie d'un État membre de l'Union européenne et un preneur de garantie d'un pays tiers.

(10) L'applicabilité de la compensation avec déchéance du terme («netting by close-out») doit être préservée, non seulement en tant que mécanisme d'exécution des contrats de garantie avec transfert de propriété incluant une mise en pension de titres, mais aussi et plus généralement lorsque la compensation avec déchéance du terme fait partie intégrante d'un contrat de garantie. Les bonnes pratiques de gestion des risques communément appliquées sur les marchés financiers doivent être préservées en permettant aux opérateurs de gérer et de limiter sur une base nette les risques de crédit liés à tous types de transactions financières, le risque de crédit net étant calculé par l'addition de tous les risques actuels inhérents aux transactions en cours avec une contrepartie donnée, suivie d'une compensation des positions symétriques permettant d'obtenir un montant total unique, qui est alors comparé à la valeur actuelle de la garantie.

(11) L'excellente pratique des marchés financiers, favorisée par les autorités de réglementation, selon laquelle les opérateurs gèrent et limitent le risque de crédit réciproque par des mécanismes de garantie complémentaire («top-up collateral»), où le risque de crédit et la garantie sont mesurés sur la base de leur valeur de marché actuelle, le créancier pouvant ensuite réclamer un complément de garantie ou libérer un éventuel excédent de garantie, doit être préservée. En revanche, les contrats prévoyant la constitution de garanties complémentaires en cas de détérioration de la signature du fournisseur de la garantie ne doivent pas être protégés, car cela pourrait être contraire à la philosophie des législations nationales sur l'insolvabilité, qui tend à décourager la conclusion d'accords ayant pour effet d'améliorer la situation d'un créancier à la suite d'un événement lié à l'insolvabilité du débiteur.

8. Contrats de garantie financière

(12) Afin de limiter le risque systémique sur les marchés financiers de l'Union européenne, il convient de simplifier les formalités éventuellement nécessaires à l'exécution d'un contrat de garantie. Les sanctions pour inobservation de ces formalités ne doivent pas inclure l'invalidation d'un contrat de garantie.

(13) Il doit être possible de fournir des garanties en espèces selon des systèmes de transfert de propriété ou de constitution de sûreté, respectivement protégés par la reconnaissance des mécanismes de compensation et par le nantissement du montant en espèces. Le fournisseur de la garantie doit donc pouvoir conserver la propriété de la somme engagée et voir son droit protégé en cas de faillite du preneur de la garantie. Cette protection est particulièrement importante dans les cas fréquents où des espèces sont utilisées en lieu et place de valeurs mobilières.

(14) Les mesures nécessaires à la mise en œuvre de la présente directive constituant des mesures de portée générale au sens de l'article 2 de la décision 1999/468/CE du Conseil, du 28 juin 1999, fixant les modalités de l'exercice des compétences d'exécution conférées à la Commission[3], elles doivent être adoptées selon la procédure de réglementation prévue à l'article 5 de ladite décision.

(15) La présente directive est conforme aux droits fondamentaux et notamment aux principes énoncés dans la Charte des droits fondamentaux de l'Union européenne, qui sont des principes généraux du droit communautaire[4].

(16) Conformément aux principes de subsidiarité et de proportionnalité, l'objectif de l'action envisagée, à savoir la mise en place d'un régime minimal concernant l'utilisation des garanties financières, ne peut être réalisé de manière suffisante par les États membres et peut donc, en raison des dimensions ou des effets de l'action envisagée, être mieux réalisé au niveau communautaire. La présente directive se limite au strict minimum requis pour atteindre cet objectif,

ONT ARRÊTÉ LA PRÉSENTE DIRECTIVE:

Article Premier. Objet

La présente directive arrête le régime communautaire applicable aux contrats de garantie financière conclus entre un fournisseur et un preneur de garantie.

Article 2. Champ d'application

1. La présente directive s'applique aux contrats de garantie financière qui remplissent les conditions énoncées aux paragraphes 2, 3 et 4 ci-après.
2. Le contrat est consigné ou attesté dans un écrit signé par le fournisseur de la garantie ou en son nom.
3. Le contrat présente les caractéristiques ci-après:
a) il désigne la garantie financière sur laquelle il porte; à cet effet, il suffit qu'il désigne le compte au crédit duquel la garantie financière peut être portée;
b) il décrit les obligations financières couvertes par la garantie. Lorsque ces obligations consistent en une catégorie ou un type d'obligations déterminé, le contrat décrit ladite catégorie ou ledit type d'obligations;
c) lorsque le contrat est un contrat de garantie financière avec constitution de sûreté et que la garantie financière consiste totalement ou partiellement en espèces, il prévoit que ces espèces doivent être déposées auprès du preneur de la garantie ou

---
[3] JO n° L 184 du 17.07.1999, page 23.
[4] JO n° C 364 du 18.12.2000, page 1.

lui être transférées ou déposées auprès d'un tiers agissant pour le compte du preneur de la garantie ou lui être transférées ou encore déposées sur un compte auprès d'un tiers, désigné comme étant un compte soumis audit contrat de garantie financière avec constitution de sûreté;
d) lorsque le contrat est un contrat de garantie financière avec transfert de propriété et que la garantie financière consiste totalement ou partiellement en espèces, il prévoit que ces espèces doivent être déposées auprès du preneur de la garantie ou lui être transférées ou déposées auprès d'un tiers agissant pour le compte du preneur de la garantie ou lui être transférées;
e) lorsque la garantie financière consiste totalement ou partiellement en titres au porteur, il prévoit que ces titres doivent être livrés au preneur de la garantie ou à une autre personne agissant en tant qu'agent ou dépositaire au nom du preneur de la garantie;
f) lorsque le contrat est un contrat de garantie financière avec constitution de sûreté et que la garantie financière consiste totalement ou partiellement en titres dématérialisés, il prévoit que ces titres:
(i) doivent être transférés sur un compte de titres constitué en garantie; ou
(ii) doivent être détenus et désignés de telle sorte qu'il apparaisse que, quoique détenus au nom du fournisseur de la garantie, ils sont soumis au contrat de garantie financière avec constitution de sûreté;
g) lorsque le contrat est un contrat de garantie financière avec transfert de propriété et que la garantie financière consiste totalement ou partiellement en titres dématérialisés, il prévoit que ces titres doivent être transférés sur un compte ouvert au nom du preneur de la garantie ou au nom d'une autre personne désignée par lui.
4. Le fournisseur et le preneur de la garantie doivent être l'un et l'autre:
a) une autorité publique ou une banque centrale,
b) un établissement financier soumis à surveillance prudentielle, ou
c) une personne autre qu'une personne physique, dont les fonds propres dépassent 100 millions d'euros ou dont l'actif brut dépasse 1 milliard d'euros à la date où la garantie financière est effectivement livrée, comme attesté par les derniers états financiers élaborés par cette personne et publiés moins de deux ans avant cette date.
5. Sous réserve de l'article 9, la présente directive ne s'applique pas aux garanties financières qui ne sont pas effectivement livrées, transférées, détenues ou désignées conformément au contrat de garantie.
6. Les obligations financières couvertes par un contrat de garantie financière peuvent consister totalement ou partiellement:
a) en obligations futures, conditionnelles ou potentielles (y compris les obligations découlant d'un accord-cadre ou de dispositions similaires);
b) en obligations envers le preneur de la garantie incombant à une personne autre que le fournisseur de la garantie; ou
c) en obligations d'une catégorie ou d'un type déterminé.

Article 3. Définitions
1. Aux fins de la présente directive, on entend par:
a) «contrat de garantie financière»: un contrat de garantie financière avec transfert de propriété ou un contrat de garantie financière avec constitution de sûreté;
b) «contrat de garantie financière avec transfert de propriété»: un contrat de mise en pension ou un contrat aux termes duquel le fournisseur de la garantie transfère

8. Contrats de garantie financière

la propriété de la garantie financière au preneur de la garantie, afin d'assurer l'exécution des obligations financières couvertes;
c) «contrat de garantie financière avec constitution de sûreté»: un contrat par lequel le fournisseur de la garantie aliène en faveur du preneur de la garantie ou fournit à celui-ci une garantie financière à titre de sûreté afin d'assurer l'exécution des obligations financières couvertes, le fournisseur de la garantie conservant la propriété de celle-ci aussi longtemps qu'elle n'est pas transférée ou attribuée au preneur de la garantie ou transférée à un tiers consécutivement à:
i) l'exercice de son droit par le preneur de la garantie, après la survenance d'un événement motivant l'exécution de la garantie, ou
ii) l'exercice d'un droit d'utilisation;
d) «contrat de mise en pension»: un contrat par lequel le fournisseur de la garantie vend des instruments financiers ou un droit direct ou indirect sur des instruments financiers au preneur de la garantie, le fournisseur et le preneur de la garantie s'obligeant mutuellement, le premier à acheter et le second à vendre, des instruments financiers équivalents à une date future («la date de rachat») ou sur demande, à un prix («le prix de rachat») spécifié dans le contrat de mise en pension ou déterminé conformément à ses stipulations, la notion de contrat de mise en pension englobant toute clause en vertu de laquelle:
i) une partie est tenue de transférer intégralement à l'autre la propriété de la garantie financière, afin de maintenir un rapport ou un écart déterminé entre la valeur de marché actuelle des instruments financiers équivalents qui doivent être achetés à la date de rachat et le prix de rachat; ou
ii) le fournisseur de la garantie a le droit d'exiger, avant la date de rachat, que le preneur de la garantie lui transfère intégralement la propriété d'instruments financiers équivalents à tout ou partie des instruments vendus, en contrepartie du transfert intégral au preneur de la garantie de la propriété d'autres instruments financiers, à titre de substitution;
e) «fournisseur de la garantie»: la partie qui fournit la garantie en vertu d'un contrat de garantie financière, qu'elle soit ou non résidente d'un État membre;
f) «preneur de la garantie»: la partie qui prend la garantie en vertu d'un contrat de garantie financière, qu'elle soit ou non résidente d'un État membre;
g) «garantie financière»: des espèces en toute monnaie («garantie en espèces») et des instruments financiers;
h) «instruments financiers»: les actions et autres valeurs assimilables à des actions, les obligations et autres titres de créance, négociables sur le marché des capitaux et toutes autres valeurs habituellement négociées conférant le droit d'acquérir de telles valeurs mobilières par voie de souscription ou d'échange ou donnant lieu à un règlement en espèces, à l'exclusion des moyens de paiement, ainsi que les parts d'organismes de placement collectif, les instruments du marché monétaire et tout droit direct ou indirect sur ces différents éléments;
i) «obligations financières couvertes»: s'agissant d'un contrat de garantie financière, les obligations pour lesquelles la garantie financière est fournie et dont l'exécution confère au fournisseur de la garantie le droit de la récupérer ou de se voir transférer une garantie équivalente;
j) «garantie sous forme de titres dématérialisés»: une garantie financière consistant en instruments financiers, dont la propriété est attestée par une inscription dans un registre ou sur un compte;

k) «intermédiaire de référence»: s'agissant d'une garantie sous forme de titres dématérialisés dans le cadre d'un contrat de garantie financière, la personne auprès de laquelle est ouvert le compte de référence; cette personne peut aussi être le fournisseur ou le preneur de la garantie;

l) «compte de référence»:

i) en cas de garantie en espèces, le compte au crédit duquel cette garantie en espèces est portée;

ii) en cas de garantie sous forme de titres dématérialisés dans le cadre d'un contrat de garantie financière, le registre ou le compte où sont portées les inscriptions par lesquelles cette garantie sous forme de titres dématérialisés est transférée au preneur de la garantie ou aliénée en sa faveur;

m) «compte de titres constitué en garantie»: s'agissant d'une garantie sous forme de titres dématérialisés dans le cadre d'un contrat de garantie financière avec constitution de sûreté:

i) un compte ouvert auprès de l'intermédiaire de référence au nom du preneur de la garantie ou d'un tiers agissant pour le compte de celui-ci, désigné comme étant un compte ouvert pour recevoir une garantie fournie sous forme de titres dématérialisés en vertu dudit contrat de garantie financière avec constitution de sûreté; ou

ii) un compte ou un sous-compte ouvert auprès de l'intermédiaire de référence au nom du fournisseur de la garantie ou d'un tiers agissant pour le compte de celui-ci, sur lequel le droit conféré au preneur de la garantie par ledit contrat de garantie financière avec constitution de sûreté a été enregistré;

n) «garantie équivalente»:

i) lorsque la garantie est constituée par un montant en espèces, un paiement du même montant et dans la même monnaie;

ii) lorsque la garantie est constituée par des instruments financiers, d'autres instruments financiers ayant le même émetteur ou débiteur, faisant partie de la même émission, ayant la même valeur nominale, libellés dans la même monnaie et ayant la même désignation ou, lorsque le contrat de garantie financière prévoit le transfert d'autres actifs en cas de survenance d'un événement concernant ou affectant les instruments financiers prévus comme garantie financière, ces autres actifs;

o) «procédure de liquidation»: une procédure collective comprenant la réalisation des actifs et la répartition du produit de cette réalisation entre les créanciers, actionnaires ou membres et impliquant l'intervention d'une autorité administrative ou judiciaire, y compris lorsque cette procédure est clôturée par un concordat ou une autre mesure analogue, qu'elle soit ou non fondée sur une insolvabilité et indépendamment de son caractère volontaire ou obligatoire;

p) «mesures d'assainissement»: des mesures impliquant l'intervention d'une autorité administrative ou judiciaire, qui sont destinées à préserver ou rétablir la situation financière et qui affectent les droits préexistants de tiers, y compris notamment les mesures qui comportent la possibilité d'une suspension des paiements, d'une suspension des mesures d'exécution ou d'une réduction des créances;

q) «événement entraînant l'exécution»: un événement dont, en vertu du contrat de garantie financière, la survenance habilite le preneur de la garantie à réaliser ou à s'approprier la garantie financière ou déclenche une compensation avec déchéance du terme;

r) «droit d'utilisation»: le droit du preneur de la garantie d'utiliser et d'aliéner la garantie financière qu'il détient en vertu du contrat comme s'il en était le propriétaire à part entière, conformément au contrat de garantie financière;
s) «clause de compensation avec déchéance du terme» («netting by close-out»): une clause d'un contrat de garantie financière ou d'un contrat qui contient un contrat de garantie financière, en vertu de laquelle la survenance d'un événement motivant l'exécution entraîne les effets suivants:

i) le délai restant à courir avant l'échéance des obligations financières couvertes est supprimé, de sorte que lesdites obligations sont soit immédiatement exigibles et exprimées comme une obligation de payer un montant représentant leur valeur actuelle estimée, soit éteintes et remplacées par une obligation de payer le montant susmentionné conformément, dans l'un ou l'autre cas, aux modalités prévues aux points iii) et iv);

ii) le délai restant à courir avant l'échéance de toute obligation du preneur de la garantie de fournir une garantie équivalente ou de faire en sorte qu'une garantie équivalente soit portée au crédit d'un compte de titres constitué en garantie est supprimé, de sorte que ladite obligation est soit immédiatement exigible et exprimée comme une obligation de payer un montant représentant sa valeur actuelle ou de remplacement, ou sa valeur actuelle ou de remplacement estimée, soit remplacée par une obligation de payer le montant susmentionné conformément, dans l'un ou l'autre cas, aux modalités prévues aux points iii) et iv);

iii) toute obligation visée au point i) ou au point ii) exprimée dans plusieurs monnaies est convertie en une seule monnaie, et

iv) une compensation est opérée entre les sommes que se doivent mutuellement les parties en vertu des obligations visées aux points i) à iii) et lesdites obligations doivent être exécutées par le paiement d'un montant net global égal au solde restant dû par la partie dont la dette est la plus élevée.

2. Toute référence à la notion d'«écrit» inclut les documents sous format électronique et toute référence à la notion de «signature» inclut les signatures électroniques authentifiées.

Article 4. Conditions de forme auxquelles sont soumis les contrats de garantie financière

1. Les États membres font en sorte que la constitution, la validité, la conclusion, l'opposabilité ou l'admissibilité à titre de preuve d'un contrat de garantie financière ne soient subordonnées à l'accomplissement par le fournisseur ou le preneur de la garantie ou par un tiers d'aucun acte formel autre que ceux précisés à l'article 2, paragraphe 1.

2. Par «acte formel» au sens du paragraphe 1, il y a lieu d'entendre notamment:
a) l'établissement d'un document sous une forme ou d'une manière particulière;
b) tout enregistrement auprès d'un organisme officiel ou public ou toute inscription dans un registre public ou privé;
c) toute publicité dans un journal ou une revue, dans un registre ou une publication officiels ou sous toute autre forme;
d) toute notification à un officier public, à un dépositaire ou agent ou à toute autre personne;

e) la fourniture, sous une forme particulière, de preuves concernant la date d'établissement d'un document ou d'un instrument, le montant des obligations financières couvertes ou tout autre sujet.

Article 5. Exécution des contrats de garantie financière

1. Lors de la survenance d'un événement entraînant l'exécution de la garantie, le preneur de la garantie doit pouvoir réaliser toute garantie financière mentionnée ci-après, fournie en vertu d'un contrat de garantie financière avec constitution de sûreté et conformément aux stipulations de celui-ci :

a) tout instrument financier par voie de vente, sans qu'il soit requis :
i) que l'intention de vendre ait été notifiée ;
ii) que les conditions de la vente soient approuvées par un tribunal, un officier public ou toute autre personne ;
iii) que la vente soit publique ou s'effectue selon toute autre forme prescrite, ou
iv) qu'un délai supplémentaire se soit écoulé.

b) toute garantie en espèces, soit en compensation, soit pour acquit, des obligations financières couvertes, sans qu'il soit requis de notifier au préalable l'intention de procéder à cette réalisation.

2. Lors de la survenance d'un événement entraînant l'exécution de la garantie, une clause de compensation avec déchéance du terme doit pouvoir prendre effet selon les modalités qu'elle prévoit, sans aucune obligation de notification préalable. Le paragraphe 1, point a), s'applique lorsque la valeur d'un élément pris en considération dans la clause de compensation avec déchéance du terme est ou peut être déterminée par référence à la vente de titres équivalents ou de tout autre actif.

3. Les États membres font en sorte qu'un contrat de garantie financière puisse être exécuté en cas de procédure de liquidation ou de mesures d'assainissement. Chacun des événements énumérés ci-après peut entraîner l'exécution d'un contrat de garantie financière, pour autant que celui-ci le prévoie :

a) l'ouverture d'une procédure d'insolvabilité ou la prise de mesures d'assainissement à l'égard du fournisseur ou du preneur de la garantie ;
b) tout événement pouvant justifier l'ouverture d'une procédure d'insolvabilité ou la prise de mesures d'assainissement à l'égard du fournisseur ou du preneur de la garantie ;
c) tout événement visé au point a) ou au point b), lorsqu'au terme d'un laps de temps déterminé, le motif d'insolvabilité n'a pas été éliminé ou annulé ;
d) tout événement visé au point a), au point b) ou au point c), accompagné de la signification, par le preneur de la garantie lorsque l'événement a trait au fournisseur de la garantie, ou par le fournisseur de la garantie lorsque l'événement a trait au preneur de la garantie, de son intention de considérer l'événement en question comme entraînant l'exécution de la garantie.

4. Le présent article ne préjuge pas de l'obligation, éventuellement imposée par le droit applicable, de procéder à la réalisation ou à l'évaluation de la garantie financière dans des conditions commerciales normales.

Article 6. Droit d'utilisation de la garantie financière en vertu d'un contrat de garantie financière avec constitution de sûreté

1. Lorsque le preneur de la garantie exerce son droit d'utilisation, il contracte l'obligation de faire en sorte qu'une garantie équivalente soit transférée de manière

8. Contrats de garantie financière

à être détenue en étant soumise au contrat de garantie financière avec constitution de sûreté selon les modalités prévues à l'article 2, paragraphe 3, ou, si les obligations financières couvertes sont exécutées, transférée au fournisseur de la garantie.

2. Lorsqu'en exécution d'une obligation visée au paragraphe 1, le preneur de la garantie fait en sorte qu'une garantie équivalente soit transférée de manière à être détenue selon les modalités prévues à l'article 2, paragraphe 3, cette garantie équivalente est soumise au contrat de garantie financière avec constitution de sûreté auquel la garantie originelle était soumise.

3. Pour l'application de toute règle de droit en vertu de laquelle une aliénation est réputée invalide ou est susceptible d'être annulée ou invalidée en raison ou compte tenu du moment où elle a été effectuée, la garantie équivalente est considérée comme ayant été fournie ou aliénée en vertu de ce contrat de garantie financière avec constitution de sûreté au moment où la garantie originelle a été transférée pour la première fois de manière à être détenue selon les modalités prévues à l'article 2, paragraphe 3.

4. Si un événement entraînant l'exécution de la garantie se produit alors qu'une obligation visée au paragraphe 1 est encore inexécutée, ladite obligation peut faire l'objet d'une compensation avec déchéance du terme.

Article 7. Reconnaissance des contrats de garantie financière avec transfert de propriété

Si un contrat de garantie financière stipule que la propriété de la garantie financière doit être transférée au preneur de la garantie à la livraison ou au paiement sous réserve de l'obligation de fournir une garantie équivalente, les États membres reconnaissent que la propriété de ladite garantie financière est transférée au preneur de la garantie, conformément au contrat.

Article 8. Reconnaissance des clauses de compensation avec déchéance du terme

1. Une clause de compensation avec déchéance du terme produit ses effets nonobstant l'engagement ou la poursuite d'une procédure de liquidation ou de mesures d'assainissement à l'égard du fournisseur et/ou du preneur de la garantie.

2. Une clause de compensation avec déchéance du terme produit ses effets selon les modalités qu'elle prévoit, nonobstant toute cession, toute saisie judiciaire ou autre ou toute autre aliénation alléguées des droits concernés ou concernant lesdits droits.

Article 9. Inapplication de certaines dispositions en matière d'insolvabilité

1. Les procédures de liquidation ou mesures d'assainissement n'ont aucun effet rétroactif sur les droits et obligations découlant d'un contrat de garantie financière.

2. Lorsqu'en vertu d'un contrat de garantie financière, le fournisseur de la garantie:
a) à l'obligation de fournir une garantie financière ou une garantie financière complémentaire pour tenir compte de variations de la valeur de la garantie financière ou du montant des obligations financières couvertes, ou
b) a le droit de retirer sa garantie financière moyennant l'apport, à titre de remplacement ou échange, d'une garantie financière de valeur équivalente;
la fourniture de la garantie financière, de la garantie financière complémentaire ou de la garantie financière de remplacement ou d'échange n'est pas considérée comme invalide, entachée de vice ou annulable en vertu d'une règle de droit visée

au paragraphe 3, sauf si, et uniquement dans la mesure où, le contrat de garantie financière est lui-même considéré comme invalide, entaché de vice ou annulable.

3. Les paragraphes 1 et 2 s'appliquent à toute règle de droit en vertu de laquelle l'aliénation ou le transfert d'une garantie financière sont ou peuvent être réputés invalides ou peuvent être annulés ou déclarés nuls s'ils surviennent au cours d'une certaine période, définie par référence à l'ouverture d'une procédure de liquidation ou à la prise de mesures d'assainissement ou par référence au prononcé d'une ordonnance ou d'un jugement, ou à l'engagement de toute autre action ou la survenance de tout autre événement au cours de ladite procédure ou desdites mesures, en ce compris toute règle en vertu de laquelle une ordonnance ou un jugement rendu au cours de ladite procédure ou desdites mesures prend effet à une date antérieure à son prononcé.

Article 10. Conflit de lois

1. Toute question concernant l'un des éléments énumérés au paragraphe 3 qui se pose à propos de l'application d'un contrat de garantie financière à toute garantie sous forme de titres dématérialisés ou à toute garantie en espèces est réglée selon la loi du pays ou, le cas échéant, de la partie du pays où le compte de référence est situé, que ce pays soit ou non un État membre. La référence à la loi d'un pays ou d'une partie d'un pays désigne le droit interne de ce pays ou de cette partie de pays, nonobstant toute règle stipulant que la question considérée doit être tranchée selon la loi d'un autre pays.

2. Aux fins du présent article, le compte de référence est réputé situé :

a) au siège ou dans la succursale de l'intermédiaire de référence désigné dans le contrat régissant le compte de référence, pour autant que l'intermédiaire de référence attribue le compte de référence audit siège ou à ladite succursale aux fins de la communication des relevés au titulaire du compte, ou de l'exécution de ses propres obligations réglementaires ou comptables ;

b) dans tous les autres cas, au lieu d'établissement légal de l'intermédiaire de référence ou, lorsque ledit intermédiaire administre le compte de référence par l'intermédiaire d'une succursale, au lieu où cette succursale est légalement établie.

3. Les éléments mentionnés au paragraphe 1 sont les suivants :

a) la naissance de tout droit de propriété ou autre droit sur les titres dématérialisés constitués en garantie en vertu du contrat de garantie financière et le rang desdits droits par rapport à tout droit de propriété ou autre droit concurrent revendiqué par une autre personne ;

b) tout acte ou toute chose nécessaire pour qu'un droit de propriété ou autre droit sur les titres dématérialisés constitués en garantie découlant du contrat de garantie financière soit généralement opposable aux tiers ;

c) les formalités requises pour la réalisation de la garantie à la suite de la survenance d'un événement entraînant l'exécution, y compris tout acte ou toute chose nécessaire pour qu'une aliénation de la garantie soit généralement opposable aux tiers.

Article 11. Actualisation des seuils

La Commission actualise les seuils relatifs aux fonds propres et à l'actif brut mentionnés à l'article 2, paragraphe 4, point c) en fonction de l'évolution des pratiques du marché. À cet effet, elle applique la procédure prévue à l'article 12, paragraphe 2.

Article 12. Comité
1. La Commission est assistée par le [comité des valeurs mobilières] institué par .../ CE.

2 Lorsqu'il est fait référence au présent paragraphe, la procédure de réglementation prévue à l'article 5 de la décision 1999/468/CE s'applique, conformément à son article 7 [et à son article 8].

3. Le délai prévu à l'article 5, paragraphe 6, de la décision 1999/468/CE [ne doit pas dépasser trois mois].

Article 13. Mise en œuvre
Les États membres mettent en vigueur les dispositions législatives, réglementaires et administratives nécessaires pour se conformer à la présente directive pour le [31 décembre 2004] au plus tard. Ils en informent immédiatement la Commission.

Lorsque les États membres adoptent ces dispositions, celles-ci contiennent une référence à la présente directive ou sont accompagnées d'une telle référence lors de leur publication officielle. Les modalités de cette référence sont arrêtées par les États membres.

Article 14. Entrée en vigueur
La présente directive entre en vigueur le vingtième jour suivant celui de sa publication au Journal officiel des Communautés européennes.

Article 15. Destinataires
Les États membres sont destinataires de la présente directive.

9. Directive du Conseil du 18 décembre 1986 relative à la coordination des droits des États membres concernant les agents commerciaux indépendants (86/653/CEE)

Journal officiel n° L 382 du 31/12/1986, p. 17–21

LE CONSEIL DES COMMUNAUTÉS EUROPÉENNES,

vu le traité instituant la Communauté économique européenne, et notamment son article 57 paragraphe 2 et son article 100, vu la proposition de la Commission[1], vu l'avis de l'Assemblée[2], vu l'avis du Comité économique et social[3],

considérant que les restrictions à la liberté d'établissement et à la libre prestation des services pour les activités d'intermédiaires du commerce, de l'industrie et de l'artisanat ont été supprimées par la directive 64/224/CEE[4];

considérant que les différences entre les législations nationales en matière de représentation commerciale affectent sensiblement, à l'intérieur de la Communauté, les conditions de concurrence et l'exercice de la profession et portent atteinte au niveau de protection des agents commerciaux dans leurs relations avec leurs commettants, ainsi qu'à la sécurité des opérations commerciales; que, par ailleurs, ces différences sont de nature à gêner sensiblement l'établissement et le fonctionnement des contrats de représentation commerciale entre un commettant et un agent commercial établis dans des États membres différents;

considérant que les échanges de marchandises entre États membres doivent s'effectuer dans des conditions analogues à celles d'un marché unique, ce qui impose le rapprochement des systèmes juridiques des États membres dans la mesure nécessaire au bon fonctionnement de ce marché commun; que, à cet égard, les règles de conflit de lois, même unifiées, n'éliminent pas, dans le domaine de la représentation commerciale, les inconvénients relevés ci-dessus et ne dispensent dès lors pas de l'harmonisation proposée;

considérant, à cet égard, que les rapports juridiques entre l'agent commercial et le commettant doivent être pris en considération par priorité;

considérant qu'il y a lieu de s'inspirer des principes de l'article 17 du traité en procédant à une harmonisation dans le progrès de la législation des États membres concernant les agents commerciaux;

considérant que des délais transitoires supplémentaires doivent être accordés à certains États membres soumis à des efforts particuliers pour adapter leurs réglementations aux exigences de la présente directive, concernant notamment l'indemnité après la cessation du contrat entre le commettant et l'agent commercial,

A ARRÊTÉ LA PRÉSENTE DIRECTIVE:

Chapitre premier. Champ d'application

Article premier

1. Les mesures d'harmonisation prescrites par la présente directive s'appliquent aux dispositions législatives, réglementaires et administratives des États membres qui régissent les relations entre les agents commerciaux et leurs commettants.

---

[1] JO n° C 13 du 18. 1. 1977, p. 2 et JO n° C 56 du 2. 3. 1979, p. 5.
[2] JO n° C 239 du 9. 10. 1978, p. 17.
[3] JO n° C 59 du 8. 3. 1978, p. 31.
[4] JO n° 56 du 4. 4. 1964, p. 869/64.

9. Agents commerciaux indépendants

2. Aux fins de la présente directive, l'agent commercial est celui qui, en tant qu'intermédiaire indépendant, est chargé de façon permanente, soit de négocier la vente ou l'achat de marchandises pour une autre personne, ci-après dénommée «commettant», soit de négocier et de conclure ces opérations au nom et pour le compte du commettant.
3. Un agent commercial aux fins de la présente directive ne peut être notamment:
– une personne qui, en qualité d'organe, a le pouvoir d'engager une société ou association,
– un associé qui est légalement habilité à engager les autres associés,
– un administrateur judiciaire, un liquidateur ou un syndic de faillite.

Article 2
1. La présente directive ne s'applique pas:
– aux agents commerciaux dont l'activité n'est pas rémunérée,
– aux agents commerciaux dans la mesure où ils opèrent dans les bourses de commerce ou sur les marchés de matières premières,
– à l'organisme connu sous l'appellation de «Crown Agents for Overseas Governments and Administrations», tel qu'il a été institué au Royaume-Uni en vertu de la loi de 1979 relative aux «Crown Agents», ou à ses filiales.
2. Chacun des États membres a la faculté de prévoir que la directive ne s'applique pas aux personnes qui exercent les activités d'agent commercial considérées comme accessoires selon la loi de cet État membre.

Chapitre II. Droits et obligations

Article 3
1. L'agent commercial doit, dans l'exercice de ses activités, veiller aux intérêts du commettant et agir loyalement et de bonne foi.
2. En particulier, l'agent commercial doit:
a) s'employer comme il se doit à la négociation et, le cas échéant, à la conclusion des opérations dont il est chargé;
b) communiquer au commettant toute information nécessaire dont il dispose;
c) se conformer aux instructions raisonnables données par le commettant.

Article 4
1. Dans ses rapports avec l'agent commercial, le commettant doit agir loyalement et de bonne foi.
2. En particulier, le commettant doit:
a) mettre à la disposition de l'agent commercial la documentation nécessaire qui a trait aux marchandises concernées;
b) procurer à l'agent commercial les informations nécessaires à l'exécution du contrat d'agence, notamment aviser l'agent commercial dans un délai raisonnable dès qu'il prévoit que le volume des opérations commerciales sera sensiblement inférieur à celui auquel l'agent commercial aurait pu normalement s'attendre.
3. Le commettant doit, par ailleurs, informer l'agent commercial, dans un délai raisonnable, de son acceptation, de son refus ou de l'inexécution d'une opération commerciale qu'il lui a apportée.

Article 5
Les parties ne peuvent pas déroger aux dispositions des articles 3 et 4.

Chapitre III. Rémunération

Article 6
1. En l'absence d'accord à ce sujet entre les parties et sans préjudice de l'application des dispositions obligatoires des États membres sur le niveau des rémunérations, l'agent commercial a droit à une rémunération conforme aux usages pratiqués là où il exerce son activité et pour la représentation des marchandises faisant l'objet du contrat d'agence. En l'absence de tels usages, l'agent commercial a droit à une rémunération raisonnable qui tient compte de tous les éléments qui ont trait à l'opération.
2. Tout élément de la rémunération variant avec le nombre ou la valeur des affaires sera considéré comme constituant une commission aux fins de la présente directive.
3. Les articles 7 à 12 ne s'appliquent pas dans la mesure ou l'agent commercial n'est pas rémunéré en tout ou en partie à la commission.

Article 7
1. Pour une opération commerciale conclue pendant la durée du contrat d'agence, l'agent commercial a droit à la commission:
a) lorsque l'opération a été conclue grâce à son intervention
ou
b) lorsque l'opération a été conclue avec un tiers dont il a obtenu antérieurement la clientèle pour des opérations du même genre.
2. Pour une opération conclue pendant la durée du contrat d'agence, l'agent commercial a également droit à la commission:
– soit lorsqu'il est chargé d'un secteur géographique ou d'un groupe de personnes déterminées,
– soit lorsqu'il jouit d'un droit d'exclusivité pour un secteur géographique ou un groupe de personnes déterminées, et que l'opération a été conclue avec un client appartenant à ce secteur ou à ce groupe.
Les États membres doivent insérer dans leur loi l'une ou l'autre possibilité visée aux deux tirets ci-dessus.

Article 8
Pour une opération commerciale conclue après la cessation du contrat d'agence, l'agent commercial a droit à la commission:
a) si l'opération est principalement due à l'activité qu'il a déployée au cours du contrat d'agence et si l'opération est conclue dans un délai raisonnable à compter de la cessation de ce contrat
ou
b) si, conformément aux conditions visées à l'article 7, la commande du tiers a été reçue par le commettant ou par l'agent commercial avant la cessation du contrat d'agence.

9. Agents commerciaux indépendants

Article 9
L'agent commercial n'a pas droit à la commission visée à l'article 7 si celle-ci est due, en vertu de l'article 8, à l'agent commercial précédent, à moins qu'il ne résulte des circonstances qu'il est équitable de partager la commission entre les agents commerciaux.

Article 10
1. La commission est acquise dès que et dans la mesure où l'une des circonstances suivantes se présente:
a) le commettant a exécuté l'opération;
b) le commettant devrait avoir exécuté l'opération en vertu de l'accord conclu avec le tiers;
c) le tiers a exécuté l'opération.
2. La commission est acquise au plus tard lorsque le tiers a exécuté sa part de l'opération ou devrait l'avoir exécutée si le commettant avait exécuté sa part de l'opération.
3. La commission est payée au plus tard le dernier jour du mois qui suit le trimestre au cours duquel elle était acquise.
4. Il ne peut être dérogé par accord aux dispositions des paragraphes 2 et 3 au détriment de l'agent commercial.

Article 11
1. Le droit à la commission ne peut s'éteindre que si et dans la mesure où:
- il est établi que le contrat entre le tiers et le commettant ne sera pas exécuté
et
- l'inexécution n'est pas due à des circonstances imputables au commettant.
2. Les commissions que l'agent commercial a déjà perçues sont remboursées si le droit y afférent est éteint.
3. Il ne peut être dérogé par accord à la disposition du paragraphe 1 au détriment de l'agent commercial.

Article 12
1. Le commettant remet à l'agent commercial un relevé des commissions dues, au plus tard le dernier jour du mois suivant le trimestre au cours duquell elles sont acquises. Ce relevé mentionne tous les éléments essentiels sur la base desquels le montant des commissions a été calculé.
2. L'agent commercial a le droit d'exiger que lui soient fournies toutes les informations, en particulier un extrait des livres comptables, qui sont à la disposition du commettant et qui lui sont nécessaires pour vérifier le montant des commissions qui lui sont dues.
3. Il ne peut être dérogé par accord aux dispositions des paragraphes 1 et 2 au détriment de l'agent commercial.
4. Cette directive n'interfère pas avec les dispositions internes des États membres qui reconnaissent à l'agent commercial un droit de regard sur les livres comptables du commettant.

Chapitre IV. Conclusion et fin du contrat d'agence

Article 13
1. Chaque partie a le droit, sur demande, d'obtenir de l'autre partie un écrit signé mentionnant le contenu du contrat d'agence y compris celui des avenants ultérieurs. Il ne peut être renoncé à ce droit.
2. Nonobstant le paragraphe 1, un État membre peut prescrire qu'un contrat d'agence n'est valable que s'il est constaté par écrit.

Article 14
Un contrat à durée déterminée qui continue à être exécuté par les deux parties après son terme est réputé transformé en un contrat d'agence à durée indéterminée.

Article 15
1. Lorsque le contrat d'agence est conclu pour une durée indéterminée, chacune des parties peut y mettre fin moyennant préavis.
2. La durée du préavis est d'un mois pour la première année du contrat, de deux mois pour la deuxième année commencée, de trois mois pour la troisième année commencée et les années suivantes. Les parties ne peuvent convenir de délais de préavis plus courts.
3. Les États membres peuvent fixer la durée de préavis à quatre mois pour la quatrième année du contrat, à cinq mois pour la cinquième année et à six mois pour la sixième année et les années suivantes. Ils peuvent décider que les parties ne peuvent convenir de délais de préavis plus courts.
4. Si les parties conviennent de délais plus longs que ceux qui sont prévus par les paragraphes 2 et 3, le délai de préavis à respecter par le commettant ne doit pas être plus court que celui que devra observer l'agent commercial.
5. Pour autant que les parties n'en aient pas disposé autrement, la fin du délai de préavis doit coïncider avec la fin d'un mois civil.
6. Le présent article s'applique au contrat de durée déterminée transformé, en vertu de l'article 14, en un contrat de durée indéterminée, étant entendu que, dans le calcul de la durée du préavis, doit intervenir la durée déterminée qui précède.

Article 16
La présente directive ne peut interférer avec l'application du droit des États membres lorsque celui-ci prévoit la fin du contrat sans délai:
a) en raison d'un manquement d'une des parties à exécuter tout ou partie de ses obligations;
b) lorsque surviennent de circonstances exceptionnelles.

Article 17
1. Les États membres prennent les mesures nécessaires pour assurer à l'agent commercial, après cessation du contrat, une indemnité selon le paragraphe 2 ou la réparation du préjudice selon le paragraphe 3.
2. a) L'agent commercial a droit à une indemnité si et dans la mesure où:
– il a apporté de nouveaux clients au commettant ou développé sensiblement les opérations avec les clients existants et le commettant a encore des avantages substantiels résultant des opérations avec ces clients

et

– le paiement de cette indemnité est équitable, compte tenu de toutes les circonstances, notamment des commissions que l'agent commercial perd et qui résultent des opérations avec ces clients. Les États membres peuvent prévoir que ces circonstances comprennent aussi l'application ou non d'une clause de non-concurrence au sens de l'article 20.

b) Le montant de l'indemnité ne peut excéder un chiffre équivalent à une indemnité annuelle calculée à partir de la moyenne annuelle des rémunérations touchées par l'agent commercial ou cours de cinq dernières années et, si le contrat remonte à moins de cinq ans, l'indemnité est calculée sur la moyenne de la période.

c) L'octroi de cette indemnité ne prive pas l'agent commercial de faire valoir des dommages-intérêts.

3. L'agent commercial a droit à la réparation du préjudice que lui cause la cessation de ses relations avec le commettant.

Ce préjudice découle notamment de l'intervention de la cessation dans des conditions:

– qui privent l'agent commercial des commissions dont l'exécution normale du contrat lui aurait permis de bénéficier tout en procurant au commettant des avantages substantiels liés à l'activité de l'agent commercial,

– et/ou qui n'ont pas permis à l'agent commercial d'amortir les frais et dépenses qu'il a engagés pour l'exécution du contrat sur la recommandation du commettant.

4. Le droit à l'indemnité visé au paragraphe 2 ou la réparation du préjudice visée au paragraphe 3 naît également lorsque la cessation du contrat intervient à la suite du décès de l'agent commercial.

5. L'agent commercial perd le droit à l'indemnité dans les cas visés au paragraphe 2 ou à la réparation du préjudice dans le cas visés au paragraphe 3 s'il n'a pas notifié au commettant, dans un délai d'un an à compter de la cessation du contrat, qu'il entend faire valoir ses droits.

6. La Commission soumet au Conseil, dans un délai de huit ans à compter de la notification de la présente directive, un rapport consacré à la mise en œuvre du présent article et lui soumet, le cas échéant, des propositions de modifications.

Article 18

L'indemnité ou la réparation visée à l'article 17 n'est pas due:

a) lorsque le commettant a mis fin au contrat pour un manquement imputable à l'agent commercial et qui justifierait, en vertu de la législation nationale, une cessation du contrat sans délai;

b) lorsque l'agent commercial a mis fin au contrat, à moins que cette cessation ne soit justifiée par des circonstances attribuables au commettant ou par l'âge, l'infirmité ou la maladie de l'agent commercial en raison desquels la poursuite de ses activités ne peut raisonnablement plus être exigée de lui;

c) lorsque, selon un accord avec le commettant, l'agent commercial cède à un tiers les droits et obligations qu'il détient en vertu du contrat d'agence.

Article 19

Les parties ne peuvent pas, avant l'échéance du contrat, déroger aux dispositions des articles 17 et 18 au détriment de l'agent commercial.

Article 20

1. Aux fins de la présente directive, une convention qui prévoit une restriction des activités professionnelles de l'agent commercial après la cessation du contrat est dénommée clause de non-concurrence.
2. Une clause de non-concurrence n'est valable que si et dans la mesure où :
a) elle a été établie par écrit
et
b) elle vise le secteur géographique ou le groupe de personnes et le secteur géographique confiés à l'agent commercial ainsi que le type de marchandises dont il avait la représentation aux termes du contrat.
3. La clause de non-concurrence n'est valable que pour une période maximale de deux ans après la cessation du contrat.
4. Le présent article n'affecte pas les dispositions de droit national qui apportent d'autres restrictions à la validité ou à l'applicabilité des clauses de non-concurrence ou qui prévoient que les tribunaux peuvent diminuer les obligations des parties découlant d'un tel accord.

Chapitre V. Dispositions générales et finales

Article 21
Aucune disposition de la présente directive ne peut obliger un État membre à prévoir la divulgation de données au cas où cette divulgation serait contraire à l'ordre public.

Article 22
1. Les États membres mettent en vigueur les dispositions nécessaires pour se conformer à la présente directive avant le 1er janvier 1990. Ils informent immédiatement la Commission. Lesdites dispositions s'appliquent au moins aux contrats conclus après leur mise en vigueur. Elles s'appliquent aux contrats en cours le 1er janvier 1994 au plus tard.
2. À compter de la notification de la présente directive, les États membres communiquent à la Commission le texte des dispositions essentielles d'ordre législatif, réglementaire ou administratif qu'ils adoptent dans le domaine régi par la présente directive.
3. Toutefois, en ce qui concerne l'Irlande et le Royaume-Uni, la date du 1er janvier 1990 visée au paragraphe 1 est remplacée par celle du 1er janvier 1994.
En ce qui concerne l'Italie, cette date est remplacée par le 1er janvier 1993 pour ce qui concerne les obligations découlant de l'article 17.

Article 23
Les États membres sont destinataires de la présente directive.

IV. Commerce électronique et protection des données à caractère personnel

I. Directive du Parlement européen et du Conseil, du 24 octobre 1995, relative à la protection des personnes physiques à l'égard du traitement des données à caractère personnel et à la libre circulation de ces données (95/46/CE)

Journal officiel n° L 281 du 23/11/1995 p. 31–50

LE PARLEMENT EUROPÈEN ET LE CONSEIL DE L'UNION EUROPÈENNE,
vu le traité instituant la Communauté européenne, et notamment son article 100 A, vu la proposition de la Commission[1], vu l'avis du Comité économique et social[2], statuant conformément à la procédure visée à l'article 189 B du traité[3],

1. considérant que les objectifs de la Communauté, énoncés dans le traité, tel que modifié par le traité sur l'Union européenne, consistent à réaliser une union sans cesse plus étroite entre les peuples européens, à établir des relations plus étroites entre les États que la Communauté réunit, à assurer par une action commune le progrès économique et social en éliminant les barrières qui divisent l'Europe, à promouvoir l'amélioration constante des conditions de vie de ses peuples, à préserver et conforter la paix et la liberté, et à promouvoir la démocratie en se fondant sur les droits fondamentaux reconnus dans les constitutions et les lois des États membres, ainsi que dans la convention européenne de sauvegarde des droits de l'homme et des libertés fondamentales;

2. considérant que les systèmes de traitement de données sont au service de l'homme; qu'ils doivent, quelle que soit la nationalité ou la résidence des personnes physiques, respecter les libertés et droits fondamentaux de ces personnes, notamment la vie privée, et contribuer au progrès économique et social, au développement des échanges ainsi qu'au bien-être des individus;

3. considérant que l'établissement et le fonctionnement du marché intérieur dans lequel, conformément à l'article 7 A du traité, la libre circulation des marchandises, des personnes, des services et des capitaux est assurée, nécessitent non seulement que des données à caractère personnel puissent circuler librement d'un État membre à l'autre, mais également que les droits fondamentaux des personnes soient sauvegardés;

4. considérant que, dans la Communauté, il est fait de plus en plus fréquemment appel au traitement de données à caractère personnel dans les divers domaines de l'activité économique et sociale; que les progrès des technologies de l'information facilitent considérablement le traitement et l'échange de ces données;

5. considérant que l'intégration économique et sociale résultant de l'établissement et du fonctionnement du marché intérieur au sens de l'article 7 A du traité va nécessairement entraîner une augmentation sensible des flux transfrontaliers de données à caractère per-

---

[1] JO n° C 277 du 5. 11. 1990, p. 3 et JO n° C 311 du 27. 11. 1992, p. 30.
[2] JO n° C 159 du 17. 6. 1991, p. 38.
[3] Avis du Parlement européen du 11 mars 1992 (JO n° C 94 du 13. 4. 1992, p. 198), confirmé le 2 décembre 1993 (JO n° C 342 du 20. 12. 1993, p. 30); position commune du Conseil du 20 février 1995 (JO n° C 93 du 13. 4. 1995, p. 1) et décision du Parlement européen du 15 juin 1995 (JO n° C 166 du 3. 7. 1995).

sonnel entre tous les acteurs de la vie économique et sociale des États membres, que ces acteurs soient privés ou publics; que l'échange de données à caractère personnel entre des entreprises établies dans des États membres différents est appelé à se développer; que les administrations des États membres sont appelées, en application du droit communautaire, à collaborer et à échanger entre elles des données à caractère personnel afin de pouvoir accomplir leur mission ou exécuter des tâches pour le compte d'une administration d'un autre État membre, dans le cadre de l'espace sans frontières que constitue le marché intérieur;

6. considérant, en outre, que le renforcement de la coopération scientifique et technique ainsi que la mise en place coordonnée de nouveaux réseaux de télécommunications dans la Communauté nécessitent et facilitent la circulation transfrontalière de données à caractère personnel;

7. considérant que les différences entre États membres quant au niveau de protection des droits et libertés des personnes, notamment du droit à la vie privée, à l'égard des traitements de données à caractère personnel peuvent empêcher la transmission de ces données du territoire d'un État membre à celui d'un autre État membre; que ces différences peuvent dès lors constituer un obstacle à l'exercice d'une série d'activités économiques à l'échelle communautaire, fausser la concurrence et empêcher les administrations de s'acquitter des responsabilités qui leur incombent en vertu du droit communautaire; que ces différences de niveau de protection résultent de la disparité des dispositions nationales législatives, réglementaires et administratives;

8. considérant que, pour éliminer les obstacles à la circulation des données à caractère personnel, le niveau de protection des droits et libertés des personnes à l'égard du traitement de ces données doit être équivalent dans tous les États membres; que cet objectif, fondamental pour le marché intérieur, ne peut pas être atteint par la seule action des États membres, compte tenu en particulier de l'ampleur des divergences qui existent actuellement entre les législations nationales applicables en la matière et de la nécessité de coordonner les législations des États membres pour que le flux transfrontalier de données à caractère personnel soit réglementé d'une manière cohérente et conforme à l'objectif du marché intérieur au sens de l'article 7 A du traité; qu'une intervention de la Communauté visant à un rapprochement des législations est donc nécessaire;

9. considérant que, du fait de la protection équivalente résultant du rapprochement des législations nationales, les États membres ne pourront plus faire obstacle à la libre circulation entre eux de données à caractère personnel pour des raisons relatives à la protection des droits et libertés des personnes, notamment du droit à la vie privée; que les États membres disposeront d'une marge de manœuvre qui, dans le contexte de la mise en œuvre de la directive, pourra être utilisée par les partenaires économiques et sociaux; qu'ils pourront donc préciser, dans leur législation nationale, les conditions générales de licéité du traitement des données; que, ce faisant, les États membres s'efforceront d'améliorer la protection assurée actuellement par leur législation; que, dans les limites de cette marge de manœuvre et conformément au droit communautaire, des disparités pourront se produire dans la mise en œuvre de la directive et que cela pourra avoir des incidences sur la circulation des données tant à l'intérieur d'un État membre que dans la Communauté;

10. considérant que l'objet des législations nationales relatives au traitement des données à caractère personnel est d'assurer le respect des droits et libertés fondamentaux, notamment du droit à la vie privée reconnu également dans l'article 8 de la convention européenne de sauvegarde des droits de l'homme et des libertés fondamentales et dans les principes généraux du droit communautaire; que, pour cette raison, le rapprochement de ces

1. Traitement des données à caractère personnel

législations ne doit pas conduire à affaiblir la protection qu'elles assurent mais doit, au contraire, avoir pour objectif de garantir un niveau élevé de protection dans la Communauté;

11. considérant que les principes de la protection des droits et des libertés des personnes, notamment du droit à la vie privée, contenus dans la présente directive précisent et amplifient ceux qui sont contenus dans la convention, du 28 janvier 1981, du Conseil de l'Europe pour la protection des personnes à l'égard du traitement automatisé des données à caractère personnel;

12. considérant que les principes de la protection doivent s'appliquer à tout traitement de données à caractère personnel dès lors que les activités du responsable du traitement relèvent du champ d'application du droit communautaire; que doit être exclu le traitement de données effectué par une personne physique dans l'exercice d'activités exclusivement personnelles ou domestiques, telles la correspondance et la tenue de répertoires d'adresses;

13. considérant que les activités visées aux titres V et VI du traité sur l'Union européenne concernant la sécurité publique, la défense, la sûreté de l'État ou les activités de l'État dans le domaine pénal ne relèvent pas du champ d'application du droit communautaire, sans préjudice des obligations incombant aux États membres au titre de l'article 56 paragraphe 2 et des articles 57 et 100 A du traité; que le traitement de données à caractère personnel qui est nécessaire à la sauvegarde du bien-être économique de l'État ne relève pas de la présente directive lorsque ce traitement est lié à des questions de sûreté de l'État;

14. considérant que, compte tenu de l'importance du développement en cours, dans le cadre de la société de l'information, des techniques pour capter, transmettre, manipuler, enregistrer, conserver ou communiquer les données constituées par des sons et des images, relatives aux personnes physiques, la présente directive est appelée à s'appliquer aux traitements portant sur ces données;

15. considérant que les traitements portant sur de telles données ne sont couverts par la présente directive que s'ils sont automatisés ou si les données sur lesquelles ils portent sont contenues ou sont destinées à être contenues dans un fichier structuré selon des critères spécifiques relatifs aux personnes, afin de permettre un accès aisé aux données à caractère personnel en cause;

16. considérant que les traitements des données constituées par des sons et des images, tels que ceux de vidéo-surveillance, ne relèvent pas du champ d'application de la présente directive s'ils sont mis en œuvre à des fins de sécurité publique, de défense, de sûreté de l'État ou pour l'exercice des activités de l'État relatives à des domaines du droit pénal ou pour l'exercice d'autres activités qui ne relèvent pas du champ d'application du droit communautaire;

17. considérant que, pour ce qui est des traitements de sons et d'images mis en œuvre à des fins de journalisme ou d'expression littéraire ou artistique, notamment dans le domaine audiovisuel, les principes de la directive s'appliquent d'une manière restreinte selon les dispositions prévues à l'article 9;

18. considérant qu'il est nécessaire, afin d'éviter qu'une personne soit exclue de la protection qui lui est garantie en vertu de la présente directive, que tout traitement de données à caractère personnel effectué dans la Communauté respecte la législation de l'un des États membres; que, à cet égard, il est opportun de soumettre les traitements de données effectués par toute personne opérant sous l'autorité du responsable du traitement établi dans un État membre à l'application de la législation de cet État;

19. considérant que l'établissement sur le territoire d'un État membre suppose l'exercice effectif et réel d'une activité au moyen d'une installation stable; que la forme juridique re-

tenue pour un tel établissement, qu'il s'agisse d'une simple succursale ou d'une filiale ayant la personnalité juridique, n'est pas déterminante à cet égard; que, lorsqu'un même responsable est établi sur le territoire de plusieurs États membres, en particulier par le biais d'une filiale, il doit s'assurer, notamment en vue d'éviter tout contournement, que chacun des établissements remplit les obligations prévues par le droit national applicable aux activités de chacun d'eux;

20. considérant que l'établissement, dans un pays tiers, du responsable du traitement de données ne doit pas faire obstacle à la protection des personnes prévue par la présente directive; que, dans ce cas, il convient de soumettre les traitements de données effectués à la loi de l'État membre dans lequel des moyens utilisés pour le traitement de données en cause sont localisés et de prendre des garanties pour que les droits et obligations prévus par la présente directive soient effectivement respectés;

21. considérant que la présente directive ne préjuge pas des règles de territorialité applicables en matière de droit pénal;

22. considérant que les États membres préciseront dans leur législation ou lors de la mise en œuvre des dispositions prises en application de la présente directive les conditions générales dans lesquelles le traitement de données est licite; que, en particulier, l'article 5, en liaison avec les articles 7 et 8, permet aux États membres de prévoir, indépendamment des règles générales, des conditions particulières pour les traitements de données dans des secteurs spécifiques et pour les différentes catégories de données visées à l'article 8;

23. considérant que les États membres sont habilités à assurer la mise en œuvre de la protection des personnes, tant par une loi générale relative à la protection des personnes à l'égard du traitement des données à caractère personnel que par des lois sectorielles telles que celles relatives par exemple aux instituts de statistiques;

24. considérant que les législations relatives à la protection des personnes morales à l'égard du traitement des données qui les concernent ne sont pas affectées par la présente directive;

25. considérant que les principes de la protection doivent trouver leur expression, d'une part, dans les obligations mises à la charge des personnes, autorités publiques, entreprises, agences ou autres organismes qui traitent des données, ces obligations concernant en particulier la qualité des données, la sécurité technique, la notification à l'autorité de contrôle, les circonstances dans lesquelles le traitement peut être effectué, et, d'autre part, dans les droits donnés aux personnes dont les données font l'objet d'un traitement d'être informées sur celui-ci, de pouvoir accéder aux données, de pouvoir demander leur rectification, voire de s'opposer au traitement dans certaines circonstances;

26. considérant que les principes de la protection doivent s'appliquer à toute information concernant une personne identifiée ou identifiable; que, pour déterminer si une personne est identifiable, il convient de considérer l'ensemble des moyens susceptibles d'être raisonnablement mis en œuvre, soit par le responsable du traitement, soit par une autre personne, pour identifier ladite personne; que les principes de la protection ne s'appliquent pas aux données rendues anonymes d'une manière telle que la personne concernée n'est plus identifiable; que les codes de conduite au sens de l'article 27 peuvent être un instrument utile pour fournir des indications sur les moyens par lesquels les données peuvent être rendues anonymes et conservées sous une forme ne permettant plus l'identification de la personne concernée;

27. considérant que la protection des personnes doit s'appliquer aussi bien au traitement de données automatisé qu'au traitement manuel; que le champ de cette protection ne doit pas en effet dépendre des techniques utilisées, sauf à créer de graves risques de détourne-

ment; que, toutefois, s'agissant du traitement manuel, la présente directive ne couvre que les fichiers et ne s'applique pas aux dossiers non structurés; que, en particulier, le contenu d'un fichier doit être structuré selon des critères déterminés relatifs aux personnes permettant un accès facile aux données à caractère personnel; que, conformément à la définition figurant à l'article 2 point c), les différents critères permettant de déterminer les éléments d'un ensemble structuré de données à caractère personnel et les différents critères régissant l'accès à cet ensemble de données peuvent être définis par chaque État membre; que les dossiers ou ensembles de dossiers, de même que leurs couvertures, qui ne sont pas structurés selon des critères déterminés n'entrent en aucun cas dans le champ d'application de la présente directive;

28. considérant que tout traitement de données à caractère personnel doit être effectué licitement et loyalement à l'égard des personnes concernées; qu'il doit, en particulier, porter sur des données adéquates, pertinentes et non excessives au regard des finalités poursuivies; que ces finalités doivent être explicites et légitimes et doivent être déterminées lors de la collecte des données; que les finalités des traitements ultérieurs à la collecte ne peuvent pas être incompatibles avec les finalités telles que spécifiées à l'origine;

29. considérant que le traitement ultérieur de données à caractère personnel à des fins historiques, statistiques ou scientifiques n'est pas considéré en général comme incompatible avec les finalités pour lesquelles les données ont été auparavant collectées, dans la mesure où les États membres prévoient des garanties appropriées; que ces garanties doivent notamment empêcher l'utilisation des données à l'appui de mesures ou de décisions prises à l'encontre d'une personne;

30. considérant que, pour être licite, un traitement de données à caractère personnel doit en outre être fondé sur le consentement de la personne concernée ou être nécessaire à la conclusion ou à l'exécution d'un contrat liant la personne concernée, ou au respect d'une obligation légale, ou à l'exécution d'une mission d'intérêt public ou relevant de l'exercice de l'autorité publique, ou encore à la réalisation d'un intérêt légitime d'une personne à condition que ne prévalent pas l'intérêt ou les droits et libertés de la personne concernée; que, en particulier, en vue d'assurer l'équilibre des intérêts en cause, tout en garantissant une concurrence effective, les États membres peuvent préciser les conditions dans lesquelles des données à caractère personnel peuvent être utilisées et communiquées à des tiers dans le cadre d'activités légitimes de gestion courante des entreprises et autres organismes; que, de même, ils peuvent préciser les conditions dans lesquelles la communication à des tiers de données à caractère personnel peut être effectuée à des fins de prospection commerciale, ou de prospection faite par une association à but caritatif ou par d'autres associations ou fondations, par exemple à caractère politique, dans le respect de dispositions visant à permettre aux personnes concernées de s'opposer sans devoir indiquer leurs motifs et sans frais au traitement des données les concernant;

31. considérant qu'un traitement de données à caractère personnel doit être également considéré comme licite lorsqu'il est effectué en vue de protéger un intérêt essentiel à la vie de la personne concernée;

32. considérant qu'il appartient aux législations nationales de déterminer si le responsable du traitement investi d'une mission d'intérêt public ou d'une mission relevant de l'exercice de l'autorité publique doit être une administration publique ou une autre personne soumise au droit public ou au droit privé, telle qu'une association professionnelle;

33. considérant que les données qui sont susceptibles par leur nature de porter atteinte aux libertés fondamentales ou à la vie privée ne devraient pas faire l'objet d'un traitement, sauf consentement explicite de la personne concernée; que, cependant, des déroga-

tions à cette interdiction doivent être expressément prévues pour répondre à des besoins spécifiques, en particulier lorsque le traitement de ces données est mis en œuvre à certaines fins relatives à la santé par des personnes soumises à une obligation de secret professionnel ou pour la réalisation d'activités légitimes par certaines associations ou fondations dont l'objet est de permettre l'exercice de libertés fondamentales;

34. considérant que les États membres doivent également être autorisés à déroger à l'interdiction de traiter des catégories de données sensibles lorsqu'un motif d'intérêt public important le justifie dans des domaines tels que la santé publique et la protection sociale – particulièrement afin d'assurer la qualité et la rentabilité en ce qui concerne les procédures utilisées pour régler les demandes de prestations et de services dans le régime d'assurance maladie – et tels que la recherche scientifique et les statistiques publiques; qu'il leur incombe, toutefois, de prévoir les garanties appropriées et spécifiques aux fins de protéger les droits fondamentaux et la vie privée des personnes;

35. considérant, en outre, que le traitement de données à caractère personnel par des autorités publiques pour la réalisation de fins prévues par le droit constitutionnel ou le droit international public, au profit d'associations à caractère religieux officiellement reconnues, est mis en œuvre pour un motif d'intérêt public important;

36. considérant que, si, dans le cadre d'activités liées à des élections, le fonctionnement du système démocratique suppose, dans certains États membres, que les partis politiques collectent des données relatives aux opinions politiques des personnes, le traitement de telles données peut être autorisé en raison de l'intérêt public important, à condition que des garanties appropriées soient prévues;

37. considérant que le traitement de données à caractère personnel à des fins de journalisme ou d'expression artistique ou littéraire, notamment dans le domaine audiovisuel, doit bénéficier de dérogations ou de limitations de certaines dispositions de la présente directive dans la mesure où elles sont nécessaires à la conciliation des droits fondamentaux de la personne avec la liberté d'expression, et notamment la liberté de recevoir ou de communiquer des informations, telle que garantie notamment à l'article 10 de la convention européenne de sauvegarde des droits de l'homme et des libertés fondamentales; qu'il incombe donc aux États membres, aux fins de la pondération entre les droits fondamentaux, de prévoir les dérogations et limitations nécessaires en ce qui concerne les mesures générales relatives à la légalité du traitement des données, les mesures relatives au transfert des données vers des pays tiers ainsi que les compétences des autorités de contrôle, sans qu'il y ait lieu toutefois de prévoir des dérogations aux mesures visant à garantir la sécurité du traitement; qu'il conviendrait également de conférer au moins à l'autorité de contrôle compétente en la matière certaines compétences a posteriori, consistant par exemple à publier périodiquement un rapport ou à saisir les autorités judiciaires;

38. considérant que le traitement loyal des données suppose que les personnes concernées puissent connaître l'existence des traitements et bénéficier, lorsque des données sont collectées auprès d'elles, d'une information effective et complète au regard des circonstances de cette collecte;

39. considérant que certains traitements portent sur des données que le responsable n'a pas collectées directement auprès de la personne concernée; que, par ailleurs, des données peuvent être légitimement communiquées à un tiers, alors même que cette communication n'avait pas été prévue lors de la collecte des données auprès de la personne concernée; que, dans toutes ces hypothèses, l'information de la personne concernée doit se faire au moment de l'enregistrement des données ou, au plus tard, lorsque les données sont communiquées pour la première fois à un tiers;

1. Traitement des données à caractère personnel 755

40. considérant que, cependant, il n'est pas nécessaire d'imposer cette obligation si la personne concernée est déjà informée; que, en outre, cette obligation n'est pas prévue si cet enregistrement ou cette communication sont expressément prévus par la loi ou si l'information de la personne concernée se révèle impossible ou implique des efforts disproportionnés, ce qui peut être le cas pour des traitements à des fins historiques, statistiques ou scientifiques; que, à cet égard, peuvent être pris en considération le nombre de personnes concernées, l'ancienneté des données, ainsi que les mesures compensatrices qui peuvent être prises;

41. considérant que toute personne doit pouvoir bénéficier du droit d'accès aux données la concernant qui font l'objet d'un traitement, afin de s'assurer notamment de leur exactitude et de la licéité de leur traitement; que, pour les mêmes raisons, toute personne doit en outre avoir le droit de connaître la logique qui sous-tend le traitement automatisé des données la concernant, au moins dans le cas des décisions automatisées visées à l'article 15 paragraphe 1; que ce droit ne doit pas porter atteinte au secret des affaires ni à la propriété intellectuelle, notamment au droit d'auteur protégeant le logiciel; que cela ne doit toutefois pas aboutir au refus de toute information de la personne concernée;

42. considérant que les États membres peuvent, dans l'intérêt de la personne concernée ou en vue de protéger les droits et libertés d'autrui, limiter les droits d'accès et d'information; qu'ils peuvent, par exemple, préciser que l'accès aux données à caractère médical ne peut être obtenu que par l'intermédiaire d'un professionnel de la santé;

43. considérant que des restrictions aux droits d'accès et d'information, ainsi qu'à certaines obligations mises à la charge du responsable du traitement de données, peuvent également être prévues par les États membres dans la mesure où elles sont nécessaires à la sauvegarde, par exemple, de la sûreté de l'État, de la défense, de la sécurité publique, d'un intérêt économique ou financier important d'un État membre ou de l'Union européenne, ainsi qu'à la recherche et à la poursuite d'infractions pénales ou de manquements à la déontologie des professions réglementées; qu'il convient d'énumérer, au titre des exceptions et limitations, les missions de contrôle, d'inspection ou de réglementation nécessaires dans les trois derniers domaines précités concernant la sécurité publique, l'intérêt économique ou financier et la répression pénale; que cette énumération de missions concernant ces trois domaines n'affecte pas la légitimité d'exceptions et de restrictions pour des raisons de sûreté de l'État et de défense;

44. considérant que les États membres peuvent être amenés, en vertu de dispositions du droit communautaire, à déroger aux dispositions de la présente directive concernant le droit d'accès, l'information des personnes et la qualité des données, afin de sauvegarder certaines finalités parmi celles visées ci-dessus;

45. considérant que, dans le cas où des données pourraient faire l'objet d'un traitement licite sur le fondement d'un intérêt public, de l'exercice de l'autorité publique ou de l'intérêt légitime d'une personne, toute personne concernée devrait, toutefois, avoir le droit de s'opposer, pour des raisons prépondérantes et légitimes tenant à sa situation particulière, à ce que les données la concernant fassent l'objet d'un traitement; que les États membres ont, néanmoins, la possibilité de prévoir des dispositions nationales contraires;

46. considérant que la protection des droits et libertés des personnes concernées à l'égard du traitement de données à caractère personnel exige que des mesures techniques et d'organisation appropriées soient prises tant au moment de la conception qu'à celui de la mise en œuvre du traitement, en vue d'assurer en particulier la sécurité et d'empêcher ainsi tout traitement non autorisé; qu'il incombe aux États membres de veiller au respect de ces mesures par les responsables du traitement; que ces mesures doivent assurer un niveau

de sécurité approprié tenant compte de l'état de l'art et du coût de leur mise en œuvre au regard des risques présentés par les traitements et de la nature des données à protéger;

47. considérant que, lorsqu'un message contenant des données à caractère personnel est transmis via un service de télécommunications ou de courrier électronique dont le seul objet est de transmettre des messages de ce type, c'est la personne dont émane le message, et non celle qui offre le service de transmission, qui sera normalement considérée comme responsable du traitement de données à caractère personnel contenues dans le message; que, toutefois, les personnes qui offrent ces services seront normalement considérées comme responsables du traitement des données à caractère personnel supplémentaires nécessaires au fonctionnement du service;

48. considérant que la notification à l'autorité de contrôle a pour objet d'organiser la publicité des finalités du traitement, ainsi que de ses principales caractéristiques, en vue de son contrôle au regard des dispositions nationales prises en application de la présente directive;

49. considérant que, afin d'éviter des formalités administratives inadéquates, des exonérations ou des simplifications de la notification peuvent être prévues par les États membres pour les traitements de données qui ne sont pas susceptibles de porter atteinte aux droits et libertés des personnes concernées, à condition qu'ils soient conformes à un acte pris par l'État membre qui en précise les limites; que des exonérations ou simplifications peuvent pareillement être prévues par les États membres dès lors qu'une personne désignée par le responsable du traitement de données s'assure que les traitements effectués ne sont pas susceptibles de porter atteinte aux droits et libertés des personnes concernées; que la personne ainsi détachée à la protection des données, employée ou non du responsable du traitement de données, doit être en mesure d'exercer ses fonctions en toute indépendance;

50. considérant que des exonérations ou simplifications peuvent être prévues pour le traitement de données dont le seul but est de tenir un registre destiné, dans le respect du droit national, à l'information du public et qui est ouvert à la consultation du public ou de toute personne justifiant d'un intérêt légitime;

51. considérant que, néanmoins, le bénéfice de la simplification ou de l'exonération de l'obligation de notification ne dispense le responsable du traitement de données d'aucune des autres obligations découlant de la présente directive;

52. considérant que, dans ce contexte, le contrôle a posteriori par les autorités compétentes doit être en général considéré comme une mesure suffisante;

53. considérant que, cependant, certains traitements sont susceptibles de présenter des risques particuliers au regard des droits et des libertés des personnes concernées, du fait de leur nature, de leur portée ou de leurs finalités telles que celle d'exclure des personnes du bénéfice d'un droit, d'une prestation ou d'un contrat, ou du fait de l'usage particulier d'une technologie nouvelle; qu'il appartient aux États membres, s'ils le souhaitent, de préciser dans leur législation de tels risques;

54. considérant que, au regard de tous les traitements mis en œuvre dans la société, le nombre de ceux présentant de tels risques particuliers devrait être très restreint; que les États membres doivent prévoir, pour ces traitements, un examen préalable à leur mise en œuvre, effectué par l'autorité de contrôle ou par le détaché à la protection des données en coopération avec celle-ci; que, à la suite de cet examen préalable, l'autorité de contrôle peut, selon le droit national dont elle relève, émettre un avis ou autoriser le traitement des données; qu'un tel examen peut également être effectué au cours de l'élaboration soit d'une mesure législative du Parlement national, soit d'une mesure fondée sur une telle

1. Traitement des données à caractère personnel

mesure législative, qui définisse la nature du traitement et précise les garanties appropriées;

55. considérant que, en cas de non-respect des droits des personnes concernées par le responsable du traitement de données, un recours juridictionnel doit être prévu par les législations nationales; que les dommages que peuvent subir les personnes du fait d'un traitement illicite doivent être réparés par le responsable du traitement de données, lequel peut être exonéré de sa responsabilité s'il prouve que le fait dommageable ne lui est pas imputable, notamment lorsqu'il établit l'existence d'une faute de la personne concernée ou d'un cas de force majeure; que des sanctions doivent être appliquées à toute personne, tant de droit privé que de droit public, qui ne respecte pas les dispositions nationales prises en application de la présente directive;

56. considérant que des flux transfrontaliers de données à caractère personnel sont nécessaires au développement du commerce international; que la protection des personnes garantie dans la Communauté par la présente directive ne s'oppose pas aux transferts de données à caractère personnel vers des pays tiers assurant un niveau de protection adéquat; que le caractère adéquat du niveau de protection offert par un pays tiers doit s'apprécier au regard de toutes les circonstances relatives à un transfert ou à une catégorie de transferts;

57. considérant, en revanche, que, lorsqu'un pays tiers n'offre pas un niveau de protection adéquat, le transfert de données à caractère personnel vers ce pays doit être interdit;

58. considérant que des exceptions à cette interdiction doivent pouvoir être prévues dans certaines circonstances lorsque la personne concernée a donné son consentement, lorsque le transfert est nécessaire dans le contexte d'un contrat ou d'une action en justice, lorsque la sauvegarde d'un intérêt public important l'exige, par exemple en cas d'échanges internationaux de données entre les administrations fiscales ou douanières ou entre les services compétents en matière de sécurité sociale, ou lorsque le transfert est effectué à partir d'un registre établi par la loi et destiné à être consulté par le public ou par des personnes ayant un intérêt légitime; que, dans ce cas, un tel transfert ne devrait pas porter sur la totalité des données ni sur des catégories de données contenues dans ce registre; que, lorsqu'un registre est destiné à être consulté par des personnes qui ont un intérêt légitime, le transfert ne devrait pouvoir être effectué qu'à la demande de ces personnes ou lorsqu'elles en sont les destinataires;

59. considérant que des mesures particulières peuvent être prises pour pallier l'insuffisance du niveau de protection dans un pays tiers lorsque le responsable du traitement présente des garanties appropriées; que, en outre, des procédures de négociation entre la Communauté et les pays tiers en cause doivent être prévues;

60. considérant que, en tout état de cause, les transferts vers les pays tiers ne peuvent être effectués que dans le plein respect des dispositions prises par les États membres en application de la présente directive, et notamment de son article 8;

61. considérant que les États membres et la Commission, dans leurs domaines de compétence respectifs, doivent encourager les milieux professionnels concernés à élaborer des codes de conduite en vue de favoriser, compte tenu des spécificités du traitement de données effectué dans certains secteurs, la mise en œuvre de la présente directive dans le respect des dispositions nationales prises pour son application;

62. considérant que l'institution, dans les États membres, d'autorités de contrôle exerçant en toute indépendance leurs fonctions est un élément essentiel de la protection des personnes à l'égard du traitement des données à caractère personnel;

63. considérant que ces autorités doivent être dotées des moyens nécessaires à l'exécution de leurs tâches, qu'il s'agisse des pouvoirs d'investigation et d'intervention, en particulier lorsque les autorités sont saisies de réclamations, ou du pouvoir d'ester en justice; qu'elles doivent contribuer à la transparence du traitement de données effectué dans l'État membre dont elles relèvent;

64. considérant que les autorités des différents États membres seront appelées à se prêter mutuellement assistance dans la réalisation de leurs tâches afin d'assurer le plein respect des règles de protection dans l'Union européenne;

65. considérant que, au niveau communautaire, un groupe de travail sur la protection des personnes à l'égard du traitement des données à caractère personnel doit être instauré et qu'il doit exercer ses fonctions en toute indépendance; que, compte tenu de cette spécificité, il doit conseiller la Commission et contribuer notamment à l'application homogène des règles nationales adoptées en application de la présente directive;

66. considérant que, pour ce qui est du transfert de données vers les pays tiers, l'application de la présente directive nécessite l'attribution de compétences d'exécution à la Commission et l'établissement d'une procédure selon les modalités fixées dans la décision 87/373/CEE du Conseil[4];

67. considérant qu'un accord sur un modus vivendi concernant les mesures d'exécution des actes arrêtés selon la procédure visée à l'article 189 B du traité est intervenu, le 20 décembre 1994, entre le Parlement européen, le Conseil et la Commission;

68. considérant que les principes énoncés dans la présente directive et régissant la protection des droits et des libertés des personnes, notamment du droit à la vie privée, à l'égard du traitement des données à caractère personnel pourront être complétés ou précisés, notamment pour certains secteurs, par des règles spécifiques conformes à ces principes;

69. considérant qu'il convient de laisser aux États membres un délai ne pouvant pas excéder trois ans à compter de l'entrée en vigueur des mesures nationales de transposition de la présente directive, pour leur permettre d'appliquer progressivement à tout traitement de données déjà mis en œuvre les nouvelles dispositions nationales susvisées; que, afin de permettre un bon rapport coût-efficacité lors de la mise en œuvre de ces dispositions, les États membres sont autorisés à prévoir une période supplémentaire, expirant douze ans après la date d'adoption de la présente directive, pour la mise en conformité des fichiers manuels existants avec certaines dispositions de la directive; que, lorsque des données contenues dans de tels fichiers font l'objet d'un traitement manuel effectif pendant cette période transitoire supplémentaire, la mise en conformité avec ces dispositions doit être effectuée au moment de la réalisation de ce traitement;

70. considérant qu'il n'y a pas lieu que la personne concernée donne à nouveau son consentement pour permettre au responsable de continuer à effectuer, après l'entrée en vigueur des dispositions nationales prises en application de la présente directive, un traitement de données sensibles nécessaire à l'exécution d'un contrat conclu sur la base d'un consentement libre et informé avant l'entrée en vigueur des dispositions précitées;

71. considérant que la présente directive ne s'oppose pas à ce qu'un État membre réglemente les activités de prospection commerciale visant les consommateurs qui résident sur son territoire, dans la mesure où cette réglementation ne concerne pas la protection des personnes à l'égard du traitement de données à caractère personnel;

72. considérant que la présente directive permet de prendre en compte, dans la mise en

---

[4] JO n° L 197 du 18. 7. 1987, p. 33.

1. Traitement des données à caractère personnel

œuvre des règles qu'elle pose, le principe du droit d'accès du public aux documents administratifs,
ONT ARRÊTÉ LA PRÈSENTE DIRECTIVE:

Chapitre premier. Dispositions générales

Article premier. Objet de la directive

1. Les États membres assurent, conformément à la présente directive, la protection des libertés et droits fondamentaux des personnes physiques, notamment de leur vie privée, à l'égard du traitement des données à caractère personnel.
2. Les États membres ne peuvent restreindre ni interdire la libre circulation des données à caractère personnel entre États membres pour des raisons relatives à la protection assurée en vertu du paragraphe 1.

Article 2. Définitions

Aux fins de la présente directive, on entend par:
a) «données à caractère personnel»: toute information concernant une personne physique identifiée ou identifiable (personne concernée); est réputée identifiable une personne qui peut être identifiée, directement ou indirectement, notamment par référence à un numéro d'identification ou à un ou plusieurs éléments spécifiques, propres à son identité physique, physiologique, psychique, économique, culturelle ou sociale;
b) «traitement de données à caractère personnel» (traitement): toute opération ou ensemble d'opérations effectuées ou non à l'aide de procédés automatisés et appliquées à des données à caractère personnel, telles que la collecte, l'enregistrement, l'organisation, la conservation, l'adaptation ou la modification, l'extraction, la consultation, l'utilisation, la communication par transmission, diffusion ou toute autre forme de mise à disposition, le rapprochement ou l'interconnexion, ainsi que le verrouillage, l'effacement ou la destruction;
c) «fichier de données à caractère personnel» (fichier): tout ensemble structuré de données à caractère personnel accessibles selon des critères déterminés, que cet ensemble soit centralisé, décentralisé ou réparti de manière fonctionnelle ou géographique;
d) «responsable du traitement»: la personne physique ou morale, l'autorité publique, le service ou tout autre organisme qui, seul ou conjointement avec d'autres, détermine les finalités et les moyens du traitement de données à caractère personnel; lorsque les finalités et les moyens du traitement sont déterminés par des dispositions législatives ou réglementaires nationales ou communautaires, le responsable du traitement ou les critères spécifiques pour le désigner peuvent être fixés par le droit national ou communautaire;
e) «sous-traitement»: la personne physique ou morale, l'autorité publique, le service ou tout autre organisme qui traite des données à caractère personnel pour le compte du responsable du traitement;
f) «tiers»: la personne physique ou morale, l'autorité publique, le service ou tout autre organisme autre que la personne concernée, le responsable du traitement, le sous-traitant et les personnes qui, placées sous l'autorité directe du responsable du traitement ou du sous-traitant, sont habilitées à traiter les données;
g) «destinataire»: la personne physique ou morale, l'autorité publique, le service ou

tout autre organisme qui reçoit communication de données, qu'il s'agisse ou non d'un tiers; les autorités qui sont susceptibles de recevoir communication de données dans le cadre d'une mission d'enquête particulière ne sont toutefois pas considérées comme des destinataires;

h) «consentement de la personne concernée»: toute manifestation de volonté, libre, spécifique et informée par laquelle la personne concernée accepte que des données à caractère personnel la concernant fassent l'objet d'un traitement.

Article 3. Champ d'application

1. La présente directive s'applique au traitement de données à caractère personnel, automatisé en tout ou en partie, ainsi qu'au traitement non automatisé de données à caractère personnel contenues ou appelées à figurer dans un fichier.
2. La présente directive ne s'applique pas au traitement de données à caractère personnel:
– mis en œuvre pour l'exercice d'activités qui ne relèvent pas du champ d'application du droit communautaire, telles que celles prévues aux titres V et VI du traité sur l'Union européenne, et, en tout état de cause, aux traitements ayant pour objet la sécurité publique, la défense, la sûreté de l'État (y compris le bien-être économique de l'État lorsque ces traitements sont liés à des questions de sûreté de l'État) et les activités de l'État relatives à des domaines du droit pénal,
– effectué par une personne physique pour l'exercice d'activités exclusivement personnelles ou domestiques.

Article 4. Droit national applicable

1. Chaque État membre applique les dispositions nationales qu'il arrête en vertu de la présente directive aux traitements de données à caractère personnel lorsque:
a) le traitement est effectué dans le cadre des activités d'un établissement du responsable du traitement sur le territoire de l'État membre; si un même responsable du traitement est établi sur le territoire de plusieurs États membres, il doit prendre les mesures nécessaires pour assurer le respect, par chacun de ses établissements, des obligations prévues par le droit national applicable;
b) le responsable du traitement n'est pas établi sur le territoire de l'État membre mais en un lieu où sa loi nationale s'applique en vertu du droit international public;
c) le responsable du traitement n'est pas établi sur le territoire de la Communauté et recourt, à des fins de traitement de données à caractère personnel, à des moyens, automatisés ou non, situés sur le territoire dudit État membre, sauf si ces moyens ne sont utilisés qu'à des fins de transit sur le territoire de la Communauté.
2. Dans le cas visé au paragraphe 1 point c), le responsable du traitement doit désigner un représentant établi sur le territoire dudit État membre, sans préjudice d'actions qui pourraient être introduites contre le responsable du traitement lui-même.

Chapitre II. Conditions générales de licéité des traitements de données à caractère personnel

Article 5

Les États membres précisent, dans les limites des dispositions du présent chapitre, les conditions dans lesquelles les traitements de données à caractère personnel sont licites.

Section I. Principes à la qualité des données

Article 6

1. Les États membres prévoient que les données à caractère personnel doivent être:
a) traitées loyalement et licitement;
b) collectées pour des finalités déterminées, explicites et légitimes, et ne pas être traitées ultérieurement de manière incompatible avec ces finalités. Un traitement ultérieur à des fins historiques, statistiques ou scientifiques n'est pas réputé incompatible pour autant que les États membres prévoient des garanties appropriées;
c) adéquates, pertinentes et non excessives au regard des finalités pour lesquelles elles sont collectées et pour lesquelles elles sont traitées ultérieurement;
d) exactes et, si nécessaire, mises à jour; toutes les mesures raisonnables doivent être prises pour que les données inexactes ou incomplètes, au regard des finalités pour lesquelles elles sont collectées ou pour lesquelles elles sont traitées ultérieurement, soient effacées ou rectifiées;
e) conservées sous une forme permettant l'identification des personnes concernées pendant une durée n'excédant pas celle nécessaire à la réalisation des finalités pour lesquelles elles sont collectées ou pour lesquelles elles sont traitées ultérieurement. Les États membres prévoient des garanties appropriées pour les données à caractère personnel qui sont conservées au-delà de la période précitée, à des fins historiques, statistiques ou scientifiques.

2. Il incombe au responsable du traitement d'assurer le respect du paragraphe 1.

Section II. Principe relatifs à la légitimation des traitement de données

Article 7
Les États membres prévoient que le traitement de données à caractère personnel ne peut être effectué que si:
a) la personne concernée a indubitablement donné son consentement
ou
b) il est nécessaire à l'exécution d'un contrat auquel la personne concernée est partie ou à l'exécution de mesures précontractuelles prises à la demande de celle-ci
ou
c) il est nécessaire au respect d'une obligation légale à laquelle le responsable du traitement est soumis
ou
d) il est nécessaire à la sauvegarde de l'intérêt vital de la personne concernée
ou
e) il est nécessaire à l'exécution d'une mission d'intérêt public ou relevant de l'exercice de l'autorité publique, dont est investi le responsable du traitement ou le tiers auquel les données sont communiquées
ou
f) il est nécessaire à la réalisation de l'intérêt légitime poursuivi par le responsable du traitement ou par le ou les tiers auxquels les données sont communiquées, à condition que ne prévalent pas l'intérêt ou les droits et libertés fondamentaux de la personne concernée, qui appellent une protection au titre de l'article 1er paragraphe 1.

Section III. Catégories particulières de traitements

Article 8. Traitements portant sur des catégories particulières de données

1. Les États membres interdisent le traitement des données à caractère personnel qui révèlent l'origine raciale ou ethnique, les opinions politiques, les convictions religieuses ou philosophiques, l'appartenance syndicale, ainsi que le traitement des données relatives à la santé et à la vie sexuelle.

2. Le paragraphe 1 ne s'applique pas lorsque:

a) la personne concernée a donné son consentement explicite à un tel traitement, sauf dans le cas où la législation de l'État membre prévoit que l'interdiction visée au paragraphe 1 ne peut être levée par le consentement de la personne concernée

ou

b) le traitement est nécessaire aux fins de respecter les obligations et les droits spécifiques du responsable du traitement en matière de droit du travail, dans la mesure où il est autorisé par une législation nationale prévoyant des garanties adéquates

ou

c) le traitement est nécessaire à la défense des intérêts vitaux de la personne concernée ou d'une autre personne dans le cas où la personne concernée se trouve dans l'incapacité physique ou juridique de donner son consentement

ou

d) le traitement est effectué dans le cadre de leurs activités légitimes et avec des garanties appropriées par une fondation, une association ou tout autre organisme à but non lucratif et à finalité politique, philosophique, religieuse ou syndicale, à condition que le traitement se rapporte aux seuls membres de cet organisme ou aux personnes entretenant avec lui des contacts réguliers liés à sa finalité et que les données ne soient pas communiquées à des tiers sans le consentement des personnes concernées

ou

e) le traitement porte sur des données manifestement rendues publiques par la personne concernée ou est nécessaire à la constatation, à l'exercice ou à la défense d'un droit en justice.

3. Le paragraphe 1 ne s'applique pas lorsque le traitement des données est nécessaire aux fins de la médecine préventive, des diagnostics médicaux, de l'administration de soins ou de traitements ou de la gestion de services de santé et que le traitement de ces données est effectué par un praticien de la santé soumis par le droit national ou par des réglementations arrêtées par les autorités nationales compétentes au secret professionnel, ou par une autre personne également soumise à une obligation de secret équivalente.

4. Sous réserve de garanties appropriées, les États membres peuvent prévoir, pour un motif d'intérêt public important, des dérogations autres que celles prévues au paragraphe 2, soit par leur législation nationale, soit sur décision de l'autorité de contrôle.

5. Le traitement de données relatives aux infractions, aux condamnations pénales ou aux mesures de sûreté ne peut être effectué que sous le contrôle de l'autorité publique ou si des garanties appropriées et spécifiques sont prévues par le droit national, sous réserve des dérogations qui peuvent être accordées par l'État membre sur la base de dispositions nationales prévoyant des garanties appropriées et spécifi-

1. Traitement des données à caractère personnel

ques. Toutefois, un recueil exhaustif des condamnations pénales ne peut être tenu que sous le contrôle de l'autorité publique.

Les États membres peuvent prévoir que les données relatives aux sanctions administratives ou aux jugements civils sont également traitées sous le contrôle de l'autorité publique.

6. Les dérogations au paragraphe 1 prévues aux paragraphes 4 et 5 sont notifiées à la Commission.

7. Les États membres déterminent les conditions dans lesquelles un numéro national d'identification ou tout autre identifiant de portée générale peut faire l'objet d'un traitement.

Article 9. Traitements de données à caractère personnel et liberté d'expression

Les États membres prévoient, pour les traitements de données à caractère personnel effectués aux seules fins de journalisme ou d'expression artistique ou littéraire, des exemptions et dérogations au présent chapitre, au chapitre IV et au chapitre VI dans la seule mesure où elles s'avèrent nécessaires pour concilier le droit à la vie privée avec les règles régissant la liberté d'expression.

Section IV. Information de la personne concernée

Article 10. Informations en cas de collecte de données auprès de la personne concernée

Les États membres prévoient que le responsable du traitement ou son représentant doit fournir à la personne auprès de laquelle il collecte des données la concernant au moins les informations énumérées ci-dessous, sauf si la personne en est déjà informée:
a) l'identité du responsable du traitement et, le cas échéant, de son représentant;
b) les finalités du traitement auquel les données sont destinées;
c) toute information supplémentaire telle que:
– les destinataires ou les catégories de destinataires des données,
– le fait de savoir si la réponse aux questions est obligatoire ou facultative ainsi que les conséquences éventuelles d'un défaut de réponse,
– l'existence d'un droit d'accès aux données la concernant et de rectification de ces données,
dans la mesure où, compte tenu des circonstances particulières dans lesquelles les données sont collectées, ces informations supplémentaires sont nécessaires pour assurer à l'égard de la personne concernée un traitement loyal des données.

Article 11. Informations lorsque les données n'ont pas été collectées auprès de la personne concernée

1. Lorsque les données n'ont pas été collectées auprès de la personne concernée, les États membres prévoient que le responsable du traitement ou son représentant doit, dès l'enregistrement des données ou, si une communication de données à un tiers est envisagée, au plus tard lors de la première communication de données, fournir à la personne concernée au moins les informations énumérées ci-dessous, sauf si la personne en est déjà informée:
a) l'identité du responsable du traitement et, le cas échéant, de son représentant;
b) les finalités du traitement;

c) toute information supplémentaire telle que:
- les catégories de données concernées,
- les destinataires ou les catégories de destinataires des données,
- l'existence d'un droit d'accès aux données la concernant et de rectification de ces données,
dans la mesure où, compte tenu des circonstances particulières dans lesquelles les données sont collectées, ces informations supplémentaires sont nécessaires pour assurer à l'égard de la personne concernée un traitement loyal des données.
2. Le paragraphe 1 ne s'applique pas lorsque, en particulier pour un traitement à finalité statistique ou de recherche historique ou scientifique, l'information de la personne concernée se révèle impossible ou implique des efforts disproportionnés ou si la législation prévoit expressément l'enregistrement ou la communication des données. Dans ces cas, les États membres prévoient des garanties appropriées.

Section V. Droit d'accès de la personne concernée aux données

Article 12. Droit d'accès
Les États membres garantissent à toute personne concernée le droit d'obtenir du responsable du traitement:
a) sans contrainte, à des intervalles raisonnables et sans délais ou frais excessifs:
- la confirmation que des données la concernant sont ou ne sont pas traitées, ainsi que des informations portant au moins sur les finalités du traitement, les catégories de données sur lesquelles il porte et les destinataires ou les catégories de destinataires auxquels les données sont communiquées,
- la communication, sous une forme intelligible, des données faisant l'objet des traitements, ainsi que de toute information disponible sur l'origine des données,
- la connaissance de la logique qui sous-tend tout traitement automatisé des données la concernant, au moins dans le cas des décisions automatisées visées à l'article 15 paragraphe 1;
b) selon le cas, la rectification, l'effacement ou le verrouillage des données dont le traitement n'est pas conforme à la présente directive, notamment en raison du caractère incomplet ou inexact des données;
c) la notification aux tiers auxquels les données ont été communiquées de toute rectification, tout effacement ou tout verrouillage effectué conformément au point b), si cela ne s'avère pas impossible ou ne suppose pas un effort disproportionné.

Section VI. Exceptions et limitations

Article 13. Exceptions et limitations
1. Les États membres peuvent prendre des mesures législatives visant à limiter la portée des obligations et des droits prévus à l'article 6 paragraphe 1, à l'article 10, à l'article 11 paragraphe 1 et aux articles 12 et 21, lorsqu'une telle limitation constitue une mesure nécessaire pour sauvegarder:
a) la sûreté de l'État;
b) la défense;
c) la sécurité publique;
d) la prévention, la recherche, la détection et la poursuite d'infractions pénales ou de manquements à la déontologie dans le cas des professions réglementées;

1. Traitement des données à caractère personnel

e) un intérêt économique ou financier important d'un État membre ou de l'Union européenne, y compris dans les domaines monétaire, budgétaire et fiscal;
f) une mission de contrôle, d'inspection ou de réglementation relevant, même à titre occasionnel, de l'exercice de l'autorité publique, dans les cas visés aux points c), d) et e);
g) la protection de la personne concernée ou des droits et libertés d'autrui.

2. Sous réserve de garanties légales appropriées, excluant notamment que les données puissent être utilisées aux fins de mesures ou de décisions se rapportant à des personnes précises, les États membres peuvent, dans le cas où il n'existe manifestement aucun risque d'atteinte à la vie privée de la personne concernée, limiter par une mesure législative les droits prévus à l'article 12 lorsque les données sont traitées exclusivement aux fins de la recherche scientifique ou sont stockées sous la forme de données à caractère personnel pendant une durée n'excédant pas celle nécessaire à la seule finalité d'établissement de statistiques.

Section VII. Droit d'opposition de la personne concernée

Article 14. Droit d'opposition de la personne concernée

Les États membres reconnaissent à la personne concernée le droit:
a) au moins dans les cas visés à l'article 7 points e) et f), de s'opposer à tout moment, pour des raisons prépondérantes et légitimes tenant à sa situation particulière, à ce que des données la concernant fassent l'objet d'un traitement, sauf en cas de disposition contraire du droit national. En cas d'opposition justifiée, le traitement mis en œuvre par le responsable du traitement ne peut plus porter sur ces données;
b) de s'opposer, sur demande et gratuitement, au traitement des données à caractère personnel la concernant envisagé par le responsable du traitement à des fins de prospection
ou
d'être informée avant que des données à caractère personnel ne soient pour la première fois communiquées à des tiers ou utilisées pour le compte de tiers à des fins de prospection et de se voir expressément offrir le droit de s'opposer, gratuitement, à ladite communication ou utilisation.

Les États membres prennent les mesures nécessaires pour garantir que les personnes concernées ont connaissance de l'existence du droit visé au point b) premier alinéa.

Article 15. Décisions individuelles automatisées

1. Les États membres reconnaissent à toute personne le droit de ne pas être soumise à une décision produisant des effets juridiques à son égard ou l'affectant de manière significative, prise sur le seul fondement d'un traitement automatisé de données destiné à évaluer certains aspects de sa personnalité, tels que son rendement professionnel, son crédit, sa fiabilité, son comportement, etc.
2. Les États membres prévoient, sous réserve des autres dispositions de la présente directive, qu'une personne peut être soumise à une décision telle que celle visée au paragraphe 1 si une telle décision:
a) est prise dans le cadre de la conclusion ou de l'exécution d'un contrat, à condition que la demande de conclusion ou d'exécution du contrat, introduite par la

personne concernée, ait été satisfaite ou que des mesures appropriées, telles que la possibilité de faire valoir son point de vue, garantissent la sauvegarde de son intérêt légitime

ou

b) est autorisée par une loi qui précise les mesures garantissant la sauvegarde de l'intérêt légitime de la personne concernée.

Section VIII. Confidentialité et sécurité des traitements

Article 16. Confidentialité des traitements
Toute personne agissant sous l'autorité du responsable du traitement ou celle du sous-traitant, ainsi que le sous-traitant lui-même, qui accède à des données à caractère personnel ne peut les traiter que sur instruction du responsable du traitement, sauf en vertu d'obligations légales.

Article 17. Sécurité des traitements
1. Les États membres prévoient que le responsable du traitement doit mettre en œuvre les mesures techniques et d'organisation appropriées pour protéger les données à caractère personnel contre la destruction accidentelle ou illicite, la perte accidentelle, l'altération, la diffusion ou l'accès non autorisés, notamment lorsque le traitement comporte des transmissions de données dans un réseau, ainsi que contre toute autre forme de traitement illicite.

Ces mesures doivent assurer, compte tenu de l'état de l'art et des coûts liés à leur mise en œuvre, un niveau de sécurité approprié au regard des risques présentés par le traitement et de la nature des données à protéger.

2. Les États membres prévoient que le responsable du traitement, lorsque le traitement est effectué pour son compte, doit choisir un sous-traitant qui apporte des garanties suffisantes au regard des mesures de sécurité technique et d'organisation relatives aux traitements à effectuer et qu'il doit veiller au respect de ces mesures.

3. La réalisation de traitements en sous-traitance doit être régie par un contrat ou un acte juridique qui lie le sous-traitant au responsable du traitement et qui prévoit notamment que:
– le sous-traitant n'agit que sur la seule instruction du responsable du traitement,
– les obligations visées au paragraphe 1, telles que définies par la législation de l'État membre dans lequel le sous-traitant est établi, incombent également à celui-ci.

4. Aux fins de la conservation des preuves, les éléments du contrat ou de l'acte juridique relatifs à la protection des données et les exigences portant sur les mesures visées au paragraphe 1 sont consignés par écrit ou sous une autre forme équivalente.

Section IX. Notification

Article 18. Obligation de notification à l'autorité de contrôle
1. Les États membres prévoient que le responsable du traitement, ou le cas échéant son représentant, doit adresser une notification à l'autorité de contrôle visée à l'article 28 préalablement à la mise en œuvre d'un traitement entièrement ou partiel-

1. Traitement des données à caractère personnel

lement automatisé ou d'un ensemble de tels traitements ayant une même finalité ou des finalités liées.
2. Les États membres ne peuvent prévoir de simplification de la notification ou de dérogation à cette obligation que dans les cas et aux conditions suivants:
– lorsque, pour les catégories de traitement qui, compte tenu des données à traiter, ne sont pas susceptibles de porter atteinte aux droits et libertés des personnes concernées, ils précisent les finalités des traitements, les données ou catégories de données traitées, la ou les catégories de personnes concernées, les destinataires ou catégories de destinataires auxquels les données sont communiquées et la durée de conservation des données
et/ou
– lorsque le responsable du traitement désigne, conformément au droit national auquel il est soumis, un détaché à la protection des données à caractère personnel chargé notamment:
– d'assurer, d'une manière indépendante, l'application interne des dispositions nationales prises en application de la présente directive,
– de tenir un registre des traitements effectués par le responsable du traitement, contenant les informations visées à l'article 21 paragraphe 2,
et garantissant de la sorte que les traitements ne sont pas susceptibles de porter atteinte faux droits et libertés des personnes concernées.
3. Les États membres peuvent prévoir que le paragraphe 1 ne s'applique pas aux traitements ayant pour seul objet la tenue d'un registre qui, en vertu de dispositions législatives ou réglementaires, est destiné à l'information du public et est ouvert à la consultation du public ou de toute personne justifiant d'un intérêt légitime.
4. Les États membres peuvent prévoir une dérogation à l'obligation de notification ou une simplification de la notification pour les traitements visés à l'article 8 paragraphe 2 point d).
5. Les États membres peuvent prévoir que les traitements non automatisés de données à caractère personnel, ou certains d'entre eux, font l'objet d'une notification, éventuellement simplifiée.

Article 19. Contenu de la notification
1. Les États membres précisent les informations qui doivent figurer dans la notification. Elles comprennent au minimum:
a) le nom et l'adresse du responsable du traitement et, le cas échéant, de son représentant;
b) la ou les finalités du traitement;
c) une description de la ou des catégories de personnes concernées et des données ou des catégories de données s'y rapportant;
d) les destinataires ou les catégories de destinataires auxquels les données sont susceptibles d'être communiquées;
e) les transferts de données envisagés à destination de pays tiers;
f) une description générale permettant d'apprécier de façon préliminaire le caractère approprié des mesures prises pour assurer la sécurité du traitement en application de l'article 17.
2. Les États membres précisent les modalités de notification à l'autorité de contrôle des changements affectant les informations visées au paragraphe 1.

Article 20. Contrôles préalables

1. Les États membres précisent les traitements susceptibles de présenter des risques particuliers au regard des droits et libertés des personnes concernées et veillent à ce que ces traitements soient examinés avant leur mise en œuvre.

2. De tels examens préalables sont effectués par l'autorité de contrôle après réception de la notification du responsable du traitement ou par le détaché à la protection des données, qui, en cas de doute, doit consulter l'autorité de contrôle.

3. Les États membres peuvent aussi procéder à un tel examen dans le cadre de l'élaboration soit d'une mesure du Parlement national, soit d'une mesure fondée sur une telle mesure législative, qui définisse la nature du traitement et fixe des garanties appropriées.

Article 21. Publicité des traitements

1. Les États membres prennent des mesures pour assurer la publicité des traitements.

2. Les États membres prévoient que l'autorité de contrôle tient un registre des traitements notifiés en vertu de l'article 18.

Le registre contient au minimum les informations énumérées à l'article 19 paragraphe 1 points a) à e).

Le registre peut être consulté par toute personne.

3. En ce qui concerne les traitements non soumis à notification, les États membres prévoient que le responsable du traitement ou une autre instance qu'ils désignent communique sous une forme appropriée à toute personne qui en fait la demande au moins les informations visées à l'article 19 paragraphe 1 points a) à e).

Les États membres peuvent prévoir que la présente disposition ne s'applique pas aux traitements ayant pour seul objet la tenue d'un registre qui, en vertu de dispositions législatives ou réglementaires, est destiné à l'information du public et est ouvert à la consultation du public ou de toute personne justifiant d'un intérêt légitime.

Chapitre III. Recours juridictionnels, responsabilité et sanctions

Article 22. Recours

Sans préjudice du recours administratif qui peut être organisé, notamment devant l'autorité de contrôle visée à l'article 28, antérieurement à la saisine de l'autorité judiciaire, les États membres prévoient que toute personne dispose d'un recours juridictionnel en cas de violation des droits qui lui sont garantis par les dispositions nationales applicables au traitement en question.

Article 23. Responsabilité

1. Les États membres prévoient que toute personne ayant subi un dommage du fait d'un traitement illicite ou de toute action incompatible avec les dispositions nationales prises en application de la présente directive a le droit d'obtenir du responsable du traitement réparation du préjudice subi.

2. Le responsable du traitement peut être exonéré partiellement ou totalement de cette responsabilité s'il prouve que le fait qui a provoqué le dommage ne lui est pas imputable.

1. Traitement des données à caractère personnel

Article 24. Sanctions

Les États membres prennent les mesures appropriées pour assurer la pleine application des dispositions de la présente directive et déterminent notamment les sanctions à appliquer en cas de violation des dispositions prises en application de la présente directive.

Chapitre IV. Transfert de données à caractère personnel vers des pays tiers

Article 25. Principes

1. Les États membres prévoient que le transfert vers un pays tiers de données à caractère personnel faisant l'objet d'un traitement, ou destinées à faire l'objet d'un traitement après leur transfert, ne peut avoir lieu que si, sous réserve du respect des dispositions nationales prises en application des autres dispositions de la présente directive, le pays tiers en question assure un niveau de protection adéquat.

2. Le caractère adéquat du niveau de protection offert par un pays tiers s'apprécie au regard de toutes les circonstances relatives à un transfert ou à une catégorie de transferts de données; en particulier, sont prises en considération la nature des données, la finalité et la durée du ou des traitements envisagés, les pays d'origine et de destination finale, les règles de droit, générales ou sectorielles, en vigueur dans le pays tiers en cause, ainsi que les règles professionnelles et les mesures de sécurité qui y sont respectées.

3. Les États membres et la Commission s'informent mutuellement des cas dans lesquels ils estiment qu'un pays tiers n'assure pas un niveau de protection adéquat au sens du paragraphe 2.

4. Lorsque la Commission constate, conformément à la procédure prévue à l'article 31 paragraphe 2, qu'un pays tiers n'assure pas un niveau de protection adéquat au sens du paragraphe 2 du présent article, les États membres prennent les mesures nécessaires en vue d'empêcher tout transfert de même nature vers le pays tiers en cause.

5. La Commission engage, au moment opportun, des négociations en vue de remédier à la situation résultant de la constatation faite en application du paragraphe 4.

6. La Commission peut constater, conformément à la procédure prévue à l'article 31 paragraphe 2, qu'un pays tiers assure un niveau de protection adéquat au sens du paragraphe 2 du présent article, en raison de sa législation interne ou de ses engagements internationaux, souscrits notamment à l'issue des négociations visées au paragraphe 5, en vue de la protection de la vie privée et des libertés et droits fondamentaux des personnes.

Les États membres prennent les mesures nécessaires pour se conformer à la décision de la Commission.

Article 26. Dérogations

1. Par dérogation à l'article 25 et sous réserve de dispositions contraires de leur droit national régissant des cas particuliers, les États membres prévoient qu'un transfert de données à caractère personnel vers un pays tiers n'assurant pas un niveau de protection adéquat au sens de l'article 25 paragraphe 2 peut être effectué, à condition que:

a) la personne concernée ait indubitablement donné son consentement au transfert envisagé

ou

b) le transfert soit nécessaire à l'exécution d'un contrat entre la personne concernée et le responsable du traitement ou à l'exécution de mesures précontractuelles prises à la demande de la personne concernée

ou

c) le transfert soit nécessaire à la conclusion ou à l'exécution d'un contrat conclu ou à conclure, dans l'intérêt de la personne concernée, entre le responsable du traitement et un tiers

oud) le transfert soit nécessaire ou rendu juridiquement obligatoire pour la sauvegarde d'un intérêt public important, ou pour la constatation, l'exercice ou la défense d'un droit en justice

ou

e) le transfert soit nécessaire à la sauvegarde de l'intérêt vital de la personne concernée

ou

f) le transfert intervienne au départ d'un registre public qui, en vertu de dispositions législatives ou réglementaires, est destiné à l'information du public et est ouvert à la consultation du public ou de toute personne justifiant d'un intérêt légitime, dans la mesure où les conditions légales pour la consultation sont remplies dans le cas particulier.

2. Sans préjudice du paragraphe 1, un État membre peut autoriser un transfert, ou un ensemble de transferts, de données à caractère personnel vers un pays tiers n'assurant pas un niveau de protection adéquat au sens de l'article 25 paragraphe 2, lorsque le responsable du traitement offre des garanties suffisantes au regard de la protection de la vie privée et des libertés et droits fondamentaux des personnes, ainsi qu'à l'égard de l'exercice des droits correspondants; ces garanties peuvent notamment résulter de clauses contractuelles appropriées.

3. L'État membre informe la Commission et les autres États membres des autorisations qu'il accorde en application du paragraphe 2.

En cas d'opposition exprimée par un autre État membre ou par la Commission et dûment justifiée au regard de la protection de la vie privée et des libertés et droits fondamentaux des personnes, la Commission arrête les mesures appropriées, conformément à la procédure prévue à l'article 31 paragraphe 2.

Les États membres prennent les mesures nécessaires pour se conformer à la décision de la Commission.

4. Lorsque la Commission décide, conformément à la procédure prévue à l'article 31 paragraphe 2, que certaines clauses contractuelles types présentent les garanties suffisantes visées au paragraphe 2, les États membres prennent les mesures nécessaires pour se conformer à la décision de la Commission.

Chapitre V. Codes de conduite

Article 27

1. Les États membres et la Commission encouragent l'élaboration de codes de conduite destinés à contribuer, en fonction de la spécificité des secteurs, à la bonne

application des dispositions nationales prises par les États membres en application de la présente directive.

2. Les États membres prévoient que les associations professionnelles et les autres organisations représentant d'autres catégories de responsables du traitement qui ont élaboré des projets de codes nationaux ou qui ont l'intention de modifier ou de proroger des codes nationaux existants peuvent les soumettre à l'examen de l'autorité nationale.

Les États membres prévoient que cette autorité s'assure, entre autres, de la conformité des projets qui lui sont soumis avec les dispositions nationales prises en application de la présente directive. Si elle l'estime opportun, l'autorité recueille les observations des personnes concernées ou de leurs représentants.

3. Les projets de codes communautaires, ainsi que les modifications ou prorogations de codes communautaires existants, peuvent être soumis au groupe visé à l'article 29. Celui-ci se prononce, entre autres, sur la conformité des projets qui lui sont soumis avec les dispositions nationales prises en application de la présente directive. S'il l'estime opportun, il recueille les observations des personnes concernées ou de leurs représentants. La Commission peut assurer une publicité appropriée aux codes qui ont été approuvés par le groupe.

Chapitre VI. Autorité de contrôle et groupe protection des personnes à l'égard du traitement des données à caractère personnel

Article 28. Autorité de contrôle

1. Chaque État membre prévoit qu'une ou plusieurs autorités publiques sont chargées de surveiller l'application, sur son territoire, des dispositions adoptées par les États membres en application de la présente directive.

Ces autorités exercent en toute indépendance les missions dont elles sont investies.

2. Chaque État membre prévoit que les autorités de contrôle sont consultées lors de l'élaboration des mesures réglementaires ou administratives relatives à la protection des droits et libertés des personnes à l'égard du traitement de données à caractère personnel.

3. Chaque autorité de contrôle dispose notamment :
– de pouvoirs d'investigation, tels que le pouvoir d'accéder aux données faisant l'objet d'un traitement et de recueillir toutes les informations nécessaires à l'accomplissement de sa mission de contrôle,
– de pouvoirs effectifs d'intervention, tels que, par exemple, celui de rendre des avis préalablement à la mise en œuvre des traitements, conformément à l'article 20, et d'assurer une publication appropriée de ces avis ou celui d'ordonner le verrouillage, l'effacement ou la destruction de données, ou d'interdire temporairement ou définitivement un traitement, ou celui d'adresser un avertissement ou une admonestation au responsable du traitement ou celui de saisir les parlements nationaux ou d'autres institutions politiques,
– du pouvoir d'ester en justice en cas de violation des dispositions nationales prises en application de la présente directive ou du pouvoir de porter ces violations à la connaissance de l'autorité judiciaire.

Les décisions de l'autorité de contrôle faisant grief peuvent faire l'objet d'un recours juridictionnel.

4. Chaque autorité de contrôle peut être saisie par toute personne, ou par une association la représentant, d'une demande relative à la protection de ses droits et libertés à l'égard du traitement de données à caractère personnel. La personne concernée est informée des suites données à sa demande.

Chaque autorité de contrôle peut, en particulier, être saisie par toute personne d'une demande de vérification de la licéité d'un traitement lorsque les dispositions nationales prises en vertu de l'article 13 de la présente directive sont d'application. La personne est à tout le moins informée de ce qu'une vérification a eu lieu.

5. Chaque autorité de contrôle établit à intervalles réguliers un rapport sur son activité. Ce rapport est publié.

6. Indépendamment du droit national applicable au traitement en cause, chaque autorité de contrôle a compétence pour exercer, sur le territoire de l'État membre dont elle relève, les pouvoirs dont elle est investie conformément au paragraphe 3. Chaque autorité peut être appelée à exercer ses pouvoirs sur demande d'une autorité d'un autre État membre.

Les autorités de contrôle coopèrent entre elles dans la mesure nécessaire à l'accomplissement de leurs missions, notamment en échangeant toute information utile.

7. Les États membres prévoient que les membres et agents des autorités de contrôle sont soumis, y compris après cessation de leurs activités, à l'obligation du secret professionnel à l'égard des informations confidentielles auxquelles ils ont accès.

Article 29. Groupe de protection des personnes à l'égard du traitement des données à caractère personnel

1. Il est institué un groupe de protection des personnes à l'égard du traitement des données à caractère personnel, ci-après dénommé «groupe».

Le groupe a un caractère consultatif et indépendant.

2. Le groupe se compose d'un représentant de l'autorité ou des autorités de contrôle désignées par chaque État membre, d'un représentant de l'autorité ou des autorités créées pour les institutions et organismes communautaires et d'un représentant de la Commission.

Chaque membre du groupe est désigné par l'institution, l'autorité ou les autorités qu'il représente. Lorsqu'un État membre a désigné plusieurs autorités de contrôle, celles-ci procèdent à la nomination d'un représentant commun. Il en va de même pour les autorités créées pour les institutions et organismes communautaires.

3. Le groupe prend ses décisions à la majorité simple des représentants des autorités de contrôle.

4. Le groupe élit son président. La durée du mandat du président est de deux ans. Le mandat est renouvelable.

5. Le secrétariat du groupe est assuré par la Commission.

6. Le groupe établit son règlement intérieur.

7. Le groupe examine les questions mises à l'ordre du jour par son président, soit à l'initiative de celui-ci, soit à la demande d'un représentant des autorités de contrôle ou de la Commission.

Article 30

1. Le groupe a pour mission:

1. Traitement des données à caractère personnel

a) d'examiner toute question portant sur la mise en œuvre des dispositions nationales prises en application de la présente directive, en vue de contribuer à leur mise en œuvre homogène;

b) de donner à la Commission un avis sur le niveau de protection dans la Communauté et dans les pays tiers;

c) de Conseiller la Commission sur tout projet de modification de la présente directive, sur tout projet de mesures additionnelles ou spécifiques à prendre pour sauvegarder les droits et libertés des personnes physiques à l'égard du traitement des données à caractère personnel, ainsi que sur tout autre projet de mesures communautaires ayant une incidence sur ces droits et libertés;

d) de donner un avis sur les codes de conduite élaborés au niveau communautaire.

2. Si le groupe constate que des divergences, susceptibles de porter atteinte à l'équivalence de la protection des personnes à l'égard du traitement des données à caractère personnel dans la Communauté, s'établissent entre les législations et pratiques des États membres, il en informe la Commission.

3. Le groupe peut émettre de sa propre initiative des recommandations sur toute question concernant la protection des personnes à l'égard du traitement de données à caractère personnel dans la Communauté.

4. Les avis et recommandations du groupe sont transmis à la Commission et au comité visé à l'article 31.

5. La Commission informe le groupe des suites qu'elle a données à ses avis et recommandations. Elle rédige à cet effet un rapport qui est transmis également au Parlement européen et au Conseil. Ce rapport est publié.

6. Le groupe établit un rapport annuel sur l'état de la protection des personnes physiques à l'égard du traitement des données à caractère personnel dans la Communauté et dans les pays tiers, qu'il communique à la Commission, au Parlement européen et au Conseil. Ce rapport est publié.

Chapitre VII. Mesures d'exécution communautaires

Article 31. Comité

1. La Commission est assistée par un comité composé des représentants des États membres et présidé par le représentant de la Commission.

2. Le représentant de la Commission soumet au comité un projet des mesures à prendre. Le comité émet son avis sur ce projet, dans un délai que le président peut fixer en fonction de l'urgence de la question en cause.

L'avis est émis à la majorité prévue à l'article 148 paragraphe 2 du traité. Lors des votes au sein du comité, les voix des représentants des États membres sont affectées de la pondération définie à l'article précité. Le président ne prend pas part au vote.

La Commission arrête des mesures qui sont immédiatement applicables. Toutefois, si elles ne sont pas conformes à l'avis émis par le comité, ces mesures sont aussitôt communiquées par la Commission au Conseil. Dans ce cas:

– la Commission diffère l'application des mesures décidées par elle d'un délai de trois mois à compter de la date de la communication,

– le Conseil, statuant à la majorité qualifiée, peut prendre une décision différente dans le délai prévu au premier tiret.

Chapitre VIII. Disposition finales

Article 32

1. Les États membres mettent en vigueur les dispositions législatives, réglementaires et administratives nécessaires pour se conformer à la présente directive au plus tard à l'issue d'une période de trois ans à compter de son adoption.
Lorsque les États membres adoptent ces dispositions, celles-ci contiennent une référence à la présente directive ou sont accompagnées d'une telle référence lors de leur publication officielle. Les modalités de cette référence sont arrêtées par les États membres.
2. Les États membres veillent à ce que les traitements dont la mise en œuvre est antérieure à la date d'entrée en vigueur des dispositions nationales prises en application de la présente directive soient rendus conformes à ces dispositions au plus tard trois ans après cette date.
Par dérogation à l'alinéa précédent, les États membres peuvent prévoir que les traitements de données déjà contenues dans des fichiers manuels à la date d'entrée en vigueur des dispositions nationales prises en application de la présente directive seront rendus conformes aux articles 6, 7 et 8 de la présente directive dans un délai de douze ans à compter de la date d'adoption de celle-ci. Les États membres permettent toutefois à la personne concernée d'obtenir, à sa demande et notamment lors de l'exercice du droit d'accès, la rectification, l'effacement ou le verrouillage des données incomplètes, inexactes ou conservées d'une manière qui est incompatible avec les fins légitimes poursuivies par le responsable du traitement.
3. Par dérogation au paragraphe 2, les États membres peuvent prévoir, sous réserve des garanties appropriées, que les données conservées dans le seul but de la recherche historique ne soient pas rendues conformes aux articles 6, 7 et 8 de la présente directive.
4. Les États membres communiquent à la Commission le texte des dispositions de droit interne qu'ils adoptent dans le domaine régi par la présente directive.

Article 33

Périodiquement, et pour la première fois au plus tard trois ans après la date prévue à l'article 32 paragraphe 1, la Commission fait un rapport au Parlement européen et au Conseil sur l'application de la présente directive et l'assortit, le cas échéant, des propositions de modification appropriées. Ce rapport est publié.
La Commission examine, en particulier, l'application de la présente directive aux traitements de données constituées par des sons et des images, relatives aux personnes physiques, et elle présente les propositions appropriées qui pourraient s'avérer nécessaires en tenant compte des développements de la technologie de l'information et à la lumière de l'état des travaux sur la société de l'information.

Article 34

Les États membres sont destinataires de la présente directive.

2. Directive du Parlement européen et du Conseil du 15 décembre 1997 concernant le traitement des données à caractère personnel et la protection de la vie privée dans le secteur des télécommunications (97/66/CE)

Journal officiel n° L 024 du 30/01/1998, p. 01-08

LE PARLEMENT EUROPÈEN ET LE CONSEIL DE L'UNION EUROPÈENNE, vu le traité instituant la Communauté européenne, et notamment son article 100 A, vu la proposition de la Commission[1], vu l'avis du Comité économique et social[2], statuant conformément à la procédure visée à l'article 189 B du traité[3], au vu du projet commun approuvé le 6 novembre 1997 par le comité de conciliation,

1. considérant que la directive 95/46/CE du Parlement européen et du Conseil, du 24 octobre 1995, relative à la protection des personnes physiques à l'égard du traitement des données à caractère personnel et à la libre circulation de ces données[4] requiert que les États membres protègent les droits et les libertés des personnes physiques à l'égard du traitement des données à caractère personnel, et notamment le droit au respect de leur vie privée, afin d'assurer la libre circulation des données à caractère personnel dans la Communauté;

2. considérant que la confidentialité des communications est garantie en conformité avec les instruments internationaux relatifs aux droits de l'homme (notamment la convention européenne de sauvegarde des droits de l'homme et des libertés fondamentales) et les constitutions des États membres;

3. considérant que sont actuellement introduites dans les réseaux publics de télécommunications de la Communauté de nouvelles technologies numériques avancées qui posent des exigences spécifiques concernant la protection des données à caractère personnel et la vie privée des usagers; que le développement de la société de l'information se caractérise par l'introduction de nouveaux services de télécommunications; que le succès du développement transfrontalier de ces services, tels que la vidéo à la demande ou la télévision interactive, dépend en partie de la certitude qu'auront les utilisateurs que ces services ne porteront pas atteinte à leur vie privée;

4. considérant que tel est le cas, en particulier, de l'introduction des réseaux numériques à intégration de services (RNIS) et des réseaux numériques mobiles;

5. considérant que, dans sa résolution, du 30 juin 1988, sur le développement du marché commun des services et des équipements des télécommunications d'ici à 1992[5], le Conseil a préconisé de prendre des mesures pour protéger les données à caractère personnel, afin de créer un environnement adéquat pour le développement futur des télécommunications dans la Communauté; que le Conseil a derechef souligné l'importance de la protection

---

[1] JO n° C 200 du 22.7.1994, p. 4.
[2] JO n° C 159 du 17.6.1991, p. 38.
[3] Avis du Parlement européen du 11 mars 1992 (JO n° C 94 du 13.4.1992, p. 198) position commune du Conseil du 12 septembre 1996 (JO n° C 315 du 24.10.1996, p. 30) et décision du Parlement européen du 16 janvier 1997 (JO n° C 33 du 3.2.1997, p. 78). Décision du Parlement européen du 20 novembre 1997 (JO n° C 371 du 8.12.1997). Décision du Conseil du 1er décembre 1997.
[4] JO n° L 281 du 23.11.1995, p. 31.
[5] JO n° C 257 du 4.10.1988, p. 1.

des données à caractère personnel et de la vie privée dans sa résolution, du 18 juillet 1989, concernant le renforcement de la coordination pour l'introduction du réseau numérique à intégration de services (RNIS) dans la Communauté européenne pour 1992[6];

6. considérant que le Parlement européen a souligné l'importance de la protection des données à caractère personnel et de la vie privée dans les réseaux de télécommunications, eu égard notamment à l'introduction des réseaux numériques à intégration de services (RNIS);

7. considérant que, dans le cas des réseaux publics de télécommunications, des dispositions législatives, réglementaires et techniques spécifiques doivent être adoptées afin de protéger les droits et les libertés fondamentaux des personnes physiques et les intérêts légitimes des personnes morales, notamment en ce qui concerne le risque croissant lié au stockage et au traitement automatisés de données relatives aux abonnés et aux utilisateurs;

8. considérant que les dispositions législatives, réglementaires et techniques adoptées par les États membres en ce qui concerne la protection des données à caractère personnel, de la vie privée et des intérêts légitimes des personnes morales, dans le secteur des télécommunications, doivent être harmonisées afin d'éviter de créer des obstacles au marché intérieur des télécommunications conformément à l'objectif énoncé à l'article 7 A du traité; que l'harmonisation est limitée aux exigences qui sont nécessaires pour garantir que la promotion et le développement de nouveaux services et réseaux de télécommunications entre États membres ne seront pas entravés;

9. considérant que les États membres, les prestataires et les utilisateurs concernés ainsi que les institutions communautaires compétentes devraient coopérer à la conception et au développement des technologies pertinentes requises, en tant que de besoin, pour mettre en œuvre les garanties prévues par la présente directive;

10. considérant que ces nouveaux services comprennent la télévision interactive et la vidéo à la demande;

11. considérant que, dans le secteur des télécommunications, notamment pour tous les aspects de la protection des droits et libertés fondamentaux qui n'entrent pas expressément dans le cadre de la présente directive, y compris les obligations auxquelles est soumis le responsable du traitement des données à caractère personnel et les droits individuels, la directive 95/46/CE est d'application; que la directive 95/46/CE s'applique aux services de télécommunications qui ne sont pas accessibles au public;

12. considérant que la présente directive, à l'instar de ce que le prévoit l'article 3 de la directive 95/46/CE, ne porte pas sur la protection des droits et libertés fondamentaux dans le cas d'activités qui ne sont pas régies par le droit communautaire; qu'il appartient aux États membres de prendre les mesures qu'ils jugent nécessaires pour la protection de la sécurité publique, de la défense, de la sûreté de l'État (y compris la prospérité économique de l'État lorsqu'il s'agit d'activités liées à la sûreté de l'État) ou de l'application du droit pénal; que la présente directive ne porte pas atteinte à la faculté des États membres de procéder à des interceptions légales des télécommunications dans un des buts énoncés ci-dessus;

13. considérant que les abonnés à un service de télécommunications accessible au public peuvent être des personnes physiques ou des personnes morales; que les dispositions de la présente directive visent à protéger, en complétant la directive 95/46/CE, les droits fon-

---

[6] JO n° C 196 du 1.8.1989, p. 4.

damentaux des personnes physiques et en particulier le droit au respect de leur vie privée, ainsi que les intérêts légitimes des personnes morales; que ces dispositions ne peuvent en aucun cas comporter l'obligation pour les États membres d'étendre l'application de ladite directive 95/46/CE à la protection des intérêts légitimes des personnes morales; que cette protection est assurée dans le cadre du droit communautaire et les législations nationales applicables;

14. considérant que l'application de certaines exigences relatives à l'indication de l'identification des lignes appelante et connectée et à la limitation de cette indication et au renvoi automatique d'appel vers les lignes d'un abonné connectées à des centraux analogiques ne doit pas être rendue obligatoire dans des cas spécifiques où une telle application s'avérerait techniquement impossible ou exigerait un effort économique disproportionné; que, en raison de l'importance pour les parties intéressées d'être informées de ces cas, les États membres devraient les communiquer à la Commission;

15. considérant que les prestataires de services doivent prendre les mesures appropriées pour assurer la sécurité de leurs services, le cas échéant conjointement avec le fournisseur du réseau, et informer les abonnés des risques particuliers liés à une violation de la sécurité du réseau; que la sécurité s'apprécie en regard des dispositions de l'article 17 de la directive 95/46/CE;

16. considérant que des mesures doivent être prises pour empêcher tout accès non autorisé aux communications afin de protéger la confidentialité des communications effectuées au moyen d'un réseau public de télécommunications ou d'un service de télécommunications accessible au public; que la législation nationale de certains États membres interdit uniquement l'accès non autorisé intentionnel aux communications;

17. considérant que les données relatives aux abonnés qui sont traitées pour établir des communications contiennent des informations sur la vie privée des personnes physiques et ont trait au secret de leur correspondance ou concernent les intérêts légitimes de personnes morales; que ces données ne peuvent être stockées que dans la mesure où cela est nécessaire à la prestation du service, aux fins de la facturation et des paiements pour interconnexion, et ce, pour une durée limitée; que tout autre traitement de ces données que le prestataire du service de télécommunications accessible au public pourrait vouloir effectuer pour la commercialisation de ses propres services de télécommunications ne peut être autorisé que si l'abonné a donné son accord sur la base d'informations précises et complètes, fournies par le prestataire du service de télécommunications accessible au public sur la nature des autres traitements qu'il envisage d'effectuer;

18. considérant que l'introduction de factures détaillées a amélioré les possibilités pour l'abonné de vérifier l'exactitude des montants qui lui sont facturés par le prestataire du service; que, en même temps, elle risque de porter atteinte à la vie privée des utilisateurs des services de télécommunications accessibles au public; que, par conséquent, pour protéger la vie privée de l'utilisateur, les États membres doivent encourager la mise au point, dans le domaine des services de télécommunications, d'options telles que d'autres formules de paiement permettant l'accès anonyme ou strictement privé aux services de télécommunications accessibles au public, par exemple des télécartes et des facilités de paiement par carte de crédit; que les États membres peuvent choisir, aux mêmes fins, d'exiger la suppression d'un certain nombre de chiffres des numéros d'appel mentionnés dans les factures détaillées;

19. considérant qu'il est nécessaire, en ce qui concerne l'identification de la ligne appelante, de protéger le droit qu'a l'auteur d'un appel d'empêcher l'indication de l'identification de la ligne à partir de laquelle l'appel est effectué, ainsi que le droit de la personne ap-

pelée de refuser les appels provenant de lignes non identifiées; qu'il est justifié, dans des cas spécifiques, d'empêcher la suppression de l'indication de l'identification de la ligne appelante; que certains abonnés, en particulier les numéros de type «SOS» et autres organisations similaires, ont intérêt à garantir l'anonymat de ceux qui les appellent; qu'il est nécessaire, en ce qui concerne l'identification de la ligne connectée, de protéger le droit et l'intérêt légitime qu'a la personne appelée d'empêcher l'indication de l'identification de la ligne à laquelle l'auteur de l'appel est effectivement connecté, en particulier dans le cas d'appels renvoyés; que les prestataires de services de télécommunications accessibles au public doivent informer leurs abonnés de l'existence, sur le réseau, de l'identification des lignes appelantes et connectées, ainsi que de tous les services offerts sur la base de l'identification des lignes appelante et connectée et des possibilités offertes en matière de protection de la vie privée; que cela permettra aux abonnés de choisir en connaissance de cause, parmi les possibilités qui leur sont offertes en matière de protection de la vie privée, celles dont ils souhaiteraient faire usage; que les possibilités qui sont offertes en matière de protection de la vie privée pour chaque ligne ne doivent pas nécessairement être disponible comme un service automatique du réseau, mais peuvent être obtenues sur simple demande auprès du prestataire du service de télécommunications accessible au public;

20. considérant qu'il importe de protéger les abonnés contre toute gêne que pourrait leur causer le renvoi automatique d'appels par d'autres personnes; que, en pareil cas, les abonnés doivent pouvoir faire cesser le transfert des appels renvoyés sur leurs terminaux sur simple demande adressée au prestataire du service de télécommunications accessible au public;

21. considérant que les annuaires sont largement diffusés et accessibles au public; que, pour protéger la vie privée des personnes physiques et l'intérêt légitime des personnes morales, il importe que l'abonné soit à même de déterminer dans quelle mesure les données à caractère personnel qui le concernent sont publiées dans un annuaire; que les États membres peuvent limiter cette possibilité aux abonnés qui sont des personnes physiques;

22. considérant qu'il importe de protéger les abonnés contre toute violation de leur vie privée par des appels ou des télécopies non sollicités; que les États membres peuvent limiter cette protection aux abonnés qui sont des personnes physiques;

23. considérant qu'il faut veiller à ce que l'introduction de certaines caractéristiques techniques des équipements de télécommunications en vue d'assurer la protection des données soit harmonisée pour être compatible avec la mise en œuvre du marché intérieur;

24. considérant notamment que, à l'instar de ce que prévoit l'article 13 de la directive 95/46/CE, les États membres peuvent, dans certaines circonstances, limiter la portée des obligations et des droits des abonnés, par exemple en veillant à ce que le prestataire d'un service de télécommunications accessible au public puisse empêcher la suppression de l'indication de l'identification de la ligne appelante, conformément à la législation nationale aux fins de prévenir ou de détecter les infractions pénales ou de sauvegarder la sûreté de l'État;

25. considérant que, lorsque les droits des usagers et des abonnés ne sont pas respectés, la législation nationale doit prévoir des recours juridictionnels; que des sanctions doivent être infligées à toute personne, qu'elle relève du droit privé ou du droit public, qui ne respecte pas les mesures nationales prises en vertu de la présente directive;

26. considérant qu'il est utile, dans le champ d'application de la présente directive, d'exploiter l'expérience du groupe «protection des personnes à l'égard du traitement des données à caractère personnel», composé de représentants des autorités de contrôle des États membres, qui a été institué par l'article 29 de la directive 95/46/CE;

27. *considérant que, compte tenu des progrès technologiques et de l'évolution correspondante des services qui sont offerts, il faudra spécifier du point de vue technique les catégories de données figurant à l'annexe de la présente directive aux fins de l'application de l'article 6 de la présente directive, avec le concours du comité composé de représentants des États membres, institué par l'article 31 de la directive 95/46/CE, afin d'assurer une application cohérente des exigences fixées dans la présente directive indépendamment de l'évolution de la technologie; que cette procédure s'applique exclusivement aux spécifications nécessaires pour adapter l'annexe à de nouveaux progrès technologiques en prenant en considération les changements dans le marché ou dans la demande des consommateurs; qu'il incombe à la Commission de dûment informer le Parlement européen de son intention d'appliquer cette procédure et que, sinon, la procédure prévue à l'article 100 A s'appliquera;*

28. *considérant que, pour faciliter le respect de la présente directive, certaines dispositions spécifiques sont nécessaires pour le traitement des données déjà commencé à la date d'entrée en vigueur des législations nationales mettant en application la présente directive,*

ONT ARRÊTÉ LA PRÈSENTE DIRECTIVE:

Article premier. Objet et champ d'application

1. La présente directive concerne l'harmonisation des dispositions des États membres nécessaires pour assurer un niveau équivalent de protection des droits et libertés fondamentaux, et en particulier du droit à la vie privée, en ce qui concerne le traitement des données à caractère personnel dans le secteur des télécommunications, ainsi que la libre circulation de ces données et des équipements et services de télécommunications dans la Communauté.

2. Les dispositions de la présente directive précisent et complètent la directive 95/46/CE aux fins énoncées au paragraphe 1. En outre, elles prévoient la protection des intérêts légitimes des abonnés qui sont des personnes morales.

3. La présente directive ne s'applique pas aux activités qui ne relèvent pas du droit communautaire, telles que celles visées aux titres V et VI du traité sur l'Union européenne ni, en tout état de cause, aux activités concernant la sécurité publique, la défense, la sûreté de l'État (y compris la prospérité économique de l'État lorsqu'il s'agit d'activités liées à la sûreté de l'État) ou aux activités de l'État dans des domaines relevant du droit pénal.

Article 2. Définitions

Outre les définitions figurant dans la directive 95/46/CE, aux fins de la présente directive, on entend par:

a) «abonné»: toute personne physique ou morale qui a conclu un contrat avec le prestataire de services de télécommunications accessibles au public en vue de la fourniture de tels services;

b) «utilisateur»: toute personne physique utilisant un service de télécommunications accessible au public à des fins privées ou professionnelles sans être nécessairement abonnée à ce service;

c) «réseau public de télécommunications»: les systèmes de transmission et, le cas échéant, l'équipement de commutation et les autres ressources permettant le transport de signaux entre des points de terminaison définis, par fils, par faisceaux hertziens, par moyens optiques ou par d'autres moyens électromagnétiques, qui sont utilisés, en tout ou en partie, pour la fourniture de services télécommunications accessibles au public;

d) «service de télécommunications»: les services qui consistent, en tout ou en partie, en la transmission et l'acheminement de signaux sur des réseaux de télécommunications, à l'exception de la radiodiffusion et de la télévision.

Article 3. Services concernés

1. La présente directive s'applique au traitement des données à caractère personnel dans le cadre de la fourniture de services de télécommunications accessibles au public sur les réseaux publics de télécommunications dans la Communauté, notamment via le réseau numérique à intégration de services (RNIS) et les réseaux numériques mobiles publics.

2. Les articles 8, 9 et 10 s'appliquent aux lignes d'abonnés connectées à des centraux numériques et, lorsque cela est techniquement possible et ne nécessite pas un effort économique disproportionné, aux lignes d'abonnés connectées à des centraux analogiques.

3. Lorsqu'il est techniquement impossible de se conformer aux exigences des articles 8, 9 et 10 ou lorsque cela nécessite un investissement disproportionné, les États membres en informent la Commission.

Article 4. Sécurité

1. Le prestataire d'un service de télécommunications accessible au public doit prendre les mesures d'ordre technique et organisationnel appropriées afin de garantir la sécurité de ses services, le cas échéant conjointement avec le fournisseur du réseau public de télécommunications en ce qui concerne la sécurité du réseau. Compte tenu des possibilités techniques les plus récentes et du coût de leur mise en œuvre, ces mesures garantissent un degré de sécurité adapté au risque existant.

2. Lorsqu'il existe un risque particulier de violation de la sécurité du réseau, le prestataire d'un service de télécommunications accessible au public doit informer les abonnés de ce risque ainsi que de tout moyen éventuel d'y remédier, y compris le coût que cela implique.

Article 5. Confidentialité des communications

1. Les États membres garantissent, au moyen de réglementations nationales, la confidentialité des communications effectuées au moyen d'un réseau public de télécommunications ou de services de télécommunications accessible au public. En particulier, ils interdisent à toute autre personne que les utilisateurs, sans le consentement des utilisateurs concernés, d'écouter, d'intercepter, de stocker les communications ou de les soumettre à quelque autre moyen d'interception ou de surveillance, sauf lorsque ces activités sont légalement autorisées, conformément à l'article 14, paragraphe 1.

2. Le paragraphe 1 n'affecte pas l'enregistrement légalement autorisé de communications, dans le cadre des usages professionnels licites, afin de fournir la preuve d'une transaction commerciale ou de toute autre communication commerciale.

Article 6. Données relatives au trafic et à la facturation

1. Les données relatives au trafic concernant les abonnés et les utilisateurs traitées en vue d'établir des communications et stockées par le fournisseur d'un réseau pu-

2. Protection de la vie privée

blic de télécommunications et/ou d'un service de télécommunications accessible au public doivent être effacées ou rendues anonymes dès que la communication est terminée, sans préjudice des dispositions des paragraphes 2, 3 et 4.

2. Dans le but d'établir les factures des abonnés et aux fins des paiements pour interconnexion, les données énumérées à l'annexe peuvent être traitées. Un tel traitement n'est autorisé que jusqu'à la fin de la période au cours de laquelle la facture peut être légalement contestée ou des poursuites engagées pour en obtenir le paiement.

3. Dans le but de commercialiser ses propres services de télécommunications, le prestataire d'un service de télécommunications accessible au public peut traiter les données visées au paragraphe 2, pour autant que l'abonné ait donné son consentement.

4. Le traitement des données relatives au trafic et à la facturation doit être restreint aux personnes agissant sous l'autorité des fournisseurs de réseaux publics de télécommunications et/ou de services de télécommunications accessibles au public chargées d'assurer la facturation ou la gestion du trafic, de répondre aux demandes de la clientèle, de détecter les fraudes et de commercialiser les services de télécommunications du prestataire; ce traitement doit se limiter à ce qui est nécessaire à de telles activités.

5. Les paragraphes 1, 2, 3 et 4 s'appliquent sans préjudice de la possibilité qu'ont les autorités compétentes de se faire communiquer des données relatives à la facturation ou au trafic conformément à la législation en vigueur dans le but de régler des litiges, notamment en matière d'interconnexion ou de facturation.

Article 7. Facturation détaillée

1. Les abonnés ont le droit de recevoir des factures non détaillées.

2. Les États membres appliquent des dispositions nationales afin de concilier les droits des abonnés recevant des factures détaillées avec le droit à la vie privée des utilisateurs appelants et des abonnés appelés, par exemple en veillant à ce que lesdits utilisateurs et abonnés disposent d'autres modalités suffisantes de communication ou de paiement.

Article 8. Indication de l'identification des lignes appelante et connectée et limitation de cette possibilité

1. Dans les cas où l'indication de l'identification de la ligne appelante est offerte, l'utilisateur appelant doit pouvoir éliminer, par un moyen simple et gratuit, l'indication de l'identification de la ligne appelante, et ce, appel par appel. L'abonné appelant doit avoir cette possibilité pour chaque ligne.

2. Dans les cas où l'indication de l'identification de la ligne appelante est offerte, l'abonné appelé doit pouvoir empêcher, par un moyen simple, gratuit pour un usage raisonnable de cette fonction, l'indication de l'identification de la ligne pour les appels entrants.

3. Dans les cas où l'indication de l'identification de la ligne appelante est offerte et où l'identification de la ligne appelante est indiquée avant l'établissement de l'appel, l'abonné appelé doit pouvoir, par un moyen simple, refuser les appels entrants lorsque l'utilisateur ou l'abonné appelant a supprimé l'indication de l'identification de la ligne appelante.

4. Dans les cas où l'indication de l'identification de la ligne connectée est offerte, l'abonné appelé doit pouvoir, par un moyen simple et gratuit, supprimer l'indication de l'identification de la ligne connectée auprès de la personne qui appelle.

5. Les dispositions du paragraphe 1 s'appliquent également aux appels à destination de pays tiers émanant de la Communauté; les dispositions des paragraphes 2, 3 et 4 s'appliquent également aux appels entrants émanant de pays tiers.

6. Les États membres veillent à ce que, dans les cas où l'indication de l'identification de la ligne appelante et/ou de la ligne connectée est offerte, les prestataires de services de télécommunications accessibles au public informent celui-ci de cette situation, ainsi que des possibilités prévues aux paragraphes 1, 2, 3 et 4.

Article 9. Dérogations

Les États membres veillent à l'existence de procédures transparentes régissant les modalités grâce auxquelles un fournisseur d'un réseau public de télécommunications et/ou d'un service de télécommunications accessible au public peut passer outre à la suppression de l'indication de l'identification de la ligne appelante:

a) à titre temporaire, lorsqu'un abonné demande l'identification d'appels malveillants ou dérangeants; dans ce cas, conformément au droit interne, les données permettant d'identifier l'abonné appelant seront conservées et communiquées par le fournisseur d'un réseau public de télécommunications et/ou d'un service de télécommunications accessible au public;

b) ligne par ligne pour les organismes répondant à des appels d'urgence et reconnus comme tels par un État membre, y compris les services de police, les services d'ambulances et les pompiers, dans le but de répondre à de tels appels.

Article 10. Renvois automatiques d'appels

Les États membres veillent à ce que tout abonné ait la possibilité, gratuitement et par un moyen simple, de mettre fin au renvoi automatique des appels par un tiers vers son terminal.

Article 11. Annuaires d'abonnés

1. Les données à caractère personnel figurant dans les annuaires d'abonnés, imprimés ou électroniques, et qui sont à la disposition du public ou que l'on peut obtenir auprès des services de renseignements concernant l'annuaire, doivent être limitées à ce qui est nécessaire pour identifier un abonné particulier, à moins que l'abonné n'ait donné son consentement, sans la moindre ambiguïté, à ce que des données supplémentaires le concernant soient publiées. L'abonné doit avoir le droit d'obtenir gratuitement, sur demande, de ne pas figurer dans un annuaire, imprimé ou électronique, d'indiquer que les données le concernant ne peuvent pas être utilisées à des fins de prospection directe, que son adresse ne figure que partiellement dans l'annuaire et qu'aucune mention relative à son sexe n'y figure, lorsque cela se justifie du point de vue linguistique.

2. Nonobstant le paragraphe 1, les États membres peuvent permettre aux opérateurs d'exiger d'un abonné un paiement afin que ses coordonnées ne figurent pas dans un annuaire, à condition que la somme demandée ne soit pas dissuasive pour l'exercice de ce droit, et que, tout en prenant en compte les exigences de qualité de l'annuaire public au regard du service universel, cette somme soit calculée pour

2. Protection de la vie privée

couvrir les coûts effectivement encourus par l'opérateur pour l'adaptation et la mise à jour de la liste des abonnés à ne pas faire figurer dans l'annuaire public.

3. Les droits conférés par le paragraphe 1 s'appliquent aux abonnés qui sont des personnes physiques. Les États membres garantissent également, dans le cadre du droit communautaire et des législations nationales applicables, que les intérêts légitimes des abonnés autres que les personnes physiques sont suffisamment protégés en ce qui concerne leur inscription dans les annuaires publics.

Article 12. Appels non sollicités

1. L'utilisation de systèmes automatisés d'appels sans intervention humaine (automates d'appel) ou de télécopieurs (fax) à des fins de prospection directe ne peut être autorisée que si elle vise des abonnés ayant donné leur consentement préalable.

2. Les États membres prennent les mesures appropriées pour faire en sorte que, sans frais pour l'abonné, les appels non sollicités par celui-ci et effectués à des fins de prospection directe par d'autres moyens que ceux visés au paragraphe 1 ne soient pas autorisés, soit sans le consentement des abonnés concernés, soit à l'égard des abonnés qui ne souhaitent pas recevoir ces appels, le choix entre ces deux solutions étant régi par la législation nationale.

3. Les droits conférés par les paragraphes 1 et 2 s'appliquent aux abonnés qui sont des personnes physiques. Les États membres garantissent également, dans le cadre du droit communautaire et des législations nationales applicables, que les intérêts légitimes des abonnés autres que les personnes physiques sont suffisamment protégés en ce qui concerne les appels non sollicités.

Article 13. Caractéristiques techniques et normalisation

1. Lors de la mise en œuvre des dispositions de la présente directive, les États membres veillent, sous réserve des paragraphes 2 et 3, à ce qu'aucune exigence obligatoire relative à des caractéristiques techniques spécifiques ne soit imposée aux terminaux ou à d'autres équipements de télécommunications qui pourrait entraver la mise sur le marché d'équipements ou la libre circulation de ces équipements dans les États membres et entre ces derniers.

2. Lorsque des dispositions de la présente directive ne peuvent être mises en œuvre que par le recours à des caractéristiques techniques spécifiques, les États membres en informent la Commission, conformément aux procédures prévues par la directive 83/189/CEE[7], qui instaure une procédure d'information dans le domaine des normes et réglementations techniques.

3. Le cas échéant, la Commission assure l'élaboration de normes européennes communes pour la mise en œuvre de caractéristiques techniques spéciales, conformément aux dispositions du droit communautaire concernant le rapprochement des législations des États membres relatives aux équipements terminaux de télécommunications, y compris la reconnaissance mutuelle de leur conformité, et à la décision 87/95/CEE du Conseil, du 22 décembre 1986, relative à la normalisation dans le domaine des technologies de l'information et des télécommunications[8].

---

[7] JO n° L 109 du 26.4.1983, p. 8. Directive modifiée en dernier lieu par la directive 94/10/CE (JO n° L 100 du 19.4.1994, p. 30).

Article 14. Extension du champ d'application de certaines dispositions de la directive 95/46/CE

1. Les États membres peuvent prendre des mesures législatives visant à limiter la portée des obligations et des droits prévus aux articles 5 et 6 et à l'article 8 paragraphes 1 à 4 lorsqu'une telle limitation constitue une mesure nécessaire pour sauvegarder la sûreté de l'État, la défense, la sécurité publique, la prévention, la recherche, la détection et la poursuite d'infractions pénales ou de l'utilisation non autorisée du système de télécommunications, comme le prévoit l'article 13 paragraphe 1 de la directive 95/46/CE.

2. Les dispositions du chapitre III de la directive 95/46/CE, relatif aux recours juridictionnels, à la responsabilité et aux sanctions, sont applicables aux dispositions nationales adoptées en application de la présente directive ainsi qu'aux droits individuels résultant de la présente directive.

3. Le groupe «protection des personnes à l'égard du traitement des données à caractère personnel» institué par l'article 29 de la directive 95/46/CE remplit les tâches visées à l'article 30 de ladite directive également en ce qui concerne la protection des droits et des libertés fondamentaux ainsi que des intérêts légitimes dans le secteur des télécommunications, qui est l'objet de la présente directive.

4. La Commission, assistée par le comité institué par l'article 31 de la directive 95/46/CE, procède à l'adaptation technique de l'annexe selon la procédure mentionnée audit article. Ledit comité se réunit spécifiquement pour examiner les questions qui font l'objet de la présente directive.

Article 15. Mise en œuvre de la directive

1. Les États membres mettent en vigueur les dispositions législatives, réglementaires et administratives nécessaires pour se conformer à la présente directive au plus tard le 24 octobre 1998.

Par dérogation au premier alinéa, les États membres mettent en vigueur les dispositions législatives, réglementaires et administratives nécessaires pour se conformer à l'article 5 de la présente directive au plus tard le 24 octobre 2000.

Lorsque les États membres adoptent ces dispositions, celles-ci contiennent une référence à la présente directive ou sont accompagnées d'une telle référence lors de leur publication officielle. Les modalités de cette référence sont arrêtées par les États membres.

2. Par dérogation à l'article 6 paragraphe 3, le consentement n'est pas requis s'il s'agit d'un traitement déjà commencé à la date d'entrée en vigueur des dispositions nationales adoptées en application de la présente directive. En pareil cas, les abonnés sont informés de ce traitement et, s'ils ne s'y sont pas opposés dans un délai à fixer par les États membres, sont réputés avoir donné leur consentement.

3. L'article 11 ne s'applique pas aux éditions d'annuaires publiées avant l'entrée en vigueur des dispositions nationales adoptées en application de la présente directive.

4. Les États membres communiquent à la Commission le texte des dispositions de droit interne qu'ils adoptent dans le domaine régi par la présente directive.

---

[8] JO n° L 36 du 7.2.1987, p. 31. Décision modifiée en dernier lieu par l'acte d'adhésion de 1994.

2. Protection de la vie privée

Article 16. Destinataires
Les États membres sont destinataires de la présente directive.

Annexe. Liste des données
Aux fins de l'article 6 paragraphe 2, peuvent être traitées les données visées ci-après indiquant:
- le numéro ou le poste de l'abonné,
- l'adresse de l'abonné et le type de poste,
- le nombre total d'unités à facturer pour la période de facturation,
- le numéro de l'abonné appelé,
- le type d'appels, l'heure à laquelle ils ont commencé et la durée des appels effectués et/ou la quantité de données transmises,
- la date de l'appel ou du service,
- d'autres informations relatives aux paiements, telles que celles qui concernent le paiement anticipé, le paiement échelonné, la déconnexion et les rappels.

3. Directive du Parlement européen et du Conseil du 22 juin 1998 prévoyant une procédure d'information dans le domaine des normes et réglementations techniques (98/34/CE)

Journal officiel n° L 204 du 21/07/1998, p. 37–48 avec modification: Directive 98/48/CE du 20 juillet 1998 (Journal officiel n° L 217 du 05/08/1998, p. 18–26)

LE PARLEMENT EUROPÈEN ET LE CONSEIL DE L'UNION EUROPÈENNE,
vu le traité instituant la Communauté européenne, et notamment ses articles 100 A, 213 et 43, vu la proposition de la Commission[1], vu l'avis du Comité économique et social[2], statuant conformément à la procédure visée à l'article 189 B du traité[3],

1. *considérant que la directive 83/189/CEE du Conseil du 28 mars 1983 prévoyant une procédure d'information dans le domaine des normes et réglementations techniques[4] a été modifiée à plusieurs reprises et de façon substantielle; qu'il convient, dans un souci de clarté et de rationalité, de procéder à la codification de ladite directive;*

2. *considérant que le marché intérieur comporte un espace sans frontières intérieures dans lequel la libre circulation des marchandises, des personnes, des services et des capitaux est assurée; que, dès lors, l'interdiction des restrictions quantitatives ainsi que des mesures d'effet équivalant à des restrictions quantitatives aux échanges de marchandises est un des fondements de la Communauté;*

3. *considérant que, en vue du bon fonctionnement du marché intérieur, il est opportun d'assurer la plus grande transparence des initiatives nationales visant l'établissement de normes ou des règlements techniques;*

4. *considérant que les entraves aux échanges résultant des réglementations techniques relatives aux produits ne peuvent être admises que si elles sont nécessaires pour satisfaire à des exigences impératives et poursuivent un but d'intérêt général dont elles constituent la garantie essentielle;*

5. *considérant qu'il est indispensable que la Commission dispose des informations nécessaires avant l'adoption des dispositions techniques; que les États membres qui, en vertu de l'article 5 du traité, sont tenus de lui faciliter l'accomplissement de sa mission doivent donc lui notifier leurs projets dans le domaine des réglementations techniques;*

6. *considérant que tous les États membres doivent être également informés des réglementations techniques envisagées par l'un d'entre eux;*

7. *considérant que le marché intérieur a pour but d'assurer un environnement favorable à la compétitivité des entreprises; qu'une meilleure exploitation par les entreprises des avantages inhérents à ce marché passe notamment par une information accrue; qu'il importe, par conséquent, de prévoir la possibilité pour les opérateurs économiques de faire connaître leur appréciation sur l'impact des réglementations techniques nationales proje-*

---

[1] JO n° C 78 du 12.3.1997, p. 4.
[2] JO n° C 133 du 28.4.1997, p. 5.
[3] Avis du Parlement européen du 17 septembre 1997 (JO n° C 304 du 6.10.1997, p. 79), position commune du Conseil du 23 février 1998 (JO n° C 110 du 8.4.1998, p. 1) et décision du Parlement européen du 30 avril 1998 (JO n° C 152 du 18.5.1998). Décision du Conseil du 28 mai 1998.
[4] JO n° L 109 du 26.4.1983, p. 8. Directive modifiée en dernier lieu par la décision 96/139/CE de la Commission (JO n° L 32 du 10.2.1996, p. 31).

tées par d'autres États membres, grâce à la publication régulière des titres des projets notifiés ainsi qu'au moyen des dispositions concernant la confidentialité de ces projets;

8. considérant qu'il est approprié, dans un but de sécurité juridique, que les États membres rendent public le fait qu'une règle technique nationale a été adoptée dans le respect des formalités de la présente directive;

9. considérant que, pour ce qui concerne les réglementations techniques relatives aux produits, les mesures destinées à assurer le bon fonctionnement du marché ou à poursuivre son approfondissement impliquent notamment un accroissement de la transparence des intentions nationales ainsi qu'une extension des motifs et des conditions d'appréciation de l'effet possible, sur le marché, des réglementations projetées;

10. considérant que, dans cette perspective, il importe d'apprécier l'ensemble des prescriptions imposées pour un produit et de tenir compte de l'évolution des pratiques nationales en matière de réglementation des produits;

11. considérant que les exigences autres que les spécifications techniques visant le cycle de vie d'un produit après sa mise sur le marché sont susceptibles d'affecter la libre circulation de ce produit ou de créer des obstacles au bon fonctionnement du marché intérieur;

12. considérant qu'il est nécessaire de préciser la notion de règle technique de facto; que, notamment, les dispositions par lesquelles l'autorité publique se réfère à des spécifications techniques ou à d'autres exigences ou incite à leur observation, ainsi que les dispositions visant des produits auxquelles l'autorité publique est associée, dans un but d'intérêt public, ont pour effet de conférer au respect desdites spécifications ou exigences une valeur plus contraignante que celle qu'elles auraient normalement en raison de leur origine privée;

13. considérant que la Commission et les États membres doivent en outre pouvoir disposer du délai nécessaire pour proposer une modification de la mesure envisagée, dans le but de supprimer ou de réduire les entraves à la libre circulation des marchandises qui peuvent en résulter;

14. considérant que l'État membre concerné prend en considération ces propositions de modification lors de l'élaboration du texte définitif de la mesure envisagée;

15. considérant que le marché intérieur implique, notamment en cas d'impossibilité de mise en œuvre du principe de reconnaissance mutuelle par les États membres, que la Commission arrête ou propose l'adoption d'actes communautaires contraignants; qu'un statu quo temporaire spécifique a été établi pour éviter que l'adoption de mesures nationales ne compromette l'adoption d'actes communautaires contraignants dans le même domaine par le Conseil ou par la Commission;

16. considérant que l'État membre en cause doit, en vertu des obligations générales de l'article 5 du traité, surseoir à la mise en vigueur de la mesure envisagée pendant un délai suffisamment long pour permettre soit l'examen en commun des modifications proposées, soit l'élaboration d'une proposition d'un acte contraignant du Conseil ou l'adoption d'un acte contraignant de la Commission; que les délais prévus dans l'accord des représentants des gouvernements des États membres, réunis au sein du Conseil du 28 mai 1969, concernant le statu quo et l'information de la Commission[5], modifié par l'accord du 5 mars 1973[6], se sont révélés insuffisants dans les cas visés et que des délais plus longs doivent donc être prévus;

---

[5] JO n° C 76 du 17.6.1969, p. 9.
[6] JO n° C 9 du 15.3.1973, p. 3.

17. considérant que la procédure du statu quo et de l'information de la Commission contenue dans l'accord du 28 mai 1969 reste applicable pour les produits y soumis qui ne relèvent pas de la présente directive;
18. considérant que, dans le but de faciliter l'adoption par le Conseil de mesures communautaires, il convient que les États membres s'abstiennent d'adopter une règle technique lorsque le Conseil a arrêté une position commune sur une proposition de la Commission concernant la même matière;
19. considérant que, dans les faits, les normes techniques nationales peuvent avoir les mêmes effets sur la libre circulation des marchandises que les réglementations techniques;
20. considérant qu'il apparaît donc nécessaire d'assurer l'information de la Commission sur les projets de normes dans des conditions analogues à celles existant pour les réglementations techniques; que, en vertu de l'article 213 du traité, la Commission, pour l'accomplissement des tâches qui lui sont confiées, peut recueillir toutes informations et procéder à toutes vérifications nécessaires dans les limites et conditions fixées par le Conseil en conformité avec les dispositions du traité;
21. considérant qu'il est également nécessaire que les États membres et les organismes de normalisation soient informés des normes envisagées par les organismes de normalisation des autres États membres;
22. considérant que la nécessité d'une notification systématique n'existe en effet que pour les sujets de normalisation nouveaux et pour autant que ces sujets, entrepris au niveau national, peuvent donner lieu à des différences dans les normes nationales, susceptibles par conséquent de perturber le fonctionnement du marché; que toute notification ou communication ultérieure quant à l'évolution des travaux nationaux doit dépendre de l'intérêt exprimé pour ces travaux par ceux à qui un nouveau sujet a été préalablement communiqué;
23. considérant que la Commission doit toutefois avoir la possibilité de demander la communication des programmes nationaux de normalisation, en tout ou en partie, afin de pouvoir procéder à des examens concernant les évolutions de la normalisation dans des secteurs économiques donnés;
24. considérant que le système européen de normalisation doit être organisé par et pour les parties intéressées et être fondé sur la cohérence, la transparence, l'ouverture, le consensus, l'indépendance par rapport aux intérêts particuliers, l'efficacité et la prise de décision sur la base de représentations nationales;
25. considérant que le fonctionnement de la normalisation dans la Communauté doit se fonder sur les droits fondamentaux que possèdent les organismes nationaux de normalisation, tels que la possibilité d'obtenir des projets de normes, de connaître les suites réservées aux commentaires introduits, d'être associés aux travaux de normalisation nationaux, ou encore de demander l'élaboration de normes européennes en lieu et place des normes nationales; qu'il appartient aux États membres de prendre les mesures utiles en leur pouvoir pour que leurs organismes de normalisation respectent ces droits;
26. considérant que les dispositions concernant le statu quo pour les organismes nationaux de normalisation lors de l'élaboration d'une norme européenne doivent être alignées sur les dispositions adoptées à cet égard par les organismes de normalisation dans le cadre des organismes européens de normalisation;
27. considérant qu'il y a lieu de créer un comité permanent, dont les membres seront désignés par les États membres, chargé d'aider la Commission dans l'examen des projets de normes nationales et de coopérer à ses efforts pour en atténuer les inconvénients éventuels pour la libre circulation des marchandises;

3. Procédure d'information dans le domaine des normes   789

28. considérant qu'il convient que le comité permanent soit consulté sur les projets de commande de normalisation visés par la présente directive;
29. considérant que la présente directive ne doit pas porter atteinte aux obligations des États membres concernant les délais de transposition des directives indiqués à l'annexe III, partie B,
ONT ARRÊTÉ LA PRÈSENTE DIRECTIVE:

Article premier

Au sens de la présente directive, on entend par:
1) «produit»: tout produit de fabrication industrielle et tout produit agricole, y compris les produits de la pêche;
2) «spécification technique»: une spécification qui figure dans un document définissant les caractéristiques requises d'un produit, telles que les niveaux de qualité ou de propriété d'emploi, la sécurité, les dimensions, y compris les prescriptions applicables au produit en ce qui concerne la dénomination de vente, la terminologie, les symboles, les essais et les méthodes d'essai, l'emballage, le marquage et l'étiquetage, ainsi que les procédures d'évaluation de la conformité.
Les termes «spécification technique» recouvrent également les méthodes et les procédés de production relatifs aux produits agricoles au titre de l'article 38, paragraphe 1, du traité, aux produits destinés à l'alimentation humaine et animale, ainsi qu'aux médicaments tels que définis à l'article 1er de la directive 65/65/CEE du Conseil[7], de même que les méthodes et procédés de production relatifs aux autres produits, dès lors qu'ils ont une incidence sur les caractéristiques de ces derniers;
3) «autre exigence»: une exigence, autre qu'une spécification technique, imposée à l'égard d'un produit pour des motifs de protection, notamment des consommateurs ou de l'environnement, et visant son cycle de vie après mise sur le marché, telle que ses conditions d'utilisation, de recyclage, de réemploi ou d'élimination lorsque ces conditions peuvent influencer de manière significative la composition ou la nature du produit ou sa commercialisation;
4) «norme»: une spécification technique approuvée par un organisme reconnu à activité normative pour application répétée ou continue, dont l'observation n'est pas obligatoire et qui relève de l'une des catégories suivantes:
– norme internationale: norme qui est adoptée par une organisation internationale de normalisation et qui est mise à la disposition du public,
– norme européenne: norme qui est adoptée par un organisme européen de normalisation et qui est mise à la disposition du public,
– norme nationale: norme qui est adoptée par un organisme national de normalisation et qui est mise à la disposition du public;
5) «programme de normalisation»: un plan de travail établi par un organisme reconnu à activité normative et dressant la liste des sujets qui font l'objet de travaux de normalisation;
6) «projet de norme»: le document contenant le texte des spécifications techniques pour un sujet déterminé, pour lequel est envisagée l'adoption selon la procé-

---

[7] Directive 65/65/CEE du Conseil du 26 janvier 1965 concernant le rapprochement des dispositions législatives, réglementaires et administratives, relatives aux médicaments (JO n° L 22 du 9.2.1965, p. 369). Directive modifiée en dernier lieu par la directive 93/39/CEE (JO n° L 214 du 24.8.1993, p. 22).

dure de normalisation nationale, tel que résultant des travaux préparatoires et diffusé pour commentaire ou enquête publique;
7) «organisme européen de normalisation»: un organisme mentionné à l'annexe I;
8) «organisme national de normalisation»: un organisme mentionné à l'annexe II;
9) «règle technique»: une spécification technique ou autre exigence, y compris les dispositions administratives qui s'y appliquent, dont l'observation est obligatoire, de jure ou de facto, pour la commercialisation ou l'utilisation dans un État membre ou dans une partie importante de cet État, de même que, sous réserve de celles visées à l'article 10, les dispositions législatives, réglementaires et administratives des États membres visant l'interdiction de fabrication, d'importation, de commercialisation ou d'utilisation d'un produit.

Constituent notamment des règles techniques de facto:
– les dispositions législatives, réglementaires et administratives d'un État membre qui renvoient soit à des spécifications techniques ou à d'autres exigences, soit à des codes professionnels ou de bonne pratique qui se réfèrent eux-mêmes à des spécifications techniques ou à d'autres exigences et dont le respect confère une présomption de conformité aux prescriptions fixées par lesdites dispositions législatives, réglementaires et administratives,
– les accords volontaires auxquels l'autorité publique est partie contractante et qui visent, dans l'intérêt public, le respect de spécifications techniques ou d'autres exigences, à l'exclusion des cahiers des charges des marchés publics,
– les spécifications techniques ou d'autres exigences liées à des mesures fiscales ou financières qui affectent la consommation des produits en encourageant le respect de ces spécifications techniques ou autres exigences; ne sont pas concernées les spécifications techniques ou autres exigences liées aux régimes nationaux de sécurité sociale.

Sont concernées les règles techniques qui sont fixées par les autorités désignées par les États membres et qui figurent sur une liste à établir par la Commission avant le 1er juillet 1995 dans le cadre du comité visé à l'article 5.

La modification de cette liste s'effectue selon cette même procédure;
10) «projet de règle technique»: le texte d'une spécification technique ou d'une autre exigence, y compris de dispositions administratives, qui est élaboré avec l'intention de l'établir ou de le faire finalement établir comme une règle technique et qui se trouve à un stade de préparation où il est encore possible d'y apporter des amendements substantiels.

La présente directive ne s'applique pas aux mesures que les États membres estiment nécessaires dans le cadre du traité pour assurer la protection des personnes, et en particulier des travailleurs, lors de l'utilisation de produits, pour autant que ces mesures n'affectent pas les produits.

Article 2

1. La Commission et les organismes de normalisation figurant aux annexes I et II sont informés des nouveaux sujets pour lesquels les organismes nationaux figurant à l'annexe II ont décidé, par inscription dans leur programme de normalisation, d'établir une norme ou de la modifier, sauf s'il s'agit de la transposition identique ou équivalente d'une norme internationale ou européenne.

2. Les informations visées au paragraphe 1 indiquent notamment si la norme en question:

3. Procédure d'information dans le domaine des normes

– sera une transposition non équivalente d'une norme internationale,
– sera une nouvelle norme nationale
ou
– constituera une modification d'une norme nationale.

La Commission peut, après consultation du comité visé à l'article 5, établir des règles de présentation codifiée de ces informations, ainsi qu'un schéma et des critères selon lesquels ces informations devront être présentées afin de faciliter leur évaluation.

3. La Commission peut demander la communication, en tout ou en partie, des programmes de normalisation.

Elle tient cette information à la disposition des États membres, sous une forme permettant l'évaluation et la comparaison des différents programmes.

4. Le cas échéant, la Commission modifie l'annexe II, sur la base de communications faites par les États membres.

5. Le Conseil, statuant sur proposition de la Commission, décide de toute modification de l'annexe I.

Article 3
Les organismes de normalisation figurant aux annexes I et II, ainsi que la Commission, reçoivent, à leur demande, tout projet de norme. Ils sont tenus informés par l'organisme concerné des suites réservées aux éventuels commentaires qu'ils ont formulés au sujet de ces projets.

Article 4
1. Les États membres prennent toutes les mesures utiles pour que leurs organismes de normalisation:
– communiquent les informations prévues aux articles 2 et 3,
– rendent publics les projets de normes de manière que des commentaires provenant des parties établies dans d'autres États membres puissent également être recueillis,
– accordent aux autres organismes figurant à l'annexe II le droit de participer de manière passive ou active (par l'envoi d'un observateur) aux travaux prévus,
– ne s'opposent pas à ce qu'un sujet de normalisation de leur programme de travail soit traité au niveau européen selon les règles définies par les organismes européens de normalisation et n'entreprennent aucune action qui puisse préjuger d'une décision à cet égard.

2. Les États membres s'abstiennent en particulier de tout acte de reconnaissance, d'homologation ou d'utilisation par référence d'une norme nationale adoptée en violation des articles 2 et 3 ainsi que du paragraphe 1 du présent article.

Article 5
Il est créé un comité permanent composé de représentants désignés par les États membres, qui peuvent se faire assister d'experts ou de Conseillers, et présidé par un représentant de la Commission.
Le comité établit son règlement intérieur.

Article 6

1. Le comité se réunit au moins deux fois par an avec les représentants des organismes de normalisation figurant aux annexes I et II.

2. La Commission présente au comité un rapport sur la mise en œuvre et l'application des procédures visées dans la présente directive et des propositions visant l'élimination des entraves aux échanges existantes ou prévisibles.

3. Le comité prend position sur les communications et propositions visées au paragraphe 2 et peut à cet égard inciter notamment la Commission:

– à inviter les organismes européens de normalisation à élaborer une norme européenne dans un délai déterminé,

– à faire en sorte, le cas échéant, dans le but d'éviter les risques d'entraves aux échanges, que les États membres concernés décident dans un premier temps entre eux des mesures appropriées,

– à prendre toute mesure appropriée,

– à identifier les domaines pour lesquels une harmonisation se révèle nécessaire et à entreprendre, le cas échéant, les travaux appropriés d'harmonisation dans un secteur donné.

4. Le comité doit être consulté par la Commission:

a) avant chaque modification des listes figurant aux annexes I et II (article 2, paragraphe 1);

b) lors de l'établissement des règles de présentation codifiée de l'information et du schéma et des critères selon lesquels les programmes de normalisation devront être présentés (article 2, paragraphe 2);

c) lors du choix du système pratique à mettre en œuvre pour l'échange d'informations prévu par la présente directive et des modifications éventuelles à y apporter;

d) lors du réexamen du fonctionnement du système mis en place par la présente directive;

e) sur les demandes adressées aux organismes de normalisation visés au paragraphe 3, premier tiret.

5. Le comité peut être consulté par la Commission sur tout avant-projet de règle technique reçu par celle ci.

6. Le comité peut, à la demande de son président ou d'un État membre, être saisi de toute question relative à la mise en œuvre de la présente directive.

7. Les travaux du comité et les informations à lui soumettre sont confidentiels. Toutefois, le comité et les administrations nationales peuvent, en prenant les précautions nécessaires, consulter pour expertise des personnes physiques ou morales pouvant relever du secteur privé.

Article 7

1. Les États membres prennent toutes les mesures utiles pour faire en sorte que, pendant l'élaboration d'une norme européenne visée à l'article 6, paragraphe 3, premier tiret, ou après son approbation, leurs organismes de normalisation n'entreprennent aucune action qui puisse porter préjudice à l'harmonisation recherchée, et en particulier qu'ils ne publient pas, dans le domaine en question, une norme nationale nouvelle ou révisée qui ne soit entièrement conforme à une norme européenne existante.

2. Le paragraphe 1 ne s'applique pas aux travaux des organismes de normalisation qui sont entrepris à la demande des autorités publiques afin d'établir pour des pro-

3. Procédure d'information dans le domaine des normes 793

duits déterminés des spécifications techniques ou une norme en vue de l'établissement d'une règle technique pour ces produits.

Les États membres communiquent à la Commission, conformément à l'article 8, paragraphe 1, toute demande visée au premier alinéa en tant que projet de règle technique et indiquent les motifs qui justifient son établissement.

Article 8

1. Sous réserve de l'article 10, les États membres communiquent immédiatement à la Commission tout projet de règle technique, sauf s'il s'agit d'une simple transposition intégrale d'une norme internationale ou européenne, auquel cas une simple information quant à la norme concernée suffit. Ils adressent également à la Commission une notification concernant les raisons pour lesquelles l'établissement d'une telle règle technique est nécessaire, à moins que ces raisons ne ressortent déjà du projet.

Le cas échéant, et à moins qu'il n'ait été transmis en liaison avec une communication antérieure, les États membres communiquent en même temps le texte des dispositions législatives et réglementaires de base principalement et directement concernées, si la connaissance de ce texte est nécessaire pour l'appréciation de la portée du projet de règle technique.

Les États membres procèdent à une nouvelle communication dans les conditions énoncées ci-dessus s'ils apportent au projet de règle technique, d'une manière significative, des changements qui auront pour effet de modifier le champ d'application, d'en raccourcir le calendrier d'application initialement prévu, d'ajouter des spécifications ou des exigences ou de rendre celles-ci plus strictes.

Lorsque le projet de règle technique vise en particulier la limitation de la commercialisation ou de l'utilisation d'une substance, d'une préparation ou d'un produit chimique, pour des motifs de santé publique ou de protection des consommateurs ou de l'environnement, les États membres communiquent également soit un résumé, soit les références des données pertinentes relatives à la substance, à la préparation ou au produit visé et celles relatives aux produits de substitution connus et disponibles, dans la mesure où ces renseignements seront disponibles, ainsi que les effets attendus de la mesure au regard de la santé publique ou de la protection du consommateur et de l'environnement, avec une analyse des risques effectuée, dans des cas appropriés, selon les principes généraux d'évaluation des risques des produits chimiques tels que visés à l'article 10, paragraphe 4, du règlement (CEE) n° 793/93 du Conseil[8] dans le cas d'une substance existante ou à l'article 3, paragraphe 2, de la directive 67/548/CEE du Conseil[9] dans le cas d'une nouvelle substance.

La Commission porte aussitôt le projet de règle technique et tous les documents qui lui ont été communiqués à la connaissance des autres États membres. Elle peut

---

[8] Règlement (CEE) n° 793/93 du Conseil du 23 mars 1993 concernant l'évaluation et le contrôle des risques présentés par les substances existantes (JO n° L 84 du 5.4.1993, p. 1).
[9] Directive 67/548/CEE du Conseil du 27 juin 1967 concernant le rapprochement des dispositions législatives, réglementaires et administratives relatives à la classification, l'emballage et l'étiquetage des substances dangereuses (JO 196 du 16.8.1967, p. 1). Directive modifiée par la directive 92/32/CEE (JO n° L 154 du 5.6.1992, p. 1).

aussi soumettre le projet pour avis au comité visé à l'article 5 et, le cas échéant, au comité compétent dans le domaine en question.

En ce qui concerne les spécifications techniques ou autres exigences visées à l'article 1er, point 9, deuxième alinéa, troisième tiret, les observations ou les avis circonstanciés de la Commission ou des États membres ne peuvent porter que sur l'aspect éventuellement entravant pour les échanges et non sur le volet fiscal ou financier de la mesure.

2. La Commission et les États membres peuvent adresser à l'État membre qui a fait part d'un projet de règle technique des observations dont cet État membre tiendra compte dans la mesure du possible lors de la mise au point ultérieure de la règle technique.

3. Les États membres communiquent sans délai à la Commission le texte définitif d'une règle technique.

4. Les informations fournies au titre du présent article ne sont pas considérées comme confidentielles, sauf si l'État membre auteur de la notification demande expressément qu'elles le soient. Toute demande de ce type doit être motivée.

Dans le cas d'une telle demande, le comité visé à l'article 5 et les administrations nationales peuvent, en prenant les précautions nécessaires, consulter pour expertise des personnes physiques ou morales pouvant relever du secteur privé.

5. Lorsqu'un projet de règle technique fait partie d'une mesure dont la communication à l'état de projet est prévue par d'autres actes communautaires, les États membres peuvent effectuer la communication prévue au paragraphe 1 au titre de cet autre acte, sous réserve d'indiquer formellement qu'elle vaut aussi au titre de la présente directive.

L'absence de réaction de la Commission, dans le cadre de la présente directive, sur un projet de règle technique ne préjuge pas la décision qui pourrait être prise dans le cadre d'autres actes communautaires.

Article 9

1. Les États membres reportent l'adoption d'un projet de règle technique de trois mois à compter de la date de la réception par la Commission de la communication prévue à l'article 8, paragraphe 1.

2. Les États membres reportent:
– de quatre mois l'adoption d'un projet de règle technique ayant la forme d'un accord volontaire au sens de l'article 1er, point 9, deuxième alinéa, deuxième tiret,
– sans préjudice des paragraphes 3, 4 et 5, de six mois l'adoption de tout autre projet de règle technique,
à compter de la date de la réception par la Commission de la communication prévue à l'article 8, paragraphe 1, si la Commission ou un autre État membre émet, dans les trois mois qui suivent cette date, un avis circonstancié selon lequel la mesure envisagée présente des aspects pouvant éventuellement créer des obstacles à la libre circulation des marchandises dans le cadre du marché intérieur.

L'État membre concerné fait rapport à la Commission sur la suite qu'il a l'intention de donner à de tels avis circonstanciés. La Commission commente cette réaction.

3. Les États membres reportent l'adoption d'un projet de règle technique de douze mois à compter de la date de la réception par la Commission de la communication prévue à l'article 8, paragraphe 1, si, dans les trois mois qui suivent cette date, la

3. Procédure d'information dans le domaine des normes

Commission fait part de son intention de proposer ou d'arrêter une directive, un règlement ou une décision conformément à l'article 189 du traité sur ce sujet.

4. Les États membres reportent l'adoption d'un projet de règle technique de douze mois à compter de la date de la réception par la Commission de la communication prévue à l'article 8, paragraphe 1, si, dans les trois mois qui suivent cette date, la Commission fait part du constat que le projet de règle technique porte sur une matière couverte par une proposition de directive, de règlement ou de décision présentée au Conseil conformément à l'article 189 du traité.

5. Si le Conseil arrête une position commune durant la période de statu quo visée aux paragraphes 3 et 4, cette période est, sous réserve du paragraphe 6, étendue à dix-huit mois.

6. Les obligations visées aux paragraphes 3, 4 et 5 cessent:
– lorsque la Commission informe les États membres qu'elle renonce à son intention de proposer ou d'arrêter un acte communautaire contraignant,
– lorsque la Commission informe les États membres du retrait de sa proposition ou de son projet
ou
– lors de l'adoption d'un acte communautaire contraignant par le Conseil ou par la Commission.

7. Les paragraphes 1 à 5 ne sont pas applicables lorsqu'un État membre, pour des raisons urgentes tenant à une situation grave et imprévisible qui a trait à la protection de la santé des personnes et des animaux, à la préservation des végétaux ou à la sécurité, doit élaborer dans un très bref délai des règles techniques pour les arrêter et les mettre en vigueur aussitôt, sans qu'une consultation soit possible. L'État membre indique dans la communication prévue à l'article 8 les motifs qui justifient l'urgence des mesures en question. La Commission se prononce sur cette communication dans les plus brefs délais. Elle prend les mesures appropriées en cas de recours abusif à cette procédure. Le Parlement européen est tenu informé par la Commission.

Article 10

1. Les articles 8 et 9 ne sont pas applicables aux dispositions législatives, réglementaires et administratives des États membres ou aux accords volontaires par lesquels ces derniers:
– se conforment aux actes communautaires contraignants qui ont pour effet l'adoption de spécifications techniques,
– remplissent les engagements découlant d'un accord international qui ont pour effet l'adoption de spécifications techniques communes dans la Communauté,
– font usage des clauses de sauvegarde prévues dans des actes communautaires contraignants,
– appliquent l'article 8, paragraphe 1, de la directive 92/59/CEE du Conseil[10],
– se limitent à exécuter un arrêt de la Cour de justice des Communautés européennes,
– se limitent à modifier une règle technique au sens de l'article 1er, point 9, de la

---

[10] Directive 92/59/CEE du Conseil du 29 juin 1992 relative à la sécurité générale des produits (JO n° L 228 du 11.8.1992, p. 24).

présente directive, conformément à une demande de la Commission, en vue d'éliminer une entrave aux échanges.

2. L'article 9 ne s'applique pas aux dispositions législatives, réglementaires et administratives des États membres visant l'interdiction de fabrication, dans la mesure où elles n'entravent pas la libre circulation des produits.

3. L'article 9, paragraphes 3 à 6, ne s'applique pas aux accords volontaires visés à l'article 1er, point 9, deuxième alinéa, deuxième tiret.

4. L'article 9 ne s'applique pas aux spécifications techniques ou autres exigences visées à l'article 1er, point 9, deuxième alinéa, troisième tiret.

Article 11

La Commission fait rapport tous les deux ans au Parlement européen, au Conseil et au Comité économique et social sur les résultats de l'application de la présente directive. Les listes des travaux de normalisation confiés aux organismes européens de normalisation conformément à la présente directive ainsi que les statistiques concernant les communications reçues sont publiées une fois par an au Journal officiel des Communautés européennes.

Article 12

Lorsque les États membres adoptent une règle technique, celle-ci contient une référence à la présente directive ou est accompagnée d'une telle référence lors de sa publication officielle. Les modalités de cette référence sont arrêtées par les États membres.

Article 13

1. Les directives et les décisions figurant à l'annexe III, partie A, sont abrogées, sans préjudice des obligations des États membres en ce qui concerne les délais de transposition figurant à l'annexe III, partie B.

2. Les références faites aux directives et décisions abrogées s'entendent comme faites à la présente directive et sont à lire selon le tableau de correspondance figurant à l'annexe IV.

Article 14

La présente directive entre en vigueur le vingtième jour suivant celui de sa publication au Journal officiel des Communautés européennes.

Article 15

Les États membres sont destinataires de la présente directive.

Annexe I. Organismes européens de normalisation

CEN (Comité européen de normalisation)
CENELEC (Comité européen de normalisation électrotechnique)
ETSI (Institut européen de normalisation des télécommunications)

Annexe II. Organismes nationaux de normalisation

1. BELGIQUE

IBN/BIN (Institut belge de normalisation/ Belgisch Instituut voor Normalisatie)
CEB/BEC (Comité électrotechnique belge/ Belgisch Elektrotechnisch Comité)

3. *Procédure d'information dans le domaine des normes* 797

2. DANEMARK
DS (Dansk Standard)
NTA (Telestyrelsen, National Telecom Agency)

3. ALLEMAGNE
DIN (Deutsches Institut für Normung e. V.)
DKE (Deutsche Elektrotechnische Kommission im DIN und VDE)

4. GRÈCE
EΛOT (Ελληνιχός Οργανισμός Τυποποίησης)

5. ESPAGNE
AENOR (Asociación Española de Normalización y Certificación)

6. FRANCE
AFNOR (Association française de normalisation)
UTE (Union technique de l'électricité – Bureau de normalisation auprès de l'AFNOR)

7. IRLANDE
NSAI (National Standards Authority of Ireland)
ETCI (Electrotechnical Council of Ireland)

8. ITALIE[11]
UNI (Ente nazionale italiano di unificazione)
CEI (Comitato elettrotecnico italiano)

9. LUXEMBOURG
ITM (Inspection du travail et des mines)
SEE (Service de l'énergie de l'État)

10. PAYS-BAS
NNI (Nederlands Normalisatie instituut)
NEC (Nederlands Elektrotechnisch Comité)

11. AUTRICHE
ON (Österreichisches Normungsinstitut)
ÖVE (Österreichischer Verband für Elektrotechnik)

12. PORTUGAL
IPQ (Instituto Português da Qualidade)

13. ROYAUME-UNI
BSI (British Standards Institution)
BEC (British Electrotechnical Committee)

14. FINLANDE
SFS (Suomen Standardisoimisliitto SFS ry/ Finlands Standardiseringsförbund SFS rf)
THK/TFC (Telehallintokeskus/ Teleförvaltningscentralen)

---

[11] L'UNI et le CEI, en coopération avec l'Istituto superiore delle poste e telecomunicazioni et le ministero dell'industria, ont attribué au CONCIT (Comitato nazionale di coordinamento per le tecnologie dell'informazione) les travaux réalisés dans le cadre de l'ETSI.

SESKO (Suomen Sähköteknillinen Standardisoimisyhdistys SESKO ry/ Finlands Elektrotekniska Standardiseringsförening SESKO rf)

15. SUÈDE

SIS (Standardiseringen i Sverige)
SEK (Svenska elektriska kommissionen)
IST (Informationstekniska standardiseringen)

Annexe III

Partie A. Directives et décisions abrogées (visées à l'article 13)

Directive 83/189/CEE du Conseil et ses modifications successives:
Directive 88/182/CEE du Conseil
Décision 90/230/CEE de la Commission
Décision 92/400/CEE de la Commission
Directive 94/10/CE du Parlement européen et du Conseil
Décision 96/139/CE de la Commission

V. Responsabilité délictuelle

I. Directive du Conseil du 25 juillet 1985 relative au rapprochement des dispositions législatives, réglementaires et administratives des États membres en matière de responsabilité du fait des produits défectueux (85/374/CEE)

Journal officiel n° L 210 du 07/08/1985, p. 29–33 avec modifications: Directive 1999/34/CE du 10 mai 1999 (Journal officiel n° L 141 du 04/06/1999, p. 20–21)

LE CONSEIL DES COMMUNAUTÈS EUROPÈENNES,
vu le traité instituant la Communauté économique européenne, et notamment son article 100, vu la proposition de la Commission[1], vu l'avis de l'Assemblée[2], vu l'avis du Comité économique et social[3],
considérant qu'un rapprochement des législations des États membres en matière de responsabilité du producteur pour les dommages causés par le caractère défectueux de ses produits est nécessaire du fait que leur disparité est susceptible de fausser la concurrence, d'affecter la libre circulation des marchandises au sein du marché commun et d'entraîner des différences dans le niveau de protection du consommateur contre les dommages causés à sa santé et à ses biens par un produit défectueux;
considérant que seule la responsabilité sans faute du producteur permet de résoudre de façon adéquate le problème, propre à notre époque de technicité croissante, d'une attribution juste des risques inhérents à la production technique moderne;
considérant que la responsabilité ne saurait s'appliquer qu'aux biens mobiliers faisant l'objet d'une production industrielle; qu'en conséquence, il y a lieu d'exclure de cette responsabilité les produits agricoles et les produits de la chasse, sauf lorsqu'ils ont été soumis à une transformation de caractère industriel qui peut causer un défaut dans ces produits; que la responsabilité prévue par la présente directive doit jouer également pour les biens mobiliers qui sont utilisés lors de la construction d'immeubles ou incorporés à des immeubles;
considérant que la protection du consommateur exige que la responsabilité de tous les participants au processus de production soit engagée si le produit fini ou la partie composante ou la matière première fournie par eux présentait un défaut; que, pour la même raison, il convient que soit engagée la responsabilité de l'importateur de produits dans la Communauté ainsi que celle de toute personne qui se présente comme producteur en apposant son nom, sa marque ou tout autre signe distinctif ou de toute personne qui fournit un produit dont le producteur ne peut être identifié;
considérant que, lorsque plusieurs personnes sont responsables du même dommage, la protection du consommateur exige que la victime puisse réclamer la réparation intégrale du dommage à chacune d'elles indifféremment;
considérant que, pour protéger l'intégrité physique et les biens du consommateur, la détermination du caractère défectueux d'un produit doit se faire en fonction non pas de

---

[1] JO n° C 241 du 14. 10. 1976, p. 9 et JO n° C 271 du 26. 10. 1979, p. 3.
[2] JO n° C 127 du 21. 5. 1979, p. 61.
[3] JO n° C 114 du 7. 5. 1979, p. 15.

l'inaptitude du produit à l'usage, mais du défaut de sécurité à laquelle le grand public peut légitimement s'attendre; que cette sécurité s'apprécie en excluant tout usage abusif du produit, déraisonnable dans les circonstances;

considérant qu'une juste répartition des risques entre la victime et le producteur implique que ce dernier doive pouvoir se libérer de la responsabilité s'il prouve l'existence de certains faits qui le déchargent;

considérant que la protection du consommateur exige que la responsabilité du producteur ne soit pas affectée par l'intervention d'autres personnes ayant contribué à causer le dommage; que, toutefois, la faute concurrente de la victime peut être prise en considération pour réduire ou supprimer une telle responsabilité;

considérant que la protection du consommateur exige la réparation des dommages causés par la mort et par les lésions corporelles ainsi que la réparation des dommages aux biens; que cette dernière doit cependant être limitée aux choses d'usage privé ou de consommation privée et être soumise à la déduction d'une franchise d'un montant fixe pour éviter un nombre excessif de litiges; que la présente directive ne porte pas préjudice à la réparation du pretium doloris et d'autres dommages moraux, le cas échéant prévue par la loi applicable en l'espèce;

considérant qu'un délai de prescription uniforme pour l'action en réparation est dans l'intérêt de la victime comme dans celui du producteur;

considérant que les produits s'usent avec le temps, que des normes de sécurité plus strictes sont élaborées et que les connaissances scientifiques et techniques progressent; qu'il serait, dès lors, inéquitable de rendre le producteur responsable des défauts de son produit sans une limitation de durée; que sa responsabilité doit donc s'éteindre après une période de durée raisonnable, sans préjudice toutefois des actions pendantes;

considérant que, pour assurer une protection efficace des consommateurs, il ne doit pas pouvoir être dérogé par clause contractuelle à la responsabilté du producteur à l'égard de la victime;

considérant que, selon les systèmes juridiques des États membres, la victime peut avoir un droit à réparation au titre de la responsabilité extracontractuelle différent de celui prévu par la présente directive; que, dans la mesure où de telles dispositions tendent également à atteindre l'objectif d'une protection efficace des consommateurs, elles ne doivent pas être affectées par la présente directive; que, dans la mesure où une protection efficace des consommateurs dans le secteur des produits pharmaceutiques est déjà également assurée dans un État membre par un régime spécial de responsabilité, des actions basées sur ce régime doivent rester également possibles;

considérant que, dans la mesure où la responsabilité des dommages nucléaires est déjà régie dans tous les États membres par des dispositions particulières suffisantes, il est possible d'exclure ce type de dommages du champ d'application de la présente directive;

considérant que l'exclusion des matières premières agricoles et des produits de la chasse du champ d'application de la présente directive peut être ressentie dans certains États membres, compte tenu des exigences de la protection des consommateurs, comme une restriction injustifiée de cette protection; qu'il doit, dès lors, être possible à un État membre d'étendre la responsabilité à ces produits;

considérant que, pour des raisons analogues, la possibilité offerte à un producteur de se libérer de la responsabilité s'il prouve que l'état des connaissances scientifiques et techniques au moment de la mise en circulation du produit par lui ne permettait pas de déceler l'existence du défaut peut être ressentie dans certains États membres comme une restriction injustifiée de la protection des consommateurs; qu'il doit donc être possible pour un

1. Responsabilité du fait des produits défectueux

État membre de maintenir dans sa législation ou de prescrire par une législation nouvelle l'inadmissibilité de cette preuve libératoire; qu'en cas de législation nouvelle, le recours à cette dérogation doit toutefois être subordonné à une procédure de stand-still communautaire pour accroître, si possible, le niveau de protection dans la Communauté de manière uniforme;

considérant que compte tenu des traditions juridiques dans la plupart des États membres, il ne convient pas de fixer un plafond financier à la responsabilité sans faute du producteur; que, dans la mesure, toutefois, où il existe des traditions différentes, il semble possible d'admettre qu'un État membre puisse déroger au principe de la responsabilité illimitée en prescrivant une limite à la responsabilité globale du producteur pour la mort ou les lésions corporelles causées par des articles identiques présentant le même défaut, à condition que cette limite soit fixée à un niveau suffisamment élevé pour garantir une protection adéquate des consommateurs et le fonctionnement correct du marché commun;

considérant que l'harmonisation résultant de la présente directive ne peut, au stade actuel, être totale, mais ouvre la voie vers une harmonisation plus poussée; qu'il y a lieu, dès lors, pour le Conseil de se saisir à intervalles réguliers de rapports de la Commission sur l'application de la présente directive, accompagnés le cas échéant de propositions appropriées;

considérant que, dans cette perspective, il est particulièrement important de procéder à un réexamen des dispositions de la présente directive concernant les dérogations ouvertes aux États membres, à l'expiration d'une période suffisamment longue pour accumuler une expérience pratique sur les effets de ces dérogations sur la protection des consommateurs et sur le fonctionnement du marché commun,

A ARRÊTÉ LA PRÉSENTE DIRECTIVE:

Article premier
Le producteur est responsable du dommage causé par un défaut de son produit.

Article 2
Pour l'application de la présente directive, le terme «produit» désigne tout meuble, à l'exception des matières premières agricoles et des produits de la chasse, même s'il est incorporé dans un autre meuble ou dans un immeuble. Par «matières premières agricoles», on entend les produits du sol, de l'élevage et de la pêcherie, à l'exclusion des produits ayant subi une première transformation. Le terme «produit» désigne également l'électricité.

Article 3
1. Le terme «producteur» désigne le fabricant d'un produit fini, le producteur d'une matière première ou le fabricant d'une partie composante, et toute personne qui se présente comme producteur en apposant sur le produit son nom, sa marque ou un autre signe distinctif. 2. Sans préjudice de la responsabilité du producteur, toute personne qui importe un produit dans la Communauté en vue d'une vente, location, leasing ou toute autre forme de distribution dans le cadre de son activité commerciale est considérée comme producteur de clui-ci au sens de la présente directive et est responsable au même titre que le producteur.
3. Si le producteur du produit ne peut être identifié, chaque fournisseur en sera considéré comme producteur, à moins qu'il n'indique à la victime, dans un délai raisonnable, l'identité du producteur ou de celui qui lui a fourni le produit. Il en est

de même dans le cas d'un produit importé, si ce produit n'indique pas l'identité de l'importateur visé au paragraphe 2, même si le nom du producteur est indiqué.

Article 4
La victime est obligée de prouver le dommage, le défaut et le lien de causalité entre le défaut et le dommage.

Article 5
Si, en application de la présente directive, plusieurs personnes sont responsables du même dommage, leur responsabilité est solidaire, sans préjudice des dispositions du droit national relatives au droit de recours.

Article 6
1. Un produit est défectueux lorsqu'il n'offre pas la sécurité à laquelle on peut légitimement s'attendre compte tenu de toutes les circonstances, et notamment:
a) de la présentation du produit;
b) de l'usage du produit qui peut être raisonnablement attendu;
c) du moment de la mise en circulation du produit.
2. Un produit ne peut être considéré comme défectueux par le seul fait qu'un produit plus perfectionné a été mis en circulation postérieurement à lui.

Article 7
Le producteur n'est pas responsable en application de la présente directive s'il prouve:
a) qu'il n'avait pas mis le produit en circulation;
b) que, compte tenu des circonstances, il y a lieu d'estimer que le défaut ayant causé le dommage n'existait pas au moment où le produit a été mis en circulation par lui ou que ce défaut est né postérieurement;
c) que le produit n'a été ni fabriqué pour la vente ou pour toute autre forme de distribution dans un but économique du producteur, ni fabriqué ou distribué dans le cadre de son activité professionnelle;
d) que le défaut est dû à la conformité du produit avec des règles impératives émanant des pouvoirs publics;
e) que l'état des connaissances scientifiques et techniques au moment de la mise en circulation du produit par lui n'a pas permis de déceler l'existence du défaut;
f) s'agissant du fabricant d'une partie composante, que le défaut est imputable à la conception du produit dans lequel la partie composante a été incorporée ou aux instructions données par le fabricant du produit.

Article 8
1. Sans préjudice des dispositions du droit national relatives au droit de recours, la responsabilité du producteur n'est pas réduite lorsque le dommage est causé conjointement par un défaut du produit et par l'intervention d'un tiers.
2. La responsabilité du producteur peut être réduite ou supprimée, compte tenu de toutes les circonstances, lorsque le dommage est causé conjointement par un défaut du produit et par la faute de la victime ou d'une personne dont la victime est responsable.

1. Responsabilité du fait des produits défectueux

Article 9
Au sens de l'article 1er, le terme «dommage» désigne:
a) le dommage causé par la mort ou par des lésions corporelles;
b) le dommage causé à une chose ou la destruction d'une chose, autre que le produit défectueux lui-même, sous déduction d'une franchise de 500 Écus, à conditions que cette chose:
i) soit d'un type normalement destiné à l'usage ou à la consommation privés
et
ii) ait été utilisée par la victime principalement pour son usage ou sa consommation privés.
Le présent article ne porte pas préjudice aux dispositions nationales relatives aux dommages immatériels.

Article 10
1. Les États membre prévoient dans leur législation que l'action en réparation prévue par la présente directive se prescrit dans un délai de trois ans à compter de la date à laquelle le plaignant a eu ou aurait dû avoir connaissance du dommage, du défaut et de l'identité du producteur.
2. Les dispositions des États membres réglementant la suspension ou l'interruption de la prescription ne sont pas affectées par la présente directive.

Article 11
Les États membres prévoient dans leur législation que les droits conférés à la victime en application de la présente directive s'éteignent à l'expiration d'un délai de dix ans à compter de la date à laquelle le producteur a mis en circulation le produit, même qui a causé le dommage, à moins que durant cette période la victime n'ait engagé une procédure judiciaire contre celui-ci.

Article 12
La responsabilité du producteur en application de la présente directive ne peut être limitée ou écartée à l'égard de la victime par une clause limitative ou exonératoire de responsabilité.

Article 13
La présente directive ne porte pas atteinte aux droits dont la victime d'un dommage peut se prévaloir au titre du droit de la responsabilité contractuelle ou extracontractuelle ou au titre d'un régime spécial de responsabilité existant au moment de la notification de la présente directive.

Article 14
La présente directive ne s'applique pas aux dommages résultant d'accidents nucléaires et qui sont couverts par des conventions internationales ratifiées par les États membres.

Article 15
1. Chaque État membre peut:
a) par dérogation à l'article 2, prévoir dans sa législation qu'au sens de l'article 1er,

le terme «produit» désigne également les matières premières agricoles et le produits de la chasse;
b) par dérogation à l'article 7 point e), maintenir ou, sous réserve de la procédure définie au paragraphe 2 du présent article, prévoir dans sa législation que le producteur est responsable même s'il prouve que l'état des connaissances scientifiques et techniques au moment de la mise en circulation du produit par lui ne permettait pas de déceler l'existence du défaut.

2. L'État membre qui souhaite introduire la mesure prévue au paragraphe 1 point b) communique à la Commission le texte de la mesure envisagée. Celle-ci en informe les autres États membres.

L'État membre concerné surseoit à prendre la mesure envisagée pendant un délai de neuf mois à compter de l'information de la Commission et à condition que celle-ci n'ait pas entretemps soumis au Conseil une proposition de modification de la présente directive portant sur la matière visée. Si, toutefois, la Commission, dans un délai de trois mois à compter de la réception de ladite information, ne communique pas à l'État membre concerné son intention de présenter une telle proposition au Conseil, l'État membre peut prendre immédiatement la mesure envisagée.

Si la Commission présente au Conseil une telle proposition de modification de la présente directive dans le délai de neuf mois précité, l'État membre concerné surseoit à la mesure envisagée pendant un nouveau délai de dix-huit mois à compter de la présentation de ladite proposition.

3. Dix ans après la date de notification de la présente directive, la Commission soumet au Conseil un rapport sur l'incidence pour la protection des consommateurs et le fonctionnement du marché commun de l'application faite par les tribunaux de l'article 7 point e) et du paragraphe 1 point b) du présent article. À la lumière de rapport le Conseil, statuant dans les conditions prévues à l'article 100 du traité sur proposition de la Commission, décide de l'abrogation de l'article 7 point e).

Article 16

1. Tout État membre peut prévoir que la responsabilité globale du producteur pour les dommages résultant de la mort ou de lésions corporelles et causés par des articles identiques présentant le même défaut est limitée à un montant qui ne peut être inférieur à 70 millions d'Écus.

2. Dix ans après la date de notification de la présente directive, la Commission soumet au Conseil un rapport sur l'incidence pour la protection des consommateurs et le fonctionnement du marché commun de l'application de la limite financière de la responsabilité par les États membres qui ont fait usage de la faculté prévue au paragraphe 1. À la lumière de ce rapport, le Conseil, statuant dans les conditions prévues à l'article 100 du traité sur proposition de la Commission, décide de l'abrogation du paragraphe 1.

Article 17

La présente directive ne s'applique pas aux produits mis en circulation avant la date à laquelle les dispositions visées à l'article 19 entrent en vigueur.

Article 18

1. Au sens de la présente directive, l'Écu est celui défini par le règlement (CEE)

no 3180/78[4], modifié par le règlement (CEE) no 2626/84[5]. La contrevaleur en monnaie nationale est initialement celle qui est applicable le jour de l'adoption de la présente directive.

2. Le Conseil, sur proposition de la Commission, procède tous les cinq ans à l'examen et, le cas échéant, à la révision des montants visés par la présente directive, en fonction de l'évolution économique et monétaire dans la Communauté.

Article 19
1. Les États membres mettent en vigueur les dispositions législatives, réglementaires et administratives nécessaires pour se conformer à la présente directive au plus tard trois ans à compter de la notification de la présente directive. Ils en informent immédiatement la Commission[6].
2. La procédure définie à l'article 15 paragraphe 2 est applicable à compter de la date de notification de la présente directive.

Article 20
Les États membres veillent à communiquer à la Commission le texte des dispositions essentielles de droit interne qu'ils adoptent dans le domaine régi par la présente directive.

Article 21
La Commission adresse tous les cinq ans au Conseil un rapport concernant l'application de la présente directive et lui soumet, le cas échéant, des propositions appropriées.

Article 22
Les États membres sont destinataires de la présente directive.

---

[4] JO n° L 379 du 30. 12. 1978, p. 1.
[5] JO n° L 247 du 16. 9. 1984, p. 1.
[6] La présente directive a été notifiée aux États membres le 30 juillet 1985.

2. Directive du Conseil, du 29 juin 1992, relative à la sécurité générale des produits (92/59/CEE)

Journal officiel n° L 228 du 11/08/1992, p. 24–32

LE CONSEIL DES COMMUNAUTÈS EUROPÈENNES,

vu le traité instituant la Communauté économique européenne, et notamment son article 100 A, vu la proposition de la Commission[1], en coopération avec le Parlement européen[2], vu l'avis du Comité économique et social[3],

considérant qu'il importe d'arrêter les mesures destinées à établir progressivement le marché intérieur au cours d'une période expirant le 31 décembre 1992; que le marché intérieur comporte un espace sans frontières intérieures dans lequel la libre circulation des marchandises, des personnes, des services et des capitaux est assurée;

considérant que certains États membres ont adopté une législation horizontale sur la sécurité des produits qui impose notamment aux opérateurs économiques une obligation générale de ne commercialiser que des produits sûrs; que ces législations présentent des différences dans le niveau de protection qu'elles accordent aux personnes; que ces disparités et l'absence de législation horizontale dans d'autres États membres sont susceptibles de créer des obstacles aux échanges et des distorsions de la concurrence dans le marché intérieur;

considérant qu'il est très difficile d'adopter une législation communautaire pour chaque produit qui existe ou pourrait être créé; qu'un vaste cadre législatif à caractère horizontal est nécessaire pour couvrir ces produits et pour combler les lacunes de la législation spécifique existante ou future, notamment en vue d'assurer un niveau de protection élevé de la sécurité et de la santé des personnes conformément à l'article 100 A paragraphe 3 du traité;

considérant qu'il est, dès lors, nécessaire d'établir au niveau communautaire une prescription générale de sécurité pour tous les produits mis sur le marché, destinés aux consommateurs ou susceptibles d'être utilisés par les consommateurs; qu'il convient néanmoins d'exclure, de par leur nature, certains biens d'occasion;

considérant que les installations de production, les biens d'investissement et les autres produits utilisés exclusivement dans le cadre d'une activité professionnelle ne sont pas visés par la présente directive;

considérant que les dispositions de la présente directive s'appliquent, lorsqu'il n'existe pas de dispositions spécifiques, dans le cadre de réglementations communautaires, en matière de sécurité des produits concernés;

considérant que, lorsqu'il existe des réglementations communautaires spécifiques, de caractère d'harmonisation totale, et en particulier celles adoptées sur la base de la nouvelle approche, qui fixent les obligations relatives à la sécurité des produits, il n'y a pas lieu d'imposer de nouvelles obligations aux opérateurs économiques en ce qui concerne la mise sur le marché des produits couverts par de telles réglementations;

considérant que, lorsque les dispositions d'une réglementation spécifique communautaire ne couvrent que certains aspects de la sécurité ou catégories en risques du produit en

---

[1] JO n° C 156 du 27. 6. 1990, p. 8.
[2] JO n° C 96 du 17. 4. 1990, p. 283 et décision du 11 juin 1992 (non encore parue au Journal officiel).
[3] JO n° C 75 du 26. 3. 1990, p. 1.

2. Sécurité générale des produits

question, les obligations des opérateurs économiques à l'égard de ces aspects sont établies par ces seules dispositions;

considérant qu'il convient de compléter l'obligation de respecter l'exigence générale de sécurité par l'obligation pour les opérateurs économiques de fournir aux consommateurs l'information pertinente et d'adopter des mesures proportionnées en fonction des caractéristiques des produits, leur permettant d'être informés sur les risques que ces produits pourraient présenter;

considérant que, en l'absence de réglementations spécifiques, il convient de définir des critères permettant d'évaluer la sécurité du produit;

considérant que les États membres doivent instituer des autorités chargées de contrôler la sécurité des produits, qui ont les pouvoirs nécessaires pour prendre les mesures appropriées;

considérant qu'il est notamment nécessaire que, parmi les mesures appropriées, figure pour les États membres le pouvoir d'organiser, de manière efficace et immédiate, le retrait des produits dangereux déjà mis sur le marché;

considérant qu'il est nécessaire, pour préserver l'unité du marché, que la Commission soit informée de toutes les mesures restreignant la mise sur le marché d'un produit ou imposant son retrait du marché sauf celles relatives à un incident ayant un effet local et en tout cas limité au territoire de l'État concerné; que ces mesures ne peuvent être prises que dans le respect des dispositions du traité, et notamment de ses articles 30 à 36;

considérant que la présente directive ne porte pas atteinte aux procédures de notification prévues dans la directive 83/189/CEE du Conseil, du 28 mars 1983, prévoyant une procédure d'information dans le domaine des normes et réglementations techniques[4], ainsi que dans la décision 88/383/CEE de la Commission, du 24 février 1988, prévoyant l'amélioration de l'information dans le domaine de la sécurité, de l'hygiène et de la santé sur le lieu de travail[5];

considérant qu'un contrôle efficace de la sécurité des produits exige la mise en place aux niveaux national et communautaire d'un système d'échange rapide d'informations dans des situations d'urgence concernant la sécurité d'un produit et qu'il convient par conséquent d'intégrer dans la présente directive la procédure établie par la décision 89/45/CEE du Conseil, du 21 décembre 1988, concernant un système communautaire d'échange rapide d'informations sur les dangers découlant de l'utilisation de produits de consommation[6] et d'abroger la décision susmentionnée; qu'il est en outre opportun de reprendre dans la présente directive les procédures détaillées arrêtées en vertu de la décision précitée et de conférer à la Commission le pouvoir de les adapter avec l'assistance d'un comité;

considérant par ailleurs que des procédures de notification de nature équivalente existent déjà pour les produits pharmaceutiques, visés par les directives 75/319/CEE[7] et 81/851/CEE[8], en ce qui concerne les maladies des animaux visés par la directive 82/894/CEE[9], pour les produits d'origine animale visés par la directive 89/662/CEE[10], et sous forme du

---

[4] JO n° L 109 du 26. 4. 1983, p. 8.
[5] JO n° L 183 du 14. 7. 1988, p. 34.
[6] JO n° L 17 du 21. 1. 1989, p. 51.
[7] JO n° L 147 du 9. 6. 1975, p. 13.
[8] JO n° L 317 du 6. 11. 1981, p. 1.
[9] JO n° L 378 du 31. 12. 1982, p. 58.
[10] JO n° L 395 du 30. 12. 1989, p. 13.

système d'échange rapide d'informations dans les situations d'urgence radiologique prévue par la décision 87/600/Euratom[11];

considérant qu'il incombe en premier lieu aux États membres, dans le respect des dispositions du traité et notamment de ses articles 30 à 36, de prendre les mesures appropriées à l'égard des produits dangereux qui se trouvent sur leur territoire;

considérant que, dans une telle situation, il pourrait exister une divergence entre États membres dans la prise de décision à l'égard d'un produit déterminé; qu'une telle divergence peut entraîner des disparités inacceptables pour la protection des consommateurs et constituer un obstacle aux échanges intracommunautaires;

considérant qu'il peut y avoir lieu de faire face à des problèmes graves de sécurité d'un produit qui affectent ou pourraient affecter, dans l'immédiat, l'ensemble ou une partie importante de la Communauté, et qui, compte tenu de la nature du problème de sécurité posé par le produit, de manière compatible avec l'urgence, ne peuvent pas être traités efficacement dans le cadre des procédures prévues dans les réglementations communautaires spécifiques applicables aux produits ou à la catégorie de produits concernés;

considérant qu'il est, dès lors, nécessaire de prévoir un mécanisme approprié permettant, en dernier recours, l'adoption de mesures applicables dans l'ensemble de la Communauté, sous forme de décision adressée aux États membres, en vue de faire face à des situations d'urgence comme évoqué ci-dessus; qu'une telle décision n'est pas d'application directe aux opérateurs économiques, sa transposition dans un instrument national étant nécessaire; que les mesures adoptées dans le cadre de cette procédure ne peuvent être que limitées dans le temps et doivent être arrêtées par la Commission assistée par un comité des représentants des États membres; que, pour des raisons de coopération avec les États membres, il convient de prévoir l'institution d'un comité de réglementation conformément à la procédure III variante b) de la décision 87/373/CEE[12];

considérant que la présente directive n'a pas d'effet sur les droits des victimes au sens de la directive 85/374/CEE du Conseil, du 25 juillet 1985, relative au rapprochement des dispositions législatives, réglementaires et administratives des États membres en matière de responsabilité du fait des produits défectueux[13];

considérant qu'il est nécessaire que les États membres prévoient des moyens de recours appropriés devant les juridictions compétentes en ce qui concerne les mesures prises par les autorités compétentes qui restreignent la mise sur le marché ou imposent le retrait d'un produit;

considérant qu'il convient d'envisager, à la lumière de l'expérience, l'adaptation éventuelle de la présente directive notamment en ce qui concerne l'extension du champ d'application et les dispositions relatives aux situations d'urgence et aux interventions au niveau communautaire;

considérant par ailleurs que l'adoption de mesures concernant des produits importés dans le but de prévenir des risques pour la sécurité et la santé des personnes doit s'effectuer conformément aux obligations internationales de la Communauté,

A ARRÊTÉ LA PRÉSENTE DIRECTIVE:

---

[11] JO n° L 371 du 30. 12. 1987, p. 76.
[12] JO n° L 197 du 18. 7. 1987, p. 3.
[13] JO n° L 210 du 7. 8. 1985, p. 29.

2. Sécurité générale des produits

Titre premier. Objective – Champ d'application – Définitions

Article premier

1. Les dispositions de la présente directive visent à assurer que les produits mis sur le marché soient sûrs.

2. Les dispositions de la présente directive s'appliquent pour autant qu'il n'existe pas, dans le cadre de réglementations communautaires, de dispositions spécifiques régissant la sécurité des produits concernés.

En particulier, lorsqu'une réglementation communautaire spécifique contient des dispositions qui fixent les obligations de sécurité pour les produits qu'elles réglementent, en tout état de cause les dispositions des articles 2 à 4 de la présente directive ne s'appliquent pas à ces produits.

Lorsqu'une réglementation communautaire spécifique contient des dispositions qui ne réglementent que certains aspects de sécurité ou catégories de risques des produits concernés, ce sont ces dispositions qui sont d'application à l'égard de ces aspects de sécurité ou de risques.

Article 2

Aux fins de la présente directive, on entend par:

a) «produit»: tout produit destiné aux consommateurs ou susceptible d'être utilisé par les consommateurs, fourni dans le cadre d'une activité commerciale, à titre onéreux ou gratuit, qu'il soit à l'état neuf, d'occasion ou reconditionné.

Cependant, la présente directive ne s'applique pas aux produits d'occasion qui sont fournis en tant qu'antiquités ou en tant que produits devant être réparés ou reconditionnés préalablement à leur utilisation, pour autant que le fournisseur en informe clairement la personne à laquelle il fournit le produit;

b) «produit sûr»: tout produit qui, dans des conditions d'utilisation normales ou raisonnablement prévisibles, y compris de durée, ne présente aucun risque ou seulement des risques réduits à un niveau bas compatibles avec l'utilisation du produit et considérés comme acceptables dans le respect d'un niveau de protection élevé pour la santé et la sécurité des personnes, compte tenu, en particulier, des éléments suivants:

– des caractéristiques du produit, notamment sa composition, son emballage, ses conditions d'assemblage et d'entretien,
– de l'effet du produit sur d'autres produits au cas où on peut raisonnablement prévoir l'utilisation du premier avec les seconds,
– de la présentation du produit, de son étiquetage, des instructions éventuelles concernant son utilisation et son élimination ainsi que de toute autre indication ou information émanant du producteur,
– des catégories de consommateurs se trouvant dans des conditions de risque grave au regard de l'utilisation du produit, en particulier des enfants.

La possibilité d'atteindre un niveau de sécurité supérieur ou de se procurer d'autres produits présentant un risque moindre ne constitue pas une raison suffisante pour considérer un produit comme non sûr ou dangereux;

c) «produit dangereux»: tout produit qui ne répond pas à la définition de produit sûr au sens du point b) du présent article;

d) par «producteur»:

– le fabricant du produit, lorsqu'il est établi dans la Communauté, et toute autre personne qui se présente comme fabricant en apposant sur le produit son nom, sa marque ou un autre signe distinctif, ou celui qui procède au reconditionnement du produit,

– le représentant du fabricant, lorsque celui-ci n'est pas établi dans la Communauté, ou, en l'absence de représentant établi dans la Communauté, l'importateur du produit,

– les autres professionnels de la chaîne de commercialisation, dans la mesure où leurs activités peuvent affecter les caractéristiques de sécurité d'un produit mis sur le marché;

e) «distributeur»: tout professionnel de la chaîne de commercialisation dont l'activité n'a pas d'incidence sur les caractéristiques de sécurité du produit.

Titre II. Obligation générale de sécurité

Article 3
1. Les producteurs sont tenus de ne mettre sur le marché que des produits sûrs.
2. Les producteurs doivent, dans la limite de leurs activités respectives:
– fournir au consommateur les informations pertinentes qui lui permettent d'évaluer les risques inhérents à un produit pendant sa durée d'utilisation normale ou raisonnablement prévisible, lorsque ceux-ci ne sont pas immédiatement perceptibles sans un avertissement adéquat, et de s'en prémunir.

La présence d'un tel avertissement ne dispense de toute façon pas du respect des autres obligations prévues par la présente directive,

– adopter des mesures proportionnées, en fonction des caractéristiques des produits qu'ils fournissent, leur permettant d'être informés sur les risques que ces produits pourraient présenter et d'engager les actions opportunes y compris, si nécessaire, le retrait du produit en cause du marché pour éviter ces risques.

Les mesures susmentionnées comprennent, par exemple, dans tous les cas où cela est approprié, le marquage des produits ou du lot de produits d'une façon qui permette de les identifier, la réalisation des essais par sondage sur les produits commercialisés et l'examen des plaintes déposées et l'information des distributeurs sur ce suivi.

3. Les distributeurs sont tenus d'agir diligemment afin de contribuer au respect de l'obligation générale de sécurité, en particulier en ne fournissant pas de produits dont ils savent ou auraient dû estimer, sur la base des éléments d'information en leur possession et en tant que professionnel, qu'ils ne satisfont pas à cette obligation. Ils doivent notamment, dans la limite de leurs activités respectives, participer au suivi de la sécurité des produits mis sur le marché, en particulier par la transmission des informations concernant les risques des produits et par la collaboration aux actions engagées pour éviter ces risques.

Article 4
1. Lorsqu'il n'existe pas de dispositions communautaires spécifiques régissant la sécurité des produits en cause, un produit est considéré comme sûr quand il est conforme aux réglementations nationales spécifiques de l'État membre sur le territoire duquel le produit se trouve en circulation, établies dans le respect du traité et no-

2. Sécurité générale des produits

tamment des articles 30 et 36, et fixant les exigences auxquelles le produit doit répondre sur le plan de la santé et de la sécurité pour pouvoir être commercialisé.

2. À défaut des réglementations spécifiques visées au paragraphe 1, on évalue la conformité d'un produit à l'exigence générale de sécurité en prenant en compte les normes nationales non obligatoires qui transposent une norme européenne ou, lorsqu'elles existent, les spécifications techniques communautaires ou, à défaut, les normes établies dans l'État membre où le produit se trouve en circulation, les codes de bonne conduite en matière de santé et de sécurité en vigueur dans le secteur concerné, ou bien de l'état de l'art et de la technique ainsi que la sécurité à laquelle les consommateurs peuvent raisonnablement s'attendre.

3. La conformité d'un produit aux dispositions visées aux paragraphes 1 ou 2 n'empêche pas les autorités compétentes des États membres de prendre les mesures opportunes pour restreindre sa mise sur le marché ou demander son retrait du marché si, nonobstant cette conformité, le produit se révèle dangereux pour la santé et la sécurité des consommateurs.

Titre III. Obligations et pouvoirs des États membres

Article 5

Les États membres adoptent les dispositions législatives, réglementaires et administratives nécessaires pour imposer aux producteurs et aux distributeurs de respecter les obligations qui leur incombent en vertu de la présente directive de manière à ce que les produits mis sur le marché soient sûrs.

Les États membres doivent, en particulier, instituer ou nommer les autorités chargées de contrôler la conformité des produits avec l'obligation de ne mettre sur le marché que des produits sûrs en veillant à ce que ces autorités disposent des pouvoirs nécessaires pour prendre les mesures appropriées qu'il leur incombe de prendre en vertu de la présente directive, y compris la possibilité d'infliger des sanctions adéquates en cas de non-respect des obligations découlant de la présente directive. Ils notifient ces autorités à la Commission, qui transmet l'information aux autres États membres.

Article 6

1. Aux fins de l'article 5, les États membres disposent des pouvoirs nécessaires, s'exerçant proportionnellement à la gravité du risque et dans le respect du traité, et notamment des articles 30 et 36, pour prendre des mesures appropriées visant, entre autres:

a) à organiser, même après qu'un produit a été mis sur le marché comme étant sûr, des vérifications appropriées des caractéristiques de sécurité de celui-ci, sur une échelle suffisante, jusqu'au dernier stade de l'utilisation ou de la consommation;
b) à réclamer toutes les informations nécessaires aux parties concernées;
c) à prélever des échantillons d'un produit ou d'une série de produits pour les soumettre à des analyses relatives à la sécurité;
d) à soumettre la mise sur le marché d'un produit à des conditions préalables de manière à le rendre sûr et à exiger que le produit soit pourvu des avertissements adéquats concernant les risques qu'il peut présenter;

e) à ordonner que les personnes susceptibles d'être exposées au risque découlant d'un produit soient averties de ce risque en temps utile et sous une forme appropriée, y compris par la publication d'avertissements spéciaux;

f) à interdire temporairement, pendant la période nécessaire aux différents contrôles, de fournir, de proposer de fournir ou d'exposer un produit ou un lot de produits lorsqu'il existe des indices précis et convergents concernant leur caractère dangereux;

g) à interdire la mise sur le marché d'un produit ou d'un lot de produits qui s'est révélé dangereux et à établir les mesures d'accompagnement requises pour assurer le respect de cette interdiction;

h) à organiser de manière efficace et immédiate le retrait d'un produit ou d'un lot de produits dangereux déjà mis sur le marché et, si nécessaire, sa destruction dans des conditions appropriées.

2. Les mesures à prendre par les autorités compétentes des États membres en vertu du présent article s'adressent, selon le cas:

a) au producteur;

b) dans la limite de leurs activités respectives, aux distributeurs, notamment au responsable de la première distribution sur le marché national;

c) à toute autre personne, lorsque ceci s'avère nécessaire, en vue de la collaboration aux actions engagées pour éviter des risques découlant d'un produit.

Titre IV. Notification et échange d'informations

Article 7

1. Lorsqu'un État membre prend des mesures qui restreignent la mise sur le marché d'un produit ou d'un lot de produits ou imposent son retrait du marché, telles que celles prévues à l'article 6 paragraphe 1 points d) à h), il notifie ces mesures à la Commission, pour autant que cette notification ne soit pas prescrite par une législation communautaire spécifique, en précisant les raisons pour lesquelles il les a adoptées. Cette obligation ne s'applique pas si les mesures sont relatives à un incident ayant un effet local et en tout cas limité au territoire de l'État concerné.

2. La Commission consulte les parties concernées dans les plus brefs délais. Si la Commission constate, après cette consultation, que la mesure est justifiée, elle en informe immédiatement l'État membre qui a pris l'initiative ainsi que les autres États membres. Si la Commission constate, après cette consultation, que la mesure est injustifiée, elle en informe immédiatement l'État membre qui a pris l'initiative.

Titre V. Situations d'urgence et interventions au niveau communautaire

Article 8

1. Lorsqu'un État membre prend ou décide de prendre des mesures urgentes pour empêcher, limiter ou soumettre à des conditions particulières la commercialisation ou l'utilisation éventuelle, sur son territoire, d'un produit ou d'un lot de produits en raison d'un risque grave et immédiat que ce produit ou ce lot de produits présentent pour la santé et la sécurité des consommateurs, il en informe d'urgence la Commission, à condition que cette obligation ne soit pas prévue par des procédures de nature équivalente dans le cadre d'autres instruments communautaires.

2. Sécurité générale des produits

Cette obligation ne s'applique pas si les effets du risque ne dépassent pas ou ne peuvent pas dépasser le territoire de l'État membre concerné.

Sans préjudice de ce qui est indiqué au premier alinéa, les États membres peuvent communiquer à la Commission les informations dont ils disposent au sujet de l'existence d'un risque grave et immédiat même avant d'avoir décidé de prendre les mesures en question.

2. À la réception de ces informations, la Commission en vérifie la conformité avec les dispositions de la présente directive et les transmet aux autres États membres qui, à leur tour, communiquent immédiatement à la Commission les mesures prises.

3. Les procédures détaillées concernant le système communautaire d'information prévu par le présent article figurent en annexe. La Commission adapte ces procédures détaillées suivant la procédure établie à l'article 11.

Article 9

Si la Commission, par voie de notification faite par un État membre ou par des informations fournies par un État membre, notamment au titre des articles 7 et 8, a connaissance de l'existence d'un risque grave et immédiat qu'un produit présente pour la santé et la sécurité des consommateurs dans différents États membres, et si:

a) un ou plusieurs États membres ont pris des mesures restreignant la mise sur le marché du produit ou imposant son retrait du marché, telles que celles prévues par l'article 6 paragraphe 1 points d) à h)

et

b) il existe une divergence entre les États membres en ce qui concerne l'adoption des mesures relatives au risque en question

et

c) le risque ne peut pas, compte tenu de la nature du problème de sécurité posé par le produit, de manière compatible avec l'urgence, être traité dans le cadre des procédures prévues par les réglementations communautaires spécifiques applicables au produit ou à la catégorie de produits concernés

et

d) le risque peut être éliminé efficacement seulement par l'adoption de mesures appropriées applicables au niveau communautaire afin d'assurer la protection de la santé et de la sécurité des consommateurs et le bon fonctionnement du marché commun,

la Commission, après avoir consulté les États membres et à la demande d'au moins un d'entre eux, peut arrêter une décision, conformément à la procédure prévue à l'article 11, qui impose aux États membres l'obligation de prendre des mesures temporaires parmi celles prévues par l'article 6 paragraphe 1 points d) à h).

Article 10

1. La Commission est assistée par un comité d'urgence compétent en matière de sécurité des produits, ci-après dénommé le «comité», composé des représentants des États membres et présidé par un représentant de la Commission.
2. Sans préjudice de l'article 9 point c), une étroite collaboration est assurée entre le comité visé au paragraphe 1 et les autres comités établis par une réglementation communautaire spécifique et assistant la Commission en ce qui concerne les aspects de santé et de sécurité du produit concerné.

Article 11

1. Le représentant de la Commission soumet au comité un projet des mesures à prendre. Le comité, après avoir vérifié que les conditions visées à l'article 9 sont remplies, émet son avis sur ce projet dans un délai que le président peut fixer en fonction de l'urgence de la question, ce délai étant en tout cas inférieur à un mois.

L'avis est émis à la majorité prévue à l'article 148 paragraphe 2 du traité pour l'adoption des décisions que le Conseil est appelé à prendre sur proposition de la Commission. Lors des votes au sein du comité, les voix des représentants des États membres sont affectées de la pondération définie à l'article précité. Le président ne prend pas part au vote.

La Commission arrête les mesures prévues lorsqu'elles sont conformes à l'avis du comité. Lorsque les mesures envisagées ne sont pas conformes à l'avis du comité, ou en l'absence d'avis, la Commission soumet sans tarder au Conseil une proposition relative aux mesures à prendre. Le Conseil statue à la majorité qualifiée.

Si, à l'expiration d'un délai de quinze jours à compter de la saisine du Conseil, celui-ci n'a pas statué, les mesures proposées sont arrêtées par la Commission, sauf dans le cas où le Conseil s'est prononcé à la majorité simple contre lesdites mesures.

2. La durée de validité de toute mesure adoptée conformément à la présente procédure est limitée à trois mois. Ce délai peut être prorogé conformément à la même procédure.

3. Les États membres prennent toutes les mesures nécessaires pour appliquer dans un délai inférieur à dix jours les décisions adoptées conformément à la présente procédure.

4. Les autorités compétentes des États membres chargées d'appliquer les mesures adoptées conformément à la présente procédure donnent, dans un délai d'un mois, aux parties concernées la possibilité d'exprimer leur point de vue et informent la Commission en conséquence.

Article 12

Les États membres et la Commission prennent les mesures nécessaires pour que leurs fonctionnaires et agents soient tenus de ne pas divulguer les informations recueillies au sens de la présente directive qui, de par leur nature, sont couvertes par le secret professionnel, sauf les informations concernant les caractéristiques de sécurité d'un produit déterminé dont la divulgation s'impose si les circonstances l'exigent afin de protéger la santé et la sécurité des personnes.

Titre VI. Dispositions diverses et finales

Article 13

La présente directive ne préjuge pas l'application de la directive 85/374/CEE.

Article 14

1. Toute décision adoptée en vertu de la présente directive et restreignant la mise sur le marché d'un produit déterminé ou imposant son retrait du marché doit être motivée d'une manière adéquate. Elle est notifiée dès que possible à la partie concernée et indique les voies de recours prévues par les dispositions en vigueur dans l'État membre en cause et les délais dans lesquels les recours doivent être présentés.

2. Sécurité générale des produits

Dans la mesure du possible, les parties concernées doivent avoir la possibilité de soumettre leur point de vue avant l'adoption de la mesure. Si une consultation n'a pas eu lieu préalablement, en raison de l'urgence des mesures à prendre, elle doit être effectuée en temps opportun après la mise en application de la mesure. Les mesures imposant le retrait d'un produit du marché doivent prendre en considération le souci d'inciter les distributeurs, les utilisateurs et les consommateurs à contribuer à la mise en œuvre de ces mesures.

2. Les États membres veillent à ce que toute mesure prise par les autorités compétentes et qui restreint la mise sur le marché d'un produit ou en impose le retrait puisse faire l'objet d'un recours devant les juridictions compétentes.

3. Toute décision adoptée en vertu de la présente directive et restreignant la mise sur le marché d'un produit ou imposant son retrait du marché ne préjuge à aucun égard l'appréciation, sous l'angle des dispositions du droit pénal national applicable en l'espèce, de la responsabilité de la partie à laquelle elle est adressée.

Article 15
Tous les deux ans, à compter de la date d'adoption, la Commission soumet au Parlement européen et au Conseil un rapport sur l'application de la présente directive.

Article 16
Quatre ans après la date visée à l'article 17 paragraphe 1, sur la base d'un rapport de la Commission relatif à l'expérience acquise, assorti de propositions appropriées, le Conseil statue sur l'adaptation éventuelle de la présente directive visant notamment à en étendre le champ d'application tel qu'il est défini à l'article 1er paragraphe 1 et à l'article 2 point a), ainsi que sur l'opportunité de modifier les dispositions du titre V.

Article 17
1. Les États membres adoptent les dispositions législatives, réglementaires et administratives nécessaires pour se conformer à la présente directive au plus tard le 29 juin 1994. Ils en informent immédiatement la Commission. Les dispositions adoptées sont applicables à compter du 29 juin 1994.
2. Lorsque les États membres adoptent ces dispositions, celles-ci contiennent une référence à la présente directive ou sont accompagnées d'une telle référence lors de leur publication officielle. Les modalités de cette référence sont arrêtées par les États membres.
3. Les États membres communiquent à la Commission le texte des dispositions de droit national qu'ils adoptent dans le domaine couvert par la présente directive.

Article 18
La décision 89/45/CEE est abrogée à la date visée à l'article 17 paragraphe 1.

Article 19
Les États membres sont destinataires de la présente directive.

Annexe. **Procédures détaillées pour l'application du système communautaire d'échange rapide d'informations visé l'article 8**

1. Le système concerne les produits mis sur le marché, tels que définis à l'article 2 point a) de la présente directive.

Les produits pharmaceutiques, visés par les directives 75/319/CEE et 81/851/CEE, et les animaux, auxquels s'applique la directive 82/894/CEE, et les produits d'origine animale dans la mesure où ils sont visés par la directive 89/662/CEE, et le système sur les situations d'urgence radiologique qui couvre la contamination étendue de produits (décision 87/600/Euratom), ne sont pas concernés; ils relèvent, en effet, de procédures de notification équivalentes.

2. Le système vise essentiellement à réaliser un échange d'informations rapide en présence d'un risque grave et immédiat pour la santé et la sécurité des consommateurs. Il est impossible d'établir des critères spécifiques indiquant avec précision ce qui constitue un risque grave et immédiat. C'est pourquoi les autorités nationales devront juger chaque cas particulier sur ses caractéristiques intrinsèques. Il y a lieu de noter que, comme l'article 8 de la présente directive concerne les risques immédiats auxquels un produit expose les consommateurs, les produits susceptibles d'entraîner des risques à long terme, pour lesquels il convient d'examiner les modifications techniques pouvant être apportées, soit par le biais de directives ou standards, ne sont pas concernés.

3. Aussitôt que l'existence d'un risque grave et immédiat a été décelée, l'autorité nationale consulte, autant qu'il est possible et approprié, le producteur ou le distributeur du produit concerné. Leur point de vue, et les informations qu'ils communiquent, peuvent être utiles tant aux administrations des États membres qu'à la Commission pour déterminer quelles mesures doivent être prises pour garantir la protection des consommateurs en perturbant le moins possible les échanges commerciaux. À cette fin, les États membres doivent s'efforcer d'obtenir un maximum d'informations sur les produits et la nature du danger en conciliant cet objectif avec la nécessité de faire vite.

4. Aussitôt qu'un État membre a décelé l'existence d'un risque grave et immédiat, dont les effets s'étendent ou pourraient s'étendre, au-delà de son territoire, et que des mesures ont été prises ou décidées il en informe immédiatement la Commission. Dans ce cas, l'État membre indique que ces informations sont notifiées à la Commission conformément à l'article 8 de la présente directive. Cette communication comporte les précisions disponibles, en particulier en ce qui concerne:

a) les informations permettant d'identifier le produit;
b) le risque encouru, ainsi que les résultats de tout essai ou de toute analyse permettant d'en évaluer l'importance;
c) la nature des mesures prises ou décidées;
d) les informations sur la chaîne de commercialisation quand de telles informations sont possibles.

Ces informations doivent être transmises par écrit, de préférence par télex ou téléfax, mais la Commission peut être avertie au préalable par téléphone. Il convient de rappeler que la rapidité dans la transmission des informations revêt une importance cruciale dans le système.

5. Sans préjudice du point 4, les États membres peuvent, si c'est approprié, transmettre l'information à la Commission au stade précédant celui de la prise de décision sur les mesures à prendre. Une prise de contact immédiate, aussitôt que l'exis-

2. Sécurité générale des produits

tence d'un risque est constatée ou soupçonnée, peut de fait faciliter l'adoption de mesures de précaution.

6. Si l'État membre considère certaines informations comme confidentielles, il doit le déclarer et justifier sa demande de confidentialité, en partant du principe que la nécessité de prendre des mesures efficaces pour protéger les consommateurs doit normalement l'emporter sur le souci de confidentialité. De toute manière, il est rappelé que des précautions sont prises dans tous les cas tant par la Commission que par les membres du réseau responsables dans les différents États membres afin d'éviter toute divulgation non indispensable de renseignements susceptibles de nuire à l'image de marque d'un produit ou d'une série de produits.

7. La Commission vérifie la conformité de l'information reçue avec l'article 8 de la présente directive, prend contact avec le pays notifiant, si nécessaire, et puis transmet d'urgence par télex ou téléfax aux autorités compétentes des autres États membres avec une copie à chaque représentation permanente; éventuellement des contacts avec ces autorités peuvent être pris par téléphone parallèlement à l'expédition du télex. La Commission peut également prendre contact avec l'autorité du pays présumé être le pays d'origine d'un produit pour faire les vérifications pertinentes.

8. En même temps, la Commission peut, quand elle le considère nécessaire, et dans des circonstances exceptionnelles, afin de compléter l'information reçue, ouvrir une enquête de sa propre initiative et/ou réunir le comité d'urgence prévu à l'article 10 paragraphe 1 de la présente directive.
Au cas où une telle enquête est entreprise, les États membres doivent fournir à la Commission les informations demandées dans toute la mesure du possible.

9. Il est alors demandé aux autres États membres, dans la mesure du possible, d'informer la Commission dans les plus brefs délais:
a) du fait que le produit est mis sur son marché;
b) des informations complémentaires qu'ils ont obtenues sur le danger concerné, y compris des résultats des essais ou analyses effectués pour évaluer le niveau du risque,
et en tout cas ils doivent informer la Commission aussitôt que possible:
c) des mesures du type indiqué à l'article 8 paragraphe 1 de la présente directive qui ont été prises ou décidées;
d) quand le produit mentionné dans ces informations a été trouvé sur le territoire sans que des mesures n'aient été prises ou décidées et les raisons pour lesquelles aucune mesure ne sera prise.

10. Au vu de l'évolution d'un dossier et des informations qui lui sont communiquées par les États membres en application du point 9 ci-dessus, la Commission peut réunir le comité d'urgence précité pour discuter les résultats obtenus et évaluer les mesures prises. Le comité d'urgence peut également être convoqué à la demande d'un représentant d'un État membre.

11. La Commission doit s'efforcer, en recourant à ses procédures internes de coordination:
a) d'éviter tout double emploi dans le traitement des notifications;
b) d'utiliser au maximum les capacités et l'expérience qui lui sont propres;
c) d'assurer l'information complète des autres services concernés;
d) d'assurer que les discussions qui ont lieu au sein des différents comités se tiendront conformément à l'article 10 de la présente directive.

12. Si un État membre entend, au-delà de la mesure ponctuelle prise en raison de risques sérieux immédiats, modifier sa réglementation d'ensemble en arrêtant des spécifications techniques, celles-ci doivent être notifiées à la Commission à l'état du projet, conformément à la directive 83/189/CEE, au besoin en invoquant l'urgence prévue à l'article 9 paragraphe 3 de cette directive.

13. Le comité d'urgence doit être informé périodiquement de toutes les notifications reçues et des suites qui y sont données de manière à pouvoir acquérir une vue d'ensemble de la situation. En ce qui concerne les points 8 et 10 ci-dessus, et dans les cas qui tombent dans le champ d'application des procédures et/ou des comités établis par la législation communautaire relative à des produits spécifiques ou à des secteurs de produits, ces comités doivent être impliqués. Dans le cas où le comité d'urgence n'est pas impliqué et où il n'y a pas de dispositions prévues au point 11 d), les points de contact sont informés de tout échange de vues au sein d'autres comités.

14. Actuellement il y a deux réseaux de points de liaison: le réseau de produits alimentaires et le réseau de produits non alimentaires. La liste des points de contact et fonctionnaires responsables pour ces deux réseaux, avec indication des adresses et des numéros de téléphone, de télex et de téléfax, est confidentielle et sa diffusion est restreinte aux membres des réseaux. Cette liste permet l'établissement de contacts avec la Commission et entre les États membres pour faciliter l'éclaircissement de points de détail. Lorsque des informations nouvelles, d'un intérêt général, sont obtenues par le biais de ces contacts entre États membres, l'État membre qui a pris l'initiative du contact bilatéral en informe la Commission. Seules les informations reçues ou confirmées par les points de contacts dans les États membres peuvent être considérées comme étant reçues par la procédure d'échange rapide d'informations.

Chaque année, la Commission dresse le bilan de l'efficacité du réseau, des améliorations nécessaires et des progrès réalisés dans la technologie des communications entre les autorités chargées de l'exécution.

3. Règlement du Conseil du 9 octobre 1997 relatif à la responsabilité des transporteurs aériens en cas d'accident (n° 2027/97/CE)

Journal officiel n° L 285 du 17/10/1997, p. 01–03

LE CONSEIL DE L'UNION EUROPÉENNE,

vu le traité instituant la Communauté européenne, et notamment son article 84 paragraphe 2, vu la proposition de la Commission[1], vu l'avis du Comité économique et social[2], statuant conformément à la procédure visée à l'article 189 C du traité[3],

1. considérant que, dans le cadre de la politique commune des transports, il est nécessaire d'améliorer le niveau de protection des passagers victimes d'accidents aériens;

2. considérant que les règles en matière de responsabilité en cas d'accident sont régies par la convention pour l'unification de certaines règles relatives au transport aérien international, signée à Varsovie le 12 octobre 1929, ou par cette convention telle qu'elle a été modifiée à La Haye le 28 septembre 1955 et par la convention de Guadalajara du 18 septembre 1961, selon la convention qui est applicable dans le cas d'espèce, chacune étant dénommée ci-après «convention de Varsovie»; que la convention de Varsovie est appliquée dans le monde entier au profit tant des voyageurs que des transporteurs aériens;

3. considérant que les limites de la responsabilité telles qu'elles sont fixées par la convention de Varsovie sont trop basses eu égard aux conditions économiques et sociales actuelles et conduisent souvent à des actions en justice de longue durée qui nuisent à l'image des transports aériens; que les États membres ont en conséquence relevé ces limites dans des proportions différentes et ont ainsi établi des conditions de transport qui varient au sein du marché intérieur de l'aviation;

4. considérant en outre que la convention de Varsovie ne s'applique qu'aux transports internationaux; que la distinction entre transports nationaux et internationaux n'existe plus dans le marché intérieur de l'aviation; qu'il convient donc que la nature et le degré de responsabilité soient identiques pour les transports nationaux et les transports internationaux;

5. considérant qu'un réexamen et une révision approfondis de la convention de Varsovie sont depuis longtemps attendus et constitueraient à long terme, à l'échelle internationale, une réponse plus homogène et plus facilement applicable à la question de la responsabilité des transporteurs aériens en cas d'accident; qu'il convient de poursuivre, par la voie de négociations multilatérales, les efforts entrepris pour relever les limites de la responsabilité imposées par la convention de Varsovie;

6. considérant que, conformément au principe de subsidiarité, une action de la Communauté est souhaitable afin de parvenir à harmoniser le domaine de la responsabilité des transporteurs aériens et pourrait servir d'exemple pour une protection renforcée des voyageurs au niveau mondial;

7. considérant qu'il convient d'éliminer toutes les limitations pécuniaires de responsabilité prévues par l'article 22 paragraphe 1 de la convention de Varsovie ou toute autre limita-

---

[1] JO n° C 104 du 10. 4. 1996, p. 18 et JO n° C 29 du 30. 1. 1997, p. 10.
[2] JO n° C 212 du 22. 7. 1996, p. 38.
[3] Avis du Parlement européen du 17 septembre 1996 (JO n° C 320 du 28. 10. 1996, p. 30), position commune du Conseil du 24 février 1997 (JO n° C 123 du 21. 4. 1997, p. 89) et décision du Parlement européen du 29 mai 1997 (JO n° C 182 du 16. 6. 1997).

tion juridique ou contractuelle, conformément aux tendances actuelles au niveau international;

8. considérant que, afin d'éviter que des victimes d'accidents ne soient pas dédommagées, les transporteurs aériens de la Communauté doivent, lors de toute demande de dommages-intérêts, pour la mort, les blessures ou toute autre lésion corporelle subie par un voyageur au sens de l'article 17 de la convention de Varsovie, renoncer aux défenses prévues à l'article 20 paragraphe 1 de la convention de Varsovie à concurrence d'un certain montant;

9. considérant que les transporteurs aériens de la Communauté peuvent être exonérés de leur responsabilité en cas de faute du passager concerné;

10. considérant qu'il est nécessaire de préciser les obligations découlant du présent règlement à la lumière de l'article 7 du règlement (CEE) n° 2407/92 du Conseil, du 23 juillet 1992, concernant les licences des transporteurs aériens[4]; qu'à cet égard les transporteurs aériens de la Communauté devraient être assurés jusqu'à concurrence d'un certain montant fixé par le présent règlement;

11. considérant que les transporteurs aériens de la Communauté devraient toujours pouvoir engager une action récursoire;

12. considérant que le versement rapide d'avances peut aider dans une large mesure les passagers blessés ou les personnes physiques ayant droit à un dédommagement à faire face aux dépenses immédiates qui font suite à un accident aérien;

13. considérant que les règles relatives à la nature et à la limitation de la responsabilité en cas de décès, de blessure ou de toute autre lésion corporelle d'un voyageur font partie des conditions de transport fixées dans le contrat de transport entre le transporteur et le voyageur; que, afin de réduire les risques de distorsion de concurrence, les transporteurs de pays tiers devraient informer convenablement les voyageurs de leurs conditions de transport;

14. considérant qu'il est utile et nécessaire que les limites pécuniaires indiquées dans le présent règlement soient réexaminées afin de tenir compte de l'évolution de la situation économique et de l'évolution dans les enceintes internationales;

15. considérant que la révision de la convention de Varsovie est en cours au sein de l'Organisation internationale de l'aviation civile (OACI); que, en prenant entre-temps des mesures intérimaires, la Communauté accroîtra la protection des voyageurs; que le Conseil devrait revoir le présent règlement le plus rapidement possible après la révision de la convention de Varsovie par l'OACI,

A ARRÊTÉ LE PRÉSENT RÈGLEMENT:

Article premier

Le présent règlement fixe les obligations des transporteurs aériens de la Communauté en ce qui concerne leur responsabilité à l'égard des voyageurs pour les préjudices subis lors d'accidents en cas de décès, de blessure, ou de toute autre lésion corporelle d'un voyageur dès lors que l'accident qui est à l'origine dudit préjudice a eu lieu à bord d'un aéronef ou pendant toute opération d'embarquement ou de débarquement.

Le présent règlement précise également certaines exigences en matière d'assurance des transporteurs aériens de la Communauté.

---

[4] JO n° L 240 du 24. 8. 1992, p. 1.

3. Responsabilité des transporteurs aériens 821

En outre, le présent règlement fixe des exigences en ce qui concerne les informations que doivent fournir les transporteurs aériens établis en dehors de la Communauté et opérant en provenance, à destination ou à l'intérieur de celle-ci.

Article 2
1. Aux fins du présent règlement, on entend par:
a) «transporteur aérien», une entreprise de transport aérien titulaire d'une licence d'exploitation valable;
b) «transporteur aérien de la Communauté», un transporteur aérien titulaire d'une licence d'exploitation valable délivrée par un État membre conformément aux dispositions du règlement (CEE) n° 2407/92;
c) «personne ayant droit à indemnisation», le voyageur ou toute personne pouvant prétendre à réparation au titre dudit voyageur conformément au droit applicable;
d) «écu», l'unité de compte adoptée lors de l'établissement du budget général des Communautés européennes conformément aux articles 207 et 209 du traité;
e) «DTS», les droits de tirage spéciaux tels que définis par le Fonds monétaire international;
f) «convention de Varsovie», la convention pour l'unification de certaines règles relatives au transport aérien international, signée à Varsovie le 12 octobre 1929, ou la convention de Varsovie, telle que modifiée à La Haye le 28 septembre 1955 ou encore la convention complémentaire à la convention de Varsovie, signée à Guadalajara le 18 septembre 1961, selon que l'une ou l'autre est applicable au contrat de transport de voyageurs en cause, ainsi que l'ensemble des instruments internationaux en vigueur qui les complètent ou en découlent.
2. Les notions contenues dans le présent règlement qui ne sont pas définies au paragraphe 1 sont équivalentes à celles utilisées dans la convention de Varsovie.

Article 3
1. a) La responsabilité d'un transporteur aérien de la Communauté pour un dommage subi, en cas de décès, de blessure ou de toute autre lésion corporelle, par un voyageur à l'occasion d'un accident ne peut faire l'objet d'aucune limite pécuniaire, même si celle-ci est fixée par voie législative, conventionnelle ou contractuelle.
b) L'obligation d'assurance visée à l'article 7 du règlement (CEE) n° 2407/92 s'entend de l'obligation pour un transporteur aérien de la Communauté d'être assuré à hauteur de la limite de responsabilité prévue au paragraphe 2 et au-delà pour un montant raisonnable.
2. Pour tout dommage à concurrence de l'équivalent en écus de 100 000 DTS, le transporteur aérien de la Communauté ne peut exclure ou limiter sa responsabilité en prouvant que lui-même ou ses agents ont pris toutes les mesures nécessaires pour éviter le dommage ou qu'il leur était impossible de les prendre.
3. Nonobstant les dispositions du paragraphe 2, le transporteur aérien de la Communauté peut être déchargé, entièrement ou en partie, de sa responsabilité conformément au droit applicable, s'il apporte la preuve que la faute du voyageur blessé ou décédé constitue le fait générateur du dommage ou y a concouru.

Article 4
En cas de décès, de blessure ou de toute autre lésion corporelle d'un voyageur survenus à l'occasion d'un accident, aucune disposition du présent règlement ne peut être interprétée:

a) comme désignant le transporteur aérien de la Communauté seule partie redevable de dommages-intérêts

ou

b) comme limitant le droit d'un transporteur aérien de la Communauté de demander à un tiers réparation conformément au droit applicable.

Article 5

1. Avec toute diligence nécessaire et, en tout état de cause, au plus tard quinze jours après que la personne physique ayant droit à indemnisation a été identifiée, le transporteur aérien de la Communauté verse à cette personne une avance lui permettant de faire face à ses besoins immédiats, en proportion du préjudice matériel subi.

2. Sans préjudice du paragraphe 1, l'avance n'est pas inférieure à l'équivalent en écus de 15 000 DTS par voyageur en cas de décès.

3. Le versement d'une avance ne constitue pas une reconnaissance de responsabilité et l'avance peut être déduite de toute somme payée ultérieurement en fonction de la responsabilité du transporteur aérien de la Communauté; elle n'est pas remboursable, sauf dans les cas visés à l'article 3 paragraphe 3 ou lorsqu'il est prouvé par la suite que la faute de la personne à laquelle l'avance a été versée constitue le fait générateur du dommage ou y a concouru ou que cette personne n'avait pas droit à indemnisation.

Article 6

1. Les dispositions des articles 3 et 5 doivent figurer dans les conditions de transport du transporteur aérien de la Communauté.

2. Une information adéquate concernant les dispositions des articles 3 et 5 est fournie aux voyageurs, à leur demande, par les agences du transporteur aérien de la Communauté, par les agences de voyage, aux comptoirs d'embarquement et aux points de vente. Le titre de transport ou le document équivalent comporte un résumé des prescriptions rédigé en termes simples et intelligibles.

3. Les transporteurs aériens qui sont établis hors de la Communauté, qui opèrent en provenance, à destination ou à l'intérieur de celle-ci et qui n'appliquent pas les dispositions des articles 3 et 5 en informent clairement et expressément les voyageurs au moment de l'achat du billet dans les agences du transporteur, dans les agences de voyage ou aux comptoirs d'embarquement situés sur le territoire d'un État membre. Les transporteurs aériens fournissent aux voyageurs un formulaire précisant leurs conditions. Le fait que le titre de transport, ou le document équivalent, indique seulement que la responsabilité est limitée ne constitue pas une information suffisante.

Article 7

Au plus tard deux ans après l'entrée en vigueur du présent règlement, la Commission établit un rapport sur l'application du présent règlement, qui tient compte, entre autres, de l'évolution de la situation économique et de l'évolution des travaux dans les enceintes internationales. Ce rapport peut être assorti de propositions de révision du présent règlement.

Article 8

Le présent règlement entre en vigueur un an après la date de sa publication au Journal officiel des Communautés européennes. Le présent règlement est obligatoire dans tous ses éléments et directement applicable dans tout État membre.

Chronologisches Verzeichnis

Richtlinien

Richtlinie des Rates vom 10. September 1984 zur Angleichung der Rechts- und Verwaltungsvorschriften der Mitgliedstaaten über irreführende Werbung (84/450/EWG) — 72

Richtlinie des Rates vom 25. Juli 1985 zur Angleichung der Rechts- und Verwaltungsvorschriften der Mitgliedstaaten über die Haftung für fehlerhafte Produkte (85/374/EWG) — 215

Richtlinie des Rates vom 20. Dezember 1985 betreffend den Verbraucherschutz im Falle von ausserhalb von Geschäftsräumen geschlossenen Verträgen (85/577/EWG) — 1

Richtlinie des Rates vom 18. Dezember 1986 zur Koordinierung der Rechtsvorschriften der Mitgliedstaaten betreffend die selbständigen Handelsvertreter (86/653/EWG) — 166

Richtlinie des Rates vom 22. Dezember 1986 zur Angleichung der Rechts- und Verwaltungsvorschriften der Mitgliedstaaten über den Verbraucherkredit (87/102/EWG) — 96

Richtlinie des Rates vom 13. Juni 1990 über Pauschalreisen (90/314/EWG) — 112

Richtlinie des Rates vom 31. März 1992 über die Werbung für Humanarzneimittel (92/28/EWG) — 78

Richtlinie des Rates vom 29. Juni 1992 über die allgemeine Produktsicherheit (92/59/EWG) — 221

Richtlinie des Rates vom 5. April 1993 über missbräuchliche Klauseln in Verbraucherverträgen (93/13/EWG) — 58

Richtlinie des Rates vom 10. Mai 1993 über Wertpapierdienstleistungen (93/22/EWG) — 129

Richtlinie des Europäischen Parlaments und des Rates vom 26. Oktober 1994 zum Schutz der Erwerber im Hinblick auf bestimmte Aspekte von Verträgen über den Erwerb von Teilzeitnutzungsrechten an Immobilien (94/47/EG) — 106

Richtlinie des Europäischen Parlaments und des Rates vom 24. Oktober 1995 zum Schutz natürlicher Personen bei der Verarbeitung personenbezogener Daten und zum freien Datenverkehr (95/46/EG) — 173

Richtlinie des Europäischen Parlaments und des Rates vom 27. Januar 1997 über grenzüberschreitende Überweisungen (97/5/EG) — 122

Richtlinie des Europäischen Parlaments und des Rates vom 20. Mai 1997 über den Verbraucherschutz bei Vertragsabschlüssen im Fernabsatz (97/7/EG) — 4

Richtlinie des Europäischen Parlaments und des Rates vom 6. Oktober 1997 zur Änderung der Richtlinie 84/450/EWG über irreführende Werbung zwecks Einbeziehung der vergleichenden Werbung (97/55/EG) — 72

Richtlinie des Europäischen Parlaments und des Rates vom 15. Dezember 1997 über die Verarbeitung personenbezogener Daten und den Schutz der Privatsphäre im Bereich der Telekommunikation (97/66/EG) — 195

Richtlinie des Europäischen Parlaments und des Rates vom 16. Februar 1998 über den Schutz der Verbraucher bei der Angabe der Preise der ihnen angebotenen Erzeugnisse (98/6/EG) — 65

Richtlinie des Europäischen Parlaments und des Rates vom 19. Mai 1998 über Unterlassungsklagen zum Schutz der Verbraucherinteressen (98/27/EG) — 85

Richtlinie des Europäischen Parlaments und des Rates vom 22. Juni 1998 über ein Informationsverfahren auf dem Gebiet der Normen und technischen Vorschriften (98/34/EG) — 204

Richtlinie des Europäischen Parlaments und des Rates vom 25. Mai 1999 zu bestimmten Aspekten des Verbrauchsgüterkaufs und der Garantien für Verbrauchsgüter (1999/44/EG) — 89

Richtlinie des Europäischen Parlaments und des Rates vom 13. Dezember 1999 über gemeinschaftliche Rahmenbedingungen für elektronische Signaturen (1999/93/EG) — 43

Richtlinie des Europäischen Parlaments und des Rates vom 8. Juni 2000 über bestimmte rechtliche Aspekte der Dienste der Informationsgesellschaft, insbesondere des elektronischen Geschäftsverkehrs, im Binnenmarkt („Richtlinie über den elektronischen Geschäftsverkehr") (2000/31/EG) — 24

Richtlinie des Europäischen Parlaments und des Rates vom 29. Juni 2000 zur Bekämpfung von Zahlungsverzug im Geschäftsverkehr (2000/35/EG) — 53

Richtlinienvorschläge

Geänderter Vorschlag vom 23. Juli 1999 für eine Richtlinie des Europäischen Parlaments und des Rates über den Fernabsatz von Finanzdienstleistungen an Verbraucher und zur Änderung der Richtlinien 97/7/EG und 98/27/EG — 14

Vorschlag vom 27. März 2001 für eine Richtlinie des Europäischen Parlaments und des Rates über Finanzsicherheiten — 157

Verordnungen

Verordnung des Rates vom 4. Februar 1991 über eine gemeinsame Regelung für ein System von Ausgleichsleistungen bei Nichtbeförderung im Linienflugverkehr (Nr. 295/91/EWG) — 118

Verordnung des Rates vom 9. Oktober 1997 über die Haftung von Luftfahrtunternehmen bei Unfällen (Nr. 2027/97/EG) — 233

Chronological table

Directives

Council Directive of 10 September 1984 relating to the approximation of the laws, regulations and administrative provisions of the Member States concerning misleading advertising (84/450/EEC) — 299

Council Directive of 25 July 1985 on the approximation of the laws, regulations and administrative provisions of the Member States concerning liability for defective products (85/374/EEC) — 435

Council Directive of 20 December 1985 to protect the consumer in respect of contracts negotiated away from business premises (85/577/EEC) — 237

Council Directive of 18 December 1986 on the co-ordination of the laws of the Member States relating to self-employed commercial agents (86/653/EEC) — 388

Council Directive of 22 December 1986 for the approximation of the laws, regulations and administrative provisions of the Member States concerning consumer credit (87/102/EEC) — 325

Council Directive of 13 June 1990 on package travel, package holidays and package tours (90/314/EEC) — 338

Council Directive of 31 March 1992 on the advertising of medicinal products for human use (92/28/EEC) — 307

Council Directive of 29 June 1992 on general product safety (92/59/EEC) — 440

Council Directive of 5 April 1993 on unfair terms in consumer contracts (93/13/EEC) — 289

Council Directive of 10 May 1993 on investment services in the securities field (93/22/EEC) — 354

Directive of the European Parliament and the Council of 26 October 1994 on the protection of purchasers in respect of certain aspects of contracts relating to the purchase of the right to use immovable properties on a timeshare basis (94/47/EC) — 334

Directive of the European Parliament and of the Council of 24 October 1995 on the protection of individuals with regard to the processing of personal data and on the free movement of such data (95/46/EC) — 395

Directive of the European Parliament and of the Council of 27 January 1997 on cross-border credit transfers (97/5/EC) — 348

Directive of the European Parliament and of the Council of 20 May 1997 on the protection of consumers in respect of distance contracts (97/7/EC) — 240

Directive of European Parliament and of the Council of 6 October 1997 amending Directive 84/450/EEC concerning misleading advertising so as to include comparative advertising (97/55/EC) — 302

Directive of the European Parliament and of the Council of 15 December 1997 concerning the processing of personal data and the protection of privacy in the telecommunications sector (97/66/EC) — 416

Directive of the European Parliament and of the Council of 16 February 1998 on consumer protection in the indication of the prices of products offered to consumers (98/6/EC) 295

Directive of the European Parliament and of the Council of 19 May 1998 on injunctions for the protection of consumers' interests (98/27/EC) 314

Directive of the European Parliament and of the Council of 22 June 1998 laying down a procedure for the provision of information in the field of technical standards and regulations (98/34/EC) 424

Directive of the European Parliament and of the Council of 25 May 1999 on certain aspects of the sale of consumer goods and associated guarantees (1999/44/EC) 318

Directive of the European Parliament and of the Council of 13 December 1999 on a Community framework for electronic signatures (1999/93/EC) 275

Directive of the European Parliament and of the Council of 8 June 2000 on certain legal aspects of information society services, in particular electronic commerce, in the Internal Market ('Directive on electronic commerce') (2000/31/EC) 258

Directive of the European Parliament and of the Council of 29 June 2000 on combating late payment in commercial transactions (2000/35/EC) 284

Regulations

Council Regulation of 4 February 1991 establishing common rules for a denied-boarding compensation system in scheduled air transport (No 295/91/EEC) 344

Council Regulation of 9 October 1997 on air carrier liability in the event of accidents (No 2027/97/EC) 451

Proposals

Amended proposal of 23 July 1999 for a European Parliament and Council Directive concerning the distance marketing of consumer financial services and amending Directives 97/7/EC and 98/27/EC 249

Proposal of 27 march 2001 for a Directive of the European Parliament and of the Council on financial collateral arrangements 380

Table Chronologique

Directives

Directive du Conseil du 10 septembre 1984 relative au rapprochement des dispositions législatives, réglementaires et administratives des États membres en matière de publicité trompeuse (84/450/CEE) — 521

Directive du Conseil du 25 juillet 1985 relative au rapprochement des dispositions législatives, réglementaires et administratives des États membres en matière de responsabilité du fait des produits défectueux (85/374/CEE) — 666

Directive du Conseil du 20 décembre 1985 concernant la protection des consommateurs dans le cas de contrats négociés en dehors des établissements commerciaux (85/577/CEE) — 455

Directive du Conseil du 18 décembre 1986 relative à la coordination des droits des États membres concernant les agents commerciaux indépendants (86/653/CEE) — 618

Directive du Conseil du 22 décembre 1986 relative au rapprochement des dispositions législatives, réglementaires et administratives des États membres en matière de crédit à la consommation (87/102/CEE) — 549

Directive du Conseil, du 13 juin 1990, concernant les voyages, vacances et circuits à forfait (90/314/CEE) — 564

Directive du Conseil du 31 mars 1992 concernant la publicité faite à l'égard des médicaments à usage humain (92/28/CEE) — 530

Directive du Conseil, du 29 juin 1992, relative à la sécurité générale des produits (92/59/CEE) — 672

Directive du Conseil, du 5 avril 1993, concernant les clauses abusives dans les contrats conclus avec les consommateurs (93/13/CEE) — 511

Directive du Conseil, du 10 mai 1993, concernant les services d'investissement dans le domaine des valeurs mobilières (93/22/CEE) — 581

Directive du Parlement européen et du Conseil, du 26 octobre 1994, concernant la protection des acquéreurs pour certains aspects des contrats portant sur l'acquisition d'un droit d'utilisation à temps partiel de biens immobiliers (94/47/CE) — 559

Directive du Parlement européen et du Conseil, du 24 octobre 1995, relative à la protection des personnes physiques à l'égard du traitement des données à caractère personnel et à la libre circulation de ces données (95/46/CE) — 625

Directive du Parlement européen et du Conseil du 27 janvier 1997 concernant les virements transfrontaliers (97/5/CE) — 574

Directive du Parlement européen et du Conseil du 20 mai 1997 concernant la protection des consommateurs en matière de contrats à distance (97/7/CE) — 458

Directive du Parlement Européen et du Conseil du 6 octobre 1997 modifiant la directive 84/450/CEE sur la publicité trompeuse afin d'y inclure la publicité comparative (97/55/CE) — 525

Directive du Parlement européen et du Conseil du 15 décembre 1997 concernant le traitement des données à caractère personnel et la protection de la vie privée dans le secteur des télécommunications (97/66/CE) 647

Directive du Parlement européen et du Conseil du 16 février 1998 relative à la protection des consommateurs en matière d'indication des prix des produits offerts aux consommateurs (98/6/CE) 517

Directive du Parlement européen et du Conseil du 19 mai 1998 relative aux actions en cessation en matière de protection des intérêts des consommateurs (98/27/CE) 538

Directive du Parlement européen et du Conseil du 22 juin 1998 prévoyant une procédure d'information dans le domaine des normes et réglementations techniques (98/34/CE) 655

Directive du Parlement européen et du Conseil, du 25 mai 1999, sur certains aspects de la vente et des garanties des biens de consommation (99/44/CE) 542

Directive du Parlement européen et du Conseil, du 13 décembre 1999, sur un cadre communautaire pour les signatures électroniques (1999/93/CE) 495

Directive du Parlement européen et du Conseil du 8 juin 2000 relative à certains aspects juridiques des services de la société de l'information, et notamment du commerce électronique, dans le marché intérieur («directive sur le commerce électronique») (2000/31/CE) 477

Directive du Parlement européen et du Conseil du 29 juin 2000 concernant la lutte contre le retard de paiement dans les transactions commerciales (2000/35/CE) 506

Propositions

Proposition du 27 mars 2001 de Directive du Parlement Européen et du Conseil concernant les contrats de garantie financière 608

Proposition modifiée du 23 juillet 1999 de directive du Parlement européen et du Conseil concernant la commercialisation à distance de services financiers auprès des consommateurs, et modifiant les directives 97/7/CE et 98/27/CE 467

Règlements

Règlement du Conseil, du 4 février 1991, établissant des règles communes relatives à un système de compensation pour refus d'embarquement dans les transports aériens réguliers (n° 295/91/CEE) 571

Règlement du Conseil du 9 octobre 1997 relatif à la responsabilité des transporteurs aériens en cas d'accident (n° 2027/97/CE) 683